ZPO
SchKG

Zivilprozessordnung
Bundesgesetz über Schuldbetreibung
und Konkurs
und Nebenerlasse

Herausgegeben von

Prof. Dr. iur. Daniel Staehelin
Advokat und Notar in Basel,
Titularprofessor der Universität Basel

7. Auflage
Stand am 1.1.2018
gemäss der SR

Helbing Lichtenhahn Verlag

Bibliografische Information der Deutschen Nationalbibliothek
Die Deutsche Nationalbibliothek verzeichnet diese Publikation
in der Deutschen Nationalbibliografie; detaillierte bibliografische Daten
sind im Internet über http://dnb.d-nb.de abrufbar.

Stand der Gesetzgebung in dieser Ausgabe: 1. Januar 2018

Dies ist keine amtliche Veröffentlichung.
Massgebend ist allein die Veröffentlichung durch die Bundeskanzlei.

Gerne nehmen wir Ihre Anregungen, Hinweise und Kritik
unter texto@helbing.ch entgegen.

Alle Rechte vorbehalten. Dieses Werk ist weltweit urheberrechtlich geschützt.
Insbesondere das Recht, das Werk mittels irgendeines Mediums (grafisch,
technisch, elektronisch und/oder digital, einschliesslich Fotokopie und downloading)
teilweise oder ganz zu vervielfältigen, vorzutragen, zu verbreiten, zu bearbeiten,
zu übersetzen, zu übertragen oder zu speichern, liegt ausschliesslich beim Verlag.
Jede Verwertung in den genannten oder in anderen als den gesetzlich zugelassenen
Fällen bedarf deshalb der vorherigen schriftlichen Einwilligung des Verlags.

© 2018 Helbing Lichtenhahn Verlag, Basel

ISBN 978-3-7190-4051-2

www.helbing.ch

Inhaltsübersicht

Abkürzungen IX

Einleitung zum Zivilprozessrecht XV

Einleitung zum SchKG XXIII

1 Schweizerische Zivilprozessordnung vom 19. Dezember 2008
(Zivilprozessordnung, ZPO; SR 272) 1

2 Verordnung vom 18. Juni 2010 über die elektronische Übermittlung
im Rahmen von Zivil- und Strafprozessen sowie von Schuldbetreibungs-
und Konkursverfahren (VeÜ-ZSSV; SR 272.1) 111

3 Bundesgesetz vom 17. Juni 2005 über das Bundesgericht
(Bundesgerichtsgesetz, BGG; SR 173.110) 117

4 Tarif vom 31. März 2006 für die Gerichtsgebühren im Verfahren
vor dem Bundesgericht (SR 173.110.210.1) 161

5 Reglement vom 31. März 2006 über die Parteientschädigung
und die Entschädigung für die amtliche Vertretung im Verfahren
vor dem Bundesgericht (SR 173.110.210.3) 163

6 Bundesgesetz vom 20. März 2009 über das Bundespatentgericht
(Patentgerichtsgesetz, PatGG; SR 173.41) 167

7 Bundesgesetz vom 18. Dezember 1987 über das Internationale
Privatrecht (IPRG; SR 291) 179

8 Bundesverfassung der Schweizerischen Eidgenossenschaft
vom 18. April 1999 (BV; SR 101), Auszug 234

9 Konvention vom 4. November 1950 zum Schutze
der Menschenrechte und Grundfreiheiten
(Menschenrechtskonvention, EMRK; SR 0.101), Auszug 238

10 Übereinkommen vom 30. Oktober 2007 über die gerichtliche
Zuständigkeit und die Anerkennung und Vollstreckung von
Entscheidungen in Zivil- und Handelssachen
(Lugano-Übereinkommen, LugÜ; SR 0.275.12) 240

11 Übereinkunft vom 1. März 1954 betreffend Zivilprozessrecht
(SR 0.274.12) 286

12 Übereinkommen vom 15. November 1965 über die Zustellung gerichtlicher und aussergerichtlicher Schriftstücke im Ausland in Zivil- oder Handelssachen (mit Anhang; SR 0.274.131).............. 298

13 Übereinkommen vom 18. März 1970 über die Beweisaufnahme im Ausland in Zivil- oder Handelssachen (SR 0.274.132)............... 317

14 Übereinkommen vom 25. Oktober 1980 über den internationalen Zugang zur Rechtspflege (mit Anhang; SR 0.274.133)................ 333

15 Übereinkommen vom 10. Juni 1958 über die Anerkennung und Vollstreckung ausländischer Schiedssprüche (New Yorker Übereinkommen, NYÜ; SR 0.277.12).................... 352

15a Übereinkommen über die Anerkennung und Vollstreckung von Unterhaltsentscheidungen (SR 0.211.213.02) 364

16 Bundesgesetz vom 23. Juni 2000 über die Freizügigkeit der Anwältinnen und Anwälte (Anwaltsgesetz, BGFA; SR 935.61) 376

17 Bundesgesetz vom 11. April 1889 über Schuldbetreibung und Konkurs (SchKG; SR 281.1)... 388

17a Bundesgesetz vom 11. April 1889 über Schuldbetreibung und Konkurs (SchKG; Änderung vom 16. Dezember 2016) 513

18 Verordnung vom 22. November 2006 betreffend die Oberaufsicht über Schuldbetreibung und Konkurs (OAV-SchKG; SR 281.11).......... 515

18a Verordnung über die im Betreibungs- und Konkursverfahren zu verwendenden Formulare und Register sowie die Rechnungsführung (VFRR; SR 281.31) 517

18b Verordnung des EJPD über die vom Gläubiger zu stellenden Begehren im Schuldbetreibungs- und Konkursverfahren (SR 281.311) 525

19 Verordnung des Bundesgerichts vom 13. Juli 1911 über die Geschäftsführung der Konkursämter (KOV; SR 281.32) 527

19a Verordnung über die Aufbewahrung der Betreibungs- und Konkursakten (VABK; SR 281.33) 555

20 Gebührenverordnung vom 23. September 1996 zum Bundesgesetz über Schuldbetreibung und Konkurs (GebV SchKG; SR 281.35) 557

21 Verordnung vom 17. Januar 1923 über die Pfändung und Verwertung von Anteilen an Gemeinschaftsvermögen (VVAG; SR 281.41) 573

TEXTO

ZPO
SchKG

TEXTO Gesetzesausgabe

ZPO
SchKG

Zivilprozessordnung
Bundesgesetz über Schuldbetreibung
und Konkurs
und Nebenerlasse

Herausgegeben von

Prof. Dr. iur. Daniel Staehelin
Advokat und Notar in Basel,
Titularprofessor der Universität Basel

7. Auflage
Stand am 1.1.2018
gemäss der SR

Helbing Lichtenhahn Verlag

Bibliografische Information der Deutschen Nationalbibliothek
Die Deutsche Nationalbibliothek verzeichnet diese Publikation
in der Deutschen Nationalbibliografie; detaillierte bibliografische Daten
sind im Internet über http://dnb.d-nb.de abrufbar.

Stand der Gesetzgebung in dieser Ausgabe: 1. Januar 2018

Dies ist keine amtliche Veröffentlichung.
Massgebend ist allein die Veröffentlichung durch die Bundeskanzlei.

Gerne nehmen wir Ihre Anregungen, Hinweise und Kritik
unter texto@helbing.ch entgegen.

Alle Rechte vorbehalten. Dieses Werk ist weltweit urheberrechtlich geschützt.
Insbesondere das Recht, das Werk mittels irgendeines Mediums (grafisch,
technisch, elektronisch und/oder digital, einschliesslich Fotokopie und downloading)
teilweise oder ganz zu vervielfältigen, vorzutragen, zu verbreiten, zu bearbeiten,
zu übersetzen, zu übertragen oder zu speichern, liegt ausschliesslich beim Verlag.
Jede Verwertung in den genannten oder in anderen als den gesetzlich zugelassenen
Fällen bedarf deshalb der vorherigen schriftlichen Einwilligung des Verlags.

© 2018 Helbing Lichtenhahn Verlag, Basel

ISBN 978-3-7190-4051-2

www.helbing.ch

Inhaltsübersicht

Abkürzungen IX

Einleitung zum Zivilprozessrecht XV

Einleitung zum SchKG XXIII

1 Schweizerische Zivilprozessordnung vom 19. Dezember 2008 (Zivilprozessordnung, ZPO; SR 272) 1

2 Verordnung vom 18. Juni 2010 über die elektronische Übermittlung im Rahmen von Zivil- und Strafprozessen sowie von Schuldbetreibungs- und Konkursverfahren (VeÜ-ZSSV; SR 272.1) 111

3 Bundesgesetz vom 17. Juni 2005 über das Bundesgericht (Bundesgerichtsgesetz, BGG; SR 173.110) 117

4 Tarif vom 31. März 2006 für die Gerichtsgebühren im Verfahren vor dem Bundesgericht (SR 173.110.210.1) 161

5 Reglement vom 31. März 2006 über die Parteientschädigung und die Entschädigung für die amtliche Vertretung im Verfahren vor dem Bundesgericht (SR 173.110.210.3) 163

6 Bundesgesetz vom 20. März 2009 über das Bundespatentgericht (Patentgerichtsgesetz, PatGG; SR 173.41) 167

7 Bundesgesetz vom 18. Dezember 1987 über das Internationale Privatrecht (IPRG; SR 291) 179

8 Bundesverfassung der Schweizerischen Eidgenossenschaft vom 18. April 1999 (BV; SR 101), Auszug 234

9 Konvention vom 4. November 1950 zum Schutze der Menschenrechte und Grundfreiheiten (Menschenrechtskonvention, EMRK; SR 0.101), Auszug 238

10 Übereinkommen vom 30. Oktober 2007 über die gerichtliche Zuständigkeit und die Anerkennung und Vollstreckung von Entscheidungen in Zivil- und Handelssachen (Lugano-Übereinkommen, LugÜ; SR 0.275.12) 240

11 Übereinkunft vom 1. März 1954 betreffend Zivilprozessrecht (SR 0.274.12) 286

Inhaltsübersicht

12 Übereinkommen vom 15. November 1965 über die Zustellung gerichtlicher und aussergerichtlicher Schriftstücke im Ausland in Zivil- oder Handelssachen (mit Anhang; SR 0.274.131) 298

13 Übereinkommen vom 18. März 1970 über die Beweisaufnahme im Ausland in Zivil- oder Handelssachen (SR 0.274.132) 317

14 Übereinkommen vom 25. Oktober 1980 über den internationalen Zugang zur Rechtspflege (mit Anhang; SR 0.274.133) 333

15 Übereinkommen vom 10. Juni 1958 über die Anerkennung und Vollstreckung ausländischer Schiedssprüche (New Yorker Übereinkommen, NYÜ; SR 0.277.12) 352

15a Übereinkommen über die Anerkennung und Vollstreckung von Unterhaltsentscheidungen (SR 0.211.213.02) 364

16 Bundesgesetz vom 23. Juni 2000 über die Freizügigkeit der Anwältinnen und Anwälte (Anwaltsgesetz, BGFA; SR 935.61) 376

17 Bundesgesetz vom 11. April 1889 über Schuldbetreibung und Konkurs (SchKG; SR 281.1) 388

17a Bundesgesetz vom 11. April 1889 über Schuldbetreibung und Konkurs (SchKG; Änderung vom 16. Dezember 2016) 513

18 Verordnung vom 22. November 2006 betreffend die Oberaufsicht über Schuldbetreibung und Konkurs (OAV-SchKG; SR 281.11) 515

18a Verordnung über die im Betreibungs- und Konkursverfahren zu verwendenden Formulare und Register sowie die Rechnungsführung (VFRR; SR 281.31) 517

18b Verordnung des EJPD über die vom Gläubiger zu stellenden Begehren im Schuldbetreibungs- und Konkursverfahren (SR 281.311) 525

19 Verordnung des Bundesgerichts vom 13. Juli 1911 über die Geschäftsführung der Konkursämter (KOV; SR 281.32) 527

19a Verordnung über die Aufbewahrung der Betreibungs- und Konkursakten (VABK; SR 281.33) 555

20 Gebührenverordnung vom 23. September 1996 zum Bundesgesetz über Schuldbetreibung und Konkurs (GebV SchKG; SR 281.35) 557

21 Verordnung vom 17. Januar 1923 über die Pfändung und Verwertung von Anteilen an Gemeinschaftsvermögen (VVAG; SR 281.41) 573

Inhaltsübersicht

22 Verordnung des Bundesgerichts vom 23. April 1920 über die
Zwangsverwertung von Grundstücken (VZG; SR 281.42) 579

23 Verordnung des Bundesgerichts vom 10. Mai 1910 betreffend die
Pfändung, Arrestierung und Verwertung von Versicherungsansprüchen
nach dem Bundesgesetz vom 2. April 1908 über den Versicherungsvertrag (VPAV; SR 281.51) 632

24 Bundesgesetz vom 4. Dezember 1947 über die Schuldbetreibung
gegen Gemeinden und andere Körperschaften des kantonalen
öffentlichen Rechts (GSchG; SR 282.11) 639

25 Bundesgesetz vom 2. April 1908 über den Versicherungsvertrag
(Versicherungsvertragsgesetz, VVG; SR 221.229.1), Auszug 653

26 Schweizerisches Strafgesetzbuch vom 21. Dezember 1937
(StGB; SR 311.0), Auszug 657

27 Bundesgesetz vom 25. Juni 1982 über die obligatorische
Arbeitslosenversicherung und die Insolvenzentschädigung
(Arbeitslosenversicherungsgesetz, AVIG; SR 837.0), Auszug 663

28 Bundesgesetz vom 23. Juni 2006 über die kollektiven
Kapitalanlagen (Kollektivanlagengesetz, KAG; SR 951.31), Auszug 667

28a Verordnung der Eidgenössischen Finanzmarktaufsicht vom 6. Dezember
2012 über den Konkurs von kollektiven Kapitalanlagen (Kollektivanla-
gen-Konkursverordnung-FINMA, KAKV-FINMA; SR 951.315.2) 671

29 Bundesgesetz vom 8. November 1934 über die Banken und
Sparkassen (Bankengesetz, BankG; SR 952.0), Auszug 688

30 Verordnung der Eidgenössischen Finanzmarktaufsicht vom
30. August 2012 über die Insolvenz von Banken und Effektenhändlern
(Bankeninsolvenzverordnung-FINMA, BIV-FINMA; SR 952.05) 700

31 Bundesgesetz vom 3. Oktober 2008 über Bucheffekten
(Bucheffektengesetz, BEG; SR 957.1), Auszug 723

32 Bundesgesetz vom 17. Dezember 2004 betreffend die Aufsicht
über Versicherungsunternehmen (Versicherungsaufsichtsgesetz,
VAG; SR 961.01), Auszug 727

32a Verordnung der Eidgenössischen Finanzmarktaufsicht vom 17. Oktober
2012 über den Konkurs von Versicherungsunternehmen (Versicherungskonkursverordnung-FINMA, VKV-FINMA; SR 961.015.2) 733

Inhaltsübersicht

33 Richtlinien für die Berechnung des betreibungsrechtlichen
Existenzminimums (Notbedarf) nach Art. 93 SchKG vom 1. Juli 2009
der Konferenz der Betreibungs- und Konkursbeamten der Schweiz 749

34 Kreisschreiben Nr. 37 des Schweizerischen Bundesgerichts vom
7. November 1996 an die kantonalen Aufsichtsbehörden
in Schuldbetreibungs- und Konkurssachen, für sich und zuhanden der
untern Aufsichtsbehörden und der Betreibungs- und Konkursämter 754

Sachregister 757

Abkürzungen

a	alt(e)
ABl.	Amtsblatt der Europäischen Union
Abs.	Absatz
Abschn.	Abschnitt
aBV	(alte) Bundesverfassung der Schweizerischen Eidgenossenschaft vom 29. Mai 1874 (AS 1874 1 ff., BS 1 3 ff.)
AHV	Alters- und Hinterlassenenversicherung
aLugÜ	Übereinkommen vom 16. September 1988 über die gerichtliche Zuständigkeit und die Vollstreckung gerichtlicher Entscheidungen in Zivil- und Handelssachen (Lugano-Übereinkommen, LugÜ; SR 0.275.11)
Änd.	Änderung(en)
Art.	Artikel
AS	Amtliche Sammlung des Bundesrechts; bis 1987: Sammlung der eidgenössischen Gesetze; bis 1948: Amtliche Sammlung der Bundesgesetze und Verordnungen (Eidgenössische Gesetzessammlung)
Aufl.	Auflage
AVIG	Bundesgesetz vom 25. Juni 1982 über die obligatorische Arbeitslosenversicherung und die Insolvenzentschädigung (Arbeitslosenversicherungsgesetz; SR 837.0)
BankG	Bundesgesetz vom 8. November 1934 über die Banken und Sparkassen (Bankengesetz; SR 952.0)
BB	Bundesbeschluss
BBl	Bundesblatt
BEG	Bundesgesetz vom 3. Oktober 2008 über Bucheffekten (Bucheffektengesetz; SR 957.1)
BEHG	Bundesgesetz vom 24. März 1995 über die Börsen und den Effektenhandel (Börsengesetz; SR 954.1)
BG	Bundesgesetz
BGE	Entscheidungen des Schweizerischen Bundesgerichtes, Amtliche Sammlung
BGFA	Bundesgesetz vom 23. Juni 2000 über die Freizügigkeit der Anwältinnen und Anwälte (Anwaltsgesetz, BGFA; SR 935.61)
BGer	Bundesgericht
BGG	Bundesgesetz vom 17. Juni 2005 über das Bundesgericht (Bundesgerichtsgesetz; SR 173.110)

Abkürzungen

BIV-FINMA	Verordnung der Eidgenössischen Finanzmarktaufsicht vom 30. August 2012 über die Insolvenz von Banken und Effektenhändlern (Bankeninsolvenzverordnung-FINMA; SR 952.05)
BRB	Bundesratsbeschluss
BS	Bereinigte Sammlung der Bundesgesetze und Verordnungen 1848–1947
Bst.	Buchstabe
BV	Bundesverfassung der Schweizerischen Eidgenossenschaft vom 18. April 1999 (Bundesverfassung; SR 101)
BVers	Bundesversammlung
BVG	Bundesgesetz vom 25. Juni 1982 über die berufliche Alters-, Hinterlassenen- und Invalidenvorsorge (SR 831.40)
d.h.	das heisst
E	Entwurf
E.	Erwägung(en)
EM	Existenzminimum
EMRK	Konvention vom 4. November 1950 zum Schutze der Menschenrechte und Grundfreiheiten (SR 0.101)
EO	Erwerbsersatz
et al.	et alii (= und andere)
EuGVVO	Verordnung (EG) Nr. 44/2001 des Rates vom 22. Dezember 2000 über die gerichtliche Zuständigkeit und die Anerkennung und Vollstreckung von Entscheidungen in Zivil- und Handelssachen («Verordnung Brüssel I»; ABl. L 12 vom 16. Januar 2001, S. 1 ff.)
f./ff.	folgende
FINMA	Eidgenössische Finanzmarktaufsicht
Fr.	(Schweizer) Franken
Geb Tarif	Tarif vom 31. März 2006 für die Gerichtsgebühren im Verfahren vor dem Bundesgericht (SR 173.110.210.1; inoffizielle Abkürzung)
GebV SchKG	Gebührenverordnung vom 23. September 1996 zum Bundesgesetz über Schuldbetreibung und Konkurs (SR 281.35)
GSchG	Bundesgesetz vom 4. Dezember 1947 über die Schuldbetreibung gegen Gemeinden und andere Körperschaften des kantonalen öffentlichen Rechts (SR 282.11; inoffizielle Abkürzung)
Hrsg.	Herausgeber
HÜ	Haager Übereinkommen (inoffizielle Abkürzung)
HÜ Beweis	Übereinkommen vom 18. März 1970 über die Beweisaufnahme im Ausland in Zivil- oder Handelssachen (SR 0.274.132; inoffizielle Abkürzung)

HÜ Unterhaltsentscheidungen	Übereinkommen über die Anerkennung und Vollstreckung von Unterhaltsentscheidungen (SR 0.211.213.02)
HÜ Zivilprozess	Übereinkunft vom 1. März 1954 betreffend Zivilprozessrecht (SR 0.274.12; inoffizielle Abkürzung)
HÜ Zugang	Übereinkommen vom 25. Oktober 1980 über den internationalen Zugang zur Rechtspflege (mit Anhang; SR 0.274.133; inoffizielle Abkürzung)
HÜ Zustellung	Übereinkommen vom 15. November 1965 über die Zustellung gerichtlicher und aussergerichtlicher Schriftstücke im Ausland in Zivil- oder Handelssachen (mit Anhang; SR 0.274.131; inoffizielle Abkürzung)
i.f.	in fine
i.i.	in initio
IPRG	Bundesgesetz vom 18. Dezember 1987 über das Internationale Privatrecht (SR 291)
IV	Invalidenversicherung
KAG	Bundesgesetz vom 23. Juni 2006 über die kollektiven Kapitalanlagen (Kollektivanlagengesetz; SR 951.31)
KAKV-FINMA	Verordnung der Eidgenössischen Finanzmarktaufsicht vom 6. Dezember 2012 über den Konkurs von kollektiven Kapitalanlagen (Kollektivanlagen-Konkursverordnung-FINMA; SR 951.315.2)
KOV	Verordnung des Bundesgerichts vom 13. Juli 1911 über die Geschäftsführung der Konkursämter (SR 281.32)
KS	Kreisschreiben
KS 37 BGer	Kreisschreiben Nr. 37 des Schweizerischen Bundesgerichts vom 7. November 1996 an die kantonalen Aufsichtsbehörden in Schuldbetreibungs- und Konkurssachen, für sich und zuhanden der untern Aufsichtsbehörden und der Betreibungs- und Konkursämter (BGE 122 III 327)
lit.	litera
LugÜ	Übereinkommen vom 30. Oktober 2007 über die gerichtliche Zuständigkeit und die Anerkennung und Vollstreckung von Entscheidungen in Zivil- und Handelssachen (Lugano-Übereinkommen; SR 0.275.12)
m.H.	mit Hinweis(en)
n	neu(e)
Nr.	Nummer
NYÜ	Übereinkommen vom 10. Juni 1958 über die Anerkennung und Vollstreckung ausländischer Schiedssprüche (SR 0.277.12; inoffizielle Abkürzung)

OAV-SchKG	Verordnung vom 22. November 2006 betreffend die Oberaufsicht über Schuldbetreibung und Konkurs (SR 281.11)
OR	Bundesgesetz vom 30. März 1911 betreffend die Ergänzung des Schweizerischen Zivilgesetzbuches (Fünfter Teil: Obligationenrecht; SR 220)
ParlG	Bundesgesetz vom 13. Dezember 2002 über die Bundesversammlung (Parlamentsgesetz; SR 171.10)
PatGG	Bundesgesetz vom 20. März 2009 über das Bundespatentgericht (Patentgerichtsgesetz; SR 173.41)
R Entschädigung	Reglement vom 31. März 2006 über die Parteientschädigung und die Entschädigung für die amtliche Vertretung im Verfahren vor dem Bundesgericht (SR 173.110.210.3; inoffizielle Abkürzung)
rev.	revidiert
RL	Richtlinie(n)
RL EM	Richtlinien für die Berechnung des betreibungsrechtlichen Existenzminimums (Notbedarf) nach Art. 93 SchKG vom 1. Juli 2009
s.(a.)	siehe (auch)
SchK	Schuldbetreibung und Konkurs
SchKG	Bundesgesetz vom 11. April 1889 über Schuldbetreibung und Konkurs (SR 281.1)
SchKK	Schuldbetreibungs- und Konkurskammer
SchlB	Schlussbestimmung(en)
SchlT	Schlusstitel
SR	Systematische Sammlung des Bundesrechts
StGB	Schweizerisches Strafgesetzbuch vom 21. Dezember 1937 (SR 311.0)
Tit.	Titel
u.a.m.	und andere(s) mehr
Übereink.	Übereinkommen
UeB	Übergangsbestimmung(en)
usw.	und so weiter
UVG	Bundesgesetz vom 20. März 1981 über die Unfallversicherung (SR 832.20)
V	Verordnung
VABK	Verordnung über die Aufbewahrung der Betreibungs- und Konkursakten (SR 281.33)
VAG	Bundesgesetz vom 17. Dezember 2004 betreffend die Aufsicht über Versicherungsunternehmen (Versicherungsaufsichtsgesetz; SR 961.01)

VeÜ-ZSSV	Verordnung vom 18. Juni 2010 über die elektronische Übermittlung im Rahmen von Zivil- und Strafprozessen sowie von Schuldbetreibungs- und Konkursverfahren (SR 272.1)
VFRR	Verordnung über die im Betreibungs- und Konkursverfahren zu verwendenden Formulare und Register sowie die Rechnungsführung (SR 281.31)
vgl.	vergleiche
VKV-FINMA	Verordnung der Eidgenössischen Finanzmarktaufsicht vom 17. Oktober 2012 über den Konkurs von Versicherungsunternehmen (Versicherungskonkursverordnung-FINMA; SR 961.015.2)
VO Begehren	Verordnung des EJPD über die vom Gläubiger zu stellenden Begehren im Schuldbetreibungs- und Konkursverfahren (SR 281.311)
VPAV	Verordnung vom 10. Mai 1910 betreffend die Pfändung, Arrestierung und Verwertung von Versicherungsansprüchen nach dem Bundesgesetz vom 2. April 1908 über den Versicherungsvertrag (SR 281.51)
VVAG	Verordnung des Bundesgerichts vom 17. Januar 1923 über die Pfändung und Verwertung von Anteilen an Gemeinschaftsvermögen (SR 281.41)
VVG	Bundesgesetz vom 2. April 1908 über den Versicherungsvertrag (Versicherungsvertragsgesetz; SR 221.229.1)
VwVG	Bundesgesetz vom 20. Dezember 1968 über das Verwaltungsverfahren (SR 172.021)
VZG	Verordnung des Bundesgerichts vom 23. April 1920 über die Zwangsverwertung von Grundstücken (SR 281.42)
z.B.	zum Beispiel
ZGB	Schweizerisches Zivilgesetzbuch vom 10. Dezember 1907 (SR 210)
Ziff.	Ziffer
ZPO	Schweizerische Zivilprozessordnung vom 19. Dezember 2008 (Zivilprozessordnung; SR 272)

Einleitung zum Zivilprozessrecht

Prof. Dr. Daniel Staehelin

I. Begriff und Rechtsgrundlage

ZPO ist die Abkürzung für Zivilprozessordnung, womit in den deutschsprachigen Ländern die Gesetze über das Zivilprozessrecht bezeichnet werden. In der Schweiz erhielt der Bund erst mit der Revision von Art. 122 BV, angenommen von Volk und Ständen am 12. März 2000 und in Kraft seit 1. Januar 2007, die Gesetzgebungsbefugnis für das ganze Zivilprozessrecht. Die daraufhin erlassene Schweizerische Zivilprozessordnung (ZPO) vom 19. Dezember 2008 trat auf den 1. Januar 2011 in Kraft. Damit wurden sämtliche kantonalen Zivilprozessgesetze aufgehoben.

II. Zweck des Zivilprozesses

Der Zivilprozess ist ein vom Gericht geleitetes, streitiges, kontradiktorisch geführtes Verfahren zur Geltendmachung und Durchsetzung privater Rechte, in welchem sich zwei Parteien (oder Parteimehrheiten) als klagende und beklagte Parteien gegenüberstehen. Der Zivilprozess bezweckt die Klärung und Entscheidung konkreter privatrechtlicher Rechtsbeziehungen der Parteien. Durch den richterlichen Entscheid wird autoritativ entschieden, was rechtens ist. Der Entscheid (Urteil) schafft die Voraussetzung für die Durchsetzung des Rechts durch die staatliche Zwangsvollstreckung.

III. Stellung in der Rechtsordnung

Das Zivilprozessrecht ist dem öffentlichen Recht zuzuordnen, da es die Beziehung des Gerichts als Staatsorgan zu den Parteien sowie die Rechte und Pflichten der Parteien in dem vom Gericht geleiteten Verfahren festlegt. Das Zivilprozessrecht ist im Allgemeinen zwingendes Recht, das durch Parteiabrede nicht abgeändert werden kann.

IV. Entstehung der schweizerischen Zivilprozessordnung

Trotz der Vereinheitlichung des Schweizerischen Privatrechts durch das alte Obligationenrecht von 1881 und das Zivilgesetzbuch von 1907 sowie der Vereinheitlichung der Zwangsvollstreckung für Geldforderungen durch das Bundesgesetz über Schuldbetreibung und Konkurs von 1899 verblieb das Zivilprozessrecht vorerst in der Kompetenz der Kantone. Die entsprechenden kantonalen Prozessgesetze wurden indes immer mehr durch prozessrechtliche Normen in Bundesgesetzen auf dem Gebiet des Privatrechts eingeschränkt. Im April 1999 erhielt eine von Prof. Dr. Thomas Sutter-Somm präsidierte eidgenössische Expertenkommission den Auftrag, einen Vorentwurf zur gesamtschweizerischen Zivilprozessordnung auszuarbeiten. Im Herbst 2002 konnte sie ihr Werk abliefern. Im anschliessenden breit angelegten Vernehmlassungsverfahren fand der Vorentwurf grundsätzliche Zustimmung, begleitet von einer umfassenden Kritik einzelner Punkte. Unter der Federführung des Bundesamtes für Justiz wurde der ganze Vorentwurf nochmals überarbeitet und mit Botschaft vom 28. Juni 2006[1] verabschiedet. Nach der parlamentarischen Beratung wurde das Gesetz in der Schlussabstimmung vom 19. Dezember 2008 im Nationalrat mit 187:1 und im Ständerat mit 43:0 Stimmen angenommen. Das Gesetz wurde am 6. Januar 2009 veröffentlicht[2], das Referendum wurde nicht ergriffen. Der Bundesrat hat es mit Ausnahme des inzwischen wieder aufgehobenen Art. 56 SchKG in Anhang 1 Ziff. II 17 am 31. März 2010 auf den 1. Januar 2011 in Kraft gesetzt[3].

Die definitive Fassung beruht immer noch hauptsächlich auf dem Vorentwurf der Expertenkommission, welcher im Aufbau und Inhalt an die bewährte Vorlage der Bundeszivilprozessordnung von 1947 (die den Direktprozess vor dem Bundesgericht regelt) und die neueren kantonalen Prozessgesetze der zweiten Hälfte des 20. Jahrhunderts anknüpft und das bereits vereinheitlichte Prozessrecht weitgehend übernimmt, aber auch gewisse Neuerungen, wie etwa die aussergerichtliche Streitbeilegung durch Mediation, die Schutzschrift und die vollstreckbare öffentliche Urkunde aufnimmt. Die Befugnis zur Organisation der Gerichte verbleibt indes auch in Zukunft bei den Kantonen (Art. 3 ZPO).

V. Inhalt der schweizerischen Zivilprozessordnung

Inhaltlich enthält das Gesetz in seinem ersten Teil unter den allgemeinen Bestimmungen Normen über Gegenstand und Geltungsbereich (Art. 1–3 ZPO); Zuständigkeit der Gerichte und Ausstand (Art. 4–51 ZPO); Verfahrensgrundsätze und Prozessvoraussetzungen (Art. 52–61 ZPO); Rechtshängigkeit und Folgen des Klagerückzuges (Art. 62–65 ZPO); Parteien und die Beteiligung Dritter (Art. 66–83 ZPO); Klagen (Art. 84–90 ZPO); Streitwert (Art. 91–94 ZPO); Prozesskosten und unentgeltliche Prozessführung (Art. 95–123 ZPO); Prozessleitung, prozessuales Handeln und Fristen (Art. 124–149 ZPO); Beweis (Art. 150–193 ZPO) und Rechtshilfe zwischen schweizerischen Gerichten (Art. 194–196 ZPO).

Im zweiten Teil regeln die besonderen Bestimmungen den Schlichtungsversuch (Art. 197–212 ZPO); die Mediation (Art. 213–218 ZPO); das ordentliche Verfahren (Art. 219–242); das vereinfachte Verfahren (Art. 243–247 ZPO); das summarische Verfahren (Art. 248–270 ZPO), wozu auch der Rechtsschutz in klaren Fällen (Art. 257 ZPO) und die vorsorglichen Massnahmen sowie die Schutzschrift (Art. 261–270 ZPO) gehören; die besonderen eherechtlichen Verfahren (Art. 271–294 ZPO); die Kinderbelange in familienrechtlichen Angelegenheiten (Art. 295–304 ZPO); das Verfahren bei

---

[1] BBl 2006 7221.
[2] BBl 2009 21 ff.
[3] AS 2010 1836 ff.

eingetragener Partnerschaft (Art. 305–307 ZPO); die Rechtsmittel (Art. 308–334 ZPO) sowie die Vollstreckung (Art. 335–352 ZPO), soweit sie nicht auf Geld- oder Sicherheitsleistung gerichtet ist.

Der dritte Teil regelt die sogenannte Binnenschiedsgerichtsbarkeit (Art. 353–399 ZPO), welche primär dann zur Anwendung kommt, wenn beim Abschluss der Schiedsvereinbarung keine Partei ihren Wohnsitz oder gewöhnlichen Aufenthalt im Ausland hatte. Dadurch wurde das Konkordat über die Schiedsgerichtsbarkeit vom 27. März 1969 (SR 279) obsolet. Die internationale Schiedsgerichtsbarkeit ist in Art. 176–194 IPRG normiert[4].

Im vierten Teil finden sich Schlussbestimmungen mit Normen über den Vollzug (Art. 400–401 ZPO); die Anpassung von anderen Bundesgesetzen (Art. 402–403 ZPO); Übergangsbestimmungen (Art. 404–407 ZPO) sowie Referendum und Inkrafttreten (Art. 408 ZPO). Anhang 1 enthält die Aufhebung und Änderung bisherigen Rechts, der Anhang 2 Koordinationsbestimmungen.

In sprachlicher Hinsicht ist die ZPO – wie alle neueren Bundesgesetze – geschlechtsneutral verfasst, daneben wird der Begriff «Urteil» durch «Entscheid» ersetzt.

VI. Weitere Erlasse

Das Beschwerdeverfahren vor dem Bundesgericht wird durch das Bundesgerichtsgesetz vom 17. Juni 2005[5] geregelt, welches durch die ZPO nur geringfügig modifiziert wurde (Anhang 1 Ziff. II 2 ZPO). Dort finden der Tarif für die Gerichtsgebühren im Verfahren vor dem Bundesgericht[6] und das Reglement über die Parteientschädigung und die Entschädigung für die amtliche Vertretung im Verfahren vor dem Bundesgericht[7] Anwendung. Das Verfahren vor dem Bundespatentgericht richtet sich nach dem entsprechenden Bundesgesetz[8].

Das Bundesgesetz vom 23. Juni 2000 über die Freizügigkeit der Anwältinnen und Anwälte (Anwaltsgesetz)[9] regelt deren Berufsausübung auch in zivilprozessualen Verfahren.

Normen über das Zivilprozessrecht finden sich sodann in folgenden Bestimmungen der Bundesverfassung[10]: Art. 8 Abs. 1 (Rechtsgleichheit); Art. 9 (Willkürverbot); Art. 29 (allgemeine Verfahrensgarantien); Art. 29a (Rechtsweggarantie); Art. 30 Abs. 1 (Garantie des verfassungsmässigen Gerichts); Art. 30 Abs. 2 (abgeschwächte Garantie des Wohnsitzgerichtsstandes); Art. 30 Abs. 3 (Öffentlichkeit von Gerichtsverhandlung und Urteilsverkündung) und Art. 188–191c (Bundesgericht und andere richterliche

---

4 IPRG, SR 291, nachfolgend Nr. 7.
5 BGG, SR 173.110, nachfolgend Nr. 3.
6 SR 173.110.210.1, nachfolgend Nr. 4.
7 SR 173.110.210.3, nachfolgend Nr. 5.
8 PatGG, SR 173.41, nachfolgend Nr. 6.
9 BGFA, SR 935.61, nachfolgend Nr. 16.
10 BV, SR 101, nachfolgend Nr. 8.

Behörden). Von Bedeutung ist auch die Verfahrensgarantie in Art. 6 Abs. 1 der europäischen Menschenrechtskonvention[11].

Die elektronische Übermittlung im Rahmen von Zivil- und Strafprozessen sowie von Schuldbetreibungs- und Konkursverfahren wird in einer Verordnung vom 18. Juni 2010 geregelt[12].

VII. Internationales Zivilprozessrecht

Während ein Schweizer Gericht ausländisches materielles Recht anzuwenden hat, wenn die Verweisungsnormen im Bundesgesetz über das internationale Privatrecht vom 18. Dezember 1987 (IPRG) darauf verweisen, haben schweizerische Gerichte grundsätzlich das Recht am Gerichtsort (lex fori), somit schweizerisches Prozessrecht, anzuwenden, soweit keine Sondervorschrift besteht.

Die meisten Bestimmungen zum internationalen Zivilprozessrecht, namentlich Normen über die Zuständigkeit schweizerischer Gerichte, aber auch über die Rechtshängigkeit und die Anerkennung ausländischer Entscheide, finden sich im IPRG. Dieses wurde vollständig in die vorliegende Sammlung aufgenommen[13].

Von grosser Bedeutung war sodann das Lugano-Übereinkommen in seiner ersten, inzwischen ausser Kraft gesetzten Fassung vom 16. September 1988[14], welches für die Schweiz am 1. Januar 1992 in Kraft getreten ist. Dieses stellte ein Parallelübereinkommen zum damals in der Europäischen Gemeinschaft geltenden Übereinkommen über die gerichtliche Zuständigkeit und die Vollstreckung gerichtlicher Entscheidungen in Zivil- und Handelssachen vom 27. September 1968 (sog. Brüsseler Übereinkommen) dar. Das Übereinkommen ist eine sogenannte «Convention double»: Es enthält Vorschriften sowohl über die Zuständigkeit der Gerichte im Erkenntnisverfahren wie auch über die Vollstreckung ausländischer Entscheide. Das Brüsseler Übereinkommen wurde inzwischen durch die EuGVVO, Verordnung (EG) Nr. 44/201 des Rates vom 22. Dezember 2000 über die gerichtliche Zuständigkeit und die Anerkennung und Vollstreckung von Entscheidungen in Zivil- und Handelssachen[15] abgelöst. Daher wurde auch eine Revision des Lugano-Übereinkommens notwendig, welche am 30. Oktober 2007 unterzeichnet wurde[16]. Neben einer neuen Nummerierung betreffen die Änderungen insbesondere den Vertragsgerichtsstand, die Zuständigkeit in Konsumentensachen, das Verfahren betreffend die Anerkennung und Vollstreckung von Entscheidungen, die Frage der Rechtshängigkeit sowie die Bestimmung des Sitzes juristischer Personen. Das revidierte Übereinkommen trat in der Schweiz gleichzeitig wie die ZPO am 1. Januar

---

11 EMRK, SR 0.101, nachfolgend Nr. 9.
12 SR 272.1, nachfolgend Nr. 2.
13 SR 291, nachfolgend Nr. 7.
14 aLugÜ, SR 0.275.11. Dieses findet weiterhin Anwendung bei der Anerkennung und Vollstreckung von ausländischen Entscheiden, die vor dem 1.1.2011 ergangen sind (BGE 138 III 82).
15 Auch «Verordnung Brüssel I» genannt, ABl. L 12 vom 16. Januar 2001, S. 1 ff.
16 LugÜ, SR 0.275.12, nachfolgend Nr. 10.

2011 in Kraft. Mit dem Bundesbeschluss über die Genehmigung und Umsetzung des revidierten Übereinkommens von Lugano[17] vom 11. Dezember 2009 wurden auch andere Bundesgesetze, unter anderem die noch nicht in Kraft getretene ZPO sowie das SchKG und das IPRG, abgeändert. Das alte Lugano-Übereinkommen, welches für die Anerkennung und Vollstreckung ausländischer Entscheide, welche vor dem 1. Januar 2011 ergangen sind, massgebend ist, wurde nicht mehr abgedruckt.

Weitere wichtige multilaterale Übereinkommen sind die (Haager) Übereinkünfte betreffend Zivilprozessrecht[18], über die Zustellung gerichtlicher und aussergerichtlicher Schriftstücke im Ausland in Zivil- oder Handelssachen[19], über die Beweisaufnahme im Ausland in Zivil- oder Handelssachen[20], über den internationalen Zugang zur Rechtspflege[21], das (New Yorker) Übereinkommen über die Anerkennung und Vollstreckung ausländischer Schiedssprüche[22] sowie das (Haager) Übereinkommen über die Anerkennung und Vollstreckung von Unterhaltsentscheidungen[23].

Anhang: Änderungen der Zivilprozessordnung

Artikel	Datum Beschluss	In Kraft seit	Inhalt
270 Abs. 1; 309 Bst. b Ziff. 6 und 7; 327a; 340	11.12.2009	1.1.2011	Änderungen durch den Bundesbeschluss über die Genehmigung und die Umsetzung des Übereinkommens über die gerichtliche Zuständigkeit und die Anerkennung und Vollstreckung von Entscheidungen in Zivil- und Handelssachen (Lugano-Übereinkommen)
249 Bst. d Ziff. 9 und 10	1.12.2009	1.1.2012	Änderungen durch das Schweizerische Zivilgesetzbuch (Register-Schuldbrief und weitere Änderungen im Sachenrecht)
69 Abs. 2; 160 Abs. 2 erster Satz; 165 Abs. 1 Bst. e; 249 Bst. a und b; 299 Abs. 2 Bst. b	19.12.2008	1.1.2013	Änderungen in Koordination mit den Änderungen des ZGB (Erwachsenenschutz, Personenrecht und Kindesrecht)

---

17 BBl 2009 8811 ff.
18 SR 0.274.12, nachfolgend Nr. 11.
19 SR 0.274.131, nachfolgend Nr. 12.
20 SR 0.274.132, nachfolgend Nr. 13.
21 SR 0.274.133, nachfolgend Nr. 14.
22 SR 0.277.12, nachfolgend Nr. 15.
23 SR 0.211.213.02, nachfolgend Nr. 15a.

Artikel	Datum Beschluss	In Kraft seit	Inhalt
176; Tit. vor Art. 404, 407a; Art. 407a	23.5.2012	1.5.2013	Änderung der Protokollierungsvorschriften
41	28.9.2012	1.5.2013	Aufhebung von Art. 41 durch das Bundesgesetz über die Börsen und den Effektenhandel
160	28.9.2012	1.5.2013	Bundesgesetz über die Anpassung von verfahrensrechtlichen Bestimmungen zum anwaltlichen Berufsgeheimnis
5	21.06.13	1.1.2017	Änderung durch das Wappenschutzgesetz (Gerichtsstand)
166, 198, 218, 299–301, 301a; Tit. vor Art. 302; Art. 302; Tit. vor Art. 303; Art. 304; Tit. vor Art. 407b; Art. 407b	20.03.15	1.1.2017	Änderungen durch das Schweizerische Zivilgesetzbuch (Kindesunterhalt)
280 Abs. 1 Einleitungssatz, Bst. a und b sowie Abs. 3	19.6.2015	1.1.2017	Änderung durch die Revision des Schweizerischen Zivilgesetzbuches (Vorsorgeausgleich bei Scheidung)
130; 139; 143 Abs. 2	18.3.2016	1.1.2017	Änderungen durch das Bundesgesetz über Zertifizierungsdienste im Bereich der elektronischen Signatur und anderer Anwendungen digitaler Zertifikate (Bundesgesetz über die elektronische Signatur, ZertES)
198 Bst. d; 229 Abs. 1 Bst a;230; Abs. 1 Bst. b; 250 Bst. c Ziff. 6,7 und 13; 305 Einleitungssatz; 317 Abs. 2 Bst. b	25.9.2015	1.1.2018	Diverse redaktionelle Änderungen aus Anlass der Revision von Art. 27 SchKG
Gliederungstitel vor 307a; 307a	17.6. 2016	1.1.2018	Änderung durch die Revision des Schweizerischen Zivilgesetzbuches (Adoption)

Literaturverzeichnis

BAKER MCKENZIE (Hrsg.), Schweizerische Zivilprozessordnung ZPO, Stämpflis Handkommentar, Bern 2010

BERGER BERNHARD/GÜNGERICH ANDREAS, Zivilprozessrecht, unter Berücksichtigung des Entwurfs für eine Schweizerische Zivilprozessordnung, der bernischen Zivilprozessordnung und des Bundesgerichtsgesetzes (in Weiterführung des von Franz Kellerhals begründeten Werkes), Bern 2008

BERTI STEPHEN V., Einführung in die schweizerische Zivilprozessordnung, Basel 2011

BOHNET FRANÇOIS/HALDY JACQUES/JEANDIN NICOLAS/SCHWEIZER PHILIPPE/TAPPY DENIS (Hrsg.), Code de procédure civile commenté, Basel 2011

BRAND ANNE-BANU/EGLI MARGARETA, Repetitorium Zivilprozessrecht, 2. Aufl., Zürich 2014

BRUNNER ALEXANDER/GASSER DOMINIK/SCHWANDER IVO (Hrsg.), 2. Aufl., Schweizerische Zivilprozessordnung. Kommentar, Zürich 2016

BUTTLIGER MARCEL, Prozessrecht kompakt, Basel 2010

GASSER DOMINIK/RICKLI BRIGITTE, Schweizerische Zivilprozessordnung, Kurzkommentar, 2. Aufl., Zürich 2014

GEHRI MYRIAM A./KRAMER MICHAEL (Hrsg.), Schweizerische Zivilprozessordnung, Kommentar, 2. Aufl., Zürich 2015

HALDY JACQUES, La nouvelle procédure civile suisse, Introduction pour les praticiens et les étudiants, Basel 2009

HALDY JACQUES, Procédure civile suisse, Basel 2014

HOFMANN DAVID/LÜSCHER CHRISTIAN, Le Code de procédure civile, 2. Aufl., Bern 2015

HOHL FABIENNE, Procédure civile, 2. Aufl., Bern 2010 und 2012

LEUENBERGER CHRISTOPH/UFFER-TOBLER BEATRICE, Schweizerisches Zivilprozessrecht, 2. Aufl., Bern 2016

MEIER ISAAK, Schweizerisches Zivilprozessrecht, eine kritische Darstellung aus der Sicht von Praxis und Lehre, Zürich 2010

OBERHAMMER PAUL (Hrsg.), Kurzkommentar ZPO. Schweizerische Zivilprozessordnung, 2. Aufl., Basel 2013

OLGIATI ANGELO, Il Codice di diritto processuale, Lugano 2010

SPÜHLER KARL/DOLGE ANNETTE/GEHRI MYRIAM A., Schweizerisches Zivilprozessrecht und Grundzüge des internationalen Zivilprozessrechts. 9. Auflage des von Oscar Vogel begründeten Werkes, Bern 2010

SPÜHLER KARL/TENCHIO LUCA/INFANGER DOMINIK (Hrsg.), Basler Kommentar, Schweizerische Zivilprozessordnung, 3. Aufl., Basel 2017

STAEHELIN ADRIAN/STAEHELIN DANIEL/GROLIMUND PASCAL, Zivilprozessrecht, Unter Einbezug des Anwaltsrechts und des internationalen Zivilprozessrechts, 2. Aufl., Zürich/Basel/Genf 2013

SUTTER-SOMM THOMAS, Schweizerisches Zivilprozessrecht, 3. Aufl., Zürich 2017

SUTTER-SOMM THOMAS/HASENBÖHLER FRANZ/LEUENBERGER CHRISTOPH (Hrsg.), Kommentar zur Schweizerischen Zivilprozessordnung (ZPO), 3. Aufl., Zürich 2016

TREZZINI FRANCESCO/FORNARA STEFANO/BERNASCONI GIORGIO A./VERDA CHIOCCHETTI FRANCESCA, Commentario pratico al Codice di diritto processuale civile svizzero, 2. Aufl. 2017

WALDER-RICHLI HANS ULRICH/GROB-ANDERMACHER BÉATRICE, Zivilprozessrecht, Nach den kantonalen Gesetzen des Bundes und des Kantons Zürich unter Berücksichtigung weiterer kantonaler Zivilprozessordnungen und der Schweizerischen Zivilprozessordnung vom 19. Dezember 2008 sowie unter Einschluss internationaler Aspekte, 5. Aufl., Zürich 2009

Einleitung zum SchKG

Prof. Dr. Daniel Staehelin

I. Inhalt des Gesetzes

Das Bundesgesetz über Schuldbetreibung und Konkurs vom 11. April 1889[1], abgekürzt SchKG (ausgesprochen «ScheKaGe»), regelt erstens die Zwangsvollstreckung von Forderungen, die auf Geld- oder Sicherheitsleistung gerichtet sind (die Betreibung), zweitens die Eröffnung und Durchführung von Konkursverfahren und drittens die Sanierung (oder Liquidation) von Unternehmen und Einzelpersonen durch Nachlassstundung und Nachlassvertrag.

II. Stellung in der Rechtsordnung

Während das materielle Recht – sei es das Privatrecht oder das öffentliche Recht – bestimmt, welche Rechtsverhältnisse bestehen, legt das Verfahrensrecht fest, welche Instanz in welchem Verfahren autoritativ feststellt, ob ein geltend gemachter Anspruch besteht. Im Zivilprozess urteilen die Gerichte über streitige zivilrechtliche Ansprüche, im Verwaltungsverfahren und im Verwaltungsprozessrecht entscheiden Verwaltungsbehörden und Verwaltungsgerichte über öffentlich-rechtliche Ansprüche (sog. Erkenntnisverfahren). Wird der Anspruch nicht freiwillig erfüllt, so ist er auf dem Wege der Zwangsvollstreckung von den Zwangsvollstreckungsbehörden durchzusetzen. Soweit sich der Anspruch auf eine Geldforderung oder eine Sicherheitsleistung bezieht – habe er nun seinen Rechtsgrund im privaten oder im öffentlichen Recht –, richtet sich die Zwangsvollstreckung nach dem SchKG. Ist indes der Anspruch auf Realvollstreckung eines privatrechtlichen Anspruchs gerichtet, der nicht eine Geldleistung beinhaltet (Übertragung des Eigentums an einer Sache, Räumung einer gemieteten Wohnung etc.), unterliegt die Zwangsvollstreckung den Art. 335 ff. der schweizerischen Zivilprozessordnung.[2] Diesbezüglich unterscheidet sich die schweizerische Rechtssystematik von derjenigen der meisten europäischen Rechtsordnungen, in welchen die Zwangsvollstreckung auch für Geldforderungen Teil der Zivilprozessordnung ist. Die Realvollstreckung von Ansprüchen des öffentlichen Rechts richtet sich nach den entsprechenden öffentlich-rechtlichen Normen.

III. Rechtsnatur des Vollstreckungsrechts

Sowohl Zwangsvollstreckungs- wie auch Zivilprozess- und Verwaltungsverfahrensrecht gehören als Verfahrensrecht zum öffentlichen Recht. Das Zwangsvollstreckungsrecht für

---

1 SchKG, SR 281.1, nachfolgend Erlass Nr. 17.
2 Schweizerische Zivilprozessordnung (ZPO) vom 19. Dezember 2008, SR 272, nachfolgend Nr. 1.

Geldforderungen ist – unabhängig davon, ob zivilrechtliche oder öffentlich-rechtliche Ansprüche vollstreckt werden – Teil des Verwaltungsrechts. Es wird von Zwangsvollstreckungsorganen durchgeführt, welche gemäss den allgemeinen verwaltungsrechtlichen Grundsätzen Verfügungen erlassen, die durch Beschwerde an eine obere Instanz, die Aufsichtsbehörde, weitergezogen werden können. Dass gegen deren Entscheid die Beschwerde in Zivilsachen gemäss Art. 72 ff. des Bundesgerichtsgesetzes (BGG) erhoben werden kann, ändert daran nichts, sondern hat allein praktische Gründe.

IV. Zweck des Gesetzes

Im Gegensatz zum Mittelalter haftet heute jedermann für Schulden nur noch mit seinem Vermögen. Der Schuldverhaft ist abgeschafft, wie es der inzwischen seinerseits aufgehobene Art. 59 Abs. 3 aBV prägnant formulierte. Einzig strafrechtliche Bussen können im Falle der Nichtbezahlung in Haft umgewandelt werden. Das SchKG bezweckt die Realisierung dieser Vermögenshaftung.

Das Gesetz hat seiner Natur nach verschiedene divergierende Interessen zu berücksichtigen. Primär hilft es dem Gläubiger, dass er zu seinem Geld kommt. Dadurch verhindert es, dass er zur unerlaubten Selbsthilfe greift. Auch in volkswirtschaftlicher Hinsicht ist von Bedeutung, dass Schulden bezahlt und notfalls vollstreckungsrechtlich eingetrieben werden, denn dies ist wiederum die Grundlage dafür, dass Kredit gewährt wird. Die Gewährung von Kredit ist wiederum die Basis jeder modernen Volkswirtschaft, ansonsten Transaktionen bloss gegen sofortige Barzahlung abgewickelt werden könnten und Investitionen weitgehend verunmöglicht würden. Die Interessen des Schuldners bestehen darin, dass ihm Zeit gewährt wird, um seine Schulden zu bezahlen, dass ihm das zur Existenz Lebensnotwendige auf jeden Fall belassen wird und dass er die Möglichkeit erhält, eine neue wirtschaftliche Existenz aufzubauen. Schliesslich ist es Ziel des Gesetzes, Unternehmen, die saniert werden können, nicht zu zerschlagen, um Produktionsmittel und Arbeitsplätze zu erhalten. Andererseits müssen im Sinne einer Strukturbereinigung Unternehmen, die nicht überlebensfähig sind, liquidiert und vom Markt entfernt werden.

V. Geschichtliche Entwicklung

Das SchKG ist eines der ältesten noch weitgehend unverändert in Kraft stehenden Bundesgesetze. Vor seinem Inkrafttreten am 1. Januar 1892 hatte jeder Kanton sein eigenes Zwangsvollstreckungsrecht. Hauptunterschied der kantonalen Regelungen war, ob die Zwangsvollstreckung auf dem Wege der Spezialexekution durch Pfändung durchgeführt werden soll, wobei die Zwangsvollstreckung nur für die Forderung des jeweiligen betreibenden Gläubigers durchgeführt wird und nur soviel Vermögen des Schuldners gepfändet und verwertet wird, wie nötig ist, um diese zu befriedigen, oder ob ein Konkursverfahren durchgeführt wird, womit das gesamte Vermögen des Schuldners liquidiert und unter all seinen Gläubigern aufgeteilt wird.

In der Verfassungsrevision von 1874 erhielt der Bundesgesetzgeber mit der Norm von Art. 64 aBV die Kompetenz zur Vereinheitlichung des Schuldbetreibungs- und Konkursrechts. Nachdem erste Entwürfe scheiterten, konnte, nach der Vereinheitlichung des Obligationenrechts 1881, ein Kompromiss gefunden werden, welcher für Kaufleute die Betreibung auf Konkurs, für Nichtkaufleute die Betreibung auf Pfändung vorsah. Der Entwurf wurde 1889 in der Volksabstimmung angenommen und trat am 1. Januar 1892 in Kraft.

Seither sind immer wieder geringfügige Revisionen vorgenommen worden, ohne dass die Systematik des Gesetzes geändert worden wäre. Am 16. Dezember 1994 verabschiedete das Parlament eine umfassende Teilrevision. Diese ist am 1. Januar 1997 in Kraft getreten. Es handelt sich hierbei weitgehend nur um eine formale Teilrevision ohne inhaltliche Neuerungen. Insbesondere wurden Grundsätze, die sich bis anhin bloss in Kreisschreiben oder Verordnungen des Bundesgerichts gefunden hatten, in das Gesetz aufgenommen.

Leider wurde das Schuldbetreibungs- und Konkursrecht bei der Verfassungsrevision vom 18. April 1999 in Art. 122 BV nicht mehr erwähnt. Begründet wurde dies damit, dass die Kompetenz des Bundes zur Gesetzgebung auf dem Gebiete der Zwangsvollstreckung in der Kompetenz des Bundes zur Legiferierung des materiellen Rechts auf dem entsprechenden Gebiete enthalten sei. Dies ist nicht richtig, denn der Bund hatte auch das Recht zur Legiferierung auf dem Gebiete der Zwangsvollstreckung in den Gebieten, in welchen er materiell nicht zur Gesetzgebung berechtigt ist, wie z.B. bei den kantonalen Steuern. Diesbezüglich beruht nunmehr das SchKG nur noch auf gewohnheitsrechtlicher verfassungsmässiger Grundlage.

Eine grössere Änderung erfuhr das Gesetz sodann durch das Bundesgerichtsgesetz (BGG) vom 17. Juni 2005[3]. Durch Änderung von Art. 15 wurde die Oberaufsicht über das Schuldbetreibungs- und Konkurswesen vom Bundesgericht auf den Bundesrat übertragen. Dieser hat seinerseits durch die Verordnung vom 22. November 2006 betreffend die Oberaufsicht über Schuldbetreibung und Konkurs[4] die Aufsicht an das Bundesamt für Justiz sowie die dortige Dienststelle für Oberaufsicht SchKG delegiert.

Die Schweizerische Zivilprozessordnung vom 19. Dezember 2008[5], welche am 1. Januar 2011 in Kraft getreten ist, änderte in ihrem Anhang 1, Ziff. II. 17 auch das SchKG. So werden elektronische Eingaben an die Behörden möglich (Art. 33a). Bei der Rechtsöffnung fielen die zusätzlichen Einwendungen gegen ausserkantonale Entscheide weg (Art. 79–81). Die vollstreckbare öffentliche Urkunde berechtigt zur definitiven Rechtsöffnung, wobei dem Betriebenen weitere Einwendungen gegen die Leistungspflicht offen stehen, sofern sie sofort beweisbar sind. Die summarischen Verfahren des SchKG werden in Art. 251 ZPO geregelt. Bei gewissen Entscheiden ist die Berufung

---

3 SR 173.110, nachfolgend Nr. 3.
4 SR 281.11, nachfolgend Nr. 18.
5 ZPO, SR 272, nachfolgend Nr. 1.

unzulässig (Art. 309 lit. b ZPO). Das beschleunigte Verfahren kennt die ZPO nicht mehr, doch entfällt das Schlichtungsverfahren bei den Klagen des SchKG, die bisher dem beschleunigten Verfahren unterstellt waren (Art. 198 lit. e ZPO). Die Änderung von Art. 56 SchKG wurde durch den Bundesrat nicht in Kraft gesetzt.

Weitere Änderungen ergaben sich aus dem Bundesbeschluss über die Genehmigung und die Umsetzung des revidierten Lugano-Übereinkommens vom 11. Dezember 2009[6], der zeitgleich mit der ZPO am 1. Januar 2011 in Kraft getreten ist. Damit wurde insbesondere das Arrestrecht geändert, indem jeder Entscheid, der zur definitiven Rechtsöffnung berechtigt, gleichzeitig einen Arrestgrund darstellt. Dazu gehören auch ausländische Entscheide (BGE 139 III 135). Ein Arrest kann nunmehr nicht nur vom Gericht am Ort, wo sich die zu verarrestierenden Vermögenswerte befinden, angeordnet werden, sondern auch vom Gericht am Betreibungsort des Schuldners. Das Gericht kann Vermögenswerte in der gesamten Schweiz verarrestieren.

Durch die Änderung vom 21. Juni 2013 (in Kraft seit 1. Januar 2014) wurde namentlich das Sanierungsrecht überarbeitet. Ausgangslage war das Grounding der Swissair am 2. Oktober 2001. Die Neufassung beruht im Wesentlichen auf dem Entwurf einer Expertengruppe. Wichtige Punkte sind: Regelung der Dauerschuldverhältnisse im Konkurs (Art. 211a); Aufhebung des Privilegs der Mehrwertsteuerverwaltung; Möglichkeit der provisorischen Stundung ohne Sachwalter (Art. 293b Abs. 2); Möglichkeit einer provisorischen Stundung ohne Publikation (Art. 293c Abs. 2); Gläubigerausschuss in der Stundung (Art. 295a); Aufhebung der Stundung ohne Nachlassvertrag (296a); Kündigung von Dauerschuldverhältnissen während der Stundung (297a); Sanierungsbeitrag der Anteilsinhaber (306 Abs. 1 Ziff. 3); Nachlassdividende in Form von Anteilsrechten (314 Abs. 1bis, 318 Abs. 1bis).

Die Änderung vom 16. Dezember 2016 betr. die Löschung ungerechtfertigter Betreibungen[7] ist noch nicht in Kraft.

VI. Organe des Zwangsvollstreckungsverfahrens

Die Organe des Zwangsvollstreckungsverfahrens sind die Betreibungs- und Konkursbeamten, die Aufsichtsbehörden, die Gerichte sowie atypische Organe wie die Gläubigerversammlung, der Gläubigerausschuss, die ausserordentliche Konkursverwaltung, der Sachwalter in der Nachlassstundung sowie die Liquidatoren beim Nachlassvertrag mit Vermögensabtretung. Der grösste Teil der Arbeit obliegt staatlichen Betreibungs- und Konkursbeamten. Nur ausnahmsweise wählen die Gläubiger in grösseren Fällen einen Anwalt oder einen Treuhänder als ausseramtlichen Konkursverwalter. Aber auch dieser ist an den staatlichen Gebührentarif gebunden und hat seine Bemühungen gemäss Zeitaufwand abzurechnen. Dies unterscheidet das Schweizer System von

---

6 LugÜ, SR 0.275.12, nachfolgend Nr. 10.
7 BBl 2016 8897, nachfolgend Nr. 17a.

demjenigen der meisten übrigen Länder, in welchen häufiger private Konkursverwalter eingesetzt werden.

Wichtige Entscheidungen obliegen im Bereich der Zwangsvollstreckung den Gerichten. Soweit es nur um zwangsvollstreckungsrechtliche Belange geht, entscheiden diese dann als Vollstreckungsgerichte und nicht als Zivilgerichte. Das SchKG enthält indes nur wenige Normen betreffend das gerichtliche Verfahren. Diese finden sich nunmehr in der schweizerischen Zivilprozessordnung.

VII. Allgemeine Bestimmungen

Das SchKG beginnt mit Bestimmungen über die Organisation der Betreibungs- und Konkursämter (Art. 1–3), die innerschweizerische Rechtshilfe (Art. 4), die Haftung der Zwangsvollstreckungsorgane (Art. 5–7), fährt fort mit Bestimmungen über die Protokolle und das Einsichtsrecht (Art. 8–8a), enthält Normen über die Ausstandspflicht (Art. 10–11), sowie die Aufsicht durch die Aufsichtsbehörden (Art. 13–15). Es folgen Bestimmungen über die Beschwerde an die Aufsichtsbehörde (Art. 17–22). Das SchKG enthält Vorschriften über die Berechnung und Einhaltung von Fristen (Art. 31–33), über Mitteilungen und Zustellungen (Art. 34, 35, 64–66). Art. 38 hält fest, dass das Gesetz nur Anwendung findet auf die Zwangsvollstreckung, welche auf eine Geldzahlung oder Sicherheitsleistung gerichtet ist.

In Art. 39 werden diejenigen Personen und Gesellschaften aufgeführt, gegen welche die Betreibung auf dem Wege des Konkurses fortzuführen ist, die somit konkursfähig sind. Dies sind die Einzelunternehmen, Mitglieder einer Personengesellschaft und juristischen Personen, die im Handelsregister eingetragen sind. Gegenüber den übrigen Personen wird die Betreibung auf Pfändung durchgeführt. In beide Richtungen bestehen Ausnahmen. Namentlich für öffentlich-rechtliche Forderungen und Alimentenforderungen wird auch gegenüber einem konkursfähigen Schuldner die Betreibung auf dem Wege der Pfändung durchgeführt (Art. 43), während gegenüber einem nicht konkursfähigen Schuldner u.a. im Falle der Schuldnerflucht (Art. 190 Abs. 1 Ziff. 1) oder auch auf sein eigenes Begehren hin (Art. 191) der Konkurs eröffnet werden kann.

Das SchKG findet auch Anwendung auf die Verwertung von Faust- und Grundpfändern. Der Schuldner, der ein Pfand gestellt hat, kann, sofern nichts anderes vereinbart wurde, mittels des sogenannten *beneficium excussionis realis* verlangen, dass der Gläubiger zuerst das Pfand verwerten lässt, bevor dieser in das übrige Vermögen des Schuldners vollstrecken lässt (Art. 41 Abs. 1bis). In den Art. 46 ff. finden sich schliesslich Bestimmungen über den Ort der Betreibung. Diese gelten auch in internationalen Verhältnissen. Art. 56–63 enthalten Vorschriften für den Schuldnerschutz wie geschlossene Zeiten, Betreibungsferien und Rechtsstillstand.

VIII. Einleitungsverfahren

Die Zwangsvollstreckung (Betreibung) beginnt mit einem Betreibungsbegehren des Gläubigers an das Betreibungsamt (Art. 67). Hierauf stellt das Betreibungsamt dem Schuldner einen Zahlungsbefehl zu (Art. 69–73). Hiergegen kann der Schuldner ohne Begründung Rechtsvorschlag (Widerspruch) erheben (Art. 74–78). Der Gläubiger muss nun den Rechtsvorschlag durch das Gericht beseitigen lassen. Dies erfolgt entweder auf dem Wege des Zivilprozesses oder bei öffentlich-rechtlichen Forderungen im Verwaltungsverfahren (Art. 79). Verfügt der Gläubiger indes bereits über ein vollstreckbares (nicht notwendigerweise rechtskräftiges) Urteil, eine vollstreckbare öffentliche Urkunde oder eine vollstreckbare Verwaltungsverfügung, so kann er vom Gericht definitive Rechtsöffnung verlangen (Art. 80). Hat der Gläubiger eine vom Schuldner unterschriebene Schuldanerkennung, so kann er vom Gericht in einem summarischen Verfahren zumindest provisorische Rechtsöffnung verlangen (Art. 82). Gegen den Entscheid über die Rechtsöffnung kann Beschwerde gemäss ZPO erhoben werden (Art. 309 lit. b Ziff. 3 ZPO schliesst die Berufung aus). Wurde die provisorische Rechtsöffnung gewährt, so kann der Schuldner seinerseits vor dem ordentlichen Gericht die Aberkennungsklage erheben (Art. 83).

Als weitere Rechtsbehelfe stehen dem Schuldner die richterliche Aufhebung oder Einstellung der Betreibung im summarischen Verfahren (Art. 85), die negative Feststellungsklage gemäss Art. 85a und die Rückforderungsklage gemäss Art. 86 zur Verfügung.

IX. Betreibung auf Pfändung

Hat der Schuldner keinen Rechtsvorschlag erhoben oder wurde dieser vom Gericht beseitigt, so kann der Gläubiger das Fortsetzungsbegehren stellen (Art. 88). Das Betreibungsamt entscheidet sodann von Amtes wegen, ob die Betreibung auf dem Wege der Pfändung oder des Konkurses fortgesetzt wird. Im Falle der Betreibung auf Pfändung kündigt es dem Schuldner die Pfändung spätestens drei Tage vorher an (Art. 90). Die eigentliche Pfändung selbst erfolgt durch Erklärung gegenüber dem Schuldner, dass genau bezeichnete und in die Pfändungsurkunde aufgenommene Vermögenswerte beschlagnahmt seien. Erfordern es die Verhältnisse, so sind die gepfändeten Gegenstände in amtliche Verwahrung zu nehmen (Art. 98). Bei Forderungen ist die Pfändung dem Drittschuldner anzuzeigen (Art. 99), bei Grundstücken im Grundbuch vorzumerken (Art. 101).

Gewisse Gegenstände, die dem Schuldner und seiner Familie zum persönlichen Gebrauche dienen oder für die Ausübung des Berufes notwendig sind, sind absolut unpfändbar (sog. Kompetenzstücke; Art. 92). Ebenfalls unpfändbar sind die AHV- und IV-Renten. Erwerbseinkommen – sei es aus selbstständiger oder unselbstständiger Arbeit – sowie die übrigen Renten können für die Dauer eines Jahres nur soweit gepfändet werden, als dem Schuldner und seiner Familie das sogenannte Existenzminimum verbleibt (Art. 93). Für die Berechnung des Existenzminimums hat die Konferenz der

Betreibungs- und Konkursbeamten Richtlinien erlassen,[8] deren Grundkonzept von allen Kantonen befolgt wird.

Behauptet ein Dritter, ein gepfändeter Gegenstand gehöre ihm oder er habe ein anderes der Pfändung vorhergehendes Recht, so ist das sogenannte Widerspruchsverfahren gemäss Art. 106–109 durchzuführen. Im Streitfall entscheidet hierüber das Gericht.

Grundsätzlich gilt in der Betreibung auf Pfändung das Prioritätsprinzip: wer zuerst kommt, mahlt zuerst. Gläubiger, die ihrerseits das Fortsetzungsbegehren innerhalb von 30 Tagen nach dem Vollzug einer Pfändung stellen, werden jedoch gleich wie der erste Gläubiger behandelt und bilden mit ihm eine Pfändungsgruppe (Art. 110). Ohne vorgängige Betreibung können sich innert 40 Tagen der Ehegatte und die Kinder für ihre Forderungen der Pfändung anschliessen (Art. 111).

Nach erfolgter Pfändung muss der Gläubiger das Verwertungsbegehren stellen (Art. 116–121). Hierauf verwertet das Betreibungsamt die gepfändeten Vermögenswerte durch öffentliche Versteigerung oder, wenn alle Beteiligten damit einverstanden sind, durch sogenannten Freihandverkauf (Art. 122–143b). Sodann wird der Erlös an die Gläubiger verteilt. Können nicht sämtliche Gläubiger befriedigt werden, so erstellt das Betreibungsamt einen Plan für die Rangordnung der Gläubiger, wobei es die konkursrechtlichen Privilegien berücksichtigt (Art. 146–148).

Jeder Gläubiger, der nicht voll befriedigt wird, erhält einen Verlustschein. Damit kann er während sechs Monaten ohne neuen Zahlungsbefehl die Betreibung fortsetzen. Für die Verlustscheinforderung muss der Schuldner keine Zinsen zahlen (Art. 149). Die durch den Verlustschein verurkundete Forderung verjährt nach zwanzig Jahren (Art. 149a).

X. Betreibung auf Pfandverwertung

Die Betreibung auf Pfandverwertung erfolgt gemäss den Art. 151–158. Auch sie beginnt mit Betreibungsbegehren, Zahlungsbefehl, Rechtsvorschlag und Rechtsöffnung. Danach kommt es jedoch nicht zur Pfändung, sondern direkt zur Verwertung des Pfandes, da hier das Vollstreckungssubstrat bereits spezifiziert ist. Die Betreibung auf Pfandverwertung wird auch gegenüber konkursfähigen Schuldnern durchgeführt.

XI. Betreibung auf Konkurs

Unterliegt der Schuldner der Konkursbetreibung (Art. 39), so stellt ihm das Betreibungsamt nach Eingang des Fortsetzungsbegehrens die Konkursandrohung zu (Art. 159–161). Der Gläubiger seinerseits kann vom Gericht die Anordnung eines Güterverzeichnisses als Sicherungsmassnahme verlangen (Art. 162–165).

Nach der Zustellung der Konkursandrohung kann der Gläubiger beim Gericht das Konkursbegehren stellen (Art. 166–170). Das Gericht lädt die Parteien zur Konkursverhandlung und eröffnet den Konkurs, wenn der Schuldner nicht durch Urkunden nachweist,

---

8 Vgl. nachfolgend Nr. 33.

dass er die Schuld inzwischen bezahlt hat oder dass die Konkursandrohung von der Aufsichtsbehörde aufgehoben ist (Art. 171–173). Die Parteien können den Entscheid des Konkursgerichts innert 10 Tagen mittels Beschwerde nach der ZPO an das obere Gericht weiterziehen (Art. 174). Der Konkursentscheid wird publiziert (Art. 176).

Ohne Betreibung wird der Konkurs eröffnet gegen jeden Schuldner, dessen Aufenthaltsort unbekannt ist oder der die Flucht ergriffen hat, sowie gegen einen konkursfähigen Schuldner, der seine Zahlungen eingestellt hat (Art. 190). Jedermann, auch wer nicht konkursfähig ist, kann beim Gericht die Konkurseröffnung über sich selbst beantragen (Insolvenzerklärung, Art. 191). Juristische Personen müssen beim Gericht die Konkurseröffnung gegen sich selbst beantragen, wenn sie überschuldet sind (sog. Bilanzdeposition; Art. 725a OR).

XII. Konkursrecht

Das gesamte pfändbare Vermögen, das dem Schuldner zur Zeit der Konkurseröffnung gehört, bildet seine Konkursmasse (Art. 197). Hierüber kann der Schuldner nicht mehr verfügen (Art. 204). Alle hängigen Betreibungen (inkl. Lohnpfändungen) und Prozesse werden eingestellt (Art. 206–207). Sämtliche Forderungen aller Gläubiger werden fällig (Art. 208) und unverzinslich (Art. 209). Sie werden, sofern sie eine Realleistung zum Inhalt haben, in Geldforderungen umgewandelt (Art. 211). Die Verrechnung mit Gegenforderungen des Schuldners wird eingeschränkt (Art. 213–214).

Nach Eröffnung des Konkurses nimmt das Konkursamt ein Inventar auf und leitet Sicherungsmassnahmen ein (Art. 221–223). Reicht die Konkursmasse voraussichtlich nicht aus, um die Verfahrenskosten zu decken, so wird das Verfahren mangels Aktiven eingestellt. Sind die Verhältnisse einfach oder reichen die Kosten nicht für die Durchführung des ordentlichen Verfahrens, so wird der Konkurs im summarischen Verfahren durchgeführt (Art. 231). In der Praxis werden die meisten Konkurse im summarischen Verfahren durchgeführt. Das Konkursamt erlässt sodann einen Schuldenruf (Art. 232). Im ordentlichen Verfahren werden Gläubigerversammlungen durchgeführt, die eine ausserordentliche Konkursverwaltung und einen Gläubigerausschuss wählen können (Art. 235–241), ansonsten obliegt das Amt der Konkursverwaltung dem Konkursamt. Die Konkursverwaltung entscheidet über die Herausgabe von Sachen, welche von Dritten beansprucht werden. Diese können den Entscheid an das Gericht weiterziehen.

Die Konkursverwaltung prüft sodann die eingegebenen Forderungen und erstellt den Kollokationsplan, worin die Gläubiger gemäss ihrem Rang in verschiedene Klassen eingeteilt werden (Art. 247). Vorweg werden die pfandgesicherten Gläubiger befriedigt. In der ersten Klasse befinden sich sodann die Forderungen der Arbeitnehmer für Lohnforderungen, die in den letzten sechs Monaten entstanden oder fällig geworden sind (wobei diese betragsmässig begrenzt werden), die Ansprüche der Versicherten gemäss UVG und BVG, die Forderungen der Pensionskassen gegenüber den angeschlossenen Arbeitgebern sowie die Alimentenforderungen für die letzten sechs Monate vor der

Konkurseröffnung. In der zweiten Klasse finden sich die Forderungen der Sozialversicherungen und in der dritten Klasse alle übrigen Forderungen (Art. 219). Innerhalb einer Klasse werden die Gläubiger gleich behandelt. Die Gläubiger einer nachfolgenden Klasse haben erst dann Anspruch auf den Erlös, wenn die Gläubiger der vorhergehenden Klasse voll befriedigt sind (Art. 220). Kann eine Klasse nicht voll befriedigt werden, so erhalten die entsprechenden Gläubiger einen prozentualen Bruchteil ihrer Forderung (sog. Dividende). Der Kollokationsplan kann von den Gläubigern, und zwar sowohl von den abgewiesenen wie auch von den zugelassenen, gerichtlich angefochten werden (Art. 250).

Danach verwertet die Konkursverwaltung die Konkursmasse durch öffentliche Versteigerung oder, falls die Gläubiger es beschliessen, durch Freihandverkauf (Art. 252–259). Strittige Rechtsansprüche gegenüber Dritten werden den Gläubigern zur Geltendmachung auf eigene Rechnung abgetreten (Art. 260). Der Erlös der Verwertung wird den Gläubigern gemäss einer von der Konkursverwaltung zu erstellenden Verteilungsliste verteilt (Art. 261–264).

Jeder Gläubiger, der nicht voll befriedigt worden ist, erhält einen Verlustschein. Für die im Verlustschein verurkundete Forderung kann der Schuldner, sofern er eine natürliche Person ist, erst wieder betrieben werden, wenn er zu neuem Vermögen gekommen ist (Art. 265). Hierüber entscheidet im Streitfall das Gericht (Art. 265a). Juristische Personen werden nach Abschluss des Konkursverfahrens im Handelsregister gelöscht.

XIII. Arrest

Als vorsorgliche Massnahme können bei Vorliegen gewisser Arrestgründe Vermögenswerte des Schuldners vor Einleitung einer Betreibung beschlagnahmt werden. Ein häufiger Arrestgrund ist der sogenannte Ausländerarrest. Er ist gegeben, wenn der Schuldner nicht in der Schweiz wohnt, kein anderer Arrestgrund gegeben ist, die Forderung aber einen genügenden Bezug zur Schweiz aufweist oder auf einer Schuldanerkennung im Sinne von Art. 82 Abs. 1 beruht (Art. 271 Abs. 1 Ziff. 4). Zudem kann ein Gläubiger, der gegen den Schuldner einen definitiven Rechtsöffnungstitel besitzt, einen Arrest verlangen (Art. 271 Abs. 1 Ziff. 6). Der Arrest wird einseitig, ohne Anhörung des Schuldners, entweder vom Gericht am Betreibungsort oder am Ort, wo sich die zu verarrestierenden Vermögenswerte befinden, bewilligt (Art. 272). Das Gericht kann überall in der Schweiz liegende Vermögenswerte verarrestieren (Art. 271 Abs. 1 Einleitungssatz). Vollzogen wird der Arrest vom Betreibungsamt (Art. 275). Der Schuldner kann gegen den Arrest Einsprache erheben. Gegen den Entscheid über die Einsprache kann Beschwerde nach ZPO erhoben werden (Art. 309 lit. b Ziff. 6 ZPO schliesst die Berufung aus). Gegen den Arrestvollzug kann Beschwerde gemäss Art. 17 erhoben werden. Der Gläubiger seinerseits muss den Arrest prosequieren, d.h. innert zehn Tagen Betreibung einleiten oder Klage erheben (Art. 279). Dann wird die Betreibung je nach Person des Schuldners auf dem Wege der Pfändung oder des Konkurses fortgesetzt.

XIV. Retentionsrecht des Vermieters

Das Gesetz enthält besondere Bestimmungen über die Durchsetzung des Retentionsrechts des Vermieters von Geschäftsräumen (Art. 268 ff. OR). Der Vermieter kann vom Betreibungsamt die Aufnahme eines Retentionsverzeichnisses verlangen, womit aus dem latenten Pfandrecht ein aktuelles wird (Art. 283).

XV. Anfechtung

Durch die Anfechtungsklage können bestimmte Rechtsgeschäfte, durch welche der Schuldner innert einer bestimmten Frist vor der Pfändung resp. Konkurseröffnung Dritte zum Nachteile seiner Gläubiger begünstigte, rückgängig gemacht werden (Art. 285 Abs. 1). Anfechtbar sind insbesondere ganz oder teilweise unentgeltliche Verfügungen (Art. 286), Tilgung einer Schuld durch Waren statt durch Geld bei Vorliegen einer Überschuldung (Art. 287) sowie alle Rechtshandlungen, die in der erkennbaren Absicht vorgenommen wurden, die Gläubiger zu benachteiligen oder einzelne Gläubiger zum Nachteil anderer zu begünstigen (Art. 288). Legitimiert zur Klage ist jeder Gläubiger, der über einen Pfändungsverlustschein verfügt, sowie die Konkursverwaltung resp. ein Abtretungsgläubiger gemäss Art. 260 (Art. 285 Abs. 2). Die Klage richtet sich gegen den begünstigten Dritten (Art. 290).

XVI. Nachlassverfahren

Das Nachlassverfahren soll einem finanziell angeschlagenen Schuldner ermöglichen, eine Vereinbarung mit seinen Gläubigern zu treffen, wonach diese entweder auf einen Teil ihrer Forderungen verzichten und der Schuldner danach seinen Geschäftsbetrieb fortführt (ordentlicher Nachlassvertrag, Dividendenvergleich; Art. 314 ff.), oder wonach der Schuldner sein Vermögen an die Gläubiger überträgt und diese es in einem konkursähnlichen Verfahren durch Liquidatoren verwerten lassen (Nachlassvertrag mit Vermögensabtretung, Liquidationsvergleich; Art. 317 ff.).

Das Nachlassverfahren beginnt mit einem Gesuch an das Gericht um Nachlassstundung (Art. 293). Besteht Aussicht auf einen Nachlassvertrag, so ordnet das Gericht zuerst die provisorische (Art. 293a) und dann die definitive (Art. 294) Stundung an und ernennt einen Sachwalter (Art. 295). Während der Stundung kann der Schuldner nicht betrieben werden (Art. 297). Der Sachwalter erstellt ein Inventar (Art. 299), erlässt einen Schuldenruf (Art. 300) und beruft eine Gläubigerversammlung ein (Art. 301). Der Nachlassvertrag gilt sodann als angenommen, wenn ihm eine qualifizierte Mehrheit der Gläubiger zugestimmt hat (Art. 305). Darauf muss der Nachlassvertrag vom Gericht bestätigt werden. Die Bestätigung setzt beim ordentlichen Nachlassvertrag voraus, dass die angebotene Dividende fair erscheint und die Anteilseigner einen Sanierungsbeitrag leisten, und beim Liquidationsvergleich, dass ein besseres Ergebnis als im Konkurs zu erwarten ist, sowie in beiden Fällen, dass die privilegierten Gläubiger und die Masseschulden voll befriedigt werden (Art. 306). Der vom Gericht bestätigte Nachlassvertrag gilt auch für diejenigen Gläubiger, die ihm nicht zugestimmt haben (Art. 310).

XVII. Nebenerlasse

Eine grosse Rolle spielen im Bereiche des Zwangsvollstreckungsrechts die sogenannten Nebenerlasse. Vorweg zu erwähnen sind hierbei die Verordnung über die im Betreibungs- und Konkursverfahren zu verwendenden Formulare und Register sowie die Rechnungsführung[9], die Verordnung des EJPD über die vom Gläubiger zu stellenden Begehren im Schuldbetreibungs- und Konkursverfahren[10], die Verordnung über die Geschäftsführung der Konkursämter[11], Verordnung über die Aufbewahrung der Betreibungs- und Konkursakten[12], die Gebührenverordnung[13], die Verordnung über die Pfändung und Verwertung von Anteilen an Gemeinschaftsvermögen[14] und die Verordnung über die Zwangsverwertung von Grundstücken[15].

Im Bucheffektengesetz[16] finden sich schliesslich Bestimmungen über Pfändung und Arrest von Bucheffekten, über die Liquidation einer Verwahrungsstelle sowie über die Verwertung von Sicherheiten.

Aktuell wurde in jüngerer Zeit (Insolvenz der Gemeinde Leukerbad) das Bundesgesetz über die Schuldbetreibung gegen Gemeinden und andere Körperschaften des kantonalen öffentlichen Rechts[17].

Praktisch wichtige Sonderregelungen gibt es für die Insolvenz von Banken[18] und Versicherungen[19].

In sozialversicherungsrechtlicher Hinsicht ist das Bundesgesetz über die Arbeitslosenversicherung und Insolvenzentschädigung zu erwähnen, welches die Löhne, die infolge Zahlungsunfähigkeit des Arbeitgebers nicht mehr bezahlt werden können, sicherstellt.[20]

Das Bundesgericht als frühere Oberaufsichtsbehörde hat diverse generell-abstrakte Normen auf der Stufe von sogenannten Kreisschreiben erlassen, die jeweils in der amtlichen Sammlung des Bundesgerichts veröffentlicht wurden. Im BGE 122 III 327[21] hat es fest-

---

9 VFRR, SR 281.31, nachfolgend Nr. 18a.
10 SR 281.311, nachfolgend Nr. 18b.
11 KOV, SR 281.32, nachfolgend Nr. 19.
12 VABK, SR 281.33, nachfolgend Nr. 19a.
13 GebV SchKG, SR 281.35, nachfolgend Nr. 20.
14 VVAG, SR 281.41, nachfolgend Nr. 21.
15 VZG, SR 281.42, nachfolgend Nr. 22.
16 SR 957.1, nachfolgend Nr. 31.
17 GSchG (inoffizielle Abkürzung), SR 282.11, nachfolgend Nr. 24.
18 Art. 16, 23^{quater}, 24 ff. Bankengesetz (BankG), SR 952.0, nachfolgend Nr. 29; Bankeninsolvenzverordnung-FINMA, SR 952.05, nachfolgend Nr. 30.
19 Art. 53 f. Versicherungsaufsichtsgesetz (VAG), SR 961.01, nachfolgend Nr. 32; Versicherungskonkursverordnung-FINMA, SR 961.015.2, nachfolgend Nr. 32a.
20 AVIG, SR 837.0, nachfolgend Nr. 27.
21 Kreisschreiben Nr. 37 des Schweizerischen Bundesgerichts, nachfolgend Nr. 34.

gehalten, welche von diesen Kreisschreiben nach der Revision vom 16. Dezember 1994 noch in Kraft sind.

XVIII. Internationale Verhältnisse

Als öffentliches Recht unterliegt das SchKG dem Territorialitätsprinzip. Schweizer Zwangsvollstreckungsbehörden dürfen hoheitlich nur auf Vermögenswerte greifen, die in der Schweiz «belegen» sind. Bei Forderungen hat das Bundesgericht schon früh entschieden, dass diese grundsätzlich am Wohnsitz des Gläubigers der Forderung belegen sind; soweit jedoch der Gläubiger der Forderung Wohnsitz im Ausland hat, gilt die Forderung am Wohnsitz oder Sitz des Drittschuldners in der Schweiz (z.B. einer Bank) belegen.

Für einen in der Schweiz eröffneten Konkurs gilt aus schweizerischer Sicht grundsätzlich das Universalitätsprinzip. Die schweizerische Konkursmasse umfasst, zumindest theoretisch, auch das im Ausland gelegene Vermögen (Art. 27 Abs. 2 KOV). Ob dessen Einbezug in die schweizerische Konkursmasse gelingt, richtet sich nach dem entsprechenden ausländischen Recht. Für einen im Ausland eröffneten Konkurs gilt indes das strenge Territorialitätsprinzip, er hat vorerst keine Wirkungen in der Schweiz. Gemäss Art. 166 IPRG[22] kann jedoch der ausländische Konkurs unter bestimmten Voraussetzungen in der Schweiz anerkannt werden. Diesfalls bildet das in der Schweiz gelegene Vermögen eine Partikularmasse, die von einem schweizerischen Konkursverwalter nach den Schweizer Normen verwaltet und verwertet wird und deren Erlös vorweg an die privilegierten Gläubiger mit Wohnsitz in der Schweiz sowie an die Pfandgläubiger ausgehändigt wird. Ein allfälliger Überschuss wird nach Genehmigung des ausländischen Kollokationsplans dem ausländischen Konkursverwalter ausgehändigt.

Von den Staatsverträgen ist insbesondere das Lugano-Übereinkommen[23] von Bedeutung. Dieses findet zwar keine Anwendung auf die Gerichtsverfahren im Zusammenhang mit einem Konkurs- oder Nachlassverfahren (Art. 1 Ziff. 2 lit. b LugÜ). Soweit indes in der Spezialexekution (Betreibung auf Pfändung oder Pfandverwertung) die örtliche Zuständigkeit eines Gerichts im internationalen Verhältnis bestimmt werden soll, ist das Lugano-Übereinkommen anwendbar. Hierbei muss insbesondere untersucht werden, inwieweit der Gerichtsstand am Vollstreckungsort gemäss Art. 22 Ziff. 5 LugÜ angerufen werden kann. Da dieser Gerichtsstand nur für die Vollstreckung aus Entscheidungen zur Verfügung steht, kann gemäss herrschender Auffassung das Verfahren auf provisorische Rechtsöffnung (Art. 82) nicht an diesem Gerichtsstand durchgeführt werden, da hierbei eine Schuldanerkennung und nicht ein Entscheid vollstreckt werden soll; anderer Auffassung ist hier jedoch das Bundesgericht (BGE 136 III 566).

Unter dem revidierten Lugano-Übereinkommen ist strittig, ob nicht auch der Zahlungsbefehl nur an einem Gerichtsstand des Abkommens erlassen werden kann, da dieses

---

22 Bundesgesetz über das internationale Privatrecht, SR 291, nachfolgend Nr. 7.
23 aLugÜ, SR 0.275.11.

nunmehr den Zahlungsbefehl ausdrücklich erwähnt (Art. 32 LugÜ), und auch Entscheide von Verwaltungsbehörden dem Abkommen unterstellt werden (Art. 62 LugÜ). Diese Auffassung ist indes abzulehnen.[24]

Als Sicherungsmittel gemäss Art. 47 Abs. 2 LugÜ steht bei Geldforderungen nunmehr ausschliesslich der Arrest zur Verfügung (Art. 271 Abs. 1 Ziff. 6). Vorgängig kann das angerufene Gericht den ausländischen Entscheid gem. Art. 38 LugÜ vollstreckbar erklären (Art. 271 Abs. 3).

Schliesslich finden sich in dieser Sammlung die Haager Übereinkunft betreffend Zivilprozessrecht vom 1. März 1954[25] und das Haager Übereinkommen betreffend die Zustellung gerichtlicher und aussergerichtlicher Schriftstücke vom 15. November 1965[26], welche beide die Zustellung von Betreibungsurkunden in das Ausland regeln.

Anhang: Änderungen des SchKG seit der Revision vom 16. Dezember 1994

Artikel	Datum Beschluss	In Kraft seit	Inhalt
219 Abs. 4 Zweite Klasse lit. b–d	24.3.2000	1.1.2001	Wiedereinführung des Privilegs für diverse Forderungen der Sozialversicherung
92 Abs. 1 Ziff. 1a	4.10.2002	1.4.2003	Unpfändbarkeit von Haustieren
173b	3.10.2003	1.7.2004	Kompetenz der Bankenkommission (heute: FINMA) zur Konkurseröffnung über Banken
43 Abs. 1bis	3.10.2003	1.7.2004	Ausschluss der Konkursbetreibung für UVG-Prämien
219 Abs. 4 Erste Klasse lit. a	19.12.2003	1.1.2005	Ausdehnung des Privilegs auf Lohnforderungen, die sechs Monate vor der Konkurseröffnung fällig geworden sind (13. Monatslohn pro rata)
176 Abs. 2, 296	19.3.2004	1.1.2005	Anmerkung von Konkurs und Nachlassvertrag im Grundbuch innert zwei Tagen

---

24 DANIEL STAEHELIN, Das internationale Betreibungsrecht, BlSchKG 2015, 125 ff, 128.
25 SR 0.274.12, nachfolgend Nr. 11.
26 SR 0.274.131, nachfolgend Nr. 12.

Artikel	Datum Beschluss	In Kraft seit	Inhalt
10 Abs. 1 Ziff. 2 und 2bis; 26 Abs. 3; 43 Ziff. 2; 58; 95a; 111 Abs. 1 Ziff. 1 und Abs. 2; 151 Abs. 1; 153 Abs. 2 lit. b und Abs. 2bis; 219 Abs. 4 Erste Klasse lit. c; 305 Abs. 2	18.6.2004	1.1.2007	Einführung der eingetragenen Partnerschaft durch das Partnerschaftsgesetz
15; 19; 20a	17.6.2005	1.1.2007	Übertragung der Oberaufsicht auf den Bundesrat und Verweis auf das Bundesgerichtsgesetz (BGG)
20a Randtitel und Abs. 2 Ziff. 3; 28	20.12.2006	1.1.2007	Änderung durch die Verordnung der Bundesversammlung über die Anpassung von Erlassen an die Bestimmungen des Bundesgerichtsgesetzes und des Verwaltungsgerichtsgesetzes
39 Abs. 1 Ziff. 13 und 14	23.6.2006	1.1.2007	Konkursfähigkeit der Investmentgesellschaft mit variablem Kapital (Art. 36 KAG) und der Kommanditgesellschaft für kollektive Kapitalanlagen (Art. 98 KAG)
284a und 284b (und Gliederungstitel vor Art. 284a)	20.12.2006	1.7.2007	Besondere Bestimmungen bei Trustverhältnissen
39 Abs. 1 Ziff. 5	16.12.2005	1.1.2008	Aufhebung der Konkursfähigkeit des geschäftsführenden Mitglieds der GmbH
80 Abs. 2	17.6.2005	1.1.2008	Schwarzarbeit
287 Abs. 3	3.10.2008	1.1.2010	Einschränkung der Anfechtung bei gewissen Effektentransaktionen
219 Abs. 4 Zweite Klasse	12.6.2009	1.1.2010	Privileg der Mehrwertsteuerverwaltung
219 Abs. 4 Erste Klasse	18.6.2010	1.12.2010	Betragsmässige Begrenzung des Privilegs der Arbeitnehmer

Artikel	Datum Beschluss	In Kraft seit	Inhalt
15 Abs. 4 und 5; 25; 29; 31; 32 Abs. 1, 2 und 3; 33a; 34; 79; 80 Abs. 1 sowie 2 Einleitungssatz und Ziff. 1bis, 2 und 3; 81; 85a Randtitel und Abs. 4; 86 Abs. 1; 109 Abs. 4 zweiter Satz; 111 Abs. 5 zweiter Satz; 148 Abs. 2; 174; 185; 250 Abs. 3; 265a Abs. 1 und 4; 278 Abs. 3; 284 dritter Satz; 294 Randtitel sowie Abs. 3 und 4; 307; 340 Randtitel sowie Abs. 1 und 3; 348 Abs. 2 zweiter Satz	19.12.2008	1.1.2011	Änderungen durch die Schweizerische Zivilprozessordnung
81 Abs. 3; 271 Abs. 1 Einleitungssatz, Ziff. 4 und 6 sowie Abs. 3; 272 Abs. 1 Einleitungssatz; 274 Abs. 1; 278; 279 Abs. 2, 3 und 5	11.12.2009	1.1.2011	Änderungen durch den Bundesbeschluss über die Genehmigung und die Umsetzung des Übereinkommens über die gerichtliche Zuständigkeit und die Anerkennung und Vollstreckung von Entscheidungen in Zivil- und Handelssachen (Lugano-Übereinkommen)
44	1.10.2010	1.1.2011	Verweis auf das Bundesgesetz über die Rückerstattung unrechtmässig erworbener Vermögenswerte politisch exponierter Personen (RuVG)
173b; 219 Abs. 4 Zweite Klasse Bst. f;	18.3.2011	1.9.2011	Änderungen durch die Revision des Bundesgesetzes über die Banken und Sparkassen (Bankengesetz, BankG; Sicherung der Einlagen)
37 Abs. 1; 158 Abs. 2	1.12.2009	1.1.2012	Änderungen durch die Revision des Schweizerischen Zivilgesetzbuches (Register-Schuldbrief und weitere Änderungen im Sachenrecht)

Artikel	Datum Beschluss	In Kraft seit	Inhalt
60 erster Satz; 68c; 68d; 111 Abs. 1 Ziff. 2 und 3 sowie Abs. 2	19.12.2008	1.1.2013	Änderungen durch die Revision des Schweizerischen Zivilgesetzbuches (Erwachsenenschutz, Personenrecht und Kindesrecht)
4a; 56; 173a Abs. 1 und 3; 174; 190 Abs. 1 Ziff. 3; 192; 211a; 219 Abs. 4 Zweite Klasse Bst. e und Abs. 5; 285 Randtitel und Abs. 3; 286 Abs. 3; 288 Abs. 2; 288a; 292; 293; 293a; 293b; 293c; 293d; 294; 295; 295a; 295b; 295c; 296; 296a; 296b; 297; 297a; 298; 299 Randtitel; 300 Abs. 1; 301 Abs. 2; 302 Randtitel; 303 Randtitel; 304 Randtitel; 305 Abs. 1; 306; 307; 308; 309; 310; 314 Abs. 1bis; 318 Abs. 1 und 1bis; 331 Abs. 2; 332 Abs. 1; 350; Übergangsbestimmung zur Änderung vom 21. Juni 2013.	21.6.2013	1.1.2014	Revision Sanierungsrecht sowie weitere Bestimmungen
129, 136	12.12.2014	01.07.2016	Änderungen durch das Bundesgesetz zur Umsetzung der 2012 revidierten Empfehlungen der Groupe d'action financière
44	18.12.2015	1.1.2016	Änderung durch das Bundesgesetz über die Sperrung und die Rückerstattung unrechtmässig erworbener Vermögenswerte ausländischer politisch exponierter Personen (SRVG)
33a; 34 Abs. 2	18.3.2016	1.1.2017	Änderungen durch das Bundesgesetz über Zertifizierungsdienste im Bereich der elektronischen Signatur und anderer Anwendungen digitaler Zertifikate (Bundesgesetz über die elektronische Signatur, ZertES)

Artikel	Datum Beschluss	In Kraft seit	Inhalt
27	25.9.2015	1.1.2018	Revision gewerbsmässige Vertretung im Zwangsvollstreckungsverfahren
80 Abs. 2 Ziff. 5	30.9.2016	1.1.2018	Änderung durch die Revision des Bundesgesetzes über die Mehrwertsteuer (Mehrwertsteuergesetz, MWSTG)
8a Abs. 3 Bst. d; 73; 85a Abs. 1	16.12.2016	Noch nicht in Kraft	Löschung ungerechtfertigter Betreibungen

Literaturverzeichnis

AMONN KURT/WALTHER FRIDOLIN, Grundriss des Schuldbetreibungs- und Konkursrechts, 9. Aufl., Bern 2013

BROSSET GEORGES/BROSSET DIDIER/BROSSET MATHIAS, Schuldbetreibung und Konkurs, Tafeln zum SchKG, 3. Aufl., Basel 2015

DALLÈVES LOUIS/FOËX BÉNÉDICT/JEANDIN NICOLAS, Poursuite et faillite, Commentaire romand, Basel 2005

GILLIÉRON PIERRE-ROBERT, Poursuite pour dettes, faillite et concordat, 5. Aufl., Basel 2012

- Commentaire de la loi fédérale sur la poursuite pour dettes et la faillite, 5 Bände, Lausanne 1999–2003

GIROUD ROGER, SchKG Schemen und Abläufe, 3. Aufl. 2014

HUNKELER DANIEL (Hrsg.), SchKG, Schuldbetreibungs- und Konkursgesetz, Kurzkommentar, 2. Aufl., Basel 2014

HUNZIKER MARC/PELLASCIO MICHEL, Schuldbetreibungs- und Konkursrecht, Repetitorium, 2. Aufl., Zürich 2012

JAEGER CARL/WALDER HANS ULRICH/KULL THOMAS M./KOTTMANN MARTIN, Bundesgesetz über Schuldbetreibung und Konkurs, 3 Bände, 4. Aufl., Zürich 1997, 1999–2001 (Band 2 nunmehr in der 5. Aufl. 2006 als JAEGER CARL/WALDER HANS ULRICH/KULL THOMAS M.)

KREN KOSTKIEWICZ JOLANTA, Schuldbetreibungs- und Konkursrecht, 2. Aufl., Zürich 2014

LORANDI FRANCO, Schuldbetreibung und Konkurs in a nutshell, 3. Aufl., Zürich/St.Gallen 2017

MARCHAND SYLVAIN, Précis de droit des poursuites, 2. Aufl., Genf/Zürich/Basel 2013

SPÜHLER KARL, Schuldbetreibungs- und Konkursrecht I, 7. Aufl., Zürich 2017

SPÜHLER KARL/DOLGE ANNETTE, Schuldbetreibungs- und Konkursrecht II, 7. Aufl., Zürich 2017

STAEHELIN ADRIAN/BAUER THOMAS/STAEHELIN DANIEL, Bundesgesetz über Schuldbetreibung und Konkurs, Basler Kommentar, 2 Bände, 2. Aufl., Basel 2010, mit Ergänzungsband zur 2. Auflage, hrsg. von THOMAS BAUER und DANIEL STAEHELIN, Basel 2017

STOFFEL WALTER A./CHABLOZ ISABELLE, Voies d'exécution, 2. Aufl., Bern 2010

WALDER HANS ULRICH/JENT-SØRENSEN INGRID, Tafeln zum Schuldbetreibungs- und Konkursrecht, 7. Aufl., Zürich 2015

1. Schweizerische Zivilprozessordnung
(Zivilprozessordnung, ZPO)

Inhaltsverzeichnis

1. Teil: Allgemeine Bestimmungen .... Art. 1–196

1. Titel: Gegenstand und Geltungsbereich .... Art. 1–3

2. Titel: Zuständigkeit der Gerichte und Ausstand .... Art. 4–51

1. Kapitel: Sachliche und funktionelle Zuständigkeit .... Art. 4–8

2. Kapitel: Örtliche Zuständigkeit .... Art. 9–46

1. Abschnitt: Allgemeine Bestimmungen .... Art. 9–19

2. Abschnitt: Personenrecht .... Art. 20–22

3. Abschnitt: Familienrecht .... Art. 23–27

4. Abschnitt: Erbrecht .... Art. 28

5. Abschnitt: Sachenrecht .... Art. 29–30

6. Abschnitt: Klagen aus Vertrag .... Art. 31–35

7. Abschnitt: Klagen aus unerlaubter Handlung .... Art. 36–39

8. Abschnitt: Handelsrecht .... Art. 40–45

9. Abschnitt: Schuldbetreibungs- und Konkursrecht .... Art. 46

3. Kapitel: Ausstand .... Art. 47–51

3. Titel: Verfahrensgrundsätze und Prozessvoraussetzungen .... Art. 52–61

1. Kapitel: Verfahrensgrundsätze .... Art. 52–58

2. Kapitel: Prozessvoraussetzungen .... Art. 59–61

4. Titel: Rechtshängigkeit und Folgen des Klagerückzugs ..... Art. 62–65

5. Titel:	**Die Parteien und die Beteiligung Dritter**	Art. 66–83
1. Kapitel:	Partei- und Prozessfähigkeit	Art. 66–67
2. Kapitel:	Parteivertretung	Art. 68–69
3. Kapitel:	Streitgenossenschaft	Art. 70–72
4. Kapitel:	Intervention	Art. 73–77
1. Abschnitt:	Hauptintervention	Art. 73
2. Abschnitt:	Nebenintervention	Art. 74–77
5. Kapitel:	Streitverkündung	Art. 78–82
1. Abschnitt:	Einfache Streitverkündung	Art. 78–80
2. Abschnitt:	Streitverkündungsklage	Art. 81–82
6. Kapitel:	Parteiwechsel	Art. 83
6. Titel:	**Klagen**	Art. 84–90
7. Titel:	**Streitwert**	Art. 91–94
8. Titel:	**Prozesskosten und unentgeltliche Rechtspflege**	Art. 95–123
1. Kapitel:	Prozesskosten	Art. 95–103
2. Kapitel:	Verteilung und Liquidation der Prozesskosten	Art. 104–112
3. Kapitel:	Besondere Kostenregelungen	Art. 113–116
4. Kapitel:	Unentgeltliche Rechtspflege	Art. 117–123
9. Titel:	**Prozessleitung, prozessuales Handeln und Fristen**	Art. 124–149
1. Kapitel:	Prozessleitung	Art. 124–128
2. Kapitel:	Formen des prozessualen Handelns	Art. 129–141
1. Abschnitt:	Verfahrenssprache	Art. 129
2. Abschnitt:	Eingaben der Parteien	Art. 130–132
3. Abschnitt:	Gerichtliche Vorladung	Art. 133–135
4. Abschnitt:	Gerichtliche Zustellung	Art. 136–141
3. Kapitel:	Fristen, Säumnis und Wiederherstellung	Art. 142–149
1. Abschnitt:	Fristen	Art. 142–146

Inhaltsverzeichnis ZPO | 1

2. Abschnitt: Säumnis und Wiederherstellung .... Art. 147–149

10. Titel: Beweis .... Art. 150–193

1. Kapitel: Allgemeine Bestimmungen .... Art. 150–159

2. Kapitel: Mitwirkungspflicht und Verweigerungsrecht ...... Art. 160–167

1. Abschnitt: Allgemeine Bestimmungen .... Art. 160–162

2. Abschnitt: Verweigerungsrecht der Parteien .... Art. 163–164

3. Abschnitt: Verweigerungsrecht Dritter .... Art. 165–167

3. Kapitel: Beweismittel .... Art. 168–193

1. Abschnitt: Zulässige Beweismittel .... Art. 168

2. Abschnitt: Zeugnis .... Art. 169–176

3. Abschnitt: Urkunde .... Art. 177–180

4. Abschnitt: Augenschein .... Art. 181–182

5. Abschnitt: Gutachten .... Art. 183–189

6. Abschnitt: Schriftliche Auskunft .... Art. 190

7. Abschnitt: Parteibefragung und Beweisaussage .... Art. 191–193

11. Titel: Rechtshilfe zwischen schweizerischen Gerichten ... Art. 194–196

2. Teil: Besondere Bestimmungen .... Art. 197–352

1. Titel: Schlichtungsversuch .... Art. 197–212

1. Kapitel: Geltungsbereich und Schlichtungsbehörde .... Art. 197–201

2. Kapitel: Schlichtungsverfahren .... Art. 202–207

3. Kapitel: Einigung und Klagebewilligung .... Art. 208–209

4. Kapitel: Urteilsvorschlag und Entscheid .... Art. 210–212

2. Titel: Mediation .... Art. 213–218

3. Titel: Ordentliches Verfahren .... Art. 219–242

1. Kapitel: Geltungsbereich .... Art. 219

2. Kapitel:	Schriftenwechsel und Vorbereitung der Hauptverhandlung	Art. 220–227
3. Kapitel:	Hauptverhandlung	Art. 228–234
4. Kapitel:	Protokoll	Art. 235
5. Kapitel:	Entscheid	Art. 236–240
6. Kapitel:	Beendigung des Verfahrens ohne Entscheid	Art. 241–242
4. Titel:	**Vereinfachtes Verfahren**	Art. 243–247
5. Titel:	**Summarisches Verfahren**	Art. 248–270
1. Kapitel:	Geltungsbereich	Art. 248–251
2. Kapitel:	Verfahren und Entscheid	Art. 252–256
3. Kapitel:	Rechtsschutz in klaren Fällen	Art. 257
4. Kapitel:	Gerichtliches Verbot	Art. 258–260
5. Kapitel:	Vorsorgliche Massnahmen und Schutzschrift	Art. 261–270
1. Abschnitt:	Vorsorgliche Massnahmen	Art. 261–269
2. Abschnitt:	Schutzschrift	Art. 270
6. Titel:	**Besondere eherechtliche Verfahren**	Art. 271–294
1. Kapitel:	Angelegenheiten des summarischen Verfahrens	Art. 271–273
2. Kapitel:	Scheidungsverfahren	Art. 274–294
1. Abschnitt:	Allgemeine Bestimmungen	Art. 274–284
2. Abschnitt:	Scheidung auf gemeinsames Begehren	Art. 285–289
3. Abschnitt:	Scheidungsklage	Art. 290–293
4. Abschnitt:	Eheungültigkeits- und Ehetrennungsklagen	Art. 294
7. Titel:	**Kinderbelange in familienrechtlichen Angelegenheiten**	Art. 295–304
1. Kapitel:	Allgemeine Bestimmungen	Art. 295–301a
2. Kapitel:	Summarisches Verfahren: Geltungsbereich	Art. 302

3. Kapitel:	Unterhalts- und Vaterschaftsklage	Art. 303–304
8. Titel:	**Verfahren bei eingetragener Partnerschaft**	Art. 305–307
1. Kapitel:	Angelegenheiten des summarischen Verfahrens	Art. 305–306
2. Kapitel:	Auflösung und Ungültigkeit der eingetragenen Partnerschaft	Art. 307
3. Kapitel:	Kinderbelange in Verfahren bei eingetragener Partnerschaft	Art. 307a
9. Titel:	**Rechtsmittel**	Art. 308–334
1. Kapitel:	Berufung	Art. 308–318
1. Abschnitt:	Anfechtbare Entscheide und Berufungsgründe	Art. 308–310
2. Abschnitt:	Berufung, Berufungsantwort und Anschlussberufung	Art. 311–314
3. Abschnitt:	Wirkungen und Verfahren der Berufung	Art. 315–318
2. Kapitel:	Beschwerde	Art. 319–327a
3. Kapitel:	Revision	Art. 328–333
4. Kapitel:	Erläuterung und Berichtigung	Art. 334
10. Titel:	**Vollstreckung**	Art. 335–352
1. Kapitel:	Vollstreckung von Entscheiden	Art. 335–346
2. Kapitel:	Vollstreckung öffentlicher Urkunden	Art. 347–352
3. Teil:	**Schiedsgerichtsbarkeit**	Art. 353–399
1. Titel:	**Allgemeine Bestimmungen**	Art. 353–356
2. Titel:	**Schiedsvereinbarung**	Art. 357–359
3. Titel:	**Bestellung des Schiedsgerichts**	Art. 360–366
4. Titel:	**Ablehnung, Abberufung und Ersetzung der Mitglieder des Schiedsgerichts**	Art. 367–371
5. Titel:	**Das Schiedsverfahren**	Art. 372–380
6. Titel:	**Schiedsspruch**	Art. 381–388

| 7. Titel: | Rechtsmittel | Art. 389–399 |

| 1. Kapitel: | Beschwerde | Art. 389–395 |

| 2. Kapitel: | Revision | Art. 396–399 |

4. Teil: Schlussbestimmungen ... Art. 400–408

| 1. Titel: | **Vollzug** | Art. 400–401 |

| 2. Titel: | **Anpassung von Gesetzen** | Art. 402–403 |

| 3. Titel: | **Übergangsbestimmungen** | Art. 404–407a |

| 1. Kapitel: | Übergangsbestimmungen vom 19. Dezember 2008 | Art. 404–407 |

| 2. Kapitel: | Übergangsbestimmung zur Änderung vom 28. September 2012 | Art. 407a |

| 4. Titel: | **Referendum und Inkrafttreten** | Art. 408 |

Anhang 1: Aufhebung und Änderung bisherigen Rechts

Anhang 2: Koordinationsbestimmungen

Schweizerische Zivilprozessordnung
(Zivilprozessordnung, ZPO)

vom 19. Dezember 2008

Die Bundesversammlung der Schweizerischen Eidgenossenschaft,
gestützt auf Artikel 122 Absatz 1 der Bundesverfassung[1], nach Einsicht in die Botschaft des Bundesrates vom 28. Juni 2006[2],
beschliesst:

1. Teil: Allgemeine Bestimmungen

1. Titel: Gegenstand und Geltungsbereich

Art. 1 Gegenstand
Dieses Gesetz regelt das Verfahren vor den kantonalen Instanzen für:
a. streitige Zivilsachen;
b. gerichtliche Anordnungen der freiwilligen Gerichtsbarkeit;
c. gerichtliche Angelegenheiten des Schuldbetreibungs- und Konkursrechts;
d. die Schiedsgerichtsbarkeit.

Art. 2 Internationale Verhältnisse
Bestimmungen des Staatsvertragsrechts und die Bestimmungen des Bundesgesetzes vom 18. Dezember 1987[3] über das Internationale Privatrecht (IPRG) bleiben vorbehalten.

Art. 3 Organisation der Gerichte und der Schlichtungsbehörden
Die Organisation der Gerichte und der Schlichtungsbehörden ist Sache der Kantone, soweit das Gesetz nichts anderes bestimmt.

SR 272. AS 2010 1739
1 SR 101
2 BBl 2006 7221
3 SR 291

2. Titel: Zuständigkeit der Gerichte und Ausstand

1. Kapitel: Sachliche und funktionelle Zuständigkeit

Art. 4 Grundsätze

[1] Das kantonale Recht regelt die sachliche und funktionelle Zuständigkeit der Gerichte, soweit das Gesetz nichts anderes bestimmt.

[2] Hängt die sachliche Zuständigkeit vom Streitwert ab, so erfolgt dessen Berechnung nach diesem Gesetz.

Art. 5 Einzige kantonale Instanz

[1] Das kantonale Recht bezeichnet das Gericht, welches als einzige kantonale Instanz zuständig ist für:
a. Streitigkeiten im Zusammenhang mit geistigem Eigentum einschliesslich der Streitigkeiten betreffend Nichtigkeit, Inhaberschaft, Lizenzierung, Übertragung und Verletzung solcher Rechte;
b. kartellrechtliche Streitigkeiten;
c. Streitigkeiten über den Gebrauch einer Firma;
d. Streitigkeiten nach dem Bundesgesetz vom 19. Dezember 1986[4] gegen den unlauteren Wettbewerb, sofern der Streitwert mehr als 30 000 Franken beträgt oder sofern der Bund sein Klagerecht ausübt;
e. Streitigkeiten nach dem Kernenergiehaftpflichtgesetz vom 18. März 1983[5];
f. Klagen gegen den Bund;
g. die Einsetzung eines Sonderprüfers nach Artikel 697b des Obligationenrechts (OR)[6];
h.[7] Streitigkeiten nach dem Kollektivanlagengesetz vom 23. Juni 2006[8], nach dem Börsengesetz vom 24. März 1995[9] und nach dem Finanzmarktinfrastrukturgesetz vom 19. Juni 2015[10];
i.[11] Streitigkeiten nach dem Wappenschutzgesetz vom 21. Juni 2013[12], dem Bundesgesetz vom 25. März 1954[13] betreffend den Schutz des Zeichens und des Namens des Roten Kreuzes und dem Bundesgesetz vom

---

4 SR 241
5 SR 732.44
6 SR 220
7 Fassung gemäss Anhang Ziff. 3 des Finanzmarktinfrastrukturgesetzes vom 19. Juni 2015, in Kraft seit 1. Jan. 2016 (AS 2015 5339; BBl 2014 7483).
8 SR 951.31
9 SR 954.1
10 SR 958.1
11 Eingefügt durch Anhang 3 Ziff. II 3 des Wappenschutzgesetzes vom 21. Juni 2013, in Kraft seit 1. Jan. 2017 (AS 2015 3679; BBl 2009 8533).
12 SR 232.21
13 SR 232.22

15. Dezember 1961[14] zum Schutz von Namen und Zeichen der Organisation der Vereinten Nationen und anderer zwischenstaatlicher Organisationen.

² Diese Instanz ist auch für die Anordnung vorsorglicher Massnahmen vor Eintritt der Rechtshängigkeit einer Klage zuständig.

Art. 6 Handelsgericht

¹ Die Kantone können ein Fachgericht bezeichnen, welches als einzige kantonale Instanz für handelsrechtliche Streitigkeiten zuständig ist (Handelsgericht).

² Eine Streitigkeit gilt als handelsrechtlich, wenn:
a. die geschäftliche Tätigkeit mindestens einer Partei betroffen ist;
b. gegen den Entscheid die Beschwerde in Zivilsachen an das Bundesgericht offen steht; und
c. die Parteien im schweizerischen Handelsregister oder in einem vergleichbaren ausländischen Register eingetragen sind.

³ Ist nur die beklagte Partei im schweizerischen Handelsregister oder in einem vergleichbaren ausländischen Register eingetragen, sind aber die übrigen Voraussetzungen erfüllt, so hat die klagende Partei die Wahl zwischen dem Handelsgericht und dem ordentlichen Gericht.

⁴ Die Kantone können das Handelsgericht ausserdem zuständig erklären für:
a. Streitigkeiten nach Artikel 5 Absatz 1;
b. Streitigkeiten aus dem Recht der Handelsgesellschaften und Genossenschaften.

⁵ Das Handelsgericht ist auch für die Anordnung vorsorglicher Massnahmen vor Eintritt der Rechtshängigkeit einer Klage zuständig.

Art. 7 Gericht bei Streitigkeiten aus Zusatzversicherungen zur sozialen Krankenversicherung

Die Kantone können ein Gericht bezeichnen, welches als einzige kantonale Instanz für Streitigkeiten aus Zusatzversicherungen zur sozialen Krankenversicherung nach dem Bundesgesetz vom 18. März 1994[15] über die Krankenversicherung zuständig ist.

Art. 8 Direkte Klage beim oberen Gericht

¹ In vermögensrechtlichen Streitigkeiten kann die klagende Partei mit Zustimmung der beklagten Partei direkt an das obere Gericht gelangen, sofern der Streitwert mindestens 100 000 Franken beträgt.

² Dieses Gericht entscheidet als einzige kantonale Instanz.

---

14 SR 232.23
15 SR 832.10

2. Kapitel: Örtliche Zuständigkeit

1. Abschnitt: Allgemeine Bestimmungen

Art. 9 Zwingende Zuständigkeit

¹ Ein Gerichtsstand ist nur dann zwingend, wenn es das Gesetz ausdrücklich vorschreibt.

² Von einem zwingenden Gerichtsstand können die Parteien nicht abweichen.

Art. 10 Wohnsitz und Sitz

¹ Sieht dieses Gesetz nichts anderes vor, so ist zuständig:
a. für Klagen gegen eine natürliche Person: das Gericht an deren Wohnsitz;
b. für Klagen gegen eine juristische Person und gegen öffentlich-rechtliche Anstalten und Körperschaften sowie gegen Kollektiv- und Kommanditgesellschaften: das Gericht an deren Sitz;
c. für Klagen gegen den Bund: das Obergericht des Kantons Bern oder das obere Gericht des Kantons, in dem die klagende Partei ihren Wohnsitz, Sitz oder gewöhnlichen Aufenthalt hat;
d. für Klagen gegen einen Kanton: ein Gericht am Kantonshauptort.

² Der Wohnsitz bestimmt sich nach dem Zivilgesetzbuch (ZGB)[16]. Artikel 24 ZGB ist nicht anwendbar.

Art. 11 Aufenthaltsort

¹ Hat die beklagte Partei keinen Wohnsitz, so ist das Gericht an ihrem gewöhnlichen Aufenthaltsort zuständig.

² Gewöhnlicher Aufenthaltsort ist der Ort, an dem eine Person während längerer Zeit lebt, selbst wenn die Dauer des Aufenthalts von vornherein befristet ist.

³ Hat die beklagte Partei keinen gewöhnlichen Aufenthaltsort, so ist das Gericht an ihrem letzten bekannten Aufenthaltsort zuständig.

Art. 12 Niederlassung

Für Klagen aus dem Betrieb einer geschäftlichen oder beruflichen Niederlassung oder einer Zweigniederlassung ist das Gericht am Wohnsitz oder Sitz der beklagten Partei oder am Ort der Niederlassung zuständig.

Art. 13 Vorsorgliche Massnahmen

Soweit das Gesetz nichts anderes bestimmt, ist für die Anordnung vorsorglicher Massnahmen zwingend zuständig das Gericht am Ort, an dem:
a. die Zuständigkeit für die Hauptsache gegeben ist; oder

---

16 SR 210

b. die Massnahme vollstreckt werden soll.

Art. 14 Widerklage

¹ Beim für die Hauptklage örtlich zuständigen Gericht kann Widerklage erhoben werden, wenn die Widerklage mit der Hauptklage in einem sachlichen Zusammenhang steht.

² Dieser Gerichtsstand bleibt auch bestehen, wenn die Hauptklage aus irgendeinem Grund dahinfällt.

Art. 15 Streitgenossenschaft und Klagenhäufung

¹ Richtet sich die Klage gegen mehrere Streitgenossen, so ist das für eine beklagte Partei zuständige Gericht für alle beklagten Parteien zuständig, sofern diese Zuständigkeit nicht nur auf einer Gerichtsstandsvereinbarung beruht.

² Stehen mehrere Ansprüche gegen eine beklagte Partei in einem sachlichen Zusammenhang, so ist jedes Gericht zuständig, das für einen der Ansprüche zuständig ist.

Art. 16 Streitverkündungsklage

Für die Streitverkündung mit Klage ist das Gericht des Hauptprozesses zuständig.

Art. 17 Gerichtsstandsvereinbarung

¹ Soweit das Gesetz nichts anderes bestimmt, können die Parteien für einen bestehenden oder für einen künftigen Rechtsstreit über Ansprüche aus einem bestimmten Rechtsverhältnis einen Gerichtsstand vereinbaren. Geht aus der Vereinbarung nichts anderes hervor, so kann die Klage nur am vereinbarten Gerichtsstand erhoben werden.

² Die Vereinbarung muss schriftlich oder in einer anderen Form erfolgen, die den Nachweis durch Text ermöglicht.

Art. 18 Einlassung

Soweit das Gesetz nichts anderes bestimmt, wird das angerufene Gericht zuständig, wenn sich die beklagte Partei ohne Einrede der fehlenden Zuständigkeit zur Sache äussert.

Art. 19 Freiwillige Gerichtsbarkeit

In Angelegenheiten der freiwilligen Gerichtsbarkeit ist das Gericht oder die Behörde am Wohnsitz oder Sitz der gesuchstellenden Partei zwingend zuständig, sofern das Gesetz nichts anderes bestimmt.

2. Abschnitt: Personenrecht

Art. 20 Persönlichkeits- und Datenschutz

Für die folgenden Klagen und Begehren ist das Gericht am Wohnsitz oder Sitz einer der Parteien zuständig:
a. Klagen aus Persönlichkeitsverletzung;
b. Begehren um Gegendarstellung;
c. Klagen auf Namensschutz und auf Anfechtung einer Namensänderung;
d. Klagen und Begehren nach Artikel 15 des Bundesgesetzes vom 19. Juni 1992[17] über den Datenschutz.

Art. 21 Todes- und Verschollenerklärung

Für Gesuche, die eine Todes- oder eine Verschollenerklärung betreffen (Art. 34–38 ZGB[18]), ist das Gericht am letzten bekannten Wohnsitz der verschwundenen Person zwingend zuständig.

Art. 22 Bereinigung des Zivilstandsregisters

Für Klagen, die eine Bereinigung des Zivilstandsregisters betreffen, ist zwingend das Gericht zuständig, in dessen Amtskreis die zu bereinigende Beurkundung von Personenstandsdaten erfolgt ist oder hätte erfolgen müssen.

3. Abschnitt: Familienrecht

Art. 23 Eherechtliche Gesuche und Klagen

[1] Für eherechtliche Gesuche und Klagen sowie für Gesuche um Anordnung vorsorglicher Massnahmen ist das Gericht am Wohnsitz einer Partei zwingend zuständig.

[2] Für Gesuche der Aufsichtsbehörde in Betreibungssachen auf Anordnung der Gütertrennung ist das Gericht am Wohnsitz der Schuldnerin oder des Schuldners zwingend zuständig.

Art. 24 Gesuche und Klagen bei eingetragener Partnerschaft

Für Gesuche und Klagen bei eingetragener Partnerschaft sowie für Gesuche um Anordnung vorsorglicher Massnahmen ist das Gericht am Wohnsitz einer Partei zwingend zuständig.

Art. 25 Feststellung und Anfechtung des Kindesverhältnisses

Für Klagen auf Feststellung und auf Anfechtung des Kindesverhältnisses ist das Gericht am Wohnsitz einer der Parteien zwingend zuständig.

---

17 SR 235.1
18 SR 210

Art. 26 Unterhalts- und Unterstützungsklagen

Für selbstständige Unterhaltsklagen der Kinder gegen ihre Eltern und für Klagen gegen unterstützungspflichtige Verwandte ist das Gericht am Wohnsitz einer der Parteien zwingend zuständig.

Art. 27 Ansprüche der unverheirateten Mutter

Für Ansprüche der unverheirateten Mutter ist das Gericht am Wohnsitz einer der Parteien zwingend zuständig.

4. Abschnitt: Erbrecht

Art. 28

¹ Für erbrechtliche Klagen sowie für Klagen auf güterrechtliche Auseinandersetzung beim Tod eines Ehegatten, einer eingetragenen Partnerin oder eines eingetragenen Partners ist das Gericht am letzten Wohnsitz der Erblasserin oder des Erblassers zuständig.

² Für Massnahmen im Zusammenhang mit dem Erbgang ist die Behörde am letzten Wohnsitz der Erblasserin oder des Erblassers zwingend zuständig. Ist der Tod nicht am Wohnsitz eingetreten, so macht die Behörde des Sterbeortes derjenigen des Wohnortes Mitteilung und trifft die nötigen Massnahmen, um die Vermögenswerte am Sterbeort zu sichern.

³ Selbstständige Klagen auf erbrechtliche Zuweisung eines landwirtschaftlichen Gewerbes oder Grundstückes können auch am Ort der gelegenen Sache erhoben werden.

5. Abschnitt: Sachenrecht

Art. 29 Grundstücke

¹ Für die folgenden Klagen ist das Gericht am Ort, an dem das Grundstück im Grundbuch aufgenommen ist oder aufzunehmen wäre, zuständig:
a. dingliche Klagen;
b. Klagen gegen die Gemeinschaft der Stockwerkeigentümerinnen und Stockwerkeigentümer;
c. Klagen auf Errichtung gesetzlicher Pfandrechte.

² Andere Klagen, die sich auf Rechte an Grundstücken beziehen, können auch beim Gericht am Wohnsitz oder Sitz der beklagten Partei erhoben werden.

³ Bezieht sich eine Klage auf mehrere Grundstücke oder ist das Grundstück in mehreren Kreisen in das Grundbuch aufgenommen worden, so ist das Gericht an dem Ort zuständig, an dem das flächenmässig grösste Grundstück oder der flächenmässig grösste Teil des Grundstücks liegt.

⁴ Für Angelegenheiten der freiwilligen Gerichtsbarkeit, die sich auf Rechte an Grundstücken beziehen, ist das Gericht an dem Ort zwingend zuständig, an dem das Grundstück im Grundbuch aufgenommen ist oder aufzunehmen wäre.

Art. 30 Bewegliche Sachen

¹ Für Klagen, welche dingliche Rechte, den Besitz an beweglichen Sachen oder Forderungen, die durch Fahrnispfand gesichert sind, betreffen, ist das Gericht am Wohnsitz oder Sitz der beklagten Partei oder am Ort der gelegenen Sache zuständig.

² Für Angelegenheiten der freiwilligen Gerichtsbarkeit ist das Gericht am Wohnsitz oder Sitz der gesuchstellenden Partei oder am Ort der gelegenen Sache zwingend zuständig.

6. Abschnitt: Klagen aus Vertrag

Art. 31 Grundsatz

Für Klagen aus Vertrag ist das Gericht am Wohnsitz oder Sitz der beklagten Partei oder an dem Ort zuständig, an dem die charakteristische Leistung zu erbringen ist.

Art. 32 Konsumentenvertrag

¹ Bei Streitigkeiten aus Konsumentenverträgen ist zuständig:
a. für Klagen der Konsumentin oder des Konsumenten: das Gericht am Wohnsitz oder Sitz einer der Parteien;
b. für Klagen der Anbieterin oder des Anbieters: das Gericht am Wohnsitz der beklagten Partei.

² Als Konsumentenverträge gelten Verträge über Leistungen des üblichen Verbrauchs, die für die persönlichen oder familiären Bedürfnisse der Konsumentin oder des Konsumenten bestimmt sind und von der anderen Partei im Rahmen ihrer beruflichen oder gewerblichen Tätigkeit angeboten werden.

Art. 33 Miete und Pacht unbeweglicher Sachen

Für Klagen aus Miete und Pacht unbeweglicher Sachen ist das Gericht am Ort der gelegenen Sache zuständig.

Art. 34 Arbeitsrecht

¹ Für arbeitsrechtliche Klagen ist das Gericht am Wohnsitz oder Sitz der beklagten Partei oder an dem Ort, an dem die Arbeitnehmerin oder der Arbeitnehmer gewöhnlich die Arbeit verrichtet, zuständig.

² Für Klagen einer stellensuchenden Person sowie einer Arbeitnehmerin oder eines Arbeitnehmers, die sich auf das Arbeitsvermittlungsgesetz vom 6. Oktober 1989[19] stützen, ist zusätzlich das Gericht am Ort der Geschäftsniederlassung der vermittelnden oder verleihenden Person, mit welcher der Vertrag abgeschlossen wurde, zuständig.

Art. 35 Verzicht auf die gesetzlichen Gerichtsstände

¹ Auf die Gerichtsstände nach den Artikeln 32–34 können nicht zum Voraus oder durch Einlassung verzichten:

a. die Konsumentin oder der Konsument;
b. die Partei, die Wohn- oder Geschäftsräume gemietet oder gepachtet hat;
c. bei landwirtschaftlichen Pachtverhältnissen: die pachtende Partei;
d. die stellensuchende oder arbeitnehmende Partei.

² Vorbehalten bleibt der Abschluss einer Gerichtsstandsvereinbarung nach Entstehung der Streitigkeit.

7. Abschnitt: Klagen aus unerlaubter Handlung

Art. 36 Grundsatz

Für Klagen aus unerlaubter Handlung ist das Gericht am Wohnsitz oder Sitz der geschädigten Person oder der beklagten Partei oder am Handlungs- oder am Erfolgsort zuständig.

Art. 37 Schadenersatz bei ungerechtfertigten vorsorglichen Massnahmen

Für Schadenersatzklagen wegen ungerechtfertigter vorsorglicher Massnahmen ist das Gericht am Wohnsitz oder Sitz der beklagten Partei oder an dem Ort, an dem die vorsorgliche Massnahme angeordnet wurde, zuständig.

Art. 38 Motorfahrzeug- und Fahrradunfälle

¹ Für Klagen aus Motorfahrzeug- und Fahrradunfällen ist das Gericht am Wohnsitz oder Sitz der beklagten Partei oder am Unfallort zuständig.

² Für Klagen gegen das nationale Versicherungsbüro (Art. 74 des Strassenverkehrsgesetzes vom 19. Dez. 1958[20]; SVG) oder gegen den nationalen Garantiefonds (Art. 76 SVG) ist zusätzlich das Gericht am Ort einer Zweigniederlassung dieser Einrichtungen zuständig.

---

19 SR 823.11
20 SR 741.01

Art. 39 Adhäsionsklage

Für die Beurteilung adhäsionsweise geltend gemachter Zivilansprüche bleibt die Zuständigkeit des Strafgerichts vorbehalten.

8. Abschnitt: Handelsrecht

Art. 40 Gesellschaftsrecht

Für Klagen aus gesellschaftsrechtlicher Verantwortlichkeit ist das Gericht am Wohnsitz oder Sitz der beklagten Partei oder am Sitz der Gesellschaft zuständig.

Art. 41[21]

Art. 42 Fusionen, Spaltungen, Umwandlungen und Vermögensübertragungen

Für Klagen, die sich auf das Fusionsgesetz vom 3. Oktober 2003[22] stützen, ist das Gericht am Sitz eines beteiligten Rechtsträgers zuständig.

Art. 43 Kraftloserklärung von Wertpapieren und Versicherungspolicen; Zahlungsverbot

¹ Für die Kraftloserklärung von Beteiligungspapieren ist das Gericht am Sitz der Gesellschaft zwingend zuständig.

² Für die Kraftloserklärung von Grundpfandtiteln ist das Gericht an dem Ort zwingend zuständig, an dem das Grundstück im Grundbuch aufgenommen ist.

³ Für die Kraftloserklärung der übrigen Wertpapiere und der Versicherungspolicen ist das Gericht am Wohnsitz oder Sitz der Schuldnerin oder des Schuldners zwingend zuständig.

⁴ Für Zahlungsverbote aus Wechsel und Check und für deren Kraftloserklärung ist das Gericht am Zahlungsort zwingend zuständig.

Art. 44 Anleihensobligationen

Die örtliche Zuständigkeit für die Ermächtigung zur Einberufung der Gläubigerversammlung richtet sich nach Artikel 1165 OR[23].

---

21 Aufgehoben durch Ziff. II 1 des BG vom 28. Sept. 2012, mit Wirkung seit 1. Mai 2013 (AS 2013 1103; BBl 2011 6875).
22 SR 221.301
23 SR 220

Art. 45 Kollektivanlagen

Für Klagen der Anlegerinnen und Anleger sowie der Vertretung der Anlegergemeinschaft ist das Gericht am Sitz des jeweils betroffenen Bewilligungsträgers zwingend zuständig.

9. Abschnitt: Schuldbetreibungs- und Konkursrecht

Art. 46

Für Klagen nach dem Bundesgesetz vom 11. April 1889[24] über Schuldbetreibung und Konkurs (SchKG) bestimmt sich die örtliche Zuständigkeit nach diesem Kapitel, soweit das SchKG keinen Gerichtsstand vorsieht.

3. Kapitel: Ausstand

Art. 47 Ausstandsgründe

[1] Eine Gerichtsperson tritt in den Ausstand, wenn sie:
a. in der Sache ein persönliches Interesse hat;
b. in einer anderen Stellung, insbesondere als Mitglied einer Behörde, als Rechtsbeiständin oder Rechtsbeistand, als Sachverständige oder Sachverständiger, als Zeugin oder Zeuge, als Mediatorin oder Mediator in der gleichen Sache tätig war;
c. mit einer Partei, ihrer Vertreterin oder ihrem Vertreter oder einer Person, die in der gleichen Sache als Mitglied der Vorinstanz tätig war, verheiratet ist oder war, in eingetragener Partnerschaft lebt oder lebte oder eine faktische Lebensgemeinschaft führt;
d. mit einer Partei in gerader Linie oder in der Seitenlinie bis und mit dem dritten Grad verwandt oder verschwägert ist;
e. mit der Vertreterin oder dem Vertreter einer Partei oder mit einer Person, die in der gleichen Sache als Mitglied der Vorinstanz tätig war, in gerader Linie oder im zweiten Grad der Seitenlinie verwandt oder verschwägert ist;
f. aus anderen Gründen, insbesondere wegen Freundschaft oder Feindschaft mit einer Partei oder ihrer Vertretung, befangen sein könnte.

[2] Kein Ausstandsgrund für sich allein ist insbesondere die Mitwirkung:
a. beim Entscheid über die unentgeltliche Rechtspflege;
b. beim Schlichtungsverfahren;
c. bei der Rechtsöffnung nach den Artikeln 80–84 SchKG[25];

---

24 SR 281.1
25 SR 281.1

d. bei der Anordnung vorsorglicher Massnahmen;
e. beim Eheschutzverfahren.

Art. 48 Mitteilungspflicht

Die betroffene Gerichtsperson legt einen möglichen Ausstandsgrund rechtzeitig offen und tritt von sich aus in den Ausstand, wenn sie den Grund als gegeben erachtet.

Art. 49 Ausstandsgesuch

¹ Eine Partei, die eine Gerichtsperson ablehnen will, hat dem Gericht unverzüglich ein entsprechendes Gesuch zu stellen, sobald sie vom Ausstandsgrund Kenntnis erhalten hat. Die den Ausstand begründenden Tatsachen sind glaubhaft zu machen.

² Die betroffene Gerichtsperson nimmt zum Gesuch Stellung.

Art. 50 Entscheid

¹ Wird der geltend gemachte Ausstandsgrund bestritten, so entscheidet das Gericht.

² Der Entscheid ist mit Beschwerde anfechtbar.

Art. 51 Folgen der Verletzung der Ausstandsvorschriften

¹ Amtshandlungen, an denen eine zum Ausstand verpflichtete Gerichtsperson mitgewirkt hat, sind aufzuheben und zu wiederholen, sofern dies eine Partei innert zehn Tagen verlangt, nachdem sie vom Ausstandsgrund Kenntnis erhalten hat.

² Nicht wiederholbare Beweismassnahmen darf das entscheidende Gericht berücksichtigen.

³ Wird der Ausstandsgrund erst nach Abschluss des Verfahrens entdeckt, so gelten die Bestimmungen über die Revision.

3. Titel: Verfahrensgrundsätze und Prozessvoraussetzungen

1. Kapitel: Verfahrensgrundsätze

Art. 52 Handeln nach Treu und Glauben

Alle am Verfahren beteiligten Personen haben nach Treu und Glauben zu handeln.

Art. 53 Rechtliches Gehör

¹ Die Parteien haben Anspruch auf rechtliches Gehör.

² Insbesondere können sie die Akten einsehen und Kopien anfertigen lassen, soweit keine überwiegenden öffentlichen oder privaten Interessen entgegenstehen.

Art. 54 Öffentlichkeit des Verfahrens

¹ Verhandlungen und eine allfällige mündliche Eröffnung des Urteils sind öffentlich. Die Entscheide werden der Öffentlichkeit zugänglich gemacht.

² Das kantonale Recht bestimmt, ob die Urteilsberatung öffentlich ist.

³ Die Öffentlichkeit kann ganz oder teilweise ausgeschlossen werden, wenn es das öffentliche Interesse oder das schutzwürdige Interesse einer beteiligten Person erfordert.

⁴ Die familienrechtlichen Verfahren sind nicht öffentlich.

Art. 55 Verhandlungs- und Untersuchungsgrundsatz

¹ Die Parteien haben dem Gericht die Tatsachen, auf die sie ihre Begehren stützen, darzulegen und die Beweismittel anzugeben.

² Vorbehalten bleiben gesetzliche Bestimmungen über die Feststellung des Sachverhaltes und die Beweiserhebung von Amtes wegen.

Art. 56 Gerichtliche Fragepflicht

Ist das Vorbringen einer Partei unklar, widersprüchlich, unbestimmt oder offensichtlich unvollständig, so gibt ihr das Gericht durch entsprechende Fragen Gelegenheit zur Klarstellung und zur Ergänzung.

Art. 57 Rechtsanwendung von Amtes wegen

Das Gericht wendet das Recht von Amtes wegen an.

Art. 58 Dispositions- und Offizialgrundsatz

¹ Das Gericht darf einer Partei nicht mehr und nichts anderes zusprechen, als sie verlangt, und nicht weniger, als die Gegenpartei anerkannt hat.

² Vorbehalten bleiben gesetzliche Bestimmungen, nach denen das Gericht nicht an die Parteianträge gebunden ist.

2. Kapitel: Prozessvoraussetzungen

Art. 59 Grundsatz

¹ Das Gericht tritt auf eine Klage oder auf ein Gesuch ein, sofern die Prozessvoraussetzungen erfüllt sind.

² Prozessvoraussetzungen sind insbesondere:
a. die klagende oder gesuchstellende Partei hat ein schutzwürdiges Interesse;

b. das Gericht ist sachlich und örtlich zuständig;
c. die Parteien sind partei- und prozessfähig;
d. die Sache ist nicht anderweitig rechtshängig;
e. die Sache ist noch nicht rechtskräftig entschieden;
f. der Vorschuss und die Sicherheit für die Prozesskosten sind geleistet worden.

Art. 60 Prüfung der Prozessvoraussetzungen

Das Gericht prüft von Amtes wegen, ob die Prozessvoraussetzungen erfüllt sind.

Art. 61 Schiedsvereinbarung

Haben die Parteien über eine schiedsfähige Streitsache eine Schiedsvereinbarung getroffen, so lehnt das angerufene staatliche Gericht seine Zuständigkeit ab, es sei denn:
a. die beklagte Partei habe sich vorbehaltlos auf das Verfahren eingelassen;
b. das Gericht stelle fest, dass die Schiedsvereinbarung offensichtlich ungültig oder nicht erfüllbar sei; oder
c. das Schiedsgericht könne nicht bestellt werden aus Gründen, für welche die im Schiedsverfahren beklagte Partei offensichtlich einzustehen hat.

4. Titel: Rechtshängigkeit und Folgen des Klagerückzugs

Art. 62 Beginn der Rechtshängigkeit

¹ Die Einreichung eines Schlichtungsgesuches, einer Klage, eines Gesuches oder eines gemeinsamen Scheidungsbegehrens begründet Rechtshängigkeit.

² Der Eingang dieser Eingaben wird den Parteien bestätigt.

Art. 63 Rechtshängigkeit bei fehlender Zuständigkeit und falscher Verfahrensart

¹ Wird eine Eingabe, die mangels Zuständigkeit zurückgezogen oder auf die nicht eingetreten wurde, innert eines Monates seit dem Rückzug oder dem Nichteintretensentscheid bei der zuständigen Schlichtungsbehörde oder beim zuständigen Gericht neu eingereicht, so gilt als Zeitpunkt der Rechtshängigkeit das Datum der ersten Einreichung.

² Gleiches gilt, wenn eine Klage nicht im richtigen Verfahren eingereicht wurde.

³ Vorbehalten bleiben die besonderen gesetzlichen Klagefristen nach dem SchKG[26].

---

26 SR 281.1

Art. 64 Wirkungen der Rechtshängigkeit

¹ Die Rechtshängigkeit hat insbesondere folgende Wirkungen:
a. der Streitgegenstand kann zwischen den gleichen Parteien nicht anderweitig rechtshängig gemacht werden;
b. die örtliche Zuständigkeit bleibt erhalten.

² Für die Wahrung einer gesetzlichen Frist des Privatrechts, die auf den Zeitpunkt der Klage, der Klageanhebung oder auf einen anderen verfahrenseinleitenden Schritt abstellt, ist die Rechtshängigkeit nach diesem Gesetz massgebend.

Art. 65 Folgen des Klagerückzugs

Wer eine Klage beim zum Entscheid zuständigen Gericht zurückzieht, kann gegen die gleiche Partei über den gleichen Streitgegenstand keinen zweiten Prozess mehr führen, sofern das Gericht die Klage der beklagten Partei bereits zugestellt hat und diese dem Rückzug nicht zustimmt.

5. Titel: Die Parteien und die Beteiligung Dritter

1. Kapitel: Partei- und Prozessfähigkeit

Art. 66 Parteifähigkeit

Parteifähig ist, wer rechtsfähig ist oder von Bundesrechts wegen als Partei auftreten kann.

Art. 67 Prozessfähigkeit

¹ Prozessfähig ist, wer handlungsfähig ist.

² Für eine handlungsunfähige Person handelt ihre gesetzliche Vertretung.

³ Soweit eine handlungsunfähige Person urteilsfähig ist, kann sie:
a. selbstständig Rechte ausüben, die ihr um ihrer Persönlichkeit willen zustehen;
b. vorläufig selbst das Nötige vorkehren, wenn Gefahr in Verzug ist.

2. Kapitel: Parteivertretung

Art. 68 Vertragliche Vertretung

¹ Jede prozessfähige Partei kann sich im Prozess vertreten lassen.

² Zur berufsmässigen Vertretung sind befugt:
a. in allen Verfahren: Anwältinnen und Anwälte, die nach dem Anwaltsgesetz vom 23. Juni 2000[27] berechtigt sind, Parteien vor schweizerischen Gerichten zu vertreten;
b. vor der Schlichtungsbehörde, in vermögensrechtlichen Streitigkeiten des vereinfachten Verfahrens sowie in den Angelegenheiten des summarischen Verfahrens: patentierte Sachwalterinnen und Sachwalter sowie Rechtsagentinnen und Rechtsagenten, soweit das kantonale Recht es vorsieht;
c. in den Angelegenheiten des summarischen Verfahrens nach Artikel 251 dieses Gesetzes: gewerbsmässige Vertreterinnen und Vertreter nach Artikel 27 SchKG[28];
d. vor den Miet- und Arbeitsgerichten beruflich qualifizierte Vertreterinnen und Vertreter, soweit das kantonale Recht es vorsieht.

³ Die Vertreterin oder der Vertreter hat sich durch eine Vollmacht auszuweisen.

⁴ Das Gericht kann das persönliche Erscheinen einer vertretenen Partei anordnen.

Art. 69 **Unvermögen der Partei**

¹ Ist eine Partei offensichtlich nicht imstande, den Prozess selbst zu führen, so kann das Gericht sie auffordern, eine Vertreterin oder einen Vertreter zu beauftragen. Leistet die Partei innert der angesetzten Frist keine Folge, so bestellt ihr das Gericht eine Vertretung.

² Das Gericht benachrichtigt die Erwachsenen- und Kindesschutzbehörde, wenn es Schutzmassnahmen für geboten hält.[29]

3. Kapitel: Streitgenossenschaft

Art. 70 **Notwendige Streitgenossenschaft**

¹ Sind mehrere Personen an einem Rechtsverhältnis beteiligt, über das nur mit Wirkung für alle entschieden werden kann, so müssen sie gemeinsam klagen oder beklagt werden.

² Rechtzeitige Prozesshandlungen eines Streitgenossen wirken auch für säumige Streitgenossen; ausgenommen ist das Ergreifen von Rechtsmitteln.

---

27 SR 935.61
28 SR 281.1
29 Fassung gemäss Anhang 2 Ziff. 3, in Kraft seit 1. Jan. 2013 (AS 2010 1739; BBl 2006 7221; AS 2011 725; BBl 2006 7001).

Art. 71 Einfache Streitgenossenschaft

¹ Sollen Rechte und Pflichten beurteilt werden, die auf gleichartigen Tatsachen oder Rechtsgründen beruhen, so können mehrere Personen gemeinsam klagen oder beklagt werden.

² Die einfache Streitgenossenschaft ist ausgeschlossen, wenn für die einzelnen Klagen nicht die gleiche Verfahrensart anwendbar ist.

³ Jeder Streitgenosse kann den Prozess unabhängig von den andern Streitgenossen führen.

Art. 72 Gemeinsame Vertretung

Die Streitgenossen können eine gemeinsame Vertretung bezeichnen, sonst ergehen Zustellungen an jeden einzelnen Streitgenossen.

4. Kapitel: Intervention

1. Abschnitt: Hauptintervention

Art. 73

¹ Wer am Streitgegenstand ein besseres Recht behauptet, das beide Parteien ganz oder teilweise ausschliesst, kann beim Gericht, bei dem der Prozess erstinstanzlich rechtshängig ist, gegen beide Parteien Klage erheben.

² Das Gericht kann den Prozess bis zur rechtskräftigen Erledigung der Klage des Hauptintervenienten einstellen oder die Verfahren vereinigen.

2. Abschnitt: Nebenintervention

Art. 74 Grundsatz

Wer ein rechtliches Interesse glaubhaft macht, dass eine rechtshängige Streitigkeit zugunsten der einen Partei entschieden werde, kann im Prozess jederzeit als Nebenpartei intervenieren und zu diesem Zweck beim Gericht ein Interventionsgesuch stellen.

Art. 75 Gesuch

¹ Das Interventionsgesuch enthält den Grund der Intervention und die Bezeichnung der Partei, zu deren Unterstützung interveniert wird.

² Das Gericht entscheidet über das Gesuch nach Anhörung der Parteien. Der Entscheid ist mit Beschwerde anfechtbar.

Art. 76 Rechte der intervenierenden Person

¹ Die intervenierende Person kann zur Unterstützung der Hauptpartei alle Prozesshandlungen vornehmen, die nach dem Stand des Verfahrens zulässig sind, insbesondere alle Angriffs- und Verteidigungsmittel geltend machen und auch Rechtsmittel ergreifen.

² Stehen die Prozesshandlungen der intervenierenden Person mit jenen der Hauptpartei im Widerspruch, so sind sie im Prozess unbeachtlich.

Art. 77 Wirkungen der Intervention

Ein für die Hauptpartei ungünstiges Ergebnis des Prozesses wirkt auch gegen die intervenierende Person, es sei denn:
a. sie sei durch die Lage des Prozesses zur Zeit ihres Eintritts oder durch Handlungen oder Unterlassungen der Hauptpartei verhindert gewesen, Angriffs- und Verteidigungsmittel geltend zu machen; oder
b. ihr unbekannte Angriffs- oder Verteidigungsmittel seien von der Hauptpartei absichtlich oder grobfahrlässig nicht geltend gemacht worden.

5. Kapitel: Streitverkündung

1. Abschnitt: Einfache Streitverkündung

Art. 78 Grundsätze

¹ Eine Partei, die für den Fall ihres Unterliegens eine dritte Person belangen will oder den Anspruch einer dritten Person befürchtet, kann diese auffordern, sie im Prozess zu unterstützen.

² Die streitberufene Person kann den Streit weiter verkünden.

Art. 79 Stellung der streitberufenen Person

¹ Die streitberufene Person kann:
a. zugunsten der Partei, die ihr den Streit verkündet hat, ohne weitere Voraussetzungen intervenieren; oder
b. anstelle der Partei, die ihr den Streit verkündet hat, mit deren Einverständnis den Prozess führen.

² Lehnt sie den Eintritt ab oder erklärt sie sich nicht, so wird der Prozess ohne Rücksicht auf sie fortgesetzt.

Art. 80 Wirkungen der Streitverkündung

Artikel 77 gilt sinngemäss.

2. Abschnitt: Streitverkündungsklage

Art. 81 Grundsätze

[1] Die streitverkündende Partei kann ihre Ansprüche, die sie im Falle des Unterliegens gegen die streitberufene Person zu haben glaubt, beim Gericht, das mit der Hauptklage befasst ist, geltend machen.

[2] Die streitberufene Person kann keine weitere Streitverkündungsklage erheben.

[3] Im vereinfachten und im summarischen Verfahren ist die Streitverkündungsklage unzulässig.

Art. 82 Verfahren

[1] Die Zulassung der Streitverkündungsklage ist mit der Klageantwort oder mit der Replik im Hauptprozess zu beantragen. Die Rechtsbegehren, welche die streitverkündende Partei gegen die streitberufene Person zu stellen gedenkt, sind zu nennen und kurz zu begründen.

[2] Das Gericht gibt der Gegenpartei sowie der streitberufenen Person Gelegenheit zur Stellungnahme.

[3] Wird die Streitverkündungsklage zugelassen, so bestimmt das Gericht Zeitpunkt und Umfang des betreffenden Schriftenwechsels; Artikel 125 bleibt vorbehalten.

[4] Der Entscheid über die Zulassung der Klage ist mit Beschwerde anfechtbar.

6. Kapitel: Parteiwechsel

Art. 83

[1] Wird das Streitobjekt während des Prozesses veräussert, so kann die Erwerberin oder der Erwerber an Stelle der veräussernden Partei in den Prozess eintreten.

[2] Die eintretende Partei haftet für die gesamten Prozesskosten. Für die bis zum Parteiwechsel aufgelaufenen Prozesskosten haftet die ausscheidende Partei solidarisch mit.

[3] In begründeten Fällen hat die eintretende Partei auf Verlangen der Gegenpartei für die Vollstreckung des Entscheides Sicherheit zu leisten.

[4] Ohne Veräusserung des Streitobjekts ist ein Parteiwechsel nur mit Zustimmung der Gegenpartei zulässig; besondere gesetzliche Bestimmungen über die Rechtsnachfolge bleiben vorbehalten.

6. Titel: Klagen

Art. 84 Leistungsklage

¹ Mit der Leistungsklage verlangt die klagende Partei die Verurteilung der beklagten Partei zu einem bestimmten Tun, Unterlassen oder Dulden.

² Wird die Bezahlung eines Geldbetrages verlangt, so ist dieser zu beziffern.

Art. 85 Unbezifferte Forderungsklage

¹ Ist es der klagenden Partei unmöglich oder unzumutbar, ihre Forderung bereits zu Beginn des Prozesses zu beziffern, so kann sie eine unbezifferte Forderungsklage erheben. Sie muss jedoch einen Mindestwert angeben, der als vorläufiger Streitwert gilt.

² Die Forderung ist zu beziffern, sobald die klagende Partei nach Abschluss des Beweisverfahrens oder nach Auskunftserteilung durch die beklagte Partei dazu in der Lage ist. Das angerufene Gericht bleibt zuständig, auch wenn der Streitwert die sachliche Zuständigkeit übersteigt.

Art. 86 Teilklage

Ist ein Anspruch teilbar, so kann auch nur ein Teil eingeklagt werden.

Art. 87 Gestaltungsklage

Mit der Gestaltungsklage verlangt die klagende Partei die Begründung, Änderung oder Aufhebung eines bestimmten Rechts oder Rechtsverhältnisses.

Art. 88 Feststellungsklage

Mit der Feststellungsklage verlangt die klagende Partei die gerichtliche Feststellung, dass ein Recht oder Rechtsverhältnis besteht oder nicht besteht.

Art. 89 Verbandsklage

¹ Vereine und andere Organisationen von gesamtschweizerischer oder regionaler Bedeutung, die nach ihren Statuten zur Wahrung der Interessen bestimmter Personengruppen befugt sind, können in eigenem Namen auf Verletzung der Persönlichkeit der Angehörigen dieser Personengruppen klagen.

² Mit der Verbandsklage kann beantragt werden:

a. eine drohende Verletzung zu verbieten;

b. eine bestehende Verletzung zu beseitigen;

c. die Widerrechtlichkeit einer Verletzung festzustellen, wenn sich diese weiterhin störend auswirkt.

³ Besondere gesetzliche Bestimmungen über die Verbandsklage bleiben vorbehalten.

Art. 90 Klagenhäufung

Die klagende Partei kann mehrere Ansprüche gegen dieselbe Partei in einer Klage vereinen, sofern:
a. das gleiche Gericht dafür sachlich zuständig ist; und
b. die gleiche Verfahrensart anwendbar ist.

7. Titel: Streitwert

Art. 91 Grundsatz

[1] Der Streitwert wird durch das Rechtsbegehren bestimmt. Zinsen und Kosten des laufenden Verfahrens oder einer allfälligen Publikation des Entscheids sowie allfällige Eventualbegehren werden nicht hinzugerechnet.

[2] Lautet das Rechtsbegehren nicht auf eine bestimmte Geldsumme, so setzt das Gericht den Streitwert fest, sofern sich die Parteien darüber nicht einigen oder ihre Angaben offensichtlich unrichtig sind.

Art. 92 Wiederkehrende Nutzungen und Leistungen

[1] Als Wert wiederkehrender Nutzungen oder Leistungen gilt der Kapitalwert.

[2] Bei ungewisser oder unbeschränkter Dauer gilt als Kapitalwert der zwanzigfache Betrag der einjährigen Nutzung oder Leistung und bei Leibrenten der Barwert.

Art. 93 Streitgenossenschaft und Klagenhäufung

[1] Bei einfacher Streitgenossenschaft und Klagenhäufung werden die geltend gemachten Ansprüche zusammengerechnet, sofern sie sich nicht gegenseitig ausschliessen.

[2] Bei einfacher Streitgenossenschaft bleibt die Verfahrensart trotz Zusammenrechnung des Streitwerts erhalten.

Art. 94 Widerklage

[1] Stehen sich Klage und Widerklage gegenüber, so bestimmt sich der Streitwert nach dem höheren Rechtsbegehren.

[2] Zur Bestimmung der Prozesskosten werden die Streitwerte zusammengerechnet, sofern sich Klage und Widerklage nicht gegenseitig ausschliessen.

8. Titel: Prozesskosten und unentgeltliche Rechtspflege

1. Kapitel: Prozesskosten

Art. 95 Begriffe

¹ Prozesskosten sind:
a. die Gerichtskosten;
b. die Parteientschädigung.

² Gerichtskosten sind:
a. die Pauschalen für das Schlichtungsverfahren;
b. die Pauschalen für den Entscheid (Entscheidgebühr);
c. die Kosten der Beweisführung;
d. die Kosten für die Übersetzung;
e. die Kosten für die Vertretung des Kindes (Art. 299 und 300).

³ Als Parteientschädigung gilt:
a. der Ersatz notwendiger Auslagen;
b. die Kosten einer berufsmässigen Vertretung;
c. in begründeten Fällen: eine angemessene Umtriebsentschädigung, wenn eine Partei nicht berufsmässig vertreten ist.

Art. 96 Tarife

Die Kantone setzen die Tarife für die Prozesskosten fest.

Art. 97 Aufklärung über die Prozesskosten

Das Gericht klärt die nicht anwaltlich vertretene Partei über die mutmassliche Höhe der Prozesskosten sowie über die unentgeltliche Rechtspflege auf.

Art. 98 Kostenvorschuss

Das Gericht kann von der klagenden Partei einen Vorschuss bis zur Höhe der mutmasslichen Gerichtskosten verlangen.

Art. 99 Sicherheit für die Parteientschädigung

¹ Die klagende Partei hat auf Antrag der beklagten Partei für deren Parteientschädigung Sicherheit zu leisten, wenn sie:
a. keinen Wohnsitz oder Sitz in der Schweiz hat;
b. zahlungsunfähig erscheint, namentlich wenn gegen sie der Konkurs eröffnet oder ein Nachlassverfahren im Gang ist oder Verlustscheine bestehen;
c. Prozesskosten aus früheren Verfahren schuldet; oder
d. wenn andere Gründe für eine erhebliche Gefährdung der Parteientschädigung bestehen.

² Bei notwendiger Streitgenossenschaft ist nur dann Sicherheit zu leisten, wenn bei allen Streitgenossen eine der Voraussetzungen gegeben ist.

³ Keine Sicherheit ist zu leisten:
a. im vereinfachten Verfahren mit Ausnahme der vermögensrechtlichen Streitigkeiten nach Artikel 243 Absatz 1;
b. im Scheidungsverfahren;
c. im summarischen Verfahren mit Ausnahme des Rechtsschutzes in klaren Fällen (Art. 257).

Art. 100 Art und Höhe der Sicherheit

¹ Die Sicherheit kann in bar oder durch Garantie einer in der Schweiz niedergelassenen Bank oder eines zum Geschäftsbetrieb in der Schweiz zugelassenen Versicherungsunternehmens geleistet werden.

² Das Gericht kann die zu leistende Sicherheit nachträglich erhöhen, herabsetzen oder aufheben.

Art. 101 Leistung des Vorschusses und der Sicherheit

¹ Das Gericht setzt eine Frist zur Leistung des Vorschusses und der Sicherheit.

² Vorsorgliche Massnahmen kann es schon vor Leistung der Sicherheit anordnen.

³ Werden der Vorschuss oder die Sicherheit auch nicht innert einer Nachfrist geleistet, so tritt das Gericht auf die Klage oder auf das Gesuch nicht ein.

Art. 102 Vorschuss für Beweiserhebungen

¹ Jede Partei hat die Auslagen des Gerichts vorzuschiessen, die durch von ihr beantragte Beweiserhebungen veranlasst werden.

² Beantragen die Parteien dasselbe Beweismittel, so hat jede Partei die Hälfte vorzuschiessen.

³ Leistet eine Partei ihren Vorschuss nicht, so kann die andere die Kosten vorschiessen; andernfalls unterbleibt die Beweiserhebung. Vorbehalten bleiben Streitigkeiten, in denen das Gericht den Sachverhalt von Amtes wegen zu erforschen hat.

Art. 103 Rechtsmittel

Entscheide über die Leistung von Vorschüssen und Sicherheiten sind mit Beschwerde anfechtbar.

2. Kapitel: Verteilung und Liquidation der Prozesskosten

Art. 104 Entscheid über die Prozesskosten

¹ Das Gericht entscheidet über die Prozesskosten in der Regel im Endentscheid.

² Bei einem Zwischenentscheid (Art. 237) können die bis zu diesem Zeitpunkt entstandenen Prozesskosten verteilt werden.

³ Über die Prozesskosten vorsorglicher Massnahmen kann zusammen mit der Hauptsache entschieden werden.

⁴ In einem Rückweisungsentscheid kann die obere Instanz die Verteilung der Prozesskosten des Rechtsmittelverfahrens der Vorinstanz überlassen.

Art. 105 Festsetzung und Verteilung der Prozesskosten

¹ Die Gerichtskosten werden von Amtes wegen festgesetzt und verteilt.

² Die Parteientschädigung spricht das Gericht nach den Tarifen (Art. 96) zu. Die Parteien können eine Kostennote einreichen.

Art. 106 Verteilungsgrundsätze

¹ Die Prozesskosten werden der unterliegenden Partei auferlegt. Bei Nichteintreten und bei Klagerückzug gilt die klagende Partei, bei Anerkennung der Klage die beklagte Partei als unterliegend.

² Hat keine Partei vollständig obsiegt, so werden die Prozesskosten nach dem Ausgang des Verfahrens verteilt.

³ Sind am Prozess mehrere Personen als Haupt- oder Nebenparteien beteiligt, so bestimmt das Gericht ihren Anteil an den Prozesskosten. Es kann auf solidarische Haftung erkennen.

Art. 107 Verteilung nach Ermessen

¹ Das Gericht kann von den Verteilungsgrundsätzen abweichen und die Prozesskosten nach Ermessen verteilen:
a. wenn die Klage zwar grundsätzlich, aber nicht in der Höhe der Forderung gutgeheissen wurde und diese Höhe vom gerichtlichen Ermessen abhängig oder die Bezifferung des Anspruchs schwierig war;
b. wenn eine Partei in guten Treuen zur Prozessführung veranlasst war;
c. in familienrechtlichen Verfahren;
d. in Verfahren bei eingetragener Partnerschaft;
e. wenn das Verfahren als gegenstandslos abgeschrieben wird und das Gesetz nichts anderes vorsieht;
f. wenn andere besondere Umstände vorliegen, die eine Verteilung nach dem Ausgang des Verfahrens als unbillig erscheinen lassen.

² Das Gericht kann Gerichtskosten, die weder eine Partei noch Dritte veranlasst haben, aus Billigkeitsgründen dem Kanton auferlegen.

Art. 108 Unnötige Prozesskosten

Unnötige Prozesskosten hat zu bezahlen, wer sie verursacht hat.

Art. 109 Verteilung bei Vergleich

¹ Bei einem gerichtlichen Vergleich trägt jede Partei die Prozesskosten nach Massgabe des Vergleichs.

² Die Kosten werden nach den Artikeln 106–108 verteilt, wenn:
a. der Vergleich keine Regelung enthält; oder
b. die getroffene Regelung einseitig zulasten einer Partei geht, welcher die unentgeltliche Rechtspflege bewilligt worden ist.

Art. 110 Rechtsmittel

Der Kostenentscheid ist selbstständig nur mit Beschwerde anfechtbar.

Art. 111 Liquidation der Prozesskosten

¹ Die Gerichtskosten werden mit den geleisteten Vorschüssen der Parteien verrechnet. Ein Fehlbetrag wird von der kostenpflichtigen Person nachgefordert.

² Die kostenpflichtige Partei hat der anderen Partei die geleisteten Vorschüsse zu ersetzen sowie die zugesprochene Parteientschädigung zu bezahlen.

³ Vorbehalten bleiben die Bestimmungen über die unentgeltliche Rechtspflege.

Art. 112 Stundung, Erlass, Verjährung und Verzinsung der Gerichtskosten

¹ Gerichtskosten können gestundet oder bei dauernder Mittellosigkeit erlassen werden.

² Die Forderungen verjähren zehn Jahre nach Abschluss des Verfahrens.

³ Der Verzugszins beträgt 5 Prozent.

3. Kapitel: Besondere Kostenregelungen

Art. 113 Schlichtungsverfahren

¹ Im Schlichtungsverfahren werden keine Parteientschädigungen gesprochen. Vorbehalten bleibt die Entschädigung einer unentgeltlichen Rechtsbeiständin oder eines unentgeltlichen Rechtsbeistandes durch den Kanton.

² Keine Gerichtskosten werden gesprochen in Streitigkeiten:
a. nach dem Gleichstellungsgesetz vom 24. März 1995[30];
b. nach dem Behindertengleichstellungsgesetz vom 13. Dezember 2002[31];
c. aus Miete und Pacht von Wohn- und Geschäftsräumen sowie aus landwirtschaftlicher Pacht;

---

30 SR 151.1
31 SR 151.3

d. aus dem Arbeitsverhältnis sowie nach dem Arbeitsvermittlungsgesetz vom 6. Oktober 1989[32] bis zu einem Streitwert von 30 000 Franken;
e. nach dem Mitwirkungsgesetz vom 17. Dezember 1993[33];
f. aus Zusatzversicherungen zur sozialen Krankenversicherung nach dem Bundesgesetz vom 18. März 1994[34] über die Krankenversicherung.

Art. 114 Entscheidverfahren

Im Entscheidverfahren werden keine Gerichtskosten gesprochen bei Streitigkeiten:
a. nach dem Gleichstellungsgesetz vom 24. März 1995[35];
b. nach dem Behindertengleichstellungsgesetz vom 13. Dezember 2002[36];
c. aus dem Arbeitsverhältnis sowie nach dem Arbeitsvermittlungsgesetz vom 6. Oktober 1989[37] bis zu einem Streitwert von 30 000 Franken;
d. nach dem Mitwirkungsgesetz vom 17. Dezember 1993[38];
e. aus Zusatzversicherungen zur sozialen Krankenversicherung nach dem Bundesgesetz vom 18. März 1994[39] über die Krankenversicherung.

Art. 115 Kostentragungspflicht

Bei bös- oder mutwilliger Prozessführung können die Gerichtskosten auch in den unentgeltlichen Verfahren einer Partei auferlegt werden.

Art. 116 Kostenbefreiung nach kantonalem Recht

¹ Die Kantone können weitere Befreiungen von den Prozesskosten gewähren.

² Befreiungen, welche ein Kanton sich selbst, seinen Gemeinden und anderen kantonalrechtlichen Körperschaften gewährt, gelten auch für den Bund.

4. Kapitel: Unentgeltliche Rechtspflege

Art. 117 Anspruch

Eine Person hat Anspruch auf unentgeltliche Rechtspflege, wenn:
a. sie nicht über die erforderlichen Mittel verfügt; und
b. ihr Rechtsbegehren nicht aussichtslos erscheint.

---

32 SR 823.11
33 SR 822.14
34 SR 832.10
35 SR 151.1
36 SR 151.3
37 SR 823.11
38 SR 822.14
39 SR 832.10

Art. 118 Umfang

¹ Die unentgeltliche Rechtspflege umfasst:
a. die Befreiung von Vorschuss- und Sicherheitsleistungen;
b. die Befreiung von den Gerichtskosten;
c. die gerichtliche Bestellung einer Rechtsbeiständin oder eines Rechtsbeistandes, wenn dies zur Wahrung der Rechte notwendig ist, insbesondere wenn die Gegenpartei anwaltlich vertreten ist; die Rechtsbeiständin oder der Rechtsbeistand kann bereits zur Vorbereitung des Prozesses bestellt werden.

² Sie kann ganz oder teilweise gewährt werden.

³ Sie befreit nicht von der Bezahlung einer Parteientschädigung an die Gegenpartei.

Art. 119 Gesuch und Verfahren

¹ Das Gesuch um unentgeltliche Rechtspflege kann vor oder nach Eintritt der Rechtshängigkeit gestellt werden.

² Die gesuchstellende Person hat ihre Einkommens- und Vermögensverhältnisse darzulegen und sich zur Sache sowie über ihre Beweismittel zu äussern. Sie kann die Person der gewünschten Rechtsbeiständin oder des gewünschten Rechtsbeistands im Gesuch bezeichnen.

³ Das Gericht entscheidet über das Gesuch im summarischen Verfahren. Die Gegenpartei kann angehört werden. Sie ist immer anzuhören, wenn die unentgeltliche Rechtspflege die Leistung der Sicherheit für die Parteientschädigung umfassen soll.

⁴ Die unentgeltliche Rechtspflege kann ausnahmsweise rückwirkend bewilligt werden.

⁵ Im Rechtsmittelverfahren ist die unentgeltliche Rechtspflege neu zu beantragen.

⁶ Ausser bei Bös- oder Mutwilligkeit werden im Verfahren um die unentgeltliche Rechtspflege keine Gerichtskosten erhoben.

Art. 120 Entzug der unentgeltlichen Rechtspflege

Das Gericht entzieht die unentgeltliche Rechtspflege, wenn der Anspruch darauf nicht mehr besteht oder nie bestanden hat.

Art. 121 Rechtsmittel

Wird die unentgeltliche Rechtspflege ganz oder teilweise abgelehnt oder entzogen, so kann der Entscheid mit Beschwerde angefochten werden.

Art. 122 Liquidation der Prozesskosten

¹ Unterliegt die unentgeltlich prozessführende Partei, so werden die Prozesskosten wie folgt liquidiert:
a. die unentgeltliche Rechtsbeiständin oder der unentgeltliche Rechtsbeistand wird vom Kanton angemessen entschädigt;
b. die Gerichtskosten gehen zulasten des Kantons;
c. der Gegenpartei werden die Vorschüsse, die sie geleistet hat, zurückerstattet;
d. die unentgeltlich prozessführende Partei hat der Gegenpartei die Parteientschädigung zu bezahlen.

² Obsiegt die unentgeltlich prozessführende Partei und ist die Parteientschädigung bei der Gegenpartei nicht oder voraussichtlich nicht einbringlich, so wird die unentgeltliche Rechtsbeiständin oder der unentgeltliche Rechtsbeistand vom Kanton angemessen entschädigt. Mit der Zahlung geht der Anspruch auf den Kanton über.

Art. 123 Nachzahlung

¹ Eine Partei, der die unentgeltliche Rechtspflege gewährt wurde, ist zur Nachzahlung verpflichtet, sobald sie dazu in der Lage ist.

² Der Anspruch des Kantons verjährt zehn Jahre nach Abschluss des Verfahrens.

9. Titel: Prozessleitung, prozessuales Handeln und Fristen

1. Kapitel: Prozessleitung

Art. 124 Grundsätze

¹ Das Gericht leitet den Prozess. Es erlässt die notwendigen prozessleitenden Verfügungen zur zügigen Vorbereitung und Durchführung des Verfahrens.

² Die Prozessleitung kann an eines der Gerichtsmitglieder delegiert werden.

³ Das Gericht kann jederzeit versuchen, eine Einigung zwischen den Parteien herbeizuführen.

Art. 125 Vereinfachung des Prozesses

Zur Vereinfachung des Prozesses kann das Gericht insbesondere:
a. das Verfahren auf einzelne Fragen oder auf einzelne Rechtsbegehren beschränken;
b. gemeinsam eingereichte Klagen trennen;
c. selbstständig eingereichte Klagen vereinigen;
d. eine Widerklage vom Hauptverfahren trennen.

Art. 126 Sistierung des Verfahrens

¹ Das Gericht kann das Verfahren sistieren, wenn die Zweckmässigkeit dies verlangt. Das Verfahren kann namentlich sistiert werden, wenn der Entscheid vom Ausgang eines anderen Verfahrens abhängig ist.

² Die Sistierung ist mit Beschwerde anfechtbar.

Art. 127 Überweisung bei zusammenhängenden Verfahren

¹ Sind bei verschiedenen Gerichten Klagen rechtshängig, die miteinander in einem sachlichen Zusammenhang stehen, so kann ein später angerufenes Gericht die bei ihm rechtshängige Klage an das zuerst angerufene Gericht überweisen, wenn dieses mit der Übernahme einverstanden ist.

² Die Überweisung ist mit Beschwerde anfechtbar.

Art. 128 Verfahrensdisziplin und mutwillige Prozessführung

¹ Wer im Verfahren vor Gericht den Anstand verletzt oder den Geschäftsgang stört, wird mit einem Verweis oder einer Ordnungsbusse bis zu 1000 Franken bestraft. Das Gericht kann zudem den Ausschluss von der Verhandlung anordnen.

² Das Gericht kann zur Durchsetzung seiner Anordnungen die Polizei beiziehen.

³ Bei bös- oder mutwilliger Prozessführung können die Parteien und ihre Vertretungen mit einer Ordnungsbusse bis zu 2000 Franken und bei Wiederholung bis zu 5000 Franken bestraft werden.

⁴ Die Ordnungsbusse ist mit Beschwerde anfechtbar.

2. Kapitel: Formen des prozessualen Handelns

1. Abschnitt: Verfahrenssprache

Art. 129

Das Verfahren wird in der Amtssprache des zuständigen Kantons geführt. Bei mehreren Amtssprachen regeln die Kantone den Gebrauch der Sprachen.

2. Abschnitt: Eingaben der Parteien

Art. 130[40] Form

¹ Eingaben sind dem Gericht in Papierform oder elektronisch einzureichen. Sie sind zu unterzeichnen.

² Bei elektronischer Einreichung muss die Eingabe mit einer qualifizierten elektronischen Signatur gemäss Bundesgesetz vom 18. März 2016[41] über die elektronische Signatur versehen werden. Der Bundesrat regelt:
a. das Format der Eingabe und ihrer Beilagen;
b. die Art und Weise der Übermittlung;
c. die Voraussetzungen, unter denen bei technischen Problemen die Nachreichung von Dokumenten auf Papier verlangt werden kann.

Art. 131 Anzahl

Eingaben und Beilagen in Papierform sind in je einem Exemplar für das Gericht und für jede Gegenpartei einzureichen; andernfalls kann das Gericht eine Nachfrist ansetzen oder die notwendigen Kopien auf Kosten der Partei erstellen.

Art. 132 Mangelhafte, querulatorische und rechtsmissbräuchliche Eingaben

¹ Mängel wie fehlende Unterschrift und fehlende Vollmacht sind innert einer gerichtlichen Nachfrist zu verbessern. Andernfalls gilt die Eingabe als nicht erfolgt.

² Gleiches gilt für unleserliche, ungebührliche, unverständliche oder weitschweifige Eingaben.

³ Querulatorische und rechtsmissbräuchliche Eingaben werden ohne Weiteres zurückgeschickt.

3. Abschnitt: Gerichtliche Vorladung

Art. 133 Inhalt

Die Vorladung enthält:
a. Name und Adresse der vorgeladenen Person;
b. die Prozesssache und die Parteien;
c. die Eigenschaft, in welcher die Person vorgeladen wird;
d. Ort, Datum und Zeit des geforderten Erscheinens;
e. die Prozesshandlung, zu der vorgeladen wird;

---

40 Fassung gemäss Anhang Ziff. II 5 des BG vom 18. März 2016 über die elektronische Signatur, in Kraft seit 1. Jan. 2017 (AS 2016 4651; BBl 2014 1001).
41 SR 943.03

f. die Säumnisfolgen;
g. das Datum der Vorladung und die Unterschrift des Gerichts.

Art. 134 Zeitpunkt
Die Vorladung muss mindestens zehn Tage vor dem Erscheinungstermin versandt werden, sofern das Gesetz nichts anderes bestimmt.

Art. 135 Verschiebung des Erscheinungstermins
Das Gericht kann einen Erscheinungstermin aus zureichenden Gründen verschieben:
a. von Amtes wegen; oder
b. wenn es vor dem Termin darum ersucht wird.

4. Abschnitt: Gerichtliche Zustellung

Art. 136 Zuzustellende Urkunden
Das Gericht stellt den betroffenen Personen insbesondere zu:
a. Vorladungen;
b. Verfügungen und Entscheide;
c. Eingaben der Gegenpartei.

Art. 137 Bei Vertretung
Ist eine Partei vertreten, so erfolgt die Zustellung an die Vertretung.

Art. 138 Form
[1] Die Zustellung von Vorladungen, Verfügungen und Entscheiden erfolgt durch eingeschriebene Postsendung oder auf andere Weise gegen Empfangsbestätigung.

[2] Sie ist erfolgt, wenn die Sendung von der Adressatin oder vom Adressaten oder von einer angestellten oder im gleichen Haushalt lebenden, mindestens 16 Jahre alten Person entgegengenommen wurde. Vorbehalten bleiben Anweisungen des Gerichts, eine Urkunde dem Adressaten oder der Adressatin persönlich zuzustellen.

[3] Sie gilt zudem als erfolgt:
a. bei einer eingeschriebenen Postsendung, die nicht abgeholt worden ist: am siebten Tag nach dem erfolglosen Zustellungsversuch, sofern die Person mit einer Zustellung rechnen musste;
b. bei persönlicher Zustellung, wenn die Adressatin oder der Adressat die Annahme verweigert und dies von der überbringenden Person festgehalten wird: am Tag der Weigerung.

[4] Andere Sendungen kann das Gericht durch gewöhnliche Post zustellen.

Art. 139[42] **Elektronische Zustellung**

¹ Mit dem Einverständnis der betroffenen Person können Vorladungen, Verfügungen und Entscheide elektronisch zugestellt werden. Sie sind mit einer elektronischen Signatur gemäss Bundesgesetz vom 18. März 2016[43] über die elektronische Signatur zu versehen.

² Der Bundesrat regelt:
a. die zu verwendende Signatur;
b. das Format der Vorladungen, Verfügungen und Entscheide sowie ihrer Beilagen;
c. die Art und Weise der Übermittlung;
d. den Zeitpunkt, zu dem die Vorladung, die Verfügung oder der Entscheid als zugestellt gilt.

Art. 140 **Zustellungsdomizil**

Das Gericht kann Parteien mit Wohnsitz oder Sitz im Ausland anweisen, ein Zustellungsdomizil in der Schweiz zu bezeichnen.

Art. 141 **Öffentliche Bekanntmachung**

¹ Die Zustellung erfolgt durch Publikation im kantonalen Amtsblatt oder im Schweizerischen Handelsamtsblatt, wenn:
a. der Aufenthaltsort der Adressatin oder des Adressaten unbekannt ist und trotz zumutbarer Nachforschungen nicht ermittelt werden kann;
b. eine Zustellung unmöglich ist oder mit ausserordentlichen Umtrieben verbunden wäre;
c. eine Partei mit Wohnsitz oder Sitz im Ausland entgegen der Anweisung des Gerichts kein Zustellungsdomizil in der Schweiz bezeichnet hat.

² Die Zustellung gilt am Tag der Publikation als erfolgt.

3. Kapitel: Fristen, Säumnis und Wiederherstellung

1. Abschnitt: Fristen

Art. 142 **Beginn und Berechnung**

¹ Fristen, die durch eine Mitteilung oder den Eintritt eines Ereignisses ausgelöst werden, beginnen am folgenden Tag zu laufen.

² Berechnet sich eine Frist nach Monaten, so endet sie im letzten Monat an dem Tag, der dieselbe Zahl trägt wie der Tag, an dem die Frist zu laufen

---

42 Fassung gemäss Anhang Ziff. II 5 des BG vom 18. März 2016 über die elektronische Signatur, in Kraft seit 1. Jan. 2017 (AS 2016 4651; BBl 2014 1001).
43 SR 943.03

begann. Fehlt der entsprechende Tag, so endet die Frist am letzten Tag des Monats.

³ Fällt der letzte Tag einer Frist auf einen Samstag, einen Sonntag oder einen am Gerichtsort vom Bundesrecht oder vom kantonalen Recht anerkannten Feiertag, so endet sie am nächsten Werktag.

Art. 143 Einhaltung

¹ Eingaben müssen spätestens am letzten Tag der Frist beim Gericht eingereicht oder zu dessen Handen der Schweizerischen Post oder einer schweizerischen diplomatischen oder konsularischen Vertretung übergeben werden.

² Bei elektronischer Einreichung ist für die Wahrung einer Frist der Zeitpunkt massgebend, in dem die Quittung ausgestellt wird, die bestätigt, dass alle Schritte abgeschlossen sind, die auf der Seite der Partei für die Übermittlung notwendig sind.[44]

³ Die Frist für eine Zahlung an das Gericht ist eingehalten, wenn der Betrag spätestens am letzten Tag der Frist zugunsten des Gerichts der Schweizerischen Post übergeben oder einem Post- oder Bankkonto in der Schweiz belastet worden ist.

Art. 144 Erstreckung

¹ Gesetzliche Fristen können nicht erstreckt werden.

² Gerichtliche Fristen können aus zureichenden Gründen erstreckt werden, wenn das Gericht vor Fristablauf darum ersucht wird.

Art. 145 Stillstand der Fristen

¹ Gesetzliche und gerichtliche Fristen stehen still:
a. vom siebten Tag vor Ostern bis und mit dem siebten Tag nach Ostern;
b. vom 15. Juli bis und mit dem 15. August;
c. vom 18. Dezember bis und mit dem 2. Januar.

² Dieser Fristenstillstand gilt nicht für:
a. das Schlichtungsverfahren;
b. das summarische Verfahren.

³ Die Parteien sind auf die Ausnahmen nach Absatz 2 hinzuweisen.

⁴ Vorbehalten bleiben die Bestimmungen des SchKG[45] über die Betreibungsferien und den Rechtsstillstand.

---

44 Fassung gemäss Anhang Ziff. II 5 des BG vom 18. März 2016 über die elektronische Signatur, in Kraft seit 1. Jan. 2017 (AS 2016 4651; BBl 2014 1001).
45 SR 281.1

Art. 146 Wirkungen des Stillstandes

¹ Bei Zustellung während des Stillstandes beginnt der Fristenlauf am ersten Tag nach Ende des Stillstandes.

² Während des Stillstandes der Fristen finden keine Gerichtsverhandlungen statt, es sei denn, die Parteien seien einverstanden.

2. Abschnitt: Säumnis und Wiederherstellung

Art. 147 Säumnis und Säumnisfolgen

¹ Eine Partei ist säumig, wenn sie eine Prozesshandlung nicht fristgerecht vornimmt oder zu einem Termin nicht erscheint.

² Das Verfahren wird ohne die versäumte Handlung weitergeführt, sofern das Gesetz nichts anderes bestimmt.

³ Das Gericht weist die Parteien auf die Säumnisfolgen hin.

Art. 148 Wiederherstellung

¹ Das Gericht kann auf Gesuch einer säumigen Partei eine Nachfrist gewähren oder zu einem Termin erneut vorladen, wenn die Partei glaubhaft macht, dass sie kein oder nur ein leichtes Verschulden trifft.

² Das Gesuch ist innert zehn Tagen seit Wegfall des Säumnisgrundes einzureichen.

³ Ist ein Entscheid eröffnet worden, so kann die Wiederherstellung nur innerhalb von sechs Monaten seit Eintritt der Rechtskraft verlangt werden.

Art. 149 Verfahren der Wiederherstellung

Das Gericht gibt der Gegenpartei Gelegenheit zur Stellungnahme und entscheidet endgültig.

10. Titel: Beweis

1. Kapitel: Allgemeine Bestimmungen

Art. 150 Beweisgegenstand

¹ Gegenstand des Beweises sind rechtserhebliche, streitige Tatsachen.

² Beweisgegenstand können auch Übung, Ortsgebrauch und, bei vermögensrechtlichen Streitigkeiten, ausländisches Recht sein.

Art. 151 Bekannte Tatsachen

Offenkundige und gerichtsnotorische Tatsachen sowie allgemein anerkannte Erfahrungssätze bedürfen keines Beweises.

Art. 152 Recht auf Beweis

¹ Jede Partei hat das Recht, dass das Gericht die von ihr form- und fristgerecht angebotenen tauglichen Beweismittel abnimmt.

² Rechtswidrig beschaffte Beweismittel werden nur berücksichtigt, wenn das Interesse an der Wahrheitsfindung überwiegt.

Art. 153 Beweiserhebung von Amtes wegen

¹ Das Gericht erhebt von Amtes wegen Beweis, wenn der Sachverhalt von Amtes wegen festzustellen ist.

² Es kann von Amtes wegen Beweis erheben, wenn an der Richtigkeit einer nicht streitigen Tatsache erhebliche Zweifel bestehen.

Art. 154 Beweisverfügung

Vor der Beweisabnahme werden die erforderlichen Beweisverfügungen getroffen. Darin werden insbesondere die zugelassenen Beweismittel bezeichnet und wird bestimmt, welcher Partei zu welchen Tatsachen der Haupt- oder der Gegenbeweis obliegt. Beweisverfügungen können jederzeit abgeändert oder ergänzt werden.

Art. 155 Beweisabnahme

¹ Die Beweisabnahme kann an eines oder mehrere der Gerichtsmitglieder delegiert werden.

² Aus wichtigen Gründen kann eine Partei die Beweisabnahme durch das urteilende Gericht verlangen.

³ Die Parteien haben das Recht, an der Beweisabnahme teilzunehmen.

Art. 156 Wahrung schutzwürdiger Interessen

Gefährdet die Beweisabnahme die schutzwürdigen Interessen einer Partei oder Dritter, wie insbesondere deren Geschäftsgeheimnisse, so trifft das Gericht die erforderlichen Massnahmen.

Art. 157 Freie Beweiswürdigung

Das Gericht bildet sich seine Überzeugung nach freier Würdigung der Beweise.

Art. 158 Vorsorgliche Beweisführung

¹ Das Gericht nimmt jederzeit Beweis ab, wenn:
a. das Gesetz einen entsprechenden Anspruch gewährt; oder

b. die gesuchstellende Partei eine Gefährdung der Beweismittel oder ein schutzwürdiges Interesse glaubhaft macht.

² Anzuwenden sind die Bestimmungen über die vorsorglichen Massnahmen.

Art. 159 Organe einer juristischen Person

Ist eine juristische Person Partei, so werden ihre Organe im Beweisverfahren wie eine Partei behandelt.

2. Kapitel: Mitwirkungspflicht und Verweigerungsrecht

1. Abschnitt: Allgemeine Bestimmungen

Art. 160 Mitwirkungspflicht

¹ Die Parteien und Dritte sind zur Mitwirkung bei der Beweiserhebung verpflichtet. Insbesondere haben sie:

a. als Partei, als Zeugin oder als Zeuge wahrheitsgemäss auszusagen;
b.[46] Urkunden herauszugeben; ausgenommen sind Unterlagen aus dem Verkehr einer Partei oder einer Drittperson mit einer Anwältin oder einem Anwalt, die oder der zur berufsmässigen Vertretung berechtigt ist, oder mit einer Patentanwältin oder einem Patentanwalt im Sinne von Artikel 2 des Patentanwaltsgesetzes vom 20. März 2009[47];
c. einen Augenschein an Person oder Eigentum durch Sachverständige zu dulden.

² Über die Mitwirkungspflicht einer minderjährigen Person entscheidet das Gericht nach seinem Ermessen.[48] Es berücksichtigt dabei das Kindeswohl.

³ Dritte, die zur Mitwirkung verpflichtet sind, haben Anspruch auf eine angemessene Entschädigung.

Art. 161 Aufklärung

¹ Das Gericht klärt die Parteien und Dritte über die Mitwirkungspflicht, das Verweigerungsrecht und die Säumnisfolgen auf.

² Unterlässt es die Aufklärung über das Verweigerungsrecht, so darf es die erhobenen Beweise nicht berücksichtigen, es sei denn, die betroffene Person stimme zu oder die Verweigerung wäre unberechtigt gewesen.

---

46 Fassung gemäss Ziff. I 4 des BG vom 28. Sept. 2012 über die Anpassung von verfahrensrechtlichen Bestimmungen zum anwaltlichen Berufsgeheimnis, in Kraft seit 1. Mai 2013 (AS 2013 847; BBl 2011 8181).
47 SR 935.62
48 Fassung gemäss Anhang 2 Ziff. 3, in Kraft seit 1. Jan. 2013 (AS 2010 1739; BBl 2006 7221; AS 2011 725; BBl 2006 7001).

Art. 162 Berechtigte Verweigerung der Mitwirkung

Verweigert eine Partei oder eine dritte Person die Mitwirkung berechtigterweise, so darf das Gericht daraus nicht auf die zu beweisende Tatsache schliessen.

2. Abschnitt: Verweigerungsrecht der Parteien

Art. 163 Verweigerungsrecht

¹ Eine Partei kann die Mitwirkung verweigern, wenn sie:
a. eine ihr im Sinne von Artikel 165 nahestehende Person der Gefahr strafrechtlicher Verfolgung oder zivilrechtlicher Verantwortlichkeit aussetzen würde;
b. sich wegen Verletzung eines Geheimnisses nach Artikel 321 des Strafgesetzbuchs (StGB)[49] strafbar machen würde; ausgenommen sind die Revisorinnen und Revisoren; Artikel 166 Absatz 1 Buchstabe b dritter Teilsatz gilt sinngemäss.

² Die Trägerinnen und Träger anderer gesetzlich geschützter Geheimnisse können die Mitwirkung verweigern, wenn sie glaubhaft machen, dass das Geheimhaltungsinteresse das Interesse an der Wahrheitsfindung überwiegt.

Art. 164 Unberechtigte Verweigerung

Verweigert eine Partei die Mitwirkung unberechtigterweise, so berücksichtigt dies das Gericht bei der Beweiswürdigung.

3. Abschnitt: Verweigerungsrecht Dritter

Art. 165 Umfassendes Verweigerungsrecht

¹ Jede Mitwirkung können verweigern:
a. wer mit einer Partei verheiratet ist oder war oder eine faktische Lebensgemeinschaft führt;
b. wer mit einer Partei gemeinsame Kinder hat;
c. wer mit einer Partei in gerader Linie oder in der Seitenlinie bis und mit dem dritten Grad verwandt oder verschwägert ist;
d. die Pflegeeltern, die Pflegekinder und die Pflegegeschwister einer Partei;
e.[50] die für eine Partei zur Vormundschaft oder zur Beistandschaft eingesetzte Person.

² Die eingetragene Partnerschaft ist der Ehe gleichgestellt.

---

49 SR 311.0
50 Fassung gemäss Anhang 2 Ziff. 3, in Kraft seit 1. Jan. 2013 (AS 2010 1739; BBl 2006 7221; AS 2011 725; BBl 2006 7001).

³ Die Stiefgeschwister sind den Geschwistern gleichgestellt.

Art. 166 Beschränktes Verweigerungsrecht

¹ Eine dritte Person kann die Mitwirkung verweigern:

a. zur Feststellung von Tatsachen, die sie oder eine ihr im Sinne von Artikel 165 nahestehende Person der Gefahr strafrechtlicher Verfolgung oder zivilrechtlicher Verantwortlichkeit aussetzen würde;

b. soweit sie sich wegen Verletzung eines Geheimnisses nach Artikel 321 StGB[51] strafbar machen würde; ausgenommen sind die Revisorinnen und Revisoren; mit Ausnahme der Anwältinnen und Anwälte sowie der Geistlichen haben Dritte jedoch mitzuwirken, wenn sie einer Anzeigepflicht unterliegen oder wenn sie von der Geheimhaltungspflicht entbunden worden sind, es sei denn, sie machen glaubhaft, dass das Geheimhaltungsinteresse das Interesse an der Wahrheitsfindung überwiegt;

c. zur Feststellung von Tatsachen, die ihr als Beamtin oder Beamter im Sinne von Artikel 110 Absatz 3[52] StGB oder als Behördenmitglied in ihrer amtlichen Eigenschaft anvertraut worden sind oder die sie bei Ausübung ihres Amtes wahrgenommen hat; sie hat auszusagen, wenn sie einer Anzeigepflicht unterliegt oder wenn sie von ihrer vorgesetzten Behörde zur Aussage ermächtigt worden ist;

d.[53] wenn sie als Ombudsperson, Ehe- oder Familienberaterin oder -berater, Mediatorin oder Mediator über Tatsachen aussagen müsste, die sie im Rahmen der betreffenden Tätigkeit wahrgenommen hat;

e. über die Identität der Autorin oder des Autors oder über Inhalt und Quellen ihrer Informationen, wenn sie sich beruflich oder als Hilfsperson mit der Veröffentlichung von Informationen im redaktionellen Teil eines periodisch erscheinenden Mediums befasst.

² Die Trägerinnen und Träger anderer gesetzlich geschützter Geheimnisse können die Mitwirkung verweigern, wenn sie glaubhaft machen, dass das Geheimhaltungsinteresse das Interesse an der Wahrheitsfindung überwiegt.

³ Vorbehalten bleiben die besonderen Bestimmungen des Sozialversicherungsrechts über die Datenbekanntgabe.

Art. 167 Unberechtigte Verweigerung

¹ Verweigert die dritte Person die Mitwirkung unberechtigterweise, so kann das Gericht:

a. eine Ordnungsbusse bis zu 1000 Franken anordnen;

b. die Strafdrohung nach Artikel 292 StGB[54] aussprechen;

---

51 SR 311.0
52 Berichtigt von der Redaktionskommission der BVers (Art. 58 Abs. 1 ParlG – SR 171.10).
53 Fassung gemäss Anhang Ziff. 2 des BG vom 20. März 2015 (Kindesunterhalt), in Kraft seit 1. Jan. 2017 (AS 2015 4299; BBl 2014 529).
54 SR 311.0

c. die zwangsweise Durchsetzung anordnen;
d. die Prozesskosten auferlegen, die durch die Verweigerung verursacht worden sind.

² Säumnis der dritten Person hat die gleichen Folgen wie deren unberechtigte Verweigerung der Mitwirkung.

³ Die dritte Person kann die gerichtliche Anordnung mit Beschwerde anfechten.

3. Kapitel: Beweismittel

1. Abschnitt: Zulässige Beweismittel

Art. 168

¹ Als Beweismittel sind zulässig:
a. Zeugnis;
b. Urkunde;
c. Augenschein;
d. Gutachten;
e. schriftliche Auskunft;
f. Parteibefragung und Beweisaussage.

² Vorbehalten bleiben die Bestimmungen über Kinderbelange in familienrechtlichen Angelegenheiten.

2. Abschnitt: Zeugnis

Art. 169   Gegenstand

Wer nicht Partei ist, kann über Tatsachen Zeugnis ablegen, die er oder sie unmittelbar wahrgenommen hat.

Art. 170   Vorladung

¹ Zeuginnen und Zeugen werden vom Gericht vorgeladen.

² Das Gericht kann den Parteien gestatten, Zeuginnen oder Zeugen ohne Vorladung mitzubringen.

³ Die Befragung kann am Aufenthaltsort der Zeugin oder des Zeugen erfolgen. Die Parteien sind darüber rechtzeitig zu informieren.

Art. 171   Form der Einvernahme

¹ Die Zeugin oder der Zeuge wird vor der Einvernahme zur Wahrheit ermahnt; nach Vollendung des 14. Altersjahres wird die Zeugin oder der Zeuge zudem

auf die strafrechtlichen Folgen des falschen Zeugnisses (Art. 307 StGB[55]) hingewiesen.

² Das Gericht befragt jede Zeugin und jeden Zeugen einzeln und in Abwesenheit der andern; vorbehalten bleibt die Konfrontation.

³ Das Zeugnis ist frei abzulegen; das Gericht kann die Benützung schriftlicher Unterlagen zulassen.

⁴ Das Gericht schliesst Zeuginnen und Zeugen von der übrigen Verhandlung aus, solange sie nicht aus dem Zeugenstand entlassen sind.

Art. 172 Inhalt der Einvernahme

Das Gericht befragt die Zeuginnen und Zeugen über:
a. ihre Personalien;
b. ihre persönlichen Beziehungen zu den Parteien sowie über andere Umstände, die für die Glaubwürdigkeit der Aussage von Bedeutung sein können;
c. ihre Wahrnehmungen zur Sache.

Art. 173 Ergänzungsfragen

Die Parteien können Ergänzungsfragen beantragen oder sie mit Bewilligung des Gerichts selbst stellen.

Art. 174 Konfrontation

Zeuginnen und Zeugen können einander und den Parteien gegenübergestellt werden.

Art. 175 Zeugnis einer sachverständigen Person

Das Gericht kann einer sachverständigen Zeugin oder einem sachverständigen Zeugen auch Fragen zur Würdigung des Sachverhaltes stellen.

Art. 176 Protokoll

¹ Die Aussagen werden in ihrem wesentlichen Inhalt zu Protokoll genommen, der Zeugin oder dem Zeugen vorgelesen oder zum Lesen vorgelegt und von der Zeugin oder dem Zeugen unterzeichnet. Zu Protokoll genommen werden auch abgelehnte Ergänzungsfragen der Parteien, wenn dies eine Partei verlangt.[56]

² Die Aussagen können zusätzlich auf Tonband, auf Video oder mit anderen geeigneten technischen Hilfsmitteln aufgezeichnet werden.

³ Werden die Aussagen während einer Verhandlung mit technischen Hilfsmitteln nach Absatz 2 aufgezeichnet, so kann das Gericht oder das einverneh-

---

[55] SR 311.0
[56] Fassung gemäss Ziff. I 1 des BG vom 28. Sept. 2012 (Protokollierungsvorschriften), in Kraft seit 1. Mai 2013 (AS 2013 851; BBl 2012 5707 5719).

mende Gerichtsmitglied darauf verzichten, der Zeugin oder dem Zeugen das Protokoll vorzulesen oder zum Lesen vorzulegen und von der Zeugin oder dem Zeugen unterzeichnen zu lassen. Die Aufzeichnungen werden zu den Akten genommen und zusammen mit dem Protokoll aufbewahrt.[57]

3. Abschnitt: Urkunde

Art. 177 Begriff

Als Urkunden gelten Dokumente wie Schriftstücke, Zeichnungen, Pläne, Fotos, Filme, Tonaufzeichnungen, elektronische Dateien und dergleichen, die geeignet sind, rechtserhebliche Tatsachen zu beweisen.

Art. 178 Echtheit

Die Partei, die sich auf eine Urkunde beruft, hat deren Echtheit zu beweisen, sofern die Echtheit von der andern Partei bestritten wird; die Bestreitung muss ausreichend begründet werden.

Art. 179 Beweiskraft öffentlicher Register und Urkunden

Öffentliche Register und öffentliche Urkunden erbringen für die durch sie bezeugten Tatsachen vollen Beweis, solange nicht die Unrichtigkeit ihres Inhalts nachgewiesen ist.

Art. 180 Einreichung

[1] Die Urkunde kann in Kopie eingereicht werden. Das Gericht oder eine Partei kann die Einreichung des Originals oder einer amtlich beglaubigten Kopie verlangen, wenn begründete Zweifel an der Echtheit bestehen.

[2] Bei umfangreichen Urkunden ist die für die Beweisführung erhebliche Stelle zu bezeichnen.

4. Abschnitt: Augenschein

Art. 181 Durchführung

[1] Das Gericht kann zur unmittelbaren Wahrnehmung von Tatsachen oder zum besseren Verständnis des Sachverhaltes auf Antrag einer Partei oder von Amtes wegen einen Augenschein durchführen.

[2] Es kann Zeuginnen und Zeugen sowie sachverständige Personen zum Augenschein beiziehen.

---

57 Eingefügt durch Ziff. I 1 des BG vom 28. Sept. 2012 (Protokollierungsvorschriften), in Kraft seit 1. Mai 2013 (AS 2013 851; BBl 2012 5707 5719).

³ Kann der Gegenstand des Augenscheins ohne Nachteil vor Gericht gebracht werden, ist er einzureichen.

Art. 182 Protokoll

Über den Augenschein ist Protokoll zu führen. Es wird gegebenenfalls mit Plänen, Zeichnungen, fotografischen und andern technischen Mitteln ergänzt.

5. Abschnitt: Gutachten

Art. 183 Grundsätze

¹ Das Gericht kann auf Antrag einer Partei oder von Amtes wegen bei einer oder mehreren sachverständigen Personen ein Gutachten einholen. Es hört vorgängig die Parteien an.

² Für eine sachverständige Person gelten die gleichen Ausstandsgründe wie für die Gerichtspersonen.

³ Eigenes Fachwissen hat das Gericht offen zu legen, damit die Parteien dazu Stellung nehmen können.

Art. 184 Rechte und Pflichten der sachverständigen Person

¹ Die sachverständige Person ist zur Wahrheit verpflichtet und hat ihr Gutachten fristgerecht abzuliefern.

² Das Gericht weist sie auf die Strafbarkeit eines falschen Gutachtens nach Artikel 307 StGB[58] und der Verletzung des Amtsgeheimnisses nach Artikel 320 StGB sowie auf die Folgen von Säumnis und mangelhafter Auftragserfüllung hin.

³ Die sachverständige Person hat Anspruch auf Entschädigung. Der gerichtliche Entscheid über die Entschädigung ist mit Beschwerde anfechtbar.

Art. 185 Auftrag

¹ Das Gericht instruiert die sachverständige Person und stellt ihr die abzuklärenden Fragen schriftlich oder mündlich in der Verhandlung.

² Es gibt den Parteien Gelegenheit, sich zur Fragestellung zu äussern und Änderungs- oder Ergänzungsanträge zu stellen.

³ Es stellt der sachverständigen Person die notwendigen Akten zur Verfügung und bestimmt eine Frist für die Erstattung des Gutachtens.

Art. 186 Abklärungen der sachverständigen Person

¹ Die sachverständige Person kann mit Zustimmung des Gerichts eigene Abklärungen vornehmen. Sie hat sie im Gutachten offenzulegen.

---

58 SR 311.0

² Das Gericht kann auf Antrag einer Partei oder von Amtes wegen die Abklärungen nach den Regeln des Beweisverfahrens nochmals vornehmen.

Art. 187 Erstattung des Gutachtens

¹ Das Gericht kann mündliche oder schriftliche Erstattung des Gutachtens anordnen. Es kann überdies anordnen, dass die sachverständige Person ihr schriftliches Gutachten in der Verhandlung erläutert.

² Über ein mündliches Gutachten ist sinngemäss nach Artikel 176 Protokoll zu führen.

³ Sind mehrere sachverständige Personen beauftragt, so erstattet jede von ihnen ein Gutachten, sofern das Gericht nichts anderes anordnet.

⁴ Das Gericht gibt den Parteien Gelegenheit, eine Erläuterung des Gutachtens oder Ergänzungsfragen zu beantragen.

Art. 188 Säumnis und Mängel

¹ Erstattet die sachverständige Person das Gutachten nicht fristgemäss, so kann das Gericht den Auftrag widerrufen und eine andere sachverständige Person beauftragen.

² Das Gericht kann ein unvollständiges, unklares oder nicht gehörig begründetes Gutachten auf Antrag einer Partei oder von Amtes wegen ergänzen und erläutern lassen oder eine andere sachverständige Person beiziehen.

Art. 189 Schiedsgutachten

¹ Die Parteien können vereinbaren, über streitige Tatsachen ein Schiedsgutachten einzuholen.

² Für die Form der Vereinbarung gilt Artikel 17 Absatz 2.

³ Das Schiedsgutachten bindet das Gericht hinsichtlich der darin festgestellten Tatsachen, wenn:
a. die Parteien über das Rechtsverhältnis frei verfügen können;
b. gegen die beauftragte Person kein Ausstandsgrund vorlag; und
c. das Schiedsgutachten ohne Bevorzugung einer Partei erstellt wurde und nicht offensichtlich unrichtig ist.

6. Abschnitt: Schriftliche Auskunft

Art. 190

¹ Das Gericht kann Amtsstellen um schriftliche Auskunft ersuchen.

² Es kann von Privatpersonen schriftliche Auskünfte einholen, wenn eine Zeugenbefragung nicht erforderlich erscheint.

7. Abschnitt: Parteibefragung und Beweisaussage

Art. 191 Parteibefragung

¹ Das Gericht kann eine oder beide Parteien zu den rechtserheblichen Tatsachen befragen.

² Die Parteien werden vor der Befragung zur Wahrheit ermahnt und darauf hingewiesen, dass sie mit einer Ordnungsbusse bis zu 2000 Franken und im Wiederholungsfall bis zu 5000 Franken bestraft werden können, wenn sie mutwillig leugnen.

Art. 192 Beweisaussage

¹ Das Gericht kann eine oder beide Parteien von Amtes wegen zur Beweisaussage unter Strafdrohung verpflichten.

² Die Parteien werden vor der Beweisaussage zur Wahrheit ermahnt und auf die Straffolgen einer Falschaussage hingewiesen (Art. 306 StGB[59]).

Art. 193 Protokoll

Für das Protokoll der Parteibefragung und der Beweisaussage gilt Artikel 176 sinngemäss.

11. Titel: Rechtshilfe zwischen schweizerischen Gerichten

Art. 194 Grundsatz

¹ Die Gerichte sind gegenseitig zur Rechtshilfe verpflichtet.

² Sie verkehren direkt miteinander[60].

Art. 195 Direkte Prozesshandlungen in einem andern Kanton

Jedes Gericht kann die erforderlichen Prozesshandlungen auch in einem anderen Kanton direkt und selber vornehmen; es kann insbesondere Sitzungen abhalten und Beweis erheben.

Art. 196 Rechtshilfe

¹ Das Gericht kann um Rechtshilfe ersuchen. Das Rechtshilfegesuch kann in der Amtssprache des ersuchenden oder des ersuchten Gerichts abgefasst werden.

² Das ersuchte Gericht informiert das ersuchende Gericht und die Parteien über Ort und Zeit der Prozesshandlung.

³ Das ersuchte Gericht kann für seine Auslagen Ersatz verlangen.

---

59 SR 311.0
60 Die örtlich zuständige schweizerische Justizbehörde für Rechtshilfeersuchen kann über folgende Internetseite ermittelt werden: www.elorge.admin.ch

2. Teil: Besondere Bestimmungen

1. Titel: Schlichtungsversuch

1. Kapitel: Geltungsbereich und Schlichtungsbehörde

Art. 197 Grundsatz

Dem Entscheidverfahren geht ein Schlichtungsversuch vor einer Schlichtungsbehörde voraus.

Art. 198 Ausnahmen

Das Schlichtungsverfahren entfällt:
a. im summarischen Verfahren;
b. bei Klagen über den Personenstand;
b^bis.[61] bei Klagen über den Unterhalt des Kindes und weitere Kinderbelange, wenn vor der Klage ein Elternteil die Kindesschutzbehörde angerufen hat (Art. 298*b* und 298*d* ZGB[62]);
c. im Scheidungsverfahren;
d.[63] im Verfahren zur Auflösung und zur Ungültigerklärung der eingetragenen Partnerschaft;
e. bei folgenden Klagen aus dem SchKG[64]:
  1. Aberkennungsklage (Art. 83 Abs. 2 SchKG),
  2. Feststellungsklage (Art. 85*a* SchKG),
  3. Widerspruchsklage (Art. 106–109 SchKG),
  4. Anschlussklage (Art. 111 SchKG),
  5. Aussonderungs- und Admassierungsklage (Art. 242 SchKG),
  6. Kollokationsklage (Art. 148 und 250 SchKG),
  7. Klage auf Feststellung neuen Vermögens (Art. 265*a* SchKG),
  8. Klage auf Rückschaffung von Retentionsgegenständen (Art. 284 SchKG);
f. bei Streitigkeiten, für die nach den Artikeln 5 und 6 dieses Gesetzes eine einzige kantonale Instanz zuständig ist;
g. bei der Hauptintervention, der Widerklage und der Streitverkündungsklage;
h. wenn das Gericht Frist für eine Klage gesetzt hat.

---

[61] Eingefügt durch Anhang Ziff. 2 des BG vom 20. März 2015 (Kindesunterhalt), in Kraft seit 1. Jan. 2017 (AS 2015 4299; BBl 2014 529).
[62] SR 210
[63] Fassung gemäss Ziff. II des BG vom 25. Sept. 2015 (Gewerbsmässige Vertretung im Zwangsvollstreckungsverfahren), in Kraft seit 1. Jan. 2018 (AS 2016 3643; BBl 2014 8669).
[64] SR 281.1

Art. 199 Verzicht auf das Schlichtungsverfahren

¹ Bei vermögensrechtlichen Streitigkeiten mit einem Streitwert von mindestens 100 000 Franken können die Parteien gemeinsam auf die Durchführung des Schlichtungsverfahrens verzichten.

² Die klagende Partei kann einseitig auf das Schlichtungsverfahren verzichten, wenn:

a. die beklagte Partei Sitz oder Wohnsitz im Ausland hat;
b. der Aufenthaltsort der beklagten Partei unbekannt ist;
c. in Streitigkeiten nach dem Gleichstellungsgesetz vom 24. März 1995[65].

Art. 200 Paritätische Schlichtungsbehörden

¹ Bei Streitigkeiten aus Miete und Pacht von Wohn- und Geschäftsräumen besteht die Schlichtungsbehörde aus einer vorsitzenden Person und einer paritätischen Vertretung.

² Bei Streitigkeiten nach dem Gleichstellungsgesetz vom 24. März 1995[66] besteht die Schlichtungsbehörde aus einer vorsitzenden Person und einer paritätischen Vertretung der Arbeitgeber- und Arbeitnehmerseite und des öffentlichen und privaten Bereichs; die Geschlechter müssen paritätisch vertreten sein.

Art. 201 Aufgaben der Schlichtungsbehörde

¹ Die Schlichtungsbehörde versucht in formloser Verhandlung, die Parteien zu versöhnen. Dient es der Beilegung des Streites, so können in einen Vergleich auch ausserhalb des Verfahrens liegende Streitfragen zwischen den Parteien einbezogen werden.

² In den Angelegenheiten nach Artikel 200 ist die Schlichtungsbehörde auch Rechtsberatungsstelle.

2. Kapitel: Schlichtungsverfahren

Art. 202 Einleitung

¹ Das Verfahren wird durch das Schlichtungsgesuch eingeleitet. Dieses kann in den Formen nach Artikel 130 eingereicht oder mündlich bei der Schlichtungsbehörde zu Protokoll gegeben werden.

² Im Schlichtungsgesuch sind die Gegenpartei, das Rechtsbegehren und der Streitgegenstand zu bezeichnen.

³ Die Schlichtungsbehörde stellt der Gegenpartei das Schlichtungsgesuch unverzüglich zu und lädt gleichzeitig die Parteien zur Vermittlung vor.

---

65 SR 151.1
66 SR 151.1

⁴ In den Angelegenheiten nach Artikel 200 kann sie, soweit ein Urteilsvorschlag nach Artikel 210 oder ein Entscheid nach Artikel 212 in Frage kommt, ausnahmsweise einen Schriftenwechsel durchführen.

Art. 203 Verhandlung

¹ Die Verhandlung hat innert zwei Monaten seit Eingang des Gesuchs oder nach Abschluss des Schriftenwechsels stattzufinden.

² Die Schlichtungsbehörde lässt sich allfällige Urkunden vorlegen und kann einen Augenschein durchführen. Soweit ein Urteilsvorschlag nach Artikel 210 oder ein Entscheid nach Artikel 212 in Frage kommt, kann sie auch die übrigen Beweismittel abnehmen, wenn dies das Verfahren nicht wesentlich verzögert.

³ Die Verhandlung ist nicht öffentlich. In den Angelegenheiten nach Artikel 200 kann die Schlichtungsbehörde die Öffentlichkeit ganz oder teilweise zulassen, wenn ein öffentliches Interesse besteht.

⁴ Mit Zustimmung der Parteien kann die Schlichtungsbehörde weitere Verhandlungen durchführen. Das Verfahren ist spätestens nach zwölf Monaten abzuschliessen.

Art. 204 Persönliches Erscheinen

¹ Die Parteien müssen persönlich zur Schlichtungsverhandlung erscheinen.

² Sie können sich von einer Rechtsbeiständin, einem Rechtsbeistand oder einer Vertrauensperson begleiten lassen.

³ Nicht persönlich erscheinen muss und sich vertreten lassen kann, wer:
a. ausserkantonalen oder ausländischen Wohnsitz hat;
b. wegen Krankheit, Alter oder anderen wichtigen Gründen verhindert ist;
c. in Streitigkeiten nach Artikel 243 als Arbeitgeber beziehungsweise als Versicherer eine angestellte Person oder als Vermieter die Liegenschaftsverwaltung delegiert, sofern diese zum Abschluss eines Vergleichs schriftlich ermächtigt sind.

⁴ Die Gegenpartei ist über die Vertretung vorgängig zu orientieren.

Art. 205 Vertraulichkeit des Verfahrens

¹ Aussagen der Parteien dürfen weder protokolliert noch später im Entscheidverfahren verwendet werden.

² Vorbehalten ist die Verwendung der Aussagen im Falle eines Urteilsvorschlages oder Entscheides der Schlichtungsbehörde.

Art. 206 Säumnis

¹ Bei Säumnis der klagenden Partei gilt das Schlichtungsgesuch als zurückgezogen; das Verfahren wird als gegenstandslos abgeschrieben.

² Bei Säumnis der beklagten Partei verfährt die Schlichtungsbehörde, wie wenn keine Einigung zu Stande gekommen wäre (Art. 209–212).

³ Bei Säumnis beider Parteien wird das Verfahren als gegenstandslos abgeschrieben.

Art. 207 Kosten des Schlichtungsverfahrens

¹ Die Kosten des Schlichtungsverfahrens werden der klagenden Partei auferlegt:
a. wenn sie das Schlichtungsgesuch zurückzieht;
b. wenn das Verfahren wegen Säumnis abgeschrieben wird;
c. bei Erteilung der Klagebewilligung.

² Bei Einreichung der Klage werden die Kosten zur Hauptsache geschlagen.

3. Kapitel: Einigung und Klagebewilligung

Art. 208 Einigung der Parteien

¹ Kommt es zu einer Einigung, so nimmt die Schlichtungsbehörde einen Vergleich, eine Klageanerkennung oder einen vorbehaltlosen Klagerückzug zu Protokoll und lässt die Parteien dieses unterzeichnen. Jede Partei erhält ein Exemplar des Protokolls.

² Ein Vergleich, eine Klageanerkennung oder ein vorbehaltloser Klagerückzug haben die Wirkung eines rechtskräftigen Entscheids.

Art. 209 Klagebewilligung

¹ Kommt es zu keiner Einigung, so hält die Schlichtungsbehörde dies im Protokoll fest und erteilt die Klagebewilligung:
a. bei der Anfechtung von Miet- und Pachtzinserhöhungen: dem Vermieter oder Verpächter;
b. in den übrigen Fällen: der klagenden Partei.

² Die Klagebewilligung enthält:
a. die Namen und Adressen der Parteien und allfälliger Vertretungen;
b. das Rechtsbegehren der klagenden Partei mit Streitgegenstand und eine allfällige Widerklage;
c. das Datum der Einleitung des Schlichtungsverfahrens;
d. die Verfügung über die Kosten des Schlichtungsverfahrens;
e. das Datum der Klagebewilligung;
f. die Unterschrift der Schlichtungsbehörde.

³ Nach Eröffnung berechtigt die Klagebewilligung während dreier Monate zur Einreichung der Klage beim Gericht.

⁴ In Streitigkeiten aus Miete und Pacht von Wohn- und Geschäftsräumen sowie aus landwirtschaftlicher Pacht beträgt die Klagefrist 30 Tage. Vorbehalten bleiben weitere besondere gesetzliche und gerichtliche Klagefristen.

4. Kapitel: Urteilsvorschlag und Entscheid

Art. 210 Urteilsvorschlag

¹ Die Schlichtungsbehörde kann den Parteien einen Urteilsvorschlag unterbreiten in:
a. Streitigkeiten nach dem Gleichstellungsgesetz vom 24. März 1995[67];
b. Streitigkeiten aus Miete und Pacht von Wohn- und Geschäftsräumen sowie aus landwirtschaftlicher Pacht, sofern die Hinterlegung von Miet- und Pachtzinsen, der Schutz vor missbräuchlichen Miet- und Pachtzinsen, der Kündigungsschutz oder die Erstreckung des Miet- und Pachtverhältnisses betroffen ist;
c. den übrigen vermögensrechtlichen Streitigkeiten bis zu einem Streitwert von 5000 Franken.

² Der Urteilsvorschlag kann eine kurze Begründung enthalten; im Übrigen gilt Artikel 238 sinngemäss.

Art. 211 Wirkungen

¹ Der Urteilsvorschlag gilt als angenommen und hat die Wirkungen eines rechtskräftigen Entscheids, wenn ihn keine Partei innert 20 Tagen seit der schriftlichen Eröffnung ablehnt. Die Ablehnung bedarf keiner Begründung.

² Nach Eingang der Ablehnung stellt die Schlichtungsbehörde die Klagebewilligung zu:
a. in den Angelegenheiten nach Artikel 210 Absatz 1 Buchstabe b: der ablehnenden Partei;
b. in den übrigen Fällen: der klagenden Partei.

³ Wird die Klage in den Angelegenheiten nach Artikel 210 Absatz 1 Buchstabe b nicht rechtzeitig eingereicht, so gilt der Urteilsvorschlag als anerkannt und er hat die Wirkungen eines rechtskräftigen Entscheides.

⁴ Die Parteien sind im Urteilsvorschlag auf die Wirkungen nach den Absätzen 1–3 hinzuweisen.

Art. 212 Entscheid

¹ Vermögensrechtliche Streitigkeiten bis zu einem Streitwert von 2000 Franken kann die Schlichtungsbehörde entscheiden, sofern die klagende Partei einen entsprechenden Antrag stellt.

---

[67] SR 151.1

² Das Verfahren ist mündlich.

2. Titel: Mediation

Art. 213 Mediation statt Schlichtungsverfahren

¹ Auf Antrag sämtlicher Parteien tritt eine Mediation an die Stelle des Schlichtungsverfahrens.

² Der Antrag ist im Schlichtungsgesuch oder an der Schlichtungsverhandlung zu stellen.

³ Teilt eine Partei der Schlichtungsbehörde das Scheitern der Mediation mit, so wird die Klagebewilligung ausgestellt.

Art. 214 Mediation im Entscheidverfahren

¹ Das Gericht kann den Parteien jederzeit eine Mediation empfehlen.

² Die Parteien können dem Gericht jederzeit gemeinsam eine Mediation beantragen.

³ Das gerichtliche Verfahren bleibt bis zum Widerruf des Antrages durch eine Partei oder bis zur Mitteilung der Beendigung der Mediation sistiert.

Art. 215 Organisation und Durchführung der Mediation

Organisation und Durchführung der Mediation ist Sache der Parteien.

Art. 216 Verhältnis zum gerichtlichen Verfahren

¹ Die Mediation ist von der Schlichtungsbehörde und vom Gericht unabhängig und vertraulich.

² Die Aussagen der Parteien dürfen im gerichtlichen Verfahren nicht verwendet werden.

Art. 217 Genehmigung einer Vereinbarung

Die Parteien können gemeinsam die Genehmigung der in der Mediation erzielten Vereinbarung beantragen. Die genehmigte Vereinbarung hat die Wirkung eines rechtskräftigen Entscheids.

Art. 218 Kosten der Mediation

¹ Die Parteien tragen die Kosten der Mediation.

² In kindesrechtlichen Angelegenheiten haben die Parteien Anspruch auf eine unentgeltliche Mediation, wenn:[68]

    a. ihnen die erforderlichen Mittel fehlen; und

---

68 Fassung gemäss Anhang Ziff. 2 des BG vom 20. März 2015 (Kindesunterhalt), in Kraft seit 1. Jan. 2017 (AS 2015 4299; BBl 2014 529).

b. das Gericht die Durchführung einer Mediation empfiehlt.

³ Das kantonale Recht kann weitere Kostenerleichterungen vorsehen.

3. Titel: Ordentliches Verfahren

1. Kapitel: Geltungsbereich

Art. 219

Die Bestimmungen dieses Titels gelten für das ordentliche Verfahren sowie sinngemäss für sämtliche anderen Verfahren, soweit das Gesetz nichts anderes bestimmt.

2. Kapitel: Schriftenwechsel und Vorbereitung der Hauptverhandlung

Art. 220 Einleitung

Das ordentliche Verfahren wird mit Einreichung der Klage eingeleitet.

Art. 221 Klage

¹ Die Klage enthält:
a. die Bezeichnung der Parteien und allfälliger Vertreterinnen und Vertreter;
b. das Rechtsbegehren;
c. die Angabe des Streitwerts;
d. die Tatsachenbehauptungen;
e. die Bezeichnung der einzelnen Beweismittel zu den behaupteten Tatsachen;
f. das Datum und die Unterschrift.

² Mit der Klage sind folgende Beilagen einzureichen:
a. eine Vollmacht bei Vertretung;
b. gegebenenfalls die Klagebewilligung oder die Erklärung, dass auf das Schlichtungsverfahren verzichtet werde;
c. die verfügbaren Urkunden, welche als Beweismittel dienen sollen;
d. ein Verzeichnis der Beweismittel.

³ Die Klage kann eine rechtliche Begründung enthalten.

Art. 222 Klageantwort

¹ Das Gericht stellt die Klage der beklagten Partei zu und setzt ihr gleichzeitig eine Frist zur schriftlichen Klageantwort.

² Für die Klageantwort gilt Artikel 221 sinngemäss. Die beklagte Partei hat darzulegen, welche Tatsachenbehauptungen der klagenden Partei im Einzelnen anerkannt oder bestritten werden.

³ Das Gericht kann die beklagte Partei auffordern, die Klageantwort auf einzelne Fragen oder einzelne Rechtsbegehren zu beschränken (Art. 125).

⁴ Es stellt die Klageantwort der klagenden Partei zu.

Art. 223 Versäumte Klageantwort

¹ Bei versäumter Klageantwort setzt das Gericht der beklagten Partei eine kurze Nachfrist.

² Nach unbenutzter Frist trifft das Gericht einen Endentscheid, sofern die Angelegenheit spruchreif ist. Andernfalls lädt es zur Hauptverhandlung vor.

Art. 224 Widerklage

¹ Die beklagte Partei kann in der Klageantwort Widerklage erheben, wenn der geltend gemachte Anspruch nach der gleichen Verfahrensart wie die Hauptklage zu beurteilen ist.

² Übersteigt der Streitwert der Widerklage die sachliche Zuständigkeit des Gerichts, so hat dieses beide Klagen dem Gericht mit der höheren sachlichen Zuständigkeit zu überweisen.

³ Wird Widerklage erhoben, so setzt das Gericht der klagenden Partei eine Frist zur schriftlichen Antwort. Widerklage auf Widerklage ist unzulässig.

Art. 225 Zweiter Schriftenwechsel

Erfordern es die Verhältnisse, so kann das Gericht einen zweiten Schriftenwechsel anordnen.

Art. 226 Instruktionsverhandlung

¹ Das Gericht kann jederzeit Instruktionsverhandlungen durchführen.

² Die Instruktionsverhandlung dient der freien Erörterung des Streitgegenstandes, der Ergänzung des Sachverhaltes, dem Versuch einer Einigung und der Vorbereitung der Hauptverhandlung.

³ Das Gericht kann Beweise abnehmen.

Art. 227 Klageänderung

¹ Eine Klageänderung ist zulässig, wenn der geänderte oder neue Anspruch nach der gleichen Verfahrensart zu beurteilen ist und:
a. mit dem bisherigen Anspruch in einem sachlichen Zusammenhang steht; oder
b. die Gegenpartei zustimmt.

² Übersteigt der Streitwert der geänderten Klage die sachliche Zuständigkeit des Gerichts, so hat dieses den Prozess an das Gericht mit der höheren sachlichen Zuständigkeit zu überweisen.

³ Eine Beschränkung der Klage ist jederzeit zulässig; das angerufene Gericht bleibt zuständig.

3. Kapitel: Hauptverhandlung

Art. 228 Erste Parteivorträge

¹ Nach der Eröffnung der Hauptverhandlung stellen die Parteien ihre Anträge und begründen sie.

² Das Gericht gibt ihnen Gelegenheit zu Replik und Duplik.

Art. 229 Neue Tatsachen und Beweismittel

¹ In der Hauptverhandlung werden neue Tatsachen und Beweismittel nur noch berücksichtigt, wenn sie ohne Verzug vorgebracht werden und:
a.[69] erst nach Abschluss des Schriftenwechsels oder nach der letzten Instruktionsverhandlung entstanden sind (echte Noven); oder
b. bereits vor Abschluss des Schriftenwechsels oder vor der letzten Instruktionsverhandlung vorhanden waren, aber trotz zumutbarer Sorgfalt nicht vorher vorgebracht werden konnten (unechte Noven).

² Hat weder ein zweiter Schriftenwechsel noch eine Instruktionsverhandlung stattgefunden, so können neue Tatsachen und Beweismittel zu Beginn der Hauptverhandlung unbeschränkt vorgebracht werden.

³ Hat das Gericht den Sachverhalt von Amtes wegen abzuklären, so berücksichtigt es neue Tatsachen und Beweismittel bis zur Urteilsberatung.

Art. 230 Klageänderung

¹ Eine Klageänderung ist in der Hauptverhandlung nur noch zulässig, wenn:
a. die Voraussetzungen nach Artikel 227 Absatz 1 gegeben sind; und
b.[70] sie auf neuen Tatsachen und Beweismitteln beruht.

² Artikel 227 Absätze 2 und 3 ist anwendbar.

Art. 231 Beweisabnahme

Nach den Parteivorträgen nimmt das Gericht die Beweise ab.

---

69 Fassung gemäss Ziff. II des BG vom 25. Sept. 2015 (Gewerbsmässige Vertretung im Zwangsvollstreckungsverfahren), in Kraft seit 1. Jan. 2018 (AS 2016 3643; BBl 2014 8669).
70 Fassung gemäss Ziff. II des BG vom 25. Sept. 2015 (Gewerbsmässige Vertretung im Zwangsvollstreckungsverfahren), in Kraft seit 1. Jan. 2018 (AS 2016 3643; BBl 2014 8669).

Art. 232 Schlussvorträge

¹ Nach Abschluss der Beweisabnahme können die Parteien zum Beweisergebnis und zur Sache Stellung nehmen. Die klagende Partei plädiert zuerst. Das Gericht gibt Gelegenheit zu einem zweiten Vortrag.

² Die Parteien können gemeinsam auf die mündlichen Schlussvorträge verzichten und beantragen, schriftliche Parteivorträge einzureichen. Das Gericht setzt ihnen dazu eine Frist.

Art. 233 Verzicht auf die Hauptverhandlung

Die Parteien können gemeinsam auf die Durchführung der Hauptverhandlung verzichten.

Art. 234 Säumnis an der Hauptverhandlung

¹ Bei Säumnis einer Partei berücksichtigt das Gericht die Eingaben, die nach Massgabe dieses Gesetzes eingereicht worden sind. Im Übrigen kann es seinem Entscheid unter Vorbehalt von Artikel 153 die Akten sowie die Vorbringen der anwesenden Partei zu Grunde legen.

² Bei Säumnis beider Parteien wird das Verfahren als gegenstandslos abgeschrieben. Die Gerichtskosten werden den Parteien je zur Hälfte auferlegt.

4. Kapitel: Protokoll

Art. 235

¹ Das Gericht führt über jede Verhandlung Protokoll. Dieses enthält insbesondere:
a. den Ort und die Zeit der Verhandlung;
b. die Zusammensetzung des Gerichts;
c. die Anwesenheit der Parteien und ihrer Vertretungen;
d. die Rechtsbegehren, Anträge und Prozesserklärungen der Parteien;
e. die Verfügungen des Gerichts;
f. die Unterschrift der protokollführenden Person.

² Ausführungen tatsächlicher Natur sind dem wesentlichen Inhalt nach zu protokollieren, soweit sie nicht in den Schriftsätzen der Parteien enthalten sind. Sie können zusätzlich auf Tonband, auf Video oder mit anderen geeigneten technischen Hilfsmitteln aufgezeichnet werden.

³ Über Gesuche um Protokollberichtigung entscheidet das Gericht.

5. Kapitel: Entscheid

Art. 236 Endentscheid

[1] Ist das Verfahren spruchreif, so wird es durch Sach- oder Nichteintretensentscheid beendet.

[2] Das Gericht urteilt durch Mehrheitsentscheid.

[3] Auf Antrag der obsiegenden Partei ordnet es Vollstreckungsmassnahmen an.

Art. 237 Zwischenentscheid

[1] Das Gericht kann einen Zwischenentscheid treffen, wenn durch abweichende oberinstanzliche Beurteilung sofort ein Endentscheid herbeigeführt und so ein bedeutender Zeit- oder Kostenaufwand gespart werden kann.

[2] Der Zwischenentscheid ist selbstständig anzufechten; eine spätere Anfechtung zusammen mit dem Endentscheid ist ausgeschlossen.

Art. 238 Inhalt

Ein Entscheid enthält:
a. die Bezeichnung und die Zusammensetzung des Gerichts;
b. den Ort und das Datum des Entscheids;
c. die Bezeichnung der Parteien und ihrer Vertretung;
d. das Dispositiv (Urteilsformel);
e. die Angabe der Personen und Behörden, denen der Entscheid mitzuteilen ist;
f. eine Rechtsmittelbelehrung, sofern die Parteien auf die Rechtsmittel nicht verzichtet haben;
g. gegebenenfalls die Entscheidgründe;
h. die Unterschrift des Gerichts.

Art. 239 Eröffnung und Begründung

[1] Das Gericht kann seinen Entscheid ohne schriftliche Begründung eröffnen:
a. in der Hauptverhandlung durch Übergabe des schriftlichen Dispositivs an die Parteien mit kurzer mündlicher Begründung;
b. durch Zustellung des Dispositivs an die Parteien.

[2] Eine schriftliche Begründung ist nachzuliefern, wenn eine Partei dies innert zehn Tagen seit der Eröffnung des Entscheides verlangt. Wird keine Begründung verlangt, so gilt dies als Verzicht auf die Anfechtung des Entscheides mit Berufung oder Beschwerde.

[3] Vorbehalten bleiben die Bestimmungen des Bundesgerichtsgesetzes vom 17. Juni 2005[71] über die Eröffnung von Entscheiden, die an das Bundesgericht weitergezogen werden können.

---

71 SR 173.110

Art. 240 Mitteilung und Veröffentlichung des Entscheides

Sieht das Gesetz es vor oder dient es der Vollstreckung, so wird der Entscheid Behörden und betroffenen Dritten mitgeteilt oder veröffentlicht.

6. Kapitel: Beendigung des Verfahrens ohne Entscheid

Art. 241 Vergleich, Klageanerkennung, Klagerückzug

¹ Wird ein Vergleich, eine Klageanerkennung oder ein Klagerückzug dem Gericht zu Protokoll gegeben, so haben die Parteien das Protokoll zu unterzeichnen.

² Ein Vergleich, eine Klageanerkennung oder ein Klagerückzug hat die Wirkung eines rechtskräftigen Entscheides.

³ Das Gericht schreibt das Verfahren ab.

Art. 242 Gegenstandslosigkeit aus anderen Gründen

Endet das Verfahren aus anderen Gründen ohne Entscheid, so wird es abgeschrieben.

4. Titel: Vereinfachtes Verfahren

Art. 243 Geltungsbereich

¹ Das vereinfachte Verfahren gilt für vermögensrechtliche Streitigkeiten bis zu einem Streitwert von 30 000 Franken.

² Es gilt ohne Rücksicht auf den Streitwert für Streitigkeiten:
a. nach dem Gleichstellungsgesetz vom 24. März 1995[72];
b. wegen Gewalt, Drohung oder Nachstellungen nach Artikel 28*b* ZGB[73];
c. aus Miete und Pacht von Wohn- und Geschäftsräumen sowie aus landwirtschaftlicher Pacht, sofern die Hinterlegung von Miet- und Pachtzinsen, der Schutz vor missbräuchlichen Miet- und Pachtzinsen, der Kündigungsschutz oder die Erstreckung des Miet- oder Pachtverhältnisses betroffen ist;
d. zur Durchsetzung des Auskunftsrechts nach dem Bundesgesetz vom 19. Juni 1992[74] über den Datenschutz;
e. nach dem Mitwirkungsgesetz vom 17. Dezember 1993[75];

---

72 SR 151.1
73 SR 210
74 SR 235.1
75 SR 822.14

f. aus Zusatzversicherungen zur sozialen Krankenversicherung nach dem Bundesgesetz vom 18. März 1994[76] über die Krankenversicherung.

³ Es findet keine Anwendung in Streitigkeiten vor der einzigen kantonalen Instanz nach den Artikeln 5 und 8 und vor dem Handelsgericht nach Artikel 6.

Art. 244 Vereinfachte Klage

¹ Die Klage kann in den Formen nach Artikel 130 eingereicht oder mündlich bei Gericht zu Protokoll gegeben werden. Sie enthält:
a. die Bezeichnung der Parteien;
b. das Rechtsbegehren;
c. die Bezeichnung des Streitgegenstandes;
d. wenn nötig die Angabe des Streitwertes;
e. das Datum und die Unterschrift.

² Eine Begründung der Klage ist nicht erforderlich.

³ Als Beilagen sind einzureichen:
a. eine Vollmacht bei Vertretung;
b. die Klagebewilligung oder die Erklärung, dass auf das Schlichtungsverfahren verzichtet werde;
c. die verfügbaren Urkunden, welche als Beweismittel dienen sollen.

Art. 245 Vorladung zur Verhandlung und Stellungnahme

¹ Enthält die Klage keine Begründung, so stellt das Gericht sie der beklagten Partei zu und lädt die Parteien zugleich zur Verhandlung vor.

² Enthält die Klage eine Begründung, so setzt das Gericht der beklagten Partei zunächst eine Frist zur schriftlichen Stellungnahme.

Art. 246 Prozessleitende Verfügungen

¹ Das Gericht trifft die notwendigen Verfügungen, damit die Streitsache möglichst am ersten Termin erledigt werden kann.

² Erfordern es die Verhältnisse, so kann das Gericht einen Schriftenwechsel anordnen und Instruktionsverhandlungen durchführen.

Art. 247 Feststellung des Sachverhaltes

¹ Das Gericht wirkt durch entsprechende Fragen darauf hin, dass die Parteien ungenügende Angaben zum Sachverhalt ergänzen und die Beweismittel bezeichnen.

² Das Gericht stellt den Sachverhalt von Amtes wegen fest:
a. in den Angelegenheiten nach Artikel 243 Absatz 2;

---

76 SR 832.10

b. bis zu einem Streitwert von 30 000 Franken:
 1. in den übrigen Streitigkeiten aus Miete und Pacht von Wohn- und Geschäftsräumen sowie aus landwirtschaftlicher Pacht,
 2. in den übrigen arbeitsrechtlichen Streitigkeiten.

5. Titel: Summarisches Verfahren

1. Kapitel: Geltungsbereich

Art. 248 Grundsatz

Das summarische Verfahren ist anwendbar:
a. in den vom Gesetz bestimmten Fällen;
b. für den Rechtsschutz in klaren Fällen;
c. für das gerichtliche Verbot;
d. für die vorsorglichen Massnahmen;
e. für die Angelegenheiten der freiwilligen Gerichtsbarkeit.

Art. 249 Zivilgesetzbuch

Das summarische Verfahren gilt insbesondere für folgende Angelegenheiten:
a.[77] Personenrecht:
 1. Fristansetzung zur Genehmigung von Rechtsgeschäften einer minderjährigen Person oder einer Person unter umfassender Beistandschaft (Art. 19a ZGB[78]),
 2. Anspruch auf Gegendarstellung (Art. 28l ZGB),
 3. Verschollenerklärung (Art. 35–38 ZGB),
 4. Bereinigung einer Eintragung im Zivilstandsregister (Art. 42 ZGB);
b.[79] ...
c. Erbrecht:
 1. Entgegennahme eines mündlichen Testamentes (Art. 507 ZGB),
 2. Sicherstellung bei Beerbung einer verschollenen Person (Art. 546 ZGB),
 3. Verschiebung der Erbteilung und Sicherung der Ansprüche der Miterbinnen und Miterben gegenüber zahlungsunfähigen Erben (Art. 604 Abs. 2 und 3 ZGB);
d. Sachenrecht:
 1. Massnahmen zur Erhaltung des Wertes und der Gebrauchsfähigkeit der Sache bei Miteigentum (Art. 647 Abs. 2 Ziff. 1 ZGB),

---

[77] Fassung gemäss Anhang 2 Ziff. 3, in Kraft seit 1. Jan. 2013 (AS 2010 1739; BBl 2006 7221; AS 2011 725; BBl 2006 7001).
[78] SR 210
[79] Aufgehoben durch Anhang 2 Ziff. 3, mit Wirkung seit 1. Jan. 2013 (AS 2010 1739; BBl 2006 7221; AS 2011 725; BBl 2006 7001).

2. Eintragung dinglicher Rechte an Grundstücken bei ausserordentlicher Ersitzung (Art. 662 ZGB),
3. Aufhebung der Einsprache gegen die Verfügungen über ein Stockwerk (Art. 712c Abs. 3 ZGB),
4. Ernennung und Abberufung des Verwalters bei Stockwerkeigentum (Art. 712q und 712r ZGB),
5. vorläufige Eintragung gesetzlicher Grundpfandrechte (Art. 712i, 779d, 779k und 837–839 ZGB),
6. Fristansetzung zur Sicherstellung bei Nutzniessung und Entzug des Besitzes (Art. 760 und 762 ZGB),
7. Anordnung der Schuldenliquidation des Nutzniessungsvermögens (Art. 766 ZGB),
8. Massnahmen zu Gunsten des Pfandgläubigers zur Sicherung des Grundpfands (Art. 808 Abs. 1 und 2 sowie Art. 809–811 ZGB),
9.[80] Anordnung über die Stellvertretung bei Schuldbrief (Art. 850 Abs. 3 ZGB),
10.[81] Kraftloserklärung von Schuldbrief (Art. 856 und 865 ZGB),
11. Vormerkung von Verfügungsbeschränkungen und vorläufigen Eintragungen im Streitfall (Art. 960 Abs. 1 Ziff. 1, 961 Abs. 1 Ziff. 1 und 966 Abs. 2 ZGB).

Art. 250 Obligationenrecht

Das summarische Verfahren gilt insbesondere für folgende Angelegenheiten:
a. Allgemeiner Teil:
   1. gerichtliche Hinterlegung einer erloschenen Vollmacht (Art. 36 Abs. 1 OR[82]),
   2. Ansetzung einer angemessenen Frist zur Sicherstellung (Art. 83 Abs. 2 OR),
   3. Hinterlegung und Verkauf der geschuldeten Sache bei Gläubigerverzug (Art. 92 Abs. 2 und 93 Abs. 2 OR),
   4. Ermächtigung zur Ersatzvornahme (Art. 98 OR),
   5. Ansetzung einer Frist zur Vertragserfüllung (Art. 107 Abs. 1[83] OR),
   6. Hinterlegung eines streitigen Betrages (Art. 168 Abs. 1 OR);
b. Einzelne Vertragsverhältnisse:
   1. Bezeichnung einer sachverständigen Person zur Nachprüfung des Geschäftsergebnisses oder der Provisionsabrechnung (Art. 322a Abs. 2 und 322c Abs. 2 OR),

---

[80] Fassung gemäss Ziff. II 3 des BG vom 11. Dez. 2009 (Register-Schuldbrief und weitere Änderungen im Sachenrecht), in Kraft seit 1. Jan. 2012 (AS 2011 4637; BBl 2007 5283).
[81] Fassung gemäss Ziff. II 3 des BG vom 11. Dez. 2009 (Register-Schuldbrief und weitere Änderungen im Sachenrecht), in Kraft seit 1. Jan. 2012 (AS 2011 4637; BBl 2007 5283).
[82] SR 220
[83] Berichtigt von der Redaktionskommission der BVers (Art. 58 Abs. 1 ParlG – SR 171.10).

2. Ansetzung einer Frist zur Sicherheitsleistung bei Lohngefährdung (Art. 337 a OR),
3. Ansetzung einer Frist bei vertragswidriger Ausführung eines Werkes (Art. 366 Abs. 2 OR),
4. Bezeichnung einer sachverständigen Person zur Prüfung eines Werkes (Art. 367 OR),
5. Ansetzung einer Frist zur Herstellung der neuen Auflage eines literarischen oder künstlerischen Werkes (Art. 383 Abs. 3 OR),
6. Herausgabe der beim Sequester hinterlegten Sache (Art. 480 OR),
7. Beurteilung der Pfanddeckung bei Solidarbürgschaft (Art. 496 Abs. 2 OR),
8. Einstellung der Betreibung gegen den Bürgen bei Leistung von Realsicherheit (Art. 501 Abs. 2 OR),
9. Sicherstellung durch den Hauptschuldner und Befreiung von der Bürgschaft (Art. 506 OR);

c. Gesellschaftsrecht:
1. vorläufiger Entzug der Vertretungsbefugnis (Art. 565 Abs. 2, 603 und 767 Abs. 1 OR),
2. Bezeichnung der gemeinsamen Vertretung (Art. 690 Abs. 1, 764 Abs. 2, 792 Ziff. 1 und 847 Abs. 4 OR),
3. Bestimmung, Abberufung und Ersetzung von Liquidatoren (Art. 583 Abs. 2, 619, 740, 741, 770, 826 Abs. 2 und 913 OR),
4. Verkauf zu einem Gesamtübernahmepreis und Art der Veräusserung von Grundstücken (Art. 585 Abs. 3 und 619 OR),
5. Bezeichnung der sachverständigen Person zur Prüfung der Gewinn- und Verlustrechnung und der Bilanz der Kommanditgesellschaft (Art. 600 Abs. 3 OR),
6.[84] Ansetzung einer Frist bei ungenügender Anzahl von Mitgliedern oder bei Fehlen von notwendigen Organen (Art. 731 b, 819, 908 und 941a OR),
7.[85] Anordnung der Auskunftserteilung an Aktionäre und Gläubiger einer Aktiengesellschaft, an Mitglieder einer Gesellschaft mit beschränkter Haftung und an Genossenschafter (Art. 697 Abs. 4, 802 Abs. 4, 857 Abs. 3 und 958 e OR),
8. Sonderprüfung bei der Aktiengesellschaft (Art. 697 a–697 g OR),
9. Einberufung der Generalversammlung einer Aktiengesellschaft oder einer Genossenschaft, Traktandierung eines Verhandlungsgegenstandes und Einberufung der Gesellschafterversammlung einer Gesellschaft mit

---

[84] Fassung gemäss Ziff. II des BG vom 25. Sept. 2015 (Gewerbsmässige Vertretung im Zwangsvollstreckungsverfahren), in Kraft seit 1. Jan. 2018 (AS 2016 3643; BBl 2014 8669).

[85] Fassung gemäss Ziff. II des BG vom 25. Sept. 2015 (Gewerbsmässige Vertretung im Zwangsvollstreckungsverfahren), in Kraft seit 1. Jan. 2018 (AS 2016 3643; BBl 2014 8669).

beschränkter Haftung (Art. 699 Abs. 4, 805 Abs. 5 Ziff. 2 und 881 Abs. 3 OR),
10. Bezeichnung einer Vertretung der Gesellschaft oder der Genossenschaft bei Anfechtung von Generalversammlungsbeschlüssen durch die Verwaltung (Art. 706a Abs. 2, 808c und 891 Abs. 1 OR),
11. Ernennung und Abberufung der Revisionsstelle (Art. 731b OR),
12. Hinterlegung von Forderungsbeiträgen bei der Liquidation (Art. 744, 770, 826 Abs. 2 und 913 OR),
13.[86] Abberufung der Verwaltung und der Revisionsstelle der Genossenschaft (Art. 890 Abs. 2 OR);

d. Wertpapierrecht
1. Kraftloserklärung von Wertpapieren (Art. 981 OR),
2. Verbot der Bezahlung eines Wechsels und Hinterlegung des Wechselbetrages (Art. 1072 OR),
3. Erlöschen einer Vollmacht, welche die Gläubigerversammlung bei Anleihensobligationen einer Vertretung erteilt hat (Art. 1162 Abs. 4 OR),
4. Einberufung einer Gläubigerversammlung auf Gesuch der Anleihensgläubiger (Art. 1165 Abs. 3 und 4 OR).

Art. 251 Bundesgesetz vom 11. April 1889 über Schuldbetreibung und Konkurs

Das summarische Verfahren gilt insbesondere für folgende Angelegenheiten:
a. Entscheide, die vom Rechtsöffnungs-, Konkurs-, Arrest- und Nachlassgericht getroffen werden;
b. Bewilligung des nachträglichen Rechtsvorschlages (Art. 77 Abs. 3 SchKG[87]) und des Rechtsvorschlages in der Wechselbetreibung (Art. 181 SchKG);
c. Aufhebung oder Einstellung der Betreibung (Art. 85 SchKG);
d. Entscheid über das Vorliegen neuen Vermögens (Art. 265a Abs. 1–3 SchKG);
e. Anordnung der Gütertrennung (Art. 68b SchKG).

2. Kapitel: Verfahren und Entscheid

Art. 252 Gesuch

[1] Das Verfahren wird durch ein Gesuch eingeleitet.

---

86 Fassung gemäss Ziff. II des BG vom 25. Sept. 2015 (Gewerbsmässige Vertretung im Zwangsvollstreckungsverfahren), in Kraft seit 1. Jan. 2018 (AS 2016 3643; BBl 2014 8669).
87 SR 281.1

² Das Gesuch ist in den Formen nach Artikel 130 zu stellen; in einfachen oder dringenden Fällen kann es mündlich beim Gericht zu Protokoll gegeben werden.

Art. 253 Stellungnahme

Erscheint das Gesuch nicht offensichtlich unzulässig oder offensichtlich unbegründet, so gibt das Gericht der Gegenpartei Gelegenheit, mündlich oder schriftlich Stellung zu nehmen.

Art. 254 Beweismittel

¹ Beweis ist durch Urkunden zu erbringen.

² Andere Beweismittel sind nur zulässig, wenn:
a. sie das Verfahren nicht wesentlich verzögern;
b. es der Verfahrenszweck erfordert; oder
c. das Gericht den Sachverhalt von Amtes wegen festzustellen hat.

Art. 255 Untersuchungsgrundsatz

Das Gericht stellt den Sachverhalt von Amtes wegen fest:
a. wenn es als Konkurs- oder Nachlassgericht zu entscheiden hat;
b. bei Anordnungen der freiwilligen Gerichtsbarkeit.

Art. 256 Entscheid

¹ Das Gericht kann auf die Durchführung einer Verhandlung verzichten und aufgrund der Akten entscheiden, sofern das Gesetz nichts anderes bestimmt.

² Erweist sich eine Anordnung der freiwilligen Gerichtsbarkeit im Nachhinein als unrichtig, so kann sie von Amtes wegen oder auf Antrag aufgehoben oder abgeändert werden, es sei denn, das Gesetz oder die Rechtssicherheit ständen entgegen.

3. Kapitel: Rechtsschutz in klaren Fällen

Art. 257

¹ Das Gericht gewährt Rechtsschutz im summarischen Verfahren, wenn:
a. der Sachverhalt unbestritten oder sofort beweisbar ist; und
b. die Rechtslage klar ist.

² Ausgeschlossen ist dieser Rechtsschutz, wenn die Angelegenheit dem Offizialgrundsatz unterliegt.

³ Kann dieser Rechtsschutz nicht gewährt werden, so tritt das Gericht auf das Gesuch nicht ein.

4. Kapitel: Gerichtliches Verbot

Art. 258 Grundsatz

¹ Wer an einem Grundstück dinglich berechtigt ist, kann beim Gericht beantragen, dass jede Besitzesstörung zu unterlassen ist und eine Widerhandlung auf Antrag mit einer Busse bis zu 2000 Franken bestraft wird. Das Verbot kann befristet oder unbefristet sein.

² Die gesuchstellende Person hat ihr dingliches Recht mit Urkunden zu beweisen und eine bestehende oder drohende Störung glaubhaft zu machen.

Art. 259 Bekanntmachung

Das Verbot ist öffentlich bekannt zu machen und auf dem Grundstück an gut sichtbarer Stelle anzubringen.

Art. 260 Einsprache

¹ Wer das Verbot nicht anerkennen will, hat innert 30 Tagen seit dessen Bekanntmachung und Anbringung auf dem Grundstück beim Gericht Einsprache zu erheben. Die Einsprache bedarf keiner Begründung.

² Die Einsprache macht das Verbot gegenüber der einsprechenden Person unwirksam. Zur Durchsetzung des Verbotes ist beim Gericht Klage einzureichen.

5. Kapitel: Vorsorgliche Massnahmen und Schutzschrift

1. Abschnitt: Vorsorgliche Massnahmen

Art. 261 Grundsatz

¹ Das Gericht trifft die notwendigen vorsorglichen Massnahmen, wenn die gesuchstellende Partei glaubhaft macht, dass:
a. ein ihr zustehender Anspruch verletzt ist oder eine Verletzung zu befürchten ist; und
b. ihr aus der Verletzung ein nicht leicht wieder gutzumachender Nachteil droht.

² Leistet die Gegenpartei angemessene Sicherheit, so kann das Gericht von vorsorglichen Massnahmen absehen.

Art. 262 Inhalt

Eine vorsorgliche Massnahme kann jede gerichtliche Anordnung sein, die geeignet ist, den drohenden Nachteil abzuwenden, insbesondere:
a. ein Verbot;
b. eine Anordnung zur Beseitigung eines rechtswidrigen Zustands;
c. eine Anweisung an eine Registerbehörde oder eine dritte Person;
d. eine Sachleistung;
e. die Leistung einer Geldzahlung in den vom Gesetz bestimmten Fällen.

Art. 263 Massnahmen vor Rechtshängigkeit

Ist die Klage in der Hauptsache noch nicht rechtshängig, so setzt das Gericht der gesuchstellenden Partei eine Frist zur Einreichung der Klage, mit der Androhung, die angeordnete Massnahme falle bei ungenutztem Ablauf der Frist ohne Weiteres dahin.

Art. 264 Sicherheitsleistung und Schadenersatz

¹ Ist ein Schaden für die Gegenpartei zu befürchten, so kann das Gericht die Anordnung vorsorglicher Massnahmen von der Leistung einer Sicherheit durch die gesuchstellende Partei abhängig machen.

² Die gesuchstellende Partei haftet für den aus einer ungerechtfertigten vorsorglichen Massnahme erwachsenen Schaden. Beweist sie jedoch, dass sie ihr Gesuch in guten Treuen gestellt hat, so kann das Gericht die Ersatzpflicht herabsetzen oder gänzlich von ihr entbinden.

³ Eine geleistete Sicherheit ist freizugeben, wenn feststeht, dass keine Schadenersatzklage erhoben wird; bei Ungewissheit setzt das Gericht eine Frist zur Klage.

Art. 265 Superprovisorische Massnahmen

¹ Bei besonderer Dringlichkeit, insbesondere bei Vereitelungsgefahr, kann das Gericht die vorsorgliche Massnahme sofort und ohne Anhörung der Gegenpartei anordnen.

² Mit der Anordnung lädt das Gericht die Parteien zu einer Verhandlung vor, die unverzüglich stattzufinden hat, oder setzt der Gegenpartei eine Frist zur schriftlichen Stellungnahme. Nach Anhörung der Gegenpartei entscheidet das Gericht unverzüglich über das Gesuch.

³ Das Gericht kann die gesuchstellende Partei von Amtes wegen zu einer vorgängigen Sicherheitsleistung verpflichten.

Art. 266 Massnahmen gegen Medien

Gegen periodisch erscheinende Medien darf das Gericht eine vorsorgliche Massnahme nur anordnen, wenn:

a. die drohende Rechtsverletzung der gesuchstellenden Partei einen besonders schweren Nachteil verursachen kann;
b. offensichtlich kein Rechtfertigungsgrund vorliegt; und
c. die Massnahme nicht unverhältnismässig erscheint.

Art. 267 Vollstreckung

Das Gericht, das die vorsorgliche Massnahme anordnet, trifft auch die erforderlichen Vollstreckungsmassnahmen.

Art. 268 Änderung und Aufhebung

[1] Haben sich die Umstände geändert oder erweisen sich vorsorgliche Massnahmen nachträglich als ungerechtfertigt, so können sie geändert oder aufgehoben werden.

[2] Mit Rechtskraft des Entscheides in der Hauptsache fallen die Massnahmen von Gesetzes wegen dahin. Das Gericht kann die Weitergeltung anordnen, wenn es der Vollstreckung dient oder das Gesetz dies vorsieht.

Art. 269 Vorbehalt

Vorbehalten bleiben die Bestimmungen:
a. des SchKG[88] über sichernde Massnahmen bei der Vollstreckung von Geldforderungen;
b. des ZGB[89] über die erbrechtlichen Sicherungsmassregeln;
c. des Patentgesetzes vom 25. Juni 1954[90] über die Klage auf Lizenzerteilung.

2. Abschnitt: Schutzschrift

Art. 270

[1] Wer Grund zur Annahme hat, dass gegen ihn ohne vorgängige Anhörung die Anordnung einer superprovisorischen Massnahme, eines Arrests nach den Artikeln 271–281 SchKG[91] oder einer anderen Massnahme beantragt wird, kann seinen Standpunkt vorsorglich in einer Schutzschrift darlegen.[92]

[2] Die Schutzschrift wird der Gegenpartei nur mitgeteilt, wenn diese das entsprechende Verfahren einleitet.

[3] Die Schutzschrift ist sechs Monate nach Einreichung nicht mehr zu beachten.

---

88 SR 281.1
89 SR 210
90 SR 232.14
91 SR 281.1
92 Fassung gemäss Art. 3 Ziff. 1 des BB vom 11. Dez. 2009 (Genehmigung und Umsetzung des Lugano-Übereink.), in Kraft seit 1. Jan. 2011 (AS 2010 5601; BBl 2009 1777).

6. Titel: Besondere eherechtliche Verfahren

1. Kapitel: Angelegenheiten des summarischen Verfahrens

Art. 271 Geltungsbereich

Das summarische Verfahren ist unter Vorbehalt der Artikel 272 und 273 anwendbar für Massnahmen zum Schutz der ehelichen Gemeinschaft, insbesondere für:

a. die Massnahmen nach den Artikeln 172–179 ZGB[93];
b. die Ausdehnung der Vertretungsbefugnis eines Ehegatten für die eheliche Gemeinschaft (Art. 166 Abs. 2 Ziff. 1 ZGB);
c. die Ermächtigung eines Ehegatten zur Verfügung über die Wohnung der Familie (Art. 169 Abs. 2 ZGB);
d. die Auskunftspflicht der Ehegatten über Einkommen, Vermögen und Schulden (Art. 170 Abs. 2 ZGB);
e. die Anordnung der Gütertrennung und Wiederherstellung des früheren Güterstands (Art. 185, 187 Abs. 2, 189 und 191 ZGB);
f. die Verpflichtung eines Ehegatten zur Mitwirkung bei der Aufnahme eines Inventars (Art. 195a ZGB);
g. die Festsetzung von Zahlungsfristen und Sicherheitsleistungen zwischen Ehegatten ausserhalb eines Prozesses über die güterrechtliche Auseinandersetzung (Art. 203 Abs. 2, 218, 235 Abs. 2 und 250 Abs. 2 ZGB);
h. die Zustimmung eines Ehegatten zur Ausschlagung oder zur Annahme einer Erbschaft (Art. 230 Abs. 2 ZGB);
i. die Anweisung an die Schuldner und die Sicherstellung nachehelichen Unterhalts ausserhalb eines Prozesses über den nachehelichen Unterhalt (Art. 132 ZGB).

Art. 272 Untersuchungsgrundsatz

Das Gericht stellt den Sachverhalt von Amtes wegen fest.

Art. 273 Verfahren

[1] Das Gericht führt eine mündliche Verhandlung durch. Es kann nur darauf verzichten, wenn der Sachverhalt aufgrund der Eingaben der Parteien klar oder unbestritten ist.

[2] Die Parteien müssen persönlich erscheinen, sofern das Gericht sie nicht wegen Krankheit, Alter oder anderen wichtigen Gründen dispensiert.

[3] Das Gericht versucht, zwischen den Parteien eine Einigung herbeizuführen.

---

93 SR 210

2. Kapitel: Scheidungsverfahren

1. Abschnitt: Allgemeine Bestimmungen

Art. 274 Einleitung

Das Scheidungsverfahren wird durch Einreichung eines gemeinsamen Scheidungsbegehrens oder einer Scheidungsklage eingeleitet.

Art. 275 Aufhebung des gemeinsamen Haushalts

Jeder Ehegatte kann nach Eintritt der Rechtshängigkeit für die Dauer des Scheidungsverfahrens den gemeinsamen Haushalt aufheben.

Art. 276 Vorsorgliche Massnahmen

¹ Das Gericht trifft die nötigen vorsorglichen Massnahmen. Die Bestimmungen über die Massnahmen zum Schutz der ehelichen Gemeinschaft sind sinngemäss anwendbar.

² Massnahmen, die das Eheschutzgericht angeordnet hat, dauern weiter. Für die Aufhebung oder die Änderung ist das Scheidungsgericht zuständig.

³ Das Gericht kann vorsorgliche Massnahmen auch dann anordnen, wenn die Ehe aufgelöst ist, das Verfahren über die Scheidungsfolgen aber andauert.

Art. 277 Feststellung des Sachverhalts

¹ Für die güterrechtliche Auseinandersetzung und den nachehelichen Unterhalt gilt der Verhandlungsgrundsatz.

² Stellt das Gericht fest, dass für die Beurteilung von vermögensrechtlichen Scheidungsfolgen notwendige Urkunden fehlen, so fordert es die Parteien auf, diese nachzureichen.

³ Im Übrigen stellt das Gericht den Sachverhalt von Amtes wegen fest.

Art. 278 Persönliches Erscheinen

Die Parteien müssen persönlich zu den Verhandlungen erscheinen, sofern das Gericht sie nicht wegen Krankheit, Alter oder anderen wichtigen Gründen dispensiert.

Art. 279 Genehmigung der Vereinbarung

¹ Das Gericht genehmigt die Vereinbarung über die Scheidungsfolgen, wenn es sich davon überzeugt hat, dass die Ehegatten sie aus freiem Willen und nach reiflicher Überlegung geschlossen haben und sie klar, vollständig und nicht offensichtlich unangemessen ist; vorbehalten bleiben die Bestimmungen über die berufliche Vorsorge.

² Die Vereinbarung ist erst rechtsgültig, wenn das Gericht sie genehmigt hat. Sie ist in das Dispositiv des Entscheids aufzunehmen.

Art. 280 Vereinbarung über die berufliche Vorsorge

[1] Das Gericht genehmigt eine Vereinbarung über den Ausgleich der Ansprüche aus der beruflichen Vorsorge, wenn:[94]

a.[95] die Ehegatten sich über den Ausgleich und dessen Durchführung geeinigt haben;

b.[96] die Ehegatten eine Bestätigung der beteiligten Einrichtungen der beruflichen Vorsorge über die Durchführbarkeit der getroffenen Regelung und die Höhe der Guthaben oder der Renten vorlegen; und

c. das Gericht sich davon überzeugt hat, dass die Vereinbarung dem Gesetz entspricht.

[2] Das Gericht teilt den beteiligten Einrichtungen den rechtskräftigen Entscheid bezüglich der sie betreffenden Punkte unter Einschluss der nötigen Angaben für die Überweisung des vereinbarten Betrages mit. Der Entscheid ist für die Einrichtungen verbindlich.

[3] Weichen die Ehegatten in einer Vereinbarung von der hälftigen Teilung ab oder verzichten sie darin auf den Vorsorgeausgleich, so prüft das Gericht von Amtes wegen, ob eine angemessene Alters- und Invalidenvorsorge gewährleistet bleibt.[97]

Art. 281 Fehlende Einigung über den Vorsorgeausgleich[98]

[1] Kommt keine Vereinbarung zustande, stehen jedoch die massgeblichen Guthaben und Renten fest, so entscheidet das Gericht nach den Vorschriften des ZGB[99] und des Freizügigkeitsgesetzes vom 17. Dezember 1993[100] (FZG) über das Teilungsverhältnis (Art. 122–124e ZGB in Verbindung mit den Art. 22–22f FZG), legt den zu überweisenden Betrag fest und holt bei den beteiligten Einrichtungen der beruflichen Vorsorge unter Ansetzung einer Frist die Bestätigung über die Durchführbarkeit der in Aussicht genommenen Regelung ein.[101]

[2] Artikel 280 Absatz 2 gilt sinngemäss.

---

94 Fassung gemäss Anhang Ziff. 2 des BG vom 19. Juni 2015 (Vorsorgeausgleich bei Scheidung), in Kraft seit 1. Jan. 2017 (AS 2016 2313; BBl 2013 4887).
95 Fassung gemäss Anhang Ziff. 2 des BG vom 19. Juni 2015 (Vorsorgeausgleich bei Scheidung), in Kraft seit 1. Jan. 2017 (AS 2016 2313; BBl 2013 4887).
96 Fassung gemäss Anhang Ziff. 2 des BG vom 19. Juni 2015 (Vorsorgeausgleich bei Scheidung), in Kraft seit 1. Jan. 2017 (AS 2016 2313; BBl 2013 4887).
97 Fassung gemäss Anhang Ziff. 2 des BG vom 19. Juni 2015 (Vorsorgeausgleich bei Scheidung), in Kraft seit 1. Jan. 2017 (AS 2016 2313; BBl 2013 4887).
98 Fassung gemäss Anhang Ziff. 2 des BG vom 19. Juni 2015 (Vorsorgeausgleich bei Scheidung), in Kraft seit 1. Jan. 2017 (AS 2016 2313; BBl 2013 4887).
99 SR 210
100 SR 831.42
101 Fassung gemäss Anhang Ziff. 2 des BG vom 19. Juni 2015 (Vorsorgeausgleich bei Scheidung), in Kraft seit 1. Jan. 2017 (AS 2016 2313; BBl 2013 4887).

³ In den übrigen Fällen, in denen keine Vereinbarung zustande kommt, überweist das Gericht bei Rechtskraft des Entscheides über das Teilungsverhältnis die Streitsache von Amtes wegen dem nach dem FZG zuständigen Gericht und teilt diesem insbesondere mit:[102]

a. den Entscheid über das Teilungsverhältnis;
b. das Datum der Eheschliessung und das Datum der Ehescheidung;
c.[103] die Einrichtungen der beruflichen Vorsorge, bei denen den Ehegatten voraussichtlich Guthaben zustehen, und die Höhe dieser Guthaben;
d.[104] die Einrichtungen der beruflichen Vorsorge, die den Ehegatten Renten ausrichten, die Höhe dieser Renten und die zugesprochenen Rentenanteile.

Art. 282 Unterhaltsbeiträge

¹ Werden durch Vereinbarung oder Entscheid Unterhaltsbeiträge festgelegt, so ist anzugeben:

a. von welchem Einkommen und Vermögen jedes Ehegatten ausgegangen wird;
b. wie viel für den Ehegatten und wie viel für jedes Kind bestimmt ist;
c. welcher Betrag zur Deckung des gebührenden Unterhalts des berechtigten Ehegatten fehlt, wenn eine nachträgliche Erhöhung der Rente vorbehalten wird;
d. ob und in welchem Ausmass die Rente den Veränderungen der Lebenskosten angepasst wird.

² Wird der Unterhaltsbeitrag für den Ehegatten angefochten, so kann die Rechtsmittelinstanz auch die nicht angefochtenen Unterhaltsbeiträge für die Kinder neu beurteilen.

Art. 283 Einheit des Entscheids

¹ Das Gericht befindet im Entscheid über die Ehescheidung auch über deren Folgen.

² Die güterrechtliche Auseinandersetzung kann aus wichtigen Gründen in ein separates Verfahren verwiesen werden.

³ Der Ausgleich von Ansprüchen aus der beruflichen Vorsorge kann gesamthaft in ein separates Verfahren verwiesen werden, wenn Vorsorgeansprüche im Ausland betroffen sind und über deren Ausgleich eine Entscheidung im betreffenden Staat erwirkt werden kann. Das Gericht kann das separate Ver-

---

[102] Fassung gemäss Anhang Ziff. 2 des BG vom 19. Juni 2015 (Vorsorgeausgleich bei Scheidung), in Kraft seit 1. Jan. 2017 (AS 2016 2313; BBl 2013 4887).
[103] Fassung gemäss Anhang Ziff. 2 des BG vom 19. Juni 2015 (Vorsorgeausgleich bei Scheidung), in Kraft seit 1. Jan. 2017 (AS 2016 2313; BBl 2013 4887).
[104] Fassung gemäss Anhang Ziff. 2 des BG vom 19. Juni 2015 (Vorsorgeausgleich bei Scheidung), in Kraft seit 1. Jan. 2017 (AS 2016 2313; BBl 2013 4887).

fahren aussetzen, bis die ausländische Entscheidung vorliegt; es kann bereits das Teilungsverhältnis festlegen.[105]

Art. 284 Änderung rechtskräftig entschiedener Scheidungsfolgen

[1] Die Voraussetzungen und die sachliche Zuständigkeit für eine Änderung des Entscheids richten sich nach den Artikeln 124e Absatz 2, 129 und 134 ZGB[106].[107]

[2] Nicht streitige Änderungen können die Parteien in einfacher Schriftlichkeit vereinbaren; vorbehalten bleiben die Bestimmungen des ZGB betreffend Kinderbelange (Art. 134 Abs. 3 ZGB).

[3] Für streitige Änderungsverfahren gelten die Vorschriften über die Scheidungsklage sinngemäss.

2. Abschnitt: Scheidung auf gemeinsames Begehren

Art. 285 Eingabe bei umfassender Einigung

Die gemeinsame Eingabe der Ehegatten enthält:
a. die Namen und Adressen der Ehegatten sowie die Bezeichnung allfälliger Vertreterinnen und Vertreter;
b. das gemeinsame Scheidungsbegehren;
c. die vollständige Vereinbarung über die Scheidungsfolgen;
d. die gemeinsamen Anträge hinsichtlich der Kinder;
e. die erforderlichen Belege;
f. das Datum und die Unterschriften.

Art. 286 Eingabe bei Teileinigung

[1] In der Eingabe haben die Ehegatten zu beantragen, dass das Gericht die Scheidungsfolgen beurteilt, über die sie sich nicht einig sind.

[2] Jeder Ehegatte kann begründete Anträge zu den streitigen Scheidungsfolgen stellen.

[3] Im Übrigen gilt Artikel 285 sinngemäss.

---

105 Eingefügt durch Anhang Ziff. 2 des BG vom 19. Juni 2015 (Vorsorgeausgleich bei Scheidung), in Kraft seit 1. Jan. 2017 (AS 2016 2313; BBl 2013 4887).
106 SR 210
107 Fassung gemäss Anhang Ziff. 2 des BG vom 19. Juni 2015 (Vorsorgeausgleich bei Scheidung), in Kraft seit 1. Jan. 2017 (AS 2016 2313; BBl 2013 4887).

Art. 287[108] Anhörung der Parteien

Ist die Eingabe vollständig, so lädt das Gericht die Parteien zur Anhörung vor. Diese richtet sich nach den Bestimmungen des ZGB[109].

Art. 288 Fortsetzung des Verfahrens und Entscheid

¹ Sind die Voraussetzungen für eine Scheidung auf gemeinsames Begehren erfüllt, so spricht das Gericht die Scheidung aus und genehmigt die Vereinbarung.

² Sind Scheidungsfolgen streitig geblieben, so wird das Verfahren in Bezug auf diese kontradiktorisch fortgesetzt.[110] Das Gericht kann die Parteirollen verteilen.

³ Sind die Voraussetzungen für eine Scheidung auf gemeinsames Begehren nicht erfüllt, so weist das Gericht das gemeinsame Scheidungsbegehren ab und setzt gleichzeitig jedem Ehegatten eine Frist zur Einreichung einer Scheidungsklage.[111] Das Verfahren bleibt während dieser Frist rechtshängig und allfällige vorsorgliche Massnahmen gelten weiter.

Art. 289 Rechtsmittel

Die Scheidung der Ehe kann nur wegen Willensmängeln mit Berufung angefochten werden.

3. Abschnitt: Scheidungsklage

Art. 290 Einreichung der Klage

Die Scheidungsklage kann ohne schriftliche Begründung eingereicht werden. Sie enthält:

a. Namen und Adressen der Ehegatten sowie die Bezeichnung allfälliger Vertreterinnen und Vertreter;
b. das Rechtsbegehren, die Ehe sei zu scheiden sowie die Bezeichnung des Scheidungsgrunds (Art. 114 oder 115 ZGB[112]);
c. die Rechtsbegehren hinsichtlich der vermögensrechtlichen Scheidungsfolgen;
d. die Rechtsbegehren hinsichtlich der Kinder;
e. die erforderlichen Belege;

---

108 Fassung gemäss Ziff. II des BG vom 25. Sept. 2009 (Bedenkzeit im Scheidungsverfahren auf gemeinsames Begehren), in Kraft seit 1. Jan. 2011 (AS 2010 281 1861; BBl 2008 1959 1975).
109 SR 210
110 Fassung gemäss Ziff. II des BG vom 25. Sept. 2009 (Bedenkzeit im Scheidungsverfahren auf gemeinsames Begehren), in Kraft seit 1. Jan. 2011 (AS 2010 281 1861; BBl 2008 1959 1975).
111 Fassung gemäss Ziff. II des BG vom 25. Sept. 2009 (Bedenkzeit im Scheidungsverfahren auf gemeinsames Begehren), in Kraft seit 1. Jan. 2011 (AS 2010 281 1861; BBl 2008 1959 1975).
112 SR 210

f. das Datum und die Unterschriften.

Art. 291 Einigungsverhandlung

¹ Das Gericht lädt die Ehegatten zu einer Verhandlung vor und klärt ab, ob der Scheidungsgrund gegeben ist.

² Steht der Scheidungsgrund fest, so versucht das Gericht zwischen den Ehegatten eine Einigung über die Scheidungsfolgen herbeizuführen.

³ Steht der Scheidungsgrund nicht fest oder kommt keine Einigung zustande, so setzt das Gericht der klagenden Partei Frist, eine schriftliche Klagebegründung nachzureichen. Bei Nichteinhalten der Frist wird die Klage als gegenstandslos abgeschrieben.

Art. 292 Wechsel zur Scheidung auf gemeinsames Begehren

¹ Das Verfahren wird nach den Vorschriften über die Scheidung auf gemeinsames Begehren fortgesetzt, wenn die Ehegatten:
a. bei Eintritt der Rechtshängigkeit noch nicht seit mindestens zwei Jahren getrennt gelebt haben; und
b. mit der Scheidung einverstanden sind.

² Steht der geltend gemachte Scheidungsgrund fest, so findet kein Wechsel zur Scheidung auf gemeinsames Begehren statt.

Art. 293 Klageänderung

Die Scheidungsklage kann bis zum Beginn der Urteilsberatung in eine Trennungsklage umgewandelt werden.

4. Abschnitt: Eheungültigkeits- und Ehetrennungsklagen

Art. 294

¹ Das Verfahren bei Eheungültigkeits- und Ehetrennungsklagen richtet sich sinngemäss nach den Vorschriften über die Scheidungsklage.

² Eine Trennungsklage kann bis zum Beginn der Urteilsberatung in eine Scheidungsklage umgewandelt werden.

7. Titel: Kinderbelange in familienrechtlichen Angelegenheiten

1. Kapitel: Allgemeine Bestimmungen

Art. 295 Grundsatz
Für selbstständige Klagen gilt das vereinfachte Verfahren.

Art. 296 Untersuchungs- und Offizialgrundsatz
¹ Das Gericht erforscht den Sachverhalt von Amtes wegen.

² Zur Aufklärung der Abstammung haben Parteien und Dritte an Untersuchungen mitzuwirken, die nötig und ohne Gefahr für die Gesundheit sind. Die Bestimmungen über die Verweigerungsrechte der Parteien und von Dritten sind nicht anwendbar.

³ Das Gericht entscheidet ohne Bindung an die Parteianträge.

Art. 297 Anhörung der Eltern und Mediation
¹ Sind Anordnungen über ein Kind zu treffen, so hört das Gericht die Eltern persönlich an.

² Das Gericht kann die Eltern zu einem Mediationsversuch auffordern.

Art. 298 Anhörung des Kindes
¹ Das Kind wird durch das Gericht oder durch eine beauftragte Drittperson in geeigneter Weise persönlich angehört, sofern sein Alter oder andere wichtige Gründe nicht dagegen sprechen.

² Im Protokoll der Anhörung werden nur die für den Entscheid wesentlichen Ergebnisse festgehalten. Die Eltern und die Beiständin oder der Beistand werden über diese Ergebnisse informiert.

³ Das urteilsfähige Kind kann die Verweigerung der Anhörung mit Beschwerde anfechten.

Art. 299 Anordnung einer Vertretung des Kindes
¹ Das Gericht ordnet wenn nötig die Vertretung des Kindes an und bezeichnet als Beiständin oder Beistand eine in fürsorgerischen und rechtlichen Fragen erfahrene Person.

² Es prüft die Anordnung der Vertretung insbesondere, wenn:
a.[113] die Eltern unterschiedliche Anträge stellen bezüglich:
   1. der Zuteilung der elterlichen Sorge,

---

113 Fassung gemäss Anhang Ziff. 2 des BG vom 20. März 2015 (Kindesunterhalt), in Kraft seit 1. Jan. 2017 (AS 2015 4299; BBl 2014 529).

2. der Zuteilung der Obhut,
   3. wichtiger Fragen des persönlichen Verkehrs,
   4. der Aufteilung der Betreuung,
   5. des Unterhaltsbeitrages;
b.[114] die Kindesschutzbehörde oder ein Elternteil eine Vertretung beantragen;
c. es aufgrund der Anhörung der Eltern oder des Kindes oder aus anderen Gründen:[115]
   1.[116] erhebliche Zweifel an der Angemessenheit der gemeinsamen Anträge der Eltern bezüglich der Fragen nach Buchstabe a hat, oder
   2. den Erlass von Kindesschutzmassnahmen erwägt.

³ Stellt das urteilsfähige Kind Antrag auf eine Vertretung, so ist diese anzuordnen. Das Kind kann die Nichtanordnung mit Beschwerde anfechten.

Art. 300[117] Kompetenzen der Vertretung

Die Vertretung des Kindes kann Anträge stellen und Rechtsmittel einlegen, soweit es um folgende Angelegenheiten geht:
a. die Zuteilung der elterlichen Sorge;
b. die Zuteilung der Obhut;
c. wichtige Fragen des persönlichen Verkehrs;
d. die Aufteilung der Betreuung;
e. den Unterhaltsbeitrag;
f. die Kindesschutzmassnahmen.

Art. 301 Eröffnung des Entscheides

Ein Entscheid wird eröffnet:
a. den Eltern;
b. dem Kind, welches das 14. Altersjahr vollendet hat;
c.[118] gegebenenfalls der Beiständin oder dem Beistand, soweit es um eine der folgenden Fragen geht:
   1. die Zuteilung der elterlichen Sorge,
   2. die Zuteilung der Obhut,
   3. wichtige Fragen des persönlichen Verkehrs,
   4. die Aufteilung der Betreuung,
   5. den Unterhaltsbeitrag,

---

114 Fassung gemäss Anhang 2 Ziff. 3, in Kraft seit 1. Jan. 2013 (AS 2010 1739; BBl 2006 7221; AS 2011 725; BBl 2006 7001).
115 Fassung gemäss Anhang Ziff. 2 des BG vom 20. März 2015 (Kindesunterhalt), in Kraft seit 1. Jan. 2017 (AS 2015 4299; BBl 2014 529).
116 Fassung gemäss Anhang Ziff. 2 des BG vom 20. März 2015 (Kindesunterhalt), in Kraft seit 1. Jan. 2017 (AS 2015 4299; BBl 2014 529).
117 Fassung gemäss Anhang Ziff. 2 des BG vom 20. März 2015 (Kindesunterhalt), in Kraft seit 1. Jan. 2017 (AS 2015 4299; BBl 2014 529).
118 Fassung gemäss Anhang Ziff. 2 des BG vom 20. März 2015 (Kindesunterhalt), in Kraft seit 1. Jan. 2017 (AS 2015 4299; BBl 2014 529).

6. die Kindesschutzmassnahmen.

Art. 301a[119] Unterhaltsbeiträge

Werden im Unterhaltsvertrag oder im Entscheid Unterhaltsbeiträge festgelegt, so ist darin anzugeben:
a. von welchem Einkommen und Vermögen jedes Elternteils und jedes Kindes ausgegangen wird;
b. welcher Betrag für jedes Kind bestimmt ist;
c. welcher Betrag zur Deckung des gebührenden Unterhalts jedes Kindes fehlt;
d. ob und in welchem Ausmass die Unterhaltsbeiträge den Veränderungen der Lebenskosten angepasst werden.

2. Kapitel: Summarisches Verfahren: Geltungsbereich[120]

Art. 302 ...[121]

[1] Das summarische Verfahren ist insbesondere anwendbar für:
a. Entscheide nach dem Haager Übereinkommen vom 25. Oktober 1980[122] über die zivilrechtlichen Aspekte internationaler Kindesentführung und nach dem Europäischen Übereinkommen vom 20. Mai 1980[123] über die Anerkennung und Vollstreckung von Entscheidungen über das Sorgerecht für Kinder und die Wiederherstellung des Sorgerechts;
b. die Leistung eines besonderen Beitrags bei nicht vorgesehenen ausserordentlichen Bedürfnissen des Kindes (Art. 286 Abs. 3 ZGB[124]);
c. die Anweisung an die Schuldner und die Sicherstellung des Kinderunterhalts ausserhalb eines Prozesses über die Unterhaltspflicht der Eltern (Art. 291 und 292 ZGB).

[2] Die Bestimmungen des Bundesgesetzes vom 21. Dezember 2007[125] über internationale Kindesentführung und die Haager Übereinkommen zum Schutz von Kindern und Erwachsenen sind vorbehalten.

---

119 Fassung gemäss Anhang Ziff. 2 des BG vom 20. März 2015 (Kindesunterhalt), in Kraft seit 1. Jan. 2017 (AS 2015 4299; BBl 2014 529).
120 Fassung gemäss Anhang Ziff. 2 des BG vom 20. März 2015 (Kindesunterhalt), in Kraft seit 1. Jan. 2017 (AS 2015 4299; BBl 2014 529).
121 Aufgehoben durch Anhang Ziff. 2 des BG vom 20. März 2015 (Kindesunterhalt), mit Wirkung seit 1. Jan. 2017 (AS 2015 4299; BBl 2014 529).
122 SR 0.211.230.02
123 SR 0.211.230.01
124 SR 210
125 SR 211.222.32

3. Kapitel: Unterhalts- und Vaterschaftsklage[126]

Art. 303 Vorsorgliche Massnahmen

[1] Steht das Kindesverhältnis fest, so kann der Beklagte verpflichtet werden, angemessene Beiträge an den Unterhalt des Kindes zu hinterlegen oder vorläufig zu zahlen.

[2] Ist die Unterhaltsklage zusammen mit der Vaterschaftsklage eingereicht worden, so hat der Beklagte auf Gesuch der klagenden Partei:
a. die Entbindungskosten und angemessene Beiträge an den Unterhalt von Mutter und Kind zu hinterlegen, wenn die Vaterschaft glaubhaft gemacht ist;
b. angemessene Beiträge an den Unterhalt des Kindes zu zahlen, wenn die Vaterschaft zu vermuten ist und die Vermutung durch die sofort verfügbaren Beweismittel nicht umgestossen wird.

Art. 304 Zuständigkeit

[1] Über die Hinterlegung, die vorläufige Zahlung, die Auszahlung hinterlegter Beiträge und die Rückerstattung vorläufiger Zahlungen entscheidet das für die Beurteilung der Klage zuständige Gericht.

[2] Im Fall einer Unterhaltsklage entscheidet das Gericht auch über die elterliche Sorge sowie die weiteren Kinderbelange.[127]

8. Titel: Verfahren bei eingetragener Partnerschaft

1. Kapitel: Angelegenheiten des summarischen Verfahrens

Art. 305 Geltungsbereich

Das summarische Verfahren ist insbesondere anwendbar für:[128]
a. die Festsetzung von Geldbeiträgen an den Unterhalt und Anweisung an die Schuldnerin oder den Schuldner (Art. 13 Abs. 2 und 3 des Partnerschaftsgesetzes vom 18. Juni 2004[129], PartG);
b. die Ermächtigung einer Partnerin oder eines Partners zur Verfügung über die gemeinsame Wohnung (Art. 14 Abs. 2 PartG);

---

126 Fassung gemäss Anhang Ziff. 2 des BG vom 20. März 2015 (Kindesunterhalt), in Kraft seit 1. Jan. 2017 (AS 2015 4299; BBl 2014 529).
127 Eingefügt durch Anhang Ziff. 2 des BG vom 20. März 2015 (Kindesunterhalt), in Kraft seit 1. Jan. 2017 (AS 2015 4299; BBl 2014 529).
128 Fassung gemäss Ziff. II des BG vom 25. Sept. 2015 (Gewerbsmässige Vertretung im Zwangsvollstreckungsverfahren), in Kraft seit 1. Jan. 2018 (AS 2016 3643; BBl 2014 8669).
129 SR 211.231

c. die Ausdehnung oder den Entzug der Vertretungsbefugnis einer Partnerin oder eines Partners für die Gemeinschaft (Art. 15 Abs. 2 Bst. a und 4 PartG);
d. die Auskunftspflicht der Partnerin oder des Partners über Einkommen, Vermögen und Schulden (Art. 16 Abs. 2 PartG);
e. die Festlegung, Anpassung oder Aufhebung der Geldbeiträge und die Regelung der Benützung der Wohnung und des Hausrats (Art. 17 Abs. 2 und 4 PartG);
f. die Verpflichtung einer Partnerin oder eines Partners zur Mitwirkung bei der Aufnahme eines Inventars (Art. 20 Abs. 1 PartG);
g. die Beschränkung der Verfügungsbefugnis einer Partnerin oder eines Partners über bestimmte Vermögenswerte (Art. 22 Abs. 1 PartG);
h. die Einräumung von Fristen zur Begleichung von Schulden zwischen den Partnerinnen oder Partnern (Art. 23 Abs. 1 PartG).

Art. 306 Verfahren

Für das Verfahren gelten die Artikel 272 und 273 sinngemäss.

2. Kapitel: Auflösung und Ungültigkeit der eingetragenen Partnerschaft

Art. 307

Für das Verfahren zur Auflösung und zur Ungültigerklärung der eingetragenen Partnerschaft gelten die Bestimmungen über das Scheidungsverfahren sinngemäss.

3. Kapitel:[130] Kinderbelange in Verfahren bei eingetragener Partnerschaft

Art. 307a

Hat eine Person das minderjährige Kind ihrer eingetragenen Partnerin oder ihres eingetragenen Partners adoptiert, so gelten die Artikel 295–302 sinngemäss.

---

130 Eingefügt durch Anhang Ziff. 2 des BG vom 17. Juni 2016 (Adoption), in Kraft seit 1. Jan. 2018 (AS 2017 3699; BBl 2015 877).

9. Titel: Rechtsmittel

1. Kapitel: Berufung

1. Abschnitt: Anfechtbare Entscheide und Berufungsgründe

Art. 308 Anfechtbare Entscheide

¹ Mit Berufung sind anfechtbar:
a. erstinstanzliche End- und Zwischenentscheide;
b. erstinstanzliche Entscheide über vorsorgliche Massnahmen.

² In vermögensrechtlichen Angelegenheiten ist die Berufung nur zulässig, wenn der Streitwert der zuletzt aufrechterhaltenen Rechtsbegehren mindestens 10 000 Franken beträgt.

Art. 309 Ausnahmen

Die Berufung ist unzulässig:
a. gegen Entscheide des Vollstreckungsgerichts;
b. in den folgenden Angelegenheiten des SchKG[131]:
   1. Aufhebung des Rechtsstillstandes (Art. 57d SchKG),
   2. Bewilligung des nachträglichen Rechtsvorschlages (Art. 77 SchKG),
   3. Rechtsöffnung (Art. 80–84 SchKG),
   4. Aufhebung oder Einstellung der Betreibung (Art. 85 SchKG),
   5. Bewilligung des Rechtsvorschlages in der Wechselbetreibung (Art. 185 SchKG),
   6.[132] Arrest (Art. 272 und 278 SchKG),
   7.[133] Entscheide, die nach SchKG in die Zuständigkeit des Konkurs- oder des Nachlassgerichts fallen.

Art. 310 Berufungsgründe

Mit Berufung kann geltend gemacht werden:
a. unrichtige Rechtsanwendung;
b. unrichtige Feststellung des Sachverhaltes.

---

[131] SR 281.1
[132] Fassung gemäss Art. 3 Ziff. 1 des BB vom 11. Dez. 2009 (Genehmigung und Umsetzung des Lugano-Übereink.), in Kraft seit 1. Jan. 2011 (AS 2010 5601; BBl 2009 1777).
[133] Eingefügt durch Art. 3 Ziff. 1 des BB vom 11. Dez. 2009 (Genehmigung und Umsetzung des Lugano-Übereink.), in Kraft seit 1. Jan. 2011 (AS 2010 5601; BBl 2009 1777).

2. Abschnitt: Berufung, Berufungsantwort und Anschlussberufung

Art. 311 Einreichen der Berufung

¹ Die Berufung ist bei der Rechtsmittelinstanz innert 30 Tagen seit Zustellung des begründeten Entscheides beziehungsweise seit der nachträglichen Zustellung der Entscheidbegründung (Art. 239) schriftlich und begründet einzureichen.

² Der angefochtene Entscheid ist beizulegen.

Art. 312 Berufungsantwort

¹ Die Rechtsmittelinstanz stellt die Berufung der Gegenpartei zur schriftlichen Stellungnahme zu, es sei denn, die Berufung sei offensichtlich unzulässig oder offensichtlich unbegründet.

² Die Frist für die Berufungsantwort beträgt 30 Tage.

Art. 313 Anschlussberufung

¹ Die Gegenpartei kann in der Berufungsantwort Anschlussberufung erheben.

² Die Anschlussberufung fällt dahin, wenn:
a. die Rechtsmittelinstanz nicht auf die Berufung eintritt;
b. die Berufung als offensichtlich unbegründet abgewiesen wird;
c. die Berufung vor Beginn der Urteilsberatung zurückgezogen wird.

Art. 314 Summarisches Verfahren

¹ Gegen einen im summarischen Verfahren ergangenen Entscheid beträgt die Frist zur Einreichung der Berufung und zur Berufungsantwort je zehn Tage.

² Die Anschlussberufung ist unzulässig.

3. Abschnitt: Wirkungen und Verfahren der Berufung

Art. 315 Aufschiebende Wirkung

¹ Die Berufung hemmt die Rechtskraft und die Vollstreckbarkeit des angefochtenen Entscheids im Umfang der Anträge.

² Die Rechtsmittelinstanz kann die vorzeitige Vollstreckung bewilligen. Nötigenfalls ordnet sie sichernde Massnahmen oder die Leistung einer Sicherheit an.

³ Richtet sich die Berufung gegen einen Gestaltungsentscheid, so kann die aufschiebende Wirkung nicht entzogen werden.

⁴ Keine aufschiebende Wirkung hat die Berufung gegen Entscheide über:
a. das Gegendarstellungsrecht;
b. vorsorgliche Massnahmen.

⁵ Die Vollstreckung vorsorglicher Massnahmen kann ausnahmsweise aufgeschoben werden, wenn der betroffenen Partei ein nicht leicht wiedergutzumachender Nachteil droht.

Art. 316 Verfahren vor der Rechtsmittelinstanz

¹ Die Rechtsmittelinstanz kann eine Verhandlung durchführen oder aufgrund der Akten entscheiden.

² Sie kann einen zweiten Schriftenwechsel anordnen.

³ Sie kann Beweise abnehmen.

Art. 317 Neue Tatsachen, neue Beweismittel und Klageänderung

¹ Neue Tatsachen und Beweismittel werden nur noch berücksichtigt, wenn sie:
a. ohne Verzug vorgebracht werden; und
b. trotz zumutbarer Sorgfalt nicht schon vor erster Instanz vorgebracht werden konnten.

² Eine Klageänderung ist nur noch zulässig, wenn:
a. die Voraussetzungen nach Artikel 227 Absatz 1 gegeben sind; und
b.[134] sie auf neuen Tatsachen und Beweismitteln beruht.

Art. 318 Entscheid

¹ Die Rechtsmittelinstanz kann:
a. den angefochtenen Entscheid bestätigen;
b. neu entscheiden; oder
c. die Sache an die erste Instanz zurückweisen, wenn:
   1. ein wesentlicher Teil der Klage nicht beurteilt wurde, oder
   2. der Sachverhalt in wesentlichen Teilen zu vervollständigen ist.

² Die Rechtsmittelinstanz eröffnet ihren Entscheid mit einer schriftlichen Begründung.

³ Trifft die Rechtsmittelinstanz einen neuen Entscheid, so entscheidet sie auch über die Prozesskosten des erstinstanzlichen Verfahrens.

2. Kapitel: Beschwerde

Art. 319 Anfechtungsobjekt

Mit Beschwerde sind anfechtbar:
a. nicht berufungsfähige erstinstanzliche Endentscheide, Zwischenentscheide und Entscheide über vorsorgliche Massnahmen;

---

134 Fassung gemäss Ziff. II des BG vom 25. Sept. 2015 (Gewerbsmässige Vertretung im Zwangsvollstreckungsverfahren), in Kraft seit 1. Jan. 2018 (AS 2016 3643; BBl 2014 8669).

b. andere erstinstanzliche Entscheide und prozessleitende Verfügungen:
   1. in den vom Gesetz bestimmten Fällen,
   2. wenn durch sie ein nicht leicht wiedergutzumachender Nachteil droht;
c. Fälle von Rechtsverzögerung.

Art. 320 Beschwerdegründe

Mit der Beschwerde kann geltend gemacht werden:
a. unrichtige Rechtsanwendung;
b. offensichtlich unrichtige Feststellung des Sachverhaltes.

Art. 321 Einreichen der Beschwerde

[1] Die Beschwerde ist bei der Rechtsmittelinstanz innert 30 Tagen seit der Zustellung des begründeten Entscheides oder seit der nachträglichen Zustellung der Entscheidbegründung (Art. 239) schriftlich und begründet einzureichen.

[2] Wird ein im summarischen Verfahren ergangener Entscheid oder eine prozessleitende Verfügung angefochten, so beträgt die Beschwerdefrist zehn Tage, sofern das Gesetz nichts anderes bestimmt.

[3] Der angefochtene Entscheid oder die angefochtene prozessleitende Verfügung ist beizulegen, soweit die Partei sie in Händen hat.

[4] Gegen Rechtsverzögerung kann jederzeit Beschwerde eingereicht werden.

Art. 322 Beschwerdeantwort

[1] Die Rechtsmittelinstanz stellt der Gegenpartei die Beschwerde zur schriftlichen Stellungnahme zu, es sei denn, die Beschwerde sei offensichtlich unzulässig oder offensichtlich unbegründet.

[2] Für die Beschwerdeantwort gilt die gleiche Frist wie für die Beschwerde.

Art. 323 Anschlussbeschwerde

Eine Anschlussbeschwerde ist ausgeschlossen.

Art. 324 Stellungnahme der Vorinstanz

Die Rechtsmittelinstanz kann die Vorinstanz um eine Stellungnahme ersuchen.

Art. 325 Aufschiebende Wirkung

[1] Die Beschwerde hemmt die Rechtskraft und die Vollstreckbarkeit des angefochtenen Entscheids nicht.

[2] Die Rechtsmittelinstanz kann die Vollstreckung aufschieben. Nötigenfalls ordnet sie sichernde Massnahmen oder die Leistung einer Sicherheit an.

Art. 326 Neue Anträge, neue Tatsachen und neue Beweismittel

¹ Neue Anträge, neue Tatsachenbehauptungen und neue Beweismittel sind ausgeschlossen.

² Besondere Bestimmungen des Gesetzes bleiben vorbehalten.

Art. 327 Verfahren und Entscheid

¹ Die Rechtsmittelinstanz verlangt bei der Vorinstanz die Akten.

² Sie kann aufgrund der Akten entscheiden.

³ Soweit sie die Beschwerde gutheisst:
a. hebt sie den Entscheid oder die prozessleitende Verfügung auf und weist die Sache an die Vorinstanz zurück; oder
b. entscheidet sie neu, wenn die Sache spruchreif ist.

⁴ Wird die Beschwerde wegen Rechtsverzögerung gutgeheissen, so kann die Rechtsmittelinstanz der Vorinstanz eine Frist zur Behandlung der Sache setzen.

⁵ Die Rechtsmittelinstanz eröffnet ihren Entscheid mit einer schriftlichen Begründung.

Art. 327a[135] Vollstreckbarerklärung nach Lugano-Übereinkommen

¹ Richtet sich die Beschwerde gegen einen Entscheid des Vollstreckungsgerichts nach den Artikeln 38–52 des Übereinkommens vom 30. Oktober 2007[136] über die gerichtliche Zuständigkeit und die Anerkennung und Vollstreckung von Entscheidungen in Zivil- und Handelssachen (Lugano-Übereinkommen), so prüft die Rechtsmittelinstanz die im Lugano-Übereinkommen vorgesehenen Verweigerungsgründe mit voller Kognition.

² Die Beschwerde hat aufschiebende Wirkung. Sichernde Massnahmen, insbesondere der Arrest nach Artikel 271 Absatz 1 Ziffer 6 SchKG[137], sind vorbehalten.

³ Die Frist für die Beschwerde gegen die Vollstreckbarerklärung richtet sich nach Artikel 43 Absatz 5 des Lugano-Übereinkommens.

3. Kapitel: Revision

Art. 328 Revisionsgründe

¹ Eine Partei kann beim Gericht, welches als letzte Instanz in der Sache entschieden hat, die Revision des rechtskräftigen Entscheids verlangen, wenn:

---

135 Eingefügt durch Art. 3 Ziff. 1 des BB vom 11. Dez. 2009 (Genehmigung und Umsetzung des Lugano-Übereink.), in Kraft seit 1. Jan. 2011 (AS 2010 5601; BBl 2009 1777).
136 SR 0.275.12
137 SR 281.1

a. sie nachträglich erhebliche Tatsachen erfährt oder entscheidende Beweismittel findet, die sie im früheren Verfahren nicht beibringen konnte; ausgeschlossen sind Tatsachen und Beweismittel, die erst nach dem Entscheid entstanden sind;
b. ein Strafverfahren ergeben hat, dass durch ein Verbrechen oder ein Vergehen zum Nachteil der betreffenden Partei auf den Entscheid eingewirkt wurde; eine Verurteilung durch das Strafgericht ist nicht erforderlich; ist das Strafverfahren nicht durchführbar, so kann der Beweis auf andere Weise erbracht werden;
c. geltend gemacht wird, dass die Klageanerkennung, der Klagerückzug oder der gerichtliche Vergleich unwirksam ist.

² Die Revision wegen Verletzung der Europäischen Menschenrechtskonvention vom 4. November 1950[138] (EMRK) kann verlangt werden, wenn:
a. der Europäische Gerichtshof für Menschenrechte in einem endgültigen Urteil festgestellt hat, dass die EMRK oder die Protokolle dazu verletzt worden sind;
b. eine Entschädigung nicht geeignet ist, die Folgen der Verletzung auszugleichen; und
c. die Revision notwendig ist, um die Verletzung zu beseitigen.

Art. 329 Revisionsgesuch und Revisionsfristen

¹ Das Revisionsgesuch ist innert 90 Tagen seit Entdeckung des Revisionsgrundes schriftlich und begründet einzureichen.

² Nach Ablauf von zehn Jahren seit Eintritt der Rechtskraft des Entscheids kann die Revision nicht mehr verlangt werden, ausser im Falle von Artikel 328 Absatz 1 Buchstabe b.

Art. 330 Stellungnahme der Gegenpartei

Das Gericht stellt das Revisionsgesuch der Gegenpartei zur Stellungnahme zu, es sei denn, das Gesuch sei offensichtlich unzulässig oder offensichtlich unbegründet.

Art. 331 Aufschiebende Wirkung

¹ Das Revisionsgesuch hemmt die Rechtskraft und die Vollstreckbarkeit des Entscheids nicht.

² Das Gericht kann die Vollstreckung aufschieben. Nötigenfalls ordnet es sichernde Massnahmen oder die Leistung einer Sicherheit an.

Art. 332 Entscheid über das Revisionsgesuch

Der Entscheid über das Revisionsgesuch ist mit Beschwerde anfechtbar.

---

138 SR 0.101

Art. 333 Neuer Entscheid in der Sache

¹ Heisst das Gericht das Revisionsgesuch gut, so hebt es seinen früheren Entscheid auf und entscheidet neu.

² Im neuen Entscheid entscheidet es auch über die Kosten des früheren Verfahrens.

³ Es eröffnet seinen Entscheid mit einer schriftlichen Begründung.

4. Kapitel: Erläuterung und Berichtigung

Art. 334

¹ Ist das Dispositiv unklar, widersprüchlich oder unvollständig oder steht es mit der Begründung im Widerspruch, so nimmt das Gericht auf Gesuch einer Partei oder von Amtes wegen eine Erläuterung oder Berichtigung des Entscheids vor. Im Gesuch sind die beanstandeten Stellen und die gewünschten Änderungen anzugeben.

² Die Artikel 330 und 331 gelten sinngemäss. Bei der Berichtigung von Schreib- oder Rechnungsfehlern kann das Gericht auf eine Stellungnahme der Parteien verzichten.

³ Ein Entscheid über das Erläuterungs- oder Berichtigungsgesuch ist mit Beschwerde anfechtbar.

⁴ Der erläuterte oder berichtigte Entscheid wird den Parteien eröffnet.

10. Titel: Vollstreckung

1. Kapitel: Vollstreckung von Entscheiden

Art. 335 Geltungsbereich

¹ Die Entscheide werden nach den Bestimmungen dieses Kapitels vollstreckt.

² Lautet der Entscheid auf eine Geldzahlung oder eine Sicherheitsleistung, so wird er nach den Bestimmungen des SchKG[139] vollstreckt.

³ Die Anerkennung, Vollstreckbarerklärung und Vollstreckung ausländischer Entscheide richten sich nach diesem Kapitel, soweit weder ein Staatsvertrag noch das IPRG[140] etwas anderes bestimmen.

---

139 SR 281.1
140 SR 291

Art. 336 Vollstreckbarkeit

¹ Ein Entscheid ist vollstreckbar, wenn er:
a. rechtskräftig ist und das Gericht die Vollstreckung nicht aufgeschoben hat (Art. 325 Abs. 2 und 331 Abs. 2); oder
b. noch nicht rechtskräftig ist, jedoch die vorzeitige Vollstreckung bewilligt worden ist.

² Auf Verlangen bescheinigt das Gericht, das den zu vollstreckenden Entscheid getroffen hat, die Vollstreckbarkeit.

Art. 337 Direkte Vollstreckung

¹ Hat bereits das urteilende Gericht konkrete Vollstreckungsmassnahmen angeordnet (Art. 236 Abs. 3), so kann der Entscheid direkt vollstreckt werden.

² Die unterlegene Partei kann beim Vollstreckungsgericht um Einstellung der Vollstreckung ersuchen; Artikel 341 gilt sinngemäss.

Art. 338 Vollstreckungsgesuch

¹ Kann nicht direkt vollstreckt werden, so ist beim Vollstreckungsgericht ein Vollstreckungsgesuch einzureichen.

² Die gesuchstellende Partei hat die Voraussetzungen der Vollstreckbarkeit darzulegen und die erforderlichen Urkunden beizulegen.

Art. 339 Zuständigkeit und Verfahren

¹ Zwingend zuständig für die Anordnung von Vollstreckungsmassnahmen und die Einstellung der Vollstreckung ist das Gericht:
a. am Wohnsitz oder Sitz der unterlegenen Partei;
b. am Ort, wo die Massnahmen zu treffen sind; oder
c. am Ort, wo der zu vollstreckende Entscheid gefällt worden ist.

² Das Gericht entscheidet im summarischen Verfahren.

Art. 340[141] Sichernde Massnahmen

Das Vollstreckungsgericht kann sichernde Massnahmen anordnen, nötigenfalls ohne vorherige Anhörung der Gegenpartei.

Art. 341 Prüfung der Vollstreckbarkeit und Stellungnahme der unterlegenen Partei

¹ Das Vollstreckungsgericht prüft die Vollstreckbarkeit von Amtes wegen.

² Es setzt der unterlegenen Partei eine kurze Frist zur Stellungnahme.

³ Materiell kann die unterlegene Partei einwenden, dass seit Eröffnung des Entscheids Tatsachen eingetreten sind, welche der Vollstreckung entgegen-

---

[141] Fassung gemäss Art. 3 Ziff. 1 des BB vom 11. Dez. 2009 (Genehmigung und Umsetzung des Lugano-Übereink.), in Kraft seit 1. Jan. 2011 (AS 2010 5601; BBl 2009 1777).

stehen, wie insbesondere Tilgung, Stundung, Verjährung oder Verwirkung der geschuldeten Leistung. Tilgung und Stundung sind mit Urkunden zu beweisen.

Art. 342 Vollstreckung einer bedingten oder von einer Gegenleistung abhängigen Leistung

Der Entscheid über eine bedingte oder eine von einer Gegenleistung abhängige Leistung kann erst vollstreckt werden, wenn das Vollstreckungsgericht festgestellt hat, dass die Bedingung eingetreten ist oder die Gegenleistung gehörig angeboten, erbracht oder sichergestellt worden ist.

Art. 343 Verpflichtung zu einem Tun, Unterlassen oder Dulden

[1] Lautet der Entscheid auf eine Verpflichtung zu einem Tun, Unterlassen oder Dulden, so kann das Vollstreckungsgericht anordnen:
a. eine Strafdrohung nach Artikel 292 StGB[142];
b. eine Ordnungsbusse bis zu 5000 Franken;
c. eine Ordnungsbusse bis zu 1000 Franken für jeden Tag der Nichterfüllung;
d. eine Zwangsmassnahme wie Wegnahme einer beweglichen Sache oder Räumung eines Grundstückes; oder
e. eine Ersatzvornahme.

[2] Die unterlegene Partei und Dritte haben die erforderlichen Auskünfte zu erteilen und die notwendigen Durchsuchungen zu dulden.

[3] Die mit der Vollstreckung betraute Person kann die Hilfe der zuständigen Behörde in Anspruch nehmen.

Art. 344 Abgabe einer Willenserklärung

[1] Lautet der Entscheid auf Abgabe einer Willenserklärung, so wird die Erklärung durch den vollstreckbaren Entscheid ersetzt.

[2] Betrifft die Erklärung ein öffentliches Register wie das Grundbuch und das Handelsregister, so erteilt das urteilende Gericht der registerführenden Person die nötigen Anweisungen.

Art. 345 Schadenersatz und Umwandlung in Geld

[1] Die obsiegende Partei kann verlangen:
a. Schadenersatz, wenn die unterlegene Partei den gerichtlichen Anordnungen nicht nachkommt;
b. die Umwandlung der geschuldeten Leistung in eine Geldleistung.

[2] Das Vollstreckungsgericht setzt den entsprechenden Betrag fest.

---

142 SR 311.0

Art. 346 Rechtsmittel Dritter

Dritte, die von einem Vollstreckungsentscheid in ihren Rechten betroffen sind, können den Entscheid mit Beschwerde anfechten.

2. Kapitel: Vollstreckung öffentlicher Urkunden

Art. 347 Vollstreckbarkeit

Öffentliche Urkunden über Leistungen jeder Art können wie Entscheide vollstreckt werden, wenn:
a. die verpflichtete Partei in der Urkunde ausdrücklich erklärt hat, dass sie die direkte Vollstreckung anerkennt;
b. der Rechtsgrund der geschuldeten Leistung in der Urkunde erwähnt ist; und
c. die geschuldete Leistung:
   1. in der Urkunde genügend bestimmt ist,
   2. in der Urkunde von der verpflichteten Partei anerkannt ist, und
   3. fällig ist.

Art. 348 Ausnahmen

Nicht direkt vollstreckbar sind Urkunden über Leistungen:
a. nach dem Gleichstellungsgesetz vom 24. März 1995[143];
b. aus Miete und Pacht von Wohn- und Geschäftsräumen sowie aus landwirtschaftlicher Pacht;
c. nach dem Mitwirkungsgesetz vom 17. Dezember 1993[144];
d. aus dem Arbeitsverhältnis und nach dem Arbeitsvermittlungsgesetz vom 6. Oktober 1989[145];
e. aus Konsumentenverträgen (Art. 32).

Art. 349 Urkunde über eine Geldleistung

Die vollstreckbare Urkunde über eine Geldleistung gilt als definitiver Rechtsöffnungstitel nach den Artikeln 80 und 81 SchKG[146].

Art. 350 Urkunde über eine andere Leistung

¹ Ist eine Urkunde über eine andere Leistung zu vollstrecken, so stellt die Urkundsperson der verpflichteten Partei auf Antrag der berechtigten Partei eine beglaubigte Kopie der Urkunde zu und setzt ihr für die Erfüllung eine Frist von 20 Tagen. Die berechtigte Partei erhält eine Kopie der Zustellung.

---

[143] SR 151.1
[144] SR 822.14
[145] SR 823.11
[146] SR 281.1

² Nach unbenütztem Ablauf der Erfüllungsfrist kann die berechtigte Partei beim Vollstreckungsgericht ein Vollstreckungsgesuch stellen.

Art. 351 Verfahren vor dem Vollstreckungsgericht

¹ Die verpflichtete Partei kann Einwendungen gegen die Leistungspflicht nur geltend machen, sofern sie sofort beweisbar sind.

² Ist die Abgabe einer Willenserklärung geschuldet, so wird die Erklärung durch den Entscheid des Vollstreckungsgerichts ersetzt. Dieses trifft die erforderlichen Anweisungen nach Artikel 344 Absatz 2.

Art. 352 Gerichtliche Beurteilung

Die gerichtliche Beurteilung der geschuldeten Leistung bleibt in jedem Fall vorbehalten. Insbesondere kann die verpflichtete Partei jederzeit auf Feststellung klagen, dass der Anspruch nicht oder nicht mehr besteht oder gestundet ist.

3. Teil: Schiedsgerichtsbarkeit

1. Titel: Allgemeine Bestimmungen

Art. 353 Geltungsbereich

¹ Die Bestimmungen dieses Teils gelten für Verfahren vor Schiedsgerichten mit Sitz in der Schweiz, sofern nicht die Bestimmungen des zwölften Kapitels des IPRG[147] anwendbar sind.

² Die Parteien können die Geltung dieses Teils durch eine ausdrückliche Erklärung in der Schiedsvereinbarung oder in einer späteren Übereinkunft ausschliessen und die Anwendung der Bestimmungen des zwölften Kapitels des IPRG vereinbaren. Die Erklärung bedarf der Form gemäss Artikel 358.

Art. 354 Schiedsfähigkeit

Gegenstand eines Schiedsverfahrens kann jeder Anspruch sein, über den die Parteien frei verfügen können.

Art. 355 Sitz des Schiedsgerichtes

¹ Der Sitz des Schiedsgerichtes wird von den Parteien oder von der durch sie beauftragten Stelle bestimmt. Erfolgt keine Sitzbestimmung, so bestimmt das Schiedsgericht seinen Sitz selbst.

---

147 SR 291

² Bestimmen weder die Parteien noch die von ihnen beauftragte Stelle noch das Schiedsgericht den Sitz, so ist dieser am Ort des staatlichen Gerichtes, das bei Fehlen einer Schiedsvereinbarung zur Beurteilung der Sache zuständig wäre.

³ Sind mehrere staatliche Gerichte zuständig, so hat das Schiedsgericht seinen Sitz am Ort des staatlichen Gerichtes, das als erstes in Anwendung von Artikel 356 angerufen wird.

⁴ Haben die Parteien nichts anderes vereinbart, so kann das Schiedsgericht auch an jedem andern Ort verhandeln, Beweise abnehmen und beraten.

Art. 356 Zuständige staatliche Gerichte

¹ Der Kanton, in dem sich der Sitz des Schiedsgerichts befindet, bezeichnet ein oberes Gericht, das zuständig ist für:
a. Beschwerden und Revisionsgesuche;
b. die Entgegennahme des Schiedsspruchs zur Hinterlegung und die Bescheinigung der Vollstreckbarkeit.

² Ein vom Sitzkanton bezeichnetes anderes oder anders zusammengesetztes Gericht ist als einzige Instanz zuständig für:
a. die Ernennung, Ablehnung, Abberufung und Ersetzung der Schiedsrichterinnen und Schiedsrichter;
b. die Verlängerung der Amtsdauer des Schiedsgerichts;
c. die Unterstützung des Schiedsgerichts bei den Verfahrenshandlungen.

2. Titel: Schiedsvereinbarung

Art. 357 Schiedsvereinbarung

¹ Die Schiedsvereinbarung kann sich sowohl auf bestehende als auch auf künftige Streitigkeiten aus einem bestimmten Rechtsverhältnis beziehen.

² Gegen die Schiedsvereinbarung kann nicht eingewendet werden, der Hauptvertrag sei ungültig.

Art. 358 Form

Die Schiedsvereinbarung hat schriftlich oder in einer anderen Form zu erfolgen, die den Nachweis durch Text ermöglicht.

Art. 359 Bestreitung der Zuständigkeit des Schiedsgerichts

¹ Werden die Gültigkeit der Schiedsvereinbarung, ihr Inhalt, ihre Tragweite oder die richtige Konstituierung des Schiedsgerichts vor dem Schiedsgericht bestritten, so entscheidet dieses darüber mit Zwischenentscheid oder im Entscheid über die Hauptsache.

² Die Einrede der Unzuständigkeit des Schiedsgerichts muss vor der Einlassung auf die Hauptsache erhoben werden.

3. Titel: Bestellung des Schiedsgerichts

Art. 360 Anzahl der Mitglieder

¹ Die Parteien können frei vereinbaren, aus wie vielen Mitgliedern das Schiedsgericht besteht. Haben sie nichts vereinbart, so besteht es aus drei Mitgliedern.

² Haben die Parteien eine gerade Zahl vereinbart, so ist anzunehmen, dass eine zusätzliche Person als Präsidentin oder Präsident zu bestimmen ist.

Art. 361 Ernennung durch die Parteien

¹ Die Mitglieder des Schiedsgerichts werden nach der Vereinbarung der Parteien ernannt.

² Bei Fehlen einer Vereinbarung ernennt jede Partei die gleiche Anzahl Mitglieder; diese wählen einstimmig eine Präsidentin oder einen Präsidenten.

³ Wird eine Schiedsrichterin oder ein Schiedsrichter der Stellung nach bezeichnet, so gilt als ernannt, wer diese Stellung bei Abgabe der Annahmeerklärung bekleidet.

⁴ In den Angelegenheiten aus Miete und Pacht von Wohnräumen können die Parteien einzig die Schlichtungsbehörde als Schiedsgericht einsetzen.

Art. 362 Ernennung durch das staatliche Gericht

¹ Sieht die Schiedsvereinbarung keine andere Stelle für die Ernennung vor oder ernennt diese die Mitglieder nicht innert angemessener Frist, so nimmt das nach Artikel 356 Absatz 2 zuständige staatliche Gericht auf Antrag einer Partei die Ernennung vor, wenn:
a. die Parteien sich über die Ernennung der Einzelschiedsrichterin, des Einzelschiedsrichters, der Präsidentin oder des Präsidenten nicht einigen;
b. eine Partei die von ihr zu bezeichnenden Mitglieder nicht innert 30 Tagen seit Aufforderung ernennt; oder
c. die Schiedsrichterinnen und Schiedsrichter sich nicht innert 30 Tagen seit ihrer Ernennung über die Wahl der Präsidentin oder des Präsidenten einigen.

² Im Falle einer Mehrparteienschiedssache kann das nach Artikel 356 Absatz 2 zuständige staatliche Gericht alle Mitglieder ernennen.

³ Wird ein staatliches Gericht mit der Ernennung betraut, so muss es die Ernennung vornehmen, es sei denn, eine summarische Prüfung ergebe, dass zwischen den Parteien keine Schiedsvereinbarung besteht.

Art. 363 Offenlegungspflicht

¹ Eine Person, der ein Schiedsrichteramt angetragen wird, hat das Vorliegen von Umständen unverzüglich offenzulegen, die berechtigte Zweifel an ihrer Unabhängigkeit oder Unparteilichkeit wecken können.

² Diese Pflicht bleibt während des ganzen Verfahrens bestehen.

Art. 364 Annahme des Amtes

¹ Die Schiedsrichterinnen und Schiedsrichter bestätigen die Annahme des Amtes.

² Das Schiedsgericht ist erst konstituiert, wenn alle Mitglieder die Annahme des Amtes erklärt haben.

Art. 365 Sekretariat

¹ Das Schiedsgericht kann ein Sekretariat bestellen.

² Die Artikel 363 Absatz 1 und 367–369 gelten sinngemäss.

Art. 366 Amtsdauer

¹ In der Schiedsvereinbarung oder in einer späteren Vereinbarung können die Parteien die Amtsdauer des Schiedsgerichts befristen.

² Die Amtsdauer, innert der das Schiedsgericht den Schiedsspruch zu fällen hat, kann verlängert werden:
a. durch Vereinbarung der Parteien;
b. auf Antrag einer Partei oder des Schiedsgerichts durch Entscheid des nach Artikel 356 Absatz 2 zuständigen staatlichen Gerichts.

4. Titel: Ablehnung, Abberufung und Ersetzung der Mitglieder des Schiedsgerichts

Art. 367 Ablehnung eines Mitgliedes

¹ Ein Mitglied des Schiedsgerichts kann abgelehnt werden, wenn:
a. es nicht den von den Parteien vereinbarten Anforderungen entspricht;
b. ein Ablehnungsgrund vorliegt, der in der von den Parteien vereinbarten Verfahrensordnung vorgesehen ist; oder
c. berechtigte Zweifel an seiner Unabhängigkeit oder Unparteilichkeit bestehen.

² Eine Partei kann ein Mitglied, das sie ernannt hat oder an dessen Ernennung sie mitgewirkt hat, nur aus Gründen ablehnen, von denen sie erst nach der Ernennung Kenntnis erhalten hat. Der Ablehnungsgrund ist dem Schiedsgericht und der anderen Partei unverzüglich mitzuteilen.

Art. 368 Ablehnung des Schiedsgerichts

[1] Eine Partei kann das Schiedsgericht ablehnen, wenn die andere Partei einen überwiegenden Einfluss auf die Ernennung der Mitglieder ausgeübt hat. Die Ablehnung ist dem Schiedsgericht und der anderen Partei unverzüglich mitzuteilen.

[2] Das neue Schiedsgericht wird im Verfahren nach den Artikeln 361 und 362 bestellt.

[3] Die Parteien sind berechtigt, Mitglieder des abgelehnten Schiedsgerichts wiederum als Schiedsrichterinnen und Schiedsrichter zu ernennen.

Art. 369 Ablehnungsverfahren

[1] Die Parteien können das Ablehnungsverfahren frei vereinbaren.

[2] Haben sie nichts vereinbart, so ist das Ablehnungsgesuch schriftlich und begründet innert 30 Tagen seit Kenntnis des Ablehnungsgrundes an das abgelehnte Mitglied zu richten und den übrigen Mitgliedern mitzuteilen.

[3] Bestreitet das abgelehnte Mitglied die Ablehnung, so kann die gesuchstellende Partei innert 30 Tagen einen Entscheid von der von den Parteien bezeichneten Stelle oder, wenn keine solche bezeichnet wurde, von dem nach Artikel 356 Absatz 2 zuständigen staatlichen Gericht verlangen.

[4] Haben die Parteien nichts anderes vereinbart, so kann das Schiedsgericht während des Ablehnungsverfahrens das Verfahren ohne Ausschluss der abgelehnten Personen bis und mit Schiedsspruch weiterführen.

[5] Der Entscheid über die Ablehnung kann nur zusammen mit dem ersten Schiedsspruch angefochten werden.

Art. 370 Abberufung

[1] Jedes Mitglied des Schiedsgerichts kann durch schriftliche Vereinbarung der Parteien abberufen werden.

[2] Ist ein Mitglied des Schiedsgerichts ausser Stande, seine Aufgabe innert nützlicher Frist oder mit der gehörigen Sorgfalt zu erfüllen, so kann auf Antrag einer Partei die von den Parteien bezeichnete Stelle oder, wenn keine solche bezeichnet wurde, das nach Artikel 356 Absatz 2 zuständige staatliche Gericht dieses Mitglied absetzen.

[3] Für die Anfechtung eines solchen Entscheides gilt Artikel 369 Absatz 5.

Art. 371 Ersetzung eines Mitglieds des Schiedsgerichts

[1] Ist ein Mitglied des Schiedsgerichts zu ersetzen, so gilt das gleiche Verfahren wie für seine Ernennung, sofern die Parteien nichts anderes vereinbart haben oder vereinbaren.

[2] Kann es nicht auf diese Weise ersetzt werden, so wird das neue Mitglied durch das nach Artikel 356 Absatz 2 zuständige staatliche Gericht ernannt, es

sei denn, die Schiedsvereinbarung schliesse diese Möglichkeit aus oder falle nach Ausscheiden eines Mitglieds des Schiedsgerichts dahin.

³ Können sich die Parteien nicht darüber einigen, welche Prozesshandlungen, an denen das ersetzte Mitglied mitgewirkt hat, zu wiederholen sind, so entscheidet das neu konstituierte Schiedsgericht.

⁴ Während der Dauer des Ersetzungsverfahrens steht die Frist, innert der das Schiedsgericht seinen Schiedsspruch zu fällen hat, nicht still.

5. Titel: Das Schiedsverfahren

Art. 372 Rechtshängigkeit

¹ Das Schiedsverfahren ist rechtshängig:
a. sobald eine Partei das in der Schiedsvereinbarung bezeichnete Schiedsgericht anruft; oder
b. wenn die Vereinbarung kein Schiedsgericht bezeichnet: sobald eine Partei das Verfahren zur Bestellung des Schiedsgerichts oder das von den Parteien vereinbarte vorausgehende Schlichtungsverfahren einleitet.

² Werden bei einem staatlichen Gericht und einem Schiedsgericht Klagen über denselben Streitgegenstand zwischen denselben Parteien rechtshängig gemacht, setzt das zuletzt angerufene Gericht das Verfahren aus, bis das zuerst angerufene Gericht über seine Zuständigkeit entschieden hat.

Art. 373 Allgemeine Verfahrensregeln

¹ Die Parteien können das Schiedsverfahren:
a. selber regeln;
b. durch Verweis auf eine schiedsgerichtliche Verfahrensordnung regeln;
c. einem Verfahrensrecht ihrer Wahl unterstellen.

² Haben die Parteien das Verfahren nicht geregelt, so wird dieses vom Schiedsgericht festgelegt.

³ Die Präsidentin oder der Präsident des Schiedsgerichts kann über einzelne Verfahrensfragen allein entscheiden, wenn eine entsprechende Ermächtigung der Parteien oder der andern Mitglieder des Schiedsgerichts vorliegt.

⁴ Das Schiedsgericht muss die Gleichbehandlung der Parteien und ihren Anspruch auf rechtliches Gehör gewährleisten und ein kontradiktorisches Verfahren durchführen.

⁵ Jede Partei kann sich vertreten lassen.

⁶ Verstösse gegen die Verfahrensregeln sind sofort zu rügen, andernfalls können sie später nicht mehr geltend gemacht werden.

Art. 374 Vorsorgliche Massnahmen, Sicherheit und Schadenersatz

¹ Das staatliche Gericht oder, sofern die Parteien nichts anderes vereinbart haben, das Schiedsgericht kann auf Antrag einer Partei vorsorgliche Massnahmen einschliesslich solcher für die Sicherung von Beweismitteln anordnen.

² Unterzieht sich die betroffene Person einer vom Schiedsgericht angeordneten Massnahme nicht freiwillig, so trifft das staatliche Gericht auf Antrag des Schiedsgerichts oder einer Partei die erforderlichen Anordnungen; stellt eine Partei den Antrag, so muss die Zustimmung des Schiedsgerichts eingeholt werden.

³ Ist ein Schaden für die andere Partei zu befürchten, so kann das Schiedsgericht oder das staatliche Gericht die Anordnung vorsorglicher Massnahmen von der Leistung einer Sicherheit abhängig machen.

⁴ Die gesuchstellende Partei haftet für den aus einer ungerechtfertigten vorsorglichen Massnahme erwachsenen Schaden. Beweist sie jedoch, dass sie ihr Gesuch in guten Treuen gestellt hat, so kann das Gericht die Ersatzpflicht herabsetzen oder gänzlich von ihr entbinden. Die geschädigte Partei kann den Anspruch im hängigen Schiedsverfahren geltend machen.

⁵ Eine geleistete Sicherheit ist freizugeben, wenn feststeht, dass keine Schadenersatzklage erhoben wird; bei Ungewissheit setzt das Schiedsgericht eine Frist zur Klage.

Art. 375 Beweisabnahme und Mitwirkung des staatlichen Gerichts

¹ Das Schiedsgericht nimmt die Beweise selber ab.

² Ist für die Beweisabnahme oder für die Vornahme sonstiger Handlungen des Schiedsgerichts staatliche Rechtshilfe erforderlich, so kann das Schiedsgericht das nach Artikel 356 Absatz 2 zuständige staatliche Gericht um Mitwirkung ersuchen. Mit Zustimmung des Schiedsgerichts kann dies auch eine Partei tun.

³ Die Mitglieder des Schiedsgerichts können an den Verfahrenshandlungen des staatlichen Gerichts teilnehmen und Fragen stellen.

Art. 376 Streitgenossenschaft, Klagenhäufung und Beteiligung Dritter

¹ Ein Schiedsverfahren kann von oder gegen Streitgenossen geführt werden, wenn:
a. alle Parteien unter sich durch eine oder mehrere übereinstimmende Schiedsvereinbarungen verbunden sind; und
b. die geltend gemachten Ansprüche identisch sind oder in einem sachlichen Zusammenhang stehen.

² Sachlich zusammenhängende Ansprüche zwischen den gleichen Parteien können im gleichen Schiedsverfahren beurteilt werden, wenn sie Gegenstand übereinstimmender Schiedsvereinbarungen der Parteien sind.

³ Die Intervention einer dritten Person und der Beitritt einer durch Klage streitberufenen Person setzen eine Schiedsvereinbarung zwischen der dritten Person und den Streitparteien voraus und bedürfen der Zustimmung des Schiedsgerichts.

Art. 377 Verrechnung und Widerklage

¹ Erhebt eine Partei die Verrechnungseinrede, so kann das Schiedsgericht die Einrede beurteilen, unabhängig davon, ob die zur Verrechnung gestellte Forderung unter die Schiedsvereinbarung fällt oder ob für sie eine andere Schiedsvereinbarung oder eine Gerichtsstandsvereinbarung besteht.

² Eine Widerklage ist zulässig, wenn sie eine Streitsache betrifft, die unter eine übereinstimmende Schiedsvereinbarung der Parteien fällt.

Art. 378 Kostenvorschuss

¹ Das Schiedsgericht kann einen Vorschuss für die mutmasslichen Verfahrenskosten verlangen und die Durchführung des Verfahrens von dessen Leistung abhängig machen. Soweit die Parteien nichts anderes vereinbart haben, bestimmt es die Höhe des Vorschusses jeder Partei.

² Leistet eine Partei den von ihr verlangten Vorschuss nicht, so kann die andere Partei die gesamten Kosten vorschiessen oder auf das Schiedsverfahren verzichten. Verzichtet sie auf das Schiedsverfahren, so kann sie für diese Streitsache ein neues Schiedsverfahren einleiten oder Klage vor dem staatlichen Gericht erheben.

Art. 379 Sicherstellung der Parteientschädigung

Erscheint die klagende Partei zahlungsunfähig, so kann das Schiedsgericht auf Antrag der beklagten Partei verfügen, dass deren mutmassliche Parteientschädigung innert bestimmter Frist sicherzustellen ist. Für die beklagte Partei gilt Artikel 378 Absatz 2 sinngemäss.

Art. 380 Unentgeltliche Rechtspflege

Die unentgeltliche Rechtspflege ist ausgeschlossen.

6. Titel: Schiedsspruch

Art. 381 Anwendbares Recht

¹ Das Schiedsgericht entscheidet:
a. nach den Rechtsregeln, welche die Parteien gewählt haben; oder
b. nach Billigkeit, wenn es von den Parteien dazu ermächtigt worden ist.

² Fehlt eine solche Wahl oder eine solche Ermächtigung, so entscheidet es nach dem Recht, das ein staatliches Gericht anwenden würde.

Art. 382 Beratung und Abstimmung

¹ Bei den Beratungen und Abstimmungen haben alle Mitglieder des Schiedsgerichts mitzuwirken.

² Verweigert ein Mitglied die Teilnahme an einer Beratung oder an einer Abstimmung, so können die übrigen Mitglieder ohne es beraten und entscheiden, sofern die Parteien nichts anderes vereinbart haben.

³ Das Schiedsgericht fällt den Schiedsspruch mit der Mehrheit der Stimmen seiner Mitglieder, es sei denn, die Parteien hätten etwas anderes vereinbart.

⁴ Ergibt sich keine Stimmenmehrheit, so fällt die Präsidentin oder der Präsident den Schiedsspruch.

Art. 383 Zwischen- und Teilschiedssprüche

Haben die Parteien nichts anderes vereinbart, so kann das Schiedsgericht das Verfahren auf einzelne Fragen und Rechtsbegehren beschränken.

Art. 384 Inhalt des Schiedsspruches

¹ Der Schiedsspruch enthält:
a. die Zusammensetzung des Schiedsgerichts;
b. die Angabe des Sitzes des Schiedsgerichts;
c. die Bezeichnung der Parteien und ihrer Vertretung;
d. die Rechtsbegehren der Parteien oder, bei Fehlen von Anträgen, eine Umschreibung der Streitfrage;
e. sofern die Parteien nicht darauf verzichtet haben: die Darstellung des Sachverhaltes, die rechtlichen Entscheidungsgründe und gegebenenfalls die Billigkeitserwägungen;
f. das Dispositiv in der Sache sowie die Höhe und die Verteilung der Verfahrenskosten und der Parteientschädigung;
g. das Datum des Schiedsspruches.

² Der Schiedsspruch ist zu unterzeichnen; es genügt die Unterschrift der Präsidentin oder des Präsidenten.

Art. 385 Einigung der Parteien

Erledigen die Parteien während des Schiedsverfahrens die Streitsache, so hält das Schiedsgericht auf Antrag die Einigung in Form eines Schiedsspruches fest.

Art. 386 Zustellung und Hinterlegung

¹ Jeder Partei ist ein Exemplar des Schiedsspruches zuzustellen.

² Jede Partei kann auf ihre Kosten beim nach Artikel 356 Absatz 1 zuständigen staatlichen Gericht ein Exemplar des Schiedsspruches hinterlegen.

³ Auf Antrag einer Partei stellt dieses Gericht eine Vollstreckbarkeitsbescheinigung aus.

Art. 387 Wirkungen des Schiedsspruches

Mit der Eröffnung hat der Schiedsspruch die Wirkung eines rechtskräftigen und vollstreckbaren gerichtlichen Entscheids.

Art. 388 Berichtigung, Erläuterung und Ergänzung des Schiedsspruchs

¹ Jede Partei kann beim Schiedsgericht beantragen, dass dieses:
a. Redaktions- und Rechnungsfehler im Schiedsspruch berichtigt;
b. bestimmte Teile des Schiedsspruchs erläutert;
c. einen ergänzenden Schiedsspruch über Ansprüche fällt, die im Schiedsverfahren zwar geltend gemacht, im Schiedsspruch aber nicht behandelt worden sind.

² Der Antrag ist innert 30 Tagen seit Entdecken des Fehlers oder der erläuterungs- und ergänzungsbedürftigen Teile des Schiedsspruches zu stellen, spätestens aber innert eines Jahres seit Zustellung des Schiedsspruches.

³ Der Antrag hemmt die Rechtsmittelfristen nicht. Wird eine Partei durch den Ausgang dieses Verfahrens beschwert, so läuft für sie bezüglich dieses Punktes die Rechtsmittelfrist von neuem.

7. Titel: Rechtsmittel

1. Kapitel: Beschwerde

Art. 389 Beschwerde an das Bundesgericht

¹ Der Schiedsspruch unterliegt der Beschwerde an das Bundesgericht.

² Für das Verfahren gelten die Bestimmungen des Bundesgerichtsgesetzes vom 17. Juni 2005[148], soweit dieses Kapitel nichts anderes bestimmt.

Art. 390 Beschwerde an das kantonale Gericht

¹ Die Parteien können durch eine ausdrückliche Erklärung in der Schiedsvereinbarung oder in einer späteren Übereinkunft vereinbaren, dass der Schiedsspruch mit Beschwerde beim nach Artikel 356 Absatz 1 zuständigen kantonalen Gericht angefochten werden kann.

² Für das Verfahren gelten die Artikel 319–327, soweit dieses Kapitel nichts anderes bestimmt. Das kantonale Gericht entscheidet endgültig.

Art. 391 Subsidiarität

Die Beschwerde ist erst nach Ausschöpfung der in der Schiedsvereinbarung vorgesehenen schiedsgerichtlichen Rechtsmittel zulässig.

---

148 SR 173.110

Art. 392 Anfechtbare Schiedssprüche

Anfechtbar ist:
a. jeder Teil- oder Endschiedsspruch;
b. ein Zwischenschiedsspruch aus den in Artikel 393 Buchstaben a und b genannten Gründen.

Art. 393 Beschwerdegründe

Ein Schiedsspruch kann nur angefochten werden, wenn:
a. die Einzelschiedsrichterin oder der Einzelschiedsrichter vorschriftswidrig ernannt oder das Schiedsgericht vorschriftswidrig zusammengesetzt worden ist;
b. sich das Schiedsgericht zu Unrecht für zuständig oder für unzuständig erklärt hat;
c. das Schiedsgericht über Streitpunkte entschieden hat, die ihm nicht unterbreitet wurden, oder wenn es Rechtsbegehren unbeurteilt gelassen hat;
d. der Grundsatz der Gleichbehandlung der Parteien oder der Grundsatz des rechtlichen Gehörs verletzt wurde;
e. er im Ergebnis willkürlich ist, weil er auf offensichtlich aktenwidrigen tatsächlichen Feststellungen oder auf einer offensichtlichen Verletzung des Rechts oder der Billigkeit beruht;
f. die vom Schiedsgericht festgesetzten Entschädigungen und Auslagen der Mitglieder des Schiedsgerichts offensichtlich zu hoch sind.

Art. 394 Rückweisung zur Berichtigung oder Ergänzung

Die Rechtsmittelinstanz kann den Schiedsspruch nach Anhörung der Parteien an das Schiedsgericht zurückweisen und ihm eine Frist zur Berichtigung oder Ergänzung setzen.

Art. 395 Entscheid

[1] Wird der Schiedsspruch nicht an das Schiedsgericht zurückgewiesen oder von diesem nicht fristgerecht berichtigt oder ergänzt, so entscheidet die Rechtsmittelinstanz über die Beschwerde und hebt bei deren Gutheissung den Schiedsspruch auf.

[2] Wird der Schiedsspruch aufgehoben, so entscheidet das Schiedsgericht nach Massgabe der Erwägungen im Rückweisungsentscheid neu.

[3] Die Aufhebung kann auf einzelne Teile des Schiedsspruches beschränkt werden, sofern die andern nicht davon abhängen.

[4] Wird der Schiedsspruch wegen offensichtlich zu hoher Entschädigungen und Auslagen angefochten, so kann die Rechtsmittelinstanz über diese selber entscheiden.

2. Kapitel: Revision

Art. 396 Revisionsgründe

¹ Eine Partei kann beim nach Artikel 356 Absatz 1 zuständigen staatlichen Gericht die Revision eines Schiedsspruchs verlangen, wenn:

a. sie nachträglich erhebliche Tatsachen erfährt oder entscheidende Beweismittel findet, die sie im früheren Verfahren nicht beibringen konnte; ausgeschlossen sind Tatsachen und Beweismittel, die erst nach dem Schiedsspruch entstanden sind;

b. wenn ein Strafverfahren ergeben hat, dass durch ein Verbrechen oder ein Vergehen zum Nachteil der betreffenden Partei auf den Schiedsspruch eingewirkt wurde; eine Verurteilung durch das Strafgericht ist nicht erforderlich; ist das Strafverfahren nicht durchführbar, so kann der Beweis auf andere Weise erbracht werden;

c. geltend gemacht wird, dass die Klageanerkennung, der Klagerückzug oder der schiedsgerichtliche Vergleich unwirksam ist.

² Die Revision wegen Verletzung der EMRK[149] kann verlangt werden, wenn:

a. der Europäische Gerichtshof für Menschenrechte in einem endgültigen Urteil festgestellt hat, dass die EMRK oder die Protokolle dazu verletzt worden sind;

b. eine Entschädigung nicht geeignet ist, die Folgen der Verletzung auszugleichen; und

c. die Revision notwendig ist, um die Verletzung zu beseitigen.

Art. 397 Fristen

¹ Das Revisionsgesuch ist innert 90 Tagen seit Entdeckung des Revisionsgrundes einzureichen.

² Nach Ablauf von zehn Jahren seit Eintritt der Rechtskraft des Schiedsspruches kann die Revision nicht mehr verlangt werden, ausser im Fall von Artikel 396 Absatz 1 Buchstabe b.

Art. 398 Verfahren

Für das Verfahren gelten die Artikel 330 und 331.

Art. 399 Rückweisung an das Schiedsgericht

¹ Heisst das Gericht das Revisionsgesuch gut, so hebt es den Schiedsspruch auf und weist die Sache zur Neubeurteilung an das Schiedsgericht zurück.

² Ist das Schiedsgericht nicht mehr vollständig, so ist Artikel 371 anwendbar.

---

[149] SR 0.101

4. Teil: Schlussbestimmungen

1. Titel: Vollzug

Art. 400 Grundsätze
¹ Der Bundesrat erlässt die Ausführungsbestimmungen.

² Er stellt für Gerichtsurkunden und Parteieingaben Formulare zur Verfügung. Die Formulare für die Parteieingaben sind so zu gestalten, dass sie auch von einer rechtsunkundigen Partei ausgefüllt werden können.

³ Er kann den Erlass administrativer und technischer Vorschriften dem Bundesamt für Justiz übertragen.

Art. 401 Pilotprojekte
¹ Die Kantone können mit Genehmigung des Bundesrates Pilotprojekte durchführen.

² Der Bundesrat kann die Zuständigkeit für die Genehmigung dem Bundesamt für Justiz übertragen.

2. Titel: Anpassung von Gesetzen

Art. 402 Aufhebung und Änderung bisherigen Rechts
Die Aufhebung und die Änderung bisherigen Rechts werden in Anhang 1 geregelt.

Art. 403 Koordinationsbestimmungen
Die Koordination von Bestimmungen anderer Erlasse mit diesem Gesetz wird in Anhang 2 geregelt.

3. Titel: Übergangsbestimmungen

1. Kapitel: Übergangsbestimmungen vom 19. Dezember 2008[150]

Art. 404 Weitergelten des bisherigen Rechts
¹ Für Verfahren, die bei Inkrafttreten dieses Gesetzes rechtshängig sind, gilt das bisherige Verfahrensrecht bis zum Abschluss vor der betroffenen Instanz.

---

150 Eingefügt durch Ziff. I 1 des BG vom 28. Sept. 2012 (Protokollierungsvorschriften), in Kraft seit 1. Mai 2013 (AS 2013 851; BBl 2012 5707 5719).

² Die örtliche Zuständigkeit bestimmt sich nach dem neuen Recht. Eine bestehende Zuständigkeit nach dem alten Recht bleibt erhalten.

Art. 405 Rechtsmittel

¹ Für die Rechtsmittel gilt das Recht, das bei der Eröffnung des Entscheides in Kraft ist.

² Für die Revision von Entscheiden, die unter dem bisherigen Recht eröffnet worden sind, gilt das neue Recht.

Art. 406 Gerichtsstandsvereinbarung

Die Gültigkeit einer Gerichtsstandsvereinbarung bestimmt sich nach dem Recht, das zur Zeit ihres Abschlusses gegolten hat.

Art. 407 Schiedsgerichtsbarkeit

¹ Die Gültigkeit von Schiedsvereinbarungen, die vor Inkrafttreten dieses Gesetzes geschlossen wurden, beurteilt sich nach dem für sie günstigeren Recht.

² Für Schiedsverfahren, die bei Inkrafttreten dieses Gesetzes rechtshängig sind, gilt das bisherige Recht. Die Parteien können jedoch die Anwendung des neuen Rechts vereinbaren.

³ Für die Rechtsmittel gilt das Recht, das bei der Eröffnung des Schiedsspruches in Kraft ist.

⁴ Für Verfahren vor den nach Artikel 356 zuständigen staatlichen Gerichten, die bei Inkrafttreten dieses Gesetzes rechtshängig sind, gilt das bisherige Recht.

2. Kapitel:[151] Übergangsbestimmung zur Änderung vom 28. September 2012

Art. 407a

In Verfahren, die bei Inkrafttreten der Änderung vom 28. September 2012 dieses Gesetzes rechtshängig sind, gilt für Verfahrenshandlungen ab dem Zeitpunkt des Inkrafttretens das neue Recht.

---

151 Eingefügt durch Ziff. I 1 des BG vom 28. Sept. 2012 (Protokollierungsvorschriften), in Kraft seit 1. Mai 2013 (AS 2013 851; BBl 2012 5707 5719).

3. Kapitel:[152] Übergangsbestimmung zur Änderung vom 20. März 2015

Art. 407b

[1] Für Verfahren, die bei Inkrafttreten der Änderung vom 20. März 2015 rechtshängig sind, gilt das neue Recht.

[2] Neue Rechtsbegehren, die durch den Wechsel des anwendbaren Rechts veranlasst werden, sind zulässig; nicht angefochtene Teile eines Entscheids bleiben verbindlich, sofern sie sachlich nicht derart eng mit noch zu beurteilenden Rechtsbegehren zusammenhängen, dass sinnvollerweise eine Gesamtbeurteilung stattfinden muss.

4. Kapitel:[153] Übergangsbestimmung zur Änderung vom 19. Juni 2015

Art. 407c

[1] In Scheidungsverfahren, die beim Inkrafttreten der Änderung vom 19. Juni 2015 rechtshängig sind, gilt das neue Recht.

[2] Neue Rechtsbegehren, die durch den Wandel des anwendbaren Rechts veranlasst werden, sind zulässig; nicht angefochtene Teile des Urteils bleiben verbindlich, sofern sie sachlich nicht derart eng mit noch zu beurteilenden Rechtsbegehren zusammenhängen, dass sinnvollerweise eine Gesamtbeurteilung stattfinden muss.

4. Titel: Referendum und Inkrafttreten

Art. 408

[1] Dieses Gesetz untersteht dem fakultativen Referendum.

[2] Der Bundesrat bestimmt das Inkrafttreten.

Datum des Inkrafttreten: 1. Januar 2011[154]

---

152 Eingefügt durch Anhang Ziff. 2 des BG vom 20. März 2015 (Kindesunterhalt), in Kraft seit 1. Jan. 2017 (AS 2015 4299; BBl 2014 529).
153 Eingefügt durch Anhang Ziff. 2 des BG vom 19. Juni 2015 (Vorsorgeausgleich bei Scheidung), in Kraft seit 1. Jan. 2017 (AS 2016 2313; BBl 2013 4887).
154 BRB vom 31. März 2010

Anhang 1 (Art. 402)

Aufhebung und Änderung bisherigen Rechts

I. Aufhebung bisherigen Rechts

Das Gerichtsstandsgesetz vom 24. März 2000[155] wird aufgehoben.

II. Änderung bisherigen Rechts

Die nachstehenden Bundesgesetze werden wie folgt geändert:
... [156]

Anhang 2 (Art. 403)

Koordinationsbestimmungen

1. Koordination der Zivilprozessordnung mit dem neuen Kernenergiehaftpflichtgesetz

Unabhängig davon, ob das Kernenergiehaftpflichtgesetz vom 13. Juni 2008[157] (neues KHG) oder die Zivilprozessordnung vom 19. Dezember 2008 (ZPO) zuerst in Kraft tritt, wird mit Inkrafttreten des später in Kraft tretenden Gesetzes sowie bei gleichzeitigem Inkrafttreten die ZPO wie folgt geändert:

Art. 5 Abs. 1 Bst. e

¹ Das kantonale Recht bezeichnet das Gericht, welches als einzige kantonale Instanz zuständig ist für:
e. Streitigkeiten nach dem Kernenergiehaftpflichtgesetz vom 13. Juni 2008[158];

Art. 38a Nuklearschäden

¹ Für Klagen aus nuklearen Ereignissen ist zwingend das Gericht des Kantons zuständig, auf dessen Gebiet das Ereignis eingetreten ist.

² Kann dieser Kanton nicht mit Sicherheit bestimmt werden, so ist zwingend das Gericht des Kantons zuständig, in welchem die Kernanlage des haftpflichtigen Inhabers gelegen ist.

³ Bestehen nach diesen Regeln mehrere Gerichtsstände, so ist zwingend das Gericht des Kantons zuständig, der die engste Verbindung zum Ereignis aufweist und am meisten von seinen Auswirkungen betroffen ist.

---

155 [AS 2000 2355, 2004 2617 Anhang Ziff. 3, 2005 5685 Anhang Ziff. 14, 2006 5379 Anhang Ziff. II 2]
156 Die Änderungen können unter AS 2010 1739 konsultiert werden.
157 SR 732.44; BBl 2008 5341
158 SR 732.44; BBl 2008 5341

2. Koordination von Ziffer 19 des Anhangs 1 mit dem neuen KHG

Unabhängig davon, ob das neue KHG[159] oder die ZPO zuerst in Kraft tritt, wird mit Inkrafttreten des später in Kraft tretenden Gesetzes sowie bei gleichzeitigem Inkrafttreten Ziffer 19 des Anhangs 1 der ZPO gegenstandslos und das neue KHG wird gemäss Ziffer 20 des Anhangs 1 der ZPO geändert.

3. Koordination mit der Änderung vom 19. Dezember 2008 des ZGB (Erwachsenenschutz, Personenrecht und Kindesrecht)

Unabhängig davon, ob die Änderung vom 19. Dezember 2008[160] des ZGB (Erwachsenenschutz, Personenrecht und Kindesrecht) oder die ZPO zuerst in Kraft tritt, wird mit Inkrafttreten des später in Kraft tretenden Gesetzes sowie bei gleichzeitigem Inkrafttreten die ZPO wie folgt geändert:

…[161]

---

159 SR 732.44; BBl 2008 5341
160 SR 210
161 Die Änderungen können unter AS 2010 1739 konsultiert werden.

2. Verordnung über die elektronische Übermittlung im Rahmen von Zivil- und Strafprozessen sowie von Schuldbetreibungs- und Konkursverfahren (VeÜ-ZSSV)[1]

vom 18. Juni 2010

Der Schweizerische Bundesrat,

gestützt auf die Artikel 130 Absatz 2, 139 Absatz 2 und 400 Absatz 1
der Zivilprozessordnung (ZPO)[2],
auf die Artikel 15 Absatz 2, 33a Absätze 2 und 4 sowie 34 Absatz 2 des Bundesgesetzes vom 11. April 1889[3] über Schuldbetreibung und Konkurs (SchKG) und auf die Artikel 86 Absatz 2, 110 Absatz 2 und 445 der Strafprozessordnung (StPO)[4],[5]

verordnet:

1. Abschnitt: Allgemeine Bestimmungen

Art. 1 Gegenstand und Geltungsbereich

[1] Diese Verordnung regelt die Modalitäten des elektronischen Verkehrs zwischen den Verfahrensbeteiligten und den Behörden im Rahmen von Verfahren, auf welche die ZPO, das SchKG oder die StPO Anwendung findet.

[2] Sie gilt nicht für Verfahren vor dem Bundesgericht.

Art. 2 Anerkannte Plattform für die sichere Zustellung

Eine Plattform für die sichere Zustellung (Zustellplattform) wird anerkannt, wenn sie:

a.[6] für Signatur und Verschlüsselung kryptografische Schlüssel einsetzt, die auf Zertifikaten einer nach dem Bundesgesetz vom 18. März 2016[7] über

---

SR 272.1. AS 2010 3105
1 Fassung gemäss Ziff. I der V vom 15. Mai 2013, in Kraft seit 1. Juli 2013 (AS 2013 1535).
2 SR 272
3 SR 281.1
4 SR 312.0
5 Fassung gemäss Anhang Ziff. II 6 der V vom 23. Nov. 2016 über die elektronische Signatur, in Kraft seit 1. Jan. 2017 (AS 2016 4667).
6 Fassung gemäss Anhang Ziff. II 6 der V vom 23. Nov. 2016 über die elektronische Signatur, in Kraft seit 1. Jan. 2017 (AS 2016 4667).
7 SR 943.03

die elektronische Signatur (ZertES) anerkannten Anbieterin von Zertifizierungsdiensten (anerkannte Anbieterin) basieren;

b.[8] unverzüglich eine Quittung ausstellt mit dem Zeitpunkt des Eingangs einer Eingabe auf der Zustellplattform oder der Übergabe durch die Plattform an die Adressatin oder den Adressaten; diese Quittung und der von einem synchronisierten Zeitstempeldienst bestätigte Zeitpunkt ist mit einem geregelten elektronischen Siegel (Art. 2 Bst. d ZertES) zu versehen;

c. nachweist, welche Dokumente übermittelt wurden;

d. die Eingaben und Verfügungen in geeigneter Weise vor unberechtigtem Zugriff durch Dritte schützt; liegt die Zustellplattform ausserhalb des geschützten Bereichs der Behörde, so dürfen die Eingaben und Verfügungen nur in verschlüsselter Form auf der Zustellplattform abgelegt werden und nur für die Behörde und die Adressatin oder den Adressaten lesbar sein;

e. die Verschlüsselung nach den technischen Standards der Bundesverwaltung gewährleistet;

f. imstande ist, mit den Bundesbehörden nach den technischen Standards der Bundesverwaltung bezüglich sicherer Übermittlung zu kommunizieren;

g. den Verkehr mit den andern anerkannten Zustellplattformen sicherstellt und die Nutzung von Vermittlungsfunktionen und Teilnehmerverzeichnissen unentgeltlich zur Verfügung stellt.

Art. 3 Anerkennungsverfahren

¹ Das Eidgenössische Justiz- und Polizeidepartement (EJPD) entscheidet über Anerkennungsgesuche. Es kann die Einzelheiten des Anerkennungsverfahrens regeln und insbesondere bestimmen:[9]

a. welche funktionalen und betrieblichen Anforderungen zu erfüllen sind;

b. wie Vermittlungsfunktionen und Teilnehmerverzeichnisse bereitzuhalten sind; und

c. welche Angaben mit dem Gesuch einzureichen sind.

² Es kann die Anerkennung entziehen, wenn es von Amtes wegen oder auf Anzeige hin feststellt, dass die Voraussetzungen nach Artikel 2 nicht mehr erfüllt sind.

³ Die Entscheidgebühr wird nach Zeitaufwand berechnet; der Stundenansatz beträgt 250 Franken. Im Übrigen sind die Bestimmungen der Allgemeinen Gebührenverordnung vom 8. September 2004[10] anwendbar.

---

8 Fassung gemäss Anhang Ziff. II 6 der V vom 23. Nov. 2016 über die elektronische Signatur, in Kraft seit 1. Jan. 2017 (AS 2016 4667).
9 Fassung gemäss Ziff. I der V vom 15. Mai 2013, in Kraft seit 1. Juli 2013 (AS 2013 1535).
10 SR 172.041.1

2. Abschnitt: Eingaben an eine Behörde

Art. 4 Eingaben

Eingaben an eine Behörde sind an die Adresse auf der von ihr verwendeten anerkannten Zustellplattform zu senden.

Art. 5 Verzeichnis

¹ Die Bundeskanzlei veröffentlicht im Internet ein Verzeichnis der Behördenadressen.

² Das Verzeichnis führt für jede Behörde auf:
a. die Internetadresse;
b. die Adresse für die elektronische Eingabe;
c. die Adresse der Zertifikate, die für die Überprüfung der elektronischen Signatur der Behörde zu verwenden sind.

³ Die Bundeskanzlei kann die Aufnahme und die Nachführung der Einträge regeln.

Art. 6 Format

¹ Die Verfahrensbeteiligten haben ihre Eingaben einschliesslich Beilagen im Format PDF zu übermitteln.

² Das EJPD kann durch Verordnung festlegen, dass die Verfahrensdaten zusammen mit der Eingabe in strukturierter Form eingereicht werden können. Es regelt die technischen Vorgaben und das Datenformat.[11]

Art. 7[12]

Art. 8 Zertifikat

Ist das qualifizierte Zertifikat mit dem Signaturprüfschlüssel weder auf der von der Behörde verwendeten Zustellplattform zugänglich noch im Verzeichnis der anerkannten Anbieterin aufgeführt, so muss es der Sendung beigefügt werden.

Art. 8a[13] Nachreichung auf Papier

¹ Eine Behörde kann die Nachreichung von Eingaben und Beilagen auf Papier verlangen, wenn diese aufgrund von technischen Problemen:
a. von der Behörde nicht geöffnet werden können; oder
b. für die Behörde beim Anzeigen am Bildschirm oder in gedruckter Form nicht lesbar sind.

---

11 Fassung gemäss Ziff. I der V vom 15. Mai 2013, in Kraft seit 1. Juli 2013 (AS 2013 1535).
12 Aufgehoben durch Anhang Ziff. II 6 der V vom 23. Nov. 2016 über die elektronische Signatur, mit Wirkung seit 1. Jan. 2017 (AS 2016 4667).
13 Eingefügt durch Anhang Ziff. II 6 der V vom 23. Nov. 2016 über die elektronische Signatur, in Kraft seit 1. Jan. 2017 (AS 2016 4667).

² Sie gewährt den betroffenen Verfahrensbeteiligten unter Angabe des Grundes eine angemessene Frist für die Nachreichung.

Art. 8b[14] **Wahrung einer Frist**

¹ Für die Wahrung einer Frist ist der Zeitpunkt massgebend, in dem die von den Verfahrensbeteiligten verwendete Zustellplattform die Quittung ausstellt, dass sie die Eingabe zuhanden der Behörde erhalten hat (Abgabequittung).

² Das EJPD bestimmt, wie dieser Zeitpunkt auf der Abgabequittung festgehalten wird.

3. Abschnitt: Zustellung durch eine Behörde

Art. 9 **Voraussetzungen**

¹ Wer Vorladungen, Verfügungen, Entscheide und andere Mitteilungen (Mitteilungen) auf elektronischem Weg zugestellt erhalten will, hat sich auf einer anerkannten Zustellplattform einzutragen.

² Verfahrensbeteiligten, die sich auf der Zustellplattform eingetragen haben, können die Mitteilungen auf elektronischem Weg zugestellt werden, sofern sie dieser Art der Zustellung entweder für das konkrete Verfahren oder generell für sämtliche Verfahren vor einer bestimmten Behörde zugestimmt haben.

³ Eine Person, die regelmässig Partei in einem Verfahren vor einer bestimmten Behörde ist oder regelmässig Parteien vor einer bestimmten Behörde vertritt, kann dieser Behörde mitteilen, dass ihr in einem oder in allen Verfahren die Mitteilungen auf elektronischem Weg zu eröffnen sind.

⁴ Die Zustimmung kann jederzeit widerrufen werden.

⁵ Zustimmung und Widerruf müssen schriftlich oder in einer anderen Form, die den Nachweis durch Text ermöglicht, erfolgen; sie können auch mündlich zu Protokoll gegeben werden.

Art. 10 **Modalitäten**

¹ Die Zustellung erfolgt über eine anerkannte Zustellplattform.

² Die Mitteilungen werden im Format PDF/A, die Beilagen im Format PDF übermittelt.

³ Die Mitteilungen werden mit einer qualifizierten elektronischen Signatur versehen (Art. 2 Bst. e ZertES[15]).[16]

---

14 Eingefügt durch Anhang Ziff. II 6 der V vom 23. Nov. 2016 über die elektronische Signatur, in Kraft seit 1. Jan. 2017 (AS 2016 4667).
15 SR 943.03
16 Fassung gemäss Anhang Ziff. II 6 der V vom 23. Nov. 2016 über die elektronische Signatur, in Kraft seit 1. Jan. 2017 (AS 2016 4667).

⁴ Elektronische Kopien von Mitteilungen können mit einem geregelten elektronischen Siegel (Art. 2 Bst. d ZertES) der Behörde versehen werden.[17]

Art. 11 Zeitpunkt der Zustellung

¹ Die Zustellung gilt im Zeitpunkt des Herunterladens von der Zustellplattform als erfolgt.

² Erfolgt die Zustellung in ein elektronisches Postfach der Adressatin oder des Adressaten, das auf einer anerkannten Zustellplattform nach persönlicher Identifikation der Inhaberin oder des Inhabers des Postfaches eingerichtet wurde, so sind die Bestimmungen der ZPO und der StPO über die Zustellung eingeschriebener Sendungen sinngemäss anwendbar (Art. 138 Abs. 3 Bst. a ZPO bzw. Art. 85 Abs. 4 Bst. a StPO).

4. Abschnitt: Trägerwandel

Art. 12 Zusätzliche elektronische Zustellung von Verfügungen und Entscheiden

¹ Verfahrensbeteiligte können verlangen, dass ihnen die Behörde Verfügungen und Entscheide, die ihnen nicht elektronisch zugestellt worden sind, zusätzlich auch elektronisch zustellt.

² Die Behörde fügt dem elektronischen Dokument die Bestätigung bei, dass es mit der Verfügung oder dem Entscheid übereinstimmt.

Art. 13 Papierausdruck einer elektronischen Eingabe

¹ Die Behörde überprüft die elektronische Signatur bezüglich:
a. Integrität des Dokuments;
b. Identität der unterzeichnenden Person;
c. Gültigkeit und Qualität der elektronischen Signatur einschliesslich allfälliger rechtlich bedeutender Attribute;
d. Datum und Uhrzeit der elektronischen Signatur einschliesslich Qualität dieser Angaben.

² Sie fügt dem Papierausdruck das Ergebnis der Signaturprüfung und eine Bestätigung bei, dass der Papierausdruck den Inhalt der elektronischen Eingabe korrekt wiedergibt.

³ Die Bestätigung ist zu datieren, zu unterzeichnen und mit Angaben zur unterzeichnenden Person zu versehen.

---

17 Eingefügt durch Anhang Ziff. II 6 der V vom 23. Nov. 2016 über die elektronische Signatur, in Kraft seit 1. Jan. 2017 (AS 2016 4667).

5. Abschnitt: Massenverfahren im Bereich Schuldbetreibung und Konkurs

Art. 14

¹ Das EJPD regelt die technischen und organisatorischen Vorgaben und das Datenformat, nach denen Gläubigerinnen und Gläubiger sowie Betreibungs- und Konkursämter in einer geschlossenen Benutzergruppe als Verbundteilnehmende Betreibungs- und Konkursdaten austauschen.

² Es bestimmt die zu verwendende Zustellplattform und die zu verwendende elektronische Signatur, die auf einem Zertifikat einer anerkannten Anbieterin basiert.

³ Für jede Verbundteilnehmerin und jeden Verbundteilnehmer wird auf der Zustellplattform ein Postfach eingerichtet.

6. Abschnitt: Schlussbestimmungen

Art. 15[18] Übergangsbestimmung

¹ Das EJPD kann auf Verlangen eine Zustellplattform vorläufig anerkennen, wenn aus dem Anerkennungsgesuch nach summarischer Prüfung ersichtlich ist, dass die Voraussetzungen nach Artikel 2 wahrscheinlich erfüllt sind.

² Vorläufige Anerkennungen nach Absatz 1 sowie solche nach bisherigem Recht gelten bis zum definitiven Entscheid, längstens aber bis zum 31. Dezember 2016.[19]

Art. 15a[20] Übergangsbestimmung zur Änderung vom 23. November 2016

Für Quittungen nach Artikel 2 Buchstabe b genügt bis 31. Dezember 2018 das Anbringen einer fortgeschrittenen elektronischen Signatur (Art. 2 Bst. b ZertES[21]), die auf einem Zertifikat einer anerkannten Anbieterin basiert.

Art. 16 Inkrafttreten

Diese Verordnung tritt am 1. Januar 2011 in Kraft.

---

18 Fassung gemäss Ziff. I der V vom 15. Mai 2013, in Kraft seit 1. Juli 2013 (AS 2013 1535).
19 Fassung gemäss Ziff. I der V vom 4. Dez. 2015, in Kraft seit 1. Jan. 2016 (AS 2015 5565).
20 Eingefügt durch Anhang Ziff. II 6 der V vom 23. Nov. 2016 über die elektronische Signatur, in Kraft seit 1. Jan. 2017 (AS 2016 4667).
21 SR 943.03

3. Bundesgesetz über das Bundesgericht
(Bundesgerichtsgesetz, BGG)

vom 17. Juni 2005

Die Bundesversammlung der Schweizerischen Eidgenossenschaft,
gestützt auf die Artikel 188–191c der Bundesverfassung[1],
nach Einsicht in die Botschaft des Bundesrates vom 28. Februar 2001[2],
beschliesst:

1. Kapitel: Stellung und Organisation
1. Abschnitt: Stellung

Art. 1 Oberste Recht sprechende Behörde

[1] Das Bundesgericht ist die oberste Recht sprechende Behörde des Bundes.

[2] Es übt die Aufsicht über die Geschäftsführung des Bundesstrafgerichts, des Bundesverwaltungsgerichts und des Bundespatentgerichts aus.[3]

[3] Es besteht aus 35–45 ordentlichen Bundesrichtern und Bundesrichterinnen.

[4] Es besteht ausserdem aus nebenamtlichen Bundesrichtern und Bundesrichterinnen; deren Zahl beträgt höchstens zwei Drittel der Zahl der ordentlichen Richter und Richterinnen.[4]

[5] Die Bundesversammlung legt die Zahl der Richter und Richterinnen in einer Verordnung fest.

Art. 2 Unabhängigkeit

[1] Das Bundesgericht ist in seiner Recht sprechenden Tätigkeit unabhängig und nur dem Recht verpflichtet.

[2] Seine Entscheide können nur von ihm selbst nach Massgabe der gesetzlichen Bestimmungen aufgehoben oder geändert werden.

SR 173.110. AS 2006 1205
1 SR 101
2 BBl 2001 4202
3 Fassung gemäss Anhang Ziff. 2 des BG vom 20. März 2009 über das Bundespatentgericht, in Kraft seit 1. Jan. 2012 (AS 2010 513, 2011 2241; BBl 2008 455).
4 Siehe auch Art. 132 Abs. 4 hiernach.

Art. 3 Verhältnis zur Bundesversammlung

[1] Die Bundesversammlung übt die Oberaufsicht über das Bundesgericht aus.

[2] Sie entscheidet jährlich über die Genehmigung des Voranschlags, der Rechnung und des Geschäftsberichts des Bundesgerichts.

Art. 4 Sitz

[1] Sitz des Bundesgerichts ist Lausanne.

[2] Eine oder mehrere Abteilungen haben ihren Standort in Luzern.

2. Abschnitt: Richter und Richterinnen

Art. 5 Wahl

[1] Die Bundesversammlung wählt die Richter und Richterinnen.

[2] Wählbar ist, wer in eidgenössischen Angelegenheiten stimmberechtigt ist.

Art. 6 Unvereinbarkeit

[1] Die Richter und Richterinnen dürfen weder der Bundesversammlung noch dem Bundesrat angehören und in keinem anderen Arbeitsverhältnis mit dem Bund stehen.

[2] Sie dürfen weder eine Tätigkeit ausüben, welche die Erfüllung der Amtspflichten, die Unabhängigkeit oder das Ansehen des Gerichts beeinträchtigt, noch berufsmässig Dritte vor dem Bundesgericht vertreten.

[3] Sie dürfen keine amtliche Funktion für einen ausländischen Staat ausüben und keine Titel oder Orden ausländischer Behörden annehmen.

[4] Die ordentlichen Richter und Richterinnen dürfen kein Amt eines Kantons bekleiden und keine andere Erwerbstätigkeit ausüben. Sie dürfen auch nicht als Mitglied der Geschäftsleitung, der Verwaltung, der Aufsichtsstelle oder der Revisionsstelle eines wirtschaftlichen Unternehmens tätig sein.

Art. 7 Nebenbeschäftigung

[1] Das Bundesgericht kann den ordentlichen Richtern und Richterinnen gestatten, eine Nebenbeschäftigung ohne Erwerbszweck auszuüben, wenn die uneingeschränkte Erfüllung der Amtspflichten, die Unabhängigkeit und das Ansehen des Gerichts dadurch nicht beeinträchtigt werden.

[2] Es bestimmt die Voraussetzungen für diese Bewilligung in einem Reglement.

Art. 8 Unvereinbarkeit in der Person

[1] Dem Bundesgericht dürfen nicht gleichzeitig als Richter oder Richterinnen angehören:

a. Ehegatten, eingetragene Partnerinnen oder Partner und Personen, die in dauernder Lebensgemeinschaft leben;
b. Ehegatten oder eingetragene Partnerinnen oder Partner von Geschwistern und Personen, die mit Geschwistern in dauernder Lebensgemeinschaft leben;
c. Verwandte in gerader Linie sowie bis und mit dem dritten Grad in der Seitenlinie;
d. Verschwägerte in gerader Linie sowie bis und mit dem dritten Grad in der Seitenlinie.

² Die Regelung von Absatz 1 Buchstabe d gilt bei dauernden Lebensgemeinschaften sinngemäss.

Art. 9 Amtsdauer

¹ Die Amtsdauer der Richter und Richterinnen beträgt sechs Jahre.

² Richter und Richterinnen scheiden am Ende des Jahres aus ihrem Amt aus, in dem sie das 68. Altersjahr vollenden.

³ Frei gewordene Stellen werden für den Rest der Amtsdauer wieder besetzt.

Art. 10 Amtseid

¹ Die Richter und Richterinnen werden vor ihrem Amtsantritt auf gewissenhafte Pflichterfüllung vereidigt.

² Die Vereidigung erfolgt durch die Abteilung unter dem Vorsitz des Präsidenten oder der Präsidentin des Bundesgerichts.

³ Statt des Eids kann ein Gelübde abgelegt werden.

Art. 11[5]

Art. 12 Wohnort

Die Richter und Richterinnen können ihren Wohnort in der Schweiz frei wählen; ordentliche Richter und Richterinnen müssen jedoch das Gericht in kurzer Zeit erreichen können.

3. Abschnitt: Organisation und Verwaltung

Art. 13 Grundsatz

Das Bundesgericht regelt seine Organisation und Verwaltung.

---

5 Aufgehoben durch Anhang Ziff. 3 des BG vom 17. Juni 2011 (Gesuche um Aufhebung der Immunität), mit Wirkung seit 5. Dez. 2011 (AS 2011 4627; BBl 2010 7345 7385).

Art. 14 Präsidium

¹ Die Bundesversammlung wählt aus den ordentlichen Richtern und Richterinnen:
a. den Präsidenten oder die Präsidentin des Bundesgerichts;
b. den Vizepräsidenten oder die Vizepräsidentin.

² Die Wahl erfolgt für zwei Jahre; einmalige Wiederwahl ist zulässig.

³ Der Präsident oder die Präsidentin führt den Vorsitz im Gesamtgericht und in der Verwaltungskommission (Art. 17). Er oder sie vertritt das Gericht nach aussen.

⁴ Er oder sie wird durch den Vizepräsidenten oder die Vizepräsidentin oder, falls dieser oder diese verhindert ist, durch den Richter oder die Richterin mit dem höchsten Dienstalter vertreten; bei gleichem Dienstalter ist das höhere Lebensalter massgebend.

Art. 15 Gesamtgericht

¹ Das Gesamtgericht besteht aus den ordentlichen Richtern und Richterinnen. Es ist zuständig für:
a. den Erlass von Reglementen über die Organisation und Verwaltung des Gerichts, die Geschäftsverteilung, die Durchführung der Aufsicht über das Bundesstrafgericht und das Bundesverwaltungsgericht, die Schlichtung von Streitigkeiten zwischen Richtern und Richterinnen, die Information, die Gerichtsgebühren sowie die Entschädigungen an Parteien, amtliche Vertreter und Vertreterinnen, Sachverständige sowie Zeugen und Zeuginnen;
b. Wahlen, soweit diese nicht durch Reglement einem anderen Organ des Gerichts zugewiesen werden;
c. die Verabschiedung des Geschäftsberichts;
d. die Bestellung der Abteilungen und die Wahl ihrer Präsidenten und Präsidentinnen auf Antrag der Verwaltungskommission;
e. den Vorschlag an die Bundesversammlung für die Wahl des Präsidenten oder der Präsidentin und des Vizepräsidenten oder der Vizepräsidentin;
f. die Anstellung des Generalsekretärs oder der Generalsekretärin und des Stellvertreters oder der Stellvertreterin auf Antrag der Verwaltungskommission;
g. Beschlüsse betreffend den Beitritt zu internationalen Vereinigungen;
h. andere Aufgaben, die ihm durch Gesetz zugewiesen werden.

² Beschlüsse des Gesamtgerichts sind gültig, wenn an der Sitzung oder am Zirkulationsverfahren mindestens zwei Drittel aller Richter und Richterinnen teilnehmen.

Art. 16 Präsidentenkonferenz

¹ Die Präsidentenkonferenz besteht aus den Präsidenten und Präsidentinnen der Abteilungen. Sie konstituiert sich selbst.

² Die Präsidentenkonferenz ist zuständig für:
a. den Erlass von Weisungen und einheitlichen Regeln für die Gestaltung der Urteile;
b. die Koordination der Rechtsprechung unter den Abteilungen; vorbehalten bleibt Artikel 23;
c. die Vernehmlassung zu Erlassentwürfen.

Art. 17 Verwaltungskommission

¹ Die Verwaltungskommission setzt sich zusammen aus:
a. dem Präsidenten oder der Präsidentin des Bundesgerichts;
b. dem Vizepräsidenten oder der Vizepräsidentin;
c. höchstens drei weiteren Richtern und Richterinnen.

² Der Generalsekretär oder die Generalsekretärin nimmt mit beratender Stimme an den Sitzungen der Verwaltungskommission teil.

³ Die Richter und Richterinnen nach Absatz 1 Buchstabe c werden vom Gesamtgericht für zwei Jahre gewählt; einmalige Wiederwahl ist zulässig.

⁴ Die Verwaltungskommission trägt die Verantwortung für die Gerichtsverwaltung. Sie ist zuständig für:
a. die Zuteilung der nebenamtlichen Bundesrichter und Bundesrichterinnen an die Abteilungen auf Antrag der Präsidentenkonferenz;
b. die Verabschiedung des Voranschlags und der Rechnung zuhanden der Bundesversammlung;
c. die Anstellung der Gerichtsschreiber und Gerichtsschreiberinnen und deren Zuteilung an die Abteilungen auf Antrag der Abteilungen;
d. die Bereitstellung genügender wissenschaftlicher und administrativer Dienstleistungen;
e.[6] eine angemessene Weiterbildung des Personals;
f. die Bewilligung von Nebenbeschäftigungen der ordentlichen Richter und Richterinnen nach Anhörung der Präsidentenkonferenz;
g. die Wahrnehmung der Aufsicht über das Bundesstrafgericht und das Bundesverwaltungsgericht;
h. sämtliche weiteren Verwaltungsgeschäfte, die nicht in die Zuständigkeit des Gesamtgerichts oder der Präsidentenkonferenz fallen.

Art. 18 Abteilungen

¹ Die Abteilungen werden jeweils für zwei Jahre bestellt. Ihre Zusammensetzung wird öffentlich bekannt gemacht.

---

6 Fassung gemäss Anhang Ziff. 5 des BG vom 20. Juni 2014 über die Weiterbildung, in Kraft seit 1. Jan. 2017 (AS 2016 689; BBl 2013 3729).

² Bei der Bestellung sind die fachlichen Kenntnisse der Richter und Richterinnen sowie die Amtssprachen angemessen zu berücksichtigen.

³ Die Richter und Richterinnen sind zur Aushilfe in anderen Abteilungen verpflichtet.

Art. 19 Abteilungsvorsitz

¹ Die Präsidenten oder Präsidentinnen der Abteilungen werden jeweils für zwei Jahre gewählt.

² Im Verhinderungsfall werden sie durch den Richter oder die Richterin mit dem höchsten Dienstalter vertreten; bei gleichem Dienstalter ist das höhere Lebensalter massgebend.

³ Der Abteilungsvorsitz darf nicht länger als sechs Jahre ausgeübt werden.

Art. 20 Besetzung

¹ Die Abteilungen entscheiden in der Regel in der Besetzung mit drei Richtern oder Richterinnen (Spruchkörper).

² Über Rechtsfragen von grundsätzlicher Bedeutung oder auf Antrag eines Richters oder einer Richterin entscheiden sie in Fünferbesetzung. Ausgenommen sind Beschwerden gegen Entscheide der kantonalen Aufsichtsbehörden in Schuldbetreibungs- und Konkurssachen.

³ In Fünferbesetzung entscheiden sie ferner über Beschwerden gegen referendumspflichtige kantonale Erlasse und gegen kantonale Entscheide über die Zulässigkeit einer Initiative oder das Erfordernis eines Referendums. Ausgenommen sind Beschwerden, die eine Angelegenheit einer Gemeinde oder einer anderen Körperschaft des kantonalen Rechts betreffen.

Art. 21 Abstimmung

¹ Das Gesamtgericht, die Präsidentenkonferenz, die Verwaltungskommission und die Abteilungen treffen die Entscheide, Beschlüsse und Wahlen, wenn das Gesetz nichts anderes bestimmt, mit der absoluten Mehrheit der Stimmen.

² Bei Stimmengleichheit ist die Stimme des Präsidenten beziehungsweise der Präsidentin ausschlaggebend; bei Wahlen entscheidet das Los.

³ Bei Entscheiden, die in einem Verfahren nach den Artikeln 72–129 getroffen werden, ist Stimmenthaltung nicht zulässig.

Art. 22 Geschäftsverteilung

Das Bundesgericht regelt die Verteilung der Geschäfte auf die Abteilungen nach Rechtsgebieten, die Bildung der Spruchkörper sowie den Einsatz der nebenamtlichen Richter und Richterinnen durch Reglement.

Art. 23 Praxisänderung und Präjudiz

¹ Eine Abteilung kann eine Rechtsfrage nur dann abweichend von einem früheren Entscheid einer oder mehrerer anderer Abteilungen entscheiden, wenn die Vereinigung der betroffenen Abteilungen zustimmt.

² Hat eine Abteilung eine Rechtsfrage zu entscheiden, die mehrere Abteilungen betrifft, so holt sie die Zustimmung der Vereinigung aller betroffenen Abteilungen ein, sofern sie dies für die Rechtsfortbildung oder die Einheit der Rechtsprechung für angezeigt hält.

³ Beschlüsse der Vereinigung der betroffenen Abteilungen sind gültig, wenn an der Sitzung oder am Zirkulationsverfahren mindestens zwei Drittel der ordentlichen Richter und Richterinnen jeder betroffenen Abteilung teilnehmen. Der Beschluss wird ohne Parteiverhandlung und öffentliche Beratung gefasst; er ist für die Antrag stellende Abteilung bei der Beurteilung des Streitfalles verbindlich.

Art. 24 Gerichtsschreiber und Gerichtsschreiberinnen

¹ Die Gerichtsschreiber und Gerichtsschreiberinnen wirken bei der Instruktion der Fälle und bei der Entscheidfindung mit. Sie haben beratende Stimme.

² Sie erarbeiten unter der Verantwortung eines Richters oder einer Richterin Referate und redigieren die Entscheide des Bundesgerichts.

³ Sie erfüllen weitere Aufgaben, die ihnen das Reglement überträgt.

Art. 25 Verwaltung

¹ Das Bundesgericht verwaltet sich selbst.

² Es richtet seine Dienste ein und stellt das nötige Personal an.

³ Es führt eine eigene Rechnung.

Art. 25a[7] Infrastruktur

¹ Für die Bereitstellung, die Bewirtschaftung und den Unterhalt der vom Bundesgericht benutzten Gebäude ist das Eidgenössische Finanzdepartement zuständig. Dieses hat die Bedürfnisse des Bundesgerichts angemessen zu berücksichtigen.

² Das Bundesgericht deckt seinen Bedarf an Gütern und Dienstleistungen im Bereich der Logistik selbständig.

³ Das Bundesgericht und der Bundesrat regeln die Einzelheiten der Zusammenarbeit zwischen dem Bundesgericht und dem Eidgenössischen Finanzdepartement in einer Vereinbarung. Darin kann die Zuweisung der Zuständigkeiten gemäss den vorherigen Absätzen in einzelnen Punkten anders geregelt werden.

---

[7] Eingefügt durch Ziff. I 1 des BG vom 23. Juni 2006 über die Bereinigung und Aktualisierung der Totalrevision der Bundesrechtspflege, in Kraft seit 1. Jan. 2007 (AS 2006 4213; BBl 2006 3067).

Art. 25b[8] Datenschutz bei der Benutzung der elektronischen Infrastruktur

¹ Für die Benutzung der elektronischen Infrastruktur des Bundesgerichts finden im Rahmen seiner Verwaltungstätigkeit die Artikel 57i–57q des Regierungs- und Verwaltungsorganisationsgesetzes vom 21. März 1997[9] sinngemäss Anwendung.

² Das Bundesgericht erlässt die Ausführungsbestimmungen.

Art. 26 Generalsekretariat

¹ Der Generalsekretär oder die Generalsekretärin steht der Gerichtsverwaltung einschliesslich der wissenschaftlichen Dienste vor. Er oder sie führt das Sekretariat des Gesamtgerichts, der Präsidentenkonferenz und der Verwaltungskommission.

² Er oder sie und der Stellvertreter oder die Stellvertreterin werden auf Amtsdauer gewählt. Die Amtsdauer entspricht derjenigen der Richter und Richterinnen.[10]

Art. 27 Information

¹ Das Bundesgericht informiert die Öffentlichkeit über seine Rechtsprechung.

² Die Veröffentlichung der Entscheide hat grundsätzlich in anonymisierter Form zu erfolgen.

³ Das Bundesgericht regelt die Grundsätze der Information in einem Reglement.

⁴ Für die Gerichtsberichterstattung kann das Bundesgericht eine Akkreditierung vorsehen.

Art. 28 Öffentlichkeitsprinzip

¹ Das Öffentlichkeitsgesetz vom 17. Dezember 2004[11] gilt sinngemäss für das Bundesgericht, soweit dieses administrative Aufgaben oder Aufgaben im Zusammenhang mit der Aufsicht über das Bundesverwaltungsgericht und das Bundesstrafgericht erfüllt.

² Das Bundesgericht bezeichnet ein Beschwerdeorgan, das über Beschwerden gegen seine Verfügungen betreffend den Zugang zu amtlichen Dokumenten entscheidet. Es kann vorsehen, dass kein Schlichtungsverfahren durchgeführt wird; in diesem Fall erlässt es die Stellungnahme zu einem Gesuch um Zugang zu amtlichen Dokumenten in Form einer beschwerdefähigen Verfügung.

---

8 Eingefügt durch Ziff. II 1 des BG vom 1. Okt. 2010 (Datenschutz bei der Benutzung der elektronischen Infrastruktur), in Kraft seit 1. April 2012 (AS 2012 941; BBl 2009 8513).
9 SR 172.010
10 Eingefügt durch Anhang Ziff. 1 des BG vom 14. Dez. 2012, in Kraft seit 1. Juli 2013 (AS 2013 1493; BBl 2011 6703).
11 SR 152.3

2. Kapitel: Allgemeine Verfahrensbestimmungen

1. Abschnitt: Zuständigkeit

Art. 29 Prüfung

¹ Das Bundesgericht prüft seine Zuständigkeit von Amtes wegen.

² Bestehen Zweifel, ob das Bundesgericht oder eine andere Behörde zuständig ist, so führt das Gericht mit dieser Behörde einen Meinungsaustausch.

Art. 30 Unzuständigkeit

¹ Erachtet sich das Bundesgericht als nicht zuständig, so tritt es auf die Sache nicht ein.

² Hat sich in einem Meinungsaustausch die Zuständigkeit einer anderen Behörde ergeben oder erscheint die Zuständigkeit einer anderen Bundesbehörde als wahrscheinlich, so überweist das Bundesgericht die Sache der betreffenden Behörde.

Art. 31 Vorfragen

Ist das Bundesgericht in der Hauptsache zuständig, so befindet es auch über die Vorfragen.

2. Abschnitt: Prozessleitung

Art. 32 Instruktionsrichter oder Instruktionsrichterin

¹ Der Präsident oder die Präsidentin der Abteilung leitet als Instruktionsrichter beziehungsweise Instruktionsrichterin das Verfahren bis zum Entscheid; er oder sie kann einen anderen Richter oder eine andere Richterin mit dieser Aufgabe betrauen.

² Der Instruktionsrichter oder die Instruktionsrichterin entscheidet als Einzelrichter beziehungsweise Einzelrichterin über die Abschreibung von Verfahren zufolge Gegenstandslosigkeit, Rückzugs oder Vergleichs.

³ Die Verfügungen des Instruktionsrichters oder der Instruktionsrichterin sind nicht anfechtbar.

Art. 33 Disziplin

¹ Wer im Verfahren vor dem Bundesgericht den Anstand verletzt oder den Geschäftsgang stört, wird mit einem Verweis oder einer Ordnungsbusse bis zu 1000 Franken bestraft.

² Im Falle böswilliger oder mutwilliger Prozessführung können die Partei und ihr Vertreter oder ihre Vertreterin mit einer Ordnungsbusse bis zu 2000 Franken und bei Wiederholung bis zu 5000 Franken bestraft werden.

³ Der oder die Vorsitzende einer Verhandlung kann Personen, die seine oder ihre Anweisungen nicht befolgen, aus dem Sitzungssaal wegweisen und mit einer Ordnungsbusse bis zu 1000 Franken bestrafen.

3. Abschnitt: Ausstand von Gerichtspersonen

Art. 34 Ausstandsgründe

¹ Richter, Richterinnen, Gerichtsschreiber und Gerichtsschreiberinnen (Gerichtspersonen) treten in Ausstand, wenn sie:
a. in der Sache ein persönliches Interesse haben;
b. in einer anderen Stellung, insbesondere als Mitglied einer Behörde, als Rechtsberater oder Rechtsberaterin einer Partei, als sachverständige Person oder als Zeuge beziehungsweise Zeugin, in der gleichen Sache tätig waren;
c. mit einer Partei, ihrem Vertreter beziehungsweise ihrer Vertreterin oder einer Person, die in der gleichen Sache als Mitglied der Vorinstanz tätig war, verheiratet sind oder in eingetragener Partnerschaft oder dauernder Lebensgemeinschaft leben;
d. mit einer Partei, ihrem Vertreter beziehungsweise ihrer Vertreterin oder einer Person, die in der gleichen Sache als Mitglied der Vorinstanz tätig war, in gerader Linie oder in der Seitenlinie bis und mit dem dritten Grad verwandt oder verschwägert sind;
e. aus anderen Gründen, insbesondere wegen besonderer Freundschaft oder persönlicher Feindschaft mit einer Partei oder ihrem Vertreter beziehungsweise ihrer Vertreterin, befangen sein könnten.

² Die Mitwirkung in einem früheren Verfahren des Bundesgerichts bildet für sich allein keinen Ausstandsgrund.

Art. 35 Mitteilungspflicht

Trifft bei einer Gerichtsperson ein Ausstandsgrund zu, so hat sie dies rechtzeitig dem Abteilungspräsidenten oder der Abteilungspräsidentin mitzuteilen.

Art. 36 Ausstandsbegehren

¹ Will eine Partei den Ausstand einer Gerichtsperson verlangen, so hat sie dem Gericht ein schriftliches Begehren einzureichen, sobald sie vom Ausstandsgrund Kenntnis erhalten hat. Die den Ausstand begründenden Tatsachen sind glaubhaft zu machen.

² Die betroffene Gerichtsperson hat sich über die vorgebrachten Ausstandsgründe zu äussern.

Art. 37 Entscheid

¹ Bestreitet die Gerichtsperson, deren Ausstand verlangt wird, oder ein Richter beziehungsweise eine Richterin der Abteilung den Ausstandsgrund, so entscheidet die Abteilung unter Ausschluss der betroffenen Gerichtsperson über den Ausstand.

² Über die Ausstandsfrage kann ohne Anhörung der Gegenpartei entschieden werden.

³ Sollte der Ausstand von so vielen Richtern und Richterinnen verlangt werden, dass keine gültige Verhandlung stattfinden kann, so bezeichnet der Präsident beziehungsweise die Präsidentin des Bundesgerichts durch das Los aus der Zahl der Obergerichtspräsidenten und -präsidentinnen der in der Sache nicht beteiligten Kantone so viele ausserordentliche nebenamtliche Richter und Richterinnen, als erforderlich sind, um die Ausstandsfrage und nötigenfalls die Hauptsache selbst beurteilen zu können.

Art. 38 Verletzung der Ausstandsvorschriften

¹ Amtshandlungen, an denen eine zum Ausstand verpflichtete Person mitgewirkt hat, sind aufzuheben, sofern dies eine Partei innert fünf Tagen verlangt, nachdem sie vom Ausstandsgrund Kenntnis erhalten hat.

² Nicht wiederholbare Beweismassnahmen dürfen von der entscheidenden Instanz berücksichtigt werden.

³ Wird der Ausstandsgrund erst nach Abschluss des Verfahrens entdeckt, so gelten die Bestimmungen über die Revision.

4. Abschnitt: Parteien, Parteivertreter und -vertreterinnen, Rechtsschriften

Art. 39 Zustellungsdomizil

¹ Die Parteien haben dem Bundesgericht ihren Wohnsitz oder Sitz anzugeben.

² Sie können überdies eine elektronische Zustelladresse angeben und ihr Einverständnis mit der elektronischen Eröffnung erklären.[12]

³ Parteien, die im Ausland wohnen, haben in der Schweiz ein Zustellungsdomizil zu bezeichnen. Mitteilungen an Parteien, die dieser Auflage nicht Folge leisten, können unterbleiben oder in einem amtlichen Blatt eröffnet werden.

Art. 40 Parteivertreter und -vertreterinnen

¹ In Zivil- und Strafsachen können Parteien vor Bundesgericht nur von Anwälten und Anwältinnen vertreten werden, die nach dem Anwaltsgesetz vom

---

12 Fassung gemäss Anhang Ziff. II 2 des BG vom 18. März 2016 über die elektronische Signatur, in Kraft seit 1. Jan. 2017 (AS 2016 4651; BBl 2014 1001).

23. Juni 2000[13] oder nach einem Staatsvertrag berechtigt sind, Parteien vor schweizerischen Gerichtsbehörden zu vertreten.

² Die Parteivertreter und -vertreterinnen haben sich durch eine Vollmacht auszuweisen.

Art. 41 Unfähigkeit zur Prozessführung

¹ Ist eine Partei offensichtlich nicht imstande, ihre Sache selber zu führen, so kann das Bundesgericht sie auffordern, einen Vertreter oder eine Vertreterin beizuziehen. Leistet sie innert der angesetzten Frist keine Folge, so bestellt ihr das Gericht einen Anwalt oder eine Anwältin.

² Die vom Bundesgericht bezeichnete Vertretung hat Anspruch auf eine angemessene Entschädigung aus der Gerichtskasse, soweit sie ihren Aufwand nicht aus einer zugesprochenen Parteientschädigung decken kann und die Partei selbst zahlungsunfähig ist. Die Partei hat der Gerichtskasse Ersatz zu leisten, wenn sie später dazu in der Lage ist.

Art. 42 Rechtsschriften

¹ Rechtsschriften sind in einer Amtssprache abzufassen und haben die Begehren, deren Begründung mit Angabe der Beweismittel und die Unterschrift zu enthalten.

² In der Begründung ist in gedrängter Form darzulegen, inwiefern der angefochtene Akt Recht verletzt. Ist eine Beschwerde nur unter der Voraussetzung zulässig, dass sich eine Rechtsfrage von grundsätzlicher Bedeutung stellt oder aus anderen Gründen ein besonders bedeutender Fall vorliegt, so ist auszuführen, warum die jeweilige Voraussetzung erfüllt ist.[14] [15]

³ Die Urkunden, auf die sich die Partei als Beweismittel beruft, sind beizulegen, soweit die Partei sie in Händen hat; richtet sich die Rechtsschrift gegen einen Entscheid, so ist auch dieser beizulegen.

⁴ Bei elektronischer Einreichung muss die Rechtsschrift von der Partei oder ihrem Vertreter beziehungsweise ihrer Vertreterin mit einer qualifizierten elektronischen Signatur gemäss Bundesgesetz vom 18. März 2016[16] über die elektronische Signatur versehen werden. Das Bundesgericht bestimmt in einem Reglement:

a. das Format der Rechtsschrift und ihrer Beilagen;
b. die Art und Weise der Übermittlung;

---

13 SR 935.61
14 Fassung des zweiten Satzes gemäss Ziff. I 1 des Steuererlassgesetzes vom 20. Juni 2014, in Kraft seit 1. Jan. 2016 (AS 2015 9; BBl 2013 8435).
15 Fassung gemäss Anhang Ziff. 1 des Steueramtshilfegesetzes vom 28. Sept. 2012, in Kraft seit 1. Febr. 2013 (AS 2013 231; BBl 2011 6193).
16 SR 943.03

c. die Voraussetzungen, unter denen bei technischen Problemen die Nachreichung von Dokumenten auf Papier verlangt werden kann.[17]

⁵ Fehlen die Unterschrift der Partei oder ihrer Vertretung, deren Vollmacht oder die vorgeschriebenen Beilagen oder ist die Vertretung nicht zugelassen, so wird eine angemessene Frist zur Behebung des Mangels angesetzt mit der Androhung, dass die Rechtsschrift sonst unbeachtet bleibt.

⁶ Unleserliche, ungebührliche, unverständliche, übermässig weitschweifige oder nicht in einer Amtssprache verfasste Rechtsschriften können in gleicher Weise zur Änderung zurückgewiesen werden.

⁷ Rechtsschriften, die auf querulatorischer oder rechtsmissbräuchlicher Prozessführung beruhen, sind unzulässig.

Art. 43 Ergänzende Beschwerdeschrift

Das Bundesgericht räumt den beschwerdeführenden Parteien auf Antrag eine angemessene Frist zur Ergänzung der Beschwerdebegründung ein, wenn:
a. es eine Beschwerde auf dem Gebiet der internationalen Rechtshilfe in Strafsachen als zulässig erachtet; und
b. der aussergewöhnliche Umfang oder die besondere Schwierigkeit der Beschwerdesache eine Ergänzung erfordert.

5. Abschnitt: Fristen

Art. 44 Beginn

¹ Fristen, die durch eine Mitteilung oder den Eintritt eines Ereignisses ausgelöst werden, beginnen am folgenden Tag zu laufen.

² Eine Mitteilung, die nur gegen Unterschrift des Adressaten oder der Adressatin oder einer anderen berechtigten Person überbracht wird, gilt spätestens am siebenten Tag nach dem ersten erfolglosen Zustellungsversuch als erfolgt.

Art. 45 Ende

¹ Ist der letzte Tag der Frist ein Samstag, ein Sonntag oder ein vom Bundesrecht oder vom kantonalen Recht anerkannter Feiertag, so endet sie am nächstfolgenden Werktag.

² Massgebend ist das Recht des Kantons, in dem die Partei oder ihr Vertreter beziehungsweise ihre Vertreterin den Wohnsitz oder den Sitz hat.

---

17 Fassung gemäss Anhang Ziff. II 2 des BG vom 18. März 2016 über die elektronische Signatur, in Kraft seit 1. Jan. 2017 (AS 2016 4651; BBl 2014 1001).

Art. 46 Stillstand

¹ Gesetzlich oder richterlich nach Tagen bestimmte Fristen stehen still:
a. vom siebenten Tag vor Ostern bis und mit dem siebenten Tag nach Ostern;
b. vom 15. Juli bis und mit dem 15. August;
c. vom 18. Dezember bis und mit dem 2. Januar.

² Diese Vorschrift gilt nicht in Verfahren betreffend aufschiebende Wirkung und andere vorsorgliche Massnahmen sowie in der Wechselbetreibung, für Stimmrechtssachen (Art. 82 Bst. c) und auf den Gebieten der internationalen Rechtshilfe in Strafsachen und der internationalen Amtshilfe in Steuersachen.[18]

Art. 47 Erstreckung

¹ Gesetzlich bestimmte Fristen können nicht erstreckt werden.

² Richterlich bestimmte Fristen können aus zureichenden Gründen erstreckt werden, wenn das Gesuch vor Ablauf der Frist gestellt worden ist.

Art. 48 Einhaltung

¹ Eingaben müssen spätestens am letzten Tag der Frist beim Bundesgericht eingereicht oder zu dessen Handen der Schweizerischen Post oder einer schweizerischen diplomatischen oder konsularischen Vertretung übergeben werden.

² Im Falle der elektronischen Einreichung ist für die Wahrung einer Frist der Zeitpunkt massgebend, in dem die Quittung ausgestellt wird, die bestätigt, dass alle Schritte abgeschlossen sind, die auf der Seite der Partei für die Übermittlung notwendig sind.[19]

³ Die Frist gilt auch als gewahrt, wenn die Eingabe rechtzeitig bei der Vorinstanz oder bei einer unzuständigen eidgenössischen oder kantonalen Behörde eingereicht worden ist. Die Eingabe ist unverzüglich dem Bundesgericht zu übermitteln.

⁴ Die Frist für die Zahlung eines Vorschusses oder für eine Sicherstellung ist gewahrt, wenn der Betrag rechtzeitig zu Gunsten des Bundesgerichts der Schweizerischen Post übergeben oder einem Post- oder Bankkonto in der Schweiz belastet worden ist.

Art. 49 Mangelhafte Eröffnung

Aus mangelhafter Eröffnung, insbesondere wegen unrichtiger oder unvollständiger Rechtsmittelbelehrung oder wegen Fehlens einer vorgeschriebenen Rechtsmittelbelehrung, dürfen den Parteien keine Nachteile erwachsen.

---

18 Fassung gemäss Ziff. II des BG vom 26. Sept. 2014 (Nationalratswahlen), in Kraft seit 1. Nov. 2015 (AS 2015 543; BBl 2013 9217).
19 Fassung gemäss Anhang Ziff. II 2 des BG vom 18. März 2016 über die elektronische Signatur, in Kraft seit 1. Jan. 2017 (AS 2016 4651; BBl 2014 1001).

Art. 50 Wiederherstellung

¹ Ist eine Partei oder ihr Vertreter beziehungsweise ihre Vertreterin durch einen anderen Grund als die mangelhafte Eröffnung unverschuldeterweise abgehalten worden, fristgerecht zu handeln, so wird die Frist wiederhergestellt, sofern die Partei unter Angabe des Grundes innert 30 Tagen nach Wegfall des Hindernisses darum ersucht und die versäumte Rechtshandlung nachholt.

² Wiederherstellung kann auch nach Eröffnung des Urteils bewilligt werden; wird sie bewilligt, so wird das Urteil aufgehoben.

6. Abschnitt: Streitwert

Art. 51 Berechnung

¹ Der Streitwert bestimmt sich:
a. bei Beschwerden gegen Endentscheide nach den Begehren, die vor der Vorinstanz streitig geblieben waren;
b. bei Beschwerden gegen Teilentscheide nach den gesamten Begehren, die vor der Instanz streitig waren, welche den Teilentscheid getroffen hat;
c. bei Beschwerden gegen Vor- und Zwischenentscheide nach den Begehren, die vor der Instanz streitig sind, wo die Hauptsache hängig ist;
d. bei Klagen nach den Begehren des Klägers oder der Klägerin.

² Lautet ein Begehren nicht auf Bezahlung einer bestimmten Geldsumme, so setzt das Bundesgericht den Streitwert nach Ermessen fest.

³ Zinsen, Früchte, Gerichtskosten und Parteientschädigungen, die als Nebenrechte geltend gemacht werden, sowie Vorbehalte und die Kosten der Urteilsveröffentlichung fallen bei der Bestimmung des Streitwerts nicht in Betracht.

⁴ Als Wert wiederkehrender Nutzungen oder Leistungen gilt der Kapitalwert. Bei ungewisser oder unbeschränkter Dauer gilt als Kapitalwert der zwanzigfache Betrag der einjährigen Nutzung oder Leistung, bei Leibrenten jedoch der Barwert.

Art. 52 Zusammenrechnung

Mehrere in einer vermögensrechtlichen Sache von der gleichen Partei oder von Streitgenossen und Streitgenossinnen geltend gemachte Begehren werden zusammengerechnet, sofern sie sich nicht gegenseitig ausschliessen.

Art. 53 Widerklage

¹ Der Betrag einer Widerklage wird nicht mit demjenigen der Hauptklage zusammengerechnet.

² Schliessen die in Hauptklage und Widerklage geltend gemachten Ansprüche einander aus und erreicht eine der beiden Klagen die Streitwertgrenze nicht,

so gilt die Streitwertgrenze auch für diese Klage als erreicht, wenn sich die Beschwerde auf beide Klagen bezieht.

7. Abschnitt: Verfahrenssprache

Art. 54

[1] Das Verfahren wird in einer der Amtssprachen (Deutsch, Französisch, Italienisch, Rumantsch Grischun) geführt, in der Regel in der Sprache des angefochtenen Entscheids. Verwenden die Parteien eine andere Amtssprache, so kann das Verfahren in dieser Sprache geführt werden.

[2] Bei Klageverfahren wird auf die Sprache der Parteien Rücksicht genommen, sofern es sich um eine Amtssprache handelt.

[3] Reicht eine Partei Urkunden ein, die nicht in einer Amtssprache verfasst sind, so kann das Bundesgericht mit dem Einverständnis der anderen Parteien darauf verzichten, eine Übersetzung zu verlangen.

[4] Im Übrigen ordnet das Bundesgericht eine Übersetzung an, wo dies nötig ist.

8. Abschnitt: Beweisverfahren

Art. 55 Grundsatz

[1] Das Beweisverfahren richtet sich nach den Artikeln 36, 37 und 39–65 des Bundesgesetzes vom 4. Dezember 1947[20] über den Bundeszivilprozess (BZP).

[2] Der Instruktionsrichter oder die Instruktionsrichterin kann die notwendigen Beweismassnahmen selbst vornehmen oder der zuständigen eidgenössischen oder kantonalen Behörde übertragen.

[3] Zu Zeugeneinvernahmen, Augenschein und Parteiverhör zieht er oder sie einen zweiten Richter oder eine zweite Richterin bei.

Art. 56 Anwesenheit der Parteien und Urkundeneinsicht

[1] Die Parteien sind berechtigt, der Beweiserhebung beizuwohnen und in die vorgelegten Urkunden Einsicht zu nehmen.

[2] Wo es zur Wahrung überwiegender öffentlicher oder privater Interessen notwendig ist, nimmt das Gericht von einem Beweismittel unter Ausschluss der Parteien oder der Gegenparteien Kenntnis.

[3] Will das Gericht in diesem Fall auf das Beweismittel zum Nachteil einer Partei abstellen, so muss es ihr den für die Sache wesentlichen Inhalt desselben mitteilen und ihr ausserdem Gelegenheit geben, sich zu äussern und Gegenbeweismittel zu bezeichnen.

---

20 SR 273

9. Abschnitt: Urteilsverfahren

Art. 57 Parteiverhandlung

Der Abteilungspräsident oder die Abteilungspräsidentin kann eine mündliche Parteiverhandlung anordnen.

Art. 58 Beratung

¹ Das Bundesgericht berät den Entscheid mündlich:
a. wenn der Abteilungspräsident beziehungsweise die Abteilungspräsidentin dies anordnet oder ein Richter beziehungsweise eine Richterin es verlangt;
b. wenn sich keine Einstimmigkeit ergibt.

² In den übrigen Fällen entscheidet das Bundesgericht auf dem Weg der Aktenzirkulation.

Art. 59 Öffentlichkeit

¹ Parteiverhandlungen wie auch die mündlichen Beratungen und die darauf folgenden Abstimmungen sind öffentlich.

² Wenn eine Gefährdung der Sicherheit, der öffentlichen Ordnung oder der Sittlichkeit zu befürchten ist oder das Interesse einer beteiligten Person es rechtfertigt, kann das Bundesgericht die Öffentlichkeit ganz oder teilweise ausschliessen.

³ Das Bundesgericht legt das Dispositiv von Entscheiden, die nicht öffentlich beraten worden sind, nach dessen Eröffnung während 30 Tagen öffentlich auf.

Art. 60 Eröffnung des Entscheids

¹ Die vollständige Ausfertigung des Entscheids wird, unter Angabe der mitwirkenden Gerichtspersonen, den Parteien, der Vorinstanz und allfälligen anderen Beteiligten eröffnet.

² Hat das Bundesgericht den Entscheid in einer mündlichen Beratung getroffen, so teilt es den Beteiligten ohne Verzug das Dispositiv mit.

³ Mit dem Einverständnis der Partei können Entscheide elektronisch eröffnet werden. Sie sind mit einer elektronischen Signatur gemäss Bundesgesetz vom 18. März 2016[21] über die elektronische Signatur zu versehen. Das Bundesgericht regelt in einem Reglement:
a. die zu verwendende Signatur;
b. das Format des Entscheids und seiner Beilagen;
c. die Art und Weise der Übermittlung;
d. den Zeitpunkt, zu dem der Entscheid als eröffnet gilt.[22]

---

21 SR 943.03
22 Fassung gemäss Anhang Ziff. II 2 des BG vom 18. März 2016 über die elektronische Signatur, in Kraft seit 1. Jan. 2017 (AS 2016 4651; BBl 2014 1001).

Art. 61 Rechtskraft

Entscheide des Bundesgerichts erwachsen am Tag ihrer Ausfällung in Rechtskraft.

10. Abschnitt: Kosten

Art. 62 Sicherstellung der Gerichtskosten und der Parteientschädigung

¹ Die Partei, die das Bundesgericht anruft, hat einen Kostenvorschuss in der Höhe der mutmasslichen Gerichtskosten zu leisten. Wenn besondere Gründe vorliegen, kann auf die Erhebung des Kostenvorschusses ganz oder teilweise verzichtet werden.

² Wenn die Partei in der Schweiz keinen festen Wohnsitz hat oder nachweislich zahlungsunfähig ist, kann sie auf Begehren der Gegenpartei zur Sicherstellung einer allfälligen Parteientschädigung verpflichtet werden.

³ Der Instruktionsrichter oder die Instruktionsrichterin setzt zur Leistung des Kostenvorschusses oder der Sicherstellung eine angemessene Frist. Läuft diese unbenutzt ab, so setzt der Instruktionsrichter oder die Instruktionsrichterin der Partei eine Nachfrist. Wird der Kostenvorschuss oder die Sicherheit auch innert der Nachfrist nicht geleistet, so tritt das Bundesgericht auf die Eingabe nicht ein.

Art. 63 Vorschuss für Barauslagen

¹ Jede Partei hat die Barauslagen vorzuschiessen, die im Laufe des Verfahrens infolge ihrer Anträge entstehen, und anteilsmässig die Barauslagen, die durch gemeinschaftliche Anträge der Parteien oder durch das Bundesgericht von Amtes wegen veranlasst werden.

² Der Instruktionsrichter oder die Instruktionsrichterin setzt zur Leistung des Vorschusses eine angemessene Frist. Läuft diese unbenutzt ab, so setzt der Instruktionsrichter oder die Instruktionsrichterin der Partei eine Nachfrist. Wird der Vorschuss auch innert der Nachfrist nicht geleistet, so unterbleibt die Handlung, deren Kosten zu decken sind.

Art. 64 Unentgeltliche Rechtspflege

¹ Das Bundesgericht befreit eine Partei, die nicht über die erforderlichen Mittel verfügt, auf Antrag von der Bezahlung der Gerichtskosten und von der Sicherstellung der Parteientschädigung, sofern ihr Rechtsbegehren nicht aussichtslos erscheint.

² Wenn es zur Wahrung ihrer Rechte notwendig ist, bestellt das Bundesgericht der Partei einen Anwalt oder eine Anwältin. Der Anwalt oder die Anwältin hat Anspruch auf eine angemessene Entschädigung aus der Gerichtskasse,

soweit der Aufwand für die Vertretung nicht aus einer zugesprochenen Parteientschädigung gedeckt werden kann.

³ Über das Gesuch um unentgeltliche Rechtspflege entscheidet die Abteilung in der Besetzung mit drei Richtern oder Richterinnen. Vorbehalten bleiben Fälle, die im vereinfachten Verfahren nach Artikel 108 behandelt werden. Der Instruktionsrichter oder die Instruktionsrichterin kann die unentgeltliche Rechtspflege selbst gewähren, wenn keine Zweifel bestehen, dass die Voraussetzungen erfüllt sind.

⁴ Die Partei hat der Gerichtskasse Ersatz zu leisten, wenn sie später dazu in der Lage ist.

Art. 65 Gerichtskosten

¹ Die Gerichtskosten bestehen in der Gerichtsgebühr, der Gebühr für das Kopieren von Rechtsschriften, den Auslagen für Übersetzungen, ausgenommen solche zwischen Amtssprachen, und den Entschädigungen für Sachverständige sowie für Zeugen und Zeuginnen.

² Die Gerichtsgebühr richtet sich nach Streitwert, Umfang und Schwierigkeit der Sache, Art der Prozessführung und finanzieller Lage der Parteien.

³ Sie beträgt in der Regel:
a. in Streitigkeiten ohne Vermögensinteresse 200–5000 Franken;
b. in den übrigen Streitigkeiten 200–100 000 Franken.

⁴ Sie beträgt 200–1000 Franken und wird nicht nach dem Streitwert bemessen in Streitigkeiten:
a. über Sozialversicherungsleistungen;
b. über Diskriminierungen auf Grund des Geschlechts;
c. aus einem Arbeitsverhältnis mit einem Streitwert bis zu 30 000 Franken;
d. nach den Artikeln 7 und 8 des Behindertengleichstellungsgesetzes vom 13. Dezember 2002[23].

⁵ Wenn besondere Gründe es rechtfertigen, kann das Bundesgericht bei der Bestimmung der Gerichtsgebühr über die Höchstbeträge hinausgehen, jedoch höchstens bis zum doppelten Betrag in den Fällen von Absatz 3 und bis zu 10 000 Franken in den Fällen von Absatz 4.

Art. 66 Erhebung und Verteilung der Gerichtskosten

¹ Die Gerichtskosten werden in der Regel der unterliegenden Partei auferlegt. Wenn die Umstände es rechtfertigen, kann das Bundesgericht die Kosten anders verteilen oder darauf verzichten, Kosten zu erheben.

² Wird ein Fall durch Abstandserklärung oder Vergleich erledigt, so kann auf die Erhebung von Gerichtskosten ganz oder teilweise verzichtet werden.

³ Unnötige Kosten hat zu bezahlen, wer sie verursacht.

---

[23] SR 151.3

⁴ Dem Bund, den Kantonen und den Gemeinden sowie mit öffentlich-rechtlichen Aufgaben betrauten Organisationen dürfen in der Regel keine Gerichtskosten auferlegt werden, wenn sie in ihrem amtlichen Wirkungskreis, ohne dass es sich um ihr Vermögensinteresse handelt, das Bundesgericht in Anspruch nehmen oder wenn gegen ihre Entscheide in solchen Angelegenheiten Beschwerde geführt worden ist.

⁵ Mehrere Personen haben die ihnen gemeinsam auferlegten Gerichtskosten, wenn nichts anderes bestimmt ist, zu gleichen Teilen und unter solidarischer Haftung zu tragen.

Art. 67 Kosten der Vorinstanz

Wird der angefochtene Entscheid geändert, so kann das Bundesgericht die Kosten des vorangegangenen Verfahrens anders verteilen.

Art. 68 Parteientschädigung

¹ Das Bundesgericht bestimmt im Urteil, ob und in welchem Mass die Kosten der obsiegenden Partei von der unterliegenden zu ersetzen sind.

² Die unterliegende Partei wird in der Regel verpflichtet, der obsiegenden Partei nach Massgabe des Tarifs des Bundesgerichts alle durch den Rechtsstreit verursachten notwendigen Kosten zu ersetzen.

³ Bund, Kantonen und Gemeinden sowie mit öffentlich-rechtlichen Aufgaben betrauten Organisationen wird in der Regel keine Parteientschädigung zugesprochen, wenn sie in ihrem amtlichen Wirkungskreis obsiegen.

⁴ Artikel 66 Absätze 3 und 5 ist sinngemäss anwendbar.

⁵ Der Entscheid der Vorinstanz über die Parteientschädigung wird vom Bundesgericht je nach Ausgang des Verfahrens bestätigt, aufgehoben oder geändert. Dabei kann das Gericht die Entschädigung nach Massgabe des anwendbaren eidgenössischen oder kantonalen Tarifs selbst festsetzen oder die Festsetzung der Vorinstanz übertragen.

11. Abschnitt: Vollstreckung

Art. 69 Entscheide auf Geldleistung

Entscheide, die zur Zahlung einer Geldsumme oder zur Sicherheitsleistung in Geld verpflichten, werden nach dem Bundesgesetz vom 11. April 1889[24] über Schuldbetreibung und Konkurs vollstreckt.

---

24 SR 281.1

Art. 70 Andere Entscheide

¹ Entscheide des Bundesgerichts, die nicht zur Zahlung einer Geldsumme oder zur Sicherheitsleistung in Geld verpflichten, sind von den Kantonen in gleicher Weise zu vollstrecken wie die rechtskräftigen Urteile ihrer Gerichte.

² Sie sind hingegen nach folgenden Bestimmungen zu vollstrecken:
a. nach den Artikeln 41–43 des Bundesgesetzes vom 20. Dezember 1968[25] über das Verwaltungsverfahren: wenn das Bundesgericht in einer Sache entschieden hat, die erstinstanzlich in die Zuständigkeit einer Bundesverwaltungsbehörde fällt;
b. nach den Artikeln 74–78 BZP[26]: wenn das Bundesgericht auf Klage hin entschieden hat;
c. nach den Artikeln 74 und 75 des Strafbehördenorganisationsgesetzes vom 19. März 2010[27]: wenn das Bundesgericht in Strafsachen entschieden hat, die der Bundesgerichtsbarkeit unterstehen.[28]

³ ...[29]

⁴ Im Falle mangelhafter Vollstreckung kann beim Bundesrat Beschwerde geführt werden. Dieser trifft die erforderlichen Massnahmen.

12. Abschnitt: Ergänzendes Recht

Art. 71

Wo dieses Gesetz keine besonderen Bestimmungen über das Verfahren enthält, sind die Vorschriften des BZP[30] sinngemäss anwendbar.

3. Kapitel: Das Bundesgericht als ordentliche Beschwerdeinstanz

1. Abschnitt: Beschwerde in Zivilsachen

Art. 72 Grundsatz

¹ Das Bundesgericht beurteilt Beschwerden gegen Entscheide in Zivilsachen.

² Der Beschwerde in Zivilsachen unterliegen auch:
a. Entscheide in Schuldbetreibungs- und Konkurssachen;

---

25 SR 172.021
26 SR 273
27 SR 173.71
28 Fassung gemäss Anhang Ziff. II 5 des Strafbehördenorganisationsgesetzes vom 19. März 2010, in Kraft seit 1. Jan. 2011 (AS 2010 3267; BBl 2008 8125).
29 Aufgehoben durch Anhang Ziff. II 5 des Strafbehördenorganisationsgesetzes vom 19. März 2010, mit Wirkung seit 1. Jan. 2011 (AS 2010 3267; BBl 2008 8125).
30 SR 273

b. öffentlich-rechtliche Entscheide, die in unmittelbarem Zusammenhang mit Zivilrecht stehen, insbesondere Entscheide:
1. über die Anerkennung und Vollstreckung von Entscheiden und über die Rechtshilfe in Zivilsachen,
2. über die Führung des Grundbuchs, des Zivilstands- und des Handelsregisters sowie der Register für Marken, Muster und Modelle, Erfindungspatente, Pflanzensorten und Topografien,
3. über die Bewilligung zur Namensänderung,
4. auf dem Gebiet der Aufsicht über die Stiftungen mit Ausnahme der Vorsorge- und Freizügigkeitseinrichtungen,
5.[31] auf dem Gebiet der Aufsicht über die Willensvollstrecker und -vollstreckerinnen und andere erbrechtliche Vertreter und Vertreterinnen,
6.[32] auf dem Gebiet des Kindes- und Erwachsenenschutzes,
7.[33] ...

Art. 73 Ausnahme

Die Beschwerde ist unzulässig gegen Entscheide, die im Rahmen des Widerspruchsverfahrens gegen eine Marke getroffen worden sind.

Art. 74 Streitwertgrenze

[1] In vermögensrechtlichen Angelegenheiten ist die Beschwerde nur zulässig, wenn der Streitwert mindestens beträgt:
a. 15 000 Franken in arbeits- und mietrechtlichen Fällen;
b. 30 000 Franken in allen übrigen Fällen.

[2] Erreicht der Streitwert den massgebenden Betrag nach Absatz 1 nicht, so ist die Beschwerde dennoch zulässig:
a. wenn sich eine Rechtsfrage von grundsätzlicher Bedeutung stellt;
b.[34] wenn ein Bundesgesetz eine einzige kantonale Instanz vorsieht;
c. gegen Entscheide der kantonalen Aufsichtsbehörden in Schuldbetreibungs- und Konkurssachen;
d. gegen Entscheide des Konkurs- und Nachlassrichters oder der Konkurs- und Nachlassrichterin;
e.[35] gegen Entscheide des Bundespatentgerichts.

---

31 Fassung gemäss Anhang Ziff. 5 des BG vom 19. Dez. 2008 (Erwachsenenschutz, Personenrecht und Kindesrecht), in Kraft seit 1. Jan. 2013 (AS 2011 725; BBl 2006 7001).
32 Fassung gemäss Anhang Ziff. 5 des BG vom 19. Dez. 2008 (Erwachsenenschutz, Personenrecht und Kindesrecht), in Kraft seit 1. Jan. 2013 (AS 2011 725; BBl 2006 7001).
33 Aufgehoben durch Anhang Ziff. 5 des BG vom 19. Dez. 2008 (Erwachsenenschutz, Personenrecht und Kindesrecht), mit Wirkung seit 1. Jan. 2013 (AS 2011 725; BBl 2006 7001).
34 Fassung gemäss Anhang 1 Ziff. II 2 der Zivilprozessordnung vom 19. Dez. 2008, in Kraft seit 1. Jan. 2011 (AS 2010 1739; BBl 2006 7221).
35 Eingefügt durch Anhang Ziff. 2 des BG vom 20. März 2009 über das Bundespatentgericht, in Kraft seit 1. Jan. 2012 (AS 2010 513, 2011 2241; BBl 2008 455).

Art. 75 Vorinstanzen

¹ Die Beschwerde ist zulässig gegen Entscheide letzter kantonaler Instanzen, des Bundesverwaltungsgerichts und des Bundespatentgerichts.[36]

² Die Kantone setzen als letzte kantonale Instanzen obere Gerichte ein. Diese entscheiden als Rechtsmittelinstanzen; ausgenommen sind die Fälle, in denen:
a.[37] ein Bundesgesetz eine einzige kantonale Instanz vorsieht;
b. ein Fachgericht für handelsrechtliche Streitigkeiten als einzige kantonale Instanz entscheidet;
c.[38] eine Klage mit einem Streitwert von mindestens 100 000 Franken mit Zustimmung aller Parteien direkt beim oberen Gericht eingereicht wurde.

Art. 76 Beschwerderecht

¹ Zur Beschwerde in Zivilsachen ist berechtigt, wer:
a. vor der Vorinstanz am Verfahren teilgenommen hat oder keine Möglichkeit zur Teilnahme erhalten hat; und
b.[39] durch den angefochtenen Entscheid besonders berührt ist und ein schutzwürdiges Interesse an dessen Aufhebung oder Änderung hat.

² Gegen Entscheide nach Artikel 72 Absatz 2 steht das Beschwerderecht auch der Bundeskanzlei, den Departementen des Bundes oder, soweit das Bundesrecht es vorsieht, den ihnen unterstellten Dienststellen zu, wenn der angefochtene Entscheid die Bundesgesetzgebung in ihrem Aufgabenbereich verletzen kann.[40]

Art. 77 Schiedsgerichtsbarkeit[41]

¹ Die Beschwerde in Zivilsachen ist zulässig gegen Entscheide von Schiedsgerichten:
a. in der internationalen Schiedsgerichtsbarkeit unter den Voraussetzungen der Artikel 190–192 des Bundesgesetzes vom 18. Dezember 1987[42] über das Internationale Privatrecht;

---

36 Fassung gemäss Anhang Ziff. 2 des BG vom 20. März 2009 über das Bundespatentgericht, in Kraft seit 1. Jan. 2012 (AS 2010 513, 2011 2241; BBl 2008 455).
37 Fassung gemäss Anhang 1 Ziff. II 2 der Zivilprozessordnung vom 19. Dez. 2008, in Kraft seit 1. Jan. 2011 (AS 2010 1739; BBl 2006 7221).
38 Fassung gemäss Anhang 1 Ziff. II 2 der Zivilprozessordnung vom 19. Dez. 2008, in Kraft seit 1. Jan. 2011 (AS 2010 1739; BBl 2006 7221).
39 Fassung gemäss Anhang 1 Ziff. II 2 der Zivilprozessordnung vom 19. Dez. 2008, in Kraft seit 1. Jan. 2011 (AS 2010 1739; BBl 2006 7221).
40 Fassung gemäss Anhang 1 Ziff. II 2 der Zivilprozessordnung vom 19. Dez. 2008, in Kraft seit 1. Jan. 2011 (AS 2010 1739; BBl 2006 7221).
41 Fassung gemäss Anhang 1 Ziff. II 2 der Zivilprozessordnung vom 19. Dez. 2008, in Kraft seit 1. Jan. 2011 (AS 2010 1739; BBl 2006 7221).
42 SR 291

b. in der nationalen Schiedsgerichtsbarkeit unter den Voraussetzungen der Artikel 389–395 der Zivilprozessordnung vom 19. Dezember 2008[43].[44]

[2] Die Artikel 48 Absatz 3, 90–98, 103 Absatz 2, 105 Absatz 2, 106 Absatz 1 sowie 107 Absatz 2, soweit dieser dem Bundesgericht erlaubt, in der Sache selbst zu entscheiden, sind in diesen Fällen nicht anwendbar.[45]

[3] Das Bundesgericht prüft nur Rügen, die in der Beschwerde vorgebracht und begründet worden sind.

2. Abschnitt: Beschwerde in Strafsachen

Art. 78 Grundsatz

[1] Das Bundesgericht beurteilt Beschwerden gegen Entscheide in Strafsachen.

[2] Der Beschwerde in Strafsachen unterliegen auch Entscheide über:
a. Zivilansprüche, wenn diese zusammen mit der Strafsache zu behandeln sind;
b. den Vollzug von Strafen und Massnahmen.

Art. 79 Ausnahme

Die Beschwerde ist unzulässig gegen Entscheide der Beschwerdekammer des Bundesstrafgerichts, soweit es sich nicht um Entscheide über Zwangsmassnahmen handelt.

Art. 80 Vorinstanzen

[1] Die Beschwerde ist zulässig gegen Entscheide letzter kantonaler Instanzen und des Bundesstrafgerichts.

[2] Die Kantone setzen als letzte kantonale Instanzen obere Gerichte ein. Diese entscheiden als Rechtsmittelinstanzen. Ausgenommen sind die Fälle, in denen nach der Strafprozessordnung vom 5. Oktober 2007[46] (StPO) ein Zwangsmassnahmegericht oder ein anderes Gericht als einzige kantonale Instanz entscheidet.[47]

---

43 SR 272
44 Fassung gemäss Anhang 1 Ziff. II 2 der Zivilprozessordnung vom 19. Dez. 2008, in Kraft seit 1. Jan. 2011 (AS 2010 1739; BBl 2006 7221).
45 Fassung gemäss Anhang 1 Ziff. II 2 der Zivilprozessordnung vom 19. Dez. 2008, in Kraft seit 1. Jan. 2011 (AS 2010 1739; BBl 2006 7221).
46 SR 312.0
47 Dritter Satz eingefügt durch Anhang Ziff. II 5 des Strafbehördenorganisationsgesetzes vom 19. März 2010, in Kraft seit 1. Jan. 2011 (AS 2010 3267; BBl 2008 8125).

Art. 81 Beschwerderecht

¹ Zur Beschwerde in Strafsachen ist berechtigt, wer:
a. vor der Vorinstanz am Verfahren teilgenommen hat oder keine Möglichkeit zur Teilnahme erhalten hat; und
b. ein rechtlich geschütztes Interesse an der Aufhebung oder Änderung des angefochtenen Entscheids hat, insbesondere:
   1. die beschuldigte Person,
   2. ihr gesetzlicher Vertreter oder ihre gesetzliche Vertreterin,
   3. die Staatsanwaltschaft,
   4.[48] ...
   5.[49] die Privatklägerschaft, wenn der angefochtene Entscheid sich auf die Beurteilung ihrer Zivilansprüche auswirken kann,
   6. die Person, die den Strafantrag stellt, soweit es um das Strafantragsrecht als solches geht,
   7.[50] die Staatsanwaltschaft des Bundes und die beteiligte Verwaltung in Verwaltungsstrafsachen nach dem Bundesgesetz vom 22. März 1974[51] über das Verwaltungsstrafrecht.

² Die Staatsanwaltschaft des Bundes ist auch zur Beschwerde berechtigt, wenn das Bundesrecht vorsieht, dass ihr oder einer anderen Bundesbehörde der Entscheid mitzuteilen ist oder wenn sie die Strafsache den kantonalen Behörden zur Untersuchung und Beurteilung überwiesen hat.[52]

³ Gegen Entscheide nach Artikel 78 Absatz 2 Buchstabe b steht das Beschwerderecht auch der Bundeskanzlei, den Departementen des Bundes oder, soweit das Bundesrecht es vorsieht, den ihnen unterstellten Dienststellen zu, wenn der angefochtene Entscheid die Bundesgesetzgebung in ihrem Aufgabenbereich verletzen kann.

3. Abschnitt: Beschwerde in öffentlich-rechtlichen Angelegenheiten

Art. 82 Grundsatz

Das Bundesgericht beurteilt Beschwerden:
a. gegen Entscheide in Angelegenheiten des öffentlichen Rechts;
b. gegen kantonale Erlasse;

---

48 Aufgehoben durch Anhang 1 Ziff. II 3 der Strafprozessordnung vom 5. Okt. 2007, mit Wirkung seit 1. Jan. 2011 (AS 2010 1881; BBl 2006 1085).
49 Fassung gemäss Anhang Ziff. II 5 des Strafbehördenorganisationsgesetzes vom 19. März 2010, in Kraft seit 1. Jan. 2011 (AS 2010 3267; BBl 2008 8125).
50 Eingefügt durch Ziff. II 8 des BG vom 20. März 2008 zur formellen Bereinigung des Bundesrechts (AS 2008 3437; BBl 2007 6121). Fassung gemäss Anhang 1 Ziff. II 3 der Strafprozessordnung vom 5. Okt. 2007, in Kraft seit 1. Jan. 2011 (AS 2010 1881; BBl 2006 1085).
51 SR 313.0
52 Fassung gemäss Anhang 1 Ziff. II 3 der Strafprozessordnung vom 5. Okt. 2007, in Kraft seit 1. Jan. 2011 (AS 2010 1881; BBl 2006 1085).

c. betreffend die politische Stimmberechtigung der Bürger und Bürgerinnen sowie betreffend Volkswahlen und -abstimmungen.

Art. 83 Ausnahmen

Die Beschwerde ist unzulässig gegen:
a. Entscheide auf dem Gebiet der inneren oder äusseren Sicherheit des Landes, der Neutralität, des diplomatischen Schutzes und der übrigen auswärtigen Angelegenheiten, soweit das Völkerrecht nicht einen Anspruch auf gerichtliche Beurteilung einräumt;
b. Entscheide über die ordentliche Einbürgerung;
c. Entscheide auf dem Gebiet des Ausländerrechts betreffend:
   1. die Einreise,
   2. Bewilligungen, auf die weder das Bundesrecht noch das Völkerrecht einen Anspruch einräumt,
   3. die vorläufige Aufnahme,
   4. die Ausweisung gestützt auf Artikel 121 Absatz 2 der Bundesverfassung und die Wegweisung,
   5.[53] Abweichungen von den Zulassungsvoraussetzungen,
   6.[54] die Verlängerung der Grenzgängerbewilligung, den Kantonswechsel, den Stellenwechsel von Personen mit Grenzgängerbewilligung sowie die Erteilung von Reisepapieren an schriftenlose Ausländerinnen und Ausländer;
d. Entscheide auf dem Gebiet des Asyls, die:
   1.[55] vom Bundesverwaltungsgericht getroffen worden sind, ausser sie betreffen Personen, gegen die ein Auslieferungsersuchen des Staates vorliegt, vor welchem sie Schutz suchen,
   2. von einer kantonalen Vorinstanz getroffen worden sind und eine Bewilligung betreffen, auf die weder das Bundesrecht noch das Völkerrecht einen Anspruch einräumt;
e. Entscheide über die Verweigerung der Ermächtigung zur Strafverfolgung von Behördenmitgliedern oder von Bundespersonal;
f. Entscheide auf dem Gebiet der öffentlichen Beschaffungen:
   1. wenn der geschätzte Wert des zu vergebenden Auftrags den massgebenden Schwellenwert des Bundesgesetzes vom 16. Dezember 1994[56] über das öffentliche Beschaffungswesen oder des Abkommens vom 21. Juni 1999[57] zwischen der Schweizerischen Eidgenossenschaft und

---

53 Fassung gemäss Ziff. I 1 der V der BVers vom 20. Dez. 2006 über die Anpassung von Erlassen an die Bestimmungen des Bundesgerichtsgesetzes und des Verwaltungsgerichtsgesetzes, in Kraft seit 1. Jan. 2008 (AS 2006 5599).
54 Eingefügt durch Ziff. I 1 der V der BVers vom 20. Dez. 2006 über die Anpassung von Erlassen an die Bestimmungen des Bundesgerichtsgesetzes und des Verwaltungsgerichtsgesetzes, in Kraft seit 1. Jan. 2008 (AS 2006 5599).
55 Fassung gemäss Ziff. I 2 des BG vom 1. Okt 2010 über die Koordination des Asyl- und des Auslieferungsverfahrens, in Kraft seit 1. April 2011 (AS 2011 925; BBl 2010 1467).
56 SR 172.056.1
57 SR 0.172.052.68

der Europäischen Gemeinschaft über bestimmte Aspekte des öffentlichen Beschaffungswesens nicht erreicht,
2. wenn sich keine Rechtsfrage von grundsätzlicher Bedeutung stellt;

f^{bis}.[58] Entscheide des Bundesverwaltungsgerichts über Verfügungen nach Artikel 32*i* des Personenbeförderungsgesetzes vom 20. März 2009[59];

g. Entscheide auf dem Gebiet der öffentlich-rechtlichen Arbeitsverhältnisse, wenn sie eine nicht vermögensrechtliche Angelegenheit, nicht aber die Gleichstellung der Geschlechter betreffen;

h.[60] Entscheide auf dem Gebiet der internationalen Amtshilfe, mit Ausnahme der Amtshilfe in Steuersachen;

i. Entscheide auf dem Gebiet des Militär-, Zivil- und Zivilschutzdienstes;

j.[61] Entscheide auf dem Gebiet der wirtschaftlichen Landesversorgung, die bei schweren Mangellagen getroffen worden sind;

k. Entscheide betreffend Subventionen, auf die kein Anspruch besteht;

l. Entscheide über die Zollveranlagung, wenn diese auf Grund der Tarifierung oder des Gewichts der Ware erfolgt;

m.[62] Entscheide über die Stundung oder den Erlass von Abgaben; in Abweichung davon ist die Beschwerde zulässig gegen Entscheide über den Erlass der direkten Bundessteuer oder der kantonalen oder kommunalen Einkommens- und Gewinnsteuer, wenn sich eine Rechtsfrage von grundsätzlicher Bedeutung stellt oder es sich aus anderen Gründen um einen besonders bedeutenden Fall handelt;

n. Entscheide auf dem Gebiet der Kernenergie betreffend:
 1. das Erfordernis einer Freigabe oder der Änderung einer Bewilligung oder Verfügung,
 2. die Genehmigung eines Plans für Rückstellungen für die vor Ausserbetriebnahme einer Kernanlage anfallenden Entsorgungskosten,
 3. Freigaben;

o. Entscheide über die Typengenehmigung von Fahrzeugen auf dem Gebiet des Strassenverkehrs;

---

58 Eingefügt durch Ziff. I 2 des BG vom 16. März 2012 über den zweiten Schritt der Bahnreform 2, in Kraft seit 1. Juli 2013 (AS 2012 5619, 2013 1603; BBl 2011 911).
59 SR 745.1
60 Fassung gemäss Anhang Ziff. 1 des Steueramtshilfegesetzes vom 28. Sept. 2012, in Kraft seit 1. Febr. 2013 (AS 2013 231; BBl 2011 6193).
61 Fassung gemäss Anhang 2 Ziff. II 1 des Landesversorgungsgesetzes vom 17. Juni 2016, in Kraft seit 1. Juni 2017 (AS 2017 3097; BBl 2014 7119).
62 Fassung gemäss Ziff. I 1 des BG vom 20. Juni 2014, in Kraft seit 1. Jan. 2016 (AS 2015 9; BBl 2013 8435).

p.[63] Entscheide des Bundesverwaltungsgerichts auf dem Gebiet des Fernmeldeverkehrs, des Radios und des Fernsehens sowie der Post betreffend:[64]
1. Konzessionen, die Gegenstand einer öffentlichen Ausschreibung waren,
2. Streitigkeiten nach Artikel 11a des Fernmeldegesetzes vom 30. April 1997[65],
3.[66] Streitigkeiten nach Artikel 8 des Postgesetzes vom 17. Dezember 2010[67];
q. Entscheide auf dem Gebiet der Transplantationsmedizin betreffend:
1. die Aufnahme in die Warteliste,
2. die Zuteilung von Organen;
r. Entscheide auf dem Gebiet der Krankenversicherung, die das Bundesverwaltungsgericht gestützt auf Artikel 34[68] des Verwaltungsgerichtsgesetzes vom 17. Juni 2005[69] (VGG) getroffen hat;
s. Entscheide auf dem Gebiet der Landwirtschaft betreffend:
1.[70] ...
2. die Abgrenzung der Zonen im Rahmen des Produktionskatasters;
t. Entscheide über das Ergebnis von Prüfungen und anderen Fähigkeitsbewertungen, namentlich auf den Gebieten der Schule, der Weiterbildung und der Berufsausübung;
u.[71] Entscheide auf dem Gebiet der öffentlichen Kaufangebote (Art. 125–141 des Finanzmarktinfrastrukturgesetzes vom 19. Juni 2015[72]);
v.[73] Entscheide des Bundesverwaltungsgerichts über Meinungsverschiedenheiten zwischen Behörden in der innerstaatlichen Amts- und Rechtshilfe;
w.[74] Entscheide auf dem Gebiet des Elektrizitätsrechts betreffend die Plangenehmigung von Starkstromanlagen und Schwachstromanlagen und die

---

63 Fassung gemäss Art. 106 Ziff. 3 des BG vom 24. März 2006 über Radio und Fernsehen, in Kraft seit 1. April 2007 (AS 2007 737; BBl 2003 1569).
64 Fassung gemäss Anhang Ziff. II 1 des Postgesetzes vom 17. Dez. 2010, in Kraft seit 1. Okt. 2012 (AS 2012 4993; BBl 2009 5181).
65 SR 784.10
66 Eingefügt durch Anhang Ziff. II 1 des Postgesetzes vom 17. Dez. 2010, in Kraft seit 1. Okt. 2012 (AS 2012 4993; BBl 2009 5181).
67 SR 783.0
68 Berichtigt von der Redaktionskommission der BVers (Art. 58 Abs. 1 ParlG – SR 171.10).
69 SR 173.32. Dieser Art. ist aufgehoben. Siehe heute: Art. 33 Bst. i VGG in Verbindung mit Art. 53 Abs. 1 des BG vom 18. März 1994 über die Krankenversicherung (SR 832.10).
70 Aufgehoben durch Anhang Ziff. 1 des BG vom 22. März 2013, mit Wirkung seit 1. Jan. 2014 (AS 2013 3463 3863; BBl 2012 2075).
71 Eingefügt durch Anhang Ziff. 3 des Finanzmarktaufsichtsgesetzes vom 22. Juni 2007 (AS 2008 5207; BBl 2006 2829). Fassung gemäss Anhang Ziff. 1 des Finanzmarktinfrastrukturgesetzes vom 19. Juni 2015, in Kraft seit 1. Jan. 2016 (AS 2015 5339; BBl 2014 7483).
72 SR 958.1
73 Eingefügt durch Anhang Ziff. 3 des Finanzmarktaufsichtsgesetzes vom 22. Juni 2007, in Kraft seit 1. Jan. 2009 (AS 2008 5207; BBl 2006 2829).
74 Eingefügt durch Anhang Ziff. II 1 des Energiegesetzes vom 30. Sept. 2016, in Kraft seit 1. Jan. 2018 (AS 2017 6839; BBl 2013 7561).

Entscheide auf diesem Gebiet betreffend Enteignung der für den Bau oder Betrieb solcher Anlagen notwendigen Rechte, wenn sich keine Rechtsfrage von grundsätzlicher Bedeutung stellt;

x.[75] Entscheide betreffend die Gewährung von Solidaritätsbeiträgen nach dem Bundesgesetz vom 30. September 2016[76] über die Aufarbeitung der fürsorgerischen Zwangsmassnahmen und Fremdplatzierungen vor 1981, ausser wenn sich eine Rechtsfrage von grundsätzlicher Bedeutung stellt oder aus anderen Gründen ein besonders bedeutender Fall vorliegt.

Art. 84 Internationale Rechtshilfe in Strafsachen

¹ Gegen einen Entscheid auf dem Gebiet der internationalen Rechtshilfe in Strafsachen ist die Beschwerde nur zulässig, wenn er eine Auslieferung, eine Beschlagnahme, eine Herausgabe von Gegenständen oder Vermögenswerten oder eine Übermittlung von Informationen aus dem Geheimbereich betrifft und es sich um einen besonders bedeutenden Fall handelt.

² Ein besonders bedeutender Fall liegt insbesondere vor, wenn Gründe für die Annahme bestehen, dass elementare Verfahrensgrundsätze verletzt worden sind oder das Verfahren im Ausland schwere Mängel aufweist.

Art. 84a[77] Internationale Amtshilfe in Steuersachen

Gegen einen Entscheid auf dem Gebiet der internationalen Amtshilfe in Steuersachen ist die Beschwerde nur zulässig, wenn sich eine Rechtsfrage von grundsätzlicher Bedeutung stellt oder wenn es sich aus anderen Gründen um einen besonders bedeutenden Fall im Sinne von Artikel 84 Absatz 2 handelt.

Art. 85 Streitwertgrenzen

¹ In vermögensrechtlichen Angelegenheiten ist die Beschwerde unzulässig:
a. auf dem Gebiet der Staatshaftung, wenn der Streitwert weniger als 30 000 Franken beträgt;
b. auf dem Gebiet der öffentlich-rechtlichen Arbeitsverhältnisse, wenn der Streitwert weniger als 15 000 Franken beträgt.

² Erreicht der Streitwert den massgebenden Betrag nach Absatz 1 nicht, so ist die Beschwerde dennoch zulässig, wenn sich eine Rechtsfrage von grundsätzlicher Bedeutung stellt.

Art. 86 Vorinstanzen im Allgemeinen

¹ Die Beschwerde ist zulässig gegen Entscheide:
a. des Bundesverwaltungsgerichts;

---

75 Eingefügt durch Art. 21 Abs. 2 des BG vom 30. Sept. 2016 über die Aufarbeitung der fürsorgerischen Zwangsmassnahmen und Fremdplatzierungen vor 1981, in Kraft seit 1. April 2017 (AS 2017 753; BBl 2016 101).
76 SR 211.223.13
77 Eingefügt durch Anhang Ziff. 1 des Steueramtshilfegesetzes vom 28. Sept. 2012, in Kraft seit 1. Febr. 2013 (AS 2013 231; BBl 2011 6193).

b. des Bundesstrafgerichts;
c. der unabhängigen Beschwerdeinstanz für Radio und Fernsehen;
d. letzter kantonaler Instanzen, sofern nicht die Beschwerde an das Bundesverwaltungsgericht zulässig ist.

² Die Kantone setzen als unmittelbare Vorinstanzen des Bundesgerichts obere Gerichte ein, soweit nicht nach einem anderen Bundesgesetz Entscheide anderer richterlicher Behörden der Beschwerde an das Bundesgericht unterliegen.

³ Für Entscheide mit vorwiegend politischem Charakter können die Kantone anstelle eines Gerichts eine andere Behörde als unmittelbare Vorinstanz des Bundesgerichts einsetzen.

Art. 87 Vorinstanzen bei Beschwerden gegen Erlasse

¹ Gegen kantonale Erlasse ist unmittelbar die Beschwerde zulässig, sofern kein kantonales Rechtsmittel ergriffen werden kann.

² Soweit das kantonale Recht ein Rechtsmittel gegen Erlasse vorsieht, findet Artikel 86 Anwendung.

Art. 88 Vorinstanzen in Stimmrechtssachen

¹ Beschwerden betreffend die politische Stimmberechtigung der Bürger und Bürgerinnen sowie betreffend Volkswahlen und -abstimmungen sind zulässig:
a. in kantonalen Angelegenheiten gegen Akte letzter kantonaler Instanzen;
b. in eidgenössischen Angelegenheiten gegen Verfügungen der Bundeskanzlei und Entscheide der Kantonsregierungen.

² Die Kantone sehen gegen behördliche Akte, welche die politischen Rechte der Stimmberechtigten in kantonalen Angelegenheiten verletzen können, ein Rechtsmittel vor. Diese Pflicht erstreckt sich nicht auf Akte des Parlaments und der Regierung.

Art. 89 Beschwerderecht

¹ Zur Beschwerde in öffentlich-rechtlichen Angelegenheiten ist berechtigt, wer:
a. vor der Vorinstanz am Verfahren teilgenommen hat oder keine Möglichkeit zur Teilnahme erhalten hat;
b. durch den angefochtenen Entscheid oder Erlass besonders berührt ist; und
c. ein schutzwürdiges Interesse an dessen Aufhebung oder Änderung hat.

² Zur Beschwerde sind ferner berechtigt:
a. die Bundeskanzlei, die Departemente des Bundes oder, soweit das Bundesrecht es vorsieht, die ihnen unterstellten Dienststellen, wenn der angefochtene Akt die Bundesgesetzgebung in ihrem Aufgabenbereich verletzen kann;

b. das zuständige Organ der Bundesversammlung auf dem Gebiet des Arbeitsverhältnisses des Bundespersonals;
c. Gemeinden und andere öffentlich-rechtliche Körperschaften, wenn sie die Verletzung von Garantien rügen, die ihnen die Kantons- oder Bundesverfassung gewährt;
d. Personen, Organisationen und Behörden, denen ein anderes Bundesgesetz dieses Recht einräumt.

³ In Stimmrechtssachen (Art. 82 Bst. c) steht das Beschwerderecht ausserdem jeder Person zu, die in der betreffenden Angelegenheit stimmberechtigt ist.

4. Kapitel: Beschwerdeverfahren

1. Abschnitt: Anfechtbare Entscheide

Art. 90 Endentscheide

Die Beschwerde ist zulässig gegen Entscheide, die das Verfahren abschliessen.

Art. 91 Teilentscheide

Die Beschwerde ist zulässig gegen einen Entscheid, der:
a. nur einen Teil der gestellten Begehren behandelt, wenn diese Begehren unabhängig von den anderen beurteilt werden können;
b. das Verfahren nur für einen Teil der Streitgenossen und Streitgenossinnen abschliesst.

Art. 92 Vor- und Zwischenentscheide über die Zuständigkeit und den Ausstand

¹ Gegen selbständig eröffnete Vor- und Zwischenentscheide über die Zuständigkeit und über Ausstandsbegehren ist die Beschwerde zulässig.

² Diese Entscheide können später nicht mehr angefochten werden.

Art. 93 Andere Vor- und Zwischenentscheide

¹ Gegen andere selbständig eröffnete Vor- und Zwischenentscheide ist die Beschwerde zulässig:
a. wenn sie einen nicht wieder gutzumachenden Nachteil bewirken können; oder
b. wenn die Gutheissung der Beschwerde sofort einen Endentscheid herbeiführen und damit einen bedeutenden Aufwand an Zeit oder Kosten für ein weitläufiges Beweisverfahren ersparen würde.

² Auf dem Gebiet der internationalen Rechtshilfe in Strafsachen und dem Gebiet des Asyls sind Vor- und Zwischenentscheide nicht anfechtbar.[78] Vorbehalten bleiben Beschwerden gegen Entscheide über die Auslieferungshaft sowie über die Beschlagnahme von Vermögenswerten und Wertgegenständen, sofern die Voraussetzungen von Absatz 1 erfüllt sind.

³ Ist die Beschwerde nach den Absätzen 1 und 2 nicht zulässig oder wurde von ihr kein Gebrauch gemacht, so sind die betreffenden Vor- und Zwischenentscheide durch Beschwerde gegen den Endentscheid anfechtbar, soweit sie sich auf dessen Inhalt auswirken.

Art. 94 **Rechtsverweigerung und Rechtsverzögerung**

Gegen das unrechtmässige Verweigern oder Verzögern eines anfechtbaren Entscheids kann Beschwerde geführt werden.

2. Abschnitt: Beschwerdegründe

Art. 95 **Schweizerisches Recht**

Mit der Beschwerde kann die Verletzung gerügt werden von:
a. Bundesrecht;
b. Völkerrecht;
c. kantonalen verfassungsmässigen Rechten;
d. kantonalen Bestimmungen über die politische Stimmberechtigung der Bürger und Bürgerinnen und über Volkswahlen und -abstimmungen;
e. interkantonalem Recht.

Art. 96 **Ausländisches Recht**

Mit der Beschwerde kann gerügt werden:
a. ausländisches Recht sei nicht angewendet worden, wie es das schweizerische internationale Privatrecht vorschreibt;
b. das nach dem schweizerischen internationalen Privatrecht massgebende ausländische Recht sei nicht richtig angewendet worden, sofern der Entscheid keine vermögensrechtliche Sache betrifft.

Art. 97 **Unrichtige Feststellung des Sachverhalts**

¹ Die Feststellung des Sachverhalts kann nur gerügt werden, wenn sie offensichtlich unrichtig ist oder auf einer Rechtsverletzung im Sinne von Artikel 95 beruht und wenn die Behebung des Mangels für den Ausgang des Verfahrens entscheidend sein kann.

---

78 Fassung gemäss Ziff. I 2 des BG vom 1. Okt 2010 über die Koordination des Asyl- und des Auslieferungsverfahrens, in Kraft seit 1. April 2011 (AS 2011 925; BBl 2010 1467).

² Richtet sich die Beschwerde gegen einen Entscheid über die Zusprechung oder Verweigerung von Geldleistungen der Militär- oder Unfallversicherung, so kann jede unrichtige oder unvollständige Feststellung des rechtserheblichen Sachverhalts gerügt werden.[79]

Art. 98 Beschränkte Beschwerdegründe

Mit der Beschwerde gegen Entscheide über vorsorgliche Massnahmen kann nur die Verletzung verfassungsmässiger Rechte gerügt werden.

3. Abschnitt: Neue Vorbringen

Art. 99

¹ Neue Tatsachen und Beweismittel dürfen nur so weit vorgebracht werden, als erst der Entscheid der Vorinstanz dazu Anlass gibt.

² Neue Begehren sind unzulässig.

4. Abschnitt: Beschwerdefrist

Art. 100 Beschwerde gegen Entscheide

¹ Die Beschwerde gegen einen Entscheid ist innert 30 Tagen nach der Eröffnung der vollständigen Ausfertigung beim Bundesgericht einzureichen.

² Die Beschwerdefrist beträgt zehn Tage:
a. bei Entscheiden der kantonalen Aufsichtsbehörden in Schuldbetreibungs- und Konkurssachen;
b.[80] bei Entscheiden auf den Gebieten der internationalen Rechtshilfe in Strafsachen und der internationalen Amtshilfe in Steuersachen;
c.[81] bei Entscheiden über die Rückgabe eines Kindes nach dem Europäischen Übereinkommen vom 20. Mai 1980[82] über die Anerkennung und Vollstreckung von Entscheidungen über das Sorgerecht für Kinder und die Wiederherstellung des Sorgerechts oder nach dem Übereinkommen vom 25. Oktober 1980[83] über die zivilrechtlichen Aspekte internationaler Kindesentführung;

---

79 Fassung gemäss Ziff. IV 1 des BG vom 16. Dez. 2005, in Kraft seit 1. Jan. 2007 (AS 2006 2003; BBl 2005 3079).
80 Fassung gemäss Anhang Ziff. 1 des Steueramtshilfegesetzes vom 28. Sept. 2012, in Kraft seit 1. Febr. 2013 (AS 2013 231; BBl 2011 6193).
81 Fassung gemäss Anhang Ziff. 1 des BG vom 21. Juni 2013 (Elterliche Sorge), in Kraft seit 1. Juli 2014 (AS 2014 357; BBl 2011 9077).
82 SR 0.211.230.01
83 SR 0.211.230.02

d.[84] bei Entscheiden des Bundespatentgerichts über die Erteilung einer Lizenz nach Artikel 40*d* des Patentgesetzes vom 25. Juni 1954[85].

[3] Die Beschwerdefrist beträgt fünf Tage:
a. bei Entscheiden der kantonalen Aufsichtsbehörden in Schuldbetreibungs- und Konkurssachen im Rahmen der Wechselbetreibung;
b. bei Entscheiden der Kantonsregierungen über Beschwerden gegen eidgenössische Abstimmungen.

[4] Bei Entscheiden der Kantonsregierungen über Beschwerden gegen die Nationalratswahlen beträgt die Beschwerdefrist drei Tage.

[5] Bei Beschwerden wegen interkantonaler Kompetenzkonflikte beginnt die Beschwerdefrist spätestens dann zu laufen, wenn in beiden Kantonen Entscheide getroffen worden sind, gegen welche beim Bundesgericht Beschwerde geführt werden kann.

[6] ...[86]

[7] Gegen das unrechtmässige Verweigern oder Verzögern eines Entscheids kann jederzeit Beschwerde geführt werden.

Art. 101 Beschwerde gegen Erlasse

Die Beschwerde gegen einen Erlass ist innert 30 Tagen nach der nach dem kantonalen Recht massgebenden Veröffentlichung des Erlasses beim Bundesgericht einzureichen.

5. Abschnitt: Weitere Verfahrensbestimmungen

Art. 102 Schriftenwechsel

[1] Soweit erforderlich stellt das Bundesgericht die Beschwerde der Vorinstanz sowie den allfälligen anderen Parteien, Beteiligten oder zur Beschwerde berechtigten Behörden zu und setzt ihnen Frist zur Einreichung einer Vernehmlassung an.

[2] Die Vorinstanz hat innert dieser Frist die Vorakten einzusenden.

[3] Ein weiterer Schriftenwechsel findet in der Regel nicht statt.

Art. 103 Aufschiebende Wirkung

[1] Die Beschwerde hat in der Regel keine aufschiebende Wirkung.

[2] Die Beschwerde hat im Umfang der Begehren aufschiebende Wirkung:
a. in Zivilsachen, wenn sie sich gegen ein Gestaltungsurteil richtet;

---

84 Eingefügt durch Anhang Ziff. 2 des BG vom 20. März 2009 über das Bundespatentgericht, in Kraft seit 1. Jan. 2012 (AS 2010 513, 2011 2241; BBl 2008 455).

85 SR 232.14

86 Aufgehoben durch Anhang 1 Ziff. II 2 der Zivilprozessordnung vom 19. Dez. 2008, mit Wirkung seit 1. Jan. 2011 (AS 2010 1739; BBl 2006 7221).

b. in Strafsachen, wenn sie sich gegen einen Entscheid richtet, der eine unbedingte Freiheitsstrafe oder eine freiheitsentziehende Massnahme ausspricht; die aufschiebende Wirkung erstreckt sich nicht auf den Entscheid über Zivilansprüche;

c. in Verfahren auf dem Gebiet der internationalen Rechtshilfe in Strafsachen, wenn sie sich gegen eine Schlussverfügung oder gegen jede andere Verfügung richtet, welche die Übermittlung von Auskünften aus dem Geheimbereich oder die Herausgabe von Gegenständen oder Vermögenswerten bewilligt;

d.[87] in Verfahren auf dem Gebiet der internationalen Amtshilfe in Steuersachen.

³ Der Instruktionsrichter oder die Instruktionsrichterin kann über die aufschiebende Wirkung von Amtes wegen oder auf Antrag einer Partei eine andere Anordnung treffen.

Art. 104 Andere vorsorgliche Massnahmen

Der Instruktionsrichter oder die Instruktionsrichterin kann von Amtes wegen oder auf Antrag einer Partei vorsorgliche Massnahmen treffen, um den bestehenden Zustand zu erhalten oder bedrohte Interessen einstweilen sicherzustellen.

Art. 105 Massgebender Sachverhalt

¹ Das Bundesgericht legt seinem Urteil den Sachverhalt zugrunde, den die Vorinstanz festgestellt hat.

² Es kann die Sachverhaltsfeststellung der Vorinstanz von Amtes wegen berichtigen oder ergänzen, wenn sie offensichtlich unrichtig ist oder auf einer Rechtsverletzung im Sinne von Artikel 95 beruht.

³ Richtet sich die Beschwerde gegen einen Entscheid über die Zusprechung oder Verweigerung von Geldleistungen der Militär- oder Unfallversicherung, so ist das Bundesgericht nicht an die Sachverhaltsfeststellung der Vorinstanz gebunden.[88]

Art. 106 Rechtsanwendung

¹ Das Bundesgericht wendet das Recht von Amtes wegen an.

² Es prüft die Verletzung von Grundrechten und von kantonalem und interkantonalem Recht nur insofern, als eine solche Rüge in der Beschwerde vorgebracht und begründet worden ist.

Art. 107 Entscheid

¹ Das Bundesgericht darf nicht über die Begehren der Parteien hinausgehen.

---

87 Eingefügt durch Ziff. II des BG vom 21. März 2014, in Kraft seit 1. Aug. 2014 (AS 2014 2309; BBl 2013 8369).
88 Fassung gemäss Ziff. IV 1 des BG vom 16. Dez. 2005, in Kraft seit 1. Jan. 2007 (AS 2006 2003; BBl 2005 3079).

² Heisst das Bundesgericht die Beschwerde gut, so entscheidet es in der Sache selbst oder weist diese zu neuer Beurteilung an die Vorinstanz zurück. Es kann die Sache auch an die Behörde zurückweisen, die als erste Instanz entschieden hat.

³ Erachtet das Bundesgericht eine Beschwerde auf dem Gebiet der internationalen Rechtshilfe in Strafsachen oder der internationalen Amtshilfe in Steuersachen als unzulässig, so fällt es den Nichteintretensentscheid innert 15 Tagen seit Abschluss eines allfälligen Schriftenwechsels. Auf dem Gebiet der internationalen Rechtshilfe in Strafsachen ist es nicht an diese Frist gebunden, wenn das Auslieferungsverfahren eine Person betrifft, gegen deren Asylgesuch noch kein rechtskräftiger Endentscheid vorliegt.[89]

⁴ Über Beschwerden gegen Entscheide des Bundespatentgerichts über die Erteilung einer Lizenz nach Artikel 40d des Patentgesetzes vom 25. Juni 1954[90] entscheidet das Bundesgericht innerhalb eines Monats nach Anhebung der Beschwerde.[91]

6. Abschnitt: Vereinfachtes Verfahren

Art. 108 Einzelrichter oder Einzelrichterin

¹ Der Präsident oder die Präsidentin der Abteilung entscheidet im vereinfachten Verfahren über:
a. Nichteintreten auf offensichtlich unzulässige Beschwerden;
b. Nichteintreten auf Beschwerden, die offensichtlich keine hinreichende Begründung (Art. 42 Abs. 2) enthalten;
c. Nichteintreten auf querulatorische oder rechtmissbräuchliche Beschwerden.

² Er oder sie kann einen anderen Richter oder eine andere Richterin damit betrauen.

³ Die Begründung des Entscheids beschränkt sich auf eine kurze Angabe des Unzulässigkeitsgrundes.

Art. 109 Dreierbesetzung

¹ Die Abteilungen entscheiden in Dreierbesetzung über Nichteintreten auf Beschwerden, bei denen sich keine Rechtsfrage von grundsätzlicher Bedeutung stellt oder kein besonders bedeutender Fall vorliegt, wenn die

---

[89] Fassung gemäss Anhang Ziff. 1 des Steueramtshilfegesetzes vom 28. Sept. 2012, in Kraft seit 1. Febr. 2013 (AS 2013 231; BBl 2011 6193).
[90] SR 232.14
[91] Eingefügt durch Anhang Ziff. 2 des BG vom 20. März 2009 über das Bundespatentgericht, in Kraft seit 1. Jan. 2012 (AS 2010 513, 2011 2241; BBl 2008 455).

Beschwerde nur unter einer dieser Bedingungen zulässig ist (Art. 74 und 83–85). Artikel 58 Absatz 1 Buchstabe b findet keine Anwendung.

² Sie entscheiden ebenfalls in Dreierbesetzung bei Einstimmigkeit über:
a. Abweisung offensichtlich unbegründeter Beschwerden;
b. Gutheissung offensichtlich begründeter Beschwerden, insbesondere wenn der angefochtene Akt von der Rechtsprechung des Bundesgerichts abweicht und kein Anlass besteht, diese zu überprüfen.

³ Der Entscheid wird summarisch begründet. Es kann ganz oder teilweise auf den angefochtenen Entscheid verwiesen werden.

7. Abschnitt: Kantonales Verfahren

Art. 110 Beurteilung durch richterliche Behörde

Soweit die Kantone nach diesem Gesetz als letzte kantonale Instanz ein Gericht einzusetzen haben, gewährleisten sie, dass dieses selbst oder eine vorgängig zuständige andere richterliche Behörde den Sachverhalt frei prüft und das massgebende Recht von Amtes wegen anwendet.

Art. 111 Einheit des Verfahrens

¹ Wer zur Beschwerde an das Bundesgericht berechtigt ist, muss sich am Verfahren vor allen kantonalen Vorinstanzen als Partei beteiligen können.

² Bundesbehörden, die zur Beschwerde an das Bundesgericht berechtigt sind, können die Rechtsmittel des kantonalen Rechts ergreifen und sich vor jeder kantonalen Instanz am Verfahren beteiligen, wenn sie dies beantragen.

³ Die unmittelbare Vorinstanz des Bundesgerichts muss mindestens die Rügen nach den Artikeln 95–98 prüfen können. ...[92]

Art. 112 Eröffnung der Entscheide

¹ Entscheide, die der Beschwerde an das Bundesgericht unterliegen, sind den Parteien schriftlich zu eröffnen. Sie müssen enthalten:
a. die Begehren, die Begründung, die Beweisvorbringen und Prozesserklärungen der Parteien, soweit sie nicht aus den Akten hervorgehen;
b. die massgebenden Gründe tatsächlicher und rechtlicher Art, insbesondere die Angabe der angewendeten Gesetzesbestimmungen;
c. das Dispositiv;
d. eine Rechtsmittelbelehrung einschliesslich Angabe des Streitwerts, soweit dieses Gesetz eine Streitwertgrenze vorsieht.

---

92 Zweiter Satz aufgehoben durch Anhang 1 Ziff. II 2 der Zivilprozessordnung vom 19. Dez. 2008, mit Wirkung seit 1. Jan. 2011 (AS 2010 1739; BBl 2006 7221).

² Wenn es das kantonale Recht vorsieht, kann die Behörde ihren Entscheid ohne Begründung eröffnen. Die Parteien können in diesem Fall innert 30 Tagen eine vollständige Ausfertigung verlangen. Der Entscheid ist nicht vollstreckbar, solange nicht entweder diese Frist unbenützt abgelaufen oder die vollständige Ausfertigung eröffnet worden ist.

³ Das Bundesgericht kann einen Entscheid, der den Anforderungen von Absatz 1 nicht genügt, an die kantonale Behörde zur Verbesserung zurückweisen oder aufheben.

⁴ Für die Gebiete, in denen Bundesbehörden zur Beschwerde berechtigt sind, bestimmt der Bundesrat, welche Entscheide ihnen die kantonalen Behörden zu eröffnen haben.

5. Kapitel: Subsidiäre Verfassungsbeschwerde

Art. 113 Grundsatz

Das Bundesgericht beurteilt Verfassungsbeschwerden gegen Entscheide letzter kantonaler Instanzen, soweit keine Beschwerde nach den Artikeln 72–89 zulässig ist.

Art. 114 Vorinstanzen

Die Vorschriften des dritten Kapitels über die kantonalen Vorinstanzen (Art. 75 bzw. 86) gelten sinngemäss.

Art. 115 Beschwerderecht

Zur Verfassungsbeschwerde ist berechtigt, wer:
a. vor der Vorinstanz am Verfahren teilgenommen hat oder keine Möglichkeit zur Teilnahme erhalten hat; und
b. ein rechtlich geschütztes Interesse an der Aufhebung oder Änderung des angefochtenen Entscheids hat.

Art. 116 Beschwerdegründe

Mit der Verfassungsbeschwerde kann die Verletzung von verfassungsmässigen Rechten gerügt werden.

Art. 117 Beschwerdeverfahren

Für das Verfahren der Verfassungsbeschwerde gelten die Artikel 90–94, 99, 100, 102, 103 Absätze 1 und 3, 104, 106 Absatz 2 sowie 107–112 sinngemäss.

Art. 118 Massgebender Sachverhalt

¹ Das Bundesgericht legt seinem Urteil den Sachverhalt zugrunde, den die Vorinstanz festgestellt hat.

² Es kann die Sachverhaltsfeststellung der Vorinstanz von Amtes wegen berichtigen oder ergänzen, wenn sie auf einer Rechtsverletzung im Sinne von Artikel 116 beruht.

Art. 119 Gleichzeitige ordentliche Beschwerde

¹ Führt eine Partei gegen einen Entscheid sowohl ordentliche Beschwerde als auch Verfassungsbeschwerde, so hat sie beide Rechtsmittel in der gleichen Rechtsschrift einzureichen.

² Das Bundesgericht behandelt beide Beschwerden im gleichen Verfahren.

³ Es prüft die vorgebrachten Rügen nach den Vorschriften über die entsprechende Beschwerdeart.

5a. Kapitel:[93] Revision gegen Entscheide der Strafkammern des Bundesstrafgerichts

Art. 119a

¹ Das Bundesgericht beurteilt Revisionen gegen Entscheide der Strafkammern des Bundesstrafgerichts.

² Das Revisionsverfahren richtet sich nach der StPO[94]; Artikel 413 Absatz 2 Buchstabe b StPO ist nicht anwendbar.

6. Kapitel: Klage

Art. 120

¹ Das Bundesgericht beurteilt auf Klage als einzige Instanz:
a. Kompetenzkonflikte zwischen Bundesbehörden und kantonalen Behörden;
b. zivilrechtliche und öffentlich-rechtliche Streitigkeiten zwischen Bund und Kantonen oder zwischen Kantonen;

---

93 Eingefügt durch Anhang Ziff. II 5 des Strafbehördenorganisationsgesetzes vom 19. März 2010, in Kraft seit 1. Jan. 2011 (AS 2010 3267; BBl 2008 8125).
94 SR 312.0

c.[95] Ansprüche auf Schadenersatz und Genugtuung aus der Amtstätigkeit von Personen im Sinne von Artikel 1 Absatz 1 Buchstaben a–c[bis] des Verantwortlichkeitsgesetzes vom 14. März 1958[96].

² Die Klage ist unzulässig, wenn ein anderes Bundesgesetz eine Behörde zum Erlass einer Verfügung über solche Streitigkeiten ermächtigt. Gegen die Verfügung ist letztinstanzlich die Beschwerde an das Bundesgericht zulässig.

³ Das Klageverfahren richtet sich nach dem BZP[97].

7. Kapitel: Revision, Erläuterung und Berichtigung

1. Abschnitt: Revision

Art. 121 Verletzung von Verfahrensvorschriften

Die Revision eines Entscheids des Bundesgerichts kann verlangt werden, wenn:
a. die Vorschriften über die Besetzung des Gerichts oder über den Ausstand verletzt worden sind;
b. das Gericht einer Partei mehr oder, ohne dass das Gesetz es erlaubt, anderes zugesprochen hat, als sie selbst verlangt hat, oder weniger als die Gegenpartei anerkannt hat;
c. einzelne Anträge unbeurteilt geblieben sind;
d. das Gericht in den Akten liegende erhebliche Tatsachen aus Versehen nicht berücksichtigt hat.

Art. 122 Verletzung der Europäischen Menschenrechtskonvention

Die Revision wegen Verletzung der Konvention zum Schutz der Menschenrechte und Grundfreiheiten vom 4. November 1950[98] (EMRK) kann verlangt werden, wenn:
a. der Europäische Gerichtshof für Menschenrechte in einem endgültigen Urteil festgestellt hat, dass die EMRK oder die Protokolle dazu verletzt worden sind;
b. eine Entschädigung nicht geeignet ist, die Folgen der Verletzung auszugleichen; und
c. die Revision notwendig ist, um die Verletzung zu beseitigen.

Art. 123 Andere Gründe

¹ Die Revision kann verlangt werden, wenn ein Strafverfahren ergeben hat, dass durch ein Verbrechen oder Vergehen zum Nachteil der Partei auf den

---

95 Fassung gemäss Anhang Ziff. II 5 des Strafbehördenorganisationsgesetzes vom 19. März 2010, in Kraft seit 1. Jan. 2011 (AS 2010 3267; BBl 2008 8125).
96 SR 170.32
97 SR 273
98 SR 0.101

Entscheid eingewirkt wurde; die Verurteilung durch das Strafgericht ist nicht erforderlich. Ist das Strafverfahren nicht durchführbar, so kann der Beweis auf andere Weise erbracht werden.

² Die Revision kann zudem verlangt werden:

a. in Zivilsachen und öffentlich-rechtlichen Angelegenheiten, wenn die ersuchende Partei nachträglich erhebliche Tatsachen erfährt oder entscheidende Beweismittel auffindet, die sie im früheren Verfahren nicht beibringen konnte, unter Ausschluss der Tatsachen und Beweismittel, die erst nach dem Entscheid entstanden sind;

b.[99] in Strafsachen, wenn die Voraussetzungen von Artikel 410 Absätze 1 Buchstaben a und b sowie 2 StPO[100] erfüllt sind.

Art. 124 Frist

¹ Das Revisionsgesuch ist beim Bundesgericht einzureichen:

a. wegen Verletzung der Ausstandsvorschriften: innert 30 Tagen nach der Entdeckung des Ausstandsgrundes;

b. wegen Verletzung anderer Verfahrensvorschriften: innert 30 Tagen nach der Eröffnung der vollständigen Ausfertigung des Entscheids;

c. wegen Verletzung der EMRK[101]: innert 90 Tagen, nachdem das Urteil des Europäischen Gerichtshofs für Menschenrechte nach Artikel 44 EMRK endgültig geworden ist;

d. aus anderen Gründen: innert 90 Tagen nach deren Entdeckung, frühestens jedoch nach der Eröffnung der vollständigen Ausfertigung des Entscheids oder nach dem Abschluss des Strafverfahrens.

² Nach Ablauf von zehn Jahren nach der Ausfällung des Entscheids kann die Revision nicht mehr verlangt werden, ausser:

a. in Strafsachen aus den Gründen nach Artikel 123 Absatz 1 und 2 Buchstabe b;

b. in den übrigen Fällen aus dem Grund nach Artikel 123 Absatz 1.

Art. 125 Verwirkung

Die Revision eines Entscheids, der den Entscheid der Vorinstanz bestätigt, kann nicht aus einem Grund verlangt werden, der schon vor der Ausfällung des bundesgerichtlichen Entscheids entdeckt worden ist und mit einem Revisionsgesuch bei der Vorinstanz hätte geltend gemacht werden können.

Art. 126 Vorsorgliche Massnahmen

Nach Eingang des Revisionsgesuchs kann der Instruktionsrichter oder die Instruktionsrichterin von Amtes wegen oder auf Antrag einer Partei den

---

99 Fassung gemäss Anhang 1 Ziff. II 3 der Strafprozessordnung vom 5. Okt. 2007, in Kraft seit 1. Jan. 2011 (AS 2010 1881; BBl 2006 1085).
100 SR 312.0
101 SR 0.101

Vollzug des angefochtenen Entscheids aufschieben oder andere vorsorgliche Massnahmen treffen.

Art. 127 Schriftenwechsel

Soweit das Bundesgericht das Revisionsgesuch nicht als unzulässig oder unbegründet befindet, stellt es dieses der Vorinstanz sowie den allfälligen anderen Parteien, Beteiligten oder zur Beschwerde berechtigten Behörden zu; gleichzeitig setzt es ihnen eine Frist zur Einreichung einer Vernehmlassung an.

Art. 128 Entscheid

¹ Findet das Bundesgericht, dass der Revisionsgrund zutrifft, so hebt es den früheren Entscheid auf und entscheidet neu.

² Wenn das Gericht einen Rückweisungsentscheid aufhebt, bestimmt es gleichzeitig die Wirkung dieser Aufhebung auf einen neuen Entscheid der Vorinstanz, falls in der Zwischenzeit ein solcher ergangen ist.

³ Entscheidet das Bundesgericht in einer Strafsache neu, so ist Artikel 415 StPO[102] sinngemäss anwendbar.[103]

2. Abschnitt: Erläuterung und Berichtigung

Art. 129

¹ Ist das Dispositiv eines bundesgerichtlichen Entscheids unklar, unvollständig oder zweideutig, stehen seine Bestimmungen untereinander oder mit der Begründung im Widerspruch oder enthält es Redaktions- oder Rechnungsfehler, so nimmt das Bundesgericht auf schriftliches Gesuch einer Partei oder von Amtes wegen die Erläuterung oder Berichtigung vor.

² Die Erläuterung eines Rückweisungsentscheids ist nur zulässig, solange die Vorinstanz nicht den neuen Entscheid getroffen hat.

³ Die Artikel 126 und 127 sind sinngemäss anwendbar.

8. Kapitel: Schlussbestimmungen

Art. 130[104] Kantonale Ausführungsbestimmungen

¹ Die Kantone erlassen auf den Zeitpunkt des Inkrafttretens einer schweizerischen Strafprozessordnung Ausführungsbestimmungen über die Zuständig-

---

102 SR 312.0
103 Fassung gemäss Anhang 1 Ziff. II 3 der Strafprozessordnung vom 5. Okt. 2007, in Kraft seit 1. Jan. 2011 (AS 2010 1881; BBl 2006 1085).
104 Fassung gemäss Ziff. I 1 des BG vom 23. Juni 2006 über die Bereinigung und Aktualisierung der Totalrevision der Bundesrechtspflege, in Kraft seit 1. Jan. 2007 (AS 2006 4213; BBl 2006 3067).

keit, die Organisation und das Verfahren der Vorinstanzen in Strafsachen im Sinne der Artikel 80 Absatz 2 und 111 Absatz 3, einschliesslich der Bestimmungen, die zur Gewährleistung der Rechtsweggarantie nach Artikel 29a der Bundesverfassung erforderlich sind. Ist sechs Jahre nach Inkrafttreten dieses Gesetzes noch keine schweizerische Strafprozessordnung in Kraft, so legt der Bundesrat die Frist zum Erlass der Ausführungsbestimmungen nach Anhörung der Kantone fest.

2 Die Kantone erlassen auf den Zeitpunkt des Inkrafttretens einer schweizerischen Zivilprozessordnung Ausführungsbestimmungen über die Zuständigkeit, die Organisation und das Verfahren der Vorinstanzen in Zivilsachen im Sinne der Artikel 75 Absatz 2 und 111 Absatz 3, einschliesslich der Bestimmungen, die zur Gewährleistung der Rechtsweggarantie nach Artikel 29a der Bundesverfassung erforderlich sind. Ist sechs Jahre nach Inkrafttreten dieses Gesetzes noch keine schweizerische Zivilprozessordnung in Kraft, so legt der Bundesrat die Frist zum Erlass der Ausführungsbestimmungen nach Anhörung der Kantone fest.

3 Innert zwei Jahren nach Inkrafttreten dieses Gesetzes erlassen die Kantone Ausführungsbestimmungen über die Zuständigkeit, die Organisation und das Verfahren der Vorinstanzen im Sinne der Artikel 86 Absätze 2 und 3 und 88 Absatz 2, einschliesslich der Bestimmungen, die zur Gewährleistung der Rechtsweggarantie nach Artikel 29a der Bundesverfassung erforderlich sind.

4 Bis zum Erlass der Ausführungsgesetzgebung können die Kantone die Ausführungsbestimmungen in die Form nicht referendumspflichtiger Erlasse kleiden, soweit dies zur Einhaltung der Fristen nach den Absätzen 1–3 notwendig ist.

Art. 131 Aufhebung und Änderung bisherigen Rechts

1 Das Bundesgesetz vom 16. Dezember 1943[105] über die Organisation der Bundesrechtspflege wird aufgehoben.

2 Die Änderung bisherigen Rechts wird im Anhang geregelt.

3 Die Bundesversammlung kann diesem Gesetz widersprechende, aber formell nicht geänderte Bestimmungen in Bundesgesetzen durch eine Verordnung anpassen.

---

105 [BS 3 531; AS 1948 485 Art. 86, 1955 871 Art. 118, 1959 902, 1969 737 Art. 80 Bst. b 767, 1977 237 Ziff. II 3 862 Art. 52 Ziff. 2 1323 Ziff. III, 1978 688 Art. 88 Ziff. 3 1450, 1979 42, 1980 31 Ziff. IV 1718 Art. 52 Ziff. 2 1819 Art. 12 Abs. 1, 1982 1676 Anhang Ziff. 13, 1983 1886 Art. 36 Ziff. 1, 1986 926 Art. 59 Ziff. 1, 1987 226 Ziff. II 1 1665 Ziff. II, 1988 1776 Anhang Ziff. II 1, 1989 504 Art. 33 Bst. a, 1990 938 Ziff. III Abs. 5, 1992 288, 1993 274 Art. 75 Ziff. 1 1945 Anhang Ziff. 1, 1995 1227 Anhang Ziff. 3 4093 Anhang Ziff. 4, 1996 508 Art. 36 750 Art. 17 1445 Anhang Ziff. 2 1498 Anhang Ziff. 2, 1997 1155 Anhang Ziff. 6 2465 Anhang Ziff. 5, 1998 2847 Anhang Ziff. 3 3033 Anhang Ziff. 2, 1999 1118 Anhang Ziff. 1 3071 Ziff. I 2, 2000 273 Anhang Ziff. 6 416 Ziff. I 2 505 Ziff. I 1 2355 Anhang Ziff. 1 2719, 2001 114 Ziff. I 4 894 Art. 40 Ziff. 3 1029 Art. 11 Abs. 2, 2002 863 Art. 35 1904 Art. 36 Ziff. 1 2767 Ziff. II 3988 Anhang Ziff. 1, 2003 2133 Anhang Ziff. 7 3543 Anhang Ziff. II 4 Bst. a 4557 Anhang Ziff. II 1, 2004 1985 Anhang Ziff. II 1 4719 Anhang Ziff. II 1, 2005 5685 Anhang Ziff. 7]

Art. 132 Übergangsbestimmungen

¹ Dieses Gesetz ist auf die nach seinem Inkrafttreten eingeleiteten Verfahren des Bundesgerichts anwendbar, auf ein Beschwerdeverfahren jedoch nur dann, wenn auch der angefochtene Entscheid nach dem Inkrafttreten dieses Gesetzes ergangen ist.

² ...[106]

³ Die Amtsdauer der ordentlichen und nebenamtlichen Bundesrichter und Bundesrichterinnen, die gestützt auf das Bundesrechtspflegegesetz vom 16. Dezember 1943[107] oder den Bundesbeschluss vom 23. März 1984[108] über die Erhöhung der Zahl der nebenamtlichen Richter des Bundesgerichts gewählt worden sind oder die in den Jahren 2007 und 2008 gewählt werden, endet am 31. Dezember 2008.[109]

⁴ Die zahlenmässige Begrenzung der nebenamtlichen Bundesrichter und Bundesrichterinnen gemäss Artikel 1 Absatz 4 gilt erst ab 2009.[110]

Art. 132a[111] Übergangsbestimmung zur Änderung vom 20. Juni 2014

Das Beschwerdeverfahren gegen Entscheide, die vor dem Inkrafttreten der Änderung vom 20. Juni 2014 dieses Gesetzes ergangen sind, richtet sich nach dem bisherigen Recht.

Art. 133 Referendum und Inkrafttreten

¹ Dieses Gesetz untersteht dem fakultativen Referendum.

² Der Bundesrat bestimmt das Inkrafttreten.

Datum des Inkrafttretens: 1. Januar 2007[112]

Anhang (Art. 131 Abs. 2)
Änderung bisherigen Rechts

Die nachstehenden Bundesgesetze werden wie folgt geändert:

...[113]

---

106 Aufgehoben durch Anhang Ziff. 1 des BG vom 26. Sept. 2014, mit Wirkung seit 1. Jan. 2016 (AS 2015 3205; BBl 2013 7185).
107 [BS 3 531]
108 [AS 1984 748, 1992 339, 1993 879 Anhang 3 Ziff. 3]
109 Eingefügt durch Ziff. I 1 des BG vom 23. Juni 2006 über die Bereinigung und Aktualisierung der Totalrevision der Bundesrechtspflege, in Kraft seit 1. Jan. 2007 (AS 2006 4213; BBl 2006 3067).
110 Eingefügt durch Ziff. I 1 des BG vom 23. Juni 2006 über die Bereinigung und Aktualisierung der Totalrevision der Bundesrechtspflege, in Kraft seit 1. Jan. 2007 (AS 2006 4213; BBl 2006 3067).
111 Eingefügt durch Ziff. I 1 des BG vom 20. Juni 2014, in Kraft seit 1. Jan. 2016 (AS 2015 9; BBl 2013 8435).
112 Art. 1 Bst. a der V vom 1. März 2006 (AS 2006 1069)
113 Die Änderungen können unter AS 2006 1205 konsultiert werden.

4. Tarif für die Gerichtsgebühren im Verfahren vor dem Bundesgericht

vom 31. März 2006

Das Schweizerische Bundesgericht,

gestützt auf die Artikel 15 Absatz 1 Buchstabe a und 65 des Bundesgerichtsgesetzes vom 17. Juni 2005[1] (BGG),

beschliesst:

1. Bei Streitigkeiten (Beschwerden und Klagen) mit Vermögensinteresse (Art. 65 Abs. 3 Bst. b BGG) gilt für die Bemessung der Gerichtsgebühr als Richtlinie:

Streitwert Franken	Gerichtsgebühr Franken
0 – 10 000	200 – 5 000
10 000 – 20 000	500 – 5 000
20 000 – 50 000	1 000 – 5 000
50 000 – 100 000	1 500 – 5 000
100 000 – 200 000	2 000 – 8 000
200 000 – 500 000	3 000 – 12 000
500 000 – 1 000 000	5 000 – 20 000
1 000 000 – 5 000 000	7 000 – 40 000
5 000 000 – 10 000 000	10 000 – 60 000
über 10 000 000	20 000 – 100 000

2. In den Fällen ohne Vermögensinteresse gemäss Artikel 65 Absatz 3 Buchstabe a BGG beträgt die Gerichtsgebühr 200–5000 Franken, in den Fällen gemäss Artikel 65 Absatz 4 BGG (Streitigkeiten über Sozialversicherungsleistungen, über Diskriminierungen auf Grund des Geschlechts, aus einem Arbeitsverhältnis mit einem Streitwert bis zu 30 000 Franken sowie nach

---

SR 173.110.210.1. AS 2006 5667
1 SR 173.110

den Art. 7 und 8 des Behindertengleichstellungsgesetzes vom 13. Dez. 2002[2]) 200 bis 1000 Franken.

3. Vorbehalten bleibt die ausnahmsweise Überschreitung der Höchstbeträge gemäss Artikel 65 Absatz 5 BGG.

4. Der Tarif für die Gerichtsgebühren im Verfahren vor dem Bundesgericht vom 31. März 1992[3] wird aufgehoben.

5. Dieser Tarif tritt am 1. Januar 2007 in Kraft.

---

2 SR 151.3
3 [AS 1993 3173]

5. Reglement
über die Parteientschädigung und die Entschädigung für die amtliche Vertretung im Verfahren vor dem Bundesgericht

vom 31. März 2006

Das Schweizerische Bundesgericht,

gestützt auf die Artikel 15 Absatz 1 Buchstabe a und 68 Absatz 2
des Bundesgerichtsgesetzes vom 17. Juni 2005[1] (BGG),

beschliesst:

Art. 1 Parteientschädigung

Die nach Art. 68 BGG der obsiegenden Partei zustehende Parteientschädigung umfasst:
a. die Anwaltskosten;
b. die allfälligen weiteren notwendigen Kosten, die durch den Rechtsstreit verursacht werden.

Art. 2 Anwaltskosten

[1] Die Anwaltskosten umfassen das Honorar und die notwendigen Auslagen des Anwaltes oder der Anwältin.

[2] Das Honorar bestimmt sich nach diesem Reglement.

[3] Dieses Reglement ist nicht anwendbar auf das Verhältnis zwischen dem Anwalt oder der Anwältin und der von ihm oder ihr vertretenen Partei.

Art. 3 Streitsachen mit Vermögensinteresse

[1] Bei Streitsachen mit Vermögensinteresse richtet sich das Honorar in der Regel nach dem Streitwert. Es wird innerhalb der vorgesehenen Rahmenbeträge (Art. 4 und 5) nach der Wichtigkeit der Streitsache, ihrer Schwierigkeit sowie dem Umfang der Arbeitsleistung und dem Zeitaufwand des Anwaltes oder der Anwältin bemessen.

[2] Für die Ermittlung des Streitwertes sind die Begehren massgebend, die vor Bundesgericht streitig sind. In der Regel ist der Wert der Klage- und der Widerklagebegehren zusammenzurechnen. Hat eine Partei eine offenbar übersetzte Forderung geltend gemacht, so ist das Honorar ihres Anwaltes oder

---

SR 173.110.210.3. AS 2006 5673
1 SR 173.110

ihrer Anwältin nach dem Betrage zu bemessen, den sie in guten Treuen hätte einklagen dürfen.

³ Lässt sich der Streitwert nicht beziffern, so wird das Honorar nach den übrigen in Absatz 1 genannten Bemessungselementen frei bestimmt.

Art. 4 Streitwerttarif für Beschwerdeverfahren

Streitwert Franken		Honorar Franken	
bis	20 000	600	4 000
20 000	50 000	1 500	6 000
50 000	100 000	3 000	10 000
100 000	500 000	5 000	15 000
500 000	1 000 000	7 000	22 000
1 000 000	2 000 000	8 000	30 000
2 000 000	5 000 000	12 000	50 000
über 5 000 000		20 000	1 Prozent

Art. 5 Streitwerttarif für Klageverfahren

Streitwert Franken		Honorar Franken	
bis	20 000	1 800	6 000
20 000	50 000	3 000	10 000
50 000	100 000	5 000	15 000
100 000	500 000	8 000	30 000
500 000	1 000 000	10 000	40 000
1 000 000	2 000 000	16 000	60 000
2 000 000	5 000 000	24 000	100 000
über 5 000 000		40 000	2 Prozent

Art. 6 Streitsachen ohne Vermögensinteresse

Hat der Streit kein Vermögensinteresse, so beträgt das Honorar, je nach Wichtigkeit und Schwierigkeit der Sache sowie nach Arbeitsaufwand, 600–18 000 Franken.

Art. 7   Revision und Erläuterung

Für Verfahren um Revision oder Erläuterung bundesgerichtlicher Urteile beträgt das Honorar in der Regel 600–18 000 Franken.

Art. 8   Besondere Fälle

¹ In Streitsachen, die aussergewöhnlich viel Arbeit beanspruchten, kann das Bundesgericht bei der Bemessung des Honorars über die Ansätze dieses Reglements hinausgehen.

² Besteht zwischen dem Streitwert und dem Interesse der Parteien am Prozess oder zwischen dem nach diesem Reglement anwendbaren Ansatz und der vom Anwalt oder von der Anwältin tatsächlich geleisteten Arbeit ein offenbares Missverhältnis, kann das Bundesgericht das Honorar unter den Minimalansatz herabsetzen.

³ Endet der Prozess nicht mit einem Sachurteil, insbesondere bei Rückzug des Rechtsmittels, Prozessabstand, Vergleich, Nichteintreten, kann das Honorar entsprechend gekürzt werden.

Art. 9   Rechtsvertretung durch Nichtanwälte oder Nichtanwältinnen

Treuhändern, Treuhänderinnen oder anderen Personen, die nicht als Anwälte beziehungsweise Anwältinnen zugelassen sind, kann das Bundesgericht für die Rechtsvertretung eine angemessene Entschädigung in sinngemässer Anwendung dieses Reglements zusprechen, soweit die Qualität der geleisteten Arbeit und die übrigen Umstände dies rechtfertigen.

Art. 10   Amtlich bestellte Anwälte oder Anwältinnen

Das Honorar der vom Bundesgericht amtlich bestellten Anwälte und Anwältinnen (Art. 64 BGG) richtet sich nach diesem Reglement. Es kann bis zu einem Drittel gekürzt werden.

Art. 11   Weitere Kosten

Wenn besondere Verhältnisse es rechtfertigen, kann das Gericht der Partei eine angemessene Entschädigung für weitere notwendige, durch den Prozess verursachte Umtriebe zusprechen.

Art. 12   Festsetzung der Entschädigung

¹ Das Bundesgericht legt die Entschädigung auf Grund der Akten als Gesamtbetrag fest, in dem auch die Mehrwertsteuer enthalten ist.

² Es kann eine Kostennote eingereicht werden.

Art. 13   Aufhebung bisherigen Rechts

Die nachstehenden Tarife werden aufgehoben:

a. Tarif vom 9. November 1978[2] über die Entschädigungen an die Gegenpartei für das Verfahren vor Bundesgericht;
b. Tarif vom 16. November 1992[3] über die Entschädigungen an die Gegenpartei für das Verfahren vor dem Eidgenössischen Versicherungsgericht.

Art. 14 Übergangsbestimmung

Dieses Reglement findet auf alle Kostenentscheidungen Anwendung, welche nach seinem Inkrafttreten ergehen.

Art. 15 Inkrafttreten

Dieses Reglement tritt am 1. Januar 2007 in Kraft.

---

2 [AS 1978 1956, 1992 1772]
3 [AS 1992 2442]

6. Bundesgesetz über das Bundespatentgericht
(Patentgerichtsgesetz, PatGG)

vom 20. März 2009

Die Bundesversammlung der Schweizerischen Eidgenossenschaft,
gestützt auf Artikel 191*a* Absatz 3 der Bundesverfassung[1],
nach Einsicht in die Botschaft des Bundesrates vom 7. Dezember 2007[2],
beschliesst:

1. Kapitel: Stellung

Art. 1 Grundsatz

[1] Das Bundespatentgericht ist das erstinstanzliche Patentgericht des Bundes.

[2] Es entscheidet als Vorinstanz des Bundesgerichts.

Art. 2 Unabhängigkeit

Das Bundespatentgericht ist in seiner rechtsprechenden Tätigkeit unabhängig und nur dem Recht verpflichtet.

Art. 3 Aufsicht

[1] Das Bundesgericht übt die administrative Aufsicht über die Geschäftsführung des Bundespatentgerichts aus.

[2] Die Bundesversammlung übt die Oberaufsicht aus.

[3] Das Bundespatentgericht unterbreitet dem Bundesgericht jährlich seinen Entwurf für den Voranschlag sowie seine Rechnung und seinen Geschäftsbericht zuhanden der Bundesversammlung.

Art. 4 Finanzierung

Das Bundespatentgericht finanziert sich aus Gerichtsgebühren sowie aus Beiträgen des Eidgenössischen Instituts für Geistiges Eigentum (IGE), die den jährlich vereinnahmten Patentgebühren entnommen werden.

SR 173.41. AS 2010 513
1 SR 101
2 BBl 2008 455

Art. 5 Infrastruktur und Personal für administrative Hilfsarbeiten

¹ Das Bundesverwaltungsgericht stellt seine Infrastruktur dem Bundespatentgericht zu Selbstkosten zur Verfügung und stellt das Personal zur Erfüllung der administrativen Hilfsarbeiten des Bundespatentgerichts.

² Das Personal für administrative Hilfsarbeiten ist in seiner Tätigkeit für das Bundespatentgericht dessen Gerichtsleitung unterstellt.

Art. 5a[3] Datenschutz bei der Benutzung der elektronischen Infrastruktur

¹ Für die Benutzung der elektronischen Infrastruktur des Bundesverwaltungsgerichts finden im Rahmen der Verwaltungstätigkeit des Bundespatentgerichts die Artikel 57*i*–57*q* des Regierungs- und Verwaltungsorganisationsgesetzes vom 21. März 1997[4] sinngemäss Anwendung.

² Das Bundespatentgericht erlässt die Ausführungsbestimmungen.

Art. 6 Tagungs- und Dienstort

Das Bundespatentgericht tagt am Sitz des Bundesverwaltungsgerichts. Dieser Tagungsort gilt auch als Dienstort für die hauptamtlichen Richterinnen und Richter, die Gerichtsschreiberinnen und Gerichtsschreiber sowie das Personal für administrative Hilfsarbeiten.

Art. 7 Besonderer Tagungsort

Wenn die Umstände es rechtfertigen, kann das Bundespatentgericht an einem anderen Ort tagen. Die Kantone stellen die notwendige Infrastruktur unentgeltlich zur Verfügung.

2. Kapitel: Richterinnen und Richter

Art. 8 Zusammensetzung

¹ Das Bundespatentgericht setzt sich aus Richterinnen und Richtern mit juristischer sowie Richterinnen und Richtern mit technischer Ausbildung zusammen. Die Richterinnen und Richter müssen über ausgewiesene Kenntnisse auf dem Gebiet des Patentrechts verfügen.

² Dem Bundespatentgericht gehören zwei hauptamtliche Richterinnen beziehungsweise Richter sowie eine ausreichende Anzahl nebenamtlicher Richterinnen beziehungsweise Richter an. Die Mehrheit der nebenamtlichen Richterinnen beziehungsweise Richter muss technisch ausgebildet sein.

---

3 Eingefügt durch Ziff. II 4 des BG vom 1. Okt. 2010 (Datenschutz bei der Benutzung der elektronischen Infrastruktur), in Kraft seit 1. April 2012 (AS 2012 941; BBl 2009 8513).
4 SR 172.010

Art. 9 Wahl

¹ Die Richterinnen und Richter werden von der Bundesversammlung gewählt.

² Wählbar ist, wer in eidgenössischen Angelegenheiten stimmberechtigt ist.

³ Bei der Wahl ist auf eine angemessene Vertretung der technischen Sachgebiete und der Amtssprachen zu achten.

⁴ Bei der Vorbereitung der Wahl können das IGE sowie die im Patentwesen tätigen Fachorganisationen und interessierten Kreise angehört werden.

Art. 10 Unvereinbarkeit in der Tätigkeit

¹ Die Richterinnen und Richter dürfen weder der Bundesversammlung noch dem Bundesrat noch einem eidgenössischen Gericht angehören.

² Sie dürfen keine Tätigkeit ausüben, welche die Erfüllung der Amtspflichten, die Unabhängigkeit oder das Ansehen des Gerichts beeinträchtigt.

³ Sie dürfen keine amtliche Funktion für einen ausländischen Staat ausüben.

⁴ Hauptamtliche Richterinnen und Richter dürfen nicht berufsmässig Dritte vor Gericht vertreten.

⁵ Hauptamtliche Richterinnen und Richter, die im Vollpensum tätig sind, dürfen kein Amt eines Kantons bekleiden und keine andere Erwerbstätigkeit ausüben. Sie dürfen auch nicht als Mitglied der Geschäftsleitung, der Verwaltung, der Aufsichtsstelle oder der Revisionsstelle eines wirtschaftlichen Unternehmens tätig sein.

Art. 11 Andere Beschäftigungen

Für die Ausübung einer anderen Erwerbstätigkeit ausserhalb des Gerichts bedürfen hauptamtliche Richterinnen und Richter, die im Teilpensum tätig sind, einer Ermächtigung der Gerichtsleitung.

Art. 12 Unvereinbarkeit in der Person

¹ Dem Bundespatentgericht dürfen nicht gleichzeitig als Richterinnen oder Richter angehören:
a. Ehegatten, eingetragene Partnerinnen oder Partner und Personen, die in dauernder Lebensgemeinschaft leben;
b. Ehegatten oder eingetragene Partnerinnen oder Partner von Geschwistern und Personen, die mit Geschwistern in dauernder Lebensgemeinschaft leben;
c. Verwandte in gerader Linie sowie bis und mit dem dritten Grad in der Seitenlinie;
d. Verschwägerte in gerader Linie sowie bis und mit dem dritten Grad in der Seitenlinie.

² Die Regelung von Absatz 1 Buchstabe d gilt bei dauernden Lebensgemeinschaften sinngemäss.

Art. 13 Amtsdauer

¹ Die Amtsdauer der Richterinnen und Richter beträgt sechs Jahre. Die Wiederwahl ist zulässig.

² Richter und Richterinnen scheiden am Ende des Jahres aus ihrem Amt aus, in dem sie das 68. Altersjahr vollenden.[5]

³ Frei gewordene Stellen werden für den Rest der Amtsdauer wieder besetzt.

Art. 14 Amtsenthebung

Die Wahlbehörde kann eine Richterin oder einen Richter vor Ablauf der Amtsdauer des Amtes entheben, wenn diese oder dieser:
a. vorsätzlich oder grobfahrlässig Amtspflichten schwer verletzt hat; oder
b. die Fähigkeit, das Amt auszuüben, auf Dauer verloren hat.

Art. 15 Amtseid

¹ Die Richterinnen und Richter werden vor ihrem Amtsantritt auf gewissenhafte Pflichterfüllung vereidigt.

² Sie leisten den Eid vor dem Gesamtgericht.

³ Statt des Eids kann ein Gelübde abgelegt werden.

Art. 16[6]

Art. 17 Arbeitsverhältnis und Besoldung

Die Bundesversammlung regelt das Arbeitsverhältnis und die Besoldung der Richterinnen und Richter in einer Verordnung.

3. Kapitel: Organisation und Verwaltung

Art. 18 Präsidium

¹ Die Bundesversammlung wählt eine hauptamtliche Richterin oder einen hauptamtlichen Richter zur Präsidentin beziehungsweise zum Präsidenten des Bundespatentgerichts.

² Die Präsidentin oder der Präsident wird für die volle Amtsdauer gewählt. Die Wiederwahl ist zulässig.

³ Die Präsidentin oder der Präsident muss juristisch ausgebildet sein.

⁴ Sie oder er führt den Vorsitz im Gesamtgericht und vertritt das Gericht nach aussen.

---

5 Fassung gemäss Ziff. I 2 des BG vom 16. März 2012 (Änderung des Höchstalters für Richter und Richterinnen), in Kraft seit 1. Dez. 2012 (AS 2012 5647; BBl 2011 8995 9013).
6 Aufgehoben durch Anhang Ziff. 5 des BG vom 17. Juni 2011 (Gesuche um Aufhebung der Immunität), mit Wirkung seit 5. Dez. 2011 (AS 2011 4627; BBl 2010 7345 7385).

⁵ Die Stellvertretung wird durch die Vizepräsidentin oder den Vizepräsidenten ausgeübt.

Art. 19 Gesamtgericht

¹ Das Gesamtgericht wählt aus dem Kreis der juristisch ausgebildeten Richterinnen und Richter die Vizepräsidentin oder den Vizepräsidenten und aus seiner Mitte die übrigen Mitglieder der Gerichtsleitung.

² Beschlüsse und Wahlen des Gesamtgerichts sind gültig, wenn an der Sitzung oder am Zirkulationsverfahren mindestens zwei Drittel aller Richterinnen und Richter teilnehmen.

Art. 20 Gerichtsleitung

¹ Die Gerichtsleitung trägt die Verantwortung für die Gerichtsverwaltung.

² Sie besteht aus drei Personen, nämlich aus den beiden hauptamtlichen Richterinnen oder Richtern und aus der Vizepräsidentin oder dem Vizepräsidenten. Wird die Vizepräsidentschaft von einer hauptamtlichen Richterin oder einem hauptamtlichen Richter ausgeübt, so wählt das Gesamtgericht die dritte Person aus dem Kreis der nebenamtlichen Richterinnen oder Richter. Die Bestellung einer Ersatzperson kann in einem Reglement vorgesehen werden.

³ Die Gerichtsleitung ist zuständig für:
a. den Erlass von Reglementen über die Organisation und Verwaltung des Gerichts, die Geschäftsverteilung, die Zusammensetzung der Spruchkörper, die Information, die Gerichtsgebühren sowie die Entschädigungen an Parteien, amtliche Vertreterinnen und Vertreter, Sachverständige sowie Zeuginnen und Zeugen;
b. alle Aufgaben, die dieses Gesetz nicht einem anderen Organ zuweist.

Art. 21 Spruchkörper

¹ Das Gericht entscheidet in der Regel in Dreierbesetzung (Spruchkörper), wobei mindestens eine Person technisch ausgebildet und eine Person juristisch ausgebildet sein muss.

² Das Gericht entscheidet auf präsidiale Anordnung als Spruchkörper aus fünf Personen, wobei mindestens eine Person technisch und eine Person juristisch ausgebildet sein muss, wenn dies im Interesse der Rechtsfortbildung oder der Einheit der Rechtsprechung angezeigt ist.

³ Sind im Streitfall mehrere technische Sachgebiete zu beurteilen, so entscheidet das Gericht auf präsidiale Anordnung als Spruchkörper aus bis zu sieben Personen, von denen mindestens eine juristisch ausgebildet sein muss.

⁴ Die Besetzung der technisch ausgebildeten Richterinnen oder Richter wird nach dem im Streitfall in Frage stehenden technischen Sachgebiet vorgenommen.

⁵ Dem Spruchkörper muss immer mindestens eine hauptamtliche Richterin oder ein hauptamtlicher Richter angehören; ausgenommen sind Fälle höherer Gewalt.

Art. 22 Abstimmung

¹ Für Beschlüsse und Wahlen des Gesamtgerichts und der Gerichtsleitung gilt die absolute Mehrheit der Stimmen.

² Bei Stimmengleichheit ist die Stimme der Präsidentin oder des Präsidenten ausschlaggebend; bei Wahlen und Anstellungen entscheidet das Los.

³ Die nebenamtlichen und die im Teilpensum tätigen hauptamtlichen Richterinnen und Richter haben volles Stimmrecht.

⁴ Richterinnen und Richter treten in Angelegenheiten, an denen sie ein persönliches Interesse haben, in den Ausstand.

Art. 23 Einzelrichterin oder Einzelrichter

¹ Die Präsidentin oder der Präsident entscheidet als Einzelrichterin beziehungsweise Einzelrichter über:
a. das Nichteintreten auf offensichtlich unzulässige Klagen;
b. Gesuche um vorsorgliche Massnahmen;
c. Gesuche um unentgeltliche Rechtspflege;
d. die Abschreibung von Verfahren zufolge Gegenstandslosigkeit, Rückzugs, Anerkennung oder Vergleichs;
e. Klagen auf Erteilung einer Lizenz nach Artikel 40*d* des Patentgesetzes vom 25. Juni 1954[7].

² Er oder sie kann andere juristisch ausgebildete Richterinnen oder Richter mit diesen oder einzelnen dieser Aufgaben betrauen.

³ Wenn die rechtlichen oder tatsächlichen Verhältnisse es erfordern, kann die Einzelrichterin beziehungsweise der Einzelrichter bei Gesuchen um vorsorgliche Massnahmen mit zwei weiteren Richterinnen oder Richtern in Dreierbesetzung entscheiden. Ist das Verständnis eines technischen Sachverhalts für den Entscheid von besonderer Bedeutung, muss in Dreierbesetzung entschieden werden.

Art. 24 Gerichtsschreiberinnen und Gerichtsschreiber

¹ Die Gerichtsschreiberinnen und Gerichtsschreiber wirken bei der Instruktion der Fälle und bei der Entscheidfindung mit. Sie haben beratende Stimme.

² Sie erarbeiten unter der Verantwortung einer Richterin oder eines Richters Referate und redigieren die Entscheide des Bundespatentgerichts.

³ Sie erfüllen weitere Aufgaben, die ihnen in einem Reglement übertragen werden.

---

7 SR 232.14

⁴ Das Arbeitsverhältnis und die Besoldung der Gerichtsschreiberinnen und Gerichtsschreiber richten sich nach dem Bundespersonalgesetz vom 24. März 2000[8].

Art. 25 Information

Das Bundespatentgericht informiert die Öffentlichkeit über seine Rechtsprechung.

4. Kapitel: Zuständigkeiten

Art. 26

¹ Das Bundespatentgericht ist ausschliesslich zuständig für:
a. Bestandes- und Verletzungsklagen sowie Klagen auf Erteilung einer Lizenz betreffend Patente;
b. die Anordnung vorsorglicher Massnahmen vor Eintritt der Rechtshängigkeit einer Klage nach Buchstabe a;
c. die Vollstreckung seiner in ausschliesslicher Zuständigkeit getroffenen Entscheide.

² Es ist zuständig auch für andere Zivilklagen, die in Sachzusammenhang mit Patenten stehen, insbesondere betreffend die Berechtigung an Patenten oder deren Übertragung. Die Zuständigkeit des Bundespatentgerichts schliesst diejenige der kantonalen Gerichte nicht aus.

³ Ist vor dem kantonalen Gericht vorfrageweise oder einredeweise die Nichtigkeit oder Verletzung eines Patents zu beurteilen, so setzt die Richterin oder der Richter den Parteien eine angemessene Frist zur Anhebung der Bestandesklage oder der Verletzungsklage vor dem Bundespatentgericht. Das kantonale Gericht setzt das Verfahren bis zum rechtskräftigen Entscheid über die Klage aus. Wird nicht innert Frist Klage vor dem Bundespatentgericht erhoben, so nimmt das kantonale Gericht das Verfahren wieder auf und die Vorfrage oder Einrede bleibt unberücksichtigt.

⁴ Erhebt die beklagte Partei vor dem kantonalen Gericht die Widerklage der Nichtigkeit oder der Verletzung eines Patents, so überweist das kantonale Gericht beide Klagen an das Bundespatentgericht.

---

[8] SR 172.220.1

5. Kapitel: Verfahren

1. Abschnitt: Anwendbares Recht

Art. 27

Das Verfahren vor dem Bundespatentgericht richtet sich nach der Zivilprozessordnung vom 19. Dezember 2008[9], soweit das Patentgesetz vom 25. Juni 1954[10] oder dieses Gesetz nichts anderes bestimmt.

2. Abschnitt: Ausstand

Art. 28

Nebenamtliche Richterinnen und Richter treten in den Ausstand bei Verfahren, in denen eine Person derselben Anwalts- oder Patentanwaltskanzlei oder desselben Arbeitgebers wie sie eine Partei vertritt.

3. Abschnitt: Parteivertretung

Art. 29

[1] In Verfahren betreffend den Bestand eines Patents können auch Patentanwältinnen oder Patentanwälte im Sinne von Artikel 2 des Patentanwaltsgesetzes vom 20. März 2009[11] als Parteivertretung vor dem Bundespatentgericht auftreten, sofern sie den Patentanwaltsberuf unabhängig ausüben.

[2] Die unabhängige Ausübung ihres Berufes ist auf Aufforderung des Bundespatentgerichts mittels geeigneter Unterlagen nachzuweisen.

[3] Patentanwältinnen oder Patentanwälte im Sinne von Artikel 2 des Patentanwaltsgesetzes vom 20. März 2009 erhalten in allen Verhandlungen vor dem Bundespatentgericht Gelegenheit zur technischen Erörterung des Sachverhalts.

4. Abschnitt: Prozesskosten und unentgeltliche Rechtspflege

Art. 30 Prozesskosten

Prozesskosten sind:
a. die Gerichtskosten;
b. die Parteientschädigung.

---

9 SR 272
10 SR 232.14
11 SR 935.62

Art. 31 Gerichtskosten

¹ Gerichtskosten sind:
a. die Gerichtsgebühr;
b. die Auslagen, namentlich die Kosten für das Kopieren von Rechtsschriften, für den Versand von Vorladungen und anderen Zustellungen, für Übersetzungen, ausgenommen solche zwischen Amtssprachen, sowie die Entschädigungen für Sachverständige, Zeuginnen und Zeugen.

² Die Gerichtsgebühr richtet sich nach Streitwert, Umfang und Schwierigkeit der Sache, Art der Prozessführung sowie finanzieller Lage der Parteien.

³ Sie beträgt in der Regel 1000–150 000 Franken.

⁴ Wenn besondere Gründe es rechtfertigen, kann das Bundespatentgericht bei der Festsetzung der Gerichtsgebühr vom Rahmen nach Absatz 3 abweichen.

⁵ Auf die Erhebung von Gerichtskosten, die weder eine Partei noch Dritte veranlasst haben, kann verzichtet werden.

Art. 32 Parteientschädigung

Das Bundespatentgericht spricht die Parteientschädigung nach dem Tarif (Art. 33) zu. Die Parteien können eine Kostennote einreichen.

Art. 33 Tarif

Das Bundespatentgericht setzt den Tarif für die Prozesskosten fest.

Art. 34 Liquidation der Prozesskosten bei unentgeltlicher Rechtspflege

¹ Unterliegt die unentgeltlich prozessführende Partei, so werden die Prozesskosten wie folgt liquidiert:
a. Die unentgeltliche Rechtsbeiständin oder der unentgeltliche Rechtsbeistand wird vom Bundespatentgericht angemessen entschädigt.
b. Die Gerichtskosten gehen zulasten des Bundespatentgerichts.
c. Der Gegenpartei werden die Vorschüsse, die sie geleistet hat, zurückerstattet.
d. Die unentgeltlich prozessführende Partei hat der Gegenpartei die Parteientschädigung zu bezahlen.

² Obsiegt die unentgeltlich prozessführende Partei und ist die Parteientschädigung bei der Gegenpartei nicht oder voraussichtlich nicht einbringlich, so wird die unentgeltliche Rechtsbeiständin oder der unentgeltliche Rechtsbeistand aus der Gerichtskasse angemessen entschädigt. Die unentgeltlich prozessführende Partei hat der Gerichtskasse Ersatz zu leisten, wenn sie später dazu in der Lage ist.

5. Abschnitt: Prozessleitung und prozessuales Handeln

Art. 35 Instruktionsrichterin oder Instruktionsrichter

[1] Die Präsidentin oder der Präsident leitet als Instruktionsrichterin beziehungsweise Instruktionsrichter das Verfahren bis zum Entscheid; sie oder er kann eine andere juristisch ausgebildete Richterin oder einen anderen juristisch ausgebildeten Richter mit dieser Aufgabe betrauen.

[2] Die Instruktionsrichterin beziehungsweise der Instruktionsrichter kann jederzeit eine Richterin oder einen Richter mit technischer Ausbildung beiziehen; diese oder dieser hat beratende Stimme.

Art. 36 Verfahrenssprache

[1] Das Gericht bestimmt eine der Amtssprachen als Verfahrenssprache. Auf die Sprache der Parteien wird Rücksicht genommen, sofern es sich um eine Amtssprache handelt.

[2] Jede Partei kann sich bei Eingaben und mündlichen Verhandlungen einer anderen Amtssprache als der Verfahrenssprache bedienen.

[3] Mit Zustimmung des Gerichts und der Parteien kann auch die englische Sprache benutzt werden. Das Urteil und verfahrensleitende Anordnungen werden in jedem Fall in einer Amtssprache abgefasst.

[4] Reicht eine Partei Urkunden ein, die weder in einer Amtssprache noch im Falle von Absatz 3 in englischer Sprache abgefasst sind, so kann das Bundespatentgericht mit dem Einverständnis der Gegenpartei darauf verzichten, eine Übersetzung zu verlangen. Im Übrigen ordnet es eine Übersetzung an, wo dies notwendig ist.

6. Abschnitt: Gutachten

Art. 37

[1] Die sachverständige Person erstattet ihr Gutachten schriftlich.

[2] Die Parteien erhalten Gelegenheit, zum Gutachten schriftlich Stellung zu nehmen.

[3] Bei besonderer Sachkunde einer technisch ausgebildeten Richterin oder eines technisch ausgebildeten Richters sind deren Fachvoten zu protokollieren. Die Parteien erhalten Gelegenheit, zum Protokoll Stellung zu nehmen.

7. Abschnitt: Stellungnahme zum Beweisergebnis

Art. 38

Nach Abschluss der Beweisabnahme gibt das Bundespatentgericht den Parteien auf begründeten Antrag Gelegenheit, zum Beweisergebnis schriftlich Stellung zu nehmen.

8. Abschnitt: Verfahren und Entscheid zur Erteilung und zur Änderung der Bedingungen einer Lizenz nach Artikel 40d des Patentgesetzes

Art. 39

[1] Das Verfahren zur Erteilung sowie zur Änderung der Bedingungen einer Lizenz nach Artikel 40d des Patentgesetzes vom 25. Juni 1954[12] wird durch eine Klage eingeleitet, die in einer der Formen nach Artikel 130 der Zivilprozessordnung[13] zu stellen ist.[14]

[2] Es ist innerhalb eines Monats nach Anhebung der Klage durch Entscheid zu erledigen.

[3] Im Übrigen gelten die Bestimmungen der Zivilprozessordnung vom 19. Dezember 2008 über das summarische Verfahren.

6. Kapitel: Schlussbestimmungen

Art. 40 Änderung bisherigen Rechts
Die Änderung bisherigen Rechts wird im Anhang geregelt.

Art. 41 Übergangsbestimmung
Das Bundespatentgericht übernimmt, sofern es zuständig ist, die Beurteilung der Verfahren, die beim Inkrafttreten dieses Gesetzes bei kantonalen Gerichten hängig sind, sofern die Hauptverhandlung noch nicht durchgeführt worden ist.

---

12 SR 232.14
13 SR 272
14 AS 2010 6413

Art. 42 Referendum und Inkrafttreten

¹ Dieses Gesetz untersteht dem fakultativen Referendum.

² Der Bundesrat bestimmt das Inkrafttreten.

Datum des Inkrafttretens: 1. März 2010[15]
Die Art. 21, 23, 26–32 und 34–41 treten am 1. Januar 2012 in Kraft.[16]

Anhang (Art. 40)
Änderung bisherigen Rechts

Die nachstehenden Bundesgesetze werden wie folgt geändert:

…[17]

---

15 BRB vom 16. Dez. 2009
16 AS 2011 2241
17 Die Änderungen können unter AS 2010 513 konsultiert werden.

7. Bundesgesetz über das Internationale Privatrecht (IPRG)

vom 18. Dezember 1987

Die Bundesversammlung der Schweizerischen Eidgenossenschaft,
gestützt auf die Zuständigkeit des Bundes in auswärtigen Angelegenheiten[1]
und auf Artikel 64 der Bundesverfassung[2],
nach Einsicht in eine Botschaft des Bundesrates vom 10. November 1982[3],[4]
beschliesst:

1. Kapitel: Gemeinsame Bestimmungen

1. Abschnitt: Geltungsbereich

Art. 1 [1] Dieses Gesetz regelt im internationalen Verhältnis:
a. die Zuständigkeit der schweizerischen Gerichte oder Behörden;
b. das anzuwendende Recht;
c. die Voraussetzungen der Anerkennung und Vollstreckung ausländischer Entscheidungen;
d. den Konkurs und den Nachlassvertrag;
e. die Schiedsgerichtsbarkeit.

[2] Völkerrechtliche Verträge sind vorbehalten.

2. Abschnitt: Zuständigkeit

I. Im Allgemeinen

Art. 2 Sieht dieses Gesetz keine besondere Zuständigkeit vor, so sind die schweizerischen Gerichte oder Behörden am Wohnsitz des Beklagten zuständig.

II. Notzuständigkeit

Art. 3 Sieht dieses Gesetz keine Zuständigkeit in der Schweiz vor und ist ein Verfahren im Ausland nicht möglich oder unzumutbar, so

---

SR 291. AS 1988 1776
[1] Dieser Zuständigkeitsumschreibung entspricht Art. 54 Abs. 1 der neuen Bundesverfassung vom 18. April 1999 (SR 101).
[2] [BS 1 3]. Dieser Bestimmung entspricht Art. 122 der neuen Bundesverfassung vom 18. April 1999 (SR 101).
[3] BBl 1983 I 263
[4] Fassung gemäss Anhang Ziff. 1 des BG vom 8. Okt. 1999 über die in die Schweiz entsandten Arbeitnehmerinnen und Arbeitnehmer, in Kraft seit 1. Juni 2004 (AS 2003 1370; BBl 1999 6128).

sind die schweizerischen Gerichte oder Behörden am Ort zuständig, mit dem der Sachverhalt einen genügenden Zusammenhang aufweist.

III. Arrestprosequierung

Art. 4 Sieht dieses Gesetz keine andere Zuständigkeit in der Schweiz vor, so kann die Klage auf Prosequierung des Arrestes am schweizerischen Arrestort erhoben werden.

IV. Gerichtsstandsvereinbarung

Art. 5 ¹ Für einen bestehenden oder für einen zukünftigen Rechtsstreit über vermögensrechtliche Ansprüche aus einem bestimmten Rechtsverhältnis können die Parteien einen Gerichtsstand vereinbaren. Die Vereinbarung kann schriftlich, durch Telegramm, Telex, Telefax oder in einer anderen Form der Übermittlung, die den Nachweis der Vereinbarung durch Text ermöglicht, erfolgen. Geht aus der Vereinbarung nichts anderes hervor, so ist das vereinbarte Gericht ausschliesslich zuständig.

² Die Gerichtsstandsvereinbarung ist unwirksam, wenn einer Partei ein Gerichtsstand des schweizerischen Rechts missbräuchlich entzogen wird.

³ Das vereinbarte Gericht darf seine Zuständigkeit nicht ablehnen:
a. wenn eine Partei ihren Wohnsitz, ihren gewöhnlichen Aufenthalt oder eine Niederlassung im Kanton des vereinbarten Gerichts hat, oder
b. wenn nach diesem Gesetz auf den Streitgegenstand schweizerisches Recht anzuwenden ist.

V. Einlassung

Art. 6 In vermögensrechtlichen Streitigkeiten begründet die vorbehaltlose Einlassung die Zuständigkeit des angerufenen schweizerischen Gerichtes, sofern dieses nach Artikel 5 Absatz 3 seine Zuständigkeit nicht ablehnen kann.

VI. Schiedsvereinbarung

Art. 7 Haben die Parteien über eine schiedsfähige Streitsache eine Schiedsvereinbarung getroffen, so lehnt das angerufene schweizerische Gericht seine Zuständigkeit ab, es sei denn:
a. der Beklagte habe sich vorbehaltlos auf das Verfahren eingelassen;
b. das Gericht stelle fest, die Schiedsvereinbarung sei hinfällig, unwirksam oder nicht erfüllbar, oder
c. das Schiedsgericht könne nicht bestellt werden aus Gründen, für die der im Schiedsverfahren Beklagte offensichtlich einzustehen hat.

VII. Widerklage

Art. 8 Das Gericht, bei dem die Hauptklage hängig ist, beurteilt auch die Widerklage, sofern zwischen Haupt- und Widerklage ein sachlicher Zusammenhang besteht.

VIII. Streitgenossenschaft und Klagenhäufung	**Art. 8a**[5] [1] Richtet sich eine Klage gegen mehrere Streitgenossen, die nach diesem Gesetz in der Schweiz verklagt werden können, so ist das für eine beklagte Partei zuständige schweizerische Gericht für alle beklagten Parteien zuständig.

[2] Stehen mehrere Ansprüche gegen eine beklagte Partei, die nach diesem Gesetz in der Schweiz eingeklagt werden können, in einem sachlichen Zusammenhang, so ist jedes schweizerische Gericht zuständig, das für einen der Ansprüche zuständig ist. |
| IX. Streitverkündungsklage | **Art. 8b**[6] Für die Streitverkündung mit Klage ist das schweizerische Gericht des Hauptprozesses zuständig, sofern gegen die streitberufene Partei ein Gerichtsstand in der Schweiz nach diesem Gesetz besteht. |
| X. Adhäsionsklage | **Art. 8c**[7] Kann ein zivilrechtlicher Anspruch in einem Strafprozess adhäsionsweise geltend gemacht werden, so ist das mit dem Strafprozess befasste schweizerische Gericht auch für die zivilrechtliche Klage zuständig, sofern bezüglich dieser Klage ein Gerichtsstand in der Schweiz nach diesem Gesetz besteht. |
| XI. Rechtshängigkeit[8] | **Art. 9** [1] Ist eine Klage über denselben Gegenstand zwischen denselben Parteien zuerst im Ausland hängig gemacht worden, so setzt das schweizerische Gericht das Verfahren aus, wenn zu erwarten ist, dass das ausländische Gericht in angemessener Frist eine Entscheidung fällt, die in der Schweiz anerkennbar ist.

[2] Zur Feststellung, wann eine Klage in der Schweiz hängig gemacht worden ist, ist der Zeitpunkt der ersten, für die Klageeinleitung notwendigen Verfahrenshandlung massgebend. Als solche genügt die Einleitung des Sühneverfahrens.

[3] Das schweizerische Gericht weist die Klage zurück, sobald ihm eine ausländische Entscheidung vorgelegt wird, die in der Schweiz anerkannt werden kann. |

---

5 Eingefügt durch Art. 3 Ziff. 3 des BB vom 11. Dez. 2009 (Genehmigung und Umsetzung des Lugano-Übereink.), in Kraft seit 1. Jan. 2011 (AS 2010 5601; BBl 2009 1777).
6 Eingefügt durch Art. 3 Ziff. 3 des BB vom 11. Dez. 2009 (Genehmigung und Umsetzung des Lugano-Übereink.), in Kraft seit 1. Jan. 2011 (AS 2010 5601; BBl 2009 1777).
7 Eingefügt durch Art. 3 Ziff. 3 des BB vom 11. Dez. 2009 (Genehmigung und Umsetzung des Lugano-Übereink.), in Kraft seit 1. Jan. 2011 (AS 2010 5601; BBl 2009 1777).
8 Fassung gemäss Art. 3 Ziff. 3 des BB vom 11. Dez. 2009 (Genehmigung und Umsetzung des Lugano-Übereink.), in Kraft seit 1. Jan. 2011 (AS 2010 5601; BBl 2009 1777).

XII. Vorsorgliche Massnahmen[10]

Art. 10[9] Zuständig zur Anordnung vorsorglicher Massnahmen sind:
a. die schweizerischen Gerichte oder Behörden, die in der Hauptsache zuständig sind; oder
b. die schweizerischen Gerichte und Behörden am Ort, an dem die Massnahme vollstreckt werden soll.

XIII. Rechtshilfe
1. Vermittlung der Rechtshilfe[12]

Art. 11[11] Die Rechtshilfe zwischen der Schweiz und anderen Staaten wird durch das Bundesamt für Justiz vermittelt.

2. Anwendbares Recht

Art. 11a[13] ^{1} Rechtshilfehandlungen, die in der Schweiz durchzuführen sind, werden nach schweizerischem Recht vorgenommen.

^{2} Auf Begehren der ersuchenden Behörde können auch ausländische Verfahrensformen angewendet oder berücksichtigt werden, wenn es für die Durchsetzung eines Rechtsanspruchs im Ausland notwendig ist und nicht wichtige Gründe auf Seiten des Betroffenen entgegenstehen.

^{3} Die schweizerischen Gerichte oder Behörden können Urkunden nach einer Form des ausländischen Rechts ausstellen oder einem Gesuchsteller die eidesstattliche Erklärung abnehmen, wenn eine Form nach schweizerischem Recht im Ausland nicht anerkannt wird und deshalb ein schützenswerter Rechtsanspruch dort nicht durchgesetzt werden könnte.

^{4} Bei Rechtshilfeersuchen um Zustellung oder um Beweiserhebung in die Schweiz und aus der Schweiz ist die Haager Übereinkunft vom 1. März 1954[14] betreffend Zivilprozessrecht anwendbar.

3. Kostenvorschuss und Sicherheit für die Parteientschädigung

Art. 11b[15] Der Kostenvorschuss und die Sicherheit für die Parteientschädigung richten sich nach der Zivilprozessordnung vom 19. Dezember 2008[16] (ZPO).

---

9 Fassung gemäss Anhang 1 Ziff. II 18 der Zivilprozessordnung vom 19. Dez. 2008, in Kraft seit 1. Jan. 2011 (AS 2010 1739; BBl 2006 7221).
10 Fassung gemäss Art. 3 Ziff. 3 des BB vom 11. Dez. 2009 (Genehmigung und Umsetzung des Lugano-Übereink.), in Kraft seit 1. Jan. 2011 (AS 2010 5601; BBl 2009 1777).
11 Fassung gemäss Anhang 1 Ziff. II 18 der Zivilprozessordnung vom 19. Dez. 2008, in Kraft seit 1. Jan. 2011 (AS 2010 1739; BBl 2006 7221).
12 Fassung gemäss Art. 3 Ziff. 3 des BB vom 11. Dez. 2009 (Genehmigung und Umsetzung des Lugano-Übereink.), in Kraft seit 1. Jan. 2011 (AS 2010 5601; BBl 2009 1777).
13 Eingefügt durch Anhang 1 Ziff. II 18 der Zivilprozessordnung vom 19. Dez. 2008, in Kraft seit 1. Jan. 2011 (AS 2010 1739; BBl 2006 7221).
14 SR 0.274.12
15 Eingefügt durch Anhang 1 Ziff. II 18 der Zivilprozessordnung vom 19. Dez. 2008, in Kraft seit 1. Jan. 2011 (AS 2010 1739; BBl 2006 7221).
16 SR 272

4. Unentgeltliche Rechtspflege

Art. 11c[17] Den Personen mit Wohnsitz im Ausland wird die unentgeltliche Rechtspflege unter den gleichen Voraussetzungen gewährt wie den Personen mit Wohnsitz in der Schweiz.

Art. 12[18]

3. Abschnitt: Anwendbares Recht

I. Umfang der Verweisung

Art. 13 Die Verweisung dieses Gesetzes auf ein ausländisches Recht umfasst alle Bestimmungen, die nach diesem Recht auf den Sachverhalt anwendbar sind. Die Anwendbarkeit einer Bestimmung des ausländischen Rechts ist nicht allein dadurch ausgeschlossen, dass ihr ein öffentlichrechtlicher Charakter zugeschrieben wird.

II. Rück- und Weiterverweisung

Art. 14 ¹ Sieht das anwendbare Recht eine Rückverweisung auf das schweizerische Recht oder eine Weiterverweisung auf ein anderes ausländisches Recht vor, so ist sie zu beachten, wenn dieses Gesetz sie vorsieht.

² In Fragen des Personen- oder Familienstandes ist die Rückverweisung auf das schweizerische Recht zu beachten.

III. Ausnahmeklausel

Art. 15 ¹ Das Recht, auf das dieses Gesetz verweist, ist ausnahmsweise nicht anwendbar, wenn nach den gesamten Umständen offensichtlich ist, dass der Sachverhalt mit diesem Recht in nur geringem, mit einem anderen Recht jedoch in viel engerem Zusammenhang steht.

² Diese Bestimmung ist nicht anwendbar, wenn eine Rechtswahl vorliegt.

IV. Feststellung ausländischen Rechts

Art. 16 ¹ Der Inhalt des anzuwendenden ausländischen Rechts ist von Amtes wegen festzustellen. Dazu kann die Mitwirkung der Parteien verlangt werden. Bei vermögensrechtlichen Ansprüchen kann der Nachweis den Parteien überbunden werden.

² Ist der Inhalt des anzuwendenden ausländischen Rechts nicht feststellbar, so ist schweizerisches Recht anzuwenden.

V. Vorbehaltsklausel

Art. 17 Die Anwendung von Bestimmungen eines ausländischen Rechts, ist ausgeschlossen, wenn sie zu einem Ergebnis führen würde, das mit dem schweizerischen Ordre public unvereinbar ist.

---

17 Eingefügt durch Anhang 1 Ziff. II 18 der Zivilprozessordnung vom 19. Dez. 2008, in Kraft seit 1. Jan. 2011 (AS 2010 1739; BBl 2006 7221).

18 Aufgehoben durch Anhang 1 Ziff. II 18 der Zivilprozessordnung vom 19. Dez. 2008, mit Wirkung seit 1. Jan. 2011 (AS 2010 1739; BBl 2006 7221).

VI. Zwingende Anwendung des schweizerischen Rechts

Art. 18 Vorbehalten bleiben Bestimmungen des schweizerischen Rechts, die wegen ihres besonderen Zweckes, unabhängig von dem durch dieses Gesetz bezeichneten Recht, zwingend anzuwenden sind.

VII. Berücksichtigung zwingender Bestimmungen eines ausländischen Rechts

Art. 19 [1] Anstelle des Rechts, das durch dieses Gesetz bezeichnet wird, kann die Bestimmung eines andern Rechts, die zwingend angewandt sein will, berücksichtigt werden, wenn nach schweizerischer Rechtsauffassung schützenswerte und offensichtlich überwiegende Interessen einer Partei es gebieten und der Sachverhalt mit jenem Recht einen engen Zusammenhang aufweist.

[2] Ob eine solche Bestimmung zu berücksichtigen ist, beurteilt sich nach ihrem Zweck und den daraus sich ergebenden Folgen für eine nach schweizerischer Rechtsauffassung sachgerechte Entscheidung.

4. Abschnitt: Wohnsitz, Sitz und Staatsangehörigkeit

I. Wohnsitz, gewöhnlicher Aufenthalt und Niederlassung einer natürlichen Person

Art. 20 [1] Im Sinne dieses Gesetzes hat eine natürliche Person:
a. ihren Wohnsitz in dem Staat, in dem sie sich mit der Absicht dauernden Verbleibens aufhält;
b. ihren gewöhnlichen Aufenthalt in dem Staat, in dem sie während längerer Zeit lebt, selbst wenn diese Zeit zum vornherein befristet ist;
c. ihre Niederlassung in dem Staat, in dem sich der Mittelpunkt ihrer geschäftlichen Tätigkeit befindet.

[2] Niemand kann an mehreren Orten zugleich Wohnsitz haben. Hat eine Person nirgends einen Wohnsitz, so tritt der gewöhnliche Aufenthalt an die Stelle des Wohnsitzes. Die Bestimmungen des Zivilgesetzbuches[19] über Wohnsitz und Aufenthalt sind nicht anwendbar.

II. Sitz und Niederlassung von Gesellschaften und Trusts

Art. 21[20] [1] Bei Gesellschaften und bei Trusts nach Artikel 149*a* gilt der Sitz als Wohnsitz.

[2] Als Sitz einer Gesellschaft gilt der in den Statuten oder im Gesellschaftsvertrag bezeichnete Ort. Fehlt eine solche Bezeichnung, so gilt als Sitz der Ort, an dem die Gesellschaft tatsächlich verwaltet wird.

[3] Als Sitz eines Trusts gilt der in den Bestimmungen des Trusts schriftlich oder in anderer Form durch Text nachweisbar bezeichnete Ort

---

19 SR 210
20 Fassung gemäss Art. 2 des BB vom 20. Dez. 2006 über die Genehmigung und Umsetzung des Haager Übereink. über das auf Trusts anzuwendende Recht und über ihre Anerkennung, in Kraft seit 1. Juli 2007 (AS 2007 2849; BBl 2006 551).

seiner Verwaltung. Fehlt eine solche Bezeichnung, so gilt als Sitz der tatsächliche Ort seiner Verwaltung.

[4] Die Niederlassung einer Gesellschaft oder eines Trusts befindet sich in dem Staat, in dem der Sitz liegt, oder in einem der Staaten, in dem sich eine Zweigniederlassung befindet.

III. Staatsangehörigkeit

Art. 22 Die Staatsangehörigkeit einer natürlichen Person bestimmt sich nach dem Recht des Staates, zu dem die Staatsangehörigkeit in Frage steht.

IV. Mehrfache Staatsangehörigkeit

Art. 23 [1] Besitzt eine Person neben der schweizerischen eine andere Staatsangehörigkeit, so ist für die Begründung eines Heimatgerichtsstandes ausschliesslich die schweizerische Staatsangehörigkeit massgebend.

[2] Besitzt eine Person mehrere Staatsangehörigkeiten, so ist, soweit dieses Gesetz nichts anderes vorsieht, für die Bestimmung des anwendbaren Rechts die Angehörigkeit zu dem Staat massgebend, mit dem die Person am engsten verbunden ist.

[3] Ist die Staatsangehörigkeit einer Person Voraussetzung für die Anerkennung einer ausländischen Entscheidung in der Schweiz, so genügt die Beachtung einer ihrer Staatsangehörigkeiten.

V. Staatenlose und Flüchtlinge

Art. 24 [1] Eine Person gilt als staatenlos, wenn ihr diese Eigenschaft im Sinne des New Yorker Übereinkommens vom 28. September 1954[21] über die Rechtsstellung der Staatenlosen zukommt oder wenn ihre Beziehung zum Heimatstaat so gelockert ist, dass dies einer Staatenlosigkeit gleichkommt.

[2] Eine Person gilt als Flüchtling, wenn ihr diese Eigenschaft im Sinne des Asylgesetzes vom 5. Oktober 1979[22] zukommt.

[3] Ist dieses Gesetz auf Staatenlose oder Flüchtlinge anzuwenden, so gilt der Wohnsitz an Stelle der Staatsangehörigkeit.

---

21 SR 0.142.40
22 [AS 1980 1718, 1986 2062, 1987 1674, 1990 938 1587 Art. 3 Abs. 1, 1994 1634 Ziff. I 8.1 2876, 1995 146 Ziff. II 1 4356, 1997 2372 2394, 1998 1582. AS 1999 2262 Art. 120 Bst. a]. Heute: BG vom 26. Juni 1998 (SR 142.31).

5. Abschnitt: Anerkennung und Vollstreckung ausländischer Entscheidungen

I. Anerkennung
1. Grundsatz

Art. 25 Eine ausländische Entscheidung wird in der Schweiz anerkannt:
a. wenn die Zuständigkeit der Gerichte oder Behörden des Staates, in dem die Entscheidung ergangen ist, begründet war;
b. wenn gegen die Entscheidung kein ordentliches Rechtsmittel mehr geltend gemacht werden kann oder wenn sie endgültig ist, und
c. wenn kein Verweigerungsgrund im Sinne von Artikel 27 vorliegt.

2. Zuständigkeit ausländischer Behörden

Art. 26 Die Zuständigkeit ausländischer Behörden ist begründet:
a. wenn eine Bestimmung dieses Gesetzes sie vorsieht oder, falls eine solche fehlt, wenn der Beklagte seinen Wohnsitz im Urteilsstaat hatte;
b. wenn in vermögensrechtlichen Streitigkeiten die Parteien sich durch eine nach diesem Gesetz gültige Vereinbarung der Zuständigkeit der Behörde unterworfen haben, welche die Entscheidung getroffen hat;
c. wenn sich der Beklagte in einer vermögensrechtlichen Streitigkeit vorbehaltlos auf den Rechtsstreit eingelassen hat;
d. wenn im Falle einer Widerklage die Behörde, die die Entscheidung getroffen hat, für die Hauptklage zuständig war und zwischen Haupt- und Widerklage ein sachlicher Zusammenhang besteht.

3. Verweigerungsgründe

Art. 27 ¹ Eine im Ausland ergangene Entscheidung wird in der Schweiz nicht anerkannt, wenn die Anerkennung mit dem schweizerischen Ordre public offensichtlich unvereinbar wäre.

² Eine im Ausland ergangene Entscheidung wird ebenfalls nicht anerkannt, wenn eine Partei nachweist:
a. dass sie weder nach dem Recht an ihrem Wohnsitz noch nach dem am gewöhnlichen Aufenthalt gehörig geladen wurde, es sei denn, sie habe sich vorbehaltlos auf das Verfahren eingelassen;
b. dass die Entscheidung unter Verletzung wesentlicher Grundsätze des schweizerischen Verfahrensrechts zustande gekommen ist, insbesondere dass ihr das rechtliche Gehör verweigert worden ist;
c. dass ein Rechtsstreit zwischen denselben Parteien und über denselben Gegenstand zuerst in der Schweiz eingeleitet oder in der Schweiz entschieden worden ist oder dass er in einem Drittstaat früher entschieden worden ist und dieser Entscheid in der Schweiz anerkannt werden kann.

³ Im Übrigen darf die Entscheidung in der Sache selbst nicht nachgeprüft werden.

II. Vollstreckung

Art. 28 Eine nach den Artikeln 25–27 anerkannte Entscheidung wird auf Begehren der interessierten Partei für vollstreckbar erklärt.

III. Verfahren

Art. 29 ¹ Das Begehren auf Anerkennung oder Vollstreckung ist an die zuständige Behörde des Kantons zu richten, in dem die ausländische Entscheidung geltend gemacht wird. Dem Begehren sind beizulegen:
a. eine vollständige und beglaubigte Ausfertigung der Entscheidung;
b. eine Bestätigung, dass gegen die Entscheidung kein ordentliches Rechtsmittel mehr geltend gemacht werden kann oder dass sie endgültig ist, und
c. im Falle eines Abwesenheitsurteils eine Urkunde, aus der hervorgeht, dass die unterlegene Partei gehörig und so rechtzeitig geladen worden ist, dass sie die Möglichkeit gehabt hatte, sich zu verteidigen.

² Im Anerkennungs- und Vollstreckungsverfahren ist die Partei, die sich dem Begehren widersetzt, anzuhören; sie kann ihre Beweismittel geltend machen.

³ Wird eine Entscheidung vorfrageweise geltend gemacht, so kann die angerufene Behörde selber über die Anerkennung entscheiden.

IV. Gerichtlicher Vergleich

Art. 30 Die Artikel 25–29 gelten auch für den gerichtlichen Vergleich, sofern er in dem Staat, in dem er abgeschlossen worden ist, einer gerichtlichen Entscheidung gleichgestellt wird.

V. Freiwillige Gerichtsbarkeit

Art. 31 Die Artikel 25–29 gelten sinngemäss für die Anerkennung und Vollstreckung einer Entscheidung oder einer Urkunde der freiwilligen Gerichtsbarkeit.

VI. Eintragung in die Zivilstandsregister

Art. 32 ¹ Eine ausländische Entscheidung oder Urkunde über den Zivilstand wird aufgrund einer Verfügung der kantonalen Aufsichtsbehörde in die Zivilstandsregister eingetragen.

² Die Eintragung wird bewilligt, wenn die Voraussetzungen der Artikel 25–27 erfüllt sind.

³ Die betroffenen Personen sind vor der Eintragung anzuhören, wenn nicht feststeht, dass im ausländischen Urteilsstaat die verfahrensmässigen Rechte der Parteien hinreichend gewahrt worden sind.

2. Kapitel: Natürliche Personen

I. Grundsatz

Art. 33 ¹ Sieht dieses Gesetz nichts anderes vor, so sind für personenrechtliche Verhältnisse die schweizerischen Gerichte oder Behörden am Wohnsitz zuständig; sie wenden das Recht am Wohnsitz an.

² Für Ansprüche aus Persönlichkeitsverletzung gelten die Bestimmungen dieses Gesetzes über unerlaubte Handlungen (Art. 129 ff.).

II. Rechtsfähigkeit

Art. 34 ¹ Die Rechtsfähigkeit untersteht schweizerischem Recht.

² Beginn und Ende der Persönlichkeit unterstehen dem Recht des Rechtsverhältnisses, das die Rechtsfähigkeit voraussetzt.

III. Handlungsfähigkeit
1. Grundsatz

Art. 35 Die Handlungsfähigkeit untersteht dem Recht am Wohnsitz. Ein Wechsel des Wohnsitzes berührt die einmal erworbene Handlungsfähigkeit nicht.

2. Verkehrsschutz

Art. 36 ¹ Wer ein Rechtsgeschäft vorgenommen hat, obwohl er nach dem Recht an seinem Wohnsitz handlungsunfähig war, kann sich auf seine Handlungsunfähigkeit nicht berufen, wenn er nach dem Recht des Staates, in dem er das Rechtsgeschäft vorgenommen hat, handlungsfähig gewesen wäre, es sei denn, die andere Partei habe seine Handlungsunfähigkeit gekannt oder hätte sie kennen müssen.

² Diese Bestimmung ist auf familien- und erbrechtliche Rechtsgeschäfte sowie auf Rechtsgeschäfte über dingliche Rechte an Grundstücken nicht anwendbar.

IV. Name
1. Grundsatz

Art. 37 ¹ Der Name einer Person mit Wohnsitz in der Schweiz untersteht schweizerischem Recht; der Name einer Person mit Wohnsitz im Ausland untersteht dem Recht, auf welches das Kollisionsrecht des Wohnsitzstaates verweist.

² Eine Person kann jedoch verlangen, dass ihr Name dem Heimatrecht untersteht.

2. Namensänderung

Art. 38 ¹ Für eine Namensänderung sind die schweizerischen Behörden am Wohnsitz des Gesuchstellers zuständig.

² Ein Schweizer Bürger ohne Wohnsitz in der Schweiz kann bei der Behörde seines Heimatkantons eine Namensänderung verlangen.

³ Voraussetzungen und Wirkungen der Namensänderung unterstehen schweizerischem Recht.

3. Namensänderung im Ausland

Art. 39 Eine im Ausland erfolgte Namensänderung wird in der Schweiz anerkannt, wenn sie im Wohnsitz- oder im Heimatstaat des Gesuchstellers gültig ist.

4. Eintragung in die Zivilstandsregister	**Art. 40** Der Name wird nach den schweizerischen Grundsätzen über die Registerführung in die Zivilstandsregister eingetragen.
V. Verschollenerklärung 1. Zuständigkeit und anwendbares Recht	**Art. 41** [1] Für die Verschollenerklärung sind die schweizerischen Gerichte oder Behörden am letzten bekannten Wohnsitz der verschwundenen Person zuständig.

[2] Die schweizerischen Gerichte oder Behörden sind überdies für eine Verschollenerklärung zuständig, wenn hierfür ein schützenswertes Interesse besteht.

[3] Voraussetzungen und Wirkungen der Verschollenerklärung unterstehen schweizerischem Recht.

2. Verschollen- und Todeserklärung im Ausland	**Art. 42** Eine im Ausland ausgesprochene Verschollen- oder Todeserklärung wird in der Schweiz anerkannt, wenn sie im Staat des letzten bekannten Wohnsitzes oder im Heimatstaat der verschwundenen Person ergangen ist.

3. Kapitel: Eherecht

1. Abschnitt: Eheschliessung

I. Zuständigkeit	**Art. 43** [1] Die schweizerischen Behörden sind für die Eheschliessung zuständig, wenn die Braut oder der Bräutigam in der Schweiz Wohnsitz oder das Schweizer Bürgerrecht hat.

[2] Ausländischen Brautleuten ohne Wohnsitz in der Schweiz kann durch die zuständige Behörde die Eheschliessung in der Schweiz auch bewilligt werden, wenn die Ehe im Wohnsitz- oder im Heimatstaat beider Brautleute anerkannt wird.

[3] Die Bewilligung darf nicht allein deshalb verweigert werden, weil eine in der Schweiz ausgesprochene oder anerkannte Scheidung im Ausland nicht anerkannt wird.

II. Anwendbares Recht	**Art. 44**[23] Die Eheschliessung in der Schweiz untersteht schweizerischem Recht.
III. Eheschliessung im Ausland	**Art. 45** [1] Eine im Ausland gültig geschlossene Ehe wird in der Schweiz anerkannt.

[2] Sind Braut oder Bräutigam Schweizer Bürger oder haben beide Wohnsitz in der Schweiz, so wird die im Ausland geschlossene Ehe anerkannt, wenn der Abschluss nicht in der offenbaren Absicht ins

---

[23] Fassung gemäss Ziff. I 5 des BG vom 15. Juni 2012 über Massnahmen gegen Zwangsheiraten, in Kraft seit 1. Juli 2013 (AS 2013 1035; BBl 2011 2185).

Ausland verlegt worden ist, die Vorschriften des schweizerischen Rechts über die Eheungültigkeit zu umgehen.[24]

3 Eine im Ausland gültig geschlossene Ehe zwischen Personen gleichen Geschlechts wird in der Schweiz als eingetragene Partnerschaft anerkannt.[25]

IV. Ungültigerklärung der Ehe

Art. 45a[26] 1 Für Klagen auf Ungültigerklärung der Ehe sind die schweizerischen Gerichte am Wohnsitz eines Ehegatten oder, wenn ein Wohnsitz in der Schweiz fehlt, am Eheschliessungsort oder am Heimatort eines Ehegatten zuständig.

2 Die Klage untersteht schweizerischem Recht.

3 Für vorsorgliche Massnahmen und Nebenfolgen gelten die Artikel 62–64 sinngemäss.

4 Ausländische Entscheidungen, welche die Ungültigkeit einer Ehe feststellen, werden in der Schweiz anerkannt, wenn sie im Staat ergangen sind, in dem die Ehe geschlossen wurde. Ist die Klage durch einen Ehegatten eingereicht worden, gilt Artikel 65 sinngemäss.

2. Abschnitt: Wirkungen der Ehe im Allgemeinen

I. Zuständigkeit
1. Grundsatz

Art. 46 Für Klagen oder Massnahmen betreffend die ehelichen Rechte und Pflichten sind die schweizerischen Gerichte oder Behörden am Wohnsitz oder, wenn ein solcher fehlt, diejenigen am gewöhnlichen Aufenthalt eines der Ehegatten zuständig.

2. Heimatzuständigkeit

Art. 47 Haben die Ehegatten weder Wohnsitz noch gewöhnlichen Aufenthalt in der Schweiz und ist einer von ihnen Schweizer Bürger, so sind für Klagen oder Massnahmen betreffend die ehelichen Rechte und Pflichten die Gerichte oder Behörden am Heimatort zuständig, wenn es unmöglich oder unzumutbar ist, die Klage oder das Begehren am Wohnsitz oder am gewöhnlichen Aufenthalt eines der Ehegatten zu erheben.

II. Anwendbares Recht
1. Grundsatz

Art. 48 1 Die ehelichen Rechte und Pflichten unterstehen dem Recht des Staates, in dem die Ehegatten ihren Wohnsitz haben.

---

24 Fassung gemäss Anhang Ziff. 3 des BG vom 26. Juni 1998, in Kraft seit 1. Jan. 2000 (AS 1999 1118; BBl 1996 I 1).
25 Eingefügt durch Anhang Ziff. 17 des Partnerschaftsgesetzes vom 18. Juni 2004, in Kraft seit 1. Jan. 2007 (AS 2005 5685; BBl 2003 1288).
26 Eingefügt durch Ziff. II 2 des BG vom 7. Okt. 1994 (AS 1995 1126; BBl 1993 I 1169). Fassung gemäss Ziff. I 5 des BG vom 15. Juni 2012 über Massnahmen gegen Zwangsheiraten, in Kraft seit 1. Juli 2013 (AS 2013 1035; BBl 2011 2185).

² Haben die Ehegatten ihren Wohnsitz nicht im gleichen Staat, so unterstehen die ehelichen Rechte und Pflichten dem Recht des Wohnsitzstaates, mit dem der Sachverhalt in engerem Zusammenhang steht.

³ Sind nach Artikel 47 die schweizerischen Gerichte oder Behörden am Heimatort zuständig, so wenden sie schweizerisches Recht an.

2. Unterhaltspflicht

Art. 49 Für die Unterhaltspflicht zwischen Ehegatten gilt das Haager Übereinkommen vom 2. Oktober 1973[27] über das auf die Unterhaltspflichten anzuwendende Recht.

III. Ausländische Entscheidungen oder Massnahmen

Art. 50 Ausländische Entscheidungen oder Massnahmen über die ehelichen Rechte und Pflichten werden in der Schweiz anerkannt, wenn sie im Staat des Wohnsitzes oder des gewöhnlichen Aufenthaltes eines der Ehegatten ergangen sind.

3. Abschnitt: Ehegüterrecht

I. Zuständigkeit

Art. 51 Für Klagen oder Massnahmen betreffend die güterrechtlichen Verhältnisse sind zuständig:
a. für die güterrechtliche Auseinandersetzung im Falle des Todes eines Ehegatten die schweizerischen Gerichte oder Behörden, die für die erbrechtliche Auseinandersetzung zuständig sind (Art. 86–89);
b. für die güterrechtliche Auseinandersetzung im Falle einer gerichtlichen Auflösung oder Trennung der Ehe die schweizerischen Gerichte, die hierfür zuständig sind (Art. 59, 60, 63, 64);
c. in den übrigen Fällen die schweizerischen Gerichte oder Behörden, die für Klagen oder Massnahmen betreffend die Wirkungen der Ehe zuständig sind (Art. 46, 47).

II. Anwendbares Recht
1. Rechtswahl
a. Grundsatz

Art. 52 ¹ Die güterrechtlichen Verhältnisse unterstehen dem von den Ehegatten gewählten Recht.

² Die Ehegatten können wählen zwischen dem Recht des Staates, in dem beide ihren Wohnsitz haben oder nach der Eheschliessung haben werden, und dem Recht eines ihrer Heimatstaaten. Artikel 23 Absatz 2 ist nicht anwendbar.

b. Modalitäten

Art. 53 ¹ Die Rechtswahl muss schriftlich vereinbart sein oder sich eindeutig aus dem Ehevertrag ergeben. Im Übrigen untersteht sie dem gewählten Recht.

---

27 SR 0.211.213.01

² Die Rechtswahl kann jederzeit getroffen oder geändert werden. Wird sie nach Abschluss der Ehe getroffen, so wirkt sie, wenn die Parteien nichts anderes vereinbaren, auf den Zeitpunkt der Eheschliessung zurück.

³ Das gewählte Recht bleibt anwendbar, bis die Ehegatten ein anderes Recht wählen oder die Rechtswahl aufheben.

2. Fehlen einer Rechtswahl
a. Grundsatz

Art. 54 ¹ Haben die Ehegatten keine Rechtswahl getroffen, so unterstehen die güterrechtlichen Verhältnisse:
a. dem Recht des Staates, in dem beide gleichzeitig ihren Wohnsitz haben, oder, wenn dies nicht der Fall ist,
b. dem Recht des Staates, in dem beide Ehegatten zuletzt gleichzeitig ihren Wohnsitz hatten.

² Hatten die Ehegatten nie gleichzeitig Wohnsitz im gleichen Staat, so ist ihr gemeinsames Heimatrecht anwendbar.

³ Hatten die Ehegatten nie gleichzeitig Wohnsitz im gleichen Staat und haben sie auch keine gemeinsame Staatsangehörigkeit, so gilt die Gütertrennung des schweizerischen Rechts.

b. Wandelbarkeit und Rückwirkung bei Wohnsitzwechsel

Art. 55 ¹ Verlegen die Ehegatten ihren Wohnsitz von einem Staat in einen anderen, so ist das Recht des neuen Wohnsitzstaates rückwirkend auf den Zeitpunkt der Eheschliessung anzuwenden. Die Ehegatten können durch schriftliche Vereinbarung die Rückwirkung ausschliessen.

² Der Wohnsitzwechsel hat keine Wirkung auf das anzuwendende Recht, wenn die Parteien die Weitergeltung des früheren Rechts schriftlich vereinbart haben oder wenn zwischen ihnen ein Ehevertrag besteht.

3. Form des Ehevertrages

Art. 56 Der Ehevertrag ist formgültig, wenn er dem auf den Ehevertrag anwendbaren Recht oder dem Recht am Abschlussort entspricht.

4. Rechtsverhältnisse mit Dritten

Art. 57 ¹ Die Wirkungen des Güterstandes auf das Rechtsverhältnis zwischen einem Ehegatten und einem Dritten unterstehen dem Recht des Staates, in dem dieser Ehegatte im Zeitpunkt der Entstehung des Rechtsverhältnisses seinen Wohnsitz hat.

² Hat der Dritte im Zeitpunkt der Entstehung des Rechtsverhältnisses das Recht, dem die güterrechtlichen Verhältnisse unterstanden, gekannt oder hätte er es kennen müssen, so ist dieses anzuwenden.

III. Ausländische Entscheidungen

Art. 58 ¹ Ausländische Entscheidungen über güterrechtliche Verhältnisse werden in der Schweiz anerkannt:

a. wenn sie im Wohnsitzstaat des beklagten Ehegatten ergangen sind oder wenn sie dort anerkannt werden;
b. wenn sie im Wohnsitzstaat des klagenden Ehegatten ergangen sind oder dort anerkannt werden, vorausgesetzt, der beklagte Ehegatte hatte seinen Wohnsitz nicht in der Schweiz;
c. wenn sie im Staat, dessen Recht nach diesem Gesetz anwendbar ist, ergangen sind oder wenn sie dort anerkannt werden, oder
d. wenn sie Grundstücke betreffen und am Ort der gelegenen Sache ergangen sind oder dort anerkannt werden.

² Für Entscheidungen über güterrechtliche Verhältnisse, die im Zusammenhang mit Massnahmen zum Schutz der ehelichen Gemeinschaft oder infolge Tod, Nichtigerklärung, Scheidung oder Trennung ergangen sind, richtet sich die Anerkennung nach den Bestimmungen dieses Gesetzes über das Ehe-, Ehescheidungs- oder Erbrecht (Art. 50, 65 und 96).

4. Abschnitt: Scheidung und Trennung

I. Zuständigkeit
1. Grundsatz

Art. 59 Für Klagen auf Scheidung oder Trennung sind zuständig:
a. die schweizerischen Gerichte am Wohnsitz des Beklagten;
b. die schweizerischen Gerichte am Wohnsitz des Klägers, wenn dieser sich seit einem Jahr in der Schweiz aufhält oder wenn er Schweizer Bürger ist.

2. Heimatzuständigkeit

Art. 60 Haben die Ehegatten keinen Wohnsitz in der Schweiz und ist einer von ihnen Schweizer Bürger, so sind die Gerichte am Heimatort für Klagen auf Scheidung oder Trennung der Ehe zuständig, wenn es unmöglich oder unzumutbar ist, die Klage am Wohnsitz eines der Ehegatten zu erheben.

II. Anwendbares Recht

Art. 61[28] Scheidung und Trennung unterstehen schweizerischem Recht.

III. Vorsorgliche Massnahmen

Art. 62 ¹ Das schweizerische Gericht, bei dem eine Scheidungs- oder Trennungsklage hängig ist, kann vorsorgliche Massnahmen treffen, sofern seine Unzuständigkeit zur Beurteilung der Klage nicht offensichtlich ist oder nicht rechtskräftig festgestellt wurde.

² Die vorsorglichen Massnahmen unterstehen schweizerischem Recht.

---

28 Fassung gemäss Anhang Ziff. 3 des BG vom 19. Juni 2015 (Vorsorgeausgleich bei Scheidung), in Kraft seit 1. Jan. 2017 (AS 2016 2313; BBl 2013 4887).

³ Die Bestimmungen dieses Gesetzes über die Unterhaltspflicht der Ehegatten (Art. 49), die Wirkungen des Kindesverhältnisses (Art. 82 und 83) und den Minderjährigenschutz (Art. 85) sind vorbehalten.

IV. Nebenfolgen

Art. 63 ¹ Die für Klagen auf Scheidung oder Trennung zuständigen schweizerischen Gerichte sind auch für die Regelung der Nebenfolgen zuständig. Die Bestimmungen dieses Gesetzes über den Minderjährigenschutz (Art. 85) bleiben vorbehalten.[29]

¹ᵇⁱˢ Für den Ausgleich von Vorsorgeansprüchen gegenüber einer schweizerischen Einrichtung der beruflichen Vorsorge sind sie ausschliesslich zuständig.[30]

² Die Nebenfolgen der Scheidung oder Trennung unterstehen schweizerischem Recht.[31] Die Bestimmungen dieses Gesetzes über den Namen (Art. 37–40), die Unterhaltspflicht der Ehegatten (Art. 49), das eheliche Güterrecht (Art. 52–57), die Wirkungen des Kindesverhältnisses (Art. 82 und 83) und den Minderjährigenschutz (Art. 85) sind vorbehalten.

V. Ergänzung oder Abänderung einer Entscheidung

Art. 64 ¹ Die schweizerischen Gerichte sind für Klagen auf Ergänzung oder Abänderung von Entscheidungen über die Scheidung oder die Trennung zuständig, wenn sie diese selbst ausgesprochen haben oder wenn sie nach Artikel 59 oder 60 zuständig sind. Die Bestimmungen dieses Gesetzes über den Minderjährigenschutz (Art. 85) sind vorbehalten.

¹ᵇⁱˢ Für den Ausgleich von Vorsorgeansprüchen gegenüber einer schweizerischen Einrichtung der beruflichen Vorsorge sind die schweizerischen Gerichte ausschliesslich zuständig. Fehlt eine Zuständigkeit nach Absatz 1, so sind die schweizerischen Gerichte am Sitz der Vorsorgeeinrichtung zuständig.[32]

² Die Ergänzung oder Abänderung eines Trennungs- oder Scheidungsurteils untersteht schweizerischem Recht.[33] Die Bestimmungen dieses Gesetzes über den Namen (Art. 37–40), die Unterhaltspflicht der Ehegatten (Art. 49), das eheliche Güterrecht (Art. 52–57), die

---

29 Fassung gemäss Anhang Ziff. 3 des BG vom 21. Juni 2013 (Elterliche Sorge), in Kraft seit 1. Juli 2014 (AS 2014 357; BBl 2011 9077).
30 Eingefügt durch Anhang Ziff. 3 des BG vom 19. Juni 2015 (Vorsorgeausgleich bei Scheidung), in Kraft seit 1. Jan. 2017 (AS 2016 2313; BBl 2013 4887).
31 Fassung gemäss Anhang Ziff. 3 des BG vom 19. Juni 2015 (Vorsorgeausgleich bei Scheidung), in Kraft seit 1. Jan. 2017 (AS 2016 2313; BBl 2013 4887).
32 Eingefügt durch Anhang Ziff. 3 des BG vom 19. Juni 2015 (Vorsorgeausgleich bei Scheidung), in Kraft seit 1. Jan. 2017 (AS 2016 2313; BBl 2013 4887).
33 Fassung gemäss Anhang Ziff. 3 des BG vom 19. Juni 2015 (Vorsorgeausgleich bei Scheidung), in Kraft seit 1. Jan. 2017 (AS 2016 2313; BBl 2013 4887).

Wirkungen des Kindesverhältnisses (Art. 82 und 83) und den Minderjährigenschutz (Art. 85) sind vorbehalten.

VI. Ausländische Entscheidungen

Art. 65 [1] Ausländische Entscheidungen über die Scheidung oder Trennung werden in der Schweiz anerkannt, wenn sie im Staat des Wohnsitzes, des gewöhnlichen Aufenthalts oder im Heimatstaat eines Ehegatten ergangen sind oder wenn sie in einem dieser Staaten anerkannt werden.

[2] Ist jedoch die Entscheidung in einem Staat ergangen, dem kein oder nur der klagende Ehegatte angehört, so wird sie in der Schweiz nur anerkannt:

a. wenn im Zeitpunkt der Klageeinleitung wenigstens ein Ehegatte in diesem Staat Wohnsitz oder gewöhnlichen Aufenthalt hatte und der beklagte Ehegatte seinen Wohnsitz nicht in der Schweiz hatte;

b. wenn der beklagte Ehegatte sich der Zuständigkeit des ausländischen Gerichts vorbehaltlos unterworfen hat, oder

c. wenn der beklagte Ehegatte mit der Anerkennung der Entscheidung in der Schweiz einverstanden ist.

3a. Kapitel:[34] Eingetragene Partnerschaft[35]

I. Anwendung des dritten Kapitels

Art. 65a[36] Die Bestimmungen des dritten Kapitels gelten für die eingetragene Partnerschaft sinngemäss, mit Ausnahme von Artikel 43 Absatz 2.

II. Zuständigkeit am Eintragungsort bei Auflösung

Art. 65b Haben die Partnerinnen oder Partner keinen Wohnsitz in der Schweiz und ist keine oder keiner von ihnen Schweizer Bürger, so sind für Klagen oder Begehren betreffend Auflösung der eingetragenen Partnerschaft die schweizerischen Gerichte am Eintragungsort zuständig, wenn es unmöglich oder unzumutbar ist, die Klage oder das Begehren am Wohnsitz einer der Personen zu erheben.

III. Anwendbares Recht

Art. 65c [1] Kennt das nach den Bestimmungen des dritten Kapitels anwendbare Recht keine Regeln über die eingetragene Partnerschaft, so ist schweizerisches Recht anwendbar; vorbehalten bleibt Artikel 49.

---

34 Eingefügt durch Anhang Ziff. 17 des Partnerschaftsgesetzes vom 18. Juni 2004 (AS 2005 5685; BBl 2003 1288).
35 Fassung gemäss Ziff. I 5 des BG vom 15. Juni 2012 über Massnahmen gegen Zwangsheiraten, in Kraft seit 1. Juli 2013 (AS 2013 1035; BBl 2011 2185).
36 Fassung gemäss Ziff. I 5 des BG vom 15. Juni 2012 über Massnahmen gegen Zwangsheiraten, in Kraft seit 1. Juli 2013 (AS 2013 1035; BBl 2011 2185).

² Zusätzlich zu den in Artikel 52 Absatz 2 bezeichneten Rechten können die Partnerinnen oder Partner das Recht des Staates wählen, in dem die Partnerschaft eingetragen worden ist.

IV. Entscheidungen oder Massnahmen des Eintragungsstaats

Art. 65d Ausländische Entscheidungen oder Massnahmen werden in der Schweiz anerkannt, wenn:

a. sie im Staat ergangen sind, in dem die Partnerschaft eingetragen worden ist; und

b. es unmöglich oder unzumutbar war, die Klage oder das Begehren in einem Staat zu erheben, dessen Zuständigkeit in der Schweiz gemäss den Bestimmungen des dritten Kapitels anerkannt ist.

4. Kapitel: Kindesrecht

1. Abschnitt: Entstehung des Kindesverhältnisses durch Abstammung

I. Zuständigkeit
1. Grundsatz

Art. 66 Für Klagen auf Feststellung oder Anfechtung des Kindesverhältnisses sind die schweizerischen Gerichte am gewöhnlichen Aufenthalt des Kindes oder am Wohnsitz der Mutter oder des Vaters zuständig.

2. Heimatzuständigkeit

Art. 67 Haben die Eltern keinen Wohnsitz und das Kind keinen gewöhnlichen Aufenthalt in der Schweiz, so sind die Gerichte am schweizerischen Heimatort der Mutter oder des Vaters für Klagen auf Feststellung oder Anfechtung des Kindesverhältnisses zuständig, wenn es unmöglich oder unzumutbar ist, die Klage am Wohnsitz der Mutter oder des Vaters oder am gewöhnlichen Aufenthalt des Kindes zu erheben.

II. Anwendbares Recht
1. Grundsatz

Art. 68 ¹ Die Entstehung des Kindesverhältnisses sowie dessen Feststellung oder Anfechtung unterstehen dem Recht am gewöhnlichen Aufenthalt des Kindes.

² Haben jedoch weder die Mutter noch der Vater Wohnsitz im Staat des gewöhnlichen Aufenthaltes des Kindes, besitzen aber die Eltern und das Kind die gleiche Staatsangehörigkeit, so ist ihr gemeinsames Heimatrecht anzuwenden.

2. Massgeblicher Zeitpunkt

Art. 69 ¹ Für die Bestimmung des auf die Entstehung, Feststellung oder Anfechtung des Kindesverhältnisses anwendbaren Rechts ist der Zeitpunkt der Geburt massgebend.

² Bei gerichtlicher Feststellung oder Anfechtung des Kindesverhältnisses ist jedoch der Zeitpunkt der Klageerhebung massgebend, wenn ein überwiegendes Interesse des Kindes es erfordert.

III. Ausländische Entscheidungen

Art. 70 Ausländische Entscheidungen betreffend die Feststellung oder Anfechtung des Kindesverhältnisses werden in der Schweiz anerkannt, wenn sie im Staat des gewöhnlichen Aufenthaltes des Kindes, in dessen Heimatstaat oder im Wohnsitz- oder im Heimatstaat der Mutter oder des Vaters ergangen sind.

2. Abschnitt: Anerkennung

I. Zuständigkeit

Art. 71 ¹ Für die Entgegennahme der Anerkennung sind die schweizerischen Behörden am Geburtsort oder am gewöhnlichen Aufenthalt des Kindes, sowie die Behörden am Wohnsitz oder am Heimatort der Mutter oder des Vaters zuständig.

² Erfolgt die Anerkennung im Rahmen eines gerichtlichen Verfahrens, in dem die Abstammung rechtserheblich ist, so kann auch der mit der Klage befasste Richter die Anerkennung entgegennehmen.

³ Für die Anfechtung der Anerkennung sind die gleichen Gerichte zuständig wie für die Feststellung oder Anfechtung des Kindesverhältnisses (Art. 66 und 67).

II. Anwendbares Recht

Art. 72 ¹ Die Anerkennung in der Schweiz kann nach dem Recht am gewöhnlichen Aufenthalt des Kindes, nach dessen Heimatrecht, nach dem Recht am Wohnsitz oder nach dem Heimatrecht der Mutter oder des Vaters erfolgen. Massgebend ist der Zeitpunkt der Anerkennung.

² Die Form der Anerkennung in der Schweiz untersteht schweizerischem Recht.

³ Die Anfechtung der Anerkennung untersteht schweizerischem Recht.

III. Ausländische Anerkennung und Anfechtung der Anerkennung

Art. 73 ¹ Die im Ausland erfolgte Anerkennung eines Kindes wird in der Schweiz anerkannt, wenn sie nach dem Recht am gewöhnlichen Aufenthalt des Kindes, nach dessen Heimatrecht, nach dem Recht am Wohnsitz oder nach dem Heimatrecht der Mutter oder des Vaters gültig ist.

² Ausländische Entscheidungen über die Anfechtung einer Anerkennung werden in der Schweiz anerkannt, wenn sie in einem der in Absatz 1 genannten Staaten ergangen sind.

IV. Legitimation

Art. 74 Für die Anerkennung einer im Ausland erfolgten Legitimation gilt Artikel 73 sinngemäss.

3. Abschnitt: Adoption

I. Zuständigkeit
1. Grundsatz

Art. 75 [1] Die schweizerischen Gerichte oder Behörden am Wohnsitz der adoptierenden Person oder der adoptierenden Ehegatten sind zuständig, die Adoption auszusprechen.

[2] Für die Anfechtung der Adoption sind die gleichen Gerichte zuständig wie für die Feststellung oder die Anfechtung des Kindesverhältnisses (Art. 66 und 67).

2. Heimatzuständigkeit

Art. 76 Haben die adoptierende Person oder die adoptierenden Ehegatten keinen Wohnsitz in der Schweiz und ist einer von ihnen Schweizer Bürger, so sind die Gerichte oder Behörden am Heimatort für die Adoption zuständig, wenn es unmöglich oder unzumutbar ist, die Adoption an ihrem Wohnsitz durchzuführen.

II. Anwendbares Recht

Art. 77 [1] Die Voraussetzungen der Adoption in der Schweiz unterstehen schweizerischem Recht.

[2] Zeigt sich, dass eine Adoption im Wohnsitz- oder im Heimatstaat der adoptierenden Person oder der adoptierenden Ehegatten nicht anerkannt und dem Kind daraus ein schwerwiegender Nachteil erwachsen würde, so berücksichtigt die Behörde auch die Voraussetzungen des Rechts des betreffenden Staates. Erscheint die Anerkennung auch dann nicht als gesichert, so darf die Adoption nicht ausgesprochen werden.

[3] Die Anfechtung einer in der Schweiz ausgesprochenen Adoption untersteht schweizerischem Recht. Eine im Ausland ausgesprochene Adoption kann in der Schweiz nur angefochten werden, wenn auch ein Anfechtungsgrund nach schweizerischem Recht vorliegt.

III. Ausländische Adoptionen und ähnliche Akte

Art. 78 [1] Ausländische Adoptionen werden in der Schweiz anerkannt, wenn sie im Staat des Wohnsitzes oder im Heimatstaat der adoptierenden Person oder der adoptierenden Ehegatten ausgesprochen worden sind.

[2] Ausländische Adoptionen oder ähnliche Akte, die von einem Kindesverhältnis im Sinne des schweizerischen Rechts wesentlich abweichende Wirkungen haben, werden in der Schweiz nur mit den Wirkungen anerkannt, die ihnen im Staat der Begründung zukommen.

4. Abschnitt: Wirkungen des Kindesverhältnisses

I. Zuständigkeit
1. Grundsatz

Art. 79 ¹ Für Klagen betreffend die Beziehungen zwischen Eltern und Kind, insbesondere betreffend den Unterhalt des Kindes, sind die schweizerischen Gerichte am gewöhnlichen Aufenthalt des Kindes oder am Wohnsitz oder, wenn ein solcher fehlt, am gewöhnlichen Aufenthalt des beklagten Elternteils zuständig.

² Die Bestimmungen dieses Gesetzes über den Namen (Art. 33, 37–40), den Schutz Minderjähriger (Art. 85) und das Erbrecht (Art. 86–89) sind vorbehalten.

2. Heimatzuständigkeit

Art. 80 Hat weder das Kind noch der beklagte Elternteil Wohnsitz oder gewöhnlichen Aufenthalt in der Schweiz und ist einer von ihnen Schweizer Bürger, so sind die Gerichte am Heimatort zuständig.

3. Ansprüche Dritter

Art. 81 Die nach Artikel 79 und 80 zuständigen schweizerischen Gerichte entscheiden ebenfalls:
a. über Ansprüche von Behörden, die für den Unterhalt des Kindes Vorschuss geleistet haben;
b. über Ansprüche der Mutter auf Unterhalt und Ersatz der durch die Geburt entstandenen Kosten.

II. Anwendbares Recht
1. Grundsatz

Art. 82 ¹ Die Beziehungen zwischen Eltern und Kind unterstehen dem Recht am gewöhnlichen Aufenthalt des Kindes.

² Haben jedoch weder die Mutter noch der Vater Wohnsitz im Staat des gewöhnlichen Aufenthaltes des Kindes, besitzen aber die Eltern und das Kind die gleiche Staatsangehörigkeit, so ist ihr gemeinsames Heimatrecht anzuwenden.

³ Die Bestimmungen dieses Gesetzes über den Namen (Art. 33, 37–40), den Schutz Minderjähriger (Art. 85) und das Erbrecht (Art. 90–95) sind vorbehalten.

2. Unterhaltspflicht

Art. 83 ¹ Für die Unterhaltspflicht zwischen Eltern und Kind gilt das Haager Übereinkommen vom 2. Oktober 1973[37] über das auf Unterhaltspflichten anzuwendende Recht.

² Soweit das Übereinkommen die Ansprüche der Mutter auf Unterhalt und Ersatz der durch die Geburt entstandenen Kosten nicht regelt, gilt es sinngemäss.

III. Ausländische Entscheidungen

Art. 84 ¹ Ausländische Entscheidungen betreffend die Beziehungen zwischen Eltern und Kind werden in der Schweiz anerkannt, wenn sie im Staat ergangen sind, in dem das Kind seinen gewöhnlichen

---

37 SR 0.211.213.01

Aufenthalt oder der beklagte Elternteil seinen Wohnsitz oder gewöhnlichen Aufenthalt hat.

[2] Die Bestimmungen dieses Gesetzes über den Namen (Art. 39), den Schutz Minderjähriger (Art. 85) und das Erbrecht (Art. 96) sind vorbehalten.

5. Kapitel: Vormundschaft, Erwachsenenschutz und andere Schutzmassnahmen[38]

Art. 85[39] [1] Für den Schutz von Kindern gilt in Bezug auf die Zuständigkeit der schweizerischen Gerichte oder Behörden, auf das anwendbare Recht sowie auf die Anerkennung und Vollstreckung ausländischer Entscheidungen oder Massnahmen das Haager Übereinkommen vom 19. Oktober 1996[40] über die Zuständigkeit, das anzuwendende Recht, die Anerkennung, Vollstreckung und Zusammenarbeit auf dem Gebiet der elterlichen Verantwortung und der Massnahmen zum Schutz von Kindern.

[2] Für den Schutz von Erwachsenen gilt in Bezug auf die Zuständigkeit der schweizerischen Gerichte oder Behörden, auf das anwendbare Recht sowie auf die Anerkennung und Vollstreckung ausländischer Entscheidungen oder Massnahmen das Haager Übereinkommen vom 13. Januar 2000[41] über den internationalen Schutz von Erwachsenen.

[3] Die schweizerischen Gerichte oder Behörden sind ausserdem zuständig, wenn es für den Schutz einer Person oder von deren Vermögen unerlässlich ist.

[4] Massnahmen, die in einem Staat ergangen sind, der nicht Vertragsstaat der in den Absätzen 1 und 2 erwähnten Übereinkommen ist, werden anerkannt, wenn sie im Staat des gewöhnlichen Aufenthalts des Kindes oder des Erwachsenen ergangen sind oder dort anerkannt werden.

---

38 Fassung gemäss Anhang Ziff. 13 des BG vom 19. Dez. 2008 (Erwachsenenschutz, Personenrecht und Kindesrecht), in Kraft seit 1. Jan. 2013 (AS 2011 725; BBl 2006 7001).
39 Fassung gemäss Art. 15 des BG vom 21. Dez. 2007 über internationale Kindesentführung und die Haager Übereinkommen zum Schutz von Kindern und Erwachsenen, in Kraft seit 1. Juli 2009 (AS 2009 3078; BBl 2007 2595).
40 SR 0.211.231.011
41 SR 0.211.232.1

6. Kapitel: Erbrecht

I. Zuständigkeit
1. Grundsatz

Art. 86 ¹ Für das Nachlassverfahren und die erbrechtlichen Streitigkeiten sind die schweizerischen Gerichte oder Behörden am letzten Wohnsitz des Erblassers zuständig.

² Vorbehalten ist die Zuständigkeit des Staates, der für Grundstücke auf seinem Gebiet die ausschliessliche Zuständigkeit vorsieht.

2. Heimatzuständigkeit

Art. 87 ¹ War der Erblasser Schweizer Bürger mit letztem Wohnsitz im Ausland, so sind die schweizerischen Gerichte oder Behörden am Heimatort zuständig, soweit sich die ausländische Behörde mit seinem Nachlass nicht befasst.

² Sie sind stets zuständig wenn ein Schweizer Bürger mit letztem Wohnsitz im Ausland sein in der Schweiz gelegenes Vermögen oder seinen gesamten Nachlass durch letztwillige Verfügung oder Erbvertrag der schweizerischen Zuständigkeit oder dem schweizerischen Recht unterstellt hat. Artikel 86 Absatz 2 ist vorbehalten.

3. Zuständigkeit am Ort der gelegenen Sache

Art. 88 ¹ War der Erblasser Ausländer mit letztem Wohnsitz im Ausland, so sind die schweizerischen Gerichte oder Behörden am Ort der gelegenen Sache für den in der Schweiz gelegenen Nachlass zuständig, soweit sich die ausländischen Behörden damit nicht befassen.

² Befindet sich Vermögen an mehreren Orten, so sind die zuerst angerufenen schweizerischen Gerichte oder Behörden zuständig.

4. Sichernde Massnahmen

Art. 89 Hinterlässt der Erblasser mit letztem Wohnsitz im Ausland Vermögen in der Schweiz, so ordnen die schweizerischen Behörden am Ort der gelegenen Sache die zum einstweiligen Schutz der Vermögenswerte notwendigen Massnahmen an.

II. Anwendbares Recht
1. Letzter Wohnsitz in der Schweiz

Art. 90 ¹ Der Nachlass einer Person mit letztem Wohnsitz in der Schweiz untersteht schweizerischem Recht.

² Ein Ausländer kann jedoch durch letztwillige Verfügung oder Erbvertrag den Nachlass einem seiner Heimatrechte unterstellen. Diese Unterstellung fällt dahin, wenn er im Zeitpunkt des Todes diesem Staat nicht mehr angehört hat oder wenn er Schweizer Bürger geworden ist.

2. Letzter Wohnsitz im Ausland

Art. 91 ¹ Der Nachlass einer Person mit letztem Wohnsitz im Ausland untersteht dem Recht, auf welches das Kollisionsrecht des Wohnsitzstaates verweist.

² Soweit nach Artikel 87 die schweizerischen Gerichte oder Behörden am Heimatort zuständig sind, untersteht der Nachlass eines Schwei-

zers mit letztem Wohnsitz im Ausland schweizerischem Recht, es sei denn, der Erblasser habe in der letztwilligen Verfügung oder im Erbvertrag ausdrücklich das Recht an seinem letzten Wohnsitz vorbehalten.

3. Umfang des Erbstatuts und Nachlassabwicklung

Art. 92 [1] Das auf den Nachlass anwendbare Recht bestimmt, was zum Nachlass gehört, wer in welchem Umfang daran berechtigt ist, wer die Schulden des Nachlasses trägt, welche Rechtsbehelfe und Massnahmen zulässig sind und unter welchen Voraussetzungen sie angerufen werden können.

[2] Die Durchführung der einzelnen Massnahmen richtet sich nach dem Recht am Ort der zuständigen Behörde. Diesem Recht unterstehen namentlich die sichernden Massnahmen und die Nachlassabwicklung mit Einschluss der Willensvollstreckung.

4. Form

Art. 93 [1] Für die Form der letztwilligen Verfügung gilt das Haager Übereinkommen vom 5. Oktober 1961[42] über das auf die Form letztwilliger Verfügungen anwendbare Recht.

[2] Dieses Übereinkommen gilt sinngemäss auch für die Form anderer Verfügungen von Todes wegen.

5. Verfügungsfähigkeit

Art. 94 Eine Person kann von Todes wegen verfügen, wenn sie im Zeitpunkt der Verfügung nach dem Recht am Wohnsitz oder am gewöhnlichen Aufenthalt oder nach dem Recht eines ihrer Heimatstaaten verfügungsfähig ist.

6. Erbverträge und gegenseitige Verfügungen von Todes wegen

Art. 95 [1] Der Erbvertrag untersteht dem Recht am Wohnsitz des Erblassers zur Zeit des Vertragsabschlusses.

[2] Unterstellt ein Erblasser im Vertrag den ganzen Nachlass seinem Heimatrecht, so tritt dieses an die Stelle des Wohnsitzrechts.

[3] Gegenseitige Verfügungen von Todes wegen müssen dem Wohnsitzrecht jedes Verfügenden oder dem von ihnen gewählten gemeinsamen Heimatrecht entsprechen.

[4] Vorbehalten bleiben die Bestimmungen dieses Gesetzes über die Form und die Verfügungsfähigkeit (Art. 93 und 94).

III. Ausländische Entscheidungen, Massnahmen, Urkunden und Rechte

Art. 96 [1] Ausländische Entscheidungen, Massnahmen und Urkunden, die den Nachlass betreffen, sowie Rechte aus einem im Ausland eröffneten Nachlass werden in der Schweiz anerkannt:

a. wenn sie im Staat des letzten Wohnsitzes des Erblassers oder im Staat, dessen Recht er gewählt hat, getroffen, ausgestellt oder

---

42 SR 0.211.312.1

festgestellt worden sind oder wenn sie in einem dieser Staaten anerkannt werden, oder

b. wenn sie Grundstücke betreffen und in dem Staat, in dem sie liegen, getroffen, ausgestellt oder festgestellt worden sind oder wenn sie dort anerkannt werden.

² Beansprucht ein Staat für die in seinem Gebiet liegenden Grundstücke des Erblassers die ausschliessliche Zuständigkeit, so werden nur dessen Entscheidungen, Massnahmen und Urkunden anerkannt.

³ Sichernde Massnahmen des Staates, in dem Vermögen des Erblassers liegt, werden in der Schweiz anerkannt.

7. Kapitel: Sachenrecht

I. Zuständigkeit
1. Grundstücke

Art. 97 Für Klagen betreffend dingliche Rechte an Grundstücken in der Schweiz sind die Gerichte am Ort der gelegenen Sache ausschliesslich zuständig.

2. Bewegliche Sachen

Art. 98 ¹ Für Klagen betreffend dingliche Rechte an beweglichen Sachen sind die schweizerischen Gerichte am Wohnsitz oder, wenn ein solcher fehlt, diejenigen am gewöhnlichen Aufenthalt des Beklagten zuständig.

² Überdies sind die schweizerischen Gerichte am Ort der gelegenen Sache zuständig.[43]

3. Kulturgut

Art. 98a[44] Für Klagen auf Rückführung von Kulturgut nach Artikel 9 des Kulturgütertransfergesetzes vom 20. Juni 2003[45] ist das Gericht am Wohnsitz oder Sitz der beklagten Partei oder am Ort, an dem das Kulturgut sich befindet, zuständig.

II. Anwendbares Recht
1. Grundstücke

Art. 99 ¹ Dingliche Rechte an Grundstücken unterstehen dem Recht am Ort der gelegenen Sache.

² Für Ansprüche aus Immissionen, die von einem Grundstück ausgehen, gelten die Bestimmungen dieses Gesetzes über unerlaubte Handlungen (Art. 138).

2. Bewegliche Sachen
a. Grundsatz

Art. 100 ¹ Erwerb und Verlust dinglicher Rechte an beweglichen Sachen unterstehen dem Recht des Staates, in dem die Sache im Zeit-

---

[43] Fassung gemäss Art. 3 Ziff. 3 des BB vom 11. Dez. 2009 (Genehmigung und Umsetzung des Lugano-Übereink.), in Kraft seit 1. Jan. 2011 (AS 2010 5601; BBl 2009 1777).
[44] Eingefügt durch Art. 32 Ziff. 3 des Kulturgütertransfergesetzes vom 20. Juni 2003, in Kraft seit 1. Juni 2005 (AS 2005 1869; BBl 2002 535).
[45] SR 444.1

punkt des Vorgangs, aus dem der Erwerb oder der Verlust hergeleitet wird, liegt.

² Inhalt und Ausübung dinglicher Rechte an beweglichen Sachen unterstehen dem Recht am Ort der gelegenen Sache.

b. Sachen im Transit

Art. 101 Rechtsgeschäftlicher Erwerb und Verlust dinglicher Rechte an Sachen im Transit unterstehen dem Recht des Bestimmungsstaates.

c. Sachen, die in die Schweiz gelangen

Art. 102 ¹ Gelangt eine bewegliche Sache in die Schweiz und ist der Erwerb oder der Verlust eines dinglichen Rechts an ihr nicht bereits im Ausland erfolgt, so gelten die im Ausland eingetretenen Vorgänge als in der Schweiz erfolgt.

² Gelangt eine bewegliche Sache in die Schweiz und ist an ihr im Ausland ein Eigentumsvorbehalt gültig begründet worden, der den Anforderungen des schweizerischen Rechts nicht genügt, so bleibt der Eigentumsvorbehalt in der Schweiz noch während drei Monaten gültig.

³ Dem gutgläubigen Dritten kann der Bestand eines solchen Eigentumsvorbehalts nicht entgegengehalten werden.

d. Eigentumsvorbehalt an Sachen, die ausgeführt werden

Art. 103 Der Eigentumsvorbehalt an einer zur Ausfuhr bestimmten beweglichen Sache untersteht dem Recht des Bestimmungsstaates.

e. Rechtswahl

Art. 104 ¹ Die Parteien können den Erwerb und den Verlust dinglicher Rechte an beweglichen Sachen dem Recht des Abgangs- oder des Bestimmungsstaates oder dem Recht unterstellen, dem das zugrundeliegende Rechtsgeschäft untersteht.

² Die Rechtswahl kann Dritten nicht entgegengehalten werden.

3. Besondere Regeln
a. Verpfändung von Forderungen, Wertpapieren und anderen Rechten

Art. 105 ¹ Die Verpfändung von Forderungen, Wertpapieren und anderen Rechten untersteht dem von den Parteien gewählten Recht. Die Rechtswahl kann Dritten nicht entgegengehalten werden.

² Fehlt eine Rechtswahl, so untersteht die Verpfändung von Forderungen und Wertpapieren dem Recht am gewöhnlichen Aufenthalt des Pfandgläubigers; die Verpfändung anderer Rechte untersteht dem auf diese anwendbaren Recht.

³ Dem Schuldner kann nur das Recht entgegengehalten werden, dem das verpfändete Recht untersteht.

b. Warenpapiere

Art. 106 ¹ Das in einem Warenpapier bezeichnete Recht bestimmt, ob das Papier die Ware vertritt. Ist im Papier kein Recht bezeichnet, so gilt das Recht des Staates, in dem der Aussteller seine Niederlassung hat.

² Vertritt ein Papier die Ware, so unterstehen die dinglichen Rechte am Papier und an der Ware dem Recht, das auf das Warenpapier als bewegliche Sache anwendbar ist.

³ Machen verschiedene Parteien dingliche Rechte an der Ware geltend, die einen unmittelbar, die anderen aufgrund eines Warenpapiers, so entscheidet über den Vorrang das auf die Ware selbst anwendbare Recht.

c. Transportmittel

Art. 107 Die Bestimmungen anderer Gesetze über dingliche Rechte an Schiffen, Luftfahrzeugen und anderen Transportmitteln sind vorbehalten.

III. Ausländische Entscheidungen

Art. 108 ¹ Ausländische Entscheidungen über dingliche Rechte an Grundstücken werden in der Schweiz anerkannt, wenn sie im Staat, in dem sie liegen, ergangen sind oder wenn sie dort anerkannt werden.

² Ausländische Entscheidungen über dingliche Rechte an beweglichen Sachen werden in der Schweiz anerkannt:
a. wenn sie im Staat ergangen sind, in dem der Beklagte seinen Wohnsitz hat; oder
b. wenn sie im Staat, in dem die Sache liegt, ergangen sind, sofern der Beklagte dort seinen gewöhnlichen Aufenthalt hatte.
c. ...[46]

7a. Kapitel:[47] Intermediärverwahrte Wertpapiere

I. Begriff

Art. 108a Unter intermediärverwahrten Wertpapieren sind Wertpapiere zu verstehen, die bei einem Intermediär im Sinne des Haager Übereinkommens vom 5. Juli 2006[48] über die auf bestimmte Rechte an intermediärverwahrten Wertpapieren anzuwendende Rechtsordnung verwahrt werden.

II. Zuständigkeit

Art. 108b ¹ Für Klagen betreffend intermediärverwahrte Wertpapiere sind die schweizerischen Gerichte am Wohnsitz des Beklagten

---

[46] Aufgehoben durch Art. 2 des BB vom 3. Okt. 2008 über die Genehmigung und die Umsetzung des Übereinkommens über die auf bestimmte Rechte an intermediärverwahrten Wertpapieren anzuwendende Rechtsordnung, mit Wirkung seit 1. Jan. 2010 (AS 2009 6579; BBl 2006 9315).

[47] Eingefügt durch Art. 2 des BB vom 3. Okt. 2008 über die Genehmigung und die Umsetzung des Übereinkommens über die auf bestimmte Rechte an intermediärverwahrten Wertpapieren anzuwendende Rechtsordnung, in Kraft seit 1. Jan. 2010 (AS 2009 6579; BBl 2006 9315). [Der Erlass ist im Band Texto OR enthalten.]

[48] SR 0.221.556.1

oder, wenn ein solcher fehlt, diejenigen an seinem gewöhnlichen Aufenthalt zuständig.

² Für Klagen betreffend intermediärverwahrte Wertpapiere aufgrund der Tätigkeit einer Niederlassung in der Schweiz sind überdies die Gerichte am Ort der Niederlassung zuständig.

III. Anwendbares Recht

Art. 108c Für intermediärverwahrte Wertpapiere gilt das Haager Übereinkommen vom 5. Juli 2006[49] über die auf bestimmte Rechte an intermediärverwahrten Wertpapieren anzuwendende Rechtsordnung.

IV. Ausländische Entscheidungen

Art. 108d Ausländische Entscheidungen über intermediärverwahrte Wertpapiere werden in der Schweiz anerkannt, wenn sie:
a. im Staat ergangen sind, in dem der Beklagte seinen Wohnsitz oder seinen gewöhnlichen Aufenthalt hatte; oder
b. im Staat ergangen sind, in dem der Beklagte seine Niederlassung hatte, und sie Ansprüche aus dem Betrieb dieser Niederlassung betreffen.

8. Kapitel: Immaterialgüterrecht

I. Zuständigkeit

Art. 109[50] ¹ Für Klagen betreffend die Gültigkeit oder die Eintragung von Immaterialgüterrechten in der Schweiz sind die schweizerischen Gerichte am Wohnsitz des Beklagten zuständig. Hat der Beklagte keinen Wohnsitz in der Schweiz, so sind die schweizerischen Gerichte am Geschäftssitz des im Register eingetragenen Vertreters oder, wenn ein solcher fehlt, diejenigen am Sitz der schweizerischen Registerbehörde zuständig.

² Für Klagen betreffend Verletzung von Immaterialgüterrechten sind die schweizerischen Gerichte am Wohnsitz des Beklagten oder, wenn ein solcher fehlt, diejenigen an seinem gewöhnlichen Aufenthaltsort zuständig. Überdies sind die schweizerischen Gerichte am Handlungs- und Erfolgsort sowie für Klagen aufgrund der Tätigkeit einer Niederlassung in der Schweiz die Gerichte am Ort der Niederlassung zuständig.

³ ...[51]

---

49 SR 0.221.556.1
50 Fassung gemäss Anhang Ziff. 5 des BG vom 22. Juni 2007, in Kraft seit 1. Juli 2008 (AS 2008 2551; BBl 2006 1).
51 Aufgehoben durch Art. 3 Ziff. 3 des BB vom 11. Dez. 2009 (Genehmigung und Umsetzung des Lugano-Übereink.), mit Wirkung seit 1. Jan. 2011 (AS 2010 5601; BBl 2009 1777).

II. Anwendbares Recht

Art. 110 ¹ Immaterialgüterrechte unterstehen dem Recht des Staates, für den der Schutz der Immaterialgüter beansprucht wird.

² Für Ansprüche aus Verletzung von Immaterialgüterrechten können die Parteien nach Eintritt des schädigenden Ereignisses stets vereinbaren, dass das Recht am Gerichtsort anzuwenden ist.

³ Verträge über Immaterialgüterrechte unterstehen den Bestimmungen dieses Gesetzes über das auf obligationenrechtliche Verträge anzuwendende Recht (Art. 122).

III. Ausländische Entscheidungen

Art. 111 ¹ Ausländische Entscheidungen betreffend Immaterialgüterrechte werden in der Schweiz anerkannt, wenn sie:
a. im Staat ergangen sind, in dem der Beklagte seinen Wohnsitz hatte; oder
b. am Handlungs- oder Erfolgsort ergangen sind und der Beklagte keinen Wohnsitz in der Schweiz hatte.[52]

² Ausländische Entscheidungen betreffend Gültigkeit oder Eintragung von Immaterialgüterrechten werden nur anerkannt, wenn sie im Staat ergangen sind, für den der Schutz beansprucht wird, oder wenn sie dort anerkannt werden.

9. Kapitel: Obligationenrecht

1. Abschnitt: Verträge

I. Zuständigkeit
1. Wohnsitz und Niederlassung[53]

Art. 112 ¹ Für Klagen aus Vertrag sind die schweizerischen Gerichte am Wohnsitz des Beklagten oder, wenn ein solcher fehlt, diejenigen an seinem gewöhnlichen Aufenthalt zuständig.

² Für Klagen aufgrund der Tätigkeit einer Niederlassung in der Schweiz sind überdies die Gerichte am Ort der Niederlassung zuständig.

2. Erfüllungsort

Art. 113[54] Ist die für den Vertrag charakteristische Leistung in der Schweiz zu erbringen, so kann auch beim schweizerischen Gericht am Erfüllungsort dieser Leistung geklagt werden.

3. Verträge mit Konsumenten

Art. 114 ¹ Für die Klagen eines Konsumenten aus einem Vertrag, der den Voraussetzungen von Artikel 120 Absatz 1 entspricht, sind nach Wahl des Konsumenten die schweizerischen Gerichte zuständig:

---

52 Fassung gemäss Anhang Ziff. 5 des BG vom 22. Juni 2007, in Kraft seit 1. Juli 2008 (AS 2008 2551; BBl 2006 1).
53 Fassung gemäss Art. 3 Ziff. 3 des BB vom 11. Dez. 2009 (Genehmigung und Umsetzung des Lugano-Übereink.), in Kraft seit 1. Jan. 2011 (AS 2010 5601; BBl 2009 1777).
54 Fassung gemäss Art. 3 Ziff. 3 des BB vom 11. Dez. 2009 (Genehmigung und Umsetzung des Lugano-Übereink.), in Kraft seit 1. Jan. 2011 (AS 2010 5601; BBl 2009 1777).

a. am Wohnsitz oder am gewöhnlichen Aufenthalt des Konsumenten, oder
b. am Wohnsitz des Anbieters oder, wenn ein solcher fehlt, an dessen gewöhnlichem Aufenthalt.

² Der Konsument kann nicht zum voraus auf den Gerichtsstand an seinem Wohnsitz oder an seinem gewöhnlichen Aufenthalt verzichten.

4. Arbeitsverträge

Art. 115 ¹ Für Klagen aus Arbeitsvertrag sind die schweizerischen Gerichte am Wohnsitz des Beklagten oder am Ort zuständig, wo der Arbeitnehmer gewöhnlich seine Arbeit verrichtet.

² Für Klagen des Arbeitnehmers sind überdies die schweizerischen Gerichte an seinem Wohnsitz oder an seinem gewöhnlichen Aufenthalt zuständig.

³ Für Klagen bezüglich der auf die Arbeitsleistung anzuwendenden Arbeits- und Lohnbedingungen sind zudem die Schweizer Gerichte am Ort zuständig, an den der Arbeitnehmer für einen begrenzten Zeitraum und zur Verrichtung auch nur eines Teils seiner Arbeit aus dem Ausland entsandt worden ist.[55]

II. Anwendbares Recht
1. Im Allgemeinen
a. Rechtswahl

Art. 116 ¹ Der Vertrag untersteht dem von den Parteien gewählten Recht.

² Die Rechtswahl muss ausdrücklich sein oder sich eindeutig aus dem Vertrag oder aus den Umständen ergeben. Im Übrigen untersteht sie dem gewählten Recht.

³ Die Rechtswahl kann jederzeit getroffen oder geändert werden. Wird sie nach Vertragsabschluss getroffen oder geändert, so wirkt sie auf den Zeitpunkt des Vertragsabschlusses zurück. Die Rechte Dritter sind vorbehalten.

b. Fehlen einer Rechtswahl

Art. 117 ¹ Bei Fehlen einer Rechtswahl untersteht der Vertrag dem Recht des Staates, mit dem er am engsten zusammenhängt.

² Es wird vermutet, der engste Zusammenhang bestehe mit dem Staat, in dem die Partei, welche die charakteristische Leistung erbringen soll, ihren gewöhnlichen Aufenthalt hat oder, wenn sie den Vertrag aufgrund einer beruflichen oder gewerblichen Tätigkeit geschlossen hat, in dem sich ihre Niederlassung befindet.

³ Als charakteristische Leistung gilt namentlich:
a. bei Veräusserungsverträgen die Leistung des Veräusserers;

---

55 Eingefügt durch Anhang Ziff. 1 des BG vom 8. Okt. 1999 über die in die Schweiz entsandten Arbeitnehmerinnen und Arbeitnehmer, in Kraft seit 1. Juni 2004 (AS 2003 1370; BBl 1999 6128).

b. bei Gebrauchsüberlassungsverträgen die Leistung der Partei, die eine Sache oder ein Recht zum Gebrauch überlässt;
c. bei Auftrag, Werkvertrag und ähnlichen Dienstleistungsverträgen die Dienstleistung;
d. bei Verwahrungsverträgen die Leistung des Verwahrers;
e. bei Garantie- oder Bürgschaftsverträgen die Leistung des Garanten oder des Bürgen.

2. Im Besonderen
a. Kauf beweglicher körperlicher Sachen

Art. 118 [1] Für den Kauf beweglicher körperlicher Sachen gilt das Haager Übereinkommen vom 15. Juni 1955[56] betreffend das auf internationale Kaufverträge über bewegliche körperliche Sachen anzuwendende Recht.

[2] Artikel 120 ist vorbehalten.

b. Grundstücke

Art. 119 [1] Verträge über Grundstücke oder deren Gebrauch unterstehen dem Recht des Staates, in dem sich die Grundstücke befinden.

[2] Eine Rechtswahl ist zulässig.

[3] Die Form untersteht dem Recht des Staates, in dem sich das Grundstück befindet, es sei denn, dieses Recht lasse die Anwendung eines anderen Rechts zu. Für ein Grundstück in der Schweiz richtet sich die Form nach schweizerischem Recht.

c. Verträge mit Konsumenten

Art. 120 [1] Verträge über Leistungen des üblichen Verbrauchs, die für den persönlichen oder familiären Gebrauch des Konsumenten bestimmt sind und nicht im Zusammenhang mit der beruflichen oder gewerblichen Tätigkeit des Konsumenten stehen, unterstehen dem Recht des Staates, in dem der Konsument seinen gewöhnlichen Aufenthalt hat:
a. wenn der Anbieter die Bestellung in diesem Staat entgegengenommen hat;
b. wenn in diesem Staat dem Vertragsabschluss ein Angebot oder eine Werbung vorausgegangen ist und der Konsument in diesem Staat die zum Vertragsabschluss erforderlichen Rechtshandlungen vorgenommen hat, oder
c. wenn der Anbieter den Konsumenten veranlasst hat, sich ins Ausland zu begeben und seine Bestellung dort abzugeben.

[2] Eine Rechtswahl ist ausgeschlossen.

d. Arbeitsverträge

Art. 121 [1] Der Arbeitsvertrag untersteht dem Recht des Staates, in dem der Arbeitnehmer gewöhnlich seine Arbeit verrichtet.

---

56 SR 0.221.211.4

² Verrichtet der Arbeitnehmer seine Arbeit gewöhnlich in mehreren Staaten, so untersteht der Arbeitsvertrag dem Recht des Staates, in dem sich die Niederlassung oder, wenn eine solche fehlt, der Wohnsitz oder der gewöhnliche Aufenthalt des Arbeitgebers befindet.

³ Die Parteien können den Arbeitsvertrag dem Recht des Staates unterstellen, in dem der Arbeitnehmer seinen gewöhnlichen Aufenthalt hat oder in dem der Arbeitgeber seine Niederlassung, seinen Wohnsitz oder seinen gewöhnlichen Aufenthalt hat.

e. Verträge über Immaterialgüterrechte

Art. 122 ¹ Verträge über Immaterialgüterrechte unterstehen dem Recht des Staates, in dem derjenige, der das Immaterialgüterrecht überträgt oder die Benutzung an ihm einräumt, seinen gewöhnlichen Aufenthalt hat.

² Eine Rechtswahl ist zulässig.

³ Verträge zwischen Arbeitgebern und Arbeitnehmern über Rechte an Immaterialgütern, die der Arbeitnehmer im Rahmen der Erfüllung des Arbeitsvertrages geschaffen hat, unterstehen dem auf den Arbeitsvertrag anwendbaren Recht.

3. Gemeinsame Bestimmungen
a. Schweigen auf einen Antrag

Art. 123 Schweigt eine Partei auf einen Antrag zum Abschluss eines Vertrages, so kann sie sich für die Wirkungen des Schweigens auf das Recht des Staates berufen, in dem sie ihren gewöhnlichen Aufenthalt hat.

b. Form

Art. 124 ¹ Der Vertrag ist formgültig, wenn er dem auf den Vertrag anwendbaren Recht oder dem Recht am Abschlussort entspricht.

² Befinden sich die Parteien im Zeitpunkt des Vertragsabschlusses in verschiedenen Staaten, so genügt es, wenn die Form dem Recht eines dieser Staaten entspricht.

³ Schreibt das auf den Vertrag anwendbare Recht die Beachtung einer Form zum Schutz einer Partei vor, so richtet sich die Formgültigkeit ausschliesslich nach diesem Recht, es sei denn, dieses lasse die Anwendung eines anderen Rechts zu.

c. Erfüllungs- und Untersuchungsmodalitäten

Art. 125 Erfüllungs- und Untersuchungsmodalitäten unterstehen dem Recht des Staates, in dem sie tatsächlich erfolgen.

d. Stellvertretung

Art. 126 ¹ Bei rechtsgeschäftlicher Vertretung untersteht das Verhältnis zwischen dem Vertretenen und dem Vertreter dem auf ihren Vertrag anwendbaren Recht.

² Die Voraussetzungen, unter denen eine Handlung des Vertreters den Vertretenen gegenüber dem Dritten verpflichtet, unterstehen dem Recht des Staates, in dem der Vertreter seine Niederlassung hat

oder, wenn eine solche fehlt oder für den Dritten nicht erkennbar ist, dem Recht des Staates, in dem der Vertreter im Einzelfall hauptsächlich handelt.

3 Steht der Vertreter in einem Arbeitsverhältnis zum Vertretenen und besitzt er keine eigene Geschäftsniederlassung, so befindet sich der Ort seiner Niederlassung am Sitz des Vertretenen.

4 Das nach Absatz 2 anwendbare Recht gilt auch für das Verhältnis zwischen dem nicht ermächtigten Vertreter und dem Dritten.

2. Abschnitt: Ungerechtfertigte Bereicherung

I. Zuständigkeit

Art. 127[57] Für Klagen aus ungerechtfertigter Bereicherung sind die schweizerischen Gerichte am Wohnsitz des Beklagten oder, wenn ein solcher fehlt, diejenigen an seinem gewöhnlichen Aufenthaltsort zuständig. Überdies sind für Klagen aufgrund der Tätigkeit einer Niederlassung in der Schweiz die Gerichte am Ort der Niederlassung zuständig.

II. Anwendbares Recht

Art. 128 1 Ansprüche aus ungerechtfertigter Bereicherung unterstehen dem Recht, dem das bestehende oder das vermeintliche Rechtsverhältnis unterstellt ist, aufgrund dessen die Bereicherung stattgefunden hat.

2 Besteht kein Rechtsverhältnis, so unterstehen die Ansprüche aus ungerechtfertigter Bereicherung dem Recht des Staates, in dem die Bereicherung eingetreten ist; die Parteien können vereinbaren, dass das Recht am Gerichtsort anzuwenden ist.

3. Abschnitt: Unerlaubte Handlungen

I. Zuständigkeit
1. Grundsatz

Art. 129[58] 1 Für Klagen aus unerlaubter Handlung sind die schweizerischen Gerichte am Wohnsitz des Beklagten oder, wenn ein solcher fehlt, diejenigen an seinem gewöhnlichen Aufenthaltsort zuständig. Überdies sind die schweizerischen Gerichte am Handlungs- oder Erfolgsort sowie für Klagen aufgrund der Tätigkeit einer Niederlassung in der Schweiz die Gerichte am Ort der Niederlassung zuständig.

2 ...[59]

---

57 Fassung gemäss Anhang Ziff. 5 des BG vom 22. Juni 2007, in Kraft seit 1. Juli 2008 (AS 2008 2551; BBl 2006 1).
58 Fassung gemäss Anhang Ziff. 5 des BG vom 22. Juni 2007, in Kraft seit 1. Juli 2008 (AS 2008 2551; BBl 2006 1).
59 Aufgehoben durch Art. 3 Ziff. 3 des BB vom 11. Dez. 2009 (Genehmigung und Umsetzung des Lugano-Übereink.), mit Wirkung seit 1. Jan. 2011 (AS 2010 5601; BBl 2009 1777).

2. Im Besonderen

Art. 130 ¹ Ist durch eine Kernanlage oder beim Transport von Kernmaterialien Schaden verursacht worden, so sind die schweizerischen Gerichte des Ortes zuständig, an dem das schädigende Ereignis eingetreten ist.

² Kann dieser Ort nicht ermittelt werden, so sind:
a. wenn der Inhaber einer Kernanlage haftet, die schweizerischen Gerichte des Ortes zuständig, in dem die Kernanlage gelegen ist;
b. wenn der Inhaber einer Transportbewilligung haftet, die schweizerischen Gerichte des Ortes zuständig, an dem der Inhaber der Transportbewilligung seinen Wohnsitz oder sein Gerichtsdomizil hat.

³ Klagen zur Durchsetzung des Auskunftsrechts gegen den Inhaber einer Datensammlung können bei den in Artikel 129 genannten Gerichten oder bei den schweizerischen Gerichten am Ort, wo die Datensammlung geführt oder verwendet wird, eingereicht werden.[60]

3. Unmittelbares Forderungsrecht

Art. 131 Für Klagen aufgrund eines unmittelbaren Forderungsrechts gegen den Haftpflichtversicherer sind die schweizerischen Gerichte am Ort der Niederlassung des Versicherers oder diejenigen am Handlungs- oder am Erfolgsort zuständig.

II. Anwendbares Recht
1. Im Allgemeinen
a. Rechtswahl

Art. 132 Die Parteien können nach Eintritt des schädigenden Ereignisses stets vereinbaren, dass das Recht am Gerichtsort anzuwenden ist.

b. Fehlen einer Rechtswahl

Art. 133 ¹ Haben Schädiger und Geschädigter ihren gewöhnlichen Aufenthalt im gleichen Staat, so unterstehen Ansprüche aus unerlaubter Handlung dem Recht dieses Staates.

² Haben Schädiger und Geschädigter ihren gewöhnlichen Aufenthalt nicht im gleichen Staat, so ist das Recht des Staates anzuwenden, in dem die unerlaubte Handlung begangen worden ist. Tritt der Erfolg nicht in dem Staat ein, in dem die unerlaubte Handlung begangen worden ist, so ist das Recht des Staates anzuwenden, in dem der Erfolg eintritt, wenn der Schädiger mit dem Eintritt des Erfolges in diesem Staat rechnen musste.

³ Wird durch eine unerlaubte Handlung ein zwischen Schädiger und Geschädigtem bestehendes Rechtsverhältnis verletzt, so unterstehen Ansprüche aus unerlaubter Handlung, ungeachtet der Absätze 1 und 2, dem Recht, dem das vorbestehende Rechtsverhältnis unterstellt ist.

---

60 Eingefügt durch Anhang Ziff. 3 des BG vom 19. Juni 1992 über den Datenschutz, in Kraft seit 1. Juli 1993 (AS 1993 1945; BBl 1988 II 413).

2. Im Besonderen
a. Strassenverkehrsunfälle

Art. 134 Für Ansprüche aus Strassenverkehrsunfällen gilt das Haager Übereinkommen vom 4. Mai 1971[61] über das auf Strassenverkehrsunfälle anwendbare Recht.

b. Produktemängel

Art. 135 ¹ Ansprüche aus Mängeln oder mangelhafter Beschreibung eines Produktes unterstehen nach Wahl des Geschädigten:

a. dem Recht des Staates, in dem der Schädiger seine Niederlassung oder, wenn eine solche fehlt, seinen gewöhnlichen Aufenthalt hat, oder

b. dem Recht des Staates, in dem das Produkt erworben worden ist, sofern der Schädiger nicht nachweist, dass es in diesem Staat ohne sein Einverständnis in den Handel gelangt ist.

² Unterstehen Ansprüche aus Mängeln oder mangelhafter Beschreibung eines Produktes ausländischem Recht, so können in der Schweiz keine weitergehenden Leistungen zugesprochen werden, als nach schweizerischem Recht für einen solchen Schaden zuzusprechen wären.

c. Unlauterer Wettbewerb

Art. 136 ¹ Ansprüche aus unlauterem Wettbewerb unterstehen dem Recht des Staates, auf dessen Markt die unlautere Handlung ihre Wirkung entfaltet.

² Richtet sich die Rechtsverletzung ausschliesslich gegen betriebliche Interessen des Geschädigten, so ist das Recht des Staates anzuwenden, in dem sich die betroffene Niederlassung befindet.

³ Artikel 133 Absatz 3 ist vorbehalten.

d. Wettbewerbsbehinderung

Art. 137 ¹ Ansprüche aus Wettbewerbsbehinderung unterstehen dem Recht des Staates, auf dessen Markt der Geschädigte von der Behinderung unmittelbar betroffen ist.

² Unterstehen Ansprüche aus Wettbewerbsbehinderung ausländischem Recht, so können in der Schweiz keine weitergehenden Leistungen zugesprochen werden als nach schweizerischem Recht für eine unzulässige Wettbewerbsbehinderung zuzusprechen wären.

e. Immissionen

Art. 138 Ansprüche aus schädigenden Einwirkungen, die von einem Grundstück ausgehen, unterstehen nach Wahl des Geschädigten dem Recht des Staates, in dem das Grundstück liegt, oder dem Recht des Staates, in dem der Erfolg einer Einwirkung eintritt.

f. Persönlichkeitsverletzung

Art. 139 ¹ Ansprüche aus Verletzung der Persönlichkeit durch Medien, insbesondere durch Presse, Radio, Fernsehen oder durch andere

---

[61] SR 0.741.31

Informationsmittel in der Öffentlichkeit unterstehen nach Wahl des Geschädigten:
a. dem Recht des Staates, in dem der Geschädigte seinen gewöhnlichen Aufenthalt hat, sofern der Schädiger mit dem Eintritt des Erfolges in diesem Staat rechnen musste;
b. dem Recht des Staates, in dem der Urheber der Verletzung seine Niederlassung oder seinen gewöhnlichen Aufenthalt hat, oder
c. dem Recht des Staates, in dem der Erfolg der verletzenden Handlung eintritt, sofern der Schädiger mit dem Eintritt des Erfolges in diesem Staat rechnen musste.

² Das Gegendarstellungsrecht gegenüber periodisch erscheinenden Medien richtet sich ausschliesslich nach dem Recht des Staates, in dem das Druckerzeugnis erschienen ist oder von dem aus die Radio- oder Fernsehsendung verbreitet wurde

³ Absatz 1 ist auch anwendbar auf Ansprüche aus Verletzung der Persönlichkeit durch das Bearbeiten von Personendaten sowie aus Beeinträchtigung des Rechts auf Auskunft über Personendaten.[62]

3. Besondere Bestimmungen
a. Mehrfache Haftpflichtige

Art. 140 Sind mehrere Personen an einer unerlaubten Handlung beteiligt, so ist für jede von ihnen das anwendbare Recht gesondert zu bestimmen, unabhängig von der Art ihrer Beteiligung.

b. Unmittelbares Forderungsrecht

Art. 141 Der Geschädigte kann seinen Anspruch direkt gegen den Versicherer des Haftpflichtigen geltend machen, wenn das auf die unerlaubte Handlung oder auf den Versicherungsvertrag anwendbare Recht es vorsieht.

4. Geltungsbereich

Art. 142 ¹ Das auf die unerlaubte Handlung anwendbare Recht bestimmt insbesondere die Deliktsfähigkeit, die Voraussetzungen und den Umfang der Haftung sowie die Person des Haftpflichtigen.

² Sicherheits- und Verhaltensvorschriften am Ort der Handlung sind zu berücksichtigen.

4. Abschnitt: Gemeinsame Bestimmungen

I. Mehrheit von Schuldnern
1. Ansprüche gegen mehrere Schuldner

Art. 143 Hat der Gläubiger Ansprüche gegen mehrere Schuldner, so unterstehen die Rechtsfolgen daraus dem Recht, dem das Rechtsverhältnis zwischen dem Gläubiger und dem in Anspruch genommenen Schuldner unterstellt ist.

---

62 Eingefügt durch Anhang Ziff. 3 des BG vom 19. Juni 1992 über den Datenschutz, in Kraft seit 1. Juli 1993 (AS 1993 1945; BBl 1988 II 413).

2. Rückgriff zwischen Schuldnern

Art. 144 ¹ Ein Schuldner kann auf einen anderen Schuldner unmittelbar oder durch Eintritt in die Rechtsstellung des Gläubigers insoweit Rückgriff nehmen, als es die Rechte zulassen, denen die entsprechenden Schulden unterstehen.

² Die Durchführung des Rückgriffs untersteht dem gleichen Recht wie die Schuld des Rückgriffsverpflichteten. Fragen, die nur das Verhältnis zwischen Gläubiger und Rückgriffsberechtigtem betreffen, unterstehen dem Recht, das auf die Schuld des Rückgriffsberechtigten anwendbar ist.

³ Ob einer Einrichtung, die öffentliche Aufgaben wahrnimmt, ein Rückgriffsrecht zusteht, bestimmt sich nach dem auf diese Einrichtung anwendbaren Recht. Für die Zulässigkeit und die Durchführung des Rückgriffes gelten die Absätze 1 und 2.

II. Übergang einer Forderung
1. Abtretung durch Vertrag

Art. 145 ¹ Die Abtretung einer Forderung durch Vertrag untersteht dem von den Parteien gewählten Recht oder, wenn ein solches fehlt, dem auf die Forderung anzuwendenden Recht. Die Rechtswahl ist gegenüber dem Schuldner ohne dessen Zustimmung unwirksam.

² Für die Abtretung einer Forderung des Arbeitnehmers ist die Rechtswahl nur insoweit wirksam, als Artikel 121 Absatz 3 sie für den Arbeitsvertrag zulässt.

³ Die Form der Abtretung untersteht ausschliesslich dem auf den Abtretungsvertrag anwendbaren Recht.

⁴ Fragen, die nur das Verhältnis zwischen den Parteien des Abtretungsvertrages betreffen, unterstehen dem Recht, welches auf das der Abtretung zugrundeliegende Rechtsverhältnis anwendbar ist.

2. Übergang kraft Gesetzes

Art. 146 ¹ Der Übergang einer Forderung kraft Gesetzes untersteht dem Recht des zugrundeliegenden Rechtsverhältnisses zwischen altem und neuem Gläubiger oder, wenn ein solches fehlt, dem Recht der Forderung.

² Vorbehalten sind die Bestimmungen des Rechts der Forderung, die den Schuldner schützen.

III. Währung

Art. 147 ¹ Was unter einer Währung zu verstehen ist, bestimmt das Recht des Staates, dessen Währung in Frage steht.

² Die Wirkungen einer Währung auf die Höhe einer Schuld unterstehen dem Recht, das auf die Schuld anwendbar ist.

³ In welcher Währung zu zahlen ist, richtet sich nach dem Recht des Staates, in dem die Zahlung zu erfolgen hat.

IV. Verjährung und Erlöschen einer Forderung

Art. 148 ¹ Verjährung und Erlöschen einer Forderung unterstehen dem auf die Forderung anwendbaren Recht.

² Bei der Verrechnung untersteht das Erlöschen dem Recht der Forderung, deren Tilgung mit der Verrechnung bezweckt ist.

³ Die Neuerung, der Erlass- und der Verrechnungsvertrag richten sich nach den Bestimmungen dieses Gesetzes über das auf Verträge anwendbare Recht (Art. 116 ff.).

5. Abschnitt: Ausländische Entscheidungen

Art. 149 ¹ Ausländische Entscheidungen über obligationenrechtliche Ansprüche werden in der Schweiz anerkannt, wenn sie im Staat ergangen sind:
a. in dem der Beklagte seinen Wohnsitz hatte, oder
b. in dem der Beklagte seinen gewöhnlichen Aufenthalt hatte und die Ansprüche mit einer Tätigkeit an diesem Ort zusammenhängen.

² Eine ausländische Entscheidung wird ferner anerkannt:
a.[63] wenn sie eine vertragliche Leistung betrifft, im Staat der Erfüllung der charakteristischen Leistung ergangen ist und der Beklagte seinen Wohnsitz nicht in der Schweiz hatte;
b. wenn sie Ansprüche aus Verträgen mit Konsumenten betrifft und am Wohnsitz oder am gewöhnlichen Aufenthalt des Konsumenten ergangen ist, und die Voraussetzungen von Artikel 120 Absatz 1 erfüllt sind;
c. wenn sie Ansprüche aus einem Arbeitsvertrag betrifft, am Arbeits- oder Betriebsort ergangen ist und der Arbeitnehmer seinen Wohnsitz nicht in der Schweiz hatte;
d. wenn sie Ansprüche aus dem Betrieb einer Niederlassung betrifft und am Sitz dieser Niederlassung ergangen ist;
e. wenn sie Ansprüche aus ungerechtfertigter Bereicherung betrifft, am Handlungs- oder am Erfolgsort ergangen ist und der Beklagte seinen Wohnsitz nicht in der Schweiz hatte, oder
f. wenn sie Ansprüche aus unerlaubter Handlung betrifft, am Handlungs- oder am Erfolgsort ergangen ist und der Beklagte seinen Wohnsitz nicht in der Schweiz hatte.

---

63 Fassung gemäss Art. 3 Ziff. 3 des BB vom 11. Dez. 2009 (Genehmigung und Umsetzung des Lugano-Übereink.), in Kraft seit 1. Jan. 2011 (AS 2010 5601; BBl 2009 1777).

9a. Kapitel:[64] Trusts

I. Begriff

Art. 149a Als Trusts gelten rechtsgeschäftlich errichtete Trusts im Sinne des Haager Übereinkommens vom 1. Juli 1985[65] über das auf Trusts anzuwendende Recht und über ihre Anerkennung, unabhängig davon, ob sie im Sinne von Artikel 3 des Übereinkommens schriftlich nachgewiesen sind.

II. Zuständigkeit

Art. 149b [1] In trustrechtlichen Angelegenheiten ist die Gerichtsstandswahl gemäss den Bestimmungen des Trusts massgebend. Die Wahl oder eine Ermächtigung dazu in den Bestimmungen ist nur zu beachten, wenn sie schriftlich erfolgt ist oder in einer anderen Form, die ihren Nachweis durch Text ermöglicht. Ist nichts anderes bestimmt, so ist das bezeichnete Gericht ausschliesslich zuständig. Artikel 5 Absatz 2 gilt sinngemäss.

[2] Das bezeichnete Gericht darf seine Zuständigkeit nicht ablehnen, wenn:

a. eine Partei, der Trust oder ein Trustee Wohnsitz, gewöhnlichen Aufenthalt oder eine Niederlassung im Kanton dieses Gerichts hat, oder

b. ein Grossteil des Trustvermögens sich in der Schweiz befindet.

[3] Fehlt eine gültige Gerichtsstandswahl oder ist nach ihr das bezeichnete Gericht nicht ausschliesslich zuständig, so sind die schweizerischen Gerichte zuständig:

a. am Wohnsitz oder, wenn ein solcher fehlt, am gewöhnlichen Aufenthalt der beklagten Partei;

b. am Sitz des Trusts; oder

c. für Klagen aufgrund der Tätigkeit einer Niederlassung in der Schweiz, am Ort dieser Niederlassung.

[4] Bei Streitigkeiten über die Verantwortlichkeit infolge öffentlicher Ausgabe von Beteiligungspapieren und Anleihen kann ausserdem bei den schweizerischen Gerichten am Ausgabeort geklagt werden. Diese Zuständigkeit kann durch eine Gerichtsstandswahl nicht ausgeschlossen werden.

III. Anwendbares Recht

Art. 149c [1] Für das auf Trusts anwendbare Recht gilt das Haager Übereinkommen vom 1. Juli 1985[66] über das auf Trusts anzuwendende Recht und über ihre Anerkennung.

---

64 Eingefügt durch Art. 2 des BB vom 20. Dez. 2006 über die Genehmigung und Umsetzung des Haager Übereink. über das auf Trusts anzuwendende Recht und über ihre Anerkennung, in Kraft seit 1. Juli 2007 (AS 2007 2849; BBl 2006 551).
65 SR 0.221.371
66 SR 0.221.371

² Das vom Übereinkommen bezeichnete anwendbare Recht ist auch dort massgebend, wo nach Artikel 5 des Übereinkommens dieses nicht anzuwenden ist oder wo nach Artikel 13 des Übereinkommens keine Verpflichtung zur Anerkennung eines Trusts besteht.

IV. Besondere Vorschriften betreffend Publizität

Art. 149d ¹ Bei Trustvermögen, das auf den Namen von Trustees im Grundbuch, im Schiffsregister oder im Luftfahrzeugbuch eingetragen ist, kann auf das Trustverhältnis durch eine Anmerkung hingewiesen werden.

² Trustverhältnisse, die in der Schweiz registrierte Immaterialgüterrechte betreffen, werden auf Antrag im jeweiligen Register eingetragen.

³ Ein nicht angemerktes oder eingetragenes Trustverhältnis ist gutgläubigen Dritten gegenüber unwirksam.

V. Ausländische Entscheidungen

Art. 149e ¹ Ausländische Entscheidungen in trustrechtlichen Angelegenheiten werden in der Schweiz anerkannt, wenn:
a. sie von einem nach Artikel 149*b* Absatz 1 gültig bezeichneten Gericht getroffen worden sind;
b. sie im Staat ergangen sind, in dem die beklagte Partei ihren Wohnsitz, ihren gewöhnlichen Aufenthalt oder ihre Niederlassung hatte;
c. sie im Staat ergangen sind, in dem der Trust seinen Sitz hatte;
d. sie im Staat ergangen sind, dessen Recht der Trust untersteht, oder
e. sie im Staat anerkannt werden, in dem der Trust seinen Sitz hat, und die beklagte Partei ihren Wohnsitz nicht in der Schweiz hatte.

² Für ausländische Entscheidungen über Ansprüche aus öffentlicher Ausgabe von Beteiligungspapieren und Anleihen aufgrund von Prospekten, Zirkularen und ähnlichen Bekanntmachungen gilt sinngemäss Artikel 165 Absatz 2.

10. Kapitel: Gesellschaftsrecht

I. Begriffe

Art. 150 ¹ Als Gesellschaften im Sinne dieses Gesetzes gelten organisierte Personenzusammenschlüsse und organisierte Vermögenseinheiten.

² Für einfache Gesellschaften, die sich keine Organisation gegeben haben, gilt das auf Verträge anwendbare Recht (Art. 116 ff.).

II. Zuständigkeit
1. Grundsatz

Art. 151 ¹ In gesellschaftsrechtlichen Streitigkeiten sind die schweizerischen Gerichte am Sitz der Gesellschaft zuständig für Klagen gegen die Gesellschaft, die Gesellschafter oder die aus gesellschaftsrechtlicher Verantwortlichkeit haftenden Personen.

² Für Klagen gegen einen Gesellschafter oder gegen eine aus gesellschaftsrechtlicher Verantwortlichkeit haftende Person sind auch die schweizerischen Gerichte am Wohnsitz oder, wenn ein solcher fehlt, diejenigen am gewöhnlichen Aufenthalt des Beklagten zuständig.

³ Für Klagen aus Verantwortlichkeit infolge öffentlicher Ausgabe von Beteiligungspapieren und Anleihen sind ausserdem die schweizerischen Gerichte am Ausgabeort zuständig. Diese Zuständigkeit kann durch eine Gerichtsstandsvereinbarung nicht ausgeschlossen werden.

⁴ ...[67]

2. Haftung für ausländische Gesellschaften

Art. 152 Für Klagen gegen die nach Artikel 159 haftenden Personen oder gegen die ausländische Gesellschaft, für die sie handeln, sind zuständig:

a. die schweizerischen Gerichte am Wohnsitz oder, wenn ein solcher fehlt, diejenigen am gewöhnlichen Aufenthalt des Beklagten, oder

b. die schweizerischen Gerichte am Ort, an dem die Gesellschaft tatsächlich verwaltet wird.

3. Schutzmassnahmen

Art. 153 Für Massnahmen zum Schutze des in der Schweiz gelegenen Vermögens von Gesellschaften mit Sitz im Ausland sind die schweizerischen Gerichte oder Behörden am Ort des zu schützenden Vermögenswertes zuständig.

III. Anwendbares Recht
1. Grundsatz

Art. 154 ¹ Gesellschaften unterstehen dem Recht des Staates, nach dessen Vorschriften sie organisiert sind, wenn sie die darin vorgeschriebenen Publizitäts- oder Registrierungsvorschriften dieses Rechts erfüllen oder, falls solche Vorschriften nicht bestehen, wenn sie sich nach dem Recht dieses Staates organisiert haben.

² Erfüllt eine Gesellschaft diese Voraussetzungen nicht, so untersteht sie dem Recht des Staates, in dem sie tatsächlich verwaltet wird.

2. Umfang

Art. 155 Unter Vorbehalt der Artikel 156–161 bestimmt das auf die Gesellschaft anwendbare Recht insbesondere:

a. die Rechtsnatur;
b. die Entstehung und den Untergang;
c. die Rechts- und Handlungsfähigkeit;
d. den Namen oder die Firma;
e. die Organisation;

---

[67] Eingefügt durch Anhang 1 Ziff. II 18 der Zivilprozessordnung vom 19. Dez. 2008 (AS 2010 1739; BBl 2006 7221). Aufgehoben durch Ziff. II 2 des BG vom 28. Sept. 2012, mit Wirkung seit 1. Mai 2013 (AS 2013 1103; BBl 2011 6873).

f. die internen Beziehungen, namentlich diejenigen zwischen der Gesellschaft und ihren Mitgliedern;
g. die Haftung aus Verletzung gesellschaftsrechtlicher Vorschriften;
h. die Haftung für ihre Schulden;
i. die Vertretung der aufgrund ihrer Organisation handelnden Personen.

IV. Sonderanknüpfungen
1. Ansprüche aus öffentlicher Ausgabe von Beteiligungspapieren und Anleihen

Art. 156 Ansprüche aus öffentlicher Ausgabe von Beteiligungspapieren und Anleihen aufgrund von Prospekten, Zirkularen und ähnlichen Bekanntmachungen können nach dem auf die Gesellschaft anwendbaren Recht oder nach dem Recht des Staates geltend gemacht werden, in dem die Ausgabe erfolgt ist.

2. Namens- und Firmenschutz

Art. 157 [1] Wird in der Schweiz der Name oder die Firma einer im schweizerischen Handelsregister eingetragenen Gesellschaft verletzt, so richtet sich deren Schutz nach schweizerischem Recht.

[2] Ist eine Gesellschaft nicht im schweizerischen Handelsregister eingetragen, so richtet sich der Schutz ihres Namens oder ihrer Firma nach dem auf den unlauteren Wettbewerb (Art. 136) oder nach dem auf die Persönlichkeitsverletzung anwendbaren Recht (Art. 132, 133 und 139).

3. Beschränkung der Vertretungsbefugnis

Art. 158 Eine Gesellschaft kann sich nicht auf die Beschränkung der Vertretungsbefugnis eines Organs oder eines Vertreters berufen, die dem Recht des Staates des gewöhnlichen Aufenthalts oder der Niederlassung der anderen Partei unbekannt ist, es sei denn, die andere Partei habe diese Beschränkung gekannt oder hätte sie kennen müssen.

4. Haftung für ausländische Gesellschaften

Art. 159 Werden die Geschäfte einer Gesellschaft, die nach ausländischem Recht gegründet worden ist, in der Schweiz oder von der Schweiz aus geführt, so untersteht die Haftung der für sie handelnden Personen schweizerischem Recht.

V. Zweigniederlassung ausländischer Gesellschaften in der Schweiz

Art. 160 [1] Eine Gesellschaft mit Sitz im Ausland kann in der Schweiz eine Zweigniederlassung haben. Diese untersteht schweizerischem Recht.

[2] Die Vertretungsmacht einer solchen Zweigniederlassung richtet sich nach schweizerischem Recht. Mindestens eine zur Vertretung befugte Person muss in der Schweiz Wohnsitz haben und im Handelsregister eingetragen sein.

[3] Der Bundesrat erlässt die näheren Vorschriften über die Pflicht zur Eintragung in das Handelsregister.

VI. Verlegung, Fusion, Spaltung und Vermögensübertragung
1. Verlegung der Gesellschaft vom Ausland in die Schweiz
a. Grundsatz[68]

Art. 161 [1] Eine ausländische Gesellschaft kann sich ohne Liquidation und Neugründung dem schweizerischen Recht unterstellen, wenn das ausländische Recht es gestattet, die Gesellschaft die Voraussetzungen des ausländischen Rechts erfüllt und die Anpassung an eine schweizerische Rechtsform möglich ist.

[2] Der Bundesrat kann die Unterstellung unter das schweizerische Recht auch ohne Berücksichtigung des ausländischen Rechts zulassen, insbesondere wenn erhebliche schweizerische Interessen es erfordern.

b. Massgeblicher Zeitpunkt[69]

Art. 162 [1] Eine Gesellschaft, die nach schweizerischem Recht eintragungspflichtig ist, untersteht schweizerischem Recht, sobald sie nachweist, dass sie den Mittelpunkt der Geschäftstätigkeit in die Schweiz verlegt und sich dem schweizerischen Recht angepasst hat.

[2] Eine Gesellschaft, die nach schweizerischem Recht nicht eintragungspflichtig ist, untersteht dem schweizerischen Recht, sobald der Wille, dem schweizerischen Recht zu unterstehen, deutlich erkennbar ist, eine genügende Beziehung zur Schweiz besteht und die Anpassung an das schweizerische Recht erfolgt ist.

[3] Eine Kapitalgesellschaft hat vor der Eintragung durch den Bericht eines zugelassenen Revisionsexperten im Sinne des Revisionsaufsichtsgesetzes vom 16. Dezember 2005[70] nachzuweisen, dass ihr Grundkapital nach schweizerischem Recht gedeckt ist.[71]

2. Verlegung der Gesellschaft von der Schweiz ins Ausland

Art. 163[72] [1] Eine schweizerische Gesellschaft kann sich ohne Liquidation und Neugründung dem ausländischen Recht unterstellen, wenn die Voraussetzungen nach schweizerischem Recht erfüllt sind und sie nach dem ausländischen Recht fortbesteht.

[2] Die Gläubiger sind unter Hinweis auf die bevorstehende Änderung des Gesellschaftsstatuts öffentlich zur Anmeldung ihrer Forderungen aufzufordern. Artikel 46 des Fusionsgesetzes vom 3. Oktober 2003[73] findet sinngemäss Anwendung.

---

68 Fassung gemäss Anhang Ziff. 4 des Fusionsgesetzes vom 3. Okt. 2003, in Kraft seit 1. Juli 2004 (AS 2004 2617; BBl 2000 4337).
69 Fassung gemäss Anhang Ziff. 4 des Fusionsgesetzes vom 3. Okt. 2003, in Kraft seit 1. Juli 2004 (AS 2004 2617; BBl 2000 4337).
70 SR 221.302
71 Fassung gemäss Anhang Ziff. 4 des BG vom 16. Dez. 2005 (GmbH-Recht sowie Anpassungen im Aktien-, Genossenschafts-, Handelsregister- und Firmenrecht), in Kraft seit 1. Jan. 2008 (AS 2007 4791; BBl 2002 3148, 2004 3969).
72 Fassung gemäss Anhang Ziff. 4 des Fusionsgesetzes vom 3. Okt. 2003, in Kraft seit 1. Juli 2004 (AS 2004 2617; BBl 2000 4337).
73 SR 221.301

³ Die Bestimmungen über vorsorgliche Schutzmassnahmen im Falle internationaler Konflikte im Sinne von Artikel 61 des Landesversorgungsgesetzes vom 8. Oktober 1982[74] sind vorbehalten.

3. Fusion
a. Fusion vom Ausland in die Schweiz

Art. 163a[75] ¹ Eine schweizerische Gesellschaft kann eine ausländische Gesellschaft übernehmen (Immigrationsabsorption) oder sich mit ihr zu einer neuen schweizerischen Gesellschaft zusammenschliessen (Immigrationskombination), wenn das auf die ausländische Gesellschaft anwendbare Recht dies gestattet und dessen Voraussetzungen erfüllt sind.

² Im Übrigen untersteht die Fusion dem schweizerischen Recht.

b. Fusion von der Schweiz ins Ausland

Art. 163b[76] ¹ Eine ausländische Gesellschaft kann eine schweizerische Gesellschaft übernehmen (Emigrationsabsorption) oder sich mit ihr zu einer neuen ausländischen Gesellschaft zusammenschliessen (Emigrationskombination), wenn die schweizerische Gesellschaft nachweist, dass:
a. mit der Fusion ihre Aktiven und Passiven auf die ausländische Gesellschaft übergehen; und
b. die Anteils- oder Mitgliedschaftsrechte in der ausländischen Gesellschaft angemessen gewahrt bleiben.

² Die schweizerische Gesellschaft hat alle Vorschriften des schweizerischen Rechts zu erfüllen, die für die übertragende Gesellschaft gelten.

³ Die Gläubiger sind unter Hinweis auf die bevorstehende Fusion in der Schweiz öffentlich zur Anmeldung ihrer Ansprüche aufzufordern. Artikel 46 des Fusionsgesetzes vom 3. Oktober 2003[77] findet sinngemäss Anwendung.

⁴ Im Übrigen untersteht die Fusion dem Recht der übernehmenden ausländischen Gesellschaft.

c. Fusionsvertrag

Art. 163c[78] ¹ Der Fusionsvertrag hat den zwingenden gesellschaftsrechtlichen Vorschriften der auf die beteiligten Gesellschaften anwendbaren Rechte mit Einschluss der Formvorschriften zu entsprechen.

---

74 SR 531
75 Eingefügt durch Anhang Ziff. 4 des Fusionsgesetzes vom 3. Okt. 2003, in Kraft seit 1. Juli 2004 (AS 2004 2617; BBl 2000 4337).
76 Eingefügt durch Anhang Ziff. 4 des Fusionsgesetzes vom 3. Okt. 2003, in Kraft seit 1. Juli 2004 (AS 2004 2617; BBl 2000 4337).
77 SR 221.301
78 Eingefügt durch Anhang Ziff. 4 des Fusionsgesetzes vom 3. Okt. 2003, in Kraft seit 1. Juli 2004 (AS 2004 2617; BBl 2000 4337).

² Im Übrigen untersteht der Fusionsvertrag dem von den Parteien gewählten Recht. Bei Fehlen einer Rechtswahl untersteht der Fusionsvertrag dem Recht des Staates, mit dem er am engsten zusammenhängt. Es wird vermutet, der engste Zusammenhang bestehe mit dem Staat, dessen Rechtsordnung die übernehmende Gesellschaft untersteht.

4. Spaltung und Vermögensübertragung

Art. 163d[79] ¹ Auf die Spaltung und die Vermögensübertragung, an welchen eine schweizerische und eine ausländische Gesellschaft beteiligt sind, finden die Vorschriften dieses Gesetzes über die Fusion sinngemäss Anwendung. Artikel 163b Absatz 3 findet keine Anwendung auf die Vermögensübertragung.

² Im Übrigen unterstehen die Spaltung und die Vermögensübertragung dem Recht der sich spaltenden oder der ihr Vermögen auf einen anderen Rechtsträger übertragenden Gesellschaft.

³ Auf den Spaltungsvertrag findet unter den Voraussetzungen von Artikel 163c Absatz 2 vermutungsweise das Recht der sich spaltenden Gesellschaft Anwendung. Das gilt sinngemäss auch für den Übertragungsvertrag.

5. Gemeinsame Bestimmungen
a. Löschung im Handelsregister

Art. 164[80] ¹ Eine im schweizerischen Handelsregister eingetragene Gesellschaft kann nur gelöscht werden, wenn durch einen Bericht eines zugelassenen Revisionsexperten bestätigt wird, dass die Forderungen der Gläubiger im Sinne von Artikel 46 des Fusionsgesetzes vom 3. Oktober 2003[81] sichergestellt oder erfüllt worden sind oder dass die Gläubiger mit der Löschung einverstanden sind.[82]

² Übernimmt eine ausländische Gesellschaft eine schweizerische, schliesst sie sich mit ihr zu einer neuen ausländischen Gesellschaft zusammen oder spaltet sich eine schweizerische Gesellschaft in ausländische Gesellschaften auf, so muss überdies:

a. nachgewiesen werden, dass die Fusion oder die Spaltung gemäss dem auf die ausländische Gesellschaft anwendbaren Recht rechtsgültig geworden ist; und

---

79 Eingefügt durch Anhang Ziff. 4 des Fusionsgesetzes vom 3. Okt. 2003, in Kraft seit 1. Juli 2004 (AS 2004 2617; BBl 2000 4337).
80 Fassung gemäss Anhang Ziff. 4 des Fusionsgesetzes vom 3. Okt. 2003, in Kraft seit 1. Juli 2004 (AS 2004 2617; BBl 2000 4337).
81 SR 221.301
82 Fassung gemäss Anhang Ziff. 4 des BG vom 16. Dez. 2005 (GmbH-Recht sowie Anpassungen im Aktien-, Genossenschafts-, Handelsregister- und Firmenrecht), in Kraft seit 1. Jan. 2008 (AS 2007 4791; BBl 2002 3148, 2004 3969).

b.[83] ein zugelassener Revisionsexperte bestätigen, dass die ausländische Gesellschaft den anspruchsberechtigten Gesellschaftern der schweizerischen Gesellschaft die Anteils- oder Mitgliedschaftsrechte eingeräumt oder eine allfällige Ausgleichszahlung oder Abfindung ausgerichtet oder sichergestellt hat.

b. Betreibungsort und Gerichtsstand

Art. 164a[84] [1] Übernimmt eine ausländische Gesellschaft eine schweizerische, schliesst sie sich mit ihr zu einer neuen ausländischen Gesellschaft zusammen oder spaltet sich eine schweizerische Gesellschaft in ausländische Gesellschaften auf, so kann die Klage auf Überprüfung der Anteils- oder Mitgliedschaftsrechte gemäss Artikel 105 des Fusionsgesetzes vom 3. Oktober 2003[85] auch am schweizerischen Sitz des übertragenden Rechtsträgers erhoben werden.

[2] Der bisherige Betreibungsort und Gerichtsstand in der Schweiz bleibt bestehen, bis die Forderungen der Gläubiger oder Anteilsinhaber sichergestellt oder befriedigt sind.

c. Verlegung, Fusion, Spaltung und Vermögensübertragung im Ausland

Art. 164b[86] Die Unterstellung einer ausländischen Gesellschaft unter eine andere ausländische Rechtsordnung und die Fusion, Spaltung und Vermögensübertragung zwischen ausländischen Gesellschaften werden in der Schweiz als gültig anerkannt, wenn sie nach den beteiligten Rechtsordnungen gültig sind.

VII. Ausländische Entscheidungen[87]

Art. 165 [1] Ausländische Entscheidungen über gesellschaftsrechtliche Ansprüche werden in der Schweiz anerkannt, wenn sie im Staat ergangen sind:
a. in dem die Gesellschaft ihren Sitz hat, oder wenn sie dort anerkannt werden und der Beklagte seinen Wohnsitz nicht in der Schweiz hatte, oder
b. in dem der Beklagte seinen Wohnsitz oder seinen gewöhnlichen Aufenthalt hat.

[2] Ausländische Entscheidungen über Ansprüche aus öffentlicher Ausgabe von Beteiligungspapieren und Anleihen aufgrund von Prospekten, Zirkularen und ähnlichen Bekanntmachungen werden in der Schweiz anerkannt, wenn sie im Staat ergangen sind, in dem

---

83 Fassung gemäss Anhang Ziff. 4 des BG vom 16. Dez. 2005 (GmbH-Recht sowie Anpassungen im Aktien-, Genossenschafts-, Handelsregister- und Firmenrecht), in Kraft seit 1. Jan. 2008 (AS 2007 4791; BBl 2002 3148, 2004 3969).
84 Eingefügt durch Anhang Ziff. 4 des Fusionsgesetzes vom 3. Okt. 2003, in Kraft seit 1. Juli 2004 (AS 2004 2617; BBl 2000 4337).
85 SR 221.301
86 Eingefügt durch Anhang Ziff. 4 des Fusionsgesetzes vom 3. Okt. 2003, in Kraft seit 1. Juli 2004 (AS 2004 2617; BBl 2000 4337).
87 Fassung gemäss Anhang Ziff. 4 des Fusionsgesetzes vom 3. Okt. 2003, in Kraft seit 1. Juli 2004 (AS 2004 2617; BBl 2000 4337).

der Ausgabeort der Beteiligungspapiere oder Anleihen liegt und der Beklagte seinen Wohnsitz nicht in der Schweiz hatte.

11. Kapitel: Konkurs und Nachlassvertrag

I. Anerkennung

Art. 166 [1] Ein ausländisches Konkursdekret, das am Wohnsitz des Schuldners ergangen ist, wird auf Antrag der ausländischen Konkursverwaltung oder eines Konkursgläubigers anerkannt:
a. wenn das Dekret im Staat, in dem es ergangen ist, vollstreckbar ist;
b. wenn kein Verweigerungsgrund nach Artikel 27 vorliegt, und
c. wenn der Staat, in dem das Dekret ergangen ist, Gegenrecht hält.

[2] Hat der Schuldner eine Zweigniederlassung in der Schweiz, so ist ein Verfahren nach Artikel 50 Absatz 1 des Bundesgesetzes vom 11. April 1889[88] über Schuldbetreibung- und Konkurs bis zur Rechtskraft des Kollokationsplanes nach Artikel 172 dieses Gesetzes zulässig.

II. Verfahren
1. Zuständigkeit

Art. 167 [1] Ein Antrag auf Anerkennung des ausländischen Konkursdekrets ist an das zuständige Gericht am Ort des Vermögens in der Schweiz zu richten. Artikel 29 ist sinngemäss anwendbar.

[2] Befindet sich Vermögen an mehreren Orten, so ist das zuerst angerufene Gericht zuständig.

[3] Forderungen des Gemeinschuldners gelten als dort gelegen, wo der Schuldner des Gemeinschuldners seinen Wohnsitz hat.

2. Sichernde Massnahmen

Art. 168 Sobald die Anerkennung des ausländischen Konkursdekrets beantragt ist, kann das Gericht auf Begehren des Antragstellers die sichernden Massnahmen nach den Artikeln 162–165 und 170 des Bundesgesetzes vom 11. April 1889[89] über Schuldbetreibung und Konkurs anordnen.

3. Veröffentlichung

Art. 169 [1] Die Entscheidung über die Anerkennung des ausländischen Konkursdekrets wird veröffentlicht.

[2] Diese Entscheidung wird dem Betreibungsamt, dem Konkursamt, dem Grundbuchamt und dem Handelsregister am Ort des Vermögens sowie gegebenenfalls dem eidgenössischen Institut für geistiges Eigentum[90] mitgeteilt. Das Gleiche gilt für den Abschluss und die Einstellung des Konkursverfahrens sowie für den Widerruf des Konkurses.

---

[88] SR 281.1
[89] SR 281.1
[90] Bezeichnung gemäss nicht veröffentlichtem BRB vom 19. Dez. 1997.

III. Rechtsfolgen
1. Im Allgemeinen

Art. 170 [1] Die Anerkennung des ausländischen Konkursdekrets zieht, soweit dieses Gesetz nichts anderes vorsieht, für das in der Schweiz gelegene Vermögen des Schuldners die konkursrechtlichen Folgen des schweizerischen Rechts nach sich.

[2] Die Fristen nach schweizerischem Recht beginnen mit der Veröffentlichung der Entscheidung über die Anerkennung.

[3] Es wird weder eine Gläubigerversammlung noch ein Gläubigerausschuss gebildet.

2. Anfechtungsklage

Art. 171 Die Anfechtungsklage untersteht den Artikeln 285–292 des Bundesgesetzes vom 11. April 1889[91] über Schuldbetreibung und Konkurs. Sie kann auch durch die ausländische Konkursverwaltung oder durch einen dazu berechtigten Konkursgläubiger erhoben werden.

3. Kollokationsplan

Art. 172 [1] In den Kollokationsplan werden nur aufgenommen:
a. die pfandversicherten Forderungen nach Artikel 219 des Bundesgesetzes vom 11. April 1889[92] über Schuldbetreibung und Konkurs; und
b.[93] die nicht pfandgesicherten, aber privilegierten Forderungen von Gläubigern mit Wohnsitz in der Schweiz.

[2] Zur Kollokationsklage nach Artikel 250 des Bundesgesetzes vom 11. April 1889 über Schuldbetreibung und Konkurs sind nur Gläubiger nach Absatz 1 berechtigt.

[3] Ist ein Gläubiger in einem ausländischen Verfahren, das mit dem Konkurs in Zusammenhang steht, teilweise befriedigt worden, so ist dieser Teil nach Abzug der ihm entstandenen Kosten im schweizerischen Verfahren auf die Konkursdividende anzurechnen.

4. Verteilung
a. Anerkennung des ausländischen Kollokationsplanes

Art. 173 [1] Bleibt nach Befriedigung der Gläubiger gemäss Artikel 172 Absatz 1 dieses Gesetzes ein Überschuss, so wird dieser der ausländischen Konkursverwaltung oder den berechtigten Konkursgläubigern zur Verfügung gestellt.

[2] Der Überschuss darf erst zur Verfügung gestellt werden, wenn der ausländische Kollokationsplan anerkannt worden ist.

[3] Für die Anerkennung des ausländischen Kollokationsplanes ist das schweizerische Gericht zuständig, welches das ausländische Konkursdekret anerkannt hat. Es überprüft insbesondere, ob die Forderungen von Gläubigern mit Wohnsitz in der Schweiz im aus-

---

91 SR 281.1
92 SR 281.1
93 Fassung gemäss Anhang Ziff. 22 des BG vom 16. Dez. 1994, in Kraft seit 1. Jan. 1997 (AS 1995 1227; BBl 1991 III 1).

ländischen Kollokationsplan angemessen berücksichtigt worden sind. Diese Gläubiger werden angehört.

b. Nichtanerkennung des ausländischen Kollokationsplanes

Art. 174 ¹ Wird der ausländische Kollokationsplan nicht anerkannt, so ist ein Überschuss an die Gläubiger der dritten Klasse mit Wohnsitz in der Schweiz gemäss Artikel 219 Absatz 4 des Bundesgesetzes vom 11. April 1889[94] über Schuldbetreibung und Konkurs zu verteilen.[95]

² Das Gleiche gilt, wenn der Kollokationsplan nicht innert der vom Richter angesetzten Frist zur Anerkennung vorgelegt wird.

IV. Anerkennung ausländischer Nachlassverträge und ähnlicher Verfahren

Art. 175 Eine von der zuständigen ausländischen Behörde ausgesprochene Genehmigung eines Nachlassvertrages oder eines ähnlichen Verfahrens wird in der Schweiz anerkannt. Die Artikel 166–170 gelten sinngemäss. Die Gläubiger mit Wohnsitz in der Schweiz werden angehört.

12. Kapitel: Internationale Schiedsgerichtsbarkeit

I. Geltungsbereich. Sitz des Schiedsgerichts

Art. 176 ¹ Die Bestimmungen dieses Kapitels gelten für Schiedsgerichte mit Sitz in der Schweiz, sofern beim Abschluss der Schiedsvereinbarung wenigstens eine Partei ihren Wohnsitz oder ihren gewöhnlichen Aufenthalt nicht in der Schweiz hatte.

² Die Parteien können die Geltung dieses Kapitels durch eine ausdrückliche Erklärung in der Schiedsvereinbarung oder in einer späteren Übereinkunft ausschliessen und die Anwendung des dritten Teils der ZPO[96] vereinbaren.[97]

³ Der Sitz des Schiedsgerichts wird von den Parteien oder der von ihnen benannten Schiedsgerichtsinstitution, andernfalls von den Schiedsrichtern bezeichnet.

II. Schiedsfähigkeit

Art. 177 ¹ Gegenstand eines Schiedsverfahrens kann jeder vermögensrechtliche Anspruch sein.

² Ist eine Partei ein Staat, ein staatlich beherrschtes Unternehmen oder eine staatlich kontrollierte Organisation, so kann sie nicht unter Berufung auf ihr eigenes Recht ihre Parteifähigkeit im Schiedsver-

---

94 SR 281.1
95 Fassung gemäss Anhang Ziff. 22 des BG vom 16. Dez. 1994, in Kraft seit 1. Jan. 1997 (AS 1995 1227; BBl 1991 III 1).
96 SR 272
97 Fassung gemäss Anhang 1 Ziff. II 18 der Zivilprozessordnung vom 19. Dez. 2008, in Kraft seit 1. Jan. 2011 (AS 2010 1739; BBl 2006 7221).

fahren oder die Schiedsfähigkeit einer Streitsache in Frage stellen, die Gegenstand der Schiedsvereinbarung ist.

III. Schiedsvereinbarung

Art. 178 [1] Die Schiedsvereinbarung hat schriftlich, durch Telegramm, Telex, Telefax oder in einer anderen Form der Übermittlung zu erfolgen, die den Nachweis der Vereinbarung durch Text ermöglicht.

[2] Die Schiedsvereinbarung ist im Übrigen gültig, wenn sie dem von den Parteien gewählten, dem auf die Streitsache, insbesondere dem auf den Hauptvertrag anwendbaren oder dem schweizerischen Recht entspricht.

[3] Gegen eine Schiedsvereinbarung kann nicht eingewendet werden, der Hauptvertrag sei ungültig oder die Schiedsvereinbarung beziehe sich auf einen noch nicht entstandenen Streit.

IV. Schiedsgericht
1. Bestellung

Art. 179 [1] Die Schiedsrichter werden gemäss der Vereinbarung der Parteien ernannt, abberufen oder ersetzt.

[2] Fehlt eine solche Vereinbarung, so kann der Richter am Sitz des Schiedsgerichts angerufen werden; er wendet sinngemäss die Bestimmungen der ZPO[98] über die Ernennung, Abberufung oder Ersetzung der Mitglieder des Schiedsgerichts an.[99]

[3] Ist ein staatlicher Richter mit der Ernennung eines Schiedsrichters betraut, so muss er diesem Begehren stattgeben, es sei denn, eine summarische Prüfung ergebe, dass zwischen den Parteien keine Schiedsvereinbarung besteht.

2. Ablehnung eines Schiedsrichters

Art. 180 [1] Ein Schiedsrichter kann abgelehnt werden:
a. wenn er nicht den von den Parteien vereinbarten Anforderungen entspricht;
b. wenn ein in der von den Parteien vereinbarten Verfahrensordnung enthaltener Ablehnungsgrund vorliegt, oder
c. wenn Umstände vorliegen, die Anlass zu berechtigten Zweifeln an seiner Unabhängigkeit geben.

[2] Eine Partei kann einen Schiedsrichter, den sie ernannt hat oder an dessen Ernennung sie mitgewirkt hat, nur aus Gründen ablehnen, von denen sie erst nach dessen Ernennung Kenntnis erhalten hat. Vom Ablehnungsgrund ist dem Schiedsgericht sowie der anderen Partei unverzüglich Mitteilung zu machen.

---

98 SR 272
99 Fassung gemäss Anhang 1 Ziff. II 18 der Zivilprozessordnung vom 19. Dez. 2008, in Kraft seit 1. Jan. 2011 (AS 2010 1739; BBl 2006 7221).

³ Soweit die Parteien das Ablehnungsverfahren nicht geregelt haben, entscheidet im Bestreitungsfalle der Richter am Sitz des Schiedsgerichts endgültig.

V. Rechtshängigkeit

Art. 181 Das Schiedsverfahren ist hängig, sobald eine Partei mit einem Rechtsbegehren den oder die in der Schiedsvereinbarung bezeichneten Schiedsrichter anruft oder, wenn die Vereinbarung keinen Schiedsrichter bezeichnet, sobald eine Partei das Verfahren zur Bildung des Schiedsgerichts einleitet.

VI. Verfahren
1. Grundsatz

Art. 182 ¹ Die Parteien können das schiedsrichterliche Verfahren selber oder durch Verweis auf eine schiedsgerichtliche Verfahrensordnung regeln; sie können es auch einem Verfahrensrecht ihrer Wahl unterstellen.

² Haben die Parteien das Verfahren nicht selber geregelt, so wird dieses, soweit nötig, vom Schiedsgericht festgelegt, sei es direkt, sei es durch Bezugnahme auf ein Gesetz oder eine schiedsgerichtliche Verfahrensordnung.

³ Unabhängig vom gewählten Verfahren muss das Schiedsgericht in allen Fällen die Gleichbehandlung der Parteien sowie ihren Anspruch auf rechtliches Gehör in einem kontradiktorischen Verfahren gewährleisten.

2. Vorsorgliche und sichernde Massnahmen

Art. 183 ¹ Haben die Parteien nichts anderes vereinbart, so kann das Schiedsgericht auf Antrag einer Partei vorsorgliche oder sichernde Massnahmen anordnen.

² Unterzieht sich der Betroffene nicht freiwillig der angeordneten Massnahme, so kann das Schiedsgericht den staatlichen Richter um Mitwirkung ersuchen; dieser wendet sein eigenes Recht an.

³ Das Schiedsgericht oder der staatliche Richter können die Anordnung vorsorglicher oder sichernder Massnahmen von der Leistung angemessener Sicherheiten abhängig machen.

3. Beweisaufnahme

Art. 184 ¹ Das Schiedsgericht nimmt die Beweise selber ab.

² Ist für die Durchführung des Beweisverfahrens staatliche Rechtshilfe erforderlich, so kann das Schiedsgericht oder eine Partei mit Zustimmung des Schiedsgerichtes den staatlichen Richter am Sitz des Schiedsgerichtes um Mitwirkung ersuchen; dieser wendet sein eigenes Recht an.

4. Weitere Mitwirkung des staatlichen Richters

Art. 185 Ist eine weitere Mitwirkung des staatlichen Richters erforderlich, so ist der Richter am Sitz des Schiedsgerichts zuständig.

VII. Zuständigkeit

Art. 186 ¹ Das Schiedsgericht entscheidet selbst über seine Zuständigkeit.

¹bis Es entscheidet über seine Zuständigkeit ungeachtet einer bereits vor einem staatlichen Gericht oder einem anderen Schiedsgericht hängigen Klage über denselben Gegenstand zwischen denselben Parteien, es sei denn, dass beachtenswerte Gründe ein Aussetzen des Verfahrens erfordern.[100]

² Die Einrede der Unzuständigkeit ist vor der Einlassung auf die Hauptsache zu erheben.

³ Das Schiedsgericht entscheidet über seine Zuständigkeit in der Regel durch Vorentscheid.

VIII. Sachentscheid
1. Anwendbares Recht

Art. 187 ¹ Das Schiedsgericht entscheidet die Streitsache nach dem von den Parteien gewählten Recht oder, bei Fehlen einer Rechtswahl, nach dem Recht, mit dem die Streitsache am engsten zusammenhängt.

² Die Parteien können das Schiedsgericht ermächtigen, nach Billigkeit zu entscheiden.

2. Teilentscheid

Art. 188 Haben die Parteien nichts anderes vereinbart, so kann das Schiedsgericht Teilentscheide treffen.

3. Schiedsentscheid

Art. 189 ¹ Der Entscheid ergeht nach dem Verfahren und in der Form, welche die Parteien vereinbart haben.

² Fehlt eine solche Vereinbarung, so wird er mit Stimmenmehrheit gefällt oder, falls sich keine Stimmenmehrheit ergibt, durch den Präsidenten des Schiedsgerichts. Der Entscheid ist schriftlich abzufassen, zu begründen, zu datieren und zu unterzeichnen. Es genügt die Unterschrift des Präsidenten.

IX. Endgültigkeit, Anfechtung
1. Grundsatz

Art. 190 ¹ Mit der Eröffnung ist der Entscheid endgültig.

² Der Entscheid kann nur angefochten werden:
a. wenn der Einzelschiedsrichter vorschriftswidrig ernannt oder das Schiedsgericht vorschriftswidrig zusammengesetzt wurde;
b. wenn sich das Schiedsgericht zu Unrecht für zuständig oder unzuständig erklärt hat;
c. wenn das Schiedsgericht über Streitpunkte entschieden hat, die ihm nicht unterbreitet wurden oder wenn es Rechtsbegehren unbeurteilt gelassen hat;

---

100 Eingefügt durch Ziff. I des BG vom 6. Okt. 2006 (Schiedsgerichtsbarkeit. Zuständigkeit), in Kraft seit 1. März 2007 (AS 2007 387; BBl 2006 4677 4691).

d. wenn der Grundsatz der Gleichbehandlung der Parteien oder der Grundsatz des rechtlichen Gehörs verletzt wurde;
e. wenn der Entscheid mit dem Ordre public unvereinbar ist.

[3] Vorentscheide können nur aus den in Absatz 2, Buchstaben a und b genannten Gründen angefochten werden; die Beschwerdefrist beginnt mit der Zustellung des Vorentscheides.

2. Beschwerdeinstanz

Art. 191[101] Einzige Beschwerdeinstanz ist das schweizerische Bundesgericht. Das Verfahren richtet sich nach Artikel 77 des Bundesgerichtsgesetzes vom 17. Juni 2005[102].

X. Verzicht auf Rechtsmittel

Art. 192 [1] Hat keine der Parteien Wohnsitz, gewöhnlichen Aufenthalt oder eine Niederlassung in der Schweiz, so können sie durch eine ausdrückliche Erklärung in der Schiedsvereinbarung oder in einer späteren schriftlichen Übereinkunft die Anfechtung der Schiedsentscheide vollständig ausschliessen; sie können auch nur einzelne Anfechtungsgründe gemäss Artikel 190 Absatz 2 ausschliessen.

[2] Haben die Parteien eine Anfechtung der Entscheide vollständig ausgeschlossen und sollen die Entscheide in der Schweiz vollstreckt werden, so gilt das New Yorker Übereinkommen vom 10. Juni 1958[103] über die Anerkennung und Vollstreckung ausländischer Schiedssprüche sinngemäss.

XI. Vollstreckbarkeitsbescheinigung

Art. 193 [1] Jede Partei kann auf ihre Kosten beim schweizerischen Gericht am Sitz des Schiedsgerichts eine Ausfertigung des Entscheides hinterlegen.

[2] Auf Antrag einer Partei stellt das Gericht eine Vollstreckbarkeitsbescheinigung aus.

[3] Auf Antrag einer Partei bescheinigt das Schiedsgericht, dass der Schiedsspruch nach den Bestimmungen dieses Gesetzes ergangen ist; eine solche Bescheinigung ist der gerichtlichen Hinterlegung gleichwertig.

XII. Ausländische Schiedssprüche

Art. 194 Für die Anerkennung und Vollstreckung ausländischer Schiedssprüche gilt das New Yorker Übereinkommen vom 10. Juni 1958[104] über die Anerkennung und Vollstreckung ausländischer Schiedssprüche.

---

101 Fassung gemäss Anhang Ziff. 8 des Bundesgerichtsgesetzes vom 17. Juni 2005, in Kraft seit 1. Jan. 2007 (AS 2006 1205; BBl 2001 4202).
102 SR 173.110
103 SR 0.277.12
104 SR 0.277.12

13. Kapitel: Schlussbestimmungen

1. Abschnitt: Aufhebung und Änderung des geltenden Bundesrechts

Art. 195

Die Aufhebung und Änderung des geltenden Bundesrechts stehen im Anhang; dieser ist Bestandteil des Gesetzes.

2. Abschnitt: Übergangsbestimmungen

I. Nichtrückwirkung

Art. 196 [1] Die rechtlichen Wirkungen von Sachverhalten oder Rechtsvorgängen, die vor Inkrafttreten dieses Gesetzes entstanden und abgeschlossen sind, beurteilen sich nach bisherigem Recht.

[2] Die rechtlichen Wirkungen von Sachverhalten oder Rechtsvorgängen, die vor Inkrafttreten dieses Gesetzes entstanden, aber auf Dauer angelegt sind, beurteilen sich nach bisherigem Recht. Mit dem Inkrafttreten dieses Gesetzes richtet sich die Wirkung nach neuem Recht.

II. Übergangsrecht
1. Zuständigkeit

Art. 197 [1] Für Klagen oder Begehren, die beim Inkrafttreten dieses Gesetzes hängig sind, bleiben die angerufenen schweizerischen Gerichte oder Behörden zuständig, auch wenn nach diesem Gesetz ihre Zuständigkeit nicht mehr begründet ist.

[2] Klagen oder Begehren, die vor dem Inkrafttreten dieses Gesetzes von schweizerischen Gerichten oder Behörden mangels Zuständigkeit zurückgewiesen wurden, können nach Inkrafttreten dieses Gesetzes erneut erhoben werden, wenn nach diesem Gesetz eine Zuständigkeit begründet ist und der Rechtsanspruch noch geltend gemacht werden kann.

2. Anwendbares Recht

Art. 198 Für Klagen oder Begehren, die beim Inkrafttreten dieses Gesetzes in erster Instanz hängig sind, bestimmt sich das anwendbare Recht nach diesem Gesetz.

3. Anerkennung und Vollstreckung ausländischer Entscheidungen

Art. 199 Für Begehren auf Anerkennung oder Vollstreckung ausländischer Entscheide, die beim Inkrafttreten dieses Gesetzes hängig sind, richten sich die Voraussetzungen der Anerkennung oder Vollstreckung nach diesem Gesetz.

3. Abschnitt: Referendum und Inkrafttreten

Art. 200 ¹ Dieses Gesetz untersteht dem fakultativen Referendum.
² Der Bundesrat bestimmt das Inkrafttreten.

Datum des Inkrafttretens: 1. Januar 1989[105]

Anhang
Aufhebung und Änderung des geltenden Bundesrechts

I. Aufhebung des geltenden Bundesrechts

Es werden aufgehoben:
a. das Bundesgesetz vom 25. Juni 1891[106] betreffend die zivilrechtlichen Verhältnisse der Niedergelassenen und Aufenthalter;
b. Artikel 418*b* Absatz 2 des Obligationenrechts[107];
c. Artikel 14 der Schluss- und Übergangsbestimmungen zum Obligationenrecht;
d. Artikel 85 des Strassenverkehrsgesetzes vom 19. Dezember 1958[108];
e. Artikel 30 des Bundesgesetzes vom 26. September 1890[109] betreffend den Schutz der Fabrik- und Handelsmarken, der Auszeichnungen;
f. Artikel 14 Absatz 3 des Bundesgesetzes vom 30. März 1900[110] betreffend die gewerblichen Muster und Modelle;
g. Artikel 41 Absatz 2 des Bundesgesetzes vom 20. März 1975[111] über den Schutz von Pflanzenzüchtungen.

II. Änderung des geltenden Bundesrechts

...[112]

---

105 BRB vom 27. Okt. 1988
106 [BS 2 737; AS 1972 2819 Ziff. II 1, 1977 237 Ziff. II 1, 1986 122 Ziff. II 1]
107 SR 220
108 SR 741.01
109 [BS 2 845; AS 1951 903 Art. 1, 1971 1617, 1992 288 Anhang Ziff. 8. AS 1993 274 Art. 74]
110 [BS 2 881; AS 1962 459, 1988 1776 Anhang Ziff. I Bst. f, 1992 288 Anhang Ziff. 9, 1995 1784 5050 Anhang Ziff. 3. AS 2002 1456 Anhang Ziff. 1]
111 SR 232.16
112 Die Änderungen können unter AS 1988 1776 konsultiert werden.

8. Bundesverfassung der Schweizerischen Eidgenossenschaft

vom 18. April 1999

(Auszug)

Präambel

Im Namen Gottes des Allmächtigen!

Das Schweizervolk und die Kantone,

[...]

geben sich folgende Verfassung[1]:

[...]

Art. 29 Allgemeine Verfahrensgarantien

[1] Jede Person hat in Verfahren vor Gerichts- und Verwaltungsinstanzen Anspruch auf gleiche und gerechte Behandlung sowie auf Beurteilung innert angemessener Frist.

[2] Die Parteien haben Anspruch auf rechtliches Gehör.

[3] Jede Person, die nicht über die erforderlichen Mittel verfügt, hat Anspruch auf unentgeltliche Rechtspflege, wenn ihr Rechtsbegehren nicht aussichtslos erscheint. Soweit es zur Wahrung ihrer Rechte notwendig ist, hat sie ausserdem Anspruch auf unentgeltlichen Rechtsbeistand.

Art. 29a[3] Rechtsweggarantie

Jede Person hat bei Rechtsstreitigkeiten Anspruch auf Beurteilung durch eine richterliche Behörde. Bund und Kantone können durch Gesetz die richterliche Beurteilung in Ausnahmefällen ausschliessen.

SR 101. AS 1999 2556
1 Angenommen in der Volksabstimmung vom 18. April 1999 (BB vom 18. Dez. 1998, BRB vom 11. Aug. 1999 – AS 1999 2556; BBl 1997 I 1, 1999 162 5986).
3 Angenommen in der Volksabstimmung vom 12. März 2000, in Kraft seit 1. Jan. 2007 (BB vom 8. Okt. 1999, BRB vom 17. Mai 2000, BB vom 8. März 2005 – AS 2002 3148, 2006 1059; BBl 1997 I 1, 1999 8633, 2000 2990, 2001 4202).

Art. 30 Gerichtliche Verfahren

¹ Jede Person, deren Sache in einem gerichtlichen Verfahren beurteilt werden muss, hat Anspruch auf ein durch Gesetz geschaffenes, zuständiges, unabhängiges und unparteiisches Gericht. Ausnahmegerichte sind untersagt.

² Jede Person, gegen die eine Zivilklage erhoben wird, hat Anspruch darauf, dass die Sache vom Gericht des Wohnsitzes beurteilt wird. Das Gesetz kann einen anderen Gerichtsstand vorsehen.

³ Gerichtsverhandlung und Urteilsverkündung sind öffentlich. Das Gesetz kann Ausnahmen vorsehen.

[...]

10. Abschnitt: Zivilrecht, Strafrecht, Messwesen

Art. 122[68] Zivilrecht

¹ Die Gesetzgebung auf dem Gebiet des Zivilrechts und des Zivilprozessrechts ist Sache des Bundes.

² Für die Organisation der Gerichte und die Rechtsprechung in Zivilsachen sind die Kantone zuständig, soweit das Gesetz nichts anderes vorsieht.

[...]

4. Kapitel:[104] Bundesgericht und andere richterliche Behörden

Art. 188 Stellung des Bundesgerichts

¹ Das Bundesgericht ist die oberste rechtsprechende Behörde des Bundes.

² Das Gesetz bestimmt die Organisation und das Verfahren.

³ Das Gericht verwaltet sich selbst.

Art. 189 Zuständigkeiten des Bundesgerichts

¹ Das Bundesgericht beurteilt Streitigkeiten wegen Verletzung:
a. von Bundesrecht;
b. von Völkerrecht;
c. von interkantonalem Recht;

---

68 Angenommen in der Volksabstimmung vom 12. März 2000, in Kraft seit 1. Jan. 2007 (BB vom 8. Okt. 1999, BRB vom 17. Mai 2000, BB vom 8. März 2005 – AS 2002 3148, 2006 1059; BBl 1997 I 1, 1999 8633, 2000 2990, 2001 4202).

104 Angenommen in der Volksabstimmung vom 12. März 2000, in Kraft seit 1. Jan. 2007 (BB vom 8. Okt. 1999, BRB vom 17. Mai 2000, BB vom 8. März 2005 – AS 2002 3148, 2006 1059; BBl 1997 I 1, 1999 8633, 2000 2990, 2001 4202).

d. von kantonalen verfassungsmässigen Rechten;
e. der Gemeindeautonomie und anderer Garantien der Kantone zu Gunsten von öffentlich-rechtlichen Körperschaften;
f. von eidgenössischen und kantonalen Bestimmungen über die politischen Rechte.

1bis ...[105]

2 Es beurteilt Streitigkeiten zwischen Bund und Kantonen oder zwischen Kantonen.

3 Das Gesetz kann weitere Zuständigkeiten des Bundesgerichts begründen.

4 Akte der Bundesversammlung und des Bundesrates können beim Bundesgericht nicht angefochten werden. Ausnahmen bestimmt das Gesetz.

Art. 190 Massgebendes Recht

Bundesgesetze und Völkerrecht sind für das Bundesgericht und die anderen rechtsanwendenden Behörden massgebend.

Art. 191 Zugang zum Bundesgericht

1 Das Gesetz gewährleistet den Zugang zum Bundesgericht.

2 Für Streitigkeiten, die keine Rechtsfrage von grundsätzlicher Bedeutung betreffen, kann es eine Streitwertgrenze vorsehen.

3 Für bestimmte Sachgebiete kann das Gesetz den Zugang zum Bundesgericht ausschliessen.

4 Für offensichtlich unbegründete Beschwerden kann das Gesetz ein vereinfachtes Verfahren vorsehen.

Art. 191a[106] Weitere richterliche Behörden des Bundes

1 Der Bund bestellt ein Strafgericht; dieses beurteilt erstinstanzlich Straffälle, die das Gesetz der Gerichtsbarkeit des Bundes zuweist. Das Gesetz kann weitere Zuständigkeiten des Bundesstrafgerichts begründen.

2 Der Bund bestellt richterliche Behörden für die Beurteilung von öffentlich-rechtlichen Streitigkeiten aus dem Zuständigkeitsbereich der Bundesverwaltung.

3 Das Gesetz kann weitere richterliche Behörden des Bundes vorsehen.

---

105 Angenommen in der Volksabstimmung vom 9. Febr. 2003 (BB vom 4. Okt. 2002, BRB vom 25. März 2003 – AS 2003 1949; BBl 2001 4803 6080, 2002 6485, 2003 3111). Aufgehoben in der Volksabstimmung vom 27. Sept. 2009, mit Wirkung seit 27. Sept. 2009 (BB vom 19. Dez. 2008, BRB vom 1. Dez. 2009 – AS 2009 6409; BBl 2008 2891 2907, 2009 13 8719). Dieser Abs. in der Fassung des BB vom 4. Okt. 2002 ist nie in Kraft getreten.

106 Angenommen in der Volksabstimmung vom 12. März 2000, Abs. 1 in Kraft seit 1. April 2003 und die Abs. 2 und 3 seit 1. Sept. 2005 (BB vom 8. Okt. 1999, BRB vom 17. Mai 2000, BB vom 24. Sept. 2002 und 2. März 2005 – AS 2002 3148, 2005 1475; BBl 1997 I 1, 1999 8633, 2000 2990, 2001 4202, 2004 4787).

Art. 191b Richterliche Behörden der Kantone

¹ Die Kantone bestellen richterliche Behörden für die Beurteilung von zivilrechtlichen und öffentlich-rechtlichen Streitigkeiten sowie von Straffällen.

² Sie können gemeinsame richterliche Behörden einsetzen.

Art. 191c Richterliche Unabhängigkeit

Die richterlichen Behörden sind in ihrer rechtsprechenden Tätigkeit unabhängig und nur dem Recht verpflichtet.

[...]

Datum des Inkrafttretens: 1. Januar 2000[149]

---

149 BB vom 28. Sept. 1999 (AS 1999 2555; BBl 1999 7922)

9. Konvention zum Schutze der Menschenrechte und Grundfreiheiten
(Menschenrechtskonvention*, EMRK)

Abgeschlossen in Rom am 4. November 1950
Von der Bundesversammlung genehmigt am 3. Oktober 1974[1]
Schweizerische Ratifikationsurkunde hinterlegt am 28. November 1974
In Kraft getreten für die Schweiz am 28. November 1974

(Auszug, Übersetzung aus dem englischen und französischen Originaltext[2])

(...)

Abschnitt I: Rechte und Freiheiten

(...)

Art. 6 Recht auf ein faires Verfahren

(1) Jede Person hat ein Recht darauf, dass über Streitigkeiten in Bezug auf ihre zivilrechtlichen Ansprüche und Verpflichtungen oder über eine gegen sie erhobene strafrechtliche Anklage von einem unabhängigen und unparteiischen, auf Gesetz beruhenden Gericht in einem fairen Verfahren, öffentlich und innerhalb angemessener Frist verhandelt wird. Das Urteil muss öffentlich verkündet werden; Presse und Öffentlichkeit können jedoch während des ganzen oder eines Teiles des Verfahrens ausgeschlossen werden, wenn dies im Interesse der Moral, der öffentlichen Ordnung oder der nationalen Sicherheit in einer demokratischen Gesellschaft liegt, wenn die Interessen von Jugendlichen oder der Schutz des Privatlebens der Prozessparteien es verlangen oder – soweit das Gericht es für unbedingt erforderlich hält – wenn unter besonderen Umständen eine öffentliche Verhandlung die Interessen der Rechtspflege beeinträchtigen würde.

(2) Jede Person, die einer Straftat angeklagt ist, gilt bis zum gesetzlichen Beweis ihrer Schuld als unschuldig.

SR 0.101. AS 1974 2151; BBl 1974 I 1035
* Kurztitel nicht amtlich.
1 Art. 1 Abs. 1 Bst. a des BB vom 3. Okt. 1974 (AS 1974 2148).
2 Bereinigte Übersetzung der EMRK unter Berücksichtigung des Prot. Nr. 11 (zwischen Deutschland, Liechtenstein, Österreich und der Schweiz abgestimmte Fassung). Der französische Originaltext findet sich unter der gleichen Nummer in der französischen Ausgabe dieser Sammlung. Der englische Originaltext kann beim Bundesamt für Bauten und Logistik, BBL, 3000 Bern, bezogen werden (AS 1975 614).

(3) Jede angeklagte Person hat mindestens folgende Rechte:
a) innerhalb möglichst kurzer Frist in einer ihr verständlichen Sprache in allen Einzelheiten über Art und Grund der gegen sie erhobenen Beschuldigung unterrichtet zu werden;
b) ausreichende Zeit und Gelegenheit zur Vorbereitung ihrer Verteidigung zu haben;
c) sich selbst zu verteidigen, sich durch einen Verteidiger ihrer Wahl verteidigen zu lassen oder, falls ihr die Mittel zur Bezahlung fehlen, unentgeltlich den Beistand eines Verteidigers zu erhalten, wenn dies im Interesse der Rechtspflege erforderlich ist;
d) Fragen an Belastungszeugen zu stellen oder stellen zu lassen und die Ladung und Vernehmung von Entlastungszeugen unter denselben Bedingungen zu erwirken, wie sie für Belastungszeugen gelten;
e) unentgeltliche Unterstützung durch einen Dolmetscher zu erhalten, wenn sie die Verhandlungssprache des Gerichts nicht versteht oder spricht.

(...)

Geltungsbereich am 23. Februar 2012[32]

---

32 AS 1974 2168, 1977 147 1464, 1978 64, 1982 285 2065, 1983 1592, 1984 973 1491, 1985 360, 1986 169, 1987 314 1346, 1988 1264, 1989 276, 1990 55, 1991 789, 1992 657 2219, 1993 3097, 2000 916, 2002 1145, 2005 1835, 2006 3319 und 2012 1143. Eine aktualisierte Fassung des Geltungsbereiches findet sich auf der Internetseite des EDA (www.eda.admin.ch/vertraege).

10. Übereinkommen über die gerichtliche Zuständigkeit und die Anerkennung und Vollstreckung von Entscheidungen in Zivil- und Handelssachen
(Lugano-Übereinkommen, LugÜ)

Abgeschlossen in Lugano am 30. Oktober 2007
Von der Bundesversammlung genehmigt am 11. Dezember 2009[1]
Schweizerische Ratifikationsurkunde hinterlegt am 20. Oktober 2010
In Kraft getreten für die Schweiz am 1. Januar 2011

Präambel

Die Hohen Vertragsparteien dieses Übereinkommens,

entschlossen, in ihren Hoheitsgebieten den Rechtsschutz der dort ansässigen Personen zu verstärken,

in der Erwägung, dass es zu diesem Zweck geboten ist, die internationale Zuständigkeit ihrer Gerichte festzulegen, die Anerkennung von Entscheidungen zu erleichtern und ein beschleunigtes Verfahren einzuführen, um die Vollstreckung von Entscheidungen, öffentlichen Urkunden und gerichtlichen Vergleichen sicherzustellen,

im Bewusstsein der zwischen ihnen bestehenden Bindungen, die im wirtschaftlichen Bereich durch die Freihandelsabkommen zwischen der Europäischen Gemeinschaft und bestimmten Mitgliedstaaten der Europäischen Freihandelsassoziation bestätigt worden sind,

unter Berücksichtigung:
– des Brüsseler Übereinkommens vom 27. September 1968 über die gerichtliche Zuständigkeit und die Vollstreckung gerichtlicher Entscheidungen in Zivil- und Handelssachen in der Fassung der infolge der verschiedenen Erweiterungen der Europäischen Union geschlossenen Beitrittsübereinkommen;

SR 0.275.12. AS 2010 5609; BBl 2009 1777
1 Art. 1 Abs. 1 des BB vom 11. Dez. 2009 (AS 2010 5601)

- des Luganer Übereinkommens vom 16. September 1988[2] über die gerichtliche Zuständigkeit und die Vollstreckung gerichtlicher Entscheidungen in Zivil- und Handelssachen, das die Anwendung der Bestimmungen des Brüsseler Übereinkommens von 1968 auf bestimmte Mitgliedstaaten der Europäischen Freihandelsassoziation erstreckt;
- der Verordnung (EG) Nr. 44/2001 des Rates vom 22. Dezember 2000 über die gerichtliche Zuständigkeit und die Anerkennung und Vollstreckung von Entscheidungen in Zivil- und Handelssachen;
- des Abkommens zwischen der Europäischen Gemeinschaft und dem Königreich Dänemark über die gerichtliche Zuständigkeit und die Anerkennung und Vollstreckung von Entscheidungen in Zivil- und Handelssachen, das am 19. Oktober 2005 in Brüssel unterzeichnet worden ist;

in der Überzeugung, dass die Ausdehnung der Grundsätze der Verordnung (EG) Nr. 44/2001 auf die Vertragsparteien des vorliegenden Übereinkommens die rechtliche und wirtschaftliche Zusammenarbeit verstärken wird,

in dem Wunsch, eine möglichst einheitliche Auslegung des Übereinkommens sicherzustellen,

haben in diesem Sinne beschlossen, dieses Übereinkommen zu schliessen, und

sind wie folgt übereingekommen:

Titel I: Anwendungsbereich

Art. 1 1. Dieses Übereinkommen ist in Zivil- und Handelssachen anzuwenden, ohne dass es auf die Art der Gerichtsbarkeit ankommt. Es erfasst insbesondere nicht Steuer- und Zollsachen sowie verwaltungsrechtliche Angelegenheiten.

2. Dieses Übereinkommen ist nicht anzuwenden auf:
a) den Personenstand, die Rechts- und Handlungsfähigkeit sowie die gesetzliche Vertretung von natürlichen Personen, die ehelichen Güterstände, das Gebiet des Erbrechts einschliesslich des Testamentsrechts;
b) Konkurse, Vergleiche und ähnliche Verfahren;
c) die soziale Sicherheit;
d) die Schiedsgerichtsbarkeit.

3. In diesem Übereinkommen bezeichnet der Ausdruck «durch dieses Übereinkommen gebundener Staat» jeden Staat, der Vertragspartei dieses Übereinkommens oder ein Mitgliedstaat der Europäischen Gemeinschaft ist. Er kann auch die Europäische Gemeinschaft bezeichnen.

---

2 [AS 1991 2436]

Titel II: Zuständigkeit

Abschnitt 1: Allgemeine Vorschriften

Art. 2 1. Vorbehaltlich der Vorschriften dieses Übereinkommens sind Personen, die ihren Wohnsitz im Hoheitsgebiet eines durch dieses Übereinkommen gebundenen Staates haben, ohne Rücksicht auf ihre Staatsangehörigkeit vor den Gerichten dieses Staates zu verklagen.

2. Auf Personen, die nicht dem durch dieses Übereinkommen gebundenen Staat angehören, in dem sie ihren Wohnsitz haben, sind die für Inländer massgebenden Zuständigkeitsvorschriften anzuwenden.

Art. 3 1. Personen, die ihren Wohnsitz im Hoheitsgebiet eines durch dieses Übereinkommen gebundenen Staates haben, können vor den Gerichten eines anderen durch dieses Übereinkommen gebundenen Staates nur gemäss den Vorschriften der Abschnitte 2–7 dieses Titels verklagt werden.

2. Gegen diese Personen können insbesondere nicht die in Anhang I aufgeführten innerstaatlichen Zuständigkeitsvorschriften geltend gemacht werden.

Art. 4 1. Hat der Beklagte keinen Wohnsitz im Hoheitsgebiet eines durch dieses Übereinkommen gebundenen Staates, so bestimmt sich vorbehaltlich der Artikel 22 und 23 die Zuständigkeit der Gerichte eines jeden durch dieses Übereinkommen gebundenen Staates nach dessen eigenen Gesetzen.

2. Gegenüber einem Beklagten, der keinen Wohnsitz im Hoheitsgebiet eines durch dieses Übereinkommen gebundenen Staates hat, kann sich jede Person, die ihren Wohnsitz im Hoheitsgebiet eines durch dieses Übereinkommen gebundenen Staates hat, in diesem Staat auf die dort geltenden Zuständigkeitsvorschriften, insbesondere auf die in Anhang I aufgeführten Vorschriften, wie ein Inländer berufen, ohne dass es auf ihre Staatsangehörigkeit ankommt.

Abschnitt 2: Besondere Zuständigkeiten

Art. 5 Eine Person, die ihren Wohnsitz im Hoheitsgebiet eines durch dieses Übereinkommen gebundenen Staates hat, kann in einem anderen durch dieses Übereinkommen gebundenen Staat verklagt werden:

1. a) wenn ein Vertrag oder Ansprüche aus einem Vertrag den Gegenstand des Verfahrens bilden, vor dem Gericht des Ortes, an dem die Verpflichtung erfüllt worden ist oder zu erfüllen wäre;

b) im Sinne dieser Vorschrift – und sofern nichts anderes vereinbart worden ist – ist der Erfüllungsort der Verpflichtung:
- für den Verkauf beweglicher Sachen der Ort in einem durch dieses Übereinkommen gebundenen Staat, an dem sie nach dem Vertrag geliefert worden sind oder hätten geliefert werden müssen
- für die Erbringung von Dienstleistungen der Ort in einem durch dieses Übereinkommen gebundenen Staat, an dem sie nach dem Vertrag erbracht worden sind oder hätten erbracht werden müssen

c) ist Buchstabe b nicht anwendbar, so gilt Buchstabe a;

2. wenn es sich um eine Unterhaltssache handelt:
 a) vor dem Gericht des Ortes, an dem der Unterhaltsberechtigte seinen Wohnsitz oder seinen gewöhnlichen Aufenthalt hat, oder
 b) im Falle einer Unterhaltssache, über die im Zusammenhang mit einem Verfahren in Bezug auf den Personenstand zu entscheiden ist, vor dem nach seinem Recht für dieses Verfahren zuständigen Gericht, es sei denn, diese Zuständigkeit beruht lediglich auf der Staatsangehörigkeit einer der Parteien, oder
 c) im Falle einer Unterhaltssache, über die im Zusammenhang mit einem Verfahren in Bezug auf die elterliche Verantwortung zu entscheiden ist, vor dem nach seinem Recht für dieses Verfahren zuständigen Gericht, es sei denn, diese Zuständigkeit beruht lediglich auf der Staatsangehörigkeit einer der Parteien;

3. wenn eine unerlaubte Handlung oder eine Handlung, die einer unerlaubten Handlung gleichgestellt ist, oder wenn Ansprüche aus einer solchen Handlung den Gegenstand des Verfahrens bilden, vor dem Gericht des Ortes, an dem das schädigende Ereignis eingetreten ist oder einzutreten droht;

4. wenn es sich um eine Klage auf Schadensersatz oder auf Wiederherstellung des früheren Zustands handelt, die auf eine mit Strafe bedrohte Handlung gestützt wird, vor dem Strafgericht, bei dem die öffentliche Klage erhoben ist, soweit dieses Gericht nach seinem Recht über zivilrechtliche Ansprüche erkennen kann;

5. wenn es sich um Streitigkeiten aus dem Betrieb einer Zweigniederlassung, einer Agentur oder einer sonstigen Niederlassung handelt, vor dem Gericht des Ortes, an dem sich diese befindet;

6. wenn sie in ihrer Eigenschaft als Begründer, *trustee* oder Begünstigter eines *trust* in Anspruch genommen wird, der aufgrund eines Gesetzes oder durch schriftlich vorgenommenes oder schriftlich bestätigtes Rechtsgeschäft errichtet worden ist, vor den Gerichten des durch dieses Übereinkommen gebundenen Staates, in dessen Hoheitsgebiet der *trust* seinen Sitz hat;

7. wenn es sich um eine Streitigkeit wegen der Zahlung von Berge- und Hilfslohn handelt, der für Bergungs- oder Hilfeleistungsarbeiten gefordert wird, die zugunsten einer Ladung oder einer Frachtforderung erbracht worden sind,

vor dem Gericht, in dessen Zuständigkeitsbereich diese Ladung oder die entsprechende Frachtforderung:
a) mit Arrest belegt worden ist, um die Zahlung zu gewährleisten, oder
b) mit Arrest hätte belegt werden können, jedoch dafür eine Bürgschaft oder eine andere Sicherheit geleistet worden ist;

diese Vorschrift ist nur anzuwenden, wenn behauptet wird, dass der Beklagte Rechte an der Ladung oder an der Frachtforderung hat oder zur Zeit der Bergungs- oder Hilfeleistungsarbeiten hatte.

Art. 6 Eine Person, die ihren Wohnsitz im Hoheitsgebiet eines durch dieses Übereinkommen gebundenen Staates hat, kann auch verklagt werden:
1. wenn mehrere Personen zusammen verklagt werden, vor dem Gericht des Ortes, an dem einer der Beklagten seinen Wohnsitz hat, sofern zwischen den Klagen eine so enge Beziehung gegeben ist, dass eine gemeinsame Verhandlung und Entscheidung geboten erscheint, um zu vermeiden, dass in getrennten Verfahren widersprechende Entscheidungen ergehen könnten;
2. wenn es sich um eine Klage auf Gewährleistung oder um eine Interventionsklage handelt, vor dem Gericht des Hauptprozesses, es sei denn, dass die Klage nur erhoben worden ist, um diese Person dem für sie zuständigen Gericht zu entziehen;
3. wenn es sich um eine Widerklage handelt, die auf denselben Vertrag oder Sachverhalt wie die Klage selbst gestützt wird, vor dem Gericht, bei dem die Klage selbst anhängig ist;
4. wenn ein Vertrag oder Ansprüche aus einem Vertrag den Gegenstand des Verfahrens bilden und die Klage mit einer Klage wegen dinglicher Rechte an unbeweglichen Sachen gegen denselben Beklagten verbunden werden kann, vor dem Gericht des durch dieses Übereinkommen gebundenen Staates, in dessen Hoheitsgebiet die unbewegliche Sache belegen ist.

Art. 7 Ist ein Gericht eines durch dieses Übereinkommen gebundenen Staates nach diesem Übereinkommen zur Entscheidung in Verfahren wegen einer Haftpflicht aufgrund der Verwendung oder des Betriebs eines Schiffes zuständig, so entscheidet dieses oder ein anderes an seiner Stelle durch das Recht dieses Staates bestimmtes Gericht auch über Klagen auf Beschränkung dieser Haftung.

Abschnitt 3: Zuständigkeit für Versicherungssachen

Art. 8 Für Klagen in Versicherungssachen bestimmt sich die Zuständigkeit unbeschadet des Artikels 4 und des Artikels 5 Nummer 5 nach diesem Abschnitt.

Art. 9 1. Ein Versicherer, der seinen Wohnsitz im Hoheitsgebiet eines durch dieses Übereinkommen gebundenen Staates hat, kann verklagt werden:
a) vor den Gerichten des Staates, in dem er seinen Wohnsitz hat;
b) in einem anderen durch dieses Übereinkommen gebundenen Staat bei Klagen des Versicherungsnehmers, des Versicherten oder des Begünstigten vor dem Gericht des Ortes, an dem der Kläger seinen Wohnsitz hat; oder
c) falls es sich um einen Mitversicherer handelt, vor dem Gericht eines durch dieses Übereinkommen gebundenen Staates, bei dem der federführende Versicherer verklagt wird.

2. Hat der Versicherer im Hoheitsgebiet eines durch dieses Übereinkommen gebundenen Staates keinen Wohnsitz, besitzt er aber in einem durch dieses Übereinkommen gebundenen Staat eine Zweigniederlassung, Agentur oder sonstige Niederlassung, so wird er für Streitigkeiten aus ihrem Betrieb so behandelt, wie wenn er seinen Wohnsitz im Hoheitsgebiet dieses Staates hätte.

Art. 10 Bei der Haftpflichtversicherung oder bei der Versicherung von unbeweglichen Sachen kann der Versicherer ausserdem vor dem Gericht des Ortes, an dem das schädigende Ereignis eingetreten ist, verklagt werden. Das Gleiche gilt, wenn sowohl bewegliche als auch unbewegliche Sachen in ein und demselben Versicherungsvertrag versichert und von demselben Schadensfall betroffen sind.

Art. 11 1. Bei der Haftpflichtversicherung kann der Versicherer auch vor das Gericht, bei dem die Klage des Geschädigten gegen den Versicherten anhängig ist, geladen werden, sofern dies nach dem Recht des angerufenen Gerichts zulässig ist.

2. Auf eine Klage, die der Geschädigte unmittelbar gegen den Versicherer erhebt, sind die Artikel 8, 9 und 10 anzuwenden, sofern eine solche unmittelbare Klage zulässig ist.

3. Sieht das für die unmittelbare Klage massgebliche Recht die Streitverkündung gegen den Versicherungsnehmer oder den Versicherten vor, so ist dasselbe Gericht auch für diese Personen zuständig.

Art. 12 1. Vorbehaltlich der Bestimmungen des Artikels 11 Absatz 3 kann der Versicherer nur vor den Gerichten des durch dieses Übereinkommen gebundenen Staates klagen, in dessen Hoheitsgebiet der Beklagte seinen Wohnsitz hat, ohne Rücksicht darauf, ob dieser Versicherungsnehmer, Versicherter oder Begünstigter ist.

2. Die Vorschriften dieses Abschnitts lassen das Recht unberührt, eine Widerklage vor dem Gericht zu erheben, bei dem die Klage selbst gemäss den Bestimmungen dieses Abschnitts anhängig ist.

Art. 13 Von den Vorschriften dieses Abschnitts kann im Wege der Vereinbarung nur abgewichen werden:
1. wenn die Vereinbarung nach der Entstehung der Streitigkeit getroffen wird;
2. wenn sie dem Versicherungsnehmer, Versicherten oder Begünstigten die Befugnis einräumt, andere als die in diesem Abschnitt angeführten Gerichte anzurufen;
3. wenn sie zwischen einem Versicherungsnehmer und einem Versicherer, die zum Zeitpunkt des Vertragsabschlusses ihren Wohnsitz oder gewöhnlichen Aufenthalt in demselben durch dieses Übereinkommen gebundenen Staat haben, getroffen ist, um die Zuständigkeit der Gerichte dieses Staates auch für den Fall zu begründen, dass das schädigende Ereignis im Ausland eintritt, es sei denn, dass eine solche Vereinbarung nach dem Recht dieses Staates nicht zulässig ist;
4. wenn sie von einem Versicherungsnehmer geschlossen ist, der seinen Wohnsitz nicht in einem durch dieses Übereinkommen gebundenen Staat hat, ausgenommen soweit sie eine Versicherung, zu deren Abschluss eine gesetzliche Verpflichtung besteht, oder die Versicherung von unbeweglichen Sachen in einem durch dieses Übereinkommen gebundenen Staat betrifft, oder
5. wenn sie einen Versicherungsvertrag betrifft, soweit dieser eines oder mehrere der in Artikel 14 aufgeführten Risiken deckt.

Art. 14 Die in Artikel 13 Nummer 5 erwähnten Risiken sind die folgenden:
1. sämtliche Schäden
   a) an Seeschiffen, Anlagen vor der Küste und auf hoher See oder Luftfahrzeugen aus Gefahren, die mit ihrer Verwendung zu gewerblichen Zwecken verbunden sind,
   b) an Transportgütern, ausgenommen Reisegepäck der Passagiere, wenn diese Güter ausschliesslich oder zum Teil mit diesen Schiffen oder Luftfahrzeugen befördert werden;
2. Haftpflicht aller Art, mit Ausnahme der Haftung für Personenschäden an Passagieren oder Schäden an deren Reisegepäck:
   a) aus der Verwendung oder dem Betrieb von Seeschiffen, Anlagen oder Luftfahrzeugen gemäss Nummer 1 Buchstabe a, es sei denn, dass – was die letztgenannten betrifft – nach den Rechtsvorschriften des durch dieses Übereinkommen gebundenen Staates, in dem das Luftfahrzeug eingetragen ist, Gerichtsstandsvereinbarungen für die Versicherung solcher Risiken untersagt sind,
   b) für Schäden, die durch Transportgüter während einer Beförderung im Sinne von Nummer 1 Buchstabe b verursacht werden;

3. finanzielle Verluste im Zusammenhang mit der Verwendung oder dem Betrieb von Seeschiffen, Anlagen oder Luftfahrzeugen gemäss Nummer 1 Buchstabe a, insbesondere Fracht- oder Charterverlust;
4. irgendein zusätzliches Risiko, das mit einem der unter den Nummern 1–3 genannten Risiken in Zusammenhang steht;
5. unbeschadet der Nummern 1–4 alle Grossrisiken.

Abschnitt 4: Zuständigkeit bei Verbrauchersachen

Art. 15 1. Bilden ein Vertrag oder Ansprüche aus einem Vertrag, den eine Person, der Verbraucher, zu einem Zweck geschlossen hat, der nicht der beruflichen oder gewerblichen Tätigkeit dieser Person zugerechnet werden kann, den Gegenstand des Verfahrens, so bestimmt sich die Zuständigkeit unbeschadet des Artikels 4 und des Artikels 5 Nummer 5 nach diesem Abschnitt:
a) wenn es sich um den Kauf beweglicher Sachen auf Teilzahlung handelt;
b) wenn es sich um ein in Raten zurückzuzahlendes Darlehen oder ein anderes Kreditgeschäft handelt, das zur Finanzierung eines Kaufs derartiger Sachen bestimmt ist; oder
c) in allen anderen Fällen, wenn der andere Vertragspartner in dem durch dieses Übereinkommen gebundenen Staat, in dessen Hoheitsgebiet der Verbraucher seinen Wohnsitz hat, eine berufliche oder gewerbliche Tätigkeit ausübt oder eine solche auf irgendeinem Wege auf diesen Staat oder auf mehrere Staaten, einschliesslich dieses Staates, ausrichtet und der Vertrag in den Bereich dieser Tätigkeit fällt.

2. Hat der Vertragspartner des Verbrauchers im Hoheitsgebiet eines durch dieses Übereinkommen gebundenen Staates keinen Wohnsitz, besitzt er aber in einem durch dieses Übereinkommen gebundenen Staat eine Zweigniederlassung, Agentur oder sonstige Niederlassung, so wird er für Streitigkeiten aus ihrem Betrieb so behandelt, wie wenn er seinen Wohnsitz im Hoheitsgebiet dieses Staates hätte.

3. Dieser Abschnitt ist nicht auf Beförderungsverträge mit Ausnahme von Reiseverträgen, die für einen Pauschalpreis kombinierte Beförderungs- und Unterbringungsleistungen vorsehen, anzuwenden.

Art. 16 1. Die Klage eines Verbrauchers gegen den anderen Vertragspartner kann entweder vor den Gerichten des durch dieses Übereinkommen gebundenen Staates erhoben werden, in dessen Hoheitsgebiet dieser Vertragspartner seinen Wohnsitz hat, oder vor dem Gericht des Ortes, an dem der Verbraucher seinen Wohnsitz hat.

2. Die Klage des anderen Vertragspartners gegen den Verbraucher kann nur vor den Gerichten des durch dieses Übereinkommen gebundenen Staates

erhoben werden, in dessen Hoheitsgebiet der Verbraucher seinen Wohnsitz hat.

3. Die Vorschriften dieses Artikels lassen das Recht unberührt, eine Widerklage vor dem Gericht zu erheben, bei dem die Klage selbst gemäss den Bestimmungen dieses Abschnitts anhängig ist.

Art. 17 Von den Vorschriften dieses Abschnitts kann im Wege der Vereinbarung nur abgewichen werden:
1. wenn die Vereinbarung nach der Entstehung der Streitigkeit getroffen wird;
2. wenn sie dem Verbraucher die Befugnis einräumt, andere als die in diesem Abschnitt angeführten Gerichte anzurufen; oder
3. wenn sie zwischen einem Verbraucher und seinem Vertragspartner, die zum Zeitpunkt des Vertragsabschlusses ihren Wohnsitz oder gewöhnlichen Aufenthalt in demselben durch dieses Übereinkommen gebundenen Staat haben, getroffen ist und die Zuständigkeit der Gerichte dieses Staates begründet, es sei denn, dass eine solche Vereinbarung nach dem Recht dieses Staates nicht zulässig ist.

Abschnitt 5: Zuständigkeit für individuelle Arbeitsverträge

Art. 18 1. Bilden ein individueller Arbeitsvertrag oder Ansprüche aus einem individuellen Arbeitsvertrag den Gegenstand des Verfahrens, so bestimmt sich die Zuständigkeit unbeschadet des Artikels 4 und des Artikels 5 Nummer 5 nach diesem Abschnitt.

2. Hat der Arbeitgeber, mit dem der Arbeitnehmer einen individuellen Arbeitsvertrag geschlossen hat, im Hoheitsgebiet eines durch dieses Übereinkommen gebundenen Staates keinen Wohnsitz, besitzt er aber in einem der durch dieses Übereinkommen gebundenen Staaten eine Zweigniederlassung, Agentur oder sonstige Niederlassung, so wird er für Streitigkeiten aus ihrem Betrieb so behandelt, wie wenn er seinen Wohnsitz im Hoheitsgebiet dieses Staates hätte.

Art. 19 Ein Arbeitgeber, der seinen Wohnsitz im Hoheitsgebiet eines durch dieses Übereinkommen gebundenen Staates hat, kann verklagt werden:
1. vor den Gerichten des Staates, in dem er seinen Wohnsitz hat;
2. in einem anderen durch dieses Übereinkommen gebundenen Staat
    a) vor dem Gericht des Ortes, an dem der Arbeitnehmer gewöhnlich seine Arbeit verrichtet oder zuletzt gewöhnlich verrichtet hat, oder
    b) wenn der Arbeitnehmer seine Arbeit gewöhnlich nicht in ein und demselben Staat verrichtet oder verrichtet hat, vor dem Gericht des Ortes,

an dem sich die Niederlassung, die den Arbeitnehmer eingestellt hat, befindet bzw. befand.

Art. 20 1. Die Klage des Arbeitgebers kann nur vor den Gerichten des durch dieses Übereinkommen gebundenen Staates erhoben werden, in dessen Hoheitsgebiet der Arbeitnehmer seinen Wohnsitz hat.

2. Die Vorschriften dieses Abschnitts lassen das Recht unberührt, eine Widerklage vor dem Gericht zu erheben, bei dem die Klage selbst gemäss den Bestimmungen dieses Abschnitts anhängig ist.

Art. 21 Von den Vorschriften dieses Abschnitts kann im Wege der Vereinbarung nur abgewichen werden:
1. wenn die Vereinbarung nach der Entstehung der Streitigkeit getroffen wird; oder
2. wenn sie dem Arbeitnehmer die Befugnis einräumt, andere als die in diesem Abschnitt angeführten Gerichte anzurufen.

Abschnitt 6: Ausschliessliche Zuständigkeiten

Art. 22 Ohne Rücksicht auf den Wohnsitz sind ausschliesslich zuständig:
1. für Klagen, welche dingliche Rechte an unbeweglichen Sachen sowie die Miete oder Pacht von unbeweglichen Sachen zum Gegenstand haben, die Gerichte des durch dieses Übereinkommen gebundenen Staates, in dem die unbewegliche Sache belegen ist.
   Jedoch sind für Klagen betreffend die Miete oder Pacht unbeweglicher Sachen zum vorübergehenden privaten Gebrauch für höchstens sechs aufeinander folgende Monate auch die Gerichte des durch dieses Übereinkommen gebundenen Staates zuständig, in dem der Beklagte seinen Wohnsitz hat, sofern es sich bei dem Mieter oder Pächter um eine natürliche Person handelt und der Eigentümer sowie der Mieter oder Pächter ihren Wohnsitz in demselben durch dieses Übereinkommen gebundenen Staat haben;
2. für Klagen, welche die Gültigkeit, die Nichtigkeit oder die Auflösung einer Gesellschaft oder juristischen Person oder die Gültigkeit der Beschlüsse ihrer Organe zum Gegenstand haben, die Gerichte des durch dieses Übereinkommen gebundenen Staates, in dessen Hoheitsgebiet die Gesellschaft oder juristische Person ihren Sitz hat. Bei der Entscheidung darüber, wo der Sitz sich befindet, wendet das Gericht die Vorschriften seines Internationalen Privatrechts an;
3. für Klagen, welche die Gültigkeit von Eintragungen in öffentliche Register zum Gegenstand haben, die Gerichte des durch dieses Übereinkommen gebundenen Staates, in dessen Hoheitsgebiet die Register geführt werden;

4. für Klagen, welche die Eintragung oder die Gültigkeit von Patenten, Marken, Mustern und Modellen sowie ähnlicher Rechte, die einer Hinterlegung oder Registrierung bedürfen, zum Gegenstand haben, unabhängig davon, ob die Frage klageweise oder einredeweise aufgeworfen wird, die Gerichte des durch dieses Übereinkommen gebundenen Staates, in dessen Hoheitsgebiet die Hinterlegung oder Registrierung beantragt oder vorgenommen worden ist oder aufgrund eines Gemeinschaftsrechtsakts oder eines zwischenstaatlichen Übereinkommens als vorgenommen gilt.

    Unbeschadet der Zuständigkeit des Europäischen Patentamts nach dem am 5. Oktober 1973[3] in München unterzeichneten Übereinkommen über die Erteilung europäischer Patente sind die Gerichte eines jeden durch dieses Übereinkommen gebundenen Staates ohne Rücksicht auf den Wohnsitz der Parteien für alle Verfahren ausschliesslich zuständig, welche die Erteilung oder die Gültigkeit eines europäischen Patents zum Gegenstand haben, das für diesen Staat erteilt wurde, unabhängig davon, ob die Frage klageweise oder einredeweise aufgeworfen wird;

5. für Verfahren, welche die Zwangsvollstreckung aus Entscheidungen zum Gegenstand haben, die Gerichte des durch dieses Übereinkommen gebundenen Staates, in dessen Hoheitsgebiet die Zwangsvollstreckung durchgeführt werden soll oder durchgeführt worden ist.

Abschnitt 7: Vereinbarung über die Zuständigkeit

Art. 23 1. Haben die Parteien, von denen mindestens eine ihren Wohnsitz im Hoheitsgebiet eines durch dieses Übereinkommen gebundenen Staates hat, vereinbart, dass ein Gericht oder die Gerichte eines durch dieses Übereinkommen gebundenen Staates über eine bereits entstandene Rechtsstreitigkeit oder über eine künftige aus einem bestimmten Rechtsverhältnis entspringende Rechtsstreitigkeit entscheiden sollen, so sind dieses Gericht oder die Gerichte dieses Staates zuständig. Dieses Gericht oder die Gerichte dieses Staates sind ausschliesslich zuständig, sofern die Parteien nichts anderes vereinbart haben. Eine solche Gerichtsstandsvereinbarung muss geschlossen werden:

a) schriftlich oder mündlich mit schriftlicher Bestätigung; oder
b) in einer Form, welche den Gepflogenheiten entspricht, die zwischen den Parteien entstanden sind; oder
c) im internationalen Handel in einer Form, die einem Handelsbrauch entspricht, den die Parteien kannten oder kennen mussten und den Parteien von Verträgen dieser Art in dem betreffenden Geschäftszweig allgemein kennen und regelmässig beachten.

---

3 SR 0.232.142.2

2. Elektronische Übermittlungen, die eine dauerhafte Aufzeichnung der Vereinbarung ermöglichen, sind der Schriftform gleichgestellt.

3. Wenn eine solche Vereinbarung von Parteien geschlossen wurde, die beide ihren Wohnsitz nicht im Hoheitsgebiet eines durch dieses Übereinkommen gebundenen Staates haben, so können die Gerichte der anderen durch dieses Übereinkommen gebundenen Staaten nicht entscheiden, es sei denn, das vereinbarte Gericht oder die vereinbarten Gerichte haben sich rechtskräftig für unzuständig erklärt.

4. Ist in schriftlich niedergelegten *trust*-Bedingungen bestimmt, dass über Klagen gegen einen Begründer, *trustee* oder Begünstigten eines *trust* ein Gericht oder die Gerichte eines durch dieses Übereinkommen gebundenen Staates entscheiden sollen, so ist dieses Gericht oder sind diese Gerichte ausschliesslich zuständig, wenn es sich um Beziehungen zwischen diesen Personen oder ihre Rechte oder Pflichten im Rahmen des *trust* handelt.

5. Gerichtsstandsvereinbarungen und entsprechende Bestimmungen in *trust*-Bedingungen haben keine rechtliche Wirkung, wenn sie den Vorschriften der Artikel 13, 17 und 21 zuwiderlaufen oder wenn die Gerichte, deren Zuständigkeit abbedungen wird, aufgrund des Artikels 22 ausschliesslich zuständig sind.

Art. 24 Sofern das Gericht eines durch dieses Übereinkommen gebundenen Staates nicht bereits nach anderen Vorschriften dieses Übereinkommens zuständig ist, wird es zuständig, wenn sich der Beklagte vor ihm auf das Verfahren einlässt. Dies gilt nicht, wenn der Beklagte sich einlässt, um den Mangel der Zuständigkeit geltend zu machen oder wenn ein anderes Gericht aufgrund des Artikels 22 ausschliesslich zuständig ist.

Abschnitt 8: Prüfung der Zuständigkeit und der Zulässigkeit des Verfahrens

Art. 25 Das Gericht eines durch dieses Übereinkommen gebundenen Staates hat sich von Amts wegen für unzuständig zu erklären, wenn es wegen einer Streitigkeit angerufen wird, für die das Gericht eines anderen durch dieses Übereinkommen gebundenen Staates aufgrund des Artikels 22 ausschliesslich zuständig ist.

Art. 26 1. Lässt sich der Beklagte, der seinen Wohnsitz im Hoheitsgebiet eines durch dieses Übereinkommen gebundenen Staates hat und der vor den Gerichten eines anderen durch dieses Übereinkommen gebundenen Staates verklagt wird, auf das Verfahren nicht ein, so hat sich das Gericht von Amts wegen für unzuständig zu erklären, wenn seine Zuständigkeit nicht nach diesem Übereinkommen begründet ist.

2. Das Gericht hat das Verfahren so lange auszusetzen, bis festgestellt ist, dass es dem Beklagten möglich war, das verfahrenseinleitende Schriftstück oder ein gleichwertiges Schriftstück so rechtzeitig zu empfangen, dass er sich verteidigen konnte oder dass alle hierzu erforderlichen Massnahmen getroffen worden sind.

3. An die Stelle von Absatz 2 tritt Artikel 15 des Haager Übereinkommens vom 15. November 1965[4] über die Zustellung gerichtlicher und aussergerichtlicher Schriftstücke im Ausland in Zivil- oder Handelssachen, wenn das verfahrenseinleitende Schriftstück oder ein gleichwertiges Schriftstück nach dem genannten Übereinkommen zu übermitteln war.

4. Die Mitgliedstaaten der Europäischen Gemeinschaft, die durch die Verordnung (EG) Nr. 1348/2000 des Rates vom 29. Mai 2000 oder durch das am 19. Oktober 2005 in Brüssel unterzeichnete Abkommen zwischen der Europäischen Gemeinschaft und dem Königreich Dänemark über die Zustellung gerichtlicher und aussergerichtlicher Schriftstücke in Zivil- oder Handelssachen gebunden sind, wenden in ihrem Verhältnis untereinander Artikel 19 der genannten Verordnung an, wenn das verfahrenseinleitende Schriftstück oder ein gleichwertiges Schriftstück nach dieser Verordnung oder nach dem genannten Abkommen zu übermitteln war.

Abschnitt 9: Rechtshängigkeit und im Zusammenhang stehende Verfahren

Art. 27 1. Werden bei Gerichten verschiedener durch dieses Übereinkommen gebundener Staaten Klagen wegen desselben Anspruchs zwischen denselben Parteien anhängig gemacht, so setzt das später angerufene Gericht das Verfahren von Amts wegen aus, bis die Zuständigkeit des zuerst angerufenen Gerichts feststeht.

2. Sobald die Zuständigkeit des zuerst angerufenen Gerichts feststeht, erklärt sich das später angerufene Gericht zugunsten dieses Gerichts für unzuständig.

Art. 28 1. Sind bei Gerichten verschiedener durch dieses Übereinkommen gebundener Staaten Klagen, die im Zusammenhang stehen, anhängig, so kann jedes später angerufene Gericht das Verfahren aussetzen.

2. Sind diese Klagen in erster Instanz anhängig, so kann sich jedes später angerufene Gericht auf Antrag einer Partei auch für unzuständig erklären, wenn das zuerst angerufene Gericht für die betreffenden Klagen zuständig ist und die Verbindung der Klagen nach seinem Recht zulässig ist.

3. Klagen stehen im Sinne dieses Artikels im Zusammenhang, wenn zwischen ihnen eine so enge Beziehung gegeben ist, dass eine gemeinsame Verhandlung

---

4 SR 0.274.131

und Entscheidung geboten erscheint, um zu vermeiden, dass in getrennten Verfahren widersprechende Entscheidungen ergehen könnten.

Art. 29 Ist für die Klagen die ausschliessliche Zuständigkeit mehrerer Gerichte gegeben, so hat sich das zuletzt angerufene Gericht zugunsten des zuerst angerufenen Gerichts für unzuständig zu erklären.

Art. 30 Für die Zwecke dieses Abschnitts gilt ein Gericht als angerufen:
1. zu dem Zeitpunkt, zu dem das verfahrenseinleitende Schriftstück oder ein gleichwertiges Schriftstück bei Gericht eingereicht worden ist, vorausgesetzt, dass der Kläger es in der Folge nicht versäumt hat, die ihm obliegenden Massnahmen zu treffen, um die Zustellung des Schriftstücks an den Beklagten zu bewirken; oder
2. falls die Zustellung an den Beklagten vor Einreichung des Schriftstücks bei Gericht zu bewirken ist, zu dem Zeitpunkt, zu dem die für die Zustellung verantwortliche Stelle das Schriftstück erhalten hat, vorausgesetzt, dass der Kläger es in der Folge nicht versäumt hat, die ihm obliegenden Massnahmen zu treffen, um das Schriftstück bei Gericht einzureichen.

Abschnitt 10: Einstweilige Massnahmen einschliesslich solcher, die auf eine Sicherung gerichtet sind

Art. 31 Die im Recht eines durch dieses Übereinkommen gebundenen Staates vorgesehenen einstweiligen Massnahmen einschliesslich solcher, die auf eine Sicherung gerichtet sind, können bei den Gerichten dieses Staates auch dann beantragt werden, wenn für die Entscheidung in der Hauptsache das Gericht eines anderen durch dieses Übereinkommen gebundenen Staates aufgrund dieses Übereinkommens zuständig ist.

Titel III: Anerkennung und Vollstreckung

Art. 32 Unter «Entscheidung» im Sinne dieses Übereinkommens ist jede Entscheidung zu verstehen, die von einem Gericht eines durch dieses Übereinkommen gebundenen Staates erlassen worden ist, ohne Rücksicht auf ihre Bezeichnung wie Urteil, Beschluss, Zahlungsbefehl oder Vollstreckungsbescheid, einschliesslich des Kostenfestsetzungsbeschlusses eines Gerichtsbediensteten.

Abschnitt 1: Anerkennung

Art. 33 1. Die in einem durch dieses Übereinkommen gebundenen Staat ergangenen Entscheidungen werden in den anderen durch dieses Übereinkommen gebundenen Staaten anerkannt, ohne dass es hierfür eines besonderen Verfahrens bedarf.

2. Bildet die Frage, ob eine Entscheidung anzuerkennen ist, als solche den Gegenstand eines Streites, so kann jede Partei, welche die Anerkennung geltend macht, in dem Verfahren nach den Abschnitten 2 und 3 dieses Titels die Feststellung beantragen, dass die Entscheidung anzuerkennen ist.

3. Wird die Anerkennung in einem Rechtsstreit vor dem Gericht eines durch dieses Übereinkommen gebundenen Staates, dessen Entscheidung von der Anerkennung abhängt, verlangt, so kann dieses Gericht über die Anerkennung entscheiden.

Art. 34 Eine Entscheidung wird nicht anerkannt, wenn:
1. die Anerkennung der öffentlichen Ordnung (*ordre public*) des Staates, in dem sie geltend gemacht wird, offensichtlich widersprechen würde;
2. dem Beklagten, der sich auf das Verfahren nicht eingelassen hat, das verfahrenseinleitende Schriftstück oder ein gleichwertiges Schriftstück nicht so rechtzeitig und in einer Weise zugestellt worden ist, dass er sich verteidigen konnte, es sei denn, der Beklagte hat gegen die Entscheidung keinen Rechtsbehelf eingelegt, obwohl er die Möglichkeit dazu hatte;
3. sie mit einer Entscheidung unvereinbar ist, die zwischen denselben Parteien in dem Staat, in dem die Anerkennung geltend gemacht wird, ergangen ist;
4. sie mit einer früheren Entscheidung unvereinbar ist, die in einem anderen durch dieses Übereinkommen gebundenen Staat oder in einem Drittstaat zwischen denselben Parteien in einem Rechtsstreit wegen desselben Anspruchs ergangen ist, sofern die frühere Entscheidung die notwendigen Voraussetzungen für ihre Anerkennung in dem Staat erfüllt, in dem die Anerkennung geltend gemacht wird.

Art. 35 1. Eine Entscheidung wird ferner nicht anerkannt, wenn die Vorschriften der Abschnitte 3, 4 und 6 des Titels II verletzt worden sind oder wenn ein Fall des Artikels 68 vorliegt. Des Weiteren kann die Anerkennung einer Entscheidung versagt werden, wenn ein Fall des Artikels 64 Absatz 3 oder des Artikels 67 Absatz 4 vorliegt.

2. Das Gericht oder die sonst befugte Stelle des Staates, in dem die Anerkennung geltend gemacht wird, ist bei der Prüfung, ob eine der in Absatz 1 angeführten Zuständigkeiten gegeben ist, an die tatsächlichen Feststellungen gebunden, aufgrund deren das Gericht des Ursprungsstaats seine Zuständigkeit angenommen hat.

3. Die Zuständigkeit der Gerichte des Ursprungsstaats darf, unbeschadet der Bestimmungen des Absatzes 1, nicht nachgeprüft werden. Die Vorschriften über die Zuständigkeit gehören nicht zur öffentlichen Ordnung (*ordre public*) im Sinne des Artikels 34 Nummer 1.

Art. 36 Die ausländische Entscheidung darf keinesfalls in der Sache selbst nachgeprüft werden.

Art. 37 1. Das Gericht eines durch dieses Übereinkommen gebundenen Staates, vor dem die Anerkennung einer in einem anderen durch dieses Übereinkommen gebundenen Staat ergangenen Entscheidung geltend gemacht wird, kann das Verfahren aussetzen, wenn gegen die Entscheidung ein ordentlicher Rechtsbehelf eingelegt worden ist.

2. Das Gericht eines durch dieses Übereinkommen gebundenen Staates, vor dem die Anerkennung einer in Irland oder im Vereinigten Königreich ergangenen Entscheidung geltend gemacht wird, kann das Verfahren aussetzen, wenn die Vollstreckung der Entscheidung im Ursprungsstaat wegen der Einlegung eines Rechtsbehelfs einstweilen eingestellt ist.

Abschnitt 2: Vollstreckung

Art. 38 1. Die in einem durch dieses Übereinkommen gebundenen Staat ergangenen Entscheidungen, die in diesem Staat vollstreckbar sind, werden in einem anderen durch dieses Übereinkommen gebundenen Staat vollstreckt, wenn sie dort auf Antrag eines Berechtigten für vollstreckbar erklärt worden sind.

2. Im Vereinigten Königreich jedoch wird eine derartige Entscheidung in England und Wales, in Schottland oder in Nordirland vollstreckt, wenn sie auf Antrag eines Berechtigten zur Vollstreckung in dem betreffenden Teil des Vereinigten Königreichs registriert worden ist.

Art. 39 1. Der Antrag ist an das Gericht oder die sonst befugte Stelle zu richten, die in Anhang II aufgeführt ist.

2. Die örtliche Zuständigkeit wird durch den Wohnsitz des Schuldners oder durch den Ort, an dem die Zwangsvollstreckung durchgeführt werden soll, bestimmt.

Art. 40 1. Für die Stellung des Antrags ist das Recht des Vollstreckungsstaats massgebend.

2. Der Antragsteller hat im Bezirk des angerufenen Gerichts ein Wahldomizil zu begründen. Ist das Wahldomizil im Recht des Vollstreckungsstaats nicht

vorgesehen, so hat der Antragsteller einen Zustellungsbevollmächtigten zu benennen.

3. Dem Antrag sind die in Artikel 53 angeführten Urkunden beizufügen.

Art. 41 Sobald die in Artikel 53 vorgesehenen Förmlichkeiten erfüllt sind, wird die Entscheidung unverzüglich für vollstreckbar erklärt, ohne dass eine Prüfung nach den Artikeln 34 und 35 erfolgt. Der Schuldner erhält in diesem Abschnitt des Verfahrens keine Gelegenheit, eine Erklärung abzugeben.

Art. 42 1. Die Entscheidung über den Antrag auf Vollstreckbarerklärung wird dem Antragsteller unverzüglich in der Form mitgeteilt, die das Recht des Vollstreckungsstaats vorsieht.

2. Die Vollstreckbarerklärung und, soweit dies noch nicht geschehen ist, die Entscheidung werden dem Schuldner zugestellt.

Art. 43 1. Gegen die Entscheidung über den Antrag auf Vollstreckbarerklärung kann jede Partei einen Rechtsbehelf einlegen.

2. Der Rechtsbehelf wird bei dem in Anhang III aufgeführten Gericht eingelegt.

3. Über den Rechtsbehelf wird nach den Vorschriften entschieden, die für Verfahren mit beiderseitigem rechtlichen Gehör massgebend sind.

4. Lässt sich der Schuldner auf das Verfahren vor dem mit dem Rechtsbehelf des Antragstellers befassten Gericht nicht ein, so ist Artikel 26 Absätze 2–4 auch dann anzuwenden, wenn der Schuldner seinen Wohnsitz nicht im Hoheitsgebiet eines durch dieses Übereinkommen gebundenen Staates hat.

5. Der Rechtsbehelf gegen die Vollstreckbarerklärung ist innerhalb eines Monats nach ihrer Zustellung einzulegen. Hat der Schuldner seinen Wohnsitz im Hoheitsgebiet eines anderen durch dieses Übereinkommen gebundenen Staates als dem, in dem die Vollstreckbarerklärung ergangen ist, so beträgt die Frist für den Rechtsbehelf zwei Monate und beginnt von dem Tage an zu laufen, an dem die Vollstreckbarerklärung ihm entweder in Person oder in seiner Wohnung zugestellt worden ist. Eine Verlängerung dieser Frist wegen weiter Entfernung ist ausgeschlossen.

Art. 44 Gegen die Entscheidung, die über den Rechtsbehelf ergangen ist, kann nur ein Rechtsbehelf nach Anhang IV eingelegt werden.

Art. 45 1. Die Vollstreckbarerklärung darf von dem mit einem Rechtsbehelf nach Artikel 43 oder Artikel 44 befassten Gericht nur aus einem der in den Artikeln 34 und 35 aufgeführten Gründen versagt oder aufgehoben werden. Das Gericht erlässt seine Entscheidung unverzüglich.

2. Die ausländische Entscheidung darf keinesfalls in der Sache selbst nachgeprüft werden.

Art. 46 1. Das nach Artikel 43 oder Artikel 44 mit dem Rechtsbehelf befasste Gericht kann auf Antrag des Schuldners das Verfahren aussetzen, wenn gegen die Entscheidung im Ursprungsstaat ein ordentlicher Rechtsbehelf eingelegt oder die Frist für einen solchen Rechtsbehelf noch nicht verstrichen ist; in letzterem Fall kann das Gericht eine Frist bestimmen, innerhalb deren der Rechtsbehelf einzulegen ist.

2. Ist die Entscheidung in Irland oder im Vereinigten Königreich ergangen, so gilt jeder im Ursprungsstaat statthafte Rechtsbehelf als ordentlicher Rechtsbehelf im Sinne von Absatz 1.

3. Das Gericht kann auch die Zwangsvollstreckung von der Leistung einer Sicherheit, die es bestimmt, abhängig machen.

Art. 47 1. Ist eine Entscheidung nach diesem Übereinkommen anzuerkennen, so ist der Antragsteller nicht daran gehindert, einstweilige Massnahmen einschliesslich solcher, die auf eine Sicherung gerichtet sind, nach dem Recht des Vollstreckungsstaats in Anspruch zu nehmen, ohne dass es einer Vollstreckbarerklärung nach Artikel 41 bedarf.

2. Die Vollstreckbarerklärung gibt die Befugnis, Massnahmen, die auf eine Sicherung gerichtet sind, zu veranlassen.

3. Solange die in Artikel 43 Absatz 5 vorgesehene Frist für den Rechtsbehelf gegen die Vollstreckbarerklärung läuft und solange über den Rechtsbehelf nicht entschieden ist, darf die Zwangsvollstreckung in das Vermögen des Schuldners nicht über Massnahmen zur Sicherung hinausgehen.

Art. 48 1. Ist durch die ausländische Entscheidung über mehrere mit der Klage geltend gemachte Ansprüche erkannt und kann die Vollstreckbarerklärung nicht für alle Ansprüche erteilt werden, so erteilt das Gericht oder die sonst befugte Stelle sie für einen oder mehrere dieser Ansprüche.

2. Der Antragsteller kann beantragen, dass die Vollstreckbarerklärung nur für einen Teil des Gegenstands der Verurteilung erteilt wird.

Art. 49 Ausländische Entscheidungen, die auf Zahlung eines Zwangsgelds lauten, sind im Vollstreckungsstaat nur vollstreckbar, wenn die Höhe des Zwangsgelds durch die Gerichte des Ursprungsstaats endgültig festgesetzt ist.

Art. 50 1. Ist dem Antragsteller im Ursprungsstaat ganz oder teilweise Prozesskostenhilfe oder Kosten- und Gebührenbefreiung gewährt worden, so geniesst er in dem Verfahren nach diesem Abschnitt hinsichtlich der Prozesskostenhilfe oder der Kosten- und Gebührenbefreiung die günstigste Behandlung, die das Recht des Vollstreckungsstaats vorsieht.

2. Der Antragsteller, der die Vollstreckung einer Entscheidung einer Verwaltungsbehörde begehrt, die in Dänemark, Island oder Norwegen in Unterhaltssachen ergangen ist, kann im Vollstreckungsstaat Anspruch auf die in Absatz 1

genannten Vorteile erheben, wenn er eine Erklärung des dänischen, isländischen oder norwegischen Justizministeriums darüber vorlegt, dass er die wirtschaftlichen Voraussetzungen für die vollständige oder teilweise Bewilligung der Prozesskostenhilfe oder für die Kosten- und Gebührenbefreiung erfüllt.

Art. 51 Der Partei, die in einem durch dieses Übereinkommen gebundenen Staat eine in einem anderen durch dieses Übereinkommen gebundenen Staat ergangene Entscheidung vollstrecken will, darf wegen ihrer Eigenschaft als Ausländer oder wegen Fehlens eines inländischen Wohnsitzes oder Aufenthalts eine Sicherheitsleistung oder Hinterlegung, unter welcher Bezeichnung es auch sei, nicht auferlegt werden.

Art. 52 Im Vollstreckungsstaat dürfen im Vollstreckbarerklärungsverfahren keine nach dem Streitwert abgestuften Stempelabgaben oder Gebühren erhoben werden.

Abschnitt 3: Gemeinsame Vorschriften

Art. 53 1. Die Partei, die die Anerkennung einer Entscheidung geltend macht oder eine Vollstreckbarerklärung beantragt, hat eine Ausfertigung der Entscheidung vorzulegen, die die für ihre Beweiskraft erforderlichen Voraussetzungen erfüllt.

2. Unbeschadet des Artikels 55 hat die Partei, die eine Vollstreckbarerklärung beantragt, ferner die Bescheinigung nach Artikel 54 vorzulegen.

Art. 54 Das Gericht oder die sonst befugte Stelle des durch dieses Übereinkommen gebundenen Staates, in dem die Entscheidung ergangen ist, stellt auf Antrag die Bescheinigung unter Verwendung des Formblatts in Anhang V dieses Übereinkommens aus.

Art. 55 1. Wird die Bescheinigung nach Artikel 54 nicht vorgelegt, so kann das Gericht oder die sonst befugte Stelle eine Frist bestimmen, innerhalb deren die Bescheinigung vorzulegen ist, oder sich mit einer gleichwertigen Urkunde begnügen oder von der Vorlage der Bescheinigung befreien, wenn es oder sie eine weitere Klärung nicht für erforderlich hält.

2. Auf Verlangen des Gerichts oder der sonst befugten Stelle ist eine Übersetzung der Urkunden vorzulegen. Die Übersetzung ist von einer hierzu in einem der durch dieses Übereinkommen gebundenen Staaten befugten Person zu beglaubigen.

Art. 56 Die in Artikel 53 und in Artikel 55 Absatz 2 angeführten Urkunden sowie die Urkunde über die Prozessvollmacht, falls eine solche erteilt wird, bedürfen weder der Legalisation noch einer ähnlichen Förmlichkeit.

Titel IV: Öffentliche Urkunden und Prozessvergleiche

Art. 57 1. Öffentliche Urkunden, die in einem durch dieses Übereinkommen gebundenen Staat aufgenommen und vollstreckbar sind, werden in einem anderen durch dieses Übereinkommen gebundenen Staat auf Antrag in dem Verfahren nach den Artikeln 38 ff. für vollstreckbar erklärt. Die Vollstreckbarerklärung ist von dem mit einem Rechtsbehelf nach Artikel 43 oder Artikel 44 befassten Gericht nur zu versagen oder aufzuheben, wenn die Zwangsvollstreckung aus der Urkunde der öffentlichen Ordnung (*ordre public*) des Vollstreckungsstaats offensichtlich widersprechen würde.

2. Als öffentliche Urkunden im Sinne von Absatz 1 werden auch vor Verwaltungsbehörden geschlossene oder von ihnen beurkundete Unterhaltsvereinbarungen oder -verpflichtungen angesehen.

3. Die vorgelegte Urkunde muss die Voraussetzungen für ihre Beweiskraft erfüllen, die in dem Staat, in dem sie aufgenommen wurde, erforderlich sind.

4. Die Vorschriften des Abschnitts 3 des Titels III sind sinngemäss anzuwenden. Die befugte Stelle des durch dieses Übereinkommen gebundenen Staates, in dem eine öffentliche Urkunde aufgenommen worden ist, stellt auf Antrag die Bescheinigung unter Verwendung des Formblatts in Anhang VI dieses Übereinkommens aus.

Art. 58 Vergleiche, die vor einem Gericht im Laufe eines Verfahrens geschlossen und in dem durch dieses Übereinkommen gebundenen Staat, in dem sie errichtet wurden, vollstreckbar sind, werden in dem Vollstreckungsstaat unter denselben Bedingungen wie öffentliche Urkunden vollstreckt. Das Gericht oder die sonst befugte Stelle des durch dieses Übereinkommen gebundenen Staates, in dem ein Prozessvergleich geschlossen worden ist, stellt auf Antrag die Bescheinigung unter Verwendung des Formblatts in Anhang V dieses Übereinkommens aus.

Titel V: Allgemeine Vorschriften

Art. 59 1. Ist zu entscheiden, ob eine Partei im Hoheitsgebiet des durch dieses Übereinkommen gebundenen Staates, dessen Gerichte angerufen sind, einen Wohnsitz hat, so wendet das Gericht sein Recht an.

2. Hat eine Partei keinen Wohnsitz in dem durch dieses Übereinkommen gebundenen Staat, dessen Gerichte angerufen sind, so wendet das Gericht, wenn es zu entscheiden hat, ob die Partei einen Wohnsitz in einem anderen durch dieses Übereinkommen gebundenen Staat hat, das Recht dieses Staates an.

Art. 60 1. Gesellschaften und juristische Personen haben für die Anwendung dieses Übereinkommens ihren Wohnsitz an dem Ort, an dem sich:
a) ihr satzungsmässiger Sitz;
b) ihre Hauptverwaltung; oder
c) ihre Hauptniederlassung

befindet.

2. Im Falle des Vereinigten Königreichs und Irlands ist unter dem Ausdruck «satzungsmässiger Sitz» das *registered office* oder, wenn ein solches nirgendwo besteht, der *place of incorporation* (Ort der Erlangung der Rechtsfähigkeit) oder, wenn ein solcher nirgendwo besteht, der Ort, nach dessen Recht die *formation* (Gründung) erfolgt ist, zu verstehen.

3. Um zu bestimmen, ob ein *trust* seinen Sitz in dem durch dieses Übereinkommen gebundenen Staat hat, bei dessen Gerichten die Klage anhängig ist, wendet das Gericht sein Internationales Privatrecht an.

Art. 61 Unbeschadet günstigerer innerstaatlicher Vorschriften können Personen, die ihren Wohnsitz im Hoheitsgebiet eines durch dieses Übereinkommen gebundenen Staates haben und die vor den Strafgerichten eines anderen durch dieses Übereinkommen gebundenen Staates, dessen Staatsangehörigkeit sie nicht besitzen, wegen einer fahrlässig begangenen Straftat verfolgt werden, sich von hierzu befugten Personen vertreten lassen, selbst wenn sie persönlich nicht erscheinen. Das Gericht kann jedoch das persönliche Erscheinen anordnen; wird diese Anordnung nicht befolgt, so braucht die Entscheidung, die über den Anspruch aus einem Rechtsverhältnis des Zivilrechts ergangen ist, ohne dass sich der Angeklagte verteidigen konnte, in den anderen durch dieses Übereinkommen gebundenen Staaten weder anerkannt noch vollstreckt zu werden.

Art. 62 Im Sinne dieses Übereinkommens umfasst die Bezeichnung «Gericht» jede Behörde, die von einem durch dieses Übereinkommen gebundenen Staat als für die in den Anwendungsbereich dieses Übereinkommens fallenden Rechtsgebiete zuständig bezeichnet worden ist.

Titel VI: Übergangsvorschriften

Art. 63 1. Die Vorschriften dieses Übereinkommens sind nur auf solche Klagen und öffentliche Urkunden anzuwenden, die erhoben oder aufgenommen worden sind, nachdem dieses Übereinkommen im Ursprungsstaat und, sofern die Anerkennung oder Vollstreckung einer Entscheidung oder einer öffentlichen Urkunde geltend gemacht wird, im ersuchten Staat in Kraft getreten ist.

2. Ist die Klage im Ursprungsstaat vor dem Inkrafttreten dieses Übereinkommens erhoben worden, so werden nach diesem Zeitpunkt erlassene Entscheidungen nach Massgabe des Titels III anerkannt und zur Vollstreckung zugelassen:
a) wenn die Klage im Ursprungsstaat erhoben wurde, nachdem das Übereinkommen von Lugano vom 16. September 1988 sowohl im Ursprungsstaat als auch in dem ersuchten Staat in Kraft getreten war;
b) in allen anderen Fällen, wenn das Gericht aufgrund von Vorschriften zuständig war, die mit den Zuständigkeitsvorschriften des Titels II oder eines Abkommens übereinstimmen, das im Zeitpunkt der Klageerhebung zwischen dem Ursprungsstaat und dem ersuchten Staat in Kraft war.

Titel VII: Verhältnis zu der Verordnung (EG) Nr. 44/2001 des Rates und zu anderen Rechtsinstrumenten

Art. 64 1. Dieses Übereinkommen lässt die Anwendung folgender Rechtsakte durch die Mitgliedstaaten der Europäischen Gemeinschaft unberührt: der Verordnung (EG) Nr. 44/2001 des Rates über die gerichtliche Zuständigkeit und die Anerkennung und Vollstreckung von Entscheidungen in Zivil- und Handelssachen einschliesslich deren Änderungen, des am 27. September 1968 in Brüssel unterzeichneten Übereinkommens über die gerichtliche Zuständigkeit und die Vollstreckung gerichtlicher Entscheidungen in Zivil- und Handelssachen und des am 3. Juni 1971 in Luxemburg unterzeichneten Protokolls über die Auslegung des genannten Übereinkommens durch den Gerichtshof der Europäischen Gemeinschaften in der Fassung der Übereinkommen, mit denen die neuen Mitgliedstaaten der Europäischen Gemeinschaften jenem Übereinkommen und dessen Protokoll beigetreten sind, sowie des am 19. Oktober 2005 in Brüssel unterzeichneten Abkommens zwischen der Europäischen Gemeinschaft und dem Königreich Dänemark über die gerichtliche Zuständigkeit und die Anerkennung und Vollstreckung von Entscheidungen in Zivil- und Handelssachen.

2. Dieses Übereinkommen wird jedoch in jedem Fall angewandt:
a) in Fragen der gerichtlichen Zuständigkeit, wenn der Beklagte seinen Wohnsitz im Hoheitsgebiet eines Staates hat, in dem dieses Übereinkommen, aber keines der in Absatz 1 aufgeführten Rechtsinstrumente gilt, oder wenn die Gerichte eines solchen Staates nach Artikel 22 oder 23 dieses Übereinkommens zuständig sind;
b) bei Rechtshängigkeit oder im Zusammenhang stehenden Verfahren im Sinne der Artikel 27 und 28, wenn Verfahren in einem Staat anhängig gemacht werden, in dem dieses Übereinkommen, aber keines der in Absatz 1 aufgeführten Rechtsinstrumente gilt, und in einem Staat, in dem

sowohl dieses Übereinkommen als auch eines der in Absatz 1 aufgeführten Rechtsinstrumente gilt;

c) in Fragen der Anerkennung und Vollstreckung, wenn entweder der Ursprungsstaat oder der ersuchte Staat keines der in Absatz 1 aufgeführten Rechtsinstrumente anwendet.

3. Ausser aus den in Titel III vorgesehenen Gründen kann die Anerkennung oder Vollstreckung versagt werden, wenn sich der der Entscheidung zugrunde liegende Zuständigkeitsgrund von demjenigen unterscheidet, der sich aus diesem Übereinkommen ergibt, und wenn die Anerkennung oder Vollstreckung gegen eine Partei geltend gemacht wird, die ihren Wohnsitz in einem Staat hat, in dem dieses Übereinkommen, aber keines der in Absatz 1 aufgeführten Rechtsinstrumente gilt, es sei denn, dass die Entscheidung anderweitig nach dem Recht des ersuchten Staates anerkannt oder vollstreckt werden kann.

Art. 65 Dieses Übereinkommen ersetzt unbeschadet des Artikels 63 Absatz 2 und der Artikel 66 und 67 im Verhältnis zwischen den durch dieses Übereinkommen gebundenen Staaten die zwischen zwei oder mehr dieser Staaten bestehenden Übereinkünfte, die sich auf dieselben Rechtsgebiete erstrecken wie dieses Übereinkommen. Durch dieses Übereinkommen werden insbesondere die in Anhang VII aufgeführten Übereinkünfte ersetzt.

Art. 66 1. Die in Artikel 65 angeführten Übereinkünfte behalten ihre Wirksamkeit für die Rechtsgebiete, auf die dieses Übereinkommen nicht anzuwenden ist.

2. Sie bleiben auch weiterhin für die Entscheidungen und die öffentlichen Urkunden wirksam, die vor Inkrafttreten dieses Übereinkommens ergangen sind oder aufgenommen worden sind.

Art. 67 1. Dieses Übereinkommen lässt Übereinkünfte unberührt, denen die Vertragsparteien und/oder die durch dieses Übereinkommen gebundenen Staaten angehören und die für besondere Rechtsgebiete die gerichtliche Zuständigkeit, die Anerkennung oder die Vollstreckung von Entscheidungen regeln. Unbeschadet der Verpflichtungen aus anderen Übereinkünften, denen manche Vertragsparteien angehören, schliesst dieses Übereinkommen nicht aus, dass die Vertragsparteien solche Übereinkünfte schliessen.

2. Dieses Übereinkommen schliesst nicht aus, dass ein Gericht eines durch dieses Übereinkommen gebundenen Staates, der Vertragspartei einer Übereinkunft über ein besonderes Rechtsgebiet ist, seine Zuständigkeit auf eine solche Übereinkunft stützt, und zwar auch dann, wenn der Beklagte seinen Wohnsitz in einem anderen durch dieses Übereinkommen gebundenen Staat hat, der nicht Vertragspartei der betreffenden Übereinkunft ist. In jedem Fall wendet dieses Gericht Artikel 26 dieses Übereinkommens an.

3. Entscheidungen, die in einem durch dieses Übereinkommen gebundenen Staat von einem Gericht erlassen worden sind, das seine Zuständigkeit auf eine Übereinkunft über ein besonderes Rechtsgebiet gestützt hat, werden in den anderen durch dieses Übereinkommen gebundenen Staaten nach Titel III dieses Übereinkommens anerkannt und vollstreckt.

4. Neben den in Titel III vorgesehenen Gründen kann die Anerkennung oder Vollstreckung versagt werden, wenn der ersuchte Staat nicht durch die Übereinkunft über ein besonderes Rechtsgebiet gebunden ist und die Person, gegen die die Anerkennung oder Vollstreckung geltend gemacht wird, ihren Wohnsitz in diesem Staat hat oder wenn der ersuchte Staat ein Mitgliedstaat der Europäischen Gemeinschaft ist und die Übereinkunft von der Europäischen Gemeinschaft geschlossen werden müsste, in einem ihrer Mitgliedstaaten, es sei denn, die Entscheidung kann anderweitig nach dem Recht des ersuchten Staates anerkannt oder vollstreckt werden.

5. Sind der Ursprungsstaat und der ersuchte Staat Vertragsparteien einer Übereinkunft über ein besonderes Rechtsgebiet, welche die Voraussetzungen für die Anerkennung und Vollstreckung von Entscheidungen regelt, so gelten diese Voraussetzungen. In jedem Fall können die Bestimmungen dieses Übereinkommens über das Verfahren zur Anerkennung und Vollstreckung von Entscheidungen angewandt werden.

Art. 68 1. Dieses Übereinkommen lässt Übereinkünfte unberührt, durch die sich die durch dieses Übereinkommen gebundenen Staaten vor Inkrafttreten dieses Übereinkommens verpflichtet haben, Entscheidungen der Gerichte anderer durch dieses Übereinkommen gebundener Staaten gegen Beklagte, die ihren Wohnsitz oder gewöhnlichen Aufenthalt im Hoheitsgebiet eines Drittstaats haben, nicht anzuerkennen, wenn die Entscheidungen in den Fällen des Artikels 4 nur auf einen der in Artikel 3 Absatz 2 angeführten Zuständigkeitsgründe gestützt werden könnten. Unbeschadet der Verpflichtungen aus anderen Übereinkünften, denen manche Vertragsparteien angehören, schliesst dieses Übereinkommen nicht aus, dass die Vertragsparteien solche Übereinkünfte treffen.

2. Keine Vertragspartei kann sich jedoch gegenüber einem Drittstaat verpflichten, eine Entscheidung nicht anzuerkennen, die in einem anderen durch dieses Übereinkommen gebundenen Staat durch ein Gericht gefällt wurde, dessen Zuständigkeit auf das Vorhandensein von Vermögenswerten des Beklagten in diesem Staat oder die Beschlagnahme von dort vorhandenem Vermögen durch den Kläger gegründet ist:

a) wenn die Klage erhoben wird, um Eigentums- oder Inhaberrechte hinsichtlich dieses Vermögens festzustellen oder anzumelden oder um Verfügungsgewalt darüber zu erhalten, oder wenn die Klage sich aus einer anderen Streitsache im Zusammenhang mit diesem Vermögen ergibt; oder

b) wenn das Vermögen die Sicherheit für einen Anspruch darstellt, der Gegenstand des Verfahrens ist.

Titel VIII: Schlussvorschriften

Art. 69 1. Dieses Übereinkommen liegt für die Europäische Gemeinschaft, Dänemark und die Staaten, die Mitglieder der Europäischen Freihandelsassoziation sind, zur Unterzeichnung auf.

2. Dieses Übereinkommen bedarf der Ratifikation durch die Unterzeichnerstaaten. Die Ratifikationsurkunden werden beim Schweizerischen Bundesrat hinterlegt, der der Verwahrer dieses Übereinkommens ist.

3. Zum Zeitpunkt der Ratifizierung kann jede Vertragspartei Erklärungen gemäss den Artikeln I, II und III des Protokolls 1 abgeben.

4. Dieses Übereinkommen tritt am ersten Tag des sechsten Monats in Kraft, der auf den Tag folgt, an dem die Europäische Gemeinschaft und ein Mitglied der Europäischen Freihandelsassoziation ihre Ratifikationsurkunden hinterlegt haben.

5. Für jede andere Vertragspartei tritt dieses Übereinkommen am ersten Tag des dritten Monats in Kraft, der auf die Hinterlegung ihrer Ratifikationsurkunde folgt.

6. Unbeschadet des Artikels 3 Absatz 3 des Protokolls 2 ersetzt dieses Übereinkommen ab dem Tag seines Inkrafttretens gemäss den Absätzen 4 und 5 das am 16. September 1988 in Lugano geschlossene Übereinkommen über die gerichtliche Zuständigkeit und die Vollstreckung gerichtlicher Entscheidungen in Zivil- und Handelssachen. Jede Bezugnahme auf das Lugano-Übereinkommen von 1988 in anderen Rechtsinstrumenten gilt als Bezugnahme auf dieses Übereinkommen.

7. Im Verhältnis zwischen den Mitgliedstaaten der Europäischen Gemeinschaft und den aussereuropäischen Gebieten im Sinne von Artikel 70 Absatz 1 Buchstabe b ersetzt dieses Übereinkommen ab dem Tag seines Inkrafttretens für diese Gebiete gemäss Artikel 73 Absatz 2 das am 27. September 1968 in Brüssel unterzeichnete Übereinkommen über die gerichtliche Zuständigkeit und die Vollstreckung gerichtlicher Entscheidungen in Zivil- und Handelssachen und das am 3. Juni 1971 in Luxemburg unterzeichnete Protokoll über die Auslegung des genannten Übereinkommens durch den Gerichtshof der Europäischen Gemeinschaften in der Fassung der Übereinkommen, mit denen die neuen Mitgliedstaaten der Europäischen Gemeinschaften jenem Übereinkommen und dessen Protokoll beigetreten sind.

Art. 70 1. Dem Übereinkommen können nach seinem Inkrafttreten beitreten:
a) die Staaten, die nach Auflage dieses Übereinkommens zur Unterzeichnung Mitglieder der Europäischen Freihandelsassoziation werden, unter den Voraussetzungen des Artikels 71;
b) ein Mitgliedstaat der Europäischen Gemeinschaft im Namen bestimmter aussereuropäischer Gebiete, die Teil seines Hoheitsgebiets sind oder für deren Aussenbeziehungen dieser Mitgliedstaat zuständig ist, unter den Voraussetzungen des Artikels 71;
c) jeder andere Staat unter den Voraussetzungen des Artikels 72.

2. Die in Absatz 1 genannten Staaten, die diesem Übereinkommen beitreten wollen, richten ein entsprechendes Ersuchen an den Verwahrer. Dem Beitrittsersuchen und den Angaben nach den Artikeln 71 und 72 ist eine englische und französische Übersetzung beizufügen.

Art. 71 1. Jeder in Artikel 70 Absatz 1 Buchstaben a und b genannte Staat, der diesem Übereinkommen beitreten will:
a) teilt die zur Anwendung dieses Übereinkommens erforderlichen Angaben mit;
b) kann Erklärungen nach Massgabe der Artikel I und III des Protokolls 1 abgeben.

2. Der Verwahrer übermittelt den anderen Vertragsparteien vor der Hinterlegung der Beitrittsurkunde des betreffenden Staates die Angaben, die ihm nach Absatz 1 mitgeteilt wurden.

Art. 72 1. Jeder in Artikel 70 Absatz 1 Buchstabe c genannte Staat, der diesem Übereinkommen beitreten will:
a) teilt die zur Anwendung dieses Übereinkommens erforderlichen Angaben mit;
b) kann Erklärungen nach Massgabe der Artikel I und III des Protokolls 1 abgeben;
c) erteilt dem Verwahrer Auskünfte insbesondere über:
   1) sein Justizsystem mit Angaben zur Ernennung der Richter und zu deren Unabhängigkeit,
   2) sein innerstaatliches Zivilprozess- und Vollstreckungsrecht,
   3) sein Internationales Zivilprozessrecht.

2. Der Verwahrer übermittelt den anderen Vertragsparteien die Angaben, die ihm nach Absatz 1 mitgeteilt worden sind, bevor er den betreffenden Staat gemäss Absatz 3 zum Beitritt einlädt.

3. Unbeschadet des Absatzes 4 lädt der Verwahrer den betreffenden Staat nur dann zum Beitritt ein, wenn die Zustimmung aller Vertragsparteien vorliegt. Die Vertragsparteien sind bestrebt, ihre Zustimmung spätestens innerhalb eines Jahres nach der Aufforderung durch den Verwahrer zu erteilen.

4. Für den beitretenden Staat tritt dieses Übereinkommen nur im Verhältnis zu den Vertragsparteien in Kraft, die vor dem ersten Tag des dritten Monats, der auf die Hinterlegung der Beitrittsurkunde folgt, keine Einwände gegen den Beitritt erhoben haben.

Art. 73 1. Die Beitrittsurkunden werden beim Verwahrer hinterlegt.

2. Für einen in Artikel 70 genannten beitretenden Staat tritt dieses Übereinkommen am ersten Tag des dritten Monats, der auf die Hinterlegung seiner Beitrittsurkunde folgt, in Kraft. Ab diesem Zeitpunkt gilt der beitretende Staat als Vertragspartei dieses Übereinkommens.

3. Jede Vertragspartei kann dem Verwahrer den Wortlaut dieses Übereinkommens in ihrer oder ihren Sprachen übermitteln, der, sofern die Vertragsparteien nach Artikel 4 des Protokolls 2 zugestimmt haben, ebenfalls als verbindlich gilt.

Art. 74 1. Dieses Übereinkommen wird auf unbegrenzte Zeit geschlossen.

2. Jede Vertragspartei kann dieses Übereinkommen jederzeit durch eine an den Verwahrer gerichtete Notifikation kündigen.

3. Die Kündigung wird am Ende des Kalenderjahres wirksam, das auf einen Zeitraum von sechs Monaten folgt, gerechnet vom Eingang ihrer Notifikation beim Verwahrer.

Art. 75 Diesem Übereinkommen sind beigefügt:
– ein Protokoll 1 über bestimmte Zuständigkeits-, Verfahrens- und Vollstreckungsfragen;
– ein Protokoll 2 über die einheitliche Auslegung des Übereinkommens und den Ständigen Ausschuss;
– ein Protokoll 3 über die Anwendung von Artikel 67;
– die Anhänge I bis IV und Anhang VII mit Angaben zur Anwendung des Übereinkommens;
– die Anhänge V und VI mit den Formblättern für die Bescheinigungen im Sinne der Artikel 54, 58 und 57;
– Anhang VIII mit der Angabe der verbindlichen Sprachfassungen des Übereinkommens gemäss Artikel 79;
– Anhang IX mit den Angaben gemäss Artikel II des Protokolls 1.

Die Protokolle und Anhänge sind Bestandteil des Übereinkommens.

Art. 76 Unbeschadet des Artikels 77 kann jede Vertragspartei eine Revision dieses Übereinkommens beantragen. Zu diesem Zweck beruft der Verwahrer den Ständigen Ausschuss nach Artikel 4 des Protokolls 2 ein.

Art. 77 1. Die Vertragsparteien teilen dem Verwahrer den Wortlaut aller Rechtsvorschriften mit, durch den die Listen in den Anhängen I bis IV geändert werden, sowie alle Streichungen oder Zusätze in der Liste des Anhangs VII und den Zeitpunkt ihres Inkrafttretens. Diese Mitteilung erfolgt rechtzeitig vor Inkrafttreten; ihr ist eine englische und französische Übersetzung beizufügen. Der Verwahrer passt die betreffenden Anhänge nach Anhörung des Ständigen Ausschusses gemäss Artikel 4 des Protokolls 2 entsprechend an. Zu diesem Zweck erstellen die Vertragsparteien eine Übersetzung der Anpassungen in ihren Sprachen.

2. Jede Änderung der Anhänge V und VI sowie VIII und IX wird vom Ständigen Ausschuss gemäss Artikel 4 des Protokolls 2 angenommen.

Art. 78 1. Der Verwahrer notifiziert den Vertragsparteien:
a) die Hinterlegung jeder Ratifikations- oder Beitrittsurkunde;
b) den Tag, an dem dieses Übereinkommen für die Vertragsparteien in Kraft tritt;
c) die nach den Artikeln I bis IV des Protokolls 1 eingegangenen Erklärungen;
d) die Mitteilungen nach Artikel 74 Absatz 2, Artikel 77 Absatz 1 sowie Absatz 4 des Protokolls 3.

2. Den Notifikationen ist eine englische und französische Übersetzung beizufügen.

Art. 79 Dieses Übereinkommen ist in einer Urschrift in den in Anhang VIII aufgeführten Sprachen abgefasst, wobei jeder Wortlaut gleichermassen verbindlich ist; es wird im Schweizerischen Bundesarchiv hinterlegt. Der Schweizerische Bundesrat übermittelt jeder Vertragspartei eine beglaubigte Abschrift.

Zu Urkund dessen haben die unterzeichneten Bevollmächtigten dieses Übereinkommen unterzeichnet.

Geschehen zu Lugano am dreißigsten Oktober zweitausendsieben.

(Es folgen die Unterschriften)

Protokoll 1
über bestimmte Zuständigkeits-, Verfahrens- und Vollstreckungsfragen

Die Hohen Vertragsparteien
sind wie folgt übereingekommen:

Art. I 1. Gerichtliche und aussergerichtliche Schriftstücke, die in einem durch dieses Übereinkommen gebundenen Staat ausgefertigt worden sind und einer Person zugestellt werden sollen, die sich im Hoheitsgebiet eines anderen durch dieses Übereinkommen gebundenen Staates befindet, werden nach den zwischen diesen Staaten geltenden Übereinkünften übermittelt.

2. Sofern die Vertragspartei, in deren Hoheitsgebiet die Zustellung bewirkt werden soll, nicht durch eine an den Verwahrer gerichtete Erklärung widersprochen hat, können diese Schriftstücke auch von den gerichtlichen Amtspersonen des Staates, in dem sie ausgefertigt worden sind, unmittelbar den gerichtlichen Amtspersonen des Staates übersandt werden, in dessen Hoheitsgebiet sich die Person befindet, für welche das Schriftstück bestimmt ist. In diesem Fall übersendet die gerichtliche Amtsperson des Ursprungsstaats der gerichtlichen Amtsperson des ersuchten Staates, die für die Übermittlung an den Empfänger zuständig ist, eine Abschrift des Schriftstücks. Diese Übermittlung wird in den Formen vorgenommen, die das Recht des ersuchten Staates vorsieht. Sie wird durch eine Bescheinigung festgestellt, die der gerichtlichen Amtsperson des Ursprungsstaats unmittelbar zugesandt wird.

3. Die Mitgliedstaaten der Europäischen Gemeinschaft, die durch die Verordnung (EG) Nr. 1348/2000 des Rates vom 29. Mai 2000 oder durch das am 19. Oktober 2005 in Brüssel unterzeichnete Abkommen zwischen der Europäischen Gemeinschaft und dem Königreich Dänemark über die Zustellung gerichtlicher und aussergerichtlicher Schriftstücke in Zivil- oder Handelssachen gebunden sind, wenden diese Verordnung und dieses Abkommen in ihrem Verhältnis untereinander an.

Art. II 1. Die in Artikel 6 Nummer 2 und Artikel 11 für eine Gewährleistungs- oder Interventionsklage vorgesehene Zuständigkeit kann in den in Anhang IX genannten Staaten, die durch dieses Übereinkommen gebunden sind, nicht in vollem Umfang geltend gemacht werden. Jede Person, die ihren Wohnsitz in einem anderen durch dieses Übereinkommen gebundenen Staat hat, kann vor den Gerichten dieser Staaten nach Massgabe der in Anhang IX genannten Vorschriften verklagt werden.

2. Die Europäische Gemeinschaft kann zum Zeitpunkt der Ratifizierung erklären, dass die in Artikel 6 Nummer 2 und Artikel 11 genannten Verfahren in

bestimmten anderen Mitgliedstaaten nicht in Anspruch genommen werden können, und Angaben zu den geltenden Vorschriften mitteilen.

3. Entscheidungen, die in den anderen durch dieses Übereinkommen gebundenen Staaten aufgrund des Artikels 6 Nummer 2 und des Artikels 11 ergangen sind, werden in den in den Absätzen 1 und 2 genannten Staaten nach Titel III anerkannt und vollstreckt. Die Wirkungen, welche die in diesen Staaten ergangenen Entscheidungen gemäss den Absätzen 1 und 2 gegenüber Dritten haben, werden auch in den anderen durch dieses Übereinkommen gebundenen Staaten anerkannt.

Art. III 1. Die Schweizerische Eidgenossenschaft behält sich das Recht vor, bei der Hinterlegung der Ratifikationsurkunde zu erklären, dass sie den folgenden Teil der Bestimmung in Artikel 34 Absatz 2 nicht anwenden wird:

«es sei denn, der Beklagte hat gegen die Entscheidung keinen Rechtsbehelf eingelegt, obwohl er die Möglichkeit dazu hatte».

Falls die Schweizerische Eidgenossenschaft diese Erklärung abgibt, wenden die anderen Vertragsparteien denselben Vorbehalt gegenüber Entscheidungen der schweizerischen Gerichte an.

2. Die Vertragsparteien können sich in Bezug auf Entscheidungen, die in einem beitretenden Staat gemäss Artikel 70 Absatz 1 Buchstabe c ergangen sind, durch Erklärung folgende Rechte vorbehalten:
a) das in Absatz 1 erwähnte Recht; und
b) das Recht einer Behörde im Sinne von Artikel 39, unbeschadet der Vorschriften des Artikels 41 von Amts wegen zu prüfen, ob Gründe für die Versagung der Anerkennung oder Vollstreckung einer Entscheidung vorliegen.

3. Hat eine Vertragspartei einen solchen Vorbehalt gegenüber einem beitretenden Staat nach Absatz 2 erklärt, kann dieser beitretende Staat sich durch Erklärung dasselbe Recht in Bezug auf Entscheidungen vorbehalten, die von Gerichten dieser Vertragspartei erlassen worden sind.

4. Mit Ausnahme des Vorbehalts gemäss Absatz 1 gelten die Erklärungen für einen Zeitraum von fünf Jahren und können für jeweils weitere fünf Jahre verlängert werden. Die Vertragspartei notifiziert die Verlängerung einer Erklärung gemäss Absatz 2 spätestens sechs Monate vor Ablauf des betreffenden Zeitraums. Ein beitretender Staat kann seine Erklärung gemäss Absatz 3 erst nach Verlängerung der betreffenden Erklärung gemäss Absatz 2 verlängern.

Art. IV Die Erklärungen nach diesem Protokoll können jederzeit durch Notifikation an den Verwahrer zurückgenommen werden. Der Notifikation ist eine englische und französische Übersetzung beizufügen. Die Vertragsparteien erstellen eine Übersetzung in ihren Sprachen. Die Rücknahme wird am ersten Tag des dritten Monats nach der Notifikation wirksam.

Protokoll 2
über die einheitliche Auslegung des Übereinkommens und den Ständigen Ausschuss

Präambel

Die Hohen Vertragsparteien,

gestützt auf Artikel 75 des Übereinkommens,

in Anbetracht der sachlichen Verknüpfung zwischen diesem Übereinkommen, dem Lugano-Übereinkommen von 1988 und den in Artikel 64 Absatz 1 dieses Übereinkommens genannten Rechtsinstrumenten,

in der Erwägung, dass der Gerichtshof der Europäischen Gemeinschaften für Entscheidungen über die Auslegung der in Artikel 64 Absatz 1 dieses Übereinkommens genannten Rechtsinstrumente zuständig ist,

in der Erwägung, dass dieses Übereinkommen Teil des Gemeinschaftsrechts wird und der Gerichtshof der Europäischen Gemeinschaften deshalb für Entscheidungen über die Auslegung dieses Übereinkommens in Bezug auf dessen Anwendung durch die Gerichte der Mitgliedstaaten der Europäischen Gemeinschaft zuständig ist,

in Kenntnis der bis zur Unterzeichnung dieses Übereinkommens ergangenen Entscheidungen des Gerichtshofs der Europäischen Gemeinschaften über die Auslegung der in Artikel 64 Absatz 1 dieses Übereinkommens genannten Rechtsinstrumente und der bis zur Unterzeichnung dieses Übereinkommens ergangenen Entscheidungen der Gerichte der Vertragsparteien des Lugano-Übereinkommens von 1988 über die Auslegung des letzteren Übereinkommens,

in der Erwägung, dass sich die gleichzeitige Revision des Lugano-Übereinkommens von 1988 und des Brüsseler Übereinkommens von 1968, die zum Abschluss eines revidierten Texts dieser Übereinkommen geführt hat, sachlich auf die vorgenannten Entscheidungen zu dem Brüsseler Übereinkommen und dem Lugano-Übereinkommen stützte,

in der Erwägung, dass der revidierte Text des Brüsseler Übereinkommens nach Inkrafttreten des Vertrags von Amsterdam in die Verordnung (EG) Nr. 44/2001 Eingang gefunden hat,

in der Erwägung, dass dieser revidierte Text auch die Grundlage für den Text dieses Übereinkommens war,

in dem Bestreben, bei voller Wahrung der Unabhängigkeit der Gerichte voneinander abweichende Auslegungen zu vermeiden und zu einer möglichst einheitlichen Auslegung der Bestimmungen dieses Übereinkommens und der Bestimmungen der Verordnung (EG) Nr. 44/2001, die in ihrem wesentlichen Gehalt in das vorliegende Übereinkommen übernommen worden sind, sowie der anderen in Artikel 64 Absatz 1 dieses Übereinkommens genannten Rechtsinstrumente zu gelangen,

sind wie folgt übereingekommen:

Art. 1 1. Jedes Gericht, das dieses Übereinkommen anwendet und auslegt, trägt den Grundsätzen gebührend Rechnung, die in massgeblichen Entscheidungen von Gerichten der durch dieses Übereinkommen gebundenen Staaten sowie in Entscheidungen des Gerichtshofs der Europäischen Gemeinschaften zu den Bestimmungen dieses Übereinkommens oder zu ähnlichen Bestimmungen des Lugano-Übereinkommens von 1988 und der in Artikel 64 Absatz 1 dieses Übereinkommens genannten Rechtsinstrumente entwickelt worden sind.

2. Für die Gerichte der Mitgliedstaaten der Europäischen Gemeinschaft gilt die Verpflichtung in Absatz 1 unbeschadet ihrer Verpflichtungen gegenüber dem Gerichtshof der Europäischen Gemeinschaften, wie sie sich aus dem Vertrag zur Gründung der Europäischen Gemeinschaft oder aus dem am 19. Oktober 2005 in Brüssel unterzeichneten Abkommen zwischen der Europäischen Gemeinschaft und dem Königreich Dänemark über die gerichtliche Zuständigkeit und die Anerkennung und Vollstreckung von Entscheidungen in Zivil- und Handelssachen ergeben.

Art. 2 Jeder durch dieses Übereinkommen gebundene Staat, der kein Mitgliedstaat der Europäischen Gemeinschaft ist, hat das Recht, gemäss Artikel 23 des Protokolls über die Satzung des Gerichtshofs der Europäischen Gemeinschaften Schriftsätze einzureichen oder schriftliche Erklärungen abzugeben, wenn ein Gericht eines Mitgliedstaats der Europäischen Gemeinschaft dem Gerichtshof eine Frage über die Auslegung dieses Übereinkommens oder der in Artikel 64 Absatz 1 dieses Übereinkommens genannten Rechtsinstrumente zur Vorabentscheidung vorlegt.

Art. 3 1. Die Kommission der Europäischen Gemeinschaften richtet ein System für den Austausch von Informationen über die Entscheidungen ein, die in Anwendung dieses Übereinkommens sowie des Lugano-Übereinkommens von 1988 und der in Artikel 64 Absatz 1 dieses Übereinkommens genannten Rechtsinstrumente ergangen sind. Dieses System ist öffentlich zugänglich und enthält Entscheidungen letztinstanzlicher Gerichte sowie des Gerichtshofs der Europäischen Gemeinschaften und andere besonders wichtige, rechtskräftig gewordene Entscheidungen, die in Anwendung dieses Übereinkommens, des Lugano-Übereinkommens von 1988 und der in Artikel 64 Absatz 1 dieses Übereinkommens genannten Rechtsinstrumente ergangen sind. Die Entscheidungen werden klassifiziert und mit einer Zusammenfassung versehen.

Die zuständigen Behörden der durch dieses Übereinkommen gebundenen Staaten übermitteln der Kommission auf der Grundlage dieses Systems die von den Gerichten dieser Staaten erlassenen vorgenannten Entscheidungen.

2. Der Kanzler des Gerichtshofs der Europäischen Gemeinschaften wählt die für die Anwendung des Übereinkommens besonders interessanten Fälle aus und legt diese gemäss Artikel 5 auf einer Sitzung der Sachverständigen vor.

3. Bis die Europäischen Gemeinschaften das System im Sinne von Absatz 1 eingerichtet haben, behält der Gerichtshof der Europäischen Gemeinschaften das System für den Austausch von Informationen über die in Anwendung dieses Übereinkommens sowie des Lugano-Übereinkommens von 1988 ergangenen Entscheidungen bei.

Art. 4 1. Es wird ein Ständiger Ausschuss eingesetzt, der aus den Vertretern der Vertragsparteien besteht.

2. Auf Antrag einer Vertragspartei beruft der Verwahrer des Übereinkommens Sitzungen des Ausschusses ein zu:
– einer Konsultation über das Verhältnis zwischen diesem Übereinkommen und anderen internationalen Rechtsinstrumenten;
– einer Konsultation über die Anwendung des Artikels 67 einschliesslich des beabsichtigten Beitritts zu Rechtsinstrumenten über ein besonderes Rechtsgebiet im Sinne von Artikel 67 Absatz 1 und Rechtsetzungsvorschlägen gemäss dem Protokoll 3;
– der Erwägung des Beitritts neuer Staaten. Der Ausschuss kann an beitretende Staaten im Sinne von Artikel 70 Absatz 1 Buchstabe c insbesondere Fragen über ihr Justizsystem und die Umsetzung dieses Übereinkommens richten. Der Ausschuss kann auch Anpassungen dieses Übereinkommens in Betracht ziehen, die für dessen Anwendung in den beitretenden Staaten notwendig sind;
– der Aufnahme neuer verbindlicher Sprachfassungen nach Artikel 73 Absatz 3 des Übereinkommens und den notwendigen Änderungen des Anhangs VIII;
– einer Konsultation über eine Revision des Übereinkommens gemäss Artikel 76;
– einer Konsultation über Änderungen der Anhänge I bis IV und des Anhangs VII gemäss Artikel 77 Absatz 1;
– der Annahme von Änderungen der Anhänge V und VI gemäss Artikel 77 Absatz 2;
– der Rücknahme von Vorbehalten und Erklärungen der Vertragsparteien nach Protokoll 1 und notwendigen Änderungen des Anhangs IX.

3. Der Ausschuss gibt sich eine Geschäftsordnung mit Regeln für seine Arbeitsweise und Beschlussfassung. Darin ist auch die Möglichkeit vorzusehen, dass Konsultation und Beschlussfassung im schriftlichen Verfahren erfolgen.

Art. 5 1. Der Verwahrer kann im Bedarfsfall eine Sitzung der Sachverständigen zu einem Meinungsaustausch über die Wirkungsweise des Übereinkommens einberufen, insbesondere über die Entwicklung der Rechtsprechung und neue Rechtsvorschriften, die die Anwendung des Übereinkommens beeinflussen können.

2. An der Sitzung nehmen Sachverständige der Vertragsparteien, der durch dieses Übereinkommen gebundenen Staaten, des Gerichtshofs der Europäischen Gemeinschaften und der Europäischen Freihandelsassoziation teil. Die Sitzung steht weiteren Sachverständigen offen, deren Anwesenheit zweckdienlich erscheint.

3. Probleme, die sich bei der Anwendung des Übereinkommens stellen, können dem Ständigen Ausschuss gemäss Artikel 4 zur weiteren Behandlung vorgelegt werden.

Protokoll 3
über die Anwendung von Artikel 67 des Übereinkommens

Die Hohen Vertragsparteien

sind wie folgt übereingekommen:

1. Für die Zwecke dieses Übereinkommens werden die Bestimmungen, die für besondere Rechtsgebiete die gerichtliche Zuständigkeit, die Anerkennung oder die Vollstreckung von Entscheidungen regeln und in Rechtsakten der Organe der Europäischen Gemeinschaften enthalten sind oder künftig darin enthalten sein werden, ebenso behandelt wie die in Artikel 67 Absatz 1 bezeichneten Übereinkünfte.

2. Ist eine Vertragspartei der Auffassung, dass eine Bestimmung eines vorgeschlagenen Rechtsakts der Organe der Europäischen Gemeinschaften mit dem Übereinkommen nicht vereinbar ist, so fassen die Vertragsparteien unbeschadet der Anwendung des in Protokoll 2 vorgesehenen Verfahrens unverzüglich eine Änderung nach Artikel 76 ins Auge.

3. Werden einige oder alle Bestimmungen, die in Rechtsakten der Organe der Europäischen Gemeinschaften im Sinne von Absatz 1 enthalten sind, von einer Vertragspartei oder mehreren Vertragsparteien gemeinsam in innerstaatliches Recht umgesetzt, werden diese Bestimmungen des innerstaatlichen Rechts in gleicher Weise behandelt wie die Übereinkünfte im Sinne von Artikel 67 Absatz 1 des Übereinkommens.

4. Die Vertragsparteien teilen dem Verwahrer den Wortlaut der in Absatz 3 genannten Bestimmungen mit. Dieser Mitteilung ist eine englische und französische Übersetzung beizufügen.

Anhang I[5]

Die innerstaatlichen Zuständigkeitsvorschriften im Sinne von Artikel 3 Absatz 2 und Artikel 4 Absatz 2 des Übereinkommens sind folgende:
- in Bulgarien: Artikel 4 Absatz 1 Nummer 2 des Gesetzbuchs über Internationales Privatrecht,
- in der Tschechischen Republik: Gesetz Nr. 91/2012 über Internationales Privatrecht *(Zákon o mezinárodním právu soukromém)*, insbesondere Artikel 6,
- in Dänemark: Artikel 246 Absätze 2 und 3 der Prozessordnung *(Lov om rettens pleje)*,
- in Deutschland: § 23 der Zivilprozessordnung,
- in Estland: Artikel 86 (Gerichtliche Zuständigkeit am Ort der Belegenheit des Vermögens) der Zivilprozessordnung *(Tsiviilkohtumenetluse seadustik)*, sofern sich die Klage nicht auf das Vermögen der Person bezieht; Artikel 100 (Klage auf Einstellung der Anwendung von Standardklauseln) der Zivilprozessordnung, soweit die Klage bei dem Gericht eingereicht wird, in dessen örtlichem Zuständigkeitsbereich die Standardklausel angewandt wurde,
- in Griechenland: Artikel 40 der Zivilprozessordnung *(Κώδικας Πολιτικής Δικονομίας)*,
- in Frankreich: Artikel 14 und 15 des Zivilgesetzbuches *(Code civil)*,
- in Island: Artikel 32 Absatz 4 der Zivilprozessordnung *(Lög um meðferð einkamála nr. 91/1991)*,
- in Irland: Vorschriften, nach denen die Zuständigkeit durch Zustellung eines verfahrenseinleitenden Schriftstücks an den Beklagten während dessen vorübergehender Anwesenheit in Irland begründet wird,
- in Italien: Artikel 3 und 4 des Gesetzes Nr. 218 vom 31. Mai 1995,
- in Zypern: Artikel 21 des Gerichtsgesetzes, Gesetz 14/60,
- in Lettland: Artikel 27 Absatz 2 und Artikel 28 Absätze 3, 5, 6 und 9 der Zivilprozessordnung *(Civilprocesa likums)*,
- in Litauen: Artikel 783 Absatz 3, Artikel 787 und Artikel 789 Absatz 3 der Zivilprozessordnung *(Civilinio proceso kodeksas)*,
- in Luxemburg: Artikel 14 und 15 des Zivilgesetzbuches *(Code civil)*,
- in Ungarn: Artikel 57 der Gesetzesverordnung Nr. 13 von 1979 über Internationales Privatrecht *(a nemzetközi magánjogról szóló 1979. évi 13. törvényerejű rendelet)*,
- in Malta: Artikel 742, 743 und 744 der Gerichtsverfassungs- und Zivilprozessordnung – Kapitel 12 *(Kodiċi ta' Organizzazzjoni u Proċedura Ċivili – Kap. 12)* und Artikel 549 des Handelsgesetzbuches – Kapitel 13 *(Kodiċi tal-kummerċ – Kap. 13)*,

---

5 Bereinigt gemäss Ziff. I der Mitteilungen der EU vom 28. März 2011 und der Schweiz vom 29. April 2011 (AS 2011 6059), der Mitteilungen der EU vom 7. März 2014 AS 2014 4703) und vom 8. April 2016 (AS 2017 113).

- in Norwegen: Abschnitt 4–3 Absatz 2 Satz 2 der Prozessordnung (*tvisteloven*),
- in Österreich: § 99 der Jurisdiktionsnorm,
- in Kroatien: Artikel 54 des Gesetzes zur Lösung von Gesetzeskollisionen mit den Vorschriften anderer Staaten für bestimmte Verhältnisse;
- in Polen: Artikel 1103 Nummer 4 und Artikel 1110 der Zivilprozessordnung (*Kodeks postępowania cywilnego*), insofern als letzterer die Zuständigkeit ausschließlich nach Folgendem begründet: Der Antragsteller besitzt die polnische Staatsangehörigkeit oder hat seinen gewöhnlichen Aufenthalt, Wohnsitz oder Sitz in Polen;
- in Portugal: Artikel 63 Absatz 1 Buchstabe b der Zivilprozessordnung (*Código de Processo Civil*), insofern als nach diesem Artikel ein exorbitanter Gerichtsstand begründet werden kann – zum Beispiel ist das Gericht des Ortes zuständig, an dem sich die Zweigniederlassung, Agentur oder sonstige Niederlassung befindet (sofern sie sich in Portugal befindet), wenn die (im Ausland befindliche) Hauptverwaltung Zustellungsadressat ist –, und Artikel 10 der Arbeitsprozessordnung (*Código de Processo do Trabalho*), insofern als nach diesem Artikel ein exorbitanter Gerichtsstand begründet werden kann – zum Beispiel ist in einem Verfahren, das ein Arbeitnehmer in Bezug auf einen individuellen Arbeitsvertrag gegen einen Arbeitgeber angestrengt hat, das Gericht des Ortes zuständig, an dem der Kläger seinen Wohnsitz hat,
- in Rumänien: Titel I «Internationale Zuständigkeit der rumänischen Gerichte» Artikel 1065 bis 1081 in Buch VII «Internationales Zivilverfahrensrecht» des Gesetzes Nr. 134/2010 über die Zivilprozessordnung.
- in Slowenien: Artikel 48 Absatz 2 des Gesetzes über Internationales Privat- und Zivilprozessrecht (*Zakon o medarodnem zasebnem pravu in postopku*) in Bezug auf Artikel 47 Absatz 2 der Zivilprozessordnung (*Zakon o pravdnem postopku*) und Artikel 58 des Gesetzes über Internationales Privatrecht und die Prozessordnung (*Zakon o medarodnem zasebnem pravu in postopku*) in Bezug auf Artikel 59 der Zivilprozessordnung (*Zakon o pravdnem postopku*),
- in der Slowakei: die Artikel 37–37e des Gesetzes Nr. 97/1963 über Internationales Privatrecht und die entsprechenden Verfahrensvorschriften,
- in der Schweiz: Artikel 4 des Bundesgesetzes über das internationale Privatrecht[6] (Gerichtsstand des Arrestortes/for du lieu du séquestre/foro del luogo del sequestro),
- in Finnland: Kapitel 10 § 18 Absatz 1 Unterabsätze 1 und 2 der Prozessordnung (*oikeudenkäymiskaari/rättegångsbalken*),
- in Schweden: Kapitel 10 § 3 Absatz 1 Satz 1 der Prozessordnung (*rättegångsbalken*),

---

[6] SR 291

- im Vereinigten Königreich: Vorschriften, nach denen die Zuständigkeit begründet wird durch:
  a) die Zustellung eines verfahrenseinleitenden Schriftstücks an den Beklagten während dessen vorübergehender Anwesenheit im Vereinigten Königreich,
  b) das Vorhandensein von Vermögenswerten des Beklagten im Vereinigten Königreich oder
  c) die Beschlagnahme von Vermögenswerten im Vereinigten Königreich durch den Kläger.

Anhang II[7]

Anträge nach Artikel 39 des Übereinkommens sind bei folgenden Gerichten oder zuständigen Behörden einzureichen:
- in Belgien beim *tribunal de première instance* oder bei der *rechtbank van eerste aanleg* oder beim *erstinstanzlichen Gericht,*
- in Bulgarien beim *Окръжния съд*,
- in der Tschechischen Republik beim *«okresní soud»*,
- in Dänemark beim *Byret*,
- in Deutschland:
  a) beim Vorsitzenden einer Kammer des *Landgerichts*,
  b) bei einem Notar für die Vollstreckbarerklärung einer öffentlichen Urkunde,
- in Estland beim *Maakohus*,
- in Griechenland beim *Μονομελές Πρωτοδικείο,*
- in Spanien beim *Juzgado de Primera Instancia*,
- in Frankreich:
  a) beim greffier en chef du tribunal de grande instance,
  b) beim *président de la chambre départementale des notaires* im Falle eines Antrags auf Vollstreckbarerklärung einer notariellen öffentlichen Urkunde,
- in Irland beim *High Court*,
- in Island beim *héraðsdómur*,
- in Italien bei der *Corte d'appello*,
- in Zypern beim *Επαρχιακό Δικαστήριο* oder für Entscheidungen in Unterhaltssachen beim *Οικογενειακό Δικαστήριο*,
- in Lettland beim *Rajona (pilsētas) tiesa*,
- in Litauen beim *Lietuvos apeliacinis teismas*,
- in Luxemburg beim Präsidenten des *tribunal d'arrondissement*,

---

[7] Bereinigt gemäss Ziff. I der Mitteilungen der EU vom 28. März 2011 und der Schweiz vom 29. April 2011 (AS 2011 6059), der Mitteilungen der EU vom 7. März 2014 (AS 2014 4703) und vom 8. April 2016 (AS 2017 113).

- in Ungarn beim *«törvényszék székhelyén működő járásbíróság»* und in Budapest beim *«Budai Központi Kerületi Bíróság»*,
- in Malta beim *Prim' Awla tal-Qorti Ċivili* oder *Qorti tal-Maġistrati ta' Għawdex fil-ġurisdizzjoni superjuri tagħha*, oder für Entscheidungen in Unterhaltssachen beim *Reġistratur tal-Qorti* auf Befassung durch den *Ministru responsabbli għall-Ġustizzja*,
- in den Niederlanden beim *voorzieningenrechter van de rechtbank*,
- in Norwegen beim *Tingrett*,
- in Österreich beim Bezirksgericht,
- in Portugal: bei den *«instâncias centrais de competência especializada cível, instâncias locais, secção competência genérica»* oder *«secção cível»* – sofern es letzteres gibt – der *«tribunais de comarca»*. Bei Unterhaltspflichten gegenüber Kindern (unter oder über 18 Jahren) und bei Unterhaltspflichten im Verhältnis der Ehegatten untereinander bei den *«secções de família e menores das instâncias centrais»* oder in Ermangelung derselben bei den *«secções de competência genérica»* oder *«secção cível»* – sofern es letzteres gibt – der *«instâncias locais»*. Für die übrigen Unterhaltspflichten, die auf einem Familien- oder Verwandtschaftsverhältnis oder auf Schwägerschaft beruhen, bei den *«secções de competência genérica»* oder den *«secção cível»* – sofern es letzteres gibt – der *«instâncias locais»*,
- in Portugal beim *Tribunal de Comarca*,
- in Rumänien beim *Tribunal*,
- in Slowenien beim *Okrožno sodišče*,
- in der Slowakei beim *okresný súd*,
- in der Schweiz beim kantonalen Vollstreckungsgericht/tribunal cantonal de l'exécution/giudice cantonale dell'esecuzione,
- in Finnland beim *Käräjäoikeus/tingsrätt*,
- in Schweden: *«tingsrätt»*,
- in Kroatien beim *općinski sudovi* in Zivilsachen, beim *Općinski građanski sud u Zagrebu* und beim *trgovački sudovi* in Handelssachen;
- im Vereinigten Königreich:
    a) in England und Wales beim *High Court of Justice* oder für Entscheidungen in Unterhaltssachen beim *Family Court* über den *Secretary of State*,
    b) in Schottland beim *Court of Session* oder für Entscheidungen in Unterhaltssachen beim *Sheriff Court* über die *Scottish Ministers*,
    c) in Nordirland beim *High Court of Justice* oder für Entscheidungen in Unterhaltssachen beim *Magistrates' Court* über das *Department of Justice*,
    d) in Gibraltar beim *Supreme Court of Gibraltar* oder für Entscheidungen in Unterhaltssachen beim *Magistrates' Court* über den *Attorney General of Gibraltar*.

Anhang III[8]

Die Rechtsbehelfe nach Artikel 43 Absatz 2 des Übereinkommens sind bei folgenden Gerichten einzulegen:
- in Belgien:
  a) im Falle des Schuldners beim *tribunal de première instance* oder bei der *rechtbank van eerste aanleg* oder beim *erstinstanzlichen Gericht*,
  b) im Falle des Antragstellers bei der *cour d'appel* oder beim *hof van beroep*,
- in Bulgarien beim Апелативен съд – София,
- in der Tschechischen Republik beim *«okresní soud»*,
- in Dänemark beim *landsret*,
- in Deutschland beim *Oberlandesgericht*,
- in Estland beim *Ringkonnakohus*,
- in Griechenland beim Εφετείο,
- in Spanien bei der *Audiencia Provincial* über das *Juzgado de Primera Instancia*, das die Entscheidung erlassen hat,
- in Frankreich:
  a) bei der *Cour d'appel* in Bezug auf Entscheidungen zur Genehmigung des Antrags,
  b) beim vorsitzenden Richter des *Tribunal de grande instance* in Bezug auf Entscheidungen zur Ablehnung des Antrags,
- in Irland beim *High Court*,
- in Island beim *héraðsdómur*,
- in Italien bei der *Corte d'appello*,
- in Zypern beim Επαρχιακό Δικαστήριο oder für Entscheidungen in Unterhaltssachen beim Οικογενειακό Δικαστήριο,
- in Lettland beim *Apgabaltiesa* über das *rajona (pilsētas) tiesa*,
- in Litauen beim *Lietuvos apeliacinis teismas*,
- in Luxemburg bei der *Cour supérieure de Justice* als Berufungsinstanz für Zivilsachen,
- in Ungarn beim *«törvényszék székhelyén működő járásbíróság»* (in Budapest beim *«Budai Központi Kerületi Bíróság»*); über den Rechtsbehelf entscheidet das *«törvényszék»* (in Budapest das *«Fővárosi Törvényszék»*),
- in Malta beim *«Qorti ta' l-Appell»* nach dem in der Zivilprozessordnung *«Kodiċi ta' Organizzazzjoni u Proċedura Ċivili – Kap. 12»* festgelegten Verfahren oder für Entscheidungen in Unterhaltssachen durch *«rikors ġuramentat»* vor dem *«Prim' Awla tal-Qorti Ċivili jew il-Qorti tal-Maġistrati ta' Għawdex fil-ġurisdizzjoni superjuri tagħha»*,
- in den Niederlanden: die *rechtbank*,
- in Norwegen beim *lagmannsrett*,

---

[8] Bereinigt gemäss Ziff. I der Mitteilungen der EU vom 28. März 2011 und der Schweiz vom 29. April 2011 (AS 2011 6059), der Mitteilungen der EU vom 7. März 2014 (AS 2014 4703) und vom 8. April 2016 (AS 2017 113).

- in Österreich beim Landesgericht über das Bezirksgericht,
- in Polen beim *Sąd Apelacyjny* über das *Sąd Okręgowy*,
- in Portugal beim *Tribunal da Relação* über das Gericht, das die Entscheidung erlassen hat,
- in Rumänien bei der *Curte de Apel*,
- in Slowenien beim *okrožno sodišče*,
- in der Slowakei beim Berufungsgericht, über das Bezirksgericht, gegen dessen Entscheidung Berufung eingelegt wird,
- in der Schweiz beim oberen Gericht des Kantons,
- in Finnland beim *hovioikeus/hovrätt*,
- in Schweden: «*tingsrätt*»,
- in Kroatien beim *županijski sud* über das *općinski sud* in Zivilsachen und *Visoki trgovački sud Republike Hrvatske* über das *trgovački sud* in Handelssachen;
- im Vereinigten Königreich:
    a) in England und Wales beim *High Court of Justice* oder für Entscheidungen in Unterhaltssachen beim *Family Court*,
    b) in Schottland beim *Court of Session* oder für Entscheidungen in Unterhaltssachen beim *Sheriff Court*,
    c) in Nordirland beim *High Court of Justice* oder für Entscheidungen in Unterhaltssachen beim *Magistrates' Court*,
    d) in Gibraltar beim *Supreme Court of Gibraltar* oder für Entscheidungen in Unterhaltssachen beim *Magistrates' Court*.

Anhang IV[9]

Nach Artikel 44 des Übereinkommens können folgende Rechtsbehelfe eingelegt werden:
- in Belgien, Griechenland, Spanien, Frankreich, Italien, Luxemburg und den Niederlanden: Kassationsbeschwerde,
- in Bulgarien: обжалване пред Върховния касационен съд,
- in der Tschechischen Republik: ein «dovolání», ein «žaloba na obnovu řízení» und ein «žaloba pro zmatečnost»,
- in Dänemark: ein Rechtsbehelf beim højesteret nach Genehmigung des Procesbevillingsnævnet,
- in Deutschland: Rechtsbeschwerde,
- in Estland: kassatsioonikaebus,
- in Irland: ein auf Rechtsfragen beschränkter Rechtsbehelf beim Court of Appeal,
- in Island: ein Rechtsbehelf beim Hæstiréttur,
- in Zypern: ein Rechtsbehelf beim obersten Gericht,
- in Kroatien: ein Rechtsbehelf beim Vrhovni sud Republike Hrvatske,
- in Lettland: ein Rechtsbehelf beim «Augstākā tiesa» über das «Apgabaltiesa»,
- in Litauen: eine Kassationsbeschwerde beim Lietuvos Aukščiausiasis Teismas,
- in Ungarn: felülvizsgálati kérelem,
- in Malta: Es können keine weiteren Rechtsbehelfe eingelegt werden; bei Entscheidungen in Unterhaltssachen Qorti ta' l-Appell nach dem in der Gerichtsverfassungs- und Zivilprozessordnung (kodiċi ta' Organizzazzjoni u Procedura Ċivili – Kap. 12) für Rechtsbehelfe festgelegten Verfahren,
- in Norwegen: ein Rechtsbehelf beim Høyesteretts Ankeutvalg oder Høyesterett,
- in Österreich: Revisionsrekurs,
- in Polen: skarga kasacyjna,
- in Portugal: ein auf Rechtsfragen beschränkter Rechtsbehelf,
- in Rumänien: ein «recursul»,
- in Slowenien: ein Rechtsbehelf beim Vrhovno sodišče Republike Slovenije,
- in der Slowakei: dovolanie,
- in der Schweiz: Beschwerde beim Bundesgericht/ recours devant le Tribunal fédéral/ ricorso davanti al Tribunale federale,
- in Finnland: ein Rechtsbehelf beim korkein oikeus/högsta domstolen,
- in Schweden: ein Rechtsbehelf beim «hovrätt» und «Högsta domstolen»,
- im Vereinigten Königreich: ein einziger auf Rechtsfragen beschränkter Rechtsbehelf.

---

[9] Bereinigt gemäss den Mitteilungen der EU vom 7. März 2014 (AS 2014 4703) und vom 8. April 2016 (AS 2017 113).

Anhang V

Bescheinigung über Urteile und gerichtliche Vergleiche im Sinne der Artikel 54 und 58 des Übereinkommens über die gerichtliche Zuständigkeit und die Anerkennung und Vollstreckung von Entscheidungen in Zivil- und Handelssachen

1. Ursprungsstaat: ....
2. Gericht oder sonst befugte Stelle, das/die die vorliegende Bescheinigung ausgestellt hat

    2.1 Name: ....
    2.2 Anschrift: ....
    2.3 Tel./Fax/E-Mail: ....

3. Gericht, das die Entscheidung erlassen hat/vor dem der Prozessvergleich geschlossen wurde*

    3.1 Bezeichnung des Gerichts: ....
    3.2 Gerichtsort: ....

4. Entscheidung/Prozessvergleich*

    4.1 Datum: ....
    4.2 Aktenzeichen: ....
    4.3 Die Parteien der Entscheidung/des Prozessvergleichs*

        4.3.1 Name(n) des (der) Kläger(s): ....
        4.3.2 Name(n) des (der) Beklagten: ....
        4.3.3 gegebenenfalls Name(n) der anderen Partei(en): ....

    4.4 Datum der Zustellung des verfahrenseinleitenden Schriftstücks, wenn die Entscheidung in einem Verfahren ergangen ist, auf das sich der Beklagte nicht eingelassen hat
    4.5 Wortlaut des Urteilsspruchs/des Prozessvergleichs* in der Anlage zu dieser Bescheinigung

5. Namen der Parteien, denen Prozesskostenhilfe gewährt wurde: ....
....

Die Entscheidung/der Prozessvergleich* ist im Ursprungsstaat vollstreckbar (Art. 38 und 58 des Übereinkommens) gegen:
Name: ....

                        Geschehen zu ...., am ....
                        Unterschrift und/oder Dienstsiegel

                        ....

* Nichtzutreffendes streichen.

Anhang VI

Bescheinigung über öffentliche Urkunden im Sinne des Artikels 57 Absatz 4 des Übereinkommens über die gerichtliche Zuständigkeit und die Anerkennung und Vollstreckung von Entscheidungen in Zivil- und Handelssachen

1. Ursprungsstaat: ....
2. Gericht oder sonst befugte Stelle, das/die die vorliegende Bescheinigung ausgestellt hat

    2.1 Name: ....

    2.2 Anschrift: ....

    2.3 Tel./Fax/E-Mail: ....

3. Befugte Stelle, aufgrund deren Mitwirkung eine öffentliche Urkunde vorliegt

    3.1 Stelle, die an der Aufnahme der öffentlichen Urkunde beteiligt war (falls zutreffend)

       3.1.1 Name und Bezeichnung dieser Stelle: ....

       3.1.2 Sitz dieser Stelle: ....

    3.2 Stelle, die die öffentliche Urkunde registriert hat (falls zutreffend)

       3.2.1 Art der Stelle: ....

       3.2.2 Sitz dieser Stelle: ....

4. Öffentliche Urkunde

    4.1 Bezeichnung der Urkunde: ....

    4.2 Datum: ....

       4.2.1 an dem die Urkunde aufgenommen wurde

       4.2.2 falls abweichend: an dem die Urkunde registriert wurde

    4.3 Aktenzeichen: ....

    4.4 Die Parteien der Urkunde

    4.4.1 Name des Gläubigers: ....

    4.4.2 Name des Schuldners: ....

5. Wortlaut der vollstreckbaren Verpflichtung in der Anlage zu dieser Bescheinigung

Die öffentliche Urkunde ist im Ursprungsstaat gegen den Schuldner vollstreckbar (Art. 57 Abs. 1 des Übereinkommens)

Geschehen zu ...., am ....

Unterschrift und/oder Dienstsiegel

....

Anhang VII

Die nachstehenden Übereinkünfte werden gemäss Artikel 65 des Übereinkommens durch das Übereinkommen ersetzt:
- der am 19. November 1896[10] in Madrid unterzeichnete spanisch-schweizerische Vertrag über die gegenseitige Vollstreckung gerichtlicher Urteile und Entscheidungen in Zivil- und Handelssachen,
- der am 21. Dezember 1926[11] in Bern unterzeichnete Vertrag zwischen der Schweiz und der Tschechoslowakischen Republik über die Anerkennung und Vollstreckung gerichtlicher Entscheidungen mit Zusatzprotokoll,
- das am 2. November 1929[12] in Bern unterzeichnete deutsch-schweizerische Abkommen über die gegenseitige Anerkennung und Vollstreckung von gerichtlichen Entscheidungen und Schiedssprüchen,
- das am 16. März 1932 in Kopenhagen unterzeichnete Übereinkommen zwischen Dänemark, Finnland, Island, Norwegen und Schweden über die Anerkennung und Vollstreckung gerichtlicher Entscheidungen,
- das am 3. Januar 1933[13] in Rom unterzeichnete italienisch-schweizerische Abkommen über die Anerkennung und Vollstreckung gerichtlicher Entscheidungen,
- das am 15. Januar 1936[14] in Stockholm unterzeichnete schwedisch-schweizerische Abkommen über die Anerkennung und Vollstreckung von gerichtlichen Entscheidungen und Schiedssprüchen,
- das am 29. April 1959[15] in Bern unterzeichnete belgisch-schweizerische Abkommen über die Anerkennung und Vollstreckung von gerichtlichen Entscheidungen und Schiedssprüchen,
- der am 16. Dezember 1960[16] in Bern unterzeichnete österreichisch-schweizerische Vertrag über die Anerkennung und Vollstreckung gerichtlicher Entscheidungen,
- das am 12. Juni 1961 in London unterzeichnete britisch-norwegische Abkommen über die gegenseitige Anerkennung und Vollstreckung gerichtlicher Entscheidungen in Zivilsachen,
- der am 17. Juni 1977 in Oslo unterzeichnete deutsch-norwegische Vertrag über die gegenseitige Anerkennung und Vollstreckung gerichtlicher Entscheidungen und anderer Schuldtitel in Zivil- und Handelssachen,
- das am 11. Oktober 1977 in Kopenhagen unterzeichnete Übereinkommen zwischen Dänemark, Finnland, Island, Norwegen und Schweden über die Anerkennung und Vollstreckung gerichtlicher Entscheidungen in Zivilsachen,

---

10 SR 0.276.193.321
11 SR 0.276.197.411
12 SR 0.276.191.361
13 SR 0.276.194.541
14 SR 0.276.197.141
15 SR 0.276.191.721
16 SR 0.276.191.632

– das am 21. Mai 1984 in Wien unterzeichnete norwegisch-österreichische Abkommen über die Anerkennung und die Vollstreckung von Entscheidungen in Zivilsachen.

Anhang VIII

Sprachen im Sinne des Artikels 79 des Übereinkommens sind: Bulgarisch, Tschechisch, Dänisch, Niederländisch, Englisch, Estnisch, Finnisch, Französisch, Deutsch, Griechisch, Ungarisch, Isländisch, Irisch, Italienisch, Lettisch, Litauisch, Maltesisch, Norwegisch, Polnisch, Portugiesisch, Rumänisch, Slowakisch, Slowenisch, Spanisch und Schwedisch.

Anhang IX[17]

Die Staaten und Vorschriften im Sinne des Artikels II des Protokolls 1 sind folgende:
– Deutschland: §§ 68 und 72–74 der Zivilprozessordnung, die für die Streitverkündung gelten,
– Estland: Artikel 214 Absätze 3 und 4 und Artikel 216 der Zivilprozessordnung (*Tsiviilkohtumenetluse seadustik*), die für die Streitverkündung gelten,
– Kroatien: Artikel 211 der Zivilprozessordnung (*Zakon o parničnom postupku*),
– Lettland: Artikel 75, 78, 79, 80 und 81 der Zivilprozessordnung (*Civilprocesa likums*), die für die Streitverkündung gelten,
– Litauen: Artikel 47 der Zivilprozessordnung (*Civilinio proceso kodeksas*),
– Ungarn: Artikel 58–60 der Zivilprozessordnung (*Polgári perrendtartás*), die für die Streitverkündung gelten,
– Österreich: § 21 der Zivilprozessordnung, der für die Streitverkündung gilt,
– Polen: Artikel 84–85 der Zivilprozessordnung (*Kodeks postępowania cywilnego*), die für die Streitverkündung (*przypozwanie*) gelten,
– Slowenien: Artikel 204 der Zivilprozessordnung (*Zakon o pravdnem postopku*), der für die Streitverkündung gilt.

---

17 Fassung gemäss Beschluss des Ständigen Ausschusses am 3. Mai 2011 (AS 2011 6059). Bereinigt gemäss der Mitteilung der EU vom 8. April 2016 (AS 2017 113).

Geltungsbereich am 3. März 2011[18]

Vertragsstaaten	Ratifikation		Inkrafttreten	
Dänemark[a]	24. September	2009	1. Januar	2010
Europäische Union*	18. Mai	2009	1. Januar	2010
Island	25. Februar	2011	1. Mai	2011
Norwegen	1. Juli	2009	1. Januar	2010
Schweiz*	20. Oktober	2010	1. Januar	2011

* Vorbehalte und Erklärungen.
Die Vorbehalte und Erklärungen werden in der AS nicht veröffentlicht, mit Ausnahme jener der Schweiz. Die französischen Texte können auf der Internetseite des Depositars: www.eda.admin.ch/ eingesehen oder bei der Direktion für Völkerrecht, Sektion Staatsverträge, 3003 Bern bezogen werden.

[a] Das Übereinkommen gilt nicht für die Färöer-Inseln und Grönland

Vorbehalte und Erklärungen

Schweiz[19]

Die Schweizerische Eidgenossenschaft behält sich das in Artikel I Absatz 2 des Protokolls 1 vorgesehene Recht vor, für die Zustellung von Schriftstücken zwischen gerichtlichen Amtspersonen von und nach der Schweiz die Einhaltung abweichender Formen zu verlangen.

Die Schweizerische Eidgenossenschaft erklärt entsprechend Artikel III Absatz 1 des Protokolls 1, dass sie den folgenden Teilsatz der Bestimmung von Artikel 34 Absatz 2 nicht anwenden wird: «es sei denn, der Beklagte hat gegen die Entscheidung keinen Rechtsbehelf eingelegt, obwohl er die Möglichkeit dazu hatte».

---

18 AS 2010 5660 und 2011 1215. Eine aktualisierte Fassung des Geltungsbereiches findet sich auf der Internetseite des EDA (www.eda.admin.ch/vertraege)
19 Art. 1 Abs. 3 des BB vom 11. Dez. 2009 (AS 2010 5601)

Übersetzung[1]

11. Übereinkunft betreffend Zivilprozessrecht

Abgeschlossen in Den Haag den 1. März 1954
Von der Bundesversammlung genehmigt am 5. März 1957[2]
Schweizerische Ratifikationsurkunde hinterlegt am 6. Mai 1957
In Kraft getreten für die Schweiz am 5. Juli 1957[3]

Die Signatarstaaten dieser Übereinkunft,

vom Wunsche geleitet, an der Übereinkunft vom 17. Juli 1905[4] betreffend Zivilprozessrecht die nach der Erfahrung gebotenen Verbesserungen vorzunehmen,

haben zu diesem Zweck den Abschluss einer neuen Übereinkunft beschlossen und die nachstehenden Bestimmungen vereinbart:

I. Mitteilung gerichtlicher und aussergerichtlicher Urkunden

Art. 1 In Zivil- oder Handelssachen erfolgt die Zustellung von Schriftstücken, die für eine im Auslande befindliche Person bestimmt sind, in den Vertragsstaaten auf ein Begehren, das der Konsul des ersuchenden Staates an die vom ersuchten Staate zu bezeichnende Behörde richtet. Das Begehren hat die Behörde, von der das übermittelte Schriftstück ausgeht, den Namen und die Stellung der Parteien, die Adresse des Empfängers sowie die Art des in Rede stehenden Schriftstückes anzugeben und muss in der Sprache der ersuchten Behörde abgefasst sein. Diese Behörde hat dem Konsul die Urkunde zu übersenden, welche die Zustellung nachweist oder den die Zustellung hindernden Umstand angibt.

Alle Anstände, zu denen das Zustellungsbegehren des Konsuls Anlass geben mag, sind auf diplomatischem Wege zu erledigen.

Jeder Vertragsstaat kann in einer an die andern Vertragsstaaten gerichteten Mitteilung erklären, er verlange, dass das Begehren einer in seinem Gebiete zu bewirkenden Zustellung, das die in Absatz 1 bezeichneten Angaben enthalten soll, auf diplomatischem Wege an ihn gerichtet werde.

SR 0.274.12. AS 1957 467; BBl 1956 II 285
1 [Der Originaltext findet sich in der französischen Ausgabe der SR (0.274.12).]
2 AS 1957 465
3 AS 1957 500
4 [BS 12 277. AS 2009 7101]

Die vorstehenden Bestimmungen hindern nicht, dass sich zwei Vertragsstaaten über die Zulassung des unmittelbaren Geschäftsverkehrs zwischen ihren beiderseitigen Behörden verständigen.

Art. 2 Die Zustellung erfolgt durch die nach den Gesetzen des ersuchten Staates zuständige Behörde. Diese Behörde kann sich, ausgenommen in den in Artikel 3 vorgesehenen Fällen, darauf beschränken, die Zustellung durch Übergabe des Schriftstückes an den Empfänger zu bewirken, sofern er zur Annahme bereit ist.

Art. 3 Dem Begehren ist das zuzustellende Schriftstück in zweifacher Ausfertigung beizufügen.

Ist das zuzustellende Schriftstück in der Sprache der ersuchten Behörde oder in der zwischen den beiden beteiligten Staaten vereinbarten Sprache abgefasst oder ist es von einer Übersetzung in eine dieser Sprachen begleitet, so lässt die ersuchte Behörde, falls es in dem Begehren gewünscht wird, das Schriftstück in der durch ihre innere Gesetzgebung für gleichartige Zustellungen vorgeschriebenen Form oder in einer besondern Form, sofern diese ihrer Gesetzgebung nicht zuwiderläuft, zustellen. Ist ein solcher Wunsch nicht ausgesprochen, so wird die ersuchte Behörde zunächst die Übergabe nach den Vorschriften des Artikels 2 zu bewirken suchen.

Vorbehältlich anderweitiger Vereinbarung ist die im vorstehenden Absatze vorgesehene Übersetzung von dem diplomatischen oder konsularischen Vertreter des ersuchenden Staates oder von einem beeidigten Dolmetscher des ersuchten Staates zu beglaubigen.

Art. 4 Die in den Artikeln 1, 2 und 3 vorgesehene Zustellung kann nur abgelehnt werden, wenn sie nach der Auffassung des Staates, auf dessen Gebiet sie erfolgen soll, geeignet erscheint, seine Hoheitsrechte zu verletzen oder seine Sicherheit zu gefährden.

Art. 5 Der Nachweis der Zustellung erfolgt entweder durch einen mit Datum versehenen und beglaubigten Empfangsschein des Empfängers oder durch eine Bescheinigung der Behörde des ersuchten Staates, aus der sich die Tatsache, die Form und die Zeit der Zustellung ergibt.

Der Empfangsschein oder die Bescheinigung ist auf eine der beiden Ausfertigungen zu setzen oder daran zu heften.

Art. 6 Die Bestimmungen der vorausgehenden Artikel schliessen nicht aus:
1. dass Urkunden den im Auslande befindlichen Beteiligten unmittelbar durch die Post zugesandt werden;
2. dass die Beteiligten die Zustellung unmittelbar durch diejenigen Gerichtsvollzieher oder sonstigen Beamten vornehmen lassen, die in dem Lande, wo die Zustellung erfolgen soll, hierfür zuständig sind;

3. dass jeder Staat die Zustellung an Personen, die sich in einem andern Staate befinden, unmittelbar durch seine diplomatischen oder konsularischen Vertreter vornehmen lasse.

Die in diesen Fällen vorgesehenen Zustellungsarten sind jedoch nur statthaft, wenn Abkommen zwischen den beteiligten Staaten sie einräumen oder wenn in Ermangelung von Abkommen der Staat, auf dessen Gebiete die Zustellung erfolgen soll, nicht widerspricht. Dieser Staat kann nicht widersprechen, wenn im Falle des Absatzes 1 Ziffer 3 das Schriftstück ohne Anwendung von Zwang einem Angehörigen des ersuchenden Staates zugestellt werden soll.

Art. 7 Für Zustellungen dürfen Gebühren oder Kosten irgendwelcher Art nicht erhoben werden.

Jedoch ist, vorbehältlich anderweitiger Übereinkunft, der ersuchte Staat berechtigt, von dem ersuchenden Staate die Erstattung der Kosten zu verlangen, die durch die Mitwirkung eines Vollziehungsbeamten oder durch die Anwendung einer besonderen Form in den Fällen des Artikels 3 entstanden sind.

II. Ersuchungsschreiben

Art. 8 In Zivil- oder Handelssachen können die gerichtlichen Behörden eines Vertragsstaates, nach Massgabe der Vorschriften seiner Gesetzgebung, sich durch Ersuchungsschreiben an die zuständige Behörde eines andern Vertragsstaates wenden, um innerhalb deren Geschäftskreises die Vornahme einer richterlichen Prozesshandlung oder anderer gerichtlicher Handlungen zu erbitten.

Art. 9 Die Ersuchungsschreiben werden durch den Konsul des ersuchenden Staates der von dem ersuchten Staate zu bezeichnenden Behörde übermittelt. Diese Behörde hat dem Konsul die Urkunde zu übersenden, aus der sich die Erledigung des Ersuchens oder der die Erledigung hindernde Umstand ergibt.

Alle Anstände, zu denen diese Übermittlung Anlass geben mag, werden auf diplomatischem Wege erledigt.

Jeder Vertragsstaat kann durch eine an die andern Vertragsstaaten gerichtete Mitteilung verlangen, dass ihm die auf seinem Gebiete zu erledigenden Ersuchungsschreiben auf diplomatischem Wege übermittelt werden.

Die vorstehenden Bestimmungen schliessen nicht aus, dass sich zwei Vertragsstaaten über die Zulassung der unmittelbaren Übermittlung von Ersuchungsschreiben zwischen ihren beiderseitigen Behörden verständigen.

Art. 10 Vorbehältlich anderweitiger Vereinbarung muss das Ersuchungsschreiben in der Sprache der ersuchten Behörde oder in der zwischen den beiden beteiligten Staaten vereinbarten Sprache abgefasst oder aber von einer Übersetzung in eine dieser Sprachen begleitet sein, die durch einen diplomatischen oder konsularischen Vertreter des ersuchenden Staates oder einen beeidigten Dolmetscher des ersuchten Staates beglaubigt ist.

Art. 11 Die Gerichtsbehörde, an die das Ersuchen gerichtet wird, ist verpflichtet, ihm zu entsprechen und dabei dieselben Zwangsmittel anzuwenden, wie bei der Erledigung eines Ersuchens der Behörden des ersuchten Staates oder eines dahingehenden Begehrens einer beteiligten Partei. Diese Zwangsmittel brauchen nicht angewendet zu werden, wenn es sich um das persönliche Erscheinen streitender Parteien handelt. Die ersuchende Behörde ist auf ihr Verlangen von der Zeit und dem Orte der auf das Ersuchen vorzunehmenden Handlung zu benachrichtigen, damit die beteiligte Partei ihr beizuwohnen in der Lage ist.

Die Erledigung des Ersuchens kann nur abgelehnt werden:
1. wenn die Echtheit der Urkunde nicht feststeht;
2. wenn in dem ersuchten Staate die Erledigung des Ersuchens nicht in den Bereich der Gerichtsgewalt fällt;
3. wenn das Ersuchen nach der Auffassung des Staates, auf dessen Gebiet sie erfolgen soll, geeignet erscheint, seine Hoheitsrechte zu verletzen oder seine Sicherheit zu gefährden.

Art. 12 Im Falle der Unzuständigkeit der ersuchten Behörde ist das Ersuchungsschreiben von Amtes wegen an die zuständige Gerichtsbehörde desselben Staates unter Beobachtung der dafür nach dessen Gesetzgebung massgebenden Regeln abzugeben.

Art. 13 In allen Fällen, in denen das Ersuchen von der angegangenen Behörde nicht erledigt wird, hat diese die ersuchende Behörde unverzüglich hievon zu benachrichtigen, und zwar im Falle des Artikels 11 unter Angabe der Gründe, aus denen die Erledigung des Ersuchens abgelehnt, und im Falle des Artikels 12 unter Bezeichnung der Behörde, an die das Ersuchen abgegeben worden ist.

Art. 14 Die ein Ersuchen erledigende Gerichtsbehörde hat hinsichtlich der zu beobachtenden Formen des Verfahrens die Gesetze ihres Landes in Anwendung zu bringen.

Jedoch ist dem Antrage der ersuchenden Behörde, dass nach einer besonderen Form verfahren werde, zu entsprechen, sofern diese Form der Gesetzgebung des ersuchten Staates nicht zuwiderläuft.

Art. 15 Durch die Bestimmungen der vorstehenden Artikel wird nicht ausgeschlossen, dass jeder Staat die Ersuchen unmittelbar durch seine diplomatischen oder konsularischen Vertreter erledigen lassen kann, wenn Abkommen zwischen den beteiligten Staaten dies zulassen oder wenn der Staat, auf dessen Gebiet das Ersuchen erledigt werden soll, nicht widerspricht.

Art. 16 Für die Erledigung von Ersuchen dürfen Gebühren oder Kosten irgendwelcher Art nicht erhoben werden.

Jedoch ist, vorbehältlich anderweitiger Vereinbarung, der ersuchte Staat berechtigt, von dem ersuchenden Staate die Erstattung der an Zeugen oder Sachverständige bezahlten Entschädigungen sowie der Kosten zu verlangen, welche für die wegen Nichterscheinens der Zeugen erforderlich gewordene Mitwirkung eines Vollziehungsbeamten oder durch die Anwendung des Artikels 14 Absatz 2 entstanden sind.

III. Sicherheitsleistung für die Prozesskosten

Art. 17 Treten Angehörige eines der Vertragsstaaten in einem andern dieser Staaten als Kläger oder Intervenienten vor Gericht auf, so darf, sofern sie in irgendeinem der Vertragsstaaten ihren Wohnsitz haben, ihnen wegen ihrer Eigenschaft als Ausländer oder deswegen, weil sie keinen Wohnsitz oder Aufenthalt im Inlande haben, eine Sicherheitsleistung oder Hinterlegung, unter welcher Benennung es auch sei, nicht auferlegt werden.

Die gleiche Regel findet Anwendung auf die Vorauszahlung, die von den Klägern oder Intervenienten zur Deckung der Gerichtskosten einzufordern wäre.

Die Abkommen, wodurch Vertragsstaaten für ihre Angehörigen ohne Rücksicht auf den Wohnsitz Befreiung von der Sicherheitsleistung für die Prozesskosten oder von der Vorauszahlung der Gerichtskosten vereinbart haben, finden auch weiter Anwendung.

Art. 18 Entscheidungen, wodurch der Kläger oder Intervenient, der nach Artikel 17 Absätze 1 und 2 oder nach dem in dem Staate der Klagerhebung geltenden Rechte von der Sicherheitsleistung, Hinterlegung oder Vorauszahlung befreit worden war, in die Prozesskosten verurteilt wird, sind, wenn das Begehren auf diplomatischem Wege gestellt wird, in jedem der andern Vertragsstaaten durch die zuständige Behörde kostenfrei vollstreckbar zu erklären.

Die gleiche Regel findet Anwendung auf gerichtliche Entscheidungen, durch die der Betrag der Kosten des Prozesses später festgesetzt wird.

Die vorhergehenden Bestimmungen schliessen nicht aus, dass zwei Vertragsstaaten vereinbaren, auch der beteiligten Partei selbst zu gestatten, die Vollstreckbarerklärung zu beantragen.

Art. 19 Die Kostenentscheidungen werden ohne Anhörung der Parteien, jedoch unbeschadet eines späteren Rekurses der verurteilten Partei, gemäss der Gesetzgebung des Landes, wo die Vollstreckung betrieben wird, vollstreckbar erklärt.

Die zur Entscheidung über den Antrag auf Vollstreckbarerklärung zuständige Behörde hat ihre Prüfung darauf zu beschränken:
1. ob nach dem Gesetze des Landes, wo die Verurteilung erfolgt ist, die Ausfertigung der Entscheidung die für ihre Beweiskraft erforderlichen Voraussetzungen erfüllt;
2. ob nach demselben Gesetze die Entscheidung die Rechtskraft erlangt hat;
3. ob das Dispositiv der Entscheidung in der Sprache der ersuchten Behörde oder in der zwischen den beiden beteiligten Staaten vereinbarten Sprache abgefasst ist oder von einer Übersetzung in eine dieser Sprachen begleitet ist, die, vorbehältlich anderweitiger Übereinkunft, durch einen diplomatischen oder konsularischen Vertreter des ersuchenden Staates oder einen beeidigten Dolmetscher des ersuchten Staates beglaubigt sein muss.

Den Erfordernissen des Absatzes 2 Ziffern 1 und 2 wird genügt entweder durch eine Erklärung der zuständigen Behörde des ersuchenden Staates, dass die Entscheidung die Rechtskraft erlangt hat, oder durch die Vorlegung gehörig beglaubigter Urkunden, die dartun, dass die Entscheidung in Rechtskraft erwachsen ist. Die Zuständigkeit dieser Behörde ist, vorbehältlich anderweitiger Vereinbarung[5], durch den höchsten Justizverwaltungsbeamten des ersuchenden Staates zu bescheinigen. Die Erklärung und die Bescheinigung, die soeben erwähnt worden sind, müssen nach Vorschrift des Absatzes 2 Ziffer 3 abgefasst und übersetzt sein.

Die zum Entscheid über den Antrag auf Vollstreckbarerklärung zuständige Behörde bestimmt, sofern die Partei dies gleichzeitig beantragt, die Höhe der in Absatz 2 Ziffer 3 erwähnten Bescheinigungs-, Übersetzungs- und Beglaubigungskosten. Diese Kosten gelten als Prozesskosten.

IV. Armenrecht

Art. 20 In Zivil- und Handelssachen werden die Angehörigen eines jeden der Vertragsstaaten in allen andern Vertragsstaaten unter denselben gesetzlichen Bedingungen und Voraussetzungen zum Armenrecht zugelassen, wie

---

5 Siehe Art. 3 Abs. 2 der Erkl. vom 30. April 1910 zwischen der Schweiz und Deutschland betreffend Vereinfachung des Rechtshilfeverkehrs (SR 0.274.181.362).

die Angehörigen des Staates, in dessen Gebiete die Bewilligung des Armenrechts nachgesucht wird.

In Staaten, die das Armenrecht auch in Verwaltungssachen kennen, gilt der vorstehende Absatz auch für Angelegenheiten, die vor die in Verwaltungssachen zuständigen Gerichte gebracht werden.

Art. 21 Das Armutszeugnis oder die Erklärung des Unvermögens zur Bestreitung der Prozesskosten muss in allen Fällen von den Behörden des gewöhnlichen Aufenthaltsortes des Ausländers, oder in Ermangelung solcher, von den Behörden seines derzeitigen Aufenthaltsortes ausgestellt oder entgegengenommen sein. Gehören diese Behörden keinem der Vertragsstaaten an und werden von ihnen solche Bescheinigungen oder Erklärungen nicht ausgestellt oder entgegengenommen, so genügt die Ausstellung oder Entgegennahme der Bescheinigung oder der Erklärung durch einen diplomatischen oder konsularischen Vertreter des Landes, dem der Ausländer angehört.

Hält der Antragsteller sich nicht in dem Lande auf, wo das Armenrecht nachgesucht wird, so ist das Zeugnis oder die Erklärung des Unvermögens kostenfrei von einem diplomatischen oder konsularischen Vertreter des Landes zu beglaubigen, in dessen Gebiet die Urkunde vorgelegt werden soll.

Art. 22 Die zur Erteilung des Armutszeugnisses oder zur Entgegennahme der Erklärung über das Unvermögen zuständige Behörde kann bei den Behörden der andern Vertragsstaaten über die Vermögensverhältnisse des Antragstellers Erkundigungen einziehen.

Der Behörde, die über den Antrag auf Bewilligung des Armenrechts zu entscheiden hat, bleibt in den Grenzen ihrer Amtsbefugnisse das Recht gewahrt, die ihr vorgelegten Zeugnisse, Erklärungen und Auskünfte auf ihre Richtigkeit hin zu prüfen und sich zur ausreichenden Unterrichtung ergänzende Aufschlüsse geben zu lassen.

Art. 23 Befindet sich der Bedürftige in einem andern Lande als in dem, wo das Armenrecht nachgesucht werden soll, so kann sein Antrag auf Bewilligung des Armenrechts, samt Zeugnissen oder Erklärungen über das Unvermögen und gegebenenfalls weiteren für die Behandlung des Antrages dienlichen Belegen, durch den Konsul seines Landes der zum Entscheid zuständigen oder der von dem Staat, in dem der Antrag behandelt werden soll, bezeichneten Behörde übermittelt werden.

Die in Artikel 9 Absätze 2, 3 und 4 sowie in den Artikeln 10 und 12 hiervor enthaltenen Bestimmungen über Ersuchungsschreiben gelten auch für die Übermittlung von Anträgen auf Bewilligung des Armenrechts und ihrer Beilagen.

Art. 24 Ist das Armenrecht einem Angehörigen eines der Vertragsstaaten bewilligt worden, so hat der ersuchende Staat für Zustellungen jeglicher Art, die sich auf denselben Prozess beziehen und die in einem andern Vertragsstaat vorzunehmen sind, dem ersuchten Staat keinerlei Auslagen zu vergüten.

Dasselbe gilt auch für Ersuchungsschreiben, mit Ausnahme der an Sachverständige bezahlten Entschädigungen.

V. Kostenfreie Abgabe von Auszügen aus den Zivilstandsregistern

Art. 25 Bedürftige Angehörige eines der Vertragsstaaten können sich unter den gleichen Voraussetzungen wie dessen eigene Staatsangehörige Auszüge aus den Zivilstandsregistern kostenlos ausstellen lassen. Die zu ihrer Eheschliessung erforderlichen Ausweise werden von den diplomatischen oder konsularischen Vertretern der Vertragsstaaten kostenfrei beglaubigt.

VI. Personalhaft

Art. 26 Die Personalhaft findet in Zivil- oder Handelssachen gegen die einem der Vertragsstaaten angehörenden Ausländer nur in den Fällen statt, in denen sie auch gegen Inländer anwendbar sein würde. Eine Tatsache, auf Grund deren ein im Inlande wohnhafter Inländer die Aufhebung der Personalhaft verlangen kann, soll zugunsten des Angehörigen eines Vertragsstaates die gleiche Wirkung auch dann haben, wenn sich diese Tatsache im Ausland ereignet hat.

VII. Schlussbestimmungen

Art. 27 Diese Übereinkunft steht den Staaten, die auf der siebenten Tagung der Konferenz für internationales Privatrecht vertreten waren, zur Unterzeichnung offen.

Sie wird ratifiziert und die Ratifikationsurkunden werden beim niederländischen Ministerium für Auswärtige Angelegenheiten hinterlegt.

Über jede Hinterlegung von Ratifikationsurkunden wird ein Protokoll aufgenommen, wovon jedem Signatarstaat eine beglaubigte Abschrift auf diplomatischem Wege zu übermitteln ist.

Art. 28 Diese Übereinkunft tritt am sechzigsten Tage nach der in Artikel 27 Absatz 2 vorgesehenen Hinterlegung der vierten Ratifikationsurkunde in Kraft.

Für jeden Signatarstaat, der später ratifiziert, tritt die Übereinkunft am sechzigsten Tage nach Hinterlegung seiner Ratifikationsurkunde in Kraft.

Art. 29 In den Beziehungen zwischen den Staaten, die sie ratifizieren, tritt diese Übereinkunft an die Stelle der am 17. Juli 1905 in Den Haag unterzeichneten Übereinkunft betreffend Zivilprozessrecht.

Art. 30 Diese Übereinkunft findet auf das Mutterland jedes Vertragsstaates ohne weiteres Anwendung.

Wünscht ein Vertragsstaat die Inkraftsetzung der Übereinkunft in allen oder einzelnen andern Gebieten, deren internationale Beziehungen er wahrnimmt, so hat er dies in einer Mitteilung bekannt zu geben, die beim niederländischen Ministerium für Auswärtige Angelegenheiten hinterlegt wird. Dieses übermittelt jedem der Vertragsstaaten auf diplomatischem Wege eine beglaubigte Abschrift.

Die Übereinkunft tritt in Kraft für die Beziehungen zwischen den Staaten, die innerhalb von sechs Monaten nach dieser Mitteilung keine Einwendungen erheben, und jedem Gebiet, dessen internationale Beziehungen der betreffende Staat wahrnimmt und für welches die Mitteilung erfolgt ist.

Art. 31 Jeder Staat, der auf der siebenten Tagung der Konferenz nicht vertreten war, kann vorstehender Übereinkunft beitreten, es sei denn, dass ein oder mehrere Staaten, die die Übereinkunft ratifiziert haben, innerhalb einer Frist von sechs Monaten, nachdem die niederländische Regierung den Beitritt mitgeteilt hat, dagegen Einspruch erheben. Der Beitritt erfolgt in der in Artikel 27 Absatz 2 vorgesehenen Weise.

Es versteht sich, dass Beitritte erst erfolgen können, nachdem diese Übereinkunft gemäss Artikel 28 Absatz 1 in Kraft getreten ist.

Art. 32 Jeder Vertragsstaat kann sich anlässlich der Unterzeichnung oder der Ratifizierung der vorstehenden Übereinkunft oder anlässlich seines Beitritts vorbehalten, die Anwendung des Artikels 17 auf die Angehörigen der Vertragsstaaten zu beschränken, die ihren gewöhnlichen Aufenthalt auf seinem Gebiete haben.

Ein Staat, der von der im vorhergehenden Absatz vorgesehenen Möglichkeit Gebrauch gemacht hat, kann die Anwendung des Artikels 17 durch die anderen Vertragsstaaten nur zugunsten derjenigen seiner Angehörigen beanspruchen, die ihren gewöhnlichen Aufenthalt auf dem Gebiete des Vertragsstaates haben, vor dessen Gerichten sie als Kläger oder Intervenienten auftreten.

Art. 33 Vorstehende Übereinkunft gilt für die Dauer von fünf Jahren, gerechnet von dem in Artikel 28 Absatz 1 angegebenen Zeitpunkt.

Mit demselben Zeitpunkt beginnt der Lauf dieser Frist auch für die Staaten, welche die Übereinkunft erst später ratifizieren oder ihr nachträglich beitreten. In Ermangelung einer Kündigung gilt die Übereinkunft als stillschweigend von fünf zu fünf Jahren erneuert. Die Kündigung muss wenigstens sechs Monate vor Ablauf der Frist dem niederländischen Ministerium für Auswärtige Angelegenheiten erklärt werden, das hiervon allen andern Vertragsstaaten Kenntnis geben wird.

Die Kündigung kann auf alle oder einzelne Gebiete, die in einer auf Grund des Artikels 30 Absatz 2 erfolgten Mitteilung aufgeführt sind, beschränkt werden.

Die Kündigung soll nur für den Staat wirksam sein, der sie erklärt hat. Für die übrigen Vertragsstaaten bleibt die Übereinkunft in Kraft.

Zu Urkund dessen haben die Unterzeichneten, durch ihre Regierungen hierzu gehörig ermächtigt, die vorstehende Übereinkunft unterzeichnet.

Geschehen in Den Haag, den 1. März 1954, in einer einzigen Ausfertigung, die im Archive der Regierung der Niederlande zu hinterlegen ist und wovon eine beglaubigte Abschrift auf diplomatischem Wege einem jeden der Staaten übergeben werden soll, die auf der siebenten Tagung der Haager Konferenz für internationales Privatrecht vertreten waren.

(Es folgen die Unterschriften)

Geltungsbereich am 10. August 2017[6]

Vertragsstaaten	Ratifikation · Beitritt (B) Nachfolgeerklärung (N)		Inkrafttreten	
Ägypten	18. September	1981 B	16. November	1981
Albanien	8. April	2010 B	13. Dezember	2010
Argentinien*	23. September	1987 B	9. Juli	1988
Armenien	6. Mai	1996 B	29. Januar	1997
Belarus	17. Mai	1993 N	21. Dezember	1991
Belgien	24. April	1958	23. Juni	1958
Bosnien und Herzegowina	1. Oktober	1993 N	6. März	1992
China*				
Macau*	10. Dezember	1999	20. Dezember	1999

---

6 AS 1968 1722, 1971 709, 1972 2769, 1973 2251, 1977 40, 1979 624, 1984 982, 1988 2071, 1998 1851, 2003 3263, 2006 3331, 2009 3637, 2013 1477, 2017 4055. Eine aktualisierte Fassung des Geltungsbereiches findet sich auf der Internetseite des EDA (www.eda.admin.ch/vertraege).

Vertragsstaaten	Ratifikation · Beitritt (B) Nachfolgeerklärung (N)	Inkrafttreten
Dänemark*	19. September 1958	18. November 1958
Deutschland	2. November 1959	1. Januar 1960
Finnland	8. Januar 1957	12. April 1957
Frankreich	23. April 1959	22. Juni 1959
Französisch Guyana	28. Dezember 1960	17. Juli 1961
Französisch Polynesien	23. Juli 1960	25. Februar 1961
Guadeloupe	28. Dezember 1960	17. Juli 1961
Martinique	28. Dezember 1960	17. Juli 1961
Neukaledonien	23. Juli 1960	25. Februar 1961
Réunion	28. Dezember 1960	17. Juli 1961
St. Pierre und Miquelon	23. Juli 1960	25. Februar 1961
Island*	10. November 2008 B	31. Juli 2009
Israel	21. Juni 1968 B	19. August 1968
Italien	11. Februar 1957	12. April 1957
Japan	28. Mai 1970	26. Juli 1970
Kasachstan	29. Januar 2015 B	14. Oktober 2015
Kirgisistan	22. November 1996 B	14. August 1997
Kroatien*	23. April 1993 N	8. Oktober 1991
Lettland	15. Dezember 1992 B	12. September 1993
Libanon	9. November 1974 B	7. Januar 1975
Litauen	5. November 2002 B	17. Juli 2003
Luxemburg	3. Juli 1956	12. April 1957
Marokko	17. Juli 1972 B	14. September 1972
Mazedonien	20. März 1996 N	17. September 1991
Moldau	4. Februar 1993 B	3. November 1993
Mongolei	3. März 2014 B	14. November 2014
Montenegro	1. März 2007 N	3. Juni 2006
Niederlande	28. April 1959	27. Juni 1959
Aruba	8. September 1967	2. April 1968
Curaçao	8. September 1967	2. April 1968

Vertragsstaaten	Ratifikation · Beitritt (B) Nachfolgeerklärung (N)		Inkrafttreten	
Karibische Gebiete (Bonaire, Sint Eustatius und Saba)	8. September	1967	2. April	1968
Sint Maarten	8. September	1967	2. April	1968
Norwegen	21. Mai	1958	20. Juli	1958
Österreich	1. März	1956	12. April	1957
Polen*	12. Januar	1963 B	13. März	1963
Portugal*	3. Juli 1967		31. August	1967
Portugiesische Überseegebiete	25. September	1967	23. April	1968
Rumänien*	1. Dezember	1971 B	29. Januar	1972
Russland*	28. Mai	1967 B	26. Juli	1967
Schweden	21. Dezember	1957	19. Februar	1958
Schweiz	6. Mai	1957	5. Juli	1957
Serbien	26. April	2001 N	27. April	1992
Slowakei	26. April	1993 N	1. Januar	1993
Slowenien	8. Juni	1992 N	25. Juni	1991
Spanien	20. September	1961	19. November	1961
Suriname	10. Juli	1977 B	7. September	1977
Tschechische Republik	28. Januar	1993 N	1. Januar	1993
Türkei*	13. Mai	1973 B	11. Juli	1973
Ukraine*	10. Juni	1999 N	24. August	1991
Ungarn	21. Dezember	1965 B	18. Februar	1966
Usbekistan	5. März	1996 B	2. Dezember	1996
Vatikanstadt*	19. März	1967 B	17. Mai	1967
Zypern*	27. April	2000 B	1. März	2001

* Vorbehalte und Erklärungen.

Die Vorbehalte und Erklärungen werden in der AS nicht veröffentlicht. Die französischen und englischen Texte können auf der Internetseite der Haager Konferenz: www.hcch.net/fr/instruments/conventions eingesehen oder bei der Direktion für Völkerrecht, Sektion Staatsverträge, 3003 Bern bezogen werden.

Übersetzung[1]

12. Übereinkommen über die Zustellung gerichtlicher und aussergerichtlicher Schriftstücke im Ausland in Zivil- oder Handelssachen*

Abgeschlossen in Den Haag am 15. November 1965
Von der Bundesversammlung genehmigt am 9. Juni 1994[2]
Schweizerische Ratifikationsurkunde hinterlegt am 2. November 1994
Inkrafttreten für die Schweiz am 1. Januar 1995

Die Unterzeichnerstaaten dieses Übereinkommens,

in dem Wunsch, durch geeignete Massnahmen sicherzustellen, dass gerichtliche und aussergerichtliche Schriftstücke, die im Ausland zuzustellen sind, ihren Empfängern rechtzeitig zur Kenntnis gelangen,

in der Absicht, dafür die gegenseitige Rechtshilfe zu verbessern, indem das Verfahren vereinfacht und beschleunigt wird,

haben beschlossen, zu diesem Zweck ein Übereinkommen zu schliessen, und haben die folgenden Bestimmungen vereinbart:

Art. 1 Dieses Übereinkommen ist in Zivil- oder Handelssachen in allen Fällen anzuwenden, in denen ein gerichtliches oder aussergerichtliches Schriftstück zum Zweck der Zustellung ins Ausland zu übermitteln ist.

Das Übereinkommen gilt nicht, wenn die Adresse des Empfängers des Schriftstücks unbekannt ist.

Kapitel I: Gerichtliche Schriftstücke

Art. 2 Jeder Vertragsstaat bestimmt eine zentrale Behörde, die nach den Artikeln 3 bis 6 Ersuchen um Zustellung von Schriftstücken aus einem anderen Vertragsstaat entgegenzunehmen und das Erforderliche zu veranlassen hat.

Jeder Staat richtet die zentrale Behörde nach Massgabe seines Rechts ein.

SR 0.274.131. AS 1994 2809, 1995 934; BBl 1993 III 1261
* Der Erlass wird auf dem Stand vom 23. Januar 2014 wiedergegeben.
1 [Der Originaltext findet sich in der französischen Ausgabe der SR (0.274.131).]
2 Art. 1 Abs. 1 des BB vom 9. Juni 1994 (AS 1994 2807)

Art. 3 Die nach dem Recht des Ursprungsstaats zuständige Behörde oder der nach diesem Recht zuständige Justizbeamte richtet an die zentrale Behörde des ersuchten Staates ein Ersuchen, das dem diesem Übereinkommen als Anhang beigefügten Muster entspricht, ohne dass die Schriftstücke der Beglaubigung oder einer anderen entsprechenden Förmlichkeit bedürfen.

Dem Ersuchen ist das gerichtliche Schriftstück oder eine Abschrift davon beizufügen. Ersuchen und Schriftstück sind in zwei Exemplaren zu übermitteln.

Art. 4 Ist die zentrale Behörde der Ansicht, dass das Ersuchen nicht dem Übereinkommen entspricht, so unterrichtet sie unverzüglich die ersuchende Stelle und führt dabei die Einwände gegen das Ersuchen einzeln an.

Art. 5 Die Zustellung des Schriftstücks wird von der zentralen Behörde des ersuchten Staates bewirkt oder veranlasst, und zwar
a) entweder in einer der Formen, die das Recht des ersuchten Staates für die Zustellung der in seinem Hoheitsgebiet ausgestellten Schriftstücke an dort befindliche Personen vorschreibt, oder
b) in einer besonderen, von der ersuchenden Stelle gewünschten Form, es sei denn, dass diese Form mit dem Recht des ersuchten Staates unvereinbar ist.

Von dem Fall des Absatzes 1 Buchstabe b abgesehen, darf die Zustellung stets durch einfache Übergabe des Schriftstücks an den Empfänger bewirkt werden, wenn er zur Annahme bereit ist.

Ist das Schriftstück nach Absatz 1 zuzustellen, so kann die zentrale Behörde verlangen, dass das Schriftstück in der Amtssprache oder einer der Amtssprachen des ersuchten Staates abgefasst oder in diese übersetzt ist.

Der Teil des Ersuchens, der entsprechend dem diesem Übereinkommen als Anhang beigefügten Muster den wesentlichen Inhalt des Schriftstücks wiedergibt, ist dem Empfänger auszuhändigen.

Art. 6 Die zentrale Behörde des ersuchten Staates oder jede von diesem hierzu bestimmte Behörde stellt ein Zustellungszeugnis aus, das dem diesem Übereinkommen als Anhang beigefügten Muster entspricht.

Das Zeugnis enthält die Angaben über die Erledigung des Ersuchens; in ihm sind Form, Ort und Zeit der Erledigung sowie die Person anzugeben, der das Schriftstück übergeben worden ist. Gegebenenfalls sind die Umstände anzuführen, welche die Erledigung verhindert haben.

Die ersuchende Stelle kann verlangen, dass ein nicht durch die zentrale Behörde oder durch eine gerichtliche Behörde ausgestelltes Zeugnis mit einem Sichtvermerk einer dieser Behörden versehen wird.

Das Zeugnis wird der ersuchenden Stelle unmittelbar zugesandt.

Art. 7 Die vorgedruckten Teile des diesem Übereinkommen beigefügten Musters müssen in englischer oder französischer Sprache abgefasst sein. Sie können ausserdem in der Amtssprache oder einer der Amtssprachen des Ursprungsstaats abgefasst sein.

Die Eintragungen können in der Sprache des ersuchten Staates oder in englischer oder französischer Sprache gemacht werden.

Art. 8 Jedem Vertragsstaat steht es frei, Personen, die sich im Ausland befinden, gerichtliche Schriftstücke unmittelbar durch seine diplomatischen oder konsularischen Vertreter ohne Anwendung von Zwang zustellen zu lassen.

Jeder Staat kann erklären, dass er einer solchen Zustellung in seinem Hoheitsgebiet widerspricht, ausser wenn das Schriftstück einem Angehörigen des Ursprungsstaats zuzustellen ist.

Art. 9 Jedem Vertragsstaat steht es ferner frei, den konsularischen Weg zu benutzen, um gerichtliche Schriftstücke zum Zweck der Zustellung den Behörden eines anderen Vertragsstaats, die dieser hierfür bestimmt hat, zu übermitteln.

Wenn aussergewöhnliche Umstände dies erfordern, kann jeder Vertragsstaat zu demselben Zweck den diplomatischen Weg benutzen.

Art. 10 Dieses Übereinkommen schliesst, sofern der Bestimmungsstaat keinen Widerspruch erklärt, nicht aus,
a) dass gerichtliche Schriftstücke im Ausland befindlichen Personen unmittelbar durch die Post übersandt werden dürfen,
b) dass Justizbeamte, andere Beamte oder sonst zuständige Personen des Ursprungsstaats Zustellungen unmittelbar durch Justizbeamte, andere Beamte oder sonst zuständige Personen des Bestimmungsstaats bewirken lassen dürfen,
c) dass jeder an einem gerichtlichen Verfahren Beteiligte Zustellungen gerichtlicher Schriftstücke unmittelbar durch Justizbeamte, andere Beamte oder sonst zuständige Personen des Bestimmungsstaats bewirken lassen darf.

Art. 11 Dieses Übereinkommen schliesst nicht aus, dass Vertragsstaaten vereinbaren, zum Zweck der Zustellung gerichtlicher Schriftstücke andere als die in den vorstehenden Artikeln vorgesehenen Übermittlungswege zuzulassen, insbesondere den unmittelbaren Verkehr zwischen ihren Behörden.

Art. 12 Für Zustellungen gerichtlicher Schriftstücke aus einem Vertragsstaat darf die Zahlung oder Erstattung von Gebühren und Auslagen für die Tätigkeit des ersuchten Staates nicht verlangt werden.

Die ersuchende Stelle hat jedoch die Auslagen zu zahlen oder zu erstatten, die dadurch entstehen,
a) dass bei der Zustellung ein Justizbeamter oder eine nach dem Recht des Bestimmungsstaats zuständige Person mitwirkt,
b) dass eine besondere Form der Zustellung angewendet wird.

Art. 13 Die Erledigung eines Zustellungsersuchens nach diesem Übereinkommen kann nur abgelehnt werden, wenn der ersuchte Staat sie für geeignet hält, seine Hoheitsrechte oder seine Sicherheit zu gefährden.

Die Erledigung darf nicht allein aus dem Grund abgelehnt werden, dass der ersuchte Staat nach seinem Recht die ausschliessliche Zuständigkeit seiner Gerichte für die Sache in Anspruch nimmt oder ein Verfahren nicht kennt, das dem entspricht, für das das Ersuchen gestellt wird.

Über die Ablehnung unterrichtet die zentrale Behörde unverzüglich die ersuchende Stelle unter Angabe der Gründe.

Art. 14 Schwierigkeiten, die aus Anlass der Übermittlung gerichtlicher Schriftstücke zum Zweck der Zustellung entstehen, werden auf diplomatischem Weg beigelegt.

Art. 15 War zur Einleitung eines gerichtlichen Verfahrens eine Vorladung oder ein entsprechendes Schriftstück nach diesem Übereinkommen zum Zweck der Zustellung ins Ausland zu übermitteln und hat sich der Beklagte nicht auf das Verfahren eingelassen, so hat der Richter das Verfahren auszusetzen, bis festgestellt ist,
a) dass das Schriftstück in einer der Formen zugestellt worden ist, die das Recht des ersuchten Staates für die Zustellung der in seinem Hoheitsgebiet ausgestellten Schriftstücke an dort befindliche Personen vorschreibt, oder
b) dass das Schriftstück entweder dem Beklagten selbst oder aber in seiner Wohnung nach einem anderen in diesem Übereinkommen vorgesehenen Verfahren übergeben worden ist

und dass in jedem dieser Fälle das Schriftstück so rechtzeitig zugestellt oder übergeben worden ist, dass der Beklagte sich hätte verteidigen können.

Jedem Vertragsstaat steht es frei zu erklären, dass seine Richter ungeachtet des Absatzes 1 den Rechtsstreit entscheiden können, auch wenn ein Zeugnis über die Zustellung oder die Übergabe nicht eingegangen ist, vorausgesetzt,
a) dass das Schriftstück nach einem in diesem Übereinkommen vorgesehenen Verfahren übermittelt worden ist,
b) dass seit der Absendung des Schriftstücks eine Frist verstrichen ist, die der Richter nach den Umständen des Falles als angemessen erachtet und die mindestens sechs Monate betragen muss, und
c) dass trotz aller zumutbaren Schritte bei den zuständigen Behörden des ersuchten Staates ein Zeugnis nicht zu erlangen war.

Dieser Artikel hindert nicht, dass der Richter in dringenden Fällen vorläufige Massnahmen, einschliesslich solcher, die auf eine Sicherung gerichtet sind, anordnet.

Art. 16 War zur Einleitung eines gerichtlichen Verfahrens eine Vorladung oder ein entsprechendes Schriftstück nach diesem Übereinkommen zum Zweck der Zustellung ins Ausland zu übermitteln und ist eine Entscheidung gegen den Beklagten ergangen, der sich nicht auf das Verfahren eingelassen hat, so kann ihm der Richter in Bezug auf Rechtsmittelfristen die Wiedereinsetzung in den vorigen Stand bewilligen, vorausgesetzt,
a) dass der Beklagte ohne sein Verschulden nicht so rechtzeitig Kenntnis von dem Schriftstück erlangt hat, dass er sich hätte verteidigen können, und nicht so rechtzeitig Kenntnis der Entscheidung, dass er sie hätte anfechten können, und
b) dass die Verteidigung des Beklagten nicht von vornherein aussichtslos scheint.

Der Antrag auf Wiedereinsetzung in den vorigen Stand ist nur zulässig, wenn der Beklagte ihn innerhalb einer angemessenen Frist stellt, nachdem er von der Entscheidung Kenntnis erlangt hat.

Jedem Vertragsstaat steht es frei zu erklären, dass dieser Antrag nach Ablauf einer in der Erklärung festgelegten Frist unzulässig ist, vorausgesetzt, dass diese Frist nicht weniger als ein Jahr beträgt, vom Erlass der Entscheidung an gerechnet.

Dieser Artikel ist nicht auf Entscheidungen anzuwenden, die den Personenstand betreffen.

Kapitel II: Aussergerichtliche Schriftstücke

Art. 17 Aussergerichtliche Schriftstücke, die von Behörden und Justizbeamten eines Vertragsstaats stammen, können zum Zweck der Zustellung in einem anderen Vertragsstaat nach den in diesem Übereinkommen vorgesehenen Verfahren und Bedingungen übermittelt werden.

Kapitel III: Allgemeine Bestimmungen

Art. 18 Jeder Vertragsstaat kann ausser der zentralen Behörde weitere Behörden bestimmen, deren Zuständigkeit er festlegt.

Die ersuchende Stelle hat jedoch stets das Recht, sich unmittelbar an die zentrale Behörde zu wenden.

Bundesstaaten steht es frei, mehrere zentrale Behörden zu bestimmen.

Art. 19 Dieses Übereinkommen schliesst nicht aus, dass das innerstaatliche Recht eines Vertragsstaats ausser den in den vorstehenden Artikeln vorgesehenen auch andere Verfahren zulässt, nach denen Schriftstücke aus dem Ausland zum Zweck der Zustellung in seinem Hoheitsgebiet übermittelt werden können.

Art. 20 Dieses Übereinkommen schliesst nicht aus, dass Vertragsstaaten vereinbaren, von folgenden Bestimmungen abzuweichen:
a) Artikel 3 Absatz 2 in Bezug auf das Erfordernis, die Schriftstücke in zwei Exemplaren zu übermitteln,
b) Artikel 5 Absatz 3 und Artikel 7 in Bezug auf die Verwendung von Sprachen,
c) Artikel 5 Absatz 4,
d) Artikel 12 Absatz 2.

Art. 21 Jeder Vertragsstaat notifiziert dem Ministerium für Auswärtige Angelegenheiten der Niederlande bei der Hinterlegung seiner Ratifikations- oder Beitrittsurkunde oder zu einem späteren Zeitpunkt
a) die Bezeichnung der Behörden nach den Artikeln 2 und 18,
b) die Bezeichnung der Behörde, die das in Artikel 6 vorgesehene Zustellungszeugnis ausstellt,
c) die Bezeichnung der Behörde, die Schriftstücke entgegennimmt, die nach Artikel 9 auf konsularischem Weg übermittelt werden.

Er notifiziert gegebenenfalls auf gleiche Weise
a) seinen Widerspruch gegen die Benutzung der in den Artikeln 8 und 10 vorgesehenen Übermittlungswege,
b) die in den Artikeln 15 Absatz 2 und 16 Absatz 3 vorgesehenen Erklärungen,
c) jede Änderung der vorstehend erwähnten Behördenbezeichnungen, Widersprüche und Erklärungen.

Art. 22 Dieses Übereinkommen tritt zwischen den Staaten, die es ratifiziert haben, an die Stelle der Artikel 1–7 der am 17. Juli 1905[3] und am 1. März 1954[4] in Den Haag unterzeichneten Übereinkünfte betreffend Zivilprozessrecht, soweit diese Staaten Vertragsparteien jener Übereinkünfte sind.

Art. 23 Dieses Übereinkommen berührt weder die Anwendung des Artikels 23 der am 17. Juli 1905 in Den Haag unterzeichneten Übereinkunft betreffend Zivilprozessrecht noch die Anwendung des Artikels 24 der am 1. März 1954 in Den Haag unterzeichneten Übereinkunft betreffend Zivilprozessrecht.

Diese Artikel sind jedoch nur anwendbar, wenn die in diesen Übereinkünften vorgesehenen Übermittlungswege benutzt werden.

---

3 [BS 12 277. AS 2009 7101]
4 SR 0.274.12

Art. 24 Zusatzvereinbarungen zu den Übereinkünften von 1905 und 1954, die Vertragsstaaten geschlossen haben, sind auch auf das vorliegende Übereinkommen anzuwenden, es sei denn, dass die beteiligten Staaten etwas anderes vereinbaren.

Art. 25 Unbeschadet der Artikel 22 und 24 berührt dieses Übereinkommen nicht die Übereinkommen, denen die Vertragsstaaten angehören oder angehören werden und die Bestimmungen über Rechtsgebiete enthalten, die durch dieses Übereinkommen geregelt sind.

Art. 26 Dieses Übereinkommen liegt für die auf der Zehnten Tagung der Haager Konferenz für Internationales Privatrecht vertretenen Staaten zur Unterzeichnung auf.

Es bedarf der Ratifikation; die Ratifikationsurkunden werden beim Ministerium für Auswärtige Angelegenheiten der Niederlande hinterlegt.

Art. 27 Dieses Übereinkommen tritt am sechzigsten Tag nach der gemäss Artikel 26 Absatz 2 vorgenommenen Hinterlegung der dritten Ratifikationsurkunde in Kraft.

Das Übereinkommen tritt für jeden Unterzeichnerstaat, der es später ratifiziert, am sechzigsten Tag nach Hinterlegung seiner Ratifikationsurkunde in Kraft.

Art. 28 Jeder auf der Zehnten Tagung der Haager Konferenz für Internationales Privatrecht nicht vertretene Staat kann diesem Übereinkommen beitreten, nachdem es gemäss Artikel 27 Absatz 1 in Kraft getreten ist. Die Beitrittsurkunde wird beim Ministerium für Auswärtige Angelegenheiten der Niederlande hinterlegt.

Das Übereinkommen tritt für einen solchen Staat nur in Kraft, wenn keiner der Staaten, die es vor dieser Hinterlegung ratifiziert haben, dem Ministerium für Auswärtige Angelegenheiten der Niederlande binnen sechs Monaten, nachdem ihm das genannte Ministerium diesen Beitritt notifiziert hat, einen Einspruch notifiziert.

Erfolgt kein Einspruch, so tritt das Übereinkommen für den beitretenden Staat am ersten Tag des Monats in Kraft, der auf den Ablauf der letzten in Absatz 2 erwähnten Frist folgt.

Art. 29 Jeder Staat kann bei der Unterzeichnung, der Ratifikation oder dem Beitritt erklären, dass sich dieses Übereinkommen auf alle oder auf einzelne der Hoheitsgebiete erstreckt, deren internationale Beziehungen er wahrnimmt. Eine solche Erklärung wird wirksam, sobald das Übereinkommen für den Staat in Kraft tritt, der sie abgegeben hat.

Jede spätere Erstreckung dieser Art wird dem Ministerium für Auswärtige Angelegenheiten der Niederlande notifiziert.

Das Übereinkommen tritt für Hoheitsgebiete, auf die es erstreckt wird, am sechzigsten Tag nach der in Absatz 2 erwähnten Notifikation in Kraft.

Art. 30 Dieses Übereinkommen gilt für die Dauer von fünf Jahren, vom Tag seines Inkrafttretens nach Artikel 27 Absatz 1 an gerechnet, und zwar auch für die Staaten, die es später ratifizieren oder ihm später beitreten.

Die Geltungsdauer des Übereinkommens verlängert sich, ausser im Fall der Kündigung, stillschweigend um jeweils fünf Jahre.

Die Kündigung wird spätestens sechs Monate vor Ablauf der fünf Jahre dem Ministerium für Auswärtige Angelegenheiten der Niederlande notifiziert.

Sie kann sich auf bestimmte Hoheitsgebiete beschränken, für die das Übereinkommen gilt.

Die Kündigung wirkt nur für den Staat, der sie notifiziert hat. Für die anderen Vertragsstaaten bleibt das Übereinkommen in Kraft.

Art. 31 Das Ministerium für Auswärtige Angelegenheiten der Niederlande notifiziert den in Artikel 26 bezeichneten Staaten sowie den Staaten, die nach Artikel 28 beigetreten sind,
a) jede Unterzeichnung und Ratifikation nach Artikel 26;
b) den Tag, an dem dieses Übereinkommen nach Artikel 27 Absatz 1 in Kraft tritt;
c) jeden Beitritt nach Artikel 28 und den Tag, an dem er wirksam wird;
d) jede Erstreckung nach Artikel 29 und den Tag, an dem sie wirksam wird;
e) jede Behördenbezeichnung, jeden Widerspruch und jede Erklärung nach Artikel 21;
f) jede Kündigung nach Artikel 30 Absatz 3.

Zu Urkund dessen haben die hierzu gehörig befugten Unterzeichneten dieses Übereinkommen unterschrieben.

Geschehen in Den Haag am 15. November 1965 in englischer und französischer Sprache, wobei jeder Wortlaut gleichermassen verbindlich ist, in einer Urschrift, die im Archiv der Regierung der Niederlande hinterlegt und von der jedem auf der Zehnten Tagung der Haager Konferenz für Internationales Privatrecht vertretenen Staat auf diplomatischem Weg eine beglaubigte Abschrift übermittelt wird.

(Es folgen die Unterschriften)

Anhang zu dem Übereinkommen
Annexe à la convention

Muster für das Ersuchen und das Zustellungszeugnis
Formules de demande et d'attestation

**Ersuchen
um Zustellung eines gerichtlichen oder aussergerichtlichen
Schriftstücks im Ausland**

**Demande
aux fins de signification ou de notification à l'étranger d'un acte
judiciaire ou extrajudiciaire**

Übereinkommen über die Zustellung gerichtlicher und aussergerichtlicher
Schriftstücke im Ausland in Zivil- oder Handelssachen,
unterzeichnet in Den Haag am 15. November 1965

Convention relative à la signification et à la notification à l'étranger des actes
judiciaires et extrajudiciaires en matière civile ou commerciale,
signée à La Haye, le 15 novembre 1965

Bezeichnung und Adresse der ersuchenden Stelle *Identité et adresse du requérant*	Adresse der Bestimmungsbehörde *Adresse de l'autorité destinataire*

Die ersuchende Stelle beehrt sich, der Bestimmungsbehörde – in zwei Exemplaren – die unten angegebenen Schriftstücke mit der Bitte zu übersenden, davon nach Artikel 5 des Übereinkommens ein Exemplar unverzüglich dem Empfänger zustellen zu lassen, nämlich

Le requérant soussigné a l'honneur de faire parvenir – en double exemplaire – à l'autorité destinataire les documents ci-dessous énumérés, en la priant, conformément à l'art. 5 de la Convention précitée, d'en faire remettre sans retard un exemplaire au destinataire, à savoir:

(Name und Adresse)
(identité et adresse)

a) in einer der gesetzlichen Formen (Art. 5 Abs. 1 Bst. a)[5].
   selon les formes légales (art. 5, alinéa premier, let. a[5]*.*
b) in der folgenden besonderen Form (Art. 5 Abs. 1 Bst. b)[5]
   selon la forme particulière suivante (art. 5, alinéa premier, let. b)[5]*:*
c) gegebenenfalls durch einfache Übergabe (Art. 5 Abs. 2)[5].
   le cas échéant, par remise simple (art. 5, al. 2)[5]*.*

Die Behörde wird gebeten, der ersuchenden Stelle ein Exemplar des Schriftstücks –und seiner Beilagen[5] – mit dem Zustellungszeugnis (auf der Rückseite) zurückzusenden oder zurücksenden zu lassen.

Cette autorité est priée de renvoyer ou de faire renvoyer au requérant un exemplaire de l'acte – et de ses annexes[5] *– avec l'attestation figurant au verso.*

Verzeichnis der Schriftstücke
Enumération des pièces

        Ausgefertigt in   , am
        Fait à   , le
        Unterschrift und/oder Stempel
        Signature et/ou cachet

---

5 Unzutreffendes streichen
  Rayer les mentions inutiles

Rückseite des Ersuchens
Verso de la demande

Zustellungszeugnis
Attestation

Die unterzeichnete Behörde beehrt sich, nach Artikel 6 des Übereinkommens zu bescheinigen,

L'autorité soussignée a l'honneur d'attester conformément à l'art. 6 de ladite Convention,

1. dass das Ersuchen erledigt worden ist[6]
   que la demande a été exécutée[6]

   - am (Datum)
   - *le (date)*

   - in (Ort, Strasse, Nummer)
   - *à (localité, rue, numéro)*

   - in einer der folgenden Formen nach Artikel 5:
   - *dans une des formes suivantes prévues à l'art. 5:*

     a) in einer der gesetzlichen Formen (Art. 5 Abs. 1 Bst. a)[6].
        selon les formes légales (art. 5, alinéa premier, let. a)[6].

     b) in der folgenden besonderen Form[6]:
        selon la forme particulière suivante[6]:

     c) durch einfache Übergabe[6].
        par remise simple[6].

   Die in dem Ersuchen erwähnten Schriftstücke sind übergeben worden an:
   Les documents mentionnés dans la demande ont été remis à:

   - (Name und Stellung der Person)
   - *(identité et qualité de la personne)*

   - Verwandtschafts-, Arbeits- oder sonstiges Verhältnis zum Zustellungsempfänger:
   - *liens de parenté, de subordination ou autres, avec le destinataire de l'acte:*

---

6 Unzutreffendes streichen
  Rayer les mentions inutiles

2. dass das Ersuchen aus folgenden Gründen nicht erledigt werden konnte[7]:
   que la demande n'a pas été exécutée, en raison des faits suivants[7]:

Nach Artikel 12 Absatz 2 des Übereinkommens wird die ersuchende Stelle gebeten, die Auslagen, die in der beiliegenden Aufstellung im einzelnen angegeben sind, zu zahlen oder zu erstatten[7]

Conformément à l'art. 12, al. 2, de ladite Convention, le requérant est prié de payer ou de rembourser les frais dont de détail figure au mémoire ci-joint[7].

Beilagen
Annexes

Zurückgesandte Schriftstücke:
Pièces renvoyées:

Gegebenenfalls Erledigungsstücke:
Le cas échéant, les documents justificatifs de l'exécution:

        Ausgefertigt in   , am
        Fait à   , le
        Unterschrift und/oder Stempel
        Signature et/ou cachet

---

[7] Unzutreffendes streichen
Rayer les mentions inutiles

Angaben über den wesentlichen Inhalt des zuzustellenden Schriftstücks
Eléments essentiels de l'acte

Übereinkommen über die Zustellung gerichtlicher und aussergerichtlicher
Schriftstücke im Ausland in Zivil- oder Handelssachen, unterzeichnet
in Den Haag am 15. November 1965
(Art. 5 Abs. 4)

Convention relative à la signification et à la notification à l'étranger des actes
judiciaires et extrajudiciaires en matière civile ou commerciale,
signée à La Haye, le 15 novembre 1965
(art. 5, al. 4)

Bezeichnung und Adresse der ersuchenden Stelle:
Nom et adresse de l'autorité requérante:

Bezeichnung der Parteien[8]:
Identité des parties[8]:

Gerichtliches Schriftstück[9]

Acte judiciaire[9]

Art und Gegenstand des Schriftstücks:
Nature et objet de l'acte:

Art und Gegenstand des Verfahrens, gegebenenfalls Betrag der geltend gemachten Forderung:
Nature et objet de l'instance, le cas échéant, le montant du litige:

Termin und Ort für die Einlassung auf das Verfahren[9]:
Date et lieu de la comparution[9]:

---

8 Gegebenenfalls Name und Adresse der an der Übersendung des Schriftstücks interessierten Person.
   S'il y a lieu, identité et adresse de la personne intéressée à la transmission de l'acte.
9 Unzutreffendes streichen
   Rayer les mentions inutiles

Gericht, das die Entscheidung erlassen hat[10]:
Juridiction qui a rendu la décision[10]*:*

Datum der Entscheidung[10]:
Date de la décision[10]*:*

Im Schriftstück vermerkte Fristen[10]:
Indication des délais figurant dans l'acte[10]*:*

Aussergerichtliches Schriftstück[10]
Acte extrajudiciaire[10]

Art und Gegenstand des Schriftstücks:
Nature et objet de l'acte:

Im Schriftstück vermerkte Fristen[10]:
Indication des délais figurant dans l'acte[10]*:*

---

10 Unzutreffendes streichen
   Rayer les mentions inutiles

Geltungsbereich am 20. Februar 2014[11]

Vertragsstaaten	Ratifikation · Beitritt (B) Nachfolgeerklärung (N)		Inkrafttreten	
Ägypten*	12. Dezember	1968	10. Februar	1969
Albanien*	1. November	2006 B	1. Juli	2007
Antigua und Barbuda*	17. Mai	1985 N	1. November	1981
Argentinien*	2. Februar	2001 B	1. Dezember	2001
Armenien	27. Juni	2012 B	1. Februar	2013
Australien*	15. März	2010 B	1. November	2010
Ashmore- und Cartier-Inseln	12. August	2010	1. November	2010
Australisches Antarktis-Territorium	12. August	2010	1. November	2010
Kokos-Inseln	12. August	2010	1. November	2010
Korallensee-Territorium	12. August	2010	1. November	2010
Norfolk-Insel	12. August	2010	1. November	2010
Territorium der Insel Heard und der Mc Donald-Inseln	12. August	2010	1. November	2010
Weihnachts-Insel	12. August	2010	1. November	2010
Bahamas*	17. Juni	1997 B	1. Februar	1998
Barbados*	27. September	1969 B	1. Oktober	1969
Belarus*	6. Juni	1997 B	1. Februar	1998
Belgien*	19. November	1970	18. Januar	1971
Belize	8. September	2009 B	1. Mai	2010
Bosnien und Herzegowina*	16. Juni	2008 B	1. Februar	2009
Botsuana*	28. August	1969 B	1. September	1969
Bulgarien*	23. November	1999 B	1. August	2000
China*	6. Mai	1991 B	1. Januar	1992
Hongkong* [a]	16. Juni	1997	1. Juli	1997
Macau* [b]	10. Dezember	1999	20. Dezember	1999
Dänemark*	2. August	1969	1. Oktober	1969
Deutschland*	27. April	1979	26. Juni	1979
Estland*	2. Februar	1996 B	1. Oktober	1996

---

11 AS 1995 934, 2003 733, 2006 2117, 2009 3639, 2011 2291, 2014 397 und 581. Eine aktualisierte Fassung des Geltungsbereiches findet sich auf der Internetseite des EDA (www.eda.admin.ch/vertraege).

Vertragsstaaten	Ratifikation · Beitritt (B) Nachfolgeerklärung (N)		Inkrafttreten	
Finnland*	11. September	1969	10. November	1969
Frankreich*	3. Juli	1972	1. September	1972
Griechenland*	20. Juli	1983	18. September	1983
Indien*	23. November	2006 B	1. August	2007
Irland*	5. April	1994	4. Juni	1994
Island*	10. November	2008 B	1. Juli	2009
Israel*	14. August	1972	13. Oktober	1972
Italien*	25. November	1981	24. Januar	1982
Japan*	28. Mai	1970	27. Juli	1970
Kanada*	10. April	1989 B	1. Mai	1989
Kolumbien*	10. April	2013 B	1. November	2013
Korea (Süd-)*	13. Januar	2000 B	1. August	2000
Kroatien*	28. Februar	2006 B	1. November	2006
Kuwait*	8. Mai	2002 B	1. Dezember	2002
Lettland*	28. März	1995 B	1. November	1995
Litauen*	2. August	2000 B	1. Juni	2001
Luxemburg*	9. Juli	1975	7. September	1975
Malawi*	25. November	1972 B	1. Dezember	1972
Malta* c	24. Februar	2011 B		
Marokko*	24. März	2011 B	1. November	2011
Mazedonien*	23. Dezember	2008 B	1. September	2009
Mexiko*	30. Mai	2000 B	1. Juni	2000
Moldau*	4. Juli	2012 B	1. Februar	2013
Monaco*	1. März	2007 B	1. November	2007
Montenegro*	16. Januar	2012 B	1. September	2012
Niederlande*	3. November	1975	2. Januar	1976
Aruba*	28. Mai	1986	27. Juli	1986
Norwegen*	2. August	1969	1. Oktober	1969
Pakistan*	6. Juli	1989 B	1. August	1989
Polen*	13. Februar	1996 B	1. September	1996
Portugal*	27. Dezember	1973	25. Februar	1974
Rumänien*	21. August	2003 B	1. April	2004

Vertragsstaaten	Ratifikation · Beitritt (B) Nachfolgeerklärung (N)		Inkrafttreten	
Russland*	1. Mai	2001 B	1. Dezember	2001
San Marino*	15. April	2002 B	1. November	2002
Schweden*	2. August	1969	1. Oktober	1969
Schweiz*	2. November	1994	1. Januar	1995
Serbien*	2. Juli	2010 B	1. Februar	2011
Seychellen*	18. Juni	1981 B	1. Juli	1981
Slowakei*	26. April	1993 N	1. Januar	1993
Slowenien*	18. September	2000 B	1. Juni	2001
Spanien**	4. Juni	1987	3. August	1987
Sri Lanka*	30. August	2000 B	1. Juni	2001
St. Vincent und die Grenadinen*	6. Januar	2005 N	27. Oktober	1979
Tschechische Republik*	28. Januar	1993 N	1. Januar	1993
Türkei*	28. Februar	1972	28. April	1972
Ukraine*	1. Februar	2001 B	1. Dezember	2001
Ungarn*	13. Juli	2004 B	1. April	2005
Venezuela*	29. Oktober	1993 B	1. Juli	1994
Vereinigte Staaten*	24. August	1967	10. Februar	1969
Commonwealth der Nördlichen Marianen	31. März	1994	30. Mai	1994
Vereinigtes Königreich*	17. November	1967	10. Februar	1969
Anguilla	30. Juli	1982	28. September	1982
Bermudas	20. Mai	1970	19. Juli	1970
Britische Jungferninseln	20. Mai	1970	19. Juli	1970
Britische Salomon-Inseln	20. Mai	1970	19. Juli	1970
Falklandinseln	20. Mai	1970	19. Juli	1970
Gibraltar	20. Mai	1970	19. Juli	1970
Guernsey	20. Mai	1970	19. Juli	1970
Insel Man	20. Mai	1970	19. Juli	1970
Jersey	20. Mai	1970	19. Juli	1970
Kaimaninseln	20. Mai	1970	19. Juli	1970
Montserrat	20. Mai	1970	19. Juli	1970

Vertragsstaaten	Ratifikation · Beitritt (B) Nachfolgeerklärung (N)		Inkrafttreten	
Pitcairn-Inseln (Ducie, Oeno, Henderson und Pitcairn)	20. Mai	1970	19. Juli	1970
St. Helena	20. Mai	1970	19. Juli	1970
St. Vincent	20. Mai	1970	19. Juli	1970
Turks- und Caicosinseln	20. Mai	1970	19. Juli	1970
Zypern*	15. Mai	1983 B	1. Juni	1983

* Vorbehalte und Erklärungen

** Einwendungen

Die Vorbehalte und Erklärungen werden in der AS nicht veröffentlicht, mit Ausnahme jener der Schweiz. Die französischen und englischen Texte können auf der Internetseite der Haager Konferenz: http://www.hcch.net/index_de.php eingesehen oder bei der Direktion für Völkerrecht, Sektion Staatsverträge, 3003 Bern, bezogen werden.

[a] Bis zum 30. Juni 1997 war das Übereinkommen auf Grund einer Ausdehnungserklärung des Vereinigten Königreiches in Hong Kong anwendbar. Seit dem 1. Juli 1997 bildet Hong Kong eine besondere Verwaltungsregion (SAR) der Volksrepublik China. Auf Grund der chinesisch-britischen Erklärung vom 19. Dezember 1984 bleiben diejenigen Abkommen, welche vor der Rückgabe an die Volksrepublik China in Hong Kong anwendbar waren, auch in der SAR anwendbar.

[b] Vom 11. Februar 1999 bis zum 19. Dezember 1999 war das Übereinkommen auf Grund einer Ausdehnungserklärung Portugals in Macau anwendbar. Seit dem 20. Dezember 1999 bildet Macau eine Besondere Verwaltungsregion (SAR) der Volksrepublik China. Auf Grund der chinesischen Erklärung vom 13. April 1987 ist das Übereinkommen seit dem 20. Dezember 1999 auch in der SAR Macau anwendbar.

[c] Am 1. August 2012 hat Malta erklärt, dass sein Beitritt zum Übereinkommen erst nach Abschluss der Verfahren innerhalb der EU betreffend den Beitritt zum erwähnten Übereinkommen erfolgen könne, insbesondere erst nachdem ein Beschluss des Rats vorliege, welcher Malta ermächtige, dem Übereinkommen beizutreten. Sobald dieser Beschluss gefasst sei, werde Malta dem Depositar das Datum mitteilen, ab welchem das erwähnte Übereinkommen für Malta anwendbar wird.

Vorbehalte und Erklärungen

Schweiz[12]

1. Zu Artikel 1

Bezugnehmend auf Artikel 1 erachtet die Schweiz das Übereinkommen unter den Vertragsstaaten als ausschliesslich anwendbar. Sie betrachtet insbesondere die durchgriffsweise Zustellung an eine inländische nicht bevollmächtigte Rechtspersönlichkeit, welche als Ersatz für die Zustellung an eine ausländische Rechtspersönlichkeit dienen soll, als Umgehung des Übereinkommens, die namentlich mit den Artikeln 1 und 15 Absatz 1 Buchstabe b unvereinbar wäre.

---

12 Art. 1 Abs. 3 des BB vom 9. Juni 1994 (AS 1994 2807)

2. Zu den Artikeln 2 und 18

Gemäss Artikel 21 Absatz 1 Buchstabe a bezeichnet die Schweiz als Zentralbehörden im Sinne der Artikel 2 und 18 des Übereinkommens nachstehend genannten kantonalen Behörden. Ersuchen um Zustellung von Schriftstücken werden nebst den genannten Zentralbehörden auch vom Eidgenössischen Justiz- und Polizeidepartement in Bern entgegengenommen und an die im Einzelfall zuständigen Zentralbehörden weitergeleitet.

3. Zu Artikel 5 Absatz 3

Verweigert der Empfänger die freiwillige Annahme des Schriftstückes, kann es ihm gemäss Artikel 5 Absatz 1 nur formell zugestellt werden, wenn das Schriftstück in der Sprache der ersuchten Behörde, d. h. in Deutsch, Französisch bzw. Italienisch abgefasst oder mit einer Übersetzung in eine dieser Sprachen versehen ist, je nachdem, in welchen Teil der Schweiz das Schriftstück zugestellt werden muss (s. nachstehend die Liste der schweizerischen Behörden).

4. Zu Artikel 6

Gemäss Artikel 21 Absatz 1 Buchstabe b bezeichnet die Schweiz als Behörde, die das in Artikel 6 vorgesehene Zeugnis ausstellt, das Gericht des zuständigen Kantons oder die kantonale Zentralbehörde.

5. Zu den Artikeln 8 und 10

Gemäss Artikel 21 Absatz 2 Buchstabe a erklärt die Schweiz, dass sie sich den in den Artikeln 8 und 10 vorgesehenen Übermittlungsverfahren widersetzt.

6. Zu Artikel 9

Gemäss Artikel 21 Absatz 1 Buchstabe c bezeichnet die Schweiz als Behörden, die Schriftstücke entgegennehmen, welche nach Artikel 9 des Übereinkommens auf konsularischem Weg übermittelt werden, die kantonalen Zentralbehörden.

Liste der schweizerischen Behörden[13]

a) kantonale Zentralbehörden

Eine aktualisierte Liste der kantonalen Zentralbehörden mit den vollständigen Adressen ist im Internet an folgender Adresse abrufbar:
http://www.rhf.admin.ch/rhf/de/home/zivil/behoerden/zentral.html

b) Bundesbehörden

Eidgenössisches Justiz- und Polizeidepartement, EJPD, Bundesamt für Justiz, 3003 Bern

---

13 Die Liste wurde in Anwendung von Art. 16 Abs. 3 der Publikationsverordnung vom 17. Nov. 2004 (SR 170.512.1) angepasst.

Übersetzung[1]

13. Übereinkommen über die Beweisaufnahme im Ausland in Zivil- oder Handelssachen

Abgeschlossen in Den Haag am 18. März 1970
Von der Bundesversammlung genehmigt am 9. Juni 1994[2]
Schweizerische Ratifikationsurkunde hinterlegt am 2. November 1994
Inkrafttreten für die Schweiz am 1. Januar 1995

Die Unterzeichnerstaaten dieses Übereinkommens

in dem Wunsch, die Übermittlung und Erledigung von Rechtshilfeersuchen zu erleichtern sowie die Angleichung der verschiedenen dabei angewandten Verfahrensweisen zu fördern,

in der Absicht, die gegenseitige gerichtliche Zusammenarbeit in Zivil- oder Handelssachen wirksamer zu gestalten,

haben beschlossen, zu diesem Zweck ein Übereinkommen zu schliessen, und haben die folgenden Bestimmungen vereinbart:

Kapitel I: Rechtshilfeersuchen

Art. 1 In Zivil- oder Handelssachen kann die gerichtliche Behörde eines Vertragsstaats nach seinen innerstaatlichen Rechtsvorschriften die zuständige Behörde eines anderen Vertragsstaats ersuchen, eine Beweisaufnahme oder eine andere gerichtliche Handlung vorzunehmen.

Um die Aufnahme von Beweisen, die nicht zur Verwendung in einem bereits anhängigen oder künftigen gerichtlichen Verfahren bestimmt sind, darf nicht ersucht werden.

Der Ausdruck «andere gerichtliche Handlung» umfasst weder die Zustellung gerichtlicher Schriftstücke noch Massnahmen der Sicherung oder der Vollstreckung.

Art. 2 Jeder Vertragsstaat bestimmt eine Zentrale Behörde, die von einer gerichtlichen Behörde eines anderen Vertragsstaats ausgehende Rechtshilfeersuchen entgegennimmt und sie der zuständigen Behörde zur Erledigung

---

SR 0.274.132. AS 1994 2824, 1995 1085; BBl 1993 III 1261
1 [Der Originaltext findet sich in der französischen Ausgabe der SR (0.274.132).]
2 Art. 2 Abs. 1 des BB vom 9. Juni 1994 (AS 1994 2807)

zuleitet. Jeder Staat richtet die Zentrale Behörde nach Massgabe seines Rechts ein.

Rechtshilfeersuchen werden der Zentralen Behörde des ersuchten Staates ohne Beteiligung einer weiteren Behörde dieses Staates übermittelt.

Art. 3 Ein Rechtshilfeersuchen enthält folgende Angaben:
a) die ersuchende und, soweit bekannt, die ersuchte Behörde;
b) den Namen und die Adresse der Parteien und gegebenenfalls ihrer Vertreter;
c) die Art und den Gegenstand der Rechtssache sowie eine gedrängte Darstellung des Sachverhalts;
d) die Beweisaufnahme oder die andere gerichtliche Handlung, die vorgenommen werden soll.

Das Rechtshilfeersuchen enthält ausserdem je nach Sachlage:
e) den Namen und die Adresse der einzuvernehmenden Personen;
f) die Fragen, welche an die einzuvernehmenden Personen gerichtet werden sollen, oder die Tatsachen, über die sie einvernommen werden sollen;
g) die Urkunden oder die anderen Gegenstände, die geprüft werden sollen;
h) den Antrag, die Einvernahme unter Eid oder Bekräftigung durchzuführen, und gegebenenfalls die dabei zu verwendende Formel;
i) den Antrag, eine besondere Form nach Artikel 9 einzuhalten.

In das Rechtshilfeersuchen werden gegebenenfalls auch die für die Anwendung des Artikels 11 erforderlichen Erläuterungen aufgenommen.

Eine Beglaubigung oder eine ähnliche Förmlichkeit darf nicht verlangt werden.

Art. 4 Das Rechtshilfeersuchen muss in der Sprache der ersuchten Behörde abgefasst oder von einer Übersetzung in diese Sprache begleitet sein.

Jeder Vertragsstaat muss jedoch, sofern er nicht den Vorbehalt nach Artikel 33 gemacht hat, ein Rechtshilfeersuchen entgegennehmen, das in französischer oder englischer Sprache abgefasst oder von einer Übersetzung in eine dieser Sprachen begleitet ist.

Ein Vertragsstaat mit mehreren Amtssprachen, der aus Gründen seines innerstaatlichen Rechts Rechtshilfeersuchen nicht für sein gesamtes Hoheitsgebiet in einer dieser Sprachen entgegennehmen kann, muss durch eine Erklärung die Sprache bekannt geben, in der ein Rechtshilfeersuchen abgefasst oder in die es übersetzt sein muss, je nachdem, in welchem Teil seines Hoheitsgebiets es erledigt werden soll. Wird dieser Erklärung ohne hinreichenden Grund nicht entsprochen, so hat der ersuchende Staat die Kosten einer Übersetzung in die geforderte Sprache zu tragen.

Neben den in den Absätzen 1 bis 3 vorgesehenen Sprachen kann jeder Vertragsstaat durch eine Erklärung eine oder mehrere weitere Sprachen bekannt geben, in denen ein Rechtshilfeersuchen seiner Zentralen Behörde übermittelt werden kann.

Die einem Rechtshilfeersuchen beigefügte Übersetzung muss von einem diplomatischen oder konsularischen Vertreter, von einem beeidigten Übersetzer oder von einer anderen hierzu befugten Person in einem der beiden Staaten beglaubigt sein.

Art. 5 Ist die Zentrale Behörde der Ansicht, dass das Ersuchen nicht dem Übereinkommen entspricht, so unterrichtet sie unverzüglich die Behörde des ersuchenden Staates, die ihr das Rechtshilfeersuchen übermittelt hat, und führt dabei die Einwände gegen das Ersuchen einzeln an.

Art. 6 Ist die ersuchte Behörde nicht zuständig, so wird das Rechtshilfeersuchen von Amtes wegen unverzüglich an die nach den Rechtsvorschriften ihres Staates zuständige Behörde weitergeleitet.

Art. 7 Die ersuchende Behörde wird auf ihr Verlangen von dem Zeitpunkt und dem Ort der vorzunehmenden Handlung benachrichtigt, damit die beteiligten Parteien und gegebenenfalls ihre Vertreter anwesend sein können. Diese Mitteilung wird auf Verlangen der ersuchenden Behörde den Parteien oder ihren Vertretern unmittelbar übersandt.

Art. 8 Jeder Vertragsstaat kann erklären, dass Mitglieder der ersuchenden gerichtlichen Behörde eines anderen Vertragsstaats bei der Erledigung eines Rechtshilfeersuchens anwesend sein können. Hierfür kann die vorherige Genehmigung durch die vom erklärenden Staat bestimmte zuständige Behörde verlangt werden.

Art. 9 Die gerichtliche Behörde verfährt bei der Erledigung eines Rechtshilfeersuchens nach den Formen, die ihr Recht vorsieht.

Jedoch wird dem Antrag der ersuchenden Behörde, nach einer besonderen Form zu verfahren, entsprochen, es sei denn, dass diese Form mit dem Recht des ersuchten Staates unvereinbar oder ihre Einhaltung nach der gerichtlichen Übung im ersuchten Staat oder wegen tatsächlicher Schwierigkeiten unmöglich ist.

Das Rechtshilfeersuchen muss rasch erledigt werden.

Art. 10 Bei der Erledigung des Rechtshilfeersuchens wendet die ersuchte Behörde geeignete Zwangsmassnahmen in den Fällen und in dem Umfang an, wie sie das Recht des ersuchten Staates für die Erledigung eines Ersuchens inländischer Behörden oder eines zum gleichen Zweck gestellten Antrags einer beteiligten Partei vorsieht.

Art. 11 Ein Rechtshilfeersuchen wird nicht erledigt, soweit die Person, die es betrifft, sich auf ein Recht zur Aussageverweigerung oder auf ein Aussageverbot beruft,
a) das nach dem Recht des ersuchten Staates vorgesehen ist oder
b) das nach dem Recht des ersuchenden Staates vorgesehen und im Rechtshilfeersuchen bezeichnet oder erforderlichenfalls auf Verlangen der ersuchten Behörde von der ersuchenden Behörde bestätigt worden ist.

Jeder Vertragsstaat kann erklären, dass er ausserdem Aussageverweigerungsrechte und Aussageverbote, die nach dem Recht anderer Staaten als des ersuchenden oder des ersuchten Staates bestehen, insoweit anerkennt, als dies in der Erklärung angegeben ist.

Art. 12 Die Erledigung eines Rechtshilfeersuchens kann nur insoweit abgelehnt werden, als
a) die Erledigung des Ersuchens im ersuchten Staat nicht in den Bereich der Gerichtsgewalt fällt oder
b) der ersuchte Staat die Erledigung für geeignet hält, seine Hoheitsrechte oder seine Sicherheit zu gefährden.

Die Erledigung darf nicht allein aus dem Grund abgelehnt werden, dass der ersuchte Staat nach seinem Recht die ausschliessliche Zuständigkeit seiner Gerichte für die Sache in Anspruch nimmt oder ein Verfahren nicht kennt, das dem entspricht, für welches das Ersuchen gestellt wird.

Art. 13 Die ersuchte Behörde leitet die Schriftstücke, aus denen sich die Erledigung eines Rechtshilfeersuchens ergibt, der ersuchenden Behörde auf demselben Weg zu, den diese für die Übermittlung des Ersuchens benutzt hat.

Wird das Rechtshilfeersuchen ganz oder teilweise nicht erledigt, so wird dies der ersuchenden Behörde unverzüglich auf demselben Weg unter Angabe der Gründe für die Nichterledigung mitgeteilt.

Art. 14 Für die Erledigung eines Rechtshilfeersuchens darf die Erstattung von Gebühren und Auslagen irgendwelcher Art nicht verlangt werden.

Der ersuchte Staat ist jedoch berechtigt, vom ersuchenden Staat die Erstattung der an Sachverständige und Dolmetscher gezahlten Entschädigungen sowie der Auslagen zu verlangen, die dadurch entstanden sind, dass auf Antrag des ersuchenden Staates nach Artikel 9 Absatz 2 eine besondere Form eingehalten worden ist.

Eine ersuchte Behörde, nach deren Recht die Parteien für die Aufnahme der Beweise zu sorgen haben und die das Rechtshilfeersuchen nicht selbst erledigen kann, darf eine hierzu geeignete Person mit der Erledigung beauftragen, nachdem sie das Einverständnis der ersuchenden Behörde eingeholt hat. Bei der Einholung dieses Einverständnisses gibt die ersuchte Behörde den ungefähren Betrag der Kosten an, die durch diese Art der Erledigung entstehen würden. Durch ihr Einverständnis verpflichtet sich die ersuchende Behörde, die entstehenden Kosten zu erstatten. Fehlt das Einverständnis, so ist die ersuchende Behörde zur Erstattung der Kosten nicht verpflichtet.

Kapitel II: Beweisaufnahme durch diplomatische oder konsularische Vertreter und durch Beauftragte

Art. 15 In Zivil- oder Handelssachen kann ein diplomatischer oder konsularischer Vertreter eines Vertragsstaats im Hoheitsgebiet eines anderen Vertragsstaats und in dem Bezirk, in dem er sein Amt ausübt, ohne Anwendung von Zwang Beweis für ein Verfahren aufnehmen, das vor einem Gericht eines von ihm vertretenen Staates anhängig ist, wenn nur Angehörige desselben Staates betroffen sind.

Jeder Vertragsstaat kann erklären, dass in dieser Art Beweis erst nach Vorliegen einer Genehmigung aufgenommen werden darf, welche die durch den erklärenden Staat bestimmte zuständige Behörde auf einen von dem Vertreter oder in seinem Namen gestellten Antrag erteilt.

Art. 16 Ein diplomatischer oder konsularischer Vertreter eines Vertragsstaats kann ausserdem im Hoheitsgebiet eines anderen Vertragsstaats und in dem Bezirk, in dem er sein Amt ausübt, ohne Anwendung von Zwang Beweis für ein Verfahren aufnehmen, das vor einem Gericht eines von ihm vertretenen Staates anhängig ist, sofern Angehörige des Empfangsstaats oder eines dritten Staates betroffen sind,
a) wenn eine durch den Empfangsstaat bestimmte zuständige Behörde ihre Genehmigung allgemein oder für den Einzelfall erteilt hat und
b) wenn der Vertreter die Auflagen erfüllt, welche die zuständige Behörde in der Genehmigung festgesetzt hat.

Jeder Vertragsstaat kann erklären, dass Beweis nach dieser Bestimmung ohne seine vorherige Genehmigung aufgenommen werden darf.

Art. 17 In Zivil- oder Handelssachen kann jede Person, die zu diesem Zweck ordnungsgemäss zum Beauftragten bestellt worden ist, im Hoheitsgebiet eines Vertragsstaats ohne Anwendung von Zwang Beweis für ein Verfahren aufnehmen, das vor einem Gericht eines anderen Vertragsstaats anhängig ist,
a) wenn eine von dem Staat, in dem Beweis aufgenommen werden soll, bestimmte zuständige Behörde ihre Genehmigung allgemein oder für den Einzelfall erteilt hat und
b) wenn die Person die Auflagen erfüllt, welche die zuständige Behörde in der Genehmigung festgesetzt hat.

Jeder Vertragsstaat kann erklären, dass Beweis nach dieser Bestimmung ohne seine vorherige Genehmigung aufgenommen werden darf.

Art. 18 Jeder Vertragsstaat kann erklären, dass ein diplomatischer oder konsularischer Vertreter oder ein Beauftragter, der befugt ist, nach Artikel 15, 16 oder 17 Beweis aufzunehmen, sich an eine von diesem Staat bestimmte zuständige Behörde wenden kann, um die für diese Beweisaufnahme erforderliche Unterstützung durch Zwangsmassnahmen zu erhalten. In seiner Erklärung kann der Staat die Auflagen festlegen, die er für zweckmässig hält.

Gibt die zuständige Behörde dem Antrag statt, so wendet sie die in ihrem Recht vorgesehenen geeigneten Zwangsmassnahmen an.

Art. 19 Die zuständige Behörde kann, wenn sie die Genehmigung nach Artikel 15, 16 oder 17 erteilt oder dem Antrag nach Artikel 18 stattgibt, von ihr für zweckmässig erachtete Auflagen festsetzen, insbesondere hinsichtlich Zeit und Ort der Beweisaufnahme. Sie kann auch verlangen, dass sie rechtzeitig vorher von Zeitpunkt und Ort benachrichtigt wird; in diesem Fall ist ein Vertreter der Behörde zur Teilnahme an der Beweisaufnahme befugt.

Art. 20 Personen, die von einer in diesem Kapitel vorgesehenen Beweisaufnahme betroffen sind, können einen Rechtsberater beiziehen.

Art. 21 Ist ein diplomatischer oder konsularischer Vertreter oder ein Beauftragter nach Artikel 15, 16 oder 17 befugt, Beweis aufzunehmen,
a) so kann er alle Beweise aufnehmen, soweit dies nicht mit dem Recht des Staates, in dem Beweis aufgenommen werden soll, unvereinbar ist oder der nach den angeführten Artikeln erteilten Genehmigung widerspricht, und unter denselben Bedingungen auch einen Eid abnehmen oder eine Bekräftigung entgegennehmen;
b) so ist jede Vorladung zum Erscheinen oder zur Mitwirkung an einer Beweisaufnahme in der Sprache des Ortes der Beweisaufnahme abzufassen oder eine Übersetzung in diese Sprache beizufügen, es sei denn, dass die durch die Beweisaufnahme betroffene Person dem Staat angehört, in dem das Verfahren anhängig ist;
c) so ist in der Vorladung anzugeben, dass die Person einen Rechtsberater beiziehen kann, sowie in einem Staat, der nicht die Erklärung nach Artikel 18 abgegeben hat, dass sie nicht verpflichtet ist, zu erscheinen oder sonst an der Beweisaufnahme mitzuwirken;
d) so können die Beweise in einer der Formen aufgenommen werden, die das Recht des Gerichts vorsieht, vor dem das Verfahren anhängig ist, es sei denn, dass das Recht des Staates, in dem Beweis aufgenommen wird, diese Form verbietet;

e) so kann sich die von der Beweisaufnahme betroffene Person auf die in Artikel 11 vorgesehenen Rechte zur Aussageverweigerung oder Aussageverbote berufen.

Art. 22 Dass ein Beweis wegen der Weigerung einer Person mitzuwirken, nicht nach diesem Kapitel aufgenommen werden konnte, schliesst ein späteres Rechtshilfeersuchen nach Kapitel I mit demselben Gegenstand nicht aus.

Kapitel III: Allgemeine Bestimmungen

Art. 23 Jeder Vertragsstaat kann bei der Unterzeichnung, bei der Ratifikation oder beim Beitritt erklären, dass er Rechtshilfeersuchen nicht erledigt, die ein Verfahren zum Gegenstand haben, das in den Ländern des «Common Law» unter der Bezeichnung «pre-trial discovery of documents» bekannt ist.

Art. 24 Jeder Vertragsstaat kann ausser der Zentralen Behörde weitere Behörden bestimmen, deren Zuständigkeit er festlegt. Rechtshilfeersuchen können jedoch stets der Zentralen Behörde übermittelt werden.

Bundesstaaten steht es frei, mehrere Zentrale Behörden zu bestimmen.

Art. 25 Jeder Vertragsstaat, in dem mehrere Rechtssysteme bestehen, kann bestimmen, dass die Behörden eines dieser Systeme für die Erledigung von Rechtshilfeersuchen nach diesem Übereinkommen ausschliesslich zuständig sind.

Art. 26 Jeder Vertragsstaat kann, wenn sein Verfassungsrecht dies gebietet, vom ersuchenden Staat die Erstattung der Kosten verlangen, die bei der Erledigung eines Rechtshilfeersuchens durch die Zustellung der Vorladung, die Entschädigung der einvernommenen Person und die Anfertigung eines Protokolls über die Beweisaufnahme entstehen.

Hat ein Staat von den Bestimmungen des Absatzes 1 Gebrauch gemacht, so kann jeder andere Vertragsstaat von diesem Staat die Erstattung der entsprechenden Kosten verlangen.

Art. 27 Dieses Übereinkommen hindert einen Vertragsstaat nicht,
a) zu erklären, dass Rechtshilfeersuchen seinen gerichtlichen Behörden auch auf anderen als den in Artikel 2 vorgesehenen Wegen übermittelt werden können;
b) nach seinem innerstaatlichen Recht oder seiner innerstaatlichen Übung zuzulassen, dass Handlungen, auf die dieses Übereinkommen anwendbar ist, unter weniger einschränkenden Bedingungen vorgenommen werden;

c) nach seinem innerstaatlichen Recht oder seiner innerstaatlichen Übung andere als die in diesem Übereinkommen vorgesehenen Verfahren der Beweisaufnahme zuzulassen.

Art. 28 Dieses Übereinkommen schliesst nicht aus, dass Vertragsstaaten vereinbaren, von folgenden Bestimmungen abzuweichen:
a) Artikel 2 in Bezug auf den Übermittlungsweg für Rechtshilfeersuchen;
b) Artikel 4 in Bezug auf die Verwendung von Sprachen;
c) Artikel 8 in Bezug auf die Anwesenheit von Mitgliedern der gerichtlichen Behörde bei der Erledigung von Rechtshilfeersuchen;
d) Artikel 11 in Bezug auf die Aussageverweigerungsrechte und Aussageverbote;
e) Artikel 13 in Bezug auf die Übermittlung von Erledigungsstücken;
f) Artikel 14 in Bezug auf die Regelung der Kosten;
g) den Bestimmungen des Kapitels II.

Art. 29 Dieses Übereinkommen tritt zwischen den Staaten, die es ratifiziert haben, an die Stelle der Artikel 8–16 der am 17. Juli 1905[3] und am 1. März 1954[4] in Den Haag unterzeichneten Übereinkünfte betreffend Zivilprozessrecht, soweit diese Staaten Vertragsparteien jener Übereinkünfte sind.

Art. 30 Dieses Übereinkommen berührt weder die Anwendung des Artikels 23 der Übereinkunft von 1905 noch die Anwendung des Artikels 24 der Übereinkunft von 1954.

Art. 31 Zusatzvereinbarungen zu den Übereinkünften von 1905 und 1954, die Vertragsstaaten geschlossen haben, sind auch auf das vorliegende Übereinkommen anzuwenden, es sei denn, dass die beteiligten Staaten etwas anderes vereinbaren.

Art. 32 Unbeschadet der Artikel 29 und 31 berührt dieses Übereinkommen nicht die Übereinkommen, denen die Vertragsstaaten angehören oder angehören werden und die Bestimmungen über Rechtsgebiete enthalten, die durch dieses Übereinkommen geregelt sind.

Art. 33 Jeder Staat kann bei der Unterzeichnung, der Ratifikation oder dem Beitritt die Anwendung des Artikels 4 Absatz 2 sowie des Kapitels II ganz oder teilweise ausschliessen. Ein anderer Vorbehalt ist nicht zulässig.

Jeder Vertragsstaat kann einen Vorbehalt, den er gemacht hat, jederzeit zurücknehmen; der Vorbehalt wird am sechzigsten Tag nach der Notifikation der Rücknahme unwirksam.

---

3 [BS 12 277. AS 2009 7101]
4 SR 0.274.12

Hat ein Staat einen Vorbehalt gemacht, so kann jeder andere Staat, der davon berührt wird, die gleiche Regelung gegenüber dem Staat anwenden, der den Vorbehalt gemacht hat.

Art. 34 Jeder Staat kann eine Erklärung jederzeit zurücknehmen oder ändern.

Art. 35 Jeder Vertragsstaat notifiziert dem Ministerium für Auswärtige Angelegenheiten der Niederlande bei der Hinterlegung seiner Ratifikations- oder Beitrittsurkunde oder zu einem späteren Zeitpunkt die nach den Artikeln 2, 8, 24 und 25 bestimmten Behörden.

Er notifiziert gegebenenfalls auf gleiche Weise:
a) die Bezeichnung der Behörden, an die sich diplomatische oder konsularische Vertreter nach Artikel 16 wenden müssen, und derjenigen, die nach den Artikeln 15, 16 und 18 Genehmigungen erteilen oder Unterstützung gewähren können;
b) die Bezeichnung der Behörden, die den Beauftragten die in Artikel 17 vorgesehene Genehmigung erteilen oder die in Artikel 18 vorgesehene Unterstützung gewähren können;
c) die Erklärungen nach den Artikeln 4, 8, 11, 15, 16, 17, 18, 23 und 27;
d) jede Rücknahme oder Änderung der vorstehend erwähnten Behördenbezeichnungen und Erklärungen;
e) jede Rücknahme eines Vorbehalts.

Art. 36 Schwierigkeiten, die zwischen Vertragsstaaten bei der Anwendung dieses Übereinkommens entstehen, werden auf diplomatischem Weg beigelegt.

Art. 37 Dieses Übereinkommen liegt für die auf der Elften Tagung der Haager Konferenz für Internationales Privatrecht vertretenen Staaten zur Unterzeichnung auf.

Es bedarf der Ratifikation; die Ratifikationsurkunden werden beim Ministerium für Auswärtige Angelegenheiten der Niederlande hinterlegt.

Art. 38 Dieses Übereinkommen tritt am sechzigsten Tag nach der gemäss Artikel 37 Absatz 2 vorgenommenen Hinterlegung der dritten Ratifikationsurkunde in Kraft.

Das Übereinkommen tritt für jeden Unterzeichnerstaat, der es später ratifiziert, am sechzigsten Tag nach Hinterlegung seiner Ratifikationsurkunde in Kraft.

Art. 39 Jeder auf der Elften Tagung der Haager Konferenz für Internationales Privatrecht nicht vertretene Staat, der Mitglied der Konferenz oder der Vereinten Nationen oder einer ihrer Spezialorganisationen oder Vertragspartei des

Statuts des Internationalen Gerichtshofs[5] ist, kann diesem Übereinkommen beitreten, nachdem es gemäss Artikel 38 Absatz 1 in Kraft getreten ist.

Die Beitrittsurkunde wird beim Ministerium für Auswärtige Angelegenheiten der Niederlande hinterlegt.

Das Übereinkommen tritt für den beitretenden Staat am sechzigsten Tag nach Hinterlegung seiner Beitrittsurkunde in Kraft.

Der Beitritt wirkt nur für die Beziehungen zwischen dem beitretenden Staat und den Vertragsstaaten, die erklären, dass sie diesen Beitritt annehmen. Diese Erklärung wird beim Ministerium für Auswärtige Angelegenheiten der Niederlande hinterlegt; dieses Ministerium übersendet jedem der Vertragsstaaten auf diplomatischem Weg eine beglaubigte Abschrift dieser Erklärung.

Das Übereinkommen tritt zwischen dem beitretenden Staat und einem Staat, der erklärt hat, dass er den Beitritt annimmt, am sechzigsten Tag nach Hinterlegung der Annahmeerklärung in Kraft.

Art. 40 Jeder Staat kann bei der Unterzeichnung, der Ratifikation oder dem Beitritt erklären, dass sich dieses Übereinkommen auf alle oder auf einzelne der Hoheitsgebiete erstreckt, deren internationale Beziehungen er wahrnimmt. Eine solche Erklärung wird wirksam, sobald das Übereinkommen für den Staat in Kraft tritt, der sie abgegeben hat.

Jede spätere Erstreckung dieser Art wird dem Ministerium für Auswärtige Angelegenheiten der Niederlande notifiziert.

Das Übereinkommen tritt für die Hoheitsgebiete, auf die es erstreckt wird, am sechzigsten Tag nach der in Absatz 2 erwähnten Notifikation in Kraft.

Art. 41 Dieses Übereinkommen gilt für die Dauer von fünf Jahren, vom Tag seines Inkrafttretens nach Artikel 38 Absatz 1 an gerechnet, und zwar auch für die Staaten, die es später ratifizieren oder ihm später beitreten.

Die Geltungsdauer des Übereinkommens verlängert sich, ausser im Fall der Kündigung, stillschweigend um jeweils fünf Jahre.

Die Kündigung wird spätestens sechs Monate vor Ablauf der fünf Jahre dem Ministerium für Auswärtige Angelegenheiten der Niederlande notifiziert.

Sie kann sich auf bestimmte Hoheitsgebiete beschränken, für die das Übereinkommen gilt.

Die Kündigung wirkt nur für den Staat, der sie notifiziert hat. Für die anderen Vertragsstaaten bleibt das Übereinkommen in Kraft.

---

5 SR 0.193.501

Art. 42 Das Ministerium für Auswärtige Angelegenheiten der Niederlande notifiziert den in Artikel 37 bezeichneten Staaten, sowie den Staaten, die nach Artikel 39 beigetreten sind,
a) jede Unterzeichnung und Ratifikation nach Artikel 37;
b) den Tag, an dem dieses Übereinkommen nach Artikel 38 Absatz 1 in Kraft tritt;
c) jeden Beitritt nach Artikel 39 und den Tag, an dem er wirksam wird;
d) jede Erstreckung nach Artikel 40 und den Tag, an dem sie wirksam wird;
e) jede Behördenbezeichnung, jeden Vorbehalt und jede Erklärung nach den Artikeln 33 und 35;
f) jede Kündigung nach Artikel 41 Absatz 3.

Zu Urkund dessen haben die hierzu gehörig befugten Unterzeichneten dieses Übereinkommen unterschrieben.

Geschehen in Den Haag am 18. März 1970 in englischer und französischer Sprache, wobei jeder Wortlaut gleichermassen verbindlich ist, in einer Urschrift, die im Archiv der Regierung der Niederlande hinterlegt und von der jedem auf der Elften Tagung der Haager Konferenz für Internationales Privatrecht vertretenen Staat auf diplomatischem Weg eine beglaubigte Abschrift übermittelt wird.

(Es folgen die Unterschriften)

Geltungsbereich am 30. März 2015[6]

Vertragsstaaten	Ratifikation · Beitritt (B) Nachfolgeerklärung (N)		Inkrafttreten	
Albanien*[a]	16. Juli	2010 B	22. November	2011
Argentinien*[a]	8. Mai	1987 B	13. Januar	1995
Armenien*[a]	27. Juni	2012 B	19. Mai	2015
Australien*[a]	23. Oktober	1992 B	13. Januar	1995
Barbados[a]	5. März	1981 B	13. Januar	1995
Belarus*[a]	7. August	2001 B	12. März	2002
Bosnien und Herzegowina[a]	16. Juni	2008 B	23. November	2009
Brasilien*[a]	9. April	2014 B	19. Mai	2015
Bulgarien*[a]	23. November	1999 B	12. März	2002
China*[a]	8. Dezember	1997 B	12. März	2002
Hongkong*[b]	16. Juni	1997	1. Juli	1997
Macau*[c]	16. Dezember	1999	20. Dezember	1999
Dänemark*	20. Juni	1972	7. Oktober	1972
Deutschland*	27. April	1979	26. Juni	1979
Estland*[a]	2. Februar	1996 B	11. Juli	1998
Finnland*	7. April	1976	6. Juni	1976
Frankreich*	7. August	1974	6. Oktober	1974
Griechenland*	18. Januar	2005	19. März	2005
Indien*[a]	7. Februar	2007 B	23. November	2009
Island*[a]	10. November	2008 B	23. November	2009
Israel*	19. Juli	1979	17. September	1979
Italien*	22. Juni	1982	21. August	1982
Kolumbien[a]	13. Januar	2012 B	19. Mai	2015
Korea (Süd-)*[a]	14. Dezember	2009 B	22. November	2011
Kroatien*[a]	1. Oktober	2009 B	22. November	2011
Kuwait[a]	8. Mai	2002 B	11. November	2005
Lettland*[a]	28. März	1995 B	11. Juli	1998
Liechtenstein*[a]	12. November	2008 B	23. November	2009

---

6 AS 2005 1139 4989, 2012 101, 2014 583 und 2015 1075. Eine aktualisierte Fassung des Geltungsbereiches findet sich auf der Internetseite des EDA (www.eda.admin.ch/vertraege).

Vertragsstaaten	Ratifikation · Beitritt (B) Nachfolgeerklärung (N)		Inkrafttreten	
Litauen* [a]	2. August	2000 B	12. März	2002
Luxemburg*	26. Juli	1977	24. September	1977
Malta* [a d]	24. Februar	2011 B		
Marokko [a]	24. März	2011 B	22. November	2011
Mexiko* [a]	27. Juli	1989 B	13. Januar	1995
Monaco* [a]	17. Januar	1986 B	13. Januar	1995
Montenegro* [a]	16. Januar	2012 B	19. Mai	2015
Niederlande*	8. April	1981	7. Juni	1981
Aruba*	28. Mai	1986	27. Juli	1986
Norwegen*	3. August	1972	7. Oktober	1972
Polen* [a]	13. Februar	1996 B	11. Juli	1998
Portugal*	12. März	1975	11. Mai	1975
Rumänien* [a]	21. August	2003 B	11. November	2005
Russland [a]	1. Mai	2001 B	12. März	2002
Schweden*	2. Mai	1975	1. Juli	1975
Schweiz*	2. November	1994	1. Januar	1995
Serbien* [a]	2. Juli	2010 B	22. November	2011
Seychellen* [a]	7. Januar	2004 B	11. November	2005
Singapur* [a]	27. Oktober	1978 B	13. Januar	1995
Slowakei*	26. April	1993 N	1. Januar	1993
Slowenien [a]	18. September	2000 B	12. März	2002
Spanien*	22. Mai	1987	21. Juli	1987
Sri Lanka* [a]	31. August	2000 B	12. März	2002
Südafrika* [a]	8. Juli	1997 B	11. Juli	1998
Tschechische Republik*	28. Januar	1993 N	1. Januar	1993
Türkei*	13. August	2004	12. Oktober	2004
Ukraine* [a]	1. Februar	2001 B	12. März	2002
Ungarn* [a]	13. Juli	2004 B	11. November	2005
Venezuela* [a]	1. November	1993 B	11. Juli	1998

Vertragsstaaten	Ratifikation · Beitritt (B) Nachfolgeerklärung (N)		Inkrafttreten	
Vereinigte Staaten*	8. August	1972	7. Oktober	1972
Amerikanische Jungferninseln	9. Februar	1973 B	10. April	1973
Guam	9. Februar	1973 B	10. April	1973
Puerto Rico	9. Februar	1973 B	10. April	1973
Vereinigtes Königreich*	16. Juli	1976	14. September	1976
Akrotiri und Dhekelia*	25. Juni	1979 B	24. August	1979
Anguilla*	3. Juli	1986 B	1. September	1986
Falkland-Inseln und abhängige Gebiete (Südgeorgien und Südliche Sandwich-Inseln)*	26. November	1979 B	25. Januar	1980
Gibraltar*	21. November	1978 B	20. Januar	1979
Guernsey*	19. November	1985 B	18. Januar	1986
Insel Man*	16. April	1980 B	15. Juni	1980
Jersey*	6. Januar	1987 B	7. März	1987
Kaimaninseln*	16. September	1980 B	15. November	1980
Zypern* [a]	13. Januar	1983 B	13. Januar	1995

* Vorbehalte und Erklärungen.
Die Vorbehalte und Erklärungen werden in der AS nicht veröffentlicht, mit Ausnahme jener der Schweiz. Die französischen und englischen Texte können auf der Internet-Seite der Haager Konferenz: www.hcch.net/index_de.php eingesehen oder bei der Direktion für Völkerrecht, Sektion Staatsverträge, 3003 Bern, bezogen werden.

a Der Beitritt unterliegt dem Annahmeverfahren. Das Datum des Inkrafttretens ist jenes zwischen der Schweiz und diesem Vertragsstaat, bzw. Hoheitsgebiet.

b Bis zum 30. Juni 1997 war das Übereink. auf Grund einer Ausdehnungserklärung des Vereinigten Königreiches in Hong Kong anwendbar. Seit dem 1. Juli 1997 bildet Hong Kong eine Besondere Verwaltungsregion (SAR) der Volksrepublik China. Auf Grund der chinesisch-britischen Erklärung vom 19. Dez. 1984 bleiben diejenigen Abkommen, welche vor der Rückgabe an die Volksrepublik China in Hong Kong anwendbar waren, auch in der SAR anwendbar.

c Auf Grund einer Erklärung der Volksrepublik China vom 16. Dez. 1999 ist das Übereink. seit dem 20. Dez. 1999 auf die Besondere Verwaltungsregion (SAR) Macau anwendbar.

d Am 1. August 2012 hat Malta erklärt, dass sein Beitritt zum Übereinkommen erst nach Abschluss der Verfahren innerhalb der EU betreffend den Beitritt zum erwähnten Übereinkommen erfolgen könne, insbesondere erst nachdem ein Beschluss des Rats vorliege, welcher Malta ermächtige, dem Übereinkommen beizutreten. Sobald dieser Beschluss gefasst sei, werde Malta dem Depositar das Datum mitteilen, ab welchem das erwähnte Übereinkommen für Malta anwendbar wird.

Vorbehalte und Erklärungen

Schweiz

1. Zu Art. 1

Bezug nehmend auf Artikel 1 erachtet die Schweiz das Übereinkommen unter den Vertragsstaaten als ausschliesslich anwendbar. Überdies ist sie Bezug nehmend auf die Schlussfolgerungen der Haager Sonderkommission vom April 1989 der Ansicht, dass, ungeachtet der Auffassung der Vertragsstaaten über den ausschliesslichen Charakter des Übereinkommens, bei Ersuchen um Beweisaufnahme im Ausland den vom Übereinkommen vorgesehenen Verfahren der Vorzug zu geben ist.

2. Zu den Art. 2 und 24

Gemäss Artikel 35 Absatz 1 bezeichnet die Schweiz als Zentralbehörden im Sinne von Artikel 2 und 24 des Übereinkommens die nachstehend genannten kantonalen Behörden. Ersuchen und Beweisaufnahme oder Vornahme einer anderen gerichtlichen Handlung werden nebst den genannten Zentralbehörden auch vom Eidgenössischen Justiz- und Polizeidepartement in Bern entgegengenommen und an die im Einzelfall zuständigen Zentralbehörden weitergeleitet.

3. Zu Art. 4 Abs. 2 und 3

Gemäss den Artikeln 33 und 35 erklärt die Schweiz, was Artikel 4 Absätze 2 und 3 betrifft, dass die Rechtshilfeersuchen und deren Beilagen in der Sprache der ersuchten Behörde, d. h. auf deutsch, französisch oder italienisch abgefasst oder mit einer Übersetzung in eine dieser Sprachen versehen sein müssen, je nachdem, in welchem Teil der Schweiz die Ersuchen zu erledigen sind. Die Erledigungsbestätigung wird in der Sprache der ersuchten Behörde abgefasst (s. nachstehende Liste der schweizerischen Behörden).

4. Zu Art. 8

Gemäss Artikel 35 Absatz 2 erklärt die Schweiz, was Artikel 8 betrifft, dass Mitglieder der ersuchenden gerichtlichen Behörde, die am Verfahren eines Vertragsstaates beteiligt sind, bei der Erledigung des Rechtshilfeersuchens anwesend sein können, sofern sie die vorherige Genehmigung der mit der Erledigung betrauten Behörde erhalten haben.

5. Zu den Art. 15, 16 und 17

Gemäss Artikel 35 erklärt die Schweiz, dass die Beweisaufnahme im Sinne der Artikel 15, 16 und 17 eine vorherige Genehmigung voraussetzt, die vom Eidgenössischen Justiz- und Polizeidepartement erteilt wird. Das Gesuch ist an die Zentralbehörde desjenigen Kantons zu richten, in dem die Beweisaufnahme stattfinden soll.

6. Zu Art. 23

Gemäss Artikel 23 erklärt die Schweiz, dass Rechtshilfeersuchen, die ein «pretrial discovery of documents»-Verfahren zum Gegenstand haben, abgelehnt werden, wenn:

a) das Ersuchen keine direkte und notwendige Beziehung mit dem zugrunde liegenden Verfahren aufweist; oder
b) von einer Person verlangt wird, sie solle angeben, welche den Rechtsstreit betreffenden Urkunden sich in ihrem Besitz, ihrem Gewahrsam oder ihrer Verfügungsgewalt befinden oder befunden haben; oder
c) von einer Person verlangt wird, sie solle auch andere als die im Rechtshilfebegehren spezifizierten Urkunden vorlegen, die sich vermutlich in ihrem Besitz, ihrem Gewahrsam oder ihrer Verfügungsgewalt befinden; oder
d) schutzwürdige Interessen der Betroffenen gefährdet sind.

Liste der schweizerischen Behörden

a) kantonale Zentralbehörden

Eine aktualisierte Liste der kantonalen Zentralbehörden mit den vollständigen Adressen ist im Internet an folgender Adresse abrufbar:
www.rhf.admin.ch/rhf/de/home/zivil/behoerden/zentral.html

Die örtlich zuständige schweizerische Behörde kann im Internet auf der Orts- und Gerichtsdatenbank Schweiz ermittelt werden: www.elorge.admin.ch

b) Bundesbehörden

Eidgenössisches Justiz- und Polizeidepartement, EJPD, Bundesamt für Justiz, 3003 Bern.

Übersetzung[1]

14. Übereinkommen über den internationalen Zugang zur Rechtspflege

Abgeschlossen in Den Haag am 25. Oktober 1980
Von der Bundesversammlung genehmigt am 9. Juni 1994[2]
Schweizerische Ratifikationsurkunde hinterlegt am 28. Oktober 1994
Inkrafttreten für die Schweiz am 1. Januar 1995

Die Unterzeichnerstaaten dieses Übereinkommens,

in dem Wunsch, den internationalen Zugang zur Rechtspflege zu erleichtern,

haben beschlossen, zu diesem Zweck ein Übereinkommen zu schliessen, und haben die folgenden Bestimmungen vereinbart:

Kapitel I: Unentgeltliche Rechtspflege

Art. 1 Angehörige eines Vertragsstaats und Personen, die ihren gewöhnlichen Aufenthalt in einem Vertragsstaat haben, werden zur unentgeltlichen Rechtspflege in Zivil- und Handelssachen in jedem Vertragsstaat unter denselben Voraussetzungen zugelassen wie Angehörige dieses Staates, die dort ihren gewöhnlichen Aufenthalt haben.

Personen, auf die Absatz 1 keine Anwendung findet, die jedoch früher ihren gewöhnlichen Aufenthalt in einem Vertragsstaat hatten, in dem ein gerichtliches Verfahren anhängig ist oder anhängig gemacht werden soll, werden gleichwohl unter den in Absatz 1 vorgesehenen Voraussetzungen zur unentgeltlichen Rechtspflege zugelassen, wenn der geltend gemachte Anspruch mit dem früheren gewöhnlichen Aufenthalt in diesem Staat in Zusammenhang steht.

In Staaten, in denen die unentgeltliche Rechtspflege in verwaltungs-, sozial- oder steuerrechtlichen Verfahren gewährt wird, findet dieser Artikel auf Angelegenheiten Anwendung, die vor die hierfür zuständigen Gerichte gebracht werden.

SR 0.274.133. AS 1994 2835, 1995 962; BBl 1993 III 1261
1 Der französische Originaltext findet sich unter der gleichen Nummer in der entsprechenden Ausgabe dieser Sammlung.
2 Art. 3 Abs. 1 des BB vom 9. Juni 1994 (AS 1994 2807).

Art. 2 Artikel 1 findet auf die unentgeltliche Rechtsberatung Anwendung, wenn sich der Antragsteller in dem Staat aufhält, in dem sie beantragt wird.

Art. 3 Jeder Vertragsstaat bestimmt eine zentrale Behörde, welche die ihr nach diesem Übereinkommen übermittelten Anträge auf Bewilligung der unentgeltlichen Rechtspflege entgegennimmt und das Weitere veranlasst.

Bundesstaaten und Staaten mit mehreren Rechtssystemen steht es frei, mehrere zentrale Behörden zu bestimmen. Ist die zentrale Behörde, der ein Antrag unterbreitet wird, nicht zuständig, so leitet sie ihn an die zuständige zentrale Behörde in demselben Vertragsstaat weiter.

Art. 4 Jeder Vertragsstaat bestimmt eine oder mehrere Übermittlungsbehörden, welche die Anträge auf Bewilligung der unentgeltlichen Rechtspflege an die im ersuchten Staat zuständige zentrale Behörde weiterleiten.

Die Anträge auf Bewilligung der unentgeltlichen Rechtspflege werden ohne Beteiligung einer weiteren Behörde unter Verwendung des diesem Übereinkommen beigefügten Musters übermittelt.

Jedem Vertragsstaat steht es frei, einen Antrag auf diplomatischem Weg zu übermitteln.

Art. 5 Befindet sich die Person, die unentgeltliche Rechtspflege begehrt, nicht im ersuchten Staat, so kann sie ihren Antrag einer Übermittlungsbehörde des Vertragsstaats vorlegen, in dem sie ihren gewöhnlichen Aufenthalt hat; alle sonstigen Übermittlungswege, die ihr zur Einreichung des Antrags bei der zuständigen Behörde des ersuchten Staates offen stehen, bleiben unberührt.

Der Antrag ist nach dem Muster zu stellen, das diesem Übereinkommen beigefügt ist. Ihm sind alle notwendigen Schriftstücke beizufügen; dem ersuchten Staat bleibt vorbehalten, erforderlichenfalls ergänzende Angaben oder Schriftstücke zu verlangen.

Jeder Vertragsstaat kann erklären, dass seine zentrale Empfangsbehörde auch Anträge entgegennimmt, die ihr auf anderem Weg oder in anderer Weise übermittelt werden.

Art. 6 Die Übermittlungsbehörde ist dem Antragsteller behilflich, um sicherzustellen, dass der Antrag alle Schriftstücke und Angaben umfasst, die nach Kenntnis dieser Behörde für seine Beurteilung notwendig sind. Sie prüft, ob die Formerfordernisse erfüllt sind.

Die Übermittlungsbehörde kann die Weiterleitung des Antrags ablehnen, falls sie ihn für offensichtlich unbegründet hält.

Sie ist dem Antragsteller gegebenenfalls beim Beschaffen einer kostenlosen Übersetzung der Schriftstücke behilflich.

Sie beantwortet Anfragen, mit denen die zentrale Empfangsbehörde des ersuchten Staates ergänzende Angaben verlangt.

Art. 7 Die Anträge auf Bewilligung der unentgeltlichen Rechtspflege, die hierfür beizubringenden Schriftstücke sowie die Mitteilungen auf Anfragen, mit denen ergänzende Angaben verlangt werden, müssen in der Amtssprache oder einer der Amtssprachen des ersuchten Staates abgefasst oder von einer Übersetzung in eine dieser Sprachen begleitet sein.

Ist jedoch im ersuchenden Staat eine Übersetzung in die Sprache des ersuchten Staates nur schwer erhältlich, so nimmt dieser Staat Schriftstücke entgegen, die in französischer oder englischer Sprache abgefasst sind oder von einer Übersetzung in eine dieser Sprachen begleitet sind.

Mitteilungen, die von der zentralen Empfangsbehörde ausgehen, können in der Amtssprache oder einer der Amtssprachen des ersuchten Staates oder in Englisch oder Französisch abgefasst sein. Ist jedoch der von der Übermittlungsbehörde übersandte Antrag in Französisch oder Englisch abgefasst oder von einer Übersetzung in eine dieser Sprachen begleitet, so werden die Mitteilungen der zentralen Empfangsbehörde ebenfalls in einer dieser Sprachen abgefasst.

Übersetzungskosten, die durch die Anwendung der Absätze 1 bis 3 entstehen, werden vom ersuchenden Staat getragen. Kosten für Übersetzungen, die gegebenenfalls im ersuchten Staat erstellt werden, werden von diesem Staat getragen.

Art. 8 Die zentrale Empfangsbehörde entscheidet über den Antrag auf unentgeltliche Rechtspflege oder veranlasst das Erforderliche, damit die zuständige Behörde des ersuchten Staates über den Antrag entscheiden kann.

Sie leitet Anfragen, mit denen ergänzende Angaben verlangt werden, an die Übermittlungsbehörde weiter und unterrichtet diese über Schwierigkeiten bei der Prüfung des Antrags sowie über die getroffene Entscheidung.

Art. 9 Hat die Person, die unentgeltliche Rechtspflege begehrt, ihren Aufenthalt nicht in einem Vertragsstaat, so kann sie den Antrag auf dem konsularischen Weg einreichen; alle sonstigen Übermittlungswege, die ihr zur Einreichung des Antrags bei der zuständigen Behörde des ersuchten Staates offen stehen, bleiben unberührt.

Jeder Vertragsstaat kann erklären, dass seine zentrale Empfangsbehörde auch Anträge entgegennimmt, die ihr auf anderem Weg oder in anderer Weise übermittelt werden.

Art. 10 Alle nach diesem Kapitel übermittelten Schriftstücke sind von der Beglaubigung oder jeder ähnlichen Förmlichkeit befreit.

Art. 11 Die Übermittlung und die Entgegennahme von Anträgen auf Bewilligung der unentgeltlichen Rechtspflege sowie die Entscheidungen über solche Anträge nach diesem Kapitel sind kostenfrei.

Art. 12 Die Anträge auf Bewilligung der unentgeltlichen Rechtspflege sind mit der gebotenen Eile zu bearbeiten.

Art. 13 Ist einer Person unentgeltliche Rechtspflege nach Artikel 1 bewilligt worden, so sind für Zustellungen jeglicher Art, die sich auf das Verfahren dieser Person beziehen und die in einem anderen Vertragsstaat zu bewirken sind, keine Kosten zu erstatten. Das gleiche gilt für Rechtshilfeersuchen und Sozialberichte mit Ausnahme der Entschädigungen, die an Sachverständige und Dolmetscher gezahlt werden.

Ist einer Person nach Artikel 1 in einem Vertragsstaat unentgeltliche Rechtspflege für ein Verfahren bewilligt worden und ist in diesem Verfahren eine Entscheidung ergangen, so erhält diese Person ohne weitere Prüfung der Umstände die unentgeltliche Rechtspflege auch in jedem anderen Vertragsstaat, in dem sie die Anerkennung oder Vollstreckung dieser Entscheidung begehrt.

Kapitel II: Sicherheitsleistung für die Prozesskosten und Vollstreckbarerklärung von Kostenentscheidungen

Art. 14 Treten natürliche oder juristische Personen, die ihren gewöhnlichen Aufenthalt in einem Vertragsstaat haben, vor den Gerichten eines anderen Vertragsstaats als Kläger oder Intervenienten auf, so darf ihnen allein wegen ihrer Eigenschaft als Ausländer oder wegen des Fehlens eines Wohnsitzes oder Aufenthalts in dem Staat, in dem die Klage erhoben wird, eine Sicherheitsleistung oder Hinterlegung, gleich welcher Bezeichnung, nicht auferlegt werden.

Absatz 1 gilt auch für Vorschüsse, die von den Klägern oder Intervenienten zur Deckung der Gerichtskosten einzufordern wären.

Art. 15 War eine Person nach Artikel 14 oder nach den im Staat der Klageerhebung geltenden Rechtsvorschriften von der Sicherheitsleistung, der Hinterlegung oder der Vorschusspflicht befreit, so wird eine Entscheidung über die Kosten des Verfahrens, die in einem Vertragsstaat gegen sie ergangen ist, auf Antrag des Gläubigers in jedem anderen Vertragsstaat kostenfrei für vollstreckbar erklärt.

Art. 16 Jeder Vertragsstaat bestimmt eine oder mehrere Übermittlungsbehörden, welche die in Artikel 15 bezeichneten Anträge auf Vollstreckbarerklärung an die zuständige zentrale Behörde im ersuchten Staat weiterleiten.

Jeder Vertragsstaat bestimmt eine zentrale Behörde, welche die Anträge entgegennimmt und die geeigneten Massnahmen trifft, um eine endgültige Entscheidung über die Anträge herbeizuführen.

Bundesstaaten und Staaten mit mehreren Rechtssystemen steht es frei, mehrere zentrale Behörden zu bestimmen. Ist die zentrale Behörde, der ein Antrag unterbreitet wird, nicht zuständig, so leitet sie ihn an die zuständige zentrale Behörde im ersuchten Staat weiter.

Die Anträge werden ohne Beteiligung einer weiteren Behörde übermittelt. Jedem Vertragsstaat steht es jedoch frei, hierfür den diplomatischen Weg zu benutzen.

Die vorstehenden Bestimmungen schliessen nicht aus, dass der Antrag auf Vollstreckbarerklärung vom Gläubiger unmittelbar gestellt wird, es sei denn, der ersuchte Staat hat erklärt, solche Anträge nicht entgegenzunehmen.

Art. 17 Dem Antrag auf Vollstreckbarerklärung sind beizufügen

a) eine Ausfertigung desjenigen Teiles der Entscheidung, aus dem die Namen der Parteien und ihre Stellung im Verfahren hervorgehen, sowie der Kostenentscheidung;

b) jede Urkunde, die zum Nachweis dafür geeignet ist, dass gegen die Entscheidung im Ursprungsstaat kein ordentliches Rechtsmittel mehr eingelegt werden kann und dass sie dort vollstreckbar ist;

c) eine beglaubigte Übersetzung dieser Urkunden in die Sprache des ersuchten Staates, sofern sie nicht in dieser Sprache abgefasst sind.

Die zuständige Behörde im ersuchten Staat entscheidet über die Anträge auf Vollstreckbarerklärung, ohne die Parteien anzuhören. Sie beschränkt sich darauf zu prüfen, ob die erforderlichen Schriftstücke vorgelegt worden sind. Auf Ersuchen des Antragstellers bestimmt sie die Höhe der Kosten von Bescheinigungen, Übersetzungen und Beglaubigungen; sie gelten als Kosten des Rechtsstreits. Eine Beglaubigung oder eine ähnliche Förmlichkeit darf nicht verlangt werden.

Die Parteien können gegen die Entscheidung der zuständigen Behörde nur die nach dem Recht des ersuchten Staates zulässigen Rechtsmittel einlegen.

Kapitel III: Registerauszüge und Abschriften gerichtlicher Entscheidungen

Art. 18 In Zivil- oder Handelssachen können Angehörige eines Vertragsstaats und Personen, die ihren gewöhnlichen Aufenthalt in einem Vertragsstaat haben, in jedem anderen Vertragsstaat unter den gleichen Voraussetzungen wie dessen Staatsangehörige Auszüge aus öffentlichen Registern und

Abschriften von gerichtlichen Entscheidungen erhalten und sie, falls erforderlich, beglaubigen lassen.

Kapitel IV: Personalhaft und freies Geleit

Art. 19 In Zivil- oder Handelssachen darf die Personalhaft als Mittel der Zwangsvollstreckung oder auch nur als Sicherungsmassnahme gegen Angehörige eines Vertragsstaats oder gegen Personen, die ihren gewöhnlichen Aufenthalt in einem Vertragsstaat haben, nur in Fällen angewendet werden, in denen sie auch gegen eigene Staatsangehörige anwendbar wäre. Eine Tatsache, derentwegen ein sich gewöhnlich im Inland aufhaltender eigener Staatsangehöriger die Aufhebung der Personalhaft beantragen könnte, kann von Personen, die Angehörige eines anderen Vertragsstaats sind oder die ihren gewöhnlichen Aufenthalt in einem Vertragsstaat haben, mit derselben Wirkung geltend gemacht werden, selbst wenn die Tatsache im Ausland eingetreten ist.

Art. 20 Wird ein Zeuge oder Sachverständiger, der Angehöriger eines Vertragsstaats ist oder der seinen gewöhnlichen Aufenthalt in einem Vertragsstaat hat, von einem Gericht eines anderen Vertragsstaats oder von einer Partei mit Genehmigung dieses Gerichts wegen eines dort anhängigen Verfahrens namentlich vorgeladen, so darf er wegen Handlungen oder Verurteilungen aus der Zeit vor seiner Einreise in den ersuchenden Staat dort weder verfolgt noch in Haft gehalten noch einer sonstigen Beschränkung seiner persönlichen Freiheit unterworfen werden.

Der in Absatz 1 vorgesehene Schutz beginnt sieben Tage vor dem für die Vernehmung des Zeugen oder Sachverständigen festgesetzten Zeitpunkt; er endet nach Ablauf von sieben Tagen, nachdem der Zeuge oder Sachverständige durch die Justizbehörden davon unterrichtet wurde, dass seine Anwesenheit nicht mehr erforderlich ist, vorausgesetzt, dass er während der genannten Frist die Möglichkeit hatte, das Hoheitsgebiet zu verlassen, er aber dort geblieben oder nach Verlassen dieses Gebiets freiwillig dorthin zurückgekehrt ist.

Kapitel V: Allgemeine Bestimmungen

Art. 21 Unter Vorbehalt des Artikels 22 ist dieses Übereinkommen nicht so auszulegen, als schränke es in Bezug auf Angelegenheiten, die durch das Übereinkommen geregelt sind, die Rechte einer Person ein, die ihr nach den Gesetzen eines Vertragsstaats oder nach einer anderen Übereinkunft zustehen, deren Vertragspartei dieser Staat ist oder wird.

Art. 22 Dieses Übereinkommen ersetzt zwischen den Staaten, die es ratifiziert haben, die Artikel 17–24 der am 17. Juli 1905[3] in Den Haag unterzeichneten beziehungsweise die Artikel 17–26 der am 1. März 1954[4] in Den Haag unterzeichneten Übereinkunft betreffend Zivilprozessrecht, soweit diese Staaten Vertragsparteien einer dieser Übereinkünfte sind, und zwar auch dann, wenn ein Vorbehalt nach Artikel 28 Absatz 2 Buchstabe c angebracht wird.

Art. 23 Zusatzvereinbarungen zu den Übereinkünften von 1905 und 1954, die zwischen Vertragsstaaten geschlossen wurden, sind auch auf das vorliegende Übereinkommen anzuwenden, soweit sie mit diesem vereinbar sind, es sei denn, dass die beteiligten Staaten sich auf etwas anderes einigen.

Art. 24 Jeder Vertragsstaat kann durch eine Erklärung eine oder mehrere andere als die in den Artikeln 7 und 17 vorgesehenen Sprachen bezeichnen, die für die Abfassung oder die Übersetzung der an seine zentrale Behörde gerichteten Schriftstücke verwendet werden können.

Art. 25 Ein Vertragsstaat mit mehreren Amtssprachen, der aus Gründen seines innerstaatlichen Rechts die in den Artikeln 7 und 17 genannten Schriftstücke nicht für sein gesamtes Hoheitsgebiet in einer dieser Sprachen entgegennehmen kann, bezeichnet durch eine Erklärung die Sprache, die für die Abfassung oder die Übersetzung der Schriftstücke zur Vorlage in bestimmten Teilen seines Hoheitsgebiets verwendet werden muss.

Art. 26 Ein Vertragsstaat, der aus zwei oder mehr Gebietseinheiten besteht, in denen für die in diesem Übereinkommen behandelten Angelegenheiten unterschiedliche Rechtssysteme gelten, kann bei der Unterzeichnung, der Ratifikation, der Annahme, der Genehmigung oder dem Beitritt erklären, dass das Übereinkommen auf alle seine Gebietseinheiten oder nur auf eine oder mehrere davon erstreckt wird; er kann diese Erklärung durch Abgabe einer neuen Erklärung jederzeit ändern.

Jede derartige Erklärung wird dem Ministerium für Auswärtige Angelegenheiten des Königreichs der Niederlande unter ausdrücklicher Bezeichnung der Gebietseinheiten notifiziert, auf die das Übereinkommen angewendet wird.

Art. 27 Hat ein Vertragsstaat eine Staatsform, aufgrund derer die vollziehende, die rechtsprechende und die gesetzgebende Gewalt zwischen zentralen und anderen Organen innerhalb des betreffenden Staates aufgeteilt sind, so hat die Unterzeichnung oder Ratifikation, Annahme oder Genehmigung dieses Übereinkommens oder der Beitritt zu dem Übereinkommen oder die Abgabe einer Erklärung nach Artikel 26 keinen Einfluss auf die Aufteilung der Gewalt innerhalb dieses Staates.

---

3 [BS 12 277. AS 2009 7101]
4 SR 0.274.12

Art. 28 Jeder Vertragsstaat kann sich bei der Unterzeichnung, der Ratifikation, der Annahme, der Genehmigung oder dem Beitritt das Recht vorbehalten, Artikel 1 nicht auf Personen anzuwenden, die, ohne Angehörige eines Vertragsstaats zu sein, ihren gewöhnlichen Aufenthalt in einem anderen als dem den Vorbehalt anbringenden Vertragsstaat haben oder früher dort hatten; dies gilt jedoch nur, wenn zwischen dem den Vorbehalt anbringenden Staat und dem Staat, dessen Angehöriger die unentgeltliche Rechtspflege beantragt, keine Gegenseitigkeit besteht.

Jeder Vertragsstaat kann sich bei der Unterzeichnung, der Ratifikation, der Annahme, der Genehmigung oder dem Beitritt das Recht vorbehalten, folgendes auszuschliessen:

a) die Verwendung des Englischen oder Französischen oder beider Sprachen nach Artikel 7 Absatz 2;
b) die Anwendung des Artikels 13 Absatz 2;
c) die Anwendung des Kapitels II;
d) die Anwendung des Artikels 20.

Hat ein Staat
e) durch einen Vorbehalt nach Absatz 2 Buchstabe a die Verwendung sowohl der englischen als auch der französischen Sprache ausgeschlossen, so kann jeder andere von dem Vorbehalt betroffene Staat gegenüber dem den Vorbehalt anbringenden Staat entsprechend verfahren;
f) einen Vorbehalt nach Absatz 2 Buchstabe b angebracht, so kann es jeder andere Staat ablehnen, Artikel 13 Absatz 2 auf Personen anzuwenden, die Angehörige des den Vorbehalt anbringenden Staates sind oder dort ihren gewöhnlichen Aufenthalt haben;
g) einen Vorbehalt nach Absatz 2 Buchstabe c angebracht, so kann es jeder andere Staat ablehnen, Kapitel II auf Personen anzuwenden, die Angehörige des den Vorbehalt anbringenden Staates sind oder dort ihren gewöhnlichen Aufenthalt haben.

Weitere Vorbehalte sind nicht zulässig.

Jeder Vertragsstaat kann einen von ihm angebrachten Vorbehalt jederzeit zurücknehmen. Die Rücknahme wird dem Ministerium für Auswärtige Angelegenheiten des Königreichs der Niederlande notifiziert. Die Wirkung des Vorbehalts endet am ersten Tag des dritten Kalendermonats nach dieser Notifikation.

Art. 29 Jeder Vertragsstaat teilt dem Ministerium für Auswärtige Angelegenheiten des Königreichs der Niederlande bei der Hinterlegung seiner Ratifikations-, Annahme-, Genehmigungs- oder Beitrittsurkunde oder zu einem späteren Zeitpunkt die in den Artikeln 3, 4 und 16 vorgesehenen Behörden mit.

Er teilt gegebenenfalls auf gleiche Weise folgendes mit:
a) die Erklärungen nach den Artikeln 5, 9, 16, 24, 25, 26 und 33;

b) jede Rücknahme oder Änderung der vorstehend erwähnten Behördenbezeichnungen und Erklärungen;
c) jede Rücknahme eines Vorbehalts.

Art. 30 Die diesem Übereinkommen beigefügten Muster können durch Beschluss einer Spezialkommission geändert werden, die vom Generalsekretär der Haager Konferenz einberufen wird und zu der alle Vertragsstaaten und alle Mitgliedstaaten dieser Konferenz eingeladen werden. Der Vorschlag, die Muster zu ändern, wird auf die der Einberufung beigefügte Tagesordnung gesetzt.

Änderungen werden von der Spezialkommission mit der Mehrheit der anwesenden und abstimmenden Vertragsstaaten angenommen; sie treten für alle Vertragsstaaten am ersten Tag des siebenten Monats in Kraft, der auf den Tag folgt, an dem der Generalsekretär die Änderungen allen Vertragsstaaten mitgeteilt hat.

Während der in Absatz 2 vorgesehenen Frist kann jeder Vertragsstaat durch eine an das Ministerium für Auswärtige Angelegenheiten des Königreichs der Niederlande gerichtete schriftliche Notifikation einen Vorbehalt zu der betreffenden Änderung anbringen. Ein Staat, der einen solchen Vorbehalt angebracht hat, wird bezüglich dieser Änderung bis zur Rücknahme des Vorbehalts wie ein Staat behandelt, der nicht Vertragspartei des Übereinkommens ist.

Kapitel VI: Schlussbestimmungen

Art. 31 Dieses Übereinkommen liegt für die Staaten zur Unterzeichnung auf, die zum Zeitpunkt der Vierzehnten Tagung der Haager Konferenz für Internationales Privatrecht Mitglied der Konferenz waren, sowie für Nichtmitgliedstaaten, die eingeladen waren, an der Ausarbeitung des Übereinkommens mitzuwirken.

Es bedarf der Ratifikation, Annahme oder Genehmigung; die Ratifikations-, Annahme- oder Genehmigungsurkunden werden beim Ministerium für Auswärtige Angelegenheiten des Königreichs der Niederlande hinterlegt.

Art. 32 Jeder andere Staat kann dem Übereinkommen beitreten.

Die Beitrittsurkunde wird beim Ministerium für Auswärtige Angelegenheiten des Königreichs der Niederlande hinterlegt.

Der Beitritt wirkt nur in den Beziehungen zwischen dem beitretenden Staat und den Vertragsstaaten, die innerhalb von zwölf Monaten nach Eingang der in Artikel 36 Ziffer 2 erwähnten Notifikation keinen Einspruch gegen den Beitritt erhoben haben. Ein solcher Einspruch kann von einem Mitgliedstaat auch dann erhoben werden, wenn er das Übereinkommen nach einem Beitritt ratifiziert, annimmt oder genehmigt. Jeder derartige Einspruch wird dem

Ministerium für Auswärtige Angelegenheiten des Königreichs der Niederlande notifiziert.

Art. 33 Jeder Staat kann bei der Unterzeichnung, der Ratifikation, der Annahme, der Genehmigung oder dem Beitritt erklären, dass sich das Übereinkommen auf alle oder auf einzelne der Hoheitsgebiete erstreckt, deren internationale Beziehungen er wahrnimmt. Eine solche Erklärung wird wirksam, sobald das Übereinkommen für den betreffenden Staat in Kraft tritt.

Eine solche Erklärung sowie jede spätere Erstreckung wird dem Ministerium für Auswärtige Angelegenheiten des Königreichs der Niederlande notifiziert.

Art. 34 Das Übereinkommen tritt am ersten Tag des dritten Kalendermonats nach der in den Artikeln 31 und 32 vorgesehenen Hinterlegung der dritten Ratifikations-, Annahme-, Genehmigungs- oder Beitrittsurkunde in Kraft.

Danach tritt das Übereinkommen in Kraft
1. für jeden Staat, der es später ratifiziert, annimmt oder genehmigt oder der ihm später beitritt, am ersten Tag des dritten Kalendermonats nach Hinterlegung seiner Ratifikations-, Annahme-, Genehmigungs- oder Beitrittsurkunde;
2. für jedes Hoheitsgebiet oder jede Gebietseinheit, auf die es nach Artikel 26 oder 33 erstreckt worden ist, am ersten Tag des dritten Kalendermonats nach der in dem betreffenden Artikel vorgesehenen Notifikation.

Art. 35 Das Übereinkommen bleibt für die Dauer von fünf Jahren in Kraft, vom Tag seines Inkrafttretens nach Artikel 34 Absatz 1 an gerechnet, und zwar auch für die Staaten, die es später ratifiziert, angenommen oder genehmigt haben oder die ihm später beigetreten sind.

Die Geltungsdauer des Übereinkommens verlängert sich, ausser im Fall der Kündigung, stillschweigend um jeweils fünf Jahre.

Die Kündigung wird spätestens sechs Monate vor Ablauf der fünf Jahre dem Ministerium für Auswärtige Angelegenheiten des Königreichs der Niederlande notifiziert. Sie kann sich auf bestimmte Hoheitsgebiete oder Gebietseinheiten beschränken, auf die das Übereinkommen angewendet wird.

Die Kündigung wirkt nur für den Staat, der sie notifiziert hat. Für die anderen Vertragsstaaten bleibt das Übereinkommen in Kraft.

Art. 36 Das Ministerium für Auswärtige Angelegenheiten des Königreichs der Niederlande notifiziert den Mitgliedstaaten der Konferenz sowie den Staaten, die nach Artikel 32 beigetreten sind,
1. jede Unterzeichnung, Ratifikation, Annahme und Genehmigung nach Artikel 31;
2. jeden Beitritt und jeden Einspruch gegen einen Beitritt nach Artikel 32;
3. den Tag, an dem das Übereinkommen nach Artikel 34 in Kraft tritt;

4. jede Erklärung nach Artikel 26 oder 33;
5. jeden Vorbehalt und jede Rücknahme von Vorbehalten nach den Artikeln 28 und 30;
6. jede Mitteilung nach Artikel 29;
7. jede Kündigung nach Artikel 35.

Zu Urkund dessen haben die hierzu gehörig befugten Unterzeichneten dieses Übereinkommen unterschrieben.

Geschehen in Den Haag am 25. Oktober 1980 in französischer und englischer Sprache, wobei jeder Wortlaut gleichermassen verbindlich ist, in einer Urschrift, die im Archiv der Regierung des Königreichs der Niederlande hinterlegt wird und von der jedem Staat, der während der Vierzehnten Tagung der Haager Konferenz für Internationales Privatrecht Mitglied der Konferenz war, sowie jedem anderen Staat, der auf dieser Tagung an der Ausarbeitung des Übereinkommens mitgewirkt hat, auf diplomatischem Weg eine beglaubigte Abschrift übermittelt wird.

(Es folgen die Unterschriften)

Anhang zu dem Übereinkommen

Formular zur Übermittlung eines Antrags auf unentgeltliche Rechtspflege

Übereinkommen über den internationalen Zugang zur Rechtspflege, unterzeichnet in Den Hag am 25. Oktober 1980

Name und Adresse der Übermittlungsbehörde	Adresse der zentralen Empfangsbehörde

Die unterzeichnete Übermittlungsbehörde beehrt sich, der zentralen Empfangsbehörde den beigefügten Antrag auf unentgeltliche Rechtspflege sowie dessen Anhang (Erklärung über die wirtschaftliche Lage des Antragstellers) zu weiterer Veranlassung nach Kapitel I des oben genannten Übereinkommens zu übermitteln.

Allfällige Bemerkungen, die sich auf den Antrag und die Erklärung beziehen:

Sonstige Bemerkungen

Ausgefertigt in .... , am ....
Unterschrift und/oder Stempel

Formular zu dem Übereinkommen

Antrag auf unentgeltliche Rechtspflege

Übereinkommen über den internationalen Zugang zur Rechtspflege, unterzeichnet in Den Haag am 25. Oktober 1980

1. Name und Adresse des Antragstellers

2. Gericht, bei dem das Verfahren anhängig ist oder anhängig gemacht werden soll (falls bekannt)

3. a) Gegenstand (Gegenstände) des Rechtsstreits; gegebenenfalls Höhe des Streitwertes

   b) Aufzählung allfälliger Beweisurkunden für das bereits eingeleitete oder in Aussicht genommene Verfahren[5]

   c) Name und Adresse der Gegenpartei[5]

4. Alle das Verfahren betreffenden Fristen oder Termine, die für den Antragsteller rechtliche Folgen haben und eine besonders dringliche Bearbeitung des Antrags geboten erscheinen lassen[5]

5. Jede weitere zweckdienliche Auskunft[5]

6. Ausgefüllt in .... , am ....

7. Unterschrift des Antragstellers

---

[5] Unzutreffendes streichen

Anhang zu dem Antrag auf unentgeltliche Rechtspflege

Erklärung über die wirtschaftliche Lage des Antragstellers

I. Persönliche Verhältnisse

8. Name (gegebenenfalls Geburtsname)

9. Vorname(n)

10. Tag und Ort der Geburt

11. Staatsangehörigkeit

12. a) gewöhnlicher Aufenthalt (Tag des Beginns)

    b) Früherer gewöhnlicher Aufenthalt (Tag des Beginns und der Beendigung)

13. Familienstand (ledig, verheiratet, verwitwet, geschieden, getrennt)

14. Name und Vorname(n) des Ehegatten

15. Name, Vorname(n) und Geburtsdatum der unterhaltsberechtigten Kinder des Antragstellers

16. Andere unterhaltsberechtigte Person

17. Ergänzende Angaben über die Familienverhältnisse

II. Finanzielle Lage

18. Ausgeübter Beruf

19. Name und Adresse des Arbeitgebers oder Ort, an dem der Beruf ausgeübt wird

		des Antragstellers	des Ehegatten	der unterhaltsberechtigten Personen
20.	Einkommen			
	a) Gehalt, Lohn (einschliesslich Naturalleistungen)			
	b) Ruhegehälter, Invalidenrenten, Unterhaltsbeiträge Renten, Leibrenten			
	c) Arbeitslosenunterstützung			
	d) Einkünfte aus unselbständiger Tätigkeit			
	e) Einkünfte aus Wertpapieren und beweglichem Vermögen			
	f) Einkommen aus Grundstücken			
	g) andere Einkommensquellen			
21.	Immobilien (bitte Wert und Belastung angeben)			
22.	Andere Vermögenswerte (Wertpapiere, Gewinnbeteiligungen, Forderungen, Bankkonten, Geschäftsvermögen usw.)			

	des Antragstellers	des Ehegatten	der unterhaltsberechtigten Personen
23. Schulden und andere finanzielle Belastungen			
a) Darlehen (bitte den noch zu zahlenden Betrag sowie die jährlichen/ monatlichen Rückzahlungen angeben)			
b) Unterhaltspflichten (nennen Sie die monatlichen Beträge)			
c) Mieten (einschliesslich Kosten für Heizung, Strom, Gas und Wasser)			
d) Andere regelmässig anfallende Kosten			

24. Lohn- oder Einkommensteuer und Sozialversicherungsbeiträge *für das vergangene Jahr*

25. Bemerkungen des Antragstellers

26. Gegebenenfalls Aufzählung und Belege

27. Ich, der/die Unterzeichnete, bin über die strafrechtlichen Folgen falscher Angaben belehrt worden und erkläre hiermit, dass die obigen Angaben vollständig und richtig sind.

28. Ausgefüllt in (Ort) ....

29. am ....

30. Unterschrift des Antragstellers ....

Geltungsbereich des Übereinkommens am 23. April 2015[6]

Vertragsstaaten	Ratifikation Beitritt (B) Nachfolgeerklärung (N)		Inkrafttreten	
Albanien*	15. Oktober	2007 B	1. Januar	2008
Belarus*	18. Dezember	1997 B	1. März	1998
Bosnien und Herzegowina*	1. Oktober	1993 N	6. März	1992
Brasilien*	15. November	2011 B	1. Februar	2012
Bulgarien*	23. November	1999 B	1. Februar	2000
Estland*	2. Februar	1996 B	1. Mai	1996
Finnland*	13. Juni	1988	1. September	1988
Frankreich*	22. Dezember	1982	1. Mai	1988
Kasachstan	29. Januar	2014 B	1. April	2015
Kroatien*	23. April	1993 N	8. Oktober	1991
Lettland*	20. Dezember	1999 B	1. März	2000
Litauen*	4. August	2000 B	1. November	2000
Luxemburg*	6. Februar	2003	1. Mai	2003
Malta*	24. Februar	2011 B	1. Mai	2011
Mazedonien*	23. September	1993 N	8. September	1991
Montenegro	1. März	2007 N	3. Juni	2006
Niederlande*	2. März	1992	1. Juni	1992
Polen*	10. August	1992 B	1. November	1992
Rumänien*	21. August	2003 B	1. November	2003
Schweden*	15. Januar	1987	1. Mai	1988
Schweiz*	28. Oktober	1994	1. Januar	1995
Serbien*	26. April	2001 N	27. April	1992
Slowakei*	11. März	2003	1. Juni	2003
Slowenien*	8. Juni	1992 N	25. Juni	1991
Spanien*	8. Februar	1988	1. Mai	1988
Tschechische Republik*	3. April	2001	1. Juli	2001
Zypern*	27. Juli	2000 B	1. Oktober	2000

---

6 AS 1995 962, 2002 2822, 2005 1143, 2009 3641 und AS 2015 1289. Eine aktualisierte Fassung des Geltungsbereichs findet sich auf der Internetseite des EDA (http://www.eda.admin.ch/vertraege).

Vertragsstaaten	Ratifikation Beitritt (B) Nachfolgeerklärung (N)	Inkrafttreten

* Vorbehalte und Erklärungen.
Die Vorbehalte und Erklärungen werden in der AS nicht veröffentlicht, mit Ausnahme jener der Schweiz. Die französischen und englischen Texte können auf der Internetseite der Haager Konferenz: http://hcch.e-vision.nl/index_fr.php eingesehen oder bei der Direktion für Völkerrecht, Sektion Staatsverträge, 3003 Bern bezogen werden.

Vorbehalte und Erklärungen

Schweiz[7]

1. Zu den Artikeln 3 und 16

Gemäss Artikel 29 Absatz 1 bezeichnet die Schweiz als Zentralbehörden im Sinne der Artikel 3 und 16 des Übereinkommens die nachstehend genannten kantonalen Behörden. Aus dem Ausland stammende Gesuche um Erteilung der unentgeltlichen Prozessführung oder Anträge auf Vollstreckbarerklärungen von Kostenentscheiden werden nebst den genannten Zentralbehörden auch vom Eidgenössischen Justiz- und Polizeidepartement in Bern entgegengenommen und an die im Einzelfall zuständigen Zentralbehörden weitergeleitet.

Sofern die unentgeltliche Prozessführung oder die zu vollstreckenden Kostenentscheide Verfahren betreffen, die aufgrund der innerstaatlichen Kompetenzordnung oder aufgrund des innerstaatlichen Instanzenzuges vor Behörden des Bundes stattzufinden haben, leitet das Eidgenössische Justiz- und Polizeidepartement die entsprechenden Gesuche an die zuständigen Bundesbehörden weiter. Werden solche Verfahren betreffende Gesuche bei den kantonalen Zentralbehörden eingereicht, leiten sie diese von Amtes wegen an das Eidgenössische Justiz- und Polizeidepartement weiter.

2. Zu den Artikeln 4 und 16

Gemäss Artikel 29 Absatz 1 erklärt die Schweiz, dass die unter Artikel 3 bezeichneten Behörden auch die Aufgaben der Übermittlungsbehörden im Sinne der Artikel 4 Absatz 1 und 16 Absatz 1 wahrnehmen.

3. Zu den Artikeln 5 und 9

Gemäss Artikel 29 Absatz 2 erklärt die Schweiz zu den Artikeln 5 und 9, dass die zentralen Empfangsbehörden in der Schweiz auch Gesuche entgegennehmen, die ihr unmittelbar durch die Post oder durch Vermittlung einer diplomatischen oder konsularischen Vertretung übermittelt werden.

---

[7] Art. 3 Abs. 3 des BB vom 9. Juni 1994 (AS 1994 2807)

4. Zu Artikel 7 Absatz 2, Artikel 24 und 25

Gemäss Artikel 28 und 29 erklärt die Schweiz zu den Artikeln 7, 24 und 25, dass Gesuche um Bewilligung der unentgeltlichen Rechtspflege und deren Beilagen in der Sprache der ersuchten Behörde, d. h. auf deutsch, französisch oder italienisch abgefasst oder mit einer Übersetzung in eine dieser Sprachen versehen sein müssen, je nachdem in welchem Teil der Schweiz das Gesuch zu erledigen ist (s. nachstehende Liste der schweizerischen Behörden). Schriftstücke, die in einer anderen als der Sprache der ersuchten Behörde abgefasst oder von einer Übersetzung in eine andere als diese Sprache begleitet werden, können auch dann zurückgewiesen werden, wenn eine Übersetzung in die Sprache der ersuchten Behörde im ersuchenden Staat nur schwer erhältlich ist.

5. Zu Artikel 17 Absatz 1, Artikel 24 und 25

Gemäss Artikel 29 erklärt die Schweiz zu den Artikeln 17 Absatz 1, 24 und 25, dass Gesuche um Vollstreckbarerklärung von Kostenentscheiden und deren Beilagen in der Sprache der ersuchten Behörde, d. h. auf deutsch, französisch oder italienisch abgefasst oder mit einer Übersetzung in eine dieser Sprachen versehen sein müssen, je nachdem in welchem Teil der Schweiz das Gesuch zu erledigen ist (s. nachstehende Liste der schweizerischen Behörden).

Liste der schweizerischen Behörden

a) kantonale Zentralbehörden

Eine aktualisierte Liste der kantonalen Zentralebehörden mit den vollständigen Adressen ist im Internet an folgender Adresse abrufbar:
http://www.rhf.admin.ch/rhf/de/home/zivil/behoerden/zentral.html

Die örtlich zuständige schweizerische Behörde kann im Internet auf der Orts- und Gerichtsdatenbank Schweiz ermittelt werden: http:/www.elorge.admin.ch

b) Bundesbehörden

Eidgenössisches Justiz- und Polizeidepartement (EJPD), Bundesamt für Justiz, 3003 Bern

Übersetzung[1]

15. Übereinkommen über die Anerkennung und Vollstreckung ausländischer Schiedssprüche

Abgeschlossen in New York am 10. Juni 1958
Von der Bundesversammlung genehmigt am 2. März 1965[2]
Schweizerische Ratifikationsurkunde hinterlegt am 1. Juni 1965
In Kraft getreten für die Schweiz am 30. August 1965

Art. I 1. Dieses Übereinkommen ist auf die Anerkennung und Vollstreckung von Schiedssprüchen anzuwenden, die in Rechtsstreitigkeiten zwischen natürlichen oder juristischen Personen in dem Hoheitgebiet eines anderen Staates als desjenigen ergangen sind, in dem die Anerkennung und Vollstreckung nachgesucht wird. Es ist auch auf solche Schiedssprüche anzuwenden, die in dem Staat, in dem ihre Anerkennung und Vollstreckung nachgesucht wird, nicht als inländische anzusehen sind.

2. Unter «Schiedssprüchen» sind nicht nur Schiedssprüche von Schiedsrichtern, die für eine bestimmte Sache bestellt worden sind, sondern auch solche eines ständigen Schiedsgerichts, dem sich die Parteien unterworfen haben, zu verstehen.

3. Jeder Staat, der dieses Übereinkommen unterzeichnet oder ratifiziert, ihm beitritt oder dessen Ausdehnung gemäss Artikel X notifiziert, kann gleichzeitig auf der Grundlage der Gegenseitigkeit erklären, dass er das Übereinkommen nur auf die Anerkennung und Vollstreckung solcher Schiedssprüche anwenden werde, die in dem Hoheitgebiet eines anderen Vertragsstaates ergangen sind. Er kann auch erklären, dass er das Übereinkommen nur auf Streitigkeiten aus solchen Rechtsverhältnissen, sei es vertraglicher oder nichtvertraglicher Art, anwenden werde, die nach seinem innerstaatlichen Recht als Handelssachen angesehen werden.

Art. II 1. Jeder Vertragsstaat erkennt eine schriftliche Vereinbarung an, durch die sich die Parteien verpflichten, alle oder einzelne Streitigkeiten, die zwischen ihnen aus einem bestimmten Rechtsverhältnis, sei es vertraglicher oder nichtvertraglicher Art, bereits entstanden sind oder etwa künftig entstehen, einem schiedsrichterlichen Verfahren zu unterwerfen, sofern der Gegenstand des Streites auf schiedsrichterlichem Wege geregelt werden kann.

SR 0.277.12. AS 1965 795; BBl 1964 II 605
1 Der Originaltext findet sich unter der gleichen Nummer in der französischen Ausgabe dieser Sammlung.
2 AS 1965 793

2. Unter einer «schriftlichen Vereinbarung» ist eine Schiedsklausel in einem Vertrag oder eine Schiedsabrede zu verstehen, sofern der Vertrag oder die Schiedsabrede von den Parteien unterzeichnet oder in Briefen oder Telegrammen enthalten ist, die sie gewechselt haben.

3. Wird ein Gericht eines Vertragsstaates wegen eines Streitgegenstandes angerufen, hinsichtlich dessen die Parteien eine Vereinbarung im Sinne dieses Artikels getroffen haben, so hat das Gericht auf Antrag einer der Parteien sie auf das schiedsrichterliche Verfahren zu verweisen, sofern es nicht feststellt, dass die Vereinbarung hinfällig, unwirksam oder nicht erfüllbar ist.

Art. III Jeder Vertragsstaat erkennt Schiedssprüche als wirksam an und lässt sie nach den Verfahrensvorschriften des Hoheitsgebietes, in dem der Schiedsspruch geltend gemacht wird, zur Vollstreckung zu, sofern die in den folgenden Artikel festgelegten Voraussetzungen gegeben sind. Die Anerkennung oder Vollstreckung von Schiedssprüchen, auf die dieses Übereinkommen anzuwenden ist, darf weder wesentlich strengeren Verfahrensvorschriften noch wesentlich höheren Kosten unterliegen als die Anerkennung oder Vollstreckung inländischer Schiedssprüche.

Art. IV 1. Zur Anerkennung und Vollstreckung, die im vorangehenden Artikel erwähnt wird, ist erforderlich, dass die Partei, welche die Anerkennung und Vollstreckung nachsucht, zugleich mit ihrem Antrag vorlegt:

a. die gehörig beglaubigte (legalisierte) Urschrift des Schiedsspruchs oder eine Abschrift, deren Übereinstimmung mit einer solchen Urschrift ordnungsgemäss beglaubigt ist;

b. die Urschrift der Vereinbarung im Sinne des Artikels II oder eine Abschrift, deren Übereinstimmung mit einer solchen Urschrift ordnungsgemäss beglaubigt ist.

2. Ist der Schiedsspruch oder die Vereinbarung nicht in einer amtlichen Sprache des Landes abgefasst, in dem der Schiedsspruch geltend gemacht wird, so hat die Partei, die seine Anerkennung und Vollstreckung nachsucht, eine Übersetzung der erwähnten Urkunden in diese Sprache beizubringen. Die Übersetzung muss von einem amtlichen oder beeidigten Übersetzer oder von einem diplomatischen oder konsularischen Vertreter beglaubigt sein.

Art. V 1. Die Anerkennung und Vollstreckung des Schiedsspruches darf auf Antrag der Partei, gegen die er geltend gemacht wird, nur versagt werden, wenn diese Partei der zuständigen Behörde des Landes, in dem die Anerkennung und Vollstreckung nachgesucht wird, den Beweis erbringt.

a. dass die Parteien, die eine Vereinbarung im Sinne des Artikels II geschlossen haben, nach dem Recht, das für sie persönlich massgebend ist, in irgendeiner Hinsicht hierzu nicht fähig waren, oder dass die Vereinbarung nach dem Recht, dem die Parteien sie unterstellt haben, oder, falls die Parteien hierüber nichts bestimmt haben, nach dem Recht des Landes, in dem der Schiedsspruch ergangen ist, ungültig ist, oder

b. dass die Partei, gegen die der Schiedsspruch geltend gemacht wird, von der Bestellung des Schiedsrichters oder von dem schiedsrichterlichen Verfahren nicht gehörig in Kenntnis gesetzt worden ist oder dass sie aus einem anderen Grund ihre Angriffs- oder Verteidigungsmittel nicht hat geltend machen können, oder

c. dass der Schiedsspruch eine Streitigkeit betrifft, die in der Schiedsabrede nicht erwähnt ist oder nicht unter die Bestimmungen der Schiedsklausel fällt, oder dass er Entscheidungen enthält, welche die Grenzen der Schiedsabrede oder der Schiedsklausel überschreiten; kann jedoch der Teil des Schiedsspruches, der sich auf Streitpunkte bezieht, die dem schiedsrichterlichen Verfahren unterworfen waren, von dem Teil, der Streitpunkte betrifft, die ihm nicht unterworfen waren, getrennt werden, so kann der erstgenannte Teil des Schiedsspruches anerkannt und vollstreckt werden, oder

d. dass die Bildung des Schiedsgerichtes oder das schiedsrichterliche Verfahren der Vereinbarung der Parteien oder, mangels einer solchen Vereinbarung, dem Recht des Landes, in dem das schiedsrichterliche Verfahren stattfand, nicht entsprochen hat, oder

e. dass der Schiedsspruch für die Parteien noch nicht verbindlich geworden ist oder dass er von einer zuständigen Behörde des Landes, in dem oder nach dessen Recht er ergangen ist, aufgehoben oder in seinen Wirkungen einstweilen gehemmt worden ist.

2. Die Anerkennung und Vollstreckung eines Schiedsspruches darf auch versagt werden, wenn die zuständige Behörde des Landes, in dem die Anerkennung und Vollstreckung nachgesucht wird, feststellt,

a. dass der Gegenstand des Streites nach dem Recht dieses Landes nicht auf schiedsrichterlichem Wege geregelt werden kann, oder

b. dass die Anerkennung oder Vollstreckung des Schiedsspruches der öffentlichen Ordnung dieses Landes widersprechen würde.

Art. VI Ist bei der Behörde, die im Sinne des Artikels V Absatz 1 Buchstabe *e* zuständig ist, ein Antrag gestellt worden, den Schiedsspruch aufzuheben oder ihn in seinen Wirkungen einstweilen zu hemmen, so kann die Behörde, vor welcher der Schiedsspruch geltend gemacht wird, sofern sie es für angebracht hält, die Entscheidung über den Antrag, die Vollstreckung zuzulassen, aussetzen; sie kann aber auch auf Antrag der Partei, welche die Vollstreckung des Schiedsspruches begehrt, der andern Partei auferlegen, angemessene Sicherheit zu leisten.

Art. VII 1. Die Bestimmungen dieses Übereinkommens lassen die Gültigkeit mehrseitiger oder zweiseitiger Verträge, welche die Vertragsstaaten über die Anerkennung und Vollstreckung von Schiedssprüchen geschlossen haben, unberührt und nehmen keiner beteiligten Partei das Recht, sich auf einen Schiedsspruch nach Massgabe des innerstaatlichen Rechts oder der Verträge des Landes, in dem er geltend gemacht wird, zu berufen.

2. Das Genfer Protokoll über die Schiedsklauseln von 1923[3] und das Genfer Abkommen zur Vollstreckung ausländischer Schiedssprüche von 1927[4] treten zwischen den Vertragsstaaten in dem Zeitpunkt und in dem Ausmass ausser Kraft, in dem dieses Übereinkommen für sie verbindlich wird.

Art. VIII 1. Dieses Übereinkommen liegt bis zum 31. Dezember 1958 zur Unterzeichnung durch jeden Mitgliedstaat der Vereinten Nationen sowie durch jeden anderen Staat auf, der Mitglied einer Spezialorganisation der Vereinten Nationen oder Vertragspartei des Statutes des Internationalen Gerichtshofes[5] ist oder später wird oder an den eine Einladung der Generalversammlung der Vereinten Nationen ergangen ist.

2. Dieses Übereinkommen bedarf der Ratifizierung; die Ratifikationsurkunde ist bei dem Generalsekretär der Vereinten Nationen zu hinterlegen.

Art. IX 1. Alle in Artikel VIII bezeichneten Staaten können diesem Übereinkommen beitreten.

2. Der Beitritt erfolgt durch Hinterlegung einer Beitrittsurkunde bei dem Generalsekretär der Vereinten Nationen.

Art. X 1. Jeder Staat kann bei der Unterzeichnung, bei der Ratifizierung oder beim Beitritt erklären, dass dieses Übereinkommen auf alle oder auf einzelne der Gebiete ausgedehnt werde, deren internationale Beziehungen er wahrnimmt. Eine solche Erklärung wird wirksam, sobald das Übereinkommen für den Staat, der sie abgegeben hat, in Kraft tritt.

2. Später kann dieses Übereinkommen auf solche Gebiete durch eine an den Generalsekretär der Vereinten Nationen gerichtete Notifikation ausgedehnt werden; die Ausdehnung wird am neunzigsten Tage, nachdem die Notifikation dem Generalsekretär der Vereinten Nationen zugegangen ist oder, sofern dieses Übereinkommen für den in Betracht kommenden Staat später in Kraft tritt, erst in diesem Zeitpunkt wirksam.

3. Hinsichtlich der Gebiete, auf welche dieses Übereinkommen bei der Unterzeichnung, bei der Ratifizierung oder beim Beitritt nicht ausgedehnt worden ist, wird jeder in Betracht kommende Staat die Möglichkeit erwägen, die erforderlichen Massnahmen zu treffen, um das Übereinkommen auf sie auszudehnen, und zwar mit Zustimmung der Regierungen dieser Gebiete, falls eine solche aus verfassungsrechtlichen Gründen notwendig sein sollte.

---

3 SR 0.277.11
4 [BS 12 392. AS 46 688, AS 2005 1513. AS 2009 4239].
5 SR 0.193.501

Art. XI Für einen Bundesstaat oder einen Staat, der kein Einheitsstaat ist, gelten die folgenden Bestimmungen:
a. hinsichtlich der Artikel dieses Übereinkommens, die sich auf Gegenstände der Gesetzgebungsbefugnis des Bundes beziehen, sind die Verpflichtungen der Bundesregierung die gleichen wie diejenigen der Vertragsstaaten, die keine Bundesstaaten sind;
b. hinsichtlich solcher Artikel dieses Übereinkommens, die sich auf Gegenstände der Gesetzgebungsbefugnis der Gliedstaaten oder Provinzen beziehen, die nach der verfassungsrechtlichen Ordnung des Bundes nicht gehalten sind, Massnahmen im Wege der Gesetzgebung zu treffen, ist die Bundesregierung verpflichtet, die in Betracht kommenden Artikel den zuständigen Behörden der Gliedstaaten oder Provinzen so bald wie möglich befürwortend zur Kenntnis zu bringen;
c. ein Bundesstaat, der Vertragspartei dieses Übereinkommens ist, übermittelt auf das ihm von dem Generalsekretär der Vereinten Nationen zugeleitete Ersuchen eines anderen Vertragsstaates eine Darstellung des geltenden Rechts und der Übung innerhalb des Bundes und seiner Gliedstaaten oder Provinzen hinsichtlich einzelner Bestimmungen dieses Übereinkommens, aus der insbesondere hervorgeht, inwieweit diese Bestimmungen durch Massnahmen im Wege der Gesetzgebung oder andere Massnahmen wirksam geworden sind.

Art. XII 1. Dieses Übereinkommen tritt am neunzigsten Tage nach der Hinterlegung der dritten Ratifikations- oder Beitrittsurkunde in Kraft.

2. Für jeden Staat, der dieses Übereinkommen nach Hinterlegung der dritten Ratifikations- oder Beitrittsurkunde ratifiziert oder ihm beitritt, tritt es am neunzigsten Tage nach der Hinterlegung seiner Ratifikations- oder Beitrittsurkunde in Kraft.

Art. XIII 1. Jeder Vertragsstaat kann dieses Übereinkommen durch eine an den Generalsekretär der Vereinten Nationen gerichtete schriftliche Notifikation kündigen. Die Kündigung wird ein Jahr, nachdem die Notifikation dem Generalsekretär zugegangen ist, wirksam.

2. Jeder Staat, der gemäss Artikel X eine Erklärung abgegeben oder eine Notifikation vorgenommen hat, kann später jederzeit dem Generalsekretär der Vereinten Nationen notifizieren, dass die Ausdehnung des Übereinkommens auf das in Betracht kommende Gebiet ein Jahr, nachdem die Notifikation dem Generalsekretär zugegangen ist, ihre Wirkung verlieren soll.

3. Dieses Übereinkommen bleibt auf Schiedssprüche anwendbar, hinsichtlich derer ein Verfahren zum Zwecke der Anerkennung oder Vollstreckung eingeleitet worden ist, bevor die Kündigung wirksam wird.

Art. XIV Ein Vertragsstaat darf sich gegenüber einem anderen Vertragsstaat nur insoweit auf dieses Übereinkommen berufen, als er selbst verpflichtet ist, es anzuwenden.

Art. XV Der Generalsekretär der Vereinten Nationen notifiziert allen in Artikel VIII bezeichneten Staaten:
a. die Unterzeichnungen und Ratifikationen gemäss Artikel VIII;
b. die Beitrittserklärungen gemäss Artikel IX;
c. die Erklärungen und Notifikationen gemäss den Artikeln I, X und XI;
d. den Tag, an dem dieses Übereinkommen gemäss Artikel XII in Kraft tritt;
e. die Kündigungen und Notifikationen gemäss Artikel XIII.

Art. XVI 1. Dieses Übereinkommen, dessen chinesischer, englischer, französischer, russischer und spanischer Wortlaut in gleicher Weise massgebend ist, wird in dem Archiv der Vereinten Nationen hinterlegt.

2. Der Generalsekretär der Vereinten Nationen übermittelt den in Artikel VIII bezeichneten Staaten eine beglaubigte Abschrift dieses Übereinkommens.

(Es folgen die Unterschriften)

Geltungsbereich am 19. Februar 2015[6]

Vertragsstaaten	Ratifikation Beitritt (B) Nachfolgeerklärung (N)		Inkrafttreten	
Afghanistan*	30. November	2004 B	28. Februar	2005
Ägypten	9. März	1959 B	7. Juni	1959
Albanien	27. Juni	2001 B	25. September	2001
Algerien*	7. Februar	1989 B	8. Mai	1989
Antigua und Barbuda*	2. Februar	1989 B	3. Mai	1989
Argentinien*	14. März	1989	12. Juni	1989
Armenien*	29. Dezember	1997 B	29. März	1998
Aserbaidschan	29. Februar	2000 B	29. Mai	2000
Australien	26. März	1975 B	24. Juni	1975
Bahamas	20. Dezember	2006 B	20. März	2007
Bahrain*	6. April	1988 B	5. Juli	1988
Bangladesch	6. Mai	1992 B	4. August	1992
Barbados*	16. März	1993 B	14. Juni	1993
Belarus*	15. November	1960	13. Februar	1961
Belgien*	18. August	1975	16. November	1975
Benin	16. Mai	1974 B	14. August	1974
Bhutan*	25. September	2014 B	24. Dezember	2014
Bolivien	28. April	1995 B	27. Juli	1995
Bosnien und Herzegowina*	1. September	1993 N	6. März	1992
Botsuana*	20. Dezember	1971 B	19. März	1972
Brasilien	7. Juni	2002 B	5. September	2002
Brunei*	25. Juli	1996 B	23. Oktober	1996
Bulgarien*	10. Oktober	1961	8. Januar	1962
Burkina Faso	23. März	1987 B	21. Juni	1987
Burundi*	23. Juni	2014 B	21. September	2014
Chile	4. September	1975 B	3. Dezember	1975

---

6 AS 1965 795, 1976 617, 1977 152, 1978 72, 1979 720, 1980 377, 1982 258 1940, 1983 1192, 1984 309, 1985 173, 1986 337, 1987 712, 1988 2072, 1990 716, 1993 2439, 2004 3889, 2007 13, 2008 4053, 2011 875, 2013 1479 und 2015 751. Eine aktualisierte Fassung des Geltungsbereiches findet sich auf der Internetseite des EDA (www.eda.admin.ch/vertraege).

Vertragsstaaten	Ratifikation Beitritt (B) Nachfolgeerklärung (N)		Inkrafttreten	
China*	22. Januar	1987	22. April	1987
Hongkong	6. Juni	1997	1. Juli	1997
Macau	19. Juli	2005	19. Juli	2005
Cook-Inseln	12. Januar	2009 B	12. April	2009
Costa Rica	26. Oktober	1987	24. Januar	1988
Côte d'Ivoire	1. Februar	1991 B	2. Mai	1991
Dänemark*	22. Dezember	1972 B	22. März	1973
Färöer	12. November	1975 B	10. Februar	1976
Grönland	12. November	1975 B	10. Februar	1976
Deutschland* **	30. Juni	1961	28. September	1961
Dominica	28. Oktober	1988 B	26. Januar	1989
Dominikanische Republik	11. April	2002 B	10. Juli	2002
Dschibuti	14. Juni	1983 N	27. Juni	1977
Ecuador*	3. Januar	1962	3. April	1962
El Salvador	26. Februar	1998	27. Mai	1998
Estland	30. August	1993 B	28. November	1993
Fidschi	27. September	2010 B	26. Dezember	2010
Finnland	19. Januar	1962	19. April	1962
Frankreich*	26. Juni	1959	24. September	1959
Alle Hoheitsgebiete der Französischen Republik	26. Juni	1959	24. September	1959
Gabun	15. Dezember	2006 B	15. März	2007
Georgien	2. Juni	1994 B	31. August	1994
Ghana	9. April	1968 B	8. Juli	1968
Griechenland*	16. Juli	1962 B	14. Oktober	1962
Guatemala*	21. März	1984 B	19. Juni	1984
Guinea	23. Januar	1991 B	23. April	1991
Guyana	25. September	2014 B	24. Dezember	2014
Haiti	5. Dezember	1983 B	4. März	1984
Heiliger Stuhl*	14. Mai	1975 B	12. August	1975
Honduras	3. Oktober	2000 B	1. Januar	2001

Vertragsstaaten	Ratifikation Beitritt (B) Nachfolgeerklärung (N)		Inkrafttreten	
Indien*	13. Juli	1960	11. Oktober	1960
Indonesien*	7. Oktober	1981 B	5. Januar	1982
Iran*	15. Oktober	2001 B	13. Januar	2002
Irland*	12. Mai	1981 B	10. August	1981
Island	24. Januar	2002 B	24. April	2002
Israel*	5. Januar	1959	7. Juni	1959
Italien	31. Januar	1969 B	1. Mai	1969
Jamaika*	10. Juli	2002 B	8. Oktober	2002
Japan*	20. Juni	1961 B	18. September	1961
Jordanien*	15. November	1979	13. Februar	1980
Kambodscha	5. Januar	1960 B	4. April	1960
Kamerun	19. Februar	1988 B	19. Mai	1988
Kanada*	12. Mai	1986 B	10. August	1986
Kasachstan	20. November	1995 B	18. Februar	1996
Katar	30. Dezember	2002 B	30. März	2003
Kenia*	10. Februar	1989 B	11. Mai	1989
Kirgisistan	18. Dezember	1996 B	18. März	1997
Kolumbien	25. September	1979 B	24. Dezember	1979
Kongo (Kinshasa)	5. November	2014 B	3. Februar	2015
Korea (Süd-)*	8. Februar	1973 B	9. Mai	1973
Kroatien	26. Juli	1993 N	8. Oktober	1991
Kuba*	30. Dezember	1974 B	30. März	1975
Kuwait*	28. April	1978 B	27. Juli	1978
Laos	17. Juni	1998 B	15. September	1998
Lesotho	13. Juni	1989 B	11. September	1989
Lettland	14. April	1992 B	13. Juli	1992
Libanon*	11. August	1998 B	9. November	1998
Liberia	16. September	2005 B	15. Dezember	2005
Liechtenstein*	7. Juli	2011 B	5. Oktober	2011
Litauen*	14. März	1995 B	12. Juni	1995
Luxemburg*	9. September	1983	8. Dezember	1983

Vertragsstaaten	Ratifikation Beitritt (B) Nachfolgeerklärung (N)		Inkrafttreten	
Madagaskar*	16. Juli	1962 B	14. Oktober	1962
Malaysia*	5. November	1985 B	3. Februar	1986
Mali	8. September	1994 B	7. Dezember	1994
Malta*	22. Juni	2000 B	20. September	2000
Marokko*	12. Februar	1959 B	7. Juni	1959
Marshallinseln	21. Dezember	2006 B	21. März	2007
Mauretanien	30. Januar	1997 B	30. April	1997
Mauritius*	19. Juni	1996 B	17. September	1996
Mazedonien	10. März	1994 N	17. November	1991
Mexiko	14. April	1971 B	13. Juli	1971
Moldau*	18. September	1998 B	17. Dezember	1998
Monaco*	2. Juni	1982	31. August	1982
Mongolei*	24. Oktober	1994 B	22. Januar	1995
Montenegro*	23. Oktober	2006 N	3. Juni	2006
Mosambik*	11. Juni	1998 B	9. September	1998
Myanmar	16. April	2013 B	15. Juli	2013
Nepal*	4. März	1998 B	2. Juni	1998
Neuseeland*	6. Januar	1983 B	6. April	1983
Nicaragua	24. September	2003 B	23. Dezember	2003
Niederlande*	24. April	1964	23. Juli	1964
Curaçao	24. April	1964	23. Juli	1964
Karibische Gebiete (Bonaire, Sint Eustatius und Saba)	24. April	1964	23. Juli	1964
Sint Maarten	24. April	1964	23. Juli	1964
Niger	14. Oktober	1964 B	12. Januar	1965
Nigeria*	17. März	1970 B	15. Juni	1970
Norwegen*	14. März	1961 B	12. Juni	1961
Oman	25. Februar	1999 B	26. Mai	1999
Österreich	2. Mai	1961 B	31. Juli	1961
Pakistan*	14. Juli	2005	12. Oktober	2005
Palästina	2. Januar	2015 B	2. April	2015

Vertragsstaaten	Ratifikation Beitritt (B) Nachfolgeerklärung (N)		Inkrafttreten	
Panama	10. Oktober	1984 B	8. Januar	1985
Paraguay	8. Oktober	1997 B	6. Januar	1998
Peru	7. Juli	1988 B	5. Oktober	1988
Philippinen*	6. Juli	1967	4. Oktober	1967
Polen*	3. Oktober	1961	1. Januar	1962
Portugal*	18. Oktober	1994 B	16. Januar	1995
Ruanda	31. Oktober	2008 B	29. Januar	2009
Rumänien*	13. September	1961 B	12. Dezember	1961
Russland*	24. August	1960	22. November	1960
Sambia	14. März	2002 B	12. Juni	2002
San Marino	17. Mai	1979 B	15. August	1979
São Tomé und Príncipe	20. November	2012 B	18. Februar	2013
Saudi-Arabien*	19. April	1994 B	18. Juli	1994
Schweden	28. Januar	1972	27. April	1972
Schweiz	1. Juni	1965	30. August	1965
Senegal	17. Oktober	1994 B	15. Januar	1995
Serbien*	12. März	2001 N	27. April	1992
Simbabwe	29. September	1994 B	28. Dezember	1994
Singapur*	21. August	1986 B	19. November	1986
Slowakei*	28. Mai	1993 N	1. Januar	1993
Slowenien	6. Juli	1992 N	25. Juni	1991
Spanien	12. Mai	1977 B	10. August	1977
Sri Lanka	9. April	1962	8. Juli	1962
St. Vincent und die Grenadinen*	12. September	2000 B	11. Dezember	2000
Südafrika	3. Mai	1976 B	1. August	1976
Syrien	9. März	1959 B	7. Juni	1959
Tadschikistan*	14. August	2012 B	12. November	2012
Tansania*	13. Oktober	1964 B	11. Januar	1965
Thailand	21. Dezember	1959 B	20. März	1960
Trinidad und Tobago*	14. Februar	1966 B	15. Mai	1966

Vertragsstaaten	Ratifikation Beitritt (B) Nachfolgeerklärung (N)		Inkrafttreten	
Tschechische Republik*	30. September	1993 N	1. Januar	1993
Tunesien*	17. Juli	1967 B	15. Oktober	1967
Türkei*	2. Juli	1992 B	30. September	1992
Uganda*	12. Februar	1992 B	12. Mai	1992
Ukraine*	10. Oktober	1960	8. Januar	1961
Ungarn*	5. März	1962 B	3. Juni	1962
Uruguay	30. März	1983 B	28. Juni	1983
Usbekistan	7. Februar	1996 B	7. Mai	1996
Venezuela*	8. Februar	1995 B	9. Mai	1995
Vereinigte Arabische Emirate	21. August	2006 B	19. November	2006
Vereinigte Staaten*	30. September	1970 B	29. Dezember	1970
Alle Gebiete, deren internationale Beziehungen von den Vereinigten Staaten wahrgenommen werden	3. November	1970 B	1. Februar	1971
Vereinigtes Königreich*	24. September	1975 B	23. Dezember	1975
Bermudas*	14. November	1979 B	12. Februar	1980
Britische Jungferninseln	24. Februar	2014	25. Mai	2014
Gibraltar*	24. September	1975 B	23. Dezember	1975
Guernsey*	19. April	1985 B	18. Juli	1985
Insel Man*	22. Februar	1979 B	23. Mai	1979
Jersey	28. Mai	2002	28. Mai	2002
Kaimaninseln*	26. November	1980 B	24. Februar	1981
Vietnam*	12. September	1995 B	11. Dezember	1995
Zentralafrikanische Republik*	15. Oktober	1962 B	13. Januar	1963
Zypern*	29. Dezember	1980 B	29. März	1981

* Vorbehalte und Erklärungen.
** Einwendungen.

Die Vorbehalte und Erklärungen werden in der AS nicht veröffentlicht. Die französischen und englischen Texte können auf der Internetseite der Vereinten Nationen: http://treaties.un.org/ eingesehen oder bei der Direktion für Völkerrecht, Sektion Staatsverträge, 3003 Bern, bezogen werden.

Übersetzung[1]

15a. Übereinkommen über die Anerkennung und Vollstreckung von Unterhaltsentscheidungen

Abgeschlossen in Den Haag am 2. Oktober 1973
Von der Bundesversammlung genehmigt am 4. März 1976[2]
Schweizerische Ratifikationsurkunde hinterlegt am 18. Mai 1976
In Kraft getreten für die Schweiz am 1. August 1976

Die Unterzeichnerstaaten dieses Übereinkommens,

in dem Wunsch, gemeinsame Bestimmungen zur Regelung der gegenseitigen Anerkennung und Vollstreckung von Entscheidungen über die Unterhaltspflicht gegenüber Erwachsenen aufzustellen,

in dem Wunsch, diese Bestimmungen an die des Übereinkommens vom 15. April 1958[3] über die Anerkennung und Vollstreckung von Entscheidungen auf dem Gebiet der Unterhaltspflicht gegenüber Kindern anzupassen,

haben beschlossen, zu diesem Zweck ein Übereinkommen zu schliessen, und haben die folgenden Bestimmungen vereinbart:

Abschnitt I Anwendungsbereich des Übereinkommens

Art. 1 Dieses Übereinkommen ist anzuwenden auf Entscheidungen über Unterhaltspflichten aus Beziehungen der Familie, Verwandtschaft, Ehe oder Schwägerschaft, einschliesslich der Unterhaltspflicht gegenüber einem nichtehelichen Kind, die von Gerichten oder Verwaltungsbehörden eines Vertragsstaates erlassen worden sind entweder

1. zwischen einem Unterhaltsberechtigten und einem Unterhaltsverpflichteten oder
2. zwischen einem Unterhaltsverpflichteten und einer öffentliche Aufgaben wahrnehmenden Einrichtung, die die Erstattung der einem Unterhaltsberechtigten erbrachten Leistung verlangt.

Es ist auch anzuwenden auf Vergleiche auf diesem Gebiet, die vor diesen Behörden und zwischen diesen Personen geschlossen worden sind.

SR 0.211.213.02. AS 1976 1559; BBl 1975 II 1395
1 Der französische Originaltext befindet sich unter der gleichen Nummer in der entsprechenden Ausgabe dieser Sammlung.
2 Art. 2 Abs. 1 des BB vom 4. März 1976 (AS 1976 1557)
3 SR 0.211.221.432

Art. 2 Das Übereinkommen ist auf Entscheidungen und Vergleiche ohne Rücksicht auf ihre Bezeichnung anzuwenden.

Es ist auch auf Entscheidungen oder Vergleiche anzuwenden, durch die eine frühere Entscheidung oder ein früherer Vergleich geändert worden ist, selbst wenn diese Entscheidung oder dieser Vergleich aus einem Nichtvertragsstaat stammt.

Es ist ohne Rücksicht darauf, ob der Unterhaltsanspruch international oder innerstaatlich ist, und unabhängig von der Staatsangehörigkeit oder dem gewöhnlichen Aufenthalt der Parteien anzuwenden.

Art. 3 Betrifft die Entscheidung oder der Vergleich nicht nur die Unterhaltspflicht, so bleibt die Wirkung des Übereinkommens auf die Unterhaltspflicht beschränkt.

Abschnitt II Voraussetzungen der Anerkennung und Vollstreckung von Entscheidungen

Art. 4 Die in einem Vertragsstaat ergangene Entscheidung ist in einem anderen Vertragsstaat anzuerkennen oder für vollstreckbar zu erklären/zu vollstrecken,
1. wenn sie von einer Behörde erlassen worden ist, die nach Artikel 7 oder 8 als zuständig anzusehen ist, und
2. wenn gegen sie im Ursprungsstaat kein ordentliches Rechtsmittel mehr zulässig ist.

Vorläufig vollstreckbare Entscheidungen und einstweilige Massnahmen sind, obwohl gegen sie ein ordentliches Rechtsmittel zulässig ist, im Vollstreckungsstaat anzuerkennen oder für vollstreckbar zu erklären/zu vollstrecken, wenn dort gleichartige Entscheidungen erlassen und vollstreckt werden können.

Art. 5 Die Anerkennung oder Vollstreckung der Entscheidung darf jedoch versagt werden,
1. wenn die Anerkennung oder Vollstreckung mit der öffentlichen Ordnung des Vollstreckungsstaates offensichtlich unvereinbar ist; oder
2. wenn die Entscheidung das Ergebnis betrügerischer Machenschaften im Verfahren ist; oder
3. wenn ein denselben Gegenstand betreffendes Verfahren zwischen denselben Parteien vor einer Behörde des Vollstreckungsstaates anhängig und als erstes eingeleitet worden ist; oder
4. wenn die Entscheidung unvereinbar ist mit einer Entscheidung, die zwischen denselben Parteien über denselben Gegenstand entweder in dem Vollstreckungsstaat oder in einem anderen Staat ergangen ist, im letzt-

genannten Fall jedoch nur, sofern diese Entscheidung die für die Anerkennung und Vollstreckung im Vollstreckungsstaat erforderlichen Voraussetzungen erfüllt.

Art. 6 Eine Versäumnisentscheidung wird nur anerkannt oder für vollstreckbar erklärt/vollstreckt, wenn das das Verfahren einleitende Schriftstück mit den wesentlichen Klagegründen der säumigen Partei nach dem Recht des Ursprungsstaates zugestellt worden ist und wenn diese Partei eine nach den Umständen ausreichende Frist zu ihrer Verteidigung hatte; Artikel 5 bleibt unberührt.

Art. 7 Eine Behörde des Ursprungsstaates ist als zuständig im Sinn des Übereinkommens anzusehen,
1. wenn der Unterhaltsverpflichtete oder der Unterhaltsberechtigte zur Zeit der Einleitung des Verfahrens seinen gewöhnlichen Aufenthalt im Ursprungsstaat hatte; oder
2. wenn der Unterhaltsverpflichtete und der Unterhaltsberechtigte zur Zeit der Einleitung des Verfahrens Staatsangehörige des Ursprungsstaates waren; oder
3. wenn sich der Beklagte der Zuständigkeit dieser Behörde entweder ausdrücklich oder dadurch unterworfen hat, dass er sich, ohne deren Unzuständigkeit geltend zu machen, auf das Verfahren in der Sache selbst eingelassen hat.

Art. 8 Die Behörden eines Vertragsstaates, die über ein Unterhaltsbegehren entschieden haben, sind als zuständig im Sinn des Übereinkommens anzusehen, wenn der Unterhalt infolge einer von einer Behörde dieses Staates ausgesprochenen Scheidung, Trennung ohne Auflösung des Ehebandes, Nichtigkeit oder Ungültigkeit der Ehe geschuldet und wenn die diesbezügliche Zuständigkeit der Behörde nach dem Recht des Vollstreckungsstaates anerkannt wird; Artikel 7 bleibt unberührt.

Art. 9 Die Behörde des Vollstreckungsstaates ist an die tatsächlichen Feststellungen gebunden, auf welche die Behörde des Ursprungsstaates ihre Zuständigkeit gestützt hat.

Art. 10 Betrifft die Entscheidung mehrere Ansprüche in einem Unterhaltsbegehren und kann die Anerkennung oder Vollstreckung nicht für alle Ansprüche bewilligt werden, so hat die Behörde des Vollstreckungsstaates das Übereinkommen auf denjenigen Teil der Entscheidung anzuwenden, der anerkannt oder für vollstreckbar erklärt/vollstreckt werden kann.

Art. 11[4] Ist in der Entscheidung die Unterhaltsleistung durch regelmässig wiederkehrende Zahlungen angeordnet, so ist die Vollstreckung sowohl für die bereits fälligen als auch für die künftig fällig werdenden Zahlungen zu bewilligen.

Art. 12 Die Behörde des Vollstreckungsstaates darf die Entscheidung in der Sache selbst nicht nachprüfen, sofern das Übereinkommen nicht etwas anderes bestimmt.

Abschnitt III Verfahren der Anerkennung und Vollstreckung von Entscheidungen

Art. 13 Das Verfahren der Anerkennung oder Vollstreckung der Entscheidung richtet sich nach dem Recht des Vollstreckungsstaates, sofern das Übereinkommen nicht etwas anderes bestimmt.

Art. 14 Es kann auch die teilweise Anerkennung oder Vollstreckung einer Entscheidung beantragt werden.

Art. 15 Der Unterhaltsberechtigte, der im Ursprungsstaat ganz oder teilweise Verfahrenshilfe oder Befreiung von Verfahrenskosten genossen hat, geniesst in jedem Anerkennungs- oder Vollstreckungsverfahren die günstigste Verfahrenshilfe oder die weitestgehende Befreiung, die im Recht des Vollstreckungsstaates vorgesehen ist.

Art. 16 In den durch das Übereinkommen erfassten Verfahren braucht für die Zahlung der Verfahrenskosten keine Sicherheit oder Hinterlegung, unter welcher Bezeichnung auch immer, geleistet zu werden.

Art. 17 Die Partei, die die Anerkennung einer Entscheidung geltend macht oder ihre Vollstreckung beantragt, hat folgende Unterlagen beizubringen:
1. eine vollständige, mit der Urschrift übereinstimmende Ausfertigung der Entscheidung;
2. die Urkunden, aus denen sich ergibt, dass gegen die Entscheidung im Ursprungsstaat kein ordentliches Rechtsmittel mehr zulässig ist und, gegebenenfalls, dass die Entscheidung dort vollstreckbar ist;
3. wenn es sich um eine Versäumnisentscheidung handelt, die Urschrift oder eine beglaubigte Abschrift der Urkunde, aus der sich ergibt, dass das das Verfahren einleitende Schriftstück mit den wesentlichen Gründen des Begehrens der säumigen Partei nach dem Recht des Ursprungsstaates ordnungsgemäss zugestellt worden ist;

---

4 Siehe AS 1976 1557 Art. 2 Abs. 3.

4. gegebenenfalls jedes Schriftstück, aus dem sich ergibt, dass die Partei im Ursprungsstaat Verfahrenshilfe oder Befreiung von Verfahrenskosten erhalten hat;
5. eine beglaubigte Übersetzung der genannten Urkunden, wenn die Behörde des Vollstreckungsstaates nicht darauf verzichtet.

Werden die genannten Urkunden nicht vorgelegt oder ermöglicht es der Inhalt der Entscheidung der Behörde des Vollstreckungsstaates nicht, nachzuprüfen, ob die Voraussetzungen dieses Übereinkommens erfüllt sind, so setzt sie eine Frist für die Vorlegung aller erforderlichen Urkunden.

Eine weitere Beglaubigung oder ähnliche Förmlichkeit darf nicht verlangt werden.

Abschnitt IV Ergänzende Vorschriften über öffentliche Aufgaben wahrnehmende Einrichtungen

Art. 18 Ist die Entscheidung gegen den Unterhaltsverpflichteten auf Antrag einer öffentliche Aufgaben wahrnehmenden Einrichtung ergangen, welche die Erstattung der einem Unterhaltsberechtigten erbrachten Leistungen verlangt, so ist diese Entscheidung nach dem Übereinkommen anzuerkennen und für vollstreckbar zu erklären/zu vollstrecken,
1. wenn die Einrichtung nach dem Recht, dem sie untersteht, die Erstattung verlangen kann;
2. wenn das nach dem internationalen Privatrecht des Vollstreckungsstaates anzuwendende innerstaatliche Recht eine Unterhaltspflicht zwischen dem Unterhaltsberechtigten und dem Unterhaltsverpflichteten vorsieht.

Art. 19 Eine öffentliche Aufgaben wahrnehmende Einrichtung darf, soweit sie dem Unterhaltsberechtigten Leistungen erbracht hat, die Anerkennung oder Vollstreckung einer zwischen dem Unterhaltsberechtigten und dem Unterhaltsverpflichteten ergangenen Entscheidung verlangen, wenn sie nach dem Recht, dem sie untersteht, kraft Gesetzes berechtigt ist, an Stelle des Unterhaltsberechtigten die Anerkennung der Entscheidung geltend zu machen oder ihre Vollstreckung zu beantragen.

Art. 20 Die öffentliche Aufgaben wahrnehmende Einrichtung, welche die Anerkennung geltend macht oder die Vollstreckung beantragt, hat die Urkunden vorzulegen, aus denen sich ergibt, dass sie die in Artikel 18 Ziffer 1 oder Artikel 19 genannten Voraussetzungen erfüllt und dass die Leistungen dem Unterhaltsberechtigten erbracht worden sind; Artikel 17 bleibt unberührt.

Abschnitt V Vergleiche

Art. 21 Die im Ursprungsstaat vollstreckbaren Vergleiche sind unter denselben Voraussetzungen wie Entscheidungen anzuerkennen und für vollstreckbar zu erklären/zu vollstrecken, soweit diese Voraussetzungen auf sie anwendbar sind.

Abschnitt VI Verschiedene Bestimmungen

Art. 22 Bestehen nach dem Recht eines Vertragsstaates Beschränkungen für die Überweisung von Geldbeträgen, so hat dieser Vertragsstaat der Überweisung von Geldbeträgen, die zur Erfüllung von Unterhaltsansprüchen oder zur Deckung von Kosten für Verfahren nach diesem Übereinkommen bestimmt sind, den grösstmöglichen Vorrang zu gewähren.

Art. 23 Dieses Übereinkommen schliesst nicht aus, dass eine andere internationale Übereinkunft zwischen dem Ursprungsstaat und dem Vollstreckungsstaat oder das nichtvertragliche Recht des Vollstreckungsstaates angewendet wird, um die Anerkennung oder Vollstreckung einer Entscheidung oder eines Vergleiches zu erwirken.

Art. 24 Dieses Übereinkommen ist unabhängig von dem Zeitpunkt anzuwenden, in dem die Entscheidung ergangen ist.

Ist die Entscheidung ergangen, bevor dieses Übereinkommen zwischen dem Ursprungsstaat und dem Vollstreckungsstaat in Kraft getreten ist, so ist sie im letztgenannten Staat nur hinsichtlich der nach diesem Inkrafttreten fällig werdenden Zahlungen für vollstreckbar zu erklären/zu vollstrecken.

Art. 25 Jeder Vertragsstaat kann jederzeit erklären, dass er in seinen Beziehungen zu den Staaten, die dieselbe Erklärung abgegeben haben, alle vor einer Behörde oder einer Urkundsperson errichteten öffentlichen Urkunden, die im Ursprungsstaat aufgenommen und vollstreckbar sind, in das Übereinkommen einbezieht, soweit sich dessen Bestimmungen auf solche Urkunden anwenden lassen.

Art. 26 Jeder Vertragsstaat kann sich nach Artikel 34 das Recht vorbehalten, weder anzuerkennen noch für vollstreckbar zu erklären/zu vollstrecken:
1. Entscheidungen und Vergleiche über Unterhaltsleistungen, die ein Unterhaltsverpflichteter, der nicht der Ehegatte oder der frühere Ehegatte des Unterhaltsberechtigten ist, für die Zeit nach der Eheschliessung oder nach dem vollendeten einundzwanzigsten Lebensjahr des Unterhaltsberechtigten schuldet;

2. Entscheidungen und Vergleiche in Unterhaltssachen
   a. zwischen Verwandten in der Seitenlinie;
   b. zwischen Verschwägerten;
3. Entscheidungen und Vergleiche, die die Unterhaltsleistung nicht durch regelmässig wiederkehrende Zahlungen vorsehen.

Ein Vertragsstaat, der einen Vorbehalt angebracht hat, kann nicht verlangen, dass das Übereinkommen auf Entscheidungen und Vergleiche angewendet wird, die er durch seinen Vorbehalt ausgeschlossen hat.

Art. 27 Sieht das Recht eines Vertragsstaates in Unterhaltssachen zwei oder mehr Rechtsordnungen vor, die für verschiedene Personenkreise gelten, so ist eine Verweisung auf das Recht dieses Staates als Verweisung auf die Rechtsordnung zu verstehen, die nach dem Recht dieses Staates für einen bestimmten Personenkreis gilt.

Art. 28 Besteht ein Vertragsstaat aus zwei oder mehr Gebietseinheiten, in denen verschiedene Rechtsordnungen für die Anerkennung und Vollstreckung von Unterhaltsentscheidungen gelten, so ist
1. eine Verweisung auf das Recht, das Verfahren oder die Behörde des Ursprungsstaates als Verweisung auf das Recht, das Verfahren oder die Behörde der Gebietseinheit zu verstehen, in der die Entscheidung ergangen ist;
2. eine Verweisung auf das Recht, das Verfahren oder die Behörde des Vollstreckungsstaates als Verweisung auf das Recht, das Verfahren oder die Behörde der Gebietseinheit zu verstehen, in der die Anerkennung oder Vollstreckung beantragt wird;
3. eine Verweisung nach den Ziffern 1 und 2 auf das Recht oder das Verfahren des Ursprungsstaates oder des Vollstreckungsstaates in dem Sinne zu verstehen, dass auch auf die einschlägigen Rechtsvorschriften und -grundsätze des Vertragsstaates, die für dessen Gebietseinheiten gelten, verwiesen ist;
4. eine Verweisung auf den gewöhnlichen Aufenthalt des Unterhaltsberechtigten oder des Unterhaltsverpflichteten im Ursprungsstaat als Verweisung auf den gewöhnlichen Aufenthalt in der Gebietseinheit zu verstehen, in der die Entscheidung ergangen ist.

Jeder Vertragsstaat kann jederzeit erklären, dass er eine oder mehrere dieser Vorschriften auf eine oder mehrere Bestimmungen dieses Übereinkommens nicht anwenden wird.

Art. 29 Dieses Übereinkommen ersetzt in den Beziehungen zwischen den Staaten, die Vertragsparteien sind, das Haager Übereinkommen vom 15. April 1958 über die Anerkennung und Vollstreckung von Entscheidungen auf dem Gebiet der Unterhaltspflicht gegenüber Kindern.

Abschnitt VII Schlussbestimmungen

Art. 30 Dieses Übereinkommen liegt für die Staaten zur Unterzeichnung auf, die Mitglieder der Haager Konferenz für Internationales Privatrecht zur Zeit ihrer Zwölften Tagung waren.

Es bedarf der Ratifikation, Annahme oder Genehmigung; die Ratifikations-, Annahme- oder Genehmigungsurkunden sind beim Ministerium für Auswärtige Angelegenheiten der Niederlande zu hinterlegen.

Art. 31 Jeder Staat, der erst nach der Zwölften Tagung Mitglied der Konferenz geworden ist, oder der Mitglied der Vereinten Nationen oder einer ihrer Sonderinstitutionen ist, oder der Satzung des Internationalen Gerichtshofes[5] angehört, kann diesem Übereinkommen beitreten, nachdem es nach Artikel 35 Absatz 1 in Kraft getreten ist.

Die Beitrittsurkunde ist beim Ministerium für Auswärtige Angelegenheiten der Niederlande zu hinterlegen.

Der Beitritt wirkt nur im Verhältnis zwischen dem beitretenden Staat und den Vertragsstaaten, die innerhalb von zwölf Monaten nach Empfang der in Artikel 37 Ziffer 3 vorgesehenen Notifikation keinen Einspruch gegen den Beitritt erhoben haben. Nach dem Beitritt kann ein solcher Einspruch auch von einem Mitgliedstaat in dem Zeitpunkt erhoben werden, in dem er das Übereinkommen ratifiziert, annimmt oder genehmigt. Die Einsprüche sind dem Ministerium für Auswärtige Angelegenheiten der Niederlande zu notifizieren.

Art. 32 Jeder Staat kann bei der Unterzeichnung, der Ratifikation, der Annahme, der Genehmigung oder dem Beitritt erklären, dass sich dieses Übereinkommen auf alle Gebiete, deren internationale Beziehungen er wahrnimmt, oder auf eines oder mehrere dieser Gebiete erstreckt. Diese Erklärung wird wirksam, sobald das Übereinkommen für den betreffenden Staat in Kraft tritt.

Jede spätere Erstreckung dieser Art ist dem Ministerium für Auswärtige Angelegenheiten der Niederlande zu notifizieren.

Die Erstreckung wirkt im Verhältnis zwischen den Vertragsstaaten, die innerhalb von zwölf Monaten nach Empfang der in Artikel 37 Ziffer 4 vorgesehenen Notifikation keinen Einspruch dagegen erhoben haben, und dem oder den Gebieten, deren internationale Beziehungen von dem betreffenden Staat wahrgenommen werden und für die die Notifikation vorgenommen worden ist.

Nach der Erstreckung kann ein solcher Einspruch auch von einem Mitgliedstaat in dem Zeitpunkt erhoben werden, in dem er das Übereinkommen ratifiziert, annimmt oder genehmigt.

---

5 SR 0.193.501

Die Einsprüche sind dem Ministerium für Auswärtige Angelegenheiten der Niederlande zu notifizieren.

Art. 33 Ein Vertragsstaat, der aus zwei oder mehr Gebietseinheiten besteht, in denen verschiedene Rechtsordnungen für die Anerkennung und Vollstreckung von Unterhaltsentscheidungen gelten, kann bei der Unterzeichnung, der Ratifikation, der Annahme, der Genehmigung oder dem Beitritt erklären, dass sich dieses Übereinkommen auf alle diese Gebietseinheiten oder nur auf eine oder mehrere dieser Gebietseinheiten erstreckt; er kann diese Erklärung jederzeit durch Abgabe einer neuen Erklärung ändern.

Diese Erklärungen sind dem Ministerium für Auswärtige Angelegenheiten der Niederlande unter ausdrücklicher Bezeichnung der Gebietseinheit, für die das Übereinkommen gilt, zu notifizieren.

Die anderen Vertragsstaaten können die Anerkennung einer Unterhaltsentscheidung ablehnen, wenn das Übereinkommen in dem Zeitpunkt, in dem die Anerkennung geltend gemacht wird, für die Gebietseinheit, in der die Entscheidung ergangen ist, nicht gilt.

Art. 34 Jeder Staat kann spätestens bei der Ratifikation, der Annahme, der Genehmigung oder dem Beitritt einen oder mehrere der in Artikel 26 vorgesehenen Vorbehalte anbringen. Andere Vorbehalte sind nicht zulässig.

Jeder Staat kann ferner, wenn er eine Erstreckung des Übereinkommens nach Artikel 32 notifiziert, die Wirkung eines oder mehrerer dieser Vorbehalte auf alle oder einige der von der Erstreckung erfassten Hoheitsgebiete beschränken.

Jeder Vertragsstaat kann einen von ihm angebrachten Vorbehalt jederzeit zurückziehen. Ein solcher Rückzug ist dem Ministerium für Auswärtige Angelegenheiten der Niederlande zu notifizieren.

Die Wirkung des Vorbehalts endet am ersten Tag des dritten Kalendermonats nach der in Absatz 3 genannten Notifikation.

Art. 35 Dieses Übereinkommen tritt am ersten Tag des dritten Kalendermonats nach der in Artikel 30 vorgesehenen Hinterlegung der dritten Ratifikations-, Annahme- oder Genehmigungsurkunde in Kraft.

Später tritt das Übereinkommen in Kraft
- für jeden Unterzeichnerstaat, der es später ratifiziert, annimmt oder genehmigt, am ersten Tag des dritten Kalendermonats nach Hinterlegung seiner Ratifikations-, Annahme- oder Genehmigungsurkunde;
- für jeden beitretenden Staat am ersten Tag des dritten Kalendermonats nach Ablauf der in Artikel 31 bestimmten Frist;
- für die Gebiete, auf die das Übereinkommen nach Artikel 32 erstreckt worden ist, am ersten Tag des dritten Kalendermonats nach Ablauf der im genannten Artikel bestimmten Frist.

Art. 36 Dieses Übereinkommen gilt für die Dauer von fünf Jahren, vom Tag seines Inkrafttretens nach Artikel 35 Absatz 1 an gerechnet, und zwar auch für die Staaten, die es später ratifiziert, angenommen oder genehmigt haben oder ihm später beigetreten sind.

Die Geltungsdauer des Übereinkommens verlängert sich, ausser im Fall der Kündigung, stillschweigend um jeweils fünf Jahre.

Die Kündigung ist spätestens sechs Monate vor Ablauf der fünf Jahre dem Ministerium für Auswärtige Angelegenheiten der Niederlande zu notifizieren.

Sie kann sich auf bestimmte Gebiete beschränken, für die das Übereinkommen gilt.

Die Kündigung wirkt nur für den Staat, der sie notifiziert hat. Für die anderen Vertragsstaaten bleibt das Übereinkommen in Kraft.

Art. 37 Das Ministerium für Auswärtige Angelegenheiten der Niederlande notifiziert den Mitgliedstaaten der Konferenz sowie den Staaten, die nach Artikel 31 beigetreten sind:

1. jede Unterzeichnung, Ratifikation, Annahme und Genehmigung nach Artikel 30;
2. den Tag, an dem dieses Übereinkommen nach Artikel 35 in Kraft tritt;
3. jeden Beitritt nach Artikel 31 und den Tag, an dem der Beitritt wirksam wird;
4. jede Erstreckung nach Artikel 32 und den Tag, an dem sie wirksam wird;
5. jeden Einspruch gegen einen Beitritt oder eine Erstreckung nach den Artikeln 31 und 32;
6. jede Erklärung nach den Artikeln 25 und 32;
7. jede Kündigung nach Artikel 36;
8. jeden Vorbehalt nach den Artikeln 26 und 34 sowie den Rückzug von Vorbehalten nach Artikel 34.

Zu Urkund dessen haben die gehörig Bevollmächtigten dieses Übereinkommen unterzeichnet.

Geschehen in Den Haag am 2. Oktober 1973 in französischer und englischer Sprache, wobei beide Texte in gleicher Weise massgebend sind, in einer Urschrift, die im Archiv der Regierung der Niederlande hinterlegt wird; diese übermittelt jedem Staat, der Mitglied der Haager Konferenz für Internationales Privatrecht zur Zeit ihrer Zwölften Tagung war, auf diplomatischem Weg eine beglaubigte Abschrift.

(Es folgen die Unterschriften)

Geltungsbereich am 15. September 2016[6]

Vertragsstaaten	Ratifikation Beitritt (B) Nachfolgeerklärung (N)		Inkrafttreten	
Albanien	29. August	2011 B	1. Dezember	2012
Andorra*	6. April	2011 B	1. Juli	2012
Australien*	20. Oktober	2000 B	1. Februar	2002
Dänemark*	7. Oktober	1987	1. Januar	1988
Färöer*	7. Oktober	1987	1. Januar	1988
Deutschland*	28. Januar	1987	1. April	1987
Estland*	17. Dezember	1996 B	1. April	1998
Finnland*	29. April	1983	1. Juli	1983
Frankreich	19. Juli	1977	1. Oktober	1977
Griechenland*	13. November	2003	1. Februar	2004
Italien*	2. Oktober	1981	1. Januar	1982
Litauen*	5. Juni	2002 B	1. Oktober	2003
Luxemburg*	19. März	1981	1. Juni	1981
Niederlande*	12. Dezember	1981	1. März	1981
Aruba*	12. Dezember	1981	1. März	1981
Curaçao*	12. Dezember	1981	1. März	1981
Karibische Gebiete (Bonaire, Sint Eustatius und Saba)*	12. Dezember	1980	1. März	1981
Sint Maarten*	12. Dezember	1980	1. März	1981
Norwegen*	12. April	1978	1. Juli	1978
Polen*	14. Februar	1995 B	1. Juli	1996
Portugal*	4. Dezember	1975	1. August	1976
Schweden*	17. Februar	1977	1. Mai	1977
Schweiz	18. Mai	1976	1. August	1976
Slowakei*	26. April	1993 N	1. Januar	1993
Spanien	16. Juni	1987	1. September	1987
Tschechische Republik*	28. Januar	1993 N	1. Januar	1993

---

6 AS 1976 1559, 1977 1656, 1979 1561, 1980 639, 1981 510, 1982 668, 1983 1436, 1985 488, 1987 837, 1988 2018, 1994 1160, 2005 1001, 2008 3743, 2014 449, 2016 3249. Eine aktualisierte Fassung des Geltungsbereiches findet sich auf der Internetseite des EDA (www.eda.admin.ch/vertraege).

Vertragsstaaten	Ratifikation Beitritt (B) Nachfolgeerklärung (N)		Inkrafttreten	
Türkei*	23. August	1983	1. November	1983
Ukraine*	3. April	2007	1. August	2008
Vereinigtes Königreich*	21. Dezember	1979	1. März	1980
Insel Man*	5. Januar	1984	1. April	1985
Jersey	15. August	2003	1. November	2003

* Vorbehalte und Erklärungen.

Die Vorbehalte und Erklärungen werden in der AS nicht veröffentlicht, mit Ausnahme jener der Schweiz. Die französischen und englischen Texte können auf der Internetseite der Haager Konferenz: www.hcch.net/index.cfm?oldlang=fr eingesehen oder bei der Direktion für Völkerrecht, Sektion Staatsverträge, 3003 Bern bezogen werden.

16. Bundesgesetz über die Freizügigkeit der Anwältinnen und Anwälte
(Anwaltsgesetz, BGFA)

vom 23. Juni 2000

Die Bundesversammlung der Schweizerischen Eidgenossenschaft,
gestützt auf Artikel 95 der Bundesverfassung[1],
in Ausführung des Abkommens vom 21. Juni 1999[2] zwischen der Schweizerischen Eidgenossenschaft einerseits und der Europäischen Gemeinschaft sowie ihren Mitgliedstaaten andererseits über die Freizügigkeit,
nach Einsicht in die Botschaft des Bundesrates vom 28. April 1999[3],
beschliesst:

1. Abschnitt: Allgemeines

Art. 1 Gegenstand

Dieses Gesetz gewährleistet die Freizügigkeit der Anwältinnen und Anwälte und legt die Grundsätze für die Ausübung des Anwaltsberufs in der Schweiz fest.

Art. 2 Persönlicher Geltungsbereich

[1] Dieses Gesetz gilt für Personen, die über ein Anwaltspatent verfügen und in der Schweiz im Rahmen des Anwaltsmonopols Parteien vor Gerichtsbehörden vertreten.

[2] Es bestimmt die Modalitäten für die Vertretung von Parteien vor Gerichtsbehörden durch Anwältinnen und Anwälte, die Staatsangehörige von Mitgliedstaaten der Europäischen Union (EU) oder der Europäischen Freihandelsassoziation (EFTA) sind.[4]

[3] Diese Modalitäten gelten auch für Schweizerinnen und Schweizer, die berechtigt sind, den Anwaltsberuf unter einer der im Anhang aufgeführten

---

SR 935.61. AS 2002 863
1 SR 101
2 SR 0.142.112.681
3 BBl 1999 6013
4 Fassung gemäss Ziff. I des BG vom 22. März 2002, in Kraft seit 1. Aug. 2002 (AS 2002 2134; BBl 2002 2637).

Berufsbezeichnungen in einem Mitgliedstaat der EU oder der EFTA[5] auszuüben.

Art. 3 Verhältnis zum kantonalen Recht

[1] Das Recht der Kantone, im Rahmen dieses Gesetzes die Anforderungen für den Erwerb des Anwaltspatentes festzulegen, bleibt gewahrt.

[2] Das Gleiche gilt für das Recht der Kantone, Inhaberinnen und Inhaber ihres kantonalen Anwaltspatentes vor den eigenen Gerichtsbehörden Parteien vertreten zu lassen.

2. Abschnitt: Interkantonale Freizügigkeit und kantonales Anwaltsregister

Art. 4 Grundsatz der interkantonalen Freizügigkeit

Anwältinnen und Anwälte, die in einem kantonalen Anwaltsregister eingetragen sind, können in der Schweiz ohne weitere Bewilligung Parteien vor Gerichtsbehörden vertreten.

Art. 5 Kantonales Anwaltsregister

[1] Jeder Kanton führt ein Register der Anwältinnen und Anwälte, die über eine Geschäftsadresse auf dem Kantonsgebiet verfügen und die Voraussetzungen nach den Artikeln 7 und 8 erfüllen.

[2] Das Register enthält folgende persönliche Daten:
a. den Namen, den Vornamen, das Geburtsdatum und den Heimatort oder die Staatsangehörigkeit;
b. eine Kopie des Anwaltspatents;
c. die Bescheinigungen, welche belegen, dass die Voraussetzungen nach Artikel 8 erfüllt sind;
d. die Geschäftsadressen sowie gegebenenfalls den Namen des Anwaltsbüros;
e. die nicht gelöschten Disziplinarmassnahmen.

[3] Es wird von der kantonalen Aufsichtsbehörde über die Anwältinnen und Anwälte geführt.

Art. 6 Eintragung ins Register

[1] Anwältinnen und Anwälte, die über ein kantonales Anwaltspatent verfügen und Parteien vor Gerichtsbehörden vertreten wollen, lassen sich ins Register des Kantons eintragen, in dem sie ihre Geschäftsadresse haben.

---

5 Ausdruck beigefügt durch Ziff. I des BG vom 22. März 2002, in Kraft seit 1. Aug. 2002 (AS 2002 2134; BBl 2002 2637). Diese Änd. ist im ganzen Erlass berücksichtigt.

² Die Aufsichtsbehörde trägt sie ein, wenn sie festgestellt hat, dass die Voraussetzungen nach den Artikeln 7 und 8 erfüllt sind.

³ Sie veröffentlicht die Eintragung in einem amtlichen kantonalen Publikationsorgan.

⁴ Gegen Eintragungen ins kantonale Register steht das Beschwerderecht auch dem Anwaltsverband des betroffenen Kantons zu.

Art. 7[6] Fachliche Voraussetzungen

¹ Für den Registereintrag müssen die Anwältinnen und Anwälte über ein Anwaltspatent verfügen. Ein solches kann von den Kantonen nur auf Grund folgender Voraussetzungen erteilt werden:

a. ein juristisches Studium, das mit einem Lizentiat oder Master einer schweizerischen Hochschule oder einem gleichwertigen Hochschuldiplom eines Staates abgeschlossen wurde, der mit der Schweiz die gegenseitige Anerkennung vereinbart hat;
b. ein mindestens einjähriges Praktikum in der Schweiz, das mit einem Examen über die theoretischen und praktischen juristischen Kenntnisse abgeschlossen wurde.

² Kantone, in denen Italienisch Amtssprache ist, können ein dem Lizentiat oder dem Master gleichwertiges ausländisches Diplom anerkennen, das in italienischer Sprache erlangt worden ist.

³ Für die Zulassung zum Praktikum genügt der Abschluss eines juristischen Studiums mit dem Bachelor.

Art. 8 Persönliche Voraussetzungen

¹ Für den Registereintrag müssen die Anwältinnen und Anwälte folgende persönliche Voraussetzungen erfüllen:

a. sie müssen handlungsfähig sein;
b.[7] es darf keine strafrechtliche Verurteilung vorliegen wegen Handlungen, die mit dem Anwaltsberuf nicht zu vereinbaren sind, es sei denn, diese Verurteilung erscheine nicht mehr im Strafregisterauszug für Privatpersonen;
c. es dürfen gegen sie keine Verlustscheine bestehen;
d. sie müssen in der Lage sein, den Anwaltsberuf unabhängig auszuüben; sie können Angestellte nur von Personen sein, die ihrerseits in einem kantonalen Register eingetragen sind.

² Anwältinnen und Anwälte, die bei anerkannten gemeinnützigen Organisationen angestellt sind, können sich ins Register eintragen lassen, sofern die Voraussetzungen nach Absatz 1 Buchstaben a–c erfüllt sind und sich die Tätigkeit der Parteivertretung strikte auf Mandate im Rahmen des von der betroffenen Organisation verfolgten Zwecks beschränkt.

---

6 Fassung gemäss Ziff. I des BG vom 23. Juni 2006, in Kraft seit 1. Jan. 2007 (AS 2006 4399; BBl 2005 6621).
7 Fassung gemäss Ziff. I des BG vom 23. Juni 2006, in Kraft seit 1. Jan. 2007 (AS 2006 4399; BBl 2005 6621).

Art. 9 Löschung des Registereintrags

Anwältinnen und Anwälte, die eine der Voraussetzungen für den Registereintrag nicht mehr erfüllen, werden im Register gelöscht.

Art. 10 Einsicht in das Register

¹ Einsicht in das Register erhalten:
a. die eidgenössischen und kantonalen Gerichts- und Verwaltungsbehörden, vor denen die Anwältinnen und Anwälte auftreten;
b. die Gerichts- und Verwaltungsbehörden der Mitgliedstaaten der EU oder der EFTA, vor denen die im Register eingetragenen Anwältinnen und Anwälte auftreten;
c. die kantonalen Aufsichtsbehörden über die Anwältinnen und Anwälte;
d. die Anwältinnen und Anwälte in Bezug auf ihren Eintrag.

² Jede Person hat ein Recht auf Auskunft, ob eine Anwältin oder ein Anwalt im Register eingetragen ist und ob gegen sie oder ihn ein Berufsausübungsverbot verhängt ist.

Art. 10a[8] **Meldung**

Die Daten des Registers, die für die Zuweisung und Verwendung der Unternehmens-Identifikationsnummer nach dem Bundesgesetz vom 18. Juni 2010[9] über die Unternehmens-Identifikationsnummer erforderlich sind, werden dem Bundesamt für Statistik mitgeteilt.

Art. 11 Berufsbezeichnung

¹ Anwältinnen und Anwälte verwenden diejenige Berufsbezeichnung, die ihnen mit ihrem Anwaltspatent erteilt worden ist, oder eine gleichwertige Berufsbezeichnung des Kantons, in dessen Register sie eingetragen sind.

² Im Geschäftsverkehr geben sie ihren Eintrag in einem kantonalen Register an.

3. Abschnitt: Berufsregeln und Disziplinaraufsicht

Art. 12 Berufsregeln

Für Anwältinnen und Anwälte gelten folgende Berufsregeln:
a. Sie üben ihren Beruf sorgfältig und gewissenhaft aus.
b. Sie üben ihren Beruf unabhängig, in eigenem Namen und auf eigene Verantwortung aus.

---

8 Eingefügt durch Anhang Ziff. 3 des BG vom 18. Juni 2010 über die Unternehmens-Identifikationsnummer, in Kraft seit 1. Jan. 2011 (AS 2010 4989; BBl 2009 7855).
9 SR 431.03

c. Sie meiden jeden Konflikt zwischen den Interessen ihrer Klientschaft und den Personen, mit denen sie geschäftlich oder privat in Beziehung stehen.

d. Sie können Werbung machen, solange diese objektiv bleibt und solange sie dem Informationsbedürfnis der Öffentlichkeit entspricht.

e. Sie dürfen vor Beendigung eines Rechtsstreits mit der Klientin oder dem Klienten keine Vereinbarung über die Beteiligung am Prozessgewinn als Ersatz für das Honorar abschliessen; sie dürfen sich auch nicht dazu verpflichten, im Falle eines ungünstigen Abschlusses des Verfahrens auf das Honorar zu verzichten.

f.[10] Sie haben eine Berufshaftpflichtversicherung nach Massgabe der Art und des Umfangs der Risiken, die mit ihrer Tätigkeit verbunden sind, abzuschliessen; die Versicherungssumme muss mindestens eine Million Franken pro Jahr betragen; anstelle der Haftpflichtversicherung können andere, gleichwertige Sicherheiten erbracht werden.

g. Sie sind verpflichtet, in dem Kanton, in dessen Register sie eingetragen sind, amtliche Pflichtverteidigungen und im Rahmen der unentgeltlichen Rechtspflege Rechtsvertretungen zu übernehmen.

h. Sie bewahren die ihnen anvertrauten Vermögenswerte getrennt von ihrem eigenen Vermögen auf.

i. Sie klären ihre Klientschaft bei Übernahme des Mandates über die Grundsätze ihrer Rechnungsstellung auf und informieren sie periodisch oder auf Verlangen über die Höhe des geschuldeten Honorars.

j. Sie teilen der Aufsichtsbehörde jede Änderung der sie betreffenden Daten im Register mit.

Art. 13 Berufsgeheimnis

[1] Anwältinnen und Anwälte unterstehen zeitlich unbegrenzt und gegenüber jedermann dem Berufsgeheimnis über alles, was ihnen infolge ihres Berufes von ihrer Klientschaft anvertraut worden ist. Die Entbindung verpflichtet sie nicht zur Preisgabe von Anvertrautem.

[2] Sie sorgen für die Wahrung des Berufsgeheimnisses durch ihre Hilfspersonen.

Art. 14 Kantonale Aufsichtsbehörde über die Anwältinnen und Anwälte

Jeder Kanton bezeichnet eine Behörde, welche die Anwältinnen und Anwälte beaufsichtigt, die auf seinem Gebiet Parteien vor Gerichtsbehörden vertreten.

Art. 15[11] Meldepflicht

[1] Die kantonalen Gerichts- und Verwaltungsbehörden melden der Aufsichtsbehörde ihres Kantons unverzüglich das Fehlen persönlicher Voraussetzungen nach Artikel 8 sowie Vorfälle, welche die Berufsregeln verletzen könnten.

---

10 Fassung gemäss Ziff. I des BG vom 23. Juni 2006, in Kraft seit 1. Jan. 2007 (AS 2006 4399; BBl 2005 6621).
11 Fassung gemäss Ziff. I des BG vom 23. Juni 2006, in Kraft seit 1. Jan. 2007 (AS 2006 4399; BBl 2005 6621).

² Die eidgenössischen Gerichts- und Verwaltungsbehörden melden der Aufsichtsbehörde des Kantons, in dem eine Anwältin oder ein Anwalt eingetragen ist, unverzüglich das Fehlen persönlicher Voraussetzungen nach Artikel 8 sowie Vorfälle, welche die Berufsregeln verletzen könnten.

Art. 16 Disziplinarverfahren in einem anderen Kanton

¹ Eröffnet eine Aufsichtsbehörde ein Disziplinarverfahren gegen Anwältinnen oder Anwälte, die nicht im Register dieses Kantons eingetragen sind, so informiert sie die Aufsichtsbehörde des Kantons, in dessen Register sie eingetragen sind.

² Beabsichtigt sie, eine Disziplinarmassnahme anzuordnen, so räumt sie der Aufsichtsbehörde des Kantons, in dessen Register die Anwältin oder der Anwalt eingetragen ist, die Möglichkeit ein, zum Ergebnis der Untersuchung Stellung zu nehmen.

³ Das Ergebnis des Disziplinarverfahrens ist der Aufsichtsbehörde des Kantons mitzuteilen, in dessen Register die Anwältin oder der Anwalt eingetragen ist.

Art. 17 Disziplinarmassnahmen

¹ Bei Verletzung dieses Gesetzes kann die Aufsichtsbehörde folgende Disziplinarmassnahmen anordnen:
a. eine Verwarnung;
b. einen Verweis;
c. eine Busse bis zu 20 000 Franken;
d. ein befristetes Berufsausübungsverbot für längstens zwei Jahre;
e. ein dauerndes Berufsausübungsverbot.

² Eine Busse kann zusätzlich zu einem Berufsausübungsverbot angeordnet werden.

³ Nötigenfalls kann die Aufsichtsbehörde die Berufsausübung vorsorglich verbieten.

Art. 18 Geltung des Berufsausübungsverbots

¹ Ein Berufsausübungsverbot gilt auf dem gesamten Gebiet der Schweiz.

² Es wird den Aufsichtsbehörden der übrigen Kantone mitgeteilt.

Art. 19 Verjährung

¹ Die disziplinarische Verfolgung verjährt ein Jahr, nachdem die Aufsichtsbehörde vom beanstandeten Vorfall Kenntnis hatte.

² Die Frist wird durch jede Untersuchungshandlung der Aufsichtsbehörde unterbrochen.

³ Die disziplinarische Verfolgung verjährt in jedem Fall zehn Jahre nach dem beanstandeten Vorfall.

⁴ Stellt die Verletzung der Berufsregeln eine strafbare Handlung dar, gilt die vom Strafrecht vorgesehene längere Verjährungsfrist.

Art. 20 Löschung der Disziplinarmassnahmen

¹ Verwarnungen, Verweise und Bussen werden fünf Jahre nach ihrer Anordnung im Register gelöscht.

² Ein befristetes Berufsausübungsverbot wird zehn Jahre nach seiner Aufhebung im Register gelöscht.

4. Abschnitt: Ausübung des Anwaltsberufs im freien Dienstleistungsverkehr durch Anwältinnen und Anwälte aus Mitgliedstaaten der EU oder der EFTA

Art. 21 Grundsätze

¹ Angehörige von Mitgliedstaaten der EU oder der EFTA, die berechtigt sind, den Anwaltsberuf in ihrem Herkunftsstaat unter einer der im Anhang aufgeführten Berufsbezeichnungen auszuüben, können im freien Dienstleistungsverkehr in der Schweiz Parteien vor Gerichtsbehörden vertreten.

² Die dienstleistungserbringenden Anwältinnen und Anwälte werden nicht in die kantonalen Anwaltsregister eingetragen.

Art. 22 Nachweis der Anwaltsqualifikation

Die eidgenössischen und kantonalen Gerichtsbehörden, vor denen die dienstleistungserbringenden Anwältinnen und Anwälte auftreten, sowie die Aufsichtsbehörden über die Anwältinnen und Anwälte können verlangen, dass diese ihre Anwaltsqualifikation nachweisen.

Art. 23 Verpflichtung zur Handlung im Einvernehmen mit einer eingetragenen Anwältin oder einem eingetragenen Anwalt

Besteht für ein Verfahren Anwaltszwang, so sind die dienstleistungserbringenden Anwältinnen und Anwälte verpflichtet, im Einvernehmen mit einer Anwältin oder einem Anwalt zu handeln, die oder der in einem kantonalen Anwaltsregister eingetragen ist.

Art. 24 Berufsbezeichnung

Die dienstleistungserbringenden Anwältinnen und Anwälte verwenden ihre ursprüngliche Berufsbezeichnung in der Amtssprache ihres Herkunftsstaats unter Angabe der Berufsorganisation, deren Zuständigkeit sie unterliegen, oder des Gerichts, bei dem sie nach den Vorschriften dieses Staats zugelassen sind.

Art. 25 Berufsregeln

Für die dienstleistungserbringenden Anwältinnen und Anwälte gelten die Berufsregeln nach Artikel 12 mit Ausnahme der Bestimmungen betreffend die amtliche Pflichtverteidigung und die unentgeltliche Rechtsvertretung (Bst. g) sowie den Registereintrag (Bst. j).

Art. 26 Information über Disziplinarmassnahmen

Die Aufsichtsbehörde informiert die zuständige Stelle des Herkunftsstaats über Disziplinarmassnahmen, die sie gegenüber dienstleistungserbringenden Anwältinnen und Anwälten anordnet.

5. Abschnitt: Ständige Ausübung des Anwaltsberufs durch Anwältinnen und Anwälte aus Mitgliedstaaten der EU oder der EFTA unter ihrer ursprünglichen Berufsbezeichnung

Art. 27 Grundsätze

[1] Angehörige von Mitgliedstaaten der EU oder der EFTA, die berechtigt sind, den Anwaltsberuf in ihrem Herkunftsstaat unter einer der im Anhang aufgeführten Berufsbezeichnungen auszuüben, können in der Schweiz ständig Parteien vor Gerichtsbehörden vertreten, wenn sie bei einer kantonalen Aufsichtsbehörde über die Anwältinnen und Anwälte eingetragen sind.

[2] Die Artikel 23–25 gelten für diese Anwältinnen und Anwälte ebenfalls.

Art. 28 Eintragung bei der Aufsichtsbehörde

[1] Die Aufsichtsbehörde führt eine öffentliche Liste der Angehörigen von Mitgliedstaaten der EU oder der EFTA, die in der Schweiz unter ihrer ursprünglichen Berufsbezeichnung ständig Parteien vor Gerichtsbehörden vertreten dürfen.

[2] Die Anwältinnen und Anwälte tragen sich bei der Aufsichtsbehörde des Kantons ein, in dem sie eine Geschäftsadresse haben. Sie weisen ihre Anwaltsqualifikation mit einer Bescheinigung über ihre Eintragung bei der zuständigen Stelle des Herkunftsstaats nach; diese Bescheinigung darf nicht älter als drei Monate sein.

[3] Die Aufsichtsbehörde informiert die zuständige Stelle des Herkunftsstaats über die Eintragung in die Liste.

Art. 29 Zusammenarbeit mit der zuständigen Stelle des Herkunftsstaats

[1] Bevor die Aufsichtsbehörde ein Disziplinarverfahren gegen Angehörige von Mitgliedstaaten der EU oder der EFTA einleitet, die in der Schweiz ständig

Parteien vor Gerichtsbehörden vertreten, informiert sie die zuständige Stelle des Herkunftsstaats.

² Die Aufsichtsbehörde arbeitet mit der zuständigen Stelle des Herkunftsstaats während des Disziplinarverfahrens zusammen und gibt ihr insbesondere die Möglichkeit zur Stellungnahme.

6. Abschnitt: Eintragung von Anwältinnen und Anwälten aus Mitgliedstaaten der EU oder der EFTA in ein kantonales Anwaltsregister

Art. 30 Grundsätze

¹ Angehörige von Mitgliedstaaten der EU oder der EFTA können sich, ohne dass sie die Voraussetzungen nach Artikel 7 Buchstabe b erfüllen, in ein kantonales Anwaltsregister eintragen lassen, wenn sie:

a. eine Eignungsprüfung bestanden haben (Art. 31); oder
b. während mindestens drei Jahren in der Liste der unter ihrer ursprünglichen Berufsbezeichnung tätigen Anwältinnen und Anwälte eingetragen waren und nachweisen, dass sie:
   1. während dieser Zeit effektiv und regelmässig im schweizerischen Recht tätig waren, oder
   2. im schweizerischen Recht während eines kürzeren Zeitraums tätig waren und sich in einem Gespräch über ihre beruflichen Fähigkeiten ausgewiesen haben (Art. 32).

² Sie haben damit die gleichen Rechte und Pflichten wie die Anwältinnen und Anwälte, die über ein kantonales Anwaltspatent verfügen und in einem kantonalen Anwaltsregister eingetragen sind.

Art. 31 Eignungsprüfung

¹ Zur Eignungsprüfung zugelassen werden Angehörige von Mitgliedstaaten der EU oder der EFTA, wenn sie:

a. ein mindestens dreijähriges Studium an einer Hochschule absolviert und gegebenenfalls die über das Studium hinaus erforderliche berufliche Ausbildung abgeschlossen haben; und
b. über ein Diplom verfügen, das sie zur Ausübung des Anwaltsberufs in einem Mitgliedstaat der EU oder der EFTA berechtigt.

² Die Anwältinnen und Anwälte müssen die Eignungsprüfung vor der Anwaltsprüfungskommission des Kantons ablegen, in dessen Register sie sich eintragen lassen wollen.

³ Die Eignungsprüfung erstreckt sich über Sachgebiete, die Gegenstand der kantonalen Anwaltsprüfung sind und die sich wesentlich von denjenigen

unterscheiden, die im Rahmen der Ausbildung in ihrem Herkunftsstaat bereits geprüft worden sind. Ihr Inhalt bestimmt sich auch nach der Berufserfahrung der Anwältinnen und Anwälte.

[4] Die Eignungsprüfung kann zweimal wiederholt werden.

Art. 32 Gespräch zur Prüfung der beruflichen Fähigkeiten

[1] Das Gespräch zur Prüfung der beruflichen Fähigkeiten wird von der Anwaltsprüfungskommission des Kantons geführt, in dessen Register die Anwältin oder der Anwalt sich eintragen lassen will.

[2] Sie stützt sich namentlich auf die von der Anwältin oder dem Anwalt vorgelegten Informationen und Unterlagen über die in der Schweiz ausgeübten Tätigkeiten.

[3] Sie berücksichtigt die Kenntnisse und die Berufserfahrung der Anwältin oder des Anwalts im schweizerischen Recht, ferner die Teilnahme an Kursen und Seminaren über das schweizerische Recht.

Art. 33 Berufsbezeichnung

Die Anwältinnen und Anwälte können neben der Berufsbezeichnung des Kantons, in dessen Register sie eingetragen sind, auch ihre ursprüngliche Berufsbezeichnung verwenden.

7. Abschnitt: Verfahren

Art. 34

[1] Die Kantone regeln das Verfahren.

[2] Sie sehen für die Prüfung der Voraussetzungen für die Eintragung ins kantonale Anwaltsregister ein einfaches und rasches Verfahren vor.

8. Abschnitt: Schlussbestimmungen

Art. 35 Änderung bisherigen Rechts

...[12]

Art. 36 Übergangsrecht

Personen, die auf Grund bisherigen kantonalen Rechts über ein Anwaltspatent verfügen, sind ins kantonale Anwaltsregister einzutragen, sofern sie in den anderen Kantonen nach Artikel 196 Ziffer 5 der Bundesverfassung eine Berufsausübungsbewilligung erhalten hätten.

---

12 Die Änderung kann unter AS 2002 863 konsultiert werden.

Art. 37 Referendum und Inkrafttreten

¹ Dieses Gesetz untersteht dem fakultativen Referendum.

² Der Bundesrat bestimmt das Inkrafttreten. Artikel 2 Absätze 2 und 3 und Artikel 10 Absatz 1 Buchstabe b sowie die Abschnitte 4, 5 und 6 treten nur im Falle des Inkrafttretens des Abkommens vom 21. Juni 1999[13] zwischen der Schweizerischen Eidgenossenschaft einerseits und der Europäischen Gemeinschaft sowie ihren Mitgliedstaaten andererseits über die Freizügigkeit in Kraft.

³ Für die Angehörigen von Mitgliedstaaten der EFTA treten die Artikel 2 Absätze 2 und 3 und Artikel 10 Absatz 1 Buchstabe b sowie die Abschnitte 4, 5 und 6 nur im Falle des Inkrafttretens des Bundesgesetzes vom 14. Dezember 2001[14] bezüglich der Bestimmungen über die Personenfreizügigkeit im Abkommen vom 21. Juni 2001 zur Änderung des Übereinkommens vom 4. Januar 1960 zur Errichtung der Europäischen Freihandelsassoziation (EFTA) in Kraft.[15]

Datum des Inkrafttretens: 1. Juni 2002

---

13 SR 0.142.112.681
14 AS 2002 685. Dieses BG ist am 1. Juni 2002 in Kraft getreten.
15 Eingefügt durch Ziff. I des BG vom 22. März 2002, in Kraft seit 1. Aug. 2002 (AS 2002 2134; BBl 2002 2637).

Anhang[16] (Art. 21 Abs. 1 und 27 Abs. 1)

Liste der Berufsbezeichnungen in den Mitgliedstaaten der EU und der EFTA gemäss den Richtlinien 77/249/EWG und 98/5/EG

Belgien	Avocat/Advocaat/Rechtsanwalt
Bulgarien	Адвокат
Dänemark	Advokat
Deutschland	Rechtsanwalt
Estland	Vandeadvokaat
Finnland	Asianajaja/Advokat
Frankreich	Avocat
Griechenland	Δικηγορος
Irland	Barrister, Solicitor
Island	Lögmaur
Italien	Avvocato
Kroatien	Odvjetnik/Odvjetnica
Lettland	Zvērināts advokāts
Liechtenstein	Rechtsanwalt
Litauen	Advokatas
Luxemburg	Avocat
Malta	Avukat/Prokuratur Legali
Niederlande	Advocaat
Norwegen	Advokat
Österreich	Rechtsanwalt
Polen	Adwokat/Radca prawny
Portugal	Advogado
Rumänien	Avocat
Schweden	Advokat
Slowakische Republik	Advokát/Komerčný právnik
Slowenien	Odvetnik/Odvetnica
Spanien	Abogado/Advocat/Avogado/Abokatu
Tschechische Republik	Advokát
Ungarn	Ügyvéd
Vereinigtes Königreich	Advocate/Barrister/Solicitor
Zypern	Δικηγορος

---

16 Fassung gemäss Anhang Ziff. 11 des BB vom 17. Juni 2016 (Ausdehnung des Freizügigkeitsabkommens auf die Republik Kroatien), in Kraft seit 1. Jan. 2017 (AS 2016 5233; BBl 2016 2223).

17. Bundesgesetz über Schuldbetreibung und Konkurs
(SchKG)

Inhaltsverzeichnis

Erster Titel: Allgemeine Bestimmungen

I. Organisation

A.	Betreibungs- und Konkurskreise	Art. 1
B.	Betreibungs- und Konkursämter	Art. 2–3
C.	Rechtshilfe	Art. 4
C^{bis}.	Verfahren in einem sachlichen Zusammenhang	Art. 4a
D.	Haftung	Art. 5–7
E.	Protokolle und Register	Art. 8–8a
F.	Aufbewahrung von Geld oder Wertsachen	Art. 9
G.	Ausstandspflicht	Art. 10
H.	Verbotene Rechtsgeschäfte	Art. 11
I.	Zahlungen an das Betreibungsamt	Art. 12
K.	Aufsichtsbehörden	Art. 13–15
L.	Gebühren	Art. 16
M.	Beschwerde	Art. 17–21
N.	Nichtige Verfügungen	Art. 22
O.	Kantonale Ausführungsbestimmungen	Art. 23–27
P.	Bekanntmachung der kantonalen Organisation	Art. 28
Q.	…	Art. 29
R.	Besondere Vollstreckungsverfahren	Art. 30
S.	Völkerrechtliche Verträge und internationales Privatrecht	Art. 30a

II. Verschiedene Vorschriften

A.	Fristen	Art. 31–33
A^{bis}.	Elektronische Eingaben	Art. 33a
B.	Zustellung	Art. 34–35
C.	Aufschiebende Wirkung	Art. 36
D.	Begriffe	Art. 37

Zweiter Titel: Schuldbetreibung

I. Arten der Schuldbetreibung

A. Gegenstand der Schuldbetreibung und Betreibungsarten .... Art. 38
B. Konkursbetreibung .... Art. 39–40
C. Betreibung auf Pfandverwertung .... Art. 41
D. Betreibung auf Pfändung .... Art. 42
E. Ausnahmen von der Konkursbetreibung .... Art. 43
F. Vorbehalt besonderer Bestimmungen .... Art. 44–45

II. Ort der Betreibung

A. Ordentlicher Betreibungsort .... Art. 46
B. Besondere Betreibungsorte .... Art. 48–52
C. Betreibungsort bei Wohnsitzwechsel .... Art. 53
D. Konkursort bei flüchtigem Schuldner .... Art. 54
E. Einheit des Konkurses .... Art. 55

III. Geschlossene Zeiten, Betreibungsferien und Rechtsstillstand

A. Grundsätze und Begriffe .... Art. 56
B. Rechtsstillstand .... Art. 57–62
C. Wirkungen auf den Fristenlauf .... Art. 63

IV. Zustellung der Betreibungsurkunden

A. An natürliche Personen .... Art. 64
B. An juristische Personen, Gesellschaften und unverteilte Erbschaften ...... Art. 65
C. Bei auswärtigem Wohnsitz des Schuldners oder bei Unmöglichkeit der Zustellung .... Art. 66

V. Anhebung der Betreibung

A. Betreibungsbegehren .... Art. 67
B. Betreibungskosten .... Art. 68

VI. Betreibung eines in Gütergemeinschaft lebenden Ehegatten

A. Zustellung der Betreibungsurkunden. Rechtsvorschlag .... Art. 68a
B. Besondere Bestimmungen .... Art. 68b

VII. Betreibung bei gesetzlicher Vertretung oder Beistandschaft .... Art. 68c–68e

VIII. Zahlungsbefehl und Rechtsvorschlag

A. Zahlungsbefehl .... Art. 69–72

B. Vorlage der Beweismittel	Art. 73
C. Rechtsvorschlag	Art. 74–78
D. Beseitigung des Rechtsvorschlages	Art. 79–84
E. Richterliche Aufhebung oder Einstellung der Betreibung	Art. 85–85a
F. Rückforderungsklage	Art. 86
G. Betreibung auf Pfandverwertung und Wechselbetreibung	Art. 87

IX. Fortsetzung der Betreibung .... Art. 88

Dritter Titel: Betreibung auf Pfändung

I. Pfändung

A. Vollzug	Art. 89–95a
B. Wirkungen der Pfändung	Art. 96
C. Schätzung. Umfang der Pfändung	Art. 97
D. Sicherungsmassnahmen	Art. 98–105
E. Ansprüche Dritter (Widerspruchsverfahren)	Art. 106–109
F. Pfändungsanschluss	Art. 110–111
G. Pfändungsurkunde	Art. 112–115

II. Verwertung

A. Verwertungsbegehren	Art. 116–121
B. Verwertung von beweglichen Sachen und Forderungen	Art. 122–132a
C. Verwertung der Grundstücke	Art. 133–143b
D. Verteilung	Art. 144–150

Vierter Titel: Betreibung auf Pfandverwertung

A. Betreibungsbegehren	Art. 151
B. Zahlungsbefehl	Art. 152–153
C. Rechtsvorschlag. Widerruf der Anzeige an Mieter und Pächter	Art. 153a
D. Verwertungsfristen	Art. 154
E. Verwertungsverfahren	Art. 155–158

Fünfter Titel: Betreibung auf Konkurs

I. Ordentliche Konkursbetreibung

A. Konkursandrohung	Art. 159–161
B. Güterverzeichnis	Art. 162–165
C. Konkursbegehren	Art. 166–170
D. Entscheid des Konkursgerichts	Art. 171–174

E. Zeitpunkt der Konkurseröffnung .... Art. 175
F. Mitteilung der gerichtlichen Entscheide .... Art. 176

II. Wechselbetreibung

A. Voraussetzungen .... Art. 177
B. Zahlungsbefehl .... Art. 178
C. Rechtsvorschlag .... Art. 179–186
D. Rückforderungsklage .... Art. 187
E. Konkursbegehren .... Art. 188
F. Entscheid des Konkursgerichts .... Art. 189

III. Konkurseröffnung ohne vorgängige Betreibung

A. Auf Antrag eines Gläubigers .... Art. 190
B. Auf Antrag des Schuldners .... Art. 191
C. Von Amtes wegen .... Art. 192
D. Gegen eine ausgeschlagene oder überschuldete Erbschaft .... Art. 193
E. Verfahren .... Art. 194

IV. Widerruf des Konkurses

A. Im allgemeinen .... Art. 195
B. Bei ausgeschlagener Erbschaft .... Art. 196

Sechster Titel: Konkursrecht

I. Wirkungen des Konkurses auf das Vermögen des Schuldners

A. Konkursmasse .... Art. 197–203
B. Verfügungsunfähigkeit des Schuldners .... Art. 204
C. Zahlungen an den Schuldner .... Art. 205
D. Betreibungen gegen den Schuldner .... Art. 206
E. Einstellung von Zivilprozessen und Verwaltungsverfahren .... Art. 207

II. Wirkungen des Konkurses auf die Rechte der Gläubiger

A. Fälligkeit der Schuldverpflichtungen .... Art. 208
B. Zinsenlauf .... Art. 209
C. Bedingte Forderungen .... Art. 210
D. Umwandlung von Forderungen .... Art. 211
D^{bis}. Dauerschuldverhältnisse .... Art. 211a
E. Rücktrittsrecht des Verkäufers .... Art. 212
F. Verrechnung .... Art. 213–214
G. Mitverpflichtungen des Schuldners .... Art. 215–218
H. Rangordnung der Gläubiger .... Art. 219
I. Verhältnis der Rangklassen .... Art. 220

Siebenter Titel: Konkursverfahren

I. Feststellung der Konkursmasse und Bestimmung des Verfahrens

A. Inventaraufnahme .... Art. 221
B. Auskunfts- und Herausgabepflicht .... Art. 222
C. Sicherungsmassnahmen .... Art. 223
D. Kompetenzstücke .... Art. 224
E. Rechte Dritter .... Art. 225–226
F. Schätzung .... Art. 227
G. Erklärung des Schuldners zum Inventar .... Art. 228
H. Mitwirkung und Unterhalt des Schuldners .... Art. 229
I. Einstellung des Konkursverfahrens mangels Aktiven .... Art. 230–230a
K. Summarisches Konkursverfahren .... Art. 231

II. Schuldenruf

A. Öffentliche Bekanntmachung .... Art. 232
B. Spezialanzeige an die Gläubiger .... Art. 233
C. Besondere Fälle .... Art. 234

III. Verwaltung

A. Erste Gläubigerversammlung .... Art. 235–239
B. Konkursverwaltung .... Art. 240–243

IV. Erwahrung der Konkursforderungen. Kollokation der Gläubiger

A. Prüfung der eingegebenen Forderungen .... Art. 244
B. Entscheid .... Art. 245
C. Aufnahme von Amtes wegen .... Art. 246
D. Kollokationsplan .... Art. 247–251

V. Verwertung

A. Zweite Gläubigerversammlung .... Art. 252–254
B. Weitere Gläubigerversammlungen .... Art. 255
C. Zirkularbeschluss .... Art. 255a
D. Verwertungsmodus .... Art. 256
E. Versteigerung .... Art. 257–259
F. Abtretung von Rechtsansprüchen .... Art. 260

VI. Verteilung

A. Verteilungsliste und Schlussrechnung .... Art. 261
B. Verfahrenskosten .... Art. 262
C. Auflage von Verteilungsliste und Schlussrechnung .... Art. 263

D. Verteilung	Art. 264
E. Verlustschein	Art. 265–265b
F. Abschlagsverteilungen	Art. 266
G. Nicht eingegebene Forderungen	Art. 267

VII. Schluss des Konkursverfahrens

A. Schlussbericht und Entscheid des Konkursgerichtes	Art. 268
B. Nachträglich entdeckte Vermögenswerte	Art. 269
C. Frist für die Durchführung des Konkurses	Art. 270

Achter Titel: Arrest

A. Arrestgründe	Art. 271
B. Arrestbewilligung	Art. 272
C. Haftung für Arrestschaden	Art. 273
D. Arrestbefehl	Art. 274
E. Arrestvollzug	Art. 275
F. Arresturkunde	Art. 276
G. Sicherheitsleistung des Schuldners	Art. 277
H. Einsprache gegen den Arrestbefehl	Art. 278
I. Arrestprosequierung	Art. 279
K. Dahinfallen	Art. 280
L. Provisorischer Pfändungsanschluss	Art. 281

Neunter Titel: Besondere Bestimmungen über Miete und Pacht

Retentionsverzeichnis	Art. 283
Rückschaffung von Gegenständen	Art. 284

Neunter Titel^{bis}: Besondere Bestimmungen bei Trustverhältnissen

A. Betreibung für Schulden eines Trustvermögens	Art. 284a
B. Konkurs eines Trustees	Art. 284b

Zehnter Titel: Anfechtung

A. Grundsätze	Art. 285
B. Arten	Art. 286–288a
C. Anfechtungsklage	Art. 289–290

D. Wirkung .... Art. 291
E. Verjährung .... Art. 292

Elfter Titel: Nachlassverfahren

I. Nachlassstundung

A. Einleitung .... Art. 293
B. Provisorische Stundung .... Art. 293a–293d
C. Definitive Stundung .... Art. 294–296b
D. Wirkungen der Stundung .... Art. 297–298
E. Stundungsverfahren .... Art. 299–301
F. Gläubigerversammlung .... Art. 302
G. Rechte gegen Mitverpflichtete .... Art. 303
H. Sachwalterbericht; öffentliche Bekanntmachung der Verhandlung vor dem Nachlassgericht .... Art. 304

II. Allgemeine Bestimmungen über den Nachlassvertrag

A. Annahme durch die Gläubiger .... Art. 305
B. Bestätigungsentscheid .... Art. 306–308
C. Wirkungen .... Art. 309–312
D. Widerruf des Nachlassvertrages .... Art. 313

III. Ordentlicher Nachlassvertrag

A. Inhalt .... Art. 314
B. Bestrittene Forderungen .... Art. 315
C. Aufhebung des Nachlassvertrages gegenüber einem Gläubiger .. Art. 316

IV. Nachlassvertrag mit Vermögensabtretung

A. Begriff .... Art. 317
B. Inhalt .... Art. 318
C. Wirkungen der Bestätigung .... Art. 319
D. Stellung der Liquidatoren .... Art. 320
E. Feststellung der teilnahmeberechtigten Gläubiger .... Art. 321
F. Verwertung .... Art. 322–325
G. Verteilung .... Art. 326–329
H. Rechenschaftsbericht .... Art. 330
I. Anfechtung von Rechtshandlungen .... Art. 331

V. Nachlassvertrag im Konkurs .... Art. 332

VI. Einvernehmliche private Schuldenbereinigung .... Art. 333–336

Zwölfter Titel: Notstundung

A. Anwendbarkeit .... Art. 337
B. Bewilligung .... Art. 338–342
C. Wirkungen der Notstundung .... Art. 343–346
D. Verlängerung .... Art. 347
E. Widerruf .... Art. 348
F. Verhältnis zur Nachlassstundung .... Art. 349
Aufgehoben .... Art. 350

Dreizehnter Titel: Schlussbestimmungen

A. Inkrafttreten .... Art. 351
B. Bekanntmachung .... Art. 352

Schlussbestimmungen der Änderung vom 16. Dezember 1994

Schlussbestimmung zur Änderung vom 24. März 2000

Schlussbestimmung zur Änderung vom 19. Dezember 2003

Schlussbestimmung zur Änderung vom 17. Juni 2005

Übergangsbestimmung der Änderung vom 18. Juni 2010

Übergangsbestimmung der Änderung vom 21. Juni 2013

Bundesgesetz
über Schuldbetreibung und Konkurs
(SchKG)[1]

vom 11. April 1889

Die Bundesversammlung der Schweizerischen Eidgenossenschaft,
gestützt auf Artikel 64 der Bundesverfassung[2,3]
beschliesst:

Erster Titel: Allgemeine Bestimmungen

I. Organisation

A. Betreibungs- und Konkurskreise[4]

Art. 1 ¹ Das Gebiet jedes Kantons bildet für die Durchführung der Schuldbetreibungen und der Konkurse einen oder mehrere Kreise.

² Die Kantone bestimmen die Zahl und die Grösse dieser Kreise.

³ Ein Konkurskreis kann mehrere Betreibungskreise umfassen.

B. Betreibungs- und Konkursämter
1. Organisation

Art. 2[5] ¹ In jedem Betreibungskreis besteht ein Betreibungsamt, das vom Betreibungsbeamten geleitet wird.

² In jedem Konkurskreis besteht ein Konkursamt, das vom Konkursbeamten geleitet wird.

³ Jeder Betreibungs- und Konkursbeamte hat einen Stellvertreter, der ihn ersetzt, wenn er in Ausstand tritt oder an der Leitung des Amtes verhindert ist.

⁴ Das Betreibungs- und das Konkursamt können zusammengelegt und vom gleichen Beamten geleitet werden.

⁵ Die Kantone bestimmen im Übrigen die Organisation der Betreibungs- und der Konkursämter.

SR 281.1. AS 11 529 und BS 3 3
1 Eingefügt durch Ziff. I des BG vom 16. Dez. 1994, in Kraft seit 1. Jan. 1997 (AS 1995 1227; BBl 1991 III 1).
2 [BS 1 3]. Der genannten Bestimmung entspricht heute Art. 122 Abs. 1 der BV vom 18. April 1999 (SR 101).
3 Fassung gemäss Ziff. I des BG vom 24. März 2000, in Kraft seit 1. Jan. 2001 (AS 2000 2531; BBl 1999 9126 9547).
4 Durch Ziff. I des BG vom 16. Dez. 1994, in Kraft seit 1. Jan. 1997 wurden sämtliche Art. mit Randtiteln versehen (AS 1995 1227; BBl 1991 III 1).
5 Fassung gemäss Ziff. I des BG vom 16. Dez. 1994, in Kraft seit 1. Jan. 1997 (AS 1995 1227; BBl 1991 III 1).

2. Besoldung	**Art. 3**[6] Die Besoldung der Betreibungs- und der Konkursbeamten sowie ihrer Stellvertreter ist Sache der Kantone.
C. Rechtshilfe	**Art. 4**[7] [1] Die Betreibungs- und die Konkursämter nehmen auf Verlangen von Ämtern, ausseramtlichen Konkursverwaltungen, Sachwaltern und Liquidatoren eines andern Kreises Amtshandlungen vor.

[2] Mit Zustimmung des örtlich zuständigen Amtes können Betreibungs- und Konkursämter, ausseramtliche Konkursverwaltungen, Sachwalter und Liquidatoren auch ausserhalb ihres Kreises Amtshandlungen vornehmen. Für die Zustellung von Betreibungsurkunden anders als durch die Post sowie für die Pfändung, die öffentliche Versteigerung und den Beizug der Polizei ist jedoch allein das Amt am Ort zuständig, wo die Handlung vorzunehmen ist.

C[bis]. Verfahren in einem sachlichen Zusammenhang	**Art. 4a**[8] [1] Bei Konkursen und Nachlassverfahren, die in einem sachlichen Zusammenhang stehen, koordinieren die beteiligten Zwangsvollstreckungsorgane, Aufsichtsbehörden und Gerichte ihre Handlungen soweit als möglich.

[2] Die beteiligten Konkurs- und Nachlassgerichte sowie die Aufsichtsbehörden können im gegenseitigen Einvernehmen eine einheitliche Zuständigkeit für alle Verfahren bezeichnen.

D. Haftung 1. Grundsatz	**Art. 5**[9] [1] Der Kanton haftet für den Schaden, den die Beamten und Angestellten, ihre Hilfspersonen, die ausseramtlichen Konkursverwaltungen, die Sachwalter, die Liquidatoren, die Aufsichts- und Gerichtsbehörden sowie die Polizei bei der Erfüllung der Aufgaben, die ihnen dieses Gesetz zuweist, widerrechtlich verursachen.

[2] Der Geschädigte hat gegenüber dem Fehlbaren keinen Anspruch.

[3] Für den Rückgriff des Kantons auf die Personen, die den Schaden verursacht haben, ist das kantonale Recht massgebend.

[4] Wo die Schwere der Verletzung es rechtfertigt, besteht zudem Anspruch auf Genugtuung.

2. Verjährung	**Art. 6**[10] [1] Der Anspruch auf Schadenersatz verjährt in einem Jahr von dem Tage hinweg, an welchem der Geschädigte von der Schädigung Kenntnis erlangt hat, jedenfalls aber mit dem Ablauf von zehn Jahren von dem Tage der Schädigung an gerechnet.

---

6 Fassung gemäss Ziff. I des BG vom 16. Dez. 1994, in Kraft seit 1. Jan. 1997 (AS 1995 1227; BBl 1991 III 1).
7 Fassung gemäss Ziff. I des BG vom 16. Dez. 1994, in Kraft seit 1. Jan. 1997 (AS 1995 1227; BBl 1991 III 1).
8 Eingefügt durch Ziff. I des BG vom 21. Juni 2013, in Kraft seit 1. Jan. 2014 (AS 2013 4111; BBl 2010 6455).
9 Fassung gemäss Ziff. I des BG vom 16. Dez. 1994, in Kraft seit 1. Jan. 1997 (AS 1995 1227; BBl 1991 III 1).
10 Fassung gemäss Ziff. I des BG vom 16. Dez. 1994, in Kraft seit 1. Jan. 1997 (AS 1995 1227; BBl 1991 III 1).

² Wird jedoch der Schadenersatzanspruch aus einer strafbaren Handlung hergeleitet, für die das Strafrecht eine längere Verjährung vorschreibt, so gilt diese auch für ihn.

3. Zuständigkeit des Bundesgerichts

Art. 7[11] Wird eine Schadenersatzklage mit widerrechtlichem Verhalten der oberen kantonalen Aufsichtsbehörden oder des oberen kantonalen Nachlassgerichts begründet, so ist das Bundesgericht als einzige Instanz zuständig.

E. Protokolle und Register
1. Führung, Beweiskraft und Berichtigung

Art. 8[12] ¹ Die Betreibungs- und die Konkursämter führen über ihre Amtstätigkeiten sowie die bei ihnen eingehenden Begehren und Erklärungen Protokoll; sie führen die Register.

² Die Protokolle und Register sind bis zum Beweis des Gegenteils für ihren Inhalt beweiskräftig.

³ Das Betreibungsamt berichtigt einen fehlerhaften Eintrag von Amtes wegen oder auf Antrag einer betroffenen Person.

2. Einsichtsrecht

Art. 8a[13] ¹ Jede Person, die ein Interesse glaubhaft macht, kann die Protokolle und Register der Betreibungs- und der Konkursämter einsehen und sich Auszüge daraus geben lassen.

² Ein solches Interesse ist insbesondere dann glaubhaft gemacht, wenn das Auskunftsgesuch in unmittelbarem Zusammenhang mit dem Abschluss oder der Abwicklung eines Vertrages erfolgt.

³ Die Ämter geben Dritten von einer Betreibung keine Kenntnis, wenn:
a. die Betreibung nichtig ist oder aufgrund einer Beschwerde oder eines gerichtlichen Entscheids[14] aufgehoben worden ist;
b. der Schuldner mit einer Rückforderungsklage obsiegt hat;
c. der Gläubiger die Betreibung zurückgezogen hat.

⁴ Das Einsichtsrecht Dritter erlischt fünf Jahre nach Abschluss des Verfahrens. Gerichts- und Verwaltungsbehörden können im Interesse eines Verfahrens, das bei ihnen hängig ist, weiterhin Auszüge verlangen.

F. Aufbewahrung von Geld oder Wertsachen

Art. 9 Die Betreibungs- und die Konkursämter haben Geldsummen, Wertpapiere und Wertsachen, über welche nicht binnen drei Tagen nach dem Eingange verfügt wird, der Depositenanstalt zu übergeben.

---

11 Fassung gemäss Ziff. I des BG vom 16. Dez. 1994, in Kraft seit 1. Jan. 1997 (AS 1995 1227; BBl 1991 III 1).
12 Fassung gemäss Ziff. I des BG vom 16. Dez. 1994, in Kraft seit 1. Jan. 1997 (AS 1995 1227; BBl 1991 III 1).
13 Eingefügt durch Ziff. I des BG vom 16. Dez. 1994, in Kraft seit 1. Jan. 1997 (AS 1995 1227; BBl 1991 III 1).
14 Ausdruck gemäss Anhang 1 Ziff. II 17 der Zivilprozessordnung vom 19. Dez. 2008, in Kraft seit 1. Jan. 2011 (AS 2010 1739; BBl 2006 7221).

G. Ausstandspflicht	**Art. 10**[15] ¹ Die Beamten und Angestellten der Betreibungs- und der Konkursämter sowie die Mitglieder der Aufsichtsbehörden dürfen keine Amtshandlungen vornehmen: 1. in eigener Sache; 2.[16] in Sachen ihrer Ehegatten, eingetragenen Partnerinnen oder Partner oder von Personen, mit denen sie eine faktische Lebensgemeinschaft führen; 2bis.[17] in Sachen von Verwandten und Verschwägerten in gerader Linie oder bis zum dritten Grade in der Seitenlinie; 3. in Sachen einer Person, deren gesetzliche Vertreter, Bevollmächtigte oder Angestellte sie sind; 4. in Sachen, in denen sie aus anderen Gründen befangen sein könnten. ² Der Betreibungs- oder der Konkursbeamte, der in Ausstand treten muss, übermittelt ein an ihn gerichtetes Begehren sofort seinem Stellvertreter und benachrichtigt davon den Gläubiger durch uneingeschriebenen Brief.
H. Verbotene Rechtsgeschäfte	**Art. 11**[18] Die Beamten und Angestellten der Betreibungs- und der Konkursämter dürfen über die vom Amt einzutreibenden Forderungen oder die von ihm zu verwertenden Gegenstände keine Rechtsgeschäfte auf eigene Rechnung abschliessen. Rechtshandlungen, die gegen diese Vorschrift verstossen, sind nichtig.
I. Zahlungen an das Betreibungsamt	**Art. 12** ¹ Das Betreibungsamt hat Zahlungen für Rechnung des betreibenden Gläubigers entgegenzunehmen. ² Die Schuld erlischt durch die Zahlung an das Betreibungsamt.
K. Aufsichtsbehörden **1. Kantonale** **a. Bezeichnung**	**Art. 13** ¹ Zur Überwachung der Betreibungs- und der Konkursämter hat jeder Kanton eine Aufsichtsbehörde zu bezeichnen. ² Die Kantone können überdies für einen oder mehrere Kreise untere Aufsichtsbehörden bestellen.
b. Geschäftsprüfung und Disziplinarmassnahmen	**Art. 14** ¹ Die Aufsichtsbehörde hat die Geschäftsführung jedes Amtes alljährlich mindestens einmal zu prüfen.

---

15 Fassung gemäss Ziff. I des BG vom 16. Dez. 1994, in Kraft seit 1. Jan. 1997 (AS 1995 1227; BBl 1991 III 1).
16 Fassung gemäss Anhang Ziff. 16 des Partnerschaftsgesetzes vom 18. Juni 2004, in Kraft seit 1. Jan. 2007 (AS 2005 5685; BBl 2003 1288).
17 Eingefügt durch Anhang Ziff. 16 des Partnerschaftsgesetzes vom 18. Juni 2004, in Kraft seit 1. Jan. 2007 (AS 2005 5685; BBl 2003 1288).
18 Fassung gemäss Ziff. I des BG vom 16. Dez. 1994, in Kraft seit 1. Jan. 1997 (AS 1995 1227; BBl 1991 III 1).

² Gegen einen Beamten oder Angestellten können folgende Disziplinarmassnahmen getroffen werden:[19]
1. Rüge;
2.[20] Geldbusse bis zu 1000 Franken;
3. Amtseinstellung für die Dauer von höchstens sechs Monaten;
4. Amtsentsetzung.

2. Bundesrat

Art. 15[21] ¹ Der Bundesrat übt die Oberaufsicht über das Schuldbetreibungs- und Konkurswesen aus und sorgt für die gleichmässige Anwendung dieses Gesetzes.

² Er erlässt die zur Vollziehung dieses Gesetzes erforderlichen Verordnungen und Reglemente.

³ Er kann an die kantonalen Aufsichtsbehörden Weisungen erlassen und von denselben jährliche Berichte verlangen.

⁴ …[22]

⁵ Er koordiniert die elektronische Kommunikation zwischen den Betreibungs- und Konkursämtern, den Grundbuch- und Handelsregisterämtern, den Gerichten und dem Publikum.[23]

L. Gebühren

Art. 16 ¹ Der Bundesrat setzt den Gebührentarif fest.

² Die im Betreibungs- und Konkursverfahren errichteten Schriftstücke sind stempelfrei.

M. Beschwerde
1. An die Aufsichtsbehörde

Art. 17 ¹ Mit Ausnahme der Fälle, in denen dieses Gesetz den Weg der gerichtlichen Klage vorschreibt, kann gegen jede Verfügung eines Betreibungs- oder eines Konkursamtes bei der Aufsichtsbehörde wegen Gesetzesverletzung oder Unangemessenheit Beschwerde geführt werden.[24]

² Die Beschwerde muss binnen zehn Tagen seit dem Tage, an welchem der Beschwerdeführer von der Verfügung Kenntnis erhalten hat, angebracht werden.

³ Wegen Rechtsverweigerung oder Rechtsverzögerung kann jederzeit Beschwerde geführt werden.

---

19 Fassung gemäss Ziff. I des BG vom 16. Dez. 1994, in Kraft seit 1. Jan. 1997 (AS 1995 1227; BBl 1991 III 1).
20 Fassung gemäss Ziff. I des BG vom 16. Dez. 1994, in Kraft seit 1. Jan. 1997 (AS 1995 1227; BBl 1991 III 1).
21 Fassung gemäss Anhang Ziff. 6 des Bundesgerichtsgesetzes vom 17. Juni 2005, in Kraft seit 1. Jan. 2007 (AS 2006 1205; BBl 2001 4202).
22 Aufgehoben durch Anhang 1 Ziff. II 17 der Zivilprozessordnung vom 19. Dez. 2008, mit Wirkung seit 1. Jan. 2011 (AS 2010 1739; BBl 2006 7221).
23 Eingefügt durch Anhang 1 Ziff. II 17 der Zivilprozessordnung vom 19. Dez. 2008, in Kraft seit 1. Jan. 2011 (AS 2010 1739; BBl 2006 7221).
24 Fassung gemäss Ziff. I des BG vom 16. Dez. 1994, in Kraft seit 1. Jan. 1997 (AS 1995 1227; BBl 1991 III 1).

⁴ Das Amt kann bis zu seiner Vernehmlassung die angefochtene Verfügung in Wiedererwägung ziehen. Trifft es eine neue Verfügung, so eröffnet es sie unverzüglich den Parteien und setzt die Aufsichtsbehörde in Kenntnis.[25]

2. An die obere Aufsichtsbehörde

Art. 18[26] ¹ Der Entscheid einer unteren Aufsichtsbehörde kann innert zehn Tagen nach der Eröffnung an die obere kantonale Aufsichtsbehörde weitergezogen werden.

² Wegen Rechtsverweigerung oder Rechtsverzögerung kann gegen eine untere Aufsichtsbehörde jederzeit bei der oberen kantonalen Aufsichtsbehörde Beschwerde geführt werden.

3. An das Bundesgericht

Art. 19[27] Die Beschwerde an das Bundesgericht richtet sich nach dem Bundesgerichtsgesetz vom 17. Juni 2005[28].

4. Beschwerdefristen bei Wechselbetreibung

Art. 20 Bei der Wechselbetreibung betragen die Fristen für Anhebung der Beschwerde und Weiterziehung derselben bloss fünf Tage; die Behörde hat die Beschwerde binnen fünf Tagen zu erledigen.

5. Verfahren vor kantonalen Aufsichtsbehörden[30]

Art. 20a[29] ¹ ...[31]

² Für das Verfahren vor den kantonalen Aufsichtsbehörden gelten die folgenden Bestimmungen:[32]

1. Die Aufsichtsbehörden haben sich in allen Fällen, in denen sie in dieser Eigenschaft handeln, als solche und gegebenenfalls als obere oder untere Aufsichtsbehörde zu bezeichnen.
2. Die Aufsichtsbehörde stellt den Sachverhalt von Amtes wegen fest. Sie kann die Parteien zur Mitwirkung anhalten und braucht auf deren Begehren nicht einzutreten, wenn sie die notwendige und zumutbare Mitwirkung verweigern.
3.[33] Die Aufsichtsbehörde würdigt die Beweise frei; unter Vorbehalt von Artikel 22 darf sie nicht über die Anträge der Parteien hinausgehen.

---

25 Eingefügt durch Ziff. I des BG vom 16. Dez. 1994, in Kraft seit 1. Jan. 1997 (AS 1995 1227; BBl 1991 III 1).
26 Fassung gemäss Ziff. I des BG vom 16. Dez. 1994, in Kraft seit 1. Jan. 1997 (AS 1995 1227; BBl 1991 III 1).
27 Fassung gemäss Anhang Ziff. 6 des Bundesgerichtsgesetzes vom 17. Juni 2005, in Kraft seit 1. Jan. 2007 (AS 2006 1205; BBl 2001 4202).
28 SR 173.110
29 Eingefügt durch Ziff. I des BG vom 16. Dez. 1994, in Kraft seit 1. Jan. 1997 (AS 1995 1227; BBl 1991 III 1).
30 Fassung gemäss Anhang Ziff. 6 des Bundesgerichtsgesetzes vom 17. Juni 2005, in Kraft seit 1. Jan. 2007 (AS 2006 1205; BBl 2001 4202).
31 Aufgehoben durch Anhang Ziff. 6 des Bundesgerichtsgesetzes vom 17. Juni 2005, mit Wirkung seit 1. Jan. 2007 (AS 2006 1205; BBl 2001 4202).
32 Fassung gemäss Anhang Ziff. 6 des Bundesgerichtsgesetzes vom 17. Juni 2005, in Kraft seit 1. Jan. 2007 (AS 2006 1205; BBl 2001 4202).
33 Fassung gemäss Ziff. I 6 der V der BVers vom 20. Dez. 2006 über die Anpassung von Erlassen an die Bestimmungen des Bundesgerichtsgesetzes und des Verwaltungsgerichtsgesetzes, in Kraft seit 1. Jan. 2007 (AS 2006 5599;

4. Der Beschwerdeentscheid wird begründet, mit einer Rechtsmittelbelehrung versehen und den Parteien, dem betroffenen Amt und allfälligen weiteren Beteiligten schriftlich eröffnet.
5.[34] Die Verfahren sind kostenlos. Bei böswilliger oder mutwilliger Prozessführung können einer Partei oder ihrem Vertreter Bussen bis zu 1500 Franken sowie Gebühren und Auslagen auferlegt werden.

³ Im Übrigen regeln die Kantone das Verfahren.

6. Beschwerdeentscheid

Art. 21 Die Behörde, welche eine Beschwerde begründet erklärt, verfügt die Aufhebung oder die Berichtigung der angefochtenen Handlung; sie ordnet die Vollziehung von Handlungen an, deren Vornahme der Beamte unbegründetermassen verweigert oder verzögert.

N. Nichtige Verfügungen

Art. 22[35] ¹ Verstossen Verfügungen gegen Vorschriften, die im öffentlichen Interesse oder im Interesse von am Verfahren nicht beteiligten Personen erlassen worden sind, so sind sie nichtig. Unabhängig davon, ob Beschwerde geführt worden ist, stellen die Aufsichtsbehörden von Amtes wegen die Nichtigkeit einer Verfügung fest.

² Das Amt kann eine nichtige Verfügung durch Erlass einer neuen Verfügung ersetzen. Ist bei der Aufsichtsbehörde ein Verfahren im Sinne von Absatz 1 hängig, so steht dem Amt diese Befugnis bis zur Vernehmlassung zu.

O. Kantonale Ausführungsbestimmungen
1. Richterliche Behörden

Art. 23[36] Die Kantone bezeichnen die richterlichen Behörden, welche für die in diesem Gesetze dem Richter zugewiesenen Entscheidungen zuständig sind.

2. Depositenanstalten

Art. 24 Die Kantone bezeichnen die Anstalten, welche gehalten sind, in den in diesem Gesetze vorgesehenen Fällen Depositen anzunehmen (Depositenanstalten). Sie haften für die von diesen Anstalten verwahrten Depositen.

3. ...

Art. 25[37]

BBl 2006 7759).
34 Eingefügt durch Anhang Ziff. 6 des Bundesgerichtsgesetzes vom 17. Juni 2005, in Kraft seit 1. Jan. 2007 (AS 2006 1205; BBl 2001 4202).
35 Fassung gemäss Ziff. I des BG vom 16. Dez. 1994, in Kraft seit 1. Jan. 1997 (AS 1995 1227; BBl 1991 III 1).
36 Fassung gemäss Ziff. I des BG vom 16. Dez. 1994, in Kraft seit 1. Jan. 1997 (AS 1995 1227; BBl 1991 III 1).
37 Aufgehoben durch Anhang 1 Ziff. II 17 der Zivilprozessordnung vom 19. Dez. 2008, mit Wirkung seit 1. Jan. 2011 (AS 2010 1739; BBl 2006 7221).

| Organisation | Art. 30 SchKG | 17 |

4. Öffentlichrechtliche Folgen der fruchtlosen Pfändung und des Konkurses

Art. 26[38] ¹ Die Kantone können, soweit nicht Bundesrecht anwendbar ist, an die fruchtlose Pfändung und die Konkurseröffnung öffentlich-rechtliche Folgen (wie Unfähigkeit zur Bekleidung öffentlicher Ämter, zur Ausübung bewilligungspflichtiger Berufe und Tätigkeiten) knüpfen. Ausgeschlossen sind die Einstellung im Stimmrecht und im aktiven Wahlrecht sowie die Publikation der Verlustscheine.

² Die Rechtsfolgen sind aufzuheben, wenn der Konkurs widerrufen wird, wenn sämtliche Verlustscheingläubiger befriedigt oder ihre Forderungen verjährt sind.

³ Kommt als einziger Gläubiger der Ehegatte, die eingetragene Partnerin oder der eingetragene Partner des Schuldners zu Verlust, so dürfen keine öffentlich-rechtlichen Folgen der fruchtlosen Pfändung oder des Konkurses ausgesprochen werden.[39]

5. Vertretung im Zwangsvollstreckungsverfahren

Art. 27[40] ¹ Jede handlungsfähige Person ist berechtigt, andere Personen im Zwangsvollstreckungsverfahren zu vertreten. Dies gilt auch für die gewerbsmässige Vertretung. Die Kantone können einer Person aus wichtigen Gründen die gewerbsmässige Vertretung verbieten.

² Die Kosten der Vertretung im Verfahren vor den Betreibungs- und Konkursämtern dürfen nicht der Gegenpartei überbunden werden.

P. Bekanntmachung der kantonalen Organisation

Art. 28[41] ¹ Die Kantone geben dem Bundesrat die Betreibungs- und Konkurskreise, die Organisation der Betreibungs- und der Konkursämter sowie die Behörden an, die sie in Ausführung dieses Gesetzes bezeichnet haben.

² Der Bundesrat sorgt für angemessene Bekanntmachung dieser Angaben.

Q.

Art. 29[42]

R. Besondere Vollstreckungsverfahren

Art. 30[43] ¹ Dieses Gesetz gilt nicht für die Zwangsvollstreckung gegen Kantone, Bezirke und Gemeinden, soweit darüber besondere eidgenössische oder kantonale Vorschriften bestehen.

---

38 Fassung gemäss Ziff. I des BG vom 16. Dez. 1994, in Kraft seit 1. Jan. 1997 (AS 1995 1227; BBl 1991 III 1).
39 Fassung gemäss Anhang Ziff. 16 des Partnerschaftsgesetzes vom 18. Juni 2004, in Kraft seit 1. Jan. 2007 (AS 2005 5685; BBl 2003 1288).
40 Fassung gemäss Ziff. I des BG vom 25. Sept. 2015 (Gewerbsmässige Vertretung im Zwangsvollstreckungsverfahren), in Kraft seit 1. Jan. 2018 (AS 2016 3643; BBl 2014 8669).
41 Fassung gemäss Ziff. I 6 der V der BVers vom 20. Dez. 2006 über die Anpassung von Erlassen an die Bestimmungen des Bundesgerichtsgesetzes und des Verwaltungsgerichtsgesetzes, in Kraft seit 1. Jan. 2007 (AS 2006 5599; BBl 2006 7759).
42 Aufgehoben durch Anhang 1 Ziff. II 17 der Zivilprozessordnung vom 19. Dez. 2008, mit Wirkung seit 1. Jan. 2011 (AS 2010 1739; BBl 2006 7221).
43 Fassung gemäss Ziff. I des BG vom 16. Dez. 1994, in Kraft seit 1. Jan. 1997 (AS 1995 1227; BBl 1991 III 1).

² Vorbehalten bleiben ferner die Bestimmungen anderer Bundesgesetze über besondere Zwangsvollstreckungsverfahren.

S. Völkerrechtliche Verträge und internationales Privatrecht

Art. 30a[44] Die völkerrechtlichen Verträge und die Bestimmungen des Bundesgesetzes vom 18. Dezember 1987[45] über das Internationale Privatrecht (IPRG) sind vorbehalten.

II. Verschiedene Vorschriften

A. Fristen
1. Im Allgemeinen

Art. 31[46] Für die Berechnung, die Einhaltung und den Lauf der Fristen gelten die Bestimmungen der Zivilprozessordnung vom 19. Dezember 2008[47] (ZPO), sofern dieses Gesetz nichts anderes bestimmt.

2. Einhaltung

Art. 32[48] ¹ ...[49]

² Eine Frist ist auch dann gewahrt, wenn vor ihrem Ablauf ein unzuständiges Betreibungs- oder Konkursamt angerufen wird; dieses überweist die Eingabe unverzüglich dem zuständigen Amt.[50]

³ ...[51]

⁴ Bei schriftlichen Eingaben, die an verbesserlichen Fehlern leiden, ist Gelegenheit zur Verbesserung zu geben.

3. Änderung und Wiederherstellung

Art. 33 ¹ Die in diesem Gesetze aufgestellten Fristen können durch Vertrag nicht abgeändert werden.

² Wohnt ein am Verfahren Beteiligter im Ausland oder ist er durch öffentliche Bekanntmachung anzusprechen, so kann ihm eine längere Frist eingeräumt oder eine Frist verlängert werden.[52]

³ Ein am Verfahren Beteiligter kann darauf verzichten, die Nichteinhaltung einer Frist geltend zu machen, wenn diese ausschliesslich in seinem Interesse aufgestellt ist.[53]

---

44 Eingefügt durch Ziff. I des BG vom 16. Dez. 1994, in Kraft seit 1. Jan. 1997 (AS 1995 1227; BBl 1991 III 1).
45 SR 291
46 Fassung gemäss Anhang 1 Ziff. II 17 der Zivilprozessordnung vom 19. Dez. 2008, in Kraft seit 1. Jan. 2011 (AS 2010 1739; BBl 2006 7221).
47 SR 272
48 Fassung gemäss Ziff. I des BG vom 16. Dez. 1994, in Kraft seit 1. Jan. 1997 (AS 1995 1227; BBl 1991 III 1).
49 Aufgehoben durch Anhang 1 Ziff. II 17 der Zivilprozessordnung vom 19. Dez. 2008, mit Wirkung seit 1. Jan. 2011 (AS 2010 1739; BBl 2006 7221).
50 Fassung gemäss Anhang 1 Ziff. II 17 der Zivilprozessordnung vom 19. Dez. 2008, in Kraft seit 1. Jan. 2011 (AS 2010 1739; BBl 2006 7221).
51 Aufgehoben durch Anhang 1 Ziff. II 17 der Zivilprozessordnung vom 19. Dez. 2008, mit Wirkung seit 1. Jan. 2011 (AS 2010 1739; BBl 2006 7221).
52 Fassung gemäss Ziff. I des BG vom 16. Dez. 1994, in Kraft seit 1. Jan. 1997 (AS 1995 1227; BBl 1991 III 1).
53 Eingefügt durch Ziff. I des BG vom 16. Dez. 1994, in Kraft seit 1. Jan. 1997 (AS 1995 1227; BBl 1991 III 1).

⁴ Wer durch ein unverschuldetes Hindernis davon abgehalten worden ist, innert Frist zu handeln, kann die Aufsichtsbehörde oder die in der Sache zuständige richterliche Behörde um Wiederherstellung der Frist ersuchen. Er muss, vom Wegfall des Hindernisses an, in der gleichen Frist wie der versäumten ein begründetes Gesuch einreichen und die versäumte Rechtshandlung bei der zuständigen Behörde nachholen.[54]

A^bis. Elektronische Übermittlung

Art. 33a[55] ¹ Eingaben können bei den Betreibungs- und Konkursämtern und den Aufsichtsbehörden elektronisch eingereicht werden.

² Die Eingabe ist mit einer qualifizierten elektronischen Signatur gemäss Bundesgesetz vom 18. März 2016[56] über die elektronische Signatur zu versehen. Für das Massenverfahren kann der Bundesrat Ausnahmen vorsehen.

³ Für die Wahrung einer Frist ist der Zeitpunkt massgebend, in dem die Quittung ausgestellt wird, die bestätigt, dass alle Schritte abgeschlossen sind, die auf der Seite der Partei oder ihres Vertreters für die Übermittlung notwendig sind.

⁴ Der Bundesrat regelt:
a. das Format der Eingabe und ihrer Beilagen;
b. die Art und Weise der Übermittlung;
c. die Voraussetzungen, unter denen bei technischen Problemen die Nachreichung von Dokumenten auf Papier verlangt werden kann.

B. Zustellung
1. Schriftlich und elektronisch

Art. 34[57] ¹ Die Zustellung von Mitteilungen, Verfügungen und Entscheiden der Betreibungs- und Konkursämter sowie der Aufsichtsbehörden erfolgen durch eingeschriebene Postsendung oder auf andere Weise gegen Empfangsbestätigung, sofern dieses Gesetz nichts anderes bestimmt.

² Mit dem Einverständnis der betroffenen Person können Mitteilungen, Verfügungen und Entscheide elektronisch zugestellt werden. Sie sind mit einer elektronischen Signatur gemäss Bundesgesetz vom 18. März 2016[58] über die elektronische Signatur zu versehen. Der Bundesrat regelt:
a. die zu verwendende Signatur;

---

54 Eingefügt durch Ziff. I des BG vom 16. Dez. 1994, in Kraft seit 1. Jan. 1997 (AS 1995 1227; BBl 1991 III 1).
55 Eingefügt durch Anhang 1 Ziff. II 17 der Zivilprozessordnung vom 19. Dez. 2008 (AS 2010 1739; BBl 2006 7221). Fassung gemäss Anhang Ziff. II 6 des BG vom 18. März 2016 über die elektronische Signatur, in Kraft seit 1. Jan. 2017 (AS 2016 4651; BBl 2014 1001).
56 SR 943.03
57 Fassung gemäss Anhang 1 Ziff. II 17 der Zivilprozessordnung vom 19. Dez. 2008, in Kraft seit 1. Jan. 2011 (AS 2010 1739; BBl 2006 7221).
58 SR 943.03

b. das Format der Mitteilungen, Verfügungen und Entscheide sowie ihrer Beilagen;
c. die Art und Weise der Übermittlung;
d. den Zeitpunkt, zu dem die Mitteilung, die Verfügung oder der Entscheid als zugestellt gilt.[59]

2. Durch öffentliche Bekanntmachung

Art. 35 [1] Die öffentlichen Bekanntmachungen erfolgen im Schweizerischen Handelsamtsblatt und im betreffenden kantonalen Amtsblatt. Für die Berechnung von Fristen und für die Feststellung der mit der Bekanntmachung verbundenen Rechtsfolgen ist die Veröffentlichung im Schweizerischen Handelsamtsblatt massgebend.[60]

[2] Wenn die Verhältnisse es erfordern, kann die Bekanntmachung auch durch andere Blätter oder auf dem Wege des öffentlichen Ausrufs geschehen.

C. Aufschiebende Wirkung

Art. 36 Eine Beschwerde, Weiterziehung oder Berufung hat nur auf besondere Anordnung der Behörde, an welche sie gerichtet ist, oder ihres Präsidenten aufschiebende Wirkung. Von einer solchen Anordnung ist den Parteien sofort Kenntnis zu geben.

D. Begriffe

Art. 37[61] [1] Der Ausdruck «Grundpfandrecht» im Sinne dieses Gesetzes umfasst: die Grundpfandverschreibung, den Schuldbrief, die Grundpfandrechte des bisherigen Rechtes, die Grundlast und jedes Vorzugsrecht auf bestimmte Grundstücke sowie das Pfandrecht an der Zugehör eines Grundstücks.[62]

[2] Der Ausdruck «Faustpfand» begreift auch die Viehverpfändung, das Retentionsrecht und das Pfandrecht an Forderungen und anderen Rechten.

[3] Der Ausdruck «Pfand» umfasst sowohl das Grundpfand als das Fahrnispfand.

---

59 Fassung gemäss Anhang Ziff. II 6 des BG vom 18. März 2016 über die elektronische Signatur, in Kraft seit 1. Jan. 2017 (AS 2016 4651; BBl 2014 1001).
60 Fassung gemäss Ziff. I des BG vom 16. Dez. 1994, in Kraft seit 1. Jan. 1997 (AS 1995 1227; BBl 1991 III 1).
61 Fassung gemäss Art. 58 SchlT ZGB, in Kraft seit 1. Jan. 1912 (AS 24 233 Art. 60 SchlT ZGB; BBl 1904 IV 1, 1907 VI 367).
62 Fassung gemäss Ziff. II 4 des BG vom 11. Dez. 2009 (Register-Schuldbrief und weitere Änderungen im Sachenrecht), in Kraft seit 1. Jan. 2012 (AS 2011 4637; BBl 2007 5283).

Zweiter Titel: Schuldbetreibung

I. Arten der Schuldbetreibung

A. Gegenstand der Schuldbetreibung und Betreibungsarten

Art. 38 ¹ Auf dem Wege der Schuldbetreibung werden die Zwangsvollstreckungen durchgeführt, welche auf eine Geldzahlung oder eine Sicherheitsleistung gerichtet sind.

² Die Schuldbetreibung beginnt mit der Zustellung des Zahlungsbefehles und wird entweder auf dem Wege der Pfändung oder der Pfandverwertung oder des Konkurses fortgesetzt.

³ Der Betreibungsbeamte bestimmt, welche Betreibungsart anwendbar ist.

B. Konkursbetreibung
1. Anwendungsbereich

Art. 39 ¹ Die Betreibung wird auf dem Weg des Konkurses, und zwar als «Ordentliche Konkursbetreibung» (Art. 159–176) oder als «Wechselbetreibung» (Art. 177–189), fortgesetzt, wenn der Schuldner in einer der folgenden Eigenschaften im Handelsregister eingetragen ist:
1. als Inhaber einer Einzelfirma (Art. 934 und 935 OR[63]);
2. als Mitglied einer Kollektivgesellschaft (Art. 554 OR);
3. als unbeschränkt haftendes Mitglied einer Kommanditgesellschaft (Art. 596 OR);
4. als Mitglied der Verwaltung einer Kommanditaktiengesellschaft (Art. 765 OR);
5.[64] ...
6. als Kollektivgesellschaft (Art. 552 OR);
7. als Kommanditgesellschaft (Art. 594 OR);
8. als Aktien- oder Kommanditaktiengesellschaft (Art. 620 und 764 OR);
9. als Gesellschaft mit beschränkter Haftung (Art. 772 OR);
10. als Genossenschaft (Art. 828 OR);
11. als Verein (Art. 60 ZGB[65]);
12. als Stiftung (Art. 80 ZGB);

---

[63] SR 220
[64] Aufgehoben durch Anhang Ziff. 3 des BG vom 16. Dez. 2005 (GmbH-Recht sowie Anpassungen im Aktien-, Genossenschafts-, Handelsregister- und Firmenrecht), mit Wirkung seit 1. Jan. 2008 (AS 2007 4791; BBl 2002 3148, 2004 3969).
[65] SR 210

13.[66] Investmentgesellschaft mit variablem Kapital (Art. 36 Kollektivanlagengesetz vom 23. Juni 2006[67], KAG);
14.[68] Kommanditgesellschaft für kollektive Kapitalanlagen (Art. 98 KAG).[69]

2 ...[70]

3 Die Eintragung äussert ihre Wirkung erst mit dem auf die Bekanntmachung im Schweizerischen Handelsamtsblatt folgenden Tage.

2. Wirkungsdauer des Handelsregistereintrages

Art. 40 1 Die Personen, welche im Handelsregister eingetragen waren, unterliegen, nachdem die Streichung durch das Schweizerische Handelsamtsblatt bekanntgemacht worden ist, noch während sechs Monaten der Konkursbetreibung.

2 Stellt der Gläubiger vor Ablauf dieser Frist das Fortsetzungsbegehren oder verlangt er den Erlass eines Zahlungsbefehls für die Wechselbetreibung, so wird die Betreibung auf dem Weg des Konkurses fortgesetzt.[71]

C. Betreibung auf Pfandverwertung

Art. 41[72] 1 Für pfandgesicherte Forderungen wird die Betreibung, auch gegen die der Konkursbetreibung unterliegenden Schuldner, durch Verwertung des Pfandes (Art. 151–158) fortgesetzt.

1bis Wird für eine pfandgesicherte Forderung Betreibung auf Pfändung oder Konkurs eingeleitet, so kann der Schuldner mit Beschwerde (Art. 17) verlangen, dass der Gläubiger vorerst das Pfand in Anspruch nehme.

2 Für grundpfandgesicherte Zinse oder Annuitäten kann jedoch nach der Wahl des Gläubigers entweder die Pfandverwertung, oder, je nach der Person des Schuldners, die Betreibung auf Pfändung oder auf Konkurs stattfinden. Vorbehalten bleiben ferner die Bestimmungen über die Wechselbetreibung (Art. 177 Abs. 1).

D. Betreibung auf Pfändung

Art. 42[73] 1 In allen andern Fällen wird die Betreibung auf dem Weg der Pfändung (Art. 89–150) fortgesetzt.

---

66 Eingefügt durch Anhang Ziff. II 3 des Kollektivanlagengesetzes vom 23. Juni 2006, in Kraft seit 1. Jan. 2007 (AS 2006 5379; BBl 2005 6395).
67 SR 951.31
68 Eingefügt durch Anhang Ziff. II 3 des Kollektivanlagengesetzes vom 23. Juni 2006, in Kraft seit 1. Jan. 2007 (AS 2006 5379; BBl 2005 6395).
69 Fassung gemäss Ziff. I des BG vom 16. Dez. 1994, in Kraft seit 1. Jan. 1997 (AS 1995 1227; BBl 1991 III 1).
70 Aufgehoben durch Art. 15 Ziff. 1 Schl- und UeB zu den Tit. XXIV–XXXIII OR (AS 53 185; BBl 1928 I 205, 1932 I 217).
71 Fassung gemäss Ziff. I des BG vom 16. Dez. 1994, in Kraft seit 1. Jan. 1997 (AS 1995 1227; BBl 1991 III 1).
72 Fassung gemäss Ziff. I des BG vom 16. Dez. 1994, in Kraft seit 1. Jan. 1997 (AS 1995 1227; BBl 1991 III 1).
73 Fassung gemäss Ziff. I des BG vom 16. Dez. 1994, in Kraft seit 1. Jan. 1997 (AS 1995 1227; BBl 1991 III 1).

²Wird ein Schuldner ins Handelsregister eingetragen, so sind die hängigen Fortsetzungsbegehren dennoch durch Pfändung zu vollziehen, solange über ihn nicht der Konkurs eröffnet ist.

E. Ausnahmen von der Konkursbetreibung

Art. 43[74] Die Konkursbetreibung ist in jedem Fall ausgeschlossen für:
1. Steuern, Abgaben, Gebühren, Sporteln, Bussen und andere im öffentlichen Recht begründete Leistungen an öffentliche Kassen oder an Beamte;
1bis.[75] Prämien der obligatorischen Unfallversicherung;
2.[76] periodische familienrechtliche Unterhalts- und Unterstützungsbeiträge sowie Unterhaltsbeiträge nach dem Partnerschaftsgesetz vom 18. Juni 2004[77];
3. Ansprüche auf Sicherheitsleistung.

F. Vorbehalt besonderer Bestimmungen
1. Verwertung beschlagnahmter Gegenstände

Art. 44[78] Die Verwertung von Gegenständen, welche aufgrund strafrechtlicher oder fiskalischer Gesetze oder aufgrund des Bundesgesetzes vom 18. Dezember 2015[79] über die Sperrung und die Rückerstattung unrechtmässig erworbener Vermögenswerte ausländischer politisch exponierter Personen mit Beschlag belegt sind, geschieht nach den zutreffenden eidgenössischen oder kantonalen Gesetzesbestimmungen.

2. Forderungen der Pfandleihanstalten

Art. 45[80] Für die Geltendmachung von Forderungen der Pfandleihanstalten gilt Artikel 910 des Zivilgesetzbuches (ZGB)[81].

II. Ort der Betreibung

A. Ordentlicher Betreibungsort

Art. 46 ¹ Der Schuldner ist an seinem Wohnsitze zu betreiben.

² Die im Handelsregister eingetragenen juristischen Personen und Gesellschaften sind an ihrem Sitze, nicht eingetragene juristische Personen am Hauptsitze ihrer Verwaltung zu betreiben.

---

74 Fassung gemäss Ziff. I des BG vom 16. Dez. 1994, in Kraft seit 1. Jan. 1997 (AS 1995 1227; BBl 1991 III 1).
75 Eingefügt durch Ziff. I des BG vom 3. Okt. 2003, in Kraft seit 1. Juli 2004 (AS 2004 2757; BBl 2002 7107 7116).
76 Fassung gemäss Anhang Ziff. 16 des Partnerschaftsgesetzes vom 18. Juni 2004, in Kraft seit 1. Jan. 2007 (AS 2005 5685; BBl 2003 1288).
77 SR 211.231
78 Fassung gemäss Art. 31 Abs. 2 Ziff. 2 des BG vom 18. Dez. 2015 über die Sperrung und die Rückerstattung unrechtmässig erworbener Vermögenswerte ausländischer politisch exponierter Personen, in Kraft seit 1. Juli 2016 (AS 2016 1803; BBl 2014 5265).
79 SR 196.1
80 Fassung gemäss Ziff. I des BG vom 16. Dez. 1994, in Kraft seit 1. Jan. 1997 (AS 1995 1227; BBl 1991 III 1).
81 SR 210

³ Für die Schulden aus einer Gemeinderschaft kann in Ermangelung einer Vertretung jeder der Gemeinder am Orte der gemeinsamen wirtschaftlichen Tätigkeit betrieben werden.[82]

⁴ Die Gemeinschaft der Stockwerkeigentümer ist am Ort der gelegenen Sache zu betreiben.[83]

Art. 47[84]

B. Besondere Betreibungsorte
1. Betreibungsort des Aufenthaltes

Art. 48 Schuldner, welche keinen festen Wohnsitz haben, können da betrieben werden, wo sie sich aufhalten.

2. Betreibungsort der Erbschaft

Art. 49[85] Die Erbschaft kann, solange die Teilung nicht erfolgt, eine vertragliche Gemeinderschaft nicht gebildet oder eine amtliche Liquidation nicht angeordnet ist, in der auf den Verstorbenen anwendbaren Betreibungsart an dem Ort betrieben werden, wo der Erblasser zur Zeit seines Todes betrieben werden konnte.

3. Betreibungsort des im Ausland wohnenden Schuldners

Art. 50 ¹ Im Auslande wohnende Schuldner, welche in der Schweiz eine Geschäftsniederlassung besitzen, können für die auf Rechnung der letztern eingegangenen Verbindlichkeiten am Sitze derselben betrieben werden.

² Im Auslande wohnende Schuldner, welche in der Schweiz zur Erfüllung einer Verbindlichkeit ein Spezialdomizil gewählt haben, können für diese Verbindlichkeit am Orte desselben betrieben werden.

4. Betreibungsort der gelegenen Sache

Art. 51 ¹ Haftet für die Forderung ein Faustpfand, so kann die Betreibung entweder dort, wo sie nach den Artikeln 46–50 stattzufinden hat, oder an dem Ort, wo sich das Pfand oder dessen wertvollster Teil befindet, eingeleitet werden.[86]

² Für grundpfandgesicherte Forderungen[87] findet die Betreibung nur dort[88] statt, wo das verpfändete Grundstück liegt. Wenn die Betreibung sich auf mehrere, in verschiedenen Betreibungskreisen gelegene

---

82 Eingefügt durch Art. 58 SchlT ZGB, in Kraft seit 1. Jan. 1912 (AS 24 233 Art. 60 SchlT ZGB; BBl 1904 IV 1, 1907 VI 367).
83 Eingefügt durch Ziff. I des BG vom 16. Dez. 1994, in Kraft seit 1. Jan. 1997 (AS 1995 1227; BBl 1991 III 1).
84 Aufgehoben durch Ziff. I des BG vom 16. Dez. 1994 (AS 1995 1227; BBl 1991 III 1).
85 Fassung gemäss Art. 58 SchlT ZGB, in Kraft seit 1. Jan. 1912 (AS 24 233 Art. 60 SchlT ZGB; BBl 1904 IV 1, 1907 VI 367).
86 Fassung gemäss Ziff. I des BG vom 16. Dez. 1994, in Kraft seit 1. Jan. 1997 (AS 1995 1227; BBl 1991 III 1).
87 Bezeichnung gemäss Ziff. I des BG vom 16. Dez. 1994, in Kraft seit 1. Jan. 1997 (AS 1995 1227; BBl 1991 III 1). Diese Änd. ist im ganzen Erlass berücksichtigt.
88 Bezeichnung gemäss Ziff. I des BG vom 16. Dez. 1994, in Kraft seit 1. Jan. 1997 (AS 1995 1227; BBl 1991 III 1). Diese Änd. ist im ganzen Erlass berücksichtigt.

5. Betreibungsort des Arrestes	**Art. 52** Ist für eine Forderung Arrest gelegt, so kann die Betreibung auch dort eingeleitet werden, wo sich der Arrestgegenstand befindet.[89] Die Konkursandrohung und die Konkurseröffnung können jedoch nur dort erfolgen, wo ordentlicherweise die Betreibung stattzufinden hat.
C. Betreibungsort bei Wohnsitzwechsel	**Art. 53** Verändert der Schuldner seinen Wohnsitz, nachdem ihm die Pfändung angekündigt oder nachdem ihm die Konkursandrohung oder der Zahlungsbefehl zur Wechselbetreibung zugestellt worden ist, so wird die Betreibung am bisherigen Orte fortgesetzt.
D. Konkursort bei flüchtigem Schuldner	**Art. 54** Gegen einen flüchtigen Schuldner wird der Konkurs an dessen letztem Wohnsitze eröffnet.
E. Einheit des Konkurses	**Art. 55** Der Konkurs kann in der Schweiz gegen den nämlichen Schuldner gleichzeitig nur an einem Orte eröffnet sein. Er gilt dort als eröffnet, wo er zuerst erkannt wird.

Grundstücke bezieht, ist dieselbe in demjenigen Kreise zu führen, in welchem der wertvollste Teil der Grundstücke sich befindet.

III. Geschlossene Zeiten, Betreibungsferien und Rechtsstillstand[90]

A. Grundsätze und Begriffe	**Art. 56**[91] Ausser im Arrestverfahren oder wenn es sich um unaufschiebbare Massnahmen zur Erhaltung von Vermögensgegenständen handelt, dürfen Betreibungshandlungen nicht vorgenommen werden: 1. in den geschlossenen Zeiten, nämlich zwischen 20 Uhr und 7 Uhr sowie an Sonntagen und staatlich anerkannten Feiertagen; 2. während der Betreibungsferien, nämlich sieben Tage vor und sieben Tage nach Ostern und Weihnachten sowie vom 15. Juli bis zum 31. Juli; in der Wechselbetreibung gibt es keine Betreibungsferien; 3. gegen einen Schuldner, dem der Rechtsstillstand (Art. 57–62) gewährt ist.

---

89 Fassung gemäss Ziff. I des BG vom 16. Dez. 1994, in Kraft seit 1. Jan. 1997 (AS 1995 1227; BBl 1991 III 1).
90 Fassung gemäss Ziff. I des BG vom 16. Dez. 1994, in Kraft seit 1. Jan. 1997 (AS 1995 1227; BBl 1991 III 1).
91 Fassung gemäss Ziff. I des BG vom 21. Juni 2013, in Kraft seit 1. Jan. 2014 (AS 2013 4111; BBl 2010 6455).

B. Rechtsstillstand
1. Wegen Militär-, Zivil- oder Schutzdienst[93]
a. Dauer

Art. 57[92] [1] Für einen Schuldner, der sich im Militär-, Zivil- oder Schutzdienst befindet, besteht während der Dauer des Dienstes Rechtsstillstand.[94]

[2] Hat der Schuldner vor der Entlassung oder Beurlaubung mindestens 30 Tage ohne wesentlichen Unterbruch Dienst geleistet, so besteht der Rechtsstillstand auch noch während der zwei auf die Entlassung oder Beurlaubung folgenden Wochen.

[3] Für periodische familienrechtliche Unterhalts- und Unterstützungsbeiträge kann der Schuldner auch während des Rechtsstillstandes betrieben werden.[95]

[4] Schuldner, die aufgrund eines Arbeitsverhältnisses zum Bund oder zum Kanton Militär- oder Schutzdienst leisten, geniessen keinen Rechtsstillstand.[96]

b. Auskunftspflicht Dritter

Art. 57a[97] [1] Kann eine Betreibungshandlung nicht vorgenommen werden, weil der Schuldner sich im Militär-, Zivil- oder Schutzdienst befindet, so sind die zu seinem Haushalt gehörenden erwachsenen Personen und, bei Zustellung der Betreibungsurkunden in einem geschäftlichen Betrieb, die Arbeitnehmer oder gegebenenfalls der Arbeitgeber bei Straffolge (Art. 324 Ziff. 5 StGB[98]) verpflichtet, dem Beamten die Dienstadresse und das Geburtsjahr des Schuldners mitzuteilen.[99]

[1bis] Der Betreibungsbeamte macht die Betroffenen auf ihre Pflichten und auf die Straffolge bei deren Verletzung aufmerksam.[100]

[2] Die zuständige Kommandostelle gibt dem Betreibungsamt auf Anfrage die Entlassung oder Beurlaubung des Schuldners bekannt.

[3] ...[101]

c. Haftung des Grundpfandes

Art. 57b[102] [1] Gegenüber einem Schuldner, der wegen Militär-, Zivil- oder Schutzdienstes Rechtsstillstand geniesst, verlängert sich die Haf-

---

92 Fassung gemäss Art. 2 des BG vom 28. Sept. 1949, in Kraft seit 1. Febr. 1950 (AS 1950 I 57; BBl 1948 I 1218).
93 Ausdruck gemäss Anhang Ziff. 4 des Zivildienstgesetzes vom 6. Okt. 1995, in Kraft seit 1. Okt. 1996 (AS 1996 1445; BBl 1994 III 1609). Diese Änd. ist im ganzen Erlass berücksichtigt.
94 Fassung gemäss Ziff. I des BG vom 16. Dez. 1994, in Kraft seit 1. Jan. 1997 (AS 1995 1227; BBl 1991 III 1).
95 Fassung gemäss Ziff. I des BG vom 16. Dez. 1994, in Kraft seit 1. Jan. 1997 (AS 1995 1227; BBl 1991 III 1).
96 Fassung gemäss Ziff. I des BG vom 16. Dez. 1994, in Kraft seit 1. Jan. 1997 (AS 1995 1227; BBl 1991 III 1).
97 Eingefügt durch Art. 2 des BG vom 28. Sept. 1949, in Kraft seit 1. Febr. 1950 (AS 1950 I 57; BBl 1948 I 1218).
98 SR 311.0
99 Fassung gemäss Ziff. I des BG vom 16. Dez. 1994, in Kraft seit 1. Jan. 1997 (AS 1995 1227; BBl 1991 III 1).
100 Eingefügt durch Ziff. I des BG vom 16. Dez. 1994, in Kraft seit 1. Jan. 1997 (AS 1995 1227; BBl 1991 III 1).
101 Aufgehoben durch Ziff. I des BG vom 16. Dez. 1994, mit Wirkung seit 1. Jan. 1997 (AS 1995 1227; BBl 1991 III 1).
102 Eingefügt durch Art. 2 des BG vom 28. Sept. 1949, in Kraft seit 1. Febr. 1950 (AS 1950 I 57; BBl 1948 I 1218).

	tung des Grundpfandes für die Zinse der Grundpfandschuld (Art. 818 Abs. 1 Ziff. 3 ZGB[103]) um die Dauer des Rechtsstillstandes.[104]
	² In der Betreibung auf Pfandverwertung ist der Zahlungsbefehl auch während des Rechtsstillstandes zuzustellen, wenn dieser drei Monate gedauert hat.
d. Güterverzeichnis	**Art. 57c**[105] ¹ Gegenüber einem Schuldner, der wegen Militär-, Zivil- oder Schutzdienstes Rechtsstillstand geniesst, kann der Gläubiger für die Dauer des Rechtsstillstandes verlangen, dass das Betreibungsamt ein Güterverzeichnis mit den in Artikel 164 bezeichneten Wirkungen aufnimmt.[106] Der Gläubiger hat indessen den Bestand seiner Forderung und ihre Gefährdung durch Handlungen des Schuldners oder Dritter glaubhaft zu machen, die auf eine Begünstigung einzelner Gläubiger zum Nachteil anderer oder auf eine allgemeine Benachteiligung der Gläubiger hinzielen.
	² Die Aufnahme des Güterverzeichnisses kann durch Sicherstellung der Forderung des antragstellenden Gläubigers abgewendet werden.
e. Aufhebung durch den Richter	**Art. 57d**[107] Der Rechtsstillstand wegen Militär- oder Schutzdienstes kann vom Rechtsöffnungsrichter auf Antrag eines Gläubigers allgemein oder für einzelne Forderungen mit sofortiger Wirkung aufgehoben werden, wenn der Gläubiger glaubhaft macht, dass:[108]
	1. dass der Schuldner Vermögenswerte dem Zugriff der Gläubiger entzogen hat oder dass er Anstalten trifft, die auf eine Begünstigung einzelner Gläubiger zum Nachteil anderer oder auf eine allgemeine Benachteiligung der Gläubiger hinzielen, oder
	2.[109] der Schuldner, sofern er freiwillig Militär- oder Schutzdienst leistet, zur Erhaltung seiner wirtschaftlichen Existenz des Rechtsstillstandes nicht bedarf, oder
	3.[110] der Schuldner freiwillig Militär- oder Schutzdienst leistet, um sich seinen Verpflichtungen zu entziehen.
f. Militär-, Zivil- oder Schutzdienst des gesetzlichen Vertreters	**Art. 57e**[111] Die Bestimmungen über den Rechtsstillstand finden auch auf Personen und Gesellschaften Anwendung, deren gesetzli-

---

103 SR 210
104 Fassung gemäss Ziff. I des BG vom 16. Dez. 1994, in Kraft seit 1. Jan. 1997 (AS 1995 1227; BBl 1991 III 1).
105 Eingefügt durch Art. 2 des BG vom 28. Sept. 1949, in Kraft seit 1. Febr. 1950 (AS 1950 I 57; BBl 1948 I 1218).
106 Fassung gemäss Ziff. I des BG vom 16. Dez. 1994, in Kraft seit 1. Jan. 1997 (AS 1995 1227; BBl 1991 III 1).
107 Eingefügt durch Art. 2 des BG vom 28. Sept. 1949, in Kraft seit 1. Febr. 1950 (AS 1950 I 57; BBl 1948 I 1218).
108 Fassung gemäss Ziff. I des BG vom 16. Dez. 1994, in Kraft seit 1. Jan. 1997 (AS 1995 1227; BBl 1991 III 1).
109 Fassung gemäss Ziff. I des BG vom 16. Dez. 1994, in Kraft seit 1. Jan. 1997 (AS 1995 1227; BBl 1991 III 1).
110 Fassung gemäss Ziff. I des BG vom 16. Dez. 1994, in Kraft seit 1. Jan. 1997 (AS 1995 1227; BBl 1991 III 1).
111 Eingefügt durch Art. 2 des BG vom 28. Sept. 1949 (AS 1950 I 57; BBl 1948 I 1218). Fassung gemäss Ziff. I des BG vom 16. Dez. 1994, in Kraft seit 1. Jan. 1997 (AS 1995 1227; BBl 1991 III 1).

cher Vertreter sich im Militär-, Zivil- oder Schutzdienst befindet, solange sie nicht in der Lage sind, einen andern Vertreter zu bestellen.

2. Wegen Todesfalles

Art. 58[112] Für einen Schuldner, dessen Ehegatte, dessen eingetragene Partnerin oder eingetragener Partner, dessen Verwandter oder Verschwägerter in gerader Linie oder dessen Hausgenosse gestorben ist, besteht vom Todestag an während zwei Wochen Rechtsstillstand.

3. In der Betreibung für Erbschaftsschulden

Art. 59 [1] In der Betreibung für Erbschaftsschulden besteht vom Todestage des Erblassers an während der zwei folgenden Wochen sowie während der für Antritt oder Ausschlagung der Erbschaft eingeräumten Überlegungsfrist Rechtsstillstand.[113]

[2] Eine zu Lebzeiten des Erblassers angehobene Betreibung kann gegen die Erbschaft gemäss Artikel 49 fortgesetzt werden.[114]

[3] Gegen die Erben kann sie nur dann fortgesetzt werden, wenn es sich um eine Betreibung auf Pfandverwertung handelt oder wenn in einer Betreibung auf Pfändung die in den Artikeln 110 und 111 angegebenen Fristen für die Teilnahme der Pfändung bereits abgelaufen sind.

4. Wegen Verhaftung

Art. 60 Wird ein Verhafteter betrieben, welcher keinen Vertreter hat, so setzt ihm der Betreibungsbeamte eine Frist zur Bestellung eines solchen.[115] Während dieser Frist besteht für den Verhafteten Rechtsstillstand.

5. Wegen schwerer Erkrankung

Art. 61 Einem schwerkranken Schuldner kann der Betreibungsbeamte für eine bestimmte Zeit Rechtsstillstand gewähren.

6. Bei Epidemien oder Landesunglück

Art. 62[116] Im Falle einer Epidemie oder eines Landesunglücks sowie in Kriegszeiten kann der Bundesrat oder mit seiner Zustimmung die Kantonsregierung für ein bestimmtes Gebiet oder für bestimmte Teile der Bevölkerung den Rechtsstillstand beschliessen.

C. Wirkungen auf den Fristenlauf

Art. 63[117] Betreibungsferien und Rechtsstillstand hemmen den Fristenlauf nicht. Fällt jedoch für den Schuldner, den Gläubiger oder den Dritten das Ende einer Frist in die Zeit der Betreibungsferien oder des

---

112 Fassung gemäss Anhang Ziff. 16 des Partnerschaftsgesetzes vom 18. Juni 2004, in Kraft seit 1. Jan. 2007 (AS 2005 5685; BBl 2003 1288).
113 Fassung gemäss Art. 2 des BG vom 28. Sept. 1949, in Kraft seit 1. Febr. 1950 (AS 1950 I 57; BBl 1948 I 1218).
114 Fassung gemäss Art. 58 SchlT ZGB, in Kraft seit 1. Jan. 1912 (AS 24 233 Art. 60 SchlT ZGB; BBl 1904 IV 1, 1907 VI 367).
115 Fassung gemäss Anhang Ziff. 12 des BG vom 19. Dez. 2008 (Erwachsenenschutz, Personenrecht und Kindesrecht), in Kraft seit 1. Jan. 2013 (AS 2011 725; BBl 2006 7001).
116 Fassung gemäss Ziff. I des BG vom 16. Dez. 1994, in Kraft seit 1. Jan. 1997 (AS 1995 1227; BBl 1991 III 1).
117 Fassung gemäss Ziff. I des BG vom 16. Dez. 1994, in Kraft seit 1. Jan. 1997 (AS 1995 1227; BBl 1991 III 1).

Rechtsstillstandes, so wird die Frist bis zum dritten Tag nach deren Ende verlängert. Bei der Berechnung der Frist von drei Tagen werden Samstag und Sonntag sowie staatlich anerkannte Feiertage nicht mitgezählt.

IV. Zustellung der Betreibungsurkunden

A. An natürliche Personen

Art. 64 [1] Die Betreibungsurkunden werden dem Schuldner in seiner Wohnung oder an dem Orte, wo er seinen Beruf auszuüben pflegt, zugestellt. Wird er daselbst nicht angetroffen, so kann die Zustellung an eine zu seiner Haushaltung gehörende erwachsene Person oder an einen Angestellten geschehen.

[2] Wird keine der erwähnten Personen angetroffen, so ist die Betreibungsurkunde zuhanden des Schuldners einem Gemeinde- oder Polizeibeamten zu übergeben.

B. An juristische Personen, Gesellschaften und unverteilte Erbschaften

Art. 65 [1] Ist die Betreibung gegen eine juristische Person oder eine Gesellschaft gerichtet, so erfolgt die Zustellung an den Vertreter derselben. Als solcher gilt:
1. [118] für eine Gemeinde, einen Kanton oder die Eidgenossenschaft der Präsident der vollziehenden Behörde oder die von der vollziehenden Behörde bezeichnete Dienststelle;
2. [119] für eine Aktiengesellschaft, eine Kommanditaktiengesellschaft, eine Gesellschaft mit beschränkter Haftung, eine Genossenschaft oder einen im Handelsregister eingetragenen Verein jedes Mitglied der Verwaltung oder des Vorstandes sowie jeder Direktor oder Prokurist;
3. für eine anderweitige juristische Person der Präsident der Verwaltung oder der Verwalter;
4. für eine Kollektivgesellschaft oder Kommanditgesellschaft jeder zur Vertretung der Gesellschaft befugte Gesellschafter und jeder Prokurist.

[2] Werden die genannten Personen in ihrem Geschäftslokale nicht angetroffen, so kann die Zustellung auch an einen andern Beamten oder Angestellten erfolgen.

---

118 Fassung gemäss Ziff. I des BG vom 16. Dez. 1994, in Kraft seit 1. Jan. 1997 (AS 1995 1227; BBl 1991 III 1).
119 Fassung gemäss Ziff. I des BG vom 16. Dez. 1994, in Kraft seit 1. Jan. 1997 (AS 1995 1227; BBl 1991 III 1).

³ Ist die Betreibung gegen eine unverteilte Erbschaft gerichtet, so erfolgt die Zustellung an den für die Erbschaft bestellten Vertreter oder, wenn ein solcher nicht bekannt ist, an einen der Erben.[120]

C. Bei auswärtigem Wohnsitz des Schuldners oder bei Unmöglichkeit der Zustellung

Art. 66 ¹ Wohnt der Schuldner nicht am Orte der Betreibung, so werden die Betreibungsurkunden der von ihm daselbst bezeichneten Person oder in dem von ihm bestimmten Lokale abgegeben.

² Mangels einer solchen Bezeichnung erfolgt die Zustellung durch Vermittlung des Betreibungsamtes des Wohnortes oder durch die Post.

³ Wohnt der Schuldner im Ausland, so erfolgt die Zustellung durch die Vermittlung der dortigen Behörden oder, soweit völkerrechtliche Verträge dies vorsehen oder wenn der Empfängerstaat zustimmt, durch die Post.[121]

⁴ Die Zustellung wird durch öffentliche Bekanntmachung ersetzt, wenn:
1. der Wohnort des Schuldners unbekannt ist;
2. der Schuldner sich beharrlich der Zustellung entzieht;
3. der Schuldner im Ausland wohnt und die Zustellung nach Absatz 3 nicht innert angemessener Frist möglich ist.[122]

⁵ ...[123]

V. Anhebung der Betreibung

A. Betreibungsbegehren

Art. 67 ¹ Das Betreibungsbegehren ist schriftlich oder mündlich an das Betreibungsamt zu richten. Dabei sind anzugeben:
1. der Name und Wohnort des Gläubigers und seines allfälligen Bevollmächtigten sowie, wenn der Gläubiger im Auslande wohnt, das von demselben in der Schweiz gewählte Domizil. Im Falle mangelnder Bezeichnung wird angenommen, dieses Domizil befinde sich im Lokal des Betreibungsamtes;
2.[124] der Name und Wohnort des Schuldners und gegebenenfalls seines gesetzlichen Vertreters; bei Betreibungsbegehren gegen eine Erbschaft ist anzugeben, an welche Erben die Zustellung zu erfolgen hat;

---

120 Eingefügt durch Art. 58 SchlT ZGB, in Kraft seit 1. Jan. 1912 (AS 24 233 Art. 60 SchlT ZGB; BBl 1904 IV 1, 1907 VI 367).
121 Fassung gemäss Ziff. I des BG vom 16. Dez. 1994, in Kraft seit 1. Jan. 1997 (AS 1995 1227; BBl 1991 III 1).
122 Fassung gemäss Ziff. I des BG vom 16. Dez. 1994, in Kraft seit 1. Jan. 1997 (AS 1995 1227; BBl 1991 III 1).
123 Aufgehoben durch Ziff. I des BG vom 16. Dez. 1994, mit Wirkung seit 1. Jan. 1997 (AS 1995 1227; BBl 1991 III 1).
124 Fassung gemäss Art. 58 SchlT ZGB, in Kraft seit 1. Jan. 1912 (AS 24 233 Art. 60 SchlT ZGB; BBl 1904 IV 1, 1907 VI 367).

3. die Forderungssumme oder die Summe, für welche Sicherheit verlangt wird, in gesetzlicher Schweizerwährung; bei verzinslichen Forderungen der Zinsfuss und der Tag, seit welchem der Zins gefordert wird;
4. die Forderungsurkunde und deren Datum; in Ermangelung einer solchen der Grund der Forderung.

² Für eine pfandgesicherte Forderung sind ausserdem die in Artikel 151 vorgesehenen Angaben zu machen.

³ Der Eingang des Betreibungsbegehrens ist dem Gläubiger auf Verlangen gebührenfrei zu bescheinigen.

B. Betreibungskosten

Art. 68 ¹ Der Schuldner trägt die Betreibungskosten. Dieselben sind vom Gläubiger vorzuschiessen. Wenn der Vorschuss nicht geleistet ist, kann das Betreibungsamt unter Anzeige an den Gläubiger die Betreibungshandlung einstweilen unterlassen.

² Der Gläubiger ist berechtigt, von den Zahlungen des Schuldners die Betreibungskosten vorab zu erheben.

VI.[125][126] Betreibung eines in Gütergemeinschaft lebenden Ehegatten

A. Zustellung der Betreibungsurkunden. Rechtsvorschlag

Art. 68a[127][128] ¹ Wird ein in Gütergemeinschaft lebender Ehegatte betrieben, so sind der Zahlungsbefehl und alle übrigen Betreibungsurkunden auch dem andern Ehegatten zuzustellen; das Betreibungsamt holt diese Zustellung unverzüglich nach, wenn erst im Laufe des Verfahrens geltend gemacht wird, dass der Schuldner der Gütergemeinschaft untersteht.

² Jeder Ehegatte kann Rechtsvorschlag erheben.

³ ...[129]

---

125 Ursprünglich Ziff. V^{bis}.
126 Eingefügt durch Art. 15 Ziff. 3 Schl- und UeB zu den Tit. XXIV–XXXIII OR (AS 53 185; BBl 1928 I 205, 1932 I 217). Fassung gemäss Ziff. II 3 des BG vom 5. Okt. 1984 über die Änderung des ZGB, in Kraft seit 1. Jan. 1988 (AS 1986 122 153 Art. 1; BBl 1979 II 1191).
127 Fassung gemäss Ziff. II 3 des BG vom 5. Okt. 1984 über die Änderung des ZGB, in Kraft seit 1. Jan. 1988 (AS 1986 122 153 Art. 1; BBl 1979 II 1191).
128 Ursprünglich Art. 68bis.
129 Aufgehoben durch Ziff. I des BG vom 16. Dez. 1994, mit Wirkung seit 1. Jan. 1997 (AS 1995 1227; BBl 1991 III 1).

B. Besondere Bestimmungen

Art. 68b[130] ¹ Jeder Ehegatte kann im Widerspruchsverfahren (Art. 106–109) geltend machen, dass ein gepfändeter Wert zum Eigengut des Ehegatten des Schuldners gehört.

² Beschränkt sich die Betreibung neben dem Eigengut auf den Anteil des Schuldners am Gesamtgut, so kann sich überdies jeder Ehegatte im Widerspruchsverfahren (Art. 106–109) der Pfändung von Gegenständen des Gesamtgutes widersetzen.

³ Wird die Betreibung auf Befriedigung aus dem Eigengut und dem Anteil am Gesamtgut fortgesetzt, so richten sich die Pfändung und die Verwertung des Anteils am Gesamtgut nach Artikel 132; vorbehalten bleibt eine Pfändung des künftigen Erwerbseinkommens des betriebenen Ehegatten (Art. 93).[131]

⁴ Der Anteil eines Ehegatten am Gesamtgut kann nicht versteigert werden.

⁵ Die Aufsichtsbehörde kann beim Richter die Anordnung der Gütertrennung verlangen.

VII.[132] Betreibung bei gesetzlicher Vertretung oder Beistandschaft

1. Minderjähriger Schuldner

Art. 68c[133] ¹ Ist der Schuldner minderjährig, so werden die Betreibungsurkunden dem gesetzlichen Vertreter zugestellt. Im Fall einer Beistandschaft nach Artikel 325 ZGB[134] erhalten der Beistand und die Inhaber der elterlichen Sorge die Betreibungsurkunden, sofern die Ernennung des Beistands dem Betreibungsamt mitgeteilt worden ist.

² Stammt die Forderung jedoch aus einem bewilligten Geschäftsbetrieb oder steht sie im Zusammenhang mit der Verwaltung des Arbeitsverdienstes oder des freien Vermögens durch eine minderjährige Person (Art. 321 Abs. 2, 323 Abs. 1 und 327*b* ZGB), so werden die Betreibungsurkunden dem Schuldner und dem gesetzlichen Vertreter zugestellt.

---

130 Eingefügt durch Ziff. II 3 des BG vom 5. Okt. 1984 über die Änderung des ZGB, in Kraft seit 1. Jan. 1988 (AS 1986 122 153 Art. 1; BBl 1979 II 1191).
131 Fassung gemäss Ziff. I des BG vom 16. Dez. 1994, in Kraft seit 1. Jan. 1997 (AS 1995 1227; BBl 1991 III 1).
132 Eingefügt durch Ziff. I des BG vom 16. Dez. 1994, in Kraft seit 1. Jan. 1997 (AS 1995 1227; BBl 1991 III 1).
133 Fassung gemäss Anhang Ziff. 12 des BG vom 19. Dez. 2008 (Erwachsenenschutz, Personenrecht und Kindesrecht), in Kraft seit 1. Jan. 2013 (AS 2011 725; BBl 2006 7001).
134 SR 210

2. Volljähriger Schuldner unter einer Massnahme des Erwachsenenschutzes

Art. 68d[135] ¹ Ist ein Beistand oder eine vorsorgebeauftragte Person für die Vermögensverwaltung des volljährigen Schuldners zuständig und hat die Erwachsenenschutzbehörde dies dem Betreibungsamt mitgeteilt, so werden die Betreibungsurkunden dem Beistand oder der vorsorgebeauftragten Person zugestellt.

² Ist die Handlungsfähigkeit des Schuldners nicht eingeschränkt, so werden die Betreibungsurkunden auch diesem zugestellt.

3. Haftungsbeschränkung

Art. 68e Haftet der Schuldner nur mit dem freien Vermögen, so kann im Widerspruchsverfahren (Art. 106–109) geltend gemacht werden, ein gepfändeter Wert gehöre nicht dazu.

VIII.[136] Zahlungsbefehl und Rechtsvorschlag

A. Zahlungsbefehl
1. Inhalt

Art. 69 ¹ Nach Empfang des Betreibungsbegehrens erlässt das Betreibungsamt den Zahlungsbefehl.

² Der Zahlungsbefehl enthält:
1. die Angaben des Betreibungsbegehrens;
2. die Aufforderung, binnen 20 Tagen den Gläubiger für die Forderung samt Betreibungskosten zu befriedigen oder, falls die Betreibung auf Sicherheitsleistung geht, sicherzustellen;
3. die Mitteilung, dass der Schuldner, welcher die Forderung oder einen Teil derselben oder das Recht, sie auf dem Betreibungswege geltend zu machen, bestreiten will, innerhalb zehn Tagen nach Zustellung des Zahlungsbefehls dem Betreibungsamte dies zu erklären (Rechtsvorschlag zu erheben) hat;
4. die Androhung, dass, wenn der Schuldner weder dem Zahlungsbefehl nachkommt, noch Rechtsvorschlag erhebt, die Betreibung ihren Fortgang nehmen werde.

2. Ausfertigung

Art. 70 ¹ Der Zahlungsbefehl wird doppelt ausgefertigt. Die eine Ausfertigung ist für den Schuldner, die andere für den Gläubiger bestimmt. Lauten die beiden Urkunden nicht gleich, so ist die dem Schuldner zugestellte Ausfertigung massgebend.

² Werden Mitschuldner gleichzeitig betrieben, so wird jedem ein besonderer Zahlungsbefehl zugestellt.[137]

---

135 Fassung gemäss Anhang Ziff. 12 des BG vom 19. Dez. 2008 (Erwachsenenschutz, Personenrecht und Kindesrecht), in Kraft seit 1. Jan. 2013 (AS 2011 725; BBl 2006 7001).
136 Ursprünglich Ziff. VI.
137 Fassung gemäss Ziff. I des BG vom 16. Dez. 1994, in Kraft seit 1. Jan. 1997 (AS 1995 1227; BBl 1991 III 1).

3. Zeitpunkt der Zustellung

Art. 71 [1] Der Zahlungsbefehl wird dem Schuldner nach Eingang des Betreibungsbegehrens zugestellt.[138]

[2] Wenn gegen den nämlichen Schuldner mehrere Betreibungsbegehren vorliegen, so sind die sämtlichen Zahlungsbefehle gleichzeitig zuzustellen.

[3] In keinem Falle darf einem später eingegangenen Begehren vor einem frühern Folge gegeben werden.

4. Form der Zustellung

Art. 72 [1] Die Zustellung geschieht durch den Betreibungsbeamten, einen Angestellten des Amtes oder durch die Post.[139]

[2] Bei der Abgabe hat der Überbringer auf beiden Ausfertigungen zu bescheinigen, an welchem Tage und an wen die Zustellung erfolgt ist.

B. Vorlage der Beweismittel

Art. 73[140] [1] Auf Verlangen des Schuldners wird der Gläubiger aufgefordert, innerhalb der Bestreitungsfrist die Beweismittel für seine Forderung beim Betreibungsamt zur Einsicht vorzulegen.

[2] Kommt der Gläubiger dieser Aufforderung nicht nach, so wird der Ablauf der Bestreitungsfrist dadurch nicht gehemmt. In einem nachfolgenden Rechtsstreit berücksichtigt jedoch der Richter beim Entscheid über die Prozesskosten den Umstand, dass der Schuldner die Beweismittel nicht hat einsehen können.

C. Rechtsvorschlag
1. Frist und Form

Art. 74 [1] Will der Betriebene Rechtsvorschlag erheben, so hat er dies sofort dem Überbringer des Zahlungsbefehls oder innert zehn Tagen nach der Zustellung dem Betreibungsamt mündlich oder schriftlich zu erklären.[141]

[2] Bestreitet der Betriebene die Forderung nur teilweise, so hat er den bestrittenen Betrag genau anzugeben; unterlässt er dies, so gilt die ganze Forderung als bestritten.[142]

[3] Die Erklärung des Rechtsvorschlags ist dem Betriebenen auf Verlangen gebührenfrei zu bescheinigen.

2. Begründung

Art. 75[143] [1] Der Rechtsvorschlag bedarf keiner Begründung. Wer ihn trotzdem begründet, verzichtet damit nicht auf weitere Einreden.

[2] Bestreitet der Schuldner, zu neuem Vermögen gekommen zu sein (Art. 265, 265a), so hat er dies im Rechtsvorschlag ausdrücklich zu erklären; andernfalls ist diese Einrede verwirkt.

---

138 Fassung gemäss Ziff. I des BG vom 16. Dez. 1994, in Kraft seit 1. Jan. 1997 (AS 1995 1227; BBl 1991 III 1).
139 Fassung gemäss Ziff. I des BG vom 16. Dez. 1994, in Kraft seit 1. Jan. 1997 (AS 1995 1227; BBl 1991 III 1).
140 Fassung gemäss Ziff. I des BG vom 16. Dez. 1994, in Kraft seit 1. Jan. 1997 (AS 1995 1227; BBl 1991 III 1).
141 Fassung gemäss Ziff. I des BG vom 16. Dez. 1994, in Kraft seit 1. Jan. 1997 (AS 1995 1227; BBl 1991 III 1).
142 Fassung gemäss Ziff. I des BG vom 16. Dez. 1994, in Kraft seit 1. Jan. 1997 (AS 1995 1227; BBl 1991 III 1).
143 Fassung gemäss Ziff. I des BG vom 16. Dez. 1994, in Kraft seit 1. Jan. 1997 (AS 1995 1227; BBl 1991 III 1).

³ Vorbehalten bleiben die Bestimmungen über den nachträglichen Rechtsvorschlag (Art. 77) und über den Rechtsvorschlag in der Wechselbetreibung (Art. 179 Abs. 1).

3. Mitteilung an den Gläubiger

Art. 76 ¹ Der Inhalt des Rechtsvorschlags wird dem Betreibenden auf der für ihn bestimmten Ausfertigung des Zahlungsbefehls mitgeteilt; erfolgte kein Rechtsvorschlag, so ist dies auf derselben vorzumerken.

² Diese Ausfertigung wird dem Betreibenden unmittelbar nach dem Rechtsvorschlag, und wenn ein solcher nicht erfolgt ist, sofort nach Ablauf der Bestreitungsfrist zugestellt.

4. Nachträglicher Rechtsvorschlag bei Gläubigerwechsel

Art. 77 ¹ Wechselt während des Betreibungsverfahrens der Gläubiger, so kann der Betriebene einen Rechtsvorschlag noch nachträglich bis zur Verteilung oder Konkurseröffnung anbringen.[144]

² Der Betriebene muss den Rechtsvorschlag innert zehn Tagen, nachdem er vom Gläubigerwechsel Kenntnis erhalten hat, beim Richter des Betreibungsortes schriftlich und begründet anbringen und die Einreden gegen den neuen Gläubiger glaubhaft machen.[145]

³ Der Richter kann bei Empfang des Rechtsvorschlags die vorläufige Einstellung der Betreibung verfügen; er entscheidet über die Zulassung des Rechtsvorschlages nach Einvernahme der Parteien.

⁴ Wird der nachträgliche Rechtsvorschlag bewilligt, ist aber bereits eine Pfändung vollzogen worden, so setzt das Betreibungsamt dem Gläubiger eine Frist von zehn Tagen an, innert der er auf Anerkennung seiner Forderung klagen kann. Nutzt er die Frist nicht, so fällt die Pfändung dahin.[146]

⁵ Das Betreibungsamt zeigt dem Schuldner jeden Gläubigerwechsel an.[147]

5. Wirkungen

Art. 78 ¹ Der Rechtsvorschlag bewirkt die Einstellung der Betreibung.

² Bestreitet der Schuldner nur einen Teil der Forderung, so kann die Betreibung für den unbestrittenen Betrag fortgesetzt werden.

---

144 Fassung gemäss Ziff. I des BG vom 16. Dez. 1994, in Kraft seit 1. Jan. 1997 (AS 1995 1227; BBl 1991 III 1).
145 Fassung gemäss Ziff. I des BG vom 16. Dez. 1994, in Kraft seit 1. Jan. 1997 (AS 1995 1227; BBl 1991 III 1).
146 Eingefügt durch Ziff. I des BG vom 16. Dez. 1994, in Kraft seit 1. Jan. 1997 (AS 1995 1227; BBl 1991 III 1).
147 Eingefügt durch Ziff. I des BG vom 16. Dez. 1994, in Kraft seit 1. Jan. 1997 (AS 1995 1227; BBl 1991 III 1).

D. Beseitigung des Rechtsvorschlages
1. Im Zivilprozess oder im Verwaltungsverfahren

Art. 79[148] Ein Gläubiger, gegen dessen Betreibung Rechtsvorschlag erhoben worden ist, hat seinen Anspruch im Zivilprozess oder im Verwaltungsverfahren geltend zu machen. Er kann die Fortsetzung der Betreibung nur aufgrund eines vollstreckbaren Entscheids erwirken, der den Rechtsvorschlag ausdrücklich beseitigt.

2. Durch definitive Rechtsöffnung
a. Rechtsöffnungstitel

Art. 80[149] [1] Beruht die Forderung auf einem vollstreckbaren gerichtlichen Entscheid, so kann der Gläubiger beim Richter die Aufhebung des Rechtsvorschlags (definitive Rechtsöffnung) verlangen.[150]

[2] Gerichtlichen Entscheiden gleichgestellt sind:[151]

1. gerichtliche Vergleiche und gerichtliche Schuldanerkennungen;

1bis.[152] vollstreckbare öffentliche Urkunden nach den Artikeln 347–352 ZPO[153];

2.[154] Verfügungen schweizerischer Verwaltungsbehörden;

3.[155] ...

4.[156] die endgültigen Entscheide der Kontrollorgane, die in Anwendung von Artikel 16 Absatz 1 des Bundesgesetzes vom 17. Juni 2005[157] gegen die Schwarzarbeit getroffen werden und die Kontrollkosten zum Inhalt haben;

5.[158] im Bereich der Mehrwertsteuer: Steuerabrechnungen und Einschätzungsmitteilungen, die durch Eintritt der Festsetzungsverjährung rechtskräftig wurden, sowie Einschätzungsmitteilungen, die durch schriftliche Anerkennung der steuerpflichtigen Person rechtskräftig wurden.

---

148 Fassung gemäss Anhang 1 Ziff. II 17 der Zivilprozessordnung vom 19. Dez. 2008, in Kraft seit 1. Jan. 2011 (AS 2010 1739; BBl 2006 7221).
149 Fassung gemäss Ziff. I des BG vom 16. Dez. 1994, in Kraft seit 1. Jan. 1997 (AS 1995 1227; BBl 1991 III 1).
150 Fassung gemäss Anhang 1 Ziff. II 17 der Zivilprozessordnung vom 19. Dez. 2008, in Kraft seit 1. Jan. 2011 (AS 2010 1739; BBl 2006 7221).
151 Fassung gemäss Anhang 1 Ziff. II 17 der Zivilprozessordnung vom 19. Dez. 2008, in Kraft seit 1. Jan. 2011 (AS 2010 1739; BBl 2006 7221).
152 Eingefügt durch Anhang 1 Ziff. II 17 der Zivilprozessordnung vom 19. Dez. 2008, in Kraft seit 1. Jan. 2011 (AS 2010 1739; BBl 2006 7221).
153 SR 272
154 Fassung gemäss Anhang 1 Ziff. II 17 der Zivilprozessordnung vom 19. Dez. 2008, in Kraft seit 1. Jan. 2011 (AS 2010 1739; BBl 2006 7221).
155 Aufgehoben durch Anhang 1 Ziff. II 17 der Zivilprozessordnung vom 19. Dez. 2008, mit Wirkung seit 1. Jan. 2011 (AS 2010 1739; BBl 2006 7221).
156 Eingefügt durch Anhang Ziff. 3 des BG vom 17. Juni 2005 gegen die Schwarzarbeit, in Kraft seit 1. Jan. 2008 (AS 2007 359; BBl 2002 3605).
157 SR 822.41
158 Eingefügt durch Anhang Ziff. 2 des BG vom 30. Sept. 2016, in Kraft seit 1. Jan. 2018 (AS 2017 3575; BBl 2015 2615).

b. Einwendungen	**Art. 81**[159] ¹ Beruht die Forderung auf einem vollstreckbaren Entscheid eines schweizerischen Gerichts oder einer schweizerischen Verwaltungsbehörde, so wird die definitive Rechtsöffnung erteilt, wenn nicht der Betriebene durch Urkunden beweist, dass die Schuld seit Erlass des Entscheids getilgt oder gestundet worden ist, oder die Verjährung anruft.

² Beruht die Forderung auf einer vollstreckbaren öffentlichen Urkunde, so kann der Betriebene weitere Einwendungen gegen die Leistungspflicht geltend machen, sofern sie sofort beweisbar sind.

³ Ist ein Entscheid in einem anderen Staat ergangen, so kann der Betriebene überdies die Einwendungen geltend machen, die im betreffenden Staatsvertrag oder, wenn ein solcher fehlt, im Bundesgesetz vom 18. Dezember 1987[160] über das Internationale Privatrecht vorgesehen sind, sofern nicht ein schweizerisches Gericht bereits über diese Einwendungen entschieden hat.[161]

3. Durch provisorische Rechtsöffnung a. Voraussetzungen	**Art. 82** ¹ Beruht die Forderung auf einer durch öffentliche Urkunde festgestellten oder durch Unterschrift bekräftigten Schuldanerkennung, so kann der Gläubiger die provisorische Rechtsöffnung verlangen.

² Der Richter spricht dieselbe aus, sofern der Betriebene nicht Einwendungen, welche die Schuldanerkennung entkräften, sofort glaubhaft macht.

b. Wirkungen	**Art. 83** ¹ Der Gläubiger, welchem die provisorische Rechtsöffnung erteilt ist, kann nach Ablauf der Zahlungsfrist, je nach der Person des Schuldners, die provisorische Pfändung verlangen oder nach Massgabe des Artikels 162 die Aufnahme des Güterverzeichnisses beantragen.

² Der Betriebene kann indessen innert 20 Tagen nach der Rechtsöffnung auf dem Weg des ordentlichen Prozesses beim Gericht des Betreibungsortes auf Aberkennung der Forderung klagen.[162]

³ Unterlässt er dies oder wird die Aberkennungsklage abgewiesen, so werden die Rechtsöffnung sowie gegebenenfalls die provisorische Pfändung definitiv.[163]

---

159 Fassung gemäss Anhang 1 Ziff. II 17 der Zivilprozessordnung vom 19. Dez. 2008, in Kraft seit 1. Jan. 2011 (AS 2010 1739; BBl 2006 7221).
160 SR 291
161 Fassung gemäss Art. 3 Ziff. 2 des BB vom 11. Dez. 2009 (Genehmigung und Umsetzung des Lugano-Übereink.), in Kraft seit 1. Jan. 2011 (AS 2010 5601; BBl 2009 1777).
162 Fassung gemäss Ziff. I des BG vom 16. Dez. 1994, in Kraft seit 1. Jan. 1997 (AS 1995 1227; BBl 1991 III 1).
163 Fassung gemäss Ziff. I des BG vom 16. Dez. 1994, in Kraft seit 1. Jan. 1997 (AS 1995 1227; BBl 1991 III 1).

⁴ Zwischen der Erhebung und der gerichtlichen Erledigung der Aberkennungsklage steht die Frist nach Artikel 165 Absatz 2 still. Das Konkursgericht hebt indessen die Wirkungen des Güterverzeichnisses auf, wenn die Voraussetzungen zu dessen Anordnung nicht mehr gegeben sind.[164]

4. Rechtsöffnungsverfahren

Art. 84[165] ¹ Der Richter des Betreibungsortes entscheidet über Gesuche um Rechtsöffnung.

² Er gibt dem Betriebenen sofort nach Eingang des Gesuches Gelegenheit zur mündlichen oder schriftlichen Stellungnahme und eröffnet danach innert fünf Tagen seinen Entscheid.

E. Richterliche Aufhebung oder Einstellung der Betreibung

1. Im summarischen Verfahren

Art. 85[166] Beweist der Betriebene durch Urkunden, dass die Schuld samt Zinsen und Kosten getilgt oder gestundet ist, so kann er jederzeit beim Gericht des Betreibungsortes im ersteren Fall die Aufhebung, im letzteren Fall die Einstellung der Betreibung verlangen.

2. Im ordentlichen und im vereinfachten Verfahren[167]

Art. 85a[167] ¹ Der Betriebene kann jederzeit vom Gericht des Betreibungsortes feststellen lassen, dass die Schuld nicht oder nicht mehr besteht oder gestundet ist.

² Nach Eingang der Klage hört das Gericht die Parteien an und würdigt die Beweismittel; erscheint ihm die Klage als sehr wahrscheinlich begründet, so stellt es die Betreibung vorläufig ein:
1. in der Betreibung auf Pfändung oder auf Pfandverwertung vor der Verwertung oder, wenn diese bereits stattgefunden hat, vor der Verteilung;
2. in der Betreibung auf Konkurs nach der Zustellung der Konkursandrohung.

³ Heisst das Gericht die Klage gut, so hebt es die Betreibung auf oder stellt sie ein.

⁴ ...[169]

---

164 Eingefügt durch Ziff. I des BG vom 16. Dez. 1994, in Kraft seit 1. Jan. 1997 (AS 1995 1227; BBl 1991 III 1).
165 Fassung gemäss Ziff. I des BG vom 16. Dez. 1994, in Kraft seit 1. Jan. 1997 (AS 1995 1227; BBl 1991 III 1).
166 Fassung gemäss Ziff. I des BG vom 16. Dez. 1994, in Kraft seit 1. Jan. 1997 (AS 1995 1227; BBl 1991 III 1).
167 Eingefügt durch Ziff. I des BG vom 16. Dez. 1994, in Kraft seit 1. Jan. 1997 (AS 1995 1227; BBl 1991 III 1).
168 Fassung gemäss Anhang 1 Ziff. II 17 der Zivilprozessordnung vom 19. Dez. 2008, in Kraft seit 1. Jan. 2011 (AS 2010 1739; BBl 2006 7221).
169 Aufgehoben durch Anhang 1 Ziff. II 17 der Zivilprozessordnung vom 19. Dez. 2008, mit Wirkung seit 1. Jan. 2011 (AS 2010 1739; BBl 2006 7221).

F. Rückforderungsklage **Art. 86** ¹ Wurde der Rechtsvorschlag unterlassen oder durch Rechtsöffnung beseitigt, so kann derjenige, welcher infolgedessen eine Nichtschuld bezahlt hat, innerhalb eines Jahres nach der Zahlung auf dem Prozesswege den bezahlten Betrag zurückfordern.[170]

² Die Rückforderungsklage kann nach der Wahl des Klägers entweder beim Gerichte des Betreibungsortes oder dort angehoben werden, wo der Beklagte seinen ordentlichen Gerichtsstand hat.

³ In Abweichung von Artikel 63 des Obligationenrechts (OR)[171] ist dieses Rückforderungsrecht von keiner andern Voraussetzung als dem Nachweis der Nichtschuld abhängig.[172]

G. Betreibung auf Pfandverwertung und Wechselbetreibung **Art. 87** Für den Zahlungsbefehl in der Betreibung auf Pfandverwertung gelten die besondern Bestimmungen der Artikel 151–153, für den Zahlungsbefehl und den Rechtsvorschlag in der Wechselbetreibung diejenigen der Artikel 178–189.

IX. Fortsetzung der Betreibung[173]

Art. 88[174] ¹ Ist die Betreibung nicht durch Rechtsvorschlag oder durch gerichtlichen Entscheid eingestellt worden, so kann der Gläubiger frühestens 20 Tage nach der Zustellung des Zahlungsbefehls das Fortsetzungsbegehren stellen.

² Dieses Recht erlischt ein Jahr nach der Zustellung des Zahlungsbefehls. Ist Rechtsvorschlag erhoben worden, so steht diese Frist zwischen der Einleitung und der Erledigung eines dadurch veranlassten Gerichts- oder Verwaltungsverfahrens still.

³ Der Eingang des Fortsetzungsbegehrens wird dem Gläubiger auf Verlangen gebührenfrei bescheinigt.

⁴ Eine Forderungssumme in fremder Währung kann auf Begehren des Gläubigers nach dem Kurs am Tage des Fortsetzungsbegehrens erneut in die Landeswährung umgerechnet werden.

---

170 Fassung gemäss Anhang 1 Ziff. II 17 der Zivilprozessordnung vom 19. Dez. 2008, in Kraft seit 1. Jan. 2011 (AS 2010 1739; BBl 2006 7221).
171 SR 220
172 Fassung gemäss Ziff. I des BG vom 16. Dez. 1994, in Kraft seit 1. Jan. 1997 (AS 1995 1227; BBl 1991 III 1).
173 Eingefügt durch Ziff. I des BG vom 16. Dez. 1994, in Kraft seit 1. Jan. 1997 (AS 1995 1227; BBl 1991 III 1).
174 Fassung gemäss Ziff. I des BG vom 16. Dez. 1994, in Kraft seit 1. Jan. 1997 (AS 1995 1227; BBl 1991 III 1).

Dritter Titel: Betreibung auf Pfändung[175]

I. Pfändung[176]

A. Vollzug
1. Zeitpunkt

Art. 89[177] Unterliegt der Schuldner der Betreibung auf Pfändung, so hat das Betreibungsamt nach Empfang des Fortsetzungsbegehrens unverzüglich die Pfändung zu vollziehen oder durch das Betreibungsamt des Ortes, wo die zu pfändenden Vermögensstücke liegen, vollziehen zu lassen.

2. Ankündigung

Art. 90 Dem Schuldner wird die Pfändung spätestens am vorhergehenden Tage unter Hinweis auf die Bestimmung des Artikels 91 angekündigt.

3. Pflichten des Schuldners und Dritter

Art. 91[178] ¹ Der Schuldner ist bei Straffolge verpflichtet:
1. der Pfändung beizuwohnen oder sich dabei vertreten zu lassen (Art. 323 Ziff. 1 StGB[179]);
2. seine Vermögensgegenstände, einschliesslich derjenigen, welche sich nicht in seinem Gewahrsam befinden, sowie seine Forderungen und Rechte gegenüber Dritten anzugeben, soweit dies zu einer genügenden Pfändung nötig ist (Art. 163 Ziff. 1 und 323 Ziff. 2 StGB)[180].

² Bleibt der Schuldner ohne genügende Entschuldigung der Pfändung fern und lässt er sich auch nicht vertreten, so kann ihn das Betreibungsamt durch die Polizei vorführen lassen.

³ Der Schuldner muss dem Beamten auf Verlangen Räumlichkeiten und Behältnisse öffnen. Der Beamte kann nötigenfalls die Polizeigewalt in Anspruch nehmen.

⁴ Dritte, die Vermögensgegenstände des Schuldners verwahren oder bei denen dieser Guthaben hat, sind bei Straffolge (Art. 324 Ziff. 5 StGB) im gleichen Umfang auskunftspflichtig wie der Schuldner.

⁵ Behörden sind im gleichen Umfang auskunftspflichtig wie der Schuldner.

⁶ Das Betreibungsamt macht die Betroffenen auf ihre Pflichten und auf die Straffolgen ausdrücklich aufmerksam.

---

175 Ursprünglich vor Art. 88.
176 Ursprünglich vor Art. 88.
177 Fassung gemäss Ziff. I des BG vom 16. Dez. 1994, in Kraft seit 1. Jan. 1997 (AS 1995 1227; BBl 1991 III 1).
178 Fassung gemäss Ziff. I des BG vom 16. Dez. 1994, in Kraft seit 1. Jan. 1997 (AS 1995 1227; BBl 1991 III 1).
179 SR 311.0
180 AS 2005 79

Pfändung | Art. 92 SchKG | 17

4. Unpfändbare Vermögenswerte

Art. 92 [1] Unpfändbar sind:

1.[181] die dem Schuldner und seiner Familie zum persönlichen Gebrauch dienenden Gegenstände wie Kleider, Effekten, Hausgeräte, Möbel oder andere bewegliche Sachen, soweit sie unentbehrlich sind;

1*a*.[182] Tiere, die im häuslichen Bereich und nicht zu Vermögens- oder Erwerbszwecken gehalten werden;

2.[183] die religiösen Erbauungsbücher und Kultusgegenstände;

3.[184] die Werkzeuge, Gerätschaften, Instrumente und Bücher, soweit sie für den Schuldner und seine Familie zur Ausübung des Berufs notwendig sind;

4.[185] nach der Wahl des Schuldners entweder zwei Milchkühe oder Rinder, oder vier Ziegen oder Schafe, sowie Kleintiere nebst dem zum Unterhalt und zur Streu auf vier Monate erforderlichen Futter und Stroh, soweit die Tiere für die Ernährung des Schuldners und seiner Familie oder zur Aufrechterhaltung seines Betriebes unentbehrlich sind;

5.[186] die dem Schuldner und seiner Familie für die zwei auf die Pfändung folgenden Monate notwendigen Nahrungs- und Feuerungsmittel oder die zu ihrer Anschaffung erforderlichen Barmittel oder Forderungen;

6.[187] die Bekleidungs-, Ausrüstungs- und Bewaffnungsgegenstände, das Dienstpferd und der Sold eines Angehörigen der Armee, das Taschengeld einer zivildienstleistenden Person sowie die Bekleidungs- und Ausrüstungsgegenstände und die Entschädigung eines Schutzdienstpflichtigen;

7.[188] das Stammrecht der nach den Artikeln 516–520 OR[189] bestellten Leibrenten;

8.[190] Fürsorgeleistungen und die Unterstützungen von Seiten der Hilfs-, Kranken- und Fürsorgekassen, Sterbefallvereine und ähnlicher Anstalten;

---

181 Fassung gemäss Ziff. I des BG vom 16. Dez. 1994, in Kraft seit 1. Jan. 1997 (AS 1995 1227; BBl 1991 III 1).
182 Eingefügt durch Ziff. IV des BG vom 4. Okt. 2002 (Grundsatzartikel Tiere), in Kraft seit 1. April 2003 (AS 2003 463; BBl 2002 4164 5806).
183 Fassung gemäss Art. 3 des BG vom 28. Sept. 1949, in Kraft seit 1. Febr. 1950 (AS 1950 I 57; BBl 1948 I 1218).
184 Fassung gemäss Ziff. I des BG vom 16. Dez. 1994, in Kraft seit 1. Jan. 1997 (AS 1995 1227; BBl 1991 III 1).
185 Fassung gemäss Art. 3 des BG vom 28. Sept. 1949, in Kraft seit 1. Febr. 1950 (AS 1950 I 57; BBl 1948 I 1218).
186 Fassung gemäss Art. 3 des BG vom 28. Sept. 1949, in Kraft seit 1. Febr. 1950 (AS 1950 I 57; BBl 1948 I 1218).
187 Fassung gemäss Anhang Ziff. 4 des Zivildienstgesetzes vom 6. Okt. 1995, in Kraft seit 1. Okt. 1996 (AS 1996 1445; BBl 1994 III 1609).
188 Fassung gemäss Ziff. I des BG vom 16. Dez. 1994, in Kraft seit 1. Jan. 1997 (AS 1995 1227; BBl 1991 III 1).
189 SR 220
190 Fassung gemäss Ziff. I des BG vom 16. Dez. 1994, in Kraft seit 1. Jan. 1997 (AS 1995 1227; BBl 1991 III 1).

9.[191] Renten, Kapitalabfindung und andere Leistungen, die dem Opfer oder seinen Angehörigen für Körperverletzung, Gesundheitsstörung oder Tötung eines Menschen ausgerichtet werden, soweit solche Leistungen Genugtuung, Ersatz für Heilungskosten oder für die Anschaffung von Hilfsmitteln darstellen;

9a.[192] die Renten gemäss Artikel 20 des Bundesgesetzes vom 20. Dezember 1946[193] über die Alters- und Hinterlassenenversicherung oder gemäss Artikel 50 des Bundesgesetzes vom 19. Juni 1959[194] über die Invalidenversicherung, die Leistungen gemäss Artikel 12 des Bundesgesetzes vom 19. März 1965[195] über Ergänzungsleistungen zur Alters-, Hinterlassenen- und Invalidenversicherung sowie die Leistungen der Familienausgleichskassen;

10.[196] Ansprüche auf Vorsorge- und Freizügigkeitsleistungen gegen eine Einrichtung der beruflichen Vorsorge vor Eintritt der Fälligkeit;

11.[197] Vermögenswerte eines ausländischen Staates oder einer ausländischen Zentralbank, die hoheitlichen Zwecken dienen.

² Gegenstände, bei denen von vornherein anzunehmen ist, dass der Überschuss des Verwertungserlöses über die Kosten so gering wäre, dass sich eine Wegnahme nicht rechtfertigt, dürfen nicht gepfändet werden. Sie sind aber mit der Schätzungssumme in der Pfändungsurkunde vorzumerken.[198]

³ Gegenstände nach Absatz 1 Ziffern 1–3 von hohem Wert sind pfändbar; sie dürfen dem Schuldner jedoch nur weggenommen werden, sofern der Gläubiger vor der Wegnahme Ersatzgegenstände von gleichem Gebrauchswert oder den für ihre Anschaffung erforderlichen Betrag zur Verfügung stellt.[199]

⁴ Vorbehalten bleiben die besonderen Bestimmungen über die Unpfändbarkeit des Bundesgesetzes vom 2. April 1908[200] über den Versicherungsvertrag (Art. 79 Abs. 2 und 80 VVG), des Urheber-

---

191 Fassung gemäss Ziff. I des BG vom 16. Dez. 1994, in Kraft seit 1. Jan. 1997 (AS 1995 1227; BBl 1991 III 1).
192 Eingefügt durch Ziff. I des BG vom 16. Dez. 1994, in Kraft seit 1. Jan. 1997 (AS 1995 1227; BBl 1991 III 1).
193 SR 831.10
194 SR 831.20
195 [AS 1965 537, 1971 32, 1972 2483 Ziff. III, 1974 1589 Ziff. II, 1978 391 Ziff. II 2, 1985 2017, 1986 699, 1996 2466 Anhang Ziff. 4, 1997 2952, 2000 2687, 2002 701 Ziff. I 6 3371 Anhang Ziff. 9 3453, 2003 3837 Anhang Ziff. 4, 2006 979 Art. 2 Ziff. 8. AS 2007 6055 Art. 35]. Heute: gemäss Art. 20 des BG vom 6. Okt. 2006 (SR 831.30).
196 Fassung gemäss Ziff. I des BG vom 16. Dez. 1994, in Kraft seit 1. Jan. 1997 (AS 1995 1227; BBl 1991 III 1).
197 Eingefügt durch Art. 3 des BG vom 28. Sept. 1949 (AS 1950 I 57; BBl 1948 I 1218). Fassung gemäss Ziff. I des BG vom 16. Dez. 1994, in Kraft seit 1. Jan. 1997 (AS 1995 1227; BBl 1991 III 1).
198 Eingefügt durch Ziff. I des BG vom 16. Dez. 1994, in Kraft seit 1. Jan. 1997 (AS 1995 1227; BBl 1991 III 1).
199 Eingefügt durch Ziff. I des BG vom 16. Dez. 1994, in Kraft seit 1. Jan. 1997 (AS 1995 1227; BBl 1991 III 1).
200 SR 221.229.1

Pfändung | Art. 95 **SchKG** | 17

rechtsgesetzes vom 9. Oktober 1992[201] (Art. 18 URG) und des Strafgesetzbuches[202] (Art. 378 Abs. 2 StGB).[203]

5. Beschränkt pfändbares Einkommen

Art. 93[204] [1] Erwerbseinkommen jeder Art, Nutzniessungen und ihre Erträge, Leibrenten sowie Unterhaltsbeiträge, Pensionen und Leistungen jeder Art, die einen Erwerbsausfall oder Unterhaltsanspruch abgelten, namentlich Renten und Kapitalabfindungen, die nicht nach Artikel 92 unpfändbar sind, können so weit gepfändet werden, als sie nach dem Ermessen des Betreibungsbeamten für den Schuldner und seine Familie nicht unbedingt notwendig sind.

[2] Solches Einkommen kann längstens für die Dauer eines Jahres gepfändet werden; die Frist beginnt mit dem Pfändungsvollzug. Nehmen mehrere Gläubiger an der Pfändung teil, so läuft die Frist von der ersten Pfändung an, die auf Begehren eines Gläubigers der betreffenden Gruppe (Art. 110 und 111) vollzogen worden ist.

[3] Erhält das Amt während der Dauer einer solchen Pfändung Kenntnis davon, dass sich die für die Bestimmung des pfändbaren Betrages massgebenden Verhältnisse geändert haben, so passt es die Pfändung den neuen Verhältnissen an.

6. Pfändung von Früchten vor der Ernte

Art. 94 [1] Hängende und stehende Früchte können nicht gepfändet werden:
1. auf den Wiesen vor dem 1. April;
2. auf den Feldern vor dem 1. Juni;
3. in den Rebgeländen vor dem 20. August.

[2] Eine vor oder an den bezeichneten Tagen vorgenommene Veräusserung der Ernte ist dem pfändenden Gläubiger gegenüber ungültig.

[3] Die Rechte der Grundpfandgläubiger auf die hängenden und stehenden Früchte als Bestandteile der Pfandsache bleiben vorbehalten, jedoch nur unter der Voraussetzung, dass der Grundpfandgläubiger selbst die Betreibung auf Verwertung des Grundpfandes eingeleitet[205] hat, bevor die Verwertung der gepfändeten Früchte stattfindet.[206]

7. Reihenfolge der Pfändung
a. Im allgemeinen

Art. 95 [1] In erster Linie wird das bewegliche Vermögen mit Einschluss der Forderungen und der beschränkt pfändbaren Ansprüche (Art. 93) gepfändet. Dabei fallen zunächst die Gegenstände des täg-

---

201 SR 231.1
202 SR 311.0. Siehe heute Art. 83 Abs. 2.
203 Eingefügt durch Ziff. I des BG vom 16. Dez. 1994, in Kraft seit 1. Jan. 1997 (AS 1995 1227; BBl 1991 III 1).
204 Fassung gemäss Ziff. I des BG vom 16. Dez. 1994, in Kraft seit 1. Jan. 1997 (AS 1995 1227; BBl 1991 III 1).
205 Bezeichnung gemäss Ziff. I des BG vom 16. Dez. 1994, in Kraft seit 1. Jan. 1997 (AS 1995 1227; BBl 1991 III 1).
206 Fassung gemäss Art. 58 SchlT ZGB, in Kraft seit 1. Jan. 1912 (AS 24 233 Art. 60 SchlT ZGB; BBl 1904 IV 1, 1907 VI 367).

lichen Verkehrs in die Pfändung; entbehrlichere Vermögensstücke werden jedoch vor den weniger entbehrlichen gepfändet.[207]

² Das unbewegliche Vermögen wird nur gepfändet, soweit das bewegliche zur Deckung der Forderung nicht ausreicht.[208]

³ In letzter Linie werden Vermögensstücke gepfändet, auf welche ein Arrest gelegt ist, oder welche vom Schuldner als dritten Personen zugehörig bezeichnet oder von dritten Personen beansprucht werden.

⁴ Wenn Futtervorräte gepfändet werden, sind auf Verlangen des Schuldners auch Viehstücke in entsprechender Anzahl zu pfänden.

⁴ᵇⁱˢ Der Beamte kann von dieser Reihenfolge abweichen, soweit es die Verhältnisse rechtfertigen oder wenn Gläubiger und Schuldner es gemeinsam verlangen.[209]

⁵ Im übrigen soll der Beamte, soweit tunlich, die Interessen des Gläubigers sowohl als des Schuldners berücksichtigen.

b. Forderungen gegen den Ehegatten, die eingetragene Partnerin oder den eingetragenen Partner

Art. 95a[210] Forderungen des Schuldners gegen seinen Ehegatten, seine eingetragene Partnerin oder seinen eingetragenen Partner werden nur gepfändet, soweit sein übriges Vermögen nicht ausreicht.

B. Wirkungen der Pfändung

Art. 96 ¹ Der Schuldner darf bei Straffolge (Art. 169 StGB[211]) ohne Bewilligung des Betreibungsbeamten nicht über die gepfändeten Vermögensstücke verfügen. Der pfändende Beamte macht ihn darauf und auf die Straffolge ausdrücklich aufmerksam.[212]

² Verfügungen des Schuldners sind ungültig, soweit dadurch die aus der Pfändung den Gläubigern erwachsenen Rechte verletzt werden, unter Vorbehalt der Wirkungen des Besitzerwerbes durch gutgläubige Dritte.[213]

C. Schätzung. Umfang der Pfändung

Art. 97 ¹ Der Beamte schätzt die gepfändeten Gegenstände, nötigenfalls mit Zuziehung von Sachverständigen.

² Es wird nicht mehr gepfändet als nötig ist, um die pfändenden Gläubiger für ihre Forderungen samt Zinsen und Kosten zu befriedigen.

---

207 Fassung gemäss Ziff. I des BG vom 16. Dez. 1994, in Kraft seit 1. Jan. 1997 (AS 1995 1227; BBl 1991 III 1).
208 Fassung gemäss Ziff. I des BG vom 16. Dez. 1994, in Kraft seit 1. Jan. 1997 (AS 1995 1227; BBl 1991 III 1).
209 Eingefügt durch Ziff. I des BG vom 16. Dez. 1994, in Kraft seit 1. Jan. 1997 (AS 1995 1227; BBl 1991 III 1).
210 Eingefügt durch Ziff. II 3 des BG vom 5. Okt. 1984 über die Änderung des ZGB (AS 1986 122; BBl 1979 II 1191). Fassung gemäss Anhang Ziff. 16 des Partnerschaftsgesetzes vom 18. Juni 2004, in Kraft seit 1. Jan. 2007 (AS 2005 5685; BBl 2003 1288).
211 SR 311.0
212 Fassung gemäss Ziff. I des BG vom 16. Dez. 1994, in Kraft seit 1. Jan. 1997 (AS 1995 1227; BBl 1991 III 1).
213 Eingefügt durch Art. 58 SchlT ZGB, in Kraft seit 1. Jan. 1912 (AS 24 233 Art. 60 SchlT ZGB; BBl 1904 IV 1, 1907 VI 367).

D. Sicherungsmassnahmen **1. Bei beweglichen Sachen**	**Art. 98** [1] Geld, Banknoten, Inhaberpapiere, Wechsel und andere indossable Papiere, Edelmetalle und andere Kostbarkeiten werden vom Betreibungsamt verwahrt.[214] [2] Andere bewegliche Sachen können einstweilen in den Händen des Schuldners oder eines dritten Besitzers gelassen werden gegen die Verpflichtung, dieselben jederzeit zur Verfügung zu halten. [3] Auch diese Sachen sind indessen in amtliche Verwahrung zu nehmen oder einem Dritten zur Verwahrung zu übergeben, wenn der Betreibungsbeamte es für angemessen erachtet oder der Gläubiger glaubhaft macht, dass dies zur Sicherung seiner durch die Pfändung begründeten Rechte geboten ist.[215] [4] Die Besitznahme durch das Betreibungsamt ist auch dann zulässig, wenn ein Dritter Pfandrecht an der Sache hat. Gelangt dieselbe nicht zur Verwertung, so wird sie dem Pfandgläubiger zurückgegeben.
2. Bei Forderungen	**Art. 99** Bei der Pfändung von Forderungen oder Ansprüchen, für welche nicht eine an den Inhaber oder an Order lautende Urkunde besteht, wird dem Schuldner des Betriebenen angezeigt, dass er rechtsgültig nur noch an das Betreibungsamt leisten könne.
3. Bei andern Rechten, Forderungseinzug	**Art. 100** Das Betreibungsamt sorgt für die Erhaltung der gepfändeten Rechte und erhebt Zahlung für fällige Forderungen.
4. Bei Grundstücken **a. Vormerkung im Grundbuch**	**Art. 101**[216] [1] Die Pfändung eines Grundstücks hat die Wirkung einer Verfügungsbeschränkung. Das Betreibungsamt teilt sie dem Grundbuchamt unter Angabe des Zeitpunktes und des Betrages, für den sie erfolgt ist, zum Zwecke der Vormerkung unverzüglich mit. Ebenso sind die Teilnahme neuer Gläubiger an der Pfändung und der Wegfall der Pfändung mitzuteilen. [2] Die Vormerkung wird gelöscht, wenn das Verwertungsbegehren nicht innert zwei Jahren nach der Pfändung gestellt wird.
b. Früchte und Erträgnisse	**Art. 102**[217] [1] Die Pfändung eines Grundstückes erfasst unter Vorbehalt der den Grundpfandgläubigern zustehenden Rechte auch dessen Früchte und sonstige Erträgnisse. [2] Das Betreibungsamt hat den Grundpfandgläubigern sowie gegebenenfalls den Mietern oder Pächtern von der erfolgten Pfändung Kenntnis zu geben.

---

214 Fassung gemäss Ziff. I des BG vom 16. Dez. 1994, in Kraft seit 1. Jan. 1997 (AS 1995 1227; BBl 1991 III 1).
215 Fassung gemäss Ziff. I des BG vom 3. April 1924, in Kraft seit 1. Jan. 1925 (AS 40 391; BBl 1921 I 507).
216 Fassung gemäss Ziff. I des BG vom 16. Dez. 1994, in Kraft seit 1. Jan. 1997 (AS 1995 1227; BBl 1991 III 1).
217 Fassung gemäss Art. 58 SchlT ZGB, in Kraft seit 1. Jan. 1912 (AS 24 233 Art. 60 SchlT ZGB; BBl 1904 IV 1, 1907 VI 367).

³ Es sorgt für die Verwaltung und Bewirtschaftung des Grundstücks.[218]

c. Einheimsen der Früchte

Art. 103 ¹ Das Betreibungsamt sorgt für das Einheimsen der Früchte (Art. 94 und 102).[219]

² Im Falle des Bedürfnisses sind die Früchte zum Unterhalt des Schuldners und seiner Familie in Anspruch zu nehmen.

5. Bei Gemeinschaftsrechten

Art. 104 Wird ein Niessbrauch oder ein Anteil an einer unverteilten Erbschaft, an Gesellschaftsgut oder an einem andern Gemeinschaftsvermögen gepfändet, so zeigt das Betreibungsamt die Pfändung den beteiligten Dritten an.

6. Kosten für Aufbewahrung und Unterhalt

Art. 105[220] Der Gläubiger hat dem Betreibungsamt auf Verlangen die Kosten der Aufbewahrung und des Unterhalts gepfändeter Vermögensstücke vorzuschiessen.

E. Ansprüche Dritter (Widerspruchsverfahren)

1. Vormerkung und Mitteilung

Art. 106[221] ¹ Wird geltend gemacht, einem Dritten stehe am gepfändeten Gegenstand das Eigentum, ein Pfandrecht oder ein anderes Recht zu, das der Pfändung entgegensteht oder im weitern Verlauf des Vollstreckungsverfahrens zu berücksichtigen ist, so merkt das Betreibungsamt den Anspruch des Dritten in der Pfändungsurkunde vor oder zeigt ihn, falls die Urkunde bereits zugestellt ist, den Parteien besonders an.

² Dritte können ihre Ansprüche anmelden, solange der Erlös aus der Verwertung des gepfändeten Gegenstandes noch nicht verteilt ist.

³ Nach der Verwertung kann der Dritte die Ansprüche, die ihm nach Zivilrecht bei Diebstahl, Verlust oder sonstigem Abhandenkommen einer beweglichen Sache (Art. 934 und 935 ZGB[222]) oder bei bösem Glauben des Erwerbers (Art. 936 und 974 Abs. 3 ZGB) zustehen, ausserhalb des Betreibungsverfahrens geltend machen. Als öffentliche Versteigerung im Sinne von Artikel 934 Absatz 2 ZGB gilt dabei auch der Freihandverkauf nach Artikel 130 dieses Gesetzes.

---

218 Bezeichnung gemäss Ziff. I des BG vom 16. Dez. 1994, in Kraft seit 1. Jan. 1997 (AS 1995 1227; BBl 1991 III 1). Diese Änd. ist im ganzen Erlass berücksichtigt.
219 Fassung gemäss Ziff. I des BG vom 16. Dez. 1994, in Kraft seit 1. Jan. 1997 (AS 1995 1227; BBl 1991 III 1).
220 Fassung gemäss Ziff. I des BG vom 16. Dez. 1994, in Kraft seit 1. Jan. 1997 (AS 1995 1227; BBl 1991 III 1).
221 Fassung gemäss Ziff. I des BG vom 16. Dez. 1994, in Kraft seit 1. Jan. 1997 (AS 1995 1227; BBl 1991 III 1).
222 SR 210

Pfändung — Art. 109 **SchKG | 17**

2. Durchsetzung
a. Bei ausschliesslichem Gewahrsam des Schuldners

Art. 107[223] ¹ Schuldner und Gläubiger können den Anspruch des Dritten beim Betreibungsamt bestreiten, wenn sich der Anspruch bezieht auf:
1. eine bewegliche Sache im ausschliesslichen Gewahrsam des Schuldners;
2. eine Forderung oder ein anderes Recht, sofern die Berechtigung des Schuldners wahrscheinlicher ist als die des Dritten;
3. ein Grundstück, sofern er sich nicht aus dem Grundbuch ergibt.

² Das Betreibungsamt setzt ihnen dazu eine Frist von zehn Tagen.

³ Auf Verlangen des Schuldners oder des Gläubigers wird der Dritte aufgefordert, innerhalb der Bestreitungsfrist seine Beweismittel beim Betreibungsamt zur Einsicht vorzulegen. Artikel 73 Absatz 2 gilt sinngemäss.

⁴ Wird der Anspruch des Dritten nicht bestritten, so gilt er in der betreffenden Betreibung als anerkannt.

⁵ Wird der Anspruch bestritten, so setzt das Betreibungsamt dem Dritten eine Frist von 20 Tagen, innert der er gegen den Bestreitenden auf Feststellung seines Anspruchs klagen kann. Reicht er keine Klage ein, so fällt der Anspruch in der betreffenden Betreibung ausser Betracht.

b. Bei Gewahrsam oder Mitgewahrsam des Dritten

Art. 108[224] ¹ Gläubiger und Schuldner können gegen den Dritten auf Aberkennung seines Anspruchs klagen, wenn sich der Anspruch bezieht auf:
1. eine bewegliche Sache im Gewahrsam oder Mitgewahrsam des Dritten;
2. eine Forderung oder ein anderes Recht, sofern die Berechtigung des Dritten wahrscheinlicher ist als diejenige des Schuldners;
3. ein Grundstück, sofern er sich aus dem Grundbuch ergibt.

² Das Betreibungsamt setzt ihnen dazu eine Frist von 20 Tagen.

³ Wird keine Klage eingereicht, so gilt der Anspruch in der betreffenden Betreibung als anerkannt.

⁴ Auf Verlangen des Gläubigers oder des Schuldners wird der Dritte aufgefordert, innerhalb der Klagefrist seine Beweismittel beim Betreibungsamt zur Einsicht vorzulegen. Artikel 73 Absatz 2 gilt sinngemäss.

c. Gerichtsstand

Art. 109[225] ¹ Beim Gericht des Betreibungsortes sind einzureichen:
1. Klagen nach Artikel 107 Absatz 5;

---

223 Fassung gemäss Ziff. I des BG vom 16. Dez. 1994, in Kraft seit 1. Jan. 1997 (AS 1995 1227; BBl 1991 III 1).
224 Fassung gemäss Ziff. I des BG vom 16. Dez. 1994, in Kraft seit 1. Jan. 1997 (AS 1995 1227; BBl 1991 III 1).
225 Fassung gemäss Ziff. I des BG vom 16. Dez. 1994, in Kraft seit 1. Jan. 1997 (AS 1995 1227; BBl 1991 III 1).

2. Klagen nach Artikel 108 Absatz 1, sofern der Beklagte Wohnsitz im Ausland hat.

² Richtet sich die Klage nach Artikel 108 Absatz 1 gegen einen Beklagten mit Wohnsitz in der Schweiz, so ist sie an dessen Wohnsitz einzureichen.

³ Bezieht sich der Anspruch auf ein Grundstück, so ist die Klage in jedem Fall beim Gericht des Ortes einzureichen, wo das Grundstück oder sein wertvollster Teil liegt.

⁴ Das Gericht zeigt dem Betreibungsamt den Eingang und die Erledigung der Klage an. ...[226]

⁵ Bis zur Erledigung der Klage bleibt die Betreibung in Bezug auf die streitigen Gegenstände eingestellt, und die Fristen für Verwertungsbegehren (Art. 116) stehen still.

F. Pfändungsanschluss
1. Im allgemeinen

Art. 110[227] ¹ Gläubiger, die das Fortsetzungsbegehren innerhalb von 30 Tagen nach dem Vollzug einer Pfändung stellen, nehmen an der Pfändung teil. Die Pfändung wird jeweils so weit ergänzt, als dies zur Deckung sämtlicher Forderungen einer solchen Gläubigergruppe notwendig ist.

² Gläubiger, die das Fortsetzungsbegehren erst nach Ablauf der 30-tägigen Frist stellen, bilden in der gleichen Weise weitere Gruppen mit gesonderter Pfändung.

³ Bereits gepfändete Vermögensstücke können neuerdings gepfändet werden, jedoch nur so weit, als deren Erlös nicht den Gläubigern, für welche die vorgehende Pfändung stattgefunden hat, auszurichten sein wird.

2. Privilegierter Anschluss

Art. 111[228] ¹ An der Pfändung können ohne vorgängige Betreibung innert 40 Tagen nach ihrem Vollzug teilnehmen:
1.[229] der Ehegatte, die eingetragene Partnerin oder der eingetragene Partner des Schuldners;
2.[230] die Kinder des Schuldners für Forderungen aus dem elterlichen Verhältnis und volljährige Personen für Forderungen aus einem Vorsorgeauftrag (Art. 360–369 ZGB[231]);

---

226 Zweiter Satz aufgehoben durch Anhang 1 Ziff. II 17 der Zivilprozessordnung vom 19. Dez. 2008, mit Wirkung seit 1. Jan. 2011 (AS 2010 1739; BBl 2006 7221).
227 Fassung gemäss Ziff. I des BG vom 16. Dez. 1994, in Kraft seit 1. Jan. 1997 (AS 1995 1227; BBl 1991 III 1).
228 Fassung gemäss Ziff. I des BG vom 16. Dez. 1994, in Kraft seit 1. Jan. 1997 (AS 1995 1227; BBl 1991 III 1).
229 Fassung gemäss Anhang Ziff. 16 des Partnerschaftsgesetzes vom 18. Juni 2004, in Kraft seit 1. Jan. 2007 (AS 2005 5685; BBl 2003 1288).
230 Fassung gemäss Anhang Ziff. 12 des BG vom 19. Dez. 2008 (Erwachsenenschutz, Personenrecht und Kindesrecht), in Kraft seit 1. Jan. 2013 (AS 2011 725; BBl 2006 7001).
231 SR 210

3.[232] die volljährigen Kinder und die Grosskinder des Schuldners für die Forderungen aus den Artikeln 334 und 334bis ZGB;
4. der Pfründer des Schuldners für seine Ersatzforderung nach Artikel 529 OR[233].

² Die Personen nach Absatz 1 Ziffern 1 und 2 können ihr Recht nur geltend machen, wenn die Pfändung während der Ehe, der eingetragenen Partnerschaft, des elterlichen Verhältnisses oder der Wirksamkeit des Vorsorgeauftrags oder innert eines Jahres nach deren Ende erfolgt; die Dauer eines Prozess- oder Betreibungsverfahrens wird dabei nicht mitgerechnet. Anstelle der Kinder oder einer Person unter einer Massnahme des Erwachsenenschutzes kann auch die Kindes- und Erwachsenenschutzbehörde die Anschlusserklärung abgeben.[234]

³ Soweit dem Betreibungsamt anschlussberechtigte Personen bekannt sind, teilt es diesen die Pfändung durch uneingeschriebenen Brief mit.

⁴ Das Betreibungsamt gibt dem Schuldner und den Gläubigern von einem solchen Anspruch Kenntnis und setzt ihnen eine Frist von zehn Tagen zur Bestreitung.

⁵ Wird der Anspruch bestritten, so findet die Teilnahme nur mit dem Recht einer provisorischen Pfändung statt, und der Ansprecher muss innert 20 Tagen beim Gericht des Betreibungsortes klagen; nutzt er die Frist nicht, so fällt seine Teilnahme dahin. ...[235]

G. Pfändungsurkunde
1. Aufnahme

Art. 112 ¹ Über jede Pfändung wird eine mit der Unterschrift des vollziehenden Beamten oder Angestellten zu versehende Urkunde (Pfändungsurkunde) aufgenommen. Dieselbe bezeichnet den Gläubiger und den Schuldner, den Betrag der Forderung, Tag und Stunde der Pfändung, die gepfändeten Vermögensstücke samt deren Schätzung sowie, gegebenenfalls, die Ansprüche Dritter.

² Werden Gegenstände gepfändet, auf welche bereits ein Arrest gelegt ist, so wird die Teilnahme des Arrestgläubigers an der Pfändung (Art. 281) vorgemerkt.

³ Ist nicht genügendes oder gar kein pfändbares Vermögen vorhanden, so wird dieser Umstand in der Pfändungsurkunde festgestellt.

---

232 Fassung gemäss Anhang Ziff. 12 des BG vom 19. Dez. 2008 (Erwachsenenschutz, Personenrecht und Kindesrecht), in Kraft seit 1. Jan. 2013 (AS 2011 725; BBl 2006 7001).
233 SR 220
234 Fassung gemäss Anhang Ziff. 12 des BG vom 19. Dez. 2008 (Erwachsenenschutz, Personenrecht und Kindesrecht), in Kraft seit 1. Jan. 2013 (AS 2011 725; BBl 2006 7001).
235 Zweiter Satz aufgehoben durch Anhang 1 Ziff. II 17 der Zivilprozessordnung vom 19. Dez. 2008, mit Wirkung seit 1. Jan. 2011 (AS 2010 1739; BBl 2006 7221).

2. Nachträge

Art. 113[236] Nehmen neue Gläubiger an einer Pfändung teil oder wird eine Pfändung ergänzt, so wird dies in der Pfändungsurkunde nachgetragen.

3. Zustellung an Gläubiger und Schuldner

Art. 114[237] Das Betreibungsamt stellt den Gläubigern und dem Schuldner nach Ablauf der 30-tägigen Teilnahmefrist unverzüglich eine Abschrift der Pfändungsurkunde zu.

4. Pfändungsurkunde als Verlustschein

Art. 115 ¹ War kein pfändbares Vermögen vorhanden, so bildet die Pfändungsurkunde den Verlustschein im Sinne des Artikels 149.

² War nach der Schätzung des Beamten nicht genügendes Vermögen vorhanden, so dient die Pfändungsurkunde dem Gläubiger als provisorischer Verlustschein und äussert als solcher die in den Artikeln 271 Ziffer 5 und 285 bezeichneten Rechtswirkungen.

³ Der provisorische Verlustschein verleiht dem Gläubiger ferner das Recht, innert der Jahresfrist nach Artikel 88 Absatz 2 die Pfändung neu entdeckter Vermögensgegenstände zu verlangen. Die Bestimmungen über den Pfändungsanschluss (Art. 110 und 111) sind anwendbar.[238]

II. Verwertung

A. Verwertungsbegehren
1. Frist

Art. 116[239] ¹ Der Gläubiger kann die Verwertung der gepfändeten beweglichen Vermögensstücke sowie der Forderungen und der andern Rechte frühestens einen Monat und spätestens ein Jahr, diejenige der gepfändeten Grundstücke frühestens sechs Monate und spätestens zwei Jahre nach der Pfändung verlangen.

² Ist künftiger Lohn gepfändet worden, und hat der Arbeitgeber gepfändete Beträge bei deren Fälligkeit nicht abgeliefert, so kann die Verwertung des Anspruches auf diese Beträge innert 15 Monaten nach der Pfändung verlangt werden.

³ Ist die Pfändung wegen Teilnahme mehrerer Gläubiger ergänzt worden, so laufen diese Fristen von der letzten erfolgreichen Ergänzungspfändung an.

2. Berechtigung

Art. 117 ¹ Das Recht, die Verwertung zu verlangen, steht in einer Gläubigergruppe jedem einzelnen Teilnehmer zu.

---

236 Fassung gemäss Ziff. I des BG vom 16. Dez. 1994, in Kraft seit 1. Jan. 1997 (AS 1995 1227; BBl 1991 III 1).
237 Fassung gemäss Ziff. I des BG vom 16. Dez. 1994, in Kraft seit 1. Jan. 1997 (AS 1995 1227; BBl 1991 III 1).
238 Eingefügt durch Ziff. I des BG vom 16. Dez. 1994, in Kraft seit 1. Jan. 1997 (AS 1995 1227; BBl 1991 III 1).
239 Fassung gemäss Ziff. I des BG vom 16. Dez. 1994, in Kraft seit 1. Jan. 1997 (AS 1995 1227; BBl 1991 III 1).

	² Gläubiger, welche Vermögensstücke gemäss Artikel 110 Absatz 3 nur für den Mehrerlös gepfändet haben, können gleichfalls deren Verwertung verlangen.
3. Bei provisorischer Pfändung	**Art. 118** Ein Gläubiger, dessen Pfändung eine bloss provisorische ist, kann die Verwertung nicht verlangen. Inzwischen laufen für ihn die Fristen des Artikels 116 nicht.
4. Wirkungen	**Art. 119**[240] ¹ Die gepfändeten Vermögensstücke werden nach den Artikeln 122–143a verwertet. ² Die Verwertung wird eingestellt, sobald der Erlös den Gesamtbetrag der Forderungen erreicht, für welche die Pfändung provisorisch oder endgültig ist. Artikel 144 Absatz 5 ist vorbehalten.
5. Anzeige an den Schuldner	**Art. 120** Das Betreibungsamt benachrichtigt den Schuldner binnen drei Tagen von dem Verwertungsbegehren.
6. Erlöschen der Betreibung	**Art. 121** Wenn binnen der gesetzlichen Frist das Verwertungsbegehren nicht gestellt oder zurückgezogen und nicht erneuert wird, so erlischt die Betreibung.
B. Verwertung von beweglichen Sachen und Forderungen 1. Fristen a. Im allgemeinen	**Art. 122** ¹ Bewegliche Sachen und Forderungen werden vom Betreibungsamt frühestens zehn Tage und spätestens zwei Monate nach Eingang des Begehrens verwertet.[241] ² Die Verwertung hängender oder stehender Früchte darf ohne Zustimmung des Schuldners nicht vor der Reife stattfinden.
b. Aufschub der Verwertung	**Art. 123**[242] ¹ Macht der Schuldner glaubhaft, dass er die Schuld ratenweise tilgen kann, und verpflichtet er sich zu regelmässigen und angemessenen Abschlagzahlungen an das Betreibungsamt, so kann der Betreibungsbeamte nach Erhalt der ersten Rate die Verwertung um höchstens zwölf Monate hinausschieben.[243] ² Bei Betreibungen für Forderungen der ersten Klasse (Art. 219 Abs. 4) kann die Verwertung um höchstens sechs Monate aufgeschoben werden.[244] ³ Der Betreibungsbeamte setzt die Höhe und die Verfalltermine der Abschlagszahlungen fest; er hat dabei die Verhältnisse des Schuldners wie des Gläubigers zu berücksichtigen.

---

240 Fassung gemäss Ziff. I des BG vom 16. Dez. 1994, in Kraft seit 1. Jan. 1997 (AS 1995 1227; BBl 1991 III 1).
241 Fassung gemäss Ziff. I des BG vom 16. Dez. 1994, in Kraft seit 1. Jan. 1997 (AS 1995 1227; BBl 1991 III 1).
242 Fassung gemäss Art. 5 des BG vom 28. Sept. 1949, in Kraft seit 1. Febr. 1950 (AS 1950 I 57; BBl 1948 I 1218).
243 Fassung gemäss Ziff. I des BG vom 16. Dez. 1994, in Kraft seit 1. Jan. 1997 (AS 1995 1227; BBl 1991 III 1).
244 Fassung gemäss Ziff. I des BG vom 16. Dez. 1994, in Kraft seit 1. Jan. 1997 (AS 1995 1227; BBl 1991 III 1).

⁴ Der Aufschub verlängert sich um die Dauer eines allfälligen Rechtsstillstandes. In diesem Fall werden nach Ablauf des Rechtsstillstandes die Raten und ihre Fälligkeit neu festgesetzt.[245]

⁵ Der Betreibungsbeamte ändert seine Verfügung von Amtes wegen oder auf Begehren des Gläubigers oder des Schuldners, soweit die Umstände es erfordern. Der Aufschub fällt ohne weiteres dahin, wenn eine Abschlagzahlung nicht rechtzeitig geleistet wird.[246]

c. Vorzeitige Verwertung

Art. 124 ¹ Auf Begehren des Schuldners kann die Verwertung[247] stattfinden, auch wenn der Gläubiger noch nicht berechtigt ist, dieselbe zu verlangen.

² Der Betreibungsbeamte kann jederzeit Gegenstände verwerten, die schneller Wertverminderung ausgesetzt sind, einen kostspieligen Unterhalt erfordern oder unverhältnismässig hohe Aufbewahrungskosten verursachen.[248]

2. Versteigerung
a. Vorbereitung

Art. 125 ¹ Die Verwertung geschieht auf dem Wege der öffentlichen Steigerung. Ort, Tag und Stunde derselben werden vorher öffentlich bekanntgemacht.

² Die Art der Bekanntmachung sowie die Art und Weise, der Ort und der Tag der Steigerung werden vom Betreibungsbeamten so bestimmt, dass dadurch die Interessen der Beteiligten bestmögliche Berücksichtigung finden. Die Bekanntmachung durch das Amtsblatt ist in diesem Falle nicht geboten.

³ Haben der Schuldner, der Gläubiger und die beteiligten Dritten in der Schweiz einen bekannten Wohnort oder einen Vertreter, so teilt ihnen das Betreibungsamt wenigstens drei Tage vor der Versteigerung deren Zeit und Ort durch uneingeschriebenen Brief mit.[249]

b. Zuschlag, Deckungsprinzip

Art. 126[250] ¹ Der Verwertungsgegenstand wird dem Meistbietenden nach dreimaligem Aufruf zugeschlagen, sofern das Angebot den Betrag allfälliger dem betreibenden Gläubiger im Range vorgehender pfandgesicherter Forderungen übersteigt.

² Erfolgt kein solches Angebot, so fällt die Betreibung in Hinsicht auf diesen Gegenstand dahin.

---

245 Fassung gemäss Ziff. I des BG vom 16. Dez. 1994, in Kraft seit 1. Jan. 1997 (AS 1995 1227; BBl 1991 III 1).
246 Fassung gemäss Ziff. I des BG vom 16. Dez. 1994, in Kraft seit 1. Jan. 1997 (AS 1995 1227; BBl 1991 III 1).
247 Bezeichnung gemäss Ziff. I des BG vom 16. Dez. 1994, in Kraft seit 1. Jan. 1997 (AS 1995 1227; BBl 1991 III 1). Diese Änd. ist im ganzen Erlass berücksichtigt.
248 Fassung gemäss Ziff. I des BG vom 16. Dez. 1994, in Kraft seit 1. Jan. 1997 (AS 1995 1227; BBl 1991 III 1).
249 Fassung gemäss Ziff. I des BG vom 16. Dez. 1994, in Kraft seit 1. Jan. 1997 (AS 1995 1227; BBl 1991 III 1).
250 Fassung gemäss Art. 6 des BG vom 28. Sept. 1949, in Kraft seit 1. Febr. 1950 (AS 1950 I 57; BBl 1948 I 1218).

c. Verzicht auf die Verwertung	**Art. 127**[251] Ist von vorneherein anzunehmen, dass der Zuschlag gemäss Artikel 126 nicht möglich sein wird, so kann der Betreibungsbeamte auf Antrag des betreibenden Gläubigers von der Verwertung absehen und einen Verlustschein ausstellen.
d. Gegenstände aus Edelmetall	**Art. 128**[252] Gegenstände aus Edelmetall dürfen nicht unter ihrem Metallwert zugeschlagen werden.
e. Zahlungsmodus und Folgen des Zahlungsverzuges	**Art. 129** ¹ Die Zahlung muss unmittelbar nach dem Zuschlag geleistet werden. Der Betreibungsbeamte kann jedoch einen Zahlungstermin von höchstens 20 Tagen gewähren. Die Übergabe findet erst statt, wenn das Betreibungsamt unwiderruflich über das Geld verfügen kann.[253]

² Die Zahlung kann bis zum Betrag von 100 000 Franken in bar geleistet werden. Liegt der Preis höher, so ist der Teil, der diesen Betrag übersteigt, über einen Finanzintermediär nach dem Geldwäschereigesetz vom 10. Oktober 1997[254] abzuwickeln. Im Übrigen bestimmt der Betreibungsbeamte den Zahlungsmodus.[255]

³ Wird die Zahlung nicht rechtzeitig geleistet, so hat das Betreibungsamt eine neue Steigerung anzuordnen, auf die Artikel 126 Anwendung findet.[256]

⁴ Der frühere Ersteigerer und seine Bürgen haften für den Ausfall und allen weitern Schaden. Der Zinsverlust wird hierbei zu fünf vom Hundert berechnet.

3. Freihandverkauf	**Art. 130** An die Stelle der Versteigerung kann der freihändige Verkauf treten:[257] 1.[258] wenn alle Beteiligten ausdrücklich damit einverstanden sind; 2. wenn Wertpapiere oder andere Gegenstände, die einen Markt- oder Börsenpreis haben, zu verwerten[259] sind und der angebotene Preis dem Tageskurse gleichkommt;

---

251 Fassung gemäss Art. 6 des BG vom 28. Sept. 1949, in Kraft seit 1. Febr. 1950 (AS 1950 I 57; BBl 1948 I 1218).
252 Fassung gemäss Ziff. I des BG vom 16. Dez. 1994, in Kraft seit 1. Jan. 1997 (AS 1995 1227; BBl 1991 III 1).
253 Fassung gemäss Ziff. I 3 des BG vom 12. Dez. 2014 zur Umsetzung der 2012 revidierten Empfehlungen der Groupe d'action financière, in Kraft seit 1. Jan. 2016 (AS 2015 1389; BBl 2014 605).
254 SR 955.0
255 Fassung gemäss Ziff. I 3 des BG vom 12. Dez. 2014 zur Umsetzung der 2012 revidierten Empfehlungen der Groupe d'action financière, in Kraft seit 1. Jan. 2016 (AS 2015 1389; BBl 2014 605).
256 Fassung gemäss Art. 7 des BG vom 28. Sept. 1949, in Kraft seit 1. Febr. 1950 (AS 1950 I 57; BBl 1948 I 1218).
257 Fassung gemäss Ziff. I des BG vom 16. Dez. 1994, in Kraft seit 1. Jan. 1997 (AS 1995 1227; BBl 1991 III 1).
258 Fassung gemäss Ziff. I des BG vom 16. Dez. 1994, in Kraft seit 1. Jan. 1997 (AS 1995 1227; BBl 1991 III 1).
259 Bezeichnung gemäss Ziff. I des BG vom 16. Dez. 1994, in Kraft seit 1. Jan. 1997 (AS 1995 1227; BBl 1991 III 1). Diese Änd. ist im ganzen Erlass berücksichtigt.

3.[260] wenn bei Gegenständen aus Edelmetall, für die bei der Versteigerung die Angebote den Metallwert nicht erreichten, dieser Preis angeboten wird;

4. im Falle des Artikels 124 Absatz 2.

4. Forderungsüberweisung

Art. 131 [1] Geldforderungen des Schuldners, welche keinen Markt- oder Börsenpreis haben, werden, wenn sämtliche pfändende Gläubiger es verlangen, entweder der Gesamtheit der Gläubiger oder einzelnen von ihnen für gemeinschaftliche Rechnung zum Nennwert an Zahlungs Statt angewiesen. In diesem Falle treten die Gläubiger bis zur Höhe ihrer Forderungen in die Rechte des betriebenen Schuldners ein.

[2] Sind alle pfändenden Gläubiger einverstanden, so können sie oder einzelne von ihnen, ohne Nachteil für ihre Rechte gegenüber dem betriebenen Schuldner, gepfändete Ansprüche im eigenen Namen sowie auf eigene Rechnung und Gefahr geltend machen. Sie bedürfen dazu der Ermächtigung des Betreibungsamtes. Das Ergebnis dient zur Deckung der Auslagen und der Forderungen derjenigen Gläubiger, welche in dieser Weise vorgegangen sind. Ein Überschuss ist an das Betreibungsamt abzuliefern.[261]

5. Besondere Verwertungsverfahren

Art. 132[262] [1] Sind Vermögensbestandteile anderer Art zu verwerten, wie eine Nutzniessung oder ein Anteil an einer unverteilten Erbschaft, an einer Gemeinderschaft, an Gesellschaftsgut oder an einem andern gemeinschaftlichen Vermögen, so ersucht der Betreibungsbeamte die Aufsichtsbehörde um Bestimmung des Verfahrens.

[2] Die gleiche Regel gilt für die Verwertung von Erfindungen, von Sortenschutzrechten, von gewerblichen Mustern und Modellen, von Fabrik- und Handelsmarken und von Urheberrechten.[263]

[3] Die Aufsichtsbehörde kann nach Anhörung der Beteiligten die Versteigerung anordnen oder die Verwertung einem Verwalter übertragen oder eine andere Vorkehrung treffen.

6. Anfechtung der Verwertung

Art. 132a[264] [1] Die Verwertung kann nur durch Beschwerde gegen den Zuschlag oder den Abschluss des Freihandverkaufs angefochten werden.

---

260 Fassung gemäss Ziff. I des BG vom 16. Dez. 1994, in Kraft seit 1. Jan. 1997 (AS 1995 1227; BBl 1991 III 1).
261 Fassung gemäss Ziff. I des BG vom 16. Dez. 1994, in Kraft seit 1. Jan. 1997 (AS 1995 1227; BBl 1991 III 1).
262 Fassung gemäss Art. 8 des BG vom 28. Sept. 1949, in Kraft seit 1. Febr. 1950 (AS 1950 I 57; BBl 1948 I 1218).
263 Fassung gemäss Art. 52 Ziff. I des Sortenschutzgesetzes vom 20. März 1975, in Kraft seit 1. Juni 1977 (AS 1977 862; BBl 1974 I 1469).
264 Eingefügt durch Ziff. I des BG vom 16. Dez. 1994, in Kraft seit 1. Jan. 1997 (AS 1995 1227; BBl 1991 III 1).

² Die Beschwerdefrist von Artikel 17 Absatz 2 beginnt, wenn der Beschwerdeführer von der angefochtenen Verwertungshandlung Kenntnis erhalten hat und der Anfechtungsgrund für ihn erkennbar geworden ist.

³ Das Beschwerderecht erlischt ein Jahr nach der Verwertung.

C. Verwertung der Grundstücke
1. Frist

Art. 133[265] ¹ Grundstücke werden vom Betreibungsamt frühestens einen Monat und spätestens drei Monate nach Eingang des Verwertungsbegehrens öffentlich versteigert.

² Auf Begehren des Schuldners und mit ausdrücklicher Zustimmung sämtlicher Pfändungs- und Grundpfandgläubiger kann die Verwertung stattfinden, auch wenn noch kein Gläubiger berechtigt ist, sie zu verlangen.

2. Steigerungsbedingungen
a. Auflegung

Art. 134 ¹ Die Steigerungsbedingungen sind vom Betreibungsamte in ortsüblicher Weise aufzustellen und so einzurichten, dass sich ein möglichst günstiges Ergebnis erwarten lässt.

² Dieselben werden mindestens zehn Tage vor der Steigerung im Lokal des Betreibungsamtes zu jedermanns Einsicht aufgelegt.

b. Inhalt

Art. 135 ¹ Die Steigerungsbedingungen bestimmen, dass Grundstücke mit allen darauf haftenden Belastungen (Dienstbarkeiten, Grundlasten, Grundpfandrechten und vorgemerkten persönlichen Rechten) versteigert werden und damit verbundene persönliche Schuldpflichten auf den Erwerber übergehen. Der Schuldner einer überbundenen Schuld aus Grundpfandverschreibung oder aus Schuldbrief wird frei, wenn ihm der Gläubiger nicht innert einem Jahr nach dem Zuschlag erklärt, ihn beibehalten zu wollen (Art. 832 ZGB[266]). Fällige grundpfandgesicherte Schulden werden nicht überbunden, sondern vorweg aus dem Erlös bezahlt.[267]

² Die Steigerungsbedingungen stellen ferner fest, welche Kosten dem Erwerber obliegen.

c. Zahlungsmodus

Art. 136[268] ¹ Der Betreibungsbeamte legt den Zahlungsmodus in den Steigerungsbedingungen fest; er kann einen Zahlungstermin von höchstens sechs Monaten gewähren.

² Die Zahlung kann bis zum Betrag von 100 000 Franken in bar geleistet werden. Liegt der Preis höher, so ist der Teil, der diesen

---

265 Fassung gemäss Ziff. I des BG vom 16. Dez. 1994, in Kraft seit 1. Jan. 1997 (AS 1995 1227; BBl 1991 III 1).
266 SR 210
267 Fassung gemäss Ziff. I des BG vom 16. Dez. 1994, in Kraft seit 1. Jan. 1997 (AS 1995 1227; BBl 1991 III 1).
268 Fassung gemäss Ziff. I 3 des BG vom 12. Dez. 2014 zur Umsetzung der 2012 revidierten Empfehlungen der Groupe d'action financière, in Kraft seit 1. Jan. 2016 (AS 2015 1389; BBl 2014 605).

Betrag übersteigt, über einen Finanzintermediär nach dem Geldwäschereigesetz vom 10. Oktober 1997[269] abzuwickeln.

d. Zahlungsfrist

Art. 137[270] Wenn ein Zahlungstermin gewährt wird, bleibt das Grundstück bis zur Zahlung der Kaufsumme auf Rechnung und Gefahr des Erwerbers in der Verwaltung des Betreibungsamtes. Ohne dessen Bewilligung darf inzwischen keine Eintragung in das Grundbuch vorgenommen werden. Überdies kann sich das Betreibungsamt für den gestundeten Kaufpreis besondere Sicherheiten ausbedingen.

3. Versteigerung
a. Bekanntmachung, Anmeldung der Rechte

Art. 138 [1] Die Steigerung wird mindestens einen Monat vorher öffentlich bekanntgemacht.

[2] Die Bekanntmachung enthält:
1. Ort, Tag und Stunde der Steigerung;
2. die Angabe des Tages, von welchem an die Steigerungsbedingungen aufliegen;
3.[271] die Aufforderung an die Pfandgläubiger und alle übrigen Beteiligten, dem Betreibungsamt innert 20 Tagen ihre Ansprüche am Grundstück, insbesondere für Zinsen und Kosten, einzugeben. In dieser Aufforderung ist anzukündigen, dass sie bei Nichteinhalten dieser Frist am Ergebnis der Verwertung nur teilhaben, soweit ihre Rechte im Grundbuch eingetragen sind.

[3] Eine entsprechende Aufforderung wird auch an die Besitzer von Dienstbarkeiten gerichtet, soweit noch kantonales Recht zur Anwendung kommt.[272]

b. Anzeige an die Beteiligten

Art. 139[273] Das Betreibungsamt stellt dem Gläubiger, dem Schuldner, einem allfälligen dritten Eigentümer des Grundstücks und allen im Grundbuch eingetragenen Beteiligten ein Exemplar der Bekanntmachung durch uneingeschriebenen Brief zu, wenn sie einen bekannten Wohnsitz oder einen Vertreter haben.

c. Lastenbereinigung, Schätzung

Art. 140[274] [1] Vor der Versteigerung ermittelt der Betreibungsbeamte die auf dem Grundstück ruhenden Lasten (Dienstbarkeiten, Grundlasten, Grundpfandrechte und vorgemerkte persönliche Rechte) anhand der Eingaben der Berechtigten und eines Auszuges aus dem Grundbuch.

---

269 SR 955.0
270 Fassung gemäss Art. 58 SchlT ZGB, in Kraft seit 1. Jan. 1912 (AS 24 233 Art. 60 SchlT ZGB; BBl 1904 IV 1, 1907 VI 367).
271 Fassung gemäss Ziff. I des BG vom 16. Dez. 1994, in Kraft seit 1. Jan. 1997 (AS 1995 1227; BBl 1991 III 1).
272 Fassung gemäss Art. 58 SchlT ZGB, in Kraft seit 1. Jan. 1912 (AS 24 233 Art. 60 SchlT ZGB; BBl 1904 IV 1, 1907 VI 367).
273 Fassung gemäss Ziff. I des BG vom 16. Dez. 1994, in Kraft seit 1. Jan. 1997 (AS 1995 1227; BBl 1991 III 1).
274 Fassung gemäss Ziff. I des BG vom 16. Dez. 1994, in Kraft seit 1. Jan. 1997 (AS 1995 1227; BBl 1991 III 1).

² Er stellt den Beteiligten das Verzeichnis der Lasten zu und setzt ihnen gleichzeitig eine Bestreitungsfrist von zehn Tagen. Die Artikel 106–109 sind anwendbar.

³ Ausserdem ordnet der Betreibungsbeamte eine Schätzung des Grundstückes an und teilt deren Ergebnis den Beteiligten mit.

d. Aussetzen der Versteigerung

Art. 141[275] ¹ Ist ein in das Lastenverzeichnis aufgenommener Anspruch streitig, so ist die Versteigerung bis zum Austrag der Sache auszusetzen, sofern anzunehmen ist, dass der Streit die Höhe des Zuschlagspreises beeinflusst oder durch eine vorherige Versteigerung andere berechtigte Interessen verletzt werden.

² Besteht lediglich Streit über die Zugehöreigenschaft oder darüber, ob die Zugehör nur einzelnen Pfandgläubigern verpfändet sei, so kann die Versteigerung des Grundstückes samt der Zugehör gleichwohl stattfinden.

e. Doppelaufruf

Art. 142[276] ¹ Ist ein Grundstück ohne Zustimmung des vorgehenden Grundpfandgläubigers mit einer Dienstbarkeit, einer Grundlast oder einem vorgemerkten persönlichen Recht belastet und ergibt sich der Vorrang des Pfandrechts aus dem Lastenverzeichnis, so kann der Grundpfandgläubiger innert zehn Tagen nach Zustellung des Lastenverzeichnisses den Aufruf sowohl mit als auch ohne die Last verlangen.

² Ergibt sich der Vorrang des Pfandrechts nicht aus dem Lastenverzeichnis, so wird dem Begehren um Doppelaufruf nur stattgegeben, wenn der Inhaber des betroffenen Rechts den Vorrang anerkannt hat oder der Grundpfandgläubiger innert zehn Tagen nach Zustellung des Lastenverzeichnisses am Ort der gelegenen Sache Klage auf Feststellung des Vorranges einreicht.

³ Reicht das Angebot für das Grundstück mit der Last zur Befriedigung des Gläubigers nicht aus und erhält er ohne sie bessere Deckung, so kann er die Löschung der Last im Grundbuch verlangen. Bleibt nach seiner Befriedigung ein Überschuss, so ist dieser in erster Linie bis zur Höhe des Wertes der Last zur Entschädigung des Berechtigten zu verwenden.

4. Zuschlag. Deckungsprinzip. Verzicht auf die Verwertung

Art. 142a[277] Die Bestimmungen über den Zuschlag und das Deckungsprinzip (Art. 126) sowie über den Verzicht auf die Verwertung (Art. 127) sind anwendbar.

---

275 Fassung gemäss Ziff. I des BG vom 16. Dez. 1994, in Kraft seit 1. Jan. 1997 (AS 1995 1227; BBl 1991 III 1).
276 Fassung gemäss Ziff. I des BG vom 16. Dez. 1994, in Kraft seit 1. Jan. 1997 (AS 1995 1227; BBl 1991 III 1).
277 Eingefügt durch Ziff. I des BG vom 16. Dez. 1994, in Kraft seit 1. Jan. 1997 (AS 1995 1227; BBl 1991 III 1).

5. Folgen des Zahlungsverzuges

Art. 143 ¹ Erfolgt die Zahlung nicht rechtzeitig, so wird der Zuschlag rückgängig gemacht, und das Betreibungsamt ordnet sofort eine neue Versteigerung an. Artikel 126 ist anwendbar.[278]

² Der frühere Ersteigerer und seine Bürgen haften für den Ausfall und allen weitern Schaden. Der Zinsverlust wird hierbei zu fünf vom Hundert berechnet.

6. Ergänzende Bestimmungen

Art. 143a[279] Für die Verwertung von Grundstücken gelten im Übrigen die Artikel 123 und 132a.

7. Freihandverkauf

Art. 143b[280] ¹ An die Stelle der Versteigerung kann der freihändige Verkauf treten, wenn alle Beteiligten damit einverstanden sind und mindestens der Schätzungspreis angeboten wird.

² Der Verkauf darf nur nach durchgeführten Lastenbereinigungsverfahren im Sinne von Artikel 138 Absatz 2 Ziffer 3 und Absatz 3 und Artikel 140 sowie in entsprechender Anwendung der Artikel 135–137 erfolgen.

D. Verteilung
1. Zeitpunkt. Art der Vornahme

Art. 144 ¹ Die Verteilung findet statt, sobald alle in einer Pfändung enthaltenen Vermögensstücke verwertet sind.

² Es können schon vorher Abschlagsverteilungen vorgenommen werden.

³ Aus dem Erlös werden vorweg die Kosten für die Verwaltung, die Verwertung, die Verteilung und gegebenenfalls die Beschaffung eines Ersatzgegenstandes (Art. 92 Abs. 3) bezahlt.[281]

⁴ Der Reinerlös wird den beteiligten Gläubigern bis zur Höhe ihrer Forderungen, einschliesslich des Zinses bis zum Zeitpunkt der letzten Verwertung und der Betreibungskosten (Art. 68), ausgerichtet.[282]

⁵ Die auf Forderungen mit provisorischer Pfändung entfallenden Beträge werden einstweilen bei der Depositenanstalt hinterlegt.

2. Nachpfändung

Art. 145[283] ¹ Deckt der Erlös den Betrag der Forderungen nicht, so vollzieht das Betreibungsamt unverzüglich eine Nachpfändung und verwertet die Gegenstände möglichst rasch. Ein besonderes Begehren eines Gläubigers ist nicht nötig, und das Amt ist nicht an die ordentlichen Fristen gebunden.

---

278 Fassung gemäss Ziff. I des BG vom 16. Dez. 1994, in Kraft seit 1. Jan. 1997 (AS 1995 1227; BBl 1991 III 1).
279 Eingefügt durch Ziff. I des BG vom 16. Dez. 1994, in Kraft seit 1. Jan. 1997 (AS 1995 1227; BBl 1991 III 1).
280 Eingefügt durch Ziff. I des BG vom 16. Dez. 1994, in Kraft seit 1. Jan. 1997 (AS 1995 1227; BBl 1991 III 1).
281 Fassung gemäss Ziff. I des BG vom 16. Dez. 1994, in Kraft seit 1. Jan. 1997 (AS 1995 1227; BBl 1991 III 1).
282 Fassung gemäss Ziff. I des BG vom 16. Dez. 1994, in Kraft seit 1. Jan. 1997 (AS 1995 1227; BBl 1991 III 1).
283 Fassung gemäss Ziff. I des BG vom 16. Dez. 1994, in Kraft seit 1. Jan. 1997 (AS 1995 1227; BBl 1991 III 1).

² Ist inzwischen eine andere Pfändung durchgeführt worden, so werden die daraus entstandenen Rechte durch die Nachpfändung nicht berührt.

³ Die Bestimmungen über den Pfändungsanschluss (Art. 110 und 111) sind anwendbar.

3. Kollokationsplan und Verteilungsliste
a. Rangfolge der Gläubiger

Art. 146[284] ¹ Können nicht sämtliche Gläubiger befriedigt werden, so erstellt das Betreibungsamt den Plan für die Rangordnung der Gläubiger (Kollokationsplan) und die Verteilungsliste.

² Die Gläubiger erhalten den Rang, den sie nach Artikel 219 im Konkurs des Schuldners einnehmen würden. Anstelle der Konkurseröffnung ist der Zeitpunkt des Fortsetzungsbegehrens massgebend.

b. Auflegung

Art. 147[285] Der Kollokationsplan und die Verteilungsliste werden beim Betreibungsamt aufgelegt. Dieses benachrichtigt die Beteiligten davon und stellt jedem Gläubiger einen seine Forderung betreffenden Auszug zu.

c. Anfechtung durch Klage

Art. 148 ¹ Will ein Gläubiger die Forderung oder den Rang eines andern Gläubigers bestreiten, so muss er gegen diesen innert 20 Tagen nach Empfang des Auszuges beim Gericht des Betreibungsortes Kollokationsklage erheben.[286]

² ...[287]

³ Heisst das Gericht die Klage gut, so weist es den nach der Verteilungsliste auf den Beklagten entfallenden Anteil am Verwertungserlös dem Kläger zu, soweit dies zur Deckung seines in der Verteilungsliste ausgewiesenen Verlustes und der Prozesskosten nötig ist. Ein allfälliger Überschuss verbleibt dem Beklagten.[288]

4. Verlustschein
a. Ausstellung und Wirkung

Art. 149 ¹ Jeder Gläubiger, der an der Pfändung teilgenommen hat, erhält für den ungedeckten Betrag seiner Forderung einen Verlustschein. Der Schuldner erhält ein Doppel des Verlustscheins.[289]

¹ᵇⁱˢ Das Betreibungsamt stellt den Verlustschein aus, sobald die Höhe des Verlustes feststeht.[290]

---

284 Fassung gemäss Ziff. I des BG vom 16. Dez. 1994, in Kraft seit 1. Jan. 1997 (AS 1995 1227; BBl 1991 III 1).
285 Fassung gemäss Ziff. I des BG vom 16. Dez. 1994, in Kraft seit 1. Jan. 1997 (AS 1995 1227; BBl 1991 III 1).
286 Fassung gemäss Ziff. I des BG vom 16. Dez. 1994, in Kraft seit 1. Jan. 1997 (AS 1995 1227; BBl 1991 III 1).
287 Aufgehoben durch Anhang 1 Ziff. II 17 der Zivilprozessordnung vom 19. Dez. 2008, mit Wirkung seit 1. Jan. 2011 (AS 2010 1739; BBl 2006 7221).
288 Eingefügt durch Ziff. I des BG vom 16. Dez. 1994, in Kraft seit 1. Jan. 1997 (AS 1995 1227; BBl 1991 III 1).
289 Fassung gemäss Ziff. I des BG vom 16. Dez. 1994, in Kraft seit 1. Jan. 1997 (AS 1995 1227; BBl 1991 III 1).
290 Eingefügt durch Ziff. I des BG vom 16. Dez. 1994, in Kraft seit 1. Jan. 1997 (AS 1995 1227; BBl 1991 III 1).

² Der Verlustschein gilt als Schuldanerkennung im Sinne des Artikels 82 und gewährt dem Gläubiger die in den Artikeln 271 Ziffer 5 und 285 erwähnten Rechte.

³ Der Gläubiger kann während sechs Monaten nach Zustellung des Verlustscheines ohne neuen Zahlungsbefehl die Betreibung fortsetzen.

⁴ Der Schuldner hat für die durch den Verlustschein verurkundete Forderung keine Zinsen zu zahlen. Mitschuldner, Bürgen und sonstige Rückgriffsberechtigte, welche an Schuldners Statt Zinsen bezahlen müssen, können ihn nicht zum Ersatze derselben anhalten.

⁵ ...[291]

b. Verjährung und Löschung

Art. 149a[292] ¹ Die durch den Verlustschein verurkundete Forderung verjährt 20 Jahre nach der Ausstellung des Verlustscheines; gegenüber den Erben des Schuldners jedoch verjährt sie spätestens ein Jahr nach Eröffnung des Erbganges.

² Der Schuldner kann die Forderung jederzeit durch Zahlung an das Betreibungsamt, welches den Verlustschein ausgestellt hat, tilgen. Das Amt leitet den Betrag an den Gläubiger weiter oder hinterlegt ihn gegebenenfalls bei der Depositenstelle.

³ Nach der Tilgung wird der Eintrag des Verlustscheines in den Registern gelöscht. Die Löschung wird dem Schuldner auf Verlangen bescheinigt.

5. Herausgabe der Forderungsurkunde

Art. 150 ¹ Sofern die Forderung eines Gläubigers vollständig gedeckt wird, hat derselbe die Forderungsurkunde zu quittieren und dem Betreibungsbeamten zuhanden des Schuldners herauszugeben.[293]

² Wird eine Forderung nur teilweise gedeckt, so behält der Gläubiger die Urkunde; das Betreibungsamt hat auf derselben zu bescheinigen oder durch die zuständige Beamtung bescheinigen zu lassen, für welchen Betrag die Forderung noch zu Recht besteht.

³ Bei Grundstückverwertungen veranlasst das Betreibungsamt die erforderlichen Löschungen und Änderungen von Dienstbarkeiten, Grundlasten, Grundpfandrechten und vorgemerkten persönlichen Rechten im Grundbuch.[294]

---

291 Aufgehoben durch Ziff. I des BG vom 16. Dez. 1994 (AS 1995 1227; BBl 1991 III 1).
292 Eingefügt durch Ziff. I des BG vom 16. Dez. 1994, in Kraft seit 1. Jan. 1997 (AS 1995 1227; BBl 1991 III 1).
293 Fassung gemäss Art. 58 SchlT ZGB, in Kraft seit 1. Jan. 1912 (AS 24 233 Art. 60 SchlT ZGB; BBl 1904 IV 1, 1907 VI 367).
294 Fassung gemäss Ziff. I des BG vom 16. Dez. 1994, in Kraft seit 1. Jan. 1997 (AS 1995 1227; BBl 1991 III 1).

Vierter Titel: Betreibung auf Pfandverwertung

A. Betreibungsbegehren

Art. 151[295] ¹ Wer für eine durch Pfand (Art. 37) gesicherte Forderung Betreibung einleitet, hat im Betreibungsbegehren zusätzlich zu den in Artikel 67 aufgezählten Angaben den Pfandgegenstand zu bezeichnen. Ferner sind im Begehren gegebenenfalls anzugeben:

a. der Name des Dritten, der das Pfand bestellt oder den Pfandgegenstand zu Eigentum erworben hat;

b.[296] die Verwendung des verpfändeten Grundstücks als Familienwohnung (Art. 169 ZGB[297]) oder als gemeinsame Wohnung (Art. 14 des Partnerschaftsgesetzes vom 18. Juni 2004[298]) des Schuldners oder des Dritten.

² Betreibt ein Gläubiger aufgrund eines Faustpfandes, an dem ein Dritter ein nachgehendes Pfandrecht hat (Art. 886 ZGB), so muss er diesen von der Einleitung der Betreibung benachrichtigen.

B. Zahlungsbefehl
1. Inhalt. Anzeige an Mieter und Pächter

Art. 152 ¹ Nach Empfang des Betreibungsbegehrens erlässt das Betreibungsamt einen Zahlungsbefehl nach Artikel 69, jedoch mit folgenden Besonderheiten:[299]

1. Die dem Schuldner anzusetzende Zahlungsfrist beträgt einen Monat, wenn es sich um ein Faustpfand, sechs Monate, wenn es sich um ein Grundpfand handelt.
2. Die Androhung lautet dahin, dass, wenn der Schuldner weder dem Zahlungsbefehle nachkommt, noch Rechtsvorschlag erhebt, das Pfand verwertet werde.

² Bestehen auf dem Grundstück Miet- oder Pachtverträge und verlangt der betreibende Pfandgläubiger die Ausdehnung der Pfandhaft auf die Miet- oder Pachtzinsforderungen (Art. 806 ZGB[300]), so teilt das Betreibungsamt den Mietern oder Pächtern die Anhebung der Betreibung mit und weist sie an, die fällig werdenden Miet- oder Pachtzinse an das Betreibungsamt zu bezahlen.[301]

2. Ausfertigung. Stellung des Dritteigentümers des Pfandes

Art. 153 ¹ Die Ausfertigung des Zahlungsbefehls erfolgt gemäss Artikel 70.

---

295 Fassung gemäss Ziff. I des BG vom 16. Dez. 1994, in Kraft seit 1. Jan. 1997 (AS 1995 1227; BBl 1991 III 1).
296 Fassung gemäss Anhang Ziff. 16 des Partnerschaftsgesetzes vom 18. Juni 2004, in Kraft seit 1. Jan. 2007 (AS 2005 5685; BBl 2003 1288).
297 SR 210
298 SR 211.231
299 Fassung gemäss Ziff. I des BG vom 16. Dez. 1994, in Kraft seit 1. Jan. 1997 (AS 1995 1227; BBl 1991 III 1).
300 SR 210
301 Eingefügt durch Art. 58 SchlT ZGB (AS 24 233 Art. 60 SchlT ZGB; BBl 1904 IV 1, 1907 VI 367). Fassung gemäss Ziff. I des BG vom 16. Dez. 1994, in Kraft seit 1. Jan. 1997 (AS 1995 1227; BBl 1991 III 1).

² Das Betreibungsamt stellt auch folgenden Personen einen Zahlungsbefehl zu:

a. dem Dritten, der das Pfand bestellt oder den Pfandgegenstand zu Eigentum erworben hat;

b.[302] dem Ehegatten, der eingetragenen Partnerin oder dem eingetragenen Partner des Schuldners oder des Dritten, falls das verpfändete Grundstück als Familienwohnung (Art. 169 ZGB[303]) oder als gemeinsame Wohnung (Art. 14 des Partnerschaftsgesetzes vom 18. Juni 2004[304]) dient.

Der Dritte und der Ehegatte können Rechtsvorschlag erheben wie der Schuldner.[305]

²ᵇⁱˢ Die in Absatz 2 genannten Personen können Rechtsvorschlag erheben wie der Schuldner.[306]

³ Hat der Dritte das Ablösungsverfahren eingeleitet (Art. 828 und 829 ZGB), so kann das Grundstück nur verwertet werden, wenn der betreibende Gläubiger nach Beendigung dieses Verfahrens dem Betreibungsamt nachweist, dass ihm für die in Betreibung gesetzte Forderung noch ein Pfandrecht am Grundstück zusteht.[307]

⁴ Im Übrigen finden mit Bezug auf Zahlungsbefehl und Rechtsvorschlag die Bestimmungen der Artikel 71–86 Anwendung.[308]

C. Rechtsvorschlag. Widerruf der Anzeige an Mieter und Pächter

Art. 153a[309] ¹ Wird Rechtsvorschlag erhoben, so kann der Gläubiger innert zehn Tagen nach der Mitteilung des Rechtsvorschlages Rechtsöffnung verlangen oder auf Anerkennung der Forderung oder Feststellung des Pfandrechts klagen.

² Wird der Gläubiger im Rechtsöffnungsverfahren abgewiesen, so kann er innert zehn Tagen nach Eröffnung des Entscheids[310] Klage erheben.

³ Hält er diese Fristen nicht ein, so wird die Anzeige an Mieter und Pächter widerrufen.

---

302 Fassung gemäss Anhang Ziff. 16 des Partnerschaftsgesetzes vom 18. Juni 2004, in Kraft seit 1. Jan. 2007 (AS 2005 5685; BBl 2003 1288).
303 SR 210
304 SR 211.231
305 Fassung gemäss Ziff. I des BG vom 16. Dez. 1994, in Kraft seit 1. Jan. 1997 (AS 1995 1227; BBl 1991 III 1).
306 Eingefügt durch Anhang Ziff. 16 des Partnerschaftsgesetzes vom 18. Juni 2004, in Kraft seit 1. Jan. 2007 (AS 2005 5685; BBl 2003 1288).
307 Eingefügt durch Art. 58 SchlT ZGB (AS 24 233 Art. 60 SchlT ZGB; BBl 1904 IV 1, 1907 VI 367). Fassung gemäss Ziff. I des BG vom 16. Dez. 1994, in Kraft seit 1. Jan. 1997 (AS 1995 1227; BBl 1991 III 1).
308 Ursprünglich Abs. 3.
309 Eingefügt durch Ziff. I des BG vom 16. Dez. 1994, in Kraft seit 1. Jan. 1997 (AS 1995 1227; BBl 1991 III 1).
310 Ausdruck gemäss Anhang 1 Ziff. II 17 der Zivilprozessordnung vom 19. Dez. 2008, in Kraft seit 1. Jan. 2011 (AS 2010 1739; BBl 2006 7221). Diese Änd. wurde im ganzen Erlass berücksichtigt.

D. Verwertungsfristen

Art. 154 [1] Der Gläubiger kann die Verwertung eines Faustpfandes frühestens einen Monat und spätestens ein Jahr, die Verwertung eines Grundpfandes frühestens sechs Monate und spätestens zwei Jahre nach der Zustellung des Zahlungsbefehls verlangen. Ist Rechtsvorschlag erhoben worden, so stehen diese Fristen zwischen der Einleitung und der Erledigung eines dadurch veranlassten gerichtlichen Verfahrens still.[311]

[2] Wenn binnen der gesetzlichen Frist das Verwertungsbegehren nicht gestellt oder zurückgezogen und nicht erneuert wird, so erlischt die Betreibung.

E. Verwertungsverfahren

1. Einleitung

Art. 155 [1] Hat der Gläubiger das Verwertungsbegehren gestellt, so sind die Artikel 97 Absatz 1, 102 Absatz 3, 103 und 106–109 auf das Pfand sinngemäss anwendbar.[312]

[2] Das Betreibungsamt benachrichtigt den Schuldner binnen drei Tagen von dem Verwertungsbegehren.

2. Durchführung

Art. 156[313] [1] Für die Verwertung gelten die Artikel 122–143 b. Die Steigerungsbedingungen (Art. 135) bestimmen jedoch, dass der Anteil am Zuschlagspreis, der dem betreibenden Pfandgläubiger zukommt, in Geld zu bezahlen ist, wenn die Beteiligten nichts anderes vereinbaren. Sie bestimmen ferner, dass die Belastung des Grundstücks, die zugunsten des Betreibenden bestand, im Grundbuch gelöscht wird.

[2] Vom Grundeigentümer zu Faustpfand begebene Eigentümer- oder Inhabertitel werden im Falle separater Verwertung auf den Betrag des Erlöses herabgesetzt.

3. Verteilung

Art. 157 [1] Aus dem Pfanderlös werden vorweg die Kosten für die Verwaltung, die Verwertung und die Verteilung bezahlt.[314]

[2] Der Reinerlös wird den Pfandgläubigern bis zur Höhe ihrer Forderungen einschliesslich des Zinses bis zum Zeitpunkt der letzten Verwertung und der Betreibungskosten ausgerichtet.[315]

[3] Können nicht sämtliche Pfandgläubiger befriedigt werden, so setzt der Betreibungsbeamte, unter Berücksichtigung des Artikels 219 Absätze 2 und 3 die Rangordnung der Gläubiger und deren Anteile fest.

[4] Die Artikel 147, 148 und 150 finden entsprechende Anwendung.

---

311 Fassung gemäss Ziff. I des BG vom 16. Dez. 1994, in Kraft seit 1. Jan. 1997 (AS 1995 1227; BBl 1991 III 1).
312 Fassung gemäss Ziff. I des BG vom 16. Dez. 1994, in Kraft seit 1. Jan. 1997 (AS 1995 1227; BBl 1991 III 1).
313 Fassung gemäss Ziff. I des BG vom 16. Dez. 1994, in Kraft seit 1. Jan. 1997 (AS 1995 1227; BBl 1991 III 1).
314 Fassung gemäss Ziff. I des BG vom 16. Dez. 1994, in Kraft seit 1. Jan. 1997 (AS 1995 1227; BBl 1991 III 1).
315 Fassung gemäss Ziff. I des BG vom 16. Dez. 1994, in Kraft seit 1. Jan. 1997 (AS 1995 1227; BBl 1991 III 1).

4. Pfandausfallschein

Art. 158 [1] Konnte das Pfand wegen ungenügenden Angeboten (Art. 126 und 127) nicht verwertet werden oder deckt der Erlös die Forderung nicht, so stellt das Betreibungsamt dem betreibenden Pfandgläubiger einen Pfandausfallschein aus.[316]

[2] Nach Zustellung dieser Urkunde kann der Gläubiger die Betreibung, je nach der Person des Schuldners, auf dem Wege der Pfändung oder des Konkurses führen, sofern es sich nicht um eine Gült (Art. 33a SchlT ZGB[317]) oder andere Grundlast handelt. Betreibt er binnen Monatsfrist, so ist ein neuer Zahlungsbefehl nicht erforderlich.[318]

[3] Der Pfandausfallschein gilt als Schuldanerkennung im Sinne von Artikel 82.[319]

Fünfter Titel: Betreibung auf Konkurs

I. Ordentliche Konkursbetreibung

A. Konkursandrohung
1. Zeitpunkt

Art. 159[320] Unterliegt der Schuldner der Konkursbetreibung, so droht ihm das Betreibungsamt nach Empfang des Fortsetzungsbegehrens unverzüglich den Konkurs an.

2. Inhalt

Art. 160 [1] Die Konkursandrohung enthält:
1. die Angaben des Betreibungsbegehrens;
2. das Datum des Zahlungsbefehls;
3.[321] die Anzeige, dass der Gläubiger nach Ablauf von 20 Tagen das Konkursbegehren stellen kann;
4.[322] die Mitteilung, dass der Schuldner, welcher die Zulässigkeit der Konkursbetreibung bestreiten will, innert zehn Tagen bei der Aufsichtsbehörde Beschwerde zu führen hat (Art. 17).

[2] Der Schuldner wird zugleich daran erinnert, dass er berechtigt ist, einen Nachlassvertrag vorzuschlagen.

---

316 Fassung gemäss Ziff. I des BG vom 16. Dez. 1994, in Kraft seit 1. Jan. 1997 (AS 1995 1227; BBl 1991 III 1).
317 SR 210
318 Fassung gemäss Ziff. II 4 des BG vom 11. Dez. 2009 (Register-Schuldbrief und weitere Änderungen im Sachenrecht), in Kraft seit 1. Jan. 2012 (AS 2011 4637; BBl 2007 5283).
319 Eingefügt durch Ziff. I des BG vom 16. Dez. 1994, in Kraft seit 1. Jan. 1997 (AS 1995 1227; BBl 1991 III 1).
320 Fassung gemäss Ziff. I des BG vom 16. Dez. 1994, in Kraft seit 1. Jan. 1997 (AS 1995 1227; BBl 1991 III 1).
321 Fassung gemäss Ziff. I des BG vom 16. Dez. 1994, in Kraft seit 1. Jan. 1997 (AS 1995 1227; BBl 1991 III 1).
322 Fassung gemäss Ziff. I des BG vom 16. Dez. 1994, in Kraft seit 1. Jan. 1997 (AS 1995 1227; BBl 1991 III 1).

3. Zustellung	**Art. 161** ¹ Für die Zustellung der Konkursandrohung gilt Artikel 72.³²³

² Ein Doppel derselben wird dem Gläubiger zugestellt, sobald die Zustellung an den Schuldner erfolgt ist.

³ ...³²⁴ |
| B. Güterverzeichnis
1. Anordnung | **Art. 162** Das für die Eröffnung des Konkurses zuständige Gericht (Konkursgericht) hat auf Verlangen des Gläubigers, sofern es zu dessen Sicherung geboten erscheint, die Aufnahme eines Verzeichnisses aller Vermögensbestandteile des Schuldners (Güterverzeichnis) anzuordnen. |
| 2. Vollzug | **Art. 163** ¹ Das Betreibungsamt nimmt das Güterverzeichnis auf. Es darf damit erst beginnen, wenn die Konkursandrohung zugestellt ist; ausgenommen sind die Fälle nach den Artikeln 83 Absatz 1 und 183.³²⁵

² Die Artikel 90–92 finden entsprechende Anwendung. |
| 3. Wirkungen
a. Pflichten des Schuldners | **Art. 164**³²⁶ ¹ Der Schuldner ist bei Straffolge (Art. 169 StGB³²⁷) verpflichtet, dafür zu sorgen, dass die aufgezeichneten Vermögensstücke erhalten bleiben oder durch gleichwertige ersetzt werden; er darf jedoch davon so viel verbrauchen, als nach dem Ermessen des Betreibungsbeamten zu seinem und seiner Familie Lebensunterhalt erforderlich ist.

² Der Betreibungsbeamte macht den Schuldner auf seine Pflichten und auf die Straffolge ausdrücklich aufmerksam. |
| b. Dauer | **Art. 165** ¹ Die durch das Güterverzeichnis begründete Verpflichtung des Schuldners wird vom Betreibungsbeamten aufgehoben, wenn sämtliche betreibende Gläubiger einwilligen.

² Sie erlischt von Gesetzes wegen vier Monate nach der Erstellung des Verzeichnisses.³²⁸ |
| C. Konkursbegehren
1. Frist | **Art. 166** ¹ Nach Ablauf von 20 Tagen seit der Zustellung der Konkursandrohung kann der Gläubiger unter Vorlegung dieser Urkunde und des Zahlungsbefehls beim Konkursgerichte das Konkursbegehren stellen. |

---

323 Fassung gemäss Ziff. I des BG vom 16. Dez. 1994, in Kraft seit 1. Jan. 1997 (AS 1995 1227; BBl 1991 III 1).
324 Aufgehoben durch Ziff. I des BG vom 16. Dez. 1994 (AS 1995 1227; BBl 1991 III 1).
325 Fassung gemäss Ziff. I des BG vom 16. Dez. 1994, in Kraft seit 1. Jan. 1997 (AS 1995 1227; BBl 1991 III 1).
326 Fassung gemäss Ziff. I des BG vom 16. Dez. 1994, in Kraft seit 1. Jan. 1997 (AS 1995 1227; BBl 1991 III 1).
327 SR 311.0
328 Fassung gemäss Ziff. I des BG vom 16. Dez. 1994, in Kraft seit 1. Jan. 1997 (AS 1995 1227; BBl 1991 III 1).

² Dieses Recht erlischt 15 Monate nach der Zustellung des Zahlungsbefehls. Ist Rechtsvorschlag erhoben worden, so steht diese Frist zwischen der Einleitung und der Erledigung eines dadurch veranlassten gerichtlichen Verfahrens still.[329]

2. Rückzug

Art. 167 Zieht der Gläubiger das Konkursbegehren zurück, so kann er es vor Ablauf eines Monats nicht erneuern.

3. Konkursverhandlung

Art. 168 Ist das Konkursbegehren gestellt, so wird den Parteien wenigstens drei Tage vorher die gerichtliche Verhandlung angezeigt. Es steht denselben frei, vor Gericht zu erscheinen, sei es persönlich, sei es durch Vertretung.

4. Haftung für die Konkurskosten

Art. 169 ¹ Wer das Konkursbegehren stellt, haftet für die Kosten, die bis und mit der Einstellung des Konkurses mangels Aktiven (Art. 230) oder bis zum Schuldenruf (Art. 232) entstehen.[330]

² Das Gericht kann von dem Gläubiger einen entsprechenden Kostenvorschuss verlangen.

5. Vorsorgliche Anordnungen

Art. 170 Das Gericht kann sofort nach Anbringung des Konkursbegehrens die zur Wahrung der Rechte der Gläubiger notwendigen vorsorglichen Anordnungen treffen.

D. Entscheid des Konkursgerichts
1. Konkurseröffnung

Art. 171[331] Das Gericht entscheidet ohne Aufschub, auch in Abwesenheit der Parteien. Es spricht die Konkurseröffnung aus, sofern nicht einer der in den Artikeln 172–173a erwähnten Fälle vorliegt.

2. Abweisung des Konkursbegehrens

Art. 172 Das Gericht weist das Konkursbegehren ab:
1. wenn die Konkursandrohung von der Aufsichtsbehörde aufgehoben ist;
2.[332] wenn dem Schuldner die Wiederherstellung einer Frist (Art. 33 Abs. 4) oder ein nachträglicher Rechtsvorschlag (Art. 77) bewilligt worden ist;
3. wenn der Schuldner durch Urkunden beweist, dass die Schuld, Zinsen und Kosten inbegriffen, getilgt ist oder dass der Gläubiger ihm Stundung gewährt hat.

---

329 Fassung gemäss Ziff. I des BG vom 16. Dez. 1994, in Kraft seit 1. Jan. 1997 (AS 1995 1227; BBl 1991 III 1).
330 Fassung gemäss Ziff. I des BG vom 16. Dez. 1994, in Kraft seit 1. Jan. 1997 (AS 1995 1227; BBl 1991 III 1).
331 Fassung gemäss Ziff. I des BG vom 16. Dez. 1994, in Kraft seit 1. Jan. 1997 (AS 1995 1227; BBl 1991 III 1).
332 Fassung gemäss Ziff. I des BG vom 16. Dez. 1994, in Kraft seit 1. Jan. 1997 (AS 1995 1227; BBl 1991 III 1).

Ordentliche Konkursbetreibung — Art. 174 SchKG | 17

3. Aussetzung des Entscheides
a. Wegen Einstellung der Betreibung oder Nichtigkeitsgründen

Art. 173 [1] Wird von der Aufsichtsbehörde infolge einer Beschwerde oder vom Gericht gemäss Artikel 85 oder 85a Absatz 2 die Einstellung der Betreibung verfügt, so setzt das Gericht den Entscheid über den Konkurs aus.[333]

[2] Findet das Gericht von sich aus, dass im vorangegangenen Verfahren eine nichtige Verfügung (Art. 22 Abs. 1) erlassen wurde, so setzt es den Entscheid ebenfalls aus und überweist den Fall der Aufsichtsbehörde.[334]

[3] Der Beschluss der Aufsichtsbehörde wird dem Konkursgerichte mitgeteilt. Hierauf erfolgt das gerichtliche Erkenntnis.

b. Wegen Einreichung eines Gesuches um Nachlass- oder Notstundung oder von Amtes wegen

Art. 173a[335] [1] Hat der Schuldner oder ein Gläubiger ein Gesuch um Nachlassstundung oder um Notstundung eingereicht, so kann das Gericht den Entscheid über den Konkurs aussetzen.[336]

[2] Das Gericht kann den Entscheid über den Konkurs auch von Amtes wegen aussetzen, wenn Anhaltspunkte für das Zustandekommen eines Nachlassvertrages bestehen; es überweist die Akten dem Nachlassgericht[337].

[3] ...[338]

3bis. Verfahren der Eidgenössischen Finanzmarktaufsicht

Art. 173b[339] Betrifft das Konkursbegehren eine Bank, einen Effektenhändler, ein Versicherungsunternehmen, eine Pfandbriefzentrale, eine Fondsleitung, eine Investmentgesellschaft mit variablem Kapital (SICAV), eine Kommanditgesellschaft für kollektive Kapitalanlagen oder eine Investmentgesellschaft mit festem Kapital (SICAF), so überweist das Konkursgericht die Akten an die Eidgenössische Finanzmarktaufsicht (FINMA). Diese verfährt nach den spezialgesetzlichen Regeln.

4. Weiterziehung

Art. 174[340] [1] Der Entscheid des Konkursgerichtes kann innert zehn Tagen mit Beschwerde nach der ZPO[341] angefochten werden. Die

---

333 Fassung gemäss Ziff. I des BG vom 16. Dez. 1994, in Kraft seit 1. Jan. 1997 (AS 1995 1227; BBl 1991 III 1).
334 Fassung gemäss Ziff. I des BG vom 16. Dez. 1994, in Kraft seit 1. Jan. 1997 (AS 1995 1227; BBl 1991 III 1).
335 Eingefügt durch Art. 12 des BG vom 28. Sept. 1949 (AS 1950 I 57; BBl 1948 I 1218). Fassung gemäss Ziff. I des BG vom 16. Dez. 1994, in Kraft seit 1. Jan. 1997 (AS 1995 1227; BBl 1991 III 1).
336 Fassung gemäss Ziff. I des BG vom 21. Juni 2013, in Kraft seit 1. Jan. 2014 (AS 2013 4111; BBl 2010 6455).
337 Ausdruck gemäss Ziff. I des BG vom 21. Juni 2013, in Kraft seit 1. Jan. 2014 (AS 2013 4111; BBl 2010 6455). Die Änd. wurde im ganzen Erlass berücksichtigt.
338 Aufgehoben durch Ziff. I des BG vom 21. Juni 2013, mit Wirkung seit 1. Jan. 2014 (AS 2013 4111; BBl 2010 6455).
339 Eingefügt durch Ziff. II 1 des BG vom 3. Okt. 2003 (AS 2004 2767; BBl 2002 8060). Fassung gemäss Anhang Ziff. 2 des BG vom 18. März 2011 (Sicherung der Einlagen), in Kraft seit 1. Sept. 2011 (AS 2011 3919; BBl 2010 3993).
340 Fassung gemäss Ziff. I des BG vom 21. Juni 2013, in Kraft seit 1. Jan. 2014 (AS 2013 4111; BBl 2010 6455).
341 SR 272

Parteien können dabei neue Tatsachen geltend machen, wenn diese vor dem erstinstanzlichen Entscheid eingetreten sind.

² Die Rechtsmittelinstanz kann die Konkurseröffnung aufheben, wenn der Schuldner seine Zahlungsfähigkeit glaubhaft macht und durch Urkunden beweist, dass inzwischen:
1. die Schuld, einschliesslich der Zinsen und Kosten, getilgt ist;
2. der geschuldete Betrag beim oberen Gericht zuhanden des Gläubigers hinterlegt ist; oder
3. der Gläubiger auf die Durchführung des Konkurses verzichtet.

³ Gewährt sie der Beschwerde aufschiebende Wirkung, so trifft sie gleichzeitig die zum Schutz der Gläubiger notwendigen vorsorglichen Massnahmen.

E. Zeitpunkt der Konkurseröffnung

Art. 175 ¹ Der Konkurs gilt von dem Zeitpunkte an als eröffnet, in welchem er erkannt wird.

² Das Gericht stellt diesen Zeitpunkt im Konkurserkenntnis fest.

F. Mitteilung der gerichtlichen Entscheide

Art. 176[342] ¹ Das Gericht teilt dem Betreibungs-, dem Konkurs-, dem Handelsregister- und dem Grundbuchamt unverzüglich mit:
1. die Konkurseröffnung;
2. den Widerruf des Konkurses;
3. den Schluss des Konkurses;
4. Verfügungen, in denen es einem Rechtsmittel aufschiebende Wirkung erteilt;
5. vorsorgliche Anordnungen.

² Der Konkurs ist spätestens zwei Tage nach Eröffnung im Grundbuch anzumerken.[343]

II. Wechselbetreibung

A. Voraussetzungen

Art. 177 ¹ Für Forderungen, die sich auf einen Wechsel oder Check gründen, kann, auch wenn sie pfandgesichert sind, beim Betreibungsamte die Wechselbetreibung verlangt werden, sofern der Schuldner der Konkursbetreibung unterliegt.

² Der Wechsel oder Check ist dem Betreibungsamte zu übergeben.

---

342 Fassung gemäss Ziff. I des BG vom 16. Dez. 1994, in Kraft seit 1. Jan. 1997 (AS 1995 1227; BBl 1991 III 1).
343 Fassung gemäss Ziff. I des BG vom 19. März 2004 (Anmerkung des Konkurses im Grundbuch), in Kraft seit 1. Jan. 2005 (AS 2004 4033; BBl 2003 6501 6509).

B. Zahlungsbefehl

Art. 178 ¹ Sind die Voraussetzungen der Wechselbetreibung vorhanden, so stellt das Betreibungsamt dem Schuldner unverzüglich einen Zahlungsbefehl zu.

² Der Zahlungsbefehl enthält:
1. die Angaben des Betreibungsbegehrens;
2.[344] die Aufforderung, den Gläubiger binnen fünf Tagen für die Forderung samt Betreibungskosten zu befriedigen;
3.[345] die Mitteilung, dass der Schuldner Rechtsvorschlag erheben (Art. 179) oder bei der Aufsichtsbehörde Beschwerde wegen Missachtung des Gesetzes führen kann (Art. 17 und 20);
4.[346] den Hinweis, dass der Gläubiger das Konkursbegehren stellen kann, wenn der Schuldner dem Zahlungsbefehl nicht nachkommt, obwohl er keinen Rechtsvorschlag erhoben hat oder sein Rechtsvorschlag beseitigt worden ist (Art. 188).

³ Die Artikel 70 und 72 sind anwendbar.

C. Rechtsvorschlag
1. Frist und Form

Art. 179[347] ¹ Der Schuldner kann beim Betreibungsamt innert fünf Tagen nach Zustellung des Zahlungsbefehls schriftlich Rechtsvorschlag erheben; dabei muss er darlegen, dass eine der Voraussetzungen nach Artikel 182 erfüllt ist. Auf Verlangen bescheinigt ihm das Betreibungsamt die Einreichung des Rechtsvorschlags gebührenfrei.

² Mit der im Rechtsvorschlag gegebenen Begründung verzichtet der Schuldner nicht auf weitere Einreden nach Artikel 182.

³ Artikel 33 Absatz 4 ist nicht anwendbar.

2. Mitteilung an den Gläubiger

Art. 180 ¹ Der Inhalt des Rechtsvorschlags wird dem Betreibenden auf der für ihn bestimmten Ausfertigung des Zahlungsbefehls mitgeteilt; wurde ein Rechtsvorschlag nicht eingegeben, so wird dies in derselben vorgemerkt.

² Diese Ausfertigung wird dem Betreibenden sofort nach Eingabe des Rechtsvorschlags oder, falls ein solcher nicht erfolgte, unmittelbar nach Ablauf der Eingabefrist zugestellt.

3. Vorlage an das Gericht

Art. 181[348] Das Betreibungsamt legt den Rechtsvorschlag unverzüglich dem Gericht des Betreibungsortes vor. Dieses lädt die Parteien vor und entscheidet, auch in ihrer Abwesenheit, innert zehn Tagen nach Erhalt des Rechtsvorschlages.

---

344 Fassung gemäss Art. 15 Ziff. 4 Schl- und UeB zu den Tit. XXIV–XXXIII OR, in Kraft seit 1. Juli 1937 (AS 53 185; BBl 1928 I 205, 1932 I 217).
345 Fassung gemäss Ziff. I des BG vom 16. Dez. 1994, in Kraft seit 1. Jan. 1997 (AS 1995 1227; BBl 1991 III 1).
346 Fassung gemäss Ziff. I des BG vom 16. Dez. 1994, in Kraft seit 1. Jan. 1997 (AS 1995 1227; BBl 1991 III 1).
347 Fassung gemäss Ziff. I des BG vom 16. Dez. 1994, in Kraft seit 1. Jan. 1997 (AS 1995 1227; BBl 1991 III 1).
348 Fassung gemäss Ziff. I des BG vom 16. Dez. 1994, in Kraft seit 1. Jan. 1997 (AS 1995 1227; BBl 1991 III 1).

4. Bewilligung

Art. 182 Das Gericht bewilligt den Rechtsvorschlag:
1. wenn durch Urkunden bewiesen wird, dass die Schuld an den Inhaber des Wechsels oder Checks bezahlt oder durch denselben nachgelassen oder gestundet ist;
2. wenn Fälschung des Titels glaubhaft gemacht wird;
3. wenn eine aus dem Wechselrechte hervorgehende Einrede begründet erscheint;
4.[349] wenn eine andere nach Artikel 1007 OR[350] zulässige Einrede geltend gemacht wird, die glaubhaft erscheint; in diesem Falle muss jedoch die Forderungssumme in Geld oder Wertschriften hinterlegt oder eine gleichwertige Sicherheit geleistet werden.

5. Verweigerung. Vorsorgliche Massnahmen

Art. 183 [1] Verweigert das Gericht die Bewilligung des Rechtsvorschlages, so kann es vorsorgliche Massnahmen treffen, insbesondere die Aufnahme des Güterverzeichnisses gemäss den Artikeln 162–165 anordnen.

[2] Das Gericht kann nötigenfalls auch dem Gläubiger eine Sicherheitsleistung auferlegen.[351]

6. Eröffnung des Entscheides. Klagefrist bei Hinterlegung

Art. 184 [1] Der Entscheid über die Bewilligung des Rechtsvorschlags wird den Parteien sofort eröffnet.[352]

[2] Ist der Rechtsvorschlag nur nach Hinterlegung des streitigen Betrages bewilligt worden, so wird der Gläubiger aufgefordert, binnen zehn Tagen die Klage auf Zahlung anzuheben. Kommt der Gläubiger dieser Aufforderung nicht nach, so wird die Hinterlage zurückgegeben.

7. Rechtsmittel

Art. 185[353] Der Entscheid über die Bewilligung des Rechtsvorschlages kann innert fünf Tagen mit Beschwerde nach der ZPO[354] angefochten werden.

8. Wirkungen des bewilligten Rechtsvorschlages

Art. 186 Ist der Rechtsvorschlag bewilligt, so wird die Betreibung eingestellt; der Gläubiger hat zur Geltendmachung seines Anspruchs den ordentlichen Prozessweg zu betreten.

D. Rückforderungsklage

Art. 187 Wer infolge der Unterlassung oder Nichtbewilligung eines Rechtsvorschlags eine Nichtschuld bezahlt hat, kann das Rückforderungsrecht nach Massgabe des Artikels 86 ausüben.

---

349 Fassung gemäss Ziff. I des BG vom 16. Dez. 1994, in Kraft seit 1. Jan. 1997 (AS 1995 1227; BBl 1991 III 1).
350 SR 220
351 Fassung gemäss Art. 15 Ziff. 6 Schl- und UeB zu den Tit. XXIV–XXXIII OR, in Kraft seit 1. Juli 1937 (AS 53 185; BBl 1928 I 205, 1932 I 217).
352 Fassung gemäss Ziff. I des BG vom 16. Dez. 1994, in Kraft seit 1. Jan. 1997 (AS 1995 1227; BBl 1991 III 1).
353 Fassung gemäss Anhang 1 Ziff. II 17 der Zivilprozessordnung vom 19. Dez. 2008, in Kraft seit 1. Jan. 2011 (AS 2010 1739; BBl 2006 7221).
354 SR 272

E. Konkursbegehren

Art. 188 ¹ Ist ein Rechtsvorschlag nicht eingegeben, oder ist er beseitigt, nichtsdestoweniger aber dem Zahlungsbefehle nicht genügt worden, so kann der Gläubiger unter Vorlegung des Forderungstitels und des Zahlungsbefehls sowie, gegebenenfalls, des Gerichtsentscheides, das Konkursbegehren stellen.

² Dieses Recht erlischt mit Ablauf eines Monats seit der Zustellung des Zahlungsbefehls. Hat der Schuldner einen Rechtsvorschlag eingegeben, so fällt die Zeit zwischen der Eingabe desselben und dem Entscheid über dessen Bewilligung sowie, im Falle der Bewilligung, die Zeit zwischen der Anhebung und der gerichtlichen Erledigung der Klage nicht in Berechnung.

F. Entscheid des Konkursgerichts

Art. 189[355] ¹ Das Gericht zeigt den Parteien Ort, Tag und Stunde der Verhandlung über das Konkursbegehren an. Es entscheidet, auch in Abwesenheit der Parteien, innert zehn Tagen nach Einreichung des Begehrens.

² Die Artikel 169, 170, 172 Ziffer 3, 173, 173*a*, 175 und 176 sind anwendbar.

III. Konkurseröffnung ohne vorgängige Betreibung

A. Auf Antrag eines Gläubigers

Art. 190 ¹ Ein Gläubiger kann ohne vorgängige Betreibung beim Gerichte die Konkurseröffnung verlangen:

1. gegen jeden Schuldner, dessen Aufenthaltsort unbekannt ist oder der die Flucht ergriffen hat, um sich seinen Verbindlichkeiten zu entziehen, oder der betrügerische Handlungen zum Nachteile der Gläubiger begangen oder zu begehen versucht oder bei einer Betreibung auf Pfändung Bestandteile seines Vermögens verheimlicht hat;
2. gegen einen der Konkursbetreibung unterliegenden Schuldner, der seine Zahlungen eingestellt hat;
3.[356] ...

² Der Schuldner wird, wenn er in der Schweiz wohnt oder in der Schweiz einen Vertreter hat, mit Ansetzung einer kurzen Frist vor Gericht geladen und einvernommen.

---

355 Fassung gemäss Ziff. I des BG vom 16. Dez. 1994, in Kraft seit 1. Jan. 1997 (AS 1995 1227; BBl 1991 III 1).
356 Aufgehoben durch Ziff. I des BG vom 21. Juni 2013, mit Wirkung seit 1. Jan. 2014 (AS 2013 4111; BBl 2010 6455).

B. Auf Antrag des Schuldners

Art. 191[357] ¹ Der Schuldner kann die Konkurseröffnung selber beantragen, indem er sich beim Gericht zahlungsunfähig erklärt.

² Der Richter eröffnet den Konkurs, wenn keine Aussicht auf eine Schuldenbereinigung nach den Artikeln 333 ff. besteht.

C. Von Amtes wegen

Art. 192[358] Der Konkurs wird ohne vorgängige Betreibung von Amtes wegen eröffnet, wenn es das Gesetz so vorsieht.

D. Gegen eine ausgeschlagene oder überschuldete Erbschaft

Art. 193[359] ¹ Die zuständige Behörde benachrichtigt das Konkursgericht, wenn:
1. alle Erben die Erbschaft ausgeschlagen haben oder die Ausschlagung zu vermuten ist (Art. 566 ff. und 573 ZGB[360]);
2. eine Erbschaft, für welche die amtliche Liquidation verlangt oder angeordnet worden ist, sich als überschuldet erweist (Art. 597 ZGB).

² In diesen Fällen ordnet das Gericht die konkursamtliche Liquidation an.

³ Auch ein Gläubiger oder ein Erbe kann die konkursamtliche Liquidation verlangen.

E. Verfahren

Art. 194[361] ¹ Die Artikel 169, 170 und 173a–176 sind auf die ohne vorgängige Betreibung erfolgten Konkurseröffnungen anwendbar. Bei Konkurseröffnung nach Artikel 192 ist jedoch Artikel 169 nicht anwendbar.

² Die Mitteilung an das Handelsregisteramt (Art. 176) unterbleibt, wenn der Schuldner nicht der Konkursbetreibung unterliegt.

IV. Widerruf des Konkurses

A. Im allgemeinen

Art. 195 ¹ Das Konkursgericht widerruft den Konkurs und gibt dem Schuldner das Verfügungsrecht über sein Vermögen zurück, wenn:
1. er nachweist, dass sämtliche Forderungen getilgt sind;
2. er von jedem Gläubiger eine schriftliche Erklärung vorlegt, dass dieser seine Konkurseingabe zurückzieht; oder
3. ein Nachlassvertrag zustandegekommen ist.[362]

---

357 Fassung gemäss Ziff. I des BG vom 16. Dez. 1994, in Kraft seit 1. Jan. 1997 (AS 1995 1227; BBl 1991 III 1).
358 Fassung gemäss Ziff. I des BG vom 21. Juni 2013, in Kraft seit 1. Jan. 2014 (AS 2013 4111; BBl 2010 6455).
359 Fassung gemäss Ziff. I des BG vom 16. Dez. 1994, in Kraft seit 1. Jan. 1997 (AS 1995 1227; BBl 1991 III 1).
360 SR 210
361 Fassung gemäss Ziff. I des BG vom 16. Dez. 1994, in Kraft seit 1. Jan. 1997 (AS 1995 1227; BBl 1991 III 1).
362 Fassung gemäss Ziff. I des BG vom 16. Dez. 1994, in Kraft seit 1. Jan. 1997 (AS 1995 1227; BBl 1991 III 1).

² Der Widerruf des Konkurses kann vom Ablauf der Eingabefrist an bis zum Schlusse des Verfahrens verfügt werden.

³ Der Widerruf des Konkurses wird öffentlich bekanntgemacht.

B. Bei ausgeschlagener Erbschaft

Art. 196[363] Die konkursamtliche Liquidation einer ausgeschlagenen Erbschaft wird überdies eingestellt, wenn vor Schluss des Verfahrens ein Erbberechtigter den Antritt der Erbschaft erklärt und für die Bezahlung der Schulden hinreichende Sicherheit leistet.

Sechster Titel: Konkursrecht

I. Wirkungen des Konkurses auf das Vermögen des Schuldners

A. Konkursmasse
1. Im allgemeinen

Art. 197 ¹ Sämtliches pfändbare Vermögen, das dem Schuldner zur Zeit der Konkurseröffnung gehört, bildet, gleichviel wo es sich befindet, eine einzige Masse (Konkursmasse), die zur gemeinsamen Befriedigung der Gläubiger dient.[364]

² Vermögen, das dem Schuldner[365] vor Schluss des Konkursverfahrens anfällt, gehört gleichfalls zur Konkursmasse.

2. Pfandgegenstände

Art. 198 Vermögensstücke, an denen Pfandrechte haften, werden, unter Vorbehalt des den Pfandgläubigern gesicherten Vorzugsrechtes, zur Konkursmasse gezogen.

3. Gepfändete und arrestierte Vermögenswerte

Art. 199 ¹ Gepfändete Vermögensstücke, deren Verwertung im Zeitpunkte der Konkurseröffnung noch nicht stattgefunden hat, und Arrestgegenstände fallen in die Konkursmasse.

² Gepfändete Barbeträge, abgelieferte Beträge bei Forderungs- und Einkommenspfändung sowie der Erlös bereits verwerteter Vermögensstücke werden jedoch nach den Artikeln 144–150 verteilt, sofern die Fristen für den Pfändungsanschluss (Art. 110 und 111) abgelaufen sind; ein Überschuss fällt in die Konkursmasse.[366]

---

363 Fassung gemäss Ziff. I des BG vom 16. Dez. 1994, in Kraft seit 1. Jan. 1997 (AS 1995 1227; BBl 1991 III 1).
364 Fassung gemäss Ziff. I des BG vom 16. Dez. 1994, in Kraft seit 1. Jan. 1997 (AS 1995 1227; BBl 1991 III 1).
365 Bezeichnung gemäss Ziff. I des BG vom 16. Dez. 1994, in Kraft seit 1. Jan. 1997 (AS 1995 1227; BBl 1991 III 1). Diese Änd. ist im ganzen Erlass berücksichtigt.
366 Fassung gemäss Ziff. I des BG vom 16. Dez. 1994, in Kraft seit 1. Jan. 1997 (AS 1995 1227; BBl 1991 III 1).

4. Anfechtungsansprüche

Art. 200 Zur Konkursmasse gehört ferner alles, was nach Massgabe der Artikel 214 und 285–292 Gegenstand der Anfechtungsklage ist.

5. Inhaber- und Ordrepapiere

Art. 201 Wenn sich in den Händen des Schuldners ein Inhaberpapier oder ein Ordrepapier befindet, welches ihm bloss zur Einkassierung oder als Deckung für eine bestimmt bezeichnete künftige Zahlung übergeben oder indossiert worden ist, so kann derjenige, welcher das Papier übergeben oder indossiert hat, die Rückgabe desselben verlangen.

6. Erlös aus fremden Sachen

Art. 202 Wenn der Schuldner eine fremde Sache verkauft und zur Zeit der Konkurseröffnung den Kaufpreis noch nicht erhalten hat, so kann der bisherige Eigentümer gegen Vergütung dessen, was der Schuldner darauf zu fordern hat, Abtretung der Forderung gegen den Käufer oder die Herausgabe des inzwischen von der Konkursverwaltung eingezogenen Kaufpreises verlangen.

7. Rücknahmerecht des Verkäufers

Art. 203 ¹ Wenn eine Sache, welche der Schuldner gekauft und noch nicht bezahlt hat, an ihn abgesendet, aber zur Zeit der Konkurseröffnung noch nicht in seinen Besitz übergegangen ist, so kann der Verkäufer die Rückgabe derselben verlangen, sofern nicht die Konkursverwaltung den Kaufpreis bezahlt.

² Das Rücknahmerecht ist jedoch ausgeschlossen, wenn die Sache vor der öffentlichen Bekanntmachung des Konkurses von einem gutgläubigen Dritten auf Grund eines Frachtbriefes, Konnossements oder Ladescheines zu Eigentum oder Pfand erworben worden ist.

B. Verfügungsunfähigkeit des Schuldners

Art. 204 ¹ Rechtshandlungen, welche der Schuldner nach der Konkurseröffnung in Bezug auf Vermögensstücke, die zur Konkursmasse gehören, vornimmt, sind den Konkursgläubigern gegenüber ungültig.

² Hat jedoch der Schuldner vor der öffentlichen Bekanntmachung des Konkurses einen von ihm ausgestellten eigenen oder einen auf ihn gezogenen Wechsel bei Verfall bezahlt, so ist diese Zahlung gültig, sofern der Wechselinhaber von der Konkurseröffnung keine Kenntnis hatte und im Falle der Nichtzahlung den wechselrechtlichen Regress gegen Dritte mit Erfolg hätte ausüben können.

C. Zahlungen an den Schuldner

Art. 205 ¹ Forderungen, welche zur Konkursmasse gehören, können nach Eröffnung des Konkurses nicht mehr durch Zahlung an den Schuldner getilgt werden; eine solche Zahlung bewirkt den Konkursgläubigern gegenüber nur insoweit Befreiung, als das Geleistete in die Konkursmasse gelangt ist.

² Erfolgte jedoch die Zahlung vor der öffentlichen Bekanntmachung des Konkurses, so ist der Leistende von der Schuldpflicht befreit, wenn ihm die Eröffnung des Konkurses nicht bekannt war.

D. Betreibungen gegen den Schuldner

Art. 206[367] ¹ Alle gegen den Schuldner hängigen Betreibungen sind aufgehoben, und neue Betreibungen für Forderungen, die vor der Konkurseröffnung entstanden sind, können während des Konkursverfahrens nicht eingeleitet werden. Ausgenommen sind Betreibungen auf Verwertung von Pfändern, die von Dritten bestellt worden sind.

² Betreibungen für Forderungen, die nach der Konkurseröffnung entstanden sind, werden während des Konkursverfahrens durch Pfändung oder Pfandverwertung fortgesetzt.

³ Während des Konkursverfahrens kann der Schuldner keine weitere Konkurseröffnung wegen Zahlungsunfähigkeit beantragen (Art. 191).

E. Einstellung von Zivilprozessen und Verwaltungsverfahren

Art. 207[368] ¹ Mit Ausnahme dringlicher Fälle werden Zivilprozesse, in denen der Schuldner Partei ist und die den Bestand der Konkursmasse berühren, eingestellt. Sie können im ordentlichen Konkursverfahren frühestens zehn Tage nach der zweiten Gläubigerversammlung, im summarischen Konkursverfahren frühestens 20 Tage nach der Auflegung des Kollokationsplanes wieder aufgenommen werden.

² Unter den gleichen Voraussetzungen können Verwaltungsverfahren eingestellt werden.

³ Während der Einstellung stehen die Verjährungs- und die Verwirkungsfristen still.

⁴ Diese Bestimmung bezieht sich nicht auf Entschädigungsklagen wegen Ehr- und Körperverletzungen oder auf familienrechtliche Prozesse.

II. Wirkungen des Konkurses auf die Rechte der Gläubiger

A. Fälligkeit der Schuldverpflichtungen

Art. 208 ¹ Die Konkurseröffnung bewirkt gegenüber der Konkursmasse die Fälligkeit sämtlicher Schuldverpflichtungen des Schuldners mit Ausnahme derjenigen, die durch seine Grundstücke pfandrechtlich gedeckt sind. Der Gläubiger kann neben der Hauptforderung die

---

367 Fassung gemäss Ziff. I des BG vom 16. Dez. 1994, in Kraft seit 1. Jan. 1997 (AS 1995 1227; BBl 1991 III 1).
368 Fassung gemäss Ziff. I des BG vom 16. Dez. 1994, in Kraft seit 1. Jan. 1997 (AS 1995 1227; BBl 1991 III 1).

Zinsen bis zum Eröffnungstage und die Betreibungskosten geltend machen.[369]

² Von noch nicht verfallenen unverzinslichen Forderungen wird der Zwischenzins (Diskonto) zu fünf vom Hundert in Abzug gebracht.

B. Zinsenlauf

Art. 209[370] ¹ Mit der Eröffnung des Konkurses hört gegenüber dem Schuldner der Zinsenlauf auf.

² Für pfandgesicherte Forderungen läuft jedoch der Zins bis zur Verwertung weiter, soweit der Pfanderlös den Betrag der Forderung und des bis zur Konkurseröffnung aufgelaufenen Zinses übersteigt.

C. Bedingte Forderungen

Art. 210[371] ¹ Forderungen unter aufschiebender Bedingung werden im Konkurs zum vollen Betrag zugelassen; der Gläubiger ist jedoch zum Bezug des auf ihn entfallenden Anteils an der Konkursmasse nicht berechtigt, solange die Bedingung nicht erfüllt ist.

² Für Leibrentenforderungen gilt Artikel 518 Absatz 3 OR[372].

D. Umwandlung von Forderungen

Art. 211 ¹ Forderungen, welche nicht eine Geldzahlung zum Gegenstande haben, werden in Geldforderungen von entsprechendem Werte umgewandelt.

² Die Konkursverwaltung hat indessen das Recht, zweiseitige Verträge, die zur Zeit der Konkurseröffnung nicht oder nur teilweise erfüllt sind, anstelle des Schuldners zu erfüllen. Der Vertragspartner kann verlangen, dass ihm die Erfüllung sichergestellt werde.[373]

²bis Das Recht der Konkursverwaltung nach Absatz 2 ist jedoch ausgeschlossen bei Fixgeschäften (Art. 108 Ziff. 3 OR[1)]) sowie bei Finanztermin-, Swap- und Optionsgeschäften, wenn der Wert der vertraglichen Leistungen im Zeitpunkt der Konkurseröffnung aufgrund von Markt- oder Börsenpreisen bestimmbar ist. Konkursverwaltung und Vertragspartner haben je das Recht, die Differenz zwischen dem vereinbarten Wert der vertraglichen Leistungen und deren Marktwert im Zeitpunkt der Konkurseröffnung geltend zu machen.[374]

³ Vorbehalten bleiben die Bestimmungen anderer Bundesgesetze über die Auflösung von Vertragsverhältnissen im Konkurs sowie die

---

369 Fassung gemäss Art. 58 SchlT ZGB, in Kraft seit 1. Jan. 1912 (AS 24 233 Art. 60 SchlT ZGB; BBl 1904 IV 1, 1907 VI 367).
370 Fassung gemäss Ziff. I des BG vom 16. Dez. 1994, in Kraft seit 1. Jan. 1997 (AS 1995 1227; BBl 1991 III 1).
371 Fassung gemäss Ziff. I des BG vom 16. Dez. 1994, in Kraft seit 1. Jan. 1997 (AS 1995 1227; BBl 1991 III 1).
372 SR 220
373 Fassung gemäss Ziff. I des BG vom 16. Dez. 1994, in Kraft seit 1. Jan. 1997 (AS 1995 1227; BBl 1991 III 1).
374 Eingefügt durch Ziff. I des BG vom 16. Dez. 1994, in Kraft seit 1. Jan. 1997 (AS 1995 1227; BBl 1991 III 1).

Bestimmungen über den Eigentumsvorbehalt (Art. 715 und 716 ZGB[375]).[376]

D^bis. Dauerschuldverhältnisse

Art. 211a[377] [1] Ansprüche aus Dauerschuldverhältnissen können ab Konkurseröffnung als Konkursforderungen höchstens bis zum nächsten möglichen Kündigungstermin oder bis zum Ende der festen Vertragsdauer geltend gemacht werden. Der Gläubiger muss sich allfällige Vorteile, die er für diese Dauer erlangt hat, anrechnen lassen.

[2] Soweit die Konkursmasse die Leistungen aus dem Dauerschuldverhältnis in Anspruch genommen hat, gelten die entsprechenden Gegenforderungen, die nach Konkurseröffnung entstanden sind, als Masseverbindlichkeiten.

[3] Vorbehalten bleibt die Weiterführung eines Vertragsverhältnisses durch den Schuldner persönlich.

E. Rücktrittsrecht des Verkäufers

Art. 212 Ein Verkäufer, welcher dem Schuldner die verkaufte Sache vor der Konkurseröffnung übertragen hat, kann nicht mehr von dem Vertrage zurücktreten und die übergebene Sache zurückfordern, auch wenn er sich dies ausdrücklich vorbehalten hat.

F. Verrechnung
1. Zulässigkeit

Art. 213 [1] Ein Gläubiger kann seine Forderung mit einer Forderung, welche dem Schuldner ihm gegenüber zusteht, verrechnen.

[2] Die Verrechnung ist jedoch ausgeschlossen:
1.[378] wenn ein Schuldner des Konkursiten erst nach der Konkurseröffnung dessen Gläubiger wird, es sei denn, er habe eine vorher eingegangene Verpflichtung erfüllt oder eine für die Schuld des Schuldners als Pfand haftende Sache eingelöst, an der ihm das Eigentum oder ein beschränktes dingliches Recht zusteht (Art. 110 Ziff. 1 OR[379]);
2. wenn ein Gläubiger des Schuldners erst nach der Konkurseröffnung Schuldner desselben oder der Konkursmasse wird.
3.[380] ...

[3] Die Verrechnung mit Forderungen aus Inhaberpapieren ist zulässig, wenn und soweit der Gläubiger nachweist, dass er sie in gutem Glauben vor der Konkurseröffnung erworben hat.[381]

---

375 SR 210
376 Fassung gemäss Ziff. I des BG vom 16. Dez. 1994, in Kraft seit 1. Jan. 1997 (AS 1995 1227; BBl 1991 III 1).
377 Eingefügt durch Ziff. I des BG vom 21. Juni 2013, in Kraft seit 1. Jan. 2014 (AS 2013 4111; BBl 2010 6455).
378 Fassung gemäss Ziff. I des BG vom 16. Dez. 1994, in Kraft seit 1. Jan. 1997 (AS 1995 1227; BBl 1991 III 1).
379 SR 220
380 Aufgehoben durch Art. 13 des BG vom 28. Sept. 1949 (AS 1950 I 57; BBl 1948 I 1218).
381 Eingefügt durch Art. 13 des BG vom 28. Sept. 1949, in Kraft seit 1. Febr. 1950 (AS 1950 I 57; BBl 1948 I 1218).

⁴ Im Konkurs einer Kommanditgesellschaft, einer Aktiengesellschaft, einer Kommanditaktiengesellschaft, einer Gesellschaft mit beschränkter Haftung oder einer Genossenschaft können nicht voll einbezahlte Beträge der Kommanditsumme oder des Gesellschaftskapitals sowie statutarische Beiträge an die Genossenschaft nicht verrechnet werden.[382] [383]

2. Anfechtbarkeit

Art. 214 Die Verrechnung ist anfechtbar, wenn ein Schuldner des Konkursiten[384] vor der Konkurseröffnung, aber in Kenntnis von der Zahlungsunfähigkeit des Konkursiten, eine Forderung an denselben erworben hat, um sich oder einem andern durch die Verrechnung unter Beeinträchtigung der Konkursmasse einen Vorteil zuzuwenden.

G. Mitverpflichtungen des Schuldners
1. Bürgschaften

Art. 215 ¹ Forderungen aus Bürgschaften des Schuldners können im Konkurse geltend gemacht werden, auch wenn sie noch nicht fällig sind.

² Die Konkursmasse tritt für den von ihr bezahlten Betrag in die Rechte des Gläubigers gegenüber dem Hauptschuldner und den Mitbürgen ein (Art. 507 OR[385]). Wenn jedoch auch über den Hauptschuldner oder einen Mitbürgen der Konkurs eröffnet wird, so finden die Artikel 216 und 217 Anwendung.[386]

2. Gleichzeitiger Konkurs über mehrere Mitverpflichtete

Art. 216 ¹ Wenn über mehrere Mitverpflichtete gleichzeitig der Konkurs eröffnet ist, so kann der Gläubiger in jedem Konkurse seine Forderung im vollen Betrage geltend machen.

² Ergeben die Zuteilungen aus den verschiedenen Konkursmassen mehr als den Betrag der ganzen Forderung, so fällt der Überschuss nach Massgabe der unter den Mitverpflichteten bestehenden Rückgriffsrechte an die Massen zurück.

³ Solange der Gesamtbetrag der Zuteilungen den vollen Betrag der Forderung nicht erreicht, haben die Massen wegen der geleisteten Teilzahlungen keinen Rückgriff gegeneinander.

3. Teilzahlungen von Mitverpflichteten

Art. 217 ¹ Ist ein Gläubiger von einem Mitverpflichteten des Schuldners für seine Forderung teilweise befriedigt worden, so wird gleichwohl im Konkurse des letztern die Forderung in ihrem vollen ursprünglichen Betrage aufgenommen, gleichviel, ob der Mitverpflichtete gegen den Schuldner rückgriffsberechtigt ist oder nicht.

---

382 Ursprünglich Abs. 3.
383 Fassung gemäss Ziff. I des BG vom 16. Dez. 1994, in Kraft seit 1. Jan. 1997 (AS 1995 1227; BBl 1991 III 1).
384 Bezeichnung gemäss Ziff. I des BG vom 16. Dez. 1994, in Kraft seit 1. Jan. 1997 (AS 1995 1227; BBl 1991 III 1). Diese Änd. ist im ganzen Erlass berücksichtigt.
385 SR 220
386 Fassung gemäss Ziff. I des BG vom 16. Dez. 1994, in Kraft seit 1. Jan. 1997 (AS 1995 1227; BBl 1991 III 1).

² Das Recht zur Eingabe der Forderung im Konkurse steht dem Gläubiger und dem Mitverpflichteten zu.

³ Der auf die Forderung entfallende Anteil an der Konkursmasse kommt dem Gläubiger bis zu seiner vollständigen Befriedigung zu. Aus dem Überschusse erhält ein rückgriffsberechtigter Mitverpflichteter den Betrag, den er bei selbständiger Geltendmachung des Rückgriffsrechtes erhalten würde. Der Rest verbleibt der Masse.

4. Konkurs von Kollektiv- und Kommanditgesellschaften und ihren Teilhabern

Art. 218 ¹ Wenn über eine Kollektivgesellschaft und einen Teilhaber derselben gleichzeitig der Konkurs eröffnet ist, so können die Gesellschaftsgläubiger im Konkurse des Teilhabers nur den im Konkurse der Gesellschaft unbezahlt gebliebenen Rest ihrer Forderungen geltend machen. Hinsichtlich der Zahlung dieser Restschuld durch die einzelnen Gesellschafter gelten die Bestimmungen der Artikel 216 und 217.

² Wenn über einen Teilhaber, nicht aber gleichzeitig über die Gesellschaft der Konkurs eröffnet ist, so können die Gesellschaftsgläubiger im Konkurse des Teilhabers ihre Forderungen im vollen Betrage geltend machen. Der Konkursmasse stehen die durch Artikel 215 der Konkursmasse eines Bürgen gewährten Rückgriffsrechte zu.

³ Die Absätze 1 und 2 gelten sinngemäss für unbeschränkt haftende Teilhaber einer Kommanditgesellschaft.[387]

H. Rangordnung der Gläubiger

Art. 219 ¹ Die pfandgesicherten Forderungen werden aus dem Ergebnisse der Verwertung der Pfänder vorweg bezahlt.

² Hafteten mehrere Pfänder für die nämliche Forderung, so werden die daraus erlösten Beträge im Verhältnisse ihrer Höhe zur Deckung der Forderung verwendet.

³ Der Rang der Grundpfandgläubiger und der Umfang der pfandrechtlichen Sicherung für Zinse und andere Nebenforderungen bestimmt sich nach den Vorschriften über das Grundpfand.[388]

⁴ Die nicht pfandgesicherten Forderungen sowie der ungedeckte Betrag der pfandgesicherten Forderungen werden in folgender Rangordnung aus dem Erlös der ganzen übrigen Konkursmasse gedeckt:

Erste Klasse

a.[389] Die Forderungen von Arbeitnehmern aus dem Arbeitsverhältnis, die nicht früher als sechs Monate vor der Konkurseröffnung

---

[387] Eingefügt durch Ziff. I des BG vom 16. Dez. 1994, in Kraft seit 1. Jan. 1997 (AS 1995 1227; BBl 1991 III 1).
[388] Fassung gemäss Art. 58 SchlT ZGB, in Kraft seit 1. Jan. 1912 (AS 24 233 Art. 60 SchlT ZGB; BBl 1904 IV 1, 1907 VI 367).
[389] Fassung gemäss Ziff. I des BG vom 18. Juni 2010, in Kraft seit 1. Dez. 2010 (AS 2010 4921; BBl 2009 7979 7989). Siehe auch die UeB dieser Änd. am Schluss des Textes.

entstanden oder fällig geworden sind, höchstens jedoch bis zum Betrag des gemäss obligatorischer Unfallversicherung maximal versicherten Jahresverdienstes.

a^{bis}.[390] Die Rückforderungen von Arbeitnehmern betreffend Kautionen.

a^{ter}.[391] Die Forderungen von Arbeitnehmern aus Sozialplänen, die nicht früher als sechs Monate vor der Konkurseröffnung entstanden oder fällig geworden sind.

b. Die Ansprüche der Versicherten nach dem Bundesgesetz vom 20. März 1981[392] über die Unfallversicherung sowie aus der nicht obligatorischen beruflichen Vorsorge und die Forderungen von Personalvorsorgeeinrichtungen gegenüber den angeschlossenen Arbeitgebern.

c.[393] Die familienrechtlichen Unterhalts- und Unterstützungsansprüche sowie die Unterhaltsbeiträge nach dem Partnerschaftsgesetz vom 18. Juni 2004[394], die in den letzten sechs Monaten vor der Konkurseröffnung entstanden und durch Geldzahlungen zu erfüllen sind.

Zweite Klasse[395]

a. Die Forderungen von Personen, deren Vermögen kraft elterlicher Gewalt dem Schuldner anvertraut war, für alles, was derselbe ihnen in dieser Eigenschaft schuldig geworden ist. Dieses Vorzugsrecht gilt nur dann, wenn der Konkurs während der elterlichen Verwaltung oder innert einem Jahr nach ihrem Ende veröffentlicht worden ist.

b. Die Beitragsforderungen nach dem Bundesgesetz vom 20. Dezember 1946[396] über die Alters- und Hinterlassenenversicherung, dem Bundesgesetz vom 19. Juni 1959[397] über die Invalidenversicherung, dem Bundesgesetz vom 20. März 1981 über die Unfallversicherung, dem Erwerbsersatzgesetz vom 25. September 1952[398] und dem Arbeitslosenversicherungsgesetz vom 25. Juni 1982[399].

---

390 Eingefügt durch Ziff. I des BG vom 18. Juni 2010, in Kraft seit 1. Dez. 2010 (AS 2010 4921; BBl 2009 7979 7989). Siehe auch die UeB dieser Änd. am Schluss des Textes.
391 Eingefügt durch Ziff. I des BG vom 18. Juni 2010, in Kraft seit 1. Dez. 2010 (AS 2010 4921; BBl 2009 7979 7989). Siehe auch die UeB dieser Änd. am Schluss des Textes.
392 SR 832.20
393 Fassung gemäss Anhang Ziff. 16 des Partnerschaftsgesetzes vom 18. Juni 2004, in Kraft seit 1. Jan. 2007 (AS 2005 5685; BBl 2003 1288).
394 SR 211.231
395 Fassung gemäss Ziff. I des BG vom 24. März 2000, in Kraft seit 1. Jan. 2001 (AS 2000 2531; BBl 1999 9126 9547).
396 SR 831.10
397 SR 831.20
398 SR 834.1
399 SR 837.0

c. Die Prämien- und Kostenbeteiligungsforderungen der sozialen Krankenversicherung.
d. Die Beiträge an die Familienausgleichskasse.
e.[400] ...
f.[401] Die Einlagen nach Artikel 37a des Bankengesetzes vom 8. November 1934[402].

Dritte Klasse

Alle übrigen Forderungen.[403]

⁵ Bei den in der ersten und zweiten Klasse gesetzten Fristen werden nicht mitberechnet:
1. die Dauer eines vorausgegangenen Nachlassverfahrens;
2. die Dauer eines Prozesses über die Forderung;
3. bei der konkursamtlichen Liquidation einer Erbschaft die Zeit zwischen dem Todestag und der Anordnung der Liquidation.[404]

I. Verhältnis der Rangklassen

Art. 220 ¹ Die Gläubiger der nämlichen Klasse haben unter sich gleiches Recht.

² Die Gläubiger einer nachfolgenden Klasse haben erst dann Anspruch auf den Erlös, wenn die Gläubiger der vorhergehenden Klasse befriedigt sind.

Siebenter Titel: Konkursverfahren

I. Feststellung der Konkursmasse und Bestimmung des Verfahrens[405]

A. Inventaraufnahme

Art. 221 ¹ Sofort nach Empfang des Konkurserkenntnisses schreitet das Konkursamt zur Aufnahme des Inventars über das zur Konkursmasse gehörende Vermögen und trifft die zur Sicherung desselben erforderlichen Massnahmen.

---

400 Eingefügt durch Art. 111 Ziff. 2 des Mehrwertsteuergesetzes vom 12. Juni 2009 (AS 2009 5203; BBl 2008 6885). Aufgehoben durch Ziff. I des BG vom 21. Juni 2013, mit Wirkung seit 1. Jan. 2014 (AS 2013 4111; BBl 2010 6455).
401 Eingefügt durch Anhang Ziff. 2 des BG vom 18. März 2011 (Sicherung der Einlagen), in Kraft seit 1. Sept. 2011 (AS 2011 3919; BBl 2010 3993).
402 SR 952.0
403 Fassung gemäss Ziff. I des BG vom 16. Dez. 1994, in Kraft seit 1. Jan. 1997 (AS 1995 1227; BBl 1991 III 1).
404 Eingefügt durch Ziff. I des BG vom 16. Dez. 1994 (AS 1995 1227; BBl 1991 III 1). Fassung gemäss Ziff. I des BG vom 21. Juni 2013, in Kraft seit 1. Jan. 2014 (AS 2013 4111; BBl 2010 6455).
405 Fassung gemäss Ziff. I des BG vom 16. Dez. 1994, in Kraft seit 1. Jan. 1997 (AS 1995 1227; BBl 1991 III 1).

2 ...[406]

B. Auskunfts- und Herausgabepflicht

Art. 222[407] ¹ Der Schuldner ist bei Straffolge verpflichtet, dem Konkursamt alle seine Vermögensgegenstände anzugeben und zur Verfügung zu stellen (Art. 163 Ziff. 1 und 323 Ziff. 4 StGB[408]).

² Ist der Schuldner gestorben oder flüchtig, so obliegen allen erwachsenen Personen, die mit ihm in gemeinsamem Haushalt gelebt haben, unter Straffolge dieselben Pflichten (Art. 324 Ziff. 1 StGB).

³ Die nach den Absätzen 1 und 2 Verpflichteten müssen dem Beamten auf Verlangen die Räumlichkeiten und Behältnisse öffnen. Der Beamte kann nötigenfalls die Polizeigewalt in Anspruch nehmen.

⁴ Dritte, die Vermögensgegenstände des Schuldners verwahren oder bei denen dieser Guthaben hat, sind bei Straffolge im gleichen Umfang auskunfts- und herausgabepflichtig wie der Schuldner (Art. 324 Ziff. 5 StGB).

⁵ Behörden sind im gleichen Umfang auskunftspflichtig wie der Schuldner.

⁶ Das Konkursamt macht die Betroffenen auf ihre Pflichten und auf die Straffolgen ausdrücklich aufmerksam.

C. Sicherungsmassnahmen

Art. 223 ¹ Magazine, Warenlager, Werkstätten, Wirtschaften u.dgl. sind vom Konkursamte sofort zu schliessen und unter Siegel zu legen, falls sie nicht bis zur ersten Gläubigerversammlung unter genügender Aufsicht verwaltet werden können.

² Bares Geld, Wertpapiere, Geschäfts- und Hausbücher sowie sonstige Schriften von Belang nimmt das Konkursamt in Verwahrung.

³ Alle übrigen Vermögensstücke sollen, solange sie nicht im Inventar verzeichnet sind, unter Siegel gelegt sein; die Siegel können nach der Aufzeichnung neu angelegt werden, wenn das Konkursamt es für nötig erachtet.

⁴ Das Konkursamt sorgt für die Aufbewahrung der Gegenstände, die sich ausserhalb der vom Schuldner benützten Räumlichkeiten befinden.

D. Kompetenzstücke

Art. 224 Die in Artikel 92 bezeichneten Vermögensteile werden dem Schuldner zur freien Verfügung überlassen, aber gleichwohl im Inventar aufgezeichnet.

---

406 Aufgehoben durch Ziff. I des BG vom 16. Dez. 1994, mit Wirkung seit 1. Jan. 1997 (AS 1995 1227; BBl 1991 III 1).
407 Fassung gemäss Ziff. I des BG vom 16. Dez. 1994, in Kraft seit 1. Jan. 1997 (AS 1995 1227; BBl 1991 III 1).
408 SR 311.0

E. Rechte Dritter 1. An Fahrnis	**Art. 225** Sachen, welche als Eigentum dritter Personen bezeichnet oder von dritten Personen als ihr Eigentum beansprucht werden, sind unter Vormerkung dieses Umstandes gleichwohl im Inventar aufzuzeichnen.
2. An Grundstücken	**Art. 226**[409] Die im Grundbuch eingetragenen Rechte Dritter an Grundstücken des Schuldners werden von Amtes wegen im Inventar vorgemerkt.
F. Schätzung	**Art. 227** In dem Inventar wird der Schätzungswert jedes Vermögensstückes verzeichnet.
G. Erklärung des Schuldners zum Inventar	**Art. 228** [1] Das Inventar wird dem Schuldner mit der Aufforderung vorgelegt, sich über dessen Vollständigkeit und Richtigkeit zu erklären. [2] Die Erklärung des Schuldners wird in das Inventar aufgenommen und ist von ihm zu unterzeichnen.
H. Mitwirkung und Unterhalt des Schuldners	**Art. 229** [1] Der Schuldner ist bei Straffolge (Art. 323 Ziff. 5 StGB[410]) verpflichtet, während des Konkursverfahrens zur Verfügung der Konkursverwaltung zu stehen; er kann dieser Pflicht nur durch besondere Erlaubnis enthoben werden. Nötigenfalls wird er mit Hilfe der Polizeigewalt zur Stelle gebracht. Die Konkursverwaltung macht ihn darauf und auf die Straffolge ausdrücklich aufmerksam.[411] [2] Die Konkursverwaltung kann dem Schuldner, namentlich wenn sie ihn anhält, zu ihrer Verfügung zu bleiben, einen billigen Unterhaltsbeitrag gewähren. [3] Die Konkursverwaltung bestimmt, unter welchen Bedingungen und wie lange der Schuldner und seine Familie in der bisherigen Wohnung verbleiben dürfen, sofern diese zur Konkursmasse gehört.[412]
I. Einstellung des Konkursverfahrens mangels Aktiven 1. Im allgemeinen	**Art. 230** [1] Reicht die Konkursmasse voraussichtlich nicht aus, um die Kosten für ein summarisches Verfahren zu decken, so verfügt das Konkursgericht auf Antrag des Konkursamtes die Einstellung des Konkursverfahrens.[413] [2] Das Konkursamt macht die Einstellung öffentlich bekannt. In der Publikation weist es darauf hin, dass das Verfahren geschlossen wird, wenn nicht innert zehn Tagen ein Gläubiger die Durchführung des

---

409 Fassung gemäss Ziff. I des BG vom 16. Dez. 1994, in Kraft seit 1. Jan. 1997 (AS 1995 1227; BBl 1991 III 1).
410 SR 311.0
411 Fassung gemäss Ziff. I des BG vom 16. Dez. 1994, in Kraft seit 1. Jan. 1997 (AS 1995 1227; BBl 1991 III 1).
412 Fassung gemäss Ziff. I des BG vom 16. Dez. 1994, in Kraft seit 1. Jan. 1997 (AS 1995 1227; BBl 1991 III 1).
413 Fassung gemäss Ziff. I des BG vom 16. Dez. 1994, in Kraft seit 1. Jan. 1997 (AS 1995 1227; BBl 1991 III 1).

Konkursverfahrens verlangt und die festgelegte Sicherheit für den durch die Konkursmasse nicht gedeckten Teil der Kosten leistet.[414]

³ Nach der Einstellung des Konkursverfahrens kann der Schuldner während zwei Jahren auch auf Pfändung betrieben werden.[415]

⁴ Die vor der Konkurseröffnung eingeleiteten Betreibungen leben nach der Einstellung des Konkurses wieder auf. Die Zeit zwischen der Eröffnung und der Einstellung des Konkurses wird dabei für alle Fristen dieses Gesetzes nicht mitberechnet.[416]

2. Bei ausgeschlagener Erbschaft und bei juristischen Personen

Art. 230a[417] ¹ Wird die konkursamtliche Liquidation einer ausgeschlagenen Erbschaft mangels Aktiven eingestellt, so können die Erben die Abtretung der zum Nachlass gehörenden Aktiven an die Erbengemeinschaft oder an einzelne Erben verlangen, wenn sie sich bereit erklären, die persönliche Schuldpflicht für die Pfandforderungen und die nicht gedeckten Liquidationskosten zu übernehmen. Macht keiner der Erben von diesem Recht Gebrauch, so können es die Gläubiger und nach ihnen Dritte, die ein Interesse geltend machen, ausüben.

² Befinden sich in der Konkursmasse einer juristischen Person verpfändete Werte und ist der Konkurs mangels Aktiven eingestellt worden, so kann jeder Pfandgläubiger trotzdem beim Konkursamt die Verwertung seines Pfandes verlangen. Das Amt setzt dafür eine Frist.

³ Kommt kein Abtretungsvertrag im Sinne von Absatz 1 zustande und verlangt kein Gläubiger fristgemäss die Verwertung seines Pfandes, so werden die Aktiven nach Abzug der Kosten mit den darauf haftenden Lasten, jedoch ohne die persönliche Schuldpflicht, auf den Staat übertragen, wenn die zuständige kantonale Behörde die Übertragung nicht ablehnt.

⁴ Lehnt die zuständige kantonale Behörde die Übertragung ab, so verwertet das Konkursamt die Aktiven.

K. Summarisches Konkursverfahren

Art. 231[418] ¹ Das Konkursamt beantragt dem Konkursgericht das summarische Verfahren, wenn es feststellt, dass:
1. aus dem Erlös der inventarisierten Vermögenswerte die Kosten des ordentlichen Konkursverfahrens voraussichtlich nicht gedeckt werden können; oder
2. die Verhältnisse einfach sind.

---

414 Fassung gemäss Ziff. I des BG vom 16. Dez. 1994, in Kraft seit 1. Jan. 1997 (AS 1995 1227; BBl 1991 III 1).
415 Eingefügt durch Art. 15 des BG vom 28. Sept. 1949, in Kraft seit 1. Febr. 1950 (AS 1950 I 57; BBl 1948 I 1218).
416 Fassung gemäss Ziff. I des BG vom 16. Dez. 1994, in Kraft seit 1. Jan. 1997 (AS 1995 1227; BBl 1991 III 1).
417 Eingefügt durch Ziff. I des BG vom 16. Dez. 1994, in Kraft seit 1. Jan. 1997 (AS 1995 1227; BBl 1991 III 1).
418 Fassung gemäss Ziff. I des BG vom 16. Dez. 1994, in Kraft seit 1. Jan. 1997 (AS 1995 1227; BBl 1991 III 1).

² Teilt das Gericht die Ansicht des Konkursamtes, so wird der Konkurs im summarischen Verfahren durchgeführt, sofern nicht ein Gläubiger vor der Verteilung des Erlöses das ordentliche Verfahren verlangt und für die voraussichtlich ungedeckten Kosten hinreichende Sicherheit leistet.

³ Das summarische Konkursverfahren wird nach den Vorschriften über das ordentliche Verfahren durchgeführt, vorbehältlich folgender Ausnahmen:
1. Gläubigerversammlungen werden in der Regel nicht einberufen. Erscheint jedoch aufgrund besonderer Umstände eine Anhörung der Gläubiger als wünschenswert, so kann das Konkursamt diese zu einer Versammlung einladen oder einen Gläubigerbeschluss auf dem Zirkularweg herbeiführen.
2. Nach Ablauf der Eingabefrist (Art. 232 Abs. 2 Ziff. 2) führt das Konkursamt die Verwertung durch; es berücksichtigt dabei Artikel 256 Absätze 2–4 und wahrt die Interessen der Gläubiger bestmöglich. Grundstücke darf es erst verwerten, wenn das Lastenverzeichnis erstellt ist.
3. Das Konkursamt bezeichnet die Kompetenzstücke im Inventar und legt dieses zusammen mit dem Kollokationsplan auf.
4. Die Verteilungsliste braucht nicht aufgelegt zu werden.

II. Schuldenruf[419]

A. Öffentliche Bekanntmachung

Art. 232 ¹ Das Konkursamt macht die Eröffnung des Konkurses öffentlich bekannt, sobald feststeht, ob dieser im ordentlichen oder im summarischen Verfahren durchgeführt wird.[420]

² Die Bekanntmachung enthält:
1. die Bezeichnung des Schuldners und seines Wohnortes sowie des Zeitpunktes der Konkurseröffnung;
2.[421] die Aufforderung an die Gläubiger des Schuldners und an alle, die Ansprüche auf die in seinem Besitz befindlichen Vermögensstücke haben, ihre Forderungen oder Ansprüche samt Beweismitteln (Schuldscheine, Buchauszüge usw.) innert einem Monat nach der Bekanntmachung dem Konkursamt einzugeben;

---

419 Ursprünglich vor Art. 231.
420 Fassung gemäss Ziff. I des BG vom 16. Dez. 1994, in Kraft seit 1. Jan. 1997 (AS 1995 1227; BBl 1991 III 1).
421 Fassung gemäss Ziff. I des BG vom 16. Dez. 1994, in Kraft seit 1. Jan. 1997 (AS 1995 1227; BBl 1991 III 1).

3.[422] die Aufforderung an die Schuldner des Konkursiten, sich innert der gleichen Frist beim Konkursamt zu melden, sowie den Hinweis auf die Straffolge bei Unterlassung (Art. 324 Ziff. 2 StGB[423]);

4.[424] die Aufforderung an Personen, die Sachen des Schuldners als Pfandgläubiger oder aus anderen Gründen besitzen, diese Sachen innert der gleichen Frist dem Konkursamt zur Verfügung zu stellen, sowie den Hinweis auf die Straffolge bei Unterlassung (Art. 324 Ziff. 3 StGB) und darauf, dass das Vorzugsrecht erlischt, wenn die Meldung ungerechtfertigt unterbleibt;

5.[425] die Einladung zu einer ersten Gläubigerversammlung, die spätestens 20 Tage nach der öffentlichen Bekanntmachung stattfinden muss und der auch Mitschuldner und Bürgen des Schuldners sowie Gewährspflichtige beiwohnen können;

6.[426] den Hinweis, dass für Beteiligte, die im Ausland wohnen, das Konkursamt als Zustellungsort gilt, solange sie nicht einen anderen Zustellungsort in der Schweiz bezeichnen.

B. Spezialanzeige an die Gläubiger

Art. 233[427] Jedem Gläubiger, dessen Name und Wohnort bekannt sind, stellt das Konkursamt ein Exemplar der Bekanntmachung mit uneingeschriebenem Brief zu.

C. Besondere Fälle

Art. 234[428] Hat vor der Liquidation einer ausgeschlagenen Erbschaft oder in einem Nachlassverfahren vor dem Konkurs bereits ein Schuldenruf stattgefunden, so setzt das Konkursamt die Eingabefrist auf zehn Tage fest und gibt in der Bekanntmachung an, dass bereits angemeldete Gläubiger keine neue Eingabe machen müssen.

III. Verwaltung

A. Erste Gläubigerversammlung
1. Konstituierung und Beschlussfähigkeit

Art. 235 ¹ In der ersten Gläubigerversammlung leitet ein Konkursbeamter die Verhandlungen und bildet mit zwei von ihm bezeichneten Gläubigern das Büro.

---

422 Fassung gemäss Ziff. I des BG vom 16. Dez. 1994, in Kraft seit 1. Jan. 1997 (AS 1995 1227; BBl 1991 III 1).
423 SR 311.0
424 Fassung gemäss Ziff. I des BG vom 16. Dez. 1994, in Kraft seit 1. Jan. 1997 (AS 1995 1227; BBl 1991 III 1).
425 Fassung gemäss Ziff. I des BG vom 16. Dez. 1994, in Kraft seit 1. Jan. 1997 (AS 1995 1227; BBl 1991 III 1).
426 Eingefügt durch Ziff. I des BG vom 16. Dez. 1994, in Kraft seit 1. Jan. 1997 (AS 1995 1227; BBl 1991 III 1).
427 Fassung gemäss Ziff. I des BG vom 16. Dez. 1994, in Kraft seit 1. Jan. 1997 (AS 1995 1227; BBl 1991 III 1).
428 Fassung gemäss Ziff. I des BG vom 16. Dez. 1994, in Kraft seit 1. Jan. 1997 (AS 1995 1227; BBl 1991 III 1). Die Berichtigung der RedK der BVers vom 14. März 2017, publiziert am 28. März 2017 betrifft nur den italienischen Text (AS 2017 2165).

² Das Büro entscheidet über die Zulassung von Personen, welche, ohne besonders eingeladen zu sein, an den Verhandlungen teilnehmen wollen.

³ Die Versammlung ist beschlussfähig, wenn wenigstens der vierte Teil der bekannten Gläubiger anwesend oder vertreten ist. Sind vier oder weniger Gläubiger anwesend oder vertreten, so kann gültig verhandelt werden, sofern dieselben wenigstens die Hälfte der bekannten Gläubiger ausmachen.

⁴ Die Versammlung beschliesst mit der absoluten Mehrheit der stimmenden Gläubiger. Bei Stimmengleichheit hat der Vorsitzende den Stichentscheid. Wird die Berechnung der Stimmen beanstandet, so entscheidet das Büro.[429]

2. Beschlussunfähigkeit

Art. 236[430] Ist die Versammlung nicht beschlussfähig, so stellt das Konkursamt dies fest. Es orientiert die anwesenden Gläubiger über den Bestand der Masse und verwaltet diese bis zur zweiten Gläubigerversammlung.

3. Befugnisse
a. Einsetzung von Konkursverwaltung und Gläubigerausschuss

Art. 237 ¹ Ist die Gläubigerversammlung beschlussfähig, so erstattet ihr das Konkursamt Bericht über die Aufnahme des Inventars und den Bestand der Masse.

² Die Versammlung entscheidet, ob sie das Konkursamt oder eine oder mehrere von ihr zu wählende Personen als Konkursverwaltung einsetzen wolle.

³ Im einen wie im andern Fall kann die Versammlung aus ihrer Mitte einen Gläubigerausschuss wählen; dieser hat, sofern die Versammlung nichts anderes beschliesst, folgende Aufgaben:[431]
1. Beaufsichtigung der Geschäftsführung der Konkursverwaltung, Begutachtung der von dieser vorgelegten Fragen, Einspruch gegen jede den Interessen der Gläubiger zuwiderlaufende Massregel;
2. Ermächtigung zur Fortsetzung des vom Gemeinschuldner betriebenen Handels oder Gewerbes mit Festsetzung der Bedingungen;
3. Genehmigung von Rechnungen, Ermächtigung zur Führung von Prozessen sowie zum Abschluss von Vergleichen und Schiedsverträgen;
4. Erhebung von Widerspruch gegen Konkursforderungen, welche die Verwaltung zugelassen hat;
5. Anordnung von Abschlagsverteilungen an die Konkursgläubiger im Laufe des Konkursverfahrens.

---

429 Fassung gemäss Ziff. I des BG vom 16. Dez. 1994, in Kraft seit 1. Jan. 1997 (AS 1995 1227; BBl 1991 III 1).
430 Fassung gemäss Ziff. I des BG vom 16. Dez. 1994, in Kraft seit 1. Jan. 1997 (AS 1995 1227; BBl 1991 III 1).
431 Fassung gemäss Ziff. I des BG vom 16. Dez. 1994, in Kraft seit 1. Jan. 1997 (AS 1995 1227; BBl 1991 III 1).

b. Beschlüsse über dringliche Fragen

Art. 238 [1] Die Gläubigerversammlung kann über Fragen, deren Erledigung keinen Aufschub duldet, Beschlüsse fassen, insbesondere über die Fortsetzung des Gewerbes oder Handels des Gemeinschuldners, über die Frage, ob Werkstätten, Magazine oder Wirtschaftsräume des Gemeinschuldners offen bleiben sollen, über die Fortsetzung schwebender Prozesse, über die Vornahme von freihändigen Verkäufen[432].

[2] Wenn der Gemeinschuldner einen Nachlassvertrag vorschlägt, kann die Gläubigerversammlung die Verwertung einstellen.

4. Beschwerde

Art. 239 [1] Gegen Beschlüsse der Gläubigerversammlung kann innert fünf Tagen bei der Aufsichtsbehörde Beschwerde geführt werden.[433]

[2] Die Aufsichtsbehörde entscheidet innerhalb kurzer Frist, nach Anhörung des Konkursamtes und, wenn sie es für zweckmässig erachtet, des Beschwerdeführers und derjenigen Gläubiger, die einvernommen zu werden verlangen.

B. Konkursverwaltung
1. Aufgaben im Allgemeinen

Art. 240 Die Konkursverwaltung hat alle zur Erhaltung und Verwertung der Masse gehörenden Geschäfte zu besorgen; sie vertritt die Masse vor Gericht.

2. Stellung der ausseramtlichen Konkursverwaltung

Art. 241[434] Die Artikel 8–11, 13, 14 Absatz 2 Ziffern 1, 2 und 4 sowie die Artikel 17–19, 34 und 35 gelten auch für die ausseramtliche Konkursverwaltung.

3. Aussonderung und Admassierung

Art. 242[435] [1] Die Konkursverwaltung trifft eine Verfügung über die Herausgabe von Sachen, welche von einem Dritten beansprucht werden.

[2] Hält die Konkursverwaltung den Anspruch für unbegründet, so setzt sie dem Dritten eine Frist von 20 Tagen, innert der er beim Richter am Konkursort Klage einreichen kann. Hält er diese Frist nicht ein, so ist der Anspruch verwirkt.

[3] Beansprucht die Masse bewegliche Sachen, die sich im Gewahrsam oder Mitgewahrsam eines Dritten befinden, oder Grundstücke, die im Grundbuch auf den Namen eines Dritten eingetragen sind, als Eigentum des Schuldners, so muss sie gegen den Dritten klagen.

---

432 Bezeichnung gemäss Ziff. I des BG vom 16. Dez. 1994, in Kraft seit 1. Jan. 1997 (AS 1995 1227; BBl 1991 III 1). Diese Änd. ist im ganzen Erlass berücksichtigt.
433 Fassung gemäss Ziff. I des BG vom 16. Dez. 1994, in Kraft seit 1. Jan. 1997 (AS 1995 1227; BBl 1991 III 1).
434 Fassung gemäss Ziff. I des BG vom 16. Dez. 1994, in Kraft seit 1. Jan. 1997 (AS 1995 1227; BBl 1991 III 1).
435 Fassung gemäss Ziff. I des BG vom 16. Dez. 1994, in Kraft seit 1. Jan. 1997 (AS 1995 1227; BBl 1991 III 1).

4. Forderungseinzug. Notverkauf

Art. 243 ¹ Unbestrittene fällige Guthaben der Masse werden von der Konkursverwaltung, nötigenfalls auf dem Betreibungswege, eingezogen.

² Die Konkursverwaltung verwertet ohne Aufschub Gegenstände, die schneller Wertverminderung ausgesetzt sind, einen kostspieligen Unterhalt erfordern oder unverhältnismässig hohe Aufbewahrungskosten verursachen. Zudem kann sie anordnen, dass Wertpapiere und andere Gegenstände, die einen Börsen- oder einen Marktpreis haben, sofort verwertet werden.[436]

³ Die übrigen Bestandteile der Masse werden verwertet, nachdem die zweite Gläubigerversammlung stattgefunden hat.

IV. Erwahrung der Konkursforderungen. Kollokation der Gläubiger

A. Prüfung der eingegebenen Forderungen

Art. 244 Nach Ablauf der Eingabefrist prüft die Konkursverwaltung die eingegebenen Forderungen und macht die zu ihrer Erwahrung nötigen Erhebungen. Sie holt über jede Konkurseingabe die Erklärung des Gemeinschuldners ein.

B. Entscheid

Art. 245 Die Konkursverwaltung entscheidet über die Anerkennung der Forderungen. Sie ist hierbei an die Erklärung des Gemeinschuldners nicht gebunden.

C. Aufnahme von Amtes wegen

Art. 246[437] Die aus dem Grundbuch ersichtlichen Forderungen werden samt dem laufenden Zins in die Konkursforderungen aufgenommen, auch wenn sie nicht eingegeben worden sind.

D. Kollokationsplan
1. Erstellung

Art. 247[438] ¹ Innert 60 Tagen nach Ablauf der Eingabefrist erstellt die Konkursverwaltung den Plan für die Rangordnung der Gläubiger (Kollokationsplan, Art. 219 und 220).

² Gehört zur Masse ein Grundstück, so erstellt sie innert der gleichen Frist ein Verzeichnis der darauf ruhenden Lasten (Pfandrechte, Dienstbarkeiten, Grundlasten und vorgemerkte persönliche Rechte). Das Lastenverzeichnis bildet Bestandteil des Kollokationsplanes.

³ Ist ein Gläubigerausschuss ernannt worden, so unterbreitet ihm die Konkursverwaltung den Kollokationsplan und das Lastenverzeich-

---

436 Fassung gemäss Ziff. I des BG vom 16. Dez. 1994, in Kraft seit 1. Jan. 1997 (AS 1995 1227; BBl 1991 III 1).
437 Fassung gemäss Ziff. I des BG vom 16. Dez. 1994, in Kraft seit 1. Jan. 1997 (AS 1995 1227; BBl 1991 III 1).
438 Fassung gemäss Ziff. I des BG vom 16. Dez. 1994, in Kraft seit 1. Jan. 1997 (AS 1995 1227; BBl 1991 III 1).

nis zur Genehmigung; Änderungen kann der Ausschuss innert zehn Tagen anbringen.

[4] Die Aufsichtsbehörde kann die Fristen dieses Artikels wenn nötig verlängern.

2. Abgewiesene Forderungen

Art. 248 Im Kollokationsplan werden auch die abgewiesenen Forderungen, mit Angabe des Abweisungsgrundes, vorgemerkt.

3. Auflage und Spezialanzeigen

Art. 249 [1] Der Kollokationsplan wird beim Konkursamte zur Einsicht aufgelegt.

[2] Die Konkursverwaltung macht die Auflage[439] öffentlich bekannt.

[3] Jedem Gläubiger, dessen Forderung ganz oder teilweise abgewiesen worden ist oder welcher nicht den beanspruchten Rang erhalten hat, wird die Auflage des Kollokationsplanes und die Abweisung seiner Forderung besonders angezeigt.

4. Kollokationsklage

Art. 250[440] [1] Ein Gläubiger, der den Kollokationsplan anfechten will, weil seine Forderung ganz oder teilweise abgewiesen oder nicht im beanspruchten Rang zugelassen worden ist, muss innert 20 Tagen nach der öffentlichen Auflage des Kollokationsplanes beim Richter am Konkursort gegen die Masse klagen.

[2] Will er die Zulassung eines anderen Gläubigers oder dessen Rang bestreiten, so muss er die Klage gegen den Gläubiger richten. Heisst der Richter die Klage gut, so dient der Betrag, um den der Anteil des Beklagten an der Konkursmasse herabgesetzt wird, zur Befriedigung des Klägers bis zur vollen Deckung seiner Forderung einschliesslich der Prozesskosten. Ein Überschuss wird nach dem berichtigten Kollokationsplan verteilt.

[3] ...[441]

5. Verspätete Konkurseingaben

Art. 251 [1] Verspätete Konkurseingaben können bis zum Schlusse des Konkursverfahrens angebracht werden.

[2] Der Gläubiger hat sämtliche durch die Verspätung verursachten Kosten zu tragen und kann zu einem entsprechenden Vorschusse angehalten werden.

[3] Auf Abschlagsverteilungen, welche vor seiner Anmeldung stattgefunden haben, hat derselbe keinen Anspruch.

---

439 Bezeichnung gemäss Ziff. I des BG vom 16. Dez. 1994, in Kraft seit 1. Jan. 1997 (AS 1995 1227; BBl 1991 III 1). Diese Änd. ist im ganzen Erlass berücksichtigt.
440 Fassung gemäss Ziff. I des BG vom 16. Dez. 1994, in Kraft seit 1. Jan. 1997 (AS 1995 1227; BBl 1991 III 1).
441 Aufgehoben durch Anhang 1 Ziff. II 17 der Zivilprozessordnung vom 19. Dez. 2008, mit Wirkung seit 1. Jan. 2011 (AS 2010 1739; BBl 2006 7221).

⁴ Hält die Konkursverwaltung eine verspätete Konkurseingabe für begründet, so ändert sie den Kollokationsplan ab und macht die Abänderung öffentlich bekannt.

⁵ Der Artikel 250 ist anwendbar.

V. Verwertung

A. Zweite Gläubigerversammlung
1. Einladung

Art. 252 ¹ Nach der Auflage des Kollokationsplanes lädt die Konkursverwaltung die Gläubiger, deren Forderungen nicht bereits rechtskräftig abgewiesen sind, zu einer zweiten Versammlung ein. Die Einladung muss mindestens 20 Tage vor der Versammlung verschickt werden.[442]

² Soll in dieser Versammlung über einen Nachlassvertrag verhandelt werden, so wird dies in der Einladung angezeigt.[443]

³ Ein Mitglied der Konkursverwaltung führt in der Versammlung den Vorsitz. Der Artikel 235 Absätze 3 und 4 findet entsprechende Anwendung.

2. Befugnisse

Art. 253 ¹ Die Konkursverwaltung erstattet der Gläubigerversammlung einen umfassenden Bericht über den Gang der Verwaltung und über den Stand der Aktiven und Passiven.

² Die Versammlung beschliesst über die Bestätigung der Konkursverwaltung und, gegebenen Falles, des Gläubigerausschusses und ordnet unbeschränkt alles Weitere für die Durchführung des Konkurses an.

3. Beschlussunfähigkeit

Art. 254[444] Ist die Versammlung nicht beschlussfähig, so stellt die Konkursverwaltung dies fest und orientiert die anwesenden Gläubiger über den Stand der Masse. Die bisherige Konkursverwaltung und der Gläubigerausschuss bleiben bis zum Schluss des Verfahrens im Amt.

B. Weitere Gläubigerversammlungen

Art. 255[445] Weitere Gläubigerversammlungen werden einberufen, wenn ein Viertel der Gläubiger oder der Gläubigerausschuss es verlangt oder wenn die Konkursverwaltung es für notwendig hält.

C. Zirkularbeschluss

Art. 255a[446] ¹ In dringenden Fällen, oder wenn eine Gläubigerversammlung nicht beschlussfähig gewesen ist, kann die Konkursverwal-

---

442 Fassung gemäss Ziff. I des BG vom 16. Dez. 1994, in Kraft seit 1. Jan. 1997 (AS 1995 1227; BBl 1991 III 1).
443 Fassung gemäss Ziff. I des BG vom 16. Dez. 1994, in Kraft seit 1. Jan. 1997 (AS 1995 1227; BBl 1991 III 1).
444 Fassung gemäss Ziff. I des BG vom 16. Dez. 1994, in Kraft seit 1. Jan. 1997 (AS 1995 1227; BBl 1991 III 1).
445 Fassung gemäss Ziff. I des BG vom 16. Dez. 1994, in Kraft seit 1. Jan. 1997 (AS 1995 1227; BBl 1991 III 1).
446 Eingefügt durch Ziff. I des BG vom 16. Dez. 1994, in Kraft seit 1. Jan. 1997 (AS 1995 1227; BBl 1991 III 1).

tung den Gläubigern Anträge auf dem Zirkularweg stellen. Ein Antrag ist angenommen, wenn die Mehrheit der Gläubiger ihm innert der angesetzten Frist ausdrücklich oder stillschweigend zustimmt.

² Sind der Konkursverwaltung nicht alle Gläubiger bekannt, so kann sie ihre Anträge zudem öffentlich bekannt machen.

D. Verwertungsmodus

Art. 256 ¹ Die zur Masse gehörenden Vermögensgegenstände werden auf Anordnung der Konkursverwaltung öffentlich versteigert oder, falls die Gläubiger es beschliessen, freihändig verkauft.

² Verpfändete Vermögensstücke dürfen nur mit Zustimmung der Pfandgläubiger anders als durch Verkauf an öffentlicher Steigerung verwertet werden.

³ Vermögensgegenstände von bedeutendem Wert und Grundstücke dürfen nur freihändig verkauft werden, wenn die Gläubiger vorher Gelegenheit erhalten haben, höhere Angebote zu machen.[447]

⁴ Anfechtungsansprüche nach den Artikeln 286–288 dürfen weder versteigert noch sonstwie veräussert werden.[448]

E. Versteigerung
1. Öffentliche Bekanntmachung

Art. 257 ¹ Ort, Tag und Stunde der Steigerung werden öffentlich bekanntgemacht.

² Sind Grundstücke zu verwerten, so erfolgt die Bekanntmachung mindestens einen Monat vor dem Steigerungstage und es wird in derselben der Tag angegeben, von welchem an die Steigerungsbedingungen beim Konkursamte zur Einsicht aufgelegt sein werden.

³ Den Grundpfandgläubigern werden Exemplare der Bekanntmachung, mit Angabe der Schätzungssumme, besonders zugestellt.

2. Zuschlag

Art. 258[449] ¹ Der Verwertungsgegenstand wird nach dreimaligem Aufruf dem Meistbietenden zugeschlagen.

² Für die Verwertung eines Grundstücks gilt Artikel 142 Absätze 1 und 3. Die Gläubiger können zudem beschliessen, dass für die erste Versteigerung ein Mindestangebot festgesetzt wird.[450]

3. Steigerungsbedingungen

Art. 259[451] Für die Steigerungsbedingungen gelten die Artikel 128, 129, 132a, 134–137 und 143 sinngemäss. An die Stelle des Betreibungsamtes tritt die Konkursverwaltung.

---

447 Eingefügt durch Ziff. I des BG vom 16. Dez. 1994, in Kraft seit 1. Jan. 1997 (AS 1995 1227; BBl 1991 III 1).
448 Eingefügt durch Ziff. I des BG vom 16. Dez. 1994, in Kraft seit 1. Jan. 1997 (AS 1995 1227; BBl 1991 III 1).
449 Fassung gemäss Art. 16 des BG vom 28. Sept. 1949, in Kraft seit 1. Febr. 1950 (AS 1950 I 57; BBl 1948 I 1218).
450 Fassung gemäss Ziff. I des BG vom 16. Dez. 1994, in Kraft seit 1. Jan. 1997 (AS 1995 1227; BBl 1991 III 1).
451 Fassung gemäss Ziff. I des BG vom 16. Dez. 1994, in Kraft seit 1. Jan. 1997 (AS 1995 1227; BBl 1991 III 1).

F. Abtretung von Rechtsansprüchen	**Art. 260** ¹ Jeder Gläubiger ist berechtigt, die Abtretung derjenigen Rechtsansprüche der Masse zu verlangen, auf deren Geltendmachung die Gesamtheit der Gläubiger verzichtet.

² Das Ergebnis dient nach Abzug der Kosten zur Deckung der Forderungen derjenigen Gläubiger, an welche die Abtretung stattgefunden hat, nach dem unter ihnen bestehenden Range. Der Überschuss ist an die Masse abzuliefern.

³ Verzichtet die Gesamtheit der Gläubiger auf die Geltendmachung und verlangt auch kein Gläubiger die Abtretung, so können solche Ansprüche nach Artikel 256 verwertet werden.[452] |

VI. Verteilung

A. Verteilungsliste und Schlussrechnung	**Art. 261** Nach Eingang des Erlöses der ganzen Konkursmasse und nachdem der Kollokationsplan in Rechtskraft erwachsen ist, stellt die Konkursverwaltung die Verteilungsliste und die Schlussrechnung auf.
B. Verfahrenskosten	**Art. 262**[453] ¹ Sämtliche Kosten für Eröffnung und Durchführung des Konkurses sowie für die Aufnahme eines Güterverzeichnisses werden vorab gedeckt.

² Aus dem Erlös von Pfandgegenständen werden nur die Kosten ihrer Inventur, Verwaltung und Verwertung gedeckt. |
| C. Auflage von Verteilungsliste und Schlussrechnung | **Art. 263** ¹ Die Verteilungsliste und die Schlussrechnung werden während zehn Tagen beim Konkursamte aufgelegt.

² Die Auflegung wird jedem Gläubiger unter Beifügung eines seinen Anteil betreffenden Auszuges angezeigt. |
| D. Verteilung | **Art. 264** ¹ Sofort nach Ablauf der Auflegungsfrist schreitet die Konkursverwaltung zur Verteilung.

² Die Bestimmungen des Artikels 150 finden entsprechende Anwendung.

³ Die den Forderungen unter aufschiebender Bedingung oder mit ungewisser Verfallzeit zukommenden Anteile werden bei der Depositenanstalt hinterlegt. |
| E. Verlustschein
1. Inhalt und Wirkungen | **Art. 265** ¹ Bei der Verteilung erhält jeder Gläubiger für den ungedeckt bleibenden Betrag seiner Forderung einen Verlustschein. In demselben wird angegeben, ob die Forderung vom Gemeinschuldner |

---

452 Eingefügt durch Ziff. I des BG vom 16. Dez. 1994, in Kraft seit 1. Jan. 1997 (AS 1995 1227; BBl 1991 III 1).
453 Fassung gemäss Ziff. I des BG vom 16. Dez. 1994, in Kraft seit 1. Jan. 1997 (AS 1995 1227; BBl 1991 III 1).

anerkannt oder bestritten worden ist. Im ersteren Falle gilt der Verlustschein als Schuldanerkennung im Sinne des Artikels 82.

² Der Verlustschein berechtigt zum Arrest und hat die in den Artikeln 149 Absatz 4 und 149a bezeichneten Rechtswirkungen. Jedoch kann gestützt auf ihn eine neue Betreibung nur eingeleitet werden, wenn der Schuldner zu neuem Vermögen gekommen ist. Als neues Vermögen gelten auch Werte, über die der Schuldner wirtschaftlich verfügt.[454]

³ ...[455]

2. Feststellung des neuen Vermögens

Art. 265a[456] ¹ Erhebt der Schuldner Rechtsvorschlag mit der Begründung, er sei nicht zu neuem Vermögen gekommen, so legt das Betreibungsamt den Rechtsvorschlag dem Richter des Betreibungsortes vor. Dieser hört die Parteien an und entscheidet; gegen den Entscheid ist kein Rechtsmittel zulässig.[457]

² Der Richter bewilligt den Rechtsvorschlag, wenn der Schuldner seine Einkommens- und Vermögensverhältnisse darlegt und glaubhaft macht, dass er nicht zu neuem Vermögen gekommen ist.

³ Bewilligt der Richter den Rechtsvorschlag nicht, so stellt er den Umfang des neuen Vermögens fest (Art. 265 Abs. 2). Vermögenswerte Dritter, über die der Schuldner wirtschaftlich verfügt, kann der Richter pfändbar erklären, wenn das Recht des Dritten auf einer Handlung beruht, die der Schuldner in der dem Dritten erkennbaren Absicht vorgenommen hat, die Bildung neuen Vermögens zu vereiteln.

⁴ Der Schuldner und der Gläubiger können innert 20 Tagen nach der Eröffnung des Entscheides über den Rechtsvorschlag beim Richter des Betreibungsortes Klage auf Bestreitung oder Feststellung des neuen Vermögens einreichen.[458]

3. Ausschluss der Konkurseröffnung auf Antrag des Schuldners

Art. 265b[459] Widersetzt sich der Schuldner einer Betreibung, indem er bestreitet, neues Vermögen zu besitzen, so kann er während der Dauer dieser Betreibung nicht selbst die Konkurseröffnung (Art. 191) beantragen.

---

454 Fassung gemäss Ziff. I des BG vom 16. Dez. 1994, in Kraft seit 1. Jan. 1997 (AS 1995 1227; BBl 1991 III 1).
455 Aufgehoben durch Ziff. I des BG vom 16. Dez. 1994 (AS 1995 1227; BBl 1991 III 1).
456 Eingefügt durch Ziff. I des BG vom 16. Dez. 1994, in Kraft seit 1. Jan. 1997 (AS 1995 1227; BBl 1991 III 1).
457 Fassung gemäss Anhang 1 Ziff. II 17 der Zivilprozessordnung vom 19. Dez. 2008, in Kraft seit 1. Jan. 2011 (AS 2010 1739; BBl 2006 7221).
458 Fassung gemäss Anhang 1 Ziff. II 17 der Zivilprozessordnung vom 19. Dez. 2008, in Kraft seit 1. Jan. 2011 (AS 2010 1739; BBl 2006 7221).
459 Eingefügt durch Ziff. I des BG vom 16. Dez. 1994, in Kraft seit 1. Jan. 1997 (AS 1995 1227; BBl 1991 III 1).

F. Abschlagsverteilungen

Art. 266 ¹ Abschlagsverteilungen können vorgenommen werden, sobald die Frist zur Anfechtung des Kollokationsplanes abgelaufen ist.

² Artikel 263 gilt sinngemäss.[460]

G. Nicht eingegebene Forderungen

Art. 267 Die Forderungen derjenigen Gläubiger, welche am Konkurse nicht teilgenommen haben, unterliegen denselben Beschränkungen wie diejenigen, für welche ein Verlustschein ausgestellt worden ist.

VII. Schluss des Konkursverfahrens

A. Schlussbericht und Entscheid des Konkursgerichtes

Art. 268 ¹ Nach der Verteilung legt die Konkursverwaltung dem Konkursgerichte einen Schlussbericht vor.

² Findet das Gericht, dass das Konkursverfahren vollständig durchgeführt sei, so erklärt es dasselbe für geschlossen.

³ Gibt die Geschäftsführung der Verwaltung dem Gerichte zu Bemerkungen Anlass, so bringt es dieselben der Aufsichtsbehörde zur Kenntnis.

⁴ Das Konkursamt macht den Schluss des Konkursverfahrens öffentlich bekannt.

B. Nachträglich entdeckte Vermögenswerte

Art. 269 ¹ Werden nach Schluss des Konkursverfahrens Vermögensstücke entdeckt, welche zur Masse gehörten, aber nicht zu derselben gezogen wurden, so nimmt das Konkursamt dieselben in Besitz und besorgt ohne weitere Förmlichkeit die Verwertung und die Verteilung des Erlöses an die zu Verlust gekommenen Gläubiger nach deren Rangordnung.

² Auf gleiche Weise verfährt das Konkursamt mit hinterlegten Beträgen, die frei werden oder nach zehn Jahren nicht bezogen worden sind.[461]

³ Handelt es sich um einen zweifelhaften Rechtsanspruch, so bringt das Konkursamt den Fall durch öffentliche Bekanntmachung oder briefliche Mitteilung zur Kenntnis der Konkursgläubiger, und es finden die Bestimmungen des Artikels 260 entsprechende Anwendung.

C. Frist für die Durchführung des Konkurses

Art. 270 ¹ Das Konkursverfahren soll innert einem Jahr nach der Eröffnung des Konkurses durchgeführt sein.[462]

---

[460] Eingefügt durch Ziff. I des BG vom 16. Dez. 1994, in Kraft seit 1. Jan. 1997 (AS 1995 1227; BBl 1991 III 1).
[461] Fassung gemäss Ziff. I des BG vom 16. Dez. 1994, in Kraft seit 1. Jan. 1997 (AS 1995 1227; BBl 1991 III 1).
[462] Fassung gemäss Ziff. I des BG vom 16. Dez. 1994, in Kraft seit 1. Jan. 1997 (AS 1995 1227; BBl 1991 III 1).

² Diese Frist kann nötigenfalls durch die Aufsichtsbehörde verlängert werden.

Achter Titel: Arrest

A. Arrestgründe

Art. 271 ¹ Der Gläubiger kann für eine fällige Forderung, soweit diese nicht durch ein Pfand gedeckt ist, Vermögensstücke des Schuldners, die sich in der Schweiz befinden, mit Arrest belegen lassen:[463]
1. wenn der Schuldner keinen festen Wohnsitz hat;
2. wenn der Schuldner in der Absicht, sich der Erfüllung seiner Verbindlichkeiten zu entziehen, Vermögensgegenstände beiseite schafft, sich flüchtig macht oder Anstalten zur Flucht trifft;
3. wenn der Schuldner auf der Durchreise begriffen ist oder zu den Personen gehört, welche Messen und Märkte besuchen, für Forderungen, die ihrer Natur nach sofort zu erfüllen sind;
4.[464] wenn der Schuldner nicht in der Schweiz wohnt, kein anderer Arrestgrund gegeben ist, die Forderung aber einen genügenden Bezug zur Schweiz aufweist oder auf einer Schuldanerkennung im Sinne von Artikel 82 Absatz 1 beruht;
5.[465] wenn der Gläubiger gegen den Schuldner einen provisorischen oder einen definitiven Verlustschein besitzt;
6.[466] wenn der Gläubiger gegen den Schuldner einen definitiven Rechtsöffnungstitel besitzt.

² In den unter den Ziffern 1 und 2 genannten Fällen kann der Arrest auch für eine nicht verfallene Forderung verlangt werden; derselbe bewirkt gegenüber dem Schuldner die Fälligkeit der Forderung.

³ Im unter Absatz 1 Ziffer 6 genannten Fall entscheidet das Gericht bei ausländischen Entscheiden, die nach dem Übereinkommen vom 30. Oktober 2007[467] über die gerichtliche Zuständigkeit und die Anerkennung und Vollstreckung von Entscheidungen in Zivil- und

---

463 Fassung gemäss Art. 3 Ziff. 2 des BB vom 11. Dez. 2009 (Genehmigung und Umsetzung des Lugano-Übereink.), in Kraft seit 1. Jan. 2011 (AS 2010 5601; BBl 2009 1777).
464 Fassung gemäss Art. 3 Ziff. 2 des BB vom 11. Dez. 2009 (Genehmigung und Umsetzung des Lugano-Übereink.), in Kraft seit 1. Jan. 2011 (AS 2010 5601; BBl 2009 1777)..
465 Fassung gemäss Ziff. I des BG vom 16. Dez. 1994, in Kraft seit 1. Jan. 1997 (AS 1995 1227; BBl 1991 III 1).
466 Eingefügt durch Art. 3 Ziff. 2 des BB vom 11. Dez. 2009 (Genehmigung und Umsetzung des Lugano-Übereink.), in Kraft seit 1. Jan. 2011 (AS 2010 5601; BBl 2009 1777).
467 SR 0.275.12

Handelssachen zu vollstrecken sind, auch über deren Vollstreckbarkeit.[468]

B. Arrestbewilligung

Art. 272[469] [1] Der Arrest wird vom Gericht am Betreibungsort oder am Ort, wo die Vermögensgegenstände sich befinden, bewilligt, wenn der Gläubiger glaubhaft macht, dass:[470]
1. seine Forderung besteht;
2. ein Arrestgrund vorliegt;
3. Vermögensgegenstände vorhanden sind, die dem Schuldner gehören.

[2] Wohnt der Gläubiger im Ausland und bezeichnet er keinen Zustellungsort in der Schweiz, so ist das Betreibungsamt Zustellungsort.

C. Haftung für Arrestschaden

Art. 273[471] [1] Der Gläubiger haftet sowohl dem Schuldner als auch Dritten für den aus einem ungerechtfertigten Arrest erwachsenden Schaden. Der Richter kann ihn zu einer Sicherheitsleistung verpflichten.

[2] Die Schadenersatzklage kann auch beim Richter des Arrestortes eingereicht werden.

D. Arrestbefehl

Art. 274 [1] Das Gericht beauftragt den Betreibungsbeamten oder einen anderen Beamten oder Angestellten mit dem Vollzug des Arrestes und stellt ihm den Arrestbefehl zu.[472]

[2] Der Arrestbefehl enthält:
1. den Namen und den Wohnort des Gläubigers und seines allfälligen Bevollmächtigten und des Schuldners;
2. die Angabe der Forderung, für welche der Arrest gelegt wird;
3. die Angabe des Arrestgrundes;
4. die Angabe der mit Arrest zu belegenden Gegenstände;
5. den Hinweis auf die Schadenersatzpflicht des Gläubigers und, gegebenen Falles, auf die ihm auferlegte Sicherheitsleistung.

E. Arrestvollzug

Art. 275[473] Die Artikel 91–109 über die Pfändung gelten sinngemäss für den Arrestvollzug.

---

468 Fassung gemäss Art. 3 Ziff. 2 des BB vom 11. Dez. 2009 (Genehmigung und Umsetzung des Lugano-Übereink.), in Kraft seit 1. Jan. 2011 (AS 2010 5601; BBl 2009 1777).
469 Fassung gemäss Ziff. I des BG vom 16. Dez. 1994, in Kraft seit 1. Jan. 1997 (AS 1995 1227; BBl 1991 III 1).
470 Fassung gemäss Art. 3 Ziff. 2 des BB vom 11. Dez. 2009 (Genehmigung und Umsetzung des Lugano-Übereink.), in Kraft seit 1. Jan. 2011 (AS 2010 5601; BBl 2009 1777).
471 Fassung gemäss Ziff. I des BG vom 16. Dez. 1994, in Kraft seit 1. Jan. 1997 (AS 1995 1227; BBl 1991 III 1).
472 Fassung gemäss Art. 3 Ziff. 2 des BB vom 11. Dez. 2009 (Genehmigung und Umsetzung des Lugano-Übereink.), in Kraft seit 1. Jan. 2011 (AS 2010 5601; BBl 2009 1777).
473 Fassung gemäss Ziff. I des BG vom 16. Dez. 1994, in Kraft seit 1. Jan. 1997 (AS 1995 1227; BBl 1991 III 1).

F. Arresturkunde

Art. 276 ¹ Der mit dem Vollzug betraute Beamte oder Angestellte verfasst die Arresturkunde, indem er auf dem Arrestbefehl die Vornahme des Arrestes mit Angabe der Arrestgegenstände und ihrer Schätzung bescheinigt, und übermittelt dieselbe sofort dem Betreibungsamte.

² Das Betreibungsamt stellt dem Gläubiger und dem Schuldner sofort eine Abschrift der Arresturkunde zu und benachrichtigt Dritte, die durch den Arrest in ihren Rechten betroffen werden.[474]

G. Sicherheitsleistung des Schuldners

Art. 277 Die Arrestgegenstände werden dem Schuldner zur freien Verfügung überlassen, sofern er Sicherheit leistet, dass im Falle der Pfändung oder der Konkurseröffnung die Arrestgegenstände oder an ihrer Stelle andere Vermögensstücke von gleichem Werte vorhanden sein werden. Die Sicherheit ist durch Hinterlegung, durch Solidarbürgschaft oder durch eine andere gleichwertige Sicherheit zu leisten.[475]

H. Einsprache gegen den Arrestbefehl

Art. 278[476] ¹ Wer durch einen Arrest in seinen Rechten betroffen ist, kann innert zehn Tagen, nachdem er von dessen Anordnung Kenntnis erhalten hat, beim Gericht Einsprache erheben.

² Das Gericht gibt den Beteiligten Gelegenheit zur Stellungnahme und entscheidet ohne Verzug.

³ Der Einspracheentscheid kann mit Beschwerde nach der ZPO[477] angefochten werden. Vor der Rechtsmittelinstanz können neue Tatsachen geltend gemacht werden.

⁴ Einsprache und Beschwerde hemmen die Wirkung des Arrestes nicht.

I. Arrestprosequierung

Art. 279[478] ¹ Hat der Gläubiger nicht schon vor der Bewilligung des Arrestes Betreibung eingeleitet oder Klage eingereicht, so muss er dies innert zehn Tagen nach Zustellung der Arresturkunde tun.

² Erhebt der Schuldner Rechtsvorschlag, so muss der Gläubiger innert zehn Tagen, nachdem ihm das Gläubigerdoppel des Zahlungsbefehls zugestellt worden ist, Rechtsöffnung verlangen oder Klage auf Anerkennung seiner Forderung einreichen. Wird er im Rechtsöffnungs-

---

[474] Fassung gemäss Ziff. I des BG vom 16. Dez. 1994, in Kraft seit 1. Jan. 1997 (AS 1995 1227; BBl 1991 III 1).
[475] Fassung des Satzes gemäss Ziff. I des BG vom 16. Dez. 1994, in Kraft seit 1. Jan. 1997 (AS 1995 1227; BBl 1991 III 1).
[476] Fassung gemäss Art. 3 Ziff. 2 des BB vom 11. Dez. 2009 (Genehmigung und Umsetzung des Lugano-Übereink.), in Kraft seit 1. Jan. 2011 (AS 2010 5601; BBl 2009 1777).
[477] SR 272
[478] Fassung gemäss Ziff. I des BG vom 16. Dez. 1994, in Kraft seit 1. Jan. 1997 (AS 1995 1227; BBl 1991 III 1).

verfahren abgewiesen, so muss er die Klage innert zehn Tagen nach Eröffnung des Entscheids[479] einreichen.[480]

[3] Hat der Schuldner keinen Rechtsvorschlag erhoben, so muss der Gläubiger innert 20 Tagen, nachdem ihm das Gläubigerdoppel des Zahlungsbefehls zugestellt worden ist, das Fortsetzungsbegehren stellen. Wird der Rechtsvorschlag nachträglich beseitigt, so beginnt die Frist mit der rechtskräftigen Beseitigung des Rechtsvorschlags. Die Betreibung wird, je nach der Person des Schuldners, auf dem Weg der Pfändung oder des Konkurses fortgesetzt.[481]

[4] Hat der Gläubiger seine Forderung ohne vorgängige Betreibung gerichtlich eingeklagt, so muss er die Betreibung innert zehn Tagen nach Eröffnung des Entscheids einleiten.

[5] Die Fristen dieses Artikels laufen nicht:
1. während des Einspracheverfahrens und bei Weiterziehung des Einsprachenentscheides;
2. während des Verfahrens auf Vollstreckbarerklärung nach dem Übereinkommen vom 30. Oktober 2007[482] über die gerichtliche Zuständigkeit und die Anerkennung und Vollstreckung von Entscheidungen in Zivil- und Handelssachen und bei Weiterziehung des Entscheides über die Vollstreckbarerklärung.[483]

K. Dahinfallen

Art. 280[484] Der Arrest fällt dahin, wenn der Gläubiger:
1. die Fristen nach Artikel 279 nicht einhält;
2. die Klage oder die Betreibung zurückzieht oder erlöschen lässt; oder
3. mit seiner Klage vom Gericht endgültig abgewiesen wird.

L. Provisorischer Pfändungsanschluss

Art. 281 [1] Werden nach Ausstellung des Arrestbefehls die Arrestgegenstände von einem andern Gläubiger gepfändet, bevor der Arrestgläubiger selber das Pfändungsbegehren stellen kann, so nimmt der letztere von Rechtes wegen provisorisch an der Pfändung teil.

[2] Der Gläubiger kann die vom Arreste herrührenden Kosten aus dem Erlöse der Arrestgegenstände vorwegnehmen.

[3] Im Übrigen begründet der Arrest kein Vorzugsrecht.

---

479 Berichtigt von der Redaktionskommission der BVers (Art. 58 Abs. 1 ParlG; SR 171.10).
480 Fassung gemäss Art. 3 Ziff. 2 des BB vom 11. Dez. 2009 (Genehmigung und Umsetzung des Lugano-Übereink.), in Kraft seit 1. Jan. 2011 (AS 2010 5601; BBl 2009 1777).
481 Fassung gemäss Art. 3 Ziff. 2 des BB vom 11. Dez. 2009 (Genehmigung und Umsetzung des Lugano-Übereink.), in Kraft seit 1. Jan. 2011 (AS 2010 5601; BBl 2009 1777).
482 SR 0.275.12
483 Eingefügt durch Art. 3 Ziff. 2 des BB vom 11. Dez. 2009 (Genehmigung und Umsetzung des Lugano-Übereink.), in Kraft seit 1. Jan. 2011 (AS 2010 5601; BBl 2009 1777).
484 Fassung gemäss Ziff. I des BG vom 16. Dez. 1994, in Kraft seit 1. Jan. 1997 (AS 1995 1227; BBl 1991 III 1).

Neunter Titel: Besondere Bestimmungen über Miete und Pacht

Art. 282[485]

Retentionsverzeichnis

Art. 283 [1] Vermieter und Verpächter von Geschäftsräumen können, auch wenn die Betreibung nicht angehoben ist, zur einstweiligen Wahrung ihres Retentionsrechtes (Art. 268 ff. und 299c OR[486]) die Hilfe des Betreibungsamtes in Anspruch nehmen.[487]

[2] Ist Gefahr im Verzuge, so kann die Hilfe der Polizei oder der Gemeindebehörde nachgesucht werden.

[3] Das Betreibungsamt nimmt ein Verzeichnis der dem Retentionsrecht unterliegenden Gegenstände auf und setzt dem Gläubiger eine Frist zur Anhebung der Betreibung auf Pfandverwertung an.

Rückschaffung von Gegenständen

Art. 284 Wurden Gegenstände heimlich oder gewaltsam fortgeschafft, so können dieselben in den ersten zehn Tagen nach der Fortschaffung mit Hilfe der Polizeigewalt in die vermieteten oder verpachteten Räumlichkeiten zurückgebracht werden. Rechte gutgläubiger Dritter bleiben vorbehalten. Über streitige Fälle entscheidet der Richter.[488]

---

485 Aufgehoben durch Ziff. II Art. 3 des BG vom 15. Dez. 1989 über die Änderung des OR (Miete und Pacht) (AS 1990 802, SchlB zu den Tit. VIII und VIIIbis; BBl 1985 I 1389).

486 SR 220

487 Bereinigt gemäss Ziff. II Art. 3 des BG vom 15. Dez. 1989 über die Änderung des OR (Miete und Pacht), in Kraft seit 1. Juli 1990 (AS 1990 802; BBl 1985 I 1389, SchlB zu den Tit. VIII und VIIIbis).

488 Fassung des dritten Satzes gemäss Anhang 1 Ziff. II 17 der Zivilprozessordnung vom 19. Dez. 2008, in Kraft seit 1. Jan. 2011 (AS 2010 1739; BBl 2006 7221).

Neunter Titel^bis:[489] Besondere Bestimmungen bei Trustverhältnissen

A. Betreibung für Schulden eines Trustvermögens

Art. 284a [1] Haftet für die Schuld das Vermögen eines Trusts im Sinne von Kapitel 9a des Bundesgesetzes vom 18. Dezember 1987[490] über das Internationale Privatrecht (IPRG), so ist die Betreibung gegen einen Trustee als Vertreter des Trusts zu richten.

[2] Betreibungsort ist der Sitz des Trusts nach Artikel 21 Absatz 3 IPRG. Befindet sich der bezeichnete Ort der Verwaltung nicht in der Schweiz, so ist der Trust an dem Ort zu betreiben, an dem er tatsächlich verwaltet wird.

[3] Die Betreibung wird auf Konkurs fortgesetzt. Der Konkurs ist auf das Trustvermögen beschränkt.

B. Konkurs eines Trustees

Art. 284b Im Konkurs eines Trustees wird nach Abzug seiner Ansprüche gegen das Trustvermögen dieses aus der Konkursmasse ausgeschieden.

Zehnter Titel: Anfechtung[491]

A. Grundsätze[491]

Art. 285 [1] Mit der Anfechtung sollen Vermögenswerte der Zwangsvollstreckung zugeführt werden, die ihr durch eine Rechtshandlung nach den Artikeln 286–288 entzogen worden sind.[493]

[2] Zur Anfechtung sind berechtigt:[494]

1.[495] jeder Gläubiger, der einen provisorischen oder definitiven Pfändungsverlustschein erhalten hat;
2. die Konkursverwaltung oder, nach Massgabe der Artikel 260 und 269 Absatz 3, jeder einzelne Konkursgläubiger.

---

489 Eingefügt durch Art. 3 des BB vom 20. Dez. 2006 über die Genehmigung und Umsetzung des Haager Übereink. über das auf Trusts anzuwendende Recht und über ihre Anerkennung, in Kraft seit 1. Juli 2007 (AS 2007 2849; BBl 2006 551).
490 SR 291
491 Fassung gemäss Ziff. I des BG vom 16. Dez. 1994, in Kraft seit 1. Jan. 1997 (AS 1995 1227; BBl 1991 III 1).
492 Fassung gemäss Ziff. I des BG vom 21. Juni 2013, in Kraft seit 1. Jan. 2014 (AS 2013 4111; BBl 2010 6455).
493 Fassung gemäss Ziff. I des BG vom 16. Dez. 1994, in Kraft seit 1. Jan. 1997 (AS 1995 1227; BBl 1991 III 1).
494 Fassung gemäss Ziff. I des BG vom 16. Dez. 1994, in Kraft seit 1. Jan. 1997 (AS 1995 1227; BBl 1991 III 1).
495 Fassung gemäss Ziff. I des BG vom 16. Dez. 1994, in Kraft seit 1. Jan. 1997 (AS 1995 1227; BBl 1991 III 1).

³ Nicht anfechtbar sind Rechtshandlungen, die während einer Nachlassstundung stattgefunden haben, sofern sie von einem Nachlassgericht oder von einem Gläubigerausschuss (Art. 295a) genehmigt worden sind.[496]

B. Arten
1. Schenkungsanfechtung

Art. 286 ¹ Anfechtbar sind mit Ausnahme üblicher Gelegenheitsgeschenke alle Schenkungen und unentgeltlichen Verfügungen, die der Schuldner innerhalb des letzten Jahres vor der Pfändung oder Konkurseröffnung vorgenommen hat.[497]

² Den Schenkungen sind gleichgestellt:
1. Rechtsgeschäfte, bei denen der Schuldner eine Gegenleistung angenommen hat, die zu seiner eigenen Leistung in einem Missverhältnisse steht;
2.[498] Rechtsgeschäfte, durch die der Schuldner für sich oder für einen Dritten eine Leibrente, eine Pfrund, eine Nutzniessung oder ein Wohnrecht erworben hat.

³ Bei der Anfechtung einer Handlung zugunsten einer nahestehenden Person des Schuldners trägt diese die Beweislast dafür, dass kein Missverhältnis zwischen Leistung und Gegenleistung vorliegt. Als nahestehende Personen gelten auch Gesellschaften eines Konzerns.[499]

2. Überschuldungsanfechtung

Art. 287 ¹ Die folgenden Rechtshandlungen sind anfechtbar, wenn der Schuldner sie innerhalb des letzten Jahres vor der Pfändung oder Konkurseröffnung vorgenommen hat und im Zeitpunkt der Vornahme bereits überschuldet war:[500]
1.[501] Bestellung von Sicherheiten für bereits bestehende Verbindlichkeiten, zu deren Sicherstellung der Schuldner nicht schon früher verpflichtet war;
2. Tilgung einer Geldschuld auf andere Weise als durch Barschaft oder durch anderweitige übliche Zahlungsmittel;
3. Zahlung einer nicht verfallenen Schuld.

² Die Anfechtung ist indessen ausgeschlossen, wenn der Begünstigte beweist, dass er die Überschuldung des Schuldners nicht gekannt hat und auch nicht hätte kennen müssen.[502]

³ Die Anfechtung ist insbesondere ausgeschlossen, wenn Effekten, Bucheffekten oder andere an einem repräsentativen Markt gehan-

---

496 Eingefügt durch Ziff. I des BG vom 21. Juni 2013, in Kraft seit 1. Jan. 2014 (AS 2013 4111; BBl 2010 6455).
497 Fassung gemäss Ziff. I des BG vom 16. Dez. 1994, in Kraft seit 1. Jan. 1997 (AS 1995 1227; BBl 1991 III 1).
498 Fassung gemäss Ziff. I des BG vom 16. Dez. 1994, in Kraft seit 1. Jan. 1997 (AS 1995 1227; BBl 1991 III 1).
499 Eingefügt durch Ziff. I des BG vom 21. Juni 2013, in Kraft seit 1. Jan. 2014 (AS 2013 4111; BBl 2010 6455).
500 Fassung gemäss Ziff. I des BG vom 16. Dez. 1994, in Kraft seit 1. Jan. 1997 (AS 1995 1227; BBl 1991 III 1).
501 Fassung gemäss Ziff. I des BG vom 16. Dez. 1994, in Kraft seit 1. Jan. 1997 (AS 1995 1227; BBl 1991 III 1).
502 Fassung gemäss Ziff. I des BG vom 16. Dez. 1994, in Kraft seit 1. Jan. 1997 (AS 1995 1227; BBl 1991 III 1).

delte Finanzinstrumente als Sicherheit bestellt wurden und der Schuldner sich bereits früher:
1. verpflichtet hat, die Sicherheit bei Änderungen im Wert der Sicherheit oder im Betrag der gesicherten Verbindlichkeit aufzustocken; oder
2. das Recht einräumen liess, eine Sicherheit durch eine Sicherheit gleichen Werts zu ersetzen.[503]

3. Absichtsanfechtung

Art. 288[504] [1] Anfechtbar sind endlich alle Rechtshandlungen, welche der Schuldner innerhalb der letzten fünf Jahre vor der Pfändung oder Konkurseröffnung in der dem andern Teile erkennbaren Absicht vorgenommen hat, seine Gläubiger zu benachteiligen oder einzelne Gläubiger zum Nachteil anderer zu begünstigen.

[2] Bei der Anfechtung einer Handlung zugunsten einer nahestehenden Person des Schuldners trägt diese die Beweislast dafür, dass sie die Benachteiligungsabsicht nicht erkennen konnte. Als nahestehende Personen gelten auch Gesellschaften eines Konzerns.[505]

4. Berechnung der Fristen

Art. 288a[506] Bei den Fristen der Artikel 286–288 werden nicht mitberechnet:
1. die Dauer einer vorausgegangenen Nachlassstundung;
2. bei der konkursamtlichen Liquidation einer Erbschaft die Zeit zwischen dem Todestag und der Anordnung der Liquidation;
3. die Dauer der vorausgegangenen Betreibung.

C. Anfechtungsklage
1. Gerichtsstand

Art. 289[507] Die Anfechtungsklage ist beim Richter am Wohnsitz des Beklagten einzureichen. Hat der Beklagte keinen Wohnsitz in der Schweiz, so kann die Klage beim Richter am Ort der Pfändung oder des Konkurses eingereicht werden.

2. Passivlegitimation

Art. 290[508] Die Anfechtungsklage richtet sich gegen die Personen, die mit dem Schuldner die anfechtbaren Rechtsgeschäfte abgeschlossen haben oder von ihm in anfechtbarer Weise begünstigt worden sind, sowie gegen ihre Erben oder andere Gesamtnachfolger und gegen bösgläubige Dritte. Die Rechte gutgläubiger Dritter werden durch die Anfechtungsklage nicht berührt.

---

503 Eingefügt durch Anhang Ziff. 4 des Bucheffektengesetzes vom 3. Okt. 2008, in Kraft seit 1. Jan. 2010 (AS 2009 3577; BBl 2006 9315).
504 Fassung gemäss Ziff. I des BG vom 16. Dez. 1994, in Kraft seit 1. Jan. 1997 (AS 1995 1227; BBl 1991 III 1).
505 Eingefügt durch Ziff. I des BG vom 21. Juni 2013, in Kraft seit 1. Jan. 2014 (AS 2013 4111; BBl 2010 6455).
506 Eingefügt durch Ziff. I des BG vom 16. Dez. 1994 (AS 1995 1227; BBl 1991 III 1). Fassung gemäss Ziff. I des BG vom 21. Juni 2013, in Kraft seit 1. Jan. 2014 (AS 2013 4111; BBl 2010 6455).
507 Fassung gemäss Ziff. I des BG vom 16. Dez. 1994, in Kraft seit 1. Jan. 1997 (AS 1995 1227; BBl 1991 III 1).
508 Fassung gemäss Ziff. I des BG vom 16. Dez. 1994, in Kraft seit 1. Jan. 1997 (AS 1995 1227; BBl 1991 III 1).

D. Wirkung

Art. 291 [1] Wer durch eine anfechtbare Rechtshandlung Vermögen des Schuldners erworben hat, ist zur Rückgabe desselben verpflichtet. Die Gegenleistung ist zu erstatten, soweit sie sich noch in den Händen des Schuldners befindet oder dieser durch sie bereichert ist. Darüber hinaus kann ein Anspruch nur als Forderung gegen den Schuldner geltend gemacht werden.

[2] Bestand die anfechtbare Rechtshandlung in der Tilgung einer Forderung, so tritt dieselbe mit der Rückerstattung des Empfangenen wieder in Kraft.

[3] Der gutgläubige Empfänger einer Schenkung ist nur bis zum Betrag seiner Bereicherung zur Rückerstattung verpflichtet.

E. Verjährung

Art. 292[509] Das Anfechtungsrecht verjährt:
1. nach Ablauf von zwei Jahren seit Zustellung des Pfändungsverlustscheins (Art. 285 Abs. 2 Ziff. 1);
2. nach Ablauf von zwei Jahren seit der Konkurseröffnung (Art. 285 Abs. 2 Ziff. 2);
3. nach Ablauf von zwei Jahren seit Bestätigung des Nachlassvertrages mit Vermögensabtretung.

Elfter Titel:[510] Nachlassverfahren

I. Nachlassstundung

A. Einleitung

Art. 293[511] Das Nachlassverfahren wird eingeleitet durch:
a. ein Gesuch des Schuldners mit folgenden Beilagen: eine aktuelle Bilanz, eine Erfolgsrechnung und eine Liquiditätsplanung oder entsprechende Unterlagen, aus denen die derzeitige und künftige Vermögens-, Ertrags- oder Einkommenslage des Schuldners ersichtlich ist, sowie ein provisorischer Sanierungsplan;
b. ein Gesuch eines Gläubigers, der berechtigt wäre, ein Konkursbegehren zu stellen;
c. die Überweisung der Akten nach Artikel 173a Absatz 2.

B. Provisorische Stundung
1. Bewilligung

Art. 293a[512] [1] Das Nachlassgericht bewilligt unverzüglich eine provisorische Stundung und trifft von Amtes wegen weitere Mass-

---

509 Fassung gemäss Ziff. I des BG vom 21. Juni 2013, in Kraft seit 1. Jan. 2014 (AS 2013 4111; BBl 2010 6455).
510 Fassung gemäss Ziff. I des BG vom 16. Dez. 1994, in Kraft seit 1. Jan. 1997 (AS 1995 1227; BBl 1991 III 1).
511 Fassung gemäss Ziff. I des BG vom 21. Juni 2013, in Kraft seit 1. Jan. 2014 (AS 2013 4111; BBl 2010 6455).
512 Eingefügt durch Ziff. I des BG vom 21. Juni 2013, in Kraft seit 1. Jan. 2014 (AS 2013 4111; BBl 2010 6455).

nahmen, die zur Erhaltung des schuldnerischen Vermögens notwendig sind. Die provisorische Stundung kann vom Nachlassgericht auf Antrag verlängert werden.

² Die Gesamtdauer der provisorischen Nachlassstundung darf vier Monate nicht überschreiten.

³ Besteht offensichtlich keine Aussicht auf Sanierung oder Bestätigung eines Nachlassvertrages, so eröffnet das Nachlassgericht von Amtes wegen den Konkurs.

2. Provisorischer Sachwalter

Art. 293b[513] ¹ Zur näheren Prüfung der Aussicht auf Sanierung oder Bestätigung eines Nachlassvertrages setzt das Nachlassgericht einen oder mehrere provisorische Sachwalter ein. Artikel 295 gilt sinngemäss.

² In begründeten Fällen kann von der Einsetzung eines Sachwalters abgesehen werden.

3. Wirkungen der provisorischen Stundung

Art. 293c[514] ¹ Die provisorische Stundung hat die gleichen Wirkungen wie eine definitive Stundung.

² In begründeten Fällen kann auf die öffentliche Bekanntmachung bis zur Beendigung der provisorischen Stundung verzichtet werden, sofern der Schutz Dritter gewährleistet ist und ein entsprechender Antrag vorliegt. In einem solchen Fall:
a. unterbleibt die Mitteilung an die Ämter;
b. kann gegen den Schuldner eine Betreibung eingeleitet, nicht aber fortgesetzt werden;
c. tritt die Rechtsfolge von Artikel 297 Absatz 4 nur und erst dann ein, wenn die provisorische Stundung dem Zessionar mitgeteilt wird;
d. ist ein provisorischer Sachwalter einzusetzen.

4. Rechtsmittel

Art. 293d[515] Die Bewilligung der provisorischen Stundung und die Einsetzung des provisorischen Sachwalters sind nicht anfechtbar.

C. Definitive Stundung
1. Verhandlung und Entscheid

Art. 294[516] ¹ Ergibt sich während der provisorischen Stundung, dass Aussicht auf Sanierung oder Bestätigung eines Nachlassvertrages besteht, so bewilligt das Nachlassgericht die Stundung definitiv für weitere vier bis sechs Monate; es entscheidet von Amtes wegen vor Ablauf der provisorischen Stundung.

---

513 Eingefügt durch Ziff. I des BG vom 21. Juni 2013, in Kraft seit 1. Jan. 2014 (AS 2013 4111; BBl 2010 6455).
514 Eingefügt durch Ziff. I des BG vom 21. Juni 2013, in Kraft seit 1. Jan. 2014 (AS 2013 4111; BBl 2010 6455).
515 Eingefügt durch Ziff. I des BG vom 21. Juni 2013, in Kraft seit 1. Jan. 2014 (AS 2013 4111; BBl 2010 6455).
516 Fassung gemäss Ziff. I des BG vom 21. Juni 2013, in Kraft seit 1. Jan. 2014 (AS 2013 4111; BBl 2010 6455).

² Der Schuldner und gegebenenfalls der antragstellende Gläubiger sind vorgängig zu einer Verhandlung vorzuladen. Der provisorische Sachwalter erstattet mündlich oder schriftlich Bericht. Das Gericht kann weitere Gläubiger anhören.

³ Besteht keine Aussicht auf Sanierung oder Bestätigung eines Nachlassvertrages, so eröffnet das Gericht von Amtes wegen den Konkurs.

2. Sachwalter

Art. 295[517] ¹ Das Nachlassgericht ernennt einen oder mehrere Sachwalter.

² Dem Sachwalter stehen insbesondere folgende Aufgaben zu:
a. er entwirft den Nachlassvertrag, sofern dies erforderlich ist;
b. er überwacht die Handlungen des Schuldners;
c. er erfüllt die in den Artikeln 298–302 und 304 bezeichneten Aufgaben;
d. er erstattet auf Anordnung des Nachlassgerichts Zwischenberichte und orientiert die Gläubiger über den Verlauf der Stundung.

³ Das Nachlassgericht kann dem Sachwalter weitere Aufgaben zuweisen.

3. Gläubigerausschuss

Art. 295a[518] ¹ Wo es die Umstände erfordern, setzt das Nachlassgericht einen Gläubigerausschuss ein; verschiedene Gläubigerkategorien müssen darin angemessen vertreten sein.

² Der Gläubigerausschuss beaufsichtigt den Sachwalter; er kann ihm Empfehlungen erteilen und wird von ihm regelmässig über den Stand des Verfahrens orientiert.

³ Der Gläubigerausschuss erteilt anstelle des Nachlassgerichts die Ermächtigung zu Geschäften nach Artikel 298 Absatz 2.

4. Verlängerung der Stundung

Art. 295b[519] ¹ Auf Antrag des Sachwalters kann die Stundung auf zwölf, in besonders komplexen Fällen auf höchstens 24 Monate verlängert werden.

² Bei einer Verlängerung über zwölf Monate hinaus hat der Sachwalter eine Gläubigerversammlung einzuberufen, welche vor Ablauf des neunten Monats seit Bewilligung der definitiven Stundung stattfinden muss. Artikel 301 gilt sinngemäss.

³ Der Sachwalter orientiert die Gläubiger über den Stand des Verfahrens und die Gründe der Verlängerung. Die Gläubiger können einen Gläubigerausschuss und einzelne Mitglieder neu einsetzen oder

---

517 Fassung gemäss Ziff. I des BG vom 21. Juni 2013, in Kraft seit 1. Jan. 2014 (AS 2013 4111; BBl 2010 6455).
518 Eingefügt durch Ziff. I des BG vom 21. Juni 2013, in Kraft seit 1. Jan. 2014 (AS 2013 4111; BBl 2010 6455).
519 Eingefügt durch Ziff. I des BG vom 21. Juni 2013, in Kraft seit 1. Jan. 2014 (AS 2013 4111; BBl 2010 6455).

abberufen sowie einen neuen Sachwalter bestimmen. Artikel 302 Absatz 2 gilt sinngemäss.

5. Rechtsmittel

Art. 295c[520] [1] Der Schuldner und die Gläubiger können den Entscheid des Nachlassgerichts mit Beschwerde nach der ZPO[521] anfechten.

[2] Der Beschwerde gegen die Bewilligung der Nachlassstundung kann keine aufschiebende Wirkung erteilt werden.

6. Öffentliche Bekanntmachung

Art. 296[522] Die Bewilligung der Stundung wird durch das Nachlassgericht öffentlich bekannt gemacht und dem Betreibungs-, dem Handelsregister- und dem Grundbuchamt unverzüglich mitgeteilt. Die Nachlassstundung ist spätestens zwei Tage nach Bewilligung im Grundbuch anzumerken.

7. Aufhebung

Art. 296a[523] [1] Gelingt die Sanierung vor Ablauf der Stundung, so hebt das Nachlassgericht die Nachlassstundung von Amtes wegen auf. Artikel 296 gilt sinngemäss.

[2] Der Schuldner und gegebenenfalls der antragstellende Gläubiger sind zu einer Verhandlung vorzuladen. Der Sachwalter erstattet mündlich oder schriftlich Bericht. Das Gericht kann weitere Gläubiger anhören.

[3] Der Entscheid über die Aufhebung kann mit Beschwerde nach der ZPO[524] angefochten werden.

8. Konkurseröffnung

Art. 296b[525] Vor Ablauf der Stundung wird der Konkurs von Amtes wegen eröffnet, wenn:
a. dies zur Erhaltung des schuldnerischen Vermögens erforderlich ist;
b. offensichtlich keine Aussicht mehr auf Sanierung oder Bestätigung eines Nachlassvertrages besteht; oder
c. der Schuldner Artikel 298 oder den Weisungen des Sachwalters zuwiderhandelt.

D. Wirkungen der Stundung

1. Auf die Rechte der Gläubiger

Art. 297[526] [1] Während der Stundung kann gegen den Schuldner eine Betreibung weder eingeleitet noch fortgesetzt werden. Ausgenommen ist die Betreibung auf Pfandverwertung für grundpfand-

---

520 Eingefügt durch Ziff. I des BG vom 21. Juni 2013, in Kraft seit 1. Jan. 2014 (AS 2013 4111; BBl 2010 6455).
521 SR 272
522 Fassung gemäss Ziff. I des BG vom 21. Juni 2013, in Kraft seit 1. Jan. 2014 (AS 2013 4111; BBl 2010 6455).
523 Eingefügt durch Ziff. I des BG vom 21. Juni 2013, in Kraft seit 1. Jan. 2014 (AS 2013 4111; BBl 2010 6455).
524 SR 272
525 Eingefügt durch Ziff. I des BG vom 21. Juni 2013, in Kraft seit 1. Jan. 2014 (AS 2013 4111; BBl 2010 6455).
526 Fassung gemäss Ziff. I des BG vom 21. Juni 2013, in Kraft seit 1. Jan. 2014 (AS 2013 4111; BBl 2010 6455).

gesicherte Forderungen; die Verwertung des Grundpfandes bleibt dagegen ausgeschlossen.

² Für gepfändete Vermögensstücke gilt Artikel 199 Absatz 2 sinngemäss.

³ Für Nachlassforderungen sind der Arrest und andere Sicherungsmassnahmen ausgeschlossen.

⁴ Wurde vor der Bewilligung der Nachlassstundung die Abtretung einer künftigen Forderung vereinbart, entfaltet diese Abtretung keine Wirkung, wenn die Forderung erst nach der Bewilligung der Nachlassstundung entsteht.

⁵ Mit Ausnahme dringlicher Fälle werden Zivilprozesse und Verwaltungsverfahren über Nachlassforderungen sistiert.

⁶ Verjährungs- und Verwirkungsfristen stehen still.

⁷ Mit der Bewilligung der Stundung hört gegenüber dem Schuldner der Zinsenlauf für alle nicht pfandgesicherten Forderungen auf, sofern der Nachlassvertrag nichts anderes bestimmt.

⁸ Für die Verrechnung gelten die Artikel 213 und 214. An die Stelle der Konkurseröffnung tritt die Bewilligung der Stundung.

⁹ Artikel 211 Absatz 1 gilt sinngemäss, sofern und sobald der Sachwalter der Vertragspartei die Umwandlung der Forderung mitteilt.

2. Auf Dauerschuldverhältnisse des Schuldners

Art. 297a[527] Der Schuldner kann mit Zustimmung des Sachwalters ein Dauerschuldverhältnis unter Entschädigung der Gegenpartei jederzeit auf einen beliebigen Zeitpunkt kündigen, sofern andernfalls der Sanierungszweck vereitelt würde; die Entschädigung gilt als Nachlassforderung. Vorbehalten bleiben die besonderen Bestimmungen über die Auflösung von Arbeitsverträgen.

3. Auf die Verfügungsbefugnis des Schuldners

Art. 298[528] ¹ Der Schuldner kann seine Geschäftstätigkeit unter Aufsicht des Sachwalters fortsetzen. Das Nachlassgericht kann jedoch anordnen, dass gewisse Handlungen rechtsgültig nur unter Mitwirkung des Sachwalters vorgenommen werden können, oder den Sachwalter ermächtigen, die Geschäftsführung anstelle des Schuldners zu übernehmen.

² Ohne Ermächtigung des Nachlassgerichts oder des Gläubigerausschusses können während der Stundung nicht mehr in rechtsgültiger Weise Teile des Anlagevermögens veräussert oder belastet, Pfänder bestellt, Bürgschaften eingegangen oder unentgeltliche Verfügungen getroffen werden.

---

527 Eingefügt durch Ziff. I des BG vom 21. Juni 2013, in Kraft seit 1. Jan. 2014 (AS 2013 4111; BBl 2010 6455).
528 Fassung gemäss Ziff. I des BG vom 21. Juni 2013, in Kraft seit 1. Jan. 2014 (AS 2013 4111; BBl 2010 6455).

³ Vorbehalten bleiben die Rechte gutgläubiger Dritter.

⁴ Handelt der Schuldner dieser Bestimmung oder den Weisungen des Sachwalters zuwider, so kann das Nachlassgericht auf Anzeige des Sachwalters dem Schuldner die Verfügungsbefugnis über sein Vermögen entziehen oder von Amtes wegen den Konkurs eröffnen.

E. Stundungsverfahren[528]

1. Inventar und Pfandschätzung[529]

Art. 299 ¹ Der Sachwalter nimmt sofort nach seiner Ernennung ein Inventar über sämtliche Vermögensbestandteile des Schuldners auf und schätzt sie.

² Der Sachwalter legt den Gläubigern die Verfügung über die Pfandschätzung zur Einsicht auf; er teilt sie vor der Gläubigerversammlung den Pfandgläubigern und dem Schuldner schriftlich mit.

³ Jeder Beteiligte kann innert zehn Tagen beim Nachlassgericht gegen Vorschuss der Kosten eine neue Pfandschätzung verlangen. Hat ein Gläubiger eine Neuschätzung beantragt, so kann er vom Schuldner nur dann Ersatz der Kosten beanspruchen, wenn die frühere Schätzung wesentlich abgeändert wurde.

2. Schuldenruf

Art. 300 ¹ Der Sachwalter fordert durch öffentliche Bekanntmachung (Art. 35 und 296) die Gläubiger auf, ihre Forderungen innert eines Monats einzugeben, mit der Androhung, dass sie im Unterlassungsfall bei den Verhandlungen über den Nachlassvertrag nicht stimmberechtigt sind. Jedem Gläubiger, dessen Name und Wohnort bekannt sind, stellt der Sachwalter ein Exemplar der Bekanntmachung durch uneingeschriebenen Brief zu.[531]

² Der Sachwalter holt die Erklärung des Schuldners über die eingegebenen Forderungen ein.

3. Einberufung der Gläubigerversammlung

Art. 301 ¹ Sobald der Entwurf des Nachlassvertrages erstellt ist, beruft der Sachwalter durch öffentliche Bekanntmachung eine Gläubigerversammlung ein mit dem Hinweis, dass die Akten während 20 Tagen vor der Versammlung eingesehen werden können. Die öffentliche Bekanntmachung muss mindestens einen Monat vor der Versammlung erfolgen.

² Jedem Gläubiger, dessen Name und Wohnort bekannt sind, stellt der Sachwalter ein Exemplar der Bekanntmachung durch uneingeschriebenen Brief zu.[532]

Art. 301a–301d *Aufgehoben*

---

529 Fassung gemäss Ziff. I des BG vom 21. Juni 2013, in Kraft seit 1. Jan. 2014 (AS 2013 4111; BBl 2010 6455).
530 Fassung gemäss Ziff. I des BG vom 21. Juni 2013, in Kraft seit 1. Jan. 2014 (AS 2013 4111; BBl 2010 6455).
531 Fassung gemäss Ziff. I des BG vom 21. Juni 2013, in Kraft seit 1. Jan. 2014 (AS 2013 4111; BBl 2010 6455).
532 Fassung gemäss Ziff. I des BG vom 21. Juni 2013, in Kraft seit 1. Jan. 2014 (AS 2013 4111; BBl 2010 6455).

E. Gläubigerversammlung[532]

Art. 302 [1] In der Gläubigerversammlung leitet der Sachwalter die Verhandlungen; er erstattet Bericht über die Vermögens-, Ertrags- oder Einkommenslage des Schuldners.

[2] Der Schuldner ist gehalten, der Versammlung beizuwohnen, um ihr auf Verlangen Aufschlüsse zu erteilen.

[3] Der Entwurf des Nachlassvertrags wird den versammelten Gläubigern zur unterschriftlichen Genehmigung vorgelegt.

[4] *Aufgehoben*

G. Rechte gegen Mitverpflichtete[533]

Art. 303 [1] Ein Gläubiger, welcher dem Nachlassvertrag nicht zugestimmt hat, wahrt sämtliche Rechte gegen Mitschuldner, Bürgen und Gewährspflichtige (Art. 216).

[2] Ein Gläubiger, welcher dem Nachlassvertrag zugestimmt hat, wahrt seine Rechte gegen die genannten Personen, sofern er ihnen mindestens zehn Tage vor der Gläubigerversammlung deren Ort und Zeit mitgeteilt und ihnen die Abtretung seiner Forderung gegen Zahlung angeboten hat (Art. 114, 147, 501 OR[535]).

[3] Der Gläubiger kann auch, unbeschadet seiner Rechte, Mitschuldner, Bürgen und Gewährspflichtige ermächtigen, an seiner Stelle über den Beitritt zum Nachlassvertrag zu entscheiden.

H. Sachwalterbericht; öffentliche Bekanntmachung der Verhandlung vor dem Nachlassgericht[535]

Art. 304 [1] Vor Ablauf der Stundung unterbreitet der Sachwalter dem Nachlassgericht alle Aktenstücke. Er orientiert in seinem Bericht über bereits erfolgte Zustimmungen und empfiehlt die Bestätigung oder Ablehnung des Nachlassvertrages.

[2] Das Nachlassgericht trifft beförderlich seinen Entscheid.

[3] Ort und Zeit der Verhandlung werden öffentlich bekanntgemacht. Den Gläubigern ist dabei anzuzeigen, dass sie ihre Einwendungen gegen den Nachlassvertrag in der Verhandlung anbringen können.

II. Allgemeine Bestimmungen über den Nachlassvertrag

A. Annahme durch die Gläubiger

Art. 305 [1] Der Nachlassvertrag ist angenommen, wenn ihm bis zum Bestätigungsentscheid zugestimmt hat:
a. die Mehrheit der Gläubiger, die zugleich mindestens zwei Drittel des Gesamtbetrages der Forderungen vertreten; oder

---

533 Fassung gemäss Ziff. I des BG vom 21. Juni 2013, in Kraft seit 1. Jan. 2014 (AS 2013 4111; BBl 2010 6455).
534 Fassung gemäss Ziff. I des BG vom 21. Juni 2013, in Kraft seit 1. Jan. 2014 (AS 2013 4111; BBl 2010 6455).
535 SR 220
536 Fassung gemäss Ziff. I des BG vom 21. Juni 2013, in Kraft seit 1. Jan. 2014 (AS 2013 4111; BBl 2010 6455).

b. ein Viertel der Gläubiger, die mindestens drei Viertel des Gesamtbetrages der Forderungen vertreten.[537]

² Die privilegierten Gläubiger, der Ehegatte, die eingetragene Partnerin oder der eingetragene Partner des Schuldners werden weder für ihre Person noch für ihre Forderung mitgerechnet. Pfandgesicherte Forderungen zählen nur zu dem Betrag mit, der nach der Schätzung des Sachwalters ungedeckt ist.[538]

³ Das Nachlassgericht entscheidet, ob und zu welchem Betrage bedingte Forderungen und solche mit ungewisser Verfallzeit sowie bestrittene Forderungen mitzuzählen sind. Dem gerichtlichen Entscheide über den Rechtsbestand der Forderungen wird dadurch nicht vorgegriffen.[539]

B. Bestätigungsentscheid
1. Voraussetzungen

Art. 306[540] ¹ Die Bestätigung des Nachlassvertrages wird an folgende Voraussetzungen geknüpft:

1. Der Wert der angebotenen Leistungen muss im richtigen Verhältnis zu den Möglichkeiten des Schuldners stehen; bei deren Beurteilung kann das Nachlassgericht auch Anwartschaften des Schuldners berücksichtigen.
2. Die vollständige Befriedigung der angemeldeten privilegierten Gläubiger sowie die Erfüllung der während der Stundung mit Zustimmung des Sachwalters eingegangenen Verbindlichkeiten müssen hinlänglich sichergestellt sein, soweit nicht einzelne Gläubiger ausdrücklich auf die Sicherstellung ihrer Forderung verzichten; Artikel 305 Absatz 3 gilt sinngemäss.
3. Bei einem ordentlichen Nachlassvertrag (Art. 314 Abs. 1) müssen die Anteilsinhaber einen angemessenen Sanierungsbeitrag leisten.

² Das Nachlassgericht kann eine ungenügende Regelung auf Antrag oder von Amtes wegen ergänzen.

2. Einstellung der Verwertung von Grundpfändern

Art. 306a ¹ Das Nachlassgericht kann auf Begehren des Schuldners die Verwertung eines als Pfand haftenden Grundstückes für eine vor Einleitung des Nachlassverfahrens entstandene Forderung auf höchstens ein Jahr nach Bestätigung des Nachlassvertrages einstellen, sofern nicht mehr als ein Jahreszins der Pfandschuld aussteht. Der Schuldner muss indessen glaubhaft machen, dass er das Grundstück zum Betrieb seines Gewerbes nötig hat und dass er durch die Verwertung in seiner wirtschaftlichen Existenz gefährdet würde.

---

537 Fassung gemäss Ziff. I des BG vom 21. Juni 2013, in Kraft seit 1. Jan. 2014 (AS 2013 4111; BBl 2010 6455).
538 Fassung gemäss Anhang Ziff. 16 des Partnerschaftsgesetzes vom 18. Juni 2004, in Kraft seit 1. Jan. 2007 (AS 2005 5685; BBl 2003 1288).
539 BS 3 3
540 Fassung gemäss Ziff. I des BG vom 21. Juni 2013, in Kraft seit 1. Jan. 2014 (AS 2013 4111; BBl 2010 6455).

² Den betroffenen Pfandgläubigern ist vor der Verhandlung über die Bestätigung des Nachlassvertrages (Art. 304) Gelegenheit zur schriftlichen Vernehmlassung zu geben; sie sind zur Gläubigerversammlung (Art. 302) und zur Verhandlung vor dem Nachlassgericht persönlich vorzuladen.

³ Die Einstellung der Verwertung fällt von Gesetzes wegen dahin, wenn der Schuldner das Pfand freiwillig veräussert, wenn er in Konkurs gerät oder wenn er stirbt.

⁴ Das Nachlassgericht widerruft die Einstellung der Verwertung auf Antrag eines betroffenen Gläubigers und nach Anhörung des Schuldners, wenn der Gläubiger glaubhaft macht, dass:
1. der Schuldner sie durch unwahre Angaben gegenüber dem Nachlassgericht erwirkt hat; oder
2. der Schuldner zu neuem Vermögen oder Einkommen gelangt ist, woraus er die Schuld, für die er betrieben ist, ohne Gefährdung seiner wirtschaftlichen Existenz bezahlen kann; oder
3. durch die Verwertung des Grundpfandes die wirtschaftliche Existenz des Schuldners nicht mehr gefährdet wird.

3. Weiterziehung

Art. 307[541] ¹ Der Entscheid über den Nachlassvertrag kann mit Beschwerde nach der ZPO[542] angefochten werden.

² Die Beschwerde hat aufschiebende Wirkung, sofern die Rechtsmittelinstanz nichts anderes verfügt.

4. Mitteilung und öffentliche Bekanntmachung

Art. 308[543] ¹ Der Entscheid über den Nachlassvertrag wird, sobald er vollstreckbar ist:
a. unverzüglich dem Betreibungs-, dem Konkurs- und dem Grundbuchamt und, sofern der Schuldner im Handelsregister eingetragen ist, unverzüglich auch dem Handelsregisteramt mitgeteilt;
b. öffentlich bekanntgemacht.

² Mit der Vollstreckbarkeit des Entscheids fallen die Wirkungen der Stundung dahin.

C. Wirkungen
1. Ablehnung

Art. 309[544] Wird der Nachlassvertrag abgelehnt, so eröffnet das Nachlassgericht den Konkurs von Amtes wegen.

2. Bestätigung
a. Verbindlichkeit für die Gläubiger

Art. 310[545] ¹ Der bestätigte Nachlassvertrag ist für sämtliche Gläubiger verbindlich, deren Forderungen vor der Bewilligung der Stun-

---

541 Fassung gemäss Ziff. I des BG vom 21. Juni 2013, in Kraft seit 1. Jan. 2014 (AS 2013 4111; BBl 2010 6455).
542 SR 272
543 Fassung gemäss Ziff. I des BG vom 21. Juni 2013, in Kraft seit 1. Jan. 2014 (AS 2013 4111; BBl 2010 6455).
544 Fassung gemäss Ziff. I des BG vom 21. Juni 2013, in Kraft seit 1. Jan. 2014 (AS 2013 4111; BBl 2010 6455).
545 Fassung gemäss Ziff. I des BG vom 21. Juni 2013, in Kraft seit 1. Jan. 2014 (AS 2013 4111; BBl 2010 6455).

dung oder seither ohne Zustimmung des Sachwalters entstanden sind (Nachlassforderungen). Ausgenommen sind die Pfandforderungen, soweit sie durch das Pfand gedeckt sind.

² Die während der Stundung mit Zustimmung des Sachwalters eingegangenen Verbindlichkeiten verpflichten in einem Nachlassvertrag mit Vermögensabtretung oder in einem nachfolgenden Konkurs die Masse. Gleiches gilt für Gegenforderungen aus einem Dauerschuldverhältnis, soweit der Schuldner mit Zustimmung des Sachwalters daraus Leistungen in Anspruch genommen hat.

b. Dahinfallen der Betreibungen

Art. 311 Mit der Bestätigung des Nachlassvertrages fallen alle vor der Stundung gegen den Schuldner eingeleiteten Betreibungen mit Ausnahme derjenigen auf Pfandverwertung dahin; Artikel 199 Absatz 2 gilt sinngemäss.

c. Nichtigkeit von Nebenversprechen

Art. 312 Jedes Versprechen, durch welches der Schuldner einem Gläubiger mehr zusichert als ihm gemäss Nachlassvertrag zusteht, ist nichtig (Art. 20 OR[546]).

D. Widerruf des Nachlassvertrages

Art. 313 ¹ Jeder Gläubiger kann beim Nachlassgericht den Widerruf eines auf unredliche Weise zustandegekommenen Nachlassvertrages verlangen (Art. 20, 28, 29 OR[547]).

² Die Artikel 307–309 finden sinngemässe Anwendung.

III. Ordentlicher Nachlassvertrag

A. Inhalt

Art. 314 ¹ Im Nachlassvertrag ist anzugeben, wieweit die Gläubiger auf ihre Forderungen verzichten und wie die Verpflichtungen des Schuldners erfüllt und allenfalls sichergestellt werden.

¹bis Die Nachlassdividende kann ganz oder teilweise aus Anteils- oder Mitgliedschaftsrechten an der Schuldnerin oder an einer Auffanggesellschaft bestehen.[548]

² Dem ehemaligen Sachwalter oder einem Dritten können zur Durchführung und zur Sicherstellung der Erfüllung des Nachlassvertrages Überwachungs-, Geschäftsführungs- und Liquidationsbefugnisse übertragen werden.

---

546 SR 220
547 SR 220
548 Eingefügt durch Ziff. I des BG vom 21. Juni 2013, in Kraft seit 1. Jan. 2014 (AS 2013 4111; BBl 2010 6455).

B. Bestrittene Forderungen

Art. 315 ¹ Das Nachlassgericht setzt bei der Bestätigung des Nachlassvertrages den Gläubigern mit bestrittenen Forderungen eine Frist von 20 Tagen zur Einreichung der Klage am Ort des Nachlassverfahrens, unter Androhung des Verlustes der Sicherstellung der Dividende im Unterlassungsfall.

² Der Schuldner hat auf Anordnung des Nachlassgerichts die auf bestrittene Forderungen entfallenden Beträge bis zur Erledigung des Prozesses bei der Depositenanstalt zu hinterlegen.

C. Aufhebung des Nachlassvertrages gegenüber einem Gläubiger

Art. 316 ¹ Wird einem Gläubiger gegenüber der Nachlassvertrag nicht erfüllt, so kann er beim Nachlassgericht für seine Forderung die Aufhebung des Nachlassvertrages verlangen, ohne seine Rechte daraus zu verlieren.

² Artikel 307 findet sinngemäss Anwendung.

IV. Nachlassvertrag mit Vermögensabtretung

A. Begriff

Art. 317 ¹ Durch den Nachlassvertrag mit Vermögensabtretung kann den Gläubigern das Verfügungsrecht über das schuldnerische Vermögen eingeräumt oder dieses Vermögen einem Dritten ganz oder teilweise abgetreten werden.

² Die Gläubiger üben ihre Rechte durch die Liquidatoren und durch einen Gläubigerausschuss aus. Diese werden von der Versammlung gewählt, die sich zum Nachlassvertrag äussert. Sachwalter können Liquidatoren sein.

B. Inhalt

Art. 318 ¹ Der Nachlassvertrag enthält Bestimmungen über:
1. den Verzicht der Gläubiger auf den bei der Liquidation oder durch den Erlös aus der Abtretung des Vermögens nicht gedeckten Forderungsbetrag oder die genaue Ordnung eines Nachforderungsrechts;
2. die Bezeichnung der Liquidatoren und die Anzahl der Mitglieder des Gläubigerausschusses sowie die Abgrenzung der Befugnisse derselben;
3. die Art und Weise der Liquidation, soweit sie nicht im Gesetz geordnet ist, sowie die Art und die Sicherstellung der Durchführung dieser Abtretung, sofern das Vermögen an einen Dritten abgetreten wird;
4. die neben den amtlichen Blättern für die Gläubiger bestimmten Publikationsorgane.[549]

---

549 Fassung gemäss Ziff. I des BG vom 21. Juni 2013, in Kraft seit 1. Jan. 2014 (AS 2013 4111; BBl 2010 6455).

¹ᵇⁱˢ Die Nachlassdividende kann ganz oder teilweise aus Anteils- oder Mitgliedschaftsrechten an der Schuldnerin oder an einer Auffanggesellschaft bestehen.[550]

² Wird nicht das gesamte Vermögen des Schuldners in das Verfahren einbezogen, so ist im Nachlassvertrag eine genaue Ausscheidung vorzunehmen.

C. Wirkungen der Bestätigung

Art. 319 ¹ Mit der rechtskräftigen Bestätigung des Nachlassvertrages mit Vermögensabtretung erlöschen das Verfügungsrecht des Schuldners und die Zeichnungsbefugnis der bisher Berechtigten.

² Ist der Schuldner im Handelsregister eingetragen, so ist seiner Firma der Zusatz «in Nachlassliquidation» beizufügen. Die Masse kann unter dieser Firma für nicht vom Nachlassvertrag betroffene Verbindlichkeiten betrieben werden.

³ Die Liquidatoren haben alle zur Erhaltung und Verwertung der Masse sowie zur allfälligen Übertragung des abgetretenen Vermögens gehörenden Geschäfte vorzunehmen.

⁴ Die Liquidatoren vertreten die Masse vor Gericht. Artikel 242 gilt sinngemäss.

D. Stellung der Liquidatoren

Art. 320 ¹ Die Liquidatoren unterstehen der Aufsicht und Kontrolle des Gläubigerausschusses.

² Gegen die Anordnungen der Liquidatoren über die Verwertung der Aktiven kann binnen zehn Tagen seit Kenntnisnahme beim Gläubigerausschuss Einsprache erhoben und gegen die bezüglichen Verfügungen des Gläubigerausschusses bei der Aufsichtsbehörde Beschwerde geführt werden.

³ Im übrigen gelten für die Geschäftsführung der Liquidatoren die Artikel 8–11, 14, 34 und 35 sinngemäss.

E. Feststellung der teilnahmeberechtigten Gläubiger

Art. 321 ¹ Zur Feststellung der am Liquidationsergebnis teilnehmenden Gläubiger und ihrer Rangstellung wird ohne nochmaligen Schuldenruf gestützt auf die Geschäftsbücher des Schuldners und die erfolgten Eingaben von den Liquidatoren ein Kollokationsplan erstellt und zur Einsicht der Gläubiger aufgelegt.

² Die Artikel 244–251 gelten sinngemäss.

F. Verwertung
1. Im allgemeinen

Art. 322 ¹ Die Aktiven werden in der Regel durch Eintreibung oder Verkauf der Forderungen, durch freihändigen Verkauf oder öffentliche Versteigerung der übrigen Vermögenswerte einzeln oder gesamthaft verwertet.

---

550 Eingefügt durch Ziff. I des BG vom 21. Juni 2013, in Kraft seit 1. Jan. 2014 (AS 2013 4111; BBl 2010 6455).

² Die Liquidatoren bestimmen im Einverständnis mit dem Gläubigerausschuss die Art und den Zeitpunkt der Verwertung.

2. Verpfändete Grundstücke

Art. 323 Mit Ausnahme der Fälle, in denen das Vermögen einem Dritten abgetreten wurde, können Grundstücke, auf denen Pfandrechte lasten, freihändig nur mit Zustimmung der Pfandgläubiger verkauft werden, deren Forderungen durch den Kaufpreis nicht gedeckt sind. Andernfalls sind die Grundstücke durch öffentliche Versteigerung zu verwerten (Art. 134–137, 142, 143, 257 und 258). Für Bestand und Rang der auf den Grundstücken haftenden Belastungen (Dienstbarkeiten, Grundlasten, Grundpfandrechte und vorgemerkte persönliche Rechte) ist der Kollokationsplan massgebend (Art. 321).

3. Faustpfänder

Art. 324 ¹ Die Pfandgläubiger mit Faustpfandrechten sind nicht verpflichtet, ihr Pfand an die Liquidatoren abzuliefern. Sie sind, soweit keine im Nachlassvertrag enthaltene Stundung entgegensteht, berechtigt, die Faustpfänder in dem ihnen gut scheinenden Zeitpunkt durch Betreibung auf Pfandverwertung zu liquidieren oder, wenn sie dazu durch den Pfandvertrag berechtigt waren, freihändig oder börsenmässig zu verwerten.

² Erfordert es jedoch das Interesse der Masse, dass ein Pfand verwertet wird, so können die Liquidatoren dem Pfandgläubiger eine Frist von mindestens sechs Monaten setzen, innert der er das Pfand verwerten muss. Sie fordern ihn gleichzeitig auf, ihnen das Pfand nach unbenutztem Ablauf der für die Verwertung gesetzten Frist abzuliefern, und weisen ihn auf die Straffolge (Art. 324 Ziff. 4 StGB[551]) sowie darauf hin, dass sein Vorzugsrecht erlischt, wenn er ohne Rechtfertigung das Pfand nicht abliefert.

4. Abtretung von Ansprüchen an die Gläubiger

Art. 325 Verzichten Liquidatoren und Gläubigerausschuss auf die Geltendmachung eines bestrittenen oder schwer einbringlichen Anspruches, der zum Massevermögen gehört, wie namentlich eines Anfechtungsanspruches oder einer Verantwortlichkeitsklage gegen Organe oder Angestellte des Schuldners, so haben sie davon die Gläubiger durch Rundschreiben oder öffentliche Bekanntmachung in Kenntnis zu setzen und ihnen die Abtretung des Anspruches zur eigenen Geltendmachung gemäss Artikel 260 anzubieten.

G. Verteilung
1. Verteilungsliste

Art. 326 Vor jeder, auch bloss provisorischen, Abschlagszahlung haben die Liquidatoren den Gläubigern einen Auszug aus der Verteilungsliste zuzustellen und diese während zehn Tagen aufzulegen. Die

---

[551] SR 311.0

Verteilungsliste unterliegt während der Auflagefrist der Beschwerde an die Aufsichtsbehörde.

2. Pfandausfallforderungen

Art. 327 ¹ Die Pfandgläubiger, deren Pfänder im Zeitpunkt der Auflage der vorläufigen Verteilungsliste schon verwertet sind, nehmen an einer Abschlagsverteilung mit dem tatsächlichen Pfandausfall teil. Dessen Höhe wird durch die Liquidatoren bestimmt, deren Verfügung nur durch Beschwerde gemäss Artikel 326 angefochten werden kann.

² Ist das Pfand bei der Auflegung der vorläufigen Verteilungsliste noch nicht verwertet, so ist der Pfandgläubiger mit der durch die Schätzung des Sachwalters festgestellten mutmasslichen Ausfallforderung zu berücksichtigen. Weist der Pfandgläubiger nach, dass der Pfanderlös unter der Schätzung geblieben ist, so hat er Anspruch auf entsprechende Dividende und Abschlagszahlung.

³ Soweit der Pfandgläubiger durch den Pfanderlös und allfällig schon bezogene Abschlagszahlungen auf dem geschätzten Ausfall eine Überdeckung erhalten hat, ist er zur Herausgabe verpflichtet.

3. Schlussrechnung

Art. 328 Gleichzeitig mit der endgültigen Verteilungsliste ist auch eine Schlussrechnung, inbegriffen diejenige über die Kosten, aufzulegen.

4. Hinterlegung

Art. 329 ¹ Beträge, die nicht innert der von den Liquidatoren festzusetzenden Frist erhoben werden, sind bei der Depositenanstalt zu hinterlegen.

² Nach Ablauf von zehn Jahren nicht erhobene Beträge sind vom Konkursamt zu verteilen; Artikel 269 ist sinngemäss anwendbar.

H. Rechenschaftsbericht

Art. 330 ¹ Die Liquidatoren erstellen nach Abschluss des Verfahrens einen Schlussbericht. Dieser muss dem Gläubigerausschuss zur Genehmigung unterbreitet, dem Nachlassgericht eingereicht und den Gläubigern zur Einsicht aufgelegt werden.

² Zieht sich die Liquidation über mehr als ein Jahr hin, so sind die Liquidatoren verpflichtet, auf Ende jedes Kalenderjahres einen Status über das liquidierte und das noch nicht verwertete Vermögen aufzustellen sowie einen Bericht über ihre Tätigkeit zu erstatten. Status und Bericht sind in den ersten zwei Monaten des folgenden Jahres durch Vermittlung des Gläubigerausschusses dem Nachlassgericht einzureichen und zur Einsicht der Gläubiger aufzulegen.

I. Anfechtung von Rechtshandlungen

Art. 331 [1] Die vom Schuldner vor der Bestätigung des Nachlassvertrages vorgenommenen Rechtshandlungen unterliegen der Anfechtung nach den Grundsätzen der Artikel 285–292.

[2] Massgebend für die Berechnung der Fristen nach den Artikeln 286–288 ist anstelle der Pfändung oder Konkurseröffnung die Bewilligung der Nachlassstundung.[552]

[3] Soweit Anfechtungsansprüche der Masse zur ganzen oder teilweisen Abweisung von Forderungen führen, sind die Liquidatoren zur einredeweisen Geltendmachung befugt und verpflichtet.

V. Nachlassvertrag im Konkurs

Art. 332 [1] Der Schuldner oder ein Gläubiger kann einen Nachlassvertrag vorschlagen. Die Konkursverwaltung begutachtet den Vorschlag zuhanden der Gläubigerversammlung. Die Verhandlung über denselben findet frühestens in der zweiten Gläubigerversammlung statt.[553]

[2] Die Artikel 302–307 und 310–331 gelten sinngemäss. An die Stelle des Sachwalters tritt jedoch die Konkursverwaltung. Die Verwertung wird eingestellt, bis das Nachlassgericht über die Bestätigung des Nachlassvertrages entschieden hat.

[3] Der Entscheid über den Nachlassvertrag wird der Konkursverwaltung mitgeteilt. Lautet derselbe auf Bestätigung, so beantragt die Konkursverwaltung beim Konkursgerichte den Widerruf des Konkurses.

VI. Einvernehmliche private Schuldenbereinigung

1. Antrag des Schuldners

Art. 333 [1] Ein Schuldner, der nicht der Konkursbetreibung unterliegt, kann beim Nachlassgericht die Durchführung einer einvernehmlichen privaten Schuldenbereinigung beantragen.

[2] Der Schuldner hat in seinem Gesuch seine Schulden sowie seine Einkommens- und Vermögensverhältnisse darzulegen.

2. Stundung. Ernennung eines Sachwalters

Art. 334 [1] Erscheint eine Schuldenbereinigung mit den Gläubigern nicht von vornherein als ausgeschlossen, und sind die Kosten des Verfahrens sichergestellt, so gewährt das Nachlassgericht dem Schuldner

---

552 Fassung gemäss Ziff. I des BG vom 21. Juni 2013, in Kraft seit 1. Jan. 2014 (AS 2013 4111; BBl 2010 6455).
553 Fassung gemäss Ziff. I des BG vom 21. Juni 2013, in Kraft seit 1. Jan. 2014 (AS 2013 4111; BBl 2010 6455).

eine Stundung von höchstens drei Monaten und ernennt einen Sachwalter.

² Auf Antrag des Sachwalters kann die Stundung auf höchstens sechs Monate verlängert werden. Sie kann vorzeitig widerrufen werden, wenn eine einvernehmliche Schuldenbereinigung offensichtlich nicht herbeigeführt werden kann.

³ Während der Stundung kann der Schuldner nur für periodische familienrechtliche Unterhalts- und Unterstützungsbeiträge betrieben werden. Die Fristen nach den Artikeln 88, 93 Absatz 2, 116 und 154 stehen still.

⁴ Der Entscheid des Nachlassgerichts wird den Gläubigern mitgeteilt; Artikel 294 Absätze 3 und 4[554] gilt sinngemäss.

| 3. Aufgaben des Sachwalters | **Art. 335** ¹ Der Sachwalter unterstützt den Schuldner beim Erstellen eines Bereinigungsvorschlags. Der Schuldner kann darin seinen Gläubigern insbesondere eine Dividende anbieten oder sie um Stundung der Forderungen oder um andere Zahlungs- oder Zinserleichterungen ersuchen.

² Der Sachwalter führt mit den Gläubigern Verhandlungen über den Bereinigungsvorschlag des Schuldners.

³ Das Nachlassgericht kann den Sachwalter beauftragen, den Schuldner bei der Erfüllung der Vereinbarung zu überwachen.

4. Verhältnis zur Nachlassstundung

Art. 336 In einem nachfolgenden Nachlassverfahren wird die Dauer der Stundung nach den Artikeln 333 ff. auf die Dauer der Nachlassstundung angerechnet.

---

554 Heute: Art. 295c.

Zwölfter Titel:[555] Notstundung

A. Anwendbarkeit

Art. 337 Die Bestimmungen dieses Titels können unter ausserordentlichen Verhältnissen, insbesondere im Falle einer andauernden wirtschaftlichen Krise, von der Kantonsregierung mit Zustimmung des Bundes für die von diesen Verhältnissen in Mitleidenschaft gezogenen Schuldner eines bestimmten Gebietes und auf eine bestimmte Dauer anwendbar erklärt werden.

B. Bewilligung
1. Voraussetzungen

Art. 338 [1] Ein Schuldner, der ohne sein Verschulden infolge der in Artikel 337 genannten Verhältnisse ausserstande ist, seine Verbindlichkeiten zu erfüllen, kann vom Nachlassgericht eine Notstundung von höchstens sechs Monaten verlangen, sofern die Aussicht besteht, dass er nach Ablauf dieser Stundung seine Gläubiger voll wird befriedigen können.

[2] Der Schuldner hat zu diesem Zwecke mit einem Gesuche an das Nachlassgericht die erforderlichen Nachweise über seine Vermögenslage zu erbringen und ein Verzeichnis seiner Gläubiger einzureichen; er hat ferner alle vom Nachlassgericht verlangten Aufschlüsse zu geben und die sonstigen Urkunden vorzulegen, die von ihm noch gefordert werden.

[3] Unterliegt der Schuldner der Konkursbetreibung, so hat er überdies dem Gesuche eine Bilanz und seine Geschäftsbücher beizulegen.

[4] Nach Einreichung des Gesuches kann das Nachlassgericht durch einstweilige Verfügung die hängigen Betreibungen einstellen, ausgenommen für die in Artikel 342 bezeichneten Forderungen. Es entscheidet, ob und wieweit die Zeit der Einstellung auf die Dauer der Notstundung anzurechnen ist.

2. Entscheid

Art. 339 [1] Das Nachlassgericht macht die allfällig noch notwendigen Erhebungen und ordnet sodann, wenn das Gesuch sich nicht ohne weiteres als unbegründet erweist, eine Verhandlung an, zu der sämtliche Gläubiger durch öffentliche Bekanntmachung eingeladen werden: nötigenfalls sind Sachverständige beizuziehen.

[2] Weist das vom Schuldner eingereichte Gläubigerverzeichnis nur eine verhältnismässig kleine Zahl von Gläubigern auf und wird es vom Nachlassgericht als glaubwürdig erachtet, so kann es von einer öffentlichen Bekanntmachung absehen und die Gläubiger, Bürgen und Mitschuldner durch persönliche Benachrichtigung vorladen.

---

555 Eingefügt durch Ziff. IV des BG vom 3. April 1924 (AS 40 391; BBl 1921 I 507). Fassung gemäss Ziff. I des BG vom 16. Dez. 1994, in Kraft seit 1. Jan. 1997 (AS 1995 1227; BBl 1991 III 1).

Notstundung | Art. 343 **SchKG** | 17

³ Die Gläubiger können vor der Verhandlung die Akten einsehen und ihre Einwendungen gegen das Gesuch auch schriftlich anbringen.

⁴ Das Nachlassgericht trifft beförderlich seinen Entscheid. Es kann in der Stundungsbewilligung dem Schuldner die Leistung einer oder mehrerer Abschlagszahlungen auferlegen.

3. Beschwerde[555]

Art. 340 ¹ Der Schuldner und jeder Gläubiger können den Entscheid mit Beschwerde nach der ZPO[557] anfechten.[558]

² Zur Verhandlung sind der Schuldner und diejenigen Gläubiger vorzuladen, die an der erstinstanzlichen Verhandlung anwesend oder vertreten waren.

³ Eine vom Nachlassgericht bewilligte Notstundung besitzt Wirksamkeit bis zum endgültigen Entscheid der Rechtsmittelinstanz.[559]

4. Sichernde Massnahmen

Art. 341 ¹ Das Nachlassgericht ordnet spätestens bei Bewilligung der Notstundung die Aufnahme eines Güterverzeichnisses an. Für dieses gelten die Artikel 163 und 164 sinngemäss. Das Nachlassgericht kann weitere Verfügungen zur Wahrung der Rechte der Gläubiger treffen.

² Bei Bewilligung der Stundung kann es einen Sachwalter mit der Überwachung der Geschäftsführung des Schuldners beauftragen.

5. Mitteilung des Entscheides

Art. 342 Die Bewilligung der Stundung wird dem Betreibungsamt und, falls der Schuldner der Konkursbetreibung unterliegt, dem Konkursgerichte mitgeteilt. Sie wird öffentlich bekanntgemacht, sobald sie rechtskräftig geworden ist.

C. Wirkungen der Notstundung
1. Auf Betreibungen und Fristen

Art. 343 ¹ Während der Dauer der Stundung können Betreibungen gegen den Schuldner angehoben und bis zur Pfändung oder Konkursandrohung fortgesetzt werden. Gepfändete Lohnbeträge sind auch während der Stundung einzufordern. Dasselbe gilt für Miet- und Pachtzinse, sofern auf Grund einer vor oder während der Stundung angehobenen Betreibung auf Pfandverwertung die Pfandhaft sich auf diese Zinse erstreckt. Dagegen darf einem Verwertungs- oder einem Konkursbegehren keine Folge gegeben werden.

² Die Fristen der Artikel 116, 154, 166, 188, 219, 286, 287 und 288 verlängern sich um die Dauer der Stundung. Ebenso erstreckt sich

---

556 Fassung gemäss Anhang 1 Ziff. II 17 der Zivilprozessordnung vom 19. Dez. 2008, in Kraft seit 1. Jan. 2011 (AS 2010 1739; BBl 2006 7221).
557 SR 272
558 Fassung gemäss Anhang 1 Ziff. II 17 der Zivilprozessordnung vom 19. Dez. 2008, in Kraft seit 1. Jan. 2011 (AS 2010 1739; BBl 2006 7221).
559 Fassung gemäss Anhang 1 Ziff. II 17 der Zivilprozessordnung vom 19. Dez. 2008, in Kraft seit 1. Jan. 2011 (AS 2010 1739; BBl 2006 7221).

die Haftung des Grundpfandes für die Zinsen der Grundpfandschuld (Art. 818 Abs. 1 Ziff. 3 ZGB[560]) um die Dauer der Stundung.

2. Auf die Verfügungsbefugnis des Schuldners
a. Im allgemeinen

Art. 344 Dem Schuldner ist die Fortführung seines Geschäftes gestattet; doch darf er während der Dauer der Stundung keine Rechtshandlungen vornehmen, durch welche die berechtigten Interessen der Gläubiger beeinträchtigt oder einzelne Gläubiger zum Nachteil anderer begünstigt werden.

b. Kraft Verfügung des Nachlassgerichts

Art. 345 [1] Das Nachlassgericht kann in der Stundungsbewilligung verfügen, dass die Veräusserung oder Belastung von Grundstücken, die Bestellung von Pfändern, das Eingehen von Bürgschaften, die Vornahme unentgeltlicher Verfügungen sowie die Leistung von Zahlungen auf Schulden, die vor der Stundung entstanden sind, rechtsgültig nur mit Zustimmung des Sachwalters oder, wenn kein solcher bestellt ist, des Nachlassgerichts stattfinden kann. Diese Zustimmung ist jedoch nicht erforderlich für die Zahlung von Schulden der zweiten Klasse nach Artikel 219 Absatz 4 sowie für Abschlagszahlungen nach Artikel 339 Absatz 4.

[2] Fügt das Nachlassgericht der Stundungsbewilligung diesen Vorbehalt bei, so ist er in die öffentliche Bekanntmachung aufzunehmen, und es ist die Stundung im Grundbuch als Verfügungsbeschränkung anzumerken.

3. Nicht betroffene Forderungen

Art. 346 [1] Die Stundung bezieht sich nicht auf Forderungen unter 100 Franken und auf Forderungen der ersten Klasse (Art. 219 Abs. 4).

[2] Doch ist für diese Forderungen während der Dauer der Stundung auch gegen den der Konkursbetreibung unterstehenden Schuldner nur die Betreibung auf Pfändung oder auf Pfandverwertung möglich.

D. Verlängerung

Art. 347 [1] Innerhalb der Frist nach Artikel 337 kann das Nachlassgericht auf Ersuchen des Schuldners die ihm gewährte Stundung für höchstens vier Monate verlängern, wenn die Gründe, die zu ihrer Bewilligung geführt haben, ohne sein Verschulden noch fortdauern.

[2] Der Schuldner hat zu diesem Zweck dem Nachlassgericht mit seinem Gesuch eine Ergänzung des Gläubigerverzeichnisses und, wenn er der Konkursbetreibung unterliegt, eine neue Bilanz einzureichen.

[3] Das Nachlassgericht gibt den Gläubigern durch öffentliche Bekanntmachung von dem Verlängerungsbegehren Kenntnis und setzt ihnen eine Frist an, binnen welcher sie schriftlich Einwendungen gegen das Gesuch erheben können. Wurde ein Sachwalter bezeichnet, so ist er zum Bericht einzuladen.

---

[560] SR 210

⁴ Nach Ablauf der Frist trifft das Nachlassgericht seinen Entscheid. Dieser unterliegt der Weiterziehung wie die Notstundung und ist wie diese bekannt zu machen.

⁵ Das obere kantonale Nachlassgericht entscheidet auf Grund der Akten.

E. Widerruf

Art. 348 ¹ Die Stundung ist auf Antrag eines Gläubigers oder des Sachwalters vom Nachlassgericht zu widerrufen:
1. wenn der Schuldner die ihm auferlegten Abschlagszahlungen nicht pünktlich leistet;
2. wenn er den Weisungen des Sachwalters zuwiderhandelt oder die berechtigten Interessen der Gläubiger beeinträchtigt oder einzelne Gläubiger zum Nachteil anderer begünstigt;
3. wenn ein Gläubiger den Nachweis erbringt, dass die vom Schuldner dem Nachlassgericht gemachten Angaben falsch sind, oder dass er imstande ist, alle seine Verbindlichkeiten zu erfüllen.

² Über den Antrag ist der Schuldner mündlich oder schriftlich einzuvernehmen. Das Nachlassgericht entscheidet nach Vornahme der allfällig noch notwendigen Erhebungen auf Grund der Akten, ebenso die Rechtsmittelinstanz im Fall der Beschwerde.[561] Der Widerruf der Stundung wird wie die Bewilligung bekanntgemacht.

³ Wird die Stundung nach Ziffer 2 oder 3 widerrufen, so kann weder eine Nachlassstundung noch eine weitere Notstundung bewilligt werden.

F. Verhältnis zur Nachlassstundung

Art. 349 ¹ Will der Schuldner während der Notstundung einen Nachlassvertrag vorschlagen, so ist der Nachlassvertragsentwurf mit allen Aktenstücken und mit dem Gutachten des Sachwalters vor Ablauf der Stundung einzureichen.

² Nach Ablauf der Notstundung kann der Schuldner während eines halben Jahres weder eine Nachlassstundung noch eine weitere Notstundung verlangen.

³ Der Schuldner, der ein Gesuch um Notstundung zurückgezogen hat oder dessen Gesuch abgewiesen ist, kann vor Ablauf eines halben Jahres keine Notstundung mehr verlangen.

Art. 350[562]

---

561 Fassung des zweiten Satzes gemäss Anhang 1 Ziff. II 17 der Zivilprozessordnung vom 19. Dez. 2008, in Kraft seit 1. Jan. 2011 (AS 2010 1739; BBl 2006 7221).
562 Aufgehoben durch Ziff. I des BG vom 21. Juni 2013, mit Wirkung seit 1. Jan. 2014 (AS 2013 4111; BBl 2010 6455).

Dreizehnter Titel:[563] [564] Schlussbestimmungen

A. Inkrafttreten

Art. 351 [1] Dieses Gesetz tritt mit dem 1. Januar 1892 in Kraft.

[2] Der Artikel 333 tritt schon mit der Aufnahme des Gesetzes in die eidgenössische Gesetzessammlung in Kraft.

[3] Mit dem Inkrafttreten dieses Gesetzes werden alle demselben entgegenstehenden Vorschriften sowohl eidgenössischer als auch kantonaler Gesetze, Verordnungen und Konkordate aufgehoben, soweit nicht durch die folgenden Artikel etwas anderes bestimmt wird.

B. Bekanntmachung

Art. 352 Der Bundesrat wird beauftragt, gemäss den Bestimmungen des Bundesgesetzes vom 17. Juni 1874[565] betreffend Volksabstimmung über Bundesgesetze und Bundesbeschlüsse, die Bekanntmachung dieses Gesetzes zu veranstalten.

Schlussbestimmungen der Änderung vom 16. Dezember 1994[566]

A. Ausführungsbestimmungen

Art. 1 Der Bundesrat, das Bundesgericht und die Kantone erlassen die Ausführungsbestimmungen.

B. Übergangsbestimmungen

Art. 2 [1] Die Verfahrensvorschriften dieses Gesetzes und seine Ausführungsbestimmungen sind mit ihrem Inkrafttreten auf hängige Verfahren anwendbar, soweit sie mit ihnen vereinbar sind.

[2] Für die Länge von Fristen, die vor dem Inkrafttreten dieses Gesetzes zu laufen begonnen haben, gilt das bisherige Recht.

[3] Die im bisherigen Recht enthaltenen Privilegien (Art. 146 und 219) gelten weiter, wenn vor dem Inkrafttreten dieses Gesetzes der Konkurs eröffnet oder die Pfändung vollzogen worden ist.

[4] Der privilegierte Teil der Frauengutsforderung wird in folgenden Fällen in einer besonderen Klasse zwischen der zweiten und der dritten Klasse kolloziert:
a. wenn die Ehegatten weiter unter Güterverbindung oder externer Gütergemeinschaft nach den Artikeln 211 und 224 ZGB[567] in der Fassung von 1907 leben;

---

563 Nummerierung gemäss Ziff. V des BG vom 3. April 1924, in Kraft seit 1. Jan. 1925 (AS 40 391; BBl 1921 I 507).
564 Fassung gemäss Ziff. I des BG vom 16. Dez. 1994, in Kraft seit 1. Jan. 1997 (AS 1995 1227; BBl 1991 III 1).
565 [BS 1 173; AS 1962 789 Art. 11 Abs. 3. AS 1978 688 Art. 89 Bst. b]
566 AS 1995 1227; BBl 1991 III 1
567 SR 210

b. wenn die Ehegatten unter Errungenschaftsbeteiligung nach Artikel 9*c* des Schlusstitels zum ZGB in der Fassung von 1984 leben.

⁵ Die Verjährung der vor Inkrafttreten dieses Gesetzes durch Verlustschein verurkundeten Forderungen beginnt mit dem Inkrafttreten dieses Gesetzes zu laufen.

C. Referendum **Art. 3** Dieses Gesetz untersteht dem fakultativen Referendum.

D. Inkrafttreten **Art. 4** Der Bundesrat bestimmt das Inkrafttreten.

Schlussbestimmung zur Änderung vom 24. März 2000[568]

Die im bisherigen Recht enthaltenen Privilegien (Art. 146 und 219) gelten weiter, wenn vor dem Inkrafttreten dieses Gesetzes der Konkurs eröffnet, die Pfändung vollzogen oder die Nachlassstundung bewilligt worden ist.

Schlussbestimmung der Änderung vom 19. Dezember 2003[569]

Die Privilegien des bisherigen Rechts gelten weiter, wenn vor dem Inkrafttreten dieser Änderung der Konkurs eröffnet, die Pfändung vollzogen oder die Nachlassstundung bewilligt worden ist.

Schlussbestimmung zur Änderung vom 17. Juni 2005[570,571]

Die Ausführungsverordnungen des Bundesgerichts bleiben in Kraft, soweit sie dem neuen Recht inhaltlich nicht widersprechen und solange der Bundesrat nichts anderes bestimmt.

---

568 AS 2000 2531; BBl 1999 9126 9547
569 AS 2004 4031; BBl 2003 6369 6377
570 Berichtigt von der Redaktionskommission der BVers (Art. 58 Abs. 1 ParlG; SR 171.10).
571 AS 2006 1205; BBl 2001 4202

Übergangsbestimmung der Änderung vom 18. Juni 2010[572]

Die Privilegien des bisherigen Rechts gelten weiter, wenn vor dem Inkrafttreten dieser Änderung der Konkurs eröffnet, die Pfändung vollzogen oder die Nachlassstundung bewilligt worden ist.

Übergangsbestimmung zur Änderung vom 21. Juni 2013[573]

Wurde das Gesuch um Nachlassstundung vor dem Inkrafttreten der Änderung vom 21. Juni 2013 eingereicht, so gilt für das Nachlassverfahren das bisherige Recht.

---

572 AS 2010 4921; BBl 2009 7979 7989
573 AS 2013 4111; BBl 2010 6455

17a. Bundesgesetz über Schuldbetreibung und Konkurs (SchKG)

Änderung vom 16. Dezember 2016*

Die Bundesversammlung der Schweizerischen Eidgenossenschaft,

nach Einsicht in den Bericht der Kommission für Rechtsfragen des Nationalrates vom 19. Februar 2015[1]
und in die Stellungnahme des Bundesrates vom 1. Juli 2015[2],

beschliesst:

I

Das Bundesgesetz vom 11. April 1889[3] über Schuldbetreibung und Konkurs wird wie folgt geändert:

Art. 8a Abs. 3 Bst. d

[3] Die Ämter geben Dritten von einer Betreibung keine Kenntnis, wenn:

d. der Schuldner nach Ablauf einer Frist von drei Monaten seit der Zustellung des Zahlungsbefehls ein entsprechendes Gesuch gestellt hat, sofern der Gläubiger nach Ablauf einer vom Betreibungsamt angesetzten Frist von 20 Tagen den Nachweis nicht erbringt, dass rechtzeitig ein Verfahren zur Beseitigung des Rechtsvorschlages (Art. 79–84) eingeleitet wurde; wird dieser Nachweis nachträglich erbracht oder wird die Betreibung fortgesetzt, wird sie Dritten wieder zur Kenntnis gebracht.

B. Vorlage der Beweismittel

Art. 73

[1] Der Schuldner kann jederzeit nach Einleitung der Betreibung verlangen, dass der Gläubiger aufgefordert wird, die Beweismittel für seine Forderung zusammen mit einer Übersicht über alle gegenüber dem Schuldner fälligen Ansprüche beim Betreibungsamt zur Einsicht vorzulegen.

[2] Die Aufforderung hat keine Auswirkung auf laufende Fristen. Falls der Gläubiger der Aufforderung nicht oder nicht rechtzeitig nach-

---

* BBl 2016 8897. Die Referendumspflicht für dieses Gesetz ist am 7. April 2017 unbenützt abgelaufen. Der Bundesrat bestimmt das Inkrafttreten.
1 BBl 2015 3209
2 BBl 2015 5785
3 SR 281.1

gekommen ist, berücksichtigt das Gericht beim Entscheid über die Prozesskosten in einem nachfolgenden Rechtsstreit den Umstand, dass der Schuldner die Beweismittel nicht hat einsehen können.

Art. 85a Abs. 1

[1] Ungeachtet eines allfälligen Rechtsvorschlages kann der Betriebene jederzeit vom Gericht des Betreibungsortes feststellen lassen, dass die Schuld nicht oder nicht mehr besteht oder gestundet ist.

II

[1] Dieses Gesetz untersteht dem fakultativen Referendum.

[2] Der Bundesrat bestimmt das Inkrafttreten.

Nationalrat, 16. Dezember 2016   Ständerat, 16. Dezember 2016

Der Präsident: Jürg Stahl   Die Präsidentin: Ivo Bischofberger
Der Sekretär: Pierre-Hervé   Die Sekretärin: Martina Buol
             Freléchoz

Datum der Veröffentlichung: 28. Dezember 2016[4]

Ablauf der Referendumsfrist: 7. April 2017

---

4 BBl 2016 8897

18. Verordnung betreffend die Oberaufsicht über Schuldbetreibung und Konkurs
(OAV-SchKG)

vom 22. November 2006

Der Schweizerische Bundesrat,

gestützt auf Artikel 15 Absatz 2 des Bundesgesetzes vom 11. April 1889[1] über Schuldbetreibung und Konkurs (SchKG),

verordnet:

Art. 1 Zuständige Behörde

Das Bundesamt für Justiz übt die Oberaufsicht über Schuldbetreibung und Konkurs aus. Die Dienststelle für Oberaufsicht SchKG ist zur selbstständigen Erledigung folgender Geschäfte ermächtigt:

a. Erlass von Weisungen, Kreisschreiben und Empfehlungen an die kantonalen Aufsichtsbehörden, die Betreibungs- und Konkursämter und die ausseramtlichen Vollstreckungsorgane zur korrekten und einheitlichen Anwendung des SchKG;

b. Erstellen von Mustervorlagen für die in den Betreibungs- und Konkursverfahren zu verwendenden Formulare;

c. Inspektion der kantonalen Aufsichtsbehörden, der Betreibungs- und Konkursämter und der ausseramtlichen Vollstreckungsorgane.

Art. 2 Berichterstattung

Die kantonalen Aufsichtsbehörden berichten dem Bundesamt für Justiz mindestens alle zwei Jahre über:

a. die Inspektionen, die sie bei den Betreibungs- und Konkursämtern durchgeführt haben;

b. die Tätigkeit der unteren und der oberen Aufsichtsbehörden samt statistischer Übersicht über die Beschwerden und die Zeit ihrer Erledigung;

c. die Aussprechung von Disziplinarstrafen;

d. ihre Weisungen an die Ämter;

e. die Schwierigkeiten, die sie bei der Anwendung des Gesetzes festgestellt haben.

SR 281.11. AS 2006 5327
[1] SR 281.1

Art. 3 Eidgenössische Kommission für Schuldbetreibung und Konkurs

¹ Die Eidgenössische Kommission für Schuldbetreibung und Konkurs berät das Bundesamt für Justiz in der Ausübung der Oberaufsicht. Die Beratung umfasst namentlich Fragen der Rechtsetzung und der Rechtsanwendung.

² Die Mitglieder werden durch den Bundesrat ernannt. Die Kommission setzt sich aus höchstens 10 Mitgliedern zusammen.[2]

³ Den Vorsitz hat die Leiterin oder der Leiter der Dienststelle für Oberaufsicht SchKG. Diese Dienststelle führt das Sekretariat.

Art. 4 Anwendung bisherigen Rechts

Die bisherigen Verordnungen, Weisungen und Kreisschreiben des Bundesgerichts gelten weiter, soweit sie dieser Verordnung nicht widersprechen beziehungsweise nicht geändert oder aufgehoben werden.

Art. 5 Inkrafttreten

Diese Verordnung tritt am 1. Januar 2007 in Kraft.

---

[2] Fassung gemäss Ziff. I 3.1 der V vom 9. Nov. 2011 (Überprüfung der ausserparlamentarischen Kommissionen), in Kraft seit 1. Jan. 2012 (AS 2011 5227).

18a. Verordnung über die im Betreibungs- und Konkursverfahren zu verwendenden Formulare und Register sowie die Rechnungsführung (VFRR)

vom 5. Juni 1996

Der Schweizerische Bundesrat,

gestützt auf Artikel 15 Absatz 2 des Bundesgesetzes vom 11. April 1889[1]
über Schuldbetreibung und Konkurs (SchKG),[2]

verordnet:

I. Formulare

Art. 1[3] Im Betreibungs- und Konkursverfahren sind die für eine einheitliche Durchführung der Vorschriften des SchKG sowie der zugehörigen Verordnungen erforderlichen Formulare zu verwenden.

Art. 2[4] [1] Die von der Dienststelle für Oberaufsicht SchKG im Bundesamt für Justiz aufgestellten Formulare werden als Mustersammlung in elektronischer Form veröffentlicht.

[2] Die Betreibungs- und Konkursämter können eigene Formulare herstellen und verwenden; diese haben inhaltlich dem jeweiligen Formular der Mustersammlung zu entsprechen.

[3] Die kantonalen Behörden können für ihr Gebiet weitere Formulare aufstellen.

SR 281.31. AS 1996 2877
1 SR 281.1
2 Fassung gemäss Ziff. I der V vom 14. Okt. 2015, in Kraft seit 1. Jan. 2016 (AS 2015 4007 4295).
3 Fassung gemäss Ziff. I der V vom 14. Okt. 2015, in Kraft seit 1. Jan. 2016 (AS 2015 4007).
4 Fassung gemäss Ziff. I der V vom 14. Okt. 2015, in Kraft seit 1. Jan. 2016 (AS 2015 4007).

A. Begehren

Art. 3[5] ¹ Das Eidgenössische Justiz- und Polizeidepartement kann auf dem Verordnungsweg inhaltliche und formale Vorgaben an die vom Gläubiger zu stellenden Begehren erlassen.

¹bis Die Dienststelle für Oberaufsicht SchKG im Bundesamt für Justiz erstellt für die vom Gläubiger zu stellenden Begehren Formulare und veröffentlicht diese in elektronischer Form. Die Verwendung dieser Formulare ist nicht obligatorisch.

² Die Betreibungs- und Konkursämter haben auch die mündlich eingehenden Begehren anzunehmen, sofern diese alle erforderlichen Angaben enthalten. Wird ein Begehren mündlich gestellt, so trägt das Amt es auf ein Formular ein und lässt dieses vom Gläubiger unterschreiben.

Art. 4 ¹ Der Gläubiger hat bei Stellung des Betreibungsbegehrens für die Kosten des Zahlungsbefehls und gegebenenfalls der Miet- und Pachtzinssperre nach Artikel 806 des Zivilgesetzbuches[6] und bei Stellung des Fortsetzungsbegehrens für die Kosten der Pfändung oder der Konkursandrohung den verordnungsgemässen, bei Stellung des Verwertungsbegehrens für die Kosten der Verwertung den vom Amt verlangten Vorschuss zu leisten.

² Der Kostenvorschuss ist in bar oder durch Überweisung auf das Post- oder Bankkonto des Amtes zu leisten.

Art. 5 Formulare für Begehren können bei den Betreibungs- und Konkursämtern zum Selbstkostenpreis bezogen werden.

B. Verfügungen und Verrichtungen der Betreibungs- und Konkursämter

Art. 6 Die Formulare sind von den nach den kantonalen Vorschriften hiezu befugten Beamten oder Angestellten des Betreibungs- bzw. Konkursamtes zu unterzeichnen; es dürfen Faksimilestempel verwendet werden.

Art. 7 Die zur gleichen Betreibung oder Gruppe gehörigen Formulare sind zusammen aufzubewahren.

---

5 Fassung gemäss Ziff. I der V vom 14. Okt. 2015, in Kraft seit 1. Jan. 2016 (AS 2015 4007).
6 SR 210

II. Registerführung

Art. 8 ¹ Für das Betreibungsverfahren werden von den Betreibungsämtern folgende Bücher verwendet:
1. Eingangsregister;
2. Betreibungsbuch;
3. Gruppenbuch;
4. Personenregister;
5. Tagebuch und Agenda;
6. Kassabuch;
7. Kontokorrent.

² Die Bücher können mit Bewilligung der kantonalen Aufsichtsbehörde mittels elektronischer Datenverarbeitung geführt werden.

1. Eingangsregister

Art. 9 ¹ Im Eingangsregister werden in der Reihenfolge und mit dem Datum ihres Eingangs, mit fortlaufender Nummer (Kolonne 1), die eingehenden Betreibungs-, Fortsetzungs- und Verwertungsbegehren eingetragen.

² Fortsetzungs- und Verwertungsbegehren, deren Stellung im Zeitpunkt, wo sie beim Betreibungsamt einlangen, gesetzlich noch nicht zulässig ist, werden nicht eingetragen, sondern dem Einsender mit der Bemerkung: «verfrüht, erst am ... zulässig» zurückgeschickt.

³ Ausgenommen sind solche Begehren, die höchstens zwei Tage zu früh einlangen. Diese werden gleichwohl entgegengenommen und, wie die andern, in der Reihenfolge des Eingangs eingetragen. Dem Eingangsdatum wird in Kolonne 2 (in Bruchform) das Datum des Tages beigefügt, von dem an sie zulässig sind und als gestellt gelten.

⁴ In Kolonne 3 ist die Art des Begehrens durch den Anfangsbuchstaben anzugeben. Es bezeichnet somit:
  B: das Betreibungsbegehren;
  F: das Fortsetzungsbegehren;
  V: das Verwertungsbegehren.

⁵ In Kolonne 4 wird durch ein E angegeben, dass ein Empfangsschein verlangt und ausgestellt worden ist; wurde ein solcher nicht verlangt, so wird dies durch einen horizontalen Strich angedeutet.

⁶ Die Kolonnen 5 und 6 dienen zur Aufnahme des Familiennamens oder der Firma des Schuldners und des Gläubigers.

⁷ In Kolonne 7 wird die Seitennummer des Personenregisters angegeben, auf der jene Namen zu finden sind, und zwar für den Schuldner als Zähler, für den Gläubiger als Nenner.

⁸ In Kolonne 8 endlich wird die Nummer angegeben, unter der die Betreibung im Betreibungsbuch eingetragen ist.

2. Betreibungsbuch

Art. 10 Im Betreibungsbuch werden sämtliche Betreibungen jeder Art in der Reihenfolge des Eingangs des Betreibungsbegehrens eingetragen. Die Kolonnen werden wie folgt ausgefüllt:

Fortlaufende Nummer; darunter, durch einen Anfangsbuchstaben bezeichnet, die Art der Betreibung. Es bezeichnet:
- F: die Betreibung auf Faustpfandverwertung;
- G: die Betreibung auf Grundpfandverwertung;
- W: die Wechselbetreibung;

kein Anfangsbuchstabe: die Betreibung auf Pfändung oder Konkurs.

Name des Schuldners, des Gläubigers und seines allfälligen Bevollmächtigten.

Betrag der Forderung, nebst Höhe des Zinsfusses, Anfang und Ende des Zinsenlaufs und Betrag der Zinsen.

Gebühren. Eingetragen wird auf der ersten Zeile mit I die Summe der Gebühren bis und mit Zustellung des Zahlungsbefehls an den Gläubiger; auf der zweiten Zeile mit II die Summe der aus der Pfändung erwachsenden Gebühren. Die Verwertungsgebühren werden hier (mit III) nur aufgeführt, wenn die Verwertung kein Ergebnis erzielt; andernfalls werden sie auf dem Verwertungsprotokoll direkt in Abzug gebracht.

Kostenvorschüsse. Werden die Kosten in laufender Rechnung mit dem Gläubiger verrechnet, so wird statt einer Summenangabe das Wort «Konto» eingetragen.

Datum des Eingangs des Betreibungsbegehrens.

Datum der Absendung und Zustellung des Zahlungsbefehls; durch Bruchzahl zu bezeichnen, wenn beide Daten nicht zusammenfallen.

Datum des Rechtsvorschlags, wenn ein solcher erfolgt ist. Bei Bestreitung nur eines Teils der Forderung, Angabe des bestrittenen Betrags.

Datum der Übersendung des Zahlungsbefehls an den Gläubiger.

Datum der provisorischen Rechtsöffnung.

Datum der definitiven Rechtsöffnung.

Datum des Eingangs des Begehrens um Fortsetzung der Betreibung.

Auf der ersten Zeile, in Bruchzahl: Datum der Anzeige und des Vollzugs der Pfändung (α).

Auf den folgenden Zeilen: Daten der Pfändungsergänzungen. Datum des Eingangs der Verwertungsbegehren. Wird das Begehren zurückgezogen, so wird das Datum gestrichen; wird ein neues Begehren gestellt, so wird das Datum daruntergesetzt (β).

Datum des Verfalls der letzten Rate im Falle einer Aufschubsbewilligung.

Darunter: Das Datum des Erlöschens der Aufschubsbewilligung, wenn diese wegen nicht rechtzeitiger Zahlung einer Rate dahinfällt (γ).

Datum der Versteigerung. Betrag des etwaigen Ausfalles bei Pfandsteigerung (δ).

Datum der Übersendung der Konkursandrohung.

Angabe der Art der Erledigung der Betreibung, durch einen Anfangsbuchstaben:

Es bedeuten:
- DB = Durchführung mit voller Befriedigung.
- DV = Durchführung mit gänzlichem oder teilweisem Verlust.
- Z = Erlöschen durch Zahlung des Schuldners an das Betreibungsamt.
- E = Erlöschen aus andern Gründen (Abstellung durch den Gläubiger oder Verjährung).
- T = Teilnahme weiterer Gläubiger an der Pfändung und zwar:
  TB mit voller Befriedigung.
  TV mit gänzlichem oder teilweisem Verlust
- K = Konkurs.

Angabe der Seite des Kassabuchs.

Wenn mehrere Gläubiger an der Pfändung teilnehmen: Angabe der betreffenden Seite des Gruppenbuchs. In diesem Falle werden für den ersten Pfändenden die Rubriken β–δ, für die Teilnehmer die Rubriken α–δ leer gelassen und durchgestrichen.

3. Gruppenbuch

Art. 11 [1] Die Führung des Gruppenbuches steht den Betreibungsämtern frei.

[2] Im Gruppenbuch werden die Betreibungen auf Pfändung oder Pfandverwertung eingetragen, bei denen mehrere Gläubiger am Erlös der gleichen Gegenstände teilnehmen.

³ Die Kolonnen enthalten:
- Kolonne 1: Die Nummer der Betreibung im Betreibungsbuch.
- Kolonne 2: Die Namen der am gleichen Erlös teilnehmenden Gläubiger, in der Reihenfolge ihrer Teilnahme oder nach ihrer Rangfolge.
- Kolonne 3: Den Betrag der Forderung sowie Zins und Kosten, wie er auf der Pfändungsurkunde steht.
- Kolonne 4: Den Betrag, wie er sich beim Abschluss der Betreibung ergibt.
- Kolonne 5: Datum des Eingangs des Pfändungsbegehrens.
- Kolonne 6: Datum des Vollzugs und der Ergänzungen der Pfändung.
- Kolonne 7: Zeitpunkt, von dem an die Pfändung definitiv ist. Ist sie von Anfang an definitiv, so wird eingetragen: (seit) Vollzug.
- Kolonne 8: Datum des Eingangs des Verwertungsbegehrens des betreffenden Gläubigers.
- Kolonne 9: Datum, bis zu dem ein Aufschub bewilligt wurde. Fällt der Aufschub vorher dahin, so wird das Datum gestrichen und das Datum des Hinfalls an die Stelle gesetzt.
- Kolonne 10: Datum der Verwertungen.

⁴ In der Kostenrechnung werden alle Kosten eingetragen, die zu Lasten der Gruppe fallen.

⁵ Unter «Abrechnung» wird das Nettoergebnis der Verwertung eingetragen. Davon werden die nebenstehenden Kosten abgezogen. Der Rest, als Nettoerlös der Betreibung, wird je nach Umständen auf die Konti der einzelnen Betreibungen oder auf den Kollokationsplan übertragen.

4. Personenregister

Art. 12 ¹ Ein alphabetisch geordnetes Register der Schuldner und der Gläubiger dient zum Nachschlagen der Betreibungen. Zu jedem Namen werden die Nummern der Betreibungen, in welchen der Betreffende Schuldner oder Gläubiger ist, sowie die Nummer seines Kontokorrents eingetragen.

² Die Führung des Registers der Gläubiger steht den Betreibungsämtern frei.

5. Tagebuch und Agenda

Art. 13 ¹ Im Tagebuch werden die Verrichtungen und Verfügungen des Betreibungsamtes eingetragen, deren Vornahme oder deren genauer Inhalt nicht auf den Registern oder den beim Amt verbleibenden Formularen (Pfändungsurkunde, Verwertungsprotokoll) eingetragen werden kann; in der Agenda werden die Verrichtungen vorgemerkt, die in einem späteren Zeitpunkt vorzunehmen sind.

² Tagebuch und Agenda können verbunden oder getrennt geführt werden, wie es anderseits freisteht, für verschiedene Verrichtungen verschiedene Tagebücher zu führen.

6. Kassabuch

Art. 14 ¹ Im Kassabuch sind im Soll alle Beträge einzutragen, die beim Betreibungsamt eingehen oder von ihm erhoben werden, im Haben alle Beträge, die von ihm ausbezahlt oder der Depositenanstalt übergeben werden.

² Die unter Artikel 8 Absatz 1 Ziffern 4–7 aufgeführten Bücher sind von den Kantonen zu beschaffen.

7. Kontokorrentbuch

Art. 15 ¹ Im Kontokorrentbuch werden, sooft das Bedürfnis sich dafür herausstellt, den einzelnen Gläubigern laufende Rechnungen im Soll und Haben eröffnet.

² Den Kantonen steht es frei, noch weitere Konti führen zu lassen, so namentlich ein Gebührenkonto und ein Auslagenkonto.

III. Rechnungsführung

1. Im Detail

Art. 16 Die Gebühren und Auslagen sind wie folgt einzutragen:
1. alle von der Pfändung verursachten Gebühren und Kosten, auf der Pfändungsurkunde;
2. alle von der Verwertung verursachten Gebühren und Kosten, auf dem Verwertungsprotokoll;
3. alle mit der Verteilung verbundenen Gebühren und Kosten, auf dem Kollokationsplan.

2. Summarisch

Art. 17 ¹ Eine summarische Angabe der Gebühren und Kosten ist einzutragen:
1. im Betreibungsbuch (vgl. oben Art. 10);
2. im Gruppenbuch (vgl. oben Art. 11).

² Die unter den Ziffern 2 und 3 von Artikel 16 erwähnten Gebühren und Kosten werden stets vom Verwertungserlös in Abzug gebracht, und zwar die unter Ziffer 2 sofort nach der Verwertung (auf dem Verwertungsprotokoll), die unter Ziffer 3 bei der Verteilung (auf dem Kollokationsplan).

Art. 18 Bei der Auszahlung des gelösten Betrags oder wenn die Betreibung durch Abstellung seitens des Gläubigers oder durch Verjährung erlischt, wird dem Gläubiger der Betrag, um den sein Kostenvorschuss die zur Betreibung zugerechneten Kosten übersteigen sollte, zurückbezahlt.

IV. Schlussbestimmungen

Art. 19 ¹ Die Verordnung Nr. 1 vom 18. Dezember 1891[7] zum Bundesgesetz über Schuldbetreibung und Konkurs wird aufgehoben.

² Diese Verordnung tritt am 1. Januar 1997 in Kraft.

³ Von diesem Zeitpunkt an sind, soweit das Verfahren nach den neuen Vorschriften durchgeführt wird, ausschliesslich die neuen Formulare zu verwenden.

---

7 [BS 3 86; AS 1971 1163, 1975 1987]

18b. Verordnung des EJPD über die vom Gläubiger zu stellenden Begehren im Schuldbetreibungs- und Konkursverfahren

vom 24. November 2015

Das Eidgenössische Justiz- und Polizeidepartement (EJPD),

gestützt auf Artikel 3 Absatz 1 der Verordnung vom 5. Juni 1996[1] über die im Betreibungs- und Konkursverfahren zu verwendenden Formulare und Register sowie die Rechnungsführung (VFRR),

verordnet:

Art. 1 Gegenstand

[1] Diese Verordnung regelt die formellen Vorgaben an die vom Gläubiger zu stellenden Begehren im Schuldbetreibungs- und Konkursverfahren. Sie regelt ausserdem das Vorgehen der Betreibungs- und Konkursämter in Fällen, in denen eine Gläubigereingabe diesen Vorgaben nicht entspricht.

[2] Für die Anforderungen an die elektronische Übermittlung von Begehren gilt die Verordnung des EJPD vom 9. Februar 2011[2] über die elektronische Übermittlung im Bereich Schuldbetreibung und Konkurs.

Art. 2 Anzahl zulässige Forderungen in einem Begehren

[1] In einem Betreibungsbegehren können höchstens zehn Forderungen geltend gemacht werden. Diese müssen nicht in einem sachlichen Zusammenhang stehen.

[2] Eine Zinsforderung auf einem Teilbetrag der Hauptforderung ist als selbstständige Forderung einzugeben. Bestehen mehrere Zinsforderungen, kann deren mittlerer Zins als eine Zinsforderung geltend gemacht werden.

Art. 3 Inhalt und Umfang des Forderungsgrunds

[1] Für die Angabe der Forderungsurkunde oder des Forderungsgrundes (Art. 67 Abs. 1 Ziff. 4 SchKG) der ersten Forderung (Hauptforderung) stehen 640 Zeichen zur Verfügung.

SR 281.311. AS 2015 5067
1 SR 281.31
2 SR 281.112.1

² Für die Angabe der Forderungsurkunde oder des Forderungsgrundes (Art. 67 Abs. 1 Ziff. 4 SchKG) der zweiten bis und mit der zehnten Forderung stehen jeweils 80 Zeichen zur Verfügung.

Art. 4 Teilzahlungen

¹ Jede Forderung ist als Nettobetrag anzugeben, samt allfälligem Zinssatz und Fälligkeitsdatum in Bezug auf den Nettobetrag.

² Auf allfällige Teilzahlungen kann in der Angabe des Forderungsgrundes hingewiesen werden.

Art. 5 Nichteinhaltung der Vorgaben

¹ Entspricht ein eingehendes Begehren nicht oder nur teilweise den Vorgaben dieser Verordnung, so gibt das Betreibungsamt dem Gläubiger unter Hinweis auf den Mangel Gelegenheit zur Nachbesserung. Das Betreibungsamt kann Vorschläge zur Behebung des Mangels unterbreiten.

² Entspricht das erneute Begehren weiterhin nicht den Vorgaben des Gesetzes und dieser Verordnung, so wird es abgewiesen.

Art. 6 Inkrafttreten

Diese Verordnung tritt am 1. Januar 2016 in Kraft.

19. Verordnung des Bundesgerichts über die Geschäftsführung der Konkursämter (KOV[1])

vom 13. Juli 1911

Das Schweizerische Bundesgericht,

in Anwendung von Artikel 15 des Schuldbetreibungs- und Konkursgesetzes (SchKG)[2,3]

verordnet:

A. Protokoll-, Akten- und Rechnungswesen

I. Allgemeine Bestimmungen

1. Obligatorische Verzeichnisse und Bücher

Art. 1[4] Die Konkursämter haben folgende Verzeichnisse und Bücher zu führen:
1. ein Verzeichnis der Konkurse und Rechtshilfegesuche in Konkursen;
2. ein Kassabuch;
3. ein Kontokorrentbuch;
4. ein Bilanzheft.

2. Obligatorische Formulare

Art. 2 Für folgende, von den Konkursbeamten zu errichtende Aktenstücke sind einheitliche *Formulare* zu verwenden:
1. Konkursprotokoll;
2. Inventar;
3. Verzeichnis der Forderungseingaben;
4. Einladung zur Gläubigerversammlung;
5. Kollokationsplan;
6. Abtretung von Rechtsansprüchen der Masse gemäss Artikel 260 SchKG;
7.[5] Steigerungsanzeigen gemäss Artikel 257 SchKG;

SR 281.32. AS 27 751 und BS 3 161
1 Abkürzung eingefügt durch Ziff. I der V des BGer vom 5. Juni 1996, in Kraft seit 1. Jan. 1997 (AS 1996 2884).
2 SR 281.1
3 Fassung gemäss Ziff. I der V des BGer vom 5. Juni 1996, in Kraft seit 1. Jan. 1997 (AS 1996 2884).
4 Fassung gemäss Ziff. I der V des BGer vom 5. Juni 1996, in Kraft seit 1. Jan. 1997 (AS 1996 2884).
5 Fassung gemäss Ziff. I der V des BGer vom 5. Juni 1996, in Kraft seit 1. Jan. 1997 (AS 1996 2884).

8. Kostenrechnung und Verteilungsliste;
9. Anzeige an die Gläubiger und an den Gemeinschuldner über die Auflegung der Verteilungsliste;
10. Verlustschein;
11. Gebühren- und Auslagenrechnung;
12. ...[6]
13. Bekanntmachungen über die Konkurseröffnung, die Auflegung des Kollokationsplanes, den Konkurswiderruf, die Einstellung und den Schluss des Konkursverfahrens.

3. Muster für Bücher, Verzeichnisse und Formulare

Art. 3 [1] Die in den Artikeln 1 und 2 genannten Bücher, Verzeichnisse und Formulare müssen den im Anhang[7] zu der vorliegenden Verordnung aufgestellten Mustern entsprechen.

[2] Die Kantone können noch weitere Formulare (für Steigerungsprotokolle, Anzeigen u. dgl.) gestatten oder vorschreiben.

4. Konkursverzeichnis

Art. 4[8] [1] Die in das *Konkursverzeichnis* in der Reihenfolge ihres Eingangs einzutragenden Geschäfte sind fortlaufend zu nummerieren. Jedes Jahr ist mit der Nummerierung neu zu beginnen und das Verzeichnis am Ende jedes Jahres abzuschliessen. Die unerledigten Fälle aus dem Vorjahr sind im Verzeichnis des neuen Jahres summarisch vorzumerken.

[2] Das Verzeichnis ist am Schlusse mit einem alphabetischen Register nach den Namen der Gemeinschuldner zu versehen.

5. Mitteilungen, Empfangsscheine und Bekanntmachungen

Art. 5 [1] Sämtliche Mitteilungen der Konkursämter sind in Kopie zu den Akten zu legen.[9]

[2] Für jede Geld- oder Wertsendung sowie für jeden eingeschriebenen Brief sind Postempfangsscheine zu erheben und zu den Akten zu legen, oder es ist die Versendung in einem Postquittungenbuch zu bescheinigen.[10]

[3] Erfolgt die Mitteilung mittels öffentlicher *Bekanntmachung*, so ist ein Exemplar des Blattes oder ein mit dem Datum der Publikation versehener Ausschnitt zu den Akten zu legen.

6. Protokoll- und Aktenführung durch den Stellvertreter

Art. 6 [1] Befindet sich der Konkursbeamte im *Ausstande*, so übermittelt er die Akten unverzüglich seinem *Stellvertreter.* Kann auch dieser nicht amten und muss daher ein *ausserordentlicher Stellver-*

---

6 Aufgehoben durch Ziff. I des Beschlusses des BGer vom 16. Dez. 1988, mit Wirkung seit 16. Dez. 1988 (AS 1989 262).
7 In der AS nicht veröffentlicht.
8 Im italienischen Text besteht dieser Art. aus einem einzigen Abs.
9 Fassung gemäss Ziff. I der V des BGer vom 5. Juni 1996, in Kraft seit 1. Jan. 1997 (AS 1996 2884).
10 Fassung gemäss Ziff. I der V des BGer vom 5. Juni 1996, in Kraft seit 1. Jan. 1997 (AS 1996 2884).

treter bezeichnet werden, so soll der Konkursbeamte bei der zuständigen kantonalen Instanz die Ernennung eines solchen beantragen.

² Die Eintragung des vom Stellvertreter durchgeführten Konkurses erfolgt stets im Verzeichnis des zuständigen Konkursamtes. Dabei ist in der Rubrik «Bemerkungen» auf die Besorgung des Konkurses durch den ordentlichen oder ausserordentlichen Stellvertreter hinzuweisen und der Grund des Ausstandes anzugeben.

³ Der Stellvertreter hat auf sämtlichen von ihm zu unterzeichnenden Aktenstücken seine Eigenschaft als Stellvertreter anzuführen und nach Erledigung des Konkurses Protokoll und Akten an das zuständige Konkursamt abzuliefern.

7. Amtsübergabe bei Beamtenwechsel

Art. 7 ¹ Bei jedem Beamtenwechsel hat eine förmliche *Amtsübergabe* unter Leitung einer von der kantonalen Aufsichtsbehörde zu bezeichnenden Amtsstelle stattzufinden. Dabei sind sämtliche Bücher abzuschliessen und vom bisherigen Konkursbeamten eigenhändig zu unterzeichnen. Ferner ist die Rechnungsführung nachzuprüfen und festzustellen, ob der Kassabestand mit der Summe der Kontokorrentsaldi nach Abrechnung des Depositensaldos übereinstimmt, sowie das Enddatum der Amtstätigkeit des bisherigen und das Anfangsdatum derjenigen des neuen Beamten in den Büchern zu verurkunden.

² Über den Übergabeakt ist ein Protokoll aufzunehmen, das von sämtlichen anwesenden Personen zu unterzeichnen ist.

II. Protokollführung

Konkursprotokoll
a. Zweck und Inhalt

Art. 8[11] Die Konkursbeamten haben in allen Konkursen, auch in denjenigen, welche mangels Aktiven eingestellt werden, sowie über jedes bei ihnen eingehende Rechtshilfegesuch sofort nach Eingang des Konkurserkenntnisses oder des Auftrages des ersuchenden Konkursamtes ein *Protokoll* anzulegen und nachzuführen, in welchem sämtliche Konkurshandlungen und sonstigen das Konkursverfahren beeinflussenden Vorgänge jeweilen unverzüglich in zeitlicher Reihenfolge zu verurkunden sind.

b. Eintragungen

Art. 9 Die Eintragungen sollen nur den *wesentlichen* Inhalt der einzelnen Handlungen und Vorgänge, soweit zum Verständnis des Protokolls oder für die Beweiskraft erforderlich, wiedergeben. Ebenso sind Mitteilungen des Konkursamtes nur insoweit zu notieren, als ihr Inhalt *rechtserheblich* ist. Für gerichtliche Verfügungen, Beschlüsse

---

11 Im französischen Text besteht dieser Artikel aus zwei Absätzen.

und Urteile genügt die summarische Erwähnung des *Dispositivs*. Im übrigen ist stets auf die Akten in der hierfür bestimmten Rubrik zu verweisen.

c. Anlage und Aufbewahrung

Art. 10 [1] Die Eintragungen im Protokoll erfolgen auf fliegenden Bogen, welche zu paginieren und durch einen gemäss dem vorgeschriebenen Formular betitelten Umschlag zusammenzuhalten sind. Das Protokoll ist am Schluss vom Konkursbeamten unter Beisetzung des amtlichen Stempels zu unterzeichnen.

[2] ...[12]

[3] Diesem Protokoll sind als integrierende Bestandteile beizulegen: das Inventar, das Verzeichnis der Forderungseingaben, die Kostenrechnung, die Protokolle der Gläubigerversammlungen, des Gläubigerausschusses, die Berichte der Konkursverwaltung und die gerichtlichen Verfügungen über den Schluss oder den Widerruf des Konkursverfahrens.[13]

[4] Nach Erledigung eines Rechtshilfegesuches liefert das ersuchte Amt die sämtlichen Akten dem ersuchenden Amte ab.[14]

d. Edition[16]

Art. 11[15] Die *Hauptakten* (Protokoll und integrierende Bestandteile gemäss Art. 10) dürfen in der Regel an Drittpersonen oder Gerichte nur dann ausgegeben werden, wenn die Umstände den Ersatz durch beglaubigte Abschriften oder durch die persönliche Einvernahme des Konkursverwalters nicht erlauben.

III. Elektronische Datenverarbeitung[17]

Zulässigkeit

Art. 12[18] Die Führung der in Artikel 1 genannten Verzeichnisse und Bücher sowie die Erstellung der in Artikel 2 erwähnten Aktenstücke und der Mitteilungen gemäss Artikel 5 können mit Bewilligung der kantonalen Aufsichtsbehörde mittels elektronischer Datenverarbeitung erfolgen.

---

12 Aufgehoben durch Ziff. I der V des BGer vom 5. Juni 1996, mit Wirkung seit 1. Jan. 1997 (AS 1996 2884).
13 Fassung gemäss Art. 5 der V des BGer vom 14. März 1938 über die Aufbewahrung der Betreibungs- und Konkursakten, in Kraft seit 30. März 1938 (AS 54 131).
14 Ursprünglich Abs. 3.
15 Ursprünglich Art. 12
16 Fassung gemäss Ziff. I der V des BGer vom 5. Juni 1996, in Kraft seit 1. Jan. 1997 (AS 1996 2884).
17 Eingefügt durch Ziff. I der V des BGer vom 5. Juni 1996, in Kraft seit 1. Jan. 1997 (AS 1996 2884).
18 Fassung gemäss Ziff. I der V des BGer vom 5. Juni 1996, in Kraft seit 1. Jan. 1997 (AS 1996 2884).

IV.[19] Ordnung und Aufbewahrung der Akten

1. Ordnung und Nummerierung der Akten

Art. 13 ¹ Sämtliche dem Konkursamt zugehende Schriftstücke sind sofort mit dem Eingangsdatum zu versehen.[20]

² Die Akten jedes Konkurses sind, unter Vorbehalt der besonderen Bestimmungen der Artikel 21 und 24 Absatz 2 betreffend die Kassa- und Kostenbelege, nach Materien (Inventar, Eigentumsansprachen, unpfändbare Gegenstände, Kollokationsplan usw.) zu sondern, innerhalb jeder Materie nach alphabetischer oder zeitlicher Ordnung zu nummerieren und in einem mit der Bezeichnung des Konkurses zu überschreibenden Ordner beisammenzuhalten.[21] [22]

³ Die von den Konkursgläubigern eingelegten Belege erhalten die Nummer der entsprechenden Forderungseingabe und werden fortlaufend mit Buchstaben bezeichnet.

2. Aufbewahrung
a. der Akten

Art. 14[23] ¹ Die Akten erledigter Konkurse dürfen nach Ablauf von zehn Jahren, vom Tage der Erledigung an gerechnet, vernichtet werden, ebenso die Kassabücher nebst Belegen, die Kontokorrentbücher und Bilanzhefte nach Ablauf von zehn Jahren seit deren Abschluss.

² Das Konkursverzeichnis ist während 40 Jahren seit dessen Abschluss aufzubewahren.

b. der Geschäftsbücher und Geschäftspapiere

Art. 15 Hinsichtlich der Aufbewahrung der vom Konkursamt zu den Konkursakten beigezogenen Geschäftsbücher und Geschäftspapiere des Gemeinschuldners ist nach folgenden Grundsätzen zu verfahren:
1. Wird das vom Gemeinschuldner betriebene Geschäft im Konkursverfahren als Ganzes an einen Dritten veräussert, so sind die Geschäftsbücher und Geschäftspapiere auf Verlangen dem Erwerber zu übergeben.
2. Findet kein solcher Übergang des Geschäfts und damit der Geschäftsbücher und Geschäftspapiere auf einen Dritten statt, so ist wie folgt zu verfahren:
   a.[24] Im Falle des Konkurses über eine Einzelfirma sind die Geschäftsbücher und Geschäftspapiere nach durchgeführtem Konkursverfahren dem Gemeinschuldner herauszugeben, und es ist alsdann seine Sache, für ihre Aufbewahrung während

---

19 Ursprünglich III
20 Im italienischen Text bilden die Abs. 1 und 2 einen einzigen Absatz.
21 Fassung gemäss Ziff. I der V des BGer vom 5. Juni 1996, in Kraft seit 1. Jan. 1997 (AS 1996 2884).
22 Im italienischen Text bilden die Abs. 1 und 2 einen einzigen Absatz.
23 Fassung gemäss Ziff. I der V des BGer vom 5. Juni 1996, in Kraft seit 1. Jan. 1997 (AS 1996 2884).
24 Fassung gemäss Ziff. I der V des BGer vom 5. Juni 1996, in Kraft seit 1. Jan. 1997 (AS 1996 2884).

der zehnjährigen Frist des Artikels 962 des Obligationenrechts[25] zu sorgen.

b. War der Gemeinschuldner eine Kollektiv- oder Kommanditgesellschaft, so hat die Rückgabe der Geschäftsbücher und Geschäftspapiere an denjenigen unbeschränkt haftenden Gesellschafter zu erfolgen, der von den andern Gesellschaftern zu ihrer Empfangnahme ermächtigt ist. Besteht hierüber unter ihnen kein Einverständnis, so bleiben die Bücher und Papiere so lange beim Konkursamt, bis sie entweder gerichtlich einem der Gesellschafter zugesprochen worden sind oder die gesetzliche zehnjährige Frist vom Tage der letzten Eintragung an abgelaufen ist.

c.[26] Die Geschäftsbücher und Geschäftspapiere von falliten Aktiengesellschaften und Genossenschaften sind auch nach Schluss des Konkursverfahrens auf dem Konkursamt aufzubewahren, solange nicht die nach Artikel 747 des Obligationenrechts hierzu kompetente Handelsregisterbehörde einen anderen sicheren Ort für die Niederlegung auf die Dauer von zehn Jahren bestimmt hat.

3. Ist die Aufbewahrung durch den Gemeinschuldner nicht möglich, so sind die Bücher und Papiere auf dem Konkursamt aufzubewahren.

4. Die kantonalen Aufsichtsbehörden haben dafür zu sorgen, dass die Konkursämter, welche nicht in der Lage sind, die nach vorstehenden Grundsätzen bei ihnen liegenden Bücher und Papiere aufzubewahren, sie an einem zentralen Orte archivieren können.

3. Aufzeichnung auf Bild- und Datenträgern[28]

Art. 15a[27] ¹ Die aufzubewahrenden Akten können mit Zustimmung der kantonalen Aufsichtsbehörde auf Bild- oder Datenträgern aufgezeichnet und die Originalakten hierauf vernichtet werden.[29]

² Die kantonale Aufsichtsbehörde sorgt dafür, dass die Vorschriften der bundesrätlichen Verordnung vom 2. Juni 1976[30] über die Aufzeichnung von aufzubewahrenden Unterlagen sinngemäss befolgt werden.

---

25 SR 220
26 Fassung gemäss Ziff. I der V des BGer vom 5. Juni 1996, in Kraft seit 1. Jan. 1997 (AS 1996 2884).
27 Eingefügt durch Ziff. I der V des BGer vom 18. Mai 1979, in Kraft seit 1. Juli 1979 (AS 1979 813).
28 Fassung gemäss Ziff. I der V des BGer vom 5. Juni 1996, in Kraft seit 1. Jan. 1997 (AS 1996 2884).
29 Fassung gemäss Ziff. I der V des BGer vom 5. Juni 1996, in Kraft seit 1. Jan. 1997 (AS 1996 2884).
30 [AS 1976 1334. AS 2002 1399 Art. 11]. Siehe heute die Geschäftsbücherverordnung vom 24. April 2002 (SR 221.431).

V.[31] Buch-, Kassa- und Rechnungsführung

1. Kassabuch

Art. 16 [1] Alle Ein- und Auszahlungen, welche dem Konkursamt oder von ihm auf Rechnung einer Konkursliquidation gemacht werden, wie namentlich Konkurskosten (Vorschüsse und Saldo), inventierte Barschaft, eingehende Guthaben, Miet- und Pachtzinse, Steigerungserlöse, Bezüge des Konkursamtes auf Rechnung der Konkursgebühren, Einzahlungen und Rückzüge bei der Depositenanstalt, Abschlagsverteilungen, Ausrichtung der Dividenden, sind unverzüglich nach ihrer zeitlichen Folge in das *Kassabuch* einzutragen.

[2] Die Eintragungen sollen enthalten: das Datum der Zahlung, die Angabe des Konkurses, Name und Wohnort des Zahlenden oder des Empfängers, Betrag der ein- oder ausbezahlten Summe (ersterer im Soll, letzterer im Haben) und das Folio der entsprechenden Eintragung im Kontokorrentbuch.

[3] Das Kassabuch ist monatlich abzuschliessen und der Saldo vorzutragen.

2. Kontokorrentbuch
a. Anlage im allgemeinen

Art. 17 [1] Für jede Konkursliquidation ist im *Kontokorrentbuch* eine laufende Rechnung zu eröffnen, welche eine übersichtliche chronologische Zusammenstellung sämtlicher auf die Liquidation bezüglicher Kassavorgänge auf Grund der Eintragungen im Kassabuch geben soll und mit der Beendigung der Liquidation abzuschliessen ist.

[2] Die Eintragungen sollen enthalten: das Datum der Zahlung, Name und Wohnort des Zahlenden oder des Empfängers, kurze Bezeichnung der Natur der Zahlung, Hinweis auf den Eintrag im Kassabuch, Betrag der ein- oder ausbezahlten Summe (ersterer im Haben, letzterer im Soll). Setzt sich ein Kassaposten aus mehreren Teilposten zusammen, so sind diese aufzuführen.

b. Buchung der Depositen

Art. 18 [1] Ferner ist im Kontokorrentbuch über den *Verkehr mit der Depositenanstalt* ein besonderes Konto zu führen, in welchem sämtliche Einlagen und Rückzüge des Konkursamtes (erstere im Soll, letztere im Haben), sowie allfällige Zinsen einzutragen sind, unter Angabe des Konkursfalles, auf dessen Rechnung die Zahlungen stattgefunden haben.

[2] Die Einlagen sind bei der Depositenanstalt auf den Namen der betreffenden Konkursmasse (nicht des Konkursamtes) einzutragen, in der Meinung, dass die Depositenanstalt für jeden Konkurs ein besonderes Konto zu führen habe.

---

31 Ursprünglich IV

3. Bilanzheft

Art. 19 ¹ Die am Ende jedes Monats vorzunehmenden *Kassaabschlüsse* (Art. 16 Abs. 3) sind im *Bilanzheft* einzutragen und vom Konkursbeamten zu unterzeichnen. Durch die Bilanz soll sowohl die Übereinstimmung der Eintragungen im Kassabuch mit denjenigen im Kontokorrentbuch als auch die Übereinstimmung des Barsaldos und der Depositen mit den Eintragungen im Kassa- und Kontokorrentbuch festgestellt werden.

² Die Übereinstimmung der Eintragungen in beiden Büchern ist nachgewiesen, wenn die Summe der Saldobeträge der einzelnen Konti nach Abrechnung des Depositensaldos dem Betrag des Kassasaldos entspricht. Allfällige Buchungsfehler sind aufzusuchen und zu berichtigen, bevor der Saldo vorgetragen wird.

4. Form der Eintragungen und Berichtigungen

Art. 20 Die Eintragungen im Kassabuch, Kontokorrentbuch und Bilanzheft sind in sorgfältiger Schrift unter Vermeidung von Rasuren, Durchstreichungen, Zwischenschriften und Lücken auszuführen. Die Berichtigung irrtümlicher Eintragungen erfolgt durch Nachträge oder Einschaltung von Stornoposten.

5. Quittungen

Art. 21[32] Die *Quittungen* (Art. 16) sind entweder, für jede Liquidation gesondert, in zeitlicher Reihenfolge zu nummerieren, in einem mit der Bezeichnung des Konkurses überschriebenen Umschlag zu sammeln und nach Abschluss der Liquidation bei den übrigen Akten des Konkurses aufzubewahren, oder sie sind fortlaufend in der Reihenfolge der Eintragungen im Kassabuch zu nummerieren, jedes Jahr mit Nr. 1 beginnend, und nach Jahrgängen geordnet aufzubewahren. Im ersten Falle sind die Belegnummern im Kontokorrentbuch, im zweiten Falle im Kassabuch vorzumerken.

6. Depositen

Art. 22 ¹ Alle erheblichen Bareingänge sowie Wertpapiere und Wertsachen sind spätestens am vierten Tage nach dem Eingange der Depositenanstalt (Art. 9 und 24 SchKG) zu übergeben. Es darf immerhin soviel Barschaft zurückbehalten werden, als zur Deckung nahe bevorstehender Auslagen erforderlich ist. Die Ablieferung der Gelder hat ohne Rücksicht darauf zu erfolgen, ob Zinsen vergütet werden.

² Im Falle eines Rechtshilfegesuches sind die bei dem ersuchten Konkursamt eingegangenen Gelder, Wertschriften und Wertsachen sofort der ersuchenden Amtsstelle abzuliefern.

---

32 Im französischen Text besteht dieser Artikel aus drei Absätzen. Dem Abs. 1 entspricht der erste Satzteil des ersten Satzes bis «aufzubewahren», Abs. 2 der zweite Satzteil des ersten Satzes und Abs. 3 der zweite Satz.

7. Gesonderte Buch- und Kassaführung

Art. 23 Den Konkursbeamten ist *untersagt:*
a. sowohl im Barverkehr als im Verkehr mit der Depositenanstalt Amtsgelder mit ihrem Privatvermögen zu vermischen;
b. da, wo der Beamte noch ein anderes staatliches Amt bekleidet, das Kassabuch und das Kontokorrentbuch für andere Eintragungen als für das Konkursamt zu benutzen, es sei denn, dass es in besondern Kolonnen geschieht;
c. die aus einer Konkursmasse stammenden Bareingänge auch nur vorübergehend zur Befriedigung von Bedürfnissen einer andern Konkursmasse zu verwenden. Soweit der Beamte selbst zur Bestreitung von Auslagen für Rechnung einer Konkursmasse Vorschüsse leistet, müssen diese sofort als solche gebucht werden.

8. Gebühren- und Auslagenrechnung

Art. 24 [1] Über die *Gebühren* und *Auslagen* des Konkursamtes sowie der Mitglieder des Gläubigerausschusses ist vom Konkursbeamten für jeden Konkurs und für jedes Rechtshilfegesuch von der Eröffnung des Verfahrens an eine besondere detaillierte Rechnung zu führen.

[2] Die Belege für die Barauslagen (Massakosten) sind fortlaufend nach ihrem Datum zu nummerieren, in einem Umschlag zu sammeln und nach Schluss des Verfahrens bei den übrigen Akten des Konkurses aufzubewahren.

9. Andere Organisationsart

Art. 24a[33] Die kantonale Aufsichtsbehörde kann eine andere Art der Organisation der Buch-, Kassa- und Rechnungsführung zulassen, sofern sie den vorstehenden Anforderungen genügt.

B. Verfahren in den einzelnen Stadien des Konkurses[34]

I. Feststellung der Konkursmasse und Bestimmung des Verfahrens[35]
(Art. 221–231 SchKG)

1. Inventar
a. Anlage im allgemeinen

Art. 25 [1] Im Inventar sind in besonderen Abteilungen, jedoch mit fortlaufender Nummerierung, aufzunehmen: die Grundstücke, die beweglichen Sachen, die Wertschriften, Guthaben und sonstigen Ansprüche und die Barschaft. Am Schluss des Inventars sind die Schatzungssummen der einzelnen Kategorien zusammenzustellen. Finden sich für einzelne Kategorien keine Objekte vor, so ist dies in der Zusammenstellung zu bemerken.[36]

---

33 Eingefügt durch Ziff. I der V des BGer vom 5. Juni 1996, in Kraft seit 1. Jan. 1997 (AS 1996 2884).
34 Fassung gemäss Ziff. I der V des BGer vom 5. Juni 1996, in Kraft seit 1. Jan. 1997 (AS 1996 2884).
35 Fassung gemäss Ziff. I der V des BGer vom 5. Juni 1996, in Kraft seit 1. Jan. 1997 (AS 1996 2884).
36 Fassung gemäss Ziff. I der V des BGer vom 5. Juni 1996, in Kraft seit 1. Jan. 1997 (AS 1996 2884).

² Statt kategorienweise in besondern Abteilungen können die einzelnen Gegenstände auch ununterschieden nacheinander aufgenommen werden.

³ Bei allen Objekten ist anzugeben, wo sie sich befinden (Konkurskreis, Gemeinde, Räumlichkeit).

b. Bei Grundstücken im besondern

Art. 26[37] ¹ Die Grundstücke sind auf Grund eines Auszuges aus dem Grundbuch unter Angabe der Rechte Dritter aufzuzeichnen oder es ist auf den Auszug zu verweisen.

² Sind die Grundstücke vermietet oder verpachtet, so sind Angaben über die Personalien des Mieters oder Pächters, die Dauer des Rechtsverhältnisses, die Höhe des Zinses und den Verfalltermin ins Inventar oder in eine besondere Liste aufzunehmen.

c. Inventarisierung von Objekten im Ausland und von Anfechtungsansprüchen

Art. 27 ¹ Die im Ausland liegenden Vermögensstücke sind ohne Rücksicht auf die Möglichkeit ihrer Einbeziehung in die inländische Konkursmasse ins Inventar einzustellen.

² Stehen der Konkursmasse Anfechtungsansprüche nach den Artikeln 214 und 285ff. SchKG zu, so sind sie im Inventar vorzumerken, unter Beifügung einer ungefähren Schätzung für den Fall eines günstigen Ergebnisses der Anfechtung.

d. Behandlung der Eigentümerpfandtitel

Art. 28[38] Im Besitz des Gemeinschuldners befindliche Pfandtitel über auf seinem Grundstück pfandgesicherte Forderungen sind im Inventar nicht als Aktiven aufzuführen, sondern lediglich pro memoria vorzumerken und vom Konkursamt in Verwahrung zu nehmen (vgl. Art. 75 hiernach).

e. Anerkennung durch den Gemeinschuldner und Unterzeichnung

Art. 29 ¹ Das Inventar ist zu datieren und hat die Dauer der Inventur sowie die Namen sämtlicher mitwirkender Personen anzugeben.

² Der Konkursbeamte und die nötigenfalls zugezogenen Schätzer haben das Inventar zu unterzeichnen.[39]

³ Sodann ist der Gemeinschuldner vom Konkursbeamten anzufragen, ob er das Inventar als vollständig und richtig anerkenne, und auf die Straffolgen einer unvollständigen Vermögensangabe ausdrücklich aufmerksam zu machen.

⁴ Die Erklärungen des Gemeinschuldners sind mit Bezug auf jede Abteilung des Inventars zu protokollieren und von ihm zu unterzeichnen.

---

37 Fassung gemäss Ziff. I der V des BGer vom 5. Juni 1996, in Kraft seit 1. Jan. 1997 (AS 1996 2884).
38 Fassung gemäss Ziff. I der V des BGer vom 5. Juni 1996, in Kraft seit 1. Jan. 1997 (AS 1996 2884).
39 Fassung gemäss Ziff. I der V des BGer vom 5. Juni 1996, in Kraft seit 1. Jan. 1997 (AS 1996 2884).

f. Anerkennung an Stelle des Gemeinschuldners	**Art. 30**[40] ¹ Ist der Gemeinschuldner gestorben oder flüchtig, so sind seine erwachsenen Hausgenossen zur Abgabe dieser Erklärungen (Art. 29 Abs. 3 und 4) anzuhalten. Im Fall des Konkurses über eine Kollektiv- oder Kommanditgesellschaft sind die Erklärungen von allen unbeschränkt haftenden Gesellschaftern abzugeben, welche anwesend und zur Geschäftsführung befugt sind, im Fall des Konkurses über eine Aktiengesellschaft oder eine Genossenschaft von ihren Organen.

² Können die Erklärungen nicht erhältlich gemacht werden, so ist der Grund ihres Fehlens vorzumerken.

g. Ausscheidung der Kompetenzstücke und Mitteilung an den Gemeinschuldner	**Art. 31** ¹ Die *Kompetenzstücke* mit Einschluss einer allfälligen Familienheimstätte (Art. 349ff. ZGB[41]) sind am Schlusse des Inventars *auszuscheiden,* unter Verweisung auf die Nummer der einzelnen Gegenstände im Inventar.

² Von dieser Ausscheidung ist dem Gemeinschuldner entweder bei der Vorlage des Inventars oder durch besondere schriftliche Verfügung Mitteilung zu machen.

³ *Verzichtet* der Gemeinschuldner auf die Kompetenzqualität bestimmter Gegenstände zugunsten der Konkursmasse, so ist diese Erklärung im Inventar von ihm zu unterzeichnen.

h. Mitteilung von der Ausscheidung an die Gläubiger	**Art. 32** ¹ Von der Verfügung über die Kompetenzstücke ist an der ersten Gläubigerversammlung durch Auflegung des Inventars den anwesenden Konkursgläubigern Kenntnis zu geben, und es läuft alsdann für sie die Frist für die Beschwerde an die Aufsichtsbehörden von diesem Zeitpunkt an. Eine spätere Anfechtung der Verfügung durch die Konkursgläubiger ist ausgeschlossen.

² Ist die Ausscheidung der Kompetenzstücke bis zur ersten Gläubigerversammlung nicht möglich und ebenso im summarischen Verfahren soll die Mitteilung von der Auflegung des Inventars mit der Bekanntmachung über die Auflage des Kollokationsplanes verbunden werden, in welchem Falle die Frist für die Anfechtung des Inventars vom Tage der Auflegung an läuft.

i. Fruchterlös	**Art. 33**[42] Der Ertrag aus den natürlichen und den zivilen Früchten, welche die Grundstücke während des Konkurses abwerfen, ist im Inventar in einer besonderen Abteilung sukzessive anzugeben.

---

40   Im italienischen Text besteht dieser Artikel aus einem einzigen Absatz.
41   SR 210
42   Fassung gemäss Ziff. I der V des BGer vom 5. Juni 1996, in Kraft seit 1. Jan. 1997 (AS 1996 2884).

k. Vormerkung der Eigentumsansprachen und ihrer Erledigung

Art. 34 [1] Ebenso sind die *Eigentumsansprachen* (Art. 242 SchKG) in einer besondern Abteilung des Inventars unter Angabe des Ansprechers, der Inventarnummer des angesprochenen Gegenstandes und der allfälligen Belege fortlaufend zusammenzustellen. Im Inventar selber ist bei den angesprochenen Gegenständen in der Rubrik «Bemerkungen» auf diesen Vormerk hinzuweisen.

[2] Am Ende des Titels sind die Erklärungen des Gemeinschuldners sowie die spätern Verfügungen der Konkursverwaltung über die Eigentumsansprachen und das Resultat allfälliger Prozesse summarisch vorzumerken.

2. Kostenvorschuss

Art. 35 [1] Hat das Konkurserkenntnis vom Gläubiger oder Schuldner, auf dessen Begehren die Eröffnung des Konkurses ausgesprochen wurde, nicht einen Kostenvorschuss für die bis und mit der Einstellung des Konkurses mangels Aktiven oder bis zum Schuldenruf erlaufenden Kosten gefordert, so kann das Konkursamt selbst von den nach Artikel 169 SchKG für diese Kosten Haftenden noch einen solchen verlangen.[43]

[2] Die Aufnahme des Inventars darf dadurch keine Verzögerung erfahren.

3. Abschluss der Geschäftsbücher

Art. 36 Wird das Geschäft des Gemeinschuldners bis zur ersten Gläubigerversammlung weiter betrieben, so sind die Bücher auf den Tag der Konkurseröffnung abzuschliessen und von da an auf Rechnung der Konkursmasse weiterzuführen, sofern nicht besondere Bücher von der Konkursverwaltung geführt werden.

4. Einvernahme des Gemeinschuldners

Art. 37 Anlässlich der Inventaraufnahme hat der Konkursbeamte den Gemeinschuldner über folgende Punkte einzuvernehmen:
a. über die dem Namen und Wohnort nach bekannten Gläubiger, sofern die Bücher darüber nicht Aufschluss geben;
b. über den Bestand von Prozessen im Sinn von Artikel 207 Absatz 1 SchKG;
c. über den Bestand von Schadens- und Personenversicherungen (vgl. Art. 54 und 55 des BG vom 2. April 1908[44] über den Versicherungsvertrag);
d. ob Kinder oder Mündel unter seiner Gewalt stehen und ob zu ihren Gunsten Eigentums- oder Forderungsansprüche bestehen;
e.[45] ob er Unteroffizier, Offizier oder Fachoffizier (Soldat, Gefreiter oder Unteroffizier in Offiziersfunktion) der Armee sei.

---

43 Fassung gemäss Ziff. I der V des BGer vom 5. Juni 1996, in Kraft seit 1. Jan. 1997 (AS 1996 2884).
44 SR 221.229.1
45 Fassung gemäss Ziff. I der V des BGer vom 5. Juni 1996, in Kraft seit 1. Jan. 1997 (AS 1996 2884).

5. Beschlagnahme von Postsendungen

Art. 38[46] Die Konkursämter sind berechtigt, von der zuständigen Kreispostdirektion für die Dauer des Konkurses die Einsichtnahme oder Auslieferung von Postsendungen und Postscheckgeldern, die an den Gemeinschuldner adressiert oder von ihm abgesandt werden, sowie Auskunfterteilung über den Postverkehr des Gemeinschuldners zu verlangen (vgl. Art. 14 und 18 der Verordnung [1] vom 1. September 1967[47] zum Postverkehrsgesetz). Der Gemeinschuldner hat jedoch das Recht, der Öffnung der Sendungen beizuwohnen.

6. Bestimmung des einzuschlagenden Verfahrens

Art. 39[48] ¹ Bei der Begutachtung der Frage, ob der Erlös der inventarisierten Aktiven voraussichtlich zur Deckung der Kosten des ordentlichen Verfahrens hinreichen werde (Art. 231 Abs. 1 Ziff. 1 SchKG), hat das Konkursamt zu berücksichtigen, dass, soweit Pfandrechte an den Vermögensstücken haften, nur ein allfälliger Überschuss des Erlöses über die pfandgesicherten Forderungen hinaus zur Deckung der allgemeinen Konkurskosten verwendet werden kann (Art. 262 SchKG).

² Deckt der mutmassliche Überschuss in Verbindung mit dem Erlös aus den unverpfändeten Aktiven die voraussichtlichen Kosten nicht, so hat das Konkursamt beim Konkursgericht Durchführung des Konkurses im summarischen Verfahren oder Einstellung des Konkurses, sind die Verhältnisse einfach, Durchführung des Konkurses im summarischen Verfahren zu beantragen.

II. Schuldenruf[49] (Art 231–234 SchKG)

1. Spezialanzeigen über die Konkurseröffnung[50]

Art. 40 ¹ In die Spezialanzeigen nach Art. 233 SchKG ist der Inhalt der Konkurspublikation aufzunehmen. Damit ist die Aufforderung an die Pfandgläubiger sowie an die Drittpersonen, denen die Pfandtitel weiterverpfändet worden sind, zu verbinden, diese Titel dem Konkursamt einzugeben.

² Solche Spezialanzeigen sind im ordentlichen Verfahren zu erlassen:
a. an die Gläubiger, deren Namen und Wohnort bekannt sind;

---

46 Fassung gemäss Ziff. I der V des BGer vom 5. Juni 1996, in Kraft seit 1. Jan. 1997 (AS 1996 2884).
47 [AS 1967 1405, 1969 385 1120, 1970 480 714, 1971 683 1712, 1972 2675, 1974 578 1977 2050, 1975 2033, 1976 962, 1977 2122, 1979 287 1180, 1980 2 777, 1981 1863, 1983 1656, 1986 39 991, 1987 440, 1988 370, 1989 565 764 1899, 1990 1448, 1992 94 1243, 1993 62 2473, 1994 1442 2788, 1995 5491, 1996 14 470, 1997 270 1435; AS 1986 1991 Art. 45 Ziff. 2. AS 1997 2461 Art. 13 Bst. a]. Siehe heute: die Postverordnung vom 29. Aug. 2012 (SR 783.01).
48 Fassung gemäss Ziff. I der V des BGer vom 5. Juni 1996, in Kraft seit 1. Jan. 1997 (AS 1996 2884).
49 Ursprünglich vor Art. 39
50 Fassung gemäss Ziff. I der V des BGer vom 5. Juni 1996, in Kraft seit 1. Jan. 1997 (AS 1996 2884).

b. an das Gericht, vor welchem ein Zivilprozess im Sinn von Artikel 207 Absatz 1 SchKG, und an die Behörde, vor welcher ein Verwaltungsverfahren im Sinn von Artikel 207 Absatz 2 SchKG hängig ist;
c. an den Versicherer, wenn der Gemeinschuldner eine Schadens- oder eine Personenversicherung abgeschlossen hatte;
d. an die zuständige Vormundschaftsbehörde, wenn Kinder oder Mündel unter seiner Gewalt stehen;
e. an die Grundbuchämter der andern Konkurskreise, in denen der Gemeinschuldner laut dem Inventar Grundstücke besass.[51]

[3] Die Namen der Gläubiger, an welche Spezialanzeigen ergehen, sind im Konkursprotokoll oder in einer besondern, vom Konkursbeamten zu unterzeichnenden Liste zusammenzustellen.

2. Rückgabe der Beweismittel

Art. 41[52] Beweismittel sollen, wenn der Gläubiger nicht spezielle Gründe geltend macht, bis zum Ablauf der Frist zur Anfechtung des Kollokationsplanes bei den Akten behalten und erst hernach zurückgegeben werden.

III. Verwaltung (Art. 235–243 SchKG)

1. Protokolle der Gläubigerversammlungen

Art. 42 [1] Über jede *Gläubigerversammlung* ist vom Konkursamt ein ausführliches Protokoll aufzunehmen, welches die Namen sämtlicher erschienener Gläubiger und ihrer Vertreter, evtl. unter Verweisung auf eine besonders angefertigte, vom Konkursbeamten und den Mitgliedern des Büros zu unterzeichnende Liste der bekannten Gläubiger sowie die Feststellung enthalten soll, ob die Versammlung *beschlussfähig* war (Art. 236 und 254 SchKG).

[2] Der vom Konkursamt gemäss den Artikeln 237 Absatz 1 und 253 Absatz 1 zu erstattende *Bericht* soll entweder schriftlich abgefasst, unterzeichnet und unter Vormerkung am Protokoll zu den Akten gelegt oder, falls er mündlich erstattet wird, in seinen wesentlichen Bestandteilen protokolliert werden.

[3] Das Protokoll soll im übrigen sämtliche gestellten Anträge und gefassten Beschlüsse enthalten, ohne Wiedergabe der Diskussion, und ist vom Konkursbeamten und den Mitgliedern des Büros zu unterzeichnen.[53]

---

51 Fassung gemäss Ziff. I der V des BGer vom 5. Juni 1996, in Kraft seit 1. Jan. 1997 (AS 1996 2884).
52 Fassung gemäss Ziff. I der V des BGer vom 5. Juni 1996, in Kraft seit 1. Jan. 1997 (AS 1996 2884).
53 Fassung gemäss Ziff. I der V des BGer vom 5. Juni 1996, in Kraft seit 1. Jan. 1997 (AS 1996 2884).

2. Aktenübergabe an ausseramtliche Konkursverwaltungen. Mitteilung[54]	**Art. 43** ¹ Wird von der Gläubigerversammlung eine *ausseramtliche Konkursverwaltung* eingesetzt (Art. 237 Abs. 2 und 253 Abs. 2 SchKG), so hat das Konkursamt ihr die Akten und das Protokoll zu übergeben und die Aufsichtsbehörde unter Mitteilung der Namen, des Berufes und des Wohnortes der Mitglieder der Konkursverwaltung und eines Auszuges aus dem Protokoll der Gläubigerversammlung davon zu benachrichtigen. ² Ist der Gemeinschuldner im Handelsregister eingetragen, so hat das Konkursamt die ausseramtliche Konkursverwaltung auch dem Handelsregisteramt mitzuteilen.[55]
3. Protokoll des Gläubigerausschusses	**Art. 44**[56] Ist ein Gläubigerausschuss bestellt worden, so ist über die von ihm gefassten Beschlüsse ein Protokoll zu führen, das nach Erledigung des Konkurses mit dem Konkursprotokoll zu verbinden ist (Art. 10).
4. Aussonderungsansprüche **a. Verfügung der Konkursverwaltung**	**Art. 45** Die *Verfügung über die Herausgabe von Sachen,* welche sich in der Verfügungsgewalt der Masse befinden und von einem Dritten zu *Eigentum* angesprochen werden (Art. 242 SchKG und Art. 34 dieser V), ist nach Ablauf der Eingabefrist (Art. 232 Abs. 2 Ziff. 2 SchKG) zu erlassen, ohne Rücksicht darauf, ob der Ansprecher selbst den Anspruch angemeldet habe oder ob die Sache vom Gemeinschuldner oder von einer andern Person als Dritteigentum bezeichnet worden sei. Die Verfügung ist auch dann noch zu erlassen, wenn der Anspruch erst nach der Versteigerung des angesprochenen Gegenstandes, jedoch vor der Verteilung des Erlöses angemeldet wird.
b. Klagefristansetzung an den Drittansprecher	**Art. 46** In die Klagefristansetzung an den Ansprecher nach Artikel 242 Absatz 2 SchKG ist die genaue Bezeichnung des streitigen Gegenstandes sowie die Androhung aufzunehmen, dass der Anspruch als verwirkt gelte, wenn die Frist nicht eingehalten werde.
c. Wahrung der Gläubigerrechte	**Art. 47** ¹ Will die Konkursverwaltung den Anspruch *anerkennen,* so soll die Anzeige davon an den Drittansprecher und die Herausgabe des angesprochenen Gegenstandes an ihn unterbleiben, bis feststeht, ob die zweite Gläubigerversammlung etwas anderes beschliesst oder ob nicht einzelne Gläubiger nach Artikel 260 SchKG Abtretung der Ansprüche der Masse auf den Gegenstand verlangen. ² Die Verwahrungskosten gehen zulasten der Konkursmasse, nach erfolgter Abtretung der Ansprüche gemäss Artikel 260 SchKG zulas-

---

54 Fassung gemäss Ziff. I der V des BGer vom 5. Juni 1996, in Kraft seit 1. Jan. 1997 (AS 1996 2884).
55 Eingefügt durch Ziff. I der V des BGer vom 5. Juni 1996, in Kraft seit 1. Jan. 1997 (AS 1996 2884).
56 Fassung gemäss Ziff. I der V des BGer vom 5. Juni 1996, in Kraft seit 1. Jan. 1997 (AS 1996 2884).

ten des Abtretungsgläubigers. Die Konkursverwaltung kann diesem unter Androhung sofortiger Herausgabe des Gegenstandes an den Drittansprecher eine Frist ansetzen, innert der er für die Kosten der weiteren Verwahrung unbedingte Gutsprache sowie Sicherheit zu leisten hat.[57]

aa. Im ordentlichen Verfahren

Art. 48 [1] Zu diesem Zweck hat die Konkursverwaltung in der *Einladung zur zweiten Gläubigerversammlung* ausdrücklich zu bemerken, dass Abtretungsbegehren im Sinne von Artikel 260 SchKG bei Vermeidung des Ausschlusses in der Versammlung selbst oder spätestens binnen zehn Tagen nach ihrer Abhaltung zu stellen seien.

[2] Lassen indessen die besondern Umstände des Falles eine Erledigung der Eigentumsansprache *vor* der zweiten Gläubigerversammlung als wünschenswert erscheinen, so kann zu diesem Zwecke entweder eine besondere Gläubigerversammlung einberufen oder den Gläubigern durch Zirkular eine angemessene Frist angesetzt werden, binnen der sie, bei Vermeidung des Ausschlusses, der Konkursverwaltung mitzuteilen haben, ob sie den Anspruch gemäss Artikel 260 Absatz 1 SchKG an Stelle der Masse bestreiten wollen.

bb. Im summarischen Verfahren

Art. 49 Im summarischen Verfahren hat in wichtigeren Fällen eine Fristsetzung zu erfolgen, welche mit der Bekanntmachung der Auflegung des Kollokationsplanes zu verbinden ist.

cc. Bei nachträglich eingegebenen Ansprüchen

Art. 50 Nachträglich eingegebene Ansprüche sind in wichtigeren Fällen den Gläubigern nach dem Ermessen der Konkursverwaltung durch öffentliche Bekanntmachung oder durch Zirkular mitzuteilen oder es ist, wenn nötig, eine besondere Gläubigerversammlung einzuberufen.

dd. Ausnahmen

Art. 51 Die obigen Vorschriften (Art. 47-50) finden keine Anwendung, wenn das Eigentum des Drittansprechers von vornherein als bewiesen zu betrachten oder die sofortige Herausgabe des angesprochenen Gegenstandes im offenbaren Interesse der Masse liegt oder endlich vom Drittansprecher angemessene Kaution geleistet wird.

d. Klagefristansetzung bei Massarechtsabtretungen

Art. 52 Wird eine *Abtretung* der Rechtsansprüche der Masse verlangt, so setzt die Konkursverwaltung nach erfolgter Abtretung und Ausstellung einer Bescheinigung hierüber an die Abtretungsgläubiger dem Dritten die in Artikel 242 Absatz 2 SchKG vorgeschriebene Frist zur Klage an, unter Angabe der Gläubiger, gegen die er als Vertreter der Masse gerichtlich vorzugehen hat.

---

57 Eingefügt durch Ziff. I der V des BGer vom 5. Juni 1996, in Kraft seit 1. Jan. 1997 (AS 1996 2884).

e. Konkurrenz von Pfand- mit Eigentumsansprachen	**Art. 53** Werden Gegenstände vindiziert und daran zugleich von einem Konkursgläubiger Pfand- oder Retentionsrechte geltend gemacht, so ist folgendermassen zu verfahren:

- Wird der Eigentumsanspruch im Konkurs anerkannt, so ist ein allfälliger Streit zwischen dem Vindikanten und dem Pfandansprecher nicht im Konkursverfahren auszutragen.
- Kommt es dagegen zu einem Prozess über die Eigentumsansprache, so ist über die Pfandansprache erst nach rechtskräftiger Abweisung des Drittansprechers durch einen Nachtrag zum Kollokationsplan zu verfügen.

f. Konkurrenz von Pfand- oder Eigentumsmit Kompetenzansprachen	**Art. 54** ¹ Kompetenzstücke, an denen vertragliche Pfandrechte geltend gemacht werden, sind, sofern diese Rechte im Kollokationsverfahren anerkannt werden, in die Konkursmasse zu ziehen und zugunsten der Pfandansprecher zu verwerten. Ein allfälliger Überschuss ist dem Gemeinschuldner zuzuweisen.

² Werden von Dritten zu Eigentum angesprochene Gegenstände von der Masse als Kompetenzstücke anerkannt, so unterbleibt das Verfahren nach Artikel 242 SchKG und ist der Dritte darauf zu verweisen, den Anspruch gegen den Gemeinschuldner *ausserhalb* des Konkursverfahrens geltend zu machen.

IV. Erwahrung der Konkursforderungen Kollokation der Gläubiger
(Art. 244–251 SchKG)

1. Protokollierung der Erklärungen des Gemeinschuldners	**Art. 55** Die *Erklärungen des Gemeinschuldners* über die einzelnen Forderungen (Art. 244 SchKG) sind entweder im Verzeichnis der Forderungseingaben oder in einem besondern Protokoll zu verurkunden und von ihm zu unterzeichnen. Ist der Gemeinschuldner gestorben oder abwesend, so ist dies anzugeben. Die Bestimmung in Artikel 30 Absatz 1 hiervor betreffend die Kollektiv-, Kommandit-, Aktiengesellschaften und Genossenschaften findet hier ebenfalls Anwendung.
2. Kollokationsplan a. Anordnung	**Art. 56** ¹ Der Kollokationsplan ist nach folgender Ordnung zu erstellen:

A. Pfandgesicherte Forderungen (vgl. Art. 37 SchKG):
  1. grundpfandgesicherte;
  2. faustpfandgesicherte.
B. Ungesicherte Forderungen: Klassen I–III (Art. 219 SchKG).[58]

---

58 Fassung gemäss Ziff. I der V des BGer vom 5. Juni 1996, in Kraft seit 1. Jan. 1997 (AS 1996 2884).

² Liegen für einzelne Kategorien oder Klassen des Kollokationsplanes keine Anmeldungen vor, so ist dies jeweilen zu bemerken.

b. Abänderungen

Art. 57[59] Abänderungen des Kollokationsplanes innert der Beschwerdefrist, Erläuterungen oder Vervollständigungen dürfen nur durch unterschriftlich beglaubigte Randbemerkung erfolgen und sind jeweilen neu zu publizieren.

c. Inhalt

Art. 58 ¹ Jede Ansprache ist in derjenigen Klasse und in demjenigen Rang aufzunehmen, der ihr von der Konkursverwaltung oder vom Gläubigerausschuss zuerkannt wird.

² Bei jeder Ansprache ist die Verfügung der Verwaltung über Anerkennung oder Abweisung, im letzteren Fall mit kurzer Angabe des Grundes, vorzumerken. Diese Verfügung hat sich auch auf die geltend gemachten oder im Grundbuch enthaltenen beschränkten dinglichen Rechte (Pfandrechte, Nutzniessung, Wohnrecht, Grunddienstbarkeiten) nach Bestand, Umfang und Rang zu erstrecken.[60]

d. Form der Kollokationsverfügungen

Art. 59[61] ¹ Erscheint eine Forderung als nicht hinreichend belegt, so kann die Verwaltung sie abweisen oder dem Ansprecher zur Einreichung weiterer Beweismittel eine Frist ansetzen.

² Bedingte Zulassungen oder Abweisungen sind unstatthaft, ausser im Fall, wo die Tilgung einer im Bestand unbestrittenen Forderung angefochten wird, die bei Rückerstattung des Empfangenen wieder auflebt (Art. 291 Abs. 2 SchKG).

³ Kann die Konkursverwaltung sich über die Zulassung oder Abweisung einer Ansprache noch nicht aussprechen, so soll sie entweder mit der Aufstellung des Kollokationsplanes zuwarten oder aber den Kollokationsplan nachträglich ergänzen und unter öffentlicher Bekanntmachung wieder auflegen.

e. Umschreibung der Ansprachen

Art. 60 ¹ Die Ansprachen sind fortlaufend zu nummerieren.

² Bei jeder Ansprache ist der Forderungsgrund zu bezeichnen und auf die Nummer der Ansprache im Verzeichnis der Forderungseingaben zu verweisen.

³ Der Kollokationsplan hat für jede Pfandansprache genau anzugeben, auf welchen Massagegenstand sie sich bezieht; bei Grundstücken sind die mitverhafteten Früchte und Erträgnisse sowie die Zugehör, bei Forderungen allfällig mitverpfändete Zinsbetreffnisse unzweideutig

---

59 Fassung gemäss Ziff. I der V des BGer vom 5. Juni 1996, in Kraft seit 1. Jan. 1997 (AS 1996 2884).
60 Fassung gemäss Ziff. I der V des BGer vom 5. Juni 1996, in Kraft seit 1. Jan. 1997 (AS 1996 2884).
61 Fassung gemäss Ziff. I der V des BGer vom 5. Juni 1996, in Kraft seit 1. Jan. 1997 (AS 1996 2884).

zu bezeichnen, unter Verweisung auf die Einträge im Inventar. Ist ein Dritter persönlicher Schuldner, so ist dies ebenfalls zu bemerken.[62]

f. Drittpfandgesicherte Forderungen

Art. 61[63] ¹ Forderungen, für welche ganz oder zum Teil im Eigentum eines Dritten stehende Gegenstände als Pfand haften, sind ohne Rücksicht auf das Pfand, aber unter Erwähnung desselben, in ihrem vollen (anerkannten) Betrag unter die ungesicherten Forderungen aufzunehmen.

² Hat die Pfandverwertung vor erfolgter Ausrichtung der Konkursdividende an den Pfandgläubiger stattgefunden, so ist der Pfandeigentümer an Stelle des Gläubigers zum Bezug der Dividende berechtigt, sofern und insoweit er nach dem geltenden materiellen Recht durch die Einlösung des Pfandes in die Rechte des Gläubigers eingetreten ist. Ist die Subrogation streitig, so ist die Dividende zu hinterlegen.

g. Forderungen mit ausländischem Pfandobjekt

Art. 62 Wenn die Pfandobjekte zwar dem Gemeinschuldner gehören, aber im *Ausland* liegen und nach dem massgebenden Rechte nicht zur inländischen Konkursmasse gezogen werden können, so wird die auf die Forderung entfallende Dividende so lange zurückbehalten, als das Pfand nicht im Ausland liquidiert worden ist, und nur soweit ausgerichtet, als der Pfandausfall reicht. Die auszurichtende Dividende berechnet sich nach dem Pfandausfall.[64]

h. Im Prozess liegende Forderungen

Art. 63 ¹ Streitige Forderungen, welche im Zeitpunkt der Konkurseröffnung bereits *Gegenstand eines Prozesses bilden,* sind im Kollokationsplan zunächst ohne Verfügung der Konkursverwaltung lediglich pro memoria vorzumerken.

² Wird der Prozess weder von der Masse noch von einzelnen Gläubigern nach Artikel 260 SchKG fortgeführt, so gilt die Forderung als *anerkannt,* und die Gläubiger haben *kein* Recht mehr, ihre Kollokation nach Artikel 250 SchKG anzufechten.

³ Wird der Prozess dagegen fortgeführt, so erfolgt je nach dessen Ausgang die Streichung der Forderung oder ihre definitive Kollokation, welche von den Gläubigern ebenfalls nicht mehr angefochten werden kann.

⁴ Bei der Verhandlung darüber, ob der Prozess fortgeführt werden soll, ist nach Analogie von Artikel 48 hiervor zu verfahren.

---

62 Fassung gemäss Ziff. I der V des BGer vom 5. Juni 1996, in Kraft seit 1. Jan. 1997 (AS 1996 2884).
63 Fassung gemäss Ziff. I der V des BGer vom 5. Juni 1996, in Kraft seit 1. Jan. 1997 (AS 1996 2884).
64 Satz eingefügt durch Ziff. I der V vom 5. Juni 1996, in Kraft seit 1. Jan. 1997 (AS 1996 2884).

i. Protokollierung der Verfügungen des Gläubigerausschusses und des Prozessergebnisses

Art. 64 ¹ Ist ein Gläubigerausschuss ernannt worden, so sind seine Verfügungen im Kollokationsplan anzugeben.

² Ebenso ist von allfälligen Kollokationsstreitigkeiten und der Art und Weise ihrer Erledigung im Kollokationsplan Vormerk zu nehmen.

k. Nachträgliche Abänderungen
aa. Innerhalb der Anfechtungsfrist[66]

Art. 65[65] ¹ Innerhalb der Anfechtungsfrist darf die Konkursverwaltung die im Kollokationsplan getroffene Entscheidung nur so lange abändern, als nicht eine Klage gegen die Masse oder einen andern Gläubiger angehoben ist.[67]

² Die Abänderung ist neu zu publizieren (Art. 67 Abs. 3).

bb. Im Prozess

Art. 66 ¹ Will die Konkursverwaltung in dem gegen sie geführten Kollokationsstreit es *nicht* zu einem gerichtlichen Entscheide kommen lassen und anerkennt sie das geltend gemachte Rechtsbegehren nachträglich ganz oder zum Teil, so kann diese Anerkennung nur unter Vorbehalt der Rechte der Konkursgläubiger erfolgen, gemäss Artikel 250 SchKG die Zulassung der Forderung oder den ihr neu angewiesenen Rang ihrerseits noch zu bestreiten.

² Zu diesem Zwecke hat die Konkursverwaltung die aus ihrer nachträglichen Anerkennung sich ergebende Abänderung des ursprünglich aufgelegten Kollokationsplanes neu aufzulegen und zu publizieren.

³ Vorbehalten bleibt die dem Gläubigerausschuss allfällig übertragene Kompetenz zum Abschluss oder zur Genehmigung von Vergleichen gemäss Artikel 237 Absatz 3 Ziffer 3 SchKG. In diesen Fällen hat eine Neuauflage und Publikation des durch den Vergleich abgeänderten Kollokationsplanes nicht stattzufinden.

l. Publikation

Art. 67 ¹ Die Bekanntmachung der Auflegung des Kollokationsplanes hat in den gleichen Blättern zu erfolgen, in denen der Konkurs publiziert wurde.

² Im Zeitpunkt der Auflegung des Planes sollen alle von der Konkursverwaltung oder dem Gläubigerausschuss erklärten Bestreitungen im Kollokationsplan gehörig vorgemerkt sein.

³ Für nachträgliche Abänderungen genügt nicht eine Anzeige an den Gläubiger, sondern es ist innert der Anfechtungsfrist die Bekanntmachung der Auflegung des Kollokationsplanes zu widerrufen und der neu erstellte oder abgeänderte Plan wiederum aufzulegen und dessen Bekanntmachung anzuordnen.

---

65 Im italienischen Text besteht dieser Artikel aus einem einzigen Absatz.
66 Fassung gemäss Ziff. I der V des BGer vom 5. Juni 1996, in Kraft seit 1. Jan. 1997 (AS 1996 2884).
67 Fassung gemäss Ziff. I der V des BGer vom 5. Juni 1996, in Kraft seit 1. Jan. 1997 (AS 1996 2884).

m. Spezialanzeigen	**Art. 68**[68] In den nach Artikel 249 Absatz 3 SchKG zu versendenden Spezialanzeigen ist der Grund der Abweisung zu bezeichnen und beizufügen, dass die zwanzigtägige Anfechtungsfrist (Art. 250 SchKG) vom Tage der öffentlichen Bekanntmachung der Auflegung des Kollokationsplanes an zu laufen beginne.
n. Behandlung verspäteter Konkurseingaben	**Art. 69** Wird eine Konkursforderung erst nach erfolgter Auflegung des Kollokationsplanes eingegeben, so hat eine Publikation der Verfügung über sie nur zu erfolgen, wenn sie ganz oder teilweise *zugelassen* wird. Wird sie vollständig abgewiesen, so genügt die blosse Anzeige davon an den Gläubiger. Vorbehalten bleiben die Artikel 65 und 66.
o. Im summarischen Verfahren	**Art. 70** Ein Kollokationsplan ist stets auch im summarischen Verfahren zu erstellen. Dabei sind die auf die Errichtung, Auflage, Publikation und Anfechtung des Kollokationsplanes bezüglichen Vorschriften des SchKG sowie der vorliegenden Verordnung in gleicher Weise zu beobachten.

V. Verwertung (Art. 252–260 SchKG[69])

1. Spezialanzeigen über Grundstückssteigerungen	**Art. 71**[70] Spezialanzeigen nach Artikel 257 SchKG sind ausser an die Grundpfandgläubiger auch an diejenigen Gläubiger zu erlassen, denen die Pfandtitel über die auf dem Grundstück haftenden Pfandrechte verpfändet sind (vgl. Art. 40 Abs. 1 hiervor).
2. Steigerungsprotokoll a. Anlage im allgemeinen	**Art. 72**[71] ¹ Über jede Steigerung ist ein besonderes *Protokoll* zu führen, welches angeben soll: die leitenden Personen, den Tag und die Dauer sowie den Ort der Steigerung und den Betrag des Erlöses für jedes speziell versteigerte Objekt. Das Protokoll ist vom Steigerungsbeamten zu unterzeichnen. Bei der Verwertung von Wertschriften und Guthaben sind ausserdem die Namen der Ersteigerer zu verurkunden, bei der Verwertung von Fahrnis nur dann, wenn die Gegenstände insgesamt (en bloc) von einer und derselben Person erworben werden. ² Wird die Steigerung von einem andern öffentlichen Amt vorgenommen, so soll dies aus dem Protokoll ebenfalls hervorgehen.

---

[68] Fassung gemäss Ziff. I der V des BGer vom 5. Juni 1996, in Kraft seit 1. Jan. 1997 (AS 1996 2884).
[69] Heute: Art. 252–260bis SchKG.
[70] Fassung gemäss Ziff. I der V des BGer vom 5. Juni 1996, in Kraft seit 1. Jan. 1997 (AS 1996 2884).
[71] Im italienischen Text besteht dieser Artikel aus einem einzigen Absatz.

b. Bei Liegenschaftssteigerungen im besondern

Art. 73 Das Protokoll über die Verwertung von Liegenschaften soll insbesondere noch enthalten: die Erklärung des Steigerungsbeamten: «Die Liegenschaft wird hiermit um den Preis von Fr. ..... zugeschlagen an N.N.» und die Unterschrift des Erwerbers, der als der «Ersteigerer» zeichnet. Wo nicht zugeschlagen wird, ist am Fusse des Protokolls zu bemerken: «Die Liegenschaft wurde nicht zugeschlagen», und zwar unter Angabe des Grundes, warum der Zuschlag unterblieben ist. Wurde der Zuschlag an Bedingungen geknüpft, so sind diese genau anzugeben.

3. Löschung der untergegangenen Grundpfandrechte

Art. 74 [1] Werden die Pfandtitel über Grundpfandrechte, welche durch die Versteigerung ganz oder teilweise untergegangen sind, nicht beigebracht, so hat die Konkursverwaltung trotzdem die erforderlichen Löschungen oder Abänderungen im Grundbuch zu veranlassen.

[2] Die stattgefundene Löschung oder Abänderung des Grundpfandrechts ist durch einmalige Publikation im Amtsblatt zu veröffentlichen und dem Gläubiger, sofern sein Name und sein Wohnort bekannt sind, durch eingeschriebenen Brief zur Kenntnis zu bringen, mit der Anzeige, dass die Veräusserung oder Verpfändung des gänzlich zu Verlust gekommenen Pfandtitels oder des teilweise zu Verlust gekommenen über den erlösten Betrag hinaus als Betrug strafbar wäre.[72]

[3] Ist der Inhaber des Titels unbekannt, so hat das Betreibungsamt die Löschung oder Abänderung des Grundpfandrechts öffentlich bekanntzumachen, unter Hinweis auf die in Absatz 2 hiervor erwähnte Folge einer Veräusserung oder Verpfändung des Titels.[73]

4. Spezialfälle
a. Entkräftung der Eigentümerpfandtitel und Löschung der leeren Pfandstellen

Art. 75[74] Im Besitz des Gemeinschuldners befindliche Pfandtitel über auf seinem Grundstück grundpfandgesicherte Forderungen sowie leere Pfandstellen dürfen gemäss Artikel 815 des Zivilgesetzbuches[75] bei der Aufstellung der Steigerungsbedingungen nicht berücksichtigt werden. Die Pfandtitel sind ohne weiteres zur Entkräftung zu bringen und die leeren Pfandstellen nach der Versteigerung im Grundbuch zu löschen.

b. Behandlung der vom Gemeinschuldner verpfändeten Eigentümerpfandtitel

Art. 76[76] Die vom Gemeinschuldner verpfändeten Pfandtitel über auf seinem Grundstück grundpfandgesicherte Forderungen dürfen nicht separat versteigert werden, sondern es ist für die betreffenden Forderungen anlässlich der Versteigerung des Grundstücks in den

---

72 Fassung gemäss Ziff. I der V des BGer vom 5. Juni 1996, in Kraft seit 1. Jan. 1997 (AS 1996 2884).
73 Fassung gemäss den Art. 69 Abs. 3 und 136 Abs. 2 der V des BGer vom 23. April 1920 über die Zwangsverwertung von Grundstücken, in Kraft seit 1. Jan. 1921 (AS 36 425).
74 Fassung gemäss Ziff. I der V des BGer vom 5. Juni 1996, in Kraft seit 1. Jan. 1997 (AS 1996 2884).
75 SR 210
76 Fassung gemäss Ziff. I der V des BGer vom 5. Juni 1996, in Kraft seit 1. Jan. 1997 (AS 1996 2884).

Steigerungsbedingungen Barzahlung zu verlangen, und es sind die Titel nach der Versteigerung zur Entkräftung zu bringen.

c. Verwertung von versicherten Gegenständen und von Lebensversicherungsansprüchen

Art. 77 ¹ Sind die zur Verwertung gelangenden Gegenstände gegen Schaden *versichert* (vgl. Art. 37 und 40 Abs. 2 hiervor), so ist bei der Verwertungshandlung auf die bestehende Versicherung aufmerksam zu machen. Wird die Gesamtheit der versicherten Gegenstände von einer und derselben Person erworben, so ist der Versicherer vom Übergang des Eigentums sofort in Kenntnis zu setzen.

² Bezüglich der Verwertung (Versteigerung oder Verkauf aus freier Hand) eines Lebensversicherungsanspruchs sind die Vorschriften der Artikel 10 und 15-21 der Verordnung vom 10. Mai 1910[77] betreffend die Pfändung, Arrestierung und Verwertung von Versicherungsansprüchen massgebend.

d. Verwertung von Vieh

Art. 78[78] Handelt es sich um die Verwertung von Vieh, so sind die Vorschriften des Tierseuchengesetzes vom 1. Juli 1966[79] (Art. 14) und der Tierseuchenverordnung vom 27. Juni 1995[80] (Art. 11) betreffend die Übergabe von Verkehrsscheinen an den Käufer zu beachten.

Art. 79[81]

5. Abtretung von Rechtsansprüchen der Masse

Art. 80 ¹ Die *Abtretung* von Rechtsansprüchen der Masse an einzelne Gläubiger im Sinne von Artikel 260 SchKG erfolgt unter den im vorgeschriebenen Formular festgesetzten Bedingungen.

² Die aus der Flüssigmachung des Prozessergebnisses entstehenden Kosten dürfen nicht der allgemeinen Masse belastet werden.

Art. 81[82]

VI. Verteilung (Art. 261-267 SchKG)

1. Abschlagsverteilungen

Art. 82 ¹ Bevor *Abschlagsverteilungen* vorgenommen werden (Art. 237 Abs. 3 Ziff. 5 und 266 SchKG), ist eine *provisorische Verteilungsliste* aufzustellen, welche unter Mitteilung an die Gläubiger

---

77 SR 281.51
78 Fassung gemäss Ziff. I der V des BGer vom 5. Juni 1996, in Kraft seit 1. Jan. 1997 (AS 1996 2884).
79 SR 916.40
80 SR 916.401
81 Aufgehoben durch Ziff. I der V des BGer vom 5. Juni 1996, mit Wirkung seit 1. Jan. 1997 (AS 1996 2884).
82 Aufgehoben durch Ziff. I der V des BGer vom 5. Juni 1996, mit Wirkung seit 1. Jan. 1997 (AS 1996 2884).

während zehn Tagen beim Konkursamt aufzulegen ist (Art. 263 SchKG).

² Teilbeträge, die auf streitige Forderungen, auf Forderungen unter aufschiebender Bedingung oder mit ungewisser Verfallzeit (Art. 264 Abs. 3 SchKG), auf Sicherheitsansprüche sowie auf solche Forderungen entfallen, welche verspätet, jedoch noch vor der Abschlagsverteilung angemeldet wurden (Art. 251 Abs. 3 SchKG), sind zurückzubehalten.

2. Erstellung der definitiven Verteilungsliste
a. Voraussetzungen
aa. Erledigung der Prozesse

Art. 83 ¹ Die *definitive Verteilungsliste* darf erst erstellt werden, wenn sämtliche, auf die Feststellung der Aktiv- und Passivmasse bezüglichen Prozesse erledigt sind.

² Auf die von einzelnen Gläubigern gemäss Artikel 260 SchKG geführten Prozesse braucht dagegen keine Rücksicht genommen zu werden, wenn zum vornherein feststeht, dass ein Überschuss für die Masse nicht zu erwarten ist (vgl. Art. 95 hiernach).

bb. Bestimmung der Spezialvergütung nach Art. 48 Gebührenverordnung

Art. 84[83] Glaubt die Konkursverwaltung (und eventuell der Gläubigerausschuss), auf eine Spezialvergütung nach Artikel 48 der Gebührenverordnung vom 23. September 1996[84] zum SchKG Anspruch erheben zu können, so hat sie vor der endgültigen Feststellung der Verteilungsliste der zuständigen Aufsichtsbehörde ausser sämtlichen Akten eine detaillierte Aufstellung ihrer Verrichtungen, für welche die Verordnung keine Gebühren vorsieht, zur Festsetzung der Entschädigung einzureichen.

b. Anlage im allgemeinen

Art. 85[85] Bei der Aufstellung der Verteilungsliste ist wie folgt zu verfahren:
– In erster Linie sind bei verpfändeten Vermögensstücken sowohl der Erlös als die Kosten ihrer Inventur, Verwaltung und Verwertung für alle einzeln genau anzugeben. Diese speziellen Kosten sind vom Erlös der betreffenden Pfandgegenstände in Abzug zu bringen.
– Ergibt sich nach Abzug der Kosten und vollständiger Deckung der Pfandforderungen ein Überschuss, so wird er zum Erlös des freien Massevermögens geschlagen. Ergibt sich umgekehrt auf den Pfandobjekten ein Ausfall, so ist er unter die Forderungen in der ersten bis dritten Klasse einzureihen, sofern eine persönliche Haftung des Schuldners für die Forderung besteht.

---
83 Fassung gemäss Ziff. I der V des BGer vom 5. Juni 1996, in Kraft seit 1. Jan. 1997 (AS 1996 2884).
84 SR 281.35
85 Fassung gemäss Ziff. I der V des BGer vom 5. Juni 1996, in Kraft seit 1. Jan. 1997 (AS 1996 2884).

– Der Gesamterlös des freien Massevermögens nebst einem allfälligen Mehrerlös aus der Liquidation der Pfandobjekte wird vorab zur Deckung der gesamten übrigen Konkurskosten, zu denen auch die Kosten eines vorausgegangenen öffentlichen Inventars zu rechnen sind, verwendet; der Rest ist nach Massgabe des Kollokationsplanes unter die Kurrentgläubiger zu verteilen.

c. Im Fall des Art. 260 SchKG im Besonderen

Art. 86 Sind von einzelnen Gläubigern Prozesse nach Artikel 260 SchKG mit Erfolg durchgeführt worden, so hat die Verteilungsliste, evtl. in einem Nachtrag, auch die Verteilung des Ergebnisses unter die Abtretungsgläubiger und die Masse festzustellen.

3. Anzeige über die Auflegung der Verteilungsliste

Art. 87 [1] Die Anzeige an die einzelnen Gläubiger sowie an den Gemeinschuldner über die Auflegung der Verteilungsliste hat durch eingeschriebene Sendung zu erfolgen (Art. 34 SchKG).[86]

[2] Diese Anzeige hat auch im Falle von Abänderungen der Verteilungsliste stattzufinden, es sei denn, dass die Änderung durch einen Entscheid der Aufsichtsbehörde erfolgt ist.

4. Vornahme der Verteilung. Voraussetzung

Art. 88 Bevor die Konkursverwaltung zur *Verteilung* des Erlöses an die Gläubiger schreitet, hat sie sich darüber zu vergewissern, ob während der gesetzlichen Frist von zehn Tagen Beschwerden gegen die Verteilungsliste bei der Aufsichtsbehörde eingelangt sind, und bejahendenfalls ihre Erledigung abzuwarten.

5. Ausstellung der Verlustscheine bei Heimstätten

Art. 89 Besitzt der Gemeinschuldner im Zeitpunkte der Ausstellung der Verlustscheine ein zur *Heimstätte* erklärtes Gut oder Haus (Art. 349ff. ZGB[88] und Art. 31 hiervor), so ist davon in den *Verlustscheinen* Vormerk zu nehmen, mit Angabe des Schatzungswertes der Heimstätte und der auf ihr ruhenden Lasten. Ferner sind in den Verlustscheinen die Bestimmungen des Zivilgesetzbuches[89] und die ergänzenden kantonalen Vorschriften über die Zwangsverwaltung der Heimstätten und die Befriedigung der Gläubiger aufzunehmen.

Art. 90[90]

Art. 91[91]

---

[86] Fassung gemäss Ziff. I der V des BGer vom 5. Juni 1996, in Kraft seit 1. Jan. 1997 (AS 1996 2884).
[87] Fassung gemäss Ziff. I der V des BGer vom 5. Juni 1996, in Kraft seit 1. Jan. 1997 (AS 1996 2884).
[88] SR 210
[89] SR 210
[90] Aufgehoben durch Ziff. I der V des BGer vom 5. Juni 1996, mit Wirkung seit 1. Jan. 1997 (AS 1996 2884).
[91] Aufgehoben durch V des BGer vom 23. April 1926, mit Wirkung seit 19. Dez. 1923 (AS 42 252).

VII. Schluss des Konkursverfahrens (Art. 268–270 SchKG)

1. Schlussbericht

Art. 92 ¹ Der *Schlussbericht* der Konkursverwaltung (Art. 268 SchKG) ist stets schriftlich abzufassen und dem Konkursgerichte mit sämtlichen Akten und Belegen, mit Einschluss der Quittungen der Gläubiger für die Konkursdividende, einzureichen. Eine Abschrift des Berichts ist bei den Akten aufzubewahren.

² Der Bericht soll eine gedrängte Darstellung des Verlaufs der Liquidation enthalten. Er hat namentlich über die Ursachen des Konkurses, die Aktiven und Passiven und den Gesamtbetrag der Verluste summarisch Aufschluss zu geben und zu erwähnen, ob und eventuell welche Beträge gemäss Artikel 264 Absatz 3 SchKG bei der Depositenanstalt hinterlegt werden mussten.

2. Summarisches Verfahren

Art. 93 Die Erstattung eines Schlussberichtes und die Bekanntmachung der Schlussverfügung haben auch im summarischen Verfahren stattzufinden. Dagegen ist eine Publikation der Schlussverfügung bei Einstellung des Konkursverfahrens im Sinne des Artikels 230 Absatz 2 SchKG nicht erforderlich.

Art. 94[92]

3. Einfluss von Prozessen nach Art. 260 SchKG[93]

Art. 95 Hat eine Abtretung von Rechtsansprüchen der Masse an einzelne Konkursgläubiger im Sinne von Artikel 260 SchKG stattgefunden und ist anzunehmen, dass aus der Verfolgung der abgetretenen Rechte ein Überschuss zugunsten der Masse sich nicht ergeben werde, so hat das Konkursamt dem Konkursgerichte unter Einsendung der Akten darüber Antrag zu stellen, ob das Konkursverfahren sofort geschlossen oder ob mit dem Schluss des Verfahrens bis nach durchgeführter Geltendmachung des Anspruchs zugewartet werden soll.

VIII. Summarisches Verfahren

Besondere Vorschriften für das summarische Verfahren

Art. 96[94] Für das summarische Verfahren gelten, ausser den in den Artikeln 32, 49, 70 und 93 enthaltenen Vorschriften, folgende Besonderheiten:

---

92 Aufgehoben durch Ziff. I der V des BGer vom 5. Juni 1996, mit Wirkung seit 1. Jan. 1997 (AS 1996 2884).
93 Fassung gemäss Ziff. I der V des BGer vom 5. Juni 1996, in Kraft seit 1. Jan. 1997 (AS 1996 2884).
94 Fassung gemäss Ziff. I der V des BGer vom 5. Juni 1996, in Kraft seit 1. Jan. 1997 (AS 1996 2884).

a. Schlägt der Gemeinschuldner einen Nachlassvertrag vor, so ist eine Gläubigerversammlung einzuberufen, wenn er die Kosten dafür vorschiesst.
b. Für Grundstückssteigerungen gelten die Bestimmungen der Artikel 134–137 und 143 SchKG; ein allfälliger Zahlungstermin darf jedoch nicht mehr als drei Monate betragen. Im Übrigen gelten für die Verwertung die Vorschriften der Artikel 71–78 und 80 dieser Verordnung.
c. Für die Verteilung ist unter Beachtung der Vorschriften der Artikel 262 und 264 Absatz 3 SchKG sowie der Artikel 83 und 85 hiervor eine Verteilungsliste zu erstellen. Abschlagsverteilungen sind nicht vorzunehmen, dagegen Verlustscheine nach Artikel 265 SchKG auszustellen. Auch ist Artikel 150 SchKG analog zur Anwendung zu bringen.

C. Geschäftsführung der ausseramtlichen Konkursverwaltungen

1. Bezeichnung der anwendbaren allgemeinen Bestimmungen

Art. 97[95] Die in den Artikeln 1 Ziffern 2–4, 2, 3, 5, 8–10, 13, 15–34, 36, 38, 41, 44–69, 71–78, 80, 82–89, 92, 93 und 95 der vorliegenden Verordnung aufgestellten Vorschriften gelten auch für eine von den Gläubigern gewählte Konkursverwaltung (Art. 241 SchKG und Art. 43 hiervor).

2. Besondere Bestimmungen

Art. 98 [1] Die Auflegung des Kollokationsplanes, der Steigerungsbedingungen und der Kostenrechnung und Verteilungsliste hat, auch wenn eine ausseramtliche Konkursverwaltung eingesetzt ist, beim zuständigen Konkursamt zu erfolgen. Die Kantone können vorschreiben, dass der Vollzug der öffentlichen Steigerungen durch das Konkurs- oder ein anderes öffentliches Amt oder unter dessen Mitwirkung zu geschehen habe.[96]

[2] Nach Schluss des Verfahrens hat die Konkursverwaltung das Protokoll und die Akten an das Konkursamt zur Aufbewahrung in dessen Archiv abzuliefern.

[3] …[97]

---

95 Fassung gemäss Ziff. I der V des BGer vom 5. Juni 1996, in Kraft seit 1. Jan. 1997 (AS 1996 2884).
96 Im italienischen Text besteht dieser Absatz aus zwei Absätzen. Jeder Absatz entspricht einem Satz des deutschen Textes.
97 Aufgehoben durch Ziff. I der V des BGer vom 5. Juni 1996, mit Wirkung seit 1. Jan. 1997 (AS 1996 2884).

D. Schlussbestimmungen

1. Zeitpunkt des Inkrafttretens

Art. 99 ¹ Die vorliegende Verordnung tritt auf den 1. Januar 1912 in Kraft.

² ...[98]

2. Übergangsbestimmung

Art. 100 ¹ Alle mit den obigen Bestimmungen im Widerspruch stehenden Verordnungsvorschriften und Anweisungen werden aufgehoben.

² Insbesondere wird Artikel 12 der Verordnung vom 10. Mai 1910[99] betreffend die Pfändung, Arrestierung und Verwertung von Versicherungsansprüchen durch Artikel 61 hiervor abgeändert.

---

[98] Gegenstandslose UeB.
[99] SR 281.51

19a. Verordnung über die Aufbewahrung der Betreibungs- und Konkursakten (VABK)

vom 5. Juni 1996

Das Schweizerische Bundesgericht,

gestützt auf Artikel 15 Absatz 2 des Schuldbetreibungs- und Konkursgesetzes (SchKG)[1],

verordnet:

I. Allgemeine Bestimmung

Art. 1 Die Akten jeder Betreibung und jedes Konkurses sind übersichtlich zu ordnen und beisammenzuhalten.

II. Betreibungsakten

Art. 2 [1] Die Akten erledigter Betreibungen dürfen nach Ablauf von zehn Jahren, vom Tage der Erledigung an gerechnet, vernichtet werden.

[2] Die Betreibungsbücher nebst den zugehörigen Personenregistern sind während 30 Jahren seit deren Abschluss aufzubewahren.

[3] Vorbehalten bleiben abweichende Anordnungen der zuständigen kantonalen Behörde über die Aufbewahrung der vom kantonalen Recht vorgeschriebenen Hilfsbücher.

Art. 3 Die Akten gelöschter Eigentumsvorbehalte dürfen nach Ablauf von zehn Jahren, vom Tage der Löschung an gerechnet, vernichtet werden.

Art. 4 [1] Die aufzubewahrenden Akten können mit Zustimmung der kantonalen Aufsichtsbehörde auf Bild- oder Datenträger aufgezeichnet und die Originalakten hierauf vernichtet werden.

SR 281.33. AS 1996 2895
1 SR 281.1

² Die kantonale Aufsichtsbehörde sorgt dafür, dass die Vorschriften der bundesrätlichen Verordnung vom 2. Juni 1976[2] über die Aufzeichnung von aufzubewahrenden Unterlagen sinngemäss befolgt werden.

III. Konkursakten

Art. 5 Für die Anlage, Ordnung und Aufbewahrung der Konkursakten gelten die Artikel 10, 13, 14 und 15a der Verordnung vom 13. Juli 1911[3] über die Geschäftsführung der Konkursämter.

IV. Schlussbestimmungen

Art. 6 Die Verordnung des BGer vom 14. März 1938[4] über die Aufbewahrung der Betreibungs- und Konkursakten wird aufgehoben.

Art. 7 Diese Verordnung tritt am 1. Januar 1997 in Kraft.

---

2 SR 221.431
3 SR 281.32
4 [BS 3 101; AS 1979 814]

20. Gebührenverordnung zum Bundesgesetz über Schuldbetreibung und Konkurs (GebV SchKG)

vom 23. September 1996

Der Schweizerische Bundesrat,

gestützt auf Artikel 16 des Bundesgesetzes vom 11. April 1889 über Schuldbetreibung und Konkurs (SchKG)[1],

verordnet:

1. Kapitel: Allgemeine Bestimmungen

Art. 1 Geltungsbereich

[1] Diese Verordnung regelt die Gebühren und Entschädigungen der Ämter, Behörden und übrigen Organe, die in Anwendung des SchKG oder anderer Erlasse des Bundes im Rahmen einer Zwangsvollstreckung, eines Nachlassverfahrens oder einer Notstundung Verrichtungen vornehmen.

[2] Für Verrichtungen, die in dieser Verordnung nicht besonders tarifiert sind, kann eine Gebühr bis zu 150 Franken erhoben werden. Die Aufsichtsbehörde kann höhere Gebühren festsetzen, wenn die Schwierigkeit der Sache, der Umfang der Bemühungen oder der Zeitaufwand es rechtfertigt.

Art. 2 Aufsicht

Die Aufsichtsbehörde überwacht die Anwendung der Verordnung; den Betreibungs- und Konkursbeamten, ausseramtlichen Konkursverwaltern, Sachwaltern und Liquidatoren steht das Recht der Weiterziehung zu (Art. 18 und 19 SchKG).

Art. 3 Kostenrechnung

Auf Verlangen einer Partei wird auf deren Kosten eine detaillierte Kostenrechnung, welche die entsprechenden Bestimmungen dieser Verordnung nennen muss, erstellt; die Gebühr bestimmt sich nach Artikel 9.

SR 281.35. AS 1996 2937
1 SR 281.1

Art. 4 Berechnung nach Zeitaufwand

¹ Ist die Gebühr nach Zeitaufwand zu berechnen, so fällt die für den Gang oder die Reise beanspruchte Zeit ausser Betracht.

² Der Bruchteil einer halben Stunde zählt als halbe Stunde.

³ Die Dauer der Verrichtung ist in der Urkunde anzugeben.

Art. 5 Berechnung nach Seitenzahl

¹ Ist die Gebühr nach der Anzahl Seiten eines Schriftstückes zu berechnen, so gilt jede beschriebene Seite als ganze Seite.

² Seiten, die ausschliesslich Standardtexte wie Gesetzestexte oder Erläuterungen enthalten, werden nicht gezählt.

Art. 6 Berechnung nach Forderungsbetrag

Ist die Gebühr nach dem Betrag der in Betreibung gesetzten Forderung zu berechnen, so fallen nicht bezifferte Zinsen ausser Betracht.

Art. 7 Zustellung auf Ersuchen eines andern Amtes

Die Gebühr für die Zustellung auf Ersuchen eines anderen Amtes, einschliesslich Eintragung, beträgt 10 Franken je Zustellung.

Art. 8 Nacht-, Sonntags- und Feiertagszuschlag

Die Gebühr wird verdoppelt, wenn die Verrichtung ausserhalb des Amtslokals in der Zeit von 20 Uhr bis 7 Uhr, an Sonntagen oder an staatlich anerkannten Feiertagen (Art. 56 Ziff. 1 SchKG) vorgenommen werden muss.

Art. 9 Schriftstücke

¹ Die Gebühr für die Erstellung eines nicht besonders tarifierten Schriftstücks beträgt:
a. 8 Franken je Seite bis zu einer Anzahl von 20 Ausfertigungen;
b. 4 Franken je Seite für jede weitere Ausfertigung.

² Schriftstücke im Geldverkehr und Aktenexemplare sind gebührenfrei.

³ Für Fotokopien aus bestehenden Akten kann das Amt eine Gebühr von 2 Franken je Kopie erheben.

⁴ Das Amt kann für das Ausfüllen von Formularen für Begehren eine Gebühr bis zu 5 Franken erheben.

Art. 10[2] Telefongespräche und Faxnachrichten

¹ Für ein Telefongespräch kann eine Gebühr von 5 Franken erhoben werden.

---

[2] Fassung gemäss Ziff. II 5 der V vom 18. Juni 2010 über die Anpassung von Verordnungen an die Schweizerische Zivilprozessordnung, in Kraft seit 1. Jan. 2011 (AS 2010 3053).

² Für den Versand eines Schriftstücks per Telefax kann eine Gebühr von 1 Franken erhoben werden. Umfasst das Schriftstück mehr als 5 Seiten, so erhöht sich die Gebühr um 1 Franken für jeweils weitere 5 Seiten.

Art. 11 Öffentliche Bekanntmachungen

Die Gebühr für eine öffentliche Bekanntmachung beträgt bis 40 Franken. Übersteigt der Zeitaufwand eine halbe Stunde, so erhöht sich die Gebühr um 40 Franken für jede weitere halbe Stunde.

Art. 12 Akteneinsicht und Auskunft

¹ Die Gebühr für die Vorlegung von Akten oder für Auskünfte aus Akten beträgt 9 Franken. Die Vorlegung von Forderungstiteln (Art. 73 SchKG) und Auskünfte darüber sind gebührenfrei.

² Übersteigt der Zeitaufwand eine halbe Stunde, so erhöht sich die Gebühr um 40 Franken für jede weitere halbe Stunde.

³ Für schriftliche Auskünfte wird zusätzlich die Gebühr nach Artikel 9 erhoben.

Art. 12a[3] Schriftliche Betreibungsregisterauskünfte

¹ Die Gebühr für einen schriftlichen Auszug aus dem Betreibungsregister beträgt unabhängig von der Seitenzahl pauschal 17 Franken.

² Wird der Registerauszug dem Antragsteller per Post, Fax oder elektronisch zugestellt, so beträgt die Gebühr inklusive Zustellung 18 Franken. Wünscht der Empfänger eine Zustellung per eingeschriebener Post, so beträgt die Gebühr inklusive Zustellung 22 Franken.

³ Sieht das Bundesrecht vor, dass gegenüber Gerichts- und Verwaltungsbehörden Auskunft zu erteilen ist, so wird für den schriftlichen Auszug aus dem Betreibungsregister von den betreffenden Behörden keine Gebühr erhoben.[4]

Art. 13 Auslagen im allgemeinen

¹ Unter Vorbehalt der Absätze 2 und 3 sind alle Auslagen, wie Verwaltungskosten, Post- und Fernmeldetaxen, Honorare für Sachverständige, Kosten für den Beizug der Polizei sowie Bankspesen zu ersetzen. Die Mehrkosten einer Nachnahme trägt die Partei, welche sie verursacht.

² Bei Zustellung durch das Amt gelten als Auslagen nur die dadurch eingesparten Posttaxen.

---

3 Eingefügt durch Ziff. II 5 der V vom 18. Juni 2010 über die Anpassung von Verordnungen an die Schweizerische Zivilprozessordnung, in Kraft seit 1. Jan. 2011 (AS 2010 3053).
4 Fassung gemäss Ziff. I der V vom 20. Jan. 2016, in Kraft seit 1. Febr. 2016 (AS 2016 275).

³ Keinen Anspruch auf Ersatz begründen:
a. Kosten des Materials und der Vervielfältigung gebührenpflichtiger Schriftstücke;
b. die allgemeinen Telekommunikationsgebühren;
c.[5] Postkontotaxen, unter Vorbehalt von Artikel 19 Absatz 3;
d. Die Einschreibegebühr bei Zustellung eines Zahlungsbefehls, einer Pfändungsankündigung oder einer Konkursandrohung durch das Amt;
e.[6] die Gebühr für die Nutzung des eSchKG-Verbundes gemäss Artikel 15a.

⁴ Bedient sich das Amt bei der Zustellung eines Zahlungsbefehls, einer Pfändungsankündigung oder einer Konkursandrohung eines besonderen Zustelldienstes der Schweizerischen Post, so können die die Einschreibegebühr übersteigenden Kosten der sie verursachenden Partei überbunden werden, sofern vorher mindestens ein erfolgloser Zustellungsversuch stattgefunden hat.[7]

Art. 14 Wegentschädigung, Spesenvergütung

¹ Die Wegentschädigung, einschliesslich Transportkosten, beträgt 2 Franken für jeden Kilometer des Hin- und des Rückweges.

² Die Entschädigung für Mahlzeiten, Übernachtungen und Nebenauslagen bestimmt sich nach der Verordnung des EFD vom 6. Dezember 2001[8] zur Bundespersonalverordnung (VBPV).[9]

³ Die Aufsichtsbehörde kann in besonderen Fällen die Entschädigung angemessen erhöhen, wenn die Entlegenheit des Ortes einen Aufwand an Zeit oder Kosten verursacht, den die in den Absätzen 1 und 2 vorgesehene Entschädigung offensichtlich nicht deckt.

Art. 15 Mehrere Verrichtungen

¹ Mehrere Verrichtungen sind soweit möglich miteinander zu besorgen; die Wegentschädigung ist auf die verschiedenen Verrichtungen zu gleichen Teilen umzulegen.

² Werden an mehreren Orten Verrichtungen besorgt, so ist die Entschädigung nach der Entfernung der Orte verhältnismässig auf die einzelnen Verrichtungen umzulegen.

---

5 Fassung gemäss Ziff. II 20 der V vom 1. Dez. 1997, in Kraft seit 1. Jan. 1998 (AS 1997 2779).
6 Eingefügt durch Ziff. II 5 der V vom 18. Juni 2010 über die Anpassung von Verordnungen an die Schweizerische Zivilprozessordnung, in Kraft seit 1. Jan. 2011 (AS 2010 3053).
7 Eingefügt durch Ziff. II 5 der V vom 18. Juni 2010 über die Anpassung von Verordnungen an die Schweizerische Zivilprozessordnung, in Kraft seit 1. Jan. 2011 (AS 2010 3053).
8 SR 172.220.111.31
9 Fassung gemäss Ziff. II 5 der V vom 18. Juni 2010 über die Anpassung von Verordnungen an die Schweizerische Zivilprozessordnung, in Kraft seit 1. Jan. 2011 (AS 2010 3053).

Art. 15a[10] Begehren nach dem eSchKG-Verbund

[1] Wird ein Betreibungsbegehren oder ein Begehren für einen Auszug aus dem Betreibungsregister nach dem eSchKG-Verbund eingereicht, so erhebt das Bundesamt für Justiz (BJ) vom betroffenen Betreibungsamt folgende Gebühren:

Anzahl der Begehren			Gebühr pro Begehren/Franken
	bis	1 000	1.–
über 1 000	bis	5 000	–.90
über 5 000	bis	10 000	–.80
über 10 000			–.70

[2] Betreibt ein Kanton eine zentrale Applikation für alle Betreibungsämter und können die Gebühren gemäss Absatz 1 in einer Rechnung gestellt werden, so wird für deren Berechnung die Summe aller Begehren aller Betreibungsämter herangezogen.

[3] Für den Beitritt zum eSchKG-Verbund wird eine einmalige Aufnahmegebühr von 500 Franken erhoben.

[4] Ab dem zweiten Kalenderjahr wird von jedem Beteiligten im eSchKG-Verbund eine Gebühr von 200 Franken pro Jahr für die Erneuerung des Zugangs zum Verbund erhoben.

[5] Für die Erhebung dieser Gebühren ist das BJ oder eine von ihm beauftragte Stelle zuständig.

---

10 Eingefügt durch Ziff. II 5 der V vom 18. Juni 2010 über die Anpassung von Verordnungen an die Schweizerische Zivilprozessordnung (AS 2010 3053). Fassung gemäss Ziff. I der V vom 20. Jan. 2016, in Kraft seit 1. Febr. 2016 (AS 2016 275).

2. Kapitel: Gebühren des Betreibungsamtes

Art. 16 Zahlungsbefehl

[1] Die Gebühr für den Erlass, die doppelte Ausfertigung, die Eintragung und die Zustellung des Zahlungsbefehls bemisst sich nach der Forderung und beträgt:

Forderung/Franken			Gebühr/Franken
	bis	100	7.–
über 100	bis	500	20.–
über 500	bis	1 000	40.–
über 1 000	bis	10 000	60.–
über 10 000	bis	100 000	90.–
über 100 000	bis	1 000 000	190.–
über 1 000 000			400.–

[2] Die Gebühr für jede weitere doppelte Ausfertigung beträgt die Hälfte der Gebühr nach Absatz 1.

[3] Die Gebühr für jeden Zustellungsversuch beträgt 7 Franken je Zahlungsbefehl.

[4] Die Gebühr für die Eintragung eines vor Ausfertigung des Zahlungsbefehls zurückgezogenen Betreibungsbegehrens beträgt, ohne Rücksicht auf die Höhe der Forderung, 5 Franken.

Art. 17 Feststellung von Miete und Pacht

Die Gebühr für die Feststellung der Miet- und Pachtverhältnisse bei Grundstücken beträgt 40 Franken je halbe Stunde.

Art. 18 Rechtsvorschlag

Die mit dem Rechtsvorschlag verbundenen Verrichtungen sind gebührenfrei.

Art. 19 Einzahlung und Überweisung

[1] Die Gebühr für die Entgegennahme einer Zahlung und deren Überweisung an einen Gläubiger bemisst sich nach der betreffenden Summe und beträgt:

Summe/Franken	Gebühr/Franken
bis 1000	5.–
über 1000	5 Promille, jedoch höchstens 500.–

[2] Einzahlungen des Amtes auf ein Depot und Abhebungen sind gebührenfrei (Art. 9 SchKG).

³ Auslagen für die Überweisung von Zahlungen an einen Gläubiger gehen zu seinen Lasten.

Art. 20 Vollzug der Pfändung

¹ Die Gebühr für den Vollzug einer Pfändung, einschliesslich Abfassung der Pfändungsurkunde, bemisst sich nach der Forderung und beträgt:

Forderung/Franken			Gebühr/Franken
	bis	100	10.–
über 100	bis	500	25.–
über 500	bis	1 000	45.–
über 1 000	bis	10 000	65.–
über 10 000	bis	100 000	90.–
über 100 000	bis	1 000 000	190.–
über 1 000 000			400.–

² Die Gebühr für eine fruchtlose Pfändung beträgt die Hälfte der Gebühr nach Absatz 1, jedoch mindestens 10 Franken. Für einen erfolglosen Pfändungsversuch beträgt die Gebühr 10 Franken.

³ Erfordert der Vollzug mehr als eine Stunde, so erhöht sich die Gebühr um 40 Franken für jede weitere halbe Stunde.

⁴ Die Gebühr für die Protokollierung des Fortsetzungsbegehrens, das infolge Zahlung, Rückzug des Fortsetzungsbegehrens, Einstellung oder Aufhebung der Betreibung zu keiner Pfändung führt, beträgt 5 Franken.

Art. 21 Arrestvollzug und Aufnahme eines Retentionsverzeichnisses

Die Gebühr für den Arrestvollzug und für die Aufnahme eines Retentionsverzeichnisses bemisst sich nach Artikel 20.

Art. 22 Ergänzung der Pfändung und Nachpfändung, Pfändungsanschluss und Revision von Einkommenspfändungen

¹ Die Gebühr für eine Ergänzung der Pfändung (Art. 110 und 111 SchKG) und für eine Nachpfändung von Amtes wegen (Art. 145 SchKG) oder auf Begehren eines Gläubigers bestimmt sich nach Artikel 20.

² Die Gebühr für die Vormerkung der Teilnahme eines weiteren Gläubigers an der Pfändung ohne Ergänzung derselben beträgt 6 Franken.

³ Die Gebühr für die Revision der Einkommenspfändung (Art. 93 SchKG) beträgt die Hälfte der Gebühr nach Artikel 20 Absatz 1.

Art. 23 Pfändung für mehrere Forderungen

¹ Die gleichzeitige Pfändung für mehrere Forderungen gegen denselben Schuldner gilt als eine Pfändung. Die Gebühr bemisst sich nach dem Gesamtbetrag der Forderungen.

² Gebühren und Auslagen sind auf die einzelnen Betreibungen im Verhältnis der Forderungsbeträge zu verteilen.

³ Verursacht ein Gläubiger zusätzliche Gebühren und Auslagen, so sind diese einzeln nach dem Verursacherprinzip zu verrechnen.

Art. 24 Abschrift der Pfändungsurkunde

Die Gebühr für die Abschrift der Pfändungsurkunde (Art. 112 SchKG) oder eines Nachtrages dazu (Art. 113 SchKG) bestimmt sich nach Artikel 9 Absatz 1.

Art. 25 Beweismittel für Drittansprüche

Die Gebühr für die Vorlegung der Beweismittel für einen Drittanspruch im Pfändungs-, Arrest- oder Retentionsverfahren geht zu Lasten des Gesuchstellers und bestimmt sich nach Artikel 12.

Art. 26 Verwahrung beweglicher Sachen

¹ Die Gebühr für die Verwahrung von gepfändeten oder arrestierten Wertschriften sowie von Wertschriften, die zur Faustpfandverwertung eingeliefert wurden, beträgt monatlich 0,3 Promille vom Kurswert oder, wenn dieser nicht feststellbar ist, vom Schätzungswert, höchstens jedoch 500 Franken insgesamt je Verwahrung.

² Die Gebühr für die Verwahrung von Pfandtiteln, die beim Gläubiger in der Betreibung auf Grundpfandverwertung eingefordert wurden, beträgt monatlich 0,1 Promille vom Nennwert, höchstens jedoch 500 Franken insgesamt je Verwahrung.

³ Die Gebühr für die Verwahrung einer anderen Wertsache beträgt je Stück 5 Franken monatlich.

⁴ Das Amt setzt für die Verwahrung von Gebrauchs- oder Verbrauchsgegenständen, unter Berücksichtigung des Schätzungswertes, eine angemessene Gebühr fest.

Art. 27 Verwaltung von Grundstücken

¹ Die Gebühr für die Verwaltung von Grundstücken, einschliesslich Abschluss von Miet- oder Pachtverträgen sowie Buch- und Rechnungsführung, beträgt 5 Prozent der während der Dauer der Verwaltung erzielten oder erzielbaren Miet- oder Pachtzinse.

² Wird das Grundstück nicht genutzt, so beträgt die jährliche Gebühr 1 Promille des Schätzungswertes des Grundstücks.

³ Die tatsächlichen Verwaltungskosten (Unkosten, Barauslagen) gelten als Auslagen.

⁴ Die Aufsichtsbehörde kann in besonderen Fällen die Gebühr angemessen erhöhen.

Art. 28 Schätzung von Pfändern

Gebühren und Auslagen für die Schätzung von Faustpfändern und Grundstücken bei Betreibung auf Pfandverwertung, einschliesslich Abfassung der Schätzungsurkunde, bestimmen sich nach Artikel 20.

Art. 29 Lastenverzeichnis und Steigerungsbedingungen

¹ Die Gebühr für die Aufstellung des Lastenverzeichnisses beträgt 300 Franken für jedes Grundstück.

² Die Gebühr für die Festsetzung der Steigerungsbedingungen beträgt 150 Franken für jedes Grundstück.

³ Sind für bewegliche Sachen besondere Steigerungsbedingungen festzusetzen, so beträgt die Gebühr 100 Franken.

⁴ Die Gebühr für die Bereinigung des Lastenverzeichnisses und der Steigerungsbedingungen für weitere Steigerungen beträgt die Hälfte der Gebühren nach den Absätzen 1 und 2.

Art. 30 Versteigerung, Freihandverkauf und Ausverkauf

¹ Die Gebühr für die Vorbereitung und Durchführung einer Versteigerung, eines Freihandverkaufs oder eines Ausverkaufs, einschliesslich Abfassung des Protokolls, bemisst sich:

a. bei der Versteigerung nach dem gesamten Zuschlagspreis;
b. beim Freihandverkauf nach dem gesamten Kaufpreis;
c. beim Ausverkauf nach dem gesamten Erlös.

² Sie beträgt:

Zuschlagspreis, Kaufpreis oder Erlös/Franken			Gebühr/Franken
	bis	500	10.–
über 500	bis	1 000	50.–
über 1 000	bis	10 000	100.–
über 10 000	bis	100 000	200.–
über 100 000			2 Promille

³ Die Gebühr darf auf keinen Fall den erzielten Erlös übersteigen.

⁴ Findet sich kein Erwerber, so bemisst sich die Gebühr nach dem Schätzungswert und vermindert sich um die Hälfte, beträgt aber höchstens 1000 Franken.

⁵ Dauert die Verwertung länger als eine Stunde, so erhöht sich die Gebühr um 40 Franken für jede weitere halbe Stunde.

⁶ Die Kosten für Gehilfen und Lokale gelten als Auslagen.

⁷ Die Gebühr für die Eintragung des Verwertungsbegehrens beträgt 5 Franken, wenn die Verwertung infolge Zahlung, Rückzug des Begehrens oder Einstellung der Betreibung nicht durchgeführt wird. Erfolgt der Rückzug oder die Zahlung erst nach der Bekanntmachung, so bemisst sich die Gebühr nach Absatz 4.

Art. 31 Verwertung aus mehreren Betreibungen

Werden Gegenstände aus verschiedenen Betreibungen gleichzeitig verwertet, so ist die Verwertungsgebühr nach dem Gesamterlös zu berechnen. Dieser Betrag ist auf die einzelnen Betreibungen zu verteilen, und zwar im Verhältnis des Erlöses aus den betreffenden Objekten oder, wenn sich kein Erwerber findet, im Verhältnis zu den Schätzungswerten.

Art. 32 Mitteilungen an das Grundbuchamt

Die Gebühr für die doppelt auszufertigende Mitteilung einer Handänderung an das Grundbuchamt sowie die Veranlassung der erforderlichen Löschungen und Umschreibungen (Art. 150 Abs. 3 SchKG) beträgt 100 Franken.

Art. 33 Einzug und Überweisung

Die Gebühr für den Einzug des Verwertungserlöses und der Zahlungen aus Einkommenspfändungen und deren Überweisung an einen Gläubiger bestimmt sich nach Artikel 19; überbundene Beträge gelten nicht als Verwertungserlös.

Art. 34 Erstellung des Kollokations- und Verteilungsplans

¹ Die Gebühr für die Erstellung eines Kollokations- und Verteilungsplanes beträgt:
a. 25 Franken für die erste Seite bei beweglichen Sachen und Forderungen;
b. 70 Franken für die erste Seite bei Grundstücken allein oder zusammen mit beweglichen Sachen oder Forderungen;
c. 8 Franken für jede weitere Seite.

² Die Gebühr für die Abrechnung einer Einkommenspfändung, für die kein Verteilungsplan notwendig ist, beträgt 10 Franken je Betreibung.

Art. 35 Anweisung von Forderungen

¹ Die Gebühr für die Anweisung von Forderungen des Schuldners an Zahlungs Statt (Art. 131 Abs. 1 SchKG) bestimmt sich sinngemäss nach Artikel 19 Absatz 1.

² Die Gebühr für die Anweisung von Forderungen des Schuldners zur Eintreibung (Art. 131 Abs. 2 SchKG) beträgt 20 Franken.

Art. 36 Besondere Art der Abgeltung

Die Gebühr für die Feststellung, dass eine in bar zu tilgende Forderung auf andere Weise abgegolten wird, beträgt 20 Franken.

Art. 37 Eigentumsvorbehalt

[1] Die Gebühr für die Verrichtungen bei der Eintragung von Eigentumsvorbehalten nach Verordnung vom 19. Dezember 1910[11] betreffend die Eintragung der Eigentumsvorbehalte geht zu Lasten des Antragstellers und beträgt:

	Restschuld/Franken				Gebühr/Franken
a.	für die Eintragung des Eigentumsvorbehaltes:				
			bis	1 000	25.–
	über	1 000	bis	5 000	50.–
	über	5 000	bis	10 000	60.–
	über	10 000			6 Promille, jedoch höchstens 150.–
b.	für die Eintragung einer Zession				10.–
c.	für die Vorlegung des Registers oder für eine sich darauf stützende Auskunft				9.–
d.	für Auszüge, Bescheinigungen und schriftliche Mitteilungen überdies für jede Seite				8.–

[2] Die Löschung einer Eintragung und die Bestätigung von Verrichtungen im Sinne von Absatz 1 Buchstaben a und b auf dem Vertrag sind gebührenfrei.

[3] Im Falle des Verkaufs derselben Sache an mehrere Erwerber mit Wohnsitz im gleichen Registerkreis ist nur eine Gebühr geschuldet.

Art. 38 Selbständige Festsetzung des Kompetenzbetrages

[1] Die Gebühr für die Festsetzung des Kompetenzbetrages ausserhalb der Zwangsvollstreckung geht zu Lasten des Gesuchstellers und beträgt 40 Franken.

[2] Dauert die Verrichtung länger als eine Stunde, so beträgt die Gebühr 40 Franken für jede weitere halbe Stunde.

Art. 39 Konkursandrohung

Die Gebühr für den Erlass der Konkursandrohung bestimmt sich nach Artikel 16.

---

11 SR 211.413.1

Art. 40 Güterverzeichnis

Die Gebühr für die Erstellung eines Güterverzeichnisses (Art. 162 und 163 SchKG) beträgt 40 Franken je halbe Stunde.

Art. 41 Löschung eines Verlustscheines

Die Löschung eines Verlustscheines ist gebührenfrei.

Art. 42 Übrige Eintragungen

Die Gebühr für eine in den Artikeln 16–41 nicht besonders tarifierte Eintragung beträgt 5 Franken.

3. Kapitel: Gebühren im Konkursverfahren

Art. 43 Geltungsbereich

Die Gebühren nach den Artikel 44–46 gelten sowohl für die amtliche wie für die ausseramtliche Konkursverwaltung.

Art. 44 Feststellung der Konkursmasse

Die Gebühr beträgt 50 Franken je halbe Stunde für die:
a. Schliessung und Versiegelung sowie andere sichernde Massnahmen;
b. Einvernahme des Konkursiten oder anderer Personen;
c. Aufnahme und Bewertung der Aktiven;
d. Reinschrift des Inventars;
e. Aufstellung eines vorläufigen Gläubigerverzeichnisses.

Art. 45 Gläubigerversammlung

Die Gebühr für die Ausarbeitung des Berichtes an die Gläubigerversammlung, für deren Leitung und für die Protokollierung bemisst sich nach den durch das Inventar ausgewiesenen Aktiven und beträgt:

Aktiven/Franken	Gebühr/Franken
bis 500 000	400.–
über 500 000	1000.–

Art. 46 Andere Verrichtungen

¹ Die Gebühr beträgt:
a. 20 Franken für die Einschreibung und Prüfung jeder Konkursforderung, einschliesslich der Abfassung, Reinschrift und Auflegung des Kollokationsplanes;
b. 20 Franken für eine Verfügung über einen Eigentumsanspruch;

c. je 200 Franken für die Schlussrechnung, den Verteilungsplan und den Schlussbericht an das Konkursgericht; dauert die Verrichtung länger als eine Stunde, so erhöht sich die Gebühr um 50 Franken je weitere halbe Stunde;

d. 20 Franken für eine Abtretung von Rechtsansprüchen auf Verlangen eines Gläubigers.

² Im übrigen bestimmen sich die Gebühren sinngemäss nach:

a. den Artikeln 26 und 27 für die Verwahrung und Verwaltung von Gegenständen des Massevermögens;

b. Artikel 19 für den Einzug von Forderungen und für die Begleichung von Masseschulden;

c. den Artikeln 29, 30, 32 und 36 für die Verwertung des Massevermögens;

d. Artikel 33 für die Verteilung des Erlöses.

³ Die Entschädigung je halbe Sitzungsstunde beträgt:

a. 60 Franken für den Präsidenten des Gläubigerausschusses und den Protokollführer;

b. 50 Franken für die übrigen Mitglieder des Gläubigerausschusses und den Konkursverwalter, der nicht als Protokollführer mitwirkt.

⁴ Für Verrichtungen ausserhalb von Sitzungen beträgt die Entschädigung für den Präsidenten und die übrigen Mitglieder des Gläubigerausschusses 50 Franken je halbe Stunde.

Art. 47 Anspruchsvolle Verfahren

¹ Für Verfahren, die besondere Abklärungen des Sachverhaltes oder von Rechtsfragen erfordern, setzt die Aufsichtsbehörde das Entgelt für die amtliche und die ausseramtliche Konkursverwaltung fest; sie berücksichtigt dabei namentlich die Schwierigkeit und die Bedeutung der Sache, den Umfang der Bemühungen sowie den Zeitaufwand.

² Ferner kann in solchen Verfahren die Aufsichtsbehörde sowohl bei amtlicher wie bei ausseramtlicher Konkursverwaltung die Entschädigungsansätze für die Mitglieder des Gläubigerausschusses (Art. 46 Abs. 3 und 4) erhöhen.

4. Kapitel: Gerichtsgebühren

1. Abschnitt: Allgemeine Bestimmungen

Art. 48 Spruchgebühr

Sofern diese Verordnung nichts anderes vorsieht, bestimmt sich die Spruchgebühr für einen gerichtlichen Entscheid in betreibungsrechtlichen Summarsachen (Art. 251 der Zivilprozessordnung vom 19. Dez. 2008[12], ZPO) wie folgt nach dem Streitwert:[13]

Streitwert/Franken			Gebühr/Franken
	bis	1 000	40–150
über 1 000	bis	10 000	50–300
über 10 000	bis	100 000	60–500
über 100 000	bis	1 000 000	70–1000
über 1 000 000			120–2000

Art. 49 und 50[14]

2. Abschnitt: Betreibungs- und Konkurssachen

Art. 51 Aufhebung des Rechtsstillstandes

Die Gebühr für einen Entscheid über Aufhebung des Rechtsstillstandes (Art. 57d SchKG) beträgt 40–150 Franken.

Art. 52 Konkurseröffnung

Die Gebühr für den Entscheid über die Konkurseröffnung beträgt:
a. in nicht streitigen Fällen 40–200 Franken;
b. in streitigen Fällen 50–500 Franken.

Art. 53 Andere Verfügungen des Konkursgerichts

Die Gebühr beträgt 40–200 Franken für:
a. vorsorgliche Anordnungen;
b. die Einstellung des Konkurses;
c. die Anordnung des summarischen Verfahrens;
d. den Widerruf des Konkurses;

---

12 SR 272
13 Fassung gemäss Ziff. II 5 der V vom 18. Juni 2010 über die Anpassung von Verordnungen an die Schweizerische Zivilprozessordnung, in Kraft seit 1. Jan. 2011 (AS 2010 3053).
14 Aufgehoben durch Ziff. II 5 der V vom 18. Juni 2010 über die Anpassung von Verordnungen an die Schweizerische Zivilprozessordnung, mit Wirkung seit 1. Jan. 2011 (AS 2010 3053).

e. das Schlussdekret.

3. Abschnitt: Nachlassverfahren, Schuldenbereinigung und Notstundung

Art. 54 Nachlassstundung

Die Gebühr für Entscheide des Nachlassgerichts beträgt 200–2500 Franken; das Nachlassgericht kann sie in besonderen Fällen bis auf 5000 Franken erhöhen.

Art. 55 Honorar der Organe

[1] Das Nachlassgericht setzt das Honorar des Sachwalters sowie im Falle eines Liquidationsvergleichs das Honorar der Liquidatoren und der Mitglieder des Gläubigerausschusses pauschal fest.

[2] Im Falle eines Nachlassvertrages im Konkurs setzt die Aufsichtsbehörde das Honorar der Konkursverwaltung pauschal fest.

[3] Bei der Festsetzung des Honorars nach den Absätzen 1 und 2 werden namentlich die Schwierigkeit und die Bedeutung der Sache, der Umfang der Bemühungen, der Zeitaufwand sowie die Auslagen berücksichtigt.

Art. 56 Einvernehmliche private Schuldenbereinigung

[1] Die Gebühr für Bewilligung, Verlängerung oder Widerruf der Stundung beträgt 40–200 Franken.

[2] Für die Festsetzung des Honorars des Sachwalters gilt Artikel 55 sinngemäss.

Art. 57 Notstundung

Gebühren und Honorare im Notstundungsverfahren bestimmen sich sinngemäss nach den Artikeln 40, 54 und 55.

4. Abschnitt: ...

Art. 58–60[15]

---

15 Aufgehoben durch Anhang 1 Ziff. 3 der Finanzmarktinfrastrukturverordnung vom 25. Nov. 2015, mit Wirkung seit 1. Jan. 2016 (AS 2015 5413).

5. Abschnitt: Weiterziehung und Beschwerdeverfahren; Parteientschädigung

Art. 61 Gebühren

¹ Das obere Gericht, an das eine betreibungsrechtliche Summarsache (Art. 251 ZPO[16]) weitergezogen wird, kann für seinen Entscheid eine Gebühr erheben, die höchstens das Anderthalbfache der für die Vorinstanz zulässigen Gebühr beträgt.[17]

² Unentgeltlich sind:
a. das Beschwerdeverfahren und die Weiterziehung eines Beschwerdeentscheides (Art. 17–19 SchKG);
b.[18] im Stundungs-, Konkurs- und Nachlassverfahren der Banken das Beschwerdeverfahren vor dem Stundungsgericht, dem Konkursgericht und der Nachlassbehörde.

Art. 62 Parteientschädigung

¹ ...[19]

² Im Beschwerdeverfahren nach den Artikeln 17–19 des SchKG darf keine Parteientschädigung zugesprochen werden.

5. Kapitel: Schlussbestimmungen

Art. 63 ¹ Die Gebührenverordnung vom 7. Juli 1971[20] zum Bundesgesetz über Schuldbetreibung und Konkurs wird aufgehoben. Sie findet jedoch Anwendung auf Verrichtungen, die bis 31. Dezember 1996 vorgenommen wurden und für welche später abgerechnet wird.

² Diese Verordnung tritt am 1. Januar 1997 in Kraft.

---

16 SR 272
17 Fassung gemäss Ziff. II 5 der V vom 18. Juni 2010 über die Anpassung von Verordnungen an die Schweizerische Zivilprozessordnung, in Kraft seit 1. Jan. 2011 (AS 2010 3053).
18 Art. 61 Abs. 2 Bst. b ist heute gegenstandslos. Stundungs-, Konkurs- und Nachlassverfahren über Banken sind seit 1. Juli 2004 in den Art. 33–37g des Bankengesetzes (SR 952.0) geregelt.
19 Aufgehoben durch Ziff. II 5 der V vom 18. Juni 2010 über die Anpassung von Verordnungen an die Schweizerische Zivilprozessordnung, mit Wirkung seit 1. Jan. 2011 (AS 2010 3053).
20 [AS 1971 1080, 1977 2164, 1983 784, 1987 757, 1989 2409, 1991 1312, 1994 202 358]

21. Verordnung über die Pfändung und Verwertung von Anteilen an Gemeinschaftsvermögen (VVAG[1])

vom 17. Januar 1923

Der Schweizerische Bundesrat,

gestützt auf Artikel 15 Absatz 2 des Bundesgesetzes vom 11. April 1889[2] über Schuldbetreibungs- und Konkurs (SchKG),[3]

verordnet:

I. Pfändung

Gegenstand der Pfändung

Art. 1 [1] Hat der betriebene Schuldner am Vermögen einer ungeteilten Erbschaft, Gemeinderschaft, Kollektivgesellschaft, Kommanditgesellschaft oder ähnlichen Gemeinschaft Anteil, so kann sich die Pfändung des Anteilsrechtes nur auf den ihm bei der Liquidation der Gemeinschaft zufallenden Liquidationsanteil erstrecken, und zwar auch dann, wenn das gemeinschaftliche Vermögen aus einem einzigen Gegenstand besteht.

[2] Dies gilt auch dann, wenn der Schuldner am Vermögen einer einfachen Gesellschaft Anteil hat und nicht im Gesellschaftsvertrag ausdrücklich vereinbart worden ist, dass Gesellschaftsvermögen stehe im Miteigentum der Gesellschafter.

[3] Der periodische zukünftige Ertrag (Zinse, Honorar, Gewinnanteile) eines Gemeinschaftsvermögens kann jeweilen nur auf die Dauer eines Jahres besonders gepfändet werden.

Zuständigkeit

Art. 2 [1] Zuständig zur Pfändung des Anteilsrechts und des Ertrages ist das Betreibungsamt des Wohnorts des Schuldners, auch wenn sich das Gemeinschaftsvermögen oder Teile desselben (Grundstücke oder Fahrnis) in einem andern Betreibungskreis befinden.

SR 281.41. AS 39 55 und BS 3 111
1 Fassung gemäss Ziff. I der V vom 29. Juni 2016, in Kraft seit 1. Jan. 2017 (AS 2016 2643).
2 SR 281.1
3 Fassung gemäss Ziff. I der V vom 29. Juni 2016, in Kraft seit 1. Jan. 2017 (AS 2016 2643).

² Befindet sich der Wohnort des Schuldners im Ausland, so ist zur Pfändung des Anteilsrechts an einer unverteilten Erbschaft und des Ertrages daraus das Betreibungsamt am letzten Wohnsitz des Erblassers zuständig. Hat der Erblasser keinen letzten Wohnsitz in der Schweiz und besteht eine Zuständigkeit in der Schweiz nach Artikel 87 des Bundesgesetzes vom 18. Dezember 1987[4] über das Internationale Privatrecht, so ist jedes Betreibungsamt, in dessen Betreibungskreis sich Vermögenswerte befinden, zuständig.[5]

Reihenfolge der Pfändung

Art. 3[6] Anteilsrechte sollen vor Vermögensstücken, die von Dritten angesprochen werden, im übrigen aber immer erst in letzter Linie und nur dann gepfändet werden, wenn die blosse Pfändung des auf den betriebenen Schuldner allfällig entfallenden Ertrages seines Anteils zur Deckung der in Betreibung gesetzten Forderung nicht genügt.

Widerspruchsverfahren

Art. 4[7] Ergibt sich aus dem Eintrag im Grundbuch, dass der betriebene Schuldner an einem Grundstück nicht ein nach Bruchteilen ausgeschiedenes Miteigentum, sondern die Rechte eines Gesamteigentümers besitzt, so kann der Gläubiger immerhin verlangen, dass ein Miteigentumsanteil des betriebenen Schuldners gepfändet werde, wenn er glaubhaft macht, dass der Grundbucheintrag unrichtig ist. Zuständig zur Vornahme dieser Pfändung ist das Betreibungsamt der gelegenen Sache (vgl. Art. 23*d* der V des BGer vom 23. April 1920[8] über die Zwangsverwertung von Grundstücken). Dem Gläubiger ist jedoch in einem solchen Falle sofort nach Artikel 108 SchKG Frist zur Klage gegen die andern im Grundbuch eingetragenen Gesamteigentümer anzusetzen. Wird die Frist nicht eingehalten oder der Gläubiger vom Gericht abgewiesen, so fällt die Pfändung des Miteigentums dahin und ist das Anteilsrecht am Gesamteigentum zu pfänden.

Vollzug der Pfändung; Schätzung

Art. 5 ¹ Kommt es zur Pfändung eines Anteilsrechts an einem Gemeinschaftsvermögen, so sind in der Pfändungsurkunde die sämtlichen Mitanteilhaber und ist auch die besondere Art des Gemeinschaftsverhältnisses, in dem diese stehen, vorzumerken. Der Schuldner ist zur Auskunft darüber verpflichtet. Die Bestandteile des Gemeinschaftsvermögens sind *nicht* einzeln aufzuführen und zu schätzen.

---

4 SR 291
5 Eingefügt durch Ziff. I der V vom 29. Juni 2016, in Kraft seit 1. Jan. 2017 (AS 2016 2643).
6 Fassung gemäss Ziff. I der V des BGer vom 5. Juni 1996, in Kraft seit 1. Jan. 1997 (AS 1996 2897).
7 Fassung gemäss Ziff. I der V des BGer vom 5. Juni 1996, in Kraft seit 1. Jan. 1997 (AS 1996 2897).
8 SR 281.42

² Gehören Grundstücke zum Gemeinschaftsvermögen, so wird eine Verfügungsbeschränkung beim Grundbuch nicht angemeldet. Die Anwendung von Artikel 98 Absätze 1, 3 und 4 SchKG auf bewegliche Sachen des Gemeinschaftsvermögens ist ausgeschlossen.

³ Kann der Wert des Anteilsrechts ohne eingehende Erhebungen nicht ermittelt werden, so genügt eine Feststellung darüber, ob nach Pfändung des Anteilsrechts die Forderungen der pfändenden Gläubiger durch den Schätzungswert aller gepfändeten Gegenstände gedeckt erscheinen, oder ob die Pfändungsurkunde als provisorischer Verlustschein zu betrachten ist.

Wirkung gegenüber den Mitanteilhabern

Art. 6 ¹ Sowohl die Pfändung des Anteilsrechts selbst als auch des periodischen Ertrages ist den sämtlichen Mitanteilhabern mitzuteilen, mit der Weisung, in Zukunft fällig werdende, auf den Schuldner entfallende Erträgnisse dem Betreibungsamt abzuliefern, und mit der Anzeige, dass sie sämtliche für den Schuldner bestimmten, die Gemeinschaft betreffenden Mitteilungen in Zukunft dem Betreibungsamt zu machen haben und Verfügungen über die zur Gemeinschaft gehörenden Vermögensgegenstände, für welche an sich die Zustimmung des Schuldners erforderlich wäre, nurmehr mit Zustimmung des Betreibungsamtes vornehmen dürfen.

² Handelt es sich um eine unverteilte Erbschaft, so kann zugleich, wenn ein gemeinsamer Vertreter der Erbengemeinschaft nach Artikel 602 ZGB[9] noch nicht bestellt ist, die Bezeichnung eines solchen verlangt werden, dem alsdann behufs Wahrung der Rechte der pfändenden Gläubiger die Pfändung anzuzeigen ist.

Kündigung einer Handelsgesellschaft

Art. 7[10] Die Rechte auf Kündigung einer Kollektiv- und Kommanditgesellschaft gemäss Artikel 575 Absatz 2 OR[11] kann der Gläubiger erst ausüben, nachdem er das Verwertungsbegehren gestellt hat und die Verhandlungen vor dem Betreibungsamt oder der Aufsichtsbehörde gemäss den Artikeln 9 und 10 hiernach nicht zu einer Verständigung geführt haben.

II. Verwertung

Frist zur Stellung des Verwertungsbegehrens. Abschlagsverteilungen

Art. 8 ¹ Auch wenn Grundstücke zum Gemeinschaftsvermögen gehören, so gelten für die Stellung des Verwertungsbegehrens die für die

---

9 SR 210
10 Fassung gemäss Ziff. I der V des BGer vom 5. Juni 1996, in Kraft seit 1. Jan. 1997 (AS 1996 2897).
11 SR 220

Verwertung von beweglichen Vermögensstücken, Forderungen und andern Rechten aufgestellten Vorschriften des Artikels 116 SchKG.[12]

² Die nach der Pfändung des Liquidationsanteiles fällig werdenden, dem Schuldner zukommenden Erträgnisse des Gemeinschaftsvermögens können, selbst wenn sie in der Pfändungsurkunde nicht besonders erwähnt sind, den pfändenden Gläubigern auch ohne besonderes Verwertungsbegehren als Abschlagszahlung abgeliefert werden.

Einigungsverhandlungen

Art. 9 ¹ Wird die Verwertung eines Anteilsrechts an einem Gemeinschaftsvermögen verlangt, so versucht das Betreibungsamt zunächst, zwischen den pfändenden Gläubigern, dem Schuldner und den andern Teilhabern der Gemeinschaft eine gütliche Einigung herbeizuführen, sei es durch Abfindung der Gläubiger, sei es durch Auflösung der Gemeinschaft und Feststellung des auf den Schuldner entfallenden Liquidationsergebnisses.

² Die Gemeinschafter sind zur Vorlage der Bücher und aller Belege verpflichtet, welche zur Feststellung des Abfindungswertes notwendig sind. Die Gläubiger erhalten jedoch nur mit Einwilligung aller Gemeinschafter Einsicht in die Bücher und Belege.

³ Die obere kantonale Aufsichtsbehörde kann zur Vornahme dieser Einigungsverhandlungen sich selbst oder die untere Aufsichtsbehörde als zuständig erklären.

Verfügungen der Aufsichtsbehörde

Art. 10 ¹ Gelingt eine gütliche Verständigung nicht, so fordert das Betreibungsamt oder die Behörde, welche die Einigungsverhandlungen leitet, die pfändenden Gläubiger, den Schuldner und die Mitanteilhaber auf, ihre Anträge über die weiteren Verwertungsmassnahmen innert zehn Tagen zu stellen, und übermittelt nach Ablauf dieser Frist die sämtlichen Betreibungsakten der für das Verfahren nach Artikel 132 SchKG zuständigen Aufsichtsbehörde. Diese kann nochmals Einigungsverhandlungen anordnen.

² Die Aufsichtsbehörde verfügt unter möglichster Berücksichtigung der Anträge der Beteiligten, ob das gepfändete Anteilsrecht als solches versteigert, oder ob die Auflösung der Gemeinschaft und Liquidation des Gemeinschaftsvermögens nach den für die betreffende Gemeinschaft geltenden Vorschriften herbeigeführt werden soll.

³ Die Versteigerung soll in der Regel nur dann angeordnet werden, wenn der Wert des Anteilsrechts gestützt auf die im Pfändungsverfahren oder beim Einigungsversuch gemachten Erhebungen annähernd bestimmt werden kann. Die Aufsichtsbehörde ist berechtigt, über

---

12 Fassung gemäss Ziff. I der V des BGer vom 5. Juni 1996, in Kraft seit 1. Jan. 1997 (AS 1996 2897).

diesen Wert neue Erhebungen, insbesondere die Inventarisierung des Gemeinschaftsvermögens, anzuordnen.

4 Den Gläubigern, welche die Auflösung der Gemeinschaft verlangen, ist eine Frist zur Vorschussleistung anzusetzen mit der Androhung, es werde andernfalls das Anteilsrecht als solches versteigert.[13]

Versteigerung des Anteilrechts

Art. 11 ¹ Bei der Versteigerung gemäss Artikel 10 ist als Steigerungsgegenstand ausdrücklich der Liquidationsanteil des Schuldners an der genau zu bezeichnenden Gemeinschaft mit den namentlich zu nennenden Mitanteilhabern anzugeben. Letztere sind durch Spezialanzeige gemäss Artikel 125 Absatz 3 SchKG von Zeit und Ort der Steigerung in Kenntnis zu setzen.

² Dem Ersteigerer ist eine schriftliche Bescheinigung des Betreibungsamtes darüber auszustellen, dass die Ansprüche des Schuldners auf Teilung der Gemeinschaft und Zuweisung des Liquidationserlöses auf ihn übergegangen sind.

Rechtsvorkehren zur Liquidation der Gemeinschaft

Art. 12 Hat die Aufsichtsbehörde die Auflösung und Liquidation des Gemeinschaftsverhältnisses angeordnet, so trifft das Betreibungsamt oder ein von der Aufsichtsbehörde allfällig hiefür bezeichneter Verwalter die zur Herbeiführung derselben erforderlichen rechtlichen Vorkehrungen und übt dabei alle dem betriebenen Schuldner zustehenden Rechte aus. Handelt es sich um eine Erbengemeinschaft, so hat das Betreibungsamt die Vornahme der Teilung unter Mitwirkung der nach Artikel 609 ZGB[14] zuständigen Behörde zu verlangen.

Abtretung des Liquidationsanspruchs an die Gläubiger

Art. 13 ¹ Widersetzt sich einer der Mitanteilhaber der Auflösung der Gemeinschaft, so bietet das Betreibungsamt den Gläubigern den Anspruch auf Auflösung der Gemeinschaft und Liquidation des Gemeinschaftsvermögens zur Geltendmachung auf eigene Gefahr gemäss Artikel 131 Absatz 2 SchKG an. Macht kein Gläubiger innert der angesetzten Frist von diesem Angebot Gebrauch, so wird das Anteilsrecht versteigert.

² Die Abtretung des Anspruchs ist ausgeschlossen bei Anteilsrechten an Erbschaften, an welchen der Schuldner unstreitig beteiligt und die unstreitig nicht geteilt sind, deren Teilung aber von den Miterben abgelehnt wird. Auf die Gläubiger, welche die Kosten des zur Herbeiführung der Erbteilung nötigen Verfahrens vorgeschossen haben, ist Artikel 131 Absatz 2 dritter Satz SchKG entsprechend anwendbar.[15]

---

13 Eingefügt durch Ziff. I der V des BGer vom 5. Juni 1996, in Kraft seit 1. Jan. 1997 (AS 1996 2897).
14 SR 210
15 Eingefügt durch Ziff. I der V des BGer vom 5. Juni 1996, in Kraft seit 1. Jan. 1997 (AS 1996 2897).

Verwertung des Liquidationsergebnisses

Art. 14 ¹ Wird bei der Liquidation des Gemeinschaftsvermögens der Wert des gepfändeten Anteils nicht in Geld ausgewiesen, so verwertet das Betreibungsamt die auf den gepfändeten Anteil zugeteilten Vermögensgegenstände ohne besonderes Begehren der Gläubiger unverzüglich.

² Die gemäss Artikel 131 Absatz 2 SchKG zur Geltendmachung des Anspruchs auf Auflösung der Gemeinschaft ermächtigten Gläubiger sind verpflichtet, diese Vermögensgegenstände dem Betreibungsamt zur Verwertung zur Verfügung zu stellen; handelt es sich um Geld, so können sie den zur Deckung ihrer Auslagen und Forderungen erforderlichen Betrag zurückbehalten, haben aber dem Betreibungsamt Abrechnung zu erteilen und den Überschuss an dieses abzuliefern.[16]

³ Die Verwertung erfolgt unter Beobachtung der Vorschriften der Artikel 92, 119 Absatz 2, 122 Absatz 2, 125–131, 132*a* und 134–143*b* SchKG sowie sinngemäss des Artikels 15 Buchstabe a der Verordnung des BGer vom 23. April 1920[17] über die Zwangsverwertung von Grundstücken. Die Gegenstände sind vor der Verwertung zu schätzen; die Schätzung ist dem Schuldner und allen Pfändungsgläubigern mitzuteilen.[18]

Art. 15[19]

III. Verwertung im Konkurs

Verfügung der Konkursverwaltung

Art. 16 ¹ Im Konkursverfahren bestimmt die Konkursverwaltung unter Vorbehalt der Kompetenzen des Gläubigerausschusses und der Gläubigerversammlung die Art der Verwertung der zur Konkursmasse gehörenden Anteilsrechte.

² Die Bestimmungen der Artikel 9 Absatz 2 und 11 dieser Verordnung sind entsprechend anwendbar.

IV. Schlussbestimmung

Inkrafttreten

Art. 17 ¹ Die vorliegende Verordnung tritt am 1. April 1923 in Kraft.

² ...[20]

---

16 Fassung gemäss Ziff. I der V des BGer vom 5. Juni 1996, in Kraft seit 1. Jan. 1997 (AS 1996 2897).
17 SR 281.42
18 Fassung gemäss Ziff. I der V des BGer vom 5. Juni 1996, in Kraft seit 1. Jan. 1997 (AS 1996 2897).
19 Aufgehoben durch Ziff. I der V des BGer vom 5. Juni 1996, mit Wirkung seit 1. Jan. 1997 (AS 1996 2897).
20 Gegenstandslose UeB.

22. Verordnung des Bundesgerichts über die Zwangsverwertung von Grundstücken (VZG)[1]

vom 23. April 1920

Das Schweizerische Bundesgericht,

in Anwendung von Artikel 15 des BG vom 11. April 1889[2] über Schuldbetreibung und Konkurs (SchKG),

verordnet:

Allgemeine Bestimmungen

A. Sachlicher Geltungsbereich

Art. 1[3] ¹ Den Vorschriften dieser Verordnung unterliegen die in der Schweiz gelegenen Grundstücke im Sinne des Artikels 655 des Zivilgesetzbuches (ZGB)[4].

² Für die Verwertung der Eigentumsrechte des Schuldners an Grundstücken, die im Gesamteigentum stehen (z. B. einer unverteilten Erbschaft angehören), gilt nicht diese Verordnung, sondern die Verordnung des BGer vom 17. Januar 1923[5] über die Pfändung und Verwertung von Anteilen an Gemeinschaftsvermögen.

B. ...

Art. 2[6]

C. Anmeldung für Eintragungen und Vormerkungen im Grundbuch
I. Zeitpunkt

Art. 3[7] Die den Betreibungs- und Konkursämtern obliegenden Anmeldungen für die Eintragungen und Vormerkungen im Grundbuch haben unverzüglich nach Stellung des Antrages oder des Verwertungsbegehrens oder nach Vornahme der Pfändung oder des Arrestes zu erfolgen. Sie dürfen, auch wenn eine Beschwerde gegen diese Handlungen anhängig sein sollte, nur unterlassen werden, wenn und

---

SR 281.42. AS 36 425 und BS 3 116
1 Abkürzung eingefügt durch Ziff. I der V des BGer vom 5. Juni 1996, in Kraft seit 1. Jan. 1997 (AS 1996 2900).
2 SR 281.1
3 Fassung gemäss Ziff. I der V des BGer vom 4. Dez. 1975, in Kraft seit 1. April 1976 (AS 1976 164).
4 SR 210
5 SR 281.41
6 Aufgehoben durch Ziff. I der V des BGer vom 5. Juni 1996 (AS 1996 2900).
7 Fassung gemäss Ziff. I der V des BGer vom 5. Juni 1996, in Kraft seit 1. Jan. 1997 (AS 1996 2900).

solange dieser durch provisorische Verfügung der Aufsichtsbehörde aufschiebende Wirkung beigelegt worden ist.

II. Zuständigkeit

Art. 4 Zuständig zur Anmeldung ist dasjenige Amt, welches die der Anmeldung zugrunde liegende Amtshandlung selbst vorgenommen hat, auch wenn es nur als beauftragtes Amt eines andern gehandelt hat. In letzterem Falle hat es jedoch den ihm zukommenden Ausweis über die Anmeldung (Art. 5 hiernach) mit den andern Akten dem ersuchenden Amte zuzustellen.

III. Verkehr mit dem Grundbuchamt

Art. 5[8] Die Zustellung der Anmeldung zur Eintragung oder Löschung erfolgt in zwei gleichlautenden Doppeln des einheitlichen Formulars entweder durch die Post, nach den für die Zustellung von Gerichtsurkunden geltenden Postvorschriften (Art. 28 der V(1) vom 1. September 1967[9] zum Postverkehrsgesetz), oder durch persönliche Übergabe gegen Bescheinigung des Empfängers auf dem einen Doppel. Das mit der Zustellungsbescheinigung des Grundbuchamtes versehene Doppel ist bei den amtlichen Akten der betreffenden Betreibung oder des Konkurses aufzubewahren.

IV. Verfügungsbeschränkung
1. Löschung

Art. 6 Eine vorgemerkte Verfügungsbeschränkung ist zur Löschung anzumelden:[10]

a. Von Amtes wegen:
 1.[11] bei Wegfall der Pfändung oder des Arrestes infolge Erhebung eines Drittanspruches, der im Verfahren nach den Artikeln 106 ff. SchKG nicht bestritten worden ist;
 2. wenn die Betreibung infolge Verwertung des Grundstückes oder Bezahlung erloschen ist;
 3. wenn der gestundete Kaufpreis für das versteigerte Grundstück bezahlt worden ist;
 4. wenn ein Pfändungsanschluss aus irgendeinem Grunde dahinfällt. In diesem Falle bezieht sich jedoch die Löschung nur auf die Vormerkung des Anschlusses;
 5.[12] wenn ein Arrest infolge Nichtanhebung der Betreibung oder Klage innert Frist erlischt;

---

8 Fassung gemäss Ziff. I der V des BGer vom 5. Juni 1996, in Kraft seit 1. Jan. 1997 (AS 1996 2900).
9 [AS 1967 1405, 1969 385 1120, 1970 480 714, 1971 683 1712, 1972 2675, 1974 578 1977 2050, 1975 2033, 1976 962, 1977 2122, 1979 287 1180, 1980 2 777, 1981 1863, 1983 1656, 1986 39 991 1991 Art. 45 Ziff. 2, 1987 440, 1988 370, 1989 565 764 1899, 1990 1448, 1992 94 1243, 1993 62 2473, 1994 1442 2788, 1995 5491, 1996 14 470 Art. 55 Abs. 2, 1997 270 1435. AS 1997 2461 Art. 13 Bst. a]. Siehe heute: die V vom 26. Nov. 2003 (SR 783.01).
10 Fassung gemäss Ziff. I der V des BGer vom 4. Dez. 1975, in Kraft seit 1. April 1976 (AS 1976 164).
11 Fassung gemäss Ziff. I der V des BGer vom 4. Dez. 1975, in Kraft seit 1. April 1976 (AS 1976 164).
12 Fassung gemäss Ziff. I der V des BGer vom 5. Juni 1996, in Kraft seit 1. Jan. 1997 (AS 1996 2900).

6.[13] wenn der Schuldner Sicherheit gemäss Artikel 277 SchKG leistet.

b. Auf Antrag des betriebenen Schuldners, sofern er den erforderlichen Ausweis und den Kostenvorschuss dafür leistet:
1. wenn eine provisorische Pfändung infolge Gutheissung der Aberkennungsklage dahinfällt;
2. wenn eine Pfändung infolge Durchführung eines gerichtlichen Widerspruchsverfahrens dahinfällt;
3.[14] wenn ein Arrest infolge Durchführung des Einspracheverfahrens oder durch sonstiges gerichtliches Urteil aufgehoben wird;
4.[15] wenn die Betreibung infolge einer rechtskräftigen Verfügung des Richters nach Artikel 85 oder 85a SchKG aufgehoben oder eingestellt wurde oder infolge unbenützten Ablaufes der Frist zur Stellung des Verwertungsbegehrens erloschen ist.

2. Zuständigkeit

Art. 7[16] Zuständig zur Anmeldung der Löschung ist das Amt gemäss Artikel 4.

A. Verwertung im Pfändungsverfahren

I. Pfändung

1. Pfändungsvollzug

A. Umfang und Vollzug der Pfändung

Art. 8 Das Betreibungsamt vollzieht die Pfändung auf Grund der Angaben im Grundbuch unter Zuziehung des Schuldners (Art. 91 SchKG), indem es so viele Grundstücke schätzt und in die Pfändungsurkunde einträgt, als erforderlich ist, um die Forderung nebst Zins und Kosten zu decken (Art. 97 SchKG).

B. Schätzung

Art. 9 ¹ Die Schätzung soll den mutmasslichen Verkaufswert des Grundstückes und seiner Zugehör, unabhängig von einer allfälligen Kataster- oder Brandassekuranzschätzung, bestimmen. Die aus dem Grundbuch ersichtlichen Pfandforderungen sind summarisch anzugeben, jedoch ist zu ihrer Feststellung ein Widerspruchsverfahren nicht einzuleiten.

² Jeder Beteiligte ist berechtigt, innerhalb der Frist zur Beschwerde gegen die Pfändung (Art. 17 Abs. 2 SchKG) bei der Aufsichtsbehörde

---

13 Eingefügt durch Ziff. I der V des BGer vom 5. Juni 1996, in Kraft seit 1. Jan. 1997 (AS 1996 2900).
14 Fassung gemäss Ziff. I der V des BGer vom 5. Juni 1996, in Kraft seit 1. Jan. 1997 (AS 1996 2900).
15 Fassung gemäss Ziff. I der V des BGer vom 5. Juni 1996, in Kraft seit 1. Jan. 1997 (AS 1996 2900).
16 Fassung gemäss Ziff. I der V des BGer vom 5. Juni 1996, in Kraft seit 1. Jan. 1997 (AS 1996 2900).

gegen Vorschuss der Kosten eine neue Schätzung durch Sachverständige zu verlangen. Hat ein Gläubiger die Schätzung beantragt, so kann er Ersatz der Kosten vom Schuldner nur dann beanspruchen, wenn die frühere Schätzung des Betreibungsamtes wesentlich abgeändert wurde. Streitigkeiten über die Höhe der Schätzung werden endgültig durch die kantonale Aufsichtsbehörde beurteilt.[17]

C. Nicht auf den Schuldner eingetragene Grundstücke

Art. 10 [1] Grundstücke, die im Grundbuch auf einen andern Namen als denjenigen des Schuldners eingetragen sind, dürfen nur gepfändet werden, wenn der Gläubiger glaubhaft macht, dass entweder:

1.[18] der Schuldner das Eigentum ohne Eintragung im Grundbuch (zufolge Aneignung, Erbgang, Enteignung, Zwangsvollstreckung, richterlichem Urteil) erworben hat (Art. 656 Abs. 2 ZGB[19]), oder
2. das Grundstück kraft ehelichen Güterrechts für die Schulden des betriebenen Schuldners haftet, oder
3. der Grundbucheintrag unrichtig ist.

[2] In diesen Fällen hat das Betreibungsamt sofort nach der Pfändung das Widerspruchsverfahren einzuleiten.[20]

D. Bestandteile und Zugehör
I. Im allgemeinen

Art. 11 [1] Gegenstände, die nach der am Orte üblichen Auffassung Bestandteile oder Zugehör sind, werden in der Pfändungsurkunde nicht erwähnt; sie gelten ohne weiteres als mit dem Grundstück gepfändet.

[2] Dagegen sind diejenigen beweglichen Sachen, die im Grundbuch als Zugehör angemerkt sind (Art. 805 Abs. 2 und 946 Abs. 2 ZGB[21]) oder deren Eigenschaft als Zugehör zu Zweifeln Anlass geben könnte, als solche einzeln aufzuführen und zu schätzen. Befindet sich bei den Grundbuchakten ein genaues Verzeichnis über die Zugehörstücke (Inventar) und stimmt dieses mit den vorhandenen Gegenständen überein, so können diese unter Hinweis auf das Verzeichnis summarisch der Gattung nach bezeichnet und geschätzt werden.

[3] Verlangt ein Beteiligter, dass noch weitere Gegenstände als Zugehör in die Pfändungsurkunde aufgenommen werden, so ist einem solchen Begehren ohne weiteres zu entsprechen.

[4] Streitigkeiten über die Bestandteils- oder Zugehöreigenschaft werden im Lastenbereinigungsverfahren ausgetragen (Art. 38 Abs. 2 hiernach).[22]

---

17 Fassung gemäss Ziff. I der V des BGer vom 5. Juni 1996, in Kraft seit 1. Jan. 1997 (AS 1996 2900).
18 Fassung gemäss Ziff. I der V des BGer vom 5. Juni 1996, in Kraft seit 1. Jan. 1997 (AS 1996 2900).
19 SR 210
20 Fassung gemäss Ziff. I der V des BGer vom 5. Juni 1996, in Kraft seit 1. Jan. 1997 (AS 1996 2900).
21 SR 210
22 Fassung gemäss Ziff. I der V des BGer vom 5. Juni 1996, in Kraft seit 1. Jan. 1997 (AS 1996 2900).

II. Gesonderte Pfändung der Zugehör

Art. 12 ¹ Die gesonderte Pfändung der Zugehör eines Grundstückes ist nur zulässig, wenn der Schuldner und alle aus dem Grundbuche ersichtlichen Berechtigten (Grundpfandeigentümer usw.) damit einverstanden sind.

² Ist die gesondert gepfändete und verwertete Zugehör im Grundbuch angemerkt, so hat das Betreibungsamt dem Grundbuchamt nach der Verwertung ein Verzeichnis über diese Gegenstände zur Streichung derselben als Zugehör im Grundbuch einzureichen.

E. Eigentümertitel[23]

Art. 13 ¹ Im Besitze des Schuldners befindliche Eigentümerpfandtitel, die nicht gepfändet wurden, weil sie zur Deckung der in Betreibung gesetzten Forderung nicht ausreichen, sind vom Betreibungsamt für die Dauer der Pfändung des Grundstückes in Verwahrung zu nehmen (Art. 68 Abs. 1 Buchst. *a* hiernach).

² Nach Pfändung des Grundstückes ist eine Pfändung von Eigentümerpfandtiteln ausgeschlossen.[24]

F. Früchte

Art. 14 ¹ Die hängenden und stehenden Früchte sowie die laufenden Miet- und Pachtzinse gelten von Gesetzes wegen als mit dem Grundstück gepfändet (Art. 102 Abs. 1 SchKG). Sie sind daher in der Pfändungsurkunde nicht als besondere Pfändungsobjekte aufzuführen und können, solange die Pfändung des Grundstückes dauert, nicht mehr gesondert gepfändet werden. Von den bestehenden Miet- und Pachtverträgen ist immerhin in der Pfändungsurkunde Vormerk zu nehmen.

² Werden die Früchte oder Miet- und Pachtzinse vor der Pfändung des Grundstückes gesondert gepfändet, so ist hiervon den Grundpfandgläubigern, gleich wie von der Pfändung des Grundstückes (Art. 15 Abs. 1 Buchst. *b* hiernach), Anzeige zu machen.

G. Anzeigen

Art. 15 ¹ Das Betreibungsamt hat spätestens am Tage nach Vornahme der (provisorischen oder definitiven) Pfändung:
a.[25] beim zuständigen Grundbuchamt eine Verfügungsbeschränkung im Sinne der Artikel 960 ZGB[26] und 101 SchKG zur Vormerkung im Grundbuch anzumelden; ebenso ist jeder definitive oder provisorische Anschluss eines neuen Gläubigers an die Pfändung beim Grundbuchamt anzumelden (Art. 101 SchKG);

---

23 Fassung gemäss Ziff. I der V des BGer vom 5. Juni 1996, in Kraft seit 1. Jan. 1997 (AS 1996 2900).
24 Eingefügt durch Ziff. I der V des BGer vom 5. Juni 1996, in Kraft seit 1. Jan. 1997 (AS 1996 2900).
25 Fassung gemäss Ziff. I der V des BGer vom 5. Juni 1996, in Kraft seit 1. Jan. 1997 (AS 1996 2900).
26 SR 210

b.[27] den Grundpfandgläubigern oder ihren im Grundbuch eingetragenen Vertretern sowie gegebenenfalls den Mietern und Pächtern von der Pfändung Kenntnis zu geben, erstern unter Hinweis auf die Artikel 102 Absatz 1, 94 Absatz 3 SchKG und 806 Absatz 1 und 3 ZGB[28], letztern mit der Anzeige, dass sie inskünftig die Miet-(Pacht-)zinse rechtsgültig nur noch an das Betreibungsamt bezahlen können (Art. 91 Abs. 1 hiernach);

c. wenn eine Schadensversicherung besteht, den Versicherer von der Pfändung zu benachrichtigen und ihn darauf aufmerksam zu machen, dass er nach Artikel 56 des Bundesgesetzes vom 2. April 1908[29] über den Versicherungsvertrag, eine allfällige Ersatzleistung bis auf weitere Anzeige gültig nur an das Betreibungsamt ausrichten könne; ebenso ist dem Versicherer, wenn die Pfändung in der Folge dahinfällt, ohne dass es zur Verwertung gekommen wäre (infolge Rückzugs oder Erlöschens der Betreibung, Zahlung usw.), hiervon sofort Anzeige zu machen (Art. 1 und 2 der V vom 10. Mai 1910[30] betreffend die Pfändung, Arrestierung und Verwertung von Versicherungsansprüchen nach dem Bundesgesetz vom 2. April 1908 über den Versicherungsvertrag; VPAV).

² Vom Erlass dieser Anzeigen ist in der Pfändungsurkunde Vormerk zu nehmen.

³ In dringlichen Fällen soll die Anmeldung der Verfügungsbeschränkung beim Grundbuchamt (Abs. 1 Bst. a) vor der Aufnahme der Pfändungsurkunde erfolgen.[31]

2. Verwaltung

A. Im allgemeinen. Dauer und Ausübung

Art. 16 ¹ Das Betreibungsamt sorgt von Amtes wegen, solange die Pfändung besteht, für die Verwaltung und Bewirtschaftung des Grundstückes (Art. 102 Abs. 3 SchKG), es sei denn, dass sich dieses im Besitze eines Drittansprechers befindet.

² Die Verwaltung geht auch dann auf das Betreibungsamt über, wenn sie vom Schuldner vor der Pfändung vertraglich einem Dritten übertragen worden ist. Sie verbleibt beim Betreibungsamt auch während einer vorläufigen Einstellung der Betreibung (Rechtsstillstand, Nachlassstundung) und während eines dem Schuldner nach Artikel 123 SchKG (Art. 143a SchKG) erteilten Aufschubes.[32]

---

27 Fassung gemäss Ziff. I der V des BGer vom 4. Dez. 1975, in Kraft seit 1. April 1976 (AS 1976 164).
28 SR 210
29 SR 221.229.1
30 SR 281.51
31 Fassung gemäss Ziff. I der V des BGer vom 5. Juni 1996, in Kraft seit 1. Jan. 1997 (AS 1996 2900).
32 Fassung gemäss Ziff. I der V des BGer vom 5. Juni 1996, in Kraft seit 1. Jan. 1997 (AS 1996 2900).

³ Die Verwaltung und Bewirtschaftung kann auf Verantwortung des Betreibungsamtes einem Dritten, die Bewirtschaftung auch dem Schuldner selbst übertragen werden. In letzterem Falle hat der Schuldner immerhin keine besondere Vergütung zu beanspruchen, sofern ihm nach Artikel 103 SchKG ein Teil der Früchte oder des Erlöses als Beitrag an seinen Unterhalt überlassen wird.

⁴ Sofern die Verwaltung nicht genügend Einnahmen verspricht, ist das Betreibungsamt berechtigt, von dem Gläubiger für die Auslagen Vorschuss zu verlangen (Art. 105 SchKG).

B. Umfang
I. Ordentliche Verwaltungsmassnahmen

Art. 17 Die Verwaltung und Bewirtschaftung des gepfändeten Grundstückes umfasst alle diejenigen Massnahmen, die zur Erhaltung des Grundstückes und seiner Ertragsfähigkeit sowie zur Gewinnung der Früchte und Erträgnisse nötig sind, wie Anordnung und Bezahlung kleinerer Reparaturen, Besorgung der Anpflanzungen, Abschluss und Erneuerung der üblichen Versicherungen, Kündigung an Mieter, Ausweisung von Mietern, Neuvermietungen, Einbringung und Verwertung der Früchte zur Reifezeit, Bezug der Miet- und Pachtzinse, nötigenfalls auf dem Betreibungswege, Geltendmachung des Retentionsrechts für Mietzinsforderungen, Bezahlung der laufenden Abgaben für Gas, Wasser, Elektrizität u.dgl. Während der Verwaltungsperiode fällig werdende oder vorher fällig gewordene Pfandzinse dürfen dagegen nicht bezahlt werden.

II. Ausserordentliche Verwaltungsmassnahmen

Art. 18 ¹ Erfordert die Verwaltung die Führung von Prozessen oder andere, mit grösseren Kosten verbundene oder sonstwie aussergewöhnliche Massnahmen, so hat das Betreibungsamt, wenn Gefahr im Verzuge ist, von sich aus das Nötige vorzukehren, jedoch die betreibenden Gläubiger, einschliesslich der Grundpfandgläubiger, die Betreibung angehoben haben (Art. 806 ZGB[33]), und den Schuldner unverzüglich von den getroffenen Massnahmen zu benachrichtigen, unter Hinweis auf ihr Beschwerderecht.

² Ist keine Gefahr im Verzuge, so soll das Betreibungsamt die Gläubiger und den Schuldner vorher um ihre Ansicht befragen, unter Ansetzung einer angemessenen Frist und unter Formulierung eines bestimmten Vorschlages über die zu treffenden Massnahmen und die Art der Kostendeckung, der bei unbenutztem Ablauf der Frist als angenommen gilt. Verständigen sich Gläubiger und Schuldner über die Vornahme anderer Massnahmen, so hat das Betreibungsamt die ihm erteilten Instruktionen zu befolgen, vorausgesetzt, dass die Gläubiger einen allfällig erforderlichen Kostenvorschuss leisten oder dass

---

[33] SR 210

sonst genügend Mittel vorhanden sind. Sind die Beteiligten über das zu beobachtende Verhalten nicht einig, so ersucht das Betreibungsamt die Aufsichtsbehörde um die nötige Weisung.

C. Stellung des Schuldners

Art. 19 Der Schuldner kann bis zur Verwertung des Grundstückes weder zur Bezahlung einer Entschädigung für die von ihm benutzten Wohn- und Geschäftsräume verpflichtet noch zu deren Räumung genötigt werden.

D. Rechnungsführung
I. Verwaltungskosten

Art. 20 ¹ Über die Kosten der Verwaltung hat das Betreibungsamt eine besondere Rechnung zu führen, die gleichzeitig mit der Verteilungsliste den Beteiligten zur Einsicht aufzulegen ist und der Beschwerde an die kantonalen Aufsichtsbehörden unterliegt. Diese entscheiden endgültig, soweit es sich nicht um die Anwendung der Gebührenverordnung handelt.[34]

² Die Entschädigung, die ein Dritter für die Verwaltung und Bewirtschaftung zu beanspruchen hat (Art. 16 Abs. 3 hiervor), wird im Streitfalle von den kantonalen Aufsichtsbehörden festgesetzt.

II. Einnahmen und Ausgaben

Art. 21 ¹ Über die aus der Verwaltung entstandenen Einnahmen und Ausgaben hat das Betreibungsamt laufend eine spezifizierte Rechnung zu führen, die jederzeit vom Schuldner und den betreibenden Gläubigern eingesehen werden kann und gleichzeitig mit der Verteilungsliste zur Einsicht der Beteiligten aufzulegen ist.

² Streitigkeiten werden von der Aufsichtsbehörde beurteilt.

E. Früchte und Erträgnisse

Art. 22 ¹ Der Erlös der Früchte und die eingegangenen Erträgnisse sind in erster Linie zur Bestreitung der Verwaltungsauslagen und -kosten und zur Ausrichtung allfälliger Beiträge an den Unterhalt des Schuldners und seiner Familie (Art. 103 Abs. 2 SchKG) zu verwenden. Der Überschuss ist nach Ablauf der Teilnahmefrist der Artikel 110 und 111 SchKG und nach vorheriger Auflegung eines provisorischen Verteilungsplanes in periodischen Abschlagszahlungen an die Berechtigten zu verteilen. Dabei sind in erster Linie die Grundpfandgläubiger zu berücksichtigen, deren vor der Verwertung der Früchte angehobene Betreibung auf Pfandverwertung unbestritten ist.

² Reicht der Reinerlös der Früchte und Erträgnisse zur völligen Deckung aller beteiligten Forderungen der Grundpfand- und Pfändungsgläubiger aus, so stellt das Betreibungsamt die Betreibung von sich aus ein und nimmt die Schlussverteilung vor, sofern die Pfand-

---

[34] Fassung gemäss Ziff. I der V des BGer vom 5. Juni 1996, in Kraft seit 1. Jan. 1997 (AS 1996 2900).

verwertungsbetreibungen rechtskräftig sind und für die Pfändungsgläubiger die Teilnahmefrist abgelaufen ist.

³ Kommt es nicht zur Verwertung des Grundstückes (Art. 121 SchKG), so ist ein allfälliger Reinerlös der Früchte und Erträgnisse den darauf berechtigten betreibenden Gläubigern auszurichten.

⁴ Wird über den Schuldner der Konkurs eröffnet, bevor das Grundstück verwertet ist, so wird der noch nicht verteilte Reinerlös der Früchte und sonstigen Erträgnisse nach den Artikeln 144–150 SchKG verteilt, sofern die Fristen für den Pfändungsanschluss abgelaufen sind (Art. 110 und 111 SchKG); ein Überschuss fällt in die Konkursmasse.[35]

3. Pfändung eines Miteigentumsanteils[36]

A. Inhalt der Pfändungsurkunde, Schätzung, Miet- und Pachtzinse

Art. 23[37] ¹ Bei der Pfändung eines Miteigentumsanteils an einem Grundstück hat die Pfändungsurkunde die Personalien des Schuldners und der übrigen Miteigentümer sowie die ihnen zustehenden Bruchteile (Art. 646 Abs. 1 ZGB[38]) bzw. Wertquoten (Art. 712*e* Abs. 1 ZGB[39]) anzugeben und die Beschreibung sowie den Schätzungswert des im Miteigentum stehenden Grundstücks und seiner Zugehör, im Falle von Stockwerkeigentum auch die Beschreibung sowie den Schätzungswert der dem Schuldner zugeschiedenen Grundstücksteile und ihrer allfälligen besonderen Zugehör zu enthalten.

² Für die Schätzung und die summarische Angabe der Pfandforderungen gilt Artikel 9 hievor entsprechend; neben den auf dem gepfändeten Anteil haftenden Pfandforderungen sind auch die Pfandforderungen anzugeben, die das Grundstück als ganzes belasten.

³ Für die der Pfändung der Miet- und Pachtzinse aus der Vermietung oder Verpachtung eines zu Stockwerkeigentum ausgestalteten Miteigentumsanteils gilt Artikel 14 hiervor entsprechend.

B. Anzeigen

Art. 23a[40] Artikel 15 hiervor ist sinngemäss anzuwenden, wobei zu beachten ist:

a. Eine Verfügungsbeschränkung ist nur für den gepfändeten Anteil vormerken zu lassen, nicht auch für die andern Anteile, doch soll eine Anmerkung auf dem Blatt des Grundstücks selbst auf die Anteilspfändung sowie darauf hinweisen, dass jede Verfügung im

---

35 Fassung gemäss Ziff. I der V des BGer vom 5. Juni 1996, in Kraft seit 1. Jan. 1997 (AS 1996 2900).
36 Fassung gemäss Ziff. I der V des BGer vom 4. Dez. 1975, in Kraft seit 1. April 1976 (AS 1976 164).
37 Fassung gemäss Ziff. I der V des BGer vom 4. Dez. 1975, in Kraft seit 1. April 1976 (AS 1976 164).
38 SR 210
39 SR 210
40 Eingefügt durch Ziff. I der V des BGer vom 4. Dez. 1975, in Kraft seit 1. April 1976 (AS 1976 164).

Sinne von Artikel 648 Absatz 2 ZGB[41] der Bewilligung des Betreibungsamtes bedarf.

b. Die Pfändung ist den am gepfändeten Anteil pfandberechtigten Gläubigern und im Falle von Stockwerkeigentum auch den Mietern oder Pächtern des betreffenden Stockwerks anzuzeigen. Ferner ist sie den Versicherern mitzuteilen, bei denen eine Schadenversicherung für das Grundstück als ganzes oder für den gepfändeten Stockwerkanteil besteht.

c. Wirft das Grundstück als solches einen Ertrag ab, so hat das Betreibungsamt die Pfändung eines Anteils auch den übrigen Miteigentümern und einem allfälligen Verwalter anzuzeigen mit der Weisung, die auf den gepfändeten Anteil entfallenden Erträgnisse künftig dem Betreibungsamt abzuliefern (Art. 104 und 99 SchKG). Ausserdem ist die Pfändung in einem solchen Falle den Pfandgläubigern anzuzeigen, denen das Grundstück als ganzes haftet (vgl. Art. 94 Abs. 3 SchKG und Art. 806 ZGB[42]).

C. Bestreitung des Miteigentums oder des Quotenverhältnisses

Art. 23b[43] ¹ Verlangt der Gläubiger, dass das Grundstück selbst gepfändet werde, weil er die Rechte der Mitberechtigten des Schuldners bestreiten will, so ist dem Begehren zu entsprechen, unter gleichzeitiger Ansetzung einer Klagefrist an den pfändenden Gläubiger nach Artikel 108 SchKG zur Einleitung des Widerspruchsverfahrens.[44]

² Dieses Verfahren ist auch einzuleiten, wenn behauptet wird, dass nicht Miteigentum, sondern Gesamteigentum vorliege oder dass eine andere Quotenteilung bestehe.

³ Wird die Frist nicht eingehalten oder der Gläubiger abgewiesen, so ist der im Grundbuch eingetragene Anteil zu pfänden.

D. Verwaltung

Art. 23c[45] ¹ Das Betreibungsamt ersetzt den Schuldner bei der Verwaltung des Grundstücks als solchem und verwaltet bei Stockwerkeigentum die dem Schuldner zugeschiedenen Teile.

² Die Artikel 16–22 dieser Verordnung gelten dabei sinngemäss.

E. Zuständigkeit

Art. 23d[46] Zur Vornahme der Pfändung und zur Verwaltung ist stets das Betreibungsamt der gelegenen Sache (Art. 24 hiernach) zuständig.

---

41 SR 210
42 SR 210
43 Eingefügt durch Ziff. I der V des BGer vom 4. Dez. 1975, in Kraft seit 1. April 1976 (AS 1976 164).
44 Fassung gemäss Ziff. I der V des BGer vom 5. Juni 1996, in Kraft seit 1. Jan. 1997 (AS 1996 2900).
45 Eingefügt durch Ziff. I der V des BGer vom 4. Dez. 1975, in Kraft seit 1. April 1976 (AS 1976 164).
46 Eingefügt durch Ziff. I der V des BGer vom 4. Dez. 1975, in Kraft seit 1. April 1976 (AS 1976 164).

4. Requisitorialpfändung[47]

Art. 24 ¹ Liegt das zu pfändende Grundstück in einem andern Betreibungskreis, so hat das Betreibungsamt den Beamten dieses Kreises, und wenn es in mehreren Kreisen liegt, denjenigen Beamten, in dessen Kreis der wertvollere Teil liegt, mit dem Vollzug der Pfändung zu beauftragen (Art. 89 SchKG), indem es ihm den Betrag, für den zu pfänden ist, mitteilt.

² Das beauftragte Amt vollzieht die Pfändung unter Beobachtung der Vorschriften der Artikel 89 und 90 SchKG und der Artikel 8, 9, 11, 14 und 15 hiervor und übermittelt die Pfändungsurkunde, von der es eine Abschrift als Beleg aufbewahrt, dem ersuchenden Amt, unter Beilegung des Ausweises über die erfolgte Anmeldung einer Verfügungsbeschränkung im Grundbuch. Das ersuchende Amt trägt den Inhalt der Pfändungsurkunde in seine Originalpfändungsurkunde ein, versendet die Abschriften der letzteren an die Parteien (Art. 114 SchKG) und besorgt allfällige Fristansetzungen.[48]

³ Die Verwaltung und Bewirtschaftung der Liegenschaft (Art. 16–21 hiervor) ist ausschliesslich Sache des beauftragten Amtes, dem auch die Verteilung der Erträgnisse an die Gläubiger gemäss Artikel 22 hiervor übertragen werden kann.

II. Verwertung

1. Vorbereitungsverfahren

A. Allgemeine Vorschriften

A. Verwertungsfrist[49]

Art. 25 ¹ Ist die Pfändung bloss provisorisch, so kann der Gläubiger die Verwertung des Grundstückes erst verlangen, wenn die Pfändung definitiv geworden ist und seit der provisorischen Pfändung sechs Monate verflossen sind. Die Frist, während welcher die Verwertung verlangt werden kann, ist von dem Zeitpunkte an zu berechnen, wo die provisorische Pfändung sich in eine definitive verwandelte (Art. 116 und 118 SchKG).

² ...[50]

II. ...

Art. 26[51]

---

47 Eingefügt durch Ziff. I der V des BGer vom 4. Dez. 1975, in Kraft seit 1. April 1976 (AS 1976 164).
48 Fassung gemäss Ziff. I der V des BGer vom 5. Juni 1996, in Kraft seit 1. Jan. 1997 (AS 1996 2900).
49 Fassung gemäss Ziff. I der V des BGer vom 5. Juni 1996, in Kraft seit 1. Jan. 1997 (AS 1996 2900).
50 Aufgehoben durch Ziff. I der V des BGer vom 5. Juni 1996 (AS 1996 2900).
51 Aufgehoben durch Ziff. I der V des BGer vom 5. Juni 1996 (AS 1996 2900).

B. Gesonderte Verwertung der Zugehör

Art. 27 Umfasst die Pfändung auch bewegliche Sachen, die Zugehör des Grundstückes sind (Art. 11 hiervor), so dürfen diese nur mit Zustimmung sämtlicher Beteiligter gesondert versteigert werden. Ist die gesondert verwertete Zugehör im Grundbuch angemerkt, so hat das Betreibungsamt die Vorschrift des Artikels 12 Absatz 2 hiervor zu beobachten.

C. Einforderung eines Grundbuchauszuges

Art. 28 ¹ Nach der Mitteilung des Verwertungsbegehrens an den Schuldner (Art. 120 SchKG) fordert das Betreibungsamt einen Auszug aus dem Grundbuch über das zu versteigernde Grundstück ein oder lässt einen allfällig früher eingeholten Auszug als dem jetzigen Grundbuchinhalt entsprechend bestätigen oder ergänzen.

² Das Betreibungsamt hat anhand des Grundbuchauszuges durch Befragung des Schuldners Namen und Wohnort der Pfandgläubiger zu ermitteln und allfällig die Angaben des Auszuges danach zu berichtigen.

D. Bekanntmachung der Steigerung
I. Steigerungspublikation

Art. 29 ¹ Der Zeitpunkt der Steigerung ist so festzusetzen, dass die Frist zur Beschwerde gegen die Steigerungsbedingungen vor dem Steigerungstag abgelaufen ist.

² Die Bekanntmachung der Steigerung soll ausser den in Artikel 138 SchKG geforderten Angaben den Namen und Wohnort des Schuldners sowie die genaue Bezeichnung des zu versteigernden Grundstücks und die Schätzung enthalten.[52] Die Aufforderung an die Pfandgläubiger (Art. 138 Abs. 2 Ziff. 3 SchKG) ist dahin zu ergänzen, dass in der Eingabe an das Betreibungsamt auch angegeben werden soll, ob die Pfandforderung ganz oder teilweise fällig oder gekündigt sei, wenn ja, für welchen Betrag und auf welchen Termin.

³ Die Aufforderung zur Anmeldung nach Artikel 138 Absatz 2 Ziffer 3 SchKG ist auch an alle Inhaber von Dienstbarkeiten zu richten, die unter dem früheren kantonalen Recht entstanden und noch nicht in die öffentlichen Bücher eingetragen sind. Damit ist die Androhung zu verbinden, dass die nicht angemeldeten Dienstbarkeiten gegenüber einem gutgläubigen Erwerber des belasteten Grundstückes nicht mehr geltend gemacht werden können, soweit es sich nicht um Rechte handelt, die auch nach dem ZGB[53] ohne Eintragung in das Grundbuch dinglich wirksam sind.

⁴ …[54]

---

52 Fassung gemäss Ziff. I der V des BGer vom 4. Dez. 1975, in Kraft seit 1. April 1976 (AS 1976 164).
53 SR 210
54 Aufgehoben durch Ziff. I der V des BGer vom 5. Juni 1996 (AS 1996 2900).

II. Spezialanzeigen

Art. 30 ¹ Die Spezialanzeigen (Art. 139 SchKG) sind sofort mit der Bekanntmachung der Steigerung zu versenden. Ist in der Bekanntmachung der Schätzungswert des Grundstücks angegeben, so gilt die Zustellung dieser Spezialanzeige zugleich als Mitteilung nach Artikel 140 Absatz 3 SchKG.[55]

² Solche Anzeigen sind jedem Gläubiger, dem das Grundstück als Pfand haftet oder für den es gepfändet ist, den im Gläubigerregister des Grundbuches eingetragenen Pfandgläubigern und Nutzniessern an Grundpfandforderungen, dem Schuldner, einem allfälligen dritten Eigentümer des Grundstücks und allen denjenigen Personen zuzustellen, denen ein sonstiges, im Grundbuch eingetragenes oder vorgemerktes Recht an dem Grundstück zusteht. Soweit nach dem Auszug aus dem Grundbuch für Grundpfandgläubiger Vertreter bestellt sind (Art. 860, 875, 877 ZGB[56]), ist die Anzeige diesen zuzustellen.[57]

³ In den Spezialanzeigen an die Pfandgläubiger ist diesen mitzuteilen, ob ein Pfändungsgläubiger oder ein vorhergehender oder nachgehender Pfandgläubiger die Verwertung verlangt habe.

⁴ Spezialanzeigen sind auch den Inhabern gesetzlicher Vorkaufsrechte im Sinne von Artikel 682 Absätze 1 und 2 ZGB[58] zuzustellen. In einem Begleitschreiben ist ihnen mitzuteilen, dass und auf welche Weise sie ihr Recht bei der Steigerung ausüben können (Art. 60a hiernach).[59]

III. Im Falle der Einstellung der Steigerung

Art. 31 Wird die Steigerung erst nach Ablauf der Frist zur Anmeldung der Lasten eingestellt, so braucht die neue Steigerung nur mindestens 14 Tage vorher ausgekündigt zu werden. Die Aufforderung des Artikels 138 Absatz 2 Ziffer 3 SchKG ist nicht zu wiederholen.

E. Aufschubsbewilligung nach erfolgter Publikation

Art. 32 ¹ Nach erfolgter Anordnung der Verwertung darf ein Aufschub (Art. 123, 143a SchKG) nur bewilligt werden, wenn der Schuldner ausser dem festgesetzten Bruchteil der Betreibungssumme die Kosten der Anordnung und des Widerrufs der Verwertung sofort bezahlt.[60]

² Die Abschlagszahlungen sind sofort nach ihrem Eingang an den Gläubiger, der die Verwertung verlangt hat, abzuliefern.

---

55 Fassung des zweiten Satzes gemäss Ziff. I der V des BGer vom 4. Dez. 1975, in Kraft seit 1. April 1976 (AS 1976 164).
56 SR 210
57 Fassung gemäss Ziff. I der V des BGer vom 5. Juni 1996, in Kraft seit 1. Jan. 1997 (AS 1996 2900).
58 SR 210
59 Eingefügt durch Ziff. I der V des BGer vom 4. Dez. 1975, in Kraft seit 1. April 1976 (AS 1976 164).
60 Fassung gemäss Ziff. I der V des BGer vom 5. Juni 1996, in Kraft seit 1. Jan. 1997 (AS 1996 2900).

B. Lastenverzeichnis

A. Zeitpunkt der Aufstellung

Art. 33 Nach Ablauf der Anmeldungsfrist (Art. 138 Abs. 2 Ziff. 3 SchKG) hat das Betreibungsamt das Lastenverzeichnis anzufertigen, und zwar so rechtzeitig, dass es mit den Steigerungsbedingungen (Art. 134 Abs. 2 SchKG) aufgelegt werden kann.

B. Inhalt
I. Im allgemeinen

Art. 34 ¹ In das Lastenverzeichnis sind aufzunehmen:

a. die Bezeichnung des zu versteigernden Grundstückes und allfällig seiner Zugehör (Art. 11 hiervor), mit Angabe des Schätzungsbetrages, wie in der Pfändungsurkunde enthalten;

b.[61] die im Grundbuch eingetragenen sowie die auf Grund der öffentlichen Aufforderung (Art. 29 Abs. 2 und 3 hiervor) angemeldeten Lasten (Dienstbarkeiten, Grundlasten, Grundpfandrechte und vorgemerkte persönliche Rechte), unter genauer Verweisung auf die Gegenstände, auf die sich die einzelnen Lasten beziehen, und mit Angabe des Rangverhältnisses der Pfandrechte zueinander und zu den Dienstbarkeiten und sonstigen Lasten, soweit sich dies aus dem Grundbuchauszug (Art. 28 hiervor) oder aus den Anmeldungen ergibt. Bei Pfandforderungen sind die zu überbindenden und die fälligen Beträge (Art. 135 SchKG) je in einer besonderen Kolonne aufzuführen. Weicht die Anmeldung einer Last vom Inhalt des Grundbuchauszuges ab, so ist auf die Anmeldung abzustellen, dabei aber der Inhalt des Grundbucheintrages anzugeben. Ist ein Anspruch in geringerem Umfang angemeldet worden, als aus dem Grundbuch sich ergibt, so hat das Betreibungsamt die Änderung oder Löschung des Grundbucheintrages mit Bewilligung des Berechtigten zu erwirken.

² Aufzunehmen sind auch diejenigen Lasten, die vom Berechtigten angemeldet werden, ohne dass eine Verpflichtung zur Anmeldung besteht. Lasten, die erst nach der Pfändung des Grundstückes ohne Bewilligung des Betreibungsamtes in das Grundbuch eingetragen worden sind, sind unter Angabe dieses Umstandes und mit der Bemerkung in das Verzeichnis aufzunehmen, dass sie nur berücksichtigt werden, sofern und soweit die Pfändungsgläubiger vollständig befriedigt werden (Art. 53 Abs. 3 hiernach).

II. Leere Pfandstellen und Eigentümertitel

Art. 35 ¹ Leere Pfandstellen sind bei der Aufstellung des Lastenverzeichnisses nicht zu berücksichtigen, desgleichen im Besitze des Schuldners befindliche Eigentümerpfandtitel, die nicht gepfändet

---

61 Fassung gemäss Ziff. I der V des BGer vom 5. Juni 1996, in Kraft seit 1. Jan. 1997 (AS 1996 2900).

aber nach Artikel 13 hiervor in Verwahrung genommen worden sind (Art. 815 ZGB[62] und Art. 68 Abs. 1 Bst. *a* hiernach).

[2] Sind die Eigentümerpfandtitel verpfändet oder gepfändet, so dürfen sie, wenn das Grundstück selbst gepfändet ist und infolgedessen zur Verwertung gelangt, nicht gesondert versteigert werden, sondern es ist der Betrag, auf den der Pfandtitel lautet, oder sofern der Betrag, für den er verpfändet oder gepfändet ist, kleiner ist, dieser Betrag nach dem Range des Titels in das Lastenverzeichnis aufzunehmen.

III. Von der Aufnahme ausgeschlossene Ansprüche

Art. 36 [1] Ansprüche, die nach Ablauf der Anmeldungsfrist geltend gemacht werden, sowie Forderungen, die keine Belastung des Grundstückes darstellen, dürfen nicht in das Lastenverzeichnis aufgenommen werden. Das Betreibungsamt hat den Ansprechern von der Ausschliessung solcher Ansprüche sofort Kenntnis zu geben, unter Angabe der Beschwerdefrist (Art. 17 Abs. 2 SchKG).

[2] Im Übrigen ist das Betreibungsamt nicht befugt, die Aufnahme der in dem Auszug aus dem Grundbuch enthaltenen oder besonders angemeldeten Lasten in das Verzeichnis abzulehnen, diese abzuändern oder zu bestreiten oder die Einreichung von Beweismitteln zu verlangen. Ein von einem Berechtigten nach Durchführung des Lastenbereinigungsverfahrens erklärter Verzicht auf eine eingetragene Last ist nur zu berücksichtigen, wenn die Last vorher gelöscht worden ist.

C. Mitteilung

Art. 37 [1] Das Lastenverzeichnis ist sämtlichen Gläubigern, zu deren Gunsten das Grundstück gepfändet ist, allen Grundpfandgläubigern sowie den aus Vormerkungen Berechtigten (Art. 959 ZGB[63]) und dem Schuldner mitzuteilen.

[2] Die Mitteilung erfolgt mit der Anzeige, dass derjenige, der einen im Verzeichnis aufgeführten Anspruch nach Bestand, Umfang, Rang oder Fälligkeit bestreiten will, dies innerhalb von zehn Tagen, von der Zustellung an gerechnet, beim Betreibungsamt schriftlich unter genauer Bezeichnung des bestrittenen Anspruchs zu erklären habe, widrigenfalls der Anspruch für die betreffende Betreibung als von ihm anerkannt gelte (Art. 140 Abs. 2 und 107 Abs. 2 und 4 SchKG).[64]

[3] Ist infolge einer früheren Betreibung bereits ein Prozess über eine im Lastenverzeichnis enthaltene Last anhängig, so hat das Betreibungsamt hiervon im Lastenverzeichnis von Amtes wegen Vormerk zu nehmen, unter Angabe der Prozessparteien und des Rechtsbegehrens. Der Ausgang des pendenten Prozesses ist auch für das Lastenverzeichnis der neuen Betreibung massgebend.

---

62 SR 210
63 SR 210
64 Fassung gemäss Ziff. I der V des BGer vom 5. Juni 1996, in Kraft seit 1. Jan. 1997 (AS 1996 2900).

D. Bereinigung
I. Zugehör

Art. 38 ¹ Während der Frist für die Anfechtung des Lastenverzeichnisses können die Pfandgläubiger, die bisher dazu noch nicht in der Lage waren, beim Betreibungsamt verlangen, dass noch weitere Gegenstände als Zugehör der Liegenschaft in das Verzeichnis aufgenommen werden (Art. 11 Abs. 3 hiervor).

² Sind im Lastenverzeichnis Gegenstände als Zugehör des Grundstückes aufgeführt (Art. 34 Abs. 1 Buchst. *a* hiervor), so hat das Betreibungsamt gleichzeitig mit der nach Artikel 37 hiervor zu erlassenden Anzeige den Pfändungsgläubigern, dem Schuldner, und wenn die Gegenstände von einem Dritten als Eigentum beansprucht werden, auch diesem mitzuteilen, dass innerhalb der gleichen Frist die Zugehöreigenschaft dieser Gegenstände oder einzelner derselben beim Betreibungsamt bestritten werden könne.

³ Werden die Zugehörgegenstände zugleich von einem Dritten als Eigentum beansprucht, so ist die zehntägige Frist zur Bestreitung dieses Anspruchs (Art. 107 Abs. 2 SchKG) sämtlichen Pfändungs- und Pfandgläubigern und dem Schuldner anzusetzen.[65]

II. Parteirolle und Gerichtsstand im Prozess

Art. 39[66] Erfolgt eine Bestreitung, so verfährt das Betreibungsamt nach Artikel 107 Absatz 5 SchKG. Handelt es sich um ein im Grundbuch eingetragenes Recht, dessen Bestand oder Rang vom Eintrag abhängt, oder um ein ohne Eintrag gültiges gesetzliches Pfandrecht, so ist die Klägerrolle demjenigen zuzuweisen, der eine Abänderung oder die Löschung des Rechtes verlangt.

III. Ergänzung oder Berichtigung durch die Aufsichtsbehörde

Art. 40 Wird das Lastenverzeichnis infolge einer Beschwerde durch Verfügung der Aufsichtsbehörde ergänzt oder berichtigt, so hat das Betreibungsamt die Ergänzung oder Änderung den Beteiligten wiederum unter Ansetzung einer zehntägigen Bestreitungsfrist mitzuteilen.

Art. 41[67]

IV. Vom Schuldner anerkannte, von einem Gläubiger mit Erfolg bestrittene Ansprüche[68]

Art. 42 Ist ein Anspruch von einem Gläubiger mit Erfolg bestritten, vom Schuldner dagegen durch Nichtbestreitung anerkannt worden, so kann der Ansprecher verlangen, dass das Grundstück sowohl mit als ohne Anzeige der von ihm behaupteten Last ausgeboten und dass, wenn das Angebot für das Grundstück mit der Last zur Befriedigung des Gläubigers, der den Anspruch bestritten hat, ausreiche, das Grundstück unter Berücksichtigung der Last zugeschlagen werde (Art. 56 hiernach).

---

65 Fassung gemäss Ziff. I der V des BGer vom 5. Juni 1996, in Kraft seit 1. Jan. 1997 (AS 1996 2900).
66 Fassung gemäss Ziff. I der V des BGer vom 5. Juni 1996, in Kraft seit 1. Jan. 1997 (AS 1996 2900).
67 Aufgehoben durch Ziff. I der V des BGer vom 5. Juni 1996 (AS 1996 2900).
68 Fassung gemäss Ziff. I der V des BGer vom 5. Juni 1996, in Kraft seit 1. Jan. 1997 (AS 1996 2900).

V. Anfechtung von Rang und Höhe. Verhältnis zwischen Gläubigern einer Gruppe[69]

Art. 43 ¹ Rang und Höhe der im Lastenverzeichnis aufgeführten Pfandforderungen können von demjenigen, der dazu im Lastenbereinigungsverfahren Gelegenheit hatte, bei der Verteilung nicht mehr angefochten werden.

² Nahmen mehrere Gläubiger an der Pfändung teil, so wirkt eine Bestreitung und gerichtliche Anfechtung des Lastenverzeichnisses nicht zugunsten derjenigen Gruppengläubiger, welche die Last nicht bestritten haben.

E. Revision der Schätzung

Art. 44 Nach Durchführung des Lastenbereinigungsverfahrens ist festzustellen, ob seit der Pfändung Änderungen im Werte des Grundstückes, wie namentlich infolge Wegfall von Lasten, eingetreten sind. Das Ergebnis einer solchen neuen Schätzung ist den Beteiligten mitzuteilen. Die Bestimmung des Artikels 9 Absatz 2 hiervor findet entsprechende Anwendung.

C. Steigerungsbedingungen

A. Inhalt
I. Im allgemeinen

Art. 45 ¹ Die Steigerungsbedingungen müssen ausser der Angabe des Schuldners, des Gläubigers, auf dessen Begehren die Verwertung erfolgt, des Ortes und der Zeit der Steigerung sowie der Beschreibung des Grundstückes und seiner Zugehör mindestens folgende Bestimmungen enthalten:

a.[70] die Bestimmung, dass das Grundstück mit allen nach dem Lastenverzeichnis darauf haftenden Belastungen (Dienstbarkeiten, Grundlasten, Grundpfandrechte und vorgemerkte persönliche Rechte) versteigert werde, unter Überbindung der damit verbundenen persönlichen Schuldpflicht auf den Erwerber für nicht fällige Forderungen, soweit sie nach dem Zuschlagspreis noch zu Recht bestehen (Art. 135 SchKG);

b. wenn mehrere Grundstücke zu versteigern sind, die Angabe, ob sie gesamthaft oder in Einzelgruppen und in welchen oder parzellenweise und evtl. in welcher Reihenfolge sie versteigert werden;

c. wenn ein doppeltes Ausgebot den Grundstücks oder seiner Zugehör stattfindet (Art. 42 hiervor, 57 und 104 hiernach), die Bestimmung, dass der Meistbieter beim ersten Ausgebot für sein Angebot behaftet bleibe bis nach Schluss des zweiten Ausgebotes (Art. 56 hiernach);

d. die Angabe der Beträge, die der Ersteigerer auf Abrechnung am Zuschlagspreis bar zu bezahlen, sowie diejenige Posten, die er

---

69 Fassung gemäss Ziff. I der V des BGer vom 5. Juni 1996, in Kraft seit 1. Jan. 1997 (AS 1996 2900).
70 Fassung gemäss Ziff. I der V des BGer vom 5. Juni 1996, in Kraft seit 1. Jan. 1997 (AS 1996 2900).

über den Zuschlagspreis hinaus zu übernehmen hat (Art. 46 und 49 hiernach);

e. die Bestimmung, ob und allfällig für welchen Betrag an der Steigerung selbst Barzahlung zu leisten sei, ob ein Zahlungstermin im Sinne des Artikels 136 SchKG gewährt werde und ob und welche Sicherheit in diesem Falle für den gestundeten Betrag an der Steigerung selbst oder innerhalb einer in den Steigerungsbedingungen zu bestimmenden Frist verlangt werden kann. Für den Fall, dass die Barzahlung oder Sicherheit an der Steigerung selbst verlangt wird, ist zu bestimmen, dass der Zuschlag von ihrer Leistung abhängig gemacht werde und dass deshalb jeder Bieter bei seinem Angebot so lange behaftet bleibe, als nicht dem Höherbietenden der Zuschlag erteilt sei;

f. wenn das Betreibungsamt den Betrag der einzelnen Angebote beschränken will, die Bestimmung, dass jedes Angebot das vorhergehende um einen bestimmten Betrag übersteigen müsse;

g. eine Bestimmung über die Wegbedingung der Gewährpflicht.

² Das entsprechend dem Ausgange allfälliger Prozesse oder Beschwerden berichtigte oder ergänzte Lastenverzeichnis ist den Steigerungsbedingungen als Anhang beizufügen.

II. Barzahlung des Steigerungspreises
1. effektiv

Art. 46 ¹ Auf Abrechnung am Zuschlagspreis ist in den Steigerungsbedingungen vom Ersteigerer Barzahlung zu verlangen für die fälligen, durch vertragliches oder gesetzliches Pfandrecht gesicherten Kapitalforderungen, die fälligen Kapitalzinse, inbegriffen Verzugszinse und Betreibungskosten, die Verwaltungskosten, soweit sie nicht aus den eingegangenen Erträgnissen Deckung finden, die Verwertungskosten und für den allfälligen, den Gesamtbetrag der pfandgesicherten Forderungen übersteigenden Mehrerlös.[71]

² Als fällig sind diejenigen Kapital- und Zinsforderungen zu behandeln, die nach den Angaben im rechtskräftigen Lastenverzeichnis im Zeitpunkt der Versteigerung fällig sind, inbegriffen solche mit gesetzlichem Pfandrecht, sowie in Betreibung gesetzte Pfandforderungen, wenn ein Rechtsvorschlag nicht erfolgt oder gerichtlich aufgehoben worden ist.

³ Pfandforderungen, die nicht fällig sind, müssen dem Ersteigerer stets überbunden werden (Art. 45 Abs. 1 Buchst. *a* hiervor).

2. auf andere Weise

Art. 47 ¹ Will der Ersteigerer eine bar zu bezahlende Pfandforderung auf andere Weise tilgen (z.B. durch Schuldübernahme oder Novation), so darf das Betreibungsamt dies nur berücksichtigen, wenn

---

[71] Fassung gemäss Ziff. I der V des BGer vom 5. Juni 1996, in Kraft seit 1. Jan. 1997 (AS 1996 2900).

ihm innerhalb der in den Steigerungsbedingungen für die Zahlung festgesetzten oder durch Zustimmung sämtlicher Beteiligter verlängerten Frist (Art. 63 Abs. 1 hiernach) eine Erklärung des Gläubigers über dessen anderweitige Befriedigung vorgelegt wird.

² Wird ein solcher Ausweis nicht erbracht, so hat das Betreibungsamt sofort nach Ablauf des Zahlungstermins eine neue Steigerung anzuordnen (Art. 143 SchKG).

III. Überbindung
1. auf Abrechnung am Zuschlagspreis

Art. 48 ¹ Die bis zum Steigerungstag laufenden Zinse der überbundenen Pfandforderungen werden dem Ersteigerer auf Abrechnung am Zuschlagspreis überbunden, sofern die Steigerungsbedingungen nicht ausdrücklich etwas anderes bestimmen.

² Hinsichtlich der im Zeitpunkt der Versteigerung laufenden Erträgnisse können die Steigerungsbedingungen bestimmen, dass sie als Entgelt für die Überbindung der laufenden Zinse der nicht fälligen Pfandforderungen dem Ersteigerer zufallen. An Stelle des Steigerungstages kann auch ein entsprechender Zinstermin als massgebend für Nutzens- und Schadensanfang bestimmt werden. Dagegen dürfen schon eingezogene und noch ausstehende fällige Erträgnisse dem Ersteigerer nicht zugewiesen werden.

2. ohne Abrechnung am Zuschlagspreis

Art. 49 ¹ Ohne Abrechnung am Zuschlagspreis sind dem Ersteigerer durch die Steigerungsbedingungen zur Zahlung zu überbinden:[72]
a.[73] die Kosten der Eigentumsübertragung und der in bezug auf die Grundpfandrechte, Dienstbarkeiten usw. erforderlichen Löschungen und Änderungen im Grundbuch und in den Pfandtiteln, mit Einschluss der Kosten des in Artikel 69 hiernach vorgeschriebenen Verfahrens betreffend fehlende Pfandtitel über Grundpfandrechte, die durch die Versteigerung ganz oder teilweise untergegangen sind, sowie die Handänderungsabgaben;
b. die im Zeitpunkt der Versteigerung noch nicht fälligen und daher im Lastenverzeichnis nicht aufgeführten Forderungen mit gesetzlichem Pfandrecht (Art. 836 ZGB[74], Brandassekuranzsteuern, Liegenschaftensteuern usw.), ferner die laufenden Abgaben für Gas, Wasser, Elektrizität u.dgl.

² Zu weiteren Zahlungen über den Zuschlagspreis hinaus kann der Ersteigerer nicht verpflichtet werden, ausser es sei in den Steigerungsbedingungen vorgesehen.[75]

---

72 Fassung gemäss Ziff. I der V des BGer vom 5. Juni 1996, in Kraft seit 1. Jan. 1997 (AS 1996 2900).
73 Fassung gemäss Ziff. I der V des BGer vom 5. Juni 1996, in Kraft seit 1. Jan. 1997 (AS 1996 2900).
74 SR 210
75 Fassung gemäss Ziff. I der V des BGer vom 5. Juni 1996, in Kraft seit 1. Jan. 1997 (AS 1996 2900).

3. Miet- und Pachtverträge

Art. 50[76] Bestehen auf dem Grundstück Miet- oder Pachtverträge, so gehen sie mit dem Eigentum an der Sache auf den Erwerber über (Art. 261, 261b und 290 Bst. a des Obligationenrechts; OR[77]).

4. Vorkaufsrecht

Art. 51[78] ¹ Vertraglich begründete Vorkaufsrechte (Art. 216 Abs. 2 und 3 OR[79]) können bei der Zwangsversteigerung nicht ausgeübt werden, gesetzliche Vorkaufsrechte nur nach Massgabe von Artikel 60a hiernach.

² Besteht zu Lasten des versteigerten Grundstücks ein im Grundbuch vorgemerktes Vorkaufsrecht, so wird es, wenn es nicht infolge des Ergebnisses eines doppelten Aufrufes des Grundstücks gelöscht werden muss (Art. 56 hiernach), so wie es im Lastenverzeichnis enthalten ist, dem Ersteigerer überbunden. Vorbehalten bleibt ein gerichtlicher Entscheid darüber, ob es nach seinem Inhalt bei einem künftigen Verkauf des Grundstücks geltend gemacht werden könne oder ob es erloschen sei.

B. Abänderungen

Art. 52 Nachträgliche Abänderungen der Steigerungsbedingungen sind nur zulässig, wenn sie neu aufgelegt, publiziert und den Beteiligten nach Artikel 139 SchKG speziell zur Kenntnis gebracht werden.

2. Steigerungsakt und Zuschlag

A. Voraussetzungen des Zuschlags

A. Im allgemeinen

Art. 53 ¹ Bei der Berechnung des Zuschlagspreises (Art. 142a in Verbindung mit Art. 126 Abs. 1 SchKG) dürfen von den dem betreibenden Gläubiger vorgehenden pfandgesicherten Forderungen (Kapital, rückständige Zinsen, laufender Zins bis zum Steigerungstag, allfällige Verzugszinse und Betreibungskosten) nur diejenigen berücksichtigt werden, die im Lastenverzeichnis enthalten und unbestritten geblieben oder gerichtlich gutgeheissen, evtl. noch beim Richter anhängig sind (Art. 141 SchKG).[80]

² Ist das Grundstück in mehreren Pfändungen (Gruppen) enthalten, so fallen nur diejenigen pfandgesicherten Forderungen in Betracht, die gegenüber der Pfändung, in der die Verwertung verlangt wird, zu Recht bestehen.[81]

---

76 Fassung gemäss Ziff. I der V des BGer vom 5. Juni 1996, in Kraft seit 1. Jan. 1997 (AS 1996 2900).
77 SR 220
78 Fassung gemäss Ziff. I der V des BGer vom 7. Sept. 1993, in Kraft seit 1. Jan. 1994 (AS 1993 3183).
79 SR 220
80 Fassung gemäss Ziff. I der V des BGer vom 5. Juni 1996, in Kraft seit 1. Jan. 1997 (AS 1996 2900).
81 Fassung gemäss Ziff. I der V des BGer vom 5. Juni 1996, in Kraft seit 1. Jan. 1997 (AS 1996 2900).

³ Pfandlasten, die erst nach der Pfändung ohne Bewilligung des Betreibungsamtes in das Grundbuch eingetragen wurden, fallen bei der Berechnung des Zuschlagspreises ausser Betracht, wenn sie nicht schon vorher kraft Gesetzes entstanden sind und allen eingetragenen Belastungen vorgehen.

B. Wenn ein Pfandgläubiger auf Pfändung betreibt und

I. der Pfandgläubiger die Verwertung verlangt

Art. 54 ¹ Hat ein Pfandgläubiger für eine grundpfandgesicherte Forderung auf Pfändung betrieben und das ihm verpfändete Grundstück in Pfändung erhalten, so kann, wenn der Pfandgläubiger die Verwertung verlangt und die in Betreibung gesetzte Forderung im Lastenverzeichnis enthalten ist (Art. 53 Abs. 1 hiervor), der Zuschlag erfolgen, wenn nur die dem betreibenden Gläubiger im Range vorgehenden grundpfandgesicherten Forderungen überboten sind.[82]

² Wenn jedoch der Pfandgläubiger nur für Zinse oder nur für einen Teil der Kapitalforderung auf Pfändung betrieben hat, so darf nur zugeschlagen werden, wenn auch die Kapitalforderung, soweit sie nicht in Betreibung gesetzt wurde, überboten ist.

II. ein anderer Gläubiger die Verwertung verlangt

Art. 55[83] Ist der Gläubiger, für dessen grundpfandgesicherte Forderung das Grundpfand selbst gepfändet ist, mit dieser Betreibung Teilnehmer einer Gruppe und wird die Verwertung von einem andern Gruppengläubiger verlangt, so muss auch jene grundpfandgesicherte Forderung, sofern sie im Lastenverzeichnis enthalten ist, überboten sein, damit der Zuschlag erfolgen kann.

B. Steigerungsverfahren

A. Doppelaufruf

I. Im allgemeinen

Art. 56[84] Muss der Aufruf des Grundstückes sowohl mit als ohne Anzeige einer Last stattfinden (Art. 42 hiervor und 104 hiernach), so ist, wenn dies nicht schon in den Steigerungsbedingungen erwähnt ist, jedenfalls vor Beginn der Steigerung den Beteiligten davon Kenntnis zu geben. Für den Zuschlag gelten folgende Bestimmungen:

a. Der erste Aufruf *mit* der Last erfolgt mit dem Bemerken, dass der Meistbieter für sein Angebot behaftet bleibe bis nach Schluss eines allfälligen zweiten Aufrufs ohne die Last. Reicht beim ersten Aufruf das Angebot zur Befriedigung des Gläubigers aus oder wird ein allfälliger Fehlbetrag vom Dienstbarkeits- oder Grundlastberechtigten sofort bar bezahlt, so wird die Last dem Ersteigerer überbunden; ein zweiter Aufruf findet nicht statt.

---

82 Fassung gemäss Ziff. I der V des BGer vom 5. Juni 1996, in Kraft seit 1. Jan. 1997 (AS 1996 2900).
83 Fassung gemäss Ziff. I der V des BGer vom 5. Juni 1996, in Kraft seit 1. Jan. 1997 (AS 1996 2900).
84 Im italienischen Text besteht dieser Artikel aus zwei Absätzen. Abs. 1 entspricht dem ersten und Abs. 2 dem zweiten Satz des deutschen Textes.

b. Wird der Gläubiger durch das Meistgebot beim ersten Aufruf mit der Last nicht voll gedeckt, so muss ein zweiter Aufruf stattfinden mit dem Bemerken, dann das Grundstück *ohne* die Last zugeschlagen werde, es sei denn, dass auch dieser Aufruf keinen höheren Erlös ergebe. Wird durch den zweiten Aufruf ein höherer Erlös erzielt, so wird der Zuschlag erteilt und muss die Last im Grundbuch gelöscht werden, selbst wenn der Gläubiger voll gedeckt wird (Art. 116 hiernach).

c. Ergibt der Aufruf ohne die Last keinen höheren Erlös, so wird der Zuschlag dem Höchstbietenden im ersten Aufruf mit der Last erteilt und ihm diese überbunden.

II. Zugehör

Art. 57[85] Wenn Zugehörgegenstände mit dem Grundstück zu verwerten sind, so können der Schuldner und jeder betreibende Gläubiger und Pfandgläubiger vor der Steigerung zunächst getrennte und hernach gemeinsame Ausbietung von Zugehör und Grundstück verlangen. Übersteigt dabei das Ergebnis des Gesamtrufes die Summe der Einzelangebote, so gilt der Zuschlag an die Einzelangebote als dahingefallen.

B. Angebot
I. Form

Art. 58 [1] Angebote, die an Bedingungen oder Vorbehalte geknüpft sind oder nicht auf eine bestimmte Summe lauten, darf das Betreibungsamt nicht berücksichtigen.

[2] Von Personen, die als Stellvertreter in fremdem Namen oder als Organ einer juristischen Person bieten, kann vor dem Zuschlag der Nachweis der Vertretungsbefugnis verlangt werden. Die allfälligen Ausweise sind, wenn dem Vertretenen zugeschlagen wird, bei den Akten aufzubewahren.

[3] Angebote für namentlich nicht bezeichnete oder erst später zu bezeichnende Personen oder für noch nicht bestehende juristische Personen dürfen nicht angenommen werden.

[4] Schriftliche Angebote sind bei Beginn der Steigerung den Teilnehmern bekanntzugeben und unter den gleichen Bedingungen wie mündliche Angebote zu berücksichtigen.[86]

II. Gemeinsames Angebot mehrerer

Art. 59 Bieten mehrere Personen gemeinsam und erklären sie nichts anderes, so wird ihnen das Grundstück zu Miteigentum zu gleichen Teilen zugeschlagen.

III. Ausruf der Angebote und Zuschlag

Art. 60 [1] Jedes Angebot wird dreimal ausgerufen und dabei jeweilen angegeben, ob es sich um den ersten, zweiten oder dritten Ausruf

---

85 Fassung gemäss Ziff. I der V des BGer vom 5. Juni 1996, in Kraft seit 1. Jan. 1997 (AS 1996 2900).
86 Fassung gemäss Ziff. I der V des BGer vom 5. Juni 1996, in Kraft seit 1. Jan. 1997 (AS 1996 2900).

handelt. Das Betreibungsamt ist verpflichtet, demjenigen Bieter, der das letzte und höchste Angebot gemacht hat, sofort öffentlich den Zuschlag zu erteilen.

[2] Der Zuschlag erfolgt, wenn nach den Steigerungsbedingungen eine sofort zu leistende Barzahlung oder Sicherheitsleistung verlangt wird, nur nach deren Leistung; andernfalls wird in Fortsetzung der Steigerung das nächst tiefere Angebot nochmals dreimal ausgerufen und, wenn es nicht überboten wird, daraufhin der Zuschlag erteilt.

IV. Ausübung gesetzlicher Vorkaufsrechte

Art. 60a[87] [1] Gesetzliche Vorkaufsrechte können nur an der Steigerung selbst und zu den Bedingungen, zu welchen das Grundstück dem Ersteigerer zugeschlagen wird, ausgeübt werden (Art. 681 Abs. 1 ZGB[88]).

[2] Vereinbarungen im Sinne von Artikel 681b Absatz 1 ZGB, die dem Vorkaufsberechtigten Vorzugsrechte gewähren, sind bei der Steigerung nicht zu beachten.

[3] Nach dreimaligem Ausruf des Höchstangebotes hat der Leiter der Steigerung die anwesenden oder vertretenen Inhaber eines gesetzlichen Vorkaufsrechtes aufzufordern, sich über dessen Ausübung auszusprechen. Bis dies geschehen ist, bleibt der Meistbietende an sein Angebot gebunden.

[4] Erklärt einer der Berechtigten, er wolle das Vorkaufsrecht zum angebotenen Preise ausüben, so wird ihm der Zuschlag erteilt. Geben mehrere Berechtigte diese Erklärung gemeinsam ab, so ist Artikel 59 hiervor, bei Miteigentümern Artikel 682 Absatz 1 Satz 2 ZGB anwendbar.

C. Steigerung und Protokoll

Art. 61[89] [1] Die Steigerung ist ohne Unterbrechung durchzuführen.

[2] Über jede Steigerung ist im Anschluss an die Steigerungsbedingungen ein Protokoll zu führen, das vom Steigerungsbeamten sowie vom Ersteigerer zu unterzeichnen ist.

D. Versicherte Zugehör

Art. 62 Werden Zugehörgegenstände, deren Gesamtheit den Gegenstand eines Versicherungsvertrages bildet (Art. 15 Abs. 1 Buchst. c hiervor), mitversteigert, so ist bei der Versteigerung auf die Versicherung aufmerksam zu machen. Wird die Gesamtheit der versicherten Gegenstände von einer und derselben Person erworben, so

---

87 Eingefügt durch Ziff. I der V des BGer vom 4. Dez. 1975 (AS 1976 164). Fassung gemäss Ziff. I der V des BGer vom 7. Sept. 1993, in Kraft seit 1. Jan. 1994 (AS 1993 3183).
88 SR 210
89 Fassung gemäss Ziff. I der V des BGer vom 5. Juni 1996, in Kraft seit 1. Jan. 1997 (AS 1996 2900).

ist der Versicherer vom Übergang des Eigentums sofort in Kenntnis zu setzen (Art. 3 VPAV[90]).

E. Zahlungsverzug des Ersteigerers

Art. 63 ¹ Befindet sich der Ersteigerer im Zahlungsverzug und können allfällige von ihm bestellte Sicherheiten nicht sofort ohne Betreibung oder Prozess liquidiert werden, so hat das Betreibungsamt, sofern nicht sämtliche Beteiligte (Schuldner, zu Verlust gekommene Pfandgläubiger, betreibende Gläubiger) zu einer Verlängerung der Zahlungsfrist ihre Einwilligung erteilen, ohne weiteres den Zuschlag aufzuheben und sofort eine neue Steigerung nach Artikel 143 Absatz 1 SchKG anzuordnen.[91] Die Aufhebung des Zuschlages ist im Steigerungsprotokoll (Art. 61 hiervor) vorzumerken und dem Ersteigerer schriftlich anzuzeigen.

² Ist der Eigentumsübergang bereits im Grundbuch eingetragen (Art. 66 Abs. 3 hiernach), so beauftragt das Betreibungsamt das Grundbuchamt unter Hinweis auf die Aufhebung des Zuschlages mit der Löschung des Eintrages sowie der entsprechenden Vormerkung im Grundbuch.

F. Neue Steigerung
I. Bekanntmachung

Art. 64[92] ¹ Die neue Steigerung darf nicht vor Ablauf eines Monats seit der früheren stattfinden.

² Sie ist in der Bekanntmachung ausdrücklich als «Neue Steigerung infolge Zahlungsverzugs des Ersteigerers» zu bezeichnen.

³ Eine neue Schätzung des Grundstücks ist nicht vorzunehmen; ebenso wenig erfolgt eine nochmalige Fristansetzung zur Anmeldung von Ansprüchen nach Artikel 138 Absatz 2 Ziffer 3 SchKG.

II. Lastenverzeichnis und Steigerungsbedingungen

Art. 65 ¹ Das für die frühere Steigerung aufgestellte Lastenverzeichnis ist auch für die neue und eine allfällig weiter notwendig werdende Steigerung massgebend.[93] Kommen dem Betreibungsamt neue, in der Zwischenzeit entstandene öffentlich-rechtliche Lasten zur Kenntnis, so hat es sie von Amtes wegen zu berücksichtigen. In diesem Falle ist die Ergänzung des Lastenverzeichnisses den Interessenten nach Artikel 140 Absatz 2 SchKG (Art. 37 hiervor) mitzuteilen. In der Zwischenzeit fällig gewordene, im Lastenverzeichnis als laufend angemerkte Kapitalzinse sind mit dem entsprechenden Betrag unter die fälligen und bar zu bezahlenden Forderungen einzustellen, ohne dass aber deswegen eine Neuauflage des Lastenverzeichnisses nötig wäre.

---

90 SR 281.51
91 Fassung gemäss Ziff. I der V des BGer vom 4. Dez. 1975, in Kraft seit 1. April 1976 (AS 1976 164).
92 Fassung gemäss Ziff. I der V des BGer vom 4. Dez. 1975, in Kraft seit 1. April 1976 (AS 1976 164).
93 Fassung gemäss Ziff. I der V des BGer vom 4. Dez. 1975, in Kraft seit 1. April 1976 (AS 1976 164).

² Die übrigen Steigerungsbedingungen können vom Betreibungsamt innerhalb der Grenzen der ihm in Artikel 134 Absatz 1 SchKG eingeräumten Befugnisse abgeändert werden. Werden sie erst nach ihrer Auflegung abgeändert, so ist die Vorschrift des Artikels 52 hiervor zu beobachten.

G. Vollzug des Zuschlages
I. Anmeldung des Eigentumsübergangs

Art. 66 ¹ Die Anmeldung des durch den Zuschlag bewirkten Eigentumsüberganges an dem versteigerten Grundstück zur Eintragung in das Grundbuch erfolgt durch das Betreibungsamt von Amtes wegen, sobald feststeht, dass der Zuschlag nicht mehr durch Beschwerde angefochten werden kann oder die erhobene Beschwerde endgültig abgewiesen worden ist.

² Sie soll in der Regel erst erfolgen, nachdem die Kosten der Eigentumsübertragung sowie der Zuschlagspreis vollständig bezahlt sind.

³ Auf besonderes begründetes Begehren des Ersteigerers kann das Amt ausnahmsweise die Anmeldung auch vorher vornehmen, sofern der Ersteigerer für den ausstehenden Rest des Zuschlagspreises ausreichende Sicherheit leistet. In diesem Fall ist aber gleichzeitig eine Verfügungsbeschränkung nach Artikel 960 ZGB im Grundbuch vorzumerken.[94]

⁴ In denjenigen Kantonen, in denen die Eintragung im Grundbuch von der Bezahlung einer Handänderungssteuer abhängig gemacht wird, muss vor der Anmeldung auch diese an das Amt bezahlt oder der Ausweis über direkt geleistete Bezahlung erbracht werden.

⁵ Ist der Schuldner noch nicht als Eigentümer im Grundbuch eingetragen (z.B. als Erbe), so veranlasst das Betreibungsamt dessen vorgängige Eintragung gleichzeitig mit der Anmeldung des Eigentumsübergangs auf den Ersteigerer.

II. Person, die einzutragen ist

Art. 67 Das Betreibungsamt darf nur denjenigen, dem der Zuschlag erteilt worden ist, als Eigentümer in das Grundbuch eintragen lassen. Die Eintragung eines Dritten, der als Zessionar oder als vertraglicher Vorkaufsberechtigter in den Steigerungskauf einzutreten erklärt, ist unzulässig, selbst wenn der Ersteigerer damit einverstanden ist.

III. Löschungen im Grundbuch

Art. 68 ¹ Gleichzeitig mit der Anmeldung des Eigentumsübergangs zur Eintragung im Grundbuch hat das Betreibungsamt zur Löschung anzumelden:
a. leere Pfandstellen sowie Eigentümerpfandtitel, über die der Schuldner nicht verfügt hat (Art. 815 ZGB[95]). Sind solche Titel

---

94 Fassung gemäss Anhang Ziff. 2 der Grundbuchverordnung vom 23. Sept. 2011, in Kraft seit 1. Jan. 2012 (AS 2011 4659).
95 SR 210

verpfändet und ist die Faustpfandforderung fällig und deshalb dem Ersteigerer die entsprechende Pfandschuld nicht überbunden worden, so sind die Titel ebenfalls zu entkräften oder insoweit abzuschreiben, als sie durch den Zuschlagspreis nicht gedeckt sind;

b. die Pfandrechte und sonstigen Lasten, die nicht überbunden werden konnten;

c. die infolge der Pfändung des Grundstückes vorgemerkte Verfügungsbeschränkung (Art. 15 Abs. 1 Buchst. *a* hiervor).

² Ferner sind allfällige, im Lastenbereinigungsverfahren festgestellte, noch nicht im Grundbuch eingetragene Lasten (Dienstbarkeiten u.dgl.) zur Eintragung anzumelden.

IV. Zu löschende Pfandtitel

Art. 69 ¹ Das Betreibungsamt hat die Titel über die durch die Versteigerung ganz oder teilweise untergegangenen Grundpfandrechte vor der Verteilung einzufordern. Werden sie nicht beigebracht, so hat das Betreibungsamt trotzdem die erforderlichen Löschungen oder Abänderungen im Grundbuch zu veranlassen, die auf die betreffenden Forderungen entfallenden Beträge aber zu hinterlegen.

² Die stattgefundene Löschung oder Abänderung des Grundpfandrechts ist in diesem Falle durch einmalige Publikation im Amtsblatt zu veröffentlichen und dem Gläubiger, sofern sein Name und sein Wohnort bekannt sind, durch eingeschriebenen Brief zur Kenntnis zu bringen mit der Anzeige, dass die Veräusserung oder Verpfändung des gänzlich zu Verlust gekommenen Pfandtitels oder des teilweise zu Verlust gekommenen über den erlösten Betrag hinaus als Betrug strafbar wäre.

³ Ist der Inhaber des Titels unbekannt, so hat das Betreibungsamt die Löschung oder Abänderung des Grundpfandrechts öffentlich bekanntzumachen, unter Hinweis auf die in Absatz 2 hiervor erwähnte Folge einer Veräusserung oder Verpfändung des Titels.

V. Anzeige an Mieter und Pächter

Art. 70 ¹ Bestehen auf dem versteigerten Grundstück Miet- oder Pachtverträge, so teilt das Betreibungsamt dem Mieter oder Pächter den Eigentumsübergang mit, unter Angabe des Zeitpunktes, von wann an der Erwerber den Zins zu beziehen berechtigt ist.

² Ist der Kaufpreis dem Ersteigerer gestundet worden, so erfolgt diese Anzeige erst, nachdem der Kaufpreis bezahlt und die im Grundbuch vorgemerkte Verfügungsbeschränkung vom Betreibungsamt zur Löschung angemeldet worden ist.

H. Ergebnislosigkeit der Steigerung[96]

Art. 71 [1] Bleibt die Steigerung ergebnislos, weil kein genügendes Angebot im Sinne von Artikel 142a in Verbindung mit Artikel 126 Absatz 1 SchKG oder gar kein Angebot erfolgt, oder hat das Betreibungsamt nach Artikel 127 SchKG von der Verwertung abgesehen, so fällt die Betreibung in Hinsicht auf das gepfändete Grundstück und dessen Zugehör dahin; eine gesonderte Verwertung der letzteren ist unzulässig, es wäre denn, dass alle Beteiligten (Schuldner, pfändende Gläubiger und Pfandgläubiger) sich damit einverstanden erklären.[97]

[2] Der noch nicht verteilte Reinerlös der Früchte und sonstigen Erträgnisse des Grundstückes (Art. 22 Abs. 1 hiervor) sowie einer allfälligen Ausfallforderung (Art. 72 hiernach) ist den betreibenden Pfändungs- und Pfandgläubigern (Art. 806 ZGB[98]) zuzuweisen.

[3] Vom Wegfall der Pfändung und der dadurch begründeten Verfügungsbeschränkung ist den Mietern oder Pächtern sowie dem Grundbuchamt sofort Anzeige zu machen.

J. Ausfallforderung

Art. 72 [1] Hat der Ersteigerer den Steigerungskauf nicht gehalten und ist an der neuen Steigerung (Art. 63 hiervor) ein geringerer Erlös erzielt worden, so hat das Betreibungsamt die Ausfallforderung zunächst in ihrer Höhe festzustellen und, falls sie vom Schuldner derselben innert Frist nicht beglichen wird, den bei der Verwertung des Grundstückes zu Verlust gekommenen betreibenden Gläubigern und Pfandgläubigern Anzeige zu machen mit der Aufforderung an sie, ein allfälliges Begehren um Verwertung der Forderung gemäss den Artikeln 130 Ziffer 1 und 131 SchKG innert der Frist von zehn Tagen anzubringen. Wird kein solches Begehren gestellt, so ist die Forderung an einer einzigen öffentlichen Steigerung zu verkaufen.[99]

[2] Hat der Schuldner der Ausfallforderung für die Erfüllung der Steigerungsbedingungen Sicherheiten bestellt, so sind diese denjenigen Gläubigern, welche die Forderung zur Eintreibung oder als Erwerber übernommen haben, oder dem Erwerber zu übergeben (Art. 170 Abs. 1 OR[100]).

[3] Muss auch die neue Steigerung wegen Nichthaltung des Kaufs wiederholt werden und entsteht dadurch ein Mehrverlust, so ist diese Schadenersatzforderung gegen den zweiten Ersteigerer in gleicher Weise wie die ursprüngliche Ausfallforderung zu verwerten.

---

96 Fassung gemäss Ziff. I der V des BGer vom 4. Dez. 1975, in Kraft seit 1. April 1976 (AS 1976 164).
97 Fassung gemäss Ziff. I der V des BGer vom 5. Juni 1996, in Kraft seit 1. Jan. 1997 (AS 1996 2900).
98 SR 210
99 Fassung gemäss Ziff. I der V des BGer vom 5. Juni 1996, in Kraft seit 1. Jan. 1997 (AS 1996 2900).
100 SR 220

3. Verwertung eines Miteigentumsanteils[101]

A. Grundbuchauszug

Art. 73[102] Ist ein Miteigentumsanteil zu verwerten, so hat der vom Betreibungsamt einzufordernde Auszug aus dem Grundbuch (Art. 28 hiervor) nicht nur über den Anteil des Schuldners, sondern auch über das Grundstück als ganzes Auskunft zu geben.

B. Bekanntmachung der Steigerung; Anmeldung von Rechtsansprüchen
I. Publikation

Art. 73a[103] ¹ Die Publikation der Versteigerung eines Miteigentumsanteils hat anzugeben, welcher Bruchteil bzw. welche Wertquote dem Schuldner zusteht, und muss die Beschreibung sowie den Schätzungswert des im Miteigentum stehenden Grundstücks und seiner Zugehör, im Falle von Stockwerkeigentum auch die Beschreibung sowie den Schätzungswert der dem Schuldner zugeschiedenen Grundstücksteile und ihrer allfälligen besonderen Zugehör enthalten.

² Die Aufforderung zur Anmeldung von Pfandrechten und von solchen Dienstbarkeiten, die unter dem früheren kantonalen Recht entstanden und noch nicht in die öffentlichen Bücher eingetragen sind (Art. 29 Abs. 2 und 3 hiervor), hat sich nicht bloss auf derartige Rechte am gepfändeten Anteil, sondern auch auf derartige Rechte am Grundstück selbst zu beziehen.

³ Ist nach dem Grundbuchauszug (Art. 73 hiervor) das Grundstück selbst pfandbelastet, so wird einstweilen der Zeitpunkt der Steigerung nicht festgesetzt, sondern nur die öffentliche Aufforderung im Sinne von Absatz 2 hiervor erlassen und die Lastenbereinigung durchgeführt.

II. Spezialanzeigen

Art. 73b[104] ¹ Für die Spezialanzeigen gilt Artikel 30 hiervor.

² Ist das Grundstück als solches verpfändet, so ist ein Exemplar der öffentlichen Aufforderung im Sinne von Artikel 73*a* Absätze 2 und 3 hiervor auch den Gläubigern der das Grundstück als solches belastenden Pfandforderungen sowie den Personen zuzustellen, denen nach dem Gläubigerregister an einer solchen Forderung ein Pfandrecht oder die Nutzniessung zusteht.

C. Lastenverzeichnis
I. Inhalt

Art. 73c[105] Das Lastenverzeichnis (Art. 33ff. hiervor) muss über den zu verwertenden Miteigentumsanteil und das Grundstück als solches die in Artikel 73*a* Absatz 1 hiervor vorgeschriebenen Angaben enthalten und die im Grundbuch eingetragenen sowie die auf Grund der öffentlichen Aufforderung (Art. 29 Abs. 2 und 3 und Art. 73*a* Abs. 2

---

101 Fassung gemäss Ziff. I der V des BGer vom 4. Dez. 1975, in Kraft seit 1. April 1976 (AS 1976 164).
102 Fassung gemäss Ziff. I der V des BGer vom 4. Dez. 1975, in Kraft seit 1. April 1976 (AS 1976 164).
103 Eingefügt durch Ziff. I der V des BGer vom 4. Dez. 1975, in Kraft seit 1. April 1976 (AS 1976 164).
104 Eingefügt durch Ziff. I der V des BGer vom 4. Dez. 1975, in Kraft seit 1. April 1976 (AS 1976 164).
105 Eingefügt durch Ziff. I der V des BGer vom 4. Dez. 1975, in Kraft seit 1. April 1976 (AS 1976 164).

hiervor) angemeldeten Belastungen des Anteils einerseits und des Grundstücks als solchem anderseits getrennt aufführen.

II. Mitteilung

Art. 73d[106] Das Lastenverzeichnis ist sämtlichen Gläubigern, zu deren Gunsten der Miteigentumsanteil gepfändet ist, allen Grundpfandgläubigern, denen der Anteil oder das Grundstück selbst haftet, sowie den aus Vormerkungen Berechtigten und dem Schuldner mitzuteilen.

D. Vorgehen bei Pfandbelastung des Grundstücks als solchem.
I. Einigungsverhandlungen

Art. 73e[107] ¹ Ist nach dem Ergebnis des Lastenbereinigungsverfahrens das Grundstück als solches pfandbelastet, so hat die Steigerung einstweilen zu unterbleiben.

² Das Betreibungsamt versucht, durch Verhandlungen mit den am Grundstück als solchem pfandberechtigten Gläubigern und mit den andern Miteigentümern eine Aufteilung der betreffenden Pfandlasten auf die einzelnen Anteile herbeizuführen und im Falle, dass der Schuldner für eine durch das Grundstück als solches gesicherte Pfandforderung zusammen mit andern Miteigentümern solidarisch haftet, eine entsprechende Aufteilung der Schuldpflicht zu erreichen. Haben die Verhandlungen Erfolg, so ist, nachdem die erforderlichen Änderungen im Grundbuch vorgenommen sind, das Lastenverzeichnis ihrem Ergebnis anzupassen und der Anteil des Schuldners auf dieser Grundlage zu versteigern.[108]

³ Das Betreibungsamt kann auch versuchen, durch Verhandlungen mit den Beteiligten die Aufhebung des Miteigentums zu erreichen und so zu ermöglichen, dass der betreibende Gläubiger aus dem Ergebnis der Verwertung der dem Schuldner zugewiesenen Parzelle oder aus dem Anteil des Schuldners am Ergebnis des Verkaufs des Grundstücks als solchem oder aus der dem Schuldner zukommenden Auskaufssumme (vgl. Art. 651 Abs. 1 ZGB[109] ganz oder teilweise befriedigt werden kann.

⁴ Soweit zur Herbeiführung der angestrebten Änderungen der rechtlichen Verhältnisse nach Zivilrecht eine Mitwirkung des Schuldners erforderlich ist, tritt das Betreibungsamt an seine Stelle (Art. 23c hiervor).

⁵ Die obere kantonale Aufsichtsbehörde kann zur Durchführung dieser Einigungsverhandlungen sich selbst oder die untere Aufsichtsbehörde als zuständig erklären.

---

106 Eingefügt durch Ziff. I der V des BGer vom 4. Dez. 1975, in Kraft seit 1. April 1976 (AS 1976 164).
107 Eingefügt durch Ziff. I der V des BGer vom 4. Dez. 1975, in Kraft seit 1. April 1976 (AS 1976 164).
108 Fassung gemäss Ziff. I der V des BGer vom 5. Juni 1996, in Kraft seit 1. Jan. 1997 (AS 1996 2900).
109 SR 210

II. Versteigerung des Anteils

Art. 73f[110] ¹ Gelingt es nicht, die Pfandbelastung des Grundstücks als solchem und gegebenenfalls die Solidarschuldpflicht aufzuteilen, und kommt es auch nicht zur Aufhebung des Miteigentums, so ist der gepfändete Anteil nach vorheriger Publikation (Art. 73a Abs. 1 hiervor) und Benachrichtigung der Beteiligten im Sinne von Artikel 30 Absätze 2-4 und 73b Absatz 2 hiervor für sich allein zu versteigern. Die Aufforderung im Sinne von Artikel 29 Absätze 2 und 3 und Artikel 73a Absatz 2 hiervor ist dabei nicht zu wiederholen. Die Zwangsverwertung des Grundstücks als solchem ist unter Vorbehalt von Artikel 106a hiernach ohne Zustimmung aller Beteiligten nicht zulässig.

² Wird vor der Versteigerung des Anteils eine Grundpfandbetreibung angehoben, die das Grundstück als solches zum Gegenstand hat (Art. 106a hiernach), so ist dieser Betreibung der Vortritt einzuräumen.

E. Steigerungsbedingungen

Art. 73g[111] ¹ Die Bedingungen für die Versteigerung eines Miteigentumsanteils müssen ausser dem Schuldner und dem Gläubiger, auf dessen Begehren die Verwertung erfolgt (Art. 45 Abs. 1 am Anfang hiervor), auch die Personen nennen, die neben dem Schuldner Miteigentümer sind.

² Ist wegen Scheiterns der Einigungsverhandlungen im Sinne von Artikel 73e hiervor ein Miteigentumsanteil an einem Grundstück zu verwerten, das als ganzes verpfändet ist, so haben die Steigerungsbedingungen zu bestimmen, dass der Ersteigerer hinsichtlich der nach dem rechtskräftigen Lastenverzeichnis am Grundstück als ganzem bestehenden Pfandrechte und der dadurch gesicherten Forderungen ohne Anrechnung dieser Belastung auf den Steigerungspreis vollständig in die Rechtsstellung des Schuldners eintritt. Vorbehalten bleibt eine allfällige Erklärung des Gläubigers im Sinne von Artikel 832 Absatz 2 ZGB[112], er wolle den früheren Schuldner beibehalten (Art. 135 Abs. 1 Satz 2 SchKG).

³ Für die auf Grund von Artikel 712c ZGB[113] errichteten Vorkaufs- und Einspruchsrechte gelten die Bestimmungen von Artikel 51 hiervor über die vertraglich begründeten und im Grundbuch vorgemerkten Vorkaufsrechte entsprechend.

F. Zuschlagspreis

Art. 73h[114] Bei der Berechnung des nach Artikel 142a in Verbindung mit Artikel 126 SchKG erforderlichen Mindestangebots sind die

---

110 Eingefügt durch Ziff. I der V des BGer vom 4. Dez. 1975, in Kraft seit 1. April 1976 (AS 1976 164).
111 Eingefügt durch Ziff. I der V des BGer vom 4. Dez. 1975, in Kraft seit 1. April 1976 (AS 1976 164).
112 SR 210
113 SR 210
114 Fassung gemäss Ziff. I der V des BGer vom 5. Juni 1996, in Kraft seit 1. Jan. 1997 (AS 1996 2900).

auf dem Grundstück als ganzem lastenden Grundpfandforderungen nicht zu berücksichtigen.

G. Entsprechend anwendbare Bestimmungen

Art. 73i[115] Unter Vorbehalt der Artikel 73–73*h* hiervor sind auf die Verwertung eines Miteigentumsanteils die Vorschriften der Artikel 25–72 hiervor entsprechend anwendbar.

4. Requisitorialverwertungen[116]

A. Fälle[117]

Art. 74 [1] Liegt das zu versteigernde Grundstück in einem andern Betreibungskreis, so ist das Verwertungsbegehren gleichwohl dem Betreibungsamt des Betreibungsortes einzureichen, auch wenn der Schuldner seit der Pfändung in einen andern Betreibungskreis gezogen ist. Der Beamte des Betreibungsortes beauftragt mit der Verwertung denjenigen des Kreises, in dem das Grundstück liegt, und leistet ihm auf Begehren einen angemessenen Kostenvorschuss.

[2] Liegt das Grundstück in mehreren Kreisen, so ist dasjenige Betreibungsamt zum Vollzug der Verwertung zuständig, in dessen Kreis der wertvollere Teil des Grundstückes liegt.

[3] Sind mehrere gemeinsam verpfändete Grundstücke gesamthaft zu versteigern, so ist die Verwertung, wenn sich eines der Grundstücke im Betreibungskreis des Betreibungsortes befindet, durch das Betreibungsamt dieses Kreises zu vollziehen. Liegt kein Grundstück in diesem Kreis, so ist dasjenige Betreibungsamt zuständig, in dessen Kreis das wertvollere Grundstück liegt.

B. Pflichten des ersuchten Amtes

Art. 75 [1] Das beauftragte Betreibungsamt hat alle mit der Verwertung verbundenen Verrichtungen, insbesondere die amtliche Verwaltung[118], die öffentlichen Bekanntmachungen (Art. 138, 143 SchKG), die nötigen Mitteilungen (Art. 139, 140 Abs. 2 SchKG), die Aufstellung des Lastenverzeichnisses (Art. 140 SchKG) und der Steigerungsbedingungen (Art. 134, 135 SchKG), den Einzug der Steigerungssumme sowie die Anmeldung des Eigentumsübergangs an dem versteigerten Grundstück im Grundbuch von sich aus zu besorgen.[119]

---

115 Eingefügt durch Ziff. I der V des BGer vom 4. Dez. 1975, in Kraft seit 1. April 1976 (AS 1976 164).
116 Eingefügt durch Ziff. I der V des BGer vom 4. Dez. 1975, in Kraft seit 1. April 1976 (AS 1976 164).
117 Fassung gemäss Ziff. I der V des BGer vom 4. Dez. 1975, in Kraft seit 1. April 1976 (AS 1976 164). Gemäss derselben Bestimmung wurden in den Randtit. der Art. 74-78 die römischen Zahlen I-V durch die Bst. A-E ersetzt.
118 AS 1976 606
119 Fassung gemäss Ziff. I der V des BGer vom 4. Dez. 1975, in Kraft seit 1. April 1976 (AS 1976 164).

² Wo das Gesetz auf das Ermessen des Betreibungsbeamten oder auf den Ortsgebrauch abstellt (Art. 134 Abs. 1, 135 Abs. 2, 137, 140 Abs. 3 SchKG), entscheidet der beauftragte Beamte.

³ Die Auswahl der Blätter für die Bekanntmachungen und die Festsetzung der Steigerungstermine steht innerhalb der gesetzlichen Schranken zunächst ebenfalls dem beauftragten Beamten zu; doch hat dieser begründete Begehren des auftraggebenden Beamten zu berücksichtigen.

C. Mitteilungen und Fristansetzungen

Art. 76 Zur richtigen Besorgung der Mitteilungen und Fristansetzungen (Art. 139, 140 Abs. 2 SchKG) hat der Beamte des Betreibungsortes dem Beauftragten mit dem Auftrag ein Verzeichnis der an der Betreibung beteiligten Gläubiger mit ihren Forderungssummen zuzustellen.

D. Aufschubbewilligung. Einkassierte Gelder

Art. 77 ¹ Der beauftragte Beamte darf von sich aus keine Aufschubbewilligung im Sinne des Artikels 123 SchKG erteilen.

² Die bei dem beauftragten Amte eingehenden Gelder sind sofort dem ersuchenden Amte abzuliefern, wenn nicht etwas anderes bestimmt worden ist (Art. 24 hiervor).

E. Protokoll und Nachpfändung[120]

Art. 78 ¹ Nach Vollzug der Verwertung übermittelt der beauftragte Beamte dem ersuchenden Amte eine Abschrift des Verwertungsprotokolles mit den Belegen, die Schlussrechnung über das Ergebnis der Verwertung und den Erlös nach Abzug der Kosten. Das Original des Verwertungsprotokolls ist bei den Akten des beauftragten Amtes aufzubewahren.

² Zur Anordnung einer Nachpfändung (Art. 145 SchKG) sowie zur Aufstellung des Kollokationsplanes und zur Verteilung des Erlöses ist ausschliesslich das Betreibungsamt des Betreibungsortes zuständig (Art. 24 hievor).[121]

5. Versteigerung eines Miteigentumsanteils auf Anordnung des Richters[122]

Art. 78a[123] ¹ Zur Versteigerung auf Anordnung des Richters nach Artikel 649*b* Absatz 3 ZGB[124] ist das Betreibungsamt oder, wenn das kantonale Recht es so bestimmt, das Konkursamt zuständig, in dessen

---

120 Fassung gemäss Ziff. I der V des BGer vom 5. Juni 1996, in Kraft seit 1. Jan. 1997 (AS 1996 2900).
121 Fassung gemäss Ziff. I der V des BGer vom 5. Juni 1996, in Kraft seit 1. Jan. 1997 (AS 1996 2900).
122 Eingefügt durch Ziff. I der V des BGer vom 4. Dez. 1975, in Kraft seit 1. April 1976 (AS 1976 164).
123 Eingefügt durch Ziff. I der V des BGer vom 4. Dez. 1975, in Kraft seit 1. April 1976 (AS 1976 164).
124 SR 210

Kreis das im Miteigentum stehende Grundstück oder der wertvollere Teile desselben liegt.

² Die Kosten des Versteigerungsverfahrens sind vom Gesuchsteller vorzuschiessen und aus dem Erlös vorweg zu decken.

³ Der Zuschlag kann zu einem den Betrag der Pfandforderungen erreichenden Preise erteilt werden, auch wenn kein Überschuss erzielt wird.

⁴ Das Ergebnis der Steigerung ist in allen Fällen, auch wenn sie erfolglos geblieben ist, dem Richter mitzuteilen.

⁵ Im Übrigen sind die Artikel 73–73*i* hiervor, Artikel 73*e* Absatz 3 ausgenommen, entsprechend anwendbar. Eine Verwertung des im Miteigentum stehenden Grundstücks selbst infolge Grundpfandbetreibung (Art. 73*f* Abs. 2 hiervor und Art. 106*a* hiernach) ist indes nur abzuwarten, wenn sie unmittelbar bevorsteht.

III. Verteilung

A. Zeitpunkt der Verteilung

Art. 79 ¹ Die Aufstellung des Kollokationsplanes und die Verteilung des Erlöses (Art. 144ff. SchKG) dürfen erst erfolgen, wenn auch eine allfällige Ausfallforderung (Art. 72 hiervor) verwertet ist. Vorbehalten bleibt die Bestimmung des Artikels 199 SchKG.

² Der Kollokationsplan soll sich nur auf die Rangordnung der Pfändungsgläubiger erstrecken.

³ Die im rechtskräftigen Lastenverzeichnis enthaltenen fälligen Forderungen sollen sofort nach Eingang des Zuschlagspreises bezahlt werden, auch wenn die Schlussverteilung für die Pfändungsgläubiger noch nicht möglich ist.

B. Aufzulegende Aktenstücke

Art. 80[125] Mit dem Kollokationsplan und der Verteilungsliste sind gleichzeitig auch die Schlussrechnung über die Erträgnisse der Verwaltung und die Rechnung über die Kosten und Gebühren der Verwaltung und Verwertung zur Einsicht der Beteiligten und des Ersteigerers aufzulegen mit der Anzeige, dass sie durch Beschwerde angefochten werden können.

C. Verteilungsgrundsätze
I. Im allgemeinen

Art. 81[126] Die Verteilung des Reinerlöses erfolgt nach folgenden Grundsätzen:

Zunächst sind diejenigen Grundpfandgläubiger und Inhaber von Pfandrechten an Pfandtiteln zu befriedigen, deren Forderungen im

---
125 Fassung gemäss Ziff. I der V des BGer vom 5. Juni 1996, in Kraft seit 1. Jan. 1997 (AS 1996 2900).
126 Fassung gemäss Ziff. I der V des BGer vom 5. Juni 1996, in Kraft seit 1. Jan. 1997 (AS 1996 2900).

Lastenverzeichnis als fällig aufgeführt und unbestritten geblieben oder gerichtlich gutgeheissen sind; der Rest ist unter die Gläubiger, zu deren Gunsten das Grundstück gepfändet oder arrestiert war, zu verteilen; für die Gläubiger mit provisorischer Pfändung ist der Betrag zu deponieren.

Grundpfandgläubiger, deren Pfandrechte erst nach der Pfändung in das Grundbuch eingetragen oder im Lastenbereinigungsverfahren aberkannt, aber vom Schuldner durch Nichtbestreitung anerkannt worden sind, haben erst dann Anspruch auf den Erlös, wenn die Pfändungsgläubiger befriedigt sind, es sei denn, dass die nachträglich eingetragenen Pfandrechte schon vorher kraft Gesetzes entstanden sind und allen eingetragenen Belastungen vorgehen.

II. Wenn ein Grundpfandgläubiger auf Pfändung betreibt

Art. 82 [1] Hat ein Gläubiger für eine grundpfandgesicherte Forderung auf Pfändung betrieben und das ihm verpfändete Grundstück in Pfändung erhalten, so wird der Mehrerlös über die vorgehenden Pfandforderungen zunächst zur Deckung der in Betreibung gesetzten Zins- oder Kapitalforderung und sodann der nachgehenden grundpfandgesicherten Forderungen nach ihrer Rangordnung verwendet.[127]

[2] Reicht der Mehrerlös zur Deckung der in Betreibung gesetzten Forderung nicht aus, so kann der Grundpfandgläubiger für den Ausfall sein Recht als Pfändungsgläubiger auf den Erlös aus den übrigen in der Pfändung enthaltenen Gegenständen nach der gesetzlichen Rangordnung geltend machen.

III. Früchte und Erträgnisse

Art. 83 Die Früchte und Erträgnisse des Grundstückes fallen, wenn dieses in mehreren (Einzel- oder Gruppen-)pfändungen enthalten ist, auch insoweit den Gläubigern einer vorgehenden Pfändung zu, als sie erst *nach* Vollzug einer nachgehenden Pfändung verwertet oder fällig werden, und zwar für so lange, als die Pfändung des Grundstückes selbst dauert. Vorbehalten bleiben die Rechte der betreibenden Grundpfandgläubiger nach Artikel 94 Absatz 3 SchKG und Artikel 806 ZGB[128] (Art. 114 hiernach).[129]

D. Verlustschein

Art. 84 [1] Dem betreibenden Gläubiger ist auch dann ein Verlustschein (Art. 149 SchKG) auszustellen, wenn die Steigerung erfolglos geblieben ist und eine Pfändung im Sinne des Artikels 145 SchKG nicht möglich war.

[2] ...[130]

---

127 Fassung gemäss Ziff. I der V des BGer vom 5. Juni 1996, in Kraft seit 1. Jan. 1997 (AS 1996 2900).
128 SR 210
129 Fassung von Satz 2 gemäss Ziff. I der V des BGer vom 4. Dez. 1975, in Kraft seit 1. April 1976 (AS 1976 164).
130 Aufgehoben durch Ziff. I der V des BGer vom 5. Juni 1996 (AS 1996 2900).

E. Verteilung des Erlöses aus einem Miteigentumsanteil

Art. 84a[131] Ist der Erlös aus der Verwertung eines pfandbelasteten Miteigentumsanteils an einem als ganzes verpfändeten Grundstück zu verteilen, so gelten die Bestimmungen der Artikel 79 Absatz 3 und 81 Absatz 2 hiervor über die Bezahlung fälliger Pfandforderungen nur für die allein den Miteigentumsanteil, nicht auch für die das Grundstück als ganzes belastenden Pfandforderungen.

B. Verwertung im Pfandverwertungsverfahren

I. Vorverfahren

A. Rechtsvorschlag

Art. 85[132] Erhebt der Schuldner gegen den Zahlungsbefehl Rechtsvorschlag, so wird, wenn in diesem nichts anderes bemerkt ist, angenommen, er beziehe sich auf die Forderung und auf das Pfandrecht.

B. Unzulässigkeit

Art. 86 Die Anhebung einer Betreibung auf Grundpfandverwertung ist, ausser in den in den Artikeln 56–62 SchKG bestimmten Fällen, auch während der Dauer des öffentlichen Inventars für Schulden des Erblassers gegen die Erben oder die Erbmasse ausgeschlossen (Art. 586 ZGB[133]), nicht dagegen während der Inventaraufnahme nach Art. 398 ZGB[134].

C. Pfandgegenstand
I. Subsidiäre Haftung

Art. 87 Haften von mehreren gemeinsam verpfändeten Grundstücken einzelne nur subsidiär, so wird die Betreibung zunächst nur gegen die andern angehoben und durchgeführt. Ergibt sich dabei ein Ausfall für die in Betreibung gesetzte Forderung, so hat der Gläubiger zur Verwertung der subsidiär haftenden Grundstücke ein neues Betreibungsbegehren zu stellen.

II. Eigentum eines Dritten. Familienwohnung[135]
1. Allgemeine Vorschriften

Art. 88 [1] Wird vom betreibenden Gläubiger, sei es im Betreibungsbegehren, sei es im Verlaufe der Betreibung, das Pfand als im Eigentum eines Dritten stehend oder als Familienwohnung dienend bezeichnet, oder ergibt sich dies erst im Verwertungsverfahren, so ist dem Dritten oder dem Ehegatten des Schuldners oder des Dritten durch Zustellung eines Zahlungsbefehls die Möglichkeit zu verschaffen, Rechtsvorschlag zu erheben.[136]

---

131 Eingefügt durch Ziff. I der V des BGer vom 4. Dez. 1975, in Kraft seit 1. April 1976 (AS 1976 164).
132 Fassung gemäss Ziff. I der V des BGer vom 5. Juni 1996, in Kraft seit 1. Jan. 1997 (AS 1996 2900).
133 SR 210
134 SR 210
135 Fassung gemäss Ziff. I der V des BGer vom 5. Juni 1996, in Kraft seit 1. Jan. 1997 (AS 1996 2900).
136 Fassung gemäss Ziff. I der V des BGer vom 5. Juni 1996, in Kraft seit 1. Jan. 1997 (AS 1996 2900).

² Dieses Recht kann jedoch derjenige Dritteigentümer, der das Grundstück erst nach der Vormerkung einer Verfügungsbeschränkung im Grundbuch gemäss den Artikeln 90 und 97 hiernach erworben hat, nicht für sich beanspruchen.

³ Im Übrigen kann das Betreibungsverfahren gegen ihn nur fortgeführt werden, soweit es auch gegen den persönlichen Schuldner möglich ist, und es sind auf dasselbe die Vorschriften der Artikel 57–62, 297 SchKG, 586 ZGB[137] anwendbar. Die Betreibung gegen den persönlichen Schuldner wird unter Vorbehalt der Artikel 98 und 100 dieser Verordnung von derjenigen gegen den Dritteigentümer nicht berührt.[138]

⁴ Diese Bestimmungen sind sinngemäss anwendbar, wenn das Pfandgrundstück im Mit- oder Gesamteigentum des Schuldners und eines Dritten steht.[139]

2. Konkurs des persönlich haftenden Schuldners

Art. 89 ¹ Ist der persönliche Schuldner im Konkurs, gehört aber das Grundstück nicht zur Konkursmasse, so kann die Betreibung auf Pfandverwertung gegen den Gemeinschuldner und den Dritteigentümer auch während des Konkursverfahrens durchgeführt werden.

² Wird der Nachlass des Schuldners konkursamtlich liquidiert (Art. 193 SchKG), oder ist eine juristische Person infolge Konkurses untergegangen, so ist die Betreibung auf Pfandverwertung ausschliesslich gegen den dritten Pfandeigentümer zu richten.[140]

³ Diese Bestimmungen sind auch dann anwendbar, wenn das Pfandgrundstück im Mit- oder Gesamteigentum des Schuldners und eines Dritten steht.[141]

D. Fakultative Verfügungsbeschränkung

Art. 90 ¹ Auf Verlangen des betreibenden Pfandgläubigers hat das Betreibungsamt eine Verfügungsbeschränkung nach Artikel 960 ZGB[142] zur Vormerkung im Grundbuch anzumelden (vgl. Art. 15 Abs. 1 Bst. *a* und 23*a* Bst. *a* hiervor), wenn entweder:[143]
1. ein Rechtsvorschlag gegen den Zahlungsbefehl nicht (oder nicht in rechtsgültiger Form oder Frist) eingereicht oder
2. der gültig erhobene Rechtsvorschlag durch Urteil im Rechtsöffnungs- oder im ordentlichen Prozessverfahren oder durch Rückzug rechtskräftig beseitigt worden ist.

---

137 SR 210
138 Fassung von Satz 2 gemäss Ziff. I der V des BGer vom 4. Dez. 1975, in Kraft seit 1. April 1976 (AS 1976 164).
139 Eingefügt durch Ziff. I der V des BGer vom 4. Dez. 1975, in Kraft seit 1. April 1976 (AS 1976 164).
140 Fassung gemäss Ziff. I der V des BGer vom 5. Juni 1996, in Kraft seit 1. Jan. 1997 (AS 1996 2900).
141 Eingefügt durch Ziff. I der V des BGer vom 4. Dez. 1975, in Kraft seit 1. April 1976 (AS 1976 164).
142 SR 210
143 Fassung gemäss Ziff. I der V des BGer vom 4. Dez. 1975, in Kraft seit 1. April 1976 (AS 1976 164).

² Diese Vorschrift ist dem betreibenden Gläubiger mit der Zustellung des Doppels des Zahlungsbefehls zur Kenntnis zu bringen.

E. Miet- und Pachtzinse
I. Zinsensperre

Art. 91[144] ¹ Verlangt der betreibende Pfandgläubiger die Ausdehnung der Pfandhaft auf die Miet- und Pachtzinsforderungen (Art. 806 ZGB[145]), so stellt das Betreibungsamt sofort nach Empfang des Betreibungsbegehrens fest, ob und welche Miet- oder Pachtverträge auf dem Grundstück bestehen, und weist die Mieter oder Pächter unter Hinweis auf die Gefahr der Doppelzahlung unverzüglich an, die von nun an fällig werdenden Miet- und Pachtzinse an das Betreibungsamt zu bezahlen.

² Die Anzeige ist auch während der Betreibungsferien sowie während eines dem Schuldner oder dem Pfandeigentümer gewährten Rechtsstillstandes zu erlassen, sofern der Zahlungsbefehl schon vor Beginn der Ferien oder des Rechtsstillstandes erlassen worden ist. Sie kann unterbleiben, wenn das Grundstück schon gepfändet ist (Art. 15 Abs. 1 Bst. b hiervor), und ist nicht zu wiederholen, wenn ein neues Betreibungsbegehren auf Pfandverwertung gestellt oder das Grundstück gepfändet wird.

II. Anzeige an den Pfandeigentümer

Art. 92[146] ¹ Gleichzeitig mit dem Erlass der Anzeigen an die Mieter (Pächter) ist dem Pfandeigentümer anzuzeigen, dass die von nun an fällig werdenden Miet- und Pachtzinse infolge der gegen ihn angehobenen Betreibung auf Grundpfandverwertung durch das Betreibungsamt eingezogen werden und dass ihm daher bei Straffolge (Art. 292 des Strafgesetzbuches; StGB[147]) nicht mehr gestattet sei, Zahlungen für diese Zinsforderungen entgegenzunehmen oder Rechtsgeschäfte über sie abzuschliessen.[148]

² Dieser Anzeige ist beizufügen, dass der Pfandeigentümer, welcher die Einrede erheben will, dass sich das Pfandrecht nicht auch auf die Miet- (Pacht-) zinse oder dass es sich nur auf einen Teil davon erstrecke, dies dem Betreibungsamt binnen zehn Tagen seit Empfang der Anzeige, unter Angabe der Gründe und allfällig der bestrittenen Teilbeträge, zu erklären hat.

III. Rechtsvorschlag

Art. 93[149] ¹ Ist gegen den Zahlungsbefehl Rechtsvorschlag erhoben worden, so fordert das Betreibungsamt den Gläubiger auf, innerhalb von zehn Tagen entweder direkt Klage auf Anerkennung der Forde-

---

144 Fassung gemäss Ziff. I der V des BGer vom 5. Juni 1996, in Kraft seit 1. Jan. 1997 (AS 1996 2900).
145 SR 210
146 Fassung gemäss V des BGer vom 19. Dez. 1923, in Kraft seit 3. März 1924 (AS 40 25).
147 SR 311.0
148 Fassung gemäss Ziff. I der V des BGer vom 5. Juni 1996, in Kraft seit 1. Jan. 1997 (AS 1996 2900).
149 Fassung gemäss V des BGer vom 19. Dez. 1923, in Kraft seit 3. März 1924 (AS 40 25).

rung und Feststellung des Pfandrechts anzuheben oder ein Rechtsöffnungsbegehren zu stellen und, wenn dieses abgewiesen werden sollte, innerhalb von zehn Tagen seit rechtskräftiger Abweisung den ordentlichen Prozess auf Feststellung der Forderung und des Pfandrechts einzuleiten.[150]

² Hat der Pfandeigentümer die Einrede erhoben, dass sich das Pfandrecht nicht auch auf die Miet- (Pacht-) zinse oder dass es sich nur auf einen Teil davon erstrecke, so fordert das Betreibungsamt den Gläubiger auf, innerhalb zehn Tagen Klage auf Feststellung des bestrittenen Pfandrechts an den Miet- (Pacht-) zinsen anzuheben.

³ Die Aufforderung erfolgt mit der Androhung, dass, wenn diese Fristen nicht eingehalten werden, die an die Mieter (Pächter) erlassenen Anzeigen widerrufen oder bei bloss teilweiser Bestreitung der Miet- (Pacht-) zinssperre entsprechend eingeschränkt, und dass allfällig bereits bezahlte Miet- (Pacht-) zinsbeträge, bei bloss teilweiser Bestreitung der Zinsensperre die bestrittenen Teilbeträge, dem Vermieter (Verpächter) aushingegeben werden.

⁴ Werden die Fristen eingehalten, so bleibt die Miet- (Pacht-) zinssperre in vollem Umfange oder allfällig nur für den von der Klage festgehaltenen Teilbetrag aufrecht.

IV. Pflichten des Amtes während der Zinsensperre

Art. 94 ¹ Das Betreibungsamt hat nach Erlass der Anzeigen an die Mieter und Pächter nach Artikel 91 hiervor alle zur Sicherung und zum Einzug der Miet- und Pachtzinse erforderlichen Massnahmen an Stelle des Schuldners oder Pfandeigentümers zu treffen, wie Einforderung auf dem Betreibungswege, Geltendmachung des Retentionsrechts, Kündigung in Mieter, Ausweisung von Mietern, Neuvermietungen. Es ist berechtigt, dringliche Reparaturen anzuordnen und aus den eingegangenen Miet- und Pachtzinsen die laufenden Abgaben für Gas, Wasser, Elektrizität u.dgl., die Kosten für Reparaturen sowie Unterhaltsbeiträge nach Artikel 103 Absatz 2 SchKG zu bezahlen.

² Das Betreibungsamt kann diese Massnahmen auf seine Verantwortung auch einem Dritten übertragen.

V. Verwendung der Zinse
1. Abschlagszahlungen an Gläubiger

Art. 95 ¹ An nicht betreibende Grundpfandgläubiger dürfen aus den eingegangenen Miet- und Pachtzinsen für fällig werdende Zinsforderungen keine Zahlungen geleistet werden, dagegen können an den betreibenden Gläubiger, der sich darüber ausweist, dass seine Forderung anerkannt oder rechtskräftig festgestellt ist, auch vor der Stellung des Verwertungsbegehrens Abschlagszahlungen geleistet werden.

---

150 Fassung gemäss Ziff. I der V des BGer vom 5. Juni 1996, in Kraft seit 1. Jan. 1997 (AS 1996 2900).

² Sind mehrere solche Betreibungen von Grundpfandgläubigern auf Verwertung des nämlichen Grundstückes hängig, so können Abschlagszahlungen an sie vorgenommen werden, wenn und soweit sämtliche betreibende Grundpfandgläubiger mit der Verteilung einverstanden sind oder, sofern einer Widerspruch erhebt, wenn vorher durch Aufstellung eines Kollokationsplanes gemäss Artikel 157 Absatz 3 SchKG Rang und Bestand der Pfandforderung festgestellt wurde. Der Verteilung vorgängig ist eine Verteilungsliste aufzulegen.[151]

2. Konkurs des Schuldners

Art. 96 Wird über den Schuldner, der zugleich Eigentümer des Grundpfandes ist, der Konkurs eröffnet, bevor das Grundstück verwertet ist, so fallen die vor der Eröffnung des Konkurses fällig gewordenen und noch nicht verteilten Miet- und Pachtzinse in die Konkursmasse, unter Vorbehalt des den betreibenden Grundpfandgläubigern nach Artikel 806 Absatz 1 ZGB[152] zustehenden Vorzugsrechts (Art. 198 SchKG).

II. Verwertung

A. Vorverfahren
I. Obligatorische Verfügungsbeschränkung

Art. 97 ¹ Nachdem das Verwertungsbegehren gestellt ist, hat der Betreibungsbeamte von Amtes wegen eine Verfügungsbeschränkung nach Artikel 960 ZGB[153] zur Vormerkung im Grundbuch anzumelden (vgl. Art. 15 Abs. 1 Bst. *a* und 23*a* Bst. *a* hiervor).[154]

² Ist eine solche Vormerkung im Grundbuch bereits enthalten, so ist eine nochmalige Anmeldung nicht notwendig.

II. Berechnung der Verwertungsfristen

Art. 98 ¹ Für die Berechnung der Verwertungsfristen des Artikels 154 SchKG ist, wenn das verpfändete Grundstück einem Dritten gehört oder als Familienwohnung dient, das Datum der letzten Zustellung des Zahlungsbefehls, sei es an den Schuldner, an den Dritteigentümer oder an den Ehegatten des Schuldners oder des Dritten, massgebend.[155]

² Bei der Berechnung der Frist, während welcher die Verwertung verlangt werden kann, fallen, ist Rechtsvorschlag erhoben worden, die Zeit zwischen der Einleitung und Erledigung eines dadurch veranlassten gerichtlichen Verfahrens sowie die Dauer eines dem Dritt-

---

151 Fassung gemäss Ziff. I der V des BGer vom 5. Juni 1996, in Kraft seit 1. Jan. 1997 (AS 1996 2900).
152 SR 210
153 SR 210
154 Fassung gemäss Ziff. I der V des BGer vom 4. Dez. 1975, in Kraft seit 1. April 1976 (AS 1976 164).
155 Fassung gemäss Ziff. I der V des BGer vom 5. Juni 1996, in Kraft seit 1. Jan. 1997 (AS 1996 2900).

eigentümer zukommenden Rechtsstillstandes oder einer Nachlassstundung (Art. 297 SchKG) oder eines über dessen Nachlass eröffneten Inventars (Art. 586 ZGB[156]) nicht in Betracht.[157]

³ Während der Zeiten, die nach Absatz 2 hiervor bei der Berechnung der Fristen des Artikels 154 SchKG ausser Betracht fallen, kann auch die Verwertung nicht stattfinden.[158]

III. Grundbuchauszug und Schätzung

Art. 99[159] ¹ Nach der Mitteilung des Verwertungsbegehrens an den Schuldner und gegebenenfalls den Dritteigentümer des Grundpfandes (Art. 155 Abs. 2 SchKG) fordert das Betreibungsamt einen Auszug aus dem Grundbuch über das zu versteigernde Grundstück ein (Art. 28 und 73 hiervor) und ordnet die Schätzung an (Art. 9 Abs. 1 und 23 hiervor).

² Das Ergebnis der Schätzung ist, wenn es nicht in die Steigerungspublikation nach Artikel 29 hiervor aufgenommen wird, dem Gläubiger, der die Verwertung verlangt, sowie dem Schuldner und einem allfälligen Dritteigentümer mit der Anzeige mitzuteilen, dass sie innerhalb der Beschwerdefrist bei der Aufsichtsbehörde eine neue Schätzung durch Sachverständige im Sinne des Artikels 9 Absatz 2 hiervor verlangen können.

IV. Wenn sich nachträglich ergibt, dass Pfand Dritteigentum oder Familieneigentum ist[160]

Art. 100 ¹ Ergibt sich erst nach der Stellung des Verwertungsbegehrens, dass das verpfändete Grundstück Eigentum eines Dritten ist oder als Familienwohnung dient, so ist diesem oder dem Ehegatten des Schuldners oder des Dritten nachträglich ein Zahlungsbefehl zuzustellen. Die Verwertung darf erst vorgenommen werden, wenn der letztere rechtskräftig und die sechsmonatige Frist seit dessen Zustellung abgelaufen ist.[161]

² Diese Vorschriften finden jedoch keine Anwendung, wenn im Zeitpunkt des Eigentumserwerbs durch den Dritten eine Verfügungsbeschränkung nach Artikel 90 oder 97 hiervor im Grundbuch vorgemerkt war.

³ Ergibt sich erst aus dem Grundbuchauszug, dass für die in Betreibung gesetzte Forderung mehrere Grundstücke verschiedener Eigentümer haften, und ist nicht gegen alle Betreibung angehoben, so ist der Gläubiger aufzufordern, binnen einer kurzen Frist den Kostenvorschuss für die nachträgliche Zustellung des Zahlungsbefehls zu leis-

---

156 SR 210
157 Fassung gemäss Ziff. I der V des BGer vom 5. Juni 1996, in Kraft seit 1. Jan. 1997 (AS 1996 2900).
158 Eingefügt durch Ziff. I der V des BGer vom 4. Dez. 1975, in Kraft seit 1. April 1976 (AS 1976 164).
159 Fassung gemäss Ziff. I der V des BGer vom 4. Dez. 1975, in Kraft seit 1. April 1976 (AS 1976 164).
160 Fassung gemäss Ziff. I der V des BGer vom 5. Juni 1996, in Kraft seit 1. Jan. 1997 (AS 1996 2900).
161 Fassung gemäss Ziff. I der V des BGer vom 5. Juni 1996, in Kraft seit 1. Jan. 1997 (AS 1996 2900).

ten, unter der Androhung, dass sonst die Betreibung als dahingefallen betrachtet werde.

B. Verwaltung

Art. 101 [1] Von der Stellung des Verwertungsbegehrens an hat das Betreibungsamt in gleicher Weise für die Verwaltung und Bewirtschaftung des Grundstückes zu sorgen wie im Pfändungsverfahren von der Pfändung an (Art. 155 Abs. 1, 102 Abs. 3 SchKG sowie Art. 16ff. und 23c hiervor), es sei denn, dass der betreibende Gläubiger ausdrücklich darauf verzichtet.[162]

[2] Gehört das Grundstück einem Dritten, so kann es vom Betreibungsamt erst in Verwaltung genommen werden, wenn ein allfälliger Rechtsvorschlag des Dritten beseitigt ist.

C. Verwertung
I. Im allgemeinen

Art. 102[163] Auf die Vorbereitung und Durchführung der Verwertung sind die Artikel 13, 28 Absatz 2, 29–42, 43 Absatz 1, 44–53, 54 Absatz 2, 56–70 und 72, im Falle der Verwertung eines Miteigentumsanteils die Artikel 73–73i sowie 74–78 hiervor entsprechend anwendbar; ausserdem gelten dafür die nachstehenden besonderen Vorschriften.

II. Besondere Bestimmungen
1. Bei Dritteigentum

Art. 103[164] Gehört das Grundstück einem Dritten, so ist in der Bekanntmachung der Steigerung (Art. 29 Abs. 2 hiervor) auch dessen Name und Wohnort anzugeben und sind ein Exemplar dieser Bekanntmachung (Art. 30 hiervor) sowie das Lastenverzeichnis (Art. 34 hiervor) auch ihm zuzustellen.

2. Doppelaufruf

Art. 104 [1] Haften auf dem Grundstück Dienstbarkeiten, Grundlasten oder im Grundbuch nach Artikel 959 ZGB[165] vorgemerkte persönliche Rechte (Vorkaufs-, Kaufs-, Rückkaufsrechte, Miet- (Pacht-)rechte usw.), so zeigt das Betreibungsamt den Grundpfandgläubigern gleichzeitig mit der Zustellung des Lastenverzeichnisses an, dass die Inhaber derjenigen Pfandrechte, die diesen Lasten im Range vorgehen, binnen zehn Tagen beim Betreibungsamt schriftlich den doppelten Aufruf nach Artikel 142 SchKG verlangen können, sofern der Vorrang des Pfandrechts sich aus dem Lastenverzeichnis ergibt und nicht mit Erfolg bestritten wird.[166]

---

162 Fassung gemäss Ziff. I der V des BGer vom 4. Dez. 1975, in Kraft seit 1. April 1976 (AS 1976 164).
163 Fassung gemäss Ziff. I der V des BGer vom 5. Juni 1996, in Kraft seit 1. Jan. 1997 (AS 1996 2900).
164 Fassung gemäss Ziff. I der V des BGer vom 4. Dez. 1975, in Kraft seit 1. April 1976 (AS 1976 164).
165 SR 210
166 Fassung gemäss Ziff. I der V des BGer vom 4. Dez. 1975, in Kraft seit 1. April 1976 (AS 1976 164).

² Ist ein Miteigentumsanteil zu verwerten, so ist Artikel 142 SchKG hinsichtlich der den Anteil und der das Grundstück als ganzes belastenden Rechte im Sinne von Absatz 1 anwendbar.[167]

3. Betreibender Gläubiger nach Art. 142a (126) SchKG[168]

Art. 105 ¹ Als betreibender Gläubiger nach Artikel 142*a* in Verbindung mit Artikel 126 SchKG gilt derjenige Gläubiger, auf dessen Begehren die Steigerung angeordnet wurde, und unter mehreren derjenige, der den andern pfandrechtlich vorgeht.[169]

² Steht der Pfandgläubiger, auf dessen Begehren die Verwertung angeordnet wurde, im gleichen Rang mit anderen Pfandgläubigern, so gelten diese als mitbetreibend, auch wenn sie die Verwertung nicht verlangt haben.

4. Bauhandwerkerpfandrecht

Art. 106[170] Der Zuschlagspreis berechnet sich auch dann nach Artikel 142*a* in Verbindung mit Artikel 126 SchKG sowie den Artikeln 53 Absatz 1 und 105 hiervor, wenn Pfandforderungen zugunsten von Handwerkern und Unternehmern nach den Artikeln 839 ff. ZGB[171] bestehen. Für alle diese Forderungen ist jedoch in den Steigerungsbedingungen für den Fall, dass sie nicht vollständig gedeckt werden, Barzahlung zu verlangen (Art. 840 ZGB).

4. a. Verwertung eines im Miteigentum stehenden, als ganzes verpfändeten Grundstücks

Art. 106a[172] ¹ Muss infolge Grundpfandbetreibung eines Gläubigers, dem ein im Miteigentum stehendes Grundstück als ganzes verpfändet ist, die Verwertung angeordnet werden, so ist das Grundstück als ganzes zu versteigern.

² In die Lastenbereinigung sind auch die Belastungen der einzelnen Miteigentumsanteile einzubeziehen.

³ Der Steigerungserlös dient in erster Linie zur Deckung der das Grundstück als ganzes belastenden Pfandforderungen. Ein allfälliger Überschuss entfällt auf die einzelnen Miteigentumsanteile im Verhältnis ihrer Bruchteilsquoten (Art. 646 ZGB[173]), bei Stockwerkeigentum im Verhältnis der nach Artikel 9 und 23 hiervor festzustellenden Schätzungswerte.

⁴ Für den Teil des Steigerungspreises, der den Gläubigern der die Anteile belastenden Pfandforderungen zukommt, ist in den Steigerungsbedingungen Barzahlung zu verlangen.

---

167 Fassung gemäss Ziff. I der V des BGer vom 5. Juni 1996, in Kraft seit 1. Jan. 1997 (AS 1996 2900).
168 Fassung gemäss Ziff. I der V des BGer vom 5. Juni 1996, in Kraft seit 1. Jan. 1997 (AS 1996 2900).
169 Fassung gemäss Ziff. I der V des BGer vom 5. Juni 1996, in Kraft seit 1. Jan. 1997 (AS 1996 2900).
170 Fassung gemäss Ziff. I der V des BGer vom 5. Juni 1996, in Kraft seit 1. Jan. 1997 (AS 1996 2900).
171 SR 210
172 Eingefügt durch Ziff. I der V des BGer vom 4. Dez. 1975, in Kraft seit 1. April 1976 (AS 1976 164 2420).
173 SR 210

⁵ Die Verteilungsliste (Art. 112 hiernach) hat auch die Verteilung eines allfälligen Überschusses des Erlöses über die das ganze Grundstück belastenden Pfandforderungen zu regeln.[174]

5. Haftung mehrerer Grundstücke

Art. 107 ¹ Haften für die in Betreibung gesetzte Forderung mehrere Grundstücke, die dem gleichen Eigentümer gehören, so sind nur so viele Stücke zu verwerten, als zur Deckung der Forderung des betreibenden Pfandgläubigers sowie allfälliger dem letzteren im Range vorgehender Pfandforderungen erforderlich ist (Art. 119 Abs. 2 SchKG). Dabei sind in erster Linie diejenigen Grundstücke zu verwerten, auf welchen dem betreibenden Gläubiger keine Grundpfandgläubiger im Range nachgehen.

² Gehören die gemeinsam verpfändeten Grundstücke verschiedenen Eigentümern, so sind zuerst die dem Schuldner gehörenden Grundstücke zu verwerten. Die Grundstücke Dritter dürfen erst verwertet werden, wenn jene keine Deckung bieten. In diesem Falle müssen alle Grundstücke an der gleichen Steigerung verwertet werden (Art. 816 Abs. 3 ZGB[175]).

³ Die Reihenfolge der zu versteigernden Grundstücke ist in den Steigerungsbedingungen anzugeben (Art. 45 Abs. 1 Buchst. *b* hiervor).

6. Getrennt verpfändete Grundstücke

Art. 108 ¹ Getrennt verpfändete Grundstücke dürfen nur dann gesamthaft oder gruppenweise versteigert werden, wenn sie eine wirtschaftliche Einheit bilden, die sich ohne starke Wertverminderung nicht auflösen lässt.[176]

¹ᵇⁱˢ Dem Gesamt- oder Gruppenruf muss stets ein Einzelruf vorausgehen. Die Meistbietenden beim Einzelruf bleiben an ihre Angebote gebunden, bis der Gesamt- oder Gruppenruf erfolgt ist. Der Zuschlag wird je nachdem, ob der Einzelruf oder der Gesamt- oder Gruppenruf den höheren Gesamtpreis ergibt, den Meistbietenden beim Einzelruf oder dem bzw. den Meistbietenden beim Gesamt- oder Gruppenruf erteilt.[177]

² Dieses Verfahren ist, wenn immer möglich, in den Steigerungsbedingungen vorzusehen, jedenfalls aber bei Beginn der Steigerung den Teilnehmern bekanntzugeben.

³ In den Steigerungsbedingungen ist ferner darauf hinzuweisen, dass der bei der gesamthaften Verwertung jedem einzelnen Grundstück zukommende Anteil am Erlös wenigstens so hoch sein muss wie das

---

174 Fassung gemäss Ziff. I der V des BGer vom 5. Juni 1996, in Kraft seit 1. Jan. 1997 (AS 1996 2900).
175 SR 210
176 Fassung gemäss Ziff. I der V des BGer vom 4. Dez. 1975, in Kraft seit 1. April 1976 (AS 1976 164).
177 Eingefügt durch Ziff. I der V des BGer vom 4. Dez. 1975, in Kraft seit 1. April 1976 (AS 1976 164).

höchste Angebot, welches für das betreffende Grundstück bei der Einzelversteigerung gemacht worden ist.[178]

7. Gleichzeitige Pfändung des Unterpfandes

Art. 109 Wenn das infolge einer Grundpfandbetreibung verwertete Grundstück zugleich gepfändet war, so ist von der Verwertung in den einschlägigen Pfändungsurkunden mit der Nummer der Pfandverwertungsbetreibung Vormerk zu nehmen.

8. Anmeldung im Grundbuch

Art. 110 [1] Das Betreibungsamt hat gleichzeitig mit den in Artikel 68 hiervor vorgeschriebenen Anmeldungen beim Grundbuchamt die nach den Artikeln 90 und 97 hiervor vorgemerkte Verfügungsbeschränkung zur Löschung anzumelden.

[2] Die Urkunden über die ganz oder teilweise zu Verlust gekommenen Pfandrechte sind, wenn es sich um Schuldbriefe oder Gülten handelt, dem Grundbuchamt zur Abschreibung oder Entkräftung einzureichen, diejenigen über Grundpfandverschreibungen dürfen dem Gläubiger nur ausgehingegeben werden, nachdem das Betreibungsamt darin den Untergang des Pfandrechts angemerkt hat.

9. Ergebnislosigkeit der Verwertung

Art. 111 [1] War die Betreibung ergebnislos (Art. 158 SchKG und Art. 71 hiervor), so hat das Betreibungsamt das Pfandrecht für die in Betreibung gesetzte Forderung (Kapital, Rate oder Annuität) sowie die nach den Artikeln 90 und 97 hiervor vorgemerkte Verfügungsbeschränkung zur Löschung anzumelden. Die an Mieter und Pächter erlassenen Anzeigen (Art. 91 hiervor) sind unverzüglich zu widerrufen.

[2] Der Reinerlös der Früchte und sonstigen Erträgnisse des Grundstückes ist den betreibenden Pfandgläubigern zuzuweisen.

III. Verteilung

A. Verteilungsliste

Art. 112[179] [1] Nach Eingang des vollständigen Erlöses der Versteigerung stellt das Betreibungsamt gestützt auf das Ergebnis des Lastenbereinigungsverfahrens die Verteilungsliste auf. Eine nochmalige gerichtliche Anfechtung der darin festgestellten Forderungen ist weder hinsichtlich des Forderungsbetrages noch des Ranges möglich.

[2] Die Verteilungsliste ist gleichzeitig mit der Kostenrechnung (Art. 20 hiervor) und der Abrechnung über die eingegangenen Erträgnisse während zehn Tagen zur Einsicht der Gläubiger aufzulegen. Jedem nicht voll gedeckten Gläubiger und dem Schuldner ist hiervon schrift-

---

178 Eingefügt durch Ziff. I der V des BGer vom 5. Juni 1996, in Kraft seit 1. Jan. 1997 (AS 1996 2900).
179 Fassung gemäss Ziff. I der V des BGer vom 5. Juni 1996, in Kraft seit 1. Jan. 1997 (AS 1996 2900).

B. Konkurrenz zwischen Pfändungs- und Pfandgläubigern

Art. 113 [1] War das infolge einer Pfandverwertungsbetreibung verwertete Grundstück zugleich gepfändet, so sind in der Verteilungliste (Art. 157 Abs. 3 SchKG) nur die Pfandgläubiger, nicht auch die bei der Pfändung beteiligten Gläubiger zu berücksichtigen, und ein allfälliger Überschuss nach Deckung der Verwaltungs-, Verwertungs- und Verteilungskosten (Art. 157 Abs. 1 SchKG) und des betreibenden Pfandgläubigers sowie allfälliger nachgehender Pfandgläubiger ist für die Pfändungsgläubiger zurückzubehalten und bei Erledigung der Pfändungsbetreibung in die Verteilung einzubeziehen.[180]

[2] Solange die Pfandgläubiger nicht vollständig gedeckt sind, darf, soweit die Pfändungsgläubiger diesen im Rang nicht vorgehen, der Erlös des verpfändeten Grundstückes weder für die Kosten der Pfändungsbetreibung noch für die Forderungen der Pfändungsgläubiger in Anspruch genommen werden.[181]

[3] Bei der späteren Verteilung in der betreffenden Pfändung (Art. 144ff. SchKG) sind die Pfandgläubiger nicht in den Kollokationsplan aufzunehmen.

C. Miet- und Pachtzinse

Art. 114 [1] Der Reinerlös der seit der Stellung eines Begehrens auf Grundpfandbetreibung bis zur Verwertung des Grundstückes eingegangenen Miet- und Pachtzinse ist dem betreibenden Grundpfandgläubiger für seine Forderung zuzuweisen ohne Rücksicht darauf, ob der Erlös des Grundstückes ihm genügende Deckung bieten würde.

[2] Haben mehrere Grundpfandgläubiger zu verschiedenen Zeiten das Betreibungsbegehren gestellt, so hat für die nach Stellung seines Begehrens fällig werdenden Miet- und Pachtzinse derjenige das Vorrecht, der den bessern Rang hat.

[3] Der Reinerlös der natürlichen Früchte, die nach Stellung des Verwertungsbegehrens bezogen wurden, sowie der Erlös einer allfälligen Ausfallforderung (Art. 72 hiervor) sind zum Grundstückserlös hinzuzurechnen und zur Befriedigung sämtlicher Pfandgläubiger nach ihrer Rangordnung zu verwenden.

D. Zugehör

Art. 115 [1] Der Erlös für Zugehörgegenstände, die nur einzelnen Grundpfandgläubigern verpfändet waren, ist ausschliesslich diesen Gläubigern nach ihrer Rangordnung zuzuteilen in der Weise, dass jeder dieser Gläubiger für seine Forderung zuerst auf den Erlös des Grundstückes und erst, soweit er daraus nicht befriedigt wird, auf

---

180 Fassung gemäss Ziff. I der V des BGer vom 5. Juni 1996, in Kraft seit 1. Jan. 1997 (AS 1996 2900).
181 Fassung gemäss Ziff. I der V des BGer vom 5. Juni 1996, in Kraft seit 1. Jan. 1997 (AS 1996 2900).

denjenigen der Zugehörgegenstände angewiesen wird. Ein allfälliger Überschuss dieses Erlöses fällt, wenn keine Pfändungen bestehen, dem Pfandeigentümer zu.

² Die Verteilung des Erlöses auf Grundstück und Zugehör erfolgt, wenn letztere nicht gesondert verwertet worden ist (Art. 27 hiervor), nach dem Verhältnis ihrer rechtskräftig festgestellten Schätzung.

E. Dienstbarkeits- und Grundlastberechtigte, deren Recht gelöscht worden ist

Art. 116 ¹ Muss eine den Grundpfandrechten nachgehende Last nach dem Ergebnis eines doppelten Aufrufes des Grundstückes gelöscht werden (Art. 56 hiervor) und bleibt nach Deckung des vorgehenden Grundpfandgläubigers ein nach Artikel 812 Absatz 3 ZGB[182] zu verwendender Überschuss, so hat das Betreibungsamt den Berechtigten aufzufordern, ihm binnen zehn Tagen den Wert der Belastung anzugeben, den er dieser beilegt. Kommt der Berechtigte der Aufforderung nicht nach, so wird angenommen, er verzichte auf den ihm zustehenden Entschädigungsanspruch.

² Die Angabe des Wertes der Belastung ist in die Verteilungsliste aufzunehmen. Die Vorschriften der Artikel 147 und 148 SchKG finden in bezug auf diese Forderung entsprechende Anwendung.[183]

F. Bestreitung durch Bauhandwerker

Art. 117 ¹ Kommen bei der Verteilung Pfandforderungen von Bauhandwerkern oder Unternehmern (Art. 837 Abs. 1 Ziff. 3 ZGB[184]) zu Verlust, so setzt das Betreibungsamt den letztern eine Frist von zehn Tagen an, um beim Gericht des Betreibungsortes einen allfälligen Anspruch auf Deckung aus dem den vorgehenden Pfandgläubigern zufallenden Verwertungsanteil (Art. 841 Abs. 1 ZGB[185]) einzuklagen.

² Wird der Prozess innerhalb dieser Frist anhängig gemacht, so bleibt die Verteilung hinsichtlich des streitigen Anteils bis zu gütlicher oder rechtlicher Erledigung des Prozesses aufgeschoben. Wenn und soweit die Klage gutgeheissen wird, hat das Betreibungsamt den Baupfandgläubiger die ihnen auf Grund des Urteils zukommenden Betreffnisse aus dem Verwertungsanteil des vorgehenden unterlegenen Pfandgläubigers zuzuweisen.

³ Ist bei der Steigerung das Pfandrecht des vorgehenden Pfandgläubigers dem Ersteigerer überbunden worden, so wird der obsiegende Baupfandgläubiger bis zur Höhe seines Anspruchs auf Deckung aus dem vorgehenden Pfandrecht gemäss dem ergangenen Urteil in jenes eingewiesen. Zu diesem Zwecke hat das Betreibungsamt die notwen-

---

182 SR 210
183 Fassung gemäss Ziff. I der V des BGer vom 5. Juni 1996, in Kraft seit 1. Jan. 1997 (AS 1996 2900).
184 SR 210
185 SR 210

digen Eintragungen im Grundbuch und in den Pfandtiteln von Amtes wegen zu veranlassen.

[4] Wird der Prozess nicht innert der angesetzten Frist anhängig gemacht, so schreitet das Betreibungsamt ohne Rücksicht auf die Ansprüche der zu Verlust gekommenen Bauhandwerker zur Verteilung.

G. Bei gesamthafter Verwertung getrennt verpfändeter Grundstücke

Art. 118 Sind getrennt verpfändete Grundstücke nach Artikel 108 hiervor gesamthaft versteigert worden, so ist der im Gesamtruf erzielte Erlös auf die einzelnen Grundstücke nach dem Verhältnis der Schätzung der Einzelgrundstücke, die im Lastenbereinigungsverfahren vorgenommen wurde, zu verlegen.

H. Bei Verwertung solidarisch verpfändeter Grundstücke

Art. 119 Werden mehrere verpfändete Grundstücke verschiedener solidarisch haftender Eigentümer nicht vom gleichen Ersteigerer erworben, so ist bei der Verteilung nach folgenden Grundsätzen zu verfahren:

Diejenigen Grundpfandforderungen, denen keine nur auf einzelnen Grundstücken haftende Pfandforderungen im Range vorgehen, sind auf die einzelnen Grundstücke nach dem durch die Steigerung ausgewiesenen Wertverhältnis derselben zu verlegen.

Gehen dagegen der Gesamtpfandforderung Einzelpfandforderungen im Range vor, so erfolgt die Verlegung der Gesamtpfandforderung auf die einzelnen Grundstücke nach dem Verhältnis der vom Steigerungserlös der einzelnen Grundstücke nach Deckung der Einzelpfandforderungen noch vorhandenen Restbeträge.

Der in Betreibung gesetzten Forderung vorgehende Gesamtpfandforderungen sind bar zu bezahlen, auch wenn sie nicht fällig sind.

J. Pfandausfallschein
I. Im allgemeinen

Art. 120[186] Konnte das Pfand wegen ungenügenden Angebotes nicht verwertet werden, oder deckt der Erlös die Forderung des betreibenden Pfandgläubigers nicht, so ist diesem ein Pfandausfallschein gemäss Artikel 158 SchKG auszustellen. Den übrigen Pfandgläubigern wird lediglich eine Bescheinigung des Inhaltes ausgestellt, dass ihre Forderungen ungedeckt geblieben sind.

II. In nach Bestätigung des Nachlassvertrages durchgeführter Verwertung

Art. 121[187] Ist für eine vor der Bestätigung eines Nachlassvertrages entstandene Pfandforderung gestützt auf eine nach diesem Zeitpunkt vorgenommene Pfandverwertung dem Gläubiger ein Pfandausfallschein zugestellt worden, so findet Artikel 158 Absatz 2 SchKG keine Anwendung. Eine Betreibung für die ungedeckt gebliebene Forderung ist demnach auch binnen Monatsfrist nur mit Zustellung eines

---

186 Fassung gemäss Ziff. I der V des BGer vom 5. Juni 1996, in Kraft seit 1. Jan. 1997 (AS 1996 2900).
187 Fassung gemäss Ziff. I der V des BGer vom 5. Juni 1996, in Kraft seit 1. Jan. 1997 (AS 1996 2900).

neuen Zahlungsbefehls zulässig, es sei denn, dass der Schuldner gegen die ohne vorangegangenes Einleitungsverfahren fortgeführte Betreibung binnen zehn Tagen seit der Vornahme der Pfändung oder der Zustellung der Konkursandrohung keine Beschwerde erhoben hat.

C. Verwertung im Konkursverfahren

A. Verhältnis zur Verordnung über die Geschäftsführung der Konkursämter

Art. 122 Für die Verwertung von Grundstücken im Konkursverfahren gelten die Vorschriften der Verordnung vom 13. Juli 1911[188] über die Geschäftsführung der Konkursämter (KOV), mit den aus den nachstehenden Bestimmungen sich ergebenden Ergänzungen und Änderungen.

B. Besondere Vorschriften.

I. Anmeldung der Dienstbarkeiten

Art. 123 [1] Im Anschluss an die Konkurspublikation (Art. 232 SchKG) sind die Inhaber von Dienstbarkeiten, die unter dem früheren kantonalen Recht ohne Eintragung entstanden und noch nicht im Grundbuch eingetragen sind, ausdrücklich aufzufordern, diese Rechte innert einem Monat beim Konkursamt unter Einlegung allfälliger Beweismittel anzumelden.[189]

[2] Die Aufforderung erfolgt mit genauer Bezeichnung des Gemeinschuldners und des zu verwertenden Grundstückes und mit der in Artikel 29 Absatz 3 hiervor bestimmten Androhung.

[3] ...[190]

II. Anzeige an Mieter und Pächter

Art. 124 Sofort nach Empfang des Konkurserkenntnisses hat das Konkursamt an die allfälligen Mieter und Pächter eines im Eigentum des Gemeinschuldners stehenden Grundstückes von der Konkurseröffnung schriftliche Anzeige zu machen und sie aufzufordern, die von nun an fällig werdenden Miet- und Pachtzinse unter Hinweis auf die Gefahr der Doppelzahlung an das Konkursamt zu bezahlen.

III. Lastenbereinigung

Art. 125 [1] Zur Feststellung der auf dem Grundstücke haftenden beschränkten dinglichen Rechte (Pfandrechte, Dienstbarkeiten, Grundlasten, Vorkaufs-, Kaufs-, Rückkaufs-, Miet- und Pachtrechte usw.) gemäss Artikel 58 Absatz 2 KOV[191] über die Geschäftsführung der Konkursämter ist ein besonderes Verzeichnis sämtlicher auf den einzelnen Grundstücken haftender Forderungen sowie aller andern bei der Steigerung dem Erwerber zu überbindenden dinglichen

---

188 SR 281.32
189 Fassung gemäss Ziff. I der V des BGer vom 5. Juni 1996, in Kraft seit 1. Jan. 1997 (AS 1996 2900).
190 Aufgehoben durch Ziff. I der V des BGer vom 5. Juni 1996 (AS 1996 2900).
191 SR 281.32

Belastungen, soweit sie nicht von Gesetzes wegen bestehen und übergehen, anzufertigen, welches auch die genaue Bezeichnung der Gegenstände (Grundstücke und Zugehör), auf die sich die einzelnen Lasten beziehen, enthalten muss.

² Diese Lastenverzeichnisse bilden einen Bestandteil des Kollokationsplanes. Anstelle der Aufführung der grundpfandgesicherten Forderungen ist im Kollokationsplan auf die bestehenden besonderen Verzeichnisse zu verweisen.[192]

IV. Faustpfandforderungen, für welche Eigentümertitel haften

Art. 126[193] ¹ Forderungen, für welche Eigentümerpfandtitel als Faustpfänder haften, sind als faustpfandgesichert zu kollozieren, während die verpfändeten Pfandtitel mit dem Betrag der zugelassenen Faustpfandforderung unter die grundpfandgesicherten Forderungen aufzunehmen sind, unter Verweisung auf die Faustpfandkollokation.

² Ist eine faustpfandgesicherte Forderung kleiner als der verpfändete Grundpfandtitel, so ist der Mehrbetrag nicht als Grundpfand zu kollozieren.

V. Legitimation zur Anfechtung der Lastenverzeichnisse

Art. 127 ¹ Die Kurrentgläubiger sind zur Anfechtung der Lastenverzeichnisse über die Grundstücke (Art. 125 hiervor) nicht berechtigt, soweit es sich nur um die Frage des Vorranges eines Pfandgläubigers vor dem andern handelt, und sie können sich auch nicht einer solchen von einem Pfandgläubiger gegen einen andern angestrengten Kollokationsklage anschliessen.

² Will ein Pfandgläubiger nur den Rang eines andern bestreiten, so hat er nur gegen diesen und nicht auch gleichzeitig gegen die Masse zu klagen.

VI. Zeitpunkt der Verwertung

Art. 128 ¹ Wenn nach den Einträgen im Grundbuch oder dem Ergebnis des öffentlichen Aufrufes (Art. 123 hiervor) Pfandrechte oder andere beschränkte dingliche Rechte an dem Grundstück geltend gemacht werden, so darf die Verwertung (Versteigerung oder Verkauf aus freier Hand), selbst im Falle der Dringlichkeit, erst stattfinden, nachdem das Kollokationsverfahren über diese Rechte durchgeführt und allfällige Kollokationsprozesse rechtskräftig erledigt sind.[194]

² Ausnahmsweise können die Aufsichtsbehörden die Versteigerung schon vorher bewilligen, wenn keine berechtigten Interessen verletzt werden. In diesem Falle ist in den Steigerungsbedingungen auf einen

---

192 Fassung gemäss Ziff. I der V des BGer vom 5. Juni 1996, in Kraft seit 1. Jan. 1997 (AS 1996 2900).
193 Fassung gemäss Ziff. I der V des BGer vom 5. Juni 1996, in Kraft seit 1. Jan. 1997 (AS 1996 2900).
194 Fassung gemäss Ziff. I der V des BGer vom 5. Juni 1996, in Kraft seit 1. Jan. 1997 (AS 1996 2900).

allfällig pendenten Prozess hinzuweisen und eine vorläufige Eintragung im Grundbuch (Art. 961 ZGB[195]) vorzumerken.

VII. Spezialanzeige

Art. 129 [1] In den Spezialanzeigen an die Pfandgläubiger nach Artikel 257 SchKG (Art. 71 KOV[196]), ist denjenigen Gläubigern, denen nach dem Lastenverzeichnis (Art. 125 hiervor) ein anderes beschränktes dingliches Recht (Dienstbarkeit, Grundlast, Vorkaufsrecht usw.) im Range nachgeht, gleichzeitig anzuzeigen, dass sie binnen zehn Tagen beim Konkursamt schriftlich den doppelten Aufruf des Grundstücks im Sinne des Artikels 142 SchKG verlangen können, mit der Androhung, dass sonst Verzicht auf dieses Recht angenommen würde.[197]

[2] Spezialanzeigen sind in entsprechender Anwendung von Artikel 30 Absatz 4 hiervor auch den Inhabern gesetzlicher Vorkaufsrechte im Sinne von Artikel 682 Absätze 1 und 2 ZGB[198] zuzustellen.[199]

VIII. Steigerung

Art. 130 [1] Hinsichtlich der Steigerungsbedingungen und der Durchführung des Steigerungsverfahrens finden die Artikel 45–52, 56–70, 106 Absatz 2, 108 und 110 Absatz 2 hiervor entsprechende Anwendung.[200]

[2] Die Konkursverwaltung kann sich in den Steigerungsbedingungen auf Grund eines Beschlusses der Gläubigerversammlung das Recht vorbehalten, den Zuschlag zu verweigern, falls das Höchstangebot nicht einen bestimmt zu bezeichnenden Betrag erreicht.[201]

[3] Kommt es in einem solchen Falle nicht zu einem Freihandkauf, so kann in einer nachfolgenden neuen Steigerung auch zugeschlagen werden, wenn der gemäss Absatz 2 hiervor bezeichnete Mindestbetrag nicht erreicht wird.[202]

[4] Die Bestimmung des Artikels 135 Absatz 1 Satz 2 SchKG findet im Konkursverfahren keine Anwendung.

---

195 SR 210
196 SR 281.32
197 Fassung gemäss Ziff. I der V des BGer vom 5. Juni 1996, in Kraft seit 1. Jan. 1997 (AS 1996 2900).
198 SR 210
199 Eingefügt durch Ziff. I der V des BGer vom 4. Dez. 1975, in Kraft seit 1. April 1976 (AS 1976 164).
200 Fassung gemäss Ziff. I der V des BGer vom 5. Juni 1996, in Kraft seit 1. Jan. 1997 (AS 1996 2900).
201 Fassung gemäss Ziff. I der V des BGer vom 4. Dez. 1975, in Kraft seit 1. April 1976 (AS 1976 164).
202 Fassung gemäss Ziff. I der V des BGer vom 4. Dez. 1975, in Kraft seit 1. April 1976 (AS 1976 164).

a. Besonderheiten der Verwertung eines Miteigentumsanteils

1. Grundbuchauszug. Anmeldung von Dienstbarkeiten

Art. 130a[203] ¹ Umfasst die Konkursmasse einen Miteigentumsanteil an einem Grundstück, so gilt Artikel 73 hiervor für den nach Artikel 26 KOV[204] einzuholenden Grundbuchauszug entsprechend.[205]

² Die Aufforderung zur Anmeldung von Dienstbarkeiten, die unter dem früheren kantonalen Recht ohne Eintragung in die öffentlichen Bücher entstanden und noch nicht eingetragen sind (Art. 123 hiervor), ist an die Inhaber solcher Dienstbarkeiten am Grundstück selbst und im Falle von Stockwerkeigentum, das vom früheren kantonalen Recht beherrscht wird (Art. 20bis SchlT/ZGB[206]), auch an die Inhaber solcher Dienstbarkeiten an dem zur Konkursmasse gehörenden Stockwerk zu richten.

2. Anzeigen. Verwaltung

Art. 130b[207] ¹ Die Konkurseröffnung ist neben den am Miteigentumsanteil des Gemeinschuldners pfandberechtigten Gläubigern auch den Gläubigern anzuzeigen, denen das Grundstück als Ganzes verpfändet ist, doch sind diese nicht zur Einreichung der Pfandtitel aufzufordern.

² Hat der Gemeinschuldner einen Miteigentumsanteil an einem Grundstück, das einen Ertrag abwirft, so gilt Artikel 23*a* Buchstabe *c* Satz 1 hiervor entsprechend.

³ Auf die Verwaltung ist Artikel 23*c* Absatz 1 hiervor sinngemäss anwendbar.

3. Lastenverzeichnis. Kollokationsplan

Art. 130c[208] ¹ Im Lastenverzeichnis (Art. 125 hiervor) sind nicht nur die Belastungen des Anteils, sondern auch diejenigen des Grundstücks selbst aufzuführen, und zwar getrennt.

² Pfandforderungen, die das Grundstück als ganzes belasten, sind mit dem auf den Gemeinschuldner entfallenden Teilbetrag, bei Solidarhaftung des Gemeinschuldners mit ihrem Gesamtbetrag, als ungesicherte Forderungen zu kollozieren (Art. 61 Abs. 1 KOV[209]); dies für den Fall, dass die Einigungsverhandlungen nach Artikel 130*e* hiernach und Artikel 73*e* hiervor sowie die Versteigerung des Miteigentumsanteils des Gemeinschuldners zu den nach Artikel 130*f* hiernach und Artikel 73*g* hiervor geltenden Bedingungen ergebnislos bleiben.[210]

---

203 Eingefügt durch Ziff. I der V des BGer vom 4. Dez. 1975, in Kraft seit 1. April 1976 (AS 1976 164).
204 SR 281.32
205 Fassung gemäss Ziff. I der V des BGer vom 5. Juni 1996, in Kraft seit 1. Jan. 1997 (AS 1996 2900).
206 SR 210
207 Eingefügt durch Ziff. I der V des BGer vom 4. Dez. 1975, in Kraft seit 1. April 1976 (AS 1976 164).
208 Eingefügt durch Ziff. I der V des BGer vom 4. Dez. 1975, in Kraft seit 1. April 1976 (AS 1976 164).
209 SR 281.32
210 Fassung gemäss Ziff. I der V des BGer vom 5. Juni 1996, in Kraft seit 1. Jan. 1997 (AS 1996 2900).

4. Steigerungspublikation und Spezialanzeigen.[212]

Art. 130d[211] ¹ Die Steigerungspublikation (Art. 257 Abs. 1 und 2 SchKG) muss die in Artikel 73a Absatz 1 hiervor genannten Angaben enthalten.

² Spezialanzeigen (Art. 257 Abs. 3 SchKG, Art. 71 KOV[213], Art. 129 hiervor) sind auch den Gläubigern zuzustellen, denen das Grundstück selbst oder ein dieses belastender Pfandtitel verpfändet ist.[214]

5. Vorgehen bei Pfandbelastung des Grundstücks als solchem

Art. 130e[215] Ist nach dem Ergebnis des Lastenbereinigungsverfahrens das Grundstück als ganzes pfandbelastet, so sind die Artikel 73e und 73f hiervor entsprechend anwendbar.

6. Steigerungsbedingungen

Art. 130f[216] Für die Steigerungsbedingungen gilt Artikel 73g hiervor entsprechend, jedoch ohne den in Absatz 2 dieser Bestimmung enthaltenen Vorbehalt von Artikel 832 Absatz 2 ZGB[217] (Art. 130 Abs. 4 hiervor).

7. Vorbehalt der Grundpfandbetreibung

Art. 130g[218] ¹ Dem Gläubiger einer das Grundstück als ganzes belastenden Pfandforderung bleibt vorbehalten, diese bei Fälligkeit schon während des Konkursverfahrens (Art. 89 Abs. 1 hiervor) auf dem Wege der Grundpfandbetreibung (Art. 106a hiervor) geltend zu machen.

² Erfolgt die Pfandverwertung vor Ausrichtung einer allfälligen Konkursdividende an den Pfandgläubiger, so ist Artikel 61 Absatz 2 KOV[219] anwendbar. Vorbehalten bleibt Artikel 217 SchKG.[220]

IX. Ausfallforderung

Art. 131 Die Ausfallforderung (Art. 143 Abs. 2 SchKG) ist, wenn sie bestritten und ihr Einzug durch die Konkursverwaltung nicht möglich ist, zur Geltendmachung nach Artikel 260 SchKG zunächst den ungedeckten Pfandgläubigern und eventuell hernach den Kurrentgläubigern anzubieten und, wenn keiner von ihnen die Abtretung verlangt, öffentlich zu versteigern. Artikel 72 hiervor findet entsprechende Anwendung.

X. Verteilung

Art. 132 Für die Verteilung des Erlöses finden die Bestimmungen der Artikel 115–118 hiervor entsprechende Anwendung.

---

211 Eingefügt durch Ziff. I der V des BGer vom 4. Dez. 1975, in Kraft seit 1. April 1976 (AS 1976 164).
212 Fassung gemäss Ziff. I der V des BGer vom 5. Juni 1996, in Kraft seit 1. Jan. 1997 (AS 1996 2900).
213 SR 281.32
214 Fassung gemäss Ziff. I der V des BGer vom 5. Juni 1996, in Kraft seit 1. Jan. 1997 (AS 1996 2900).
215 Eingefügt durch Ziff. I der V des BGer vom 4. Dez. 1975, in Kraft seit 1. April 1976 (AS 1976 164).
216 Eingefügt durch Ziff. I der V des BGer vom 4. Dez. 1975, in Kraft seit 1. April 1976 (AS 1976 164).
217 SR 210
218 Eingefügt durch Ziff. I der V des BGer vom 4. Dez. 1975, in Kraft seit 1. April 1976 (AS 1976 164).
219 SR 281.32
220 Fassung gemäss Ziff. I der V des BGer vom 5. Juni 1996, in Kraft seit 1. Jan. 1997 (AS 1996 2900).

Art. 133–134[221]

Schlussbestimmungen

Art. 135 [1] Die vorliegende Verordnung tritt am 1. Januar 1921 in Kraft.

[2] ...[222]

Art. 136 [1] Alle mit den Bestimmungen dieser Verordnung im Widerspruch stehenden Verordnungsvorschriften und Anweisungen werden aufgehoben.

[2] Insbesondere wird die Verordnung des Bundesgerichtes vom 21. Dezember 1916[223] betreffend die von den Betreibungs- und Konkursämtern anzumeldenden Eintragungen und Vormerkungen im Grundbuch aufgehoben und Artikel 74 Absatz 3 KOV[224] durch Artikel 69 Absatz 3 hiervor abgeändert.

Schlussbestimmungen der Änderung vom 4. Dezember 1975[225]

[1] Diese Änderung tritt am 1. April 1976 in Kraft.

[2] Sie findet auch auf die Verwertung von Grundstücken in den bereits hängigen Betreibungen und Konkursen Anwendung, sowie es nach dem Stande des Verfahrens noch möglich ist.

Schlussbestimmungen der Änderung vom 7. September 1993[226]

[1] Diese Änderung tritt am 1. Januar 1994 in Kraft.

[2] Sie findet auch auf die Verwertung von Grundstücken in den bereits hängigen Betreibungen und Konkursen Anwendung, sowie es nach dem Stande des Verfahrens noch möglich ist.

---

221 Aufgehoben durch Ziff. I der V des BGer vom 5. Juni 1996 (AS 1996 2900).
222 Gegenstandslose UeB.
223 [AS 33 113]
224 SR 281.32
225 AS 1976 164
226 AS 1993 3183

23. Verordnung des Bundesgerichts betreffend die Pfändung, Arrestierung und Verwertung von Versicherungsansprüchen nach dem Bundesgesetz vom 2. April 1908 über den Versicherungsvertrag (VPAV)[1]

vom 10. Mai 1910

Das Schweizerische Bundesgericht,

in Anwendung von Artikel 15 des Schuldbetreibungs- und Konkursgesetzes[2] (SchKG),

verordnet:[3]

I. Schadensversicherung

Art. 1 Bei der Pfändung und der Arrestierung einer körperlichen Sache hat der Betreibungsbeamte vom Schuldner Auskunft darüber zu verlangen, ob und allfällig wo sie gegen Schaden versichert sei. Bejahendenfalls hat er den Versicherer von der Pfändung bzw. Arrestnahme zu benachrichtigen und ihn darauf aufmerksam zu machen, dass er nach Artikel 56 des Bundesgesetzes vom 2. April 1908[4] über den Versicherungsvertrag (im folgenden VVG genannt) eine allfällige Ersatzleistung bis auf weitere Anzeige gültig nur an das Betreibungsamt ausrichten könne.

Art. 2 Fällt die Pfändung oder der Arrest in der Folge dahin, ohne dass es zur Verwertung gekommen wäre (infolge Rückzugs oder Erlöschens der Betreibung, Zahlung usw.), so ist von dieser Tatsache dem Versicherer ebenfalls sofort Anzeige zu machen.

Art. 3 Gelangt dagegen die Gesamtheit der den Gegenstand eines Versicherungsvertrages bildenden Objekte im Betreibungs- oder Konkursverfahren zur Verwertung (Art. 54 VVG[5]), so ist bei der Verwertungshandlung auf die

---

SR 281.51. BS 3 104
1 Abkürzung eingefügt durch Ziff. I der V des BGer vom 5. Juni 1996, in Kraft seit 1. Jan. 1997 (AS 1996 2917).
2 SR 281.1
3 Fassung gemäss Ziff. I der V des BGer vom 5. Juni 1996, in Kraft seit 1. Jan. 1997 (AS 1996 2917).
4 SR 221.229.1
5 SR 221.229.1

bestehende Versicherung aufmerksam zu machen. Wird die Gesamtheit der versicherten Gegenstände von einer und derselben Person erworben, so ist der Versicherer vom Übergang des Eigentums auf dieselbe sofort in Kenntnis zu setzen.

II. Personenversicherung

A. Pfändung

Art. 4 [1] Reicht das übrige Vermögen des Schuldners zur Deckung der in Betreibung liegenden Forderung nicht hin, so dass zur Pfändung von Ansprüchen aus einer vom Schuldner abgeschlossenen Personenversicherung geschritten werden muss, und ergibt sich, dass der Ehegatte oder die Nachkommen des Schuldners als Begünstigte bezeichnet sind (Art. 80 VVG[6]), ohne dass sie jedoch im Besitz der Police wären, so hat das Betreibungsamt den Schuldner, und wenn diese Angaben von ihm nicht erhältlich sind, den Versicherer anzuhalten, genau anzugeben, eventuell unter Vorlage der Police:
a. den Namen und den Wohnort des oder der Begünstigten;
b. das Datum der Begünstigungserklärung und ihre Form (ob schriftlich oder mündlich, als Verfügung unter Lebenden oder von Todes wegen).[7]

[2] Diese Angaben sind in die Pfändungsurkunde aufzunehmen oder, falls diese dem Gläubiger schon zugestellt worden ist, diesem besonders zur Kenntnis zu bringen. Gleichzeitig fordert das Betreibungsamt den Gläubiger auf, sich binnen zehn Tagen darüber auszusprechen, ob er anerkenne, dass der betreffende Versicherungsanspruch von der Zwangsvollstreckung ausgeschlossen sei oder nicht. Erfolgt keine Bestreitung, oder erklärt er, gegen den oder die Begünstigten die Anfechtungsklage anstrengen zu wollen, so fällt damit der Anspruch sowohl des Begünstigten als des Versicherungsnehmers aus der Pfändung weg.

Art. 5 [1] Im Falle der rechtzeitigen Bestreitung setzt das Betreibungsamt dem Gläubiger eine Frist von 20 Tagen, innerhalb deren er gegen den oder die Begünstigten gerichtliche Klage auf Feststellung der Ungültigkeit der Begünstigung anzuheben hat, mit der Androhung, dass andernfalls die Begünstigung als anerkannt gelten würde.[8]

[2] Hat der Gläubiger die Klage rechtzeitig eingeleitet, so bleibt der Schuldner in der Verfügung über die gepfändeten Ansprüche bis zum Austrag der Sache gemäss Artikel 96 SchKG eingestellt, und es laufen auch die in Artikel 116 SchKG gesetzten Fristen während dieser Zeit nicht.

---

6 SR 221.229.1
7 Fassung gemäss Ziff. I der V des BGer vom 5. Juni 1996, in Kraft seit 1. Jan. 1997 (AS 1996 2917).
8 Fassung gemäss Ziff. I der V des BGer vom 5. Juni 1996, in Kraft seit 1. Jan. 1997 (AS 1996 2917).

Art. 6 ¹ Behauptet dagegen der Schuldner oder ein Dritter, dass die Police dem oder den Begünstigten übergeben und auf das Recht des Widerrufs in derselben unterschriftlich verzichtet worden sei (Art. 79 Abs. 2 VVG[9]), oder behauptet der Schuldner, dass er sonst auf den Widerruf der Begünstigung in gesetzlicher Weise endgültig verzichtet habe, so hat, sofern die sonstigen Vermögensobjekte des Schuldners zur Deckung der in Betreibung gesetzten Forderung nicht hinreichen, der Schuldner oder der Dritte, der den Ausschluss der Zwangsvollstreckung behauptet, dem Betreibungsbeamten ausser den in Artikel 4 Absatz 1 Buchstaben *a* und *b* angegebenen Punkten auch noch darüber Auskunft zu geben, wann die Police dem oder den Begünstigten übergeben worden ist.

² Diese Angaben werden dem Gläubiger mitgeteilt, mit der Bemerkung, dass der Anspruch aus der Personenversicherung nur dann gepfändet werde, wenn er ein ausdrückliches Begehren stelle.

³ Verlangt der Gläubiger die Pfändung, so wird ihm gleichzeitig mit der Zustellung der Pfändungsurkunde auch eine Frist von 20 Tagen angesetzt, innert welcher er gegen den oder die Begünstigten gerichtliche Klage auf Feststellung der Ungültigkeit der Begünstigung anzuheben hat, mit der Androhung, dass bei Nichteinhaltung der Frist die Pfändung dahinfallen würde.[10]

⁴ Die rechtzeitig angehobene Klage hat die in Artikel 5 Absatz 2 angegebenen Wirkungen.

Art. 7 Dem Gläubiger bleibt, sowohl wenn er innert Frist den Ausschluss der Zwangsvollstreckung nicht bestritten hat als auch wenn er in dem darüber geführten Prozess unterlegen ist, das Recht vorbehalten, beim Vorliegen der Voraussetzungen der Artikel 285ff. SchKG durch Klage gegen die Begünstigten die Begünstigung anzufechten.

Art. 8 Werden in einem *Arrest*befehl als zu arrestierende Gegenstände die Ansprüche des Versicherungsnehmers aus einem Personenversicherungsvertrag angegeben, von welchen der Arrestschuldner oder ein Dritter geltend macht, dass sie gemäss Artikel 79 Absatz 2 oder Artikel 80 VVG[11] der Zwangsvollstreckung nicht unterliegen, so werden diese Ansprüche trotz der Begünstigungsklausel mit Arrest belegt. Dabei sind jedoch vom Arrestschuldner bzw. vom Dritten die in den Artikeln 4 und 6 dieser Verordnung verlangten näheren Angaben über die Modalitäten der Begünstigung zu machen und ist im weitern nach Artikel 4 Absatz 2 und Artikel 5 dieser Verordnung vorzugehen.

---

9 SR 221.229.1
10 Fassung gemäss Ziff. I der V des BGer vom 5. Juni 1996, in Kraft seit 1. Jan. 1997 (AS 1996 2917).
11 SR 221.229.1

Art. 9[12] Werden am gepfändeten oder arrestierten Versicherungsanspruch Pfandrechte geltend gemacht, so unterbleibt die Einleitung des Verfahrens nach den Artikeln 106–108 SchKG zur Feststellung dieser Pfandrechte, bis über die Frage der Gültigkeit der Begünstigung gemäss den Artikeln 4–6 und 8 dieser Verordnung endgültig entschieden ist.

B. Konkurs

Art. 10 ¹ Im Konkurs kann ein Anspruch aus einer Personenversicherung, für welchen ein Dritter in einer nach den Bestimmungen der Artikel 79 Absatz 2 und 80 VVG[13] den Ausschluss der Zwangsvollstreckung bewirkenden Weise als Begünstigter bezeichnet ist, nur dann von der Masse liquidiert werden, wenn die Begünstigung durch gerichtliches Urteil in einem von der Masse oder einem einzelnen Gläubiger gemäss Artikel 260 SchKG gegen die Begünstigten durchgeführten Prozess als ungültig bzw. nach den Artikeln 285ff. SchKG anfechtbar bezeichnet worden oder die Begünstigung durch einen andern einem gerichtlichen Urteil gleichwertigen Akt hinfällig geworden ist.

² Der Versicherer ist gemäss Artikel 4 Absatz 1 auskunftspflichtig.[14]

Art. 11 Wird von einem Konkursgläubiger an einem Personenversicherungsanspruch mit Begünstigung im Sinne des Artikels 10 hievor ein *Pfandrecht* geltend gemacht, so hat die Konkursverwaltung sich vorerst darüber schlüssig zu machen, ob sie die Begünstigung auf dem Prozessweg bestreiten oder auf eine Bestreitung verzichten wolle und im letztern Falle den Konkursgläubigern Gelegenheit zu geben, ihrerseits nach Artikel 260 SchKG den Prozess durchzuführen.

Art. 12[15] Wird die Begünstigung anerkannt oder die Bestreitung durch gerichtliches Urteil oder einen gleichwertigen Akt als unbegründet erklärt, so findet die Liquidation des Pfandes nicht im Konkurs statt, sondern es ist Artikel 61 der Verordnung vom 13. Juli 1911[16] über die Geschäftsführung der Konkursämter anwendbar.

Art. 13[17]

---

12 Fassung gemäss Ziff. I der V des BGer vom 5. Juni 1996, in Kraft seit 1. Jan. 1997 (AS 1996 2917).
13 SR 221.229.1
14 Eingefügt durch Ziff. I der V des BGer vom 5. Juni 1996, in Kraft seit 1. Jan. 1997 (AS 1996 2917).
15 Fassung gemäss Ziff. I der V des BGer vom 5. Juni 1996, in Kraft seit 1. Jan. 1997 (AS 1996 2917).
16 SR 281.32
17 Aufgehoben durch Ziff. I der V des BGer vom 5. Juni 1996 (AS 1996 2917).

Art. 14 Im Falle, dass auf die Begünstigung von den Begünstigten verzichtet oder dass sie vom Schuldner widerrufen oder gerichtlich als ungültig bzw. anfechtbar bezeichnet worden ist, hat die Konkursverwaltung über die Anerkennung oder Bestreitung des Pfandrechts und der Pfandforderung im Kollokationsplan, evtl. in einem Nachtrag dazu, eine Verfügung zu treffen und die Liquidation des Pfandes im Konkurs vorzunehmen.

C. Verwertung eines Lebensversicherungsanspruches

Art. 15 Steht fest, dass ein gültig gepfändeter Anspruch aus einem Lebensversicherungsvertrag, den der Schuldner auf sein eigenes Leben abgeschlossen hat, zur Verwertung zu kommen hat, sei es in der Pfändungsbetreibung, sei es in der Betreibung auf Pfandverwertung, oder liegen die in den Artikeln 10 und 14 hievor aufgestellten Voraussetzungen für die Verwertung eines solchen Lebensversicherungsanspruchs im Konkursverfahren vor, so hat das Betreibungs- bzw. Konkursamt den Versicherer zur Angabe des Rückkaufswertes auf den für die Verwertung in Aussicht genommenen Zeitpunkt gemäss Artikel 92 VVG[18] aufzufordern und die betreffende Angabe nötigenfalls dem Eidgenössischen Versicherungsamt zur Kontrolle vorzulegen.

Art. 16 [1] Hat die Verwertung durch öffentliche Steigerung zu erfolgen, so hat die Publikation mindestens einen Monat vorher stattzufinden und ist in derselben die Art des Versicherungsanspruchs, sowie der Name des Schuldners genau zu bezeichnen und der gemäss Artikel 15 dieser Verordnung festgestellte Rückkaufswert anzugeben.

[2] Gleichzeitig sind Ehegatte und Nachkommen des Schuldners, welche von dem ihnen gemäss Artikel 86 VVG[19] zustehenden Recht der Übernahme des Versicherungsanspruchs Gebrauch machen wollen, aufzufordern, spätestens 14 Tage vor dem für die öffentliche Versteigerung angesetzten Termin beim Betreibungs- bzw. Konkursamt sich über die Zustimmung des Schuldners auszuweisen und den Rückkaufspreis bzw., wenn der Versicherungsanspruch verpfändet ist und die in Betreibung gesetzte pfandgesicherte Forderung den Rückkaufswert übersteigt, den Betrag der Pfandforderung nebst den Betreibungskosten zu bezahlen, mit der Androhung, dass bei Nichtbeachtung dieser Aufforderung das Übernahmerecht als verwirkt betrachtet würde.[20]

[3] Soweit dem Amt Ehegatte und Nachkommen nicht bekannt sind, hat es die Aufforderung in die Publikation aufzunehmen.[21]

---

18 SR 221.229.1
19 SR 221.229.1
20 Fassung gemäss Ziff. I der V des BGer vom 5. Juni 1996, in Kraft seit 1. Jan. 1997 (AS 1996 2917).
21 Fassung gemäss Ziff. I der V des BGer vom 5. Juni 1996, in Kraft seit 1. Jan. 1997 (AS 1996 2917).

Art. 17 Der Ausweis darüber, dass der Schuldner mit der Übertragung an den Ehegatten oder die Nachkommen einverstanden ist, kann durch eine schriftliche, auf Verlangen des Amtes zu beglaubigende, oder auch, wenn ihm der Schuldner persönlich bekannt ist, durch eine mündliche Erklärung des Schuldners vor dem betreffenden Beamten erfolgen. Eine mündliche Erklärung ist zu protokollieren und vom Schuldner zu unterzeichnen.

Art. 18 Machen eine oder mehrere Personen innert der hiefür angesetzten Frist das Recht der Übertragung des Lebensversicherungsanspruchs geltend, so soll der Betreibungs- bzw. Konkursbeamte, wenn er im Zweifel darüber ist, ob diese Personen die Eigenschaft des Ehegatten bzw. von Nachkommen des Schuldners haben, bevor er die Übertragung auf sie vornimmt, einen zivilstandsamtlichen Ausweis oder eine sonstige offizielle Bescheinigung darüber verlangen.

Art. 19 [1] Beanspruchen die mehreren Berechtigten die Übertragung auf alle zusammen, so haben sie einen gemeinschaftlichen Vertreter zu bezeichnen, dem die Police für sie ausgehändigt werden kann. Der Übergang des Versicherungsanspruchs ist vom Betreibungs- bzw. Konkursamt auf der Police zu beurkunden.

[2] Wird dagegen von verschiedenen Berechtigten das Begehren gestellt, dass die Übertragung auf ihre Person je allein und ausschliesslich erfolge und hat sich jeder über die Zustimmung des Schuldners ausgewiesen, so hat einstweilen zwar jeder Ansprecher den Auslösungsbetrag zu bezahlen, die Übertragung wird jedoch solange sistiert, bis durch ein rechtskräftiges Urteil oder einen gleichwertigen Akt der Anspruch einem unter ihnen rechtskräftig zuerkannt ist.

[3] Die bezahlten Beträge sind inzwischen zu deponieren, doch kann dem betreibenden Gläubiger auf sein Verlangen der ihm zukommende Betrag ausbezahlt werden.

[4] Auf alle Fälle ist die ausgekündigte öffentliche Steigerung unter Angabe des Grundes sofort zu widerrufen.

Art. 20 [1] War der Versicherungsanspruch verpfändet und der zu bezahlende Übernahmepreis höher als die pfandversicherte Forderung nebst Betreibungskosten, so fällt der Überschuss an den Schuldner bzw. die Konkursmasse, es wäre denn, dass auf den betreffenden Anspruch ein Begünstigter ein im Sinn der Vorschriften der Artikel 4–11 dieser Verordnung festgestelltes Anrecht geltend machen würde.

[2] Widersetzt sich jedoch der Schuldner der Auszahlung an den Dritten, so ist der Betrag solange zu deponieren, bis durch ein rechtskräftiges Urteil oder einen gleichwertigen Akt entschieden ist, wer der Bezugsberechtigte ist.

Art. 21 Im Konkursverfahren darf der Verkauf eines Lebensversicherungsanspruchs aus freier Hand im Sinn von Artikel 256 SchKG nicht erfolgen, wenn nicht vorher dem Ehegatten und den Nachkommen des Gemeinschuldners Gelegenheit gegeben worden ist, innert bestimmter Frist von ihrem Übernahmsrecht Gebrauch zu machen. Dabei sind die Bestimmungen der Artikel 17–20 dieser Verordnung in Anwendung zu bringen; eine *öffentliche* Aufforderung an die Berechtigten zur Geltendmachung des Übernahmsrechts hat jedoch nur stattzufinden, wenn ihr Wohnort unbekannt ist.

Art. 22 Die in Artikel 81 VVG[22] vorgesehene Bescheinigung des Betreibungsamtes bzw. der Konkursverwaltung besteht lediglich in einer Erklärung darüber, dass gegen den Schuldner ein definitiver Verlustschein ausgestellt (mit Angabe des Datums desselben), bzw. dass und wann der Konkurs über ihn eröffnet worden sei. Dabei ist anzumerken, dass diese Erklärung zum Zweck des Ausweises über den Eintritt in die Rechte des Schuldners aus dem Lebensversicherungsvertrag erfolge.

Art. 23 Die vorliegende Verordnung tritt auf den 1. Juli 1910 in Kraft.

---

22 SR 221.229.1

24. Bundesgesetz über die Schuldbetreibung gegen Gemeinden und andere Körperschaften des kantonalen öffentlichen Rechts
(GSchG*)

vom 4. Dezember 1947

Die Bundesversammlung, der Schweizerischen Eidgenossenschaft,
gestützt auf Artikel 64 der Bundesverfassung[1],
nach Einsicht in eine Botschaft des Bundesrates vom 12. Juni 1939[2]
und in eine Nachtragsbotschaft vom 27. Dezember 1944[3],
beschliesst:

A. Schuldbetreibung im allgemeinen

I. Subsidiäre Geltung des gemeinen Betreibungsrechts

Art. 1 [1] Für die Schuldbetreibung gegen Gemeinden und andere Körperschaften des kantonalen öffentlichen Rechts gelten die Bestimmungen des Schuldbetreibungs- und Konkursgesetzes (SchKG) vom 11. April 1889[4] mit den nachfolgenden Einschränkungen.

[2] Auf die Kantone selbst findet das vorliegende Gesetz keine Anwendung.

II. Das Betreibungsverfahren
1. Betreibungsarten
a. Bundesrecht

Art. 2 [1] Die Schuldbetreibung kann nur auf Pfändung oder Pfandverwertung gerichtet sein.

[2] Die Betreibung auf Konkurs, mit Einschluss der Wechselbetreibung, und der Arrest sind ausgeschlossen. Nicht anwendbar sind ferner die Vorschriften über den Nachlassvertrag sowie diejenigen Bestimmungen, die sich der Natur der Sache nach zur Anwendung auf solche Körperschaften nicht eignen.

[3] Verlustscheine werden nicht ausgestellt. Dagegen erhält jeder an einer Pfändung teilnehmende Gläubiger für den ungedeckt bleiben-

---

SR 282.11. AS 1948 873
* Nicht amtliche Abkürzung
1 [BS 1 3]
2 BBl 1939 II 1
3 BBl 1945 I 1
4 SR 281.1

den Betrag seiner Forderung einen Ausfallschein, der als Schuldanerkennung im Sinne des Artikels 82 SchKG[5] gilt.

[4] Zur Anhebung der Anfechtungsklage gemäss den Artikeln 285–292 SchKG sind der Gläubiger, der einen Ausfallschein erhalten hat, die Beiratschaft im Sinne der Artikel 28ff. dieses Gesetzes und die Kantonsregierung berechtigt.

b. Kantonales Recht

Art. 3 [1] Die Kantone sind befugt, Vorschriften über das Nachlassvertragsrecht aufzustellen.

[2] Ein Nachlassvertrag darf nur zugelassen werden, nachdem eine Beiratschaft angeordnet worden ist und in angemessener Frist nicht zum Ziele geführt hat. Die Eingriffe in die Gläubigerrechte dürfen nicht über die in Artikel 13 genannten Massnahmen hinausgehen.

[3] Die Gültigkeit von Beschlüssen über die Eingriffe in Gläubigerrechte ist an die Zustimmung von zwei Dritteln der in der Gläubigerversammlung anwesenden Gläubiger und Gläubigervertreter zu knüpfen, deren Forderungen zwei Drittel der vertretenen, mindestens aber die Hälfte aller nicht pfandgedeckten Forderungen ausmachen.

[4] Wird diese Mehrheit nicht erreicht, so kann die obere kantonale Aufsichtsbehörde in Schuldbetreibungssachen (Aufsichtsbehörde) auf Beschwerde hin ausnahmsweise zur Ermöglichung einer Sanierung einen Beschluss verbindlich erklären, dem die einfache Mehrheit der anwesenden Gläubiger und Gläubigervertreter, welche die Hälfte der vertretenen Forderungssummen besitzt, zugestimmt hat.[6]

[5] ...[7]

2. Zuständigkeit

Art. 4 [1] Die Kantone bezeichnen unter Berücksichtigung von Artikel 10 SchKG[8] die Stelle, welche die Verrichtungen des Betreibungsamtes auszuüben hat.

[2] Gegen die Verfügungen dieser Stelle kann von den Beteiligten und der Kantonsregierung innert 10 Tagen wegen Gesetzesverletzung und Unangemessenheit bei der Aufsichtsbehörde Beschwerde geführt werden.[9]

[3] Wegen Rechtsverweigerung und Rechtsverzögerung kann jederzeit Beschwerde geführt werden.

---

5 SR 281.1
6 Fassung gemäss Anhang Ziff. 7 des Bundesgerichtsgesetzes vom 17. Juni 2005, in Kraft seit 1. Jan. 2007 (SR 173.110).
7 Aufgehoben durch Ziff. II 22 des BG vom 15. Dez. 1989 über die Genehmigung kantonaler Erlasse durch den Bund (AS 1991 362; BBl 1988 II 1333).
8 SR 281.1
9 Fassung gemäss Anhang Ziff. 7 des Bundesgerichtsgesetzes vom 17. Juni 2005, in Kraft seit 1. Jan. 2007 (SR 173.110).

⁴ ...¹⁰

3. Mitteilungspflicht

Art. 5 ¹ Bei Beschwerden ist der Kantonsregierung Gelegenheit zur Vernehmlassung zu geben.

² Ihr ist auch von jeder Pfändungsankündigung und jedem Verwertungsbegehren ein Exemplar zuzustellen.

4. Einstellung der Betreibung

Art. 6 ¹ Die Aufsichtsbehörde kann die Betreibung vorübergehend einstellen, wenn die Kantonsregierung dafür sorgt, dass sich durch die Einstellung die Lage der Gläubiger nicht verschlechtert.

² Der betreibende Gläubiger kann jederzeit bei der Aufsichtsbehörde¹¹ die Fortsetzung der Betreibung verlangen, wenn die von der Kantonsregierung getroffenen Massnahmen nicht oder nicht mehr genügen.

III. Pfändbarkeit und Verpfändbarkeit

1. Pfändbares Vermögen

a. Im allgemeinen

Art. 7 ¹ Pfändbar ist, unter Vorbehalt bestehender dinglicher Rechte, alles Finanzvermögen eines in Artikel 1 genannten Gemeinwesens.

² Zum Finanzvermögen gehören die Vermögenswerte, die nicht Verwaltungsvermögen sind.

b. Bedingte Pfändbarkeit

Art. 8 ¹ Die einem Gemeinwesen gehörenden Anstalten und Werke, die öffentlichen Zwecken dienen, sowie öffentliche Waldungen, Weiden und Alpen, dürfen nur mit Zustimmung der Kantonsregierung gepfändet und verwertet werden.

² Diese kann die Pfändung oder Verwertung auch unter Bedingungen gestatten.

³ Vorbehalten bleibt Artikel 23 des Bundesgesetzes vom 11. Oktober 1902¹² betreffend die eidgenössische Oberaufsicht über die Forstpolizei.

2. Unpfändbares Vermögen

Art. 9 ¹ Die Vermögenswerte eines Gemeinwesens, die unmittelbar der Erfüllung seiner öffentlichen Aufgaben dienen, stellen sein Verwaltungsvermögen im Sinne dieses Gesetzes dar und können auch mit seiner Zustimmung weder gepfändet noch verwertet werden, solange sie öffentlichen Zwecken dienen.

² Steuerforderungen dürfen weder gepfändet noch verwertet werden.

---

10 Aufgehoben durch Anhang Ziff. 7 des Bundesgerichtsgesetzes vom 17. Juni 2005, mit Wirkung seit 1. Jan. 2007 (SR 173.110).
11 Ausdruck gemäss Anhang Ziff. 7 des Bundesgerichtsgesetzes vom 17. Juni 2005, in Kraft seit 1. Jan. 2007 (SR 173.110). Diese Änd. ist im ganzen Erlass berücksichtigt.
12 [BS 9 521; AS 1954 559 Ziff. I 5, 1956 1215, 1965 321 Art. 60, 1969 500, 1971 1190, 1977 2249 Ziff. I 11.11, 1985 660 Ziff. I 23, 1988 1696 Art. 7. AS 1992 2521 Art. 54 Bst. a]

3. Verpfändbarkeit
a. Im allgemeinen

Art. 10 ¹ Unpfändbare Vermögenswerte können nicht gültig verpfändet werden, solange sie öffentlichen Zwecken dienen. Wenn das Gesetz die Pfändung an die Zustimmung der Kantonsregierung knüpft, ist diese Zustimmung auch für die Verpfändung nötig.

² Ist eine Verpfändung zulässig, so erfolgt sie in den Formen und mit den Wirkungen des Zivilrechts.

b. Bei Überführung ins Verwaltungsvermögen

Art. 11 ¹ Wird ein mit einem Pfandrecht belastetes privates oder zum Finanzvermögen gehörendes Grundstück öffentlichen Aufgaben gewidmet, so ist der Pfandgläubiger auf Verlangen zu befriedigen oder sicherzustellen.

² Bis dahin ist das Grundstück als Finanzvermögen zu behandeln.

4. Zweckgebundenes Vermögen

Art. 12 ¹ Alles zugunsten Dritter zweckgebundene Vermögen (stiftungsähnliche Fonds, Amtskautionen, Pensionskassen usw.) kann nur für Verpflichtungen, die sich aus der Zweckbestimmung dieses Vermögens ergeben, verpfändet, gepfändet und verwertet werden.

² Die Betreibung für solche Verpflichtungen richtet sich gegen das Gemeinwesen.

B. Die Gläubigergemeinschaft

I. Zulässige Eingriffe in Rechte der Obligationäre
1. Grundsatz

Art. 13 Hat ein in Artikel 1 genanntes Gemeinwesen Anleihensobligationen mit einheitlichen Anleihensbedingungen unmittelbar oder mittelbar mit öffentlicher Zeichnung herausgegeben, und ist es ausserstande, seine Verpflichtungen aus einem solchen Anleihen rechtzeitig zu erfüllen, so können auf Grund des nachstehend geregelten Verfahrens die folgenden Eingriffe in die Rechte der Obligationäre vorgenommen werden:

a. Erstreckung der für ein Anleihen vorgesehenen Amortisationsfrist um höchstens fünf Jahre durch Herabsetzung der Annuität und Erhöhung der Zahl der Rückzahlungsquoten oder vorübergehende gänzliche Einstellung dieser Leistungen;

b. Stundung des bereits verfallenen oder binnen Jahresfrist fällig werdenden Gesamtbetrages oder von Teilbeträgen eines Anleihens auf höchstens fünf Jahre vom Tage des Beschlusses der Gläubigerversammlung an;

c. Stundung für einen Teilbetrag, ausnahmsweise für den ganzen Betrag, von verfallenen oder innerhalb der nächsten fünf Jahre fällig werdenden Zinsen für die Dauer von höchstens fünf Jahren;

d. Einräumung eines Pfandrechts für Kapitalbeträge, die der Schuldnerin neu zugeführt werden, mit Vorgang vor einem bereits be-

stehenden Anleihen sowie Änderungen an den für ein Anleihen bestellten Sicherheiten oder teilweiser Verzicht auf solche;
e. ausnahmsweise Herabsetzung des Zinsfusses bis zur Hälfte für die in den nächsten fünf Jahren verfallenden Zinse;
f. ausnahmsweise Nachlass verfallener Zinse um höchstens die Hälfte.

2. Ergänzende Bestimmungen

Art. 14 ¹ Die in Artikel 13 genannten Massnahmen können weder durch die Anleihensbedingungen noch durch sonstige Vereinbarungen gültig ausgeschlossen werden.

² Es können mehrere dieser Massnahmen miteinander verbunden werden.

³ Die unter den Buchstaben *a–c* und *e* vorgesehenen Massnahmen können frühestens ein Jahr vor Ablauf der Frist höchstens zweimal für je fünf Jahre verlängert werden.

II. Einleitung des Verfahrens
1. Gesuch

Art. 15 ¹ Das Gesuch um Einleitung des Verfahrens ist von der Schuldnerin bei der Kantonsregierung einzureichen, die es mit ihrer Begutachtung an die Aufsichtsbehörde weiterleitet.

² Das Gesuch hat eine einlässliche Darstellung der finanziellen Lage der Schuldnerin zu enthalten. Die Jahresrechnungen und allfälligen Jahresbericht der letzten fünf Jahre und der Voranschlag des laufenden Jahres sind beizulegen.

³ Die Eingaben sind auf Verlangen der Behörde zu ergänzen.

2. Prüfung der finanziellen Lage

Art. 16[13] ¹ Die Aufsichtsbehörde trifft sofort die nötigen Massnahmen zur genauen Feststellung der finanziellen Lage der Schuldnerin. Sie ernennt, wenn nötig, zu diesem Zweck nach Anhörung der Schweizerischen Nationalbank eine Expertenkommission von höchstens drei Mitgliedern. Über das Gutachten dieser Kommission holt sie die Vernehmlassung der Kantonsregierung ein.

² Steht die Schuldnerin unter einer administrativen Zwangsverwaltung des kantonalen Rechts oder einer Beiratschaft im Sinne dieses Gesetzes, so kann sich die Aufsichtsbehörde mit den Feststellungen der Schuldnerin begnügen.

³ Die Aufsichtsbehörde kann eine provisorische Stundung der fälligen Ansprüche der Obligationäre und, soweit sie es für notwendig erachtet, auch anderer Forderungen verfügen.

---

13 Fassung gemäss Anhang Ziff. 7 des Bundesgerichtsgesetzes vom 17. Juni 2005, in Kraft seit 1. Jan. 2007 (SR 173.110).

III. Gläubigerversammlung
1. Allgemeines

Art. 17 ¹ Ergibt die vorläufige Prüfung, dass der finanziellen Notlage der Schuldnerin auf andere Art zur Zeit nicht abgeholfen werden kann, so beruft die Aufsichtsbehörde die Obligationäre, denen Opfer zugemutet werden sollen, zur Gläubigerversammlung ein.

² Stehen mehrere Anleihen in Frage, so ist für jedes eine besondere Gläubigerversammlung einzuberufen.

³ Ein Mitglied der Aufsichtsbehörde leitet die Gläubigerversammlungen, veranlasst die Protokollierung der Beschlüsse und sorgt für deren Ausführung.[14]

2. Teilnahme an der Versammlung

Art. 18 ¹ Die zur Gläubigerversammlung zusammentretenden Obligationäre oder deren Vertreter haben sich vor Beginn der Beratungen über ihre Berechtigung auszuweisen.

² Zur Vertretung von Obligationären bedarf es, sofern die Vertretung nicht auf Gesetz beruht, einer schriftlichen Vollmacht.

³ Die Ausübung der Vertretung von Obligationen durch Organe der Schuldnerin ist ausgeschlossen.

3. Stimmrecht

Art. 19 ¹ Stimmberechtigt ist der Eigentümer einer Obligation oder sein Vertreter, bei in Nutzniessung stehenden Obligationen jedoch der Nutzniesser oder sein Vertreter.

² Obligationen, die im Eigentum oder in Nutzniessung der Schuldnerin stehen, geben kein Stimmrecht und fallen bei der Berechnung des im Umlauf befindlichen Kapitals und des in der Gläubigerversammlung vertretenen Kapitals ausser Betracht.

4. Erforderliche Mehrheit
a. Im allgemeinen

Art. 20 ¹ Die in Artikel 13 genannten Eingriffe in die Gläubigerrechte bedürfen der Zustimmung von zwei Dritteln des vertretenen, mindestens aber der einfachen Mehrheit des im Umlauf befindlichen Obligationenkapitals.

² Kommt in der Gläubigerversammlung ein Beschluss nicht zustande, so kann die Schuldnerin die fehlenden Stimmen durch Vorlegung schriftlicher und beglaubigter Erklärungen noch während zweier Monate nach dem Versammlungstage bei der Aufsichtsbehörde einreichen und dadurch einen Mehrheitsbeschluss herstellen.

³ Ausnahmsweise kann die Aufsichtsbehörde einen Beschluss, dem nur die einfache Mehrheit des in der Gläubigerversammlung vertretenen, nicht aber des im Umlauf befindlichen Kapitals zugestimmt hat, für die Gesamtheit der Obligationäre verbindlich erklären.

---

14 Fassung gemäss Anhang Ziff. 7 des Bundesgerichtsgesetzes vom 17. Juni 2005, in Kraft seit 1. Jan. 2007 (SR 173.110).

b. Bei mehreren Gläubigergemeinschaften

Art. 21 [1] Bestehen mehrere Gläubigergemeinschaften, so kann jede die Gültigkeit ihrer Beschlüsse davon abhängig machen, dass andere Gläubigergemeinschaften gleiche oder entsprechende Opfer zu tragen haben.

[2] Hat in einem solchen Falle ein Vorschlag der Schuldnerin die Zustimmung der einfachen Mehrheit des im Umlauf befindlichen Kapitals aller Gläubigergemeinschaften zusammen gefunden, so kann die Aufsichtsbehörde den Beschluss auch für die nicht zustimmenden Gemeinschaften verbindlich erklären.

5. Voraussetzungen des Beschlusses

Art. 22 [1] Die in Artikel 13 vorgesehen Massnahmen sind nur zulässig, soweit sie zur Beseitigung der Notlage der Schuldnerin erforderlich und geeignet sind, und wenn zur Abwendung der Notlage alles getan worden ist, was billigerweise erwartet werden darf.

[2] Die Massnahmen müssen alle Obligationäre, die sich in der gleichen Rechtslage befinden, gleichmässig treffen, es sei denn, dass jeder etwa ungünstiger Behandelte ausdrücklich zustimmt.

[3] Zusicherungen oder Zuwendungen an einzelne Gläubiger, durch die sie gegenüber andern der Gemeinschaft angehörenden Gläubigern begünstigt werden, sind ungültig.

IV. Verbindlicherklärung

Art. 23 [1] Die Beschlüsse der Gläubigergemeinschaft sind erst verbindlich, wenn sie von der Aufsichtsbehörde genehmigt sind; sie verpflichten dann auch die nicht zustimmenden Obligationäre.

[2] Die Genehmigung darf nur erteilt werden, wenn der Beschluss die gesetzlichen Voraussetzungen erfüllt, die gemeinsamen Interessen der Obligationäre genügend wahrt und nicht auf unredliche Weise zustande gekommen ist.

[3] Bei Stundungsbeschlüssen kann die Genehmigung an die Bedingung geknüpft werden, dass die finanzielle Geschäftsführung der Schuldnerin während der Stundung beaufsichtigt werde.

V. Einbeziehung anderer Gläubiger
1. Grundsatz

Art. 24 [1] Wenn die Billigkeit es verlangt, kann die Aufsichtsbehörde neben den Obligationären andere Gläubiger in das Verfahren einbeziehen und ihnen gleiche oder entsprechende Opfer auferlegen.

[2] Dies ist insbesondere dann zulässig, wenn andernfalls die Sanierung unbilligerweise verunmöglicht würde.

[3] Übersteigen jedoch die Forderungen dieser Gläubiger einen Drittel des in Frage stehenden Obligationenkapitals, so können ihnen Opfer nur auferlegt werden, wenn die einfache Mehrheit dieser Gläubiger zugestimmt hat und die von ihnen vertretenen Forderungen mehr als

die Hälfte des Gesamtbetrages der einbezogenen Forderungen ausmachen.

2. Anhörung. Gleichbehandlung

Art. 25 ¹ Diese Gläubiger sind vor ihrer Einbeziehung in das Verfahren anzuhören.

² Sie sind, jedoch unter Berücksichtigung bestehender Pfand und anderer Vorzugsrechte und allenfalls bereits gebrachter Opfer, unter sich gleich zu behandeln.

3. Ausnahmen

Art. 26 Nicht betroffen werden die gesetzlich begründeten öffentlichrechtlichen Verpflichtungen der Schuldnerin, Versicherungsbeiträge, Besoldungen, sonstige Dienstentschädigungen, Pensionen und andere Verpflichtungen der Schuldnerin, die unpfändbare Forderungen darstellen.

VI. Widerruf der Stundung

Art. 27 ¹ Ist eine Stundung gewährt worden, so muss sie von der Aufsichtsbehörde auf Antrag eines Obligationärs oder eines andern in dieses Verfahren einbezogenen Gläubigers widerrufen werden:

a. wenn die Voraussetzungen dafür nicht mehr vorliegen;
b. wenn die Schuldnerin den an die Stundung geknüpften Bedingungen zuwiderhandelt;
c. wenn während der Stundungsfrist die finanzielle Lage der Schuldnerin sich wesentlich verschlechtert und damit die Sicherheit der Gläubiger ernstlich gefährdet wird.

² Ebenso hat die Aufsichtsbehörde auf Antrag eines Obligationärs oder eines andern in das Verfahren einbezogenen Gläubigers eine Herabsetzung des Zinsfusses für die Zukunft aufzuheben, wenn die Voraussetzungen für die Herabsetzung nicht mehr vorliegen, oder wenn die Schuldnerin den an sie geknüpften Bedingungen zuwiderhandelt.

C. Die Beiratschaft

I. Anordnung der Beiratschaft

1. Obligatorische

Art. 28 ¹ Wenn ein in Artikel 1 genanntes Gemeinwesen sich zahlungsunfähig erklärt oder voraussichtlich während längerer Zeit nicht in der Lage sein wird, seinen finanziellen Verpflichtungen nachzukommen, und wenn gleichwohl eine administrative Zwangsverwaltung des kantonalen Rechts in angemessener Frist nicht angeordnet wird oder diese sich als ungenügend erweist, hat die Aufsichtsbehörde auf Verlangen eines Antragsberechtigten die Beiratschaft im Sinne dieses Gesetzes anzuordnen.

² Davon kann abgesehen werden, wenn die Durchführung des Gläubigergemeinschaftsverfahrens möglich und genügend ist, oder wenn

die Interessen der Gläubiger auf andere Weise hinreichend gewahrt werden können.

³ Antragsberechtigt sind die Schuldnerin selbst, die Kantonsregierung und jeder Gläubiger, der ein berechtigtes Interesse glaubhaft macht.

2. Fakultative

Art. 29 ¹ Die Aufsichtsbehörde kann im Sinne von Artikel 6 zur Vermeidung der Fortsetzung einer Betreibung auf Antrag der Schuldnerin oder der Kantonsregierung die Beiratschaft auch anordnen, wenn die Durchführung der Pfandverwertung nicht tunlich erscheint und die Interessen der Gläubiger durch die Beiratschaft ebenfalls gewahrt werden können.

² Wenn die Pfändung ungenügend oder eine Benachteiligung der nicht betreibenden Gläubiger zu befürchten ist, oder wenn den Obligationären Beschränkungen ihrer Rechte gemäss Artikel 13 zugemutet werden, kann die Behörde die Beiratschaft auf Antrag eines solchen Gläubigers oder eines Obligationärs anordnen.

3. Dauer und Beschränkung

Art. 30 ¹ Die Beiratschaft kann längstens für die Dauer von drei Jahren angeordnet werden.

² Sie kann aber, wenn die Umstände es erfordern, frühestens ein halbes Jahr vor Ablauf der Frist für längstens drei Jahre verlängert werden.

³ Die Beiratschaft kann auf einen Teil der Verwaltung beschränkt werden.

4. Begehren

Art. 31 ¹ Das Begehren um Anordnung einer Beiratschaft ist bei der Aufsichtsbehörde einzureichen.

² Ist das Begehren von der Gläubigerseite gestellt worden, so ist es der Schuldnerin und der Kantonsregierung zur Vernehmlassung mitzuteilen unter Hinweis darauf, dass darüber entschieden werde, falls die in Frage stehenden Gläubiger nicht innerhalb eines Monats befriedigt werden.

³ Wird das Begehren von der Schuldnerseite gestellt, so ist es von der Kantonsregierung zu begutachten. Das Gesuch hat eine einlässliche Darstellung der finanziellen Lage der Schuldnerin zu enthalten. Die Jahresrechnungen und allfälligen Jahresberichte der letzten fünf Jahre und der Voranschlag des laufenden Jahres sind beizulegen. Die Eingaben sind auf Verlangen der Behörde zu ergänzen.

5. Anordnungsbeschluss   **Art. 32** [1] Über die Anordnung einer Beiratschaft entscheidet die Aufsichtsbehörde.[15]

[2] Die Anordnung einer Beiratschaft ist der Schuldnerin und der Kantonsregierung schriftlich mitzuteilen und öffentlich bekanntzumachen.

[3] Die Aufsichtsbehörde kann der Schuldnerin vor Bestellung der Beiratschaft durch provisorische Verfügung für die Dauer von höchstens drei Monaten Stundung gewähren und nach Einholung der Vernehmlassung der Kantonsregierung die ordentlichen Organe der Schuldnerin während dieser Zeit in ihrer Tätigkeit beschränken oder einstellen.

6. Bestellung der Beiräte   **Art. 33** [1] Die Aufsichtsbehörde überträgt die Beiratschaft im Einvernehmen mit der Kantonsregierung einer oder mehreren Personen.

[2] Die Kantonsregierung bestimmt zu Lasten der Schuldnerin die den Beiräten zukommende Entschädigung.

[3] Für die Verantwortlichkeit der Beiräte gelten die Artikel 5ff. SchKG[16].

II. Aufgaben der Beiratschaft
1. Im allgemeinen   **Art. 34** [1] Die Beiratschaft hat dafür zu sorgen, dass, unbeschadet der laufenden Verwaltung, die verfallenen Verpflichtungen der Schuldnerin im Rahmen des Finanzplanes möglichst bald und gleichmässig, nach Massgabe ihrer Fälligkeit und unter Berücksichtigung der für sie bestehenden Sicherheiten eingelöst werden.

[2] Sie hat den Finanzhaushalt zu ordnen und nach Möglichkeit die Ausgaben zu vermindern und die Einnahmen zu erhöhen.

2. Eintreibung von Forderungen und Verwertung von Aktiven   **Art. 35** [1] Die Beiratschaft hat zu diesem Zwecke insbesondere Steuerrückstände und andere ausstehende Forderungen einzutreiben.

[2] Sie ist ermächtigt, die für ihre Geltendmachung nötigen Rechtshandlungen vorzunehmen und, soweit nötig, das Finanzvermögen zu verwerten. Sie kann die Verwertung selbst vornehmen. Den Erlös aus Pfändern hat sie aber in erster Linie zur Bezahlung der pfandgesicherten Forderungen nach ihrem Rang zu verwenden.

3. Verantwortlichkeits- und Anfechtungsansprüche   **Art. 36** Die Beiratschaft hat Verantwortlichkeits- und Anfechtungsansprüche geltend zu machen, sofern nicht die Aufsichtsbehörde dem Verzicht auf die Klage oder einem Vergleich zustimmt.

---

15 Fassung gemäss Anhang Ziff. 7 des Bundesgerichtsgesetzes vom 17. Juni 2005, in Kraft seit 1. Jan. 2007 (SR 173.110).
16 SR 281.1

4. Anordnung von Steuern und Abgaben

Art. 37 ¹ Soweit es notwendig und nach den gegebenen Verhältnissen zweckmässig und tragbar erscheint, hat die Beiratschaft von Amtes wegen oder auf Antrag eines Gläubigers mit Zustimmung der Kantonsregierung die bestehenden Steuern und sonstigen Abgaben zu erhöhen und für Leistungen von öffentlichen Werken und Einrichtungen oder aus öffentlichen Gütern ein Entgelt einzuführen oder bestehende Vergütungen angemessen zu erhöhen. Sie ist dabei nicht an die Bestimmungen des kommunalen Rechtes gebunden.

² In gleicher Weise kann sie mit Zustimmung der Kantonsregierung Steuern und Abgaben neu einführen, zu deren Einführung die Schuldnerin nach kantonalem Recht ermächtigt wäre.

5. Bilanz und Finanzplan

Art. 38 ¹ Die Beiratschaft hat zu Beginn ihrer Tätigkeit einen Rechnungsruf zu erlassen, sofern nicht besondere Verhältnisse eine Ausnahme rechtfertigen, und ein Inventar aufzunehmen, in welchem die zum Finanzvermögen gehörenden Vermögenswerte gesondert aufzuführen sind, eine Vermögensbilanz aufzustellen und einen Plan über die zur Sanierung in Aussicht genommenen Massnahmen auszuarbeiten. Ebenso ist jeweils nach Ablauf eines Verwaltungsjahres eine Bilanz aufzustellen.

² Eine Abschrift der Bilanz und des Finanzplanes ist der Schuldnerin und der Kantonsregierung mit einem Bericht über die Vermögenslage der Schuldnerin zuzustellen.

³ Der Finanzplan ist während 30 Tagen öffentlich aufzulegen, wovon den Gläubigern Kenntnis zu geben ist. Er kann innerhalb dieser Frist von jedem Interessierten bei der Aufsichtsbehörde angefochten werden.

III. Kompetenzen

Art. 39 ¹ Bei Anordnung der Beiratschaft hat die Aufsichtsbehörde deren Kompetenzen genau zu umschreiben. Soweit die Beiratschaft als zuständig erklärt wird, gehen die Kompetenzen der ordentlichen Verwaltungsorgane und ihrer Verwaltungsaufsichtsbehörden bezüglich der finanziellen Geschäftsführung auf sie über.

² Abgesehen von der Bestreitung laufender Ausgaben aus schon vorhandenen Einnahmequellen, bedürfen Beschlüsse und Verfügungen der ordentlichen Organe über Ausgaben und Einnahmen, die Veräusserung und Verpfändung von Vermögenswerten und die Eingehung neuer Verpflichtungen zu ihrer Gültigkeit der Zustimmung der Beiratschaft. Vorbehalten bleiben die Rechte des gutgläubigen Erwerbers.

³ Das Gemeindereferendum und das Recht der Gemeindeinitiative können gegenüber Verfügungen der Beiratschaft nicht geltend gemacht werden.

⁴ Mit Zustimmung der Aufsichtsbehörde kann die Beiratschaft einzelne Befugnisse an die ordentlichen Organe der Schuldnerin übertragen.

IV. Pflichten der Schuldnerin

Art. 40 ¹ Die ordentlichen Organe der Schuldnerin haben die ihnen von der Beiratschaft in diesem Rahmen erteilten Weisungen zu vollziehen.

² Wer diese Vorschriften schuldhaft verletzt, wird persönlich haftbar.

³ Hinsichtlich der Anfechtbarkeit von Rechtshandlungen, die vor Anordnung der Beiratschaft vorgenommen wurden, sind die Bestimmungen der Artikel 285–292 SchKG[17] entsprechend anwendbar.

V. Wirkungen auf Betreibungen und Fristen

Art. 41 ¹ Während der Beiratschaft können gegen die Schuldnerin für die schon vor Anordnung der Beiratschaft eingegangenen Verpflichtungen keine Betreibungen angehoben oder fortgesetzt werden.

² Ebenso ist der Lauf der Verjährungs- und Verwirkungsfristen, welche durch Betreibung unterbrochen werden können, für solche Verpflichtungen gehemmt.

VI. Beendigung der Beiratschaft

1. Beendigungsgründe

Art. 42 ¹ Die Beiratschaft fällt mit Ablauf der Zeit, für die sie bestellt ist, dahin, wenn diese nicht vorher verlängert worden ist.

² Die Aufsichtsbehörde hat die Beiratschaft auf Antrag oder von Amtes wegen schon vorher aufzuheben, sobald die Umstände es erlauben, insbesondere wenn die Wiederherstellung des finanziellen Gleichgewichts gewährleistet erscheint.

2. Wirkungen nach der Beendigung

Art. 43 ¹ Die Aufsichtsbehörde kann bestimmen, dass einzelne während der Beiratschaft getroffene Anordnungen für bestimmte Zeit weiter gelten.

² Eine Stundung für Verpflichtungen der Schuldnerin kann aber höchstens für die Dauer von drei Jahren nach Beendigung der Beiratschaft gewährt werden.

³ Die Stundung ist von der Aufsichtsbehörde zu widerrufen, wenn die in Artikel 27 genannten Voraussetzungen gegeben sind.

VII. Beschwerde

1. An die Aufsichtsbehörde

Art. 44 Gegen Verfügungen der Beiratschaft kann jeder Interessierte binnen zehn Tagen wegen Gesetzesverletzung, Rechtsverweigerung, Rechtsverzögerung und Unangemessenheit bei der Aufsichtsbehörde Beschwerde führen.

---

17 SR 281.1

2. An das Bundesgericht **Art. 45**[18] ¹ Gegen Entscheide der Aufsichtsbehörde kann beim Bundesgericht nach Massgabe des Bundesgerichtsgesetzes vom 17. Juni 2005[19] Beschwerde in Zivilsachen geführt werden.

² Zur Beschwerde berechtigt sind insbesondere:
a. die Schuldnerin und die Kantonsregierung gegen die Anordnung einer Beiratschaft oder die Verweigerung ihrer Aufhebung sowie gegen die Verweigerung einer Stundung im Anschluss an eine Beiratschaft oder den Widerruf einer solchen Stundung;
b. jeder, der einen gültigen Antrag gestellt hat, gegen:
   1. die Ablehnung eines Antrags auf Anordnung einer Beiratschaft,
   2. die Verweigerung des Widerrufes einer im Anschluss an eine Beiratschaft angeordneten Stundung,
   3. die Verweigerung der Einführung oder Erhöhung von Steuern oder sonstigen Abgaben oder Vergütungen,
   4. die Unterlassung, die Zustimmung der Kantonsregierung gemäss Artikel 37 einzuholen;
c. jeder Gläubiger, der ein berechtigtes Interesse glaubhaft macht, gegen die vorzeitige Aufhebung der Beiratschaft sowie gegen die Anordnung einer Stundung im Anschluss an eine Beiratschaft.

D. Schlussbestimmungen

I. Verordnungsrecht **Art. 46** ¹ Der Bundesrat erlässt die Ausführungsbestimmungen.[20]

² ...[21]

³ Die Kantone können die der Aufsichtsbehörde in diesem Gesetz zugewiesenen Obliegenheiten auf dem Verordnungswege einer besondern Behörde übertragen.

II. Inkrafttreten, Aufhebung bestehender Vorschriften **Art. 47** ¹ Der Bundesrat bestimmt den Zeitpunkt des Inkrafttretens dieses Gesetzes.

² Die mit diesem Gesetz im Widerspruch stehenden eidgenössischen und kantonalen Vorschriften sind aufgehoben.

---

18 Fassung gemäss Anhang Ziff. 7 des Bundesgerichtsgesetzes vom 17. Juni 2005, in Kraft seit 1. Jan. 2007 (SR 173.110).
19 SR 173.110
20 Fassung gemäss Anhang Ziff. 7 des Bundesgerichtsgesetzes vom 17. Juni 2005, in Kraft seit 1. Jan. 2007 (SR 173.110).
21 Aufgehoben durch Anhang Ziff. 7 des Bundesgerichtsgesetzes vom 17. Juni 2005, mit Wirkung seit 1. Jan. 2007 (SR 173.110).

³ Aufgehoben ist insbesondere der Bundesbeschluss vom 5. Oktober 1945[22] über den Schutz der Rechte der Anleihensgläubiger von Körperschaften des öffentlichen Rechts.

⁴ Auf Anleihen des Bundes, der Kantone und Gemeinden sowie von andern Körperschaften oder von Anstalten des öffentlichen Rechts sind die Vorschriften des zweiten Abschnittes des vierunddreissigsten Titels des Obligationenrechts[23] sowie diejenigen der Verordnung vom 20. Februar 1918[24] betreffend die Gläubigergemeinschaft bei Anleihensobligationen nicht anwendbar.

Datum des Inkrafttretens: 1. Januar 1949[25]

Schlussbestimmung zur Änderung vom 17. Juni 2005[26]

Die Ausführungsverordnungen des Bundesgerichts bleiben in Kraft, soweit sie dem neuen Recht inhaltlich nicht widersprechen und solange der Bundesrat nichts anderes bestimmt.

---

22 [AS 61 825]
23 SR 220
24 [AS 34 231, 35 297, 36 623 893. SR 220 am Schluss, SchlB zum zweiten Abschn. des XXXIV. Tit. Ziff. 4]
25 BRB vom 19. Aug. 1948 (AS 1948 886).
26 AS 2006 1205; BBl 2001 4202

25. Bundesgesetz über den Versicherungsvertrag
(Versicherungsvertragsgesetz, VVG)[1]

vom 2. April 1908

(Auszug)

Die Bundesversammlung der Schweizerischen Eidgenossenschaft,
in Vollziehung des Artikels 64 der Bundesverfassung[2],[3]
nach Einsicht in eine Botschaft des Bundesrates vom 2. Februar 1904[4],
beschliesst:

I. Allgemeine Bestimmungen

(...)

Konkurs des Versicherers

Art. 37 [1] Wird über den Versicherer der Konkurs eröffnet, so erlischt der Vertrag mit dem Ablaufe von vier Wochen, von dem Tage an gerechnet, da die Konkurseröffnung bekannt gemacht worden ist.[21]

[2] Der Versicherungsnehmer kann die in Artikel 36 Absätze 2 und 3 dieses Gesetzes festgestellte Forderung geltend machen.

[3] Steht ihm aus der laufenden Versicherungsperiode ein Ersatzanspruch gegen den Versicherer zu, so kann er nach seiner Wahl entweder diesen Ersatzanspruch oder jene Forderung geltend machen.

[4] Überdies bleiben ihm Schadenersatzansprüche vorbehalten.

(...)

SR 221.229.1. BS 2 784
1 Kurztit. und Abkürzung eingefügt durch Ziff. I des BG vom 17. Dez. 2004, in Kraft seit 1. Jan. 2006 (AS 2005 5245; BBl 2003 3789).
2 [BS 1 3]. Der genannten Bestimmung entspricht heute Art. 122 der BV vom 18. April 1999 (SR 101).
3 Fassung gemäss Anhang Ziff. 8 des Gerichtsstandsgesetzes vom 24. März 2000, in Kraft seit 1. Jan. 2001 (AS 2000 2355; BBl 1999 2829).
4 BBl 1904 I 241
21 Durch die Konkurseröffnung werden die zum Sicherungsfonds bzw. zum schweizerischen Versicherungsbestand gehörenden Versicherungen nicht aufgelöst (Art. 55 VAG; SR 961.01).

II. Besondere Bestimmungen über die Schadensversicherung

(...)

Konkurs des Versicherungsnehmers

Art. 55 [1] Fällt der Versicherungsnehmer in Konkurs, so endet der Vertrag mit der Konkurseröffnung.[38]

[2] Befinden sich unter den versicherten Sachen unpfändbare Vermögensstücke (Art. 92 des BG vom 11. April 1889[39] über Schuldbetreibung und Konkurs), so verbleibt der für diese Vermögensstücke begründete Versicherungsanspruch dem Gemeinschuldner und seiner Familie.

Pfändung und Arrest

Art. 56 Ist eine versicherte Sache auf dem Wege der Schuldbetreibung gepfändet oder mit Arrest belegt worden, so kann der Versicherer, wenn er hiervon rechtzeitig benachrichtigt wird, die Ersatzleistung gültig nur an das Betreibungsamt ausrichten.

Pfandrecht an der versicherten Sache

Art. 57 [1] Ist eine verpfändete Sache versichert, so erstreckt sich das Pfandrecht des Gläubigers sowohl auf den Versicherungsanspruch des Verpfänders als auch auf die aus der Entschädigung angeschafften Ersatzstücke.

[2] Ist das Pfandrecht beim Versicherer angemeldet worden, so darf der Versicherer die Entschädigung nur mit Zustimmung des Pfandgläubigers oder gegen Sicherstellung desselben an den Versicherten ausrichten.

(...)

III. Besondere Bestimmungen über die Personenversicherung

(...)

d. Gesetzliche Erlöschungsgründe

Art. 79 [1] Die Begünstigung erlischt mit der Pfändung des Versicherungsanspruches und mit der Konkurseröffnung, über den Versicherungsnehmer. Sie lebt wieder auf, wenn die Pfändung dahinfällt oder der Konkurs widerrufen wird.

---

[38] Fassung gemäss Ziff. I des BG vom 17. Dez. 2004, in Kraft seit 1. Jan. 2006 (AS 2005 5245; BBl 2003 3789).
[39] SR 281.1

² Hat der Versicherungsnehmer auf das Recht, die Begünstigung zu widerrufen, verzichtet, so unterliegt der durch die Begünstigung begründete Versicherungsanspruch nicht der Zwangsvollstreckung zugunsten der Gläubiger des Versicherungsnehmers.

e. Ausschluss der betreibungs- und konkursrechtlichen Verwertung des Versicherungsanspruchs

Art. 80[42] Sind der Ehegatte, die eingetragene Partnerin, der eingetragene Partner oder Nachkommen des Versicherungsnehmers Begünstigte, so unterliegt, vorbehältlich allfälliger Pfandrechte, weder der Versicherungsanspruch des Begünstigten noch derjenige des Versicherungsnehmers der Zwangsvollstreckung zugunsten der Gläubiger des Versicherungsnehmers.

f. Eintrittsrecht[43]

Art. 81 ¹ Sind der Ehegatte, die eingetragene Partnerin, der eingetragene Partner oder Nachkommen des Versicherungsnehmers Begünstigte aus einem Lebensversicherungsvertrag, so treten sie, sofern sie es nicht ausdrücklich ablehnen, im Zeitpunkt, in dem gegen den Versicherungsnehmer ein Verlustschein vorliegt oder über ihn der Konkurs eröffnet wird, an seiner Stelle in die Rechte und Pflichten aus dem Versicherungsvertrag ein.[44]

² Die Begünstigten sind verpflichtet, den Übergang der Versicherung durch Vorlage einer Bescheinigung des Betreibungsamtes oder der Konkursverwaltung dem Versicherer anzuzeigen. Sind mehrere Begünstigte vorhanden, so müssen sie einen Vertreter bezeichnen, der die dem Versicherer obliegenden Mitteilungen entgegenzunehmen hat.

g. Vorbehalt der Anfechtungsklage

Art. 82 Gegenüber den Bestimmungen dieses Gesetzes über die Versicherung zugunsten Dritter werden die Vorschriften der Artikel 285 ff. des Bundesgesetzes vom 11. April 1889[45] über Schuldbetreibung und Konkurs vorbehalten.

(...)

Betreibungs- und konkursrechtliche Verwertung des Versicherungsanspruchs

Art. 86[50] ¹ Unterliegt der Anspruch aus einem Lebensversicherungsvertrag, den der Schuldner auf sein eigenes Leben abgeschlossen hat, der betreibungs- oder konkursrechtlichen Verwertung, so können der

---

[42] Fassung gemäss Anhang Ziff. 13 des Partnerschaftsgesetzes vom 18. Juni 2004, in Kraft seit 1. Jan. 2007 (AS 2005 5685; BBl 2003 1288).
[43] Fassung gemäss Anhang Ziff. 13 des Partnerschaftsgesetzes vom 18. Juni 2004, in Kraft seit 1. Jan. 2007 (AS 2005 5685; BBl 2003 1288).
[44] Fassung gemäss Anhang Ziff. 13 des Partnerschaftsgesetzes vom 18. Juni 2004, in Kraft seit 1. Jan. 2007 (AS 2005 5685; BBl 2003 1288).
[45] SR 281.1
[50] Fassung gemäss Anhang Ziff. 13 des Partnerschaftsgesetzes vom 18. Juni 2004, in Kraft seit 1. Jan. 2007 (AS 2005 5685; BBl 2003 1288).

Ehegatte, die eingetragene Partnerin, der eingetragene Partner oder die Nachkommen des Schuldners mit dessen Zustimmung verlangen, dass der Versicherungsanspruch ihnen gegen Erstattung des Rückkaufspreises übertragen wird.

² Ist ein solcher Versicherungsanspruch verpfändet und soll er betreibungs- oder konkursrechtlich verwertet werden, so können der Ehegatte, die eingetragene Partnerin, der eingetragene Partner oder die Nachkommen des Schuldners mit dessen Zustimmung verlangen, dass der Versicherungsanspruch ihnen gegen Bezahlung der pfandversicherten Forderung oder, wenn diese kleiner ist als der Rückkaufspreis, gegen Bezahlung dieses Preises übertragen wird.

³ Der Ehegatte, die eingetragene Partnerin, der eingetragene Partner oder die Nachkommen müssen ihr Begehren vor der Verwertung der Forderung bei dem Betreibungsamt oder der Konkursverwaltung geltend machen.

(...)

Datum des Inkrafttretens: 1. Januar 1910[84]

---

84 BRB vom 17. Juli 1908 (AS 24 756)

26. Schweizerisches Strafgesetzbuch (StGB)

vom 21. Dezember 1937

(Auszug)

Die Bundesversammlung der Schweizerischen Eidgenossenschaft,
gestützt auf Artikel 123 Absätze 1 und 3 der Bundesverfassung[1],[2]
nach Einsicht in eine Botschaft des Bundesrates vom 23. Juli 1918[3],
beschliesst:

(...)

Zweites Buch: Besondere Bestimmungen
Zweiter Titel:[158] Strafbare Handlungen gegen das Vermögen

(...)

3. Konkurs- und Betreibungsverbrechen oder -vergehen.
Betrügerischer Konkurs und Pfändungsbetrug

Art. 163

1. Der Schuldner, der zum Schaden der Gläubiger sein Vermögen zum Scheine vermindert, namentlich

Vermögenswerte beiseiteschafft oder verheimlicht,

Schulden vortäuscht,

vorgetäuschte Forderungen anerkennt oder deren Geltendmachung veranlasst,

wird, wenn über ihn der Konkurs eröffnet oder gegen ihn ein Verlustschein ausgestellt worden ist, mit Freiheitsstrafe bis zu fünf Jahren oder Geldstrafe bestraft.

2. Unter den gleichen Voraussetzungen wird der Dritte, der zum Schaden der Gläubiger eine solche Handlung vornimmt, mit Freiheitsstrafe bis zu drei Jahren oder Geldstrafe bestraft.

SR 311.0. AS 54 757, 57 1328 und BS 3 203
1 SR 101
2 Fassung gemäss Ziff. I des BG vom 30. Sept. 2011 in Kraft seit 1. Juli 2012 (AS 2012 2575; BBl 2010 5651 5677).
3 BBl 1918 IV 1
158 Fassung gemäss Ziff. I des BG vom 17. Juni 1994, in Kraft seit 1. Jan. 1995 (AS 1994 2290; BBl 1991 II 969).

Gläubigerschädigung durch Vermögensminderung

Art. 164

1. Der Schuldner, der zum Schaden der Gläubiger sein Vermögen vermindert, indem er

Vermögenswerte beschädigt, zerstört, entwertet oder unbrauchbar macht,

Vermögenswerte unentgeltlich oder gegen eine Leistung mit offensichtlich geringerem Wert veräussert,

ohne sachlichen Grund anfallende Rechte ausschlägt oder auf Rechte unentgeltlich verzichtet,

wird, wenn über ihn der Konkurs eröffnet oder gegen ihn ein Verlustschein ausgestellt worden ist, mit Freiheitsstrafe bis zu fünf Jahren oder Geldstrafe bestraft.

2. Unter den gleichen Voraussetzungen wird der Dritte, der zum Schaden der Gläubiger eine solche Handlung vornimmt, mit Freiheitsstrafe bis zu drei Jahren oder Geldstrafe bestraft.

Misswirtschaft

Art. 165

1. Der Schuldner, der in anderer Weise als nach Artikel 164, durch Misswirtschaft, namentlich durch ungenügende Kapitalausstattung, unverhältnismässigen Aufwand, gewagte Spekulationen, leichtsinniges Gewähren oder Benützen von Kredit, Verschleudern von Vermögenswerten oder arge Nachlässigkeit in der Berufsausübung oder Vermögensverwaltung,

seine Überschuldung herbeiführt oder verschlimmert, seine Zahlungsunfähigkeit herbeiführt oder im Bewusstsein seiner Zahlungsunfähigkeit seine Vermögenslage verschlimmert,

wird, wenn über ihn der Konkurs eröffnet oder gegen ihn ein Verlustschein ausgestellt worden ist, mit Freiheitsstrafe bis zu fünf Jahren oder Geldstrafe bestraft.

2. Der auf Pfändung betriebene Schuldner wird nur auf Antrag eines Gläubigers verfolgt, der einen Verlustschein gegen ihn erlangt hat.

Der Antrag ist innert drei Monaten seit der Zustellung des Verlustscheines zu stellen.

Dem Gläubiger, der den Schuldner zu leichtsinnigem Schuldenmachen, unverhältnismässigem Aufwand oder zu gewagten Spekulationen verleitet oder ihn wucherisch ausgebeutet hat, steht kein Antragsrecht zu.

Unterlassung der Buchführung

Art. 166

Der Schuldner, der die ihm gesetzlich obliegende Pflicht zur ordnungsmässigen Führung und Aufbewahrung von Geschäftsbüchern oder zur Aufstellung einer Bilanz verletzt, so dass sein Vermögensstand nicht oder nicht vollständig ersichtlich ist, wird, wenn über ihn der Konkurs eröffnet oder in einer gemäss Artikel 43 des Bundesgesetzes vom 11. April 1889[172] über Schuldbetreibung- und Konkurs (SchKG) erfolgten Pfändung gegen ihn ein Verlustschein ausgestellt worden ist, mit Freiheitsstrafe bis zu drei Jahren oder Geldstrafe bestraft.

Bevorzugung eines Gläubigers

Art. 167

Der Schuldner, der im Bewusstsein seiner Zahlungsunfähigkeit und in der Absicht, einzelne seiner Gläubiger zum Nachteil anderer zu bevorzugen, darauf abzielende Handlungen vornimmt, insbesondere nicht verfallene Schulden bezahlt, eine verfallene Schuld anders als durch übliche Zahlungsmittel tilgt, eine Schuld aus eigenen Mitteln sicherstellt, ohne dass er dazu verpflichtet war, wird, wenn über ihn der Konkurs eröffnet oder gegen ihn ein Verlustschein ausgestellt worden ist, mit Freiheitsstrafe bis zu drei Jahren oder Geldstrafe bestraft.

Bestechung bei Zwangsvollstreckung

Art. 168

[1] Wer einem Gläubiger oder dessen Vertreter besondere Vorteile zuwendet oder zusichert, um dessen Stimme in der Gläubigerversammlung oder im Gläubigerausschuss zu erlangen oder um dessen Zustimmung zu einem gerichtlichen Nachlassvertrag oder dessen Ablehnung eines solchen Vertrages zu bewirken, wird mit Freiheitsstrafe bis zu drei Jahren oder Geldstrafe bestraft.

[2] Wer dem Konkursverwalter, einem Mitglied der Konkursverwaltung, dem Sachwalter oder dem Liquidator besondere Vorteile zuwendet oder zusichert, um dessen Entscheidungen zu beeinflussen, wird mit Freiheitsstrafe bis zu drei Jahren oder Geldstrafe bestraft.

[3] Wer sich solche Vorteile zuwenden oder zusichern lässt, wird mit der gleichen Strafe belegt.

Verfügung über mit Beschlag belegte Vermögenswerte

Art. 169

Wer eigenmächtig zum Schaden der Gläubiger über einen Vermögenswert verfügt, der

amtlich gepfändet oder mit Arrest belegt ist,

in einem Betreibungs-, Konkurs- oder Retentionsverfahren amtlich aufgezeichnet ist oder

zu einem durch Liquidationsvergleich abgetretenen Vermögen gehört

---

172 SR 281.1

oder einen solchen Vermögenswert beschädigt, zerstört, entwertet oder unbrauchbar macht,

wird mit Freiheitsstrafe bis zu drei Jahren oder Geldstrafe bestraft.

Erschleichung eines gerichtlichen Nachlassvertrages

Art. 170

Der Schuldner, der über seine Vermögenslage, namentlich durch falsche Buchführung oder Bilanz, seine Gläubiger, den Sachwalter oder die Nachlassbehörde irreführt, um dadurch eine Nachlassstundung oder die Genehmigung eines gerichtlichen Nachlassvertrages zu erwirken,

der Dritte, der eine solche Handlung zum Vorteile des Schuldners vornimmt,

wird mit Freiheitsstrafe bis zu drei Jahren oder Geldstrafe bestraft.

Gerichtlicher Nachlassvertrag

Art. 171

¹ Die Artikel 163 Ziffer 1, 164 Ziffer 1, 165 Ziffer 1, 166 und 167 gelten auch, wenn ein gerichtlicher Nachlassvertrag angenommen und bestätigt worden ist.

² Hat der Schuldner oder der Dritte im Sinne von Artikel 163 Ziffer 2 und 164 Ziffer 2 eine besondere wirtschaftliche Anstrengung unternommen und dadurch das Zustandekommen des gerichtlichen Nachlassvertrages erleichtert, so kann die zuständige Behörde bei ihm von der Strafverfolgung, der Überweisung an das Gericht oder der Bestrafung absehen.

Widerruf des Konkurses

Art. 171bis

¹ Wird der Konkurs widerrufen (Art. 195 SchKG[173]), so kann die zuständige Behörde von der Strafverfolgung, der Überweisung an das Gericht oder der Bestrafung absehen.

² Wurde ein gerichtlicher Nachlassvertrag abgeschlossen, so ist Absatz 1 nur anwendbar, wenn der Schuldner oder der Dritte im Sinne von Artikel 163 Ziffer 2 und 164 Ziffer 2 eine besondere wirtschaftliche Anstrengung unternommen und dadurch dessen Zustandekommen erleichtert hat.

4. Allgemeine Bestimmungen.

...

Art. 172[174]

Art. 172bis[175]

---

173 SR 281.1
174 Aufgehoben durch Ziff. II 3 des BG vom 13. Dez. 2002, mit Wirkung seit 1. Jan. 2007 (AS 2006 3459; BBl 1999 1979).
175 Aufgehoben durch Ziff. I 1 des BG vom 19. Juni 2015 (Änderungen des Sanktionenrechts), mit Wirkung seit 1. Jan. 2018 (AS 2016 1249; BBl 2012 4721).

Geringfügige Vermögensdelikte

Art. 172ter

¹ Richtet sich die Tat nur auf einen geringen Vermögenswert oder auf einen geringen Schaden, so wird der Täter, auf Antrag, mit Busse bestraft.

² Diese Vorschrift gilt nicht bei qualifiziertem Diebstahl (Art. 139 Ziff. 2 und 3), bei Raub und Erpressung.

(...)

Fünfzehnter Titel: Strafbare Handlungen gegen die öffentliche Gewalt

(...)

Art. 292

Ungehorsam gegen amtliche Verfügungen

Wer der von einer zuständigen Behörde oder einem zuständigen Beamten unter Hinweis auf die Strafdrohung dieses Artikels an ihn erlassenen Verfügung nicht Folge leistet, wird mit Busse bestraft.

(...)

Zwanzigster Titel:[374] Übertretungen bundesrechtlicher Bestimmungen

Art. 323[375]

Ungehorsam des Schuldners im Betreibungs- und Konkursverfahren

Mit Busse wird bestraft:

1. der Schuldner, der einer Pfändung oder der Aufnahme eines Güterverzeichnisses, die ihm gemäss Gesetz angekündigt worden sind, weder selbst beiwohnt noch sich dabei vertreten lässt (Art. 91 Abs. 1 Ziff. 1, 163 Abs. 2 und 345 Abs. 1[376] SchKG[377]);

2. der Schuldner, der seine Vermögensgegenstände, auch wenn sie sich nicht in seinem Gewahrsam befinden, sowie seine Forderungen und Rechte gegenüber Dritten nicht so weit angibt, als dies zu einer genügenden Pfändung oder zum Vollzug eines Arrestes nötig ist (Art. 91 Abs. 1 Ziff. 2 und 275 SchKG);

3. der Schuldner, der seine Vermögensgegenstände, auch wenn sie sich nicht in seinem Gewahrsam befinden, sowie seine Forderungen

---

374 Ursprünglich 19. Tit.
375 Fassung gemäss Anhang Ziff. 8 des BG vom 16. Dez. 1994, in Kraft seit 1. Jan. 1997 (AS 1995 1227; BBl 1991 III 1).
376 Heute: Art. 341 Abs. 1.
377 SR 281.1

und Rechte gegenüber Dritten bei Aufnahme eines Güterverzeichnisses nicht vollständig angibt (Art. 163 Abs. 2, 345 Abs. 1[378] SchKG);

4. der Schuldner, der dem Konkursamt nicht alle seine Vermögensgegenstände angibt und zur Verfügung stellt (Art. 222 Abs. 1 SchKG);

5. der Schuldner, der während des Konkursverfahrens nicht zur Verfügung der Konkursverwaltung steht, wenn er dieser Pflicht nicht durch besondere Erlaubnis enthoben wurde (Art. 229 Abs. 1 SchKG).

Art. 324[379]

Ungehorsam dritter Personen im Betreibungs-, Konkurs- und Nachlassverfahren

Mit Busse wird bestraft:

1. die erwachsene Person, die dem Konkursamt nicht alle Vermögensstücke eines gestorbenen oder flüchtigen Schuldners, mit dem sie in gemeinsamem Haushalt gelebt hat, angibt und zur Verfügung stellt (Art. 222 Abs. 2 SchKG[380]);

2. wer sich binnen der Eingabefrist nicht als Schuldner des Konkursiten anmeldet (Art. 232 Abs. 2 Ziff. 3 SchKG);

3. wer Sachen des Schuldners als Pfandgläubiger oder aus andern Gründen besitzt und sie dem Konkursamt binnen der Eingabefrist nicht zur Verfügung stellt (Art. 232 Abs. 2 Ziff. 4 SchKG);

4. wer Sachen des Schuldners als Pfandgläubiger besitzt und sie den Liquidatoren nach Ablauf der Verwertungsfrist nicht abliefert (Art. 324 Abs. 2 SchKG);

5. der Dritte, der seine Auskunfts- und Herausgabepflichten nach den Artikeln 57a Absatz 1, 91 Absatz 4, 163 Absatz 2, 222 Absatz 4 und 345 Absatz 1[381] des SchKG verletzt.

(...)

5. Inkrafttreten dieses Gesetzes

Art. 392 Dieses Gesetz tritt am 1. Januar 1942 in Kraft.

(...)

---

378 Heute: Art. 341 Abs. 1.
379 Fassung gemäss Anhang Ziff. 8 des BG vom 16. Dez. 1994, in Kraft seit 1. Jan. 1997 (AS 1995 1227; BBl 1991 III 1).
380 SR 281.1
381 Heute: Art. 341 Abs. 1.

27. Bundesgesetz über die obligatorische Arbeitslosenversicherung und die Insolvenzentschädigung
(Arbeitslosenversicherungsgesetz, AVIG)

vom 25. Juni 1982

(Auszug)

Die Bundesversammlung der Schweizerischen Eidgenossenschaft,
gestützt auf die Artikel 34ter Absatz 1 Buchstaben a und e und 34[novies] der Bundesverfassung[1,2]
nach Einsicht in eine Botschaft des Bundesrates vom 2. Juli 1980[3],
beschliesst:

(...)

Dritter Titel: Leistungen
Fünftes Kapitel: Insolvenzentschädigung

Art. 51 Anspruchsvoraussetzungen

[1] Beitragspflichtige Arbeitnehmer von Arbeitgebern, die in der Schweiz der Zwangsvollstreckung unterliegen oder in der Schweiz Arbeitnehmer beschäftigen, haben Anspruch auf Insolvenzentschädigung, wenn:
  a. gegen ihren Arbeitgeber der Konkurs eröffnet wird und ihnen in diesem Zeitpunkt Lohnforderungen zustehen oder
  b.[164] der Konkurs nur deswegen nicht eröffnet wird, weil sich infolge offensichtlicher Überschuldung des Arbeitgebers kein Gläubiger bereit findet, die Kosten vorzuschiessen, oder

---

SR 837.0. AS 1982 2184
1 [BS 1 3; AS 1976 2003]. Den genannten Bestimmungen entsprechen heute die Art. 110 Abs. 1 Bst. a und c und 114 der BVers vom 18. April 1999 (SR 101).
2 Fassung gemäss Anhang Ziff. 2 des BG vom 23. Juni 2000, in Kraft seit 1. Jan. 2001 (AS 2000 2677; BBl 1999 4983).
3 BBl 1980 III 489
164 Eingefügt durch Ziff. I des BG vom 5. Okt. 1990, in Kraft seit 1. Jan. 1992 (AS 1991 2125; BBl 1989 III 377).

c.[165] sie gegen ihren Arbeitgeber für Lohnforderungen das Pfändungsbegehren gestellt haben.

² Keinen Anspruch auf Insolvenzentschädigung haben Personen, die in ihrer Eigenschaft als Gesellschafter, als finanziell am Betrieb Beteiligte oder als Mitglieder eines obersten betrieblichen Entscheidungsgremiums die Entscheidungen des Arbeitgebers bestimmen oder massgeblich beeinflussen können, sowie ihre mitarbeitenden Ehegatten.[166]

Art. 52 Umfang der Insolvenzentschädigung

¹ Die Insolvenzentschädigung deckt für das gleiche Arbeitsverhältnis Lohnforderungen für höchstens die letzten vier Monate des Arbeitsverhältnisses, für jeden Monat jedoch nur bis zum Höchstbetrag nach Artikel 3 Absatz 2. Als Lohn gelten auch die geschuldeten Zulagen.[167]

¹ᵇⁱˢ Die Insolvenzentschädigung deckt ausnahmsweise Lohnforderungen nach der Konkurseröffnung, solange die versicherte Person in guten Treuen nicht wissen konnte, dass der Konkurs eröffnet worden war, und es sich dabei nicht um Masseschulden handelt. Die maximale Bezugdauer nach Absatz 1 darf nicht überschritten werden.[168]

² Von der Insolvenzentschädigung müssen die gesetzlichen Sozialversicherungsbeiträge bezahlt werden. Die Kasse hat die vorgeschriebenen Beiträge mit den zuständigen Organen abzurechnen und den Arbeitnehmern die von ihnen geschuldeten Beitragsanteile abzuziehen.

Art. 53 Geltendmachung des Anspruchs

¹ Wird über den Arbeitgeber der Konkurs eröffnet, so muss der Arbeitnehmer seinen Entschädigungsanspruch spätestens 60 Tage nach der Veröffentlichung des Konkurses im Schweizerischen Handelsamtsblatt bei der öffentlichen Kasse stellen, die am Ort des Betreibungs- und Konkursamtes zuständig ist.

² Bei Pfändung des Arbeitgebers muss der Arbeitnehmer seinen Entschädigungsanspruch innert 60 Tagen nach dem Pfändungsvollzug geltend machen.

³ Mit dem Ablauf dieser Fristen erlischt der Anspruch auf Insolvenzentschädigung.

Art. 54 Übergang der Forderung an die Kasse

¹ Mit der Ausrichtung der Entschädigung gehen die Lohnansprüche des Versicherten im Ausmasse der bezahlten Entschädigung und der von der Kasse entrichteten Sozialversicherungsbeiträge samt dem gesetzlichen Konkursprivileg auf die Kasse über. Diese darf auf die Geltendmachung nicht verzichten,

---

165 Ursprünglich Bst. b.
166 Eingefügt durch Ziff. I des BG vom 23. Juni 1995, in Kraft seit 1. Jan. 1996 (AS 1996 273; BBl 1994 I 340).
167 Fassung gemäss Ziff. I des BG vom 19. März 2010, in Kraft seit 1. April 2011 (AS 2011 1167; BBl 2008 7733).
168 Eingefügt durch Ziff. I des BG vom 19. März 2010, in Kraft seit 1. April 2011 (AS 2011 1167; BBl 2008 7733).

es sei denn, das Konkursverfahren werde durch das Konkursgericht eingestellt (Art. 230 SchKG[169]).

[2] Der Bundesrat bestimmt, unter welchen Umständen die Kasse auf die Geltendmachung der Forderung verzichten kann, wenn der Arbeitgeber dafür im Ausland belangt werden muss.

[3] Hat der Versicherte bereits einen Verlustschein erhalten, so muss er ihn der Kasse abtreten.

Art. 55 Pflichten des Versicherten

[1] Der Arbeitnehmer muss im Konkurs- oder Pfändungsverfahren alles unternehmen, um seine Ansprüche gegenüber dem Arbeitgeber zu wahren, bis die Kasse ihm mitteilt, dass sie an seiner Stelle in das Verfahren eingetreten ist. Danach muss er die Kasse bei der Verfolgung ihres Anspruchs in jeder zweckdienlichen Weise unterstützen.

[2] Der Arbeitnehmer muss die Insolvenzentschädigung in Abweichung von Artikel 25 Absatz 1 ATSG[170] zurückerstatten, soweit die Lohnforderung im Konkurs oder in der Pfändung abgewiesen oder aus Gründen nicht gedeckt wird, die der Arbeitnehmer absichtlich oder grobfahrlässig herbeigeführt hat, ebenso soweit sie vom Arbeitgeber nachträglich erfüllt wird.[171]

Art. 56 Auskunftspflicht

Der Arbeitgeber sowie das Betreibungs- und Konkursamt sind verpflichtet, der Kasse alle erforderlichen Auskünfte zu erteilen, damit der Anspruch des Arbeitnehmers beurteilt und die Insolvenzentschädigung festgelegt werden kann.

Art. 57 Finanzierung

Die Insolvenzentschädigung wird aus den Mitteln der Versicherung finanziert.

Art. 58[172] Nachlassstundung

Bei einer Nachlassstundung oder einem richterlichen Konkursaufschub gilt dieses Kapitel sinngemäss.

(...)

---

169 SR 281.1
170 SR 830.1
171 Fassung gemäss Anhang Ziff. 16 des BG vom 6. Okt. 2000 über den Allgemeinen Teil des Sozialversicherungsrechts, in Kraft seit 1. Jan. 2003 (AS 2002 3371; BBl 1991 II 185 910, 1994 V 921, 1999 4523).
172 Fassung gemäss Ziff. I des BG vom 19. März 2010, in Kraft seit 1. April 2011 (AS 2011 1167; BBl 2008 7733).

Datum des Inkrafttretens:
Art. 51–58 und 109: 1. Januar 1983[456]
Die übrigen Artikel: 1. Januar 1984[457]

---

[456] BRB vom 6. Dez. 1982.
[457] V vom 31. Aug. 1983 (AS 1983 1204).

28. Bundesgesetz über die kollektiven Kapitalanlagen
(Kollektivanlagengesetz, KAG)

vom 23. Juni 2006

(Auszug)

Die Bundesversammlung der Schweizerischen Eidgenossenschaft,
gestützt auf die Artikel 98 Absätze 1 und 2 und 122 Absatz 1 der Bundesverfassung[1],
nach Einsicht in die Botschaft des Bundesrates vom 23. September 2005[2],
beschliesst:

1. Titel: Allgemeine Bestimmungen

(...)

3. Kapitel: Bewilligung und Genehmigung
1. Abschnitt: Allgemein

Art. 13 Bewilligungspflicht

[1] Wer kollektive Kapitalanlagen verwaltet, aufbewahrt oder an nicht qualifizierte Anlegerinnen und Anleger vertreibt, braucht eine Bewilligung der FINMA.[32]

[2] Eine Bewilligung beantragen müssen:
  a. die Fondsleitung;
  b. die SICAV;
  c. die Kommanditgesellschaft für kollektive Kapitalanlagen;
  d. die SICAF;
  e.[33] die Depotbank schweizerischer kollektiver Kapitalanlagen;
  f.[34] der Vermögensverwalter kollektiver Kapitalanlagen;
  g. der Vertriebsträger;

SR 951.31. AS 2006 5379
 1 SR 101
 2 BBl 2005 6395
32 Fassung gemäss Ziff. I des BG vom 28. Sept. 2012, in Kraft seit 1. März 2013 (AS 2013 585; BBl 2012 3639).
33 Fassung gemäss Ziff. I des BG vom 28. Sept. 2012, in Kraft seit 1. März 2013 (AS 2013 585; BBl 2012 3639).
34 Fassung gemäss Ziff. I des BG vom 28. Sept. 2012, in Kraft seit 1. März 2013 (AS 2013 585; BBl 2012 3639).

h. der Vertreter ausländischer kollektiver Kapitalanlagen.

³ Der Bundesrat kann Vermögensverwalter kollektiver Kapitalanlagen, Vertriebsträger sowie Vertreter, die bereits einer anderen gleichwertigen staatlichen Aufsicht unterstehen, von der Bewilligungspflicht befreien.[35]

⁴ ...[36]

⁵ Die Personen nach Absatz 2 Buchstaben a–d dürfen erst nach Erteilung der Bewilligung durch die FINMA in das Handelsregister eingetragen werden.

(...)

2. Titel: Offene kollektive Kapitalanlagen

1. Kapitel: Vertraglicher Anlagefonds

(...)

3. Abschnitt: Fondsleitung

(...)

Art. 35 Absonderung des Fondsvermögens

¹ Sachen und Rechte, die zum Anlagefonds gehören, werden im Konkurs der Fondsleitung zugunsten der Anlegerinnen und Anleger abgesondert. Vorbehalten bleiben die Ansprüche der Fondsleitung nach Artikel 33.[63]

² Schulden der Fondsleitung, die sich nicht aus dem Fondsvertrag ergeben, können nicht mit Forderungen, die zum Anlagefonds gehören, verrechnet werden.

(...)

5. Titel: Prüfung[128] und Aufsicht

(...)

---

35 Fassung gemäss Ziff. I des BG vom 28. Sept. 2012, in Kraft seit 1. März 2013 (AS 2013 585; BBl 2012 3639).
36 Aufgehoben durch Ziff. I des BG vom 28. Sept. 2012, mit Wirkung seit 1. März 2013 (AS 2013 585; BBl 2012 3639).
63 Fassung gemäss Anhang Ziff. 3 des BG vom 18. März 2011 (Sicherung der Einlagen), in Kraft seit 1. Sept. 2011 (AS 2011 3919; BBl 2010 3993).
128 Ausdruck gemäss Anhang Ziff. 14 des Finanzmarktaufsichtsgesetzes vom 22. Juni 2007, in Kraft seit 1. Jan. 2009 (AS 2008 5207 5205; BBl 2006 2829). Die Anpassung wurde im ganzen Text vorgenommen.

2. Kapitel: Aufsicht

(...)

Art. 137[145] Konkurseröffnung

¹ Besteht begründete Besorgnis, dass ein Bewilligungsträger nach Artikel 13 Absatz 2 Buchstaben a–d oder f überschuldet ist oder ernsthafte Liquiditätsprobleme hat, und besteht keine Aussicht auf Sanierung oder ist diese gescheitert, so entzieht die FINMA dem Bewilligungsträger die Bewilligung, eröffnet den Konkurs und macht diesen öffentlich bekannt.[146]

² Die Bestimmungen über das Nachlassverfahren (Art. 293–336 des BG vom 11. April 1889[147] über Schuldbetreibung und Konkurs), über das aktienrechtliche Moratorium (Art. 725 und 725a des Obligationenrechts[148]) und über die Benachrichtigung des Gerichts (Art. 728c Abs. 3 des Obligationenrechts) sind auf die von Absatz 1 erfassten Bewilligungsträger nicht anwendbar.

³ Die FINMA ernennt eine oder mehrere Konkursliquidatorinnen oder einen oder mehrere Konkursliquidatoren. Diese unterstehen der Aufsicht der FINMA und erstatten ihr auf Verlangen Bericht.[149]

Art. 138[150] Durchführung des Konkurses

¹ Die Anordnung des Konkurses hat die Wirkungen einer Konkurseröffnung nach den Artikeln 197–220 SchKG[151].

² Der Konkurs ist unter Vorbehalt der Artikel 138a–138c nach den Artikeln 221–270 SchKG durchzuführen.

³ Die FINMA kann abweichende Verfügungen und Anordnungen treffen.

Art. 138a[152] Gläubigerversammlung und Gläubigerausschuss

¹ Die Konkursliquidatorin oder der Konkursliquidator kann der FINMA beantragen:
a. eine Gläubigerversammlung einzusetzen und deren Kompetenzen sowie die für die Beschlussfassung notwendigen Präsenz- und Stimmquoren festzulegen;
b. einen Gläubigerausschuss einzurichten sowie dessen Zusammensetzung und Kompetenzen festzulegen.

---

145 Fassung gemäss Anhang Ziff. 3 des BG vom 18. März 2011 (Sicherung der Einlagen), in Kraft seit 1. Sept. 2011 (AS 2011 3919; BBl 2010 3993).
146 Fassung gemäss Ziff. I des BG vom 28. Sept. 2012, in Kraft seit 1. März 2013 (AS 2013 585; BBl 2012 3639).
147 SR 281.1
148 SR 220
149 Fassung gemäss Ziff. I des BG vom 28. Sept. 2012, in Kraft seit 1. März 2013 (AS 2013 585; BBl 2012 3639).
150 Fassung gemäss Ziff. I des BG vom 28. Sept. 2012, in Kraft seit 1. März 2013 (AS 2013 585; BBl 2012 3639).
151 SR 281.1
152 Eingefügt durch Ziff. I des BG vom 28. Sept. 2012, in Kraft seit 1. März 2013 (AS 2013 585; BBl 2012 3639).

² Bei einer SICAV mit Teilvermögen nach Artikel 94 kann für jedes Teilvermögen eine Gläubigerversammlung oder ein Gläubigerausschuss eingesetzt werden.

³ Die FINMA ist nicht an die Anträge der Konkursliquidatorin oder des Konkursliquidators gebunden.

Art. 138b[153] Verteilung und Schluss des Verfahrens

¹ Die Verteilungsliste wird nicht aufgelegt.

² Nach der Verteilung legen die Konkursliquidatorinnen oder Konkursliquidatoren der FINMA einen Schlussbericht vor.

³ Die FINMA trifft die nötigen Anordnungen zur Schliessung des Verfahrens. Sie macht die Schliessung öffentlich bekannt.

Art. 138c[154] Ausländische Insolvenzverfahren

Für die Anerkennung ausländischer Konkursdekrete und Insolvenzmassnahmen sowie für die Koordination mit ausländischen Insolvenzverfahren gelten die Artikel 37*f* und 37*g* des Bankengesetzes vom 8. November 1934[155] sinngemäss.

(...)

Datum des Inkrafttretens: 1. Januar 2007[198]

---

[153] Eingefügt durch Ziff. I des BG vom 28. Sept. 2012, in Kraft seit 1. März 2013 (AS 2013 585; BBl 2012 3639).
[154] Eingefügt durch Ziff. I des BG vom 28. Sept. 2012, in Kraft seit 1. März 2013 (AS 2013 585; BBl 2012 3639).
[155] SR 952.0
[198] BRB vom 22. Nov. 2006

28a. Verordnung der Eidgenössischen Finanzmarktaufsicht über den Konkurs von kollektiven Kapitalanlagen
(Kollektivanlagen-Konkursverordnung-FINMA, KAKV-FINMA)

vom 6. Dezember 2012

Die Eidgenössische Finanzmarktaufsicht (FINMA),

gestützt auf Artikel 138 Absatz 3 des Kollektivanlagengesetzes vom 23. Juni 2006[1] (KAG),

verordnet:

1. Abschnitt: Allgemeine Bestimmungen

Art. 1 Gegenstand

Diese Verordnung konkretisiert das Konkursverfahren nach den Artikeln 137–138c KAG über Bewilligungsträger gemäss Artikel 2.

Art. 2 Geltungsbereich

Diese Verordnung gilt für folgende Institutionen und Personen (Bewilligungsträger):

a. Fondsleitungen gemäss Artikel 13 Absatz 2 Buchstabe a KAG;
b. Investmentgesellschaften mit variablem Kapital (SICAV) gemäss Artikel 13 Absatz 2 Buchstabe b KAG;
c. Kommanditgesellschaften für kollektive Kapitalanlagen gemäss Artikel 13 Absatz 2 Buchstabe c KAG;
d. Investmentgesellschaften mit festem Kapital gemäss Artikel 13 Absatz 2 Buchstabe d KAG;
e. Vermögensverwalter kollektiver Kapitalanlagen gemäss Artikel 13 Absatz 2 Buchstabe f KAG;

SR 951.315.2. AS 2013 641
1 SR 951.31

f. alle natürlichen und juristischen Personen, die im Sinne von Artikel 13 Absatz 2 Buchstaben a–d und f KAG ohne erforderliche Bewilligung tätig sind.

Art. 3 Universalität

¹ Wird ein Konkursverfahren eröffnet, so erstreckt es sich auf sämtliche verwertbaren Vermögenswerte, die dem Bewilligungsträger zu diesem Zeitpunkt gehören, unabhängig davon, ob sie sich im In- oder im Ausland befinden.

² Alle in- und ausländischen Gläubiger und Gläubigerinnen des Bewilligungsträgers und seiner ausländischen Zweigniederlassungen sind in gleicher Weise und mit gleichen Privilegien berechtigt, am in der Schweiz eröffneten Konkursverfahren teilzunehmen.

³ Als Vermögenswerte einer in der Schweiz tätigen Zweigniederlassung eines ausländischen Bewilligungsträgers gelten alle Aktiven im In- und Ausland, die durch Personen begründet wurden, welche für diese Zweigniederlassung gehandelt haben.

Art. 4 Öffentliche Bekanntmachungen und Mitteilungen

¹ Öffentliche Bekanntmachungen werden im Schweizerischen Handelsamtsblatt, auf der Internetseite der FINMA und in den Publikationsorganen gemäss Artikel 39 der Kollektivanlagenverordnung vom 22. November 2006[2] publiziert.

² Denjenigen Gläubigern und Gläubigerinnen, deren Name und Adresse bekannt sind, werden Mitteilungen direkt zugestellt. Die FINMA kann, wenn dies der Vereinfachung des Verfahrens dient, Gläubiger und Gläubigerinnen mit Sitz oder Wohnsitz im Ausland zur Bestellung eines oder einer Zustellungsbevollmächtigten in der Schweiz verpflichten. Bei Dringlichkeit oder zur Vereinfachung des Verfahrens kann auf die direkte Mitteilung verzichtet werden.

³ Für den Fristenlauf und die mit der öffentlichen Bekanntmachung verbundenen Rechtsfolgen ist die Veröffentlichung im Schweizerischen Handelsamtsblatt massgebend.

Art. 5 Akteneinsicht

¹ Wer glaubhaft macht, dass er oder sie durch den Konkurs unmittelbar in seinen oder ihren Vermögensinteressen betroffen ist, kann die Konkursakten einsehen; dabei ist das Berufsgeheimnis nach Artikel 148 Absatz 1 Buchstabe k KAG so weit als möglich zu wahren.

---

2 SR 951.311

² Die Akteneinsicht kann auf bestimmte Verfahrensstadien beschränkt oder aufgrund entgegenstehender überwiegender Interessen eingeschränkt oder verweigert werden.

³ Wer Akteneinsicht erhält, darf die Informationen lediglich zur Wahrung der eigenen unmittelbaren Vermögensinteressen verwenden.

⁴ Die Akteneinsicht kann von einer Erklärung abhängig gemacht werden, aus der hervorgeht, dass die eingesehenen Informationen ausschliesslich zur Wahrung der eigenen unmittelbaren Vermögensinteressen verwendet werden. Für den Fall der Zuwiderhandlung kann vorgängig auf die Strafdrohung nach Artikel 48 des Finanzmarktaufsichtsgesetzes vom 22. Juni 2007[3] und Artikel 292 des Strafgesetzbuches[4] hingewiesen werden.

⁵ Der Konkursliquidator oder die Konkursliquidatorin und, nach Abschluss des Konkursverfahrens, die FINMA entscheiden über die Akteneinsicht.

Art. 6 Anzeige an die FINMA

¹ Wer durch einen Entscheid, eine Handlung oder eine Unterlassung einer Person, die von der FINMA mit Aufgaben nach dieser Verordnung betraut wurde, in seinen Interessen verletzt wird, kann diesen Sachverhalt der FINMA anzeigen.

² Die Entscheide dieser Personen sind keine Verfügungen und die anzeigenden Personen sind keine Parteien im Sinne des Bundesgesetzes vom 20. Dezember 1968[5] über das Verwaltungsverfahren.

³ Die FINMA beurteilt den angezeigten Sachverhalt, trifft die notwendigen Massnahmen und erlässt, falls erforderlich, eine Verfügung.

Art. 7 Einsetzung eines Konkursliquidators oder einer Konkursliquidatorin

¹ Die FINMA setzt mittels Verfügung einen Konkursliquidator oder eine Konkursliquidatorin ein, sofern sie dessen oder deren Aufgaben nicht selber wahrnimmt.

² Setzt die FINMA einen Konkursliquidator oder eine Konkursliquidatorin ein, so hat sie bei der Auswahl darauf zu achten, dass dieser oder diese zeitlich und fachlich in der Lage ist, den Auftrag sorgfältig, effizient und effektiv auszuüben, und keinen Interessenkonflikten unterliegt, welche der Auftragserteilung entgegenstehen.

³ Sie präzisiert die Einzelheiten des Auftrags, insbesondere betreffend Kosten, Berichterstattung und Kontrolle des Konkursliquidators oder der Konkursliquidatorin.

---

3 SR 956.1
4 SR 311.0
5 SR 172.021

Art. 8 Aufgaben und Kompetenzen des Konkursliquidators oder der Konkursliquidatorin

Der Konkursliquidator oder die Konkursliquidatorin treibt das Verfahren voran. Er oder sie hat insbesondere:
a. die technischen und administrativen Voraussetzungen für die Durchführung des Konkurses zu schaffen;
b. die Konkursaktiven zu sichern und zu verwerten;
c. die im Rahmen des Konkursverfahrens notwendige Geschäftsführung zu besorgen;
d. die Konkursmasse vor Gericht und anderen Behörden zu vertreten.

Art. 9 Aufgaben des Konkursliquidators oder der Konkursliquidatorin im Konkurs einer SICAV

Im Konkurs einer SICAV hat der Konkursliquidator oder die Konkursliquidatorin neben den Aufgaben nach Artikel 8 folgende Aufgaben:
a. die Forderungen gegen die jeweils haftenden Teilvermögen unter Berücksichtigung von Artikel 94 Absatz 2 KAG zu erwahren;
b. die zwischen den Teilvermögen bestehenden Forderungen zu erheben und im Rahmen der Verteilung der Erlöse der Teilvermögen zu berücksichtigen.

Art. 10 Konkursort

[1] Der Konkursort befindet sich am Sitz des Bewilligungsträgers oder der Zweigniederlassung eines ausländischen Bewilligungsträgers in der Schweiz.

[2] Hat ein ausländischer Bewilligungsträger mehrere Zweigniederlassungen in der Schweiz, so gibt es nur einen Konkursort. Diesen bestimmt die FINMA.

[3] Bei natürlichen Personen befindet sich der Konkursort am Ort des Geschäftsdomizils im Zeitpunkt der Eröffnung des Konkursverfahrens.

Art. 11 Koordination

Die FINMA und der Konkursliquidator oder die Konkursliquidatorin koordinieren ihr Handeln soweit möglich mit in- und ausländischen Behörden und Organen.

Art. 12 Anerkennung ausländischer Konkursdekrete und Massnahmen

[1] Anerkennt die FINMA ein ausländisches Konkursdekret nach Artikel 138c KAG in Verbindung mit Artikel 37g des Bankengesetzes vom 8. November 1934[6] (BankG), so sind für das in der Schweiz befindliche Vermögen die Bestimmungen dieser Verordnung anwendbar.

---

6 SR 952.0

² Die FINMA kann einem Anerkennungsersuchen auch ohne Vorliegen des Gegenrechts entsprechen, sofern dies im Interesse der betroffenen Gläubiger und Gläubigerinnen liegt.

³ Sie bestimmt den einheitlichen Konkursort in der Schweiz und den Kreis der Gläubiger und Gläubigerinnen nach Artikel 138c KAG in Verbindung mit Artikel 37g Absatz 4 BankG.

⁴ Sie macht die Anerkennung sowie den Kreis der Gläubiger und Gläubigerinnen öffentlich bekannt.

⁵ Anerkennt sie eine andere ausländische Insolvenzmassnahme, so regelt sie das anwendbare Verfahren.

2. Abschnitt: Verfahren

Art. 13 Publikation und Schuldenruf

¹ Die FINMA eröffnet dem Bewilligungsträger die Konkursverfügung und macht sie unter gleichzeitigem Schuldenruf öffentlich bekannt.

² Die Publikation enthält insbesondere folgende Angaben:
a. Name des Bewilligungsträgers sowie dessen Sitz und Zweigniederlassungen;
b. Datum und Zeitpunkt der Konkurseröffnung;
c. Konkursort;
d. Name und Adresse des Konkursliquidators oder der Konkursliquidatorin;
e. Aufforderung an die Gläubiger und Gläubigerinnen und an Personen, die im Besitz des Bewilligungsträgers befindliche Vermögensstücke beanspruchen, ihre Forderungen und Ansprüche innert angesetzter Frist dem Konkursliquidator oder der Konkursliquidatorin anzumelden und die entsprechenden Beweismittel vorzulegen;
f. Hinweis auf die Herausgabe- und Meldepflichten nach den Artikeln 20 und 21.

³ Der Konkursliquidator oder die Konkursliquidatorin kann den bekannten Gläubigern und Gläubigerinnen sowie den bekannten Anlegern und Anlegerinnen ein Exemplar der Bekanntmachung zustellen.

Art. 14 Publikation und Schuldenruf im Konkurs einer SICAV

Im Konkurs einer SICAV hat die Publikation neben den Angaben nach Artikel 13 folgende Angaben zu enthalten:
a. Hinweis an die Gläubiger und Gläubigerinnen, dass in Bezug auf die von ihnen anzumeldenden Forderungen anzugeben ist, welches oder welche Teilvermögen der SICAV als haftendes Vermögen geltend gemacht wird oder werden;

b. Aufforderung an die Anleger und Anlegerinnen, dem Konkursliquidator oder der Konkursliquidatorin innert angesetzter Frist:
   1. anzumelden, in welchem Umfang sie an welchen Teilvermögen und welchen Anteilsklassen beteiligt sind, und
   2. die entsprechenden Beweismittel vorzulegen.

Art. 15 Gläubigerversammlung

[1] Hält es der Konkursliquidator oder die Konkursliquidatorin für angebracht, eine Gläubigerversammlung einzuberufen, so stellt er oder sie der FINMA einen entsprechenden Antrag. Diese legt mit dem Entscheid die Kompetenzen der Gläubigerversammlung sowie die für die Beschlussfassung notwendigen Präsenz- und Stimmenquoren fest.

[2] Alle Gläubiger und Gläubigerinnen dürfen an der Gläubigerversammlung teilnehmen oder sich vertreten lassen. In Zweifelsfällen entscheidet der Konkursliquidator oder die Konkursliquidatorin über die Zulassung.

[3] Der Konkursliquidator oder die Konkursliquidatorin leitet die Verhandlungen und erstattet Bericht über die Vermögenslage des Bewilligungsträgers und den Stand des Verfahrens.

[4] Die Gläubiger und Gläubigerinnen können Beschlüsse auch auf dem Zirkularweg fassen. Lehnt ein Gläubiger oder eine Gläubigerin den Antrag des Konkursliquidators oder der Konkursliquidatorin nicht ausdrücklich innert der angesetzten Frist ab, so gilt dies als Zustimmung.

Art. 16 Gläubigerausschuss

[1] Die FINMA entscheidet auf Antrag des Konkursliquidators oder der Konkursliquidatorin über Einsetzung, Zusammensetzung, Aufgaben und Kompetenzen eines Gläubigerausschusses.

[2] Die FINMA bestimmt den Vorsitzenden oder die Vorsitzende, das Verfahren für die Beschlussfassung sowie die Entschädigung der einzelnen Mitglieder.

Art. 17 Rechte der Gläubiger und Gläubigerinnen im Konkurs einer SICAV

[1] Die Rechte der Gläubiger und Gläubigerinnen im Konkurs einer SICAV beziehen sich auf diejenigen Teilvermögen, gegenüber denen die Forderungen jeweils geltend gemacht werden.

[2] Die FINMA kann für Teilvermögen eine separate Gläubigerversammlung vorsehen und einen separaten Gläubigerausschuss einsetzen.

3. Abschnitt: Konkursaktiven

Art. 18 Inventaraufnahme

[1] Der Konkursliquidator oder die Konkursliquidatorin errichtet ein Inventar über das zur Konkursmasse gehörende Vermögen.

[2] Die Inventaraufnahme richtet sich nach den Artikeln 221–229 des Bundesgesetzes vom 11. April 1889[7] über Schuldbetreibung und Konkurs (SchKG), soweit diese Verordnung nichts anderes bestimmt.

[3] Der Konkursliquidator oder die Konkursliquidatorin beantragt der FINMA die Massnahmen, die zur Sicherung des zur Konkursmasse gehörenden Vermögens erforderlich sind.

[4] Er oder sie legt das Inventar einer von den Eignern und Eignerinnen des Bewilligungsträgers als Organ gewählten Person vor. Diese hat sich über die Vollständigkeit und Richtigkeit des Inventars zu erklären. Ihre Erklärung ist in das Inventar aufzunehmen.

Art. 19 Inventaraufnahme im Konkurs einer SICAV

Die zu einem Teilvermögen gehörenden Vermögenswerte werden innerhalb des Inventars in einem separaten Abschnitt erfasst.

Art. 20 Herausgabe- und Meldepflicht

[1] Schuldner und Schuldnerinnen des Bewilligungsträgers sowie Personen, welche Vermögenswerte des Bewilligungsträgers als Pfandgläubiger oder Pfandgläubigerinnen oder aus andern Gründen besitzen, haben sich innert der Eingabefrist nach Artikel 13 Absatz 2 Buchstabe e beim Konkursliquidator oder bei der Konkursliquidatorin zu melden und ihm oder ihr die Vermögenswerte zur Verfügung zu stellen.

[2] Anzumelden sind Forderungen auch dann, wenn eine Verrechnung geltend gemacht wird.

[3] Ein bestehendes Vorzugsrecht erlischt, wenn die Meldung oder die Herausgabe ungerechtfertigterweise unterbleibt.

Art. 21 Ausnahmen von der Herausgabepflicht

[1] Als Sicherheit dienende Effekten und andere Finanzinstrumente müssen nicht herausgegeben werden, soweit die gesetzlichen Voraussetzungen für eine Verwertung durch den Sicherungsnehmer oder die Sicherungsnehmerin gegeben sind.

[2] Diese Vermögenswerte sind jedoch dem Konkursliquidator oder der Konkursliquidatorin unter Nachweis des Verwertungsrechts zu melden und von diesem oder dieser im Inventar vorzumerken.

---

7 SR 281.1

³ Der Sicherungsnehmer oder die Sicherungsnehmerin muss mit dem Konkursliquidator oder der Konkursliquidatorin über den aus der Verwertung dieser Vermögenswerte erzielten Erlös abrechnen. Ein allfälliger Verwertungsüberschuss fällt an die Konkursmasse beziehungsweise dem entsprechenden Teilvermögen zu.

Art. 22 Absonderung im Konkurs einer Fondsleitung

Sachen und Rechte, die zum Anlagefonds gehören, werden nach Artikel 35 KAG abgesondert. Die Ansprüche der Fondsleitung nach Artikel 33 KAG bleiben vorbehalten.

Art. 23 Aussonderung

¹ Der Konkursliquidator oder die Konkursliquidatorin prüft die Herausgabe von Vermögensgegenständen, die von Dritten beansprucht werden.

² Hält er oder sie einen Herausgabeanspruch für begründet, so gibt er oder sie den Gläubigern und Gläubigerinnen die Möglichkeit, die Abtretung des Bestreitungsrechts nach Artikel 260 Absätze 1 und 2 SchKG[8] zu verlangen, und setzt ihnen dazu eine angemessene Frist.

³ Hält er oder sie einen Herausgabeanspruch für unbegründet oder haben Gläubiger und Gläubigerinnen die Abtretung des Bestreitungsrechts verlangt, so setzt er oder sie der Anspruch erhebenden Person eine Frist, innert der sie beim Gericht am Konkursort Klage einreichen kann. Unbenutzter Ablauf der Frist gilt als Verzicht auf den Herausgabeanspruch.

⁴ Die Klage hat sich im Fall einer Abtretung gegen die Abtretungsgläubiger und Abtretungsgläubigerinnen zu richten. Der Konkursliquidator oder die Konkursliquidatorin gibt dem oder der Dritten mit der Fristansetzung die Abtretungsgläubiger und Abtretungsgläubigerinnen bekannt.

Art. 24 Guthaben, Admassierung und Anfechtung

¹ Fällige Forderungen der Konkursmasse werden vom Konkursliquidator oder der Konkursliquidatorin, nötigenfalls auf dem Betreibungswege, eingezogen.

² Der Konkursliquidator oder die Konkursliquidatorin prüft Ansprüche der Konkursmasse auf bewegliche Sachen, die sich im Gewahrsam oder Mitgewahrsam einer Drittperson befinden, oder auf Grundstücke, die im Grundbuch auf den Namen einer Drittperson eingetragen sind.

³ Er oder sie prüft, ob Rechtsgeschäfte nach den Artikeln 285–292 SchKG[9] angefochten werden können. Die Dauer eines vorausgegangenen Sanierungsverfahrens wird an die Fristen der Artikel 286–288 SchKG nicht angerechnet.

---

8 SR 281.1
9 SR 281.1

⁴ Beabsichtigt der Konkursliquidator oder die Konkursliquidatorin, eine bestrittene Forderung oder einen Anspruch nach Absatz 2 oder 3 auf dem Klageweg weiterzuverfolgen, so holt er oder sie von der FINMA die Zustimmung und zweckdienliche Weisungen ein.

⁵ Klagt der Konkursliquidator oder die Konkursliquidatorin nicht, so kann er oder sie den Gläubigern und Gläubigerinnen die Möglichkeit geben, die Abtretung im Sinne von Artikel 260 Absätze 1 und 2 SchKG zu verlangen oder die betreffenden Forderungen und die übrigen Ansprüche nach Artikel 33 zu verwerten.

⁶ Gibt er oder sie den Gläubigern und Gläubigerinnen die Möglichkeit, die Abtretung zu verlangen, so setzt er oder sie ihnen dazu eine angemessene Frist.

⁷ Die Verwertung nach Artikel 33 ist ausgeschlossen bei Anfechtungsansprüchen nach Absatz 3 sowie bei Verantwortlichkeitsansprüchen nach Artikel 145 KAG.

Art. 25 Fortführung hängiger Zivilprozesse und Verwaltungsverfahren

¹ Der Konkursliquidator oder die Konkursliquidatorin beurteilt Ansprüche der Konkursmasse, die im Zeitpunkt der Konkurseröffnung bereits Gegenstand eines Zivilprozesses oder eines Verwaltungsverfahrens bilden, und stellt der FINMA Antrag über deren Fortführung.

² Lehnt die FINMA die Fortführung ab, so gibt der Konkursliquidator oder die Konkursliquidatorin den Gläubigern und Gläubigerinnen die Möglichkeit, die Abtretung des Prozessführungsrechts im Sinne von Artikel 260 Absätze 1 und 2 SchKG[10] zu verlangen, und setzt ihnen dazu eine angemessene Frist.

Art. 26 Einstellung mangels Aktiven

¹ Reichen die Konkursaktiven nicht aus, das Konkursverfahren durchzuführen, so beantragt der Konkursliquidator oder die Konkursliquidatorin der FINMA, das Verfahren mangels Aktiven einzustellen.

² In Ausnahmefällen führt die FINMA das Verfahren auch bei nicht ausreichenden Konkursaktiven durch, namentlich wenn an dessen Durchführung ein besonderes Interesse besteht.

³ Beabsichtigt die FINMA das Verfahren einzustellen, so macht sie dies öffentlich bekannt. In der Bekanntmachung weist sie darauf hin, dass sie das Verfahren fortführt, wenn innert einer bestimmten Frist ein Gläubiger oder eine Gläubigerin Sicherheit für den durch die Konkursaktiven nicht gedeckten Teil der Kosten des Verfahrens leistet. Die FINMA setzt die Frist an und legt die Art und die Höhe der Sicherheit fest.

---

10 SR 281.1

⁴ Wird die festgelegte Sicherheit nicht fristgerecht geleistet, so kann jeder Pfandgläubiger und jede Pfandgläubigerin bei der FINMA innerhalb einer von ihr angesetzten Frist die Verwertung seines oder ihres Pfandes verlangen. Die FINMA beauftragt einen Konkursliquidator oder eine Konkursliquidatorin mit der Durchführung der Verwertung.

⁵ Die FINMA ordnet bei juristischen Personen die Verwertung der Aktiven an, für die kein Pfandgläubiger oder keine Pfandgläubigerin fristgemäss die Verwertung verlangt hat. Verbleibt nach der Deckung der Verwertungskosten und der auf dem einzelnen Aktivum haftenden Lasten ein Erlös, so verfällt dieser nach Deckung der Kosten der FINMA an den Bund.

⁶ Wurde das Konkursverfahren gegen natürliche Personen eingestellt, so ist für das Betreibungsverfahren Artikel 230 Absätze 3 und 4 SchKG[11] anwendbar.

4. Abschnitt: Konkurspassiven

Art. 27 Prüfung der Forderungen

¹ Der Konkursliquidator oder die Konkursliquidatorin prüft die angemeldeten und die von Gesetzes wegen zu berücksichtigenden Forderungen. Er oder sie kann dabei eigene Erhebungen machen und die Gläubiger und Gläubigerinnen auffordern, zusätzliche Beweismittel einzureichen.

² Von Gesetzes wegen zu berücksichtigen sind die aus dem Grundbuch ersichtlichen Forderungen samt dem laufenden Zins.

³ Über die Forderungen holt der Konkursliquidator oder die Konkursliquidatorin die Erklärung einer von den Eignern und Eignerinnen des Bewilligungsträgers als Organ gewählten Person ein.

Art. 28 Prüfung der Forderungen im Konkurs einer SICAV

¹ Im Konkurs einer SICAV prüft der Konkursliquidator oder die Konkursliquidatorin zudem, gegenüber welchem Teilvermögen die Forderungen jeweils in welchem Umfang zugelassen werden.

² Die Anlegerteilvermögen haften unter Vorbehalt von Absatz 3 nur für eigene Verbindlichkeiten. Subsidiär haftet für diese Verbindlichkeiten das Unternehmerteilvermögen.

³ Wird in Verträgen mit Dritten keine Beschränkung der Haftung auf ein Teilvermögen offengelegt, so haftet primär das Unternehmerteilvermögen, subsidiär die Anlegerteilvermögen im Verhältnis zum Fondsvermögen.

---

11 SR 281.1

Art. 29 Kollokation

¹ Der Konkursliquidator oder die Konkursliquidatorin entscheidet, ob, in welcher Höhe und in welchem Rang Forderungen anerkannt werden, und erstellt den Kollokationsplan.

² Gehört zur Konkursmasse ein Grundstück, so erstellt er oder sie ein Verzeichnis der darauf ruhenden Lasten wie Pfandrechte, Dienstbarkeiten, Grundlasten und vorgemerkte persönliche Rechte. Das Lastenverzeichnis bildet Bestandteil des Kollokationsplans.

³ Im Konkurs einer SICAV sind die kollozierten Forderungen in Bezug auf die verschiedenen Teilvermögen, welche für die einzelnen Forderungen beansprucht werden, voneinander zu separieren.

Art. 30 Im Zivilprozess oder im Verwaltungsverfahren liegende Forderungen

¹ Forderungen, die im Zeitpunkt der Konkurseröffnung bereits Gegenstand eines Zivilprozesses oder eines Verwaltungsverfahrens in der Schweiz bilden, sind im Kollokationsplan zunächst *pro memoria* vorzumerken.

² Verzichtet der Konkursliquidator oder die Konkursliquidatorin auf die Fortführung des Zivilprozesses oder des Verwaltungsverfahrens, so gibt er oder sie den Gläubigern und Gläubigerinnen die Möglichkeit, die Abtretung im Sinne von Artikel 260 Absatz 1 SchKG[12] zu verlangen.

³ Wird der Zivilprozess oder das Verwaltungsverfahren weder von der Konkursmasse noch von einzelnen Abtretungsgläubigern oder Abtretungsgläubigerinnen fortgeführt, so gilt die Forderung als anerkannt, und die Gläubiger und Gläubigerinnen haben kein Recht mehr, diese mittels Kollokationsklage anzufechten.

⁴ Führen einzelne Abtretungsgläubiger oder Abtretungsgläubigerinnen den Zivilprozess oder das Verwaltungsverfahren fort, so dient der Betrag, um den im Rahmen ihres Obsiegens der Anteil des unterliegenden Gläubigers oder der unterliegenden Gläubigerin an der Konkursmasse herabgesetzt wird, zur Befriedigung der Abtretungsgläubiger oder Abtretungsgläubigerinnen bis zur vollen Deckung ihrer kollozierten Forderungen sowie der Prozesskosten. Ein Überschuss fällt an die Konkursmasse beziehungsweise dem entsprechenden Teilvermögen zu.

Art. 31 Einsicht in den Kollokationsplan

¹ Die Gläubiger und Gläubigerinnen können den Kollokationsplan im Rahmen von Artikel 5 während mindestens 20 Tagen einsehen.

---

[12] SR 281.1

² Der Konkursliquidator oder die Konkursliquidatorin macht öffentlich bekannt, ab welchem Zeitpunkt und in welcher Form der Kollokationsplan eingesehen werden kann.

³ Er oder sie kann vorsehen, dass die Einsichtnahme beim Konkursamt am Konkursort erfolgen kann.

⁴ Er oder sie teilt jedem Gläubiger und jeder Gläubigerin, dessen oder deren Forderung nicht wie angemeldet oder wie aus dem Grundbuch ersichtlich kolloziert wurde, die Gründe für die vollständige oder teilweise Abweisung der Forderung mit.

Art. 32 Kollokationsklage

¹ Kollokationsklagen richten sich nach Artikel 250 SchKG[13].

² Die Klagefrist beginnt in dem Zeitpunkt zu laufen, ab dem in den Kollokationsplan Einsicht genommen werden kann.

5. Abschnitt: Verwertung

Art. 33 Art der Verwertung

¹ Der Konkursliquidator oder die Konkursliquidatorin entscheidet über die Art und den Zeitpunkt der Verwertung und führt diese durch.

² Verpfändete Vermögensstücke dürfen nur mit Zustimmung der Pfandgläubiger und Pfandgläubigerinnen anders verwertet werden als durch Verkauf an öffentlicher Steigerung.

³ Vermögenswerte können ohne Aufschub verwertet werden, wenn sie:
a. schneller Wertverminderung ausgesetzt sind;
b. unverhältnismässig hohe Verwaltungskosten verursachen;
c. an einem repräsentativen Markt gehandelt werden; oder
d. nicht von bedeutendem Wert sind.

Art. 34 Verwertung im Konkurs einer Fondsleitung

¹ Liegt die Fortführung eines oder mehrerer Anlagefonds im Interesse der Anleger und Anlegerinnen, so beantragt der Konkursliquidator oder die Konkursliquidatorin der FINMA, den oder die entsprechenden Anlagefonds mit sämtlichen Rechten und Pflichten auf eine andere Fondsleitung zu übertragen.

² Findet sich keine andere Fondsleitung, welche den oder die Anlagefonds übernimmt, so beantragt der Konkursliquidator oder die Konkursliquidatorin der FINMA, im Rahmen des Konkurses der Fondsleitung den oder die entsprechenden Anlagefonds zu liquidieren.

---

13 SR 281.1

Art. 35 Verwertung im Konkurs einer SICAV

[1] Liegt die Fortführung eines oder mehrerer Anlegerteilvermögen im Interesse der Anleger und Anlegerinnen, so beantragt der Konkursliquidator oder die Konkursliquidatorin der FINMA, das entsprechende oder die entsprechenden Anlegerteilvermögen mit sämtlichen Rechten und Pflichten auf eine andere SICAV zu übertragen.

[2] Findet sich keine andere SICAV, welche das oder die Anlegerteilvermögen übernimmt, so beantragt der Konkursliquidator oder die Konkursliquidatorin der FINMA, das entsprechende oder die entsprechenden Anlegerteilvermögen im Rahmen des Konkurses der SICAV zu liquidieren.

Art. 36 Öffentliche Versteigerung

[1] Öffentliche Versteigerungen richten sich nach den Artikeln 257–259 SchKG[14], soweit diese Verordnung nichts anderes bestimmt.

[2] Der Konkursliquidator oder die Konkursliquidatorin führt die Versteigerung durch. Er oder sie kann in den Steigerungsbedingungen ein Mindestangebot für die erste Versteigerung vorsehen.

[3] Er oder sie macht die Möglichkeit der Einsichtnahme in die Steigerungsbedingungen öffentlich bekannt. Er oder sie kann die Einsichtnahme beim Konkurs- oder Betreibungsamt am Ort der gelegenen Sache vorsehen.

Art. 37 Abtretung von Rechtsansprüchen

[1] Der Konkursliquidator oder die Konkursliquidatorin bestimmt in der Bescheinigung über die Abtretung eines Rechtsanspruchs der Konkursmasse im Sinne von Artikel 260 SchKG[15] die Frist, innert der der Abtretungsgläubiger oder die Abtretungsgläubigerin den Rechtsanspruch gerichtlich geltend machen muss. Bei unbenutztem Ablauf der Frist fällt die Abtretung dahin.

[2] Die Abtretungsgläubiger und Abtretungsgläubigerinnen berichten dem Konkursliquidator oder der Konkursliquidatorin und, nach Abschluss des Konkursverfahrens, der FINMA ohne Verzug über das Resultat der Geltendmachung.

[3] Verlangt kein Gläubiger und keine Gläubigerin die Abtretung oder ist die Frist zur Geltendmachung unbenutzt abgelaufen, so entscheidet der Konkursliquidator oder die Konkursliquidatorin und, nach Abschluss des Konkursverfahrens, die FINMA über die allfällige weitere Verwertung dieser Rechtsansprüche.

---

14 SR 281.1
15 SR 281.1

Art. 38 Anfechtung von Verwertungshandlungen

¹ Der Konkursliquidator oder die Konkursliquidatorin erstellt periodisch einen Verwertungsplan, der über die zur Verwertung anstehenden Konkursaktiven und die Art ihrer Verwertung Auskunft gibt.

² Verwertungshandlungen, die nach Artikel 33 Absatz 3 ohne Aufschub erfolgen können, müssen nicht in den Verwertungsplan aufgenommen werden.

³ Eine Abtretung von Rechtsansprüchen nach Artikel 37 gilt nicht als Verwertungshandlung.

⁴ Der Konkursliquidator oder die Konkursliquidatorin teilt den Verwertungsplan den Gläubigern und Gläubigerinnen mit und setzt ihnen eine Frist, innert der sie über einzelne darin aufgeführte Verwertungshandlungen von der FINMA eine anfechtbare Verfügung verlangen können.

6. Abschnitt: Verteilung und Abschluss

Art. 39 Massaverpflichtungen

¹ Aus der Konkursmasse werden vorab und in folgender Reihenfolge gedeckt:
a. Verbindlichkeiten, welche die Konkursmasse während der Dauer des Verfahrens eingegangen ist;
b. sämtliche Kosten für Eröffnung und Durchführung des Konkursverfahrens;
c. Verbindlichkeiten gegenüber einer Depotbank.

² Aus dem Erlös von Anlegerteilvermögen einer SICAV werden grundsätzlich nur die Kosten der Inventur, Verwaltung und Verwertung des betreffenden Teilvermögens gedeckt.

Art. 40 Verteilung

¹ Der Konkursliquidator oder die Konkursliquidatorin kann Abschlagsverteilungen vorsehen. Er oder sie erstellt hierfür eine provisorische Verteilungsliste und unterbreitet diese der FINMA zur Genehmigung.

² Sind sämtliche Aktiven verwertet und alle die Feststellung der Aktiv- und Passivmasse betreffenden Prozesse erledigt, so erstellt der Konkursliquidator oder die Konkursliquidatorin die abschliessende Verteilungsliste sowie die Schlussrechnung und unterbreitet diese der FINMA zur Genehmigung. Auf die von einzelnen Gläubigern oder Gläubigerinnen im Sinne von Artikel 260 SchKG[16] geführten Prozesse braucht keine Rücksicht genommen zu werden.

³ Nach der Genehmigung der Verteilungsliste nimmt der Konkursliquidator oder die Konkursliquidatorin die Auszahlungen an die Gläubiger und Gläubigerinnen vor.

---

16 SR 281.1

⁴ Keine Auszahlung erfolgt für Forderungen:
a. deren Bestand oder Höhe nicht abschliessend feststeht;
b. deren Berechtigte nicht definitiv bekannt sind;
c. die teilweise durch nicht verwertete Sicherheiten im Ausland oder gemäss Artikel 21 gedeckt sind; oder
d. die voraussichtlich durch eine ausstehende Befriedigung in einem ausländischen Zwangsvollstreckungsverfahren, das mit dem Konkurs in Zusammenhang steht, teilweise Deckung erhalten werden.

Art. 41 Verteilung im Konkurs einer Fondsleitung

¹ Mit dem aus der Verwertung der Vermögenswerte der Fondsleitung resultierenden Erlös werden die Gläubiger und Gläubigerinnen befriedigt.

² Mit dem aus einer allfälligen Verwertung des Anlagefonds resultierenden Erlös werden die Anleger und Anlegerinnen im Verhältnis ihrer Anteile befriedigt.

Art. 42 Verteilung im Konkurs einer SICAV

¹ Mit dem aus der Verwertung der Vermögenswerte resultierenden Erlös werden die Gläubiger und Gläubigerinnen der entsprechenden Teilvermögen befriedigt.

² Ein allfälliger Überschuss eines Teilvermögens fällt den an diesem Teilvermögen berechtigten Aktionären und Aktionärinnen im Verhältnis ihrer Anteile zu.

Art. 43 Schlussbericht und Hinterlegung

¹ Der Konkursliquidator oder die Konkursliquidatorin berichtet der FINMA summarisch über den Verlauf des Konkursverfahrens.

² Der Schlussbericht enthält zudem:
a. Ausführungen über die Erledigung sämtlicher die Feststellung der Aktiv- und Passivmasse betreffenden Prozesse;
b. Angaben über den Stand der an Gläubiger und Gläubigerinnen abgetretenen Rechtsansprüche nach Artikel 260 SchKG[17]; sowie
c. eine Auflistung der nicht ausbezahlten Anteile sowie der nicht herausgegebenen abgesonderten Depotwerte mit der Angabe, weshalb eine Auszahlung oder Herausgabe bisher nicht erfolgen konnte.

³ Die FINMA trifft die notwendigen Anordnungen über die Hinterlegung der nicht ausbezahlten Anteile sowie der nicht herausgegebenen abgesonderten Depotwerte.

⁴ Die FINMA macht den Schluss des Konkursverfahrens öffentlich bekannt.

---

17 SR 281.1

Art. 44 Verlustschein

¹ Die Gläubiger und Gläubigerinnen können beim Konkursliquidator oder bei der Konkursliquidatorin und, nach Abschluss des Konkursverfahrens, bei der FINMA gegen Bezahlung einer Kostenpauschale für den ungedeckten Betrag ihrer Forderung einen Verlustschein gemäss Artikel 265 SchKG[18] verlangen.

² Der Konkursliquidator oder die Konkursliquidatorin macht die Gläubiger und Gläubigerinnen im Rahmen der Auszahlung ihrer Anteile auf diese Möglichkeit aufmerksam.

Art. 45 Aktenaufbewahrung

¹ Die FINMA bestimmt, wie die Konkurs- und Geschäftsakten nach Abschluss oder Einstellung des Konkursverfahrens aufbewahrt werden müssen.

² Die Konkursakten sowie die noch vorhandenen Geschäftsakten sind nach Ablauf von zehn Jahren nach Abschluss oder Einstellung des Konkursverfahrens auf Anordnung der FINMA zu vernichten.

³ Vorbehalten bleiben abweichende spezialgesetzliche Aufbewahrungsvorschriften für einzelne Aktenstücke.

Art. 46 Nachträglich entdeckte und hinterlegte Vermögenswerte

¹ Werden innerhalb von 10 Jahren nach Schluss des Konkursverfahrens Vermögenswerte oder andere Rechtsansprüche entdeckt, die bisher nicht zur Konkursmasse gezogen wurden, so beauftragt die FINMA einen Konkursliquidator oder eine Konkursliquidatorin, das Konkursverfahren ohne weitere Förmlichkeiten wieder aufzunehmen.

² Nachträglich entdeckte Vermögenswerte oder Rechtsansprüche werden den Gläubigern und Gläubigerinnen verteilt, die zu Verlust gekommen sind und deren für die Auszahlung notwendige Angaben dem Konkursliquidator oder der Konkursliquidatorin bekannt sind. Der Konkursliquidator oder die Konkursliquidatorin kann die Gläubiger oder Gläubigerinnen unter Hinweis auf die Verwirkung ihres Anspruchs auffordern, ihm oder ihr die aktuellen Angaben bekannt zu geben. Er oder sie setzt ihnen dazu eine angemessene Frist.

³ Ist offensichtlich, dass die durch die Wiederaufnahme des Konkursverfahrens entstehenden Kosten vom zu erwartenden Erlös aus der Verwertung der nachträglich entdeckten Vermögenswerte nicht gedeckt oder nur geringfügig übertroffen werden, kann die FINMA von der Wiederaufnahme absehen. Sie leitet die nachträglich entdeckten Vermögenswerte an den Bund.

⁴ Hinterlegte Vermögenswerte, die frei werden oder nach zehn Jahren nicht bezogen wurden, werden unter Vorbehalt einer abweichenden spezialgesetzlichen Regelung ebenfalls nach Absatz 1 verwertet und nach Absatz 2 verteilt. Absatz 3 bleibt vorbehalten.

---

18 SR 281.1

7. Abschnitt: Schlussbestimmungen

Art. 47 Übergangsbestimmung
Für Verfahren, die bei Inkrafttreten dieser Verordnung rechtshängig sind, gelten die Vorschriften dieser Verordnung.

Art. 48 Inkrafttreten
Diese Verordnung tritt am 1. März 2013 in Kraft.

29. Bundesgesetz über die Banken und Sparkassen (Bankengesetz, BankG)[1]

vom 8. November 1934

(Auszug)

Die Bundesversammlung der Schweizerischen Eidgenossenschaft,
gestützt auf die Artikel 34ter, 64 und 64bis der Bundesverfassung[2],
nach Einsicht in eine Botschaft des Bundesrates vom 2. Februar 1934[3],
beschliesst:

(...)

Siebenter Abschnitt: Spareinlagen und Depotwerte[61]

(...)

Art. 16[64]

Als Depotwerte im Sinne von Artikel 37 d des Gesetzes gelten:[65]
1. bewegliche Sachen und Effekten der Depotkunden;
2. bewegliche Sachen, Effekten und Forderungen, welche die Bank für Rechnung der Depotkunden fiduziarisch innehat;
3. frei verfügbare Lieferansprüche der Bank gegenüber Dritten aus Kassageschäften, abgelaufenen Termingeschäften, Deckungsgeschäften oder Emissionen für Rechnung der Depotkunden.

(...)

SR 952.0. AS 51 117 und BS 10 337
1 Fassung des Titels gemäss Ziff. I des BG vom 22. April 1999, in Kraft seit 1. Okt. 1999 (AS 1999 2405; BBl 1998 3847).
2 [BS 1 3; AS 1976 2001]
3 BBl 1934 I 171
61 Fassung gemäss Anhang Ziff. 17 des BG vom 16. Dez. 1994, in Kraft seit 1. Jan. 1997 (AS 1995 1227; BBl 1991 III 1).
64 Fassung gemäss Anhang Ziff. 17 des BG vom 16. Dez. 1994, in Kraft seit 1. Jan. 1997 (AS 1995 1227; BBl 1991 III 1).
65 Fassung gemäss Ziff. I des BG vom 3. Okt. 2003, in Kraft seit 1. Juli 2004 (AS 2004 2767; BBl 2002 8060).

Zehnter Abschnitt: Aufsicht[73]

(...)

Art. 24[84]

1 ...[85]

2 In den Verfahren nach dem elften und dem zwölften Abschnitt dieses Gesetzes können die Gläubiger und Eigner einer Bank, einer Konzernobergesellschaft oder einer wesentlichen Gruppengesellschaft gemäss Artikel 2bis lediglich gegen die Genehmigung des Sanierungsplans und gegen Verwertungshandlungen Beschwerde führen. Die Beschwerde nach Artikel 17 des Bundesgesetzes vom 11. April 1889[86] über Schuldbetreibung und Konkurs (SchKG) ist in diesen Verfahren ausgeschlossen.[87]

3 Beschwerden in den Verfahren nach dem elften und zwölften Abschnitt haben keine aufschiebende Wirkung. Der Instruktionsrichter kann die aufschiebende Wirkung auf Gesuch hin erteilen. Die Erteilung der aufschiebenden Wirkung für Beschwerden gegen die Genehmigung des Sanierungsplans ist ausgeschlossen.[88]

4 Wird die Beschwerde eines Gläubigers oder eines Eigners gegen die Genehmigung des Sanierungsplans gutgeheissen, so kann das Gericht nur eine Entschädigung zusprechen.[89]

Elfter Abschnitt:[90] Massnahmen bei Insolvenzgefahr

Art. 25 Voraussetzungen

1 Besteht begründete Besorgnis, dass eine Bank überschuldet ist oder ernsthafte Liquiditätsprobleme hat, oder erfüllt diese die Eigenmittelvorschriften

---

76 Fassung gemäss Anhang Ziff. 15 des Finanzmarktaufsichtsgesetzes vom 22. Juni 2007, in Kraft seit 1. Jan. 2009 (AS 2008 5207 5205; BBl 2006 2829).

84 Fassung gemäss Ziff. I des BG vom 11. März 1971, in Kraft seit 1. Juli 1971 (AS 1971 808 824 Art. 1; BBl 1970 I 1144).

85 Aufgehoben durch Anhang Ziff. 15 des Finanzmarktaufsichtsgesetzes vom 22. Juni 2007, mit Wirkung seit 1. Jan. 2009 (AS 2008 5207 5205; BBl 2006 2829).

86 SR 281.1

87 Eingefügt durch Ziff. I des BG vom 3. Okt. 2003 (AS 2004 2767; BBl 2002 8060). Fassung gemäss Anhang Ziff. 10 des Finanzmarktinfrastrukturgesetzes vom 19. Juni 2015, in Kraft seit 1. Jan. 2016 (AS 2015 5339; BBl 2014 7483).

88 Eingefügt durch Ziff. I 16 der V der BVers vom 20. Dez. 2006 über die Anpassung von Erlassen an die Bestimmungen des Bundesgerichtsgesetzes und des Verwaltungsgerichtsgesetzes (AS 2006 5599; BBl 2006 7759). Fassung gemäss Ziff. I des BG vom 30. Sept. 2011 (Stärkung der Stabilität im Finanzsektor), in Kraft seit 1. März 2012 (AS 2012 811; BBl 2011 4717).

89 Eingefügt durch Ziff. I des BG vom 30. Sept. 2011 (Stärkung der Stabilität im Finanzsektor), in Kraft seit 1. März 2012 (AS 2012 811; BBl 2011 4717).

90 Fassung gemäss Ziff. I des BG vom 3. Okt. 2003, in Kraft seit 1. Juli 2004 (AS 2004 2767; BBl 2002 8060).

nach Ablauf einer von der FINMA festgesetzten Frist nicht, so kann die FINMA anordnen:
a. Schutzmassnahmen nach Artikel 26;
b. ein Sanierungsverfahren nach den Artikeln 28–32;
c. die Konkursliquidation[91] der Bank (Bankenkonkurs) nach den Artikeln 33–37g.

² Die Schutzmassnahmen können selbständig oder in Verbindung mit einer Sanierung oder Konkursliquidation angeordnet werden.

³ Die Bestimmungen über das Nachlassverfahren (Art. 293–336 SchKG[92]), über das aktienrechtliche Moratorium (Art. 725 und 725a des Obligationenrechts[93]) und über die Benachrichtigung des Richters (Art. 729b Abs. 2[94] des Obligationenrechts) sind auf Banken nicht anwendbar.

⁴ Die Anordnungen der FINMA umfassen sämtliches Vermögen der Bank mit Aktiven und Passiven und Vertragsverhältnisse, ob sie sich nun im In- oder im Ausland befinden.[95]

Art. 26 Schutzmassnahmen

¹ Die FINMA kann Schutzmassnahmen verfügen; namentlich kann sie:[96]
a. den Organen der Bank Weisungen erteilen;
b.[97] einen Untersuchungsbeauftragten einsetzen;
c. den Organen die Vertretungsbefugnis entziehen oder sie abberufen;
d. die bankengesetzliche Prüfgesellschaft oder obligationenrechtliche Revisionsstelle abberufen;
e. die Geschäftstätigkeit der Bank einschränken;
f. der Bank verbieten, Auszahlungen zu leisten, Zahlungen entgegenzunehmen oder Effektentransaktionen zu tätigen;
g. die Bank schliessen;
h. Stundung und Fälligkeitsaufschub, ausgenommen für pfandgedeckte Forderungen der Pfandbriefzentralen, anordnen.

² Sie sorgt für eine angemessene Publikation der Massnahmen, wenn dies zu deren Durchsetzung oder zum Schutz Dritter erforderlich ist.

---

91 Ausdruck gemäss Ziff. I des BG vom 18. März 2011 (Sicherung der Einlagen), in Kraft seit 1. Sept. 2011 (AS 2011 3919; BBl 2010 3993). Diese Änd. wurde im ganzen Erlass berücksichtigt.
92 SR 281.1
93 SR 220
94 Heute: Art. 728c Abs. 3.
95 Eingefügt durch Ziff. I des BG vom 18. März 2011 (Sicherung der Einlagen), in Kraft seit 1. Sept. 2011 (AS 2011 3919; BBl 2010 3993).
96 Fassung gemäss Anhang Ziff. 15 des Finanzmarktaufsichtsgesetzes vom 22. Juni 2007, in Kraft seit 1. Jan. 2009 (AS 2008 5207 5205; BBl 2006 2829).
97 Fassung gemäss Anhang Ziff. 15 des Finanzmarktaufsichtsgesetzes vom 22. Juni 2007, in Kraft seit 1. Jan. 2009 (AS 2008 5207 5205; BBl 2006 2829).

³ Soweit die FINMA in Bezug auf den Zinsenlauf nichts anderes verfügt, hat eine Stundung die Wirkungen nach Artikel 297 SchKG[98].

Art. 27[99] Vorrang von Aufrechnungs-, Verwertungs- und Übertragungsvereinbarungen

¹ Von Anordnungen nach dem elften und zwölften Abschnitt unberührt bleiben im Voraus geschlossene Vereinbarungen über die:

a. Aufrechnung von Forderungen, einschliesslich der vereinbarten Methode und der Wertbestimmung;
b. freihändige Verwertung von Sicherheiten in Form von Effekten oder anderen Finanzinstrumenten, deren Wert objektiv bestimmbar ist;
c. Übertragung von Forderungen und Verpflichtungen sowie von Sicherheiten in Form von Effekten oder anderen Finan-zinstrumenten, deren Wert objektiv bestimmbar ist.

² Vorbehalten bleibt Artikel 30a.

Art. 28[100] Sanierungsverfahren

¹ Bei begründeter Aussicht auf Sanierung der Bank oder auf Weiterführung einzelner Bankdienstleistungen kann die FINMA ein Sanierungsverfahren einleiten.

² Sie erlässt die für die Durchführung des Sanierungsverfahrens notwendigen Verfügungen und Anordnungen.

³ Sie kann eine Person mit der Ausarbeitung eines Sanierungsplans beauftragen (Sanierungsbeauftragter).

Art. 29[101] Sanierung der Bank

Bei einer Sanierung der Bank muss der Sanierungsplan sicherstellen, dass die Bank nach Durchführung der Sanierung die Bewilligungsvoraussetzungen und die übrigen gesetzlichen Vorschriften einhält.

Art. 30[102] Weiterführung von Bankdienstleistungen

¹ Der Sanierungsplan kann unabhängig vom Fortbestand der betroffenen Bank die Weiterführung einzelner Bankdienstleistungen vorsehen.

---

98 SR 281.1
99 Fassung gemäss Anhang Ziff. 10 des Finanzmarktinfrastrukturgesetzes vom 19. Juni 2015, in Kraft seit 1. Jan. 2016 (AS 2015 5339; BBl 2014 7483).
100 Fassung gemäss Ziff. I des BG vom 18. März 2011 (Sicherung der Einlagen), in Kraft seit 1. Sept. 2011 (AS 2011 3919; BBl 2010 3993).
101 Fassung gemäss Ziff. I des BG vom 18. März 2011 (Sicherung der Einlagen), in Kraft seit 1. Sept. 2011 (AS 2011 3919; BBl 2010 3993).
102 Fassung gemäss Ziff. I des BG vom 18. März 2011 (Sicherung der Einlagen), in Kraft seit 1. Sept. 2011 (AS 2011 3919; BBl 2010 3993).

² Er kann insbesondere das Vermögen der Bank oder Teile davon mit Aktiven und Passiven sowie Vertragsverhältnisse auf andere Rechtsträger oder auf eine Übergangsbank übertragen.

³ Werden Vertragsverhältnisse oder das Vermögen der Bank oder Teile davon übertragen, so tritt der Übernehmer mit Genehmigung des Sanierungsplans an die Stelle der Bank. Das Fusionsgesetz vom 3. Oktober 2003[103] ist nicht anwendbar.[104]

Art. 30a[105] Aufschub der Beendigung von Verträgen

¹ Mit der Anordnung oder Genehmigung von Massnahmen nach diesem Abschnitt können von der FINMA aufgeschoben werden:
a. die Beendigung von Verträgen und die Ausübung von Rechten zu deren Beendigung;
b. die Ausübung von Aufrechnungs-, Verwertungs- und Übertragungsrechten nach Artikel 27.

² Der Aufschub kann nur angeordnet werden, wenn die Beendigung oder die Ausübung der Rechte nach Absatz 1 durch die Massnahmen begründet ist.

³ Er kann für längstens zwei Arbeitstage angeordnet werden. Die FINMA bezeichnet den Beginn und das Ende des Aufschubs.

⁴ Der Aufschub ist ausgeschlossen oder wird hinfällig, wenn die Beendigung oder die Ausübung eines Rechts nach Absatz 1:
a. nicht mit den Massnahmen zusammenhängt; und
b. zurückzuführen ist auf das Verhalten der Bank, die sich in einem Insolvenzverfahren befindet, oder des Rechtsträgers, der die Verträge ganz oder teilweise übernimmt.

⁵ Werden nach Ablauf des Aufschubs die Bewilligungsvoraussetzungen und die übrigen gesetzlichen Vorschriften eingehalten, so besteht der Vertrag fort und die mit den Massnahmen zusammenhängenden Rechte nach Absatz 1 können nicht mehr ausgeübt werden.

Art. 31[106] Genehmigung des Sanierungsplans

¹ Die FINMA genehmigt den Sanierungsplan, wenn er namentlich:
a. auf einer vorsichtigen Bewertung der Aktiven der Bank beruht;
b. die Gläubiger voraussichtlich besser stellt als die sofortige Eröffnung des Bankenkonkurses;

---

103 SR 221.301
104 Fassung gemäss Ziff. I des BG vom 30. Sept. 2011 (Stärkung der Stabilität im Finanzsektor), in Kraft seit 1. März 2012 (AS 2012 811; BBl 2011 4717).
105 Eingefügt durch Anhang Ziff. 10 des Finanzmarktinfrastrukturgesetzes vom 19. Juni 2015, in Kraft seit 1. Jan. 2016 (AS 2015 5339; BBl 2014 7483).
106 Fassung gemäss Ziff. I des BG vom 18. März 2011 (Sicherung der Einlagen), in Kraft seit 1. Sept. 2011 (AS 2011 3919; BBl 2010 3993).

c. den Vorrang der Interessen der Gläubiger vor denjenigen der Eigner und die Rangfolge der Gläubiger berücksichtigt;

d.[107] die rechtliche oder wirtschaftliche Verbundenheit unter Aktiven, Passiven und Vertragsverhältnissen angemessen berücksichtigt.

² Die Zustimmung der Generalversammlung der Bank ist nicht notwendig.

³ Kann eine Insolvenz der Bank nicht auf andere Weise beseitigt werden, so kann der Sanierungsplan unter Wahrung der Rechte der Gläubiger nach Absatz 1 die Reduktion des bisherigen und die Schaffung von neuem Eigenkapital, die Umwandlung von Fremd- in Eigenkapital sowie die Reduktion von Forderungen vorsehen.[108]

⁴ Die FINMA macht die Grundzüge des Sanierungsplans öffentlich bekannt.[109]

Art. 31a[110] Ablehnung des Sanierungsplans

¹ Sieht der Sanierungsplan einen Eingriff in die Rechte der Gläubiger vor, so setzt die FINMA den Gläubigern spätestens mit dessen Genehmigung eine Frist, innert der sie den Sanierungsplan ablehnen können.

² Lehnen Gläubiger, die betragsmässig mehr als die Hälfte der aus den Büchern hervorgehenden Forderungen der dritten Klasse nach Artikel 219 Absatz 4 SchKG[111] vertreten, den Sanierungsplan ab, so ordnet die FINMA den Konkurs nach den Artikeln 33–37g an.

³ Dieser Artikel findet auf die Sanierung einer systemrelevanten Bank keine Anwendung.[112]

Art. 31b[113] Wertausgleich

¹ Werden Aktiven, Passiven und Vertragsverhältnisse nur teilweise auf einen anderen Rechtsträger oder eine Übergangsbank übertragen, so ordnet die FINMA deren unabhängige Bewertung an.

² Die FINMA regelt den Ausgleich unter den betroffenen Rechtsträgern und ergänzt den Sanierungsplan in einem Nachtrag.

---

107 Eingefügt durch Ziff. I des BG vom 30. Sept. 2011 (Stärkung der Stabilität im Finanzsektor), in Kraft seit 1. März 2012 (AS 2012 811; BBl 2011 4717).
108 Fassung gemäss Anhang Ziff. 10 des Finanzmarktinfrastrukturgesetzes vom 19. Juni 2015, in Kraft seit 1. Jan. 2016 (AS 2015 5339; BBl 2014 7483).
109 Eingefügt durch Ziff. I des BG vom 30. Sept. 2011 (Stärkung der Stabilität im Finanzsektor), in Kraft seit 1. März 2012 (AS 2012 811; BBl 2011 4717).
110 Eingefügt durch Ziff. I des BG vom 18. März 2011 (Sicherung der Einlagen), in Kraft seit 1. Sept. 2011 (AS 2011 3919; BBl 2010 3993).
111 SR 281.1
112 Eingefügt durch Ziff. I des BG vom 30. Sept. 2011 (Stärkung der Stabilität im Finanzsektor), in Kraft seit 1. März 2012 (AS 2012 811; BBl 2011 4717).
113 Eingefügt durch Ziff. I des BG vom 30. Sept. 2011 (Stärkung der Stabilität im Finanzsektor), in Kraft seit 1. März 2012 (AS 2012 811; BBl 2011 4717).

Art. 32 Geltendmachung von Ansprüchen

¹ Sobald die FINMA den Sanierungsplan genehmigt hat, ist die Bank zur Anfechtung von Rechtsgeschäften nach den Artikeln 285–292 SchKG[114] befugt.

² Schliesst der Sanierungsplan für die Bank die Anfechtung von Rechtsgeschäften nach Absatz 1 aus, so ist dazu jeder Gläubiger in dem Umfang berechtigt, in dem der Sanierungsplan in seine Rechte eingreift.

²bis Die Anfechtung nach den Artikeln 285–292 SchKG ist ausgeschlossen gegen Rechtshandlungen in Ausführung eines von der FINMA genehmigten Sanierungsplans.[115]

³ Für die Berechnung der Fristen nach den Artikeln 286–288 SchKG ist der Zeitpunkt der Genehmigung des Sanierungsplans massgebend. Hat die FINMA vorher eine Schutzmassnahme nach Artikel 26 Absatz 1 Buchstaben e–h verfügt, so gilt der Zeitpunkt des Erlasses dieser Verfügung.

³bis Das Anfechtungsrecht verwirkt zwei Jahre nach der Genehmigung des Sanierungsplans.[116]

⁴ Für die Geltendmachung von Verantwortlichkeitsansprüchen nach Artikel 39 gelten die Absätze 1 und 2 sinngemäss.

Zwölfter Abschnitt:[117] Konkursliquidation insolventer Banken (Bankenkonkurs)

Art. 33 Anordnung der Konkursliquidation und Ernennung der Konkursliquidatoren[118]

¹ Besteht keine Aussicht auf Sanierung oder ist diese gescheitert, so entzieht die FINMA der Bank die Bewilligung, ordnet die Konkursliquidation an und macht diese öffentlich bekannt.

² Die FINMA ernennt einen oder mehrere Konkursliquidatoren. Diese unterstehen der Aufsicht der FINMA und erstatten ihr auf Verlangen Bericht.

³ Sie orientieren die Gläubiger mindestens einmal jährlich über den Stand des Verfahrens.

---

114 SR 281.1
115 Eingefügt durch Ziff. I des BG vom 30. Sept. 2011 (Stärkung der Stabilität im Finanzsektor), in Kraft seit 1. März 2012 (AS 2012 811; BBl 2011 4717).
116 Eingefügt durch Ziff. I des BG vom 18. März 2011 (Sicherung der Einlagen), in Kraft seit 1. Sept. 2011 (AS 2011 3919; BBl 2010 3993).
117 Ursprünglich vor Art. 29. Fassung gemäss Ziff. I des BG vom 3. Okt. 2003, in Kraft seit 1. Juli 2004 (AS 2004 2767; BBl 2002 8060).
118 Ausdruck gemäss Ziff. I des BG vom 18. März 2011 (Sicherung der Einlagen), in Kraft seit 1. Sept. 2011 (AS 2011 3919; BBl 2010 3993). Diese Änd. wurde im ganzen Erlass berücksichtigt.

Art. 34 Wirkungen und Ablauf

¹ Die Anordnung der Konkursliquidation hat die Wirkungen einer Konkurseröffnung nach den Artikeln 197–220 SchKG[119].

² Die Konkursliquidation ist unter Vorbehalt der nachfolgenden Bestimmungen nach den Artikeln 221–270 SchKG durchzuführen.

³ Die FINMA kann abweichende Verfügungen und Anordnungen treffen.

Art. 35[120] Gläubigerversammlung und Gläubigerausschuss

¹ Der Konkursliquidator kann der FINMA beantragen:
a. eine Gläubigerversammlung einzusetzen und deren Kompetenzen sowie die für die Beschlussfassung notwendigen Präsenz- und Stimmenquoren festzulegen;
b. einen Gläubigerausschuss einzurichten sowie dessen Zusammensetzung und Kompetenzen festzulegen.

² Die FINMA ist nicht an die Anträge des Konkursliquidators gebunden.

Art. 36 Behandlung der Forderungen; Kollokationsplan

¹ Bei der Erstellung des Kollokationsplans gelten die aus den Büchern ersichtlichen Forderungen als angemeldet.

² Die Gläubiger können den Kollokationsplan einsehen, sofern und soweit es zur Wahrung ihrer Gläubigerrechte erforderlich ist; dabei ist das Berufsgeheimnis nach Artikel 47 so weit als möglich zu wahren.

Art. 37 Bei Schutzmassnahmen eingegangene Verbindlichkeiten

Verbindlichkeiten, welche die Bank während der Dauer der Massnahmen nach Artikel 26 Absatz 1 Buchstaben e–h eingehen durfte, werden im Falle einer Konkursliquidation vor allen anderen befriedigt.

Art. 37a[121] Privilegierte Einlagen

¹ Einlagen, die auf den Namen des Einlegers lauten, einschliesslich Kassenobligationen, die im Namen des Einlegers bei der Bank hinterlegt sind, werden bis zum Höchstbetrag von 100 000 Franken je Gläubiger der zweiten Klasse nach Artikel 219 Absatz 4 SchKG[122] zugewiesen.

² Der Bundesrat kann den Höchstbetrag nach Absatz 1 der Geldentwertung anpassen.

---

119 SR 281.1
120 Fassung gemäss Ziff. I des BG vom 18. März 2011 (Sicherung der Einlagen), in Kraft seit 1. Sept. 2011 (AS 2011 3919; BBl 2010 3993).
121 Fassung gemäss Ziff. I des BG vom 18. März 2011 (Sicherung der Einlagen), in Kraft seit 1. Sept. 2011 (AS 2011 3919; BBl 2010 3993).
122 SR 281.1

³ Einlagen bei Unternehmen, welche ohne Bewilligung der FINMA als Banken tätig sind, sind nicht privilegiert.

⁴ Steht eine Forderung mehreren Personen zu, so kann das Privileg nur einmal geltend gemacht werden.

⁵ Forderungen von Bankstiftungen als Vorsorgeeinrichtungen nach Artikel 82 des Bundesgesetzes vom 25. Juni 1982[123] über die berufliche Alters-, Hinterlassenen- und Invalidenvorsorge sowie von Freizügigkeitsstiftungen als Freizügigkeitseinrichtungen nach dem Freizügigkeitsgesetz vom 17. Dezember 1993[124] gelten als Einlagen der einzelnen Vorsorgenehmer und Versicherten. Sie sind unabhängig von den übrigen Einlagen des einzelnen Vorsorgenehmers und Versicherten bis zum Höchstbetrag nach Absatz 1 privilegiert.

⁶ Die Banken müssen im Umfang von 125 Prozent ihrer privilegierten Einlagen ständig inländisch gedeckte Forderungen oder übrige in der Schweiz belegene Aktiven halten. Die FINMA kann diesen Anteil erhöhen; sie kann in begründeten Fällen insbesondere denjenigen Instituten Ausnahmen gewähren, die aufgrund der Struktur ihrer Geschäftstätigkeit über eine gleichwertige Deckung verfügen.

Art. 37b[125] Sofortige Auszahlung

¹ Privilegierte Einlagen gemäss Artikel 37a Absatz 1 werden aus den verfügbaren liquiden Aktiven ausserhalb der Kollokation und unter Ausschluss jeglicher Verrechnung sofort ausbezahlt.

² Die FINMA legt im Einzelfall den Höchstbetrag der sofort auszahlbaren Einlagen fest. Sie trägt dabei der Rangordnung der übrigen Gläubiger nach Artikel 219 SchKG[126] Rechnung.

Art. 37c[127]

Art. 37d[128] Absonderung von Depotwerten

Depotwerte gemäss Artikel 16 werden nach den Artikeln 17 und 18 des Bucheffektengesetzes vom 3. Oktober 2008[129] abgesondert. Im Falle eines Unterbestandes findet Artikel 19 des Bucheffektengesetzes vom 3. Oktober 2008 Anwendung.

---

123 SR 831.40
124 SR 831.42
125 Fassung gemäss Ziff. I des BG vom 18. März 2011 (Sicherung der Einlagen), in Kraft seit 1. Sept. 2011 (AS 2011 3919; BBl 2010 3993).
126 SR 281.1
127 Aufgehoben durch Ziff. I des BG vom 18. März 2011 (Sicherung der Einlagen), mit Wirkung seit 1. Sept. 2011 (AS 2011 3919; BBl 2010 3993).
128 Fassung gemäss Anhang Ziff. 5 des Bucheffektengesetzes vom 3. Okt. 2008, in Kraft seit 1. Jan. 2010 (AS 2009 3577; BBl 2006 9315).
129 SR 957.1

Art. 37e Verteilung und Schluss des Verfahrens

¹ Die Verteilungsliste wird nicht aufgelegt.

² Nach der Verteilung legen die Konkursliquidatoren der FINMA einen Schlussbericht vor.

³ Die FINMA trifft die nötigen Anordnungen zur Schliessung des Verfahrens. Sie macht die Schliessung öffentlich bekannt.

Art. 37f Koordination mit ausländischen Verfahren

¹ Bildet die Bank auch im Ausland Gegenstand von Zwangsvollstreckungsverfahren, so stimmt die FINMA den Bankenkonkurs so weit als möglich mit den zuständigen ausländischen Organen ab.

² Ist ein Gläubiger in einem ausländischen Verfahren, das mit dem Bankenkonkurs in Zusammenhang steht, teilweise befriedigt worden, so ist dieser Teil nach Abzug der ihm entstandenen Kosten im schweizerischen Verfahren auf die Konkursdividende anzurechnen.

Art. 37g[130] Anerkennung ausländischer Konkursdekrete und Massnahmen

¹ Die FINMA entscheidet über die Anerkennung von Konkursdekreten und Insolvenzmassnahmen, die im Ausland gegenüber Banken ausgesprochen werden.

² Die FINMA kann das in der Schweiz belegene Vermögen ohne Durchführung eines inländischen Verfahrens der ausländischen Insolvenzmasse zur Verfügung stellen, wenn im ausländischen Insolvenzverfahren:
a. die nach Artikel 219 SchKG[131] pfandgesicherten und privilegierten Forderungen von Gläubigern mit Wohnsitz in der Schweiz gleichwertig behandelt werden; und
b. die übrigen Forderungen von Gläubigern mit Wohnsitz in der Schweiz angemessen berücksichtigt werden.

³ Die FINMA kann auch Konkursdekrete und Massnahmen anerkennen, welche im Staat des tatsächlichen Sitzes der Bank ausgesprochen wurden.

⁴ Wird für das in der Schweiz belegene Vermögen ein inländisches Verfahren durchgeführt, so können in den Kollokationsplan auch Gläubiger der dritten Klasse gemäss Artikel 219 Absatz 4 SchKG sowie Gläubiger mit Wohnsitz im Ausland aufgenommen werden.

⁵ Im Übrigen sind die Artikel 166–175 des Bundesgesetzes vom 18. Dezember 1987[132] über das Internationale Privatrecht massgebend.

---

130 Fassung gemäss Ziff. I des BG vom 18. März 2011 (Sicherung der Einlagen), in Kraft seit 1. Sept. 2011 (AS 2011 3919; BBl 2010 3993).
131 SR 281.1
132 SR 291

Dreizehnter Abschnitt:[133] Einlagensicherung

Art. 37h Grundsatz

[1] Die Banken sorgen für die Sicherung der privilegierten Einlagen nach Artikel 37a Absatz 1 bei schweizerischen Geschäftsstellen. Banken, die solche Einlagen besitzen, sind verpflichtet, sich zu diesem Zweck der Selbstregulierung der Banken anzuschliessen.[134]

[2] Die Selbstregulierung unterliegt der Genehmigung durch die FINMA.

[3] Die Selbstregulierung wird genehmigt, wenn sie:

a.[135] die Auszahlung der gesicherten Einlagen innert 20 Arbeitstagen nach Erhalt der Mitteilung betreffend Anordnung von Massnahmen nach Artikel 26 Absatz 1 Buchstaben e–h oder des Konkurses nach den Artikeln 33–37g gewährleistet;

b.[136] einen Maximalbetrag von 6 Milliarden Franken für die gesamthaft ausstehenden Beitragsverpflichtungen vorsieht;

c. sicherstellt, dass jede Bank für die Hälfte ihrer Beitragsverpflichtungen dauernd liquide Mittel hält, welche die gesetzliche Liquidität übersteigen.

[4] Der Bundesrat kann den Betrag gemäss Absatz 3 Buchstabe b anpassen, sofern besondere Umstände dies erfordern.

[5] Genügt die Selbstregulierung den Anforderungen nach den Absätzen 1–3 nicht, so regelt der Bundesrat die Einlagensicherung in einer Verordnung. Er bezeichnet namentlich den Träger der Einlagensicherung und legt die Beiträge der Banken fest.

Art. 37i[137] Auslösung der Einlagensicherung

[1] Hat die FINMA eine Schutzmassnahme nach Artikel 26 Absatz 1 Buchstaben e–h oder den Konkurs nach Artikel 33 angeordnet, so teilt sie dies dem Träger der Einlagensicherung mit und informiert ihn über den Bedarf an Leistungen zur Auszahlung der gesicherten Einlagen.

[2] Der Träger der Einlagensicherung stellt den entsprechenden Betrag innert 20 Arbeitstagen nach Erhalt der Mitteilung dem von der FINMA in der Anordnung bezeichneten Untersuchungsbeauftragten, Sanierungsbeauftragten oder Konkursliquidator zur Verfügung.

---

133 Ursprünglich vor Art. 36. Fassung gemäss Ziff. I des BG vom 3. Okt. 2003, in Kraft seit 1. Juli 2004 (AS 2004 2767; BBl 2002 8060).

134 Fassung gemäss Ziff. I des BG vom 18. März 2011 (Sicherung der Einlagen), in Kraft seit 1. Sept. 2011 (AS 2011 3919; BBl 2010 3993).

135 Fassung gemäss Ziff. I des BG vom 18. März 2011 (Sicherung der Einlagen), in Kraft seit 1. Sept. 2011 (AS 2011 3919; BBl 2010 3993).

136 Fassung gemäss Ziff. I des BG vom 18. März 2011 (Sicherung der Einlagen), in Kraft seit 1. Sept. 2011 (AS 2011 3919; BBl 2010 3993).

137 Fassung gemäss Ziff. I des BG vom 18. März 2011 (Sicherung der Einlagen), in Kraft seit 1. Sept. 2011 (AS 2011 3919; BBl 2010 3993).

³ Im Fall einer Schutzmassnahme kann die FINMA die Mitteilung aufschieben, solange:

a. begründete Aussicht besteht, dass die Schutzmassnahme innert kurzer Frist wieder aufgehoben wird; oder

b. die gesicherten Einlagen von der Schutzmassnahme nicht betroffen sind.

⁴ Die Frist nach Absatz 2 wird unterbrochen, wenn und solange die Anordnung einer Schutzmassnahme oder des Konkurses nicht vollstreckbar ist.

Art. 37j[138] Abwicklung und Legalzession

¹ Der von der FINMA eingesetzte Untersuchungsbeauftragte, Sanierungsbeauftragte oder Konkursliquidator zahlt den Einlegern die gesicherten Einlagen aus.

² Die gesicherten Einlagen werden unter Ausschluss jeglicher Verrechnung ausbezahlt.

³ Den Einlegern steht gegenüber dem Träger der Einlagensicherung kein direkter Anspruch zu.

⁴ Die Rechte der Einleger gehen im Umfang der Auszahlungen auf den Träger der Einlagensicherung über.

Art. 37k[139] Datenaustausch

¹ Die FINMA stellt dem Träger der Einlagensicherung die zur Wahrung seiner Aufgaben notwendigen Angaben zur Verfügung.

² Der Träger der Einlagensicherung erteilt der FINMA sowie dem von der FINMA eingesetzten Untersuchungsbeauftragten, Sanierungsbeauftragten oder Konkursliquidator alle Auskünfte und übermittelt diesen alle Unterlagen, die sie zur Durchsetzung der Einlagensicherung benötigen.

(...)

Datum des Inkrafttretens: 1. März 1935[169]

---

138 Eingefügt durch Ziff. I des BG vom 18. März 2011 (Sicherung der Einlagen), in Kraft seit 1. Sept. 2011 (AS 2011 3919; BBl 2010 3993).

139 Eingefügt durch Ziff. I des BG vom 18. März 2011 (Sicherung der Einlagen), in Kraft seit 1. Sept. 2011 (AS 2011 3919; BBl 2010 3993).

169 BRB vom 26. Febr. 1935

30. Verordnung der Eidgenössischen Finanzmarktaufsicht über die Insolvenz von Banken und Effektenhändlern
(Bankeninsolvenzverordnung-FINMA, BIV-FINMA)

vom 30. August 2012

Die Eidgenössische Finanzmarktaufsicht (FINMA),

gestützt auf die Artikel 28 Absatz 2 und 34 Absatz 3 des Bankengesetzes vom 8. November 1934[1] (BankG),
auf Artikel 36a des Börsengesetzes vom 24. März 1995[2] (BEHG)
sowie auf Artikel 42 des Pfandbriefgesetzes vom 25. Juni 1930[3] (PfG),
verordnet:

1. Kapitel: Allgemeine Bestimmungen

Art. 1 Gegenstand

Diese Verordnung konkretisiert das Sanierungs- und Konkursverfahren nach den Artikeln 28–37g BankG.

Art. 2 Geltungsbereich

[1] Diese Verordnung gilt für folgende, nachfolgend als Banken bezeichnete Institutionen und Personen:
a. Banken nach dem BankG;
b. Effektenhändler nach dem BEHG;
c. Pfandbriefzentralen nach dem PfG.

[2] Für natürliche und juristische Personen, die ohne die erforderliche Bewilligung tätig sind, sind die Bestimmungen zur Bankensanierung (Art. 40–57) nicht anwendbar. Die FINMA kann sie jedoch dann für anwendbar erklären, wenn ein hinreichendes öffentliches Interesse vorliegt.

SR 952.05. AS 2012 5573
1 SR 952.0
2 SR 954.1
3 SR 211.423.4

Art. 3 Universalität

¹ Wird ein Konkurs- oder ein Sanierungsverfahren eröffnet, so erstreckt es sich auf sämtliche verwertbaren Vermögenswerte, die der Bank zu diesem Zeitpunkt gehören, unabhängig davon, ob sie sich im In- oder im Ausland befinden.

² Alle in- und ausländischen Gläubiger und Gläubigerinnen der Bank und ihrer ausländischen Zweigniederlassungen sind in gleicher Weise und mit gleichen Privilegien berechtigt, am in der Schweiz eröffneten Konkurs- oder Sanierungsverfahren teilzunehmen.

³ Als Vermögenswerte einer in der Schweiz tätigen Zweigniederlassung einer ausländischen Bank gelten alle Aktiven im In- und Ausland, die durch Personen begründet wurden, welche für diese Zweigniederlassung gehandelt haben.

Art. 4 Öffentliche Bekanntmachungen und Mitteilungen

¹ Öffentliche Bekanntmachungen werden im Schweizerischen Handelsamtsblatt und auf der Internetseite der FINMA publiziert.

² Denjenigen Gläubigern und Gläubigerinnen, deren Name und Adresse bekannt sind, werden Mitteilungen direkt zugestellt. Die FINMA kann, wenn dies der Vereinfachung des Verfahrens dient, Gläubiger und Gläubigerinnen mit Sitz oder Wohnsitz im Ausland zur Bestellung eines oder einer Zustellungsbevollmächtigten in der Schweiz verpflichten. Bei Dringlichkeit oder zur Vereinfachung des Verfahrens kann auf die direkte Mitteilung verzichtet werden.

³ Für den Fristenlauf und die mit der öffentlichen Bekanntmachung verbundenen Rechtsfolgen ist die Veröffentlichung im Schweizerischen Handelsamtsblatt massgebend.

Art. 5 Akteneinsicht

¹ Wer glaubhaft macht, dass er oder sie durch die Sanierung oder den Konkurs unmittelbar in seinen oder ihren Vermögensinteressen betroffen ist, kann die Sanierungs- oder Konkursakten einsehen; dabei ist das Berufsgeheimnis nach den Artikeln 47 BankG und 43 BEHG so weit als möglich zu wahren.

² Die Akteneinsicht kann auf bestimmte Verfahrensstadien beschränkt oder aufgrund entgegenstehender überwiegender Interessen eingeschränkt oder verweigert werden.

³ Wer Akteneinsicht erhält, darf die Informationen lediglich zur Wahrung der eigenen unmittelbaren Vermögensinteressen verwenden.

⁴ Die Akteneinsicht kann von einer Erklärung abhängig gemacht werden, aus der hervorgeht, dass die eingesehenen Informationen ausschliesslich zur Wahrung der eigenen unmittelbaren Vermögensinteressen verwendet werden. Für

den Fall der Zuwiderhandlung kann vorgängig auf die Strafdrohung nach Artikel 48 des Finanzmarktaufsichtsgesetzes vom 22. Juni 2007[4] und Artikel 292 des Schweizerischen Strafgesetzbuches[5] hingewiesen werden.

[5] Der oder die Sanierungsbeauftragte oder der Konkursliquidator oder die Konkursliquidatorin und, nach Abschluss des Sanierungs- oder Konkursverfahrens, die FINMA entscheiden über die Akteneinsicht.

Art. 6 Anzeige an die FINMA

[1] Wer durch einen Entscheid, eine Handlung oder eine Unterlassung einer Person, die von der FINMA mit Aufgaben nach dieser Verordnung betraut wurde, in seinen Interessen verletzt wird, kann diesen Sachverhalt der FINMA anzeigen.

[2] Die Entscheide dieser Personen sind keine Verfügungen und die anzeigenden Personen sind keine Parteien im Sinne des Bundesgesetzes vom 20. Dezember 1968[6] über das Verwaltungsverfahren.

[3] Die FINMA beurteilt den angezeigten Sachverhalt, trifft die notwendigen Massnahmen und erlässt, falls erforderlich, eine Verfügung.

Art. 7 Insolvenzort

[1] Der Insolvenzort befindet sich am Sitz der Bank oder der Zweigniederlassung einer ausländischen Bank in der Schweiz.

[2] Hat eine Bank mehrere Sitze oder eine ausländische Bank mehrere Zweigniederlassungen in der Schweiz, so gibt es nur einen Insolvenzort. Diesen bestimmt die FINMA.

[3] Bei natürlichen Personen befindet sich der Insolvenzort am Ort des Geschäftsdomizils im Zeitpunkt der Eröffnung des Konkurs- oder Sanierungsverfahrens.

Art. 8 Aus den Büchern ersichtliche Forderungen und Verpflichtungen

Eine Forderung oder eine Verpflichtung der Bank gilt dann als aus den Büchern der Bank ersichtlich, wenn die Bücher der Bank ordnungsgemäss geführt sind und der Konkursliquidator oder die Konkursliquidatorin ihnen tatsächlich entnehmen kann, dass und in welchem Umfang die Forderung oder die Verpflichtung besteht.

Art. 9 Koordination

Die FINMA und der oder die Sanierungsbeauftragte oder der Konkursliquidator oder die Konkursliquidatorin koordinieren ihr Handeln soweit möglich mit in- und ausländischen Behörden und Organen.

---

4 SR 956.1
5 SR 311.0
6 SR 172.021

Art. 10 Anerkennung ausländischer Konkursdekrete und Massnahmen

¹ Anerkennt die FINMA ein ausländisches Konkursdekret oder eine ausländische Insolvenzmassnahme nach Artikel 37*g* BankG, so sind für das in der Schweiz befindliche Vermögen die Bestimmungen dieser Verordnung anwendbar.

² Die FINMA kann einem Anerkennungsersuchen auch ohne Vorliegen des Gegenrechts entsprechen, sofern dies im Interesse der betroffenen Gläubiger und Gläubigerinnen liegt.

³ Sie bestimmt den einheitlichen Insolvenzort in der Schweiz und den Kreis der Gläubiger und Gläubigerinnen nach Artikel 37*g* Absatz 4 BankG.

⁴ Sie macht die Anerkennung sowie den Kreis der Gläubiger und Gläubigerinnen öffentlich bekannt.

2. Kapitel: Konkurs

1. Abschnitt: Verfahren

Art. 11 Publikation und Schuldenruf

¹ Die FINMA eröffnet der Bank die Konkursverfügung und macht sie unter gleichzeitigem Schuldenruf öffentlich bekannt.

² Die Publikation enthält insbesondere folgende Angaben:
a. Name der Bank sowie deren Sitz und Zweigniederlassungen;
b. Datum und Zeitpunkt der Konkurseröffnung;
c. Konkursort;
d. Name und Adresse des Konkursliquidators oder der Konkursliquidatorin;
e. Aufforderung an die Gläubiger und Gläubigerinnen und an Personen, die im Besitz der Bank befindliche Vermögensstücke beanspruchen, ihre Forderungen und Ansprüche innert angesetzter Frist dem Konkursliquidator oder der Konkursliquidatorin anzumelden und die entsprechenden Beweismittel vorzulegen;
f. Hinweis auf Forderungen, die nach Artikel 26 als angemeldet gelten;
g. Hinweis auf die Herausgabe- und Meldepflichten nach den Artikeln 17–19.

³ Der Konkursliquidator oder die Konkursliquidatorin kann den bekannten Gläubigern und Gläubigerinnen ein Exemplar der Bekanntmachung zustellen.

Art. 12 Einsetzung eines Konkursliquidators oder einer Konkursliquidatorin

¹ Die FINMA setzt mittels Verfügung einen Konkursliquidator oder eine Konkursliquidatorin ein, sofern sie dessen oder deren Aufgaben nicht selber wahrnimmt.

² Setzt die FINMA einen Konkursliquidator oder eine Konkursliquidatorin ein, so hat sie bei der Auswahl darauf zu achten, dass dieser oder diese zeitlich und fachlich in der Lage ist, den Auftrag sorgfältig, effizient und effektiv auszuüben, und keinen Interessenkonflikten unterliegt, welche der Auftragserteilung entgegenstehen.

³ Sie präzisiert die Einzelheiten des Auftrags, insbesondere betreffend Kosten, Berichterstattung und Kontrolle des Konkursliquidators oder der Konkursliquidatorin.

Art. 13 Aufgaben und Kompetenzen des Konkursliquidators oder der Konkursliquidatorin

Der Konkursliquidator oder die Konkursliquidatorin treibt das Verfahren voran. Er oder sie hat insbesondere:

a. die technischen und administrativen Voraussetzungen für die Durchführung des Konkurses zu schaffen;
b. die Konkursaktiven zu sichern und zu verwerten;
c. die im Rahmen des Konkursverfahrens notwendige Geschäftsführung zu besorgen;
d. die Konkursmasse vor Gericht und anderen Behörden zu vertreten;
e. in Zusammenarbeit mit dem Träger der Einlagensicherung die Erhebung und die Auszahlung der nach Artikel 37h BankG gesicherten Einlagen zu besorgen.

Art. 14 Gläubigerversammlung

¹ Hält es der Konkursliquidator oder die Konkursliquidatorin für angebracht, eine Gläubigerversammlung einzuberufen, so stellt er oder sie der FINMA einen entsprechenden Antrag. Diese legt mit dem Entscheid die Kompetenzen der Gläubigerversammlung sowie die für die Beschlussfassung notwendigen Präsenz- und Stimmenquoren fest.

² Alle Gläubiger und Gläubigerinnen dürfen an der Gläubigerversammlung teilnehmen oder sich vertreten lassen. In Zweifelsfällen entscheidet der Konkursliquidator oder die Konkursliquidatorin über die Zulassung.

³ Der Konkursliquidator oder die Konkursliquidatorin leitet die Verhandlungen und erstattet Bericht über die Vermögenslage der Bank und den Stand des Verfahrens.

⁴ Die Gläubiger und Gläubigerinnen können Beschlüsse auch auf dem Zirkularweg fassen. Lehnt ein Gläubiger oder eine Gläubigerin den Antrag des Konkursliquidators oder der Konkursliquidatorin nicht ausdrücklich innert der angesetzten Frist ab, so gilt dies als Zustimmung.

Art. 15 Gläubigerausschuss

[1] Die FINMA entscheidet auf Antrag des Konkursliquidators oder der Konkursliquidatorin über Einsetzung, Zusammensetzung, Aufgaben und Kompetenzen eines Gläubigerausschusses.

[2] Hat der Träger oder die Trägerin der Einlagensicherung in wesentlichem Umfang nach Artikel 37h BankG privilegierte Einlagen ausbezahlt, so hat er oder sie eine Person zu ernennen, die ihn oder sie im Gläubigerausschuss vertritt.

[3] Die FINMA bestimmt den Vorsitzenden oder die Vorsitzende, das Verfahren für die Beschlussfassung sowie die Entschädigung der einzelnen Mitglieder.

2. Abschnitt: Konkursaktiven

Art. 16 Inventaraufnahme

[1] Der Konkursliquidator oder die Konkursliquidatorin errichtet ein Inventar über das zur Konkursmasse gehörende Vermögen.

[2] Die Inventaraufnahme richtet sich nach den Artikeln 221–229 des Bundesgesetzes vom 11. April 1889[7] über Schuldbetreibung und Konkurs (SchKG), soweit diese Verordnung nichts anderes bestimmt.

[3] Die nach Artikel 37d BankG abzusondernden Depotwerte sind zum Gegenwert im Zeitpunkt der Konkurseröffnung im Inventar vorzumerken. Das Inventar weist auf Ansprüche der Bank gegenüber dem Deponenten oder der Deponentin hin, die einer Absonderung entgegenstehen.

[4] Der Konkursliquidator oder die Konkursliquidatorin beantragt der FINMA die Massnahmen, die zur Sicherung des zur Konkursmasse gehörenden Vermögens erforderlich sind.

[5] Er oder sie legt das Inventar dem Bankier oder einer von den Eignern und Eignerinnen der Bank als Organ gewählten Person vor. Diese haben sich über die Vollständigkeit und Richtigkeit des Inventars zu erklären. Ihre Erklärung ist in das Inventar aufzunehmen.

Art. 17 Herausgabe- und Meldepflicht

[1] Schuldner und Schuldnerinnen der Bank sowie Personen, welche Vermögenswerte der Bank als Pfandgläubiger oder Pfandgläubigerinnen oder aus andern Gründen besitzen, haben sich innert der Eingabefrist nach Artikel 11 Absatz 2 Buchstabe e beim Konkursliquidator oder bei der Konkursliquidatorin zu melden und ihm oder ihr die Vermögenswerte zur Verfügung zu stellen.

[2] Anzumelden sind Forderungen auch dann, wenn eine Verrechnung geltend gemacht wird.

---

7 SR 281.1

³ Ein bestehendes Vorzugsrecht erlischt, wenn die Meldung oder die Herausgabe ungerechtfertigterweise unterbleibt.

Art. 18 Ausnahmen von der Herausgabepflicht

¹ Als Sicherheit dienende Effekten und andere Finanzinstrumente müssen nicht herausgegeben werden, soweit die gesetzlichen Voraussetzungen für eine Verwertung durch den Sicherungsnehmer oder die Sicherungsnehmerin gegeben sind.

² Diese Vermögenswerte sind jedoch dem Konkursliquidator oder der Konkursliquidatorin unter Nachweis des Verwertungsrechts zu melden und von diesem oder dieser im Inventar vorzumerken.

³ Der Sicherungsnehmer oder die Sicherungsnehmerin muss mit dem Konkursliquidator oder der Konkursliquidatorin über den aus der Verwertung dieser Vermögenswerte erzielten Erlös abrechnen. Ein allfälliger Verwertungsüberschuss fällt an die Konkursmasse.

Art. 19 Ausnahmen von der Meldepflicht

Die FINMA kann bestimmen, dass für aus den Büchern ersichtliche Forderungen der Bank die Meldung der Schuldner und Schuldnerinnen unterbleiben kann.

Art. 20 Aussonderung

¹ Der Konkursliquidator oder die Konkursliquidatorin prüft die Herausgabe von Vermögensgegenständen, die von Dritten beansprucht werden.

² Hält er oder sie einen Herausgabeanspruch für begründet, so gibt er oder sie den Gläubigern und Gläubigerinnen die Möglichkeit, die Abtretung des Bestreitungsrechts nach Artikel 260 Absätze 1 und 2 SchKG[8] zu verlangen, und setzt ihnen dazu eine angemessene Frist.

³ Hält er oder sie einen Herausgabeanspruch für unbegründet oder haben Gläubiger und Gläubigerinnen die Abtretung des Bestreitungsrechts verlangt, so setzt er oder sie der Anspruch erhebenden Person eine Frist, innert der sie beim Gericht am Konkursort Klage einreichen kann. Unbenutzter Ablauf der Frist gilt als Verzicht auf den Herausgabeanspruch.

⁴ Die Klage hat sich im Fall einer Abtretung gegen die Abtretungsgläubiger und Abtretungsgläubigerinnen zu richten. Der Konkursliquidator oder die Konkursliquidatorin gibt dem oder der Dritten mit der Fristansetzung die Abtretungsgläubiger und Abtretungsgläubigerinnen bekannt.

---

8 SR 281.1

Art. 21 Guthaben, Admassierung und Anfechtung

¹ Fällige Forderungen der Konkursmasse werden vom Konkursliquidator oder der Konkursliquidatorin, nötigenfalls auf dem Betreibungswege, eingezogen.

² Der Konkursliquidator oder die Konkursliquidatorin prüft Ansprüche der Konkursmasse auf bewegliche Sachen, die sich im Gewahrsam oder Mitgewahrsam einer Drittperson befinden, oder auf Grundstücke, die im Grundbuch auf den Namen einer Drittperson eingetragen sind.

³ Er oder sie prüft, ob Rechtsgeschäfte nach den Artikeln 285–292 SchKG[9] angefochten werden können. Die Dauer eines vorausgegangenen Sanierungsverfahrens sowie einer vorgängig erlassenen Anordnung einer Schutzmassnahme nach Artikel 26 Absatz 1 Buchstaben e–h BankG werden an die Fristen der Artikel 286–288 SchKG nicht angerechnet.

⁴ Beabsichtigt der Konkursliquidator oder die Konkursliquidatorin, eine bestrittene Forderung oder einen Anspruch nach Absatz 2 oder 3 auf dem Klageweg weiterzuverfolgen, so holt er oder sie von der FINMA die Zustimmung und zweckdienliche Weisungen ein.

⁵ Klagt der Konkursliquidator oder die Konkursliquidatorin nicht, so kann er oder sie den Gläubigern und Gläubigerinnen die Möglichkeit geben, die Abtretung im Sinne von Artikel 260 Absätze 1 und 2 SchKG zu verlangen oder die betreffenden Forderungen und die übrigen Ansprüche nach Artikel 31 zu verwerten.

⁶ Gibt er oder sie den Gläubigern und Gläubigerinnen die Möglichkeit, die Abtretung zu verlangen, so setzt er oder sie ihnen dazu eine angemessene Frist.

⁷ Die Verwertung nach Artikel 31 ist ausgeschlossen bei Anfechtungsansprüchen nach Absatz 3 sowie bei Verantwortlichkeitsansprüchen nach Artikel 39 BankG.

Art. 22 Fortführung hängiger Zivilprozesse und Verwaltungsverfahren

¹ Der Konkursliquidator oder die Konkursliquidatorin beurteilt Ansprüche der Konkursmasse, die im Zeitpunkt der Konkurseröffnung bereits Gegenstand eines Zivilprozesses oder eines Verwaltungsverfahrens bilden, und stellt der FINMA Antrag über deren Fortführung.

² Lehnt die FINMA die Fortführung ab, so gibt der Konkursliquidator oder die Konkursliquidatorin den Gläubigern und Gläubigerinnen die Möglichkeit, die Abtretung des Prozessführungsrechts im Sinne von Artikel 260 Absätze 1 und 2 SchKG[10] zu verlangen, und setzt ihnen dazu eine angemessene Frist.

---

9 SR 281.1
10 SR 281.1

Art. 23 Einstellung mangels Aktiven

[1] Reichen die Konkursaktiven nicht aus, das Konkursverfahren durchzuführen, so beantragt der Konkursliquidator oder die Konkursliquidatorin der FINMA, das Verfahren mangels Aktiven einzustellen.

[2] In Ausnahmefällen führt die FINMA das Verfahren auch bei nicht ausreichenden Konkursaktiven durch, namentlich wenn an dessen Durchführung ein besonderes Interesse besteht.

[3] Beabsichtigt die FINMA das Verfahren einzustellen, so macht sie dies öffentlich bekannt. In der Bekanntmachung weist sie darauf hin, dass sie das Verfahren fortführt, wenn innert einer bestimmten Frist ein Gläubiger oder eine Gläubigerin Sicherheit für den durch die Konkursaktiven nicht gedeckten Teil der Kosten des Verfahrens leistet. Die FINMA setzt die Frist an und legt die Art und die Höhe der Sicherheit fest.

[4] Wird die festgelegte Sicherheit nicht fristgerecht geleistet, so kann jeder Pfandgläubiger und jede Pfandgläubigerin bei der FINMA innerhalb einer von ihr angesetzten Frist die Verwertung seines oder ihres Pfandes verlangen. Die FINMA beauftragt einen Konkursliquidator oder eine Konkursliquidatorin mit der Durchführung der Verwertung.

[5] Die FINMA ordnet bei juristischen Personen die Verwertung der Aktiven an, für die kein Pfandgläubiger oder keine Pfandgläubigerin fristgemäss die Verwertung verlangt hat. Verbleibt nach der Deckung der Verwertungskosten und der auf dem einzelnen Aktivum haftenden Lasten ein Erlös, so verfällt dieser nach Deckung der Kosten der FINMA an den Bund.

[6] Wurde das Konkursverfahren gegen natürliche Personen eingestellt, so sind für das Betreibungsverfahren Artikel 230 Absätze 3 und 4 SchKG[11] anwendbar.

3. Abschnitt: Konkurspassiven

Art. 24 Gläubigermehrheit

[1] Bestehen gegenüber der Bank Forderungen zu gesamter Hand, so ist die Gesamthand als eine von den berechtigten Personen getrennte Gläubigerin zu behandeln.

[2] Solidarforderungen sind den Solidargläubigern und Solidargläubigerinnen zu gleichen Teilen anzurechnen, soweit der Bank kein Verrechnungsrecht zusteht. Die Anteile gelten als Forderungen der einzelnen Solidargläubiger und Solidargläubigerinnen.

---

11 SR 281.1

Art. 25 Privilegierte Einlagen

¹ Nach Artikel 37a BankG privilegierte Einlagen sind:

a. alle Kundenforderungen aus einer Bank- oder Effektenhandelstätigkeit, die in der Bilanzposition Verpflichtungen aus Kundeneinlagen verbucht sind oder verbucht sein müssten;

b. in der Bilanzposition Kassenobligationen verbuchte Kassenobligationen, die auf den Namen des Einlegers oder der Einlegerin bei der Bank hinterlegt sind.[12]

² Keine privilegierten Einlagen im Sinne von Artikel 37a BankG sind:

a. auf den Inhaber oder die Inhaberin lautende Forderungen;

b. Kassenobligationen, die nicht bei der Bank verwahrt werden;

c. vertragliche und ausservertragliche Schadenersatzforderungen wie Ersatzforderungen für nicht vorhandene Depotwerte nach Artikel 37d BankG.

³ Forderungen von Bankstiftungen nach Artikel 5 Absatz 2 der Verordnung vom 13. November 1985[13] über die steuerliche Abzugsberechtigung für Beiträge an anerkannte Vorsorgeformen und von Freizügigkeitsstiftungen nach Artikel 19 Absatz 2 der Freizügigkeitsverordnung vom 3. Oktober 1994[14] gelten als Einlagen der einzelnen Vorsorgenehmer und -nehmerinnen und Versicherten. Auszahlungen für diese Forderungen erfolgen hingegen an die jeweilige Bank- oder Freizügigkeitsstiftung.

Art. 26 Prüfung der Forderungen

¹ Der Konkursliquidator oder die Konkursliquidatorin prüft die angemeldeten und die von Gesetzes wegen zu berücksichtigenden Forderungen. Er oder sie kann dabei eigene Erhebungen machen und die Gläubiger und Gläubigerinnen auffordern, zusätzliche Beweismittel einzureichen.

² Von Gesetzes wegen zu berücksichtigen sind:

a. aus dem Grundbuch ersichtliche Forderungen samt dem laufenden Zins; und

b. nach Artikel 8 aus den Büchern der Bank ersichtliche Forderungen.

³ Über die nicht aus den Büchern der Bank ersichtlichen Forderungen holt der Konkursliquidator oder die Konkursliquidatorin die Erklärung des Bankiers oder einer von den Eignern und Eignerinnen der Bank als Organ gewählten Person ein.

Art. 27 Kollokation

¹ Der Konkursliquidator oder die Konkursliquidatorin entscheidet, ob, in welcher Höhe und in welchem Rang Forderungen anerkannt werden, und erstellt den Kollokationsplan.

---

12 Fassung gemäss Ziff. I der V der FINMA vom 27. März 2014, in Kraft seit 1. Jan. 2015 (AS 2014 1309).
13 SR 831.461.3
14 SR 831.425

² Gehört zur Konkursmasse ein Grundstück, so erstellt er oder sie ein Verzeichnis der darauf ruhenden Lasten wie Pfandrechte, Dienstbarkeiten, Grundlasten und vorgemerkte persönliche Rechte. Das Lastenverzeichnis bildet Bestandteil des Kollokationsplans.

³ Der Konkursliquidator oder die Konkursliquidatorin kann mit Zustimmung der FINMA für registerpfandgesicherte Forderungen einen separaten Kollokationsplan erstellen, wenn Systemrisiken nur so begrenzt werden können.

Art. 28 Im Zivilprozess oder im Verwaltungsverfahren liegende Forderungen

¹ Forderungen, die im Zeitpunkt der Konkurseröffnung bereits Gegenstand eines Zivilprozesses oder eines Verwaltungsverfahrens in der Schweiz bilden, sind im Kollokationsplan zunächst *pro memoria* vorzumerken.

² Verzichtet der Konkursliquidator oder die Konkursliquidatorin auf die Fortführung des Zivilprozesses oder des Verwaltungsverfahrens, so gibt er oder sie den Gläubigern und Gläubigerinnen die Möglichkeit, die Abtretung im Sinne von Artikel 260 Absatz 1 SchKG[15] zu verlangen.

³ Wird der Zivilprozess oder das Verwaltungsverfahren weder von der Konkursmasse noch von einzelnen Abtretungsgläubigern oder Abtretungsgläubigerinnen fortgeführt, so gilt die Forderung als anerkannt, und die Gläubiger und Gläubigerinnen haben kein Recht mehr, diese mittels Kollokationsklage anzufechten.

⁴ Führen einzelne Abtretungsgläubiger oder Abtretungsgläubigerinnen den Zivilprozess oder das Verwaltungsverfahren fort, so dient der Betrag, um den im Rahmen ihres Obsiegens der Anteil des unterliegenden Gläubigers oder der unterliegenden Gläubigerin an der Konkursmasse herabgesetzt wird, zur Befriedigung der Abtretungsgläubiger oder Abtretungsgläubigerinnen bis zur vollen Deckung ihrer kollozierten Forderungen sowie der Prozesskosten. Ein Überschuss fällt an die Konkursmasse.

Art. 29 Einsicht in den Kollokationsplan

¹ Die Gläubiger und Gläubigerinnen können den Kollokationsplan im Rahmen von Artikel 5 während mindestens 20 Tagen einsehen.

² Der Konkursliquidator oder die Konkursliquidatorin macht öffentlich bekannt, ab welchem Zeitpunkt und in welcher Form der Kollokationsplan eingesehen werden kann.

³ Er oder sie kann vorsehen, dass die Einsichtnahme beim Konkursamt am Konkursort erfolgen kann.

⁴ Er oder sie teilt jedem Gläubiger und jeder Gläubigerin, dessen oder deren Forderung nicht wie angemeldet oder wie aus den Büchern der Bank oder

---

15 SR 281.1

dem Grundbuch ersichtlich kolloziert wurde, die Gründe für die vollständige oder teilweise Abweisung der Forderung mit.

Art. 30 Kollokationsklage

¹ Kollokationsklagen richten sich nach Artikel 250 SchKG[16].

² Die Klagefrist beginnt in dem Zeitpunkt zu laufen, ab dem in den Kollokationsplan Einsicht genommen werden kann.

4. Abschnitt: Verwertung

Art. 31 Art der Verwertung

¹ Der Konkursliquidator oder die Konkursliquidatorin entscheidet über die Art und den Zeitpunkt der Verwertung und führt diese durch.

² Verpfändete Vermögensstücke dürfen nur mit Zustimmung der Pfandgläubiger und Pfandgläubigerinnen anders verwertet werden als durch Verkauf an öffentlicher Steigerung.

³ Vermögenswerte können ohne Aufschub verwertet werden, wenn sie:
a. schneller Wertverminderung ausgesetzt sind;
b. unverhältnismässig hohe Verwaltungskosten verursachen;
c. an einem repräsentativen Markt gehandelt werden; oder
d. nicht von bedeutendem Wert sind.

Art. 32 Öffentliche Versteigerung

¹ Öffentliche Versteigerungen richten sich nach den Artikeln 257–259 SchKG[17], soweit diese Verordnung nichts anderes bestimmt.

² Der Konkursliquidator oder die Konkursliquidatorin führt die Versteigerung durch. Er oder sie kann in den Steigerungsbedingungen ein Mindestangebot für die erste Versteigerung vorsehen.

³ Er oder sie macht die Möglichkeit der Einsichtnahme in die Steigerungsbedingungen öffentlich bekannt. Er oder sie kann die Einsichtnahme beim Konkurs- oder Betreibungsamt am Ort der gelegenen Sache vorsehen.

Art. 33 Abtretung von Rechtsansprüchen

¹ Der Konkursliquidator oder die Konkursliquidatorin bestimmt in der Bescheinigung über die Abtretung eines Rechtsanspruchs der Konkursmasse im Sinne von Artikel 260 SchKG[18] die Frist, innert der der Abtretungsgläubiger oder die Abtretungsgläubigerin den Rechtsanspruch gerichtlich geltend machen muss. Bei unbenutztem Ablauf der Frist fällt die Abtretung dahin.

---

16 SR 281.1
17 SR 281.1
18 SR 281.1

² Die Abtretungsgläubiger und Abtretungsgläubigerinnen berichten dem Konkursliquidator oder der Konkursliquidatorin und, nach Abschluss des Konkursverfahrens, der FINMA ohne Verzug über das Resultat der Geltendmachung.

³ Verlangt kein Gläubiger und keine Gläubigerin die Abtretung oder ist die Frist zur Geltendmachung unbenutzt abgelaufen, so entscheidet der Konkursliquidator oder die Konkursliquidatorin und, nach Abschluss des Konkursverfahrens, die FINMA über die allfällige weitere Verwertung dieser Rechtsansprüche.

Art. 34 Anfechtung von Verwertungshandlungen

¹ Der Konkursliquidator oder die Konkursliquidatorin erstellt periodisch einen Verwertungsplan, der über die zur Verwertung anstehenden Konkursaktiven und die Art ihrer Verwertung Auskunft gibt.

² Verwertungshandlungen, die nach Artikel 31 Absatz 3 ohne Aufschub erfolgen können, müssen nicht in den Verwertungsplan aufgenommen werden.

³ Eine Abtretung von Rechtsansprüchen nach Artikel 33 gilt nicht als Verwertungshandlung.

⁴ Der Konkursliquidator oder die Konkursliquidatorin teilt den Verwertungsplan den Gläubigern und Gläubigerinnen mit und setzt ihnen eine Frist, innert der sie über einzelne darin aufgeführte Verwertungshandlungen von der FINMA eine anfechtbare Verfügung verlangen können.

5. Abschnitt: Verteilung

Art. 35 Massaverpflichtungen

Aus der Konkursmasse werden vorab und in folgender Reihenfolge gedeckt:
a. Verbindlichkeiten nach Artikel 37 BankG und nach Artikel 43 dieser Verordnung;
b. Verbindlichkeiten, welche die Konkursmasse während der Dauer des Verfahrens eingegangen ist;
c. sämtliche Kosten für Eröffnung und Durchführung des Konkursverfahrens;
d. Verbindlichkeiten gegenüber einem Drittverwahrer oder einer Drittverwahrerin nach Artikel 17 Absatz 3 des Bucheffektengesetzes vom 3. Oktober 2008[19].

Art. 36 Verteilung

¹ Der Konkursliquidator oder die Konkursliquidatorin kann Abschlagsverteilungen vorsehen. Er oder sie erstellt hierfür eine provisorische Verteilungsliste und unterbreitet diese der FINMA zur Genehmigung.

---

19 SR 957.1

² Sind sämtliche Aktiven verwertet und alle die Feststellung der Aktiv- und Passivmasse betreffenden Prozesse erledigt, so erstellt der Konkursliquidator oder die Konkursliquidatorin die abschliessende Verteilungsliste sowie die Schlussrechnung und unterbreitet diese der FINMA zur Genehmigung. Auf die von einzelnen Gläubigern oder Gläubigerinnen im Sinne von Artikel 260 SchKG[20] geführten Prozesse braucht keine Rücksicht genommen zu werden.

³ Nach der Genehmigung der Verteilungsliste nimmt der Konkursliquidator oder die Konkursliquidatorin die Auszahlungen an die Gläubiger und Gläubigerinnen vor.

⁴ Keine Auszahlung erfolgt für Forderungen:
a. deren Bestand oder Höhe nicht abschliessend feststeht;
b. deren Berechtigte nicht definitiv bekannt sind;
c. die teilweise durch nicht verwertete Sicherheiten im Ausland oder gemäss Artikel 18 gedeckt sind; oder
d. die voraussichtlich durch eine ausstehende Befriedigung in einem ausländischen Zwangsvollstreckungsverfahren, das mit dem Konkurs in Zusammenhang steht, teilweise Deckung erhalten werden.

⁵ Wird ein separater Kollokationsplan nach Artikel 27 Absatz 3 erstellt, so kann der Konkursliquidator oder die Konkursliquidatorin, nach dessen Eintritt in die Rechtskraft und unabhängig von der Rechtskraft des Kollokationsplanes betreffend die übrigen Forderungen, mit Genehmigung der FINMA die Verteilung vornehmen.

Art. 37 Verlustschein

¹ Die Gläubiger und Gläubigerinnen können beim Konkursliquidator oder bei der Konkursliquidatorin und, nach Abschluss des Konkursverfahrens, bei der FINMA gegen Bezahlung einer Kostenpauschale für den ungedeckten Betrag ihrer Forderung einen Verlustschein gemäss Artikel 265 SchKG[21] verlangen.

² Der Konkursliquidator oder die Konkursliquidatorin macht die Gläubiger und Gläubigerinnen im Rahmen der Auszahlung ihrer Anteile auf diese Möglichkeit aufmerksam.

Art. 38 Hinterlegung

¹ Die FINMA trifft unter Vorbehalt der Vorschriften über die nachrichtenlosen Vermögenswerte die notwendigen Anordnungen über die Hinterlegung der nicht ausbezahlten Anteile sowie der nicht herausgegebenen abgesonderten Depotwerte.

² Hinterlegte Vermögenswerte, die frei werden oder nach zehn Jahren nicht bezogen wurden, werden unter Vorbehalt einer abweichenden spezialgesetzlichen Regelung nach Artikel 39 verwertet und verteilt.

---

20 SR 281.1
21 SR 281.1

Art. 39 Nachträglich entdeckte Vermögenswerte

¹ Werden innerhalb von zehn Jahren nach Schluss des Konkursverfahrens Vermögenswerte oder andere Rechtsansprüche entdeckt, die bisher nicht zur Konkursmasse gezogen wurden, so beauftragt die FINMA einen Konkursliquidator oder eine Konkursliquidatorin, das Konkursverfahren ohne weitere Förmlichkeiten wieder aufzunehmen.

² Nachträglich entdeckte Vermögenswerte oder Rechtsansprüche werden den Gläubigern und Gläubigerinnen verteilt, die zu Verlust gekommen sind und deren für die Auszahlung notwendige Angaben dem Konkursliquidator oder der Konkursliquidatorin bekannt sind. Der Konkursliquidator oder die Konkursliquidatorin kann die Gläubiger und Gläubigerinnen unter Hinweis auf die Verwirkung ihres Anspruchs auffordern, ihm oder ihr die aktuellen Angaben bekannt zu geben. Er oder sie setzt ihnen dazu eine angemessene Frist.

³ Ist offensichtlich, dass die durch die Wiederaufnahme des Konkursverfahrens entstehenden Kosten vom zu erwartenden Erlös aus der Verwertung der nachträglich entdeckten Vermögenswerte nicht gedeckt oder nur geringfügig übertroffen werden, kann die FINMA von der Wiederaufnahme absehen. Sie leitet die nachträglich entdeckten Vermögenswerte an den Bund.

3. Kapitel: Sanierung

1. Abschnitt: Verfahren

Art. 40 Voraussetzungen

¹ Die Aussicht auf Sanierung der Bank oder auf Weiterführung einzelner Bankdienstleistungen ist dann begründet, wenn es zum Zeitpunkt des Entscheides hinreichend glaubhaft ist, dass:
a. die Gläubiger und Gläubigerinnen in der Sanierung voraussichtlich besser gestellt werden als im Konkurs; und
b. das Sanierungsverfahren zeitlich und sachlich durchführbar ist.

² Es besteht kein Anspruch auf Eröffnung eines Sanierungsverfahrens.

Art. 41 Eröffnung

¹ Die FINMA eröffnet das Sanierungsverfahren mittels Verfügung.

² Sie macht die Eröffnung sofort öffentlich bekannt.

³ Sie regelt in der Eröffnungsverfügung, ob bereits bestehende Schutzmassnahmen nach Artikel 26 BankG weiterzuführen oder abzuändern sind oder neue Schutzmassnahmen anzuordnen sind.

⁴ Sie kann mit der Eröffnung des Sanierungsverfahrens auch bereits den Sanierungsplan genehmigen.

Art. 42 Sanierungsbeauftragter oder Sanierungsbeauftragte

¹ Die FINMA setzt mittels Verfügung einen Sanierungsbeauftragten oder eine Sanierungsbeauftragte ein, sofern sie diese Aufgaben nicht selbst wahrnimmt.

² Setzt die FINMA einen Sanierungsbeauftragten oder eine Sanierungsbeauftragte ein, so hat sie bei der Auswahl darauf zu achten, dass die betreffende Person zeitlich und fachlich in der Lage ist, den Auftrag sorgfältig, effizient und effektiv auszuüben, und keinen Interessenkonflikten unterliegt, die der Auftragserteilung entgegenstehen.

³ Sie legt fest, welche Befugnisse der oder die Sanierungsbeauftragte hat und ob er oder sie anstelle der Bankorgane handeln kann. Er oder sie kann während der Dauer des Sanierungsverfahrens insbesondere Verpflichtungen zulasten der Bank im Hinblick auf die Sanierung eingehen.

⁴ Die FINMA präzisiert die Einzelheiten des Auftrags, insbesondere betreffend Kosten, Berichterstattung und Kontrolle des oder der Sanierungsbeauftragten.

Art. 43 Verbindlichkeiten während des Sanierungsverfahrens

Verbindlichkeiten, welche die Bank während der Dauer des Sanierungsverfahrens mit Zustimmung des Sanierungsbeauftragten eingeht, werden im Falle des Scheiterns der Sanierung im daran anschliessenden Konkursverfahren vor allen anderen Forderungen befriedigt.

Art. 44 Sanierungsplan

¹ Der Sanierungsplan legt die Grundelemente der Sanierung, der künftigen Kapitalstruktur und des Geschäftsmodells der Bank nach der Sanierung dar und erläutert, auf welche Weise er die Genehmigungsvoraussetzungen nach Artikel 31 Absatz 1 BankG erfüllt.

² Der Sanierungsplan äussert sich ausserdem zu folgenden Elementen:
a. der voraussichtlichen Einhaltung der Bewilligungsvoraussetzungen;
b. den Aktiven und Passiven der Bank;
c. der künftigen Organisation und Führung der Bank und, sofern die Bank Teil einer Bankengruppe oder eines Bankenkonglomerats ist, der künftigen Gruppen- beziehungsweise Konglomeratsorganisation;
d. ob und wie der Sanierungsplan in die Rechte der Bankgläubiger und Bankgläubigerinnen sowie der Eigner und Eignerinnen eingreift;
e. ob das Anfechtungsrecht und Verantwortlichkeitsansprüche der Bank nach Artikel 32 BankG ausgeschlossen sind;
f. welche bisherigen Bankorgane weiterhin für die Führung der Bank verantwortlich sein sollen und weshalb dies im Interesse der Bank, der Gläubiger und Gläubigerinnen sowie der Eigner und Eignerinnen liegt;
g. der Abgangsregelung ausscheidender Bankorgane;
h. denjenigen Geschäften, die einer Eintragung in das Handelsregister oder das Grundbuch bedürfen; und

i. denjenigen Bestimmungen des 3. und 4. Abschnitts dieses Kapitels, die im konkreten Sanierungsfall zur Anwendung gelangen.

³ Die FINMA kann verlangen, dass sich der Sanierungsplan zu zusätzlichen Elementen äussert.

2. Abschnitt: Genehmigung des Sanierungsplans

Art. 45 Genehmigung

¹ Die FINMA genehmigt den Sanierungsplan mittels Verfügung, wenn die Voraussetzungen nach dem BankG und dieser Verordnung erfüllt sind.

² Sie macht die Genehmigung und die Grundzüge des Sanierungsplans öffentlich bekannt und gibt an, wie betroffene Gläubiger und Gläubigerinnen und Eigner und Eignerinnen den Sanierungsplan einsehen können.

³ Ordnet der Sanierungsplan die Übertragung von Grundstücken, die Einräumung von dinglichen Rechten und Pflichten an Grundstücken oder Änderungen des Gesellschaftskapitals an, so werden diese Anordnungen mit der Genehmigung des Sanierungsplans unmittelbar wirksam. Die nötigen Eintragungen in das Grundbuch, das Handelsregister oder in andere Register sind so rasch wie möglich vorzunehmen.[22]

Art. 46 Ablehnung durch die Gläubiger und Gläubigerinnen

¹ Sieht der Sanierungsplan einen Eingriff in die Rechte der Gläubiger und Gläubigerinnen vor, so setzt die FINMA diesen spätestens mit der Genehmigung des Sanierungsplans eine Frist, innert der sie ihn ablehnen können. Die Frist beträgt mindestens zehn Werktage. Die Übertragung von Passiven und Vertragsverhältnissen und der damit verbundene Schuldnerwechsel stellen keinen Eingriff in die Rechte der Gläubiger und Gläubigerinnen dar.

² Gläubiger und Gläubigerinnen, die ablehnen wollen, haben dies schriftlich zu tun. Sie müssen den Namen, die Adresse, die Höhe der Forderung zum Zeitpunkt der Eröffnung des Sanierungsverfahrens und den Forderungsgrund angeben. Die Ablehnungsschrift ist an den Sanierungsbeauftragten oder die Sanierungsbeauftragte zu richten.

---

22 Die Berichtigung vom 6. Sept. 2016 betrifft nur den französischen Text (AS 2016 3099).

3. Abschnitt: Kapitalmassnahmen

Art. 47 Allgemeine Bestimmungen

¹ Sieht der Sanierungsplan Kapitalmassnahmen nach diesem Abschnitt vor, so ist sicherzustellen, dass:

a. die Interessen der Gläubiger und Gläubigerinnen Vorrang vor denjenigen der Eigner und Eignerinnen geniessen und die Gläubigerhierarchie berücksichtigt wird;

b. die Vorschriften des Obligationenrechts[23] sinngemäss angewendet werden.

² Sofern die Gewährung eines Bezugsrechts die Sanierung gefährden könnte, kann es den bisherigen Eignern und Eignerinnen entzogen werden.

Art. 48 Grundsätze der Umwandlung von Fremd- in Eigenkapital

Sieht der Sanierungsplan eine Umwandlung von Fremd- in Eigenkapital vor, so:

a. muss so viel Fremdkapital in Eigenkapital umgewandelt werden, dass die Bank nach erfolgter Sanierung die für die Fortführung der Geschäftstätigkeit notwendigen Eigenmittelanforderungen zweifelsfrei erfüllt;

b. muss vor der Wandlung von Fremd- in Eigenkapital das Gesellschaftskapital vollständig herabgesetzt werden;

c. darf die Wandlung von Fremd- in Eigenkapital erst vorgenommen werden, wenn die von der Bank ausgegebenen Schuldinstrumente im zusätzlichen Kernkapital oder Ergänzungskapital, wie insbesondere bedingte Pflichtwandelanleihen, in Eigenkapital gewandelt wurden;

d. ist bei der Wandlung von Fremd- in Eigenkapital folgende Rangfolge einzuhalten, wobei Forderungen des nächsten Ranges erst gewandelt werden, wenn die Umwandlung von Forderungen des vorangehenden Ranges nicht ausreicht, um die Eigenmittelanforderungen nach Buchstabe a zu erfüllen:
   1. nachrangige Forderungen ohne Eigenmittelanrechnung,
   2. übrige Forderungen, soweit sie nicht von der Wandlung ausgeschlossen sind, mit Ausnahme der Einlagen, und
   3. Einlagen, soweit diese nicht privilegiert sind.

Art. 49 Wandelbarkeit von Forderungen

Sämtliches Fremd- kann in Eigenkapital gewandelt werden. Ausgenommen sind:

a. privilegierte Forderungen der 1. und 2. Klasse nach Artikel 219 Absatz 4 SchKG[24] und Artikel 37a Absätze 1–5 BankG im Umfang der Privilegierung; und

---

23 SR 220
24 SR 281.1

b. gesicherte Forderungen im Umfang ihrer Sicherstellung und verrechenbare Forderungen im Umfang ihrer Verrechenbarkeit, sofern der Gläubiger oder die Gläubigerin den Bestand, die Höhe und die Tatsache, dass die Forderung Gegenstand einer entsprechenden Vereinbarung ist, sofort glaubhaft machen kann oder dies aus den Büchern der Bank ersichtlich ist.

Art. 50 Forderungsreduktion

Neben oder anstelle der Umwandlung von Fremd- in Eigenkapital kann die FINMA eine teilweise oder vollständige Forderungsreduktion anordnen. Die Artikel 48 Buchstaben a–c und 49 gelten gleichermassen.

4. Abschnitt: Weiterführung bestimmter Bankdienstleistungen

Art. 51 Weiterführung von Bankdienstleistungen

¹ Sieht der Sanierungsplan vor, dass einzelne oder mehrere Bankdienstleistungen weitergeführt und Vermögenswerte oder Vertragsverhältnisse der Bank teilweise auf einen anderen Rechtsträger einschliesslich einer Übergangsbank übertragen werden sollen, so muss er namentlich:

a. den oder die Rechtsträger bezeichnen, auf den oder die solche Bankdienstleistungen sowie Vermögensteile zu übertragen sind;

b. die Vermögenswerte, namentlich die Aktiven, Passiven und Vertragsverhältnisse, die teilweise übertragen werden sollen, sowie deren Gegenleistung beschreiben;

c. die Bankdienstleistungen beschreiben, die weitergeführt und übertragen werden sollen;

d. die getroffenen Kapitalmassnahmen aufführen und für den Fall der Übertragung von Bankdienstleistungen auf eine Übergangsbank darlegen, wie die Aktiven und Passiven zwischen der Bank und der Übergangsbank aufgeteilt werden;

e. die Verpflichtung der Bank enthalten, die Massnahmen zu ergreifen und Handlungen vorzunehmen, die notwendig sind, damit alle zu übertragenden Vermögenswerte und Gegenstände, insbesondere auch im Ausland belegene oder ausländischem Recht unterstehende, auf den anderen Rechtsträger übertragen werden können;

f. darlegen, ob ein Wertausgleich zu leisten, wie dieser zu berechnen und ob eine maximale Wertausgleichssumme anzuordnen ist;

g. ausführen, ob und wie Systeme und Applikationen von der Bank und dem anderen Rechtsträger gemeinsam genutzt werden, und, im Fall der Weiterführung von Bankdienstleistungen durch eine Übergangsbank, wie sichergestellt ist, dass diese Zugang zu Zahlungsverkehrs- und Finanzmarktinfrastrukturen hat und sie nutzen kann;

h. darlegen, wie zur Wahrung der rechtlichen und wirtschaftlichen Verbundenheit von Aktiven, Passiven und Vertragsverhältnissen sichergestellt wird, dass nur übertragen werden können:
1. verrechenbare, insbesondere einer Aufrechnungsvereinbarung unterliegende Forderungen und Verbindlichkeiten der Bank gegenüber einer oder mehreren Gegenparteien in ihrer Gesamtheit,
2. gesicherte Forderungen und Verbindlichkeiten in Verbindung mit ihren Sicherheiten, und
3. strukturierte Finanzierungen oder vergleichbare Kapitalmarktvereinbarungen, bei denen die Bank Partei ist, mit allen damit verbundenen Rechten und Pflichten.

² Sobald der genehmigte Sanierungsplan vollstreckbar ist oder, im Falle einer systemrelevanten Bank, mit Genehmigung des Sanierungsplans gehen alle zu übertragenden Vermögenswerte oder Vertragsverhältnisse mit allen damit verbundenen Rechten und Pflichten auf den Zeitpunkt der Genehmigung des Sanierungsplans auf den oder die neuen Rechtsträger über.

Art. 52 Übergangsbank

¹ Die Übergangsbank dient der einstweiligen Fortführung einzelner, auf sie übertragener Bankdienstleistungen.

² Die FINMA erteilt der Übergangsbank eine auf zwei Jahre befristete Bewilligung. Sie kann bei der Erteilung von den Bewilligungsvoraussetzungen abweichen. Die Bewilligung kann verlängert werden.

4. Kapitel:[25] Schutz der Finanzmarktinfrastrukturen

Art. 53 *Aufgehoben*

Art. 54 Verbindlichkeit von Weisungen an eine zentrale Gegenpartei, einen Zentralverwahrer oder ein Zahlungssystem

¹ Massnahmen, welche die rechtliche Verbindlichkeit einer Weisung im Sinne von Artikel 89 Absatz 2 des Finanzmarktinfrastrukturgesetzes vom 19. Juni 2015[26] (FinfraG) einschränken können, sind:
a. die Eröffnung des Konkurses nach den Artikeln 33–37*g* BankG; und
b. die Schutzmassnahmen nach Artikel 26 Absatz 1 Buchstaben f–h BankG.

² Die FINMA ordnet in ihrer Verfügung den Zeitpunkt, ab dem die Massnahmen nach Absatz 1 gelten, ausdrücklich an.

---

25 Fassung gemäss Anhang 2 Ziff. II 1 der Finanzmarktinfrastrukturverordnung-FINMA vom 3. Dez. 2015, in Kraft seit 1. Jan. 2016 (AS 2015 5509).
26 SR 958.1

Art. 55 Aufrechnungsvereinbarungen

Aufrechnungsvereinbarungen nach Artikel 27 Absatz 1 BankG umfassen insbesondere:
a. Netting-Bestimmungen in bilateralen oder in Rahmenvereinbarungen;
b. Verrechnungs- und Netting-Bestimmungen sowie Ausfallvereinbarungen von zentralen Gegenparteien, Zentralverwahrern und Zahlungssystemen nach Artikel 89 Absatz 1 FinfraG[27].

5. Kapitel: Aufschub der Beendigung von Verträgen[28]

Art. 56[29] Verträge

[1] Die Pflicht nach Artikel 12 Absatz 2bis der Bankenverordnung vom 30. April 2014[30] (BankV) gilt für:
a. Verträge über den Kauf, den Verkauf, die Leihe oder Pensionsgeschäfte in Bezug auf Wertpapiere, Wertrechte oder Bucheffekten und entsprechende Geschäfte bezüglich diese beinhaltenden Indizes sowie Optionen in Bezug auf solche Basiswerte;
b. Verträge über den Kauf und Verkauf mit künftiger Lieferung, die Leihe oder Pensionsgeschäfte in Bezug auf Waren und entsprechende Geschäfte bezüglich diese beinhaltenden Indizes, sowie Optionen in Bezug auf solche Basiswerte;
c. Verträge in Bezug auf den Kauf, Verkauf oder Transfer von Waren, Dienstleistungen, Rechten oder Zinsen zu einem im Voraus bestimmten Preis und einem künftigen Datum (Terminkontrakte);
d. Verträge über Swap-Geschäfte bezüglich Zinsen, Devisen, Währungen, Waren sowie Wertpapieren, Wertrechten, Bucheffekten, Wetter, Emissionen oder Inflation und entsprechende Geschäfte bezüglich diese beinhaltender Indizes, einschliesslich Kreditderivate und Zinsoptionen;
e. Kreditvereinbarungen im Interbankenverhältnis;
f. alle anderen Verträge mit gleicher Wirkung wie diejenigen nach Buchstaben a–e;
g. Verträge nach Buchstaben a–f in Form von Rahmenvereinbarungen (*Master Agreements*);
h. Verträge ausländischer Gruppengesellschaften nach Buchstaben a–g, sofern eine Bank oder ein Effektenhändler mit Sitz in der Schweiz die Erfüllung sicherstellt.

---

27 SR 958.1
28 Fassung gemäss Ziff. I der V der FINMA vom 9. März 2017, in Kraft seit 1. April 2017 (AS 2017 1675).
29 Fassung gemäss Ziff. I der V der FINMA vom 9. März 2017, in Kraft seit 1. April 2017 (AS 2017 1675).
30 SR 952.02

² Die Pflicht nach Artikel 12 Absatz 2bis BankV gilt nicht für:
a. Verträge, welche die Beendigung oder die Ausübung von Rechten nach Artikel 30a Absatz 1 BankG weder direkt noch indirekt durch eine Massnahme der FINMA nach dem elften Abschnitt BankG begründen;
b. Verträge, welche direkt oder indirekt über eine Finanzmarktinfrastruktur oder ein organisiertes Handelssystem abgeschlossen oder abgerechnet werden;
c. Verträge, bei denen eine Zentralbank Gegenpartei ist;
d. Verträge von Gruppengesellschaften, die nicht im Finanzbereich tätig sind;
e. Verträge mit Gegenparteien, die keine Unternehmen im Sinne von Artikel 77 der Finanzmarktinfrastrukturverordnung vom 25. November 2015[31] sind;
f. Verträge betreffend die Platzierung von Finanzinstrumenten im Markt;
g. Änderungen bestehender Verträge, die aufgrund der Vertragsbedingungen ohne weiteres Zutun der Parteien erfolgen

Art. 57[32]

6. Kapitel: Abschluss des Verfahrens

Art. 58 Schlussbericht

¹ Der Konkursliquidator oder die Konkursliquidatorin oder der oder die Sanierungsbeauftragte berichtet der FINMA summarisch über den Verlauf des Konkurs- oder des Sanierungsverfahrens.

² Der Schlussbericht des Konkursliquidators oder der Konkursliquidatorin enthält zudem:
a. Ausführungen über die Erledigung sämtlicher die Feststellung der Aktiv- und Passivmasse betreffenden Prozesse;
b. Angaben über den Stand der an Gläubiger und Gläubigerinnen abgetretenen Rechtsansprüche nach Artikel 260 SchKG[33]; sowie
c. eine Auflistung der nicht ausbezahlten Anteile sowie der nicht herausgegebenen abgesonderten Depotwerte mit der Angabe, weshalb eine Auszahlung oder Herausgabe bisher nicht erfolgen konnte.

³ Die FINMA macht den Schluss des Konkurs- oder Sanierungsverfahrens öffentlich bekannt.

---

31 SR 958.11
32 Aufgehoben durch Anhang 2 Ziff. II 1 der Finanzmarktinfrastrukturverordnung-FINMA vom 3. Dez. 2015, mit Wirkung seit 1. Jan. 2016 (AS 2015 5509).
33 SR 281.1

Art. 59 Aktenaufbewahrung

¹ Die FINMA bestimmt, wie die Insolvenz- und Geschäftsakten nach Abschluss oder Einstellung des Konkurs- oder Sanierungsverfahrens aufbewahrt werden müssen.

² Die Insolvenzakten sowie die noch vorhandenen Geschäftsakten sind nach Ablauf von zehn Jahren nach Abschluss oder Einstellung des Konkurs- oder Sanierungsverfahrens auf Anordnung der FINMA zu vernichten.

³ Vorbehalten bleiben abweichende spezialgesetzliche Aufbewahrungsvorschriften für einzelne Aktenstücke.

7. Kapitel: Schlussbestimmungen

Art. 60 Aufhebung und Änderung bisherigen Rechts

¹ Die Bankenkonkursverordnung-FINMA vom 30. Juni 2005[34] wird aufgehoben.

² ...[35]

Art. 61 Übergangsbestimmung

Für Verfahren, die bei Inkrafttreten dieser Verordnung rechtshängig sind, gelten die Vorschriften dieser Verordnung.

Art. 61a[36] Übergangsbestimmungen zur Änderung vom 9. März 2017

¹ Die Pflichten nach Artikel 12 Absatz 2bis BankV[37] i.V.m. Artikel 56 sind einzuhalten:

a. nach Ablauf von zwölf Monaten nach Inkrafttreten dieser Änderung, wenn es um den Abschluss oder die Änderung von Verträgen mit Banken und Effektenhändlern geht oder mit Gegenparteien, die als solche gelten würden, wenn sie ihren Sitz in der Schweiz hätten;

b. nach Ablauf von 18 Monaten nach Inkrafttreten dieser Änderung, wenn es um den Abschluss oder die Änderung von Verträgen mit anderen Gegenparteien geht.

² Die FINMA kann einzelnen Instituten in begründeten Fällen längere Umsetzungsfristen gewähren.

Art. 62 Inkrafttreten

Diese Verordnung tritt am 1. November 2012 in Kraft.

---

34 [AS 2005 3539, 2008 5613 Ziff. I 3, 2009 1769]
35 Die Änderung kann unter AS 2012 5573 konsultiert werden.
36 Eingefügt durch Ziff. I der V der FINMA vom 9. März 2017, in Kraft seit 1. April 2017 (AS 2017 1675).
37 SR 952.02

31. Bundesgesetz über Bucheffekten
(Bucheffektengesetz, BEG)

vom 3. Oktober 2008

(Auszug)

Die Bundesversammlung der Schweizerischen Eidgenossenschaft,
gestützt auf die Artikel 98 Absatz 1 und 122 Absatz 1 der Bundesverfassung[1],
nach Einsicht in die Botschaft des Bundesrates vom 15. November 2006[2],
beschliesst:

(...)

4. Kapitel: Rechte aus der Verwahrung von Bucheffekten

1. Abschnitt: Allgemeine Rechte der Kontoinhaberinnen und Kontoinhaber

Art. 13 Grundsatz

[1] Die Entstehung von Bucheffekten lässt die Rechte der Anlegerinnen und Anleger gegenüber dem Emittenten unberührt.

[2] Die Kontoinhaberinnen und Kontoinhaber können ihre Rechte an Bucheffekten nur über ihre Verwahrungsstelle ausüben, sofern dieses Gesetz nichts anderes bestimmt.

Art. 14 Pfändung und Arrest

[1] Wird gegen eine Kontoinhaberin oder einen Kontoinhaber eine Pfändung, ein Arrest oder eine andere vorsorgliche Massnahme verfügt, die Bucheffekten zum Gegenstand hat, so ist diese Massnahme ausschliesslich bei der Verwahrungsstelle zu vollziehen, die das Effektenkonto der Kontoinhaberin oder des Kontoinhabers führt, dem die Bucheffekten gutgeschrieben sind.

[2] Pfändungen, Arreste und andere vorsorgliche Massnahmen gegen eine Kontoinhaberin oder einen Kontoinhaber, die bei einer Drittverwahrungsstelle vollzogen werden, sind nichtig.

SR 957.1. AS 2009 3577
1 SR 101
2 BBl 2006 9315

Art. 15 Weisung

¹ Die Verwahrungsstelle ist nach Massgabe ihres Vertrags mit der Kontoinhaberin oder dem Kontoinhaber verpflichtet, deren oder dessen Weisungen zur Verfügung über Bucheffekten auszuführen.

² Sie hat weder das Recht noch die Pflicht, den Rechtsgrund der Weisung zu überprüfen.

³ Die Kontoinhaberin oder der Kontoinhaber kann die Weisung widerrufen bis zum Zeitpunkt, der durch den Vertrag mit der Verwahrungsstelle oder die anwendbaren Regeln eines Effektenabrechnungs- und -abwicklungssystems festgelegt ist. Sobald die Verwahrungsstelle das Effektenkonto belastet hat, ist die Weisung in jedem Fall unwiderruflich.

Art. 16 Ausweis

Die Kontoinhaberin oder der Kontoinhaber kann von der Verwahrungsstelle jederzeit einen Ausweis über die dem betreffenden Effektenkonto gutgeschriebenen Bucheffekten verlangen. Diesem Ausweis kommt nicht die Eigenschaft eines Wertpapiers zu.

2. Abschnitt: Rechte der Kontoinhaberinnen und Kontoinhaber in der Liquidation einer Verwahrungsstelle

Art. 17 Absonderung

¹ Wird über eine Verwahrungsstelle ein Zwangsliquidationsverfahren zum Zwecke der Generalexekution eröffnet, so sondert die Liquidatorin oder der Liquidator im Umfang der Effektenguthaben ihrer Kontoinhaberinnen und Kontoinhaber von Amtes wegen ab:
a. Bucheffekten, die einem Effektenkonto der Verwahrungsstelle bei einer Drittverwahrungsstelle gutgeschrieben sind;
b. bei der Verwahrungsstelle sammelverwahrte Wertpapiere, Globalurkunden oder Wertrechte, die in ihrem Hauptregister eingetragen sind; und
c. frei verfügbare Ansprüche der Verwahrungsstelle gegenüber Dritten auf Lieferung von Bucheffekten aus Kassageschäften, abgelaufenen Termingeschäften, Deckungsgeschäften oder Emissionen für Rechnung der Kontoinhaberinnen oder Kontoinhaber.

² Hält die Verwahrungsstelle Eigen- und Drittbestände bei einer Drittverwahrungsstelle zusammengefasst auf einem einzigen Effektenkonto, so gilt die Vermutung, dass es sich dabei um Bucheffekten ihrer Kontoinhaberinnen und Kontoinhaber handelt.

³ Wer eine Verwahrungsstelle liquidiert, muss deren Verpflichtungen gegenüber der Drittverwahrungsstelle erfüllen, die ihr entstanden sind aus der Dritt-

verwahrung von Bucheffekten oder aus der Vorleistung der Drittverwahrungsstelle für den Erwerb von Bucheffekten.

⁴ Die abgesonderten Bucheffekten und Ansprüche auf Lieferung von Bucheffekten werden:

a. auf die Verwahrungsstelle übertragen, die von der Kontoinhaberin oder vom Kontoinhaber bezeichnet wird; oder
b. in Form von Wertpapieren der Kontoinhaberin oder dem Kontoinhaber ausgeliefert.

⁵ Die Ansprüche der Verwahrungsstelle nach Artikel 21 bleiben vorbehalten.

Art. 18 Absonderung bei Liquidation der Drittverwahrungsstelle

Wird über eine Drittverwahrungsstelle ein Zwangsliquidationsverfahren zum Zwecke einer Generalexekution eröffnet, so hat die Verwahrungsstelle die Absonderung der Bucheffekten ihrer Kontoinhaberinnen und Kontoinhaber bei der Drittverwahrungsstelle geltend zu machen.

Art. 19 Unterbestand

¹ Genügen die abgesonderten Bucheffekten zur vollständigen Befriedigung der Ansprüche der Kontoinhaberinnen und Kontoinhaber nicht, so werden zu deren Gunsten im Umfang des Unterbestandes Bucheffekten derselben Gattung abgesondert, die die Verwahrungsstelle auf eigene Rechnung hält, auch wenn sie getrennt von den Bucheffekten ihrer Kontoinhaberinnen und Kontoinhaber verwahrt werden.

² Sind die Ansprüche der Kontoinhaberinnen und Kontoinhaber immer noch nicht vollständig befriedigt, so tragen die Kontoinhaberinnen und Kontoinhaber den Unterbestand im Verhältnis ihrer Effektenguthaben der betreffenden Gattung. In diesem Umfang steht jeder Kontoinhaberin und jedem Kontoinhaber eine Ersatzforderung gegen die Verwahrungsstelle zu.

Art. 20 Endgültigkeit von Weisungen

Die Weisung einer Verwahrungsstelle, die an einem Effektenabrechnungs- und -abwicklungssystem teilnimmt, ist auch im Falle eines Zwangsvollstreckungsverfahrens gegen diese Verwahrungsstelle rechtlich verbindlich und Dritten gegenüber wirksam, wenn sie:

a. vor Eröffnung des Verfahrens in das System eingebracht wurde; oder
b. nach Eröffnung des Verfahrens in das System eingebracht und am Tag der Verfahrenseröffnung ausgeführt wurde, sofern der Systembetreiber nachweist, dass er von der Eröffnung des Verfahrens keine Kenntnis hatte oder haben musste.

(...)

6. Kapitel: Verwertung von Sicherheiten

Art. 31 Verwertungsbefugnis

¹ Ist an Bucheffekten, die an einem repräsentativen Markt gehandelt werden, eine Sicherheit bestellt worden, so kann die Sicherungsnehmerin oder der Sicherungsnehmer sie unter den im Sicherungsvertrag vereinbarten Voraussetzungen verwerten, indem sie oder er:

a. die Bucheffekten verkauft und ihren Preis mit der gesicherten Forderung verrechnet; oder

b. sich die Bucheffekten, deren Wert objektiv bestimmbar ist, aneignet und ihren Wert auf die gesicherte Forderung anrechnet.[25]

² Diese Befugnis bleibt auch in einem Zwangsvollstreckungsverfahren gegen die Sicherungsgeberin oder den Sicherungsgeber sowie bei Anordnung von Sanierungs- oder Schutzmassnahmen jeglicher Art bestehen.

³ Die Verwahrungsstelle hat weder das Recht noch die Pflicht zu prüfen, ob die Voraussetzungen für die Verwertung der Bucheffekten erfüllt sind.

⁴ Schreitet die Sicherungsnehmerin oder der Sicherungsnehmer zur Verwertung von Bucheffekten, ohne dass die Voraussetzungen dafür gegeben sind, so haftet sie oder er der Sicherungsgeberin oder dem Sicherungsgeber für den entstandenen Schaden.

Art. 32 Ankündigung und Abrechnung

¹ Die Verwertung ist der Sicherungsgeberin oder dem Sicherungsgeber anzukündigen. Die Sicherungsgeberin oder der Sicherungsgeber kann auf die Ankündigung verzichten, wenn sie oder er eine qualifizierte Anlegerin oder ein qualifizierter Anleger ist.

² Die Sicherungsnehmerin oder der Sicherungsnehmer ist zur Abrechnung verpflichtet und hat der Sicherungsgeberin oder dem Sicherungsgeber einen Überschuss herauszugeben.

(...)

Inkrafttreten:[27] 1. Januar 2010
Art. 470 Abs. 2bis des Obligationenrechts (Ziff. 3 des Anhang):
1. Oktober 2009

---

25 Fassung gemäss Anhang Ziff. 14 des Finanzmarktinfrastrukturgesetzes vom 19. Juni 2015, in Kraft seit 1. Jan. 2016 (AS 2015 5339; BBl 2014 7483
27 BRB vom 6. Mai 2009 (AS 2009 3589)

32. Bundesgesetz betreffend die Aufsicht über Versicherungsunternehmen
(Versicherungsaufsichtsgesetz, VAG)

vom 17. Dezember 2004

(Auszug)

Die Bundesversammlung der Schweizerischen Eidgenossenschaft,
gestützt auf die Artikel 82 Absatz 1, 98 Absatz 3, 117 Absatz 1 und 122 Absatz 1 der Bundesverfassung[1],
nach Einsicht in die Botschaft des Bundesrates vom 9. Mai 2003[2],
beschliesst:

(...)

5. Kapitel: Aufsicht
2. Abschnitt: Sichernde Massnahmen, Liquidation und Konkurs[32]

Art. 51 Sichernde Massnahmen[33]

[1] Kommt ein Versicherungsunternehmen beziehungsweise ein Vermittler oder eine Vermittlerin den Vorschriften dieses Gesetzes, einer Verordnung oder Anordnungen der FINMA nicht nach oder erscheinen die Interessen der Versicherten anderweitig gefährdet, so trifft die FINMA die sichernden Massnahmen, die ihr zur Wahrung der Interessen der Versicherten erforderlich erscheinen.

[2] Sie kann insbesondere:
  a. die freie Verfügung über Vermögenswerte des Versicherungsunternehmens untersagen;
  b. die Hinterlegung oder die Sperre der Vermögenswerte anordnen;

SR 961.01. AS 2005 5269
1 SR 101
2 BBl 2003 3789
32 Fassung gemäss Anhang Ziff. 5 des BG vom 18. März 2011 (Sicherung der Einlagen), in Kraft seit 1. Sept. 2011 (AS 2011 3919; BBl 2010 3993).
33 Fassung gemäss Anhang Ziff. 5 des BG vom 18. März 2011 (Sicherung der Einlagen), in Kraft seit 1. Sept. 2011 (AS 2011 3919; BBl 2010 3993).

c. den Organen eines Versicherungsunternehmens zustehende Befugnisse ganz oder teilweise auf eine Drittperson übertragen;
d. den Versicherungsbestand und das zugehörige gebundene Vermögen auf ein anderes Versicherungsunternehmen mit dessen Zustimmung übertragen;
e. die Verwertung des gebundenen Vermögens anordnen;
f. die Abberufung der mit der Oberleitung, Aufsicht, Kontrolle oder Geschäftsführung betrauten Personen oder des oder der Generalbevollmächtigten sowie des verantwortlichen Aktuars oder der verantwortlichen Aktuarin verlangen und ihnen die Ausübung jeder weiteren Versicherungstätigkeit für höchstens fünf Jahre untersagen;
g. einen Vermittler oder eine Vermittlerin aus dem Register nach Artikel 42 streichen;
h.[34] Vermögenswerte des Versicherungsunternehmens dem gebundenen Vermögen bis zur Höhe des Sollbetrags nach Artikel 18 zuordnen;
i.[35] bei Vorliegen einer Insolvenzgefahr die Stundung und den Fälligkeitsaufschub anordnen.

3 Sie sorgt für eine angemessene Publikation der Massnahmen, wenn dies zu deren Durchsetzung oder zum Schutz Dritter erforderlich ist.[36]

Art. 52[37] Liquidation

Entzieht die FINMA einem Versicherungsunternehmen die Bewilligung zur Geschäftstätigkeit, so bewirkt dies dessen Auflösung. Die FINMA bezeichnet den Liquidator und überwacht seine Tätigkeit.

Art. 53[38] Konkurseröffnung

1 Besteht begründete Besorgnis, dass ein Versicherungsunternehmen überschuldet ist oder ernsthafte Liquiditätsprobleme hat, und besteht keine Aussicht auf Sanierung oder ist diese gescheitert, so entzieht die FINMA dem Versicherungsunternehmen die Bewilligung, eröffnet den Konkurs und macht diesen öffentlich bekannt.

2 Die Bestimmungen über das Nachlassverfahren (Art. 293–336 des BG vom 11. April 1889 über Schuldbetreibung und Konkurs, SchKG[39]), über das akti-

---

34 Eingefügt durch Anhang Ziff. 5 des BG vom 18. März 2011 (Sicherung der Einlagen), in Kraft seit 1. Sept. 2011 (AS 2011 3919; BBl 2010 3993).
35 Eingefügt durch Anhang Ziff. 5 des BG vom 18. März 2011 (Sicherung der Einlagen), in Kraft seit 1. Sept. 2011 (AS 2011 3919; BBl 2010 3993).
36 Eingefügt durch Anhang Ziff. 5 des BG vom 18. März 2011 (Sicherung der Einlagen), in Kraft seit 1. Sept. 2011 (AS 2011 3919; BBl 2010 3993).
37 Fassung gemäss Anhang Ziff. 5 des BG vom 18. März 2011 (Sicherung der Einlagen), in Kraft seit 1. Sept. 2011 (AS 2011 3919; BBl 2010 3993).
38 Fassung gemäss Anhang Ziff. 5 des BG vom 18. März 2011 (Sicherung der Einlagen), in Kraft seit 1. Sept. 2011 (AS 2011 3919; BBl 2010 3993).
39 SR 281.1

enrechtliche Moratorium (Art. 725 und 725a des Obligationenrechts[40]) und über die Benachrichtigung des Gerichts (Art. 728c Abs. 3 des Obligationenrechts) sind auf Versicherungsunternehmen nicht anwendbar.

3 Die FINMA ernennt einen oder mehrere Konkursliquidatoren. Diese unterstehen der Aufsicht der FINMA und erstatten ihr auf Verlangen Bericht.

Art. 54[41] Durchführung des Konkurses

1 Die Anordnung des Konkurses hat die Wirkungen einer Konkurseröffnung nach den Artikeln 197–220 SchKG[42].

2 Der Konkurs ist unter Vorbehalt der nachfolgenden Bestimmungen nach den Artikeln 221–270 SchKG durchzuführen.

3 Die FINMA kann abweichende Verfügungen und Anordnungen treffen.

Art. 54a[43] Forderungen aus Versicherungsverträgen

1 Forderungen von Versicherten, die sich mittels der Bücher des Versicherungsunternehmens feststellen lassen, gelten als angemeldet.

2 Aus dem Erlös des gebundenen Vermögens werden vorweg Forderungen aus den Versicherungsverträgen, für die nach Artikel 17 Sicherstellung geleistet wird, gedeckt. Ein Überschuss fällt in die Konkursmasse.

Art. 54b[44] Gläubigerversammlung und Gläubigerausschuss

1 Der Konkursliquidator kann der FINMA beantragen:
a. eine Gläubigerversammlung einzusetzen und deren Kompetenzen sowie die für die Beschlussfassung notwendigen Präsenz- und Stimmenquoren festzulegen;
b. einen Gläubigerausschuss einzurichten sowie dessen Zusammensetzung und Kompetenzen festzulegen.

2 Die FINMA ist nicht an die Anträge des Konkursliquidators gebunden.

Art. 54c[45] Verteilung und Schluss des Verfahrens

1 Die Verteilungsliste wird nicht aufgelegt.

2 Nach der Verteilung legen die Konkursliquidatoren der FINMA einen Schlussbericht vor.

3 Die FINMA trifft die nötigen Anordnungen zur Schliessung des Verfahrens. Sie macht die Schliessung öffentlich bekannt.

---

40 SR 220
41 Fassung gemäss Anhang Ziff. 5 des BG vom 18. März 2011 (Sicherung der Einlagen), in Kraft seit 1. Sept. 2011 (AS 2011 3919; BBl 2010 3993).
42 SR 281.1
44 Eingefügt durch Anhang Ziff. 5 des BG vom 18. März 2011 (Sicherung der Einlagen), in Kraft seit 1. Sept. 2011 (AS 2011 3919; BBl 2010 3993).
45 Eingefügt durch Anhang Ziff. 5 des BG vom 18. März 2011 (Sicherung der Einlagen), in Kraft seit 1. Sept. 2011 (AS 2011 3919; BBl 2010 3993).

Art. 54d[46] Ausländische Insolvenzverfahren

Für die Anerkennung ausländischer Konkursdekrete und Insolvenzmassnahmen sowie die Koordination mit ausländischen Insolvenzverfahren gelten die Artikel 37*f* und 37*g* des Bankengesetzes vom 8. November 1934[47] sinngemäss.

Art. 54e[48] Beschwerde

¹ Im Konkursverfahren können die Gläubiger und Eigner einer Versicherung oder einer wesentlichen Gruppen- oder Konglomeratsgesellschaft lediglich gegen Verwertungshandlungen Beschwerde führen. Die Beschwerde nach Artikel 17 des Bundesgesetzes vom 11. April 1889[49] über Schuldbetreibung und Konkurs ist ausgeschlossen.

² Beschwerden im Konkursverfahren haben keine aufschiebende Wirkung. Die Instruktionsrichterin oder der Instruktionsrichter kann die aufschiebende Wirkung auf Gesuch hin erteilen.

3. Abschnitt: Zusätzliche Bestimmungen im Konkurs von Lebensversicherungen[50]

Art. 55 Konkurs des Versicherungsunternehmens

¹ Entgegen der Vorschrift des Artikels 37 Absatz 1 des Bundesgesetzes vom 2. April 1908[51] über den Versicherungsvertrag werden die durch das gebundene Vermögen sichergestellten Lebensversicherungen durch die Konkurseröffnung nicht aufgelöst.

² Die FINMA kann für die Versicherungen nach Absatz 1:
a. den Rückkauf und die Belehnung sowie Vorauszahlungen und im Falle des Artikels 36 des Bundesgesetzes vom 2. April 1908 über den Versicherungsvertrag die Auszahlung des Deckungskapitals untersagen; oder
b. dem Versicherungsunternehmen für seine Verpflichtungen sowie den Versicherungsnehmern und Versicherungsnehmerinnen für die Prämienzahlung Stundung gewähren.

³ Während der Stundung der Prämienzahlung können Versicherungsverträge nur auf schriftliches Begehren des Versicherungsnehmers oder der Versicherungsnehmerin hin aufgehoben oder in eine beitragsfreie Versicherung umgewandelt werden.

---

47 SR 952.0
48 Eingefügt durch Anhang Ziff. 15 des Finanzmarktinfrastrukturgesetz vom 19. Juni 2015, in Kraft seit 1. Jan. 2016 (AS 2015 5339; BBl 2014 7483).
49 SR 281.1
50 Fassung gemäss Anhang Ziff. 5 des BG vom 18. März 2011 (Sicherung der Einlagen), in Kraft seit 1. Sept. 2011 (AS 2011 3919; BBl 2010 3993).
51 SR 221.229.1

Art. 56[52] Konkursmässige Verwertung des gebundenen Vermögens

¹ Trifft die FINMA keine besonderen Massnahmen, ist insbesondere keine Übertragung des Versicherungsbestandes nach Artikel 51 Absatz 2 Buchstabe d möglich, so ordnet sie die Verwertung des gebundenen Vermögens an.

² Mit der Anordnung der Verwertung erlöschen die Versicherungsverträge. Die Versicherungsnehmerinnen und Versicherungsnehmer und die Anspruchsberechtigten können in der Folge die Ansprüche aus Artikel 36 Absatz 3 des Versicherungsvertragsgesetzes vom 2. April 1908[53] sowie die Ansprüche auf fällige Versicherungen und gutgeschriebene Überschussanteile geltend machen.

4. Abschnitt: Zusätzliche sichernde Massnahmen für ausländische Versicherungsunternehmen

Art. 57 Ausschluss der Forderungen Dritter

Für ausländische Unternehmen gelten die Werte des gebundenen Vermögens sowie der Kaution von Gesetzes wegen als Pfand für Forderungen aus Versicherungsverträgen des auf Grund dieses Gesetzes sicherzustellenden Versicherungsbestandes. Diese Werte können nur dann zur Erfüllung der Forderungen Dritter dienen, wenn die Ansprüche der Versicherten vollumfänglich befriedigt worden sind.

Art. 58 Betreibungsort und Zwangsverwertung

¹ Ein ausländisches Versicherungsunternehmen ist für Forderungen aus Versicherungsverträgen des auf Grund dieses Gesetzes sicherzustellenden Versicherungsbestandes am Ort der schweizerischen Niederlassung auf Pfandverwertung zu betreiben (Art. 151 ff. SchKG[54]). Gibt die FINMA ein Grundstück zur Verwertung frei, so ist die Betreibung dort fortzusetzen, wo das Grundstück liegt.

² Wird ein Pfandverwertungsbegehren gestellt, so teilt das Betreibungsamt dies der FINMA innerhalb von drei Tagen mit.

³ Weist das Versicherungsunternehmen nicht innerhalb von 14 Tagen nach Eingang des Pfandverwertungsbegehrens nach, dass es den Gläubiger oder die Gläubigerin vollständig befriedigt hat, so teilt die FINMA nach Anhören des Versicherungsunternehmens dem Betreibungsamt mit, welche Werte des gebundenen Vermögens und einer etwaigen Kaution zur Verwertung freigegeben werden.

---

52 Fassung gemäss Anhang Ziff. 5 des BG vom 18. März 2011 (Sicherung der Einlagen), in Kraft seit 1. Sept. 2011 (AS 2011 3919; BBl 2010 3993).
53 SR 221.229.1
54 SR 281.1

Art. 59 Verfügungsbeschränkungen

Hat die Aufsichtsbehörde des Sitzstaates des Versicherungsunternehmens die freie Verfügung über Vermögenswerte des Versicherungsunternehmens eingeschränkt oder untersagt, so kann die FINMA auf deren Antrag gegenüber dem Versicherungsunternehmen die gleichen Massnahmen für das gesamte schweizerische Geschäft treffen.

(...)

Datum des Inkrafttretens:[79] 1. Januar 2006

---

[79] BRB vom 9. Nov. 2005

32a. Verordnung der Eidgenössischen Finanzmarktaufsicht über den Konkurs von Versicherungsunternehmen
(Versicherungskonkursverordnung-FINMA, VKV-FINMA)

vom 17. Oktober 2012

Die Eidgenössische Finanzmarktaufsicht (FINMA),

gestützt auf Artikel 54 Absatz 3 des Versicherungsaufsichtsgesetzes vom 17. Dezember 2004[1] (VAG),

verordnet:

1. Abschnitt: Allgemeine Bestimmungen

Art. 1 Gegenstand

Diese Verordnung konkretisiert das Verfahren des Konkurses von Versicherungsunternehmen nach den Artikeln 53–59 VAG.

Art. 2 Geltungsbereich

Diese Verordnung gilt für alle natürlichen und juristischen Personen, die eine Tätigkeit als Versicherungsunternehmen ausüben, die von der FINMA nach VAG zu beaufsichtigen ist.

Art. 3 Universalität

[1] Wird ein Konkursverfahren eröffnet, so erstreckt es sich auf sämtliche verwertbaren Vermögenswerte, die dem Versicherungsunternehmen zu diesem Zeitpunkt gehören, unabhängig davon, ob sie sich im In- oder im Ausland befinden.

[2] Alle in- und ausländischen Gläubiger und Gläubigerinnen des Versicherungsunternehmens und seiner ausländischen Zweigniederlassungen sind in gleicher Weise und mit gleichen Privilegien berechtigt, am in der Schweiz eröffneten Konkursverfahren teilzunehmen.

SR 961.015.2. AS 2012 6015
[1] SR 961.01

³ Als Vermögenswerte einer in der Schweiz tätigen Zweigniederlassung eines ausländischen Versicherungsunternehmens gelten alle Aktiven im In- und Ausland, die durch Personen begründet wurden, welche für diese Zweigniederlassung gehandelt haben.

Art. 4 Öffentliche Bekanntmachungen und Mitteilungen

¹ Öffentliche Bekanntmachungen werden im Schweizerischen Handelsamtsblatt und auf der Internetseite der FINMA publiziert.

² Denjenigen Gläubigern und Gläubigerinnen, deren Name und Adresse bekannt sind, werden Mitteilungen direkt zugestellt. Die FINMA kann, wenn dies der Vereinfachung des Verfahrens dient, Gläubiger und Gläubigerinnen mit Sitz oder Wohnsitz im Ausland zur Bestellung eines oder einer Zustellungsbevollmächtigten in der Schweiz verpflichten. Bei Dringlichkeit oder zur Vereinfachung des Verfahrens kann auf die direkte Mitteilung verzichtet werden.

³ Für den Fristenlauf und die mit der öffentlichen Bekanntmachung verbundenen Rechtsfolgen ist die Veröffentlichung im Schweizerischen Handelsamtsblatt massgebend.

Art. 5 Akteneinsicht

¹ Wer glaubhaft macht, dass er oder sie durch den Konkurs unmittelbar in seinen oder ihren Vermögensinteressen betroffen ist, kann die Konkursakten einsehen.

² Die Akteneinsicht kann auf bestimmte Verfahrensstadien beschränkt oder aufgrund entgegenstehender überwiegender Interessen eingeschränkt oder verweigert werden.

³ Wer Akteneinsicht erhält, darf die Informationen lediglich zur Wahrung der eigenen unmittelbaren Vermögensinteressen verwenden.

⁴ Die Akteneinsicht kann von einer Erklärung abhängig gemacht werden, aus der hervorgeht, dass die eingesehenen Informationen ausschliesslich zur Wahrung der eigenen unmittelbaren Vermögensinteressen verwendet werden. Für den Fall der Zuwiderhandlung kann vorgängig auf die Strafdrohung nach Artikel 48 des Finanzmarktaufsichtsgesetzes vom 22. Juni 2007[2] und Artikel 292 des Strafgesetzbuches[3] hingewiesen werden.

⁵ Der Konkursliquidator oder die Konkursliquidatorin und, nach Abschluss des Konkursverfahrens, die FINMA entscheiden über die Akteneinsicht.

---

2 SR 956.1
3 SR 311.0

Art. 6 Anzeige an die FINMA

¹ Wer durch einen Entscheid, eine Handlung oder eine Unterlassung einer Person, die von der FINMA mit Aufgaben nach dieser Verordnung betraut wurde, in seinen Interessen verletzt wird, kann diesen Sachverhalt der FINMA anzeigen.

² Die Entscheide dieser Personen sind keine Verfügungen und die anzeigenden Personen sind keine Parteien im Sinne des Bundesgesetzes vom 20. Dezember 1968[4] über das Verwaltungsverfahren (VwVG).

³ Die FINMA beurteilt den angezeigten Sachverhalt, trifft die notwendigen Massnahmen und erlässt, falls erforderlich, eine Verfügung.

Art. 7 Einsetzung eines Konkursliquidators oder einer Konkursliquidatorin

¹ Die FINMA setzt mittels Verfügung einen Konkursliquidator oder eine Konkursliquidatorin ein, sofern sie dessen oder deren Aufgaben nicht selber wahrnimmt.

² Setzt die FINMA einen Konkursliquidator oder eine Konkursliquidatorin ein, so hat sie bei der Auswahl darauf zu achten, dass dieser oder diese zeitlich und fachlich in der Lage ist, den Auftrag sorgfältig, effizient und effektiv auszuüben, und keinen Interessenkonflikten unterliegt, welche der Auftragserteilung entgegenstehen.

³ Sie präzisiert die Einzelheiten des Auftrags, insbesondere betreffend Kosten, Berichterstattung und Kontrolle des Konkursliquidators oder der Konkursliquidatorin.

Art. 8 Aufgaben und Kompetenzen des Konkursliquidators oder der Konkursliquidatorin

Der Konkursliquidator oder die Konkursliquidatorin treibt das Verfahren voran. Er oder sie hat insbesondere:
a. die technischen und administrativen Voraussetzungen für die Durchführung des Konkurses zu schaffen;
b. die Konkursaktiven zu sichern und zu verwerten;
c. die im Rahmen des Konkursverfahrens notwendige Geschäftsführung zu besorgen;
d. die Konkursmasse vor Gericht und anderen Behörden zu vertreten;
e. die durch das gebundene Vermögen sichergestellten Ansprüche aus Versicherungsverträgen festzustellen;
f. den Erlös des gebundenen Vermögens gemäss Artikel 54a VAG auszuzahlen.

---

4 SR 172.021

Art. 9 Konkursort

¹ Der Konkursort befindet sich am Sitz des Versicherungsunternehmens oder der Zweigniederlassung eines ausländischen Versicherungsunternehmens in der Schweiz.

² Hat ein ausländisches Versicherungsunternehmen mehrere Zweigniederlassungen in der Schweiz, so gibt es nur einen Konkursort. Diesen bestimmt die FINMA.

³ Bei natürlichen Personen befindet sich der Konkursort am Ort des Geschäftsdomizils im Zeitpunkt der Eröffnung des Konkursverfahrens.

Art. 10 Aus den Büchern ersichtliche Forderungen und Verpflichtungen

Eine Forderung oder eine Verpflichtung des Versicherungsunternehmens gilt dann als aus den Büchern des Versicherungsunternehmens ersichtlich, wenn die Bücher des Versicherungsunternehmens ordnungsgemäss geführt sind und der Konkursliquidator oder die Konkursliquidatorin ihnen tatsächlich entnehmen kann, dass und in welchem Umfang die Forderung oder die Verpflichtung besteht.

Art. 11 Koordination

Die FINMA und der Konkursliquidator oder die Konkursliquidatorin koordinieren ihr Handeln soweit möglich mit in- und ausländischen Behörden und Organen.

Art. 12 Anerkennung ausländischer Konkursdekrete und Massnahmen

¹ Anerkennt die FINMA ein ausländisches Konkursdekret nach Artikel 54*d* VAG, so sind für das in der Schweiz befindliche Vermögen die Bestimmungen dieser Verordnung anwendbar.

² Die FINMA kann einem Anerkennungsersuchen auch ohne Vorliegen des Gegenrechts entsprechen, sofern dies im Interesse der betroffenen Gläubiger und Gläubigerinnen liegt.

³ Sie bestimmt den einheitlichen Konkursort in der Schweiz und den Kreis der Gläubiger und Gläubigerinnen nach Artikel 54*d* VAG in Verbindung mit Artikel 37*g* Absatz 4 des Bankengesetzes vom 8. November 1934[5].

⁴ Sie macht die Anerkennung sowie den Kreis der Gläubiger und Gläubigerinnen öffentlich bekannt.

⁵ Anerkennt sie eine andere ausländische Insolvenzmassnahme, so regelt sie das anwendbare Verfahren.

---

5 SR 952.0

2. Abschnitt: Verfahren

Art. 13 Publikation und Schuldenruf

¹ Die FINMA eröffnet dem Versicherungsunternehmen die Konkursverfügung und macht sie unter gleichzeitigem Schuldenruf öffentlich bekannt.

² Die Publikation enthält insbesondere folgende Angaben:
a. Name des Versicherungsunternehmens sowie dessen Sitz und Zweigniederlassungen;
b. Datum und Zeitpunkt der Konkurseröffnung;
c. Konkursort;
d. Name und Adresse des Konkursliquidators oder der Konkursliquidatorin;
e. Aufforderung an die Gläubiger und Gläubigerinnen und an Personen, die im Besitz des Versicherungsunternehmens befindliche Vermögensstücke beanspruchen, ihre Forderungen und Ansprüche innert angesetzter Frist dem Konkursliquidator oder der Konkursliquidatorin anzumelden und die entsprechenden Beweismittel vorzulegen;
f. Hinweis auf Forderungen, die nach Artikel 54a Absatz 1 VAG als angemeldet gelten;
g. Hinweis auf die Herausgabe- und Meldepflichten nach den Artikeln 17–19.

³ Handelt es sich bei den Forderungen nach Absatz 2 Buchstabe e um Forderungen aus Versicherungsverträgen, so werden die Gläubiger und Gläubigerinnen zudem aufgefordert anzugeben, auf welche vertragliche Grundlage sie sich stützen.

⁴ Der Konkursliquidator oder die Konkursliquidatorin kann den bekannten Gläubigern und Gläubigerinnen ein Exemplar der Bekanntmachung zustellen.

Art. 14 Gläubigerversammlung

¹ Hält es der Konkursliquidator oder die Konkursliquidatorin für angebracht, eine Gläubigerversammlung einzuberufen, so stellt er oder sie der FINMA einen entsprechenden Antrag. Diese legt mit dem Entscheid die Kompetenzen der Gläubigerversammlung sowie die für die Beschlussfassung notwendigen Präsenz- und Stimmenquoren fest.

² Alle Gläubiger und Gläubigerinnen dürfen an der Gläubigerversammlung teilnehmen oder sich vertreten lassen. In Zweifelsfällen entscheidet der Konkursliquidator oder die Konkursliquidatorin über die Zulassung.

³ Der Konkursliquidator oder die Konkursliquidatorin leitet die Verhandlungen und erstattet Bericht über die Vermögenslage des Versicherungsunternehmens und den Stand des Verfahrens.

⁴ Die Gläubiger und Gläubigerinnen können Beschlüsse auch auf dem Zirkularweg fassen. Lehnt ein Gläubiger oder eine Gläubigerin den Antrag des

Konkursliquidators oder der Konkursliquidatorin nicht ausdrücklich innert der angesetzten Frist ab, so gilt dies als Zustimmung.

Art. 15 Gläubigerausschuss

¹ Die FINMA entscheidet auf Antrag des Konkursliquidators oder der Konkursliquidatorin über Einsetzung, Zusammensetzung, Aufgaben und Kompetenzen eines Gläubigerausschusses.

² Die FINMA bestimmt den Vorsitzenden oder die Vorsitzende, das Verfahren für die Beschlussfassung sowie die Entschädigung der einzelnen Mitglieder.

3. Abschnitt: Konkursaktiven

Art. 16 Inventaraufnahme

¹ Der Konkursliquidator oder die Konkursliquidatorin errichtet ein Inventar über das zur Konkursmasse gehörende Vermögen.

² Handelt es sich beim Versicherungsunternehmen um eine Zweigniederlassung eines ausländischen Versicherungsunternehmens, so erfasst der Konkursliquidator oder die Konkursliquidatorin im Inventar auch eine allfällige Kaution.

³ Die Inventaraufnahme richtet sich nach den Artikeln 221–229 des Bundesgesetzes vom 11. April 1889[6] über Schuldbetreibung und Konkurs (SchKG), soweit diese Verordnung nichts anderes bestimmt.

⁴ Die zum gebundenen Vermögen gehörenden Vermögenswerte werden innerhalb des Inventars in einem jeweils separaten Abschnitt erfasst. Sofern mehrere gebundene Vermögen bestehen, wird für jedes ein separater Abschnitt geführt.

⁵ Der Konkursliquidator oder die Konkursliquidatorin beantragt der FINMA die Massnahmen, die zur Sicherung des zur Konkursmasse gehörenden Vermögens erforderlich sind.

⁶ Er oder sie legt das Inventar einer von den Eignern und Eignerinnen des Versicherungsunternehmens als Organ gewählten Person vor. Diese hat sich über die Vollständigkeit und Richtigkeit des Inventars zu erklären. Ihre Erklärung ist in das Inventar aufzunehmen.

Art. 17 Herausgabe- und Meldepflicht

¹ Schuldner und Schuldnerinnen des Versicherungsunternehmens sowie Personen, welche Vermögenswerte des Versicherungsunternehmens als Pfandgläubiger oder Pfandgläubigerinnen oder aus andern Gründen besitzen, haben sich innert der Eingabefrist nach Artikel 13 Absatz 2 Buchstabe e beim Kon-

---

6 SR 281.1

kursliquidator oder der Konkursliquidatorin zu melden und ihm oder ihr die Vermögenswerte zur Verfügung zu stellen.

² Anzumelden sind Forderungen auch dann, wenn eine Verrechnung geltend gemacht wird.

³ Ein bestehendes Vorzugsrecht erlischt, wenn die Meldung oder die Herausgabe ungerechtfertigterweise unterbleibt.

Art. 18 Ausnahmen von der Herausgabepflicht

¹ Als Sicherheit dienende Effekten und andere Finanzinstrumente müssen nicht herausgegeben werden, soweit die gesetzlichen Voraussetzungen für eine Verwertung durch den Sicherungsnehmer oder die Sicherungsnehmerin gegeben sind.

² Diese Vermögenswerte sind jedoch dem Konkursliquidator oder der Konkursliquidatorin unter Nachweis des Verwertungsrechts zu melden und von diesem oder dieser im Inventar vorzumerken.

³ Der Sicherungsnehmer oder die Sicherungsnehmerin muss mit dem Konkursliquidator oder der Konkursliquidatorin über den aus der Verwertung dieser Vermögenswerte erzielten Erlös abrechnen. Ein allfälliger Verwertungsüberschuss fällt an die Konkursmasse.

Art. 19 Ausnahmen von der Meldepflicht

Die FINMA kann bestimmen, dass für aus den Büchern ersichtliche Forderungen des Versicherungsunternehmens die Meldung der Schuldner und Schuldnerinnen unterbleiben kann.

Art. 20 Aussonderung

¹ Der Konkursliquidator oder die Konkursliquidatorin prüft die Herausgabe von Vermögensgegenständen, die von Dritten beansprucht werden.

² Hält er oder sie einen Herausgabeanspruch für begründet, so gibt er oder sie den Gläubigern und Gläubigerinnen die Möglichkeit, die Abtretung des Bestreitungsrechts nach Artikel 260 Absätze 1 und 2 SchKG[7] zu verlangen, und setzt ihnen dazu eine angemessene Frist.

³ Hält er oder sie einen Herausgabeanspruch für unbegründet oder haben Gläubiger und Gläubigerinnen die Abtretung des Bestreitungsrechts verlangt, so setzt er oder sie der Anspruch erhebenden Person eine Frist, innert der sie beim Gericht am Konkursort Klage einreichen kann. Unbenutzter Ablauf der Frist gilt als Verzicht auf den Herausgabeanspruch.

⁴ Die Klage hat sich im Fall einer Abtretung gegen die Abtretungsgläubiger und Abtretungsgläubigerinnen zu richten. Der Konkursliquidator oder die

---

7 SR 281.1

Konkursliquidatorin gibt dem oder der Dritten mit der Fristansetzung die Abtretungsgläubiger und Abtretungsgläubigerinnen bekannt.

Art. 21 Guthaben, Admassierung und Anfechtung

¹ Fällige Forderungen der Konkursmasse werden vom Konkursliquidator oder der Konkursliquidatorin, nötigenfalls auf dem Betreibungsweg, eingezogen.

² Der Konkursliquidator oder die Konkursliquidatorin prüft Ansprüche der Konkursmasse auf bewegliche Sachen, die sich im Gewahrsam oder Mitgewahrsam einer Drittperson befinden, oder auf Grundstücke, die im Grundbuch auf den Namen einer Drittperson eingetragen sind.

³ Er oder sie prüft, ob Rechtsgeschäfte nach den Artikeln 285–292 SchKG[8] angefochten werden können. Die Dauer eines vorausgegangenen Sanierungsverfahrens sowie einer vorgängig erlassenen Anordnung einer Sicherungsmassnahme nach Artikel 51 Absatz 1 in Verbindung mit Absatz 2 Buchstaben a, b und i VAG werden an die Fristen der Artikel 286–288 SchKG nicht angerechnet.

⁴ Beabsichtigt der Konkursliquidator oder die Konkursliquidatorin, eine bestrittene Forderung oder einen Anspruch nach Absatz 2 oder 3 auf dem Klageweg weiterzuverfolgen, so holt er oder sie von der FINMA die Zustimmung und zweckdienliche Weisungen ein.

⁵ Klagt der Konkursliquidator oder die Konkursliquidatorin nicht, so kann er oder sie den Gläubigern und Gläubigerinnen die Möglichkeit geben, die Abtretung im Sinne von Artikel 260 Absätze 1 und 2 SchKG zu verlangen oder die betreffenden Forderungen und die übrigen Ansprüche nach Artikel 30 zu verwerten.

⁶ Gibt er oder sie den Gläubigern und Gläubigerinnen die Möglichkeit, die Abtretung zu verlangen, so setzt er oder sie ihnen dazu eine angemessene Frist.

⁷ Die Verwertung nach Artikel 30 ist ausgeschlossen bei:
a. Anfechtungsansprüchen nach Absatz 3;
b. Verantwortlichkeitsansprüchen gegenüber:
   1. Gründern und Gründerinnen,
   2. Organen für die Geschäftsführung, die Oberleitung, die Aufsicht und die Kontrolle, und
   3. den vom Versicherungsunternehmen ernannten Prüfgesellschaften.

Art. 22 Fortführung hängiger Zivilprozesse und Verwaltungsverfahren

¹ Der Konkursliquidator oder die Konkursliquidatorin beurteilt Ansprüche der Konkursmasse, die im Zeitpunkt der Konkurseröffnung bereits Gegenstand

---

8 SR 281.1

eines Zivilprozesses oder eines Verwaltungsverfahrens bilden, und stellt der FINMA Antrag über deren Fortführung.

² Lehnt die FINMA die Fortführung ab, so gibt der Konkursliquidator oder die Konkursliquidatorin den Gläubigern und Gläubigerinnen die Möglichkeit, die Abtretung des Prozessführungsrechts im Sinne von Artikel 260 Absätze 1 und 2 SchKG[9] zu verlangen, und setzt ihnen dazu eine angemessene Frist.

Art. 23 Einstellung mangels Aktiven

¹ Reichen die Konkursaktiven nicht aus, das Konkursverfahren durchzuführen, so beantragt der Konkursliquidator oder die Konkursliquidatorin der FINMA, das Verfahren mangels Aktiven einzustellen.

² In Ausnahmefällen führt die FINMA das Verfahren auch bei nicht ausreichenden Konkursaktiven durch, namentlich wenn an dessen Durchführung ein besonderes Interesse besteht.

³ Beabsichtigt die FINMA das Verfahren einzustellen, so macht sie dies öffentlich bekannt. In der Bekanntmachung weist sie darauf hin, dass sie das Verfahren fortführt, wenn innert einer bestimmten Frist ein Gläubiger oder eine Gläubigerin Sicherheit für den durch die Konkursaktiven nicht gedeckten Teil der Kosten des Verfahrens leistet. Die FINMA setzt die Frist an und legt die Art und die Höhe der Sicherheit fest.

⁴ Wird die festgelegte Sicherheit nicht fristgerecht geleistet, so kann jeder Pfandgläubiger und jede Pfandgläubigerin bei der FINMA innerhalb einer von ihr angesetzten Frist die Verwertung seines oder ihres Pfandes verlangen. Die FINMA beauftragt einen Konkursliquidator oder eine Konkursliquidatorin mit der Durchführung der Verwertung.

⁵ Die FINMA ordnet bei juristischen Personen die Verwertung der Aktiven an, für die kein Pfandgläubiger oder keine Pfandgläubigerin fristgemäss die Verwertung verlangt hat. Verbleibt nach der Deckung der Verwertungskosten und der auf dem einzelnen Aktivum haftenden Lasten ein Erlös, so verfällt dieser nach Deckung der Kosten der FINMA an den Bund.

⁶ Wurde das Konkursverfahren gegen natürliche Personen eingestellt, so sind für das Betreibungsverfahren Artikel 230 Absätze 3 und 4 SchKG[10] anwendbar.

---

9 SR 281.1
10 SR 281.1

4. Abschnitt: Konkurspassiven

Art. 24 Prüfung der Forderungen

¹ Der Konkursliquidator oder die Konkursliquidatorin prüft die angemeldeten und die von Gesetzes wegen zu berücksichtigenden Forderungen. Er oder sie kann dabei eigene Erhebungen machen und die Gläubiger und Gläubigerinnen auffordern, zusätzliche Beweismittel einzureichen.

² Er oder sie prüft insbesondere, gegenüber welchem gebundenen Vermögen gemäss Artikel 17 VAG die Forderungen jeweils in welchem Umfang zugelassen werden.

³ Von Gesetzes wegen zu berücksichtigen sind:
a. aus dem Grundbuch ersichtliche Forderungen samt dem laufenden Zins; und
b. nach Artikel 10 aus den Büchern des Versicherungsunternehmens ersichtliche Forderungen.

⁴ Über die nicht aus den Büchern des Versicherungsunternehmens ersichtlichen Forderungen holt der Konkursliquidator oder die Konkursliquidatorin die Erklärung einer von den Eignern und Eignerinnen des Versicherungsunternehmens als Organ gewählten Person ein.

Art. 25 Kollokation

¹ Der Konkursliquidator oder die Konkursliquidatorin entscheidet, ob, in welcher Höhe und in welchem Rang Forderungen anerkannt werden, und erstellt den Kollokationsplan.

² Gehört zur Konkursmasse ein Grundstück, so erstellt er oder sie ein Verzeichnis der darauf ruhenden Lasten wie Pfandrechte, Dienstbarkeiten, Grundlasten und vorgemerkte persönliche Rechte. Das Lastenverzeichnis bildet Bestandteil des Kollokationsplans.

Art. 26 Kollokation von Forderungen aus Versicherungsverträgen

¹ Soweit Forderungen gemäss Artikel 17 VAG durch gebundenes Vermögen sicherzustellen sind, werden die Forderungen vor der ersten Klasse gemäss Artikel 219 Absatz 4 SchKG[11] unter einem separaten Titel und unter Verweis auf das gebundene Vermögen gemäss Inventar kolloziert. Der ungedeckte Betrag wird in der Rangordnung gemäss Artikel 219 Absatz 4 SchKG kolloziert.

² Sofern das Versicherungsunternehmen über mehrere gebundene Vermögen verfügt, werden die Forderungen entsprechend in verschiedenen Abschnitten kolloziert.

---

11 SR 281.1

Art. 27 Im Zivilprozess oder im Verwaltungsverfahren liegende Forderungen

[1] Forderungen, die im Zeitpunkt der Konkurseröffnung bereits Gegenstand eines Zivilprozesses oder eines Verwaltungsverfahrens in der Schweiz bilden, sind im Kollokationsplan zunächst *pro memoria* vorzumerken.

[2] Verzichtet der Konkursliquidator oder die Konkursliquidatorin auf die Fortführung des Zivilprozesses oder des Verwaltungsverfahrens, so gibt er oder sie den Gläubigern und Gläubigerinnen die Möglichkeit, die Abtretung im Sinne von Artikel 260 Absatz 1 SchKG[12] zu verlangen.

[3] Wird der Zivilprozess oder das Verwaltungsverfahren weder von der Konkursmasse noch von einzelnen Abtretungsgläubigern oder Abtretungsgläubigerinnen fortgeführt, so gilt die Forderung als anerkannt, und die Gläubiger und Gläubigerinnen haben kein Recht mehr, diese mittels Kollokationsklage anzufechten.

[4] Führen einzelne Abtretungsgläubiger oder Abtretungsgläubigerinnen den Zivilprozess oder das Verwaltungsverfahren fort, so dient der Betrag, um den im Rahmen ihres Obsiegens der Anteil des unterliegenden Gläubigers oder der unterliegenden Gläubigerin an der Konkursmasse herabgesetzt wird, zur Befriedigung der Abtretungsgläubiger oder Abtretungsgläubigerinnen bis zur vollen Deckung ihrer kollozierten Forderungen sowie der Prozesskosten. Ein Überschuss fällt an die Konkursmasse oder allenfalls dem entsprechenden gebundenen Vermögen zu.

Art. 28 Einsicht in den Kollokationsplan

[1] Die Gläubiger und Gläubigerinnen können den Kollokationsplan im Rahmen von Artikel 5 während mindestens 20 Tagen einsehen.

[2] Der Konkursliquidator oder die Konkursliquidatorin macht öffentlich bekannt, ab welchem Zeitpunkt und in welcher Form der Kollokationsplan eingesehen werden kann.

[3] Er oder sie kann vorsehen, dass die Einsichtnahme beim Konkursamt am Konkursort erfolgen kann.

[4] Er oder sie teilt jedem Gläubiger und jeder Gläubigerin, dessen oder deren Forderung nicht wie angemeldet oder wie aus den Büchern des Versicherungsunternehmens oder dem Grundbuch ersichtlich kolloziert wurde, die Gründe für die vollständige oder teilweise Abweisung der Forderung mit.

Art. 29 Kollokationsklage

[1] Kollokationsklagen richten sich nach Artikel 250 SchKG[13].

---

12 SR 281.1
13 SR 281.1

² Die Klagefrist beginnt in dem Zeitpunkt zu laufen, ab dem in den Kollokationsplan Einsicht genommen werden kann.

5. Abschnitt: Verwertung

Art. 30 Art der Verwertung

¹ Der Konkursliquidator oder die Konkursliquidatorin entscheidet über die Art und den Zeitpunkt der Verwertung und führt diese durch.

² Verpfändete Vermögensstücke dürfen nur mit Zustimmung der Pfandgläubiger und Pfandgläubigerinnen anders verwertet werden als durch Verkauf an öffentlicher Steigerung.

³ Vermögenswerte können ohne Aufschub verwertet werden, wenn sie:
a. zum gebundenen Vermögen gehören;
b. schneller Wertverminderung ausgesetzt sind;
c. unverhältnismässig hohe Verwaltungskosten verursachen;
d. an einem repräsentativen Markt gehandelt werden; oder
e. nicht von bedeutendem Wert sind.

Art. 31 Öffentliche Versteigerung

¹ Öffentliche Versteigerungen richten sich nach den Artikeln 257–259 SchKG[14], soweit diese Verordnung nichts anderes bestimmt.

² Der Konkursliquidator oder die Konkursliquidatorin führt die Versteigerung durch. Er oder sie kann in den Steigerungsbedingungen ein Mindestangebot für die erste Versteigerung vorsehen.

³ Er oder sie macht die Möglichkeit der Einsichtnahme in die Steigerungsbedingungen öffentlich bekannt. Er oder sie kann die Einsichtnahme beim Konkurs- oder Betreibungsamt am Ort der gelegenen Sache vorsehen.

Art. 32 Abtretung von Rechtsansprüchen

¹ Der Konkursliquidator oder die Konkursliquidatorin bestimmt in der Bescheinigung über die Abtretung eines Rechtsanspruchs der Konkursmasse im Sinne von Artikel 260 SchKG[15] die Frist, innert der der Abtretungsgläubiger oder die Abtretungsgläubigerin den Rechtsanspruch gerichtlich geltend machen muss. Bei unbenutztem Ablauf der Frist fällt die Abtretung dahin.

² Die Abtretungsgläubiger und Abtretungsgläubigerinnen berichten dem Konkursliquidator oder der Konkursliquidatorin und, nach Abschluss des Konkursverfahrens, der FINMA ohne Verzug über das Resultat der Geltendmachung.

---

14 SR 281.1
15 SR 281.1

³ Verlangt kein Gläubiger und keine Gläubigerin die Abtretung oder ist die Frist zur Geltendmachung unbenutzt abgelaufen, so entscheidet der Konkursliquidator oder die Konkursliquidatorin und, nach Abschluss des Konkursverfahrens, die FINMA über die allfällige weitere Verwertung dieser Rechtsansprüche.

Art. 33 Anfechtung von Verwertungshandlungen

¹ Der Konkursliquidator oder die Konkursliquidatorin erstellt periodisch einen Verwertungsplan, der über die zur Verwertung anstehenden Konkursaktiven und die Art ihrer Verwertung Auskunft gibt.

² Verwertungshandlungen, die nach Artikel 30 Absatz 3 ohne Aufschub erfolgen können, müssen nicht in den Verwertungsplan aufgenommen werden.

³ Eine Abtretung von Rechtsansprüchen nach Artikel 32 gilt nicht als Verwertungshandlung.

⁴ Der Konkursliquidator oder die Konkursliquidatorin teilt den Verwertungsplan den Gläubigern und Gläubigerinnen mit und setzt ihnen eine Frist, innert der sie über einzelne darin aufgeführte Verwertungshandlungen von der FINMA eine anfechtbare Verfügung verlangen können.

6. Abschnitt: Verteilung und Abschluss

Art. 34 Massaverpflichtungen

¹ Aus der Konkursmasse werden vorab und in folgender Reihenfolge gedeckt:
a. Verbindlichkeiten, welche die Konkursmasse während der Dauer des Verfahrens eingegangen ist;
b. sämtliche Kosten für Eröffnung und Durchführung des Konkursverfahrens.

² Die Kosten für Inventur, Verwaltung und Verwertung der Vermögenswerte des jeweiligen gebundenen Vermögens, werden vorab aus dem Erlös gedeckt, der sich aus der Verwertung dieser Vermögenswerte des jeweiligen gebundenen Vermögens ergibt. Andere Massaverpflichtungen können dann anteilsmässig aus dem Erlös des gebundenen Vermögens oder der gebundenen Vermögen befriedigt werden, wenn die restliche Konkursmasse hierzu nicht ausreicht.

Art. 35 Verteilung des Erlöses aus den gebundenen Vermögen

¹ Nach der Deckung der Verpflichtungen nach Artikel 34 Absatz 2 und vor den Gläubigern und Gläubigerinnen der ersten Konkursklasse gemäss Artikel 219 Absatz 4 SchKG[16] werden aus dem Erlös, der sich aus der Verwertung der Vermögenswerte des jeweiligen gebundenen Vermögens ergibt, die von

---

16 SR 281.1

dem entsprechenden gebundenen Vermögen gesicherten Forderungen anteilsmässig befriedigt.

² Der Konkursliquidator oder die Konkursliquidatorin kann mit Genehmigung der FINMA die Verteilung gemäss Absatz 1 vor Eintritt der Rechtskraft des Kollokationsplans vornehmen.

³ Er oder sie vermerkt zu jeder Forderung, in welchem Umfang sie aus dem Erlös der zu den gebundenen Vermögen gehörenden Vermögenswerte gedeckt wurde. Die nicht durch das gebundene Vermögen sichergestellten Forderungen und der ungedeckte Betrag der von den gebundenen Vermögen sichergestellten Forderungen werden in der Rangordnung gemäss Artikel 219 SchKG aus dem Erlös der Konkursmasse gedeckt.

⁴ Ein allfälliger Überschuss aus der Verwertung der zu den gebundenen Vermögen gehörenden Vermögenswerte fällt in die Konkursmasse. Ein Anfall eines solchen Überschusses an ein anderes gebundenes Vermögen des nämlichen Versicherungsunternehmens ist ausgeschlossen.

Art. 36 Verteilung des weiteren Vermögens

¹ Der Konkursliquidator oder die Konkursliquidatorin kann Abschlagsverteilungen vorsehen. Er oder sie erstellt hierfür eine provisorische Verteilungsliste und unterbreitet diese der FINMA zur Genehmigung.

² Sind sämtliche Aktiven verwertet und alle die Feststellung der Aktiv- und Passivmasse betreffenden Prozesse erledigt, so erstellt der Konkursliquidator oder die Konkursliquidatorin die abschliessende Verteilungsliste sowie die Schlussrechnung und unterbreitet diese der FINMA zur Genehmigung. Auf die von einzelnen Gläubigern oder Gläubigerinnen im Sinne von Artikel 260 SchKG[17] geführten Prozesse braucht keine Rücksicht genommen zu werden.

³ Nach der Genehmigung der Verteilungsliste nimmt der Konkursliquidator oder die Konkursliquidatorin die Auszahlungen an die Gläubiger und Gläubigerinnen vor.

⁴ Keine Auszahlung erfolgt für Forderungen:
a. deren Bestand oder Höhe nicht abschliessend feststeht;
b. deren Berechtigte nicht definitiv bekannt sind;
c. die teilweise durch nicht verwertete Sicherheiten im Ausland oder gemäss Artikel 18 gedeckt sind; oder
d. die voraussichtlich durch eine ausstehende Befriedigung in einem ausländischen Zwangsvollstreckungsverfahren, das mit dem Konkurs in Zusammenhang steht, teilweise Deckung erhalten werden.

---

17 SR 281.1

Art. 37 Schlussbericht und Hinterlegung

¹ Der Konkursliquidator oder die Konkursliquidatorin berichtet der FINMA summarisch über den Verlauf des Konkursverfahrens.

² Der Schlussbericht enthält zudem:

a. Ausführungen über die Zusammensetzung und den Umfang der gebundenen Vermögen sowie über die durch den Erlös aus den gebundenen Vermögen ganz oder teilweise gedeckten Forderungen;

b. Ausführungen über die Erledigung sämtlicher die Feststellung der Aktiv- und Passivmasse betreffenden Prozesse;

c. Angaben über den Stand der an Gläubiger und Gläubigerinnen abgetretenen Rechtsansprüche nach Artikel 260 SchKG[18]; sowie

d. eine Auflistung der nicht ausbezahlten Anteile mit der Angabe, weshalb eine Auszahlung nicht erfolgen konnte.

³ Die FINMA trifft die notwendigen Anordnungen über die Hinterlegung der nicht ausbezahlten Anteile.

⁴ Die FINMA macht den Schluss des Konkursverfahrens öffentlich bekannt.

Art. 38 Verlustschein

¹ Die Gläubiger und Gläubigerinnen können beim Konkursliquidator oder bei der Konkursliquidatorin und, nach Abschluss des Konkursverfahrens, bei der FINMA gegen Bezahlung einer Kostenpauschale für den ungedeckten Betrag ihrer Forderung einen Verlustschein gemäss Artikel 265 SchKG[19] verlangen.

² Der Konkursliquidator oder die Konkursliquidatorin macht die Gläubiger und Gläubigerinnen im Rahmen der Auszahlung ihrer Anteile auf diese Möglichkeit aufmerksam.

Art. 39 Aktenaufbewahrung

¹ Die FINMA bestimmt, wie die Konkurs- und Geschäftsakten nach Abschluss oder Einstellung des Konkursverfahrens aufbewahrt werden müssen.

² Die Konkursakten sowie die noch vorhandenen Geschäftsakten sind nach Ablauf von zehn Jahren nach Abschluss oder Einstellung des Konkursverfahrens auf Anordnung der FINMA zu vernichten.

³ Vorbehalten bleiben abweichende spezialgesetzliche Aufbewahrungsvorschriften für einzelne Aktenstücke.

Art. 40 Nachträglich entdeckte und hinterlegte Vermögenswerte

¹ Werden innerhalb von 10 Jahren nach Schluss des Konkursverfahrens Vermögenswerte oder andere Rechtsansprüche entdeckt, die bisher nicht zur Konkursmasse gezogen wurden, so beauftragt die FINMA einen Konkurs-

---

18 SR 281.1
19 SR 281.1

liquidator oder eine Konkursliquidatorin, das Konkursverfahren ohne weitere Förmlichkeiten wieder aufzunehmen.

[2] Nachträglich entdeckte Vermögenswerte oder Rechtsansprüche werden den Gläubigern und Gläubigerinnen verteilt, die zu Verlust gekommen sind und deren für die Auszahlung notwendige Angaben dem Konkursliquidator oder der Konkursliquidatorin bekannt sind. Der Konkursliquidator oder die Konkursliquidatorin kann die Gläubiger und Gläubigerinnen unter Hinweis auf die Verwirkung ihres Anspruchs auffordern, ihm oder ihr die aktuellen Angaben bekannt zu geben. Er oder sie setzt ihnen dazu eine angemessene Frist.

[3] Ist offensichtlich, dass die durch die Wiederaufnahme des Konkursverfahrens entstehenden Kosten vom zu erwartenden Erlös aus der Verwertung der nachträglich entdeckten Vermögenswerte nicht gedeckt oder nur geringfügig übertroffen werden, kann die FINMA von der Wiederaufnahme absehen. Sie leitet die nachträglich entdeckten Vermögenswerte an den Bund.

[4] Hinterlegte Vermögenswerte, die frei werden oder nach zehn Jahren nicht bezogen wurden, werden unter Vorbehalt einer abweichenden spezialgesetzlichen Regelung ebenfalls nach Absatz 1 verwertet und nach Absatz 2 verteilt. Absatz 3 bleibt vorbehalten.

7. Abschnitt: Schlussbestimmungen

Art. 41 Übergangsbestimmung

Für Verfahren, die bei Inkrafttreten dieser Verordnung rechtshängig sind, gelten die Vorschriften dieser Verordnung.

Art. 42 Inkrafttreten

Diese Verordnung tritt am 1. Januar 2013 in Kraft.

33. Richtlinien für die Berechnung des betreibungsrechtlichen Existenzminimums (Notbedarf) nach Art. 93 SchKG

vom 1. Juli 2009*

I. Monatlicher Grundbetrag

Für Nahrung, Kleidung und Wäsche einschliesslich deren Instandhaltung, Körper- und Gesundheitspflege, Unterhalt der Wohnungseinrichtung, Privatversicherungen, Kulturelles sowie Auslagen für Beleuchtung, Kochstrom und/oder Gas etc. ist in der Regel vom monatlichen Einkommen des Schuldners folgender Grundbetrag als unumgänglich notwendig im Sinne von Art. 93 SchKG von der Pfändung ausgeschlossen:

für einen alleinstehenden Schuldner	Fr. 1 200.–
für einen alleinerziehenden Schuldner	Fr. 1 350.–
für ein Ehepaar, zwei in einer eingetragenen Partnerschaft lebende Personen oder ein Paar mit Kindern	Fr. 1 700.–
Unterhalt der Kinder	
für jedes Kind im Alter bis zu 10 Jahren	Fr. 400.–
für jedes Kind über 10 Jahre	Fr. 600.–

Bei kostensenkender Wohn-/Lebensgemeinschaft

Verfügen Partner des in einer kinderlosen, kostensenkenden Wohn-/Lebensgemeinschaft lebenden Schuldners ebenfalls über Einkommen, so ist der Ehegatten-Grundbetrag einzusetzen und dieser in der Regel (aber maximal) auf die Hälfte herabzusetzen (vgl. BGE 130 III 765 ff.).

II. Zuschläge zum monatlichen Grundbetrag

Mietzins, Hypothekarzins

Effektiver Mietzins für das Wohnen ohne Auslagen für Beleuchtung, Kochstrom und/oder Gas, weil im Grundbetrag inbegriffen. Besitzt der Schuldner eine eigene von ihm bewohnte Liegenschaft, so ist anstelle des Mietzinses der Liegenschaftsaufwand zum Grundbetrag hinzuzurechnen. Dieser besteht aus

---

* Verabschiedet von der Konferenz der Betreibungs- und Konkursbeamten der Schweiz. Einige Kantone verwenden eigene Richtlinien.

dem Hypothekarzins (ohne Amortisation), den öffentlich-rechtlichen Abgaben und den (durchschnittlichen) Unterhaltskosten.

Ein den wirtschaftlichen Verhältnissen und persönlichen Bedürfnissen des Schuldners nicht angemessener Mietzins ist nach Ablauf des nächsten Kündigungstermins auf ein ortsübliches Normalmass herabzusetzen; in sinngemässer Weise ist beim Schuldner zu verfahren, der sich als Wohneigentümer einer unangemessen hohen Hypothekarzinsbelastung ausgesetzt sieht (BGE 129 III 526 ff. m. H.).

Bei einer Wohngemeinschaft (eingeschlossen volljährige Kinder mit eigenem Erwerbseinkommen) sind die Wohnkosten in der Regel anteilsmässig zu berücksichtigen.

Heiz- und Nebenkosten

Die durchschnittlichen – auf zwölf Monate verteilten – Aufwendungen für die Beheizung und Nebenkosten der Wohnräume.

Sozialbeiträge (soweit nicht vom Lohn bereits abgezogen), wie Beiträge bzw. Prämien an:

- AHV, IV und EO
- Krankenkassen
- Pensions- und Fürsorgekassen
- Arbeitslosenversicherung
- Unfallversicherung
- Berufsverbände

Der Prämienaufwand für nichtobligatorische Versicherungen kann nicht berücksichtigt werden (BGE 134 III 323 ff.).

Unumgängliche Berufsauslagen (soweit der Arbeitgeber nicht dafür aufkommt)

a) **Erhöhter Nahrungsbedarf**
   bei Schwerarbeit, Schicht- und Nachtarbeit: Fr. 5.50 pro Arbeitstag

b) **Auslagen für auswärtige Verpflegung**
   Bei Nachweis von Mehrauslagen für auswärtige Verpflegung: Fr. 9.00 bis Fr. 11.00 für jede Hauptmahlzeit.

c) **Überdurchschnittlicher Kleider- und Wäscheverbrauch** (beispielsweise bei Servicepersonal, Handelsreisenden etc.): bis Fr. 50.00 pro Monat.

d) **Fahrten zum Arbeitsplatz**
   Öffentliche Verkehrsmittel: effektive Auslagen.
   Fahrrad: Fr. 15.00 pro Monat für Abnützung.
   Mofa/Moped: Fr. 30.00 pro Monat für Abnützung, Betriebsstoff usw.
   Motorrad: Fr. 55.00 pro Monat für Abnützung, Betriebsstoff usw.
   Automobil: Sofern einem Automobil Kompetenzqualität zukommt, sind die festen und veränderlichen Kosten ohne Amortisation zu berechnen. Bei Benützung eines Automobils ohne Kompetenzqualität: Auslagenersatz wie bei der Benützung öffentlicher Verkehrsmittel.

Rechtlich geschuldete Unterhaltsbeiträge

die der Schuldner an nicht in seinem Haushalt wohnende Personen in der letzten Zeit vor der Pfändung nachgewiesenermassen geleistet hat und voraussichtlich auch während der Dauer der Pfändung leisten wird (BGE 121 III 22).

Dem Betreibungsamt sind für solche Beiträge Unterlagen (Urteile, Quittungen usw.) vorzuweisen.

Schulung der Kinder

Besondere Auslagen für Schulung der Kinder (öffentliche Verkehrsmittel, Schulmaterial usw.). Für mündige Kinder ohne Verdienst bis zum Abschluss der ersten Schul- oder Lehrausbildung, zur Maturität oder zum Schuldiplom.

Abzahlung oder Miete/Leasing von Kompetenzstücken

Gemäss Kaufvertrag, jedoch nur solange zu berücksichtigen, als der Schuldner bei richtiger Vertragserfüllung zur Abzahlung verpflichtet ist und sich über die Zahlung ausweist. Voraussetzung: Ein Eigentumsvorbehalt muss rechtsgültig sein.

Die analoge Regelung gilt für gemietete/geleaste Kompetenzstücke (BGE 82 III 26 ff.).

Verschiedene Auslagen

Stehen dem Schuldner zur Zeit der Pfändung unmittelbar grössere Auslagen, wie für Arzt, Arzneien, Franchise, Geburt und Pflege von Familienangehörigen, einen Wohnungswechsel etc. bevor, so ist diesem Umstand in billiger Weise durch eine entsprechende zeitweise Erhöhung des Existenzminimums Rechnung zu tragen.

Gleiches gilt, wenn diese Auslagen dem Schuldner während der Dauer der Lohnpfändung erwachsen. Eine Änderung der Lohnpfändung erfolgt hier in der Regel jedoch nur auf Antrag des Schuldners.

III. Steuern

Diese sind bei der Berechnung des Notbedarfs nicht zu berücksichtigen (BGE 126 III 89, 92 f.; BGer 17.11.2003, 7B.221/2003 = BlSchK 2004, 85 ff.).

Bei ausländischen Arbeitnehmern, die der Quellensteuer unterliegen, ist bei der Berechnung der pfändbaren Quote vom Lohn auszugehen, der diesen tatsächlich ausbezahlt wird (BGE 90 III 34).

IV. Sonderbestimmungen über das dem Schuldner anrechenbare Einkommen

Beiträge gemäss Art. 163 ZGB oder Art. 13 PartG

Verfügt der Ehegatte oder der eingetragene Partner des Schuldners über eigenes Einkommen, so ist das gemeinsame Existenzminimum von beiden Ehegatten oder eingetragenen Partnern (ohne Beiträge gemäss Art. 164 ZGB) im Verhältnis ihrer Nettoeinkommen zu tragen. Entsprechend verringert sich das dem Schuldner anrechenbare Existenzminimum (BGE 114 III 12 ff.).

Beiträge gemäss Art. 323 Abs. 2 ZGB

Die Beiträge aus dem Erwerbseinkommen minderjähriger Kinder, die in Haushaltgemeinschaft mit dem Schuldner leben, sind vorab vom gemeinsamen Existenzminimum abzuziehen (BGE 104 III 77 f.). Dieser Abzug ist in der Regel auf einen Drittel des Nettoeinkommens der Kinder, höchstens jedoch auf den für sie geltenden Grundbetrag (Ziff. I/4) zu bemessen.

Der Arbeitserwerb volljähriger, in häuslicher Gemeinschaft mit dem Schuldner lebender Kinder ist bei der Berechnung des Existenzminimums desselben grundsätzlich nicht zu berücksichtigen. Dagegen ist dabei ein angemessener Anteil der volljährigen Kinder an den Wohnkosten in Abzug zu bringen.

Leistungen/Vergütungen von Dritten

wie Prämienverbilligungen, Stipendien, Unterstützungen etc. müssen zum Einkommen dazugerechnet werden.

V. Abzüge vom Existenzminimum

Naturalbezüge

wie freie Kost, Logis, Dienstkleidung usw. sind entsprechend ihrem Geldwert vom Existenzminimum in Abzug zu bringen:

Freie Kost mit 50% des Grundbetrages;

Dienstkleidung mit Fr. 30.00 pro Monat.

Reisespesenvergütungen

welche der Schuldner von seinem Arbeitgeber erhält, soweit er damit im Existenzminimum eingerechnete Verpflegungsauslagen in nennenswertem Umfang einsparen kann.

VI. Abweichungen von den Ansätzen

Abweichungen von den Ansätzen gemäss Ziff. I–V können soweit getroffen werden, als der Betreibungsbeamte sie aufgrund der ihm im Einzelfall obliegenden Prüfung aller Umstände für angemessen hält.

*****

Diese Richtlinien beruhen auf dem Landesindex (Totalindex) der Konsumentenpreise (Basis Dezember 2005 = 100 Punkte) von Ende Dezember 2008 mit einem Indexstand von 103.4 Punkten. Sie gleichen vorgabeweise die Teuerung bis zum Indexstand von 110 Punkten aus. Eine Änderung der Ansätze ist erst bei Überschreiten eines Indexstandes von 115 Punkten, oder Unterschreiten eines Indexstandes von 95 Punkten vorgesehen.

34. Kreisschreiben Nr. 37
des Schweizerischen Bundesgerichts
an die kantonalen Aufsichtsbehörden in Schuldbetreibungs- und Konkurssachen, für sich und zuhanden der untern Aufsichtsbehörden und der Betreibungs- und Konkursämter*

vom 7. November 1996

Bereinigung der Kreisschreiben, Anweisungen, Schreiben und Bescheide

1. Das Bundesgesetz über Schuldbetreibung und Konkurs vom 11. April 1889 ist am 16. Dezember 1994 geändert worden; die revidierte Fassung wird am 1. Januar 1997 in Kraft treten.

2. Das Bundesgericht hat die zur Vollziehung des Gesetzes erlassenen Verordnungen am 5. Juni 1996 geändert und Ihnen durch Zusendung eines Exemplars der Neufassung von den vorgenommenen Änderungen Kenntnis gegeben. Die für das Betreibungs- und Konkursverfahren zu verwendenden Formulare sind den revidierten Bestimmungen angepasst und mit Beschluss der Schuldbetreibungs- und Konkurskammer vom 2. September 1996 genehmigt worden; deren neue Fassung ist Ihnen durch Übermittlung einer Mustersammlung bekanntgegeben worden. Die Schuldbetreibungs- und Konkurskammer hat ebenso die Anleitung über die bei der Zwangsverwertung von Grundstücken zu errichtenden Aktenstücke am 22. Juli 1996 angepasst und Sie durch Zustellung eines Exemplars der gesamten Anleitung orientiert.

3. Es drängte sich auch eine Durchsicht der in den Jahren 1892 bis 1895 vom Justiz- und Polizeidepartement, in den Jahren 1897 bis 1911 von der Schuldbetreibungs- und Konkurskammer und seit 1912 vom Bundesgericht erlassenen Kreisschreiben sowie der daneben seit 1941 von der Schuldbetreibungs- und Konkurskammer abgefassten Anweisungen, Schreiben und Bescheide auf. Sie hat ergeben, dass lediglich die folgenden Kreisschreiben, Anweisungen, Schreiben und Bescheide noch Geltung beanspruchen können:

– Nr. 3 vom 7. Januar 1892 Anweisung, dafür zu sorgen, dass Verzeichnisse der im Kreis wohnenden, der Konkursbetreibung unterliegenden Personen geführt werden,

---

* Veröffentlicht in BGE 122 III 327.

- Nr. 4 vom 12. Januar 1892 Aufforderung zur Einsendung aller im Bereich des SchKG von den Kantonen erlassenen und noch zu erlassenden Verordnungen, Dekrete, Kreisschreiben usw.,
- Nr. 17 vom 30. Dezember 1893 Verordnung Nr. 3 zum SchKG betreffend Betreibungs- und Konkursstatistik,
- Nr. 7 vom 15. November 1899 betreffend Wirkungen des nachträglichen Rechtsvorschlags (ohne Instruktionen),
- Nr. 14 vom 6. Februar 1905 betreffend jährliche Berichte der kantonalen Aufsichtsbehörden,
- Nr. 24 vom 12. Juli 1909 betreffend Retentionsverfahren,
- Nr. 29 vom 31. März 1911 betreffend Pfändung und Verwertung von Vermögensobjekten, die dem betriebenen Schuldner unter Eigentumsvorbehalt verkauft wurden,
- Nr. 2 vom 7. November 1912 betreffend Frist für die öffentliche Bekanntmachung von Steigerungen beweglicher Sachen,
- Nr. 10 vom 9. Juli 1915 betreffend Kollokation der gemäss Art. 291 SchKG wieder in Kraft tretenden Forderung des Anfechtungsbeklagten,
- Nr. 11 vom 20. Oktober 1917 betreffend Spezialanzeige der Fahrnissteigerung im Konkurs an die Inhaber von Pfandrechten,
- Nr. 14 vom 11. Mai 1922 betreffend Pfändung von dem betriebenen Schuldner unter Eigentumsvorbehalt verkauften Vermögensobjekten, Konkurrenz des Pfändungspfandrechts und des Eigentums des Verkäufers,
- Nr. 16 vom 3. April 1925 betreffend Gläubigerbezeichnung bei Betreibungen, die von einer Erbengemeinschaft resp. Gemeinderschaft eingeleitet werden, Schuldnerbezeichnung bei Betreibungen gegen eine Erbschaft,
- Nr. 17 vom 1. Februar 1926 betreffend Behandlung von Miteigentum und Gesamteigentum im Konkurs (Ziff. 2),
- Nr. 19 vom 23. April 1926 betreffend Meldepflicht an Militärbehörden,
- Nr. 24 vom 23. Dezember 1935 betreffend Betreibungs-, Konkurs- und Nachlassvertragsstatistik,
- Nr. 29 vom 7. Februar 1941 betreffend Rechtsstillstand wegen Militärdienstes,
- Nr. 31 vom 12. Juli 1949 betreffend Führung des Betreibungsbuches in Kartenform,
- Anweisung SchKK vom 31. Dezember 1952 betreffend unverzügliche Benachrichtigung des Schuldners vom Pfändungsanschluss, auch wenn die Pfändung keiner Ergänzung bedarf,
- vom 31. März 1953 betreffend Betreibungsbuch in Kartenform, Nachtrag zu Nr. 31,

- Schreiben SchKK vom 24. Juni 1957 betreffend Löschung des Eintrags eines Eigentumsvorbehalts am bisherigen Wohnsitz des Erwerbers bei Wohnsitzwechsel und Gebührenerhebung,
- vom 11. Dezember 1959 betreffend Betreibungsbuch in Kartenform, zweiter Nachtrag zu Nr. 31,
- Schreiben SchKK vom 16. Februar 1961 betreffend Ort der Eintragung der Eigentumsvorbehalte, wenn der Erwerber unter Vormundschaft steht,
- Nr. 35 vom 16. Oktober 1961 betreffend Luftfahrzeuge als Gegenstand der Zwangsvollstreckung,
- Bescheid SchKK vom 6. Dezember 1961 betreffend Pflicht des Schuldners, der Pfändung beizuwohnen oder sich vertreten zu lassen, Massnahmen, Bestrafung und Stellung der Polizei (ohne Vorführung des Schuldners),
- Schreiben SchKK vom 17. März 1967 betreffend eidgenössische Betreibungsstatistik,
- Schreiben SchKK vom 13. September 1968 betreffend Zustellung von Betreibungsurkunden nach Italien,
- Schreiben SchKK vom 30. August 1972 betreffend konkursamtliches Rechnungswesen,
- Schreiben SchKK vom 3. April 1974 betreffend Kosten der Beschwerdeführung,
- Schreiben SchKK vom 13. Juni 1975 betreffend Arrestvollzug, Anzeige von Arrestbefehlen an Banken per Fernschreiber,
- Bescheid SchKK vom 5. Juli 1976 betreffend Verwertung von Miteigentumsanteilen im Konkurs,
- Schreiben SchKK vom 13. Februar 1984 betreffend Domizilwahl durch den Betriebenen, Form.

Alle anderen Kreisschreiben, Anweisungen, Schreiben und Bescheide sind nicht mehr in Kraft.

Sachregister

Die **fetten** Zahlen verweisen auf die laufenden Nummern der Erlasse (vgl. Inhaltsübersicht und Buchklappen), die **mageren** auf die Bestimmungen (Artikel, Absätze, Ziffern und Buchstaben).

A

Abänderung s.a. Revision
– der Scheidungsfolgen **1** 284
Abberufung von Schiedsrichtern
  s. Mitglieder des Schiedsgerichts
Aberkennungsklage 17 83 Abs. 2–4
Abgabe einer Willenserklärung, Entscheid lautend auf - 1 344
Abgaben, Ausnahme von der Konkursbetreibung 17 43 Ziff. 1
Abgeurteilte Sache 1 59 Abs. 2 lit. e, 65
Abhanden gekommene Sachen 17 106 Abs. 3
Ablehnung s.a. Ausstand
– Gründe **1** 47
– der Mitglieder des Schiedsgerichts
  s. dort
– des Sanierungsplans **29** 31a, **30** 46
– des Schiedsgerichts s. dort
Ablehnungsgesuch 1 49, 369 Abs. 2 und 3
Ablehnungsverfahren 1 369
– Ablehnungsgesuch **1** 49, 369 Abs. 2 und 3
– Ablehnungsgründe **1** 47
– der Mitglieder des Schiedsgerichts
  – Anfechtung des Entscheids **1** 369 Abs. 5
  – Vereinbarung des Ablehnungsverfahrens **1** 369 Abs. 1
  – Weiterführung des Schiedsverfahrens **1** 369 Abs. 4
  – Zuständigkeit **1** 356 Abs. 2 lit. a
Ablösungsverfahren 17 153 Abs. 3

Abschlagsverteilungen
– in der Betreibung auf Pfändung
  17 144 Abs. 2
– aus Früchten und Erträgnissen gepfändeter Grundstücke **22** 22
– im Konkursverfahren **17** 237 Abs. 3 Ziff. 5, 251 Abs. 3, 266, **19** 82
– bei Nachlassvertrag mit Vermögensabtretung **17** 326 f.
– bei Pfändung von Gemeinschaftsanteilen **21** 8 Abs. 2
Abschlagszahlungen s.a. Teilzahlungen von Mitverpflichteten (im Konkurs)
– bei Gemeinschaftsvermögen **21** 8 Abs. 2
– bei Grundpfandverwertung (Miet- und Pachtzinse) **22** 95
– bei Grundstückspfändung (Früchte und Erträgnisse) **22** 22
– bei Nachlassvertrag mit Vermögensabtretung **17** 326 f.
– bei Notstundung **17** 339 Abs. 4, 345 Abs. 1, 348 Abs. 1 Ziff. 1
– bei Verwertungsaufschub **17** 123
Absichtsanfechtung (Absichtspauliana) 17 288
Absonderung von Bucheffekten in der Liquidation der Verwahrungsstelle 31 17
Abstammung im Kindesrecht in internationalen Verhältnissen 7 66 ff.
Abstandserklärung 1 241, s.a. Klageanerkennung; Klagerückzug
Abteilungen des Bundesgerichts 3 18 ff.

Abtretung
- der eingeklagten Forderung s. *Parteiwechsel*
- von Forderungen an Gläubiger s. *Überweisung*
- Gebühren **20** 46 Abs. 1 lit. d
- des Liquidationsanspruchs bei Gemeinschaft **21** 13
- bei Nachlassvertrag mit Vermögensabtretung **17** 325
- von Rechtsansprüchen der Konkursmasse **17** 131 Abs. 2, 260, 269 Abs. 3, **19** 80, 95

Abweisung des Konkursbegehrens **17** 172

Actio pauliana s. *Anfechtungsklage*

Actor sequitur forum rei **1** 10, s.a. *Wohnsitz*

Adhäsionsklage, Gerichtsstand **1** 39, **7** 8c

Admassierungsklage **1** 29 f., **17** 242 Abs. 3, **30** 21 Abs. 2

Adoption im Kindesrecht in internationalen Verhältnissen **7** 75 ff.

Agenda **18a** 13

AHV/IV/EL
- privilegierte Forderungen im Konkurs **17** 219 Abs. 4
- (Un)pfändbarkeit der Leistungen **17** 92 Abs. 1 Ziff. 9a

Akten der Konkursämter **19** 1 ff.
- Ordnung und Aufbewahrung **19** 1 ff., 10, 13 ff., 98 Abs. 2
- Übergabe an die ausseramtliche Konkursverwaltung **19** 43

Akteneinsicht s. *Einsichtsrecht*

Aktenherausgabe s. *Herausgabe*, s.a. *Herausgabepflicht*

Aktiengesellschaft s. *Gesellschaften*

Aktivlegitimation s. *Legitimation*

Akzessschein s. *Klagebewilligung*

Alimente s. *Unterhalts- und Unterstützungsbeiträge*

Allgemeine Bestimmungen der ZPO **1** 1 ff.

Amiable composition **1** 381 Abs. 1 lit. b, 384 Abs. 1 lit. e

Amtliche Verwahrung s. *Verwahrung*

Amtsblatt s. *Handelsamtsblatt*

Amtseinstellung **17** 14 Abs. 2 Ziff. 3

Amtsentsetzung **17** 14 Abs. 2 Ziff. 4

Amtsgeheimnis s. *Beschränktes Verweigerungsrecht Dritter*, s.a. *Sachverständige(r)*

Amtssprache
- Rechtshilfegesuche in der - **1** 196 Abs. 1
- Verfahrenssprache **1** 129

Anerkennung
- ausländischer Entscheidungen s. *dort*
- ausländischer Kollokationspläne
  - Folgen der Nichtanerkennung **7** 174
  - Vorgehen und Folgen **7** 173 Abs. 2–3
- ausländischer Konkursentscheide s.a. *IPRG-Konkursverfahren*
  - Antrag **7** 166 Abs. 1, 168
  - Bankenkonkurs **29** 37g, **30** 10
  - Gegenrecht **7** 166 Abs. 1 lit. c
  - indirekte Zuständigkeit **7** 166 Abs. 1
  - Mitteilung **7** 169 Abs. 2
  - Niederlassungskonkurs, Auswirkung auf - **7** 166 Abs. 2
  - öffentliche Bekanntmachung **7** 169 Abs. 1
  - Rechtsfolgen **7** 170 ff.
  - sichernde Massnahmen **7** 168
  - Verfahren **7** 167 ff.
  - Versicherungsunternehmen im Konkurs **32a** 12
  - Verweigerungsgründe **7** 27, 166 Abs. 1 lit. b
  - Vollstreckbarkeit im Konkursstaat **7** 166 Abs. 1 lit. a
  - Voraussetzungen **7** 166 Abs. 1
  - Zuständigkeit **7** 29 Abs. 1, 167

- ausländischer Nachlassverträge und ähnlicher Verfahren **7** 175
- ausländischer Schiedssprüche **15** 1 ff.
- im Kindesrecht in internationalen Verhältnissen **7** 71 ff.
- der Klage *s. Klageanerkennung*
- der Konkursforderungen *s. Kollokation*

Anerkennungsklage 17 79
- im Arrestverfahren **17** 279 Abs. 2 und 4
- in der Wechselbetreibung **17** 184 Abs. 2, 186

Anfechtung
- Kindesverhältnis, Vaterschaft *s. Kinderbelange in familienrechtlichen Angelegenheiten*
- des Kollokationsplanes *s. Kollokationsklage*
- paulianische - *s. dort*
- der Verwertung
  - in der Betreibung auf Pfändung **17** 132a, 143a
  - im Konkurs **17** 214

Anfechtungsansprüche der Konkursmasse 17 200, 256 Abs. 4, **19** 27 Abs. 2

Anfechtungsklage 17 289 ff., *s.a. Paulianische Anfechtung*
- Aktivlegitimation **17** 285 Abs. 2
- im Bankenkonkurs **30** 21 Abs. 3
- bei Betreibung gegen Gemeinden **24** 2 Abs. 4
- Fristenberechnung **17** 288a
- Gerichtsstand **17** 289
- im IPRG-Konkursverfahren **7** 171
- im Kollektivanlagen-Konkurs **28a** 24 Abs. 3
- Passivlegitimation **17** 290
- Verjährung **17** 292
- im Versicherungskonkurs **32a** 21 Abs. 3
- Wirkung **17** 291

Anfechtungsobjekt
- der Berufung **1** 308 ff., *s.a. Berufung*
- der Beschwerden an das Bundesgericht **3** 90 ff.

Angebot
- bei Fahrnissteigerung **17** 126
- bei Grundstückssteigerung **17** 141 f., **22** 58 ff.
  - Ausruf **22** 60
  - Deckungsprinzip **17** 142a
  - Doppelaufruf **17** 142
  - Form **22** 58
- gemeinsames Angebot mehrerer **22** 59

Angestellte der Betreibungs- und Konkursämter
- Ausstandspflicht **17** 10 Abs. 1 Ziff. 3
- Haftung der Kantone für widerrechtliche Amtshandlungen **17** 5
- verbotene Rechtsgeschäfte **17** 11

Anhebung der Betreibung 17 67 ff.

Anhörung
- Eltern, Kind *s. Kinderbelange in familienrechtlichen Angelegenheiten*
- der Gegenpartei **1** 119 Abs. 3, 265 Abs. 1–2, 340
- der Gläubiger
  - bei der Anerkennung ausländischer Nachlassverträge **7** 175
  - bei der Prüfung des ausländischen Kollokationsplanes **7** 173 Abs. 3
- der Parteien **1** 75 Abs. 2, 183 Abs. 1, 287, 394
- Schutzschrift **1** 270 Abs. 1

Ankündigung der Pfändung 17 90

Anleihensobligationen 1 44

Anmeldung von Eintragungen und Vormerkungen im Grundbuch *s. Grundbuch*

Annahme des Nachlassvertrages durch Gläubiger 17 302 ff., 305

Annexverfahren 1 288 Abs. 2,
s.a. Scheidung auf gemeinsames Begehren
Annuitäten 17 41 Abs. 2
Anrechnung eines im ausländischen Konkurs erlangten Betrages 7 172 Abs. 3
– im Bankenkonkurs 29 37f Abs. 2
Anschlussberufung 1 313 f., *s.a. Berufung*
– in der Berufungsantwort durch die Gegenpartei 1 313 Abs. 1
– Hinfälligkeit 1 313 Abs. 2
– Unzulässigkeit im summarischen Verfahren 1 314 Abs. 2
Anschlussbeschwerde 1 323
Anschlussfrist 17 110 Abs. 1–2, 111 Abs. 1–2
Anschlussklage, Pfändungsanschluss 17 111 Abs. 5
Anschlusspfändung *s. Pfändungsanschluss*
Anstalten, öffentlich-rechtliche -
s. Öffentlich-rechtliche Anstalten, s.a. Gerichtsstand
Anteile
– an Gemeinderschaften 17 132, *s.a. Gemeinschaftsrechte*
– an Gemeinschaftsvermögen, *s.a. Gemeinschaftsrechte*
 – Pfändung 17 104, 21 1 ff.
 – Verwertung 17 132 Abs. 1, 21 8 ff.
Antizipierte Beweiswürdigung 1 152 Abs. 1
Anwalt 16 1 ff., *s.a. Berufsmässige Vertretung; Parteivertretung; Rechtsbeistand*
– Anforderungen der Kantone für den Erwerb des Anwaltspatents 16 3
– Berufsausübungsverbot 16 17 ff.
– Berufsbezeichnung 16 11, 24, 33
– Berufsgeheimnis 16 13
– Berufsregeln 16 12, 25

– Disziplinaraufsicht und -massnahmen 16 14 ff., 29
– Freizügigkeit 16 1 ff., 4, 21 ff.
– kantonale Aufsichtsbehörde 16 14 ff., *s.a. Kantonale Aufsichtsbehörde über Anwälte*
– kantonales Anwaltsregister *s. dort*
– kantonales Anwaltsregister, Eintragung, Voraussetzungen, Löschung 16 5 ff.
– Patentanwalt 6 29
– Zulassung zum Praktikum 16 7
Anwalt aus der EU und der EFTA 16 27 ff.
– Berufsbezeichnung 16 24, 33
– Berufsregeln 16 25
– Disziplinarmassnahmen 16 26, 29
– Eignungsprüfung 16 30 ff.
– Eintragung bei der kantonalen Aufsichtsbehörde 16 27 f.
– Eintragung in das kantonale Anwaltsregister 16 30 ff.
– Freizügigkeit 16 21 ff.
– Handeln mit Schweizer Anwalt 16 23
– Qualifikation 16 22
Anwaltsregister *s. Kantonales Anwaltsregister*
Anwaltszwang 1 69
– Anwalt aus der EU oder der EFTA, Handeln mit Schweizer Anwalt 16 23
– vor Bundesgericht 3 40 Abs. 1
Anwartschaften, Berücksichtigung bei Nachlassvertragsbestätigung 17 306 Abs. 2 Ziff. 1
Anweisung von Forderungen des Schuldners *s. Überweisung von Forderungen an Gläubiger*
Anweisungen, Schreiben und Bescheide zum SchKG 34 E. 3
Anwendbares Recht in internationalen Verhältnissen 7 13 ff.

Anwesenheitspflicht s.a. *Mitwirkungspflicht*
- des Schuldners bei der Pfändung **17** 91 Abs. 1 Ziff. 1

Anzeigen s. *Öffentliche Bekanntmachung(en), s.a. Mitteilung(en) an das Grundbuchamt; Spezialanzeigen*

Appellation s. *Berufung*

Arbeitgeber s.a. *Einkommenspfändung; Insolvenzentschädigung*
- Auskunftspflicht **17** 57a, **27** 56

Arbeitnehmer s.a. *Einkommenspfändung; Insolvenzentschädigung*
- Auskunftspflicht **17** 57a
- privilegierte Forderungen im Konkurs **17** 219 Abs. 4 1. Klasse lit. a–a[ter]

Arbeitsgericht 1 68 Abs. 2 lit. d

Arbeitslosenversicherung s.a. *Insolvenzentschädigung*
- privilegierte Forderungen im Konkurs **17** 219 Abs. 4

Arbeitsrecht, Gerichtsstand 1 34, 35 Abs. 1 lit. d

Arbeitsverhältnis, keine Gerichtskosten 1 113 Abs. 2 lit. d, 114 lit. c

Arbeitsvermittlungsgesetz 1 113 Abs. 2 lit. d, 114 lit. c

Archivierung der Konkursakten s. *Ordnung und Aufbewahrung der Konkursakten*

Armenrecht s. *Unentgeltliche Rechtspflege*

Arrest 17 271 ff., s.a. *Arrestierung; Arrestbefehl; Arrestgegenstände*
- Befehl **17** 274
- Begehren **17** 271 f.
- Berufung unzulässig **1** 309 lit. b Ziff. 6
- bei Betreibung gegen Gemeinden **24** 2 Abs. 2
- Betreibungsferien, geschlossene Zeiten und Rechtsstillstand **17** 56
- Betreibungsort **17** 52
- Bewilligung **17** 272
- Dahinfallen **17** 280
- Gebühren **20** 21, 48
- Gründe **17** 271
- Haftung für Arrestschaden **17** 273
- nicht verfallener Forderungen **17** 271 Abs. 2
- Prosequierung **17** 279
- Prosequierungsklage **17** 279 Abs. 2
  - Gerichtsstand im internationalen Verhältnis **7** 4
- provisorischer Pfändungsanschluss **17** 281
- Schätzung der Arrestgegenstände **17** 276 Abs. 1
- Sicherheitsleistung des Schuldners **17** 277
- Urkunde **17** 276, 279 Abs. 1
- Verfahren **17** 272
- Vollzug **17** 275
  - Gebühr **20** 21
- Voraussetzungen **17** 272 Abs. 1
- Vorrang des Konkurses **17** 199
- Zuständigkeit **17** 272

Arrestbefehl 17 274
- Dahinfallen **17** 280
- Einsprache **17** 278
- provisorischer Pfändungsanschluss **17** 281

Arrestbewilligung 17 272

Arrestgegenstände 17 91 ff., 272 Abs. 1 Ziff. 3, 274 Abs. 2 Ziff. 4, 281 Abs. 1
- als Bestandteil der Konkursmasse **17** 199
- freie Verfügung des Schuldners **17** 277
- Vermögenswerte ausländischer Staaten **17** 92 Abs. 1 Ziff. 11

Arrestgericht
- Arrestbefehl **17** 274
- Arrestbewilligung **17** 272
- Bezeichnung durch die Kantone **17** 23
- Einsprache gegen den Arrestbefehl **17** 278

Arrestierung
- einer versicherten Sache **23** 1 f., **25** 56
- von Versicherungsansprüchen **23** 1 ff., s.a. *Versicherungsanspruch*

Arrestprosequierung 17 279
- in internationalen Verhältnissen **7** 4

Arrestrichter s. *Arrestgericht*

Arrestschaden, Haftung 17 273

Arresturkunde 17 276, 279 Abs. 1

Arrestvermögen s. *Arrest, s.a. Arrestgegenstände*

Arten der Betreibung s. *Betreibungsarten*

Audiatur et altera pars s. *Rechtliches Gehör*

Aufbewahrung s.a. *Hinterlegung; Verwahrung*
- von Geld oder Wertsachen **17** 9
- gepfändeter Vermögensstücke, Kosten **17** 105
- der Geschäftsbücher und -papiere des Konkursiten **19** 15
- der Konkursakten **19** 14, s.a. *Ordnung und Aufbewahrung der Konkursakten*
- der Konkursakten auf Bild- und Datenträgern **19** 15a

Aufenthaltsort
- als Betreibungsort **1** 10 Abs. 1 lit. c, 11, **17** 48
- unbekannter -, als Grund für Konkurseröffnung ohne vorgängige Betreibung **17** 190 Abs. 1 Ziff. 1

Aufhebung s.a. *Widerruf*
- der Betreibung
  - durch Konkurseröffnung **17** 206 Abs. 1
  - im summarischen Verfahren **17** 85
  - im vereinfachten Verfahren **17** 85a
- von durch Beschwerde angefochtenen Handlungen **17** 21
- des Miteigentums **22** 73e Abs. 3–5

- des Nachlassvertrages gegenüber einem Gläubiger **17** 316
- der öffentlich-rechtlichen Folgen der fruchtlosen Pfändung und des Konkurses **17** 26 Abs. 2
- des Rechtsstillstandes durch den Richter **17** 57d, **20** 51
- des Rechtsvorschlages s. *Rechtsöffnung*
- des Zuschlages **17** 143 Abs. 1, **22** 63

Aufklärung
- über die Mitwirkungspflicht, das Verweigerungsrecht, die Säumnisfolgen **1** 161
- über die Prozesskosten und die unentgeltliche Rechtspflege **1** 97

Auflegung
- bei ausseramtlicher Konkursverwaltung **19** 98
- des Finanzplanes bei Betreibung von Gemeinden **24** 38 Abs. 3
- des Kollokationsplanes
  - in der Betreibung auf Pfändung **17** 147
  - im Konkurs **17** 249 Abs. 1–2, **19** 66 Abs. 2, 67
  - bei Nachlassvertrag mit Vermögensabtretung **17** 321
- der Kostenrechnung von verwalteten Grundstücken **22** 20
- des Lastenverzeichnisses **17** 33
- im Nachlassverfahren **17** 301
- der provisorischen Verteilungsliste **19** 82 Abs. 1
- des Schlussberichtes bei Nachlassvertrag mit Vermögensabtretung **17** 330
- der Steigerungsbedingungen
  - in der Betreibung auf Pfändung **17** 134 Abs. 2, **22** 52
  - im Konkurs **17** 257 Abs. 2
- der Verteilungsliste und/oder Schlussrechnung
  - im Bankenkonkurs **29** 37e

- in der Betreibung auf Pfändung **17** 147, **22** 80
- im Konkurs **17** 263
- bei Nachlassvertrag mit Vermögensabtretung **17** 326, 328
- im Pfandverwertungsverfahren **22** 95 Abs. 2, 112 Abs. 2
- im summarischen Konkursverfahren **17** 231 Abs. 3 Ziff. 4

Aufruf
- bei Fahrnissteigerung **17** 126 Abs. 1
- bei Grundstückssteigerung, doppelter **17** 142, **22** 42, 56 f., 104, 116, 129

Aufschiebende Wirkung
- im Bankenkonkurs **29** 24 Abs. 3
- der Berufung **1** 315
- der Beschwerde **1** 325 Abs. 1
- der Beschwerde an das Bundesgericht **3** 103
- der Beschwerde gegen den Nachlassvertragsentscheid **17** 307
- bei Erläuterungen und Berichtigungen **1** 331, 334 Abs. 2
- der Revision **1** 331 Abs. 1
- der Revision des Schiedsspruchs **1** 331, 398
- im SchKG **17** 36, 174 Abs. 3, 176 Abs. 1 Ziff. 4, 340 Abs. 3, **22** 3

Aufschub s. Aussetzung, s.a. Konkursaufschub; Rechtsstillstand; Verwertungsaufschub

Aufsichtsbehörde (Finanzmarkt) s. Finanzmarktaufsicht (FINMA)

Aufsichtsbehörden (SchKG) 17 13 ff.
- Ausstand der Mitglieder **17** 10
- Berichterstattung an das BJ **18** 2
- Bestimmung des Verwertungsverfahrens **17** 132
- Bundesrat **17** 15
- Gebühren
  - Aufsicht **20** 2
- Festsetzung oder Erhöhung **20** 1 Abs. 2, 14 Abs. 3, 27 Abs. 4, 47, 55 Abs. 2
- Haftung der Kantone für widerrechtliche Amtshandlungen **17** 5 ff.
- kantonale - **17** 13 f.
  - Bezeichnung **17** 13
  - Disziplinarmassnahmen **17** 14 Abs. 1
  - Geschäftsprüfung der Ämter **17** 14 Abs. 1
  - obere - **17** 7, 18
  - untere - **17** 13 Abs. 2
- Verfahren **17** 20a, s.a. *Verfahren vor kantonalen Aufsichtsbehörden (SchKG)*

Augenschein 1 181 f.
- Beweismittel *s. dort*
- Durchführung **1** 181
- an Person oder Eigentum **1** 160 Abs. 1 lit. c
- Protokoll **1** 182

Ausfallforderung
- im Nachlassverfahren **17** 327
- nach Steigerung
  - von Fahrnis **17** 129 Abs. 4
  - von Grundstücken **17** 143 Abs. 2, **22** 72, 79 Abs. 1, 131

Ausfallschein bei Betreibung gegen Gemeinden 24 2 Abs. 3

Ausfertigung des Zahlungsbefehls 17 70

Ausführungsbestimmungen
- zum SchKG **17** 1, 23 ff.
- zur ZPO **1** 400

Ausgleichungsklage, Gerichtsstand 1 28 Abs. 1

Auskunft s. *Einsichtsrecht*, s.a. *Schriftliche Auskunft*

Auskunftspflicht s. *Mitwirkungspflicht*

Auslagen
- der Betreibungs- und Konkursämter **20** 13

- notwendige -, Ersatz **1** 95 Abs. 3 lit. a
Auslagen und Spesen der Ämter
20 13 ff.
Ausland *s.a. Anerkennung ausländischer Konkursentscheide; Ausländische Entscheidungen*
- Einhaltung der Eingabefristen im Ausland **17** 33 Abs. 2
- (Un)pfändbarkeit der Vermögenswerte von ausländischen Staaten und Zentralbanken **17** 92 Abs. 1 Ziff. 11
- Wohnsitz des Gläubigers im Ausland
  - Arrestbewilligung **17** 272 Abs. 2
  - Betreibungsbegehren **17** 67 Abs. 1 Ziff. 1
- Wohnsitz des Schuldners im Ausland
  - Arrestgrund **17** 272 Abs. 1 Ziff. 4
  - Betreibungsort **17** 50
  - Zustellung von Betreibungsurkunden **17** 66 Abs. 3 und Abs. 4 Ziff. 3
- Wohnsitz von Beteiligten im Ausland
  - Fristverlängerung oder -änderung **17** 33 Abs. 2, 232 Abs. 2 Ziff. 6
  - Zustellung der Konkurseröffnung **17** 232 Abs. 2 Ziff. 6
Ausländische Entscheidungen **1** 2, 334 Abs. 3
- Anerkennung **7** 25 ff., **10** 1
  - Aussetzung aufgrund eines ordentlichen Rechtsbehelfs **10** 37
  - Beglaubigung (Befreiung) **10** 56
  - Beweiserleichterung **10** 55 Abs. 1
  - Festellungsverfahren **10** 33 Abs. 2, 38 ff.
  - freiwillige Gerichtsbarkeit **7** 31, **10** 38 ff.
  - fremdsprachige Urkunden (Übersetzung) **10** 55 Abs. 2
  - gerichtliche Feststellung **10** 33 Abs. 2
  - Grundsatz **7** 25
  - inzidente - **10** 33 Abs. 3
  - ipso iure **10** 33 Abs. 1
- keine gehörige Vorladung **7** 27 Abs. 2 lit. a
- Konkursentscheide **7** 166 ff., *s.a. IPRG-Konkursverfahren*
- Nachprüfung der Zuständigkeit (Verbot) **10** 35 Abs. 3
- Nichtbeachtung von Rechtshängigkeit und Entscheidungen **7** 27 Abs. 2 lit. c
- Ordre public, offensichtliche Verletzung des materiellen - **7** 27 Abs. 1
- Ordre public, Verletzung des formellen - **7** 27 Abs. 2
- Révision au fond, Verbot **7** 27 Abs. 3, **10** 36
- Verfahren **7** 29
- Verletzung wesentlicher Verfahrensgrundsätze **7** 27 Abs. 2 lit. b
- Verweigerung des rechtlichen Gehörs **7** 27 Abs. 2 lit. b
- Verweigerungsgründe **7** 27, **10** 34, 35 Abs. 1-2
- vorbehaltlose Einlassung **7** 27 Abs. 2 lit. a
- vorzulegende Urkunden **10** 53, 55
- Zuständigkeit der ausländischen Behörden **7** 26
- Begriff gemäss LugÜ **10** 32
- als Rechtsöffnungstitel, Einwendungen **17** 81 Abs. 3
- Vollstreckbarerklärung **7** 28
  - im Allgemeinen **10** 38
  - Antrag (Durchführung) **10** 40
  - Aussetzung des Verfahrens **10** 46 Abs. 1-2
  - Beglaubigung (Befreiung) **10** 56
  - Beschwerde gegen die - **1** 327a
  - Beschwerde (staatsrechtliche) ans BGer **10** 44
  - Beweiserleichterung **10** 55 Abs. 1
  - Einseitigkeit und Raschheit des Verfahrens **10** 41

- fremdsprachige Urkunden (Übersetzung) **10** 55 Abs. 2
- Kosten- und Gebührenbefreiung **10** 52
- von Kostenentscheiden **14** 15 ff.
- Nichtdiskriminierung **10** 51
- Prozesskostenhilfe **10** 50
- Rechtsbehelf **10** 43 f.
- Sicherheitsleistung **10** 46 Abs. 3
- Sicherungsmassnahmen **10** 47 Abs. 2–3
- Sistierung von Vollstreckungsmassnahmen **10** 48 Abs. 2
- Teilvollstreckbarerklärung **10** 48
- Verfahren **7** 29, **10** 40 ff.
- Verfahrenshilfe **10** 50
- vorzulegende Urkunden **10** 53 f.
- Zuständigkeit, örtliche - **10** 39 Abs. 2
- Zuständigkeit, sachliche - **10** 39 Abs. 1
- Zustellung des Beschlusses **10** 42
- Zwangsgeld **10** 49
- Vollstreckung **10** 1, 38 ff.
  - im Allgemeinen **10** 38
  - ausschliessliche Zuständigkeit **10** 22 Ziff. 5
  - freiwillige Gerichtsbarkeit **7** 31

Ausländische gerichtliche Vergleiche, Anerkennung und Vollstreckung **7** 30, **10** 58

Ausländische Kollokationspläne, Anerkennung **7** 173 Abs. 2–3, 174

Ausländische Nachlassverträge und ähnliche Verfahren, Anerkennung **7** 175

Ausländische öffentliche Urkunden, Anerkennung und Vollstreckung **7** 31, **10** 57 f.

Ausländische Schiedssprüche, Anerkennung und Vollstreckung **15** I ff.

Ausländisches Recht **3** 96
- Anwendbarkeit **7** 13 ff.

Auslegung s. *Handeln nach Treu und Glauben*

Ausnahmen von der Konkursbetreibung **17** 43

Ausruf s. *Öffentlicher Ausruf*

Ausschliessliche Zuständigkeit **1** 17 Abs. 1, **17** 4 Abs. 2
- Zwangsvollstreckung ausländischer Entscheidungen **10** 22 Ziff. 5

Ausschluss
- der Öffentlichkeit **1** 54 Abs. 3, *s.a. Öffentlichkeitsprinzip*
- von der Verhandlung **1** 128 Abs. 1

Ausseramtliche Konkursverwaltung **17** 241, **19** 97 f.
- Einsetzung **17** 237 Abs. 2, 253 Abs. 2
- Gebühren **20** 43
- Haftung der Kantone für widerrechtliche Amtshandlungen **17** 5 ff.
- Mitteilung und Aktenübergabe **19** 43
- Weiterziehungsbefugnis in Gebührensachen **20** 2

Aussergerichtliche Schriftstücke, Zustellung in internationalen Verhältnissen **11** 1 ff., **12** 1 ff., 17

Ausserordentliche Kosten s. *Parteikosten*

Aussetzung *s.a. Rechtsstillstand; Stundung*
- der Grundstücksversteigerung **17** 141
- des Konkursentscheides **17** 173 f.
  - von Amtes wegen **17** 173a Abs. 2
  - wegen Einstellung der Betreibung **17** 173 Abs. 1
  - wegen Nachlass- oder Notstundung **17** 173a Abs. 1
  - wegen Nichtigkeitsgründen **17** 173 Abs. 2

Aussichtslose Prozessführung s. *Unentgeltliche Rechtspflege*

Aussöhnungsverhandlung s. Mediation, s.a. Schlichtungsverhandlung
Aussonderung von Drittansprüchen im Konkurs **17** 242 Abs. 1–2, **19** 45 ff., s.a. Aussonderungsklage
– Klagefristansetzung **17** 242 Abs. 2, **19** 46, 52
– Verfügung der Konkursverwaltung **19** 45
– Wahrung der Gläubigerrechte **19** 47 ff.
Aussonderungsklage **17** 242 Abs. 2, 319 Abs. 4, **19** 46 ff.
– Fristansetzung
  – bei Abtretung von Masseansprüchen **19** 52
  – Normalfall **19** 46
– Konkurrenz
  – mit Kompetenzansprachen **19** 54
  – von Pfand- mit Eigentumsansprachen **19** 53
– Wahrung der Gläubigerrechte **19** 47 ff.
  – im Allgemeinen **19** 47
  – Ausnahmen **19** 51
  – nachträglich eingegebene Ansprüche **19** 50
  – im ordentlichen Verfahren **19** 48
  – im summarischen Verfahren **19** 49
Ausstand
– der Betreibungs- und Konkursbeamten und -angestellten **17** 10
  – Benachrichtigung des Gläubigers **17** 2 Abs. 3
  – Gründe **17** 10 Abs. 1
  – Übermittlung an Stellvertreter **17** 2 Abs. 3, 10 Abs. 2
– Bundesgericht **3** 34 ff.
– von Gerichtspersonen **1** 47 ff.
  – Entscheid des Gerichts **1** 50
  – Mitteilungspflicht **1** 48
  – Verletzung von Ausstandsvorschriften s. dort
– der Mitglieder der Aufsichtsbehörden (SchKG) **17** 10 Abs. 1

– Stellvertretung **17** 2 Abs. 3
Ausstandsgesuch **1** 49
– Bundesgericht **3** 36
Ausstandsgründe
– in anderer Stellung mit der gleichen Sache befasst **1** 47 Abs. 1 lit. b
– Befangenheit **1** 47 Abs. 1 lit. f
– Betreibungs- und Konkursbeamte und -angestellte **17** 10 Abs. 1
– Bundesgericht **3** 34
– Ehe, eingetragene Partnerschaft, faktische Lebensgemeinschaft **1** 47 Abs. 1 lit. c
– Feindschaft **1** 47 Abs. 1 lit. f, 48
– Freundschaft **1** 47 Abs. 1 lit. f
– Mitteilungspflicht **3** 35
– Mitwirkung bei der Anordnung vorsorglicher Massnahmen, kein - **1** 47 Abs. 2 lit. d
– Mitwirkung bei der Rechtsöffnung, kein - **1** 47 Abs. 2 lit. c
– Mitwirkung beim Eheschutzverfahren, kein - **1** 47 Abs. 2 lit. e
– Mitwirkung beim Entscheid über die unentgeltliche Rechtspflege, kein - **1** 47 Abs. 2 lit. a
– Mitwirkung beim Schlichtungsverfahren, kein - **1** 47 Abs. 2 lit. b
– persönliches Interesse **1** 47 Abs. 1 lit. a
– Sachverständiger **1** 183 Abs. 2
– Schwägerschaft **1** 47 Abs. 1 lit. d, e
– Verwandtschaft **1** 47 Abs. 1 lit. d, e
Ausstandspflicht s. Ausstand
Ausverkauf, Gebühr **20** 30
Auswechslungsrecht des Gläubigers (wertvolle Kompetenzstücke) **17** 92 Abs. 3
Ausweisung von Mietern und Pächtern
– Schlichtungsverfahren **1** 197 ff.
– summarisches Verfahren **1** 248 ff.
– vereinfachtes Verfahren **1** 243 ff.
– Vollstreckung **1** 337, 343 Abs. 1 lit. d

- Zwangsmassnahmen *s. dort*

Auszüge
- aus amtlichen Protokollen und Registern **17** 8a
- aus dem Grundbuch **17** 138, 140 Abs. 1, 246, **19** 26, **22** 8, 28, 30 Abs. 2, 34 Abs. 1 lit. b, 36 Abs. 2, 73, 73a Abs. 3, 99 Abs. 1, 130a Abs. 1
- aus Registern und Entscheiden in internationalen Verhältnissen **14** 18
- aus Zivilstandsregistern in internationalen Verhältnissen **11** 25

B

Banken
- Depotwerte
  - Absonderung im Bankenkonkurs **29** 16
  - Begriff **29** 16
- Konkursverfahren **29** 25 ff.
  - Gebühren und Honorare **20** 59
  - Konkurseröffnung **17** 173b, *s.a. Bankenkonkurs*
- Liquidation bei Insolvenz *s. Bankenkonkurs*
- Massnahmen bei Insolvenzgefahr **29** 25 ff.
  - Liquidation (Bankenkonkurs) **29** 33 ff., *s.a. Bankenkonkurs*
  - Nachlassverfahren (keine Anwendung) **29** 25 Abs. 3
  - Sanierung **29** 28 ff.
  - Schutzmassnahmen **29** 26
  - Verbindung von verschiedenen Massnahmen **29** 25 Abs. 2
  - Voraussetzungen **29** 25 Abs. 1
- Nachlassverfahren, Gebühren und Honorare **20** 60
- Sanierungsverfahren
  - paulianische Anfechtung **29** 32
  - Sanierungsbeauftragter **29** 28 Abs. 3
  - Sanierungsplan **29** 29 ff.
  - Verfügungen, Anordnungen **29** 28 Abs. 2
- Schutzmassnahmen
  - Abberufung der Organe **29** 26 Abs. 1 lit. c
  - Abberufung der Revisionsstellen **29** 26 Abs. 1 lit. d
  - Einschränkung der Geschäftstätigkeit **29** 26 Abs. 1 lit. e
  - Entzug der Vertretungsbefugnis der Organe **29** 26 Abs. 1 lit. c
  - Privilegierung der eingegangenen Verbindlichkeiten bei der Liquidation **29** 37
  - Publikation **29** 26 Abs. 2
  - Schliessung der Bank **29** 26 Abs. 1 lit. g
  - Stundung und Fälligkeitsaufschub **29** 26 Abs. 1 lit. h und Abs. 3
  - Systemschutz **29** 27, **30** 53 ff.
  - Transaktionenbeschränkung **29** 26 Abs. 1 lit. f
  - Untersuchungsbeauftragter **29** 26 Abs. 1 lit. b
  - Weisungen der FINMA **29** 26 Abs. 1 lit. a
  - Zahlungs- und Effektenabwicklungssysteme **29** 27, **30** 53 ff.
- Sicherung der privilegierten Einlagen **29** 37h ff.
- Stundungsverfahren, Gebühren und Honorare **20** 58

Bankeninsolvenz *s. Bankenkonkurs*
Bankenkommission *s. Finanzmarktaufsicht (FINMA)*
Bankenkonkurs 17 173b, **29** 33 ff., **30** 1 ff.
- Ablauf **29** 34 Abs. 2–3
- Aktenaufbewahrung **30** 59
- Akteneinsicht **30** 5
- Anerkennung ausländischer Konkursentscheide **29** 37g, **30** 10

- Anfechtung von Verwertungshandlungen **30** 34
- Anordnung und Publikation **29** 33 Abs. 1
- Anrechnung eines im ausländischen Verfahren erlangten Betrages **29** 37f Abs. 2
- Anzeige an die FINMA **30** 6
- Aufgaben des Liquidators **30** 13
- Auskunftsrecht der Gläubiger **29** 36 Abs. 2
- ausländische Konkursentscheide und Massnahmen **30** 10
- Bankgeheimnis **29** 36 Abs. 2
- Depotwerte (Absonderung) **29** 16, 37d
- Gebühren und Honorare **20** 59
- Geldentwertung (Anpassung der Höchstbeträge) **29** 37a
- Gläubigerausschuss **29** 35 Abs. 1
- Gläubigerversammlung **29** 35 Abs. 1
- Insolvenzort **30** 7
- Kleinsteinlagen **29** 37a f.
- Kollokationsplan **29** 36, **30** 27
- Konkursaktiven **30** 16 ff.
  - Einstellung mangels Aktiven **30** 23
  - Fortführung von Prozessen **30** 22
  - Guthaben, Admassierung und Anfechtung **30** 21
  - Herausgabe- und Meldepflicht der Schuldner **30** 17 ff.
  - Herausgabeanspruch Dritter (Aussonderung) **30** 20
  - Inventaraufnahme **30** 14
- Konkurspassiven
  - Forderungsprüfung **30** 26
  - Gesamthandgläubiger **30** 24 Abs. 1
  - Kollokation **30** 27 ff.
  - Kollokationsklage **30** 30
  - privilegierte Einlagen **30** 25
  - Solidargläubiger **30** 24 Abs. 2
- Koordination mit ausländischen Verfahren **29** 37f, **30** 9
- Liquidatoren **29** 33 Abs. 2–3, 35, **30** 12 f.
- öffentliche Bekanntmachungen **30** 4
- privilegierte Einlagen **29** 37a f.
  - Sicherung **29** 37h ff.
- Privilegierung der bei Schutzmassnahmen eingegangenen Verbindlichkeiten **29** 37
- Schliessung des Verfahrens **29** 37e Abs. 3
- Schlussbericht der Liquidatoren **29** 37e Abs. 2
- Sicherung der privilegierten Einlagen **29** 37h ff.
- Universalität **30** 3
- Verfahren **30** 11 ff.
  - Gläubigerausschuss **30** 15
  - Gläubigerversammlung **30** 14
  - Publikation und Schuldenruf **30** 11
- Verteilung **29** 37e Abs. 1
- Verteilung und Abschluss **30** 35 ff.
  - Abschlagsverteilungen **30** 36 Abs. 1
  - Auszahlungen an Gläubiger **30** 36 Abs. 3–4
  - Hinterlegung **30** 38
  - öffentliche Bekanntmachung **30** 58 Abs. 3
  - Schlussbericht **30** 58 Abs. 1–2
  - Verlustschein **30** 37
  - Verteilungsliste und Schlussrechnung **30** 36 Abs. 2–3
  - Vorabdeckung von Massaverpflichtungen **30** 35
- Verwertung **30** 31 ff.
  - Abtretung von Rechtsansprüchen **30** 33
  - Art **30** 31
  - öffentliche Versteigerung **30** 32
  - Zeitpunkt **30** 31 Abs. 1 und 3
- Wiederaufnahme **30** 39
- Wirkungen **29** 34 Abs. 1 und 3

Bankensanierung **29** 25, 28 ff.
- Eröffnung **30** 41

- Kapitalmassnahmen **30** 47 ff.
  - Forderungsreduktion **30** 50
  - Umwandlung von Fremd- in Eigenkapital **30** 48 f.
- öffentliche Bekanntmachung **30** 41 Abs. 2
- Sanierungsbeauftragte/-r **30** 42
  - Auftrag **30** 42 Abs. 4
  - Auswahl **30** 42 Abs. 2
  - Befugnisse **30** 42 Abs. 3
- Sanierungsplan **30** 44 ff.
  - Ablehnung durch Gläubiger/-innen **30** 46
  - Genehmigung **30** 45
  - öffentliche Bekanntmachung **30** Abs. 2
  - Voraussetzungen **30** 40
- während des Verfahrens entstandene Verbindlichkeiten **30** 43
- Weiterführung bestimmter Bankdienstleistungen **30** 51 ff.
  - Übergangsbank **30** 52

Banknoten s. *Geld*
Barwert **1** 92 Abs. 2
Bauhandwerkerpfandrecht **22** 106, 117
- Gerichtsstand **1** 29 Abs. 1 lit. c

Beamte der Betreibungs- und Konkursämter **17** 2, s.a. *Betreibungsbeamte; Konkursbeamte*
- Ausstandspflicht **17** 10
- Besoldung **17** 3
- Disziplinarmassnahmen **17** 14 Abs. 2
- Haftung der Kantone für widerrechtliche Amtshandlungen **17** 5
- verbotene Rechtsgeschäfte **17** 11

Bedingte Leistung, Entscheid über eine - **1** 342, s.a. *Vollstreckung von Entscheiden*
Bedingte Pfändbarkeit s. *Beschränkte Pfändbarkeit*
Bedingung s. *Forderungen, bedingte -, s.a. Steigerungsbedingungen*

Bedürftigkeit s. *Unentgeltliche Rechtspflege*
Beendigung des Verfahrens ohne Entscheid
- Abschreibung des Verfahrens **1** 241 Abs. 3, 242
- Gegenstandslosigkeit **1** 242
- durch Vergleich, Klageanerkennung, Klagerückzug **1** 124 Abs. 3, 208, 241 Abs. 1
- Wirkung **1** 241 Abs. 2

Befangenheit **1** 47 Abs. 1 lit. f, **17** 10 Abs. 1 lit. 4, s.a. *Ausstand*
Begehren s. *Betreibungsbegehren*
Beglaubigung von Registerauszügen und Entscheiden in internationalen Verhältnissen **14** 18
Begriffe **17** 37
Begründung
- des Entscheids s. *Entscheid*
- des Rechtsvorschlages **17** 75

Begünstigung der Gläubiger s. *Gläubigerbenachteiligung oder -begünstigung*
Behauptungslast s. *Verhandlungsgrundsatz*
Behindertengleichstellungsgesetz **1** 113 Abs. 2 lit. b
Behörden s.a. *Mitwirkungspflicht*
- richterliche - **8** 191a ff., **17** 23

Beibringungsgrundsatz s. *Verhandlungsgrundsatz*
Beiratschaft bei Betreibung gegen Gemeinden **24** 28 ff., s.a. *Gemeinden*
Beiseiteschaffen von Vermögenswerten s. *Verheimlichen oder Fortschaffen, s.a. Konkursbetrug; Pfändungsbetrug; Unredliche Handlungen*
Beistandschaft **17** 68d, 111 Abs. 1 Ziff. 2 und Abs. 2
Bekannte Tatsachen **1** 151, s.a. *Tatsachen*

Bekanntmachung *s.a. Öffentliche Bekanntmachung*
- der kantonalen Organisation **17** 28

Belgischer Torpedo *s. Negative Feststellungsklage*

Benachteiligung der Gläubiger *s. Gläubigerbenachteiligung oder -begünstigung*

Beneficium excussionis realis 17 41 Abs. 1bis

Berechnung
- des Existenzminimums *s. Notbedarf*
- der Gebühren *s. Gebührenberechnung*

Berechnung von Fristen *s. Fristen*

Bereinigung/Berichtigung des Zivilstandsregisters, Gerichtsstand 1 22

Bereinigungsvorschlag in der einvernehmlichen privaten Schuldenbereinigung 17 335

Berichterstattung *s.a. Schlussbericht; Rechenschaftsbericht*
- der Aufsichtsbehörden (SchKG) **17** 15 Abs. 3, **18** 2
- des Konkursamtes an die Gläubigerversammlung **17** 237, **19** 42 Abs. 2
- der Konkursverwaltung an die 2. Gläubigerversammlung **17** 253
- des Liquidators im Bankenkonkurs **30** 14 Abs. 3
- des Liquidators im Kollektivanlagen-Konkurs **28a** 15 Abs. 2
- des Liquidators im Versicherungskonkurs **32a** 7 Abs. 3
- des Sachwalters im Nachlassverfahren **17** 302 Abs. 1, 304 Abs. 1

Berichtigung *s.a. Erläuterung und Berichtigung*
- der amtlichen Protokolle und Register im SchKG **17** 8 Abs. 3, **19** 20
- des Protokolls **1** 235 Abs. 3

Beruflich qualifizierte Vertretung vor Miet- und Arbeitsgerichten 1 68 Abs. 2 lit. d

Berufliche Vorsorge *s. Vereinbarung über die berufliche Vorsorge*

Berufsgeheimnis *s. Beschränktes Verweigerungsrecht Dritter*

Berufsmässige Vertretung 1 68 Abs. 2, *s.a. Anwalt; Anwalt aus der EU und der EFTA; Beruflich qualifizierte Vertretung vor Miet- und Arbeitsgerichten; Parteivertretung; Patentanwalt; Rechtsbeistand; Vertretung*

Berufswerkzeuge, (Un)pfändbarkeit 17 92 Abs. 1 Ziff. 3

Berufung 1 308 ff.
- anfechtbare Entscheide **1** 236 f., 308, 318
- Anschlussberufung **18** 313
- aufschiebende Wirkung **1** 315
  - ausgeschlossen **1** 315 Abs. 4–5
  - Entzug **1** 315 Abs. 2–3
- Berufung im summarischen Verfahren **1** 314
- Berufung unzulässig **1** 309
- Berufungsgründe **1** 310
- Einreichen der - **1** 311
- Erläuterung und Berichtigung **1** 334 Abs. 4
- Frist **1** 311 Abs. 1, 314 Abs. 1
- Klageänderung **1** 317 Abs. 2
- neue Tatsachen und Beweismittel **1** 317 Abs. 2
- schriftliche Begründung des Entscheids **1** 318 Abs. 2
- Streitwertgrenze **1** 308 Abs. 2
- Verfahren **1** 311 ff., 316
- vorsorgliche Massnahmen **1** 308 Abs. 1 lit. b, 315 Abs. 4–5
- vorzeitige Vollstreckung **1** 315 Abs. 2
- Zwischenentscheid **1** 237

Berufungsantwort 1 312, 313 Abs. 1, 314 Abs. 1

Bescheinigung des Rechtsvorschlages 17 74 Abs. 3

Beschlagnahme
- von Postsendungen des Konkursiten **19** 38
- strafbare Verfügung über beschlagnahmte Gegenstände **17** 96, 164, **26** 169
- Verwertung von beschlagnahmten Gegenständen **17** 44

Beschleunigungsgebot 1 124 Abs. 1

Beschluss s. *Prozessleitende Verfügungen*

Beschlussfähigkeit der Gläubigerversammlung 17 235 Abs. 3, 236, 252 Abs. 3, 254, **19** 42 Abs. 1

Beschränkte Pfändbarkeit 17 93, s.a. *Notbedarf*
- von Vermögenswerten einer Gemeinde **24** 7 ff.

Beschränktes Verweigerungsrecht Dritter s.a. *Mitwirkungspflicht; Umfassendes Verweigerungsrecht Dritter; Unberechtigte Verweigerung der Mitwirkung durch Dritte*
- Belastung einer nahestehenden Person **1** 166 Abs. 1 lit. a
- Datenabgabe im Sozialversicherungsrecht **1** 166 Abs. 3
- nicht bei Anzeigepflicht **1** 166 Abs. 1 lit. c
- nicht bei Entbindung vom Amtsgeheimnis **1** 166 Abs. 1 lit. c
- Tatsachen aus der Tätigkeit als Ombudsperson, Mediator **1** 166 Abs. 1 lit. d
- Verletzung des Amtsgeheimnisses **1** 166 Abs. 1 lit. c
- Verletzung des Berufsgeheimnisses **1** 166 Abs. 1 lit. b
- Verletzung des Redaktionsgeheimnisses **1** 166 Abs. 1 lit. e
- Verletzung gesetzlich geschützter Geheimnisse **1** 166 Abs. 2

Beschwer 1 59 Abs. 2 lit. a

Beschwerde 1 319 ff., **17** 17 ff., s.a. *Weiterziehung*
- Anfechtungsobjekt **1** 319
- keine Anschlussbeschwerde **1** 323
- keine aufschiebende Wirkung **1** 325 Abs. 1
- Aufschub der Vollstreckung **1** 325 Abs. 2
- an die Aufsichtsbehörde (SchKG) **17** 17
  - gegen die ausseramtliche Konkursverwaltung **17** 241
  - gegen Beschlüsse der Gläubigerversammlung **17** 239
  - Beschwerdefrist **17** 17 Abs. 2–3
  - Beschwerdefrist bei Wechselbetreibung **17** 20
  - Beschwerdegründe **17** 17 Abs. 1 und 3
  - Beschwerdeobjekt **17** 17 Abs. 1
  - zur Geltendmachung des beneficium excussionis realis **17** 41 Abs. 1bis
  - wegen Rechtsverweigerung oder -verzögerung **17** 17 Abs. 3
  - Subsidiarität **17** 17 Abs. 1
  - Suspensiveffekt **17** 36
  - Verfahren **17** 20a
  - gegen Verfügungen des Gläubigerausschusses **17** 320 Abs. 2
  - gegen die Verteilungsliste im Nachlassvertrag mit Vermögensabtretung **17** 326
  - Wiedererwägung **17** 17 Abs. 4
  - Wirkung der Gutheissung **17** 21
  - gegen den Zuschlag bei Steigerung **17** 132a, 143a
- bei Bankenkonkurs **29** 24
- bei Betreibung gegen Gemeinden
  - gegen Beiratschaftsverfügungen **24** 44 f.
  - gegen Verfügungen der kantonalen Stelle **24** 4 Abs. 2, 5 Abs. 1

- an das Bundesgericht **3** 72 ff.,
  s.a. Bundesgericht
  - anfechtbare Entscheide **3** 90 ff.
  - Beschwerdefrist **3** 100 f.
  - Beschwerdegründe **3** 95 ff.
  - neue Vorbringen **3** 99
  - SchKG **17** 19
  - Streitwertgrenzen **1** 74 Abs. 1
  - Streitwertunabhängige Zulassung **1** 74 Abs. 2
  - Verfahren **3** 90 ff.
- Einreichen der - **1** 321
- Entscheid **1** 327, **3** 107, **17** 21
- Fristen **1** 321 Abs. 1–2, **17** 17 Abs. 2
  - Änderung und Wiederherstellung **17** 33
  - Bundesgericht **3** 100 f.
  - bei Wechselbetreibung **17** 20
- Gebühren **20** 61 Abs. 2
- Gründe *s. Beschwerdegründe*
- keine Klageänderung **1** 326
- gegen den Konkursentscheid **17** 174
  - bei Konkurseröffnung ohne vorgängige Betreibung **17** 194
- gegen die Konkurseröffnung **17** 174
- im Nachlassverfahren **17** 295c, 307, 340, 348 Abs. 2
- gegen die Nachlassstundungsaufhebung **17** 296a Abs. 3
- gegen die Nachlassstundungsbewilligung **17** 293d, 295c
- im Nachlassverfahren **17** 295c, 307, 340, 348 Abs. 2
- gegen die Nachlassvertragsbestätigung **17** 307, 332 Abs. 2
- keine neuen Tatsachen und Beweismittel **1** 326
- gegen die Notstundung **17** 340
- gegen den Notstundungswiderruf **17** 348 Abs. 2
- an das obere Gericht
  - gegen die Bewilligung der Nachlassstundung **17** 295c
  - gegen die Bewilligung des Rechtsvorschlags **17** 185
  - gegen den Entscheid über den Nachlassvertrag **17** 307
  - gegen die Konkurseröffnung **17** 174
- an die obere kantonale Aufsichtsbehörde (SchKG) **17** 18, 20a
- in öffentlich-rechtlichen Angelegenheiten an das Bundesgericht **3** 82 ff.
- Parteientschädigung **20** 62 Abs. 2
- wegen Rechtsverweigerung oder -verzögerung **1** 319 lit. c, 321 Abs. 4, 327, **17** 17 Abs. 3, 18 Abs. 2, *s.a. dort*
- gegen den Schiedsspruch **1** 389 ff.
  - Anfechtungsobjekte **1** 392
  - Beschwerdegründe *s. Beschwerdegründe gegen den Schiedsspruch*
  - an das BGer **1** 389
  - Entscheid, Aufhebung, neuer Entscheid **1** 395 Abs. 1 ff.
  - Entscheid, neue Festsetzung der Entschädigungen und Auslagen **1** 395 Abs. 4
  - an das kantonale Gericht **1** 390
  - Rückweisung an das Schiedsgericht zur Berichtigung und Ergänzung **1** 394, 395 Abs. 1
  - Subsidiarität **1** 391
  - Verfahren **1** 389 ff.
- schriftliche Begründung des Entscheids **1** 327 Abs. 5
- Sicherheitsleistung nach Aufschub der Vollstreckung **1** 325 Abs. 2
- sichernde Massnahmen nach Aufschub der Vollstreckung **1** 325 Abs. 2
- Stellungnahme der Vorinstanz **1** 324
- in Strafsachen an das Bundesgericht **3** 78 ff.
- im summarischen Verfahren **1** 321 Abs. 2
- Tatfrage **1** 320 lit. b
- Verfahren **1** 321 ff., 327

- gegen die Vollstreckbarerklärung nach LugÜ **1** 327a
- in Zivilsachen an das Bundesgericht **17** 19, *s.a. Bundesgericht*
- gegen Zuschlag/Freihandverkauf **17** 132a

Beschwerdeantwort 1 322
Beschwerdeentscheid 1 327, **17** 21
Beschwerdefrist *s. Beschwerde, Fristen*
Beschwerdegründe
- vor Bundesgericht **3** 95 ff.
- Rechtsverweigerung oder -verzögerung **1** 319 lit. c
- gegen den Schiedsspruch **1** 393 lit. a–f
- unrichtige Feststellung des Sachverhalts, Tatfrage **1** 320 lit. b
- unrichtige Rechtsanwendung **1** 320 lit. a

Beschwerdeverfahren 1 321 ff., 327
- vor Bundesgericht **3** 90 ff.

Beseitigung des Rechtsvorschlages 17 79 ff.
- im ordentlichen Prozess (Anerkennungsklage) **17** 79
- durch Rechtsöffnung **17** 80 ff., *s.a. Rechtsöffnung*
- im Verwaltungsverfahren **17** 79
- in der Wechselbetreibung **17** 183

Besitz *s.a. Dingliche Klagen*
- Gerichtsstand bei beweglichen Sachen **1** 30 Abs. 1
- Gerichtsstand bei Grundstücken **1** 29

Besitzesschutz 1 258, *s.a. Dingliche Klagen; Gerichtliches Verbot*

Besoldung der Betreibungs- und Konkursbeamten 17 3

Besondere Bestimmungen der ZPO 1 197 ff.

Besondere Kostenregelungen *s. Kostenregelungen, besondere*

Besondere Verfahren
- Eherecht **1** 271 ff.
- eingetragene Partnerschaft **1** 305 f.
- Kinderbelange in familienrechtlichen Angelegenheiten **1** 295 ff.
- Verwertung **17** 132
- Vollstreckung **17** 30

Bestandteile *s. Zugehör*

Bestätigung des Nachlassvertrages 17 306 ff.

Bestechung bei Zwangsvollstreckung 26 168

Bestellung der Mitglieder des Schiedsgerichts *s. Mitglieder des Schiedsgerichts*

Bestimmtheit des Rechtsbegehrens 1 84 Abs. 2, 85

Bestimmung des Konkursverfahrens 17 230 f., **19** 39

Bestreitung
- des Arrestgrundes **17** 278
- von Drittansprüchen im Widerspruchsverfahren **17** 107 f.
- der Forderung mit Rechtsvorschlag **17** 74 ff.
- des Kollokationsplanes **17** 148, 250
- des Lastenverzeichnisses **17** 140 Abs. 2
- neuen Vermögens **17** 75 Abs. 2, 265 ff.
- des privilegierten Pfändungsanschlusses **17** 111 Abs. 4–5
- der Verrechnung im Konkurs **17** 214

Beteiligungspapiere, Kraftloserklärung 1 43 Abs. 1

Betreibung
- Anhebung **17** 67 f.
  - gestützt auf Pfandausfallschein **17** 158 Abs. 2
  - gestützt auf Verlustschein **17** 265 Abs. 2
- Arten **17** 38 Abs. 2–3
- Aufhebung **17** 85 f., 206
- Beginn **17** 38 Abs. 2

- Dahinfallen
  - infolge Konkurseröffnung **17** 206 Abs. 1
  - infolge Nachlassvertragsbestätigung **17** 311
  - bei ungenügenden Steigerungsangeboten **17** 126 Abs. 2, 142a, **22** 71
- von Ehegatten in Gütergemeinschaft **17** 68a f., *s.a. Gütergemeinschaft*
- Einstellung
  - Aussetzung des Konkursentscheides **17** 173 Abs. 1 und 3
  - im Notstundungsverfahren **17** 338 Abs. 4
  - infolge Rechtsvorschlag **17** 78 Abs. 1
  - im summarischen Verfahren **17** 85
  - im vereinfachten Verfahren **17** 85a
  - vorläufige, bei nachträglichem Rechtsvorschlag **17** 77 Abs. 3
- Erlöschen
  - bei Unterlassung des Fortsetzungsbegehrens **17** 88 Abs. 2
  - bei Unterlassung des Konkursbegehrens **17** 166 Abs. 2, 188 Abs. 2
  - bei Unterlassung des Pfandverwertungsbegehrens **17** 154 Abs. 2
  - bei Unterlassung des Verwertungsbegehrens **17** 121
- Fortsetzung **17** 88
  - gestützt auf Verlustschein **17** 149 Abs. 3
  - gegen Gemeinden **17** 30, **24** 1 ff., *s.a. Zwangsvollstreckung gegen Gemeinden*
  - bei gesetzlicher Vertretung oder Beistandschaft **17** 68c–68e
  - gegen Kantone und Bezirke **17** 30
  - auf Konkurs **17** 39 f., 159 ff., *s.a. Konkurs; Konkursbetreibung; Konkursverfahren*
  - gegen den Konkursiten **17** 206
  - auf Pfändung **17** 42, 89 ff.
- Verteilung **17** 144 ff.
- Verwertung **17** 116 ff.
- auf Pfandverwertung **17** 41, 151 ff., *s.a. dort*
- auf Sicherheitsleistung **17** 38 Abs. 1, 43 Ziff. 3, 69 Abs. Ziff. 2

Betreibungs- und Konkursämter
s.a. Betreibungsämter; Konkursämter
- Auskunftspflicht bei Insolvenzentschädigung **27** 56
- Gebühren **20** 1 ff.

Betreibungsakten 19a 2–4

Betreibungsämter
- Aufbewahrung von Geld oder Wertsachen **17** 9
- Besoldung der Beamten **17** 3
- als Erfüllungsorte **17** 12
- Haftung der Kantone für widerrechtliche Amtshandlungen **17** 5 ff.
- Mitteilungen der - **17** 34
  - im IPRG-Konkursverfahren **7** 169 Abs. 2
- Organisation **17** 2
- Protokolle und Register **17** 8 f.
- Rechtshilfe **17** 4

Betreibungsarten 17 38 Abs. 2–3, 39 f.

Betreibungsbeamte *s.a. Beamte der Betreibungs- und Konkursämter*
- Ausstand **17** 10
- Besoldung **17** 3
- Disziplinarmassnahmen **17** 14 Abs. 2
- Haftung der Kantone für widerrechtliche Amtshandlungen **17** 5 ff.
- Leitung des Betreibungsamtes **17** 2 Abs. 1
- Stellvertretung **17** 2 Abs. 3
  - bei Ausstand **17** 10 Abs. 2
- verbotene Rechtsgeschäfte **17** 11
- Weiterziehungsbefugnis in Gebührensachen **20** 2

Betreibungsbegehren 17 67 f., **18a** 3 ff., **18b** 1 ff.

- Angaben **17** 67 Abs. 1
- Anzahl zulässige Forderungen **18b** 2
- Bescheinigung **17** 67 Abs. 3
- elektronische Übermittlung **18b** 1 Abs. 2
- Form **17** 67
- im Pfandverwertungsverfahren **17** 67 Abs. 2, 151
- Teilzahlungen **18b** 4
- in der Wechselbetreibung **17** 177

Betreibungsbuch 18a 10
Betreibungsferien **1** 145 Abs. 4, **17** 56 Ziff. 2, s.a. *Stillstand von Fristen*
- Wirkungen auf den Fristenlauf **17** 63

Betreibungshandlungen, geschlossene Zeiten, Betreibungsferien und Rechtsstillstand 17 56 ff.
Betreibungskosten 17 68, s.a. *Gebühren; Kostenrechnung*
- Geltendmachung im Konkurs **17** 208
- Haftung und Vorschuss **17** 68 Abs. 1
- Kostenersatzpflicht des Schuldners **17** 68 Abs. 2

Betreibungskreise 17 1
- Mitteilung und Bekanntmachung der Organisation **17** 28

Betreibungsort 17 46 ff.
- des Arrestes **17** 52
- des Aufenthaltes **17** 48
- des im Ausland wohnenden Schuldners **17** 50
- besonderer - **17** 48 ff.
- der Erbschaft **17** 49
- bei flüchtigem Schuldner **17** 54
- der gelegenen Sache
  - Faustpfand **17** 51 Abs. 1
  - Grundpfand **17** 51 Abs. 2
- der Gemeinderschaften **17** 46 Abs. 3
- der Geschäftsniederlassung **17** 50 Abs. 1
- Grundsatz der Einheit des Konkurses **17** 55
- der juristischen Personen und Gesellschaften **17** 46 Abs. 2
- ordentlicher **17** 46
- perpetuierter, bei Verlegung einer Gesellschaft ins Ausland **7** 164a Abs. 2
- der Stockwerkeigentümer **17** 46 Abs. 4
- des Wahldomizils (Spezialdomizil) **17** 50 Abs. 2
- des Wohnsitzes **17** 46 Abs. 1
- bei Wohnsitzwechsel **17** 53

Betreibungsregister s. *Einsichtsrecht, s.a. Protokolle*
Betreibungsstillstand s. *Rechtsstillstand*
Betreibungsurkunden s. *Zustellung von Betreibungsurkunden, s.a. Urkunden*
Betreibungsverbrechen oder -vergehen s. *Strafbestimmungen*
Betrügerische Handlungen s. *Unredliche Handlungen*
Betrügerischer Konkurs 17 91 Abs. 1 Ziff. 2, 222 Abs. 1 und 6, **26** 163
Bevollmächtigung als Ausstandsgrund 17 10 Abs. 1 Ziff. 3
Bevorzugung der Gläubiger 26 167
Bewegliche Sachen, Gerichtsstand 1 30, **7** 98
Beweis 1 150 ff.
- ausländisches Recht **1** 150 Abs. 2
- Mitwirkungspflicht s. *dort*
- Recht auf - s. *dort*
- Tatsachen s. *dort*
- Übung, Ortsgebrauch **1** 150 Abs. 2
- Verweigerungsrecht s. *dort*
- vorsorgliche Beweisführung s. *dort*
- Wahrung schutzwürdiger Interessen **1** 156, 158 Abs. 1 lit. b
- Würdigung s. *Beweiswürdigung*

Beweisabnahme 1 155, 226 Abs. 3, 231
- Beweisverfügung **1** 154

- Recht auf Beweis **1** 152
- durch das Schiedsgericht, *s. Schiedsverfahren*
- Schutz von Geschäftsgeheimnissen **1** 156
- Unmittelbarkeit **1** 155 Abs. 2
- Wahrung schutzwürdiger Interessen **1** 156

Beweisaufnahme im Ausland 13 1 ff.
- Befugnis, Verfahren **13** 15 ff.
- durch diplomatische oder konsularische Vertreter und Beauftragte **13** 15 ff.
- Kosten **13** 26
- Rechtshilfeersuchen **13** 1 ff., *s.a. dort*
- Zentrale Behörde **13** 2 ff., 24

Beweisaussage 1 192 f.
- Beweismittel *s. dort*
- Parteibefragung *s. dort*
- Protokoll **1** 193
- Verpflichtung von Amtes wegen **1** 192 Abs. 1
- Wahrheitspflicht *s. dort*

Beweisbeschluss *s. Prozessleitende Verfügungen*

Beweisbeschränkung 1 150 ff.

Beweiseignung 1 177

Beweisergebnis, Stellungnahme zum -
 vor dem Bundespatentgericht **6** 38

Beweiserhebung *s.a. Kostenvorschuss*
- von Amtes wegen **1** 153

Beweisführung
- Entschädigung Dritter **1** 160 Abs. 3
- Kosten **1** 95 Abs. 2 lit. c
- Kostenvorschuss *s. dort*
- vorsorgliche - *s. dort*

Beweisgegenstand
- ausländisches Recht **1** 150 Abs. 2
- rechtserhebliche, streitige Tatsachen **1** 150 Abs. 1
- Übung, Ortsgebrauch **1** 150 Abs. 2

Beweiskraft der amtlichen Protokolle und Register (SchKG) 17 8 Abs. 2

Beweismittel 1 168 ff., *s.a. Augenschein; Beweisaussage; Gutachten; Parteibefragung; Schriftliche Auskunft; Urkunde; Zeugnis*
- Berücksichtigung rechtswidrig beschaffter - **1** 152 Abs. 2
- freie Würdigung durch die Aufsichtsbehörde (SchKG) **17** 20a Abs. 2 Ziff. 3
- neue - *s. Neue Tatsachen und Beweismittel*
- in der Rückforderungsklage **17** 86 Abs. 3
- Rückgabe im Konkursverfahren **19** 41
- Vorlegung (und Einsichtnahme) **17** 73
  - Gebühr **20** 25
  - Konkurseröffnung **17** 232 Abs. 2 Ziff. 2
  - Widerspruchsverfahren **17** 107 Abs. 3, 108 Abs. 4
- in der Wechselbetreibung **17** 177 Abs. 2
- zulässige -
  - im ordentlichen Verfahren **1** 168
  - im summarischen Verfahren **1** 254

Beweisnot *s. Wahrscheinlichkeitsbeweis*

Beweisregeln 1 164, 179, 191 f.

Beweissicherung *s. Vorsorgliche Beweisführung*

Beweisverfahren 1 124, 155, 186 Abs. 2, 226 Abs. 3, 229, 231, 247, 254, 317, 326
- vor Bundesgericht **3** 55 f.
- Internationale Schiedsgerichtsbarkeit *s. dort*
- Organe juristischer Personen im - **1** 159

Beweisverfügung 1 154

Beweiswürdigung
- antizipierte - **1** 152 Abs. 1
- bei berechtigter Verweigerung der Mitwirkung **1** 162, *s.a. Mitwirkungspflicht*
- freie - **1** 157

- bei unberechtigter Verweigerung der Mitwirkung **1** 164, *s.a. Mitwirkungspflicht*

Bewilligung
- des Arrestes **17** 272
- der Nachlassstundung **17** 293a, 294 Abs. 1
- des Nachlassvertrages *s. Bestätigung des Nachlassvertrages*
- des nachträglichen Rechtsvorschlages **17** 77 Abs. 2–4
- der Notstundung **17** 338 ff.
- des Rechtsvorschlages
  - bei Bestreitung neuen Vermögens **17** 265a Abs. 2
  - bei Wechselbetreibung **17** 182

Bewirkungshandlungen *s. Prozesshandlungen*

Bezifferung des Anspruchs
s. Bestimmtheit des Rechtsbegehrens, s.a. Unbezifferte Forderungsklage

Bezirke, Zwangsvollstreckung gegen - **17** 30

Bilanzdeponierung *s. Überschuldungsanzeige*

Bilanzheft des Konkursamtes 19 1 Ziff. 4, 19

Billigkeit 1 107 Abs. 2, 381 Abs. 1 lit. b, 384 Abs. 1 lit. e, 393 lit. e

Blutuntersuchung 1 296 Abs. 2

Börsenpreis *s. Markt- oder Börsenpreis*

Böswillige oder mutwillige Prozessführung
- disziplinarische Massnahmen **1** 128 Abs. 3–4
- Kostentragungspflicht **1** 115, 119 Abs. 6
- im Verfahren um die unentgeltliche Rechtspflege **1** 119 Abs. 6
- im Verfahren vor kantonalen Aufsichtsbehörden (SchKG) **17** 20a Abs. 2 Ziff. 5

Bucheffekten
- Absonderung in der Liquidation der Verwahrungsstelle **31** 17
- keine Überschuldungsanfechtung **17** 287 Abs. 3
- Verwahrung, Verwertung **31** 13 ff., 31 ff.

Buchführung der Konkursämter 19 16 ff.

Bund, Gerichtsstand 1 10 Abs. 1 lit. c

Bundesamt für Justiz 18 1

Bundesgericht
- Abstimmungsregeln **3** 21
- Abteilungen **3** 18 ff.
  - Besetzung **3** 20
  - Vorsitz **3** 19
- Allgemeine Verfahrensbestimmungen **3** 29 ff.
- Anforderungen an das kantonale Verfahren **3** 110 ff.
- Ausstandsregeln **3** 34 ff.
- Beratung **3** 58
- Beschwerde in öffentlich-rechtlichen Angelegenheiten **3** 82 ff.
- Beschwerde in Strafsachen **3** 78 ff.
- Beschwerde in Zivilsachen **3** 72 ff., **17** 19
  - für Betreibung gegen Gemeinden **24** 45
  - Entscheide in Schuldbetreibungs- und Konkurssachen **3** 72 Abs. 2 lit. a
  - Legitimation **3** 76
  - Streitwertgrenze **3** 74
  - Vorinstanzen **3** 75
- Beschwerdeverfahren **3** 90 ff.
  - Anfechtungsobjekt **3** 90 ff.
  - aufschiebende Wirkung **3** 103
  - Beschwerdefrist **3** 100 f.
  - Beschwerdegründe **3** 95 ff.
  - neue Vorbringen **3** 99
  - Schriftenwechsel **3** 102
- Beweisverfahren **3** 55 f.

- Dreierbesetzung **3** 109
- als einzige Instanz (Klage) **3** 120
- Entscheide
  - Bindung an die Parteibegehren **3** 107 Abs. 1
  - Eröffnung **3** 60
  - Rechtskraft **3** 61
  - reformatorische/kassatorische - **3** 107 Abs. 2
  - Vollstreckung **3** 69 f.
- ergänzende Beschwerdeschrift **3** 43
- Erläuterung und Berichtigung eines Entscheids vom - **3** 129
- Fristen **3** 44 ff., *s.a. dort*
- Gerichtsschreiber(-innen) **3** 24
- Gesamtgericht **3** 15
- Geschäftsverteilung **3** 22
- Information der Öffentlichkeit **3** 27 f.
- Instruktionsrichter(-in) **3** 32
- Kosten **3** 62 ff.
- massgebender Sachverhalt **3** 105
- Öffentlichkeit der Verhandlungen und Beratungen **3** 59
- Öffentlichkeitsprinzip **3** 28
- als ordentliche Beschwerdeinstanz **3** 72 ff.
- Organisation **3** 13 ff.
- Parteien **3** 39 ff.
- Parteientschädigung und Entschädigung für die amtliche Vertretung **5** 1 ff.
- Parteiverhandlung **3** 57
- Parteivertretung **3** 40
- Präsidentenkonferenz **3** 16
- Präsidium **3** 14
- Praxisänderung und Präjudiz **3** 23
- Prozessleitung **3** 32 ff.
- Rechtsanwendung von Amtes wegen **3** 106 Abs. 1
- Rechtsschriften **3** 42
- Revision eines Entscheids des - **3** 121 ff.
- Richter(-innen) **3** 5 ff., *s.a. Bundesrichter(-innen)*
- Schadenersatzklage für widerrechtliche Amtshandlungen (SchKG) **17** 7
- Sitz **3** 4
- Stellung **3** 1 ff., **8** 188 ff.
- Streitwert **3** 51 ff., *s.a. dort*
- subsidiäre Verfassungsbeschwerde **3** 113 ff.
- Tarif für die Gerichtsgebühren **4** Ziff. 1 ff.
- Unabhängigkeit **3** 2
- Unfähigkeit zur Prozessführung **3** 41
- Urteilsverfahren **3** 57 ff.
- vereinfachtes Verfahren **3** 108 f.
- Verfahrensdisziplin **3** 33
- Verfahrenssprache **3** 54
- Verhältnis zur Bundesversammlung **3** 3
- Verwaltung und Infrastruktur **3** 25 ff.
- Verwaltungskommission **3** 17
- vorsorgliche Massnahmen
  - bei Beschwerde **3** 103 f.
  - bei Revision **3** 126
- Zuständigkeit **3** 29 ff.
- Zustellungsdomizil **3** 39

Bundespatentgericht 6 1 ff.
- Abstimmung **6** 22
- Aufsicht **6** 3
- Datenschutz **6** 5a
- Dreierbesetzung **6** 21
- Einzelrichter **6** 23
- Gerichtsleitung **6** 20
- Gerichtsschreiber(-innen) **6** 24
- Gesamtgericht **6** 19
- Gutachten **6** 37
- Information der Öffentlichkeit **6** 25
- Infrastruktur, Personal **6** 5
- Instruktionsrichter **6** 35
- Lizenz gem. Art. 40d Patentgesetz **6** 39
- Patentanwälte **6** 29
- Präsidium **6** 18
- Richter(-innen) **6** 8 ff.
- Stellung **6** 1 ff.

- Stellungnahme zum Beweisergebnis **6** 38
- Tagungs- und Dienstort **6** 6 f.
- Unabhängigkeit **6** 2
- Verfahren **6** 27
- Verfahrenssprache **6** 36
- Zuständigkeit **6** 26

Bundespatentrichter 6 8 ff.
- Amtsdauer **6** 13
- Amtseid **6** 15
- Amtsenthebung **6** 14
- Arbeitsverhältnis, Besoldung **6** 17
- Ausbildung **6** 8
- Ausstand **6** 28
- Nebenbeschäftigungen **6** 11
- Unvereinbarkeitsregeln **6** 10, 12
- Wahl **6** 9

Bundesrat
- Bekanntmachung der kantonalen Organisation **17** 28
- elektronische Kommunikation (SchKG) **17** 15 Abs. 5
- Erlass des Gebührentarifs (GebV SchKG) **17** 16 Abs. 1
- Oberaufsicht **17** 15 Abs. 1
- Verordnungskompetenz **17** 15 Abs. 2
- Weisungskompetenz **17** 15 Abs. 3
- Zustimmung zum allgemeinen Rechtsstillstand **17** 62
- Zustimmung zur Notstundung **17** 337

Bundesrichter(-innen) 3 5 ff.
- Amtsdauer **3** 9
- Amtseid **3** 10
- Nebenbeschäftigung **3** 7
- Unvereinbarkeitsregeln **3** 6 ff.
- Wahl **3** 5
- Wohnort **3** 12

Bürgen
- des früheren Ersteigerers **17** 129 Abs. 4, 143 Abs. 2
- des Schuldners **17** 149 Abs. 4, 232 Abs. 2 Ziff. 5, 303

Bürgschaften
- im Nachlassverfahren **17** 298 Abs. 2, 303
- bei Notstundung **17** 345 Abs. 1
- des Schuldners im Konkurs **17** 215

Büro der Gläubigerversammlung **17** 235 Abs. 1, 2 und 4, 252 Abs. 3

Bussen *s.a. Ordnungsbussen*
- Androhung
  - beim gerichtlichen Verbot **1** 258 Abs. 1
  - bei der Vollstreckung einer Verpflichtung zu einem Tun, Unterlassen oder Dulden **1** 343 Abs. 1 lit. b–c
- Ausnahme von der Konkursbetreibung **17** 43 Ziff. 1
- im Beschwerdeverfahren **17** 20a Abs. 2 Ziff. 5
- als Disziplinarmassnahmen **1** 128 Abs. 1, 3 und 4, 167 Abs. 1 lit. a, 191 Abs. 2, **17** 14 Abs. 2 Ziff. 2
- bei geringfügigen Vermögensdelikten **26** 172ter

C

Causae minores 1 249 lit. d Ziff. 7 und 9, 250 lit. c Ziff. 1 und lit. d Ziff. 2

Cautio iudicatum solvi *s. Sicherheitsleistung*

Check *s. Kraftloserklärung von Wechsel und Check; Wertpapiere; Wechselbetreibung; Zahlungsverbot aus Wechsel und Check, Gerichtsstand*

Contumax 1 234

D

Da mihi facta, dabo tibi ius *s. Verhandlungsgrundsatz*

Dahinfallen *s.a. Erlöschen*
- des Arrestes **17** 280
- der Betreibung
  - infolge Konkurseröffnung **17** 206 Abs. 1

- infolge Nachlassvertragsbestätigung **17** 311
- bei ungenügenden Steigerungsangeboten **17** 126 Abs. 2, 142a, **22** 71
- der Einstellung der Verwertung von Grundpfändern im Nachlassverfahren **17** 306a Abs. 3
- der Mietzinssperre **22** 93 Abs. 3
- der Pfändung bei nachträglichem Rechtsvorschlag **17** 77 Abs. 4
- des privilegierten Pfändungsanschlusses **17** 111 Abs. 5
- des Verwertungsaufschubes **17** 123 Abs. 5
- der Wirkungen der Nachlassstundung **17** 308 Abs. 2

Datenschutz, Gerichtsstand **1** 20 lit. d

Deckungsprinzip
- bei Fahrnissteigerung **17** 126
- bei Grundstückssteigerung **17** 142a, **22** 71
- im Pfandverwertungsverfahren **22** 106

Definitive Rechtsöffnung s. *Rechtsöffnung*

Definitiver Rechtsöffnungstitel s. *Rechtsöffnungstitel*

Dekret s. *Prozessleitende Verfügungen*

Deliktsanfechtung s. *Absichtsanfechtung (Absichtspauliana)*

Deliktsort **1** 36

Deponierung s.a. *Hinterlegung*
- Bilanz s. *Überschuldungsanzeige*

Depositenanstalten **17** 9, 144 Abs.5, 149a Abs. 2, 264 Abs. 3, 315 Abs. 2, 329, **19** 18, 22
- Bezeichnung durch die Kantone **17** 24
- Gebühr **20** 19 Abs. 2
- Haftung der Kantone **17** 24

Depotwerte **29** 16, 37d, s.a. *Banken*

Devolutiveffekt s. *Berufung*

Dienstbarkeiten **17** 135 Abs. 1, 140 Abs. 1, 142 Abs. 1, 150 Abs. 3, 247 Abs. 2, 323, **22** 34 Abs. 1 lit. b, 45 Abs. 1 lit. a, 49 Abs. 1 lit. a, 56 lit. a, 68 Abs. 2, 73a Abs. 2, 116, 123, 129 Abs. 1, 130a Abs. 2, **30** 27 Abs. 2
- Anmeldung **22** 29
  - in der Betreibung auf Pfändung **17** 138 ff.
  - im Konkursverfahren **22** 123, 130a Abs. 2
- Feststellung bei der Kollokation **19** 58 Abs. 2, **22** 104 Abs. 1, 125

Dienststelle für Oberaufsicht SchKG **18** 1, 3 Abs. 3

Dingliche Klagen **1** 29 f.
- Stockwerkeigentümergemeinschaft s. *Klage gegen die Stockwerkeigentümergemeinschaft*

Direkte Klage beim oberen Gericht **1** 8

Direkte Vollstreckung s. *Vollstreckung öffentlicher Urkunden, s.a. Vollstreckung von Entscheiden*

Direkter Zwang s. *Zwangsmassnahmen*

Direktprozess s. *Direkte Klage beim oberen Gericht, s.a. Einzige kantonale Instanz*

Diskonto s. *Zwischenzins*

Dispositionsfähigkeit des Schuldners s. *Verfügungsbeschränkung des Schuldners*

Dispositionsgrundsatz **1** 58 Abs. 1, **9** 42, 56 f., 104, 116, 129, **17** 20a Abs. 2 Ziff. 3
- Bundesgericht **3** 107 Abs. 1
- Vergleich, Klageanerkennung, Klagerückzug **1** 241
- Verletzung des – durch den Schiedsspruch **1** 393 lit. c

Dispositiv
- des Entscheids **1** 238 lit. d, 239 Abs. 1 lit. a–b, 279 Abs. 2, 334 Abs. 1
- des Schiedsspruchs **1** 384 Abs. 1 lit. f

Disziplinarmassnahmen gegen Beamte oder Angestellte (SchKG) 17 14 Abs. 2

Dividendenvergleich s. Nachlassvertrag, ordentlicher

Doppelaufruf 17 142, 258 Abs. 2, 323, 22 42, 56 f., 104, 116, 129

Doppelter Instanzenzug 1 308 ff.

Drittansprüche
- in der Betreibung auf Pfändung (Widerspruchsverfahren) 17 106 ff.
- Beweismittelvorlage, Gebühr 20 25
- Erlös aus fremden Sachen 17 202
- im Grundpfandverwertungsverfahren 22 88 f., 100
- im Konkurs
  - Aussonderung 17 242 Abs. 1–2, 19 45 ff.
  - Inventar 17 225 f., 19 34

Dritte s. Beschränktes Verweigerungsrecht Dritter, s.a. Edition von Urkunden; Mitwirkungspflicht; Prozessstandschaft; Streitverkündung; Streitverkündungsklage; Umfassendes Verweigerungsrecht Dritter; Unberechtigte Verweigerung der Mitwirkung durch Dritte
- Intervention im Schiedsverfahren s. Schiedsverfahren

Drittpfandeigentümer
- im Konkurs 19 61
- im Pfandverwertungsverfahren 22 88, 100
  - Betreibungsbegehren 17 151
  - Konkurs des persönlichen Schuldners 22 89
  - Verwaltung 22 101 Abs. 2
  - Verwertung 22 98, 100, 103, 107 Abs. 2
  - Zahlungsbefehl 17 153

Droit de suite s. Rücknahmerecht/ Rücktritt des Verkäufers nach Konkurseröffnung

Dulden s. Verpflichtung zu einem Tun, Unterlassen oder Dulden

Duplik 1 228 Abs. 2, s.a. Replik

Durchsetzung von Ansprüchen Dritter 17 107 f.

E

Echtheit von Urkunden s. Urkunde(n), Echtheit

Edelmetall
- Freihandverkauf 17 130 Ziff. 3
- Substanzwert 17 128
- Verwahrung 17 98 Abs. 1

Ediktalzitation s. Öffentliche Bekanntmachung

Edition von Urkunden
- Beweiswürdigung bei unberechtigter Verweigerung 1 164
- Pflicht 1 160 Abs. 1 lit. b
- Verweigerung durch Dritte 1 165 ff.
- Verweigerungsrecht 1 163
- Wahrung schutzwürdiger Interessen 1 156

Effektenhändler s. Bankenkonkurs

Ehe
- als Ausstandsgrund 17 10 Abs. 1 Ziff. 2
- Familienrecht s. dort
- in internationalen Verhältnissen 7 43 ff.
- Verweigerungsrecht 1 47 Abs. 1 lit. c, 165 Abs. 1 lit. a

Ehegatte
- Ausschluss der Verwertung eines Versicherungsanspruches 25 80
- Ausstandspflicht 17 10 Abs. 1 Ziff. 2
- Betreibung bei Gütergemeinschaft 17 68a f., s.a. Gütergemeinschaft
- Eintrittsrecht bei Personenversicherung 25 81
- Forderungen (subsidiäre Pfändbarkeit) 17 95a
- Nachlassvertrag 17 305 Abs. 2

- öffentlich-rechtliche Folgen der fruchtlosen Pfändung und des Konkurses **17** 26 Abs. 3
- privilegierter Pfändungsanschluss **17** 111
- Rechtsstillstand im Todesfall **17** 58
- Verweigerungsrecht **1** 165 Abs. 1 lit. a
- Zahlungsbefehl und Rechtsvorschlag im Pfandverwertungsverfahren **17** 153 Abs. 2–2bis

Ehegüterrecht in internationalen Verhältnissen 7 51 ff.
- Gerichtsstand **7** 51

Eherecht
- Gerichtsstand **1** 23 Abs. 1, **7** 43
  - in internationalen Verhältnissen **7** 43 ff.
- vorsorgliche Massnahmen *s. dort*

Ehescheidung *s. Scheidungsverfahren*

Eheschliessung in internationalen Verhältnissen 7 43 ff.
- Gerichtsstand **7** 43

Eheschutzverfahren 1 271 ff., 276
- Mitwirkung beim – *s. Ausstandsgrund*

Ehetrennung in internationalen Verhältnissen 7 59 ff., *s.a. Scheidungsverfahren in –*

Ehetrennungsklage 1 293 f.
- Gerichtsstand **1** 23 Abs. 1
- Umwandlung in eine Scheidungsklage **1** 294 Abs. 2
- Verfahren **1** 294 Abs. 1

Eheungültigkeitsklage, Verfahren 1 294

Ehewirkungen in internationalen Verhältnissen 7 46 ff.
- Gerichtsstand **7** 46

Eidgenossenschaft, Zustellung der Betreibungsurkunden 17 65 Abs. 1 Ziff. 1

Eidgenössische Finanzmarktaufsicht *s. Finanzmarktaufsicht (FINMA)*

Eidgenössische Kommission für Schuldbetreibung und Konkurs 18 3

Eidgenössisches Institut für geistiges Eigentum 7 169 Abs. 2

Eigene Sache als Ausstandsgrund 17 10 Abs. 1 Ziff. 1

Eigengut von Ehegatten in Gütergemeinschaft 17 68b Abs. 1

Eigentümerpfandtitel 22 13
- Entkräftung **19** 75 f., **22** 68 Abs. 1 lit. a
- als Faustpfänder bei der Konkursverwertung **22** 126
- im Konkursinventar **19** 28
- im Lastenverzeichnis **22** 35

Eigentumsansprachen *s. Drittansprüche*

Eigentumsfreiheitsklage *s. Dingliche Klagen*

Eigentumsvorbehalt
- Gebühr **20** 37
- im Konkurs **17** 211 Abs. 3
- Richtlinien des BGer **34** E. 3

Einfache Gesellschaften *s.a. Gemeinschaftsrechte; Gesellschaften*
- Pfändung von Anteilsrechten **21** 1 Abs. 2

Einfache Streitgenossenschaft 1 71, 125, *s.a. Notwendige Streitgenossenschaft; Streitgenossenschaft*
- Gerichtsstand **1** 15
- Streitwert **1** 93
- Vertretung **1** 72
- Voraussetzungen **1** 71 Abs. 2–3

Einfache Streitverkündung *s. Streitverkündung*

Einfaches und rasches Verfahren *s. Vereinfachtes Verfahren*

Eingabefrist für die Gläubiger im Konkurs 17 232 Abs. 2 Ziff. 2
- besondere Fälle **17** 234

Eingaben s.a. Konkurseingaben
- Fristeinhaltung **17** 32
  - Anzahl Exemplare **1** 131
  - fehlende Unterschrift **1** 132 Abs. 1
  - fehlende Vollmacht **1** 68 Abs. 3, 132 Abs. 1
  - Formulare **1** 400 Abs. 2
  - Papierform, elektronische Form **1** 130
  - querulatorische und rechtsmissbräuchliche – **1** 132 Abs. 3
  - unleserliche, ungebührliche, unverständliche oder weitschweifige – **1** 132 Abs. 2
  - Verbesserung von – **1** 132
- der Parteien **1** 130 ff., **2** 4 ff.
  - Papierform, elektronische Form **2** 1 ff.

Eingangsregister 18a 9

Eingetragene Partnerschaft 1 305 ff., s.a. Ehegatte
- Auflösung **1** 307
- als Ausstandsgrund **1** 47 Abs. 1 lit. c, 165 Abs. 1 lit. a und Abs. 2, **17** 10 Abs. 1 Ziff. 2
- gemeinsame Wohnung s. Familienwohnung oder gemeinsame Wohnung
- Gerichtsstand **1** 24
- in internationalen Verhältnissen **7** 65a ff.
- kein Schlichtungsverfahren bei der Auflösung **1** 198 lit. d
- summarisches Verfahren, Anwendungsbereich **1** 305
- Ungültigerklärung **1** 307
- Untersuchungsgrundsatz, mündliche Verhandlung, persönliches Erscheinen, Einigung **1** 272 f., 306
- vorsorgliche Massnahmen s. dort

Einhaltung von Fristen s. Fristen, s.a. Präklusion; Präklusivwirkung

Einheimsung der Früchte 17 103

Einheit des Konkurses 17 55

Einigung 1 208, s.a. Vergleich; Klageanerkennung; Klagerückzug; Schlichtungsverfahren; Schlichtungsverhandlung

Einigungsverhandlungen vor der Verwertung
- von Gemeinschaftsanteilen **21** 9, 10 Abs. 1 i.f.
- von Miteigentum **22** 73e, 130e

Einkommenspfändung 17 93, 99, s.a. Notbedarf
- Dauer **17** 93 Abs. 2
- Einzug und Überweisung der Zahlungen, Gebühr **20** 33
- Frist für Verwertungsbegehren **17** 116 Abs. 2
- Notbedarf **17** 93 Abs. 1, **33** Ziff. I ff.
- Revision **17** 93 Abs. 3
  - Gebühr **20** 22 Abs. 3

Einlagen, privilegierte (Bankenkonkurs) 29 37a f., 37h ff.

Einlassung (Gerichtsstand) 1 18, 35 Abs. 1, **7** 6

Einrede s.a. Einwendungen
- Einlassung ohne – **1** 18
- des fehlenden neuen Vermögens **17** 75 Abs. 2, 265a Abs. 1
- der Unzuständigkeit des Schiedsgerichts **1** 359 Abs. 2
- der Verrechnung **1** 377 Abs. 1
- gegen die Vollstreckung **1** 341 Abs. 3

Einsichtsrecht 1 53 Abs. 2, 166 Abs. 1 lit. b, **17** 8a
- Auskunftsgesuch **17** 8a Abs. 2
- Ausschluss **17** 8a Abs. 3
- im Bankenkonkurs **30** 5
- bei Beschwerde an das Bundesgericht **3** 56
- Erlöschen **17** 8a Abs. 4
- Forderungstitel **17** 73
- Gebühr **20** 12 f.
- Interessennachweis **17** 8a Abs. 1–2
- im Kollektivanlagen-Konkurs **28a** 5

- des Schuldners in die Beweismittel **17** 73
- im Versicherungskonkurs **32a** 5

Einsprache
- gegen Anordnungen der Liquidatoren im Nachlassvertrag mit Vermögensabtretung **17** 320 Abs. 2
- gegen den Arrestbefehl **17** 278
- gegen das gerichtliche Verbot **1** 260

Einstellung
- der Betreibung
  - Aussetzung des Konkursentscheides **17** 173 Abs. 1 und 3
  - gegen Gemeinden **24** 6
  - im Notstundungsverfahren **17** 338 Abs. 4
  - infolge Rechtsvorschlag **17** 78 Abs. 1
  - im summarischen Verfahren **17** 85
  - im vereinfachten Verfahren **17** 85a
  - vorläufige, bei nachträglichem Rechtsvorschlag **17** 77 Abs. 3
- als Disziplinarmassnahme **17** 14 Abs. 2 Ziff. 3
- des Konkursverfahrens (im internationalen Verhältnis), Mitteilung **7** 169 Abs. 2
- des Konkursverfahrens mangels Aktiven **17** 230 f., **19** 39
  - im Allgemeinen **17** 230
  - ausgeschlagene Erbschaft **17** 230a
  - im Bankenkonkurs **30** 23
  - Gebühr **20** 53 lit. b
  - juristische Personen **17** 230a
  - Schlussverfügung **19** 93
- der Steigerung bei Grundstückspfändung **22** 31
- der Verwertung
  - von Grundpfändern **17** 306a
  - bei Nachlassvertrag im Konkurs **17** 238 Abs. 2, 332 Abs. 2
- der Vollstreckung *s.a. Aufschiebende Wirkung; Vollstreckung von Entscheiden*
  - Gerichtsstand **1** 339 Abs. 1
  - summarisches Verfahren **1** 339 Abs. 2
- der Zahlungen im kaufmännischen Verkehr **17** 190 Abs. 1 Ziff. 2
- von Zivilprozessen und Verwaltungsverfahren wegen Konkurseröffnung **17** 207

Einstweilige Verfügungen *s. Vorsorgliche Massnahmen*

Eintragungen im Grundbuch 22 3 ff., *s.a. Grundbuch*

Eintreten auf die Klage 1 59 Abs. 1, *s.a. Nichteintretensentscheid; Prozessentscheid; Prozessvoraussetzungen*

Eintrittsrecht der Konkursmasse in Verträge des Konkursiten 17 211 Abs. 2
- bei Derivativgeschäften **17** 211 Abs. 2bis

Einvernahme des Konkursiten 19 37

Einvernehmliche private Schuldenbereinigung 17 333 ff.
- Antrag **17** 333
- Bereinigungsvorschlag **17** 335
- Gebühr **20** 56 Abs. 1
- Sachwalter
  - Aufgaben **17** 335
  - Ernennung **17** 334 Abs. 1
  - Honorar **20** 56 Abs. 2
- Stundung **17** 334
- Verhältnis zur Nachlassstundung **17** 336

Einwendungen *s.a. Einrede; Vollstreckbarkeit öffentlicher Urkunden; Vollstreckbarkeit von Entscheiden*
- im Verfahren um definitive Rechtsöffnung **17** 81

Einzelfirma, Betreibungsart **17** 39
Abs. 1 Ziff. 1
Einzige kantonale Instanz
- direkte Klage beim oberen Gericht
  s. dort
- Firmengebrauch **1** 5 Abs. 1 lit. c
- geistiges Eigentum **1** 5 Abs. 1 lit. a
- Kartellrecht **1** 5 Abs. 1 lit. b
- kein Schlichtungsverfahren bei Verfahren vor der - **1** 198 lit. f
- Kernenergiehaftung **1** 5 Abs. 1 lit. e
- Klagen gegen den Bund **1** 5 Abs. 1 lit. f
- Sonderprüfer nach Art. 697b OR **1** 5 Abs. 1 lit. g
- Streitigkeiten aus Zusatzversicherungen zur sozialen Krankenversicherung **1** 7
- Streitigkeiten nach KAG und Börsengesetz **1** 5 Abs. 1 lit. h
- unlauterer Wettbewerb **1** 5 Abs. 1 lit. d
- vorsorgliche Massnahmen s. dort

Elektronische Dateien **1** 177
Elektronische Datenverarbeitung (EDV), Zulässigkeit **19** 12
Elektronische Signatur bei elektronischer Übermittlung **1** 130 Abs. 2
Elektronische Übermittlung **2** 1 ff.
- anerkannte Plattform **2** 2 ff.
- Eingaben an Behörden **2** 4 ff.
- Eingaben der Parteien **1** 130, 143 Abs. 2, **17** 33a
- Einhaltung der Fristen **1** 143 Abs. 2, s.a. Fristen
- Einverständnis der betroffenen Person **1** 139
- elektronische Signatur **1** 130 Abs. 2, **2** 7
- gerichtliche Zustellung **1** 139, **2** 9
- Koordination im SchKG-Bereich **17** 15 Abs. 5
- Massenverfahren im SchKG-Bereich **2** 14
- Nachreichen in Papierform **1** 130 Abs. 3, **2** 13
- Trägerwandel **2** 12 ff.
- Zustellung durch eine Behörde **2** 9 ff.

Elektronische Zustellung **1** 139, s.a. *Elektronische Übermittlung; Gerichtliche Zustellung; Postalische Zustellung*
Elterliche Gewalt/Sorge
- Konkursprivileg für Forderungen aus - **17** 219 Abs. 4 2. Klasse lit. a
- Schuldner unter - **17** 68c, 68e

Empfangsbestätigung **1** 138 Abs. 1, 143 Abs. 2
Empfangsprinzip **1** 139, 143
EMRK, Revision wegen Verletzung der - **1** 328 Abs. 2
Endentscheid s.a. *Entscheid; Nichteintretensentscheid; Zwischenentscheid*
- als Beschwerdeobjekt vor Bundesgericht **3** 90

Entkräftung der Eigentümerpfandtitel **19** 75
Entschädigung s.a. *Mitwirkungspflicht; Parteientschädigung; Umtriebsentschädigung*
- für Körperverletzung, Gesundheitsstörung oder Tötung **17** 92 Abs. 1 Ziff. 9

Entscheid **1** 236 ff.
- ausländischer - **1** 2, 335 Abs. 3
- Auszüge, Abschriften in internationalen Verhältnissen **14** 18
- bedingter - **1** 342
- Beendigung des Verfahrens ohne - s. dort
- Begründung **1** 239
- Beratung **1** 54 Abs. 2, 236 Abs. 2
- des Bundesgerichts
  - Eröffnung **3** 60
  - Rechtskraft **3** 61
  - Vollstreckung **3** 69 f.
- Einheit des - s. *Scheidungsverfahren*
- Erläuterung und Berichtigung s. dort

- Eröffnung **1** 239, **3** 60
- Inhalt, Bestandteile **1** 238
- Mehrheitsentscheid **1** 236 Abs. 2
- Mitteilung an Behörden, an Dritte **1** 240
- Nichteintretensentscheid *s. dort*
- Öffentlichkeit **1** 54, **9** 6
- Pauschalen für den - **1** 95 Abs. 2 lit. b
- Prozesskosten *s. dort*
- Prozessurteil *s. dort*
- Rechtsmittelbelehrung **1** 238 lit. f
- Rückweisungsentscheid **1** 394 f.
- Schiedsentscheid *s. Internationale Schiedsgerichtsbarkeit*
- Schiedsspruch *s. dort*
- der Schlichtungsbehörde in der Sache **1** 212
- summarisches Verfahren *s. dort*
- Surrogate *s. Entscheidsurrogate*
- Teilentscheid **1** 125 lit. a, 236 Abs. 1, 383
- Veröffentlichung des - *s. dort*
- von Verwaltungsbehörden *s. Verwaltungsverfügungen und -entscheide*
- Verzicht auf die schriftliche Begründung des - **1** 239 Abs. 2
- Vollstreckung **1** 236 Abs. 3, 240, 335 ff., *s.a. dort*
- Voraussetzungen *s. Prozessvoraussetzungen*
- Vorentscheid **1** 237 Abs. 1, 392, 393 lit. a und b
- Zwischenentscheid *s. dort*

Entscheidgebühr **1** 95 Abs. 2 lit. b, *s.a. Gerichtskosten und -gebühren*

Entscheidsurrogate **1** 241
- Beendigung des Verfahrens ohne Entscheid *s. dort*
- Klageanerkennung *s. dort*
- Klagerückzug *s. dort*
- Revision **1** 328 Abs. 1 lit. c
- Vergleich *s. dort*

Entscheidverfahren, keine Gerichtskosten im - **1** 114

Epidemie, Rechtsstillstand **17** 62

Erben(gemeinschaft) *s. Erbrecht, s.a. Erbschaften; Notwendige Streitgenossenschaft*

Erbrecht
- Gerichtsstand **1** 28, **7** 86 ff.
- in internationalen Verhältnissen **7** 86 ff.
  - Gerichtsstand **7** 86 ff.
- Klagen **1** 28 Abs. 1
- Massnahmen im Zusammenhang mit dem Erbgang **1** 28 Abs. 2, **7** 89
- summarisches Verfahren **1** 249 lit. c
- Zuweisung eines landwirtschaftlichen Gewerbes oder Grundstücks *s. Landwirtschaftliche Gewerbe oder Grundstücke*

Erbschaften
- ausgeschlagene oder überschuldete -
  - Konkurseinstellung mangels Aktiven **17** 230a Abs. 1
  - Konkurseröffnung **17** 193
  - Konkurswiderruf (Einstellung) **17** 196
  - Schuldenruf **17** 234
- Betreibungsbegehren **17** 67 Abs. 1 Ziff. 2
- Betreibungsort **17** 49
- Rechtsstillstand **17** 59
- unverteilte -
  - Abtretung des Anspruchs **21** 13 Abs. 2
  - Erbenvertreter nach Art. 602 ZGB **21** 6 Abs. 2
  - Pfändung **17** 104, **21** 1 ff.
  - Pfändung und Verwertung *s. Gemeinschaftsrechte*
  - Verwertung **17** 132, **21** 8 ff.
  - Zustellung von Betreibungsurkunden **17** 65 Abs. 3

- Verjährung der Verlustscheinforderung gegenüber Erben **17** 149a Abs. 1
Erbschaftsliquidation s. *Konkursamtliche Liquidation von Erbschaften*
Erbschaftsschulden, Rechtsstillstand 17 59
Erfahrungssätze s. *Tatsachen*
Erfindungen, Verwertung 17 132 Abs. 2
Erfolgsort s. *Klage aus unerlaubter Handlung*
Erfüllungsort
- Gerichtsstand **1** 31
- Vereinbarung s. *Gerichtsstandsvereinbarung*

Ergänzende Beschwerdeschrift an das Bundesgericht 3 43
Ergänzungsfragen 1 56, 173, 176, 185 Abs. 2, 187 Abs. 4, 226 Abs. 2
Ergänzungsleistungen s. *AHV/IV/EL*
Ergänzungspfändung 17 110 f., 116 Abs. 3, s.a. *Pfändungsanschluss*
Ergebnislosigkeit
- der Grundpfandverwertung **22** 111
- der Grundstückssteigerung **22** 71

Erhaltung der gepfändeten Rechte 17 100
Erklärung des Schuldners
- zu den Konkursforderungen **17** 244, **19** 55
- zum Konkursinventar **17** 228, **19** 29 Abs. 3–4, 30
- im Nachlassverfahren **17** 300 Abs. 2
- bei der Verwertung eines Lebensversicherungsanspruches **23** 17

Erkrankung, Rechtsstillstand 17 61
Erläuterung und Berichtigung
- Berufung **1** 334 Abs. 4
- Beschwerde **1** 334 Abs. 3
- eines Entscheids des Bundesgerichts **3** 129
- Eröffnung des Entscheids **1** 334 Abs. 4
- durch das Gericht, von Amtes wegen **1** 334 Abs. 1
- Gesuch **1** 334 Abs. 1
- des Gutachtens s. *dort*
- keine aufschiebende Wirkung **1** 331, 334 Abs. 2
- Protokolle **1** 235 Abs. 3
- Rechnungsfehler **1** 334 Abs. 2
- Schiedsspruch **1** 388
- Schreibfehler **1** 334 Abs. 2
- Stellungnahme der Gegenpartei **1** 330, 334 Abs. 2
- Voraussetzungen **1** 334 Abs. 1

Erlös aus fremden Sachen, Vorrecht des ursprünglich Berechtigten 17 202
Erlöschen s.a. *Dahinfallen*
- der Begünstigung bei Personenversicherungen **25** 79
- der Betreibung
  - bei Unterlassung des Fortsetzungsbegehrens **17** 88 Abs. 2
  - bei Unterlassung des Konkursbegehrens **17** 166 Abs. 2, 188 Abs. 2
  - bei Unterlassung des Pfandverwertungsbegehrens **17** 154 Abs. 2
  - bei Unterlassung des Verwertungsbegehrens **17** 121
- des Einsichtsrechts Dritter **17** 8a Abs. 4
- des Versicherungsvertrages bei Konkurseröffnung **25** 37
- der Wirkungen des Güterverzeichnisses **17** 165 Abs. 2

Ernennung von Mitgliedern des Schiedsgerichts s. *Mitglieder des Schiedsgerichts*
Ernte, Pfändung 17 94
Eröffnung des Entscheids s. *Entscheid, Schiedsspruch*
Errichtung gesetzlicher Pfandrechte s. *Klage auf Errichtung gesetzlicher Pfandrechte*

Ersatzgegenstände 17 92 Abs. 3
Ersatzverfügung bei Nichtigkeit 17 22 Abs. 2
Ersatzvornahme 1 343 Abs. 1 lit. e, *s.a. Verpflichtung zu einem Tun, Unterlassen oder Dulden; Vollstreckung von Entscheiden; Zwangsmassnahmen*
Erscheinungspflicht der Parteien *s. Mitwirkungspflicht, s.a. Persönliches Erscheinen; Säumnis*
Erschleichung eines gerichtlichen Nachlassvertrages 26 170
Ersetzung von Mitgliedern des Schiedsgerichts *s. Mitglieder des Schiedsgerichts*
Erstreckung von Fristen *s. Fristen*
Ersuchungsschreiben für richterliche Prozesshandlungen und gerichtliche Handlungen 11 8 ff.
Ertrag von Gemeinschaftsvermögen 21 1 Abs. 3
Erträgnisse (Pfändung) 17 102 Abs. 1, *s.a. Früchte*
Erwachsenenschutz 1 69 Abs. 2, 7 85
Erwägungen *s. Entscheid*
Erwahrung der Konkursforderungen 17 244 ff., 19 55 ff.
– Aufnahme von Amtes wegen 17 246
– Entscheid über Anerkennung 17 245
– Gebühren 20 46 Abs. 1 lit. a
– Prüfung der eingegebenen Forderungen 17 244, 19 55
Erwerbsausfall, Erwerbseinkommen *s. Einkommenspfändung*
Erwirkungshandlungen *s. Prozesshandlungen*
Europäische Menschenrechtskonvention *s. EMRK*
Eventualbegehren *s. Klageänderung*
Eventualgrundsatz
– Berufung 1 317
– Beschränkung 1 125 lit. a, 222 Abs. 3

– Beschwerde 1 326
– Hauptverhandlung 1 229
– neue Tatsachen und Beweismittel 1 229 Abs. 1
Exequatur 1 338 f., *s.a. Ausländische Entscheidungen; Vollstreckung*
Existenzminimum *s. Notbedarf*
Exmission *s. Ausweisung von Mietern und Pächtern*
Expeditionsprinzip 1 143
Experte *s. Sachverständige(r)*
Expertise *s. Gutachten; s.a. Schiedsgutachten*

F

Fabrikmarken, Verwertung 17 132 Abs. 2
Fachgericht *s. Handelsgericht*
Fahrnis
– Pfändungsreihenfolge 17 95
– Verwertung
  – Betreibung auf Pfändung 17 122 ff.
  – Konkurs 17 256 ff.
Fahrnispfand *s.a. Faustpfand; Pfand; Pfandgesicherte Forderungen*
– Gerichtsstand 1 30 Abs. 1
Fahrradunfälle *s. Motorfahrzeug- und Fahrradunfälle, Gerichtsstand*
Faires Verfahren *s. Recht auf ein faires Verfahren*
Faktische Lebensgemeinschaft, Ausstandsgrund 1 47 Abs. 1 lit. c, 165 Abs. 1 lit. a
Fälligkeit der Schulden bei Konkurseröffnung 17 208
Falschaussage 1 191 Abs. 2
Familienrecht
– Eherecht *s. dort*
– eingetragene Partnerschaft *s. dort*
– Gerichtsstand 1 23 ff.
– Gütertrennung *s. dort*
– Kind *s. Kinderbelange in familienrechtlichen Angelegenheiten*

- Unterhalts- und Unterstützungsklage *s. dort*
- Unterhaltsbeiträge *s. dort*
- unverheiratete Mutter, Gerichtsstand **1** 27
- vorsorgliche Massnahmen *s. dort*

Familienwohnung oder gemeinsame Wohnung 17 151 Abs. 1 lit. b, 153 Abs. 2 lit. b, 229 Abs. 3, **22** 88, 98, 100

Faustpfand *s.a. Pfand; Pfandgesicherte Forderungen*
- Begriff **17** 37 Abs. 2–3
- Betreibung auf Pfandverwertung **17** 151 ff.
- Betreibungsort **17** 51 Abs. 1
- Verwertung bei Nachlassvertrag mit Vermögensabtretung **17** 324
- Wirkungen der Notstundung **17** 345 Abs. 1

Fax 1 130, 132

Fehlende Zuständigkeit, Rechtshängigkeit 1 63 Abs. 1–2

Feiertage *s. Fristen*

Feiertagszuschlag 20 8

Feindschaft, Ausstandsgrund 1 47 Abs. 1 lit. f

Fernbleiben vom Verfahren *s. Persönliches Erscheinen; Säumnis*

Feststellung
- des Kindesverhältnisses, Gerichtsstand **1** 25, *s.a. Kinderbelange in familienrechtlichen Angelegenheiten*
- der Konkursmasse **17** 221 ff., **19** 25 ff.
  – Gebühren **20** 44
- von Miete und Pacht, Gebühr **20** 17
- neuen Vermögens **17** 265a
- des Nichtbestehens oder der Stundung der Schuld **17** 85a
- der Nichtigkeit von Verfügungen **17** 22 Abs. 1
- des Pfandrechts **17** 153a

- der Ungültigkeit der Begünstigung aus einer Personenversicherung **23** 5 ff.
- des Vorranges **17** 142 Abs. 2

Feststellungsinteresse *s. Rechtsschutzinteresse*

Feststellungsklage 1 88, 352, *s.a. Feststellung; Negative Feststellungsklage*

Filiale *s. Niederlassung*

Finanzierung der Insolvenzentschädigung 27 57

Finanzmarktaufsicht (FINMA) *s.a. Banken; Bankenkonkurs*
- Beschwerdeverfahren **29** 24
- Finanzverträge, Aufschub und Beendigung **30** 56 f.

Fixationswirkung 1 64 Abs. 1 lit. b

Flucht des Schuldners
- als Arrestgrund **17** 271 Abs. 1 Ziff. 2
- als Grund für Konkurseröffnung ohne vorgängige Betreibung **17** 190 Abs. 1 Ziff. 1
- Inventaraufnahme **17** 222 Abs. 2
- Konkursort **17** 54

Flüchtlinge 7 24
- Fondsleitung, Konkurs *s. Kollektivanlagen-Konkurs*

Forderungen
- abgewiesene - **17** 248, 250
- von Amtes wegen aufgenommene - **17** 246
- bedingte - **17** 210, 264 Abs. 3, 305 Abs. 3
- bestrittene - **17** 250, 265 Abs. 1, 305 Abs. 3, 315, **19** 63
- aus Bürgschaften des Schuldners **17** 215
- Dauerschuldverhältnisse **17** 211a
- gegen Ehegatten oder eingetragene Partner **17** 95a
- Eingabe **17** 232 Abs. 2 Ziff. 2, 251, 300
- Einzug **17** 100, 243
- Herausgabe der Urkunde **17** 150

- Löschung **17** 149a
- nicht auf Geldleistung lautende - **17** 211 Abs. 1
- nicht eingegebene - **17** 246, 267
- von der Notstundung nicht betroffene - **17** 346
- aus öffentlichem Recht **17** 43 Ziff. 1
- pfandgesicherte - **17** 41, 151 ff., 219 Abs. 1–3, 305 Abs. 2, *s.a. dort*
- von Pfandleihanstalten **17** 45
- Pfändung **17** 99
- privilegierte - **17** 219 f., 305 Abs. 2, 306 Abs. 2 Ziff. 2, **29** 37a f., **30** 25 f.
- Prüfung **17** 244 f., **19** 55, **20** 46 Abs. 1 lit. a
- Überweisung an Gläubiger **17** 131
- Umwandlung **17** 211
- Verjährung **17** 149a
- Verrechnung **17** 213 f., 297 Abs. 4
- Verwertung **17** 116 ff.
- Wirkungen des Konkurses **17** 208 ff.
- Zahlung an den Schuldner **17** 205

Forderungseinzug
- in der Betreibung auf Pfändung **17** 100
- Gebühr **20** 46 Abs. 2 lit. b
- im Konkursverfahren **17** 243 Abs. 1

Forderungsklage *s. Unbezifferte Forderungsklage*

Forderungsüberweisung *s. Überweisung von Forderungen an Gläubiger*

Forderungsurkunde
- Betreibungsbegehren **17** 67 Abs. 1 Ziff. 4
- Herausgabe an Schuldner **17** 150, 264 Abs. 2

Form *s.a. Eingaben der Parteien; Prozesshandlungen; Überspitzter Formalismus*
- Entscheid **1** 54, 238 f.
- Gerichtsstandsvereinbarung **1** 17 Abs. 2
- Klage **1** 221
- Prozesshandlungen **1** 129 ff.
- Rechtsvorschlag **17** 74
- Schiedsspruch **1** 384
- Schiedsvereinbarung **1** 358
- vereinfachte Klage **1** 244
- Zustellung des Zahlungsbefehls **17** 72

Formelle Rechtskraft *s. Rechtskraft*

Formulare **1** 400 Abs. 2, **18** 1 lit. b, **18a** 2 f., **19** 2 f., 10, 80, **22** 5, **34** E. 2
- Gebühr **20** 9 Abs. 4
- Gerichtsurkunden, Parteieingaben **1** 400 Abs. 2

Fortführungslast **1** 65, 241 Abs. 2

Fortschaffung *s. Verheimlichen oder Fortschaffen*

Fortsetzung
- der Betreibung **17** 88, *s.a. Fortsetzungsbegehren*
- des Gewerbes oder Handels des Konkursiten **17** 237 Abs. 3 Ziff. 2, 238 Abs. 1
- schwebender Prozess **17** 237 Abs. 3 Ziff. 3, 238 Abs. 1

Fortsetzungsbegehren **17** 88 f.
- Bescheinigung **17** 88 Abs. 3
- Fremdwährungsschuld **17** 88 Abs. 4
- ohne (neuen) Zahlungsbefehl
  - definitiver Verlustschein **17** 149 Abs. 3
  - Pfandausfallschein **17** 158 Abs. 2
- Verwirkungsfrist **17** 88 Abs. 2
- als Voraussetzung für Insolvenzentschädigung **27** 51 Abs. 1 lit. c
- Zahlungsfrist **17** 88 Abs. 1

Forum *s.a. Gerichtsstand*
- arresti **1** 1 lit. c, 9 ff., 46
- connexitatis **1** 15 Abs. 2
- deliciti commissi **1** 36
- hereditatis **1** 28
- praeveniens **7** 167 Abs. 2
- prorogatum *s. Gerichtsstandsvereinbarung, s.a. Zwingender Gerichtsstand*

- rei sitae s. *Dingliche Klagen, s.a. Grundstücke*
- running s. *Negative Feststellungsklage*
- shopping s. *Gerichtsstandsvereinbarung*

Fotokopien, Gebühr **20** 9 Abs. 3
Frachtbrief **17** 203 Abs. 2
Fragepflicht **1** 56, 69, 132
Frauengut **17** 2 Abs. 4 SchlB (16.12.1994)
Freie Beweiswürdigung **1** 157, s.a. *Antizipierte Beweiswürdigung; Mitwirkungspflicht*
- durch die Aufsichtsbehörde (SchKG) **17** 20a Abs. 2 Ziff. 3

Freies Geleit in internationalen Verhältnissen **14** 20
Freies Vermögen **17** 68c–e
Freihandverkauf
- Beschwerde **17** 132a
- in der Betreibung auf Pfändung
  - Fahrnis **17** 130
  - Gebühr **20** 30
  - Grundstücke **17** 143b
- im Konkursverfahren **17** 238 Abs. 1, 256
- bei Nachlassvertrag mit Vermögensabtretung **17** 322 ff.
- im Pfandverwertungsverfahren **17** 156 Abs. 1

Freiwillige Gerichtsbarkeit **1** 1 lit. b, 19, 248 lit. e, 255 lit. b, 256 Abs. 2
Freiwillige Streitgenossenschaft s. *Einfache Streitgenossenschaft*
Freizügigkeit der Anwälte und Parteivertreter **1** 68 Abs. 2 lit. a, **16** 1 ff., 4, 21 ff., **17** 27 Abs. 2
Fremde Sachen s. *Erlös aus fremden Sachen*
Fremdwährung, Umrechnung in Landeswährung
- Betreibungsbegehren **17** 67 Ziff. 3
- Fortsetzungsbegehren **17** 88 Abs. 4

Freundschaft, Ausstandsgrund **1** 47 Abs. 1 lit. f
Friedensrichter s. *Schlichtungsverfahren, s.a. Schlichtungsverhandlung*
Fristen **1** 142 ff., **17** 31 ff., s.a. *Säumnis; Säumnisfolgen; Wiederherstellung*
- Änderung oder Verlängerung **17** 33 Abs. 1–2
  - öffentliche Bekanntmachung **17** 33 Abs. 2
  - Wohnsitz im Ausland **17** 33 Abs. 2
- für Anschlusspfändung (Anschlussfrist) **17** 110 Abs. 1–2, 111 Abs. 1–2
- Beginn **1** 142 Abs. 1
- Berechnung **17** 31 f.
  - Betreibungsferien und Rechtsstillstand **17** 63
  - öffentliche Bekanntmachung **17** 35
  - bei der paulianischen Anfechtung **17** 288a
  - Verdachtsfristen der paulianischen Anfechtung **17** 288a
  - Zivilprozess **1** 142
- für Beschwerde **17** 17 Abs. 2–3
  - bei Wechselbetreibung **17** 20
- Betreibungsferien s. *dort*
- Bundesgericht **3** 44 ff.
  - Beginn **3** 44
  - Beschwerdefrist **3** 100 f.
  - Einhaltung **3** 48
  - Ende **3** 45
  - Erstreckung **3** 47
  - bei mangelhafter Eröffnung **3** 49
  - Stillstand **3** 46
  - Wiederherstellung **3** 50
- Durchführung des Konkurses **17** 270
- Einhaltung **17** 32
  - bei elektronischer Übermittlung **1** 143 Abs. 2
  - bei postalischer Übermittlung **1** 143 Abs. 1
  - bei Unzuständigkeit **17** 32 Abs. 2
  - verbesserlicher Fehler **17** 32 Abs. 4

- bei Zahlungen **1** 143 Abs. 3
- Erstreckung **1** 144
- Feiertage **1** 142 Abs. 3
- gerichtliche -, Erstreckung **1** 144 Abs. 2
- Gerichtsferien **1** 145
- gesetzliche -
  - keine Erstreckung **1** 144 Abs. 1
  - Wahrung **1** 64 Abs. 2
- im IPRG-Konkursverfahren **7** 170 Abs. 2
- Klagefrist *s. dort*
- Konkursdurchführung **17** 270
- nützliche Frist *s. dort*
- Ordnungsfrist **1** 203 Abs. 4
- Prosequierung der vorsorglichen Massnahmen **1** 263
- Rechtsmittelfristen *s. dort*
- Rechtsvorschlag **17** 74
- Stillstand *s. Stillstand von Fristen*
- Verlängerung *s. Verlängerung von Fristen*
- Verwertung von Grundstücken **17** 133
- Verzicht auf Geltendmachung der Nichteinhaltung **17** 33 Abs. 3
- Wiederherstellung **17** 33 Abs. 4
  - in der Wechselbetreibung **17** 179 Abs. 3
- Wirkung der Notstundung **17** 343 Abs. 2
- Wirkung von Betreibungsferien und Rechtsstillstand **17** 63

Früchte
- in der Betreibung auf Pfändung
  - Grundstücke **17** 102 f., **22** 14, 17, 22, 71 Abs. 2, 83
  - Pfändung vor der Ernte **17** 94
  - Verwertung **17** 122 Abs. 2
- Einheimsung **17** 103
- im Konkursverfahren, Inventaraufnahme des Erlöses **19** 33
- im Pfandverwertungsverfahren **22** 111 Abs. 2, 114 Abs. 3, *s.a. Miet- und Pachtzinsen*

Fruchtlose Pfändung, öffentlich-rechtliche Folgen 17 26

Führung der amtlichen Protokolle und Register 17 8 Abs. 1

Fumus boni iuris *s. Glaubhaftmachung*

Funktionelle Zuständigkeit *s. Sachliche und funktionelle Zuständigkeit*

Fürsorgeleistungen, (Un)pfändbarkeit 17 92 Abs. 1 Ziff. 8

Fusionen, Betreibungsort und Gerichtsstand 1 42, **7** 164a Abs. 2

Futtervorräte 17 92 Abs. 1 Ziff. 4, 95 Abs. 4

G

Garantie des Wohnsitzgerichtsstands *s. Wohnsitz*

Gebietskörperschaften, Zwangsvollstreckung gegen - 17 30, *s.a. Gemeinden*

Gebühren 17 16, **20** 1 ff., *s.a. Gerichtskosten und -gebühren*
- Akteneinsicht und Auskunft **20** 12
- Aufsicht **20** 2
- Auslagen im Allgemeinen **20** 13
- Ausnahme von der Konkursbetreibung **17** 43 Ziff. 1
- Berechnung **20** 4 ff.
  - nach Forderungsbetrag **20** 6
  - nach Seitenzahl **20** 5
  - nach Zeitaufwand **20** 4
- der Betreibungsämter **20** 16 ff.
  - Abschrift der Pfändungsurkunde **20** 24
  - Anweisung von Forderungen **20** 35
  - Arrestvollzug **20** 21
  - Ausverkauf **20** 30
  - Drittansprüche (Beweismittelvorlage) **20** 25
  - Eigentumsvorbehalt **20** 37

- Einzahlungen und Überweisungen **20** 19
- Feststellung von Miete und Pacht **20** 17
- Freihandverkauf **20** 30
- Güterverzeichnis **20** 40
- Kollokations- und Verteilungsplan **20** 34
- Kompetenzbetrag (selbständige Festsetzung) **20** 38
- Konkursandrohung **20** 39
- Lastenverzeichnis **20** 29
- Mitteilungen an das Grundbuchamt **20** 32
- Nachpfändung **20** 22
- Pfandschätzungen **20** 28
- Pfändung für mehrere Forderungen **20** 23
- Pfändungsanschluss **20** 22
- Pfändungsvollzug **20** 20
- Rechtsvorschlag **20** 18
- Retentionsverzeichnis **20** 21
- Revision von Einkommenspfändungen **20** 22
- Steigerungsbedingungen **20** 29
- übrige Eintragungen **20** 42
- Verlustschein (Löschung) **20** 41
- Versteigerung **20** 30
- Verwahrung **20** 26
- Verwaltung von Grundstücken **20** 27
- Verwertung aus mehreren Betreibungen **20** 31
- Verwertungserlös (Einzug und Überweisung) **20** 33
- Zahlungsbefehl **20** 16
- Betreibungsbegehren nach eSchKG-Standard **20** 15a
- Erstellung von Schriftstücken **20** 9
- Fotokopien **20** 9 Abs. 3
- der Gerichte s. *Gerichtskosten und -gebühren*
- im Konkursverfahren **20** 43 ff.
- anspruchsvolle Verfahren **20** 47
- ausseramtliche Konkursverwaltung **20** 43
- Buchführung **19** 24
- Feststellung der Konkursmasse **20** 44
- Gläubigerversammlungen **20** 45
- weitere Verrichtungen **20** 46
- Nacht-, Sonntags- und Feiertagszuschlag **20** 8
- öffentliche Bekanntmachungen **20** 11
- Spesenvergütung **20** 14
- Telefongespräche **20** 10
- Wegentschädigung **20** 14
- Zustellungen durch Rechtshilfe **20** 7

Gebühren- und Auslagenrechnung **19** 24

Gebührenverordnung **20** 1 ff.
- Kompetenz des Bundesrats **17** 16

Gefährdung der Beweismittel s. *Vorsorgliche Beweisführung*

Gegendarstellung
- Gerichtsstand **1** 20 lit. b
- keine aufschiebende Wirkung der Berufung bei der - **1** 315 Abs. 4 lit. a

Gegenleistung s. *Vollstreckung von Entscheiden*

Gegenrecht als Voraussetzung zur Konkursanerkennung **7** 166 Abs. 1 lit. c

Gegenstand der Schuldbetreibung **17** 38 Abs. 1

Gegenstände des persönlichen Gebrauchs, (Un)pfändbarkeit **17** 92 Abs. 1 Ziff. 1

Gegenstandslosigkeit **1** 59 Abs. 2 lit. a, 242

Gehörige Ladung **7** 27 Abs. 2 lit. a

Geistiges Eigentum s. *Immaterialgüterrecht*

Gekaufte Sache s. *Kauf*

Geld
- Aufbewahrung **17** 9, **19** 22

- Entwertung **29** 37a
- Verwahrung
  - im Konkursverfahren **17** 223 Abs. 2
  - im Pfändungsverfahren **17** 98 Abs. 1

Geldbussen *s. Bussen*

Geltungsbereich der ZPO 1 1 ff.

Gemeinden 17 30, *s.a. Zwangsvollstreckung gegen Gemeinden*
- Zustellung der Betreibungsurkunden **17** 65 Abs. 1 Ziff. 1

Gemeinderschaften
- Betreibungsort **17** 46 Abs. 3
- Pfändung und Verwertung *s. Gemeinschaftsrechte*

Gemeinsame Vertretung 1 72
- Streitgenossenschaft *s. dort*

Gemeinsame Wohnung der eingetragenen Partner *s. Familienwohnung und gemeinsame Wohnung*

Gemeinschaftsrechte 21 1 ff.
- Ertrag **21** 1 Abs. 3
- an Grundstücken **22** 1 Abs. 2
- Pfändung **21** 1 ff.
  - Gegenstand **21** 1
  - Kündigung von Kollektiv- oder Kommanditgesellschaften **21** 7
  - Reihenfolge **21** 3
  - Schätzung des Anteilsrechts **21** 5 Abs. 3
  - Vollzug **21** 5 Abs. 1–2
  - Widerspruchsverfahren **21** 4
  - Wirkungen gegenüber Mitanteilhabern **21** 6
  - Zuständigkeit **21** 2
- Sicherungsmassnahmen bei der Pfändung **17** 104
- Verwertung **17** 132 Abs. 1, **21** 8 ff.
  - Abschlagsverteilungen **21** 8 Abs. 2
  - Abtretung des Liquidationsanspruchs an Gläubiger **21** 13
  - Begehren (Frist) **21** 8 Abs. 1
  - Einigungsverhandlungen **21** 9
  - im Konkursverfahren **21** 16
  - Liquidation der Gemeinschaft **21** 12 ff.
  - Verfügungen der Aufsichtsbehörde **21** 10
  - Versteigerung des Anteilrechts **21** 11
  - Verwertung des Liquidationsergebnisses **21** 14

Gemeinschaftsvermögen *s. Gemeinschaftsrechte*

Gemeinschuldner *s. Konkursit*

Genehmigung
- von Beschlüssen der Gläubiger in der Betreibung gegen Gemeinden **24** 23
- von Kollokationsplan und Lastenverzeichnis durch den Gläubigerausschuss **17** 247 Abs. 3
- des Nachlassvertrages durch die Gläubigerversammlung **17** 320 Abs. 3
- von Rechnungen durch den Gläubigerausschuss **17** 237 Abs. 3 Ziff. 3
- des Sanierungsplans durch die FINMA **29** 31, **30** 45
- der Vereinbarung in der Mediation **1** 217
- der Vereinbarung über die berufliche Vorsorge **1** 280
- der Vereinbarung über die Scheidungsfolgen **1** 279
- von Vergleichen durch den Gläubigerausschuss **17** 237 Abs. 3 Ziff. 3, **19** 66 Abs. 3
- der Verteilungsliste
  - im Bankenkonkurs **30** 36
  - im Kollektivanlagen-Konkurs **28a** 40
  - im Versicherungskonkurs **32a** 36

Genossenschaft *s. Gesellschaften*

Genugtuung für widerrechtliche Amtshandlungen 17 5 Abs. 4

Gepfändetes Vermögen als Bestandteil der Konkursmasse 17 199

Gericht
- Arbeitsgericht **1** 68 Abs. 2 lit. d
- einzige kantonale Instanz *s. dort*
- Fachgericht *s. Handelsgericht*
- gewerbliches Schiedsgericht **1** 3, 6
- Handelsgericht *s. dort*
- Mietgericht **1** 68 Abs. 2 lit. d
- Organisation der Gerichte und Schlichtungsbehörden **1** 3
- Rechtsöffnungsgericht **1** 337 Abs. 1
- Schiedsgericht *s. dort*
- Spezialgericht *s. dort*
- staatliche Gerichte *s. dort*
- Streitigkeiten aus Zusatzversicherungen zur sozialen Krankenversicherung *s. Einzige kantonale Instanz*
- Vollstreckungsgericht *s. dort*

Gerichtliche Fragepflicht *s. Fragepflicht*

Gerichtliche Frist *s. Fristen*

Gerichtliche Schriftstücke, Zustellung in internationalen Verhältnissen **11** 1 ff., **12** 1 ff.

Gerichtliche Schuldanerkennung *s. Schuldanerkennung, gerichtliche*

Gerichtliche Vorladung *s. Vorladung*

Gerichtliche Zustellung **1** 136 ff.
- Annahme der Zustellung (Fiktion) **1** 138 Abs. 3
- elektronische Zustellung **1** 139
- Form **1** 138
- in internationalen Verhältnissen **12** 1 ff.
- öffentliche Bekanntmachung **1** 141
- an die Vertretung **1** 137
- Zustellungsdomizil **1** 140
  - Bundesgericht **3** 39
- zuzustellende Urkunden **1** 136

Gerichtlicher Vergleich *s. Vergleich*

Gerichtliches Verbot **1** 258 ff.
- Bekanntmachung **1** 259
- Besitzesstörung **1** 258 Abs. 1
- Beweisanforderungen **1** 258 Abs. 2
- Durchsetzung nach Einsprache **1** 260 Abs. 2
- Einsprache **1** 260
- Gerichtsstand **1** 29
- Legitimation **1** 258 Abs. 1
- summarisches Verfahren **1** 248 lit. c

Gerichtsbarkeit, freiwillige **1** 1 lit. b, 19, 29 Abs. 4, 30 Abs. 2, 248 lit. e, 255 lit. b, 256 Abs. 2
- Schiedsgerichtsbarkeit *s. dort*

Gerichtsbehörden *s.a. Arrestgericht; Gericht; Konkursgericht; Nachlassgericht; Prozessverfahren*
- Bezeichnung durch die Kantone **17** 23
- Haftung der Kantone für widerrechtliche Amtshandlungen **17** 5 ff.
- Mitteilung und Bekanntmachung der Organisation **17** 28

Gerichtsferien **1** 145, *s.a. Stillstand von Fristen*

Gerichtshandlungen *s. Entscheid, s.a. Protokoll; Prozesshandlungen; Prozessleitende Verfügungen; Prozessleitung*

Gerichtskosten und -gebühren **1** 95 ff., 104 ff., 113 ff.
- Arbeitsverhältnis, keine - **1** 113 Abs. 2 lit. d, 114 lit. c
- Arbeitsvermittlungsgesetz, keine - **1** 113 Abs. 2 lit. d, 114 lit. c
- Befreiung von - *s. Unentgeltliche Rechtspflege*
- Behindertengleichstellungsgesetz, keine - **1** 113 Abs. 2 lit. b
- bös- oder mutwillige Prozessführung *s. Kostentragungspflicht*
- vor Bundesgericht **3** 65 f., **4** Ziff. 1 ff.
- vor dem Bundespatentgericht **6** 31
- Entscheidverfahren, keine - *s. Kostenregelungen, besondere*
- Festsetzung und Verteilung von Amtes wegen **1** 105 Abs. 1
- Gerichtskostentarif *s. Tarif*

- Gleichstellungsgesetz, keine - **1** 113 Abs. 2 lit. a
- Kosten der Beweisführung s. *Beweisführung*
- Kosten für die Vertretung des Kindes **1** 59 Abs. 2 lit. e
- Kosten für Übersetzungen **1** 95 Abs. 2 lit. d
- Kostenvorschuss s. *dort*
- landwirtschaftliche Pacht, keine - **1** 113 Abs. 2 lit. c
- Miete und Pacht unbeweglicher Sachen, keine - **1** 113 Abs. 2 lit. c
- Mitwirkungsgesetz, keine - **1** 113 Abs. 2 lit. e, 114 lit. d
- Pauschalen für den Entscheid, das Schlichtungsverfahren **1** 95 Abs. 2 lit. a und b
- Prozesskosten s. *dort*
- Schlichtungsverfahren, keine - s. *Schlichtungsverfahren*
- Schuldbetreibung und Konkurs
    - im Allgemeinen **20** 48 ff.
    - Bankenkonkurs **20** 59
    - Betreibung und Konkurs **20** 51 ff.
    - einvernehmliche private Schuldenbereinigung **20** 56
    - Nachlass **20** 54 f.
    - Notstundung **20** 57
    - Weiterziehung und Beschwerde **20** 61
- Stundung, Erlass, Verjährung, Verzinsung der - **1** 112
- unentgeltliche Rechtspflege, Übernahme durch den Kanton bei Unterliegen **1** 122 Abs. 1 lit. b
- Zusatzversicherungen zur sozialen Krankenversicherung, keine - **1** 113 Abs. 2 lit. f, 114 lit. e

Gerichtsnotorische Tatsachen
  s. *Tatsachen*

Gerichtsstand **1** 9 ff., s.a. *Forum*
- Aberkennungsklage **17** 83 Abs. 2
- Adhäsionsklage **1** 39
- Admassierungsklage **1** 29 f.
- Anerkennung ausländischer Kollokationspläne **7** 167, 173 Abs. 3
    - Forum praeveniens **7** 167 Abs. 2,
- Anfechtung der Vaterschaft/des Kindesverhältnisses **1** 25
- Anfechtungsklage **7** 171, **17** 289
- Anleihensobligationen **1** 44
- Anstalten, öffentlich-rechtliche **1** 10 Abs. 1 lit. b
- Arbeitsrecht **1** 34, 35 Abs. 1 lit. d
- Arrest **1** 1 lit. c, 46, **17** 272 Abs. 1
- Aufenthaltsort **1** 10 Abs. 1 lit. c, 11
- Aufhebung oder Einstellung der Betreibung **17** 85, 85a Abs. 1
- Ausgleichungsklage **1** 28 Abs. 1
- Aussonderungsklage **17** 242 Abs. 2
- Bauhandwerkerpfandrecht **1** 29 Abs. 1 lit. c
- Bereinigung/Berichtigung des Zivilstandsregisters **1** 22
- Besitz **1** 29, 30 Abs. 1
- bewegliche Sachen **1** 30
- Bewilligung des nachträglichen Rechtsvorschlages **17** 77 Abs. 2
- Bund, Klage gegen den - **1** 10 Abs. 1 lit. c
- Datenschutz **1** 20 lit. d
- Deliktsort **1** 36
- dingliche Klagen **1** 19 Abs. 1 lit. a, 20, 29 Abs. 1 lit. a, 30
- Eherecht **1** 23
- Ehetrennungsklage **1** 23
- eingetragene Partnerschaft **1** 24
- Einlassung **1** 18
- Einstellung der Vollstreckung **1** 339 Abs. 1
- Emigrationsfusion und -spaltung **7** 164a
- Erbrecht, Erbgang **1** 28
- Erfüllungsort **1** 31
- Fahrnispfand **1** 30 Abs. 1

- Familienrecht 1 23 ff.
- Filiale 1 12
- Freigabeklage 17 109 Abs. Ziff. 1
- freiwillige Gerichtsbarkeit 1 1 lit. b, 19, 248 lit. e, 255 lit. b, 256 Abs. 2
- Fusionen 1 42
- Gegendarstellung 1 20 lit. b
- gerichtliches Verbot 1 29
- Gesellschaftsrecht 1 40
- Grundbuchberichtigungsklage 1 29 Abs. 1
- Grundstücke 1 29
- Gütertrennung 1 23 Abs. 2
- Handelsrecht 1 40 ff.
- juristische Personen 1 10 Abs. 1 lit. b
- Kanton, Klage gegen einen - 1 10 Abs. 1 lit. d
- keine Prüfung bei Anerkennung und Kinderbelange 1 25 f.
- Klage auf Errichtung gesetzlicher Pfandrechte 1 29 Abs. 1 lit. c
- Klage auf güterrechtliche Auseinandersetzung 1 28 Abs. 1
- Klage auf mehrere Grundstücke 1 29 Abs. 3
- Klage auf Rechte an Grundstücken 1 29 Abs. 2
- Klage auf Rückschaffung von Retentionsgegenständen 1 30
- Klage aus unerlaubter Handlung 1 36 ff.
- Klage aus Vertrag 1 31
- Klage betreffend neuen Vermögens 17 265a Abs. 4
- Klage gegen das nationale Versicherungsbüro 1 38 Abs. 2
- Klage gegen die Stockwerkeigentümergemeinschaft 1 29 Abs. 1 lit. b
- Klage nach SchKG 1 46
- Klagenhäufung 1 15
- Kollektiv- und Kommanditgesellschaften 1 10 Abs. 1 lit. b
- Kollektivanlagen 1 45
- Kollokationsklage 17 148 Abs. 1, 250 Abs. 1, 321 Abs. 2
- Konkurs (Einheitsprinzip) 17 55
- Konsumentenverträge 1 32, 35 Abs. 1 lit. a
- Kraftloserklärung von Beteiligungspapieren, von Grundpfandtiteln, von Versicherungspolicen, von Wertpapieren, von Wechsel und Check 1 43 Abs. 1
- landwirtschaftliche Gewerbe oder Grundstücke, erbrechtliche Zuweisung 1 28 Abs. 3
- Lastenbereinigungsklage 17 109 i.V.m. 140 Abs. 2, 22 39
- Miete und Pacht unbeweglicher Sachen 1 33 f., 35 Abs. 1 lit. b–c
- Motorfahrzeug- und Fahrradunfälle 1 38
- Namensschutz 1 20 lit. c
- natürliche Personen 1 10 Abs. 1 lit. a, 7 33
- Niederlassung 1 12, 34 Abs. 2
- öffentlich-rechtliche Anstalten oder Körperschaften 1 10 Abs. 1 lit. b
- ordentlicher - 1 10, 7 33
- Ort der gelegenen Sache 1 29 f.
- Personenrecht 1 20 ff.
- Persönlichkeitsschutz 1 20
- Prorogation *s. Gerichtsstandsvereinbarung*
- Prozessvoraussetzung, Prüfung durch das Gericht 1 59 Abs. 2 lit. b, 60
- Rechtshängigkeit, Fixationswirkung 1 64 Abs. 1 lit. b
- Rechtsöffnung 17 84 Abs. 1
- Retentionsprosequierungsklage 1 30, 33
- Rückforderungsklage 17 86 Abs. 2
- Sachenrecht 1 29 f.
- Sachzusammenhang 1 15 Abs. 2, *s.a. Klagenhäufung; Streitgenossenschaft; Streitverkündung; Widerklage*

Sachregister Gerichtsstand in internationalen Verhältnissen

- Schadenersatzklage
  - aus ungerechtfertigtem Arrest **17** 273 Abs. 2
  - aus ungerechtfertigten vorsorglichen Massnahmen **1** 37, 264 Abs. 2
- Scheidungsklage **1** 23
- Schuldbetreibung und Konkurs **1** 1 lit. c, 46
- Sitz **1** 10
- Sitz des Schiedsgerichts **1** 355
- Spaltungen **1** 42
- staatliches Gericht bei Schiedsgerichtsbarkeit **1** 356
- Staatshaftung **1** 10 Abs. 1 lit. c–d
- Stockwerkeigentum **1** 19 Abs. 1 lit. b, 29 Abs. 1 lit. b
- Streitgenossenschaft **1** 15 Abs. 1, 70 f.
- Streitverkündungsklage **1** 16
- teilzwingender - **1** 35
- Todeserklärung **1** 21
- Umwandlungen **1** 42
- Unterhalts- und Unterstützungsklage **1** 26
- unverheiratete Mutter, Ansprüche **1** 27
- Vaterschaftsklage **1** 25
- Verlegung einer Gesellschaft ins Ausland **7** 164a
- Vermögensübertragungen **1** 42
- Verschollenerklärung **1** 21
- Verzicht auf gesetzliche Gerichtsstände **1** 35
- Vollstreckungsmassnahmen **1** 339
- vorsorgliche Beweisführung **1** 13
- vorsorgliche Massnahmen **1** 13
- Widerklage **1** 14
- Widerspruchsklage **17** 109
- Wohnsitz **1** 10
- Wohnsitzwechsel **1** 64 Abs. 1 lit. b
- Zahlungsverbot aus Wechsel und Check **1** 43 Abs. 4
- Zweigniederlassung **1** 12
- zwingender - **1** 9 Abs. 2, 13, 19, 21 f., 23 ff., 28 Abs. 2, 29 Abs. 4, 30 Abs. 2, 43, 45, 339 Abs. 1

Gerichtsstand in internationalen Verhältnissen *s.a. Notzuständigkeit; Zuständigkeit in internationalen Verhältnissen*
- Adhäsionsklage **7** 8c
- Adoption **7** 75 f.
- Anerkennung eines Kindes **7** 71
- bewegliche Sachen **7** 98
- Ehegüterrecht **7** 51
- Eherecht **7** 43
- Ehescheidung **7** 59 f.
- Eheschliessung **7** 43
- Ehetrennung **7** 59 f.
- Ehewirkungen **7** 46
- eingetragene Partnerschaft **7** 65a f., 59 f.
- Einlassung **7** 6
- Erbrecht **7** 86 ff.
- Erwachsenenschutz **7** 85
- Gerichtsstandsvereinbarung **7** 5
- Gesellschaftsrecht **7** 151 ff.
- Grundstücke **7** 97
- Immaterialgüterrecht **7** 109
- intermediärverwahrte Wertpapiere **7** 108b
- Kindesrecht **7** 66 f.
- Kindesverhältnis, Wirkungen **7** 79 ff.
- Konkurs **7** 167 ff.
- natürliche Personen **7** 33
- Sachenrecht **7** 97 ff.
- Stellvertretung **7** 126
- Trusts **7** 149b
- unerlaubte Handlungen **7** 129 ff.
- ungerechtfertigte Bereicherung **7** 127 ff.
- Verträge **7** 112 ff.
- Vormundschaft **7** 85

Gerichtsstandsgarantie 1 10
Gerichtsstandsvereinbarung 1 15 Abs. 1, 17, 35

- Abschluss nach Entstehung der Streitigkeit **1** 35 Abs. 2
- in internationalen Verhältnissen **7** 5
- teilzwingender Gerichtsstand, kein Verzicht zum Voraus oder durch Einlassung **1** 35 Abs. 1
- Übergangsbestimmungen **1** 406

Gesamteigentum *s.a. Gemeinschaftsrechte*
- an Grundstücken **22** 1 Abs. 2
- oder Miteigentum **21** 4, **22** 23b Abs. 2

Gesamtgut von Ehegatten in Gütergemeinschaft 17 68b Abs. 2–4

Gesamthandsanteile *s. Gemeinschaftsrechte*

Geschäftsbücher des Schuldners
- Abschluss bei Konkurseröffnung **19** 36
- amtliche Verwahrung im Konkurs **17** 223 Abs. 2
- Aufbewahrung **19** 15 f.
- Beilage zum Nachlassgesuch **17** 293 lit. a
- Beilage zum Notstundungsgesuch **17** 338 Abs. 3
- im Nachlassverfahren mit Vermögensabtretung **17** 321 Abs. 1

Geschäftsführung der Konkursämter 19 1 ff.

Geschäftsgeheimnis *s. Wahrung schutzwürdiger Interessen*

Geschäftsniederlassung *s. Niederlassung*
- Betreibungsort **17** 50 Abs. 1

Geschäftsprüfung der Ämter 17 14 Abs. 1

Geschäftsräume des Schuldners 17 64 f., 223 Abs. 1, 238 Abs. 1, **22** 19

Geschenke 17 286

Geschlossene Zeiten 17 56 Ziff. 1

Gesellschaften *s.a. Gemeinschaftsrechte; Gesellschaftsrecht; Kollektiv- und Kommanditgesellschaften*
- Betreibungsart **17** 39 Abs. 2
- ordentlicher Betreibungsort **17** 46 Abs. 2
- Pfändung und Verwertung von Anteilsrechten **17** 104, 132, **21** 1 ff.
- Rechtsstillstand wegen Militär-, Zivil- oder Schutzdienst **17** 57e
- Verrechnung im Konkurs **17** 213 Abs. 4
- Zustellung von Betreibungsurkunden **17** 65 Abs. 1 Ziff. 2–4

Gesellschaftsrecht
- Gerichtsstand **1** 40, **7** 151 ff.
- in internationalen Verhältnissen **7** 150 ff.
   - Gerichtsstand **7** 151 ff.
- summarisches Verfahren **1** 250 lit. c

Gesellschaftsvermögen *s. Gemeinschaftsrechte*

Gesetzesverletzung, Beschwerdegrund 17 17 Abs. 1

Gesetzliche Frist *s. Fristen, s.a. Rechtshängigkeit*

Gestaltungsentscheid, kein Entzug der aufschiebenden Wirkung der Berufung gegen einen - 1 315 Abs. 3

Gestaltungsklage 1 87

Gestohlene Sachen 17 106 Abs. 3

Gesuch *s. Ablehnungsgesuch, s.a. Ausstandsgesuch; Interventionsgesuch; Rechtshilfegesuch; Revisionsgesuch; Schlichtungsgesuch; Vollstreckungsgesuch*

Gewährleistungsklage *s. Streitverkündungsklage*

Gewerbe oder Handel des Konkursiten
- Fortsetzung **17** 237 Abs. 3 Ziff. 2, 238 Abs. 1
- Sicherungsmassnahmen **17** 223

Gewerbliches Schiedsgericht, Spezialgericht 1 3, 6
Gewerbsmässige Vertretung 1 68 Abs. 2 lit. c, *s.a. Anwalt; Anwalt aus der EU oder der EFTA; Parteivertretung; Patentanwalt; Rechtsbeistand; Vertretung*
Glaubhaftmachung 1 49 Abs. 1, 74, 148 Abs. 1, 158 Abs. 1 lit. b, 163 Abs. 2, 166 Abs. 1 lit. b und Abs. 2, 258 Abs. 2, 261 Abs. 1, 303 Abs. 2 lit. a
Gläubiger s. *Gläubigerausschuss, s.a. Gläubigerversammlung; Privilegierte Forderungen; Rangordnung der Konkursforderungen; Schuldenruf; Spezialanzeigen*
Gläubigerausschuss
– im Bankenkonkurs **29** 35 Abs. 1, **30** 15
– im IPRG-Konkursverfahren **7** 170 Abs. 3, **20** 46 Abs. 3–4, 47 Abs. 2
– im Kollektivanlagen-Konkurs **28** 138a, **28a** 14
– im Konkurs
  – bei Beschlussunfähigkeit der Gläubigerversammlung **17** 254
  – Bestätigung **17** 253 Abs. 2
  – Einberufung weiterer Gläubigerversammlungen **17** 255
  – Entschädigung der Mitglieder **19** 84
  – Erstellung des Kollokationsplans **17** 247 Abs. 3
  – Protokollierung der Beschlüsse **19** 44, 64
  – Wahl und Aufgaben **17** 237 Abs. 3
– bei der Nachlassstundung **17** 295a
– beim Nachlassvertrag mit Vermögensabtretung **17** 317 Abs. 2, 318 Abs. 1, 320, 322 Abs. 2, 325, 330
  – Honorar **20** 55 Abs. 1
– im Versicherungskonkurs **32** 54b, **32a** 15

Gläubigerbenachteiligung oder -begünstigung 17 57c Abs. 1, 57d Ziff. 1, 214, 288, *s.a. Anfechtungsklage; Paulianische Anfechtung; Strafbestimmungen*
Gläubigergemeinschaft (Betreibung gegen Gemeinden) 24 13 ff.
Gläubigergruppen s. *Pfändungsanschluss*
Gläubigerklassen s. *Rangordnung der Konkursforderungen*
Gläubigerschädigung durch Vermögensminderung 26 164
Gläubigerversammlung
– im Bankenkonkurs **29** 35 Abs. 1, **30** 14
– erste – (Konkurs) **17** 235 ff.
  – Befugnisse **17** 237 f.
  – Beschluss(un)fähigkeit **17** 235 Abs. 3, 236
  – Beschwerde gegen Beschlüsse **17** 239
  – dringliche Fragen **17** 238
  – Einladung dazu **17** 232 Abs. 2 Ziff. 5
  – Konstituierung **17** 235 Abs. 1–2
  – Wahl der Konkursverwaltung **17** 237 Abs. 2
  – Wahl des Gläubigerausschusses **17** 237 Abs. 3
– Gebühren **20** 45
– im IPRG-Konkursverfahren **7** 170 Abs. 3
– im Kollektivanlagen-Konkurs **28** 138a, **28a** 16
– im Nachlassverfahren
  – Einberufung **17** 301
  – Teilnahme und Durchführung **17** 302
– im Nachlassvertrag mit Vermögensabtretung **17** 317 Abs. 2
– Protokoll **19** 42

- im summarischen Konkursverfahren **17** 231 Abs. 3 Ziff. 1, **19** 96
- im Versicherungskonkurs **32** 54b, **32a** 14
- weitere - (Konkurs) **17** 255
- zweite - (Konkurs) **17** 252 ff.
  - Befugnisse **17** 253
  - Beschluss(un)fähigkeit **17** 252 Abs. 3, 254
  - Einladung **17** 252
  - Vorsitz **17** 252 Abs. 3

Gläubigerverzeichnis 17 338 Abs. 2, 339 Abs. 2, 347 Abs. 2, **20** 44 lit. e

Gläubigerwechsel, nachträglicher Rechtsvorschlag 17 77

Gleichbehandlung 1 373 Abs. 4
- keine - der Parteien **1** 393 lit. d

Gleichmässige Gesetzesanwendung 17 15 Abs. 1

Gleichstellungsgesetz 1 113 Abs. 2 lit. a

Gleichzeitiger Konkurs über mehrere Mitverpflichtete 17 216

GmbH s. *Gesellschaften*

Graduelle Zuständigkeit s. *Sachliche und funktionelle Zuständigkeit*

Grundbetrag (Notbedarf) 33 Ziff. 1

Grundbuch
- Auszüge s. *Auszüge aus dem Grundbuch*
- Berichtigungsklage, Gerichtsstand **1** 29 Abs. 1
- Einträge **17** 107 Abs. 1 Ziff. 3, 138 Abs. 2 Ziff. 3, 139 f., 242 Abs. 3, 246
- Eintragungen und Vormerkungen **17** 101, 137, 150 Abs. 3, 296, 308 Abs. 1, 345 Abs. 2, **22** 3 ff., 66 ff.
- Löschung **17** 150 Abs. 3, **22** 68 Abs. 2
  - von Lasten **17** 142 Abs. 3, 156 Abs. 1
  - von leeren Pfandstellen **19** 75, **22** 68 Abs. 1 lit. a
  - von Pfandrechten **19** 74, **22** 68 Abs. 1 lit. c
  - nach Steigerungszuschlag **17** 156, **22** 68 f.
  - von Verfügungsbeschränkungen **22** 6, 68 Abs. 1 lit. c, 110 f.
- Mitteilung der gerichtlichen Entscheide **17** 176

Grundbuchamt, Mitteilungen ans -
s. *Mitteilungen an das Grundbuchamt*

Grundlast 17 37 Abs.1, 135 Abs. 1, 140 Abs. 1, 142 Abs. 1, 150 Abs. 3, 158 Abs. 2, 247 Abs. 2, 323, **22** 34 Abs. 1 lit. b, 45 Abs. 1 lit. a, 56 lit. a, 104 Abs. 1, 116 Abs. 1, 125 Abs. 1, 129 Abs. 1, **30** 27 Abs. 2, s.a. *Lastenverzeichnis*

Grundpfand 17 37 Abs. 3, s.a. *Grundpfandgesicherte Forderungen; Pfand; Pfandgesicherte Forderungen*
- nach altem Recht **17** 37 Abs.1
- Begriff **17** 37 Abs.1
- Einstellung der Verwertung im Nachlassverfahren **17** 306a
- Inventaraufnahme **17** 226
- Lastenverzeichnis **17** 247
- in der Versteigerung **17** 140, 142
- Verwertung bei Nachlassvertrag mit Vermögensabtretung **17** 323
- Wirkungen der Konkurseröffnung **17** 208 Abs. 1
- Wirkungen der Notstundung **17** 343, 345 Abs. 1

Grundpfandgesicherte Forderungen
s.a. *Pfandgesicherte Forderungen*
- Betreibung auf Pfandverwertung **17** 151 ff., **22** 85 ff., s.a. *dort*
- Betreibungsart **17** 41 Abs. 2
- Betreibungsort **17** 51 Abs. 2
- Früchte und Erträgnisse der Pfandsache **17** 94 Abs. 3, 102 Abs. 1–2, **22** 14
- Rangordnung der Gläubiger **17** 219 Abs. 3

- während Rechtsstillstand **17** 57b
Grundpfandgesicherte Zinse 17 41
  Abs. 2, 57b Abs. 1, 343 Abs. 2,
  s.a. *Pfandgesicherte Forderungen*
Grundpfandtitel, Kraftloserklärung
  1 43 Abs. 2
Grundpfandverschreibung 17 37
  Abs. 1, 135 Abs. 1, **22** 110 Abs. 2,
  s.a. *Grundpfand, Grundpfandgesicherte Forderungen*
Grundsätze der Prozessleitung s. *Prozessleitung*
Grundstücke s.a. *Grundstücksverwertung*
- in anderen Betreibungskreisen liegende
  17 51 Abs. 2
- dingliche Klagen s. *dort*
- als Familienwohnung oder gemeinsame
  Wohnung **17** 151 Abs. 1 lit. b, 153
  Abs. 2 lit. b, 229 Abs. 3
- Gerichtsstand **1** 29, **7** 97, **17** 109
  Abs. 3
- in internationalen Verhältnissen **7** 97 ff.
- Pfändung **22** 8 ff.
  - Reihenfolge **17** 95 Abs. 2
  - Wirkungen **17** 101 f.
- Räumung von - s. *Zwangsmassnahmen*
- Requisitorialpfändung **22** 24
- Sicherungsmassnahmen bei der
  Pfändung **17** 101 ff.
- Stockwerkeigentum **1** 29 Abs. 1 lit. b,
  249 lit. d Ziff. 3–4
- verpfändete, bei Nachlassvertrag mit
  Vermögensabtretung **17** 323
- Verwaltung **17** 102 Abs. 3, 137,
  22 16 ff.
  - Gebühr **20** 27
Grundstücksverwertung 22 1 ff., 25 ff.
- in der Betreibung auf Pfändung
  17 133 ff., **22** 8 ff.
  - Anfechtung der Verwertung
    17 132a, 143a
- Angebote **22** 58 ff.
- Anmeldungen im Grundbuch
  22 66 ff.
- Anzeigen **22** 15, 70
- Aufschub der Verwertung **17** 123,
  143a
- Ausfallforderung **22** 72
- Ausruf der Angebote **22** 60
- Barzahlung **22** 46 f.
- Bestandteile und Zugehör **17** 141
  Abs. 2, **22** 11 f., 27, 57, 62
- Deckungsprinzip **17** 126, 142a
- Doppelaufruf **22** 56 f.
- Eigentümerpfandtitel **22** 13
- ergebnislose Verwertung **22** 71
- Freihandverkauf **17** 143b
- Fristen **17** 133
- Früchte und Erträgnisse **22** 14, 22,
  83
- Grundbuchauszug **22** 28
- Lastenverzeichnis **22** 33 ff.
- Miteigentumsanteil **22** 23 ff., 73 ff.,
  78a, 84a
- Pfändung **22** 8 ff.
- Protokollierung der Steigerung
  22 61 Abs. 2
- Publikation der Steigerung **22** 29,
  31
- Requisitorialpfändung **22** 24
- Requisitorialverwertung **22** 74 ff.
- Schätzung **22** 9
- Spezialanzeigen **22** 30
- Steigerungsbedingungen **17** 134 ff.,
  22 45 ff.
- Steigerungsverfahren **17** 138 ff.,
  22 56 ff.
- Überbindung **22** 48 ff.
- Umfang der Pfändung **22** 8
- Unterbrechung der Steigerung
  22 61 Abs. 1
- Verlustschein **22** 84
- Verteilung **22** 79 ff.
- Verteilungsgrundsätze **22** 81 ff.

- Verteilungszeitpunkt **22** 79
- Verwaltung und Bewirtschaftung des Grundstückes **17** 102 Abs. 3, **22** 16 ff.
- Verwertungsaufschub **22** 32
- Verwertungsbegehren **17** 116 Abs. 1, 118
- Verwertungsfrist **17** 133, **22** 25
- Vorbereitungsverfahren zur Verwertung **22** 25 ff.
- Zahlungsverzug **17** 143
- Zahlungsverzug des Ersteigerers **22** 63 ff.
- Zuschlag **17** 126, 142a, **22** 53 ff., 60
- bei Gesamteigentum **21** 1 ff.
- im Konkursverfahren **19** 1 ff., **22** 122 ff.
  - Anzeigen **22** 124, 130b
  - Ausfallforderung **22** 131
  - Dienstbarkeiten **22** 123
  - Lastenverzeichnisse **22** 125 ff.
  - Miete und Pacht **22** 124
  - Miteigentumsanteil **22** 130a ff.
  - Spezialanzeigen **22** 129
  - Versteigerung **22** 130 ff.
  - Verteilung **22** 132
  - Verwertungszeitpunkt **22** 128
- Konkurrenz zwischen Pfändungs- und Pfandgläubigern **22** 113
  - Mehrheit von Grundstücken **22** 107, 119
  - Miet- und Pachtzinse **22** 91 ff., 114
  - Miteigentum **22** 102, 106a
  - Pfandausfallschein **17** 158, **22** 120 f.
  - Pfandgegenstand **22** 87 ff.
  - Rechtsvorschlag **22** 85, 93
  - Schätzung **22** 99
  - subsidiäre Haftung **22** 87
  - Unterpfand **22** 109
  - Unzulässigkeit der Betreibung **22** 86
- Verfügungsbeschränkung **22** 90, 97, 111
- Verteilung **22** 112 ff.
- Verteilungsliste **22** 112
- Verwaltung und Bewirtschaftung des Grundstückes **22** 101
- Verwertung **22** 97 ff.
- Verwertungsfrist **17** 154, **22** 98
- Vorverfahren **22** 85 ff.
- Zinsensperre **22** 91
- Zugehör **22** 115
- Zuschlag **22** 105
- bei Miteigentum **22** 73 ff.
- im Pfandverwertungsverfahren **17** 155 ff., **22** 85 ff.
  - Anmeldungen im Grundbuch **22** 110
  - Anzeigen **22** 91 f.
  - Bauhandwerkerpfandrecht **22** 106, 117
  - Dienstbarkeiten und Grundlasten **22** 116
  - Doppelaufruf **22** 104
  - Dritteigentum **22** 88 f., 100, 103
  - ergebnislose Verwertung **22** 111
  - Familienwohnung oder gemeinsame Wohnung **22** 88, 100
  - getrennt verpfändete Grundstücke **22** 108, 118
  - Grundbuchauszug **22** 99

Gruppenbildung *s. Pfändungsanschluss*
Gruppenbuch 18a 11
Gült 17 37 Abs. 1, 158 Abs. 2
Gutachten 1 183 ff.
- Abklärungen des Sachverständigen **1** 186
- Auftrag an den Sachverständigen **1** 185
- Ausstand des Sachverständigen **1** 47, 183 Abs. 2
- Beweismittel *s. dort*
- vor dem Bundespatentgericht **6** 37

- Einholung auf Antrag oder von Amtes wegen **1** 183 Abs. 1
- Entschädigung **1** 184 Abs. 3
- Erläuterung **1** 187 Abs. 1 und 4, 188
- Erstattung des - **1** 187
- Fachwissen des Gerichts **1** 183 Abs. 3
- falsches - **1** 184 Abs. 2
- Kosten **1** 95 Abs. 3 lit. a, 184 Abs. 3
- Mängel **1** 188 Abs. 2
- Rechte und Pflichten des Sachverständigen **1** 184
- Säumnis **1** 188 Abs. 1
- Schiedsgutachten *s. dort*

Gütergemeinschaft, Betreibung von Ehegatten in -
- Anordnung der Gütertrennung **17** 68b Abs. 5
- Eigengut **17** 68b Abs. 1
- Gesamtgut **17** 68b Abs. 2–4
- Rechtsvorschlag **17** 68a Abs. 2
- Widerspruchsverfahren **17** 68b Abs. 1–2
- Zustellung von Betreibungsurkunden **17** 68a Abs. 1

Güterrechtliche Auseinandersetzung **1** 28, 277 Abs. 1

Gütertrennung **1** 23
- richterliche Anordnung **17** 68b Abs. 5

Güterverzeichnis *s.a. Retentionsverzeichnis; Inventar*
- bei der Anerkennung ausländischer Konkursentscheide **7** 168
- Anordnung **17** 83 Abs. 1, 162
- Gebühr **20** 40
- bei Notstundung **17** 341 Abs. 1
- nach provisorischer Rechtsöffnung **17** 83 Abs. 1 und 4
- bei Rechtsstillstand wegen Militär-, Zivil- oder Schutzdienst **17** 57c
- Vollzug **17** 163
- in der Wechselbetreibung **17** 183
- Wirkungen **17** 164 f.
  - Dauer und Erlöschen **17** 165
  - Verfügungsbeschränkung **17** 164

Gütliche Einigung *s. Einigungsverhandlungen*

H

Haftung
- für Arrestschaden **17** 273
- beschränkte, mit dem freien Vermögen des Schuldners **17** 68e
- für die Betreibungskosten **17** 68 Abs. 1
- für die von den Depositenanstalten verwahrten Werte **17** 24
- des früheren Ersteigerers für den Ausfall *s. Ausfallforderung*
- für die Konkurskosten **17** 169
- für widerrechtliche Amtshandlungen **17** 5 ff.
  - Exklusivität **17** 5 Abs. 2
  - Genugtuung **17** 5 Abs. 4
  - Grundsatz **17** 5
  - Rückgriff auf Verursacher **17** 5 Abs. 3
  - Schadenersatz **17** 5 Abs. 1
  - Verjährung **17** 6
  - Zuständigkeit des Bundesgerichts **17** 7

Handel des Konkursiten *s. Gewerbe oder Handel des Konkursiten*

Handeln nach Treu und Glauben **1** 52

Handelsamtsblatt **17** 35

Handelsgericht
- kantonales Fachgericht **1** 6 Abs. 1
- kein vereinfachtes Verfahren **1** 243 Abs. 3
- vorsorgliche Massnahmen *s. dort*
- Zuständigkeit **1** 6 Abs. 2 ff.

Handelsmarken, Verwertung **17** 132 Abs. 2

Handelsrecht, Gerichtsstand **1** 40 ff.

Handelsregister
- Bestimmung der Konkursart **17** 39 f., 42 Abs. 2

- Wirkungsdauer des Eintrages **17** 40
- Einfluss auf Betreibungsort **17** 46 Abs. 2
- Mitteilungen ans - **17** 176 Abs. 1, 189 Abs. 2, 194 Abs. 2, 308 Abs. 1, **19** 43 Abs. 2
  - im IPRG-Konkursverfahren **7** 169 Abs. 2
- Wirkungen des Nachlassvertrages mit Vermögensabtretung **17** 319 Abs. 2

Handlungs(un)fähigkeit s. Prozessfähigkeit

Handlungsort s. Klage aus unerlaubter Handlung

Hängende und stehende Früchte s. Früchte

Hauptbegehren s. Rechtsbegehren

Hauptintervention **1** 73, 106 Abs. 3
- kein Schlichtungsverfahren **1** 198 lit. g

Hauptklage s. Rechtsbegehren

Hauptverhandlung **1** 228 ff.
- Beweisabnahme s. dort
- Duplik **1** 228 Abs. 2
- Klageänderung s. dort
- neue Tatsachen und Beweismittel s. dort
- Parteivortrag s. dort
- Protokoll s. dort
- Replik **1** 228 Abs. 2
- Säumnis s. dort
- Schlussvortrag s. dort
- Schriftenwechsel s. dort
- Verzicht auf die - **1** 233

Hausbücher s. Geschäftsbücher des Schuldners

Hausgenossen des Schuldners
- Mitwirkungspflicht im Konkursverfahren **17** 222 Abs. 2–3
- Rechtsstillstand **17** 57a Abs. 1, 58
- Zustellung von Betreibungsurkunden **17** 64 Abs. 1

Herabsetzungsklage s. Gestaltungsklage

Herausgabe
- der Forderungsurkunde an Schuldner **17** 150, 264 Abs. 2
- von Konkurs(haupt)akten **19** 11
- von Sachen s. Rechtsschutz in klaren Fällen
- von Urkunde s. Edition von Urkunden

Herausgabepflicht s.a. Mitwirkungspflicht
- im Konkursinventar **17** 222

Hilfspersonen, Haftung der Kantone für widerrechtliche Amtshandlungen 17 5 ff.

Hinterlegung
- des Anteils am Verwertungsergebnis der provisorischen Pfändung **17** 144 Abs. 5
- im Bankenkonkurs **30** 38
- auf bestrittene Forderungen entfallender Beträge im Nachlassverfahren **17** 315 Abs. 2
- im Kollektivanlagen-Konkurs **28a** 43
- nachträgliche Verteilung hinterlegter Beträge **17** 269 Abs. 2
- nicht bezogener Beträge
  - im Konkurs **17** 264 Abs. 3, **20** 92 Abs. 2
  - im Nachlassvertrag mit Vermögensabtretung **17** 329
- im Versicherungskonkurs **32a** 37
- des Wechselbetrages in der Wechselbetreibung **17** 182 Ziff. 4, 184 Abs. 2
- von Wertsachen **17** 9
- der Zahlungen an das Betreibungsamt **17** 149a Abs. 2

Honorar der Organe
- einvernehmliche private Schuldenbereinigung **20** 56 Abs. 2
- Nachlassverfahren **20** 55
- Notstundung **20** 57
- Verfahren über Banken **20** 58 ff.
  - Konkurs **20** 59 Abs. 2
  - Nachlass **20** 60 Abs. 2

– Stundung **20** 58 Abs. 2

I

Identität des Streitgegenstands
s.a. *Rechtshängigkeit; Rechtskraft*
– keine – als Prozessvoraussetzung **1** 59 Abs. 2 lit. d

Immaterialgüterrecht
– Gerichtsstand bei unerlaubten Handlungen **1** 36
– in internationalen Verhältnissen **7** 109 ff.
  – Gerichtsstand **7** 109
– Streitigkeiten, einzige kantonale Instanz **1** 5 Abs. 1 lit. a
– Verwertung **17** 132 Abs. 2

Indizien s. *Beweis*

Indossable Papiere 17 98 Abs. 1

Inhaberpapiere 17 98 Abs. 1, 99, 201, 213 Abs. 3

Inhalt des Zahlungsbefehls 17 69

Inkrafttreten des SchKG 17 351

Inquisitionsmaxime s. *Untersuchungsgrundsatz*

Insolvenzentschädigung 27 51 ff.
– Auskunftspflicht
  – des Arbeitgebers **27** 56
  – des Betreibungs- und Konkursamtes **27** 56
– Finanzierung **27** 57
– Fristen zur Geltendmachung
  – bei Konkurs des Arbeitgebers **27** 53 Abs. 1
  – bei Pfändung gegen den Arbeitgeber **27** 53 Abs. 2
– bei Nachlassstundung oder richterlichem Konkursaufschub **27** 58
– Pflichten des Versicherten **27** 55
  – Rückerstattung **27** 55 Abs. 2
  – Wahrung der Ansprüche **27** 55 Abs. 1
– Subrogation der Kasse **27** 54

– Umfang **27** 52
  – Höchstbetrag **27** 52 Abs. 1, 1. Satz i.f.
  – Lohnforderungen **27** 52 Abs. 1 f.
  – Sozialversicherungsbeiträge **27** 52 Abs. 2
  – Zulagen **27** 52 Abs. 1, 2. Satz
– Verwirkung **27** 53 Abs. 3
– Voraussetzungen **27** 51
  – Konkurs des Arbeitgebers **27** 51 Abs. 1 lit. a
  – Nachlassstundung und richterlicher Konkursaufschub **27** 58
  – offensichtliche Überschuldung des Arbeitgebers **27** 51 Abs. 1 lit. b
  – Pfändung gegen den Arbeitgeber **27** 51 Abs. 1 lit. c

Insolvenzerklärung 17 191, 206 Abs. 3, 265b

Insolvenzgefahr von Banken und Sparkassen s. *Banken*

Inspektion s. *Geschäftsprüfung der Ämter*

Instanz s. *Einzige kantonale Instanz*

Instruktionsverhandlung
– Beweisabnahme **1** 226 Abs. 3
– Durchführung **1** 226 Abs. 1
– Gegenstand **1** 226 Abs. 2
– im vereinfachten Verfahren **1** 246 Abs. 2

Interesse s. *Rechtsschutzinteresse,* s.a. *Schutzwürdiges Interesse*

Interessenkonflikte der Beamten und Angestellten 17 11

Interessennachweis für die Einsichtnahme in amtliche Protokolle und Register 17 8a Abs. 1–2

Intermediärverwahrte Wertpapiere in internationalen Verhältnissen 7 108a ff.
– Gerichtsstand **7** 108b

Internationale Schiedsgerichtsbarkeit 7 176 ff.

- Anerkennung und Vollstreckung des Schiedsentscheids **7** 193 f., **15** I ff.
- Anfechtung des Schiedsentscheids **7** 190 ff.
- Bestellung des Schiedsgerichts **7** 179 f.
- Beweisverfahren **7** 184
- Massnahme, vorsorgliche und sichernde **7** 183
- Mitwirkung staatlicher Richter **7** 185
- Rechtshängigkeit **7** 181
- Schiedsentscheid **7** 187 ff., 193 f.
- Schiedsvereinbarung **7** 178
- Sitz des Schiedsgerichts **7** 176
- Verfahren **7** 182 ff.
- vermögensrechtliche Ansprüche **7** 177
- Zuständigkeit **7** 186

Internationale Verhältnisse 7 1 ff., **10** 1 ff., *s.a. Geltungsbereich der ZPO; Gerichtsstand in –; Zuständigkeit in –; Internationale Schiedsgerichtsbarkeit; Schriftstücke, Zustellung; Unentgeltliche Rechtspflege; Zugang zur Rechtspflege*

Internationale Verträge *s. Völkerrechtliche Verträge*

Internationales Privatrecht 1 2, **7** 1 ff., *s.a. Internationale Verhältnisse; IPRG-Konkursverfahren*
- IPRG **7** 1 ff.
  - Vorbehalt **17** 30a
- LugÜ **10** 1 ff.

Intervenierende Person 1 74 ff.
Intervention 1 73 ff., *s.a. Hauptintervention; Nebenintervention*
Interventionsgesuch 1 75
Interventionswirkung 1 77
Invalidenversicherung *s. AHV/IV/EL*
Inventar *s.a. Güterverzeichnis; Retentionsverzeichnis*
- von Gemeinschaftsvermögen **21** 10 Abs. 3
- im Konkursverfahren **17** 221 ff., **19** 25 ff.
  - Anfechtungsansprüche der Masse **19** 27 Abs. 2
  - Aufnahme **17** 221, **19** 25, 37
  - Auskunfts- und Herausgabepflicht **17** 222
  - Drittansprüche **17** 225 f., **19** 34
  - Eigentümerpfandtitel **19** 28
  - Eigentumsansprachen (Vormerkung) **19** 34
  - Erklärung des/an Stelle des Schuldners **17** 228, **19** 29 Abs. 3–4, 30
  - Form **19** 29 Abs. 1–2
  - Fruchterlös **19** 33
  - Grundstücke **19** 26
  - Kompetenzstücke **17** 224, **19** 31 f.
  - Mitwirkungspflicht des Schuldners **17** 229 Abs. 1
  - Orientierung der Gläubigerversammlung **17** 237 Abs. 1
  - Schätzung **17** 227
  - Sicherungsmassnahmen **17** 223
  - Vermögensstücke im Ausland **19** 27 Abs. 1
- im Nachlassverfahren **17** 299 Abs. 1
- im summarischen Konkursverfahren **17** 231

Investmentgesellschaft mit variablem Kapital *s. SICAV*
Inzidenzentscheid *s. Prozessleitende Verfügungen*
IPRG-Konkursverfahren 7 166 ff., *s.a. Anerkennung ausländischer Konkursentscheide*
- Anfechtungsklage **7** 171
- Anrechnung eines im ausländischen Verfahren erlangten Betrages **7** 172 Abs. 3, **29** 37f Abs. 2
- ausländischer Kollokationsplan
  - Anerkennung **7** 173 Abs. 2–3
  - Nichtanerkennung **7** 174
- Eröffnung **7** 170 Abs. 1
- Fristenlauf **7** 170 Abs. 2

- Gläubigerversammlung und -ausschuss **7** 170 Abs. 3
- Kollokation **7** 172
- Kollokationsklage **7** 172 Abs. 2, **17** 250 Abs. 1
- Mitteilungen **7** 169 Abs. 2
- Prüfung des ausländischen Kollokationsplanes **7** 173 Abs. 2–3, 174
- Verteilung eines Überschusses **7** 173 f.

Italienischer Torpedo s. *Negative Feststellungsklage*

Iudex ad quem/ad quo 1 308 ff.

Iudex inhabilis 1 48, s.a. *Ausstand; Ausstandsgrund*

Iudex suspectus 1 47

Iudicium rescidens 1 332

Iudicium rescissorium 1 333

Iura novit curia 1 57, 150 Abs. 2

J

Juristische Personen s.a. *Gesellschaften*
- Betreibungsort **17** 46 Abs. 2
- Einstellung des Konkursverfahrens mangels Aktiven **17** 230a Abs. 2
- ordentlicher Gerichtsstand 1 10 Abs. 1 lit. b
- Organe im Beweisverfahren 1 159
- Zustellung von Betreibungsurkunden **17** 65

Justizgewährungsanspruch s. *Rechtsschutzinteresse; Rechtsverzögerung und -verweigerung*

K

Kantonale Aufsichtsbehörde über Anwälte **16** 14 ff.
- Berufsausübungsverbot **16** 17 ff.
- Disziplinarverfahren und -massnahmen **16** 16 ff., 26, 29
- Eintragung von Anwälten aus der EU und der EFTA **16** 27 f.
- Meldepflicht an die - **16** 15

Kantonales Anwaltsregister **16** 4 ff., s.a. *Anwalt*
- Berufsbezeichnung **16** 11, 24, 33
- Daten, Weitergabe **16** 5, 10a
- Einsicht **16** 10
- Eintragung mit kantonalem Anwaltspatent **16** 6
- Eintragung von Anwälten aus der EU und der EFTA **16** 30 ff.
- Eintragung, Voraussetzungen, Löschung **16** 6 ff.
- Freizügigkeit **16** 4
- Löschung **16** 9
- Verfahren **16** 34
- Voraussetzungen für die Eintragung **16** 7 f.

Kantone
- Anforderungen des BGG an das Verfahren **3** 110 ff.
- Aufsichtsbehörden s. *Aufsichtsbehörden (SchKG)*, s.a. *Kantonale Aufsichtsbehörde über Anwälte*
- Ausführungsbestimmungen zum SchKG **17** 1, 23 ff.
  - Verwertung beschlagnahmter Gegenstände **17** 44
- Bekanntmachung der kantonalen Organisation **17** 28
- Gerichtsstand 1 10 Abs. 1 lit. d
- Haftung
  - für die von Depositenanstalten verwahrten Depositen **17** 24
  - für widerrechtliche Amtshandlungen **17** 5 ff.
- Kompetenzen
  - Anordnung der Notstundung **17** 337
  - Anordnung des allgemeinen Rechtsstillstandes **17** 62
  - Besoldung der Betreibungs- und der Konkursbeamten **17** 3
  - Bestimmung der Betreibungs- und Konkurskreise **17** 1

- Bezeichnung der Aufsichtsbehörden (SchKG) **17** 13
- Bezeichnung der Depositenanstalten **17** 24
- Bezeichnung der richterlichen Behörden **17** 23
- Regelung der gewerbsmässigen Vertretung **17** 27
- Regelung der öffentlich-rechtlichen Folgen der fruchtlosen Pfändung und des Konkurses **17** 26
- Regelung des Verfahrens vor kantonalen Aufsichtsbehörden (SchKG) **17** 20a Abs. 3
- Übertragung von Aktiven nach Einstellung des Konkursverfahrens mangels Aktiven **17** 230a Abs. 3–4
- Verwaltungsverfügungen und -entscheide als Rechtsöffnungstitel **17** 80 Abs. 1 und 2 Ziff. 2
- Zustellung der Betreibungsurkunden **17** 65 Abs. 1 Ziff. 1
- Zwangsvollstreckung gegen - **17** 30, **24** 1 Abs. 2

Kapitalabfindungen, beschränkte Pfändbarkeit 17 93 Abs. 1

Kapitalanlagen, kollektive *s.a. Kollektivanlagen-Konkurs*
- Absonderung des Fondsvermögens im Konkurs **28** 35, **28a** 22
- Aufsicht **28** 137 ff.
- Bewilligungspflicht **28** 13

Kapitalwert 1 92

Kassabuch des Konkursamtes 18a 14, **19** 1 Ziff. 2, 16, 20

Kassaführung der Konkursämter 19 16 ff.

Kassatorische Wirkung *s.a. Berufung; Beschwerde; Rückweisung an die Vorinstanz*
- der Beschwerde an das Bundesgericht **3** 107 Abs. 2

Kauf/Verkauf *s.a. Rücknahmerecht/ Rücktritt des Verkäufers nach Konkurseröffnung*
- von fremden Sachen im Konkurs **17** 202

Kausalhaftung *s. Haftung für widerrechtliche Amtshandlungen*

Kaution *s. Sicherheitsleistung*

Kettenstreitverkündungsklage, Verbot 1 81 Abs. 2

Kind *s.a. Elterliche Gewalt; Kinderbelange in familienrechtlichen Angelegenheiten; Körperliche Untersuchung; Unterhalts- und Unterstützungsklage; Unverheiratete Mutter*
- Pfändungsanschluss **17** 111
- als Schuldner **17** 68c

Kinderbelange in familienrechtlichen Angelegenheiten 1 295 ff., *s.a. Kindesrecht in internationalen Verhältnissen*
- Anfechtung der Vaterschaft/des Kindesverhältnisses, Gerichtsstand **1** 25, **7** 66 f.
- Anhörung der Eltern **1** 297 Abs. 1, 299 Abs. 2 lit. c
- Anhörung des Kindes **1** 298, 299 Abs. 2 lit. c
- Eröffnung des Entscheids **1** 301
- Feststellung und Anfechtung des Kindesverhältnisses **1** 25, **7** 66 ff.
- Gerichtsstand **1** 25 f., **7** 66 f.
- Kinderunterhalt *s.a. Unterhaltsbeitrag; Unterhaltsklage*
  - summarisches Verfahren **1** 302 Abs. 1 lit. c
- Kompetenzen der Vertretung des Kindes: Antragstellung, Rechtsmittel **1** 300
- Kosten für die Vertretung des Kindes **1** 95 Abs. 2 lit. e

- Mitwirkungspflicht bei der Aufklärung der Abstammung **1** 296 Abs. 2, *s.a. Körperliche Untersuchung*
- Offizialgrundsatz **1** 296
- Prozessbeistand **1** 299
- summarisches Verfahren bei ausserordentlichen Bedürfnissen des Kindes **1** 302 Abs. 1 lit. b
- summarisches Verfahren betr. Anerkennung und Vollstreckung des Sorgerechts **1** 302 Abs. 1 lit. a
- unentgeltliche Mediation **1** 218 Abs. 2, 297 Abs. 2
- Untersuchungsgrundsatz **1** 296
- Vaterschaftsklage *s. dort*
- vereinfachtes Verfahren für selbständige Klagen **1** 295
- Vertretung des Kindes **1** 299

Kindesrecht in internationalen Verhältnissen 7 66 ff.
- Abstammung **7** 66 ff.
- Adoption **7** 75 ff.
- Anerkennung **7** 71 ff.
- Gerichtsstand **7** 66 f., 71, 75, 79 ff.
- Kindesverhältnis **7** 79 ff.

Kindesschutz 1 69 Abs. 2

Klage 1 84 ff., 220 ff., *s.a. Anfechtung; Einsprache*
- Aberkennungsklage **17** 83 Abs. 2–4
- Adhäsionsklage **1** 39
- Admassierungsklage **17** 242 Abs. 3
- Anerkennungsklage **17** 79
  - in der Wechselbetreibung **17** 186
- Anfechtungsklage **17** 285 ff.
  - im IPRG-Konkursverfahren **7** 171, **17** 289
  - bei der Zwangsvollstreckung gegen Gemeinden **24** 2 Abs. 4
- Anschlussklage **17** 111
- Arrestprosequierungsklage **17** 279 Abs. 2
- Aufhebung oder Einstellung der Betreibung **17** 85 f.
- Aussonderungsklage **17** 242 Abs. 2, 319 Abs. 4, **19** 46 ff.
- Ausweisung von Mietern und Pächtern *s. dort*
- Begründung **1** 221 Abs. 3
- Beilagen 221 Abs. 2
- auf Bereinigung des Grundbuchs **1** 29 Abs. 1
- auf Bereinigung/Berichtigung des Zivilstandsregisters **1** 22
- Besitzesschutz *s. Dingliche Klagen*
- Bestandteile **1** 221 Abs. 1
- auf Bestreitung oder Feststellung neuen Vermögens **17** 265a Abs. 4
- Bewilligung des nachträglichen Rechtsvorschlages **17** 77 Abs. 2
- an das Bundesgericht **3** 120
- Datenschutz **1** 20 lit. d
- Deliktsrecht *s. Klage aus unerlaubter Handlung*
- dingliche - *s. dort*
- direkte - beim oberen Gericht *s. dort*
- eherechtliche -, Gerichtsstand **1** 23
- Ehetrennungsklage *s. dort*
- Eheungültigkeitsklage *s. dort*
- Eigentumsherausgabe *s. Dingliche Klagen*
- auf Errichtung gesetzlicher Pfandrechte
  - Bauhandwerkerpfandrecht *s. dort*
  - Gerichtsstand **1** 29 Abs. 1 lit. c
- auf Feststellung des Pfandrechts **17** 153a
- auf Feststellung des Vorranges **17** 142 Abs. 2
- Feststellungsklage *s. dort*
- Form *s. Eingaben der Parteien*
- Formular **1** 400 Abs. 2
- Freigabeklage **17** 107 Abs. 5
- Gestaltungsklage *s. dort*
- Gesuch *s. Summarisches Verfahren*
- auf güterrechtliche Auseinandersetzung **1** 23 Abs. 1, 28 Abs. 1

- Kollokationsklage **17** 148, 250
  - im Bankenkonkurs **30** 30
  - im Kollektivanlagen-Konkurs **28a** 32
  - im Versicherungskonkurs **32a** 29
- Lastenbereinigungsklage **17** 140, **22** 39
- Legitimation s. dort
- auf Leistung Zug um Zug s. *Leistungsklage*
- Leistungsklage s. dort
- Mängel s. *Prozessvoraussetzungen*
- mehrere Grundstücke **1** 29 Abs. 3
- gegen das nationale Versicherungsbüro **1** 38 Abs. 2
- negative Feststellungsklage **17** 85a
- ordentliches Verfahren s. dort
- Personenstand **1** 198 lit. b
- Persönlichkeitsschutz **1** 20
- Prosequierung der vorsorglichen Massnahmen **1** 263
- Provokationsklage s. *Feststellungsklage*
- Prozessvoraussetzungen s. dort
- auf Rechte an Grundstücken **1** 29 Abs. 2
- Rechtsbegehren s. dort
- Rückforderungsklage **17** 8a Abs. 3 lit. b, 86, 187
- Rückgriffsklage **17** 5 Abs. 3
- auf Rückschaffung von Retentionsgegenständen **1** 30, **17** 284
- auf Schadenersatz
  - wegen Ehr- und Körperverletzungen **17** 207 Abs. 4
  - für ungerechtfertigte vorsorgliche Massnahmen **1** 37, 264 Abs. 2, 374 Abs. 4
  - aus ungerechtfertigtem Arrest **17** 273
  - Versteigerung **17** 129 Abs. 4, 143 Abs. 2
- aus widerrechtlichen Amtshandlungen **17** 5 ff.
- Scheidungsklage s. dort
- aus dem SchKG ohne Schlichtungsverfahren **1** 198 lit. e
- Schriftenwechsel s. dort
- gegen die Stockwerkeigentümergemeinschaft **1** 29 Abs. 1 lit. b
- Streitgegenstand s. dort
- Streitverkündungsklage **1** 81 ff.
- Subsidiarität der Beschwerde **17** 17 Abs. 1
- Teilklage **1** 86
- Trennung von Klagen s. *Prozessleitung*
- unbezifferte Forderungsklage **1** 85
- aus unerlaubter Handlung **1** 36 ff.
- Unterhaltsklage s. dort
- Unterlassungsklage s. *Verpflichtung zu einem Tun, Unterlassen oder Dulden*
- Unterschrift s. dort
- Vaterschaftsklage s. dort
- vereinfachte Klage s. dort
- Vereinigung von Klagen s. *Prozessleitung*
- versäumte Klageantwort s. *Klageantwort*
- aus Vertrag **1** 31 ff.
- Wechselklage **17** 186
- Widerklage s. dort
- Widerspruchsklage
  - Aberkennung **17** 108
  - Feststellung **17** 107 Abs. 5
  - Gerichtsstand **17** 109
- auf Zahlung **17** 184

Klageabweisung s. *Entscheid*
Klageänderung **1** 227, 230
- in der Berufung **1** 317 Abs. 2
- Beschränkung der Klage **1** 227 Abs. 3
- im Beschwerdeverfahren nicht **1** 326
- Scheidungsklage, Ehetrennungsklage **1** 293, 294 Abs. 2
- Überweisung an das sachlich zuständige Gericht **1** 227 Abs. 2

- Voraussetzungen **1** 227 Abs. 1, 230 Abs. 1
Klageanerkennung 1 106 Abs. 1, 208, 241, 328 Abs. 1 lit. c, 396 Abs. 1 lit. c, *s.a. Beendigung des Verfahrens ohne Entscheid*
- Abschreibung des Verfahrens **1** 241 Abs. 3
- Kostentragung durch die beklagte Partei **1** 106
- materielle Rechtskraft **1** 208 Abs. 2, 241 Abs. 2
- im Schiedsverfahren **1** 385
- Unwirksamkeit der - als Revisionsgrund **1** 328 Abs. 1 lit. c

Klageanhebung *s. Ordentliches Verfahren, s.a. Schlichtungsgesuch*

Klageantwort
- Beschränkung auf einzelne Fragen oder Rechtsbegehren **1** 222 Abs. 3
- Bestandteile **1** 222 Abs. 2
- Frist **1** 222 Abs. 1
- Streitverkündungsklage mit der - **1** 82
- versäumte - **1** 223
- Widerklage *s. dort*
- Zustellung **1** 222 Abs. 4

Klagebewilligung
- Bestandteile **1** 209 Abs. 2
- Erteilung durch die Schlichtungsbehörde **1** 209 Abs. 1, 211 Abs. 2
- Klagefristen **1** 209 Abs. 3–4
- Säumnis der beklagten Partei **1** 206 Abs. 2
- Scheitern der Mediation **1** 213 Abs. 3

Klagefrist
- besondere - **1** 209 Abs. 4
- ordentliche - **1** 209 Abs. 3

Klagenhäufung 1 90
- Gerichtsstand **1** 15
- in internationalen Verhältnissen **7** 8a
- Schiedsverfahren *s. dort*
- Streitwert **1** 93, 94 Abs. 1

Klagerückzug *s.a. Beendigung des Verfahrens ohne Entscheid*
- abgeurteilte Sache **1** 65
- Abschreibung des Verfahrens **1** 241 Abs. 3
- im Arrestverfahren **17** 280 Ziff. 2
- Kostentragung durch die klagende Partei **1** 106
- materielle Rechtskraft **1** 208 Abs. 2, 241 Abs. 2
- im Schiedsverfahren **1** 385
- Unwirksamkeit des - als Revisionsgrund **1** 328 Abs. 1 lit. c

Klageüberweisung *s. Überweisung*

Klassen (Gläubiger) *s. Rangordnung der Konkursforderungen*

Kollektiv- und Kommanditgesellschaften (und ihre Teilnehmer) 17 39 Abs. 1 Ziff. 2 f., 6 f., 14
- Gerichtsstand **1** 10 Abs. 1 lit. b
- im Konkurs **17** 218
- Kündigung durch Gläubiger **21** 7
- Pfändung und Verwertung von Anteilsrechten *s. Gemeinschaftsrechte*

Kollektivanlagen 1 45

Kollektivanlagen-Konkurs 28a 1 ff., 137 ff.
- Aktenaufbewahrung **28a** 45
- Akteneinsicht **28a** 5
- Anerkennung ausländischer Konkursentscheide **28** 138c, **28a** 12
- Anfechtung von Verwertungshandlungen **28a** 38
- Anzeige an die FINMA **28a** 6
- Fondsleitungskonkurs
    - Absonderung **28a** 22
    - Verwertung **28a** 34
- Kollokationsplan, Einsicht in den **28a** 31
- Konkursaktiven **28a** 18 ff.
    - Aussonderung **28a** 23
    - Einstellung mangels Aktiven **28a** 26
    - Fortführung von Prozessen **28a** 25

- Guthaben, Admassierung und Anfechtung **28a** 24
- Herausgabe- und Meldepflicht **28a** 20 f.
- Inventaraufnahme **28a** 18 f.
- Konkursort **28a** 10
- Konkurspassiven **28a** 27 ff.
  - Forderungsprüfung **28a** 27 f.
  - Kollokation **28a** 29 ff.
- Koordination mit in- und ausländischen Behörden **28a** 11
- Liquidator **28** 137 Abs. 3, **28a** 7 ff.
  - Aufgaben **28a** 8 f.
  - Einsetzung **28a** 7
- Mitteilungen **28a** 4
- öffentliche Bekanntmachungen **28a** 4
- SICAV
  - Forderungsprüfung **28a** 28
  - Gläubigerrechte **28a** 17
  - Inventaraufnahme **28a** 19
  - Liquidator, Aufgaben **28a** 9
  - Publikation und Schuldenruf **28a** 14
  - Verteilung **28a** 42
  - Verwertung **28a** 35
- Universalität **28a** 3
- Verfahren **28a** 13 ff.
  - Durchführung **28** 138
  - Eröffnung **28** 137
  - Gläubigerausschuss **28** 138a, **28a** 16
  - Gläubigerversammlung **28** 138a, **28a** 15
  - Publikation und Schuldenruf **28a** 13 f.
- Verteilung und Abschluss **28** 138b, **28a** 39 ff.
  - Hinterlegung **28a** 43
  - Massaverpflichtungen **28a** 39
  - Schlussbericht **28a** 43
  - Verlustschein **28a** 44
- Verwertung **28a** 33 ff.
  - Abtretung von Rechtsansprüchen **28a** 37
- Art **28a** 33
- öffentliche Versteigerung **28a** 36
- Wiederaufnahme **28a** 46

Kollokation
- in der Betreibung auf Pfändung **17** 146 ff.
  - Anfechtung **17** 148
  - Kollokationsplan und Verteilungsliste **17** 146 f.
- im IPRG-Konkursverfahren
  - Anrechnung eines im ausländischen Konkurs erlangten Betrages **7** 172 Abs. 3
  - Kollokationsklage **7** 172 Abs. 2
  - nicht pfandgesicherte, privilegierte Forderungen **7** 172 Abs. 1 lit. b
  - pfandgesicherte Forderungen **7** 172 Abs. 1 lit. a
  - Verteilung des Überschusses **7** 173 f.
- im Konkursverfahren **17** 219 f., 247 ff., **19** 56 ff., *s.a. Kollokationsklage; Kollokationsplan; Lastenverzeichnis*
  - Gebühren **20** 46 Abs. 1 lit. a
- bei Nachlassvertrag mit Vermögensabtretung **17** 321
- im Pfandverwertungsverfahren **17** 157

Kollokationsklage
- in der Betreibung auf Pfändung **17** 148
- im Konkursverfahren **17** 250
  - Zeitpunkt der Grundstücksverwertung **22** 128

Kollokationsplan
- Anerkennung des ausländischen Planes **7** 173 Abs. 2–3, 174
- im Bankenkonkurs **29** 36, 37g Abs. 4, **30** 27 ff.
- in der Betreibung auf Pfändung **17** 146 ff.
  - Anfechtung **17** 148
  - Auflegung **17** 147

- Gebühr **20** 34 Abs. 1
- Gebühr **20** 34
- im Kollektivanlagen-Konkurs **28a** 29 ff.
- im Konkursverfahren **17** 247 ff., **19** 56 ff.
  - Abänderung und Nachträge **17** 251, **19** 57, 65 f.
  - abgewiesene Forderungen **17** 248
  - Anfechtung **17** 250
  - Auflegung und Publikation **17** 249 Abs. 1–2, **19** 67
  - bei ausseramtlicher Konkursverwaltung **19** 98
  - Erstellung **17** 247 Abs. 1 und 4, **19** 56 ff.
  - Gebühren **20** 46 Abs. 1 lit. a
  - Inhalt **19** 58 ff.
  - Rangordnung der Gläubiger **17** 219 f.
  - Spezialanzeigen **17** 249 Abs. 3, **19** 68
  - im summarischen Konkursverfahren **19** 70
  - verspätete Konkurseingaben **19** 69
- bei Nachlassvertrag mit Vermögensabtretung **17** 321, 323
- Nichtanerkennung des ausländischen Planes **7** 174
- im Pfandverwertungsverfahren **17** 157, **22** 95 Abs. 2
- im Versicherungskonkurs **32a** 25 ff.

Kollozierung s. *Kollokation*

Kommanditaktiengesellschaft s. *Gesellschaften*

Kommanditgesellschaft s. *Gesellschaften, s.a. Kollektiv- und Kommanditgesellschaften*

Kompetenz s. *Zuständigkeit*

Kompetenz-Kompetenz **1** 359

Kompetenzbetrag s. *Notbedarf*

Kompetenzstücke
- Auswechslungsrecht des Gläubigers **17** 92 Abs. 3
- in der Betreibung auf Pfändung **17** 92
- im Konkursverfahren **17** 224, **19** 31 f.
- bei Pfand- oder Eigentumsansprachen **19** 54
- spezialgesetzliche Bestimmungen **17** 92 Abs. 4, **25** 79 Abs. 2, 80
- im summarischen Konkursverfahren **17** 231 Abs. 3 Ziff. 3
- versicherte Gegenstände **25** 55 Abs. 2

Kompromiss **1** 8, **17** f., s.a. *Direkte Klage beim oberen Gericht*

Konfrontation **1** 174
- Zeugnis s. dort

Konkubinat als Ausstandsgrund **17** 10 Abs. 1 Ziff. 2

Konkurrenz
- von Gerichtsständen bei der Anerkennung ausländischer Konkursentscheide **7** 167 Abs. 2
- von Konkursorten **17** 55
- von Pfand- mit Eigentumsansprachen **19** 53
- von Pfand- oder Eigentums- mit Kompetenzansprachen **19** 54

Konkurs s.a. *Konkursbetreibung; Konkursverfahren*
- von Banken s. *Bankenkonkurs*
- über Ehegatten in Gütergemeinschaft **17** 68a–68b, s.a. *Gütergemeinschaft*
- von Gemeinden **24** 2 Abs. 2
- Grundsatz der Einheit **17** 55
- in internationalen Verhältnissen **7** 166 ff.
  - Gerichtsstand **7** 167 ff.
- internationaler – s. *Anerkennung ausländischer Konkursentscheide, s.a. IPRG-Konkursverfahren*
- von Kollektiv- und Kommanditgesellschaften **17** 218
- über Mitverpflichtete **17** 216 f.

- Rangordnung der Gläubiger **17** 219 f.
- des Versicherers **25** 37
- des Versicherungsnehmers bei Schadensversicherungen **25** 55
- ohne vorgängige Betreibung **17** 190 ff., 309

Konkursakten 19a 5, *s.a. Akten der Konkursämter*

Konkursämter
- Aktenführung und -aufbewahrung **19** 13 ff.
- Amtsübergabe bei Beamtenwechsel **19** 7
- Aufbewahrung von Geld oder Wertsachen **17** 9
- Ausstand **19** 6
- Besoldung der Beamten **17** 3
- Buch-, Kassa- und Rechnungsführung **19** 16 ff.
- Depositen **17** 9, 24, **19** 18, 22, *s.a. Depositenanstalten*
- einheitliche Formulare **19** 2
- Empfangsscheine **19** 5
- Gebühren **20** 43 ff.
- Gebühren- und Auslagenrechnung **19** 24
- Geschäftsführung **19** 1 ff.
- Haftung der Kantone für widerrechtliche Amtshandlungen **17** 5
- Koordination sachlich zusammenhängender Verfahren **17** 4a
- Konkursverzeichnis **19** 1 Ziff. 1, 4
- Mitteilungen der - **17** 34
  - im IPRG-Konkursverfahren **7** 169 Abs. 2
- Mitteilungen und öffentliche Bekanntmachungen **19** 5
- Muster **19** 3
- obligatorische Verzeichnisse und Bücher **19** 1
- Organisation **17** 2
- Protokoll(führung) **17** 8 f., **19** 8 ff.
- Rechtshilfe **17** 4

- Register **17** 8 f.
- Stellvertretung **17** 2 Abs. 3, **19** 6
- Zulässigkeit der EDV **19** 12
- Zusammenlegung mit Betreibungsamt **17** 2 Abs. 4

Konkursamtliche Liquidation von Erbschaften 17 49, 193, 219 Abs. 5 Ziff. 4, 288a Ziff. 3

Konkursandrohung 17 159 ff.
- Gebühr **20** 39
- Inhalt **17** 160
- Ort bei Arrest **17** 52
- Zeitpunkt **17** 159
- Zustellung **17** 161

Konkursanerkennung *s. Anerkennung ausländischer Konkursentscheide, s.a. IPRG-Konkursverfahren*

Konkursaufschub *s.a. Aussetzung des Konkurseröffnungsentscheides*
- Insolvenzentschädigung **27** 58

Konkursaussetzung *s. Aussetzung des Konkursentscheides*

Konkursbeamte *s.a. Beamte der Betreibungs- und Konkursämter*
- Amtsübergabe **19** 7
- Ausstand **17** 10, **19** 6
- Besoldung **17** 3
- Disziplinarmassnahmen **17** 14 Abs. 2
- Haftung der Kantone für widerrechtliche Amtshandlungen **17** 5 ff.
- Leitung des Konkursamtes **17** 2 Abs. 2
- Stellvertretung **17** 2 Abs. 3, **19** 6
  - bei Ausstand **17** 10 Abs. 2
- verbotene Rechtsgeschäfte **17** 11
- Weiterziehungsbefugnis in Gebührensachen **20** 2

Konkursbegehren 17 166 ff.
- Abweisung **17** 172
- Aussetzung des Konkursentscheides **17** 173 f.
- Frist **17** 166
  - Wechselbetreibung **17** 188 Abs. 2
- Haftung für die Konkurskosten **17** 169

- bei Notstundung **17** 343 Abs. 1 i.f.
- Rückzug **17** 167
- Verfahren bei Banken **17** 173b, **29** 25 ff.
- ohne vorgängige Betreibung **17** 190 ff.
- vorsorgliche Anordnungen **17** 170, **20** 53 lit. a
- bei Wechselbetreibung **17** 188

Konkursbetreibung *s.a. Konkurs; Konkursverfahren*
- Anwendbarkeit **17** 39 f.
  - Ausnahmen **17** 43
- Betreibungsort **17** 46 ff.
- Konkurseröffnung ohne vorgängige Betreibung **17** 190 ff.
- (Nach)wirkung des Handelsregistereintrages **17** 39 Abs. 3, 40
- ordentliche - **17** 159 ff.
- Wechselbetreibung **17** 177 ff.

Konkursdekret *s. Konkursentscheid*

Konkursdividende *s.a. Verteilung im Konkursverfahren*
- Anrechnung eines im ausländischen Konkurs erlangten Betrages **7** 172 Abs. 3
  - im Bankenkonkurs **29** 37f Abs. 2

Konkurseingaben **17** 232 Abs. 2 Ziff. 2
- bei ausgeschlagener Erbschaft **17** 234
- Erklärung des Konkursiten **17** 244, **19** 55
- Erwahrung und Kollokation **17** 244 ff.
- nach fehlgeschlagenem Nachlassverfahren **17** 234
- nicht eingegebene Konkursforderungen **17** 267
- Prüfung **17** 244
- im summarischen Konkursverfahren **17** 231 Abs. 3 Ziff. 2
- verspätete - **17** 251, **19** 69

Konkurseinstellung *s. Einstellung des Konkursverfahrens mangels Aktiven*

Konkursentscheid **17** 171 ff.
- Abweisung des Begehrens **17** 172

- Anerkennung ausländischer Dekrete **7** 166 ff., *s.a. Anerkennung*
- Aussetzung **17** 173 f.
- bei Banken **17** 173b, **29** 25 ff.
- Beschwerde **17** 174
- Konkurseröffnung **17** 171
  - Gebühr **20** 52
  - Zeitpunkt **17** 175
- Mitteilung **17** 176
- bei Wechselbetreibung **17** 189

Konkurseröffnung **17** 171
- Anmerkung im Grundbuch **17** 176 Abs. 2
- Auswirkungen auf das Vermögen des Konkursiten **17** 197 ff.
  - Betreibungen **17** 206
  - Einstellung von Zivilprozessen und Verwaltungsverfahren **17** 207
  - Umfang der Konkursmasse **17** 197 ff.
  - Verfügungsfähigkeit **17** 204
  - Zahlungen an den Schuldner **17** 205
- Auswirkungen auf die Rechte der Gläubiger **17** 208 ff.
  - bedingte Forderungen **17** 210
  - Dauerschuldverhältnisse **17** 211a
  - Fälligkeit der Schuldverpflichtungen **17** 208
  - Mitverpflichtungen des Schuldners **17** 215 ff.
  - Rücktrittsrecht des Verkäufers **17** 212
  - Umwandlung von Forderungen **17** 211
  - Verrechnung **17** 213 f.
  - Zinsenlauf **17** 209
- Gebühr **20** 52
- Grundsatz der Einheit des Konkurses **17** 55
- Mitteilung **17** 176 Abs. 1
- öffentlich-rechtliche Folgen **17** 26
- öffentliche Bekanntmachung **17** 232

- Ort bei Arrest **17** 52
- als Voraussetzung für Insolvenzentschädigung **27** 51 Abs. 1 lit. a
- ohne vorgängige Betreibung **17** 194 ff.
  - auf Antrag des Gläubigers **17** 190
  - auf Antrag des Schuldners **17** 191, 265b
  - bei Ablehnung des Nachlassvertrages der Nachlassstundung **17** 309
  - von Amtes wegen **17** 192
  - gegen ausgeschlagene oder überschuldete Erbschaften **17** 193
  - Verfahren **17** 194
- Zeitpunkt **17** 175, 189, 194

Konkursforderungen s. Erwahrung der Konkursforderungen

Konkursgericht s.a. Gerichtsbehörden
- Bezeichnung durch die Kantone **17** 23
- Konkursentscheid **17** 171 ff.
- Konkursverhandlung **17** 168
- Schlussverfügung **17** 268 Abs. 2–3
  - Gebühr **20** 53 lit. e

Konkursinventar s. Inventar

Konkursit s.a. Schuldner
- Aufbewahrung der Geschäftsbücher und -papiere **19** 15
- Auskunft- und Herausgabepflicht **17** 222
- Beschlagnahme von Postsendungen **19** 38
- Betreibungen gegen diesen **17** 206
- Einvernahme **19** 37
- Erklärung
  - zu den eingegebenen Forderungen **17** 244, 265 Abs. 1, **19** 55
  - zum Inventar **17** 228, **19** 29 f.
- Fortsetzung des Gewerbes oder Handels **17** 237 Abs. 3 Ziff. 2, 238 Abs. 1
- Mitverpflichtungen **17** 215 ff.
- Mitwirkungspflicht **17** 222 Abs. 1 und 3, 229 Abs. 1
- Nachlassvertragsvorschlag **17** 160 Abs. 2, 238 Abs. 2
- Unterhaltsanspruch **17** 229 Abs. 2
- Verfügungs(un)fähigkeit **17** 204, s.a. Konkurseröffnung, Auswirkungen auf das Vermögen des Konkursiten
- Vertragsverhältnisse **17** 211 f.

Konkurskosten, Haftung und Vorschuss des Gläubigers 17 169, **19** 35

Konkurskreise 17 1
- Rechtshilfe **17** 4

Konkursmasse 17 197 ff.
- Abtretung von Ansprüchen an Gläubiger **17** 260, 269 Abs. 3, **19** 80, 95, 325
  - Gebühren **20** 46 Abs. 1 lit. d
- im Allgemeinen **17** 197
- Anfechtungsansprüche **17** 200, 256 Abs. 4, **19** 27 Abs. 2
- arrestiertes Vermögen **17** 199
- Aussonderung und Admassierung **17** 242
- Bestandteile **17** 198 ff.
- Erhaltung **17** 240
- Erlös aus fremden Sachen **17** 202
- Feststellung und Inventaraufnahme **17** 221 ff., **19** 25 ff.
  - Gebühren **20** 44
- gepfändetes Vermögen **17** 199
- Inhaber- und Ordrepapiere im fiduziarischen Eigentum des Konkursiten **17** 201
- Massakosten **17** 262
- nachträglich entdeckte Vermögenswerte **17** 269
- Pfandgegenstände **17** 198
- Rücknahmerecht des Verkäufers **17** 203
- Umfang **17** 197 ff.
- Verfügungsbeschränkung des Schuldners **17** 204
- Vertretung vor Gericht **17** 240

- Verwaltung **17** 235 ff., 240
- Verwaltung und Verwahrung von Gegenständen **20** 46 Abs. 2 lit. a
- Verwertung **17** 240, 243 Abs. 2–3, 252 ff., **20** 46 Abs. 2 lit. c, **21** 16

Konkursort 17 54 f.
Konkursprivilegien s. *Privilegierte Forderungen*
Konkursprotokoll 17 8, **19** 8 ff.
Konkursrichter s. *Konkursgericht*
Konkursschluss 17 176 Abs. 1 Ziff. 3, 268 ff., **19** 92 ff.
Konkursverbrechen oder -vergehen s. *Strafbestimmungen*
Konkursverfahren 17 159 ff., 221 ff., s.a. *Konkurs; Konkursbetreibung; Konkursgericht; Konkursmasse; IPRG–Konkursverfahren*
- Eingaben s. *Konkurseingaben*
- Einstellung
  - bei ausgeschlagener Erbschaft **17** 230a
  - bei juristischen Personen **17** 230a
  - mangels Aktiven **17** 230 f., **20** 53 lit. b
- elektronische Übermittlung **2** 14
- Eröffnung **17** 166 ff.
- Feststellung der Masse **17** 221 ff.
- Frist für die Durchführung **17** 270
- Gebühren **20** 43 ff.
- Gläubigerausschuss s. *Gläubigerausschuss im Konkurs*
- Gläubigerversammlung
  - erste **17** 235 ff.
  - Gebühren **20** 45
  - weitere **17** 255
  - zweite **17** 252 ff.
- Güterverzeichnis **17** 162 ff.
- Inventar s. *Inventar im Konkursverfahren*
- Inventaraufnahme **17** 221 ff., **19** 25 ff.
- Kollokation s. *Kollokation im Konkursverfahren, s.a. Kollokationsklage*

- Kompetenzstücke **17** 224
- Konkursandrohung **17** 159 ff., s.a. *dort*
- Konkursbegehren s. *dort*
- Konkursentscheid **17** 171 ff., 189, s.a. *dort*
- Kosten **17** 169, 262, **19** 35
- Schlussbericht **17** 268 Abs. 1, **19** 92 ff.
  - Gebühren **20** 46 Abs. 1 lit. c
  - im summarischen Verfahren **19** 93
- Schlussverfügung **17** 268 Abs. 2–3
  - Gebühr **20** 53 lit. e
  - im summarischen Verfahren **19** 93, s.a. *Konkursschluss*
- Schuldenruf **17** 232 ff.
- Sicherungsmassnahmen **17** 223
- summarisches - s. *dort*
- Verteilung **17** 261 ff., **19** 82 ff.
- Verwaltung s. *Konkursverwaltung*
- Verwertung **17** 243 Abs. 3, 252 ff., **19** 71 ff.
- Widerruf s. *Widerruf des Konkurses*
- Wirkungen der Konkurseröffnung **17** 26, 197 ff.

Konkursverhandlung vor Gericht 17 168
Konkursverwaltung 17 240 ff., **19** 42 ff.
- Aufgaben
  - im Allgemeinen **17** 240
  - Aussonderung und Admassierung **17** 242
  - Erfüllung von Verpflichtungen des Schuldners **17** 211 Abs. 2–2bis
  - Erwahrung der Forderungen und Kollokation **17** 244 ff.
  - Forderungseinzug und Notverkauf **17** 243
  - Verwertung und Verteilung **17** 252 ff.
  - Vorlegung des Schlussberichts **17** 268

- ausländische -
  - Aushändigung des Überschusses **7** 173 Abs. 1
  - Legitimation zur Anfechtungsklage **7** 171
- ausseramtliche - **17** 237 Abs. 2, 241, **19** 43, 97 f., *s.a. dort*
- Entschädigung, Gebühren **19** 84, **20** 43 ff.
- Legitimation zur paulianischen Anfechtung **17** 285 Abs. 2 Ziff. 2
- bei Nachlassvertrag **17** 332
- Wahl **17** 237 Abs. 2

Konkursverzeichnis 17 1 Ziff. 1, 4

Konkurswiderruf *s. Widerruf des Konkurses*

Konnexität
- Klageänderung **1** 227
- Klagenhäufung **1** 15 Abs. 2, 376 Abs. 2
- Überweisung bei - **1** 127
- Widerklage **1** 14 Abs. 1

Konnossement 17 203 Abs. 2

Konsumentenverträge
- Gerichtsstand **1** 32, 35 Abs. 1 lit. a, **7** 114
- nicht direkt vollstreckbare Urkunden **1** 348 lit. e

Kontokorrentbuch des Konkursamtes 18a 15, **19** 1 Ziff. 3, 17 f.

Kontradiktorisches Verfahren *s. Annexverfahren*

Konzentrationsgrundsatz *s. Eventualgrundsatz, s.a. Neue Tatsachen und Beweismittel*

Koordination
- im Bankenkonkurs **29** 37 f., **30** 9
- der elektronischen Kommunikation im SchKG-Bereich **17** 15
- im Kollektivanlagen-Konkurs **28a** 11
- sachlich zusammenhängender Konkurs- und Nachlassverfahren **17** 4a
- im Versicherungskonkurs **32a** 11

Kopie
- der Akten **1** 53 Abs. 2
- beglaubigte - der Urkunde **1** 350 Abs. 1
- Einreichung anstelle der Urkunde **1** 180
- von Registerauszügen und Entscheiden in internationalen Verhältnissen **14** 18
- des Schlichtungsprotokolls **1** 208 Abs. 1

Körperliche Untersuchung
- Mitwirkungspflicht **1** 160 Abs. 1 lit. c, 296 Abs. 2
- unberechtigte Verweigerung **1** 164, 167

Körperschaften, öffentlich-rechtliche - *s.a. Zwangsvollstreckung gegen Gemeinden*
- unberechtigte Verweigerung **1** 10 Abs. 1 lit. b

Kosten 1 95 ff., *s.a. Betreibungskosten; Gebühren; Gerichtskosten und -gebühren; Kostenrechnung; Parteientschädigung; Parteikosten; Prozesskosten; Verteilung und Liquidation der Prozesskosten; Vorschuss*
- des Arrestes **17** 281 Abs. 2
- der Aufbewahrung und des Unterhalts gepfändeter Vermögensstücke **17** 105
  - unverhältnismässig hohe **17** 124 Abs. 2
- Aufklärung über die Prozesskosten und die unentgeltliche Rechtspflege **1** 97
- ausserordentliche - *s. Parteikosten*
- des Beschwerdeverfahrens **17** 20a Abs. 2 Ziff. 5, **20** 61 Abs. 2 lit. a
- besondere Regelungen *s. Kostenregelungen, besondere*
- der Betreibung **17** 68
  - Geltendmachung im Konkurs **17** 208
  - Umfang der Pfändung **17** 97 Abs. 2

- vor Bundesgericht **3** 62 ff.
  - Gerichtskosten **3** 65 f.
  - Parteientschädigung **3** 68
  - Sicherstellung **3** 62
  - unentgeltliche Rechtspflege **3** 64
  - der Vorinstanz **3** 67
  - Vorschuss für Barauslagen **3** 63
- der Eigentumsübertragung **22** 49 Abs. 1 lit. a
- der gewerbsmässigen Vertretung **17** 27 Abs. 3
- des Konkursverfahrens **17** 169, 231 Abs. 1 Ziff. 1 und Abs. 2
- des summarischen Konkursverfahrens **17** 230 Abs. 1
- durch verspätete Konkurseingaben verursachte - **17** 251 Abs. 2
- Vorabdeckung bei der Verteilung **17** 144 Abs. 3, 157 Abs. 1, 262
- der Vorinstanz **3** 67

Kostenbefreiung nach kantonalem Recht **1** 116

Kostenentscheid *s.a. Verteilung und Liquidation der Prozesskosten*
- Beschwerde **1** 104 ff., 110
- in internationalen Verhältnissen **14** 15 ff.

Kostenerlass *s. Unentgeltliche Rechtspflege*

Kostennote **1** 105 Abs. 2

Kostenrechnung **20** 3, **22** 20 f., 80, 112 Abs. 2, *s.a. Gebühren- und Auslagenrechnung*

Kostenregelungen, besondere - **1** 113 ff.
- bei bös- und mutwilliger Prozessführung **1** 115
- im Entscheidverfahren **1** 114
- Kostenbefreiungen nach kantonalem Recht **1** 116
- im Schlichtungsverfahren *s. dort*

Kostenverlegung *s. Verteilung und Liquidation der Prozesskosten*

Kostenvorschuss **1** 98, *s.a. Vorschuss*
- Befreiung bei unentgeltlicher Rechtspflege **1** 118 Abs. 1 lit. a, 119 Abs. 5
- Beschwerde **1** 103
- Beweiserhebungen **1** 102
- Beweiserhebungen ohne - im Bereich des Untersuchungsgrundsatzes **1** 102 Abs. 3
- Ersatz an die Gegenpartei **1** 111 Abs. 2
- in internationalen Verhältnissen **7** 11b
- Leistung **1** 101
- Nichtleistung innert der Nachfrist **1** 101 Abs. 3
- Prozessvoraussetzung **1** 59 Abs. 2 lit. f
- Schiedsverfahren **1** 378
- Verrechnung mit den Gerichtskosten **1** 111 Abs. 1

Kraftloserklärung von Wertpapieren und Versicherungspolicen, Gerichtsstand **1** 43

Krankenversicherung *s. Zusatzversicherungen zur sozialen -*

Krankheit *s. Erkrankung*

Kreise *s. Betreibungskreise, s.a. Konkurskreise*

Kreisschreiben zum SchKG 34 E. 3

Krieg, Rechtsstillstand **17** 62

Krise, wirtschaftliche -, Notstundung **17** 337

Kultusgegenstände, (Un)pfändbarkeit **17** 92 Abs. 1 Ziff. 2

Kündigung einer Handelsgesellschaft **21** 7

L

Ladeschein **17** 203 Abs. 2

Ladung *s. Vorladung*

Landesunglück, Rechtsstillstand **17** 62

Landwirtschaftliche Gewerbe oder Grundstücke **1** 28 Abs. 3

Landwirtschaftliche Pacht **1** 113 Abs. 2 lit. c

Lastenbereinigung **17** 140, **22** 38 ff., 125 ff.
- beim Freihandverkauf **17** 143b Abs. 2
- Gebühren **20** 29 Abs. 4

Lastenverzeichnis
- Bereinigung s. Lastenbereinigung
- in der Betreibung auf Pfändung **17** 140, **22** 33 ff., 65
  - Anfechtung **22** 43
  - Aufsichtsbehörde **22** 40
  - Aufstellung (Zeitpunkt) **22** 33
  - ausgeschlossene Ansprüche **22** 36
  - Bereinigung **22** 38 ff.
  - Eigentümerpfandtitel **22** 35 Abs. 2
  - Ergänzung und Berichtigung **22** 40
  - Inhalt **22** 34 ff.
  - leere Pfandstellen **22** 35 Abs. 1
  - Miteigentumsanteil **22** 73c ff.
  - Mitteilung **22** 37
  - Parteirolle und Gerichtsstand **22** 39
  - Revision der Schätzung **22** 44
  - Zugehör **22** 38
- in der Betreibung auf Pfandverwertung **17** 156 Abs. 1, **22** 102
- Gebühr **20** 29
- im Konkursverfahren **17** 247 Abs. 2, **22** 125
  - Anfechtung **22** 127
  - Miteigentumsanteil **22** 130c

Lebensgemeinschaft, faktische - s. Konkubinat

Lebensversicherung s. Versicherungsansprüche

Lebensvorgang, anderer - s. Klageänderung

Leere Pfandstellen s. Pfandstellen, leere

Legitimation **1** 76, 89, 230, 291 Abs. 2

Leibrenten
- Barwert **1** 92
- paulianische Anfechtung **17** 286 Abs. 2 Ziff. 2
- (Un)pfändbarkeit **17** 93 Abs. 1
- Stammrecht **17** 92 Abs. 1 Ziff. 7
- Zulassung der Forderungen im Konkurs **17** 210 Abs. 2

Leichtsinniger Konkurs s. Misswirtschaft

Leistung der Sicherheit s. Sicherheitsleistung

Leistung des Vorschusses s. Kostenvorschuss, s.a. Sicherheitsleistung

Leistungsklage **1** 84

Leistungsmassnahmen
- Ansprüche auf positive Leistungen **1** 262 lit. d
- Leistung einer Geldzahlung **1** 262 lit. e
- Massnahmen gegen die Medien s. dort
- Schadenersatz **1** 264 Abs. 2
- Unterlassungsanordnungen **1** 262 lit. a

Leitschein s. Klagebewilligung

Lex specialis **17** 30 Abs. 2

Liquidation s.a. Konkursamtliche Liquidation von Erbschaften; Verwertung
- von ausgeschlagenen oder überschuldeten Erbschaften **17** 193
- der Gemeinschaft **21** 12 ff.
- bei Gemeinschaftsvermögen
  - Konkurs **21** 16
  - Pfändung **21** 10 ff.
- insolventer Banken s. Bankenkonkurs
- der Prozesskosten s. Unentgeltliche Rechtspflege, s.a. Verteilung und Liquidation der Prozesskosten

Liquidationsvergleich s. Nachlassvertrag mit Vermögensabtretung

Liquidatoren
- Anfechtungsansprüche **17** 331 Abs. 3
- Aufsicht **17** 320 Abs. 1
- im Bankenkonkurs **29** 33 Abs. 2–3, **30** 12 f.
- Haftung der Kantone für widerrechtliche Amtshandlungen **17** 5 ff.
- Haftung für den Schaden **17** 5
- im Kollektivanlagen-Konkurs **28** 137 Abs. 3, **28a** 7 f.

- bei Nachlassvertrag mit Vermögensabtretung **17** 317 ff.
  - Bezeichnung **17** 318 Abs. 1 Ziff. 2
  - Einsprache gegen Anordnungen **17** 320 Abs. 2
  - Erhaltung und Verwertung der Masse **17** 319 Abs. 3–4
  - Erstellung eines Kollokationsplanes **17** 321
  - Honorar **20** 55 Abs. 1 und 3, 60 Abs. 2
  - Rechenschaftsbericht **17** 330
  - Verteilung **17** 326, 327 Abs. 1, 329 Abs. 1
  - Verwertung **17** 322 Abs. 2, 324 f.
- Rechtshilfe **17** 4
- im Versicherungskonkurs **32** 53 Abs. 3, **32a** 7 f.
- Weiterziehungsbefugnis in Gebührensachen **20** 2

Litis consortium s. Streitgenossenschaft
Litisdenunziant, Streitverkünder s. Streitverkündung
Litisdenunziat, Streitberufener s. Streitverkündung
Litisdenunziation s. Streitverkündung
Litispendenz s. Rechtshängigkeit
Lizenz nach Art. 40d Patentgesetz **6** 39
Lohnforderungen s.a. Insolvenzentschädigung
- Konkursprivileg **17** 219 Abs. 4 1. Klasse lit. a

Lohnpfändung s. Einkommenspfändung
Löschung
- des Eintrages des Verlustscheines **17** 149a
- im Grundbuch s. Grundbuch

Lugano-Übereinkommen **10** 1 ff.
- Anerkennung ausländischer Entscheidungen **10** 32 ff., 53 ff.
- Anwendungsbereich **10** 1
- Bestimmung des (Wohn)Sitzes **10** 59 ff.
- Entscheidung (Begriff) **10** 32
- Geltungsbereich **10** i.f.
- gerichtliche Zuständigkeit **10** 2 ff.
  - Arbeitsverträge, individuelle **10** 18 ff.
  - ausschliessliche Zuständigkeiten **10** 22
  - besondere Zuständigkeiten **10** 5 ff.
  - einstweilige Massnahmen **10** 31
  - Verbrauchersachen **10** 15 ff.
  - Versicherungssachen **10** 8 ff.
  - Zuständigkeitsvereinbarung **10** 23 f.
- Ratifikation und Inkrafttreten **10** i.f.
- Übergangsvorschriften **10** 63
- Verhältnis zu anderen Abkommen **10** 63
  - bilaterale Verträge mit Drittstaaten **10** 67 f.
  - Derogation bilateraler Verträge **10** 64 ff.
  - Derogation des Brüsseler Übereinkommens **10** 64
  - Fortgeltung bilateraler Verträge **10** 66
  - Übereinkommen auf Spezialgebieten **10** 67
- Vollstreckbarerklärung ausländischer Entscheidungen **1** 327a, **7** 25 ff., **10** 38 ff., 53 ff.

M

Magazine s. Geschäftsräume des Schuldners
Manu militari s. Zwangsmassnahmen
Marken, Verwertung **17** 132 Abs. 2
Markt- oder Börsenpreis **17** 130 Ziff. 2, 211 Abs. 2bis, 243 Abs. 2
Massakosten **17** 262
- Buchführung **19** 24 Abs. 2

Massaschulden
- Gebühr für Begleichung **20** 46 Abs. 2 lit. b
- im Konkurs **17** 262 Abs. 1
- bei Nachlassvertrag mit Vermögensabtretung **17** 310 Abs. 2

Massavermögen, Massaansprüche s. *Konkursmasse*

Masse s. *Konkursmasse, s.a. Nachlassmasse*

Massnahmen s. *Erbrecht; Leistungsmassnahmen, s.a. Sichernde Massnahmen; Superprovisorische Massnahmen; Vormundschaftliche Massnahmen; Vorsorgliche Massnahmen; Zwangsmassnahmen*

Massnahmen gegen die Medien
- Voraussetzungen **1** 266 lit. a–c
- vorsorgliche Massnahmen **1** 266

Maximen s. *Verfahrensgrundsätze*

Mediation **1** 213 ff., s.a. *Schlichtungsverhandlung*
- Abgrenzung zu Verfahren vor Schlichtungsbehörden und Gerichten **1** 216
- Ausstand des Mediators **1** 47 Abs. 1 lit. b
- im Entscheidverfahren **1** 214
- Genehmigung der Vereinbarung **1** 217
- Klagebewilligung **1** 213 Abs. 3
- Kosten **1** 218
- Organisation, Durchführung **1** 215
- anstelle des Schlichtungsverfahrens **1** 213
- Unentgeltlichkeit in kindesrechtlichen Angelegenheiten **1** 218 Abs. 2
- Versuch zur - in Kinderbelangen **1** 297 Abs. 2

Mehrforderung s. *Teilklage*

Mehrheitsentscheid **1** 236 Abs. 2
- Schiedsspruch **1** 382 Abs. 3–4

Miet- und Pachtzinsen
- in der Konkursmasse **22** 96
- Pfändung **17** 102 Abs. 1–2, **22** 14, 91
- im Pfandverwertungsverfahren **22** 91 ff.
  - Abschlagszahlungen an Gläubiger **22** 95
  - Einzug durch das Betreibungsamt **22** 94
  - Verteilung **22** 114
- Zinsensperre **22** 91 ff.

Miete und Pacht
- in der Betreibung auf Pfändung **17** 102 Abs. 2, **22** 15, 23a lit. b
  - nach Steigerung **22** 50, 70
- Gebühr für Feststellung **20** 17
- im Konkursverfahren **22** 124
- im Pfandverwertungsverfahren **17** 152 Abs. 2, 153a Abs. 3, **22** 91 ff.
- Sicherung des Retentionsrechts **17** 283 f.
- unbeweglicher Sachen **1** 33, 35 Abs. 1 lit. b–c,
  - keine Gerichtskosten **1** 113 Abs. 2 lit. c
  - Paritätische Schlichtungsbehörde s. *dort*
  - Schlichtungsbehörde als Schiedsgericht bei Angelegenheiten aus Miete und Pacht von Wohnräumen **1** 361 Abs. 4
  - vereinfachtes Verfahren s. *dort*
  - Vollstreckbarkeit öffentlicher Urkunden s. *dort*

Mieter s. *Miete und Pacht, s.a. Miet- und Pachtzinsen*

Mietgericht, Vertretung **1** 68 Abs. 2 lit. d

Militär-, Zivil- oder Schutzdienst, Rechtsstillstand
- Aufhebung durch den Richter **17** 57d, **20** 51
- Auskunftspflicht Dritter **17** 57a
- Dauer **17** 57
- Dienst des gesetzlichen Vertreters **17** 57e

- Güterverzeichnis **17** 57c
- verlängerte Haftung des Grundpfandes **17** 57b

Militärische Ausrüstung, (Un)pfändbarkeit 17 92 Abs. 1 Ziff. 6

Minderjährige Person *s. Familienrecht, s.a. Kinderbelange in familienrechtlichen Angelegenheiten; Mitwirkungspflicht; Prozessfähigkeit*

Misswirtschaft 26 165

Miteigentumsanteile an Grundstücken *s.a. Gemeinschaftsrechte*
- in der Betreibung auf Pfändung
  - Anzeigen **22** 23a
  - Bestreitung durch Gläubiger **22** 23b
  - Lastenverzeichnis **22** 73c f.
  - Pfandbelastung des Grundstücks als solches **22** 73e f.
  - Pfändung **22** 23 ff.
  - Pfändungsurkunde **22** 23
  - Publikation **22** 73a
  - Spezialanzeigen **22** 73b
  - Versteigerung **22** 73f f.
  - Versteigerung auf richterliche Anordnung **22** 78a
  - Verteilung des Erlöses **22** 84a
  - Verwaltung des Grundstücks **22** 23c
  - Verwertung **22** 73 ff.
  - Zuschlagspreis **22** 73h
  - Zuständigkeit **22** 23d
- und Gesamteigentum **21** 4
- im Konkursverfahren, Verwertung eines Anteils **22** 130a ff.
- im Pfandverwertungsverfahren
  - Doppelaufruf **22** 104 Abs. 2
  - Verwertung **22** 102
  - Verwertung des ganzen Grundstücks **22** 106a

Mitglieder des Schiedsgerichts
1 360 ff., 367 ff., *s.a. Internationale Schiedsgerichtsbarkeit*
- Abberufung von - **1** 370
- Abberufung, Anfechtung **1** 370 Abs. 3
- Ablehnung des Schiedsgerichts bei überwiegendem Einfluss einer Partei auf die Ernennung der Mitglieder **1** 368
- Ablehnung eines Mitglieds **1** 367
- Ablehnungsgründe **1** 47
- Ablehnungsverfahren *s. dort*
- Amtsdauer **1** 366
- Annahme des Amts **1** 364
- Anzahl **1** 360
- Befristung der Amtsdauer **1** 366 Abs. 1
- Ernennung durch das staatliche Gericht **1** 362
- Ernennung durch die Parteien **1** 361
- Ersetzung **1** 371
- Präsident **1** 360 Abs. 2, 361 Abs. 2, 362 Abs. 1 lit. a
- Sekretariat **1** 365
- Vorbehalte zur Unabhängigkeit oder Unparteilichkeit **1** 363
- Wiederholung von Prozesshandlungen beim Ersatz von - **1** 371 Abs. 3
- zuständiges Gericht für die Ernennung, Ablehnung, Abberufung oder Ersetzung **1** 356 Abs. 2 lit. a

Mitschuldner
- im Konkursverfahren **17** 216 f., 232 Abs. 2 Ziff. 5
- im Nachlassverfahren **17** 303
- Verlustschein **17** 149 Abs. 4
- Zahlungsbefehl **17** 70 Abs. 2

Mitteilung(en) *s.a. Öffentliche Bekanntmachungen; Spezialanzeigen*
- des Abschlusses und der Einstellung des IPRG-Konkursverfahrens **7** 169 Abs. 2, 2. Satz
- der Anerkennung des ausländischen Konkurses **7** 169 Abs. 2
- der Betreibungs- und Konkursämter **17** 34 f., **19** 5
  - elektronische **17** 34
  - durch öffentliche Bekanntmachung **17** 35

- ordentliche (schriftlich) **17** 34
- der gerichtlichen Entscheide **17** 176
  - Bewilligung der Notstundung **17** 342
- an das Grundbuchamt **17** 150 Abs. 3, **22** 5, 12 Abs. 2, 63 Abs. 2, 68, 71 Abs. 3, 110
  - Bestätigung des Nachlassvertrages **17** 308 Abs. 1
  - Bewilligung der Nachlassstundung **17** 293c, 296
  - Gebühr **20** 32
  - gerichtliche Entscheide **17** 176 Abs. 1, **19** 40 Abs. 2 lit. e
  - im IPRG-Konkursverfahren **7** 169 Abs. 2
  - Pfändung **17** 101
  - Verfügungsbeschränkung **22** 15 Abs. 1 lit. a und Abs. 3, 90, 97
- des Rechtsvorschlages an den Gläubiger **17** 76
- des Widerrufes des Konkurses **7** 169 Abs. 2, 2. Satz

Mitteilungspflicht, Ausstandsgrund **1** 47 f.

Mitverpflichtete 17 216 f., 303, *s.a. Bürgen; Mitschuldner; Mitverpflichtungen*

Mitverpflichtungen
- Dritter (im Nachlass) **17** 303
- des Konkursiten **17** 215 ff.
  - Bürgschaften **17** 215
  - Kollektiv- und Kommanditgesellschaften **17** 218
  - Konkurs mehrerer Mitverpflichteter **17** 216
  - Teilzahlungen von Mitverpflichteten **17** 217

Mitwirkungsgesetz 1 113 Abs. 2 lit. e, 114 lit. d

Mitwirkungspflicht 1 160 ff., *s.a. Freie Beweiswürdigung; Unberechtigte Verweigerung der Mitwirkung durch eine Partei; Verweigerungsrecht der Parteien; Verweigerungsrecht Dritter*
- im Arrestvollzug **17** 275
- Aufklärung von Parteien und Dritten über die -, das Verweigerungsrecht und Säumnisfolgen **1** 161
- Augenschein an Person oder Eigentum **1** 160 Abs. 1 lit. c
- in der Betreibung auf Pfändung **17** 91
  - Behörden **17** 91 Abs. 5
  - Dritte **17** 91 Abs. 4
  - Schuldner **17** 91 Abs. 1–3
- Beweiswürdigung bei unberechtigter Verweigerung **1** 164
- Dritte **1** 160 Abs. 1, **17** 57a, 91 Abs. 4, 222 Abs. 4
- Entschädigung **1** 160 Abs. 3
- Herausgabe von Urkunden *s. Edition von Urkunden*
- bei Insolvenzentschädigung
  - Arbeitgeber **27** 56
  - Betreibungs- und Konkursamt **27** 56
- kein Schluss auf die zu beweisende Tatsache bei berechtigter Verweigerung der Mitwirkung **1** 162
- im Konkursverfahren **17** 222
  - Behörden **17** 222 Abs. 5
  - Dritte **17** 222 Abs. 4
  - Hausgenossen **17** 222 Abs. 2–3
  - Schuldner **17** 222 Abs. 1 und 3, 229 Abs. 1
- körperliche Untersuchung *s. dort*
- minderjährige Personen **1** 160 Abs. 2
- im Nachlassverfahren **17** 302 Abs. 2
- bei Notstundung **17** 338 Abs. 2
- Parteien **1** 160 Abs. 1
- unterlegene Partei *s. Verpflichtung zu einem Tun, Unterlassen oder Dulden*
- Wahrheitspflicht *s. dort*
- Zeugen **1** 160 Abs. 1
- Zuhilfenahme von Polizeigewalt **17** 91 Abs. 2–3, 222 Abs. 3

Mobilien s. *Fahrnis*
Motive, Begründung des Entscheids s. *Entscheid*
Motorfahrzeug- und Fahrradunfälle, Gerichtsstand 1 38
Muster und Modelle, Verwertung 17 132 Abs. 2
Mutwillige Prozessführung s. *Böswillige oder mutwillige Prozessführung*

N

Nachbarrechtliche Klagen s. *Dingliche Klagen*
Nachfrist 1 101 Abs. 3, 131, 132 Abs. 1–2, 223 Abs. 1, 147 ff.
Nachkonkurs 17 269
Nachlassentscheid, öffentliche Bekanntmachung 17 308
Nachlassgericht s.a. *Gerichtsbehörden*
– Bekanntmachung der Verhandlung 17 304
– Beschwerde 17 293d, 295c, 307, 340, 348 Abs. 2
– Bezeichnung durch die Kantone 17 23
– Gebühren 20 54
– Nachlassstundungsaufhebung 17 296a
– Nachlassstundungsbewilligung und -verlängerung 17 293a f., 295b
– Nachlassvertragsbestätigung 17 304 ff.
– Nachlassvertragswiderruf 17 313
– Notstundungsbewilligung 17 338 ff.
– oberes kantonales - 17 7, 347 Abs. 5
– Widerruf der Notstundung 17 348 Abs. 2
Nachlassgesuch
– eines Gläubigers 17 293 lit. b
– des Schuldners 17 293 lit. a
Nachlassmasse 17 317 Abs. 1, 318 Abs. 2, 319 Abs. 2, 325
Nachlassrichter s. *Nachlassgericht*
Nachlassstundung 17 239 ff.
– Aufhebung 17 296a
– Dahinfallen 17 308 Abs. 2

– definitive 17 294 ff.
– Bewilligung 17 294
– Dauer 17 294 Abs. 1, 295b
– Gerichtsentscheid und -verhandlung 17 294
– öffentliche Bekanntmachung 17 296
– Rechtsmittel 17 295c
– Verlängerung 17 295b
– Wirkungen 17 297 ff.
– Gebühren 20 54
– Honorare 20 55
– Insolvenzentschädigung 27 58
– Konkurseröffnung 17 293a Abs. 3, 296b
– provisorische 17 293a ff.
– Bewilligung 17 293a
– Dauer 17 293a Abs. 2
– öffentliche Bekanntmachung 17 293c, 296
– Rechtsmittel 17 293d
– Verlängerung 17 293a Abs. 1
– vorsorgliche Massnahmen 17 293a Abs. 1
– Wirkungen 17 293c
– Rechte gegen Mitverpflichtete 17 303
– Sachwalterbericht 17 304 Abs. 1
– Verfahren 17 299 ff.
– Verhältnis zur einvernehmlichen privaten Schuldenbereinigung 17 336
– Verhältnis zur Notstundung 17 349
Nachlassverfahren 17 293 ff., s.a. *Nachlassstundung*
– Banken und Sparkassen 29 25 Abs. 3
– Gebühren und Honorare 20 54 f.
– in internationalen Verhältnissen 7 166 ff.
Nachlassvertrag
– allgemeine Bestimmungen 17 305 ff.
– Anerkennung ausländischer Nachlassverträge und ähnlicher Verfahren 7 175
– Annahme durch Gläubiger 17 305

- Bestätigung **17** 306 ff.
  - Beschwerde **17** 307
  - Einstellung der Verwertung von Grundpfändern **17** 306a
  - öffentliche Bekanntmachung **17** 308
  - Voraussetzungen **17** 306
  - Wirkungen **17** 310 ff.
- bei Betreibung gegen Gemeinden
  - Bundesrecht **24** 2 Abs. 2
  - kantonales Recht **24** 3
- in internationalen Verhältnissen **7** 166 ff.
- im Konkurs **17** 332
  - Honorar der Konkursverwaltung **20** 55 Abs. 2–3
- ordentlicher - **17** 314 ff.
  - Aufhebung gegenüber einem Gläubiger **17** 316
  - bestrittene Forderungen **17** 315
  - Inhalt **17** 314
- Straftatbestände **26** 170 f., 171bis Abs. 2
- mit Vermögensabtretung **17** 317 ff.
  - Begriff **17** 317
  - Honorar der Liquidatoren **20** 55 Abs. 1 und 3
  - Inhalt **17** 318
  - Kollokation **17** 321
  - paulianische Anfechtung **17** 331
  - Stellung der Liquidatoren **17** 320
  - Verteilung **17** 326 ff.
  - Verwertung **17** 322 ff.
  - Wirkungen **17** 319
- Widerruf **17** 313
- Wirkungen
  - bei Ablehnung **17** 309
  - bei Bestätigung **17** 310 ff.
  - Dahinfallen der Betreibungen **17** 311
  - Nichtigkeit von Nebenversprechen **17** 312
  - Verbindlichkeit **17** 310

Nachpfändung
- von Amtes wegen **17** 145
- auf Antrag des Gläubigers **17** 115 Abs. 3
- Gebühr **20** 22

Nachteil s. *Gläubigerbenachteiligung oder -begünstigung*

Nachträglich entdeckte Vermögenswerte
- in der Betreibung auf Pfändung **17** 115 Abs. 3
- im Konkursverfahren **17** 269

Nachträglicher Rechtsvorschlag 17 75 Abs. 3, 77

Nachtzuschlag 20 8

Nachzahlung s. *Unentgeltliche Rechtspflege*

Nahrungsmittel, (Un)pfändbarkeit 17 92 Abs. 1 Ziff. 5

Namensschutz 1 20 lit. c

Nationales Versicherungsbüro
s. *Klage gegen das nationale Versicherungsbüro*

Natürliche Personen
- in internationalen Verhältnissen **7** 33 ff.
  - Handlungsfähigkeit **7** 35 f.
  - Name **7** 37 ff.
  - Rechtsfähigkeit **7** 34
  - Verschollenerklärung **7** 41 f.
- ordentlicher Gerichtsstand **1** 10 Abs. 1 lit. a, **7** 33

Ne bis in idem s. *Rechtskraft*

Ne eat iudex ultra petita partium, Ne proceat iudex ex officio s. *Dispositionsgrundsatz*

Nebenintervenient 1 74 ff.
- Rechte **1** 76
- Widerspruch mit den Prozesshandlungen der Hauptpartei **1** 76 Abs. 2

Nebenintervention 1 74 ff., 106 Abs. 3
- Gesuch **1** 75
- Grundsatz **1** 74

- Kostentragung **1** 106 Abs. 3
- Rechte der intervenierenden Person **1** 76
- Wirkungen **1** 77

Nebenpartei *s.a. Hauptintervention; Nebenintervention*
- im Schiedsverfahren **1** 376
- Vertretung des Kindes *s. Kinderbelange in familienrechtlichen Angelegenheiten*

Nebenversprechen, Nichtigkeit bei Nachlassvertrag 17 312

Negative Feststellungsklage 1 59 Abs. 2 lit. a und d, 88, **17** 85a

Negative Leistungsklage 1 84

Negative Tatsachen *s. Tatsachen*

Negatorienklage *s. Dingliche Klagen*

Nemo iudex sine actore *s. Dispositionsgrundsatz*

Neue Tatsachen und Beweismittel
- in der Berufung *s. dort*
- bei Beschwerde an das Bundesgericht **3** 99
- bei der Ermittlung des Sachverhalts von Amtes wegen **1** 229 Abs. 3
- Eventualgrundsatz **1** 229 Abs. 1
- in der Hauptverhandlung **1** 229 Abs. 1
- keine - in der Beschwerde *s. Beschwerde*
- Klageänderung in der Hauptverhandlung **1** 230 Abs. 1 lit. b
- Revision des Schiedsspruchs **1** 396 Abs. 1 lit. a
- Revisionsgrund **1** 328 Abs. 1 lit. a
- ohne zweiten Schriftenwechsel, ohne Instruktionsverhandlung **1** 229 Abs. 2

Neue Vorbringen *s. Neue Tatsachen und Beweismittel*

Neues Vermögen 17 265a f.
- Bestreitung (Einrede) im Rechtsvorschlag **17** 75 Abs. 2, 265a Abs. 1

- Entscheid
  - im ordentlichen Prozess **17** 265a Abs. 4
  - im summarischen Verfahren **17** 265a Abs. 1–3
- Klage auf Bestreitung oder Feststellung **17** 265a Abs. 4

Nichteintretensentscheid 1 59, 106 Abs. 1, 236 Abs. 1, 249, 257 Abs. 3
- Nichtleistung des Vorschusses oder der Sicherheit innert der Nachfrist **1** 101 Abs. 3

Nichterscheinen vor Gericht *s.a. Persönliches Erscheinen; Säumnis*
- Folgen bei Säumnis an der Hauptverhandlung **1** 234

Nichtigkeit
- der Betreibung, Wirkung auf Akteneinsichtsrecht **17** 8a Abs. 3 lit. a
- von Nebenversprechen (bei Nachlassvertrag) **17** 312
- von Rechtsgeschäften der Beamten und Angestellten **17** 11
- von Verfügungen der Ämter **17** 22, 173 Abs. 2
  - Ersatzverfügung **17** 22 Abs. 2
  - Feststellung von Amtes wegen **17** 22 Abs. 1
- von Verfügungen des Schuldners **17** 96 Abs. 2, 204, 298 Abs. 2
- von vertraglichen Fristenänderungen **17** 33 Abs. 1

Nichtigkeitsbeschwerde *s. Beschwerde*

Nichtschuld
- Feststellungsklage **17** 85a
- Rückforderungsklage **17** 86

Nichtstreitiges Verfahren *s. Freiwillige Gerichtsbarkeit*

Niederlassung 1 12, 34 Abs. 2, **4** 166 Abs. 2, **7** 21, **17** 50 Abs. 1

Notbedarf 17 93 Abs. 1, **33** Ziff. I ff.
- Abzüge **33** Ziff. V

- Beiträge aus Familienrecht und PartG **33** Ziff. IV
- Festsetzung ausserhalb der Zwangsvollstreckung **20** 38
- monatlicher Grundbetrag **33** Ziff. I
- Steuern **33** Ziff. III
- Zuschläge **33** Ziff. II

Notifikation s. Spezialanzeigen
Notorische Tatsachen s. Tatsachen
Notstundung **17** 337 ff.
- Anwendbarkeit **17** 337
- Aussetzung des Konkursentscheides **17** 173a
- Bewilligung **17** 338 ff.
  - Beschwerde **17** 340
  - Entscheid **17** 339
  - Mitteilung und öffentliche Bekanntmachung **17** 342
  - sichernde Massnahmen **17** 341
  - Voraussetzungen **17** 338
- Gebühren **20** 57
- Verhältnis zur Nachlassstundung **17** 349
- Verlängerung **17** 347
- Widerruf **17** 348
- Wirkungen **17** 343 ff.
  - auf Betreibungen **17** 343 Abs. 1
  - auf Fristen **17** 343 Abs. 2
  - nicht betroffene Forderungen **17** 346
  - auf Verfügungsrecht des Schuldners **17** 344 f.

Notverkauf, Notverwertung
- in der Betreibung auf Pfändung **17** 124 Abs. 2
- im Konkursverfahren **17** 243 Abs. 2
- im Pfandverwertungsverfahren **17** 156 Abs. 1

Notwendige Streitgenossenschaft **1** 70
- Gerichtsstand **1** 15

Notzuständigkeit **7** 3
Noven s. Neue Tatsachen und Beweismittel
Nützliche Frist **1** 370 Abs. 2
Nutzniessungen
- paulianische Anfechtung **17** 286 Abs. 2 Ziff. 2
- Pfändung **17** 93 Abs. 1, 104
- Verwertung **17** 132 Abs. 1

O

Oberaufsicht
- des Bundesrates **17** 15
- über Schuldbetreibung und Konkurs **18** 1 ff.

Objektive Klagenhäufung s. Klagenhäufung
Obligationenanleihen (Betreibung gegen Gemeinden) **24** 13 ff.
Obligatorische Ansprache s. Persönliche Ansprache
Obmann s. Mitglieder des Schiedsgerichts
Offenbarungspflicht s. Mitwirkungspflicht
Offenkundige Tatsachen **1** 151
Öffentlich-rechtliche Ansprüche
- Ausnahme von der Konkursbetreibung **17** 43
- Rechtsöffnung **17** 80 Abs. 2

Öffentlich-rechtliche Anstalten, Gerichtsstand **1** 10 Abs. 1 lit. b
Öffentlich-rechtliche Folgen der fruchtlosen Pfändung und des Konkurses **17** 26
Öffentlich-rechtliche Körperschaften, Zwangsvollstreckung gegen - **17** 30, **24** 1 ff.
Öffentliche Bekanntmachung(en) **1** 141
- im Allgemeinen **17** 35
- der Anerkennung des ausländischen Konkurses **7** 169 Abs. 1

- Fristauslösung **7** 169 Abs. 2
- im Bankenkonkurs **30** 4
- des Bankenkonkurses **29** 33 Abs. 1
- in der Betreibung auf Pfändung, Versteigerung **17** 125 Abs. 1–2, 138 Abs. 1–2
- Form **17** 35
- Gebühr **20** 11
- des gerichtlichen Verbots **1** 259
- der Grundstücksversteigerung **17** 138
- im Kollektivanlagen-Konkurs **28a** 4
- des Kollektivanlagen-Konkurses **28** 137 Abs. 1
- der Konkursämter **19** 5
- im Konkursverfahren
  - Abänderung des Kollokationsplanes **17** 251 Abs. 4
  - Anträge der Konkursverwaltung **17** 255a Abs. 2
  - Auflegung des Kollokationsplanes **17** 249 Abs. 1–2
  - besondere Fälle **17** 234
  - Einstellung mangels Aktiven **17** 230 Abs. 2
  - Konkurseröffnung **17** 232
  - Konkurswiderruf **17** 195 Abs. 3
  - Schluss des Verfahrens **17** 268 Abs. 4
  - Schuldenruf **17** 232 Abs. 2, 234
  - Versteigerung **17** 257 Abs. 1–2
- im Nachlassverfahren
  - Bestätigung des Nachlassvertrages **17** 308
  - Bewilligung der Nachlassstundung **17** 293c Abs. 2, 296
  - Einberufung der Gläubigerversammlung **17** 301 Abs. 1
  - Gerichtsverhandlung **17** 304 Abs. 3
  - Schuldenruf **17** 300 Abs. 1
- Notstundung **17** 342
  - Bewilligung **17** 342
  - Gerichtsverhandlung **17** 339 Abs. 1–2
- Verlängerung **17** 347 Abs. 3–4
- Widerruf **17** 348 Abs. 2
- Publikation im kantonalen Amtsblatt oder im Schweizerischen Handelsamtsblatt als Zustellung **1** 141 Abs. 1
- der Schutzmassnahmen bei Bankeninsolvenzgefahr **29** 26 Abs. 2, **30** 41 Abs. 3
- der Verlustscheine (ausgeschlossen) **17** 26 Abs. 1
- statt Zustellung von Betreibungsurkunden **17** 66 Abs. 4
- im Versicherungskonkurs **32** 53 Abs. 1
- des Versicherungskonkurses **32a** 4

Öffentliche Register und Urkunden **1** 179, 344 Abs. 2

Öffentliche Urkunde als Rechtsöffnungstitel 17 82 Abs. 1

Öffentlicher Ausruf 17 35 Abs. 2 i.f.

Öffentlichkeitsausschluss s. *Ausschluss der Öffentlichkeit*

Öffentlichkeitsprinzip 1 54, **9** 6
- vor Bundesgericht **3** 28, 59

Offizialgrundsatz 1 58 Abs. 2, 257 Abs. 2, 272, 296 Abs. 3

Ordentliche Konkursbetreibung 17 159 ff.

Ordentliche Kosten s. *Gerichtskosten und -gebühren*

Ordentlicher Gerichtsstand 1 10

Ordentliches Verfahren 1 219 ff.
- Beendigung des Verfahrens ohne Entscheid s. *dort*
- Einleitung **1** 220
- Entscheid s. *dort*
- Geltungsbereich **1** 219
- Hauptverhandlung s. *dort*
- Instruktionsverhandlung s. *dort*
- Klage s. *dort*
- Klageänderung s. *dort*
- Klageantwort s. *dort*
- Protokoll s. *dort*
- Schiedsverfahren s. *dort*

- Schriftenwechsel *s. dort*
- versäumte Klageantwort *s. Klageantwort*
- Widerklage *s. dort*
- zweiter Schriftenwechsel *s. dort*

Ordnung und Aufbewahrung der Konkursakten 19 1 ff., 10, 13 ff., 98 Abs. 2

Ordnungsbusse 1 128, 343 Abs. 1 lit. b–c

Ordnungsfrist 1 203 Abs. 4

Ordre public
- formeller – 7 27 Abs. 2
- materieller – 7 27 Abs. 1
- Verletzung des – 7 17
- Verletzung des – als Beschwerdegrund 1 393 lit. e

Ordrepapiere 17 201

Organe juristischer Personen im Beweisverfahren 1 159

Organisation
- der Betreibungs- und Konkursämter 17 1 f.
- des Bundesgerichts 3 13 ff.
- der Gerichte und Schlichtungsbehörden 1 3
- Klage einer – *s. Verbandsklage*
- der Mitteilung und Bekanntmachung 17 28
- des Schiedsgerichts *s. Schiedsgericht*

Original (Urkunde) 1 180

Ort der Betreibung/des Konkurses *s. Betreibungsort, s.a. Konkursort*

Ort der gelegenen Sache *s. Bauhandwerkerpfandrecht, s.a. Dingliche Klagen; Gerichtsstand; Grundstücke*

Örtliche Zuständigkeit *s. Gerichtsstand*

Ortsgebrauch 1 150 Abs. 2

P

Pacht *s. Landwirtschaftliche Pacht, s.a. Miete und Pacht; Miet- und Pachtzinsen*

Paritätische Schlichtungsbehörde
- Streitigkeiten aus Miete und Pacht von Wohn- und Geschäftsräumen 1 200 Abs. 1, 361 Abs. 4
- Streitigkeiten nach dem Gleichstellungsgesetz 1 200 Abs. 2

Parteiantrag *s. Gesuch, s.a. Parteihandlungen; Recht auf Beweis; Rechtliches Gehör*

Parteiautonomie *s. Dispositionsgrundsatz, s.a. Verhandlungsgrundsatz*

Parteibefragung 1 191 ff.
- Beweisaussage *s. dort*
- Beweismittel *s. dort*
- Protokoll 1 193
- rechtserhebliche Tatsachen 1 191 Abs. 1
- Wahrheitspflicht *s. dort*

Parteibehauptung *s. Beweisaussage, s.a. Parteibefragung*

Parteibezeichnung 1 221 Abs. 1 lit. a, *s.a. Parteiwechsel*

Parteien
- vor Bundesgericht 3 39 ff.
- im Zivilprozess 1 66 ff.

Parteientschädigung 1 95 ff., *s.a. Verteilung und Liquidation der Prozesskosten*
- im Beschwerdeverfahren nach SchKG 20 62 Abs. 2
- im Beschwerdeverfahren vor Bundesgericht 3 68
- vor dem Bundespatentgericht 6 32
- Ersatz notwendiger Auslagen 1 95 Abs. 3 lit. a
- keine – im Schlichtungsverfahren 1 113 Abs. 1
- Kostennote 1 105 Abs. 2
- Schiedsverfahren *s. dort*

- Sicherheit für die - *s. Sicherheitsleistung*
- Umtriebsentschädigung **1** 95 Abs. 3 lit. c
- bei der unentgeltlichen Rechtspflege *s. dort*
- im Verfahren vor dem Bundesgericht **5** 1 ff.
- Zusprache nach Tarifen **1** 96, 105 Abs. 2

Parteierklärung, Auslegung *s. Handeln nach Treu und Glauben*

Parteifähigkeit
- Begriff **1** 66
- Prozessvoraussetzung **1** 59 Abs. 2 lit. c

Parteigutachten *s. Beweisaussage, s.a. Parteibefragung*

Parteihandlungen *s. Amtssprache, s.a. Eingaben der Parteien*

Parteikosten *s. Parteientschädigung*

Parteiverhandlung, vor Bundesgericht 3 57

Parteivertretung 1 68 f., *s.a. Vertretung*
- Anwalt *s. dort, s.a. Anwalt aus der EU oder der EFTA*
- beruflich qualifizierte - **1** 68 Abs. 2 lit. d
- berufsmässige - **1** 68 Abs. 2
- vor dem Bundespatentgericht **6** 29
- Freizügigkeit **1** 68 Abs. 2 lit. a
- gewerbsmässige - **1** 68 Abs. 2 lit. c
- Kosten *s. Parteientschädigung*
- vor Miet- und Arbeitsgerichten **1** 68 Abs. 2 lit. d
- persönliches Erscheinen der vertretenen Partei *s. Persönliches Erscheinen*
- Rechtsagent *s. Berufsmässige Vertretung*
- Rechtsbeistand *s. dort*
- Sachwalter *s. Berufsmässige Vertretung*
- Schiedsverfahren *s. dort*
- nach SchKG *s. Gewerbsmässige Vertretung*
- Schlichtungsbehörde *s. dort*
- Unvermögen der Partei *s. dort*
- Vollmacht **1** 68 Abs. 3

Parteivortrag 1 228
- Schlussvortrag *s. dort*
- schriftlicher - **1** 232 Abs. 2

Parteiwechsel 1 83

Passivlegitimation *s. Legitimation*

Patentanwalt, Vertretung vor dem Bundesverwaltungsgericht 6 29

Patentrechtliche Klage *s. Feststellungsklage*

Pauliana *s. Anfechtungsklage, s.a. Paulianische Anfechtung*

Paulianische Anfechtung 17 285 ff., *s.a. Anfechtungsklage*
- Absichtsanfechtung **17** 288
- Aktivlegitimation **17** 285 Abs. 2
- Arten **17** 286 ff.
- im Bankenkonkurs **30** 21
- Fristen **17** 286 Abs. 1, 287 Abs. 1, 288 f.
- Fristenberechnung **17** 288a
- im Kollektivanlagen-Konkurs **28a** 24
- bei Nachlassvertrag mit Vermögensabtretung **17** 331
- Passivlegitimation **17** 290
- im Sanierungsverfahren von Banken **30** 44 Abs. 2 lit. e
  - Fristen **29** 32 Abs. 3
  - Legitimation der Bank **29** 32 Abs. 1
  - Legitimation der Gläubiger **29** 32 Abs. 2
- Schenkungsanfechtung **17** 286
- Überschuldungsanfechtung **17** 287
- Verjährung des Anfechtungsrechts **17** 292
- im Versicherungskonkurs **32a** 21
- Wirkung **17** 291
- Zweck **17** 285 Abs. 1

Pauschalbestreitung, nur substantiierte Bestreitungen 1 222 Abs. 2
Pauschalen
- für das Schlichtungsverfahren 1 95 Abs. 2 lit. a
- für den Entscheid 1 95 Abs. 2 lit. b

Pensionen
- beschränkte Pfändbarkeit 17 93 Abs. 1
- (Un)pfändbarkeit 17 92 Abs. 1 Ziff. 9–9a

Perpetuatio fori s. *Fixationswirkung*
Person s. *Intervenierende Person*, s.a. *Juristische Personen; Natürliche Personen; Streitberufene Person*
Personalhaft, in internationalen Verhältnissen 11 26, 14 19
Personenrecht
- Gerichtsstand 1 20 ff., s.a. *Ordentlicher Gerichtsstand; Sitz; Wohnsitz*
- summarisches Verfahren s. dort

Personenregister 18a 12
Personenstand s. *Klage über den Personenstand*
Personenversicherung s. *Versicherungsansprüche*
Persönliche Ansprache, Gerichtsstand für natürliche Personen s. *Wohnsitz*
Persönliches Erscheinen
- in familienrechtlichen Verfahren 1 273 Abs. 2, 278, 297 Abs. 1, 298 Abs. 1
- Hauptverhandlung 1 234
- Säumnisfolgen 1 147
- Schlichtungsverhandlung 1 204
- der vertretenen Partei 1 68 Abs. 4

Persönliches Interesse, Ausstandsgrund 1 47 Abs. 1 lit. a
Persönlichkeitsschutz, Gerichtsstand 1 20
Petitum s. *Rechtsbegehren*
Pfand, Begriff 17 37
Pfandausfallforderungen 17 327
Pfandausfallschein 17 158, 22 120 f.

Pfändbarkeit
- im Allgemeinen 17 92 ff.
- von Vermögenswerten einer Gemeinde 24 7 ff.

Pfandgegenstände
- als Bestandteil der Konkursmasse 17 198
- Deckung der Konkurskosten 17 262 Abs. 2
- Pfandverwertungsverfahren 17 151 ff.
- Verwertung
  - im Konkurs 17 256 Abs. 2
  - bei Nachlassvertrag mit Vermögensabtretung 17 323 f.

Pfandgesicherte Forderungen
s.a. *Pfand; Pfandrecht; Pfandausfallforderungen*
- Arrest 17 271 Abs. 1 i.i.
- Betreibung auf Pfandverwertung 17 151 ff.
- Betreibungsart 17 41
- Betreibungsbegehren 17 67 Abs. 2
- Fälligkeit im Konkurs 17 208 Abs. 1
- im Nachlassverfahren 17 305 Abs. 2, 310 Abs. 1, 311
- Rang im Konkurs 17 219 Abs. 1–3
  - ungedeckter Betrag 17 219 Abs. 4
- Wechsel oder Check 17 177 Abs. 1
- Zinsenlauf im Konkurs 17 209 Abs. 2

Pfandleihanstalten, Forderungen 17 45
Pfandrecht s.a. *Bauhandwerkerpfandrecht; Grundpfand; Klage auf Errichtung gesetzlicher Pfandrechte; Pfand; Pfandgesicherte Forderungen*
- Eingabe bei Grundstückversteigerung 17 138 Abs. 3 Ziff. 3
- an Forderungen und anderen Rechten 17 37 Abs. 2
- Geltendmachung im Widerspruchsverfahren 17 106 ff.
- an einer versicherten Sache 25 57

– an Zugehör eines Grundstücks **17** 37 Abs.1
Pfandschätzung
– Gebühr **20** 28
– im Nachlassverfahren **17** 299 Abs. 2–3
Pfandstellen, leere - **19** 75, **22** 35 Abs. 1, 68 Abs. 1 lit. a
Pfändung 17 42, 89 ff., *s.a. Nachpfändung; Pfändungsanschluss; Provisorische Pfändung*
– Ankündigung **17** 90
– von Anteilen an Gemeinschaftsvermögen **21** 1 ff.
– von arrestierten Vermögensstücken **17** 95 Abs. 3
– von beanspruchten Vermögensstücken **17** 95 Abs. 3
– beschränkte Pfändbarkeit **17** 93
– von beweglichen Sachen **17** 98
– Definitiverklärung **17** 83 Abs. 3
– Drittansprüche **17** 106 ff.
– von Eigen- oder Gesamtgut von Ehegatten **17** 68b
– von Einkommen **17** 93, *s.a. Einkommenspfändung; Notbedarf*
– von Forderungen **17** 99
  – Einzug **17** 100
  – gegen den Ehegatten **17** 95a
– von Früchten **17** 102 f.
  – vor der Ernte **17** 94
– fruchtlose-, öffentlich-rechtliche Folgen **17** 26
– Gebühren **20** 20, 22 ff.
– von Gemeinschaftsrechten **17** 104, **21** 1 ff.
– von Grundstücken **17** 101 ff., **22** 8 ff.
– Kompetenzstücke (Unpfändbarkeit) **17** 92
– von Miteigentumsanteilen an Grundstücken **22** 23 ff.
– Mitwirkungspflichten des Schuldners und Dritter **17** 91

– neu entdeckter Vermögensgegenstände **17** 115 Abs. 3
– provisorische - *s. dort*
– Reihenfolge **17** 95 f.
  – bei Gemeinschaftsrechten **21** 3
– Schätzung **17** 97, **22** 9
– Sicherungsmassnahmen **17** 98 ff.
– Umfang **17** 97
– Urkunde **17** 112 ff.
– von Vermögenswerten einer Gemeinde **24** 2, 7 ff.
– einer versicherten Sache **23** 1 f., **25** 56
– von Versicherungsansprüchen **17** 92 Abs. 4, **23** 1 ff., **25** 79 f, *s.a. Versicherungsanspruch*
– Vollzug **17** 89 ff.
  – Gebühr **20** 20, 23
  – Grundstücke **22** 8 ff.
– Wirkungen **17** 96
– Zeitpunkt **17** 89
Pfändungsanschluss 17 110 f.
– Anschlussfrist **17** 110 Abs. 1, 111 Abs. 1
– Anschlussklage **17** 111 Abs. 5
– Gebühr **20** 22
– Gruppenbildung **17** 110 Abs. 1–2
– mehrfache Pfändung derselben Vermögensstücke **17** 110 Abs. 3
– Nachtrag in der Pfändungsurkunde **17** 113
– ordentlicher - **17** 110
– privilegierter - **17** 111
  – Berechtigte **17** 111 Abs. 1 Ziff. 1–4
  – Bestreitung des Anspruches **17** 111 Abs. 4–5
  – Frist **17** 111 Abs. 1 i.i. und 2
  – Mitteilung des Betreibungsamtes **17** 111 Abs. 3–4
– provisorischer (Arrestgläubiger) **17** 112 Abs. 2, 281
– Verwertungsbegehren **17** 116 Abs. 3

Pfändungsbegehren s. *Fortsetzungsbegehren*
Pfändungsbetrug **26** 163, s.a. *Unredliche Handlungen*
- als Grund für Konkurseröffnung ohne vorgängige Betreibung **17** 190 Abs. 1 Ziff. 1
Pfändungserklärung **17** 96 Abs. 1
Pfändungsgruppen s. *Pfändungsanschluss*
Pfändungsurkunde **17** 112 ff.
- Aufnahme **17** 112
- als definitiver Verlustschein **17** 115 Abs. 1
- Gebühr **20** 24
- Inhalt **17** 112 f.
- Nachträge **17** 113
- als provisorischer Verlustschein **17** 115 Abs. 2–3
  - Nachpfändungsbegehren **17** 115 Abs. 3
- Vormerkung
  - der Anzeigen bei Grundstückspfändung **22** 15 Abs. 2
  - von Drittansprüchen **17** 106 Abs. 1
- Zustellung **17** 114
Pfandverwertung **17** 38 Abs. 2–3, 41, 151 ff.
- Beneficium excussionis realis **17** 41 Abs. 1bis
- Betreibungsbegehren **17** 151
- Betreibungsort (der gelegenen Sache) **17** 51
- Grundstücke **22** 85 ff.
- während der Nachlassstundung **17** 297 Abs. 1
- bei Nachlassvertrag **17** 311, **22** 121
- bei Nachlassvertrag mit Vermögensabtretung **17** 323 f.
- Pfandausfallschein **17** 158, **22** 120 f.
- Rechtsvorschlag **17** 153 Abs. 2 i.f., 153a, **22** 85

- Retentionsprosequierung **17** 283 Abs. 3
- Verteilung **17** 157 f., **22** 112 ff.
- Verwertung **17** 154 ff., **22** 85 ff., 97 ff.
- Verwertungsfristen **17** 154, **22** 98
- Zahlungsbefehl **17** 87, 152 f.
Pflichten
- von Dritten bei der Pfändung **17** 91
- des Insolvenzentschädigungsbegünstigten **27** 55
- des Schuldners bei der Pfändung **17** 91
Pfrund **17** 111 Abs. 1 Ziff. 4, 286 Abs. 2 Ziff. 2
Pilotprojekte (Vollzug) **1** 401
Polizei
- Beizug für Betreibungshandlungen **17** 64 Abs. 2, 91 Abs. 2–3, 222 Abs. 3, 229 Abs. 1, 283 Abs. 2, 284
  - Kosten **20** 13 Abs. 1
  - Zuständigkeit bei Rechtshilfe **17** 4 Abs. 2
- Durchsetzung der Verfahrensdisziplin **1** 128 Abs. 2
- Haftung der Kantone für widerrechtliche Amtshandlungen **17** 5 ff.
Postalische Übermittlung **1** 143 Abs. 1, s.a. *Elektronische Übermittlung*
Postalische Zustellung **1** 138, s.a. *Elektronische Zustellung*
Postsendungen, Beschlagnahme durch Konkursamt **19** 38
Postulationsfähigkeit **1** 66 ff.
Praesumtio iuris **1** 179
Präklusion, Präklusivwirkung **1** 101 Abs. 3, 130 ff., 147 Abs. 2–3, 223, 237 Abs. 2
Privatautonomie s. *Dispositionsgrundsatz, s.a. Verhandlungsgrundsatz*
Private Schuldenbereinigung s. *Einvernehmliche private Schuldenbereinigung*
Privatkonkurs **17** 191

Privilegierte Anschlusspfändung
  s. *Pfändungsanschluss, privilegierter*
Privilegierte Forderungen
- im Bankenkonkurs **17** 219, Abs. 2
  2. Klasse lit. f, **29** 37a f., **30** 25
- im Konkurs **17** 219 f.
  - Verhältnis der Rangklassen **17** 220
- im Nachlassverfahren **17** 305 Abs. 2,
  306 Abs. 2 Ziff. 2

Privilegierte Gläubiger s. *Pfändungsanschluss, privilegierter*

Prorogation s. *Gerichtsstandsvereinbarung, s.a. Zwingender Gerichtsstand*

Prosequierung
- Arrest **17** 279
- Retention **17** 283 Abs. 3
- vorsorgliche Massnahmen **1** 263

Protokoll(e) **1** 176, 235, s.a. *Arresturkunde; Ergänzungsfragen; Hauptverhandlung; Ordentliches Verfahren; Pfändungsurkunde; Steigerungsprotokoll*
- amtliche - **17** 8 f.
  - Berichtigung **17** 8 Abs. 3, **19** 20
  - Beweiskraft **17** 8 Abs. 2
  - Einsichtsrecht **17** 8a, s.a. *dort*
  - Führung **17** 8 Abs. 1
  - Konkursämter **19** 8 ff.
- Aufzeichnungsmittel **1** 235 Abs. 2
- Ausführungen tatsächlicher Natur, die nicht in den Schriftsätzen der Parteien enthalten sind **1** 235 Abs. 2
- Auszüge aus Registern und Entscheiden in internationalen Verhältnissen **14** 18
- Berichtigung des - **1** 235 Abs. 3
- Bestandteile **1** 235 Abs. 1
- des Gläubigerausschusses **19** 44, 64
- der Gläubigerversammlungen **19** 42

Provisorische Massnahmen s. *Vorsorgliche Massnahmen*

Provisorische Nachlassstundung
  17 293a ff.

Provisorische Pfändung
- bei Arrest **17** 112 Abs. 2, 281
- bei Bestreitung eines Pfändungsanschlusses **17** 111 Abs. 5
- Hinterlegung des Anteils am Verwertungsergebnis **17** 144 Abs. 5
- nach provisorischer Rechtsöffnung **17** 83 Abs. 1 und 3
- Verwertung **17** 119 Abs. 2, 144 Abs. 5
- und Verwertungsbegehren **17** 118
  - bei Grundstücken **22** 25

Provisorische Rechtsöffnung
  s. *Rechtsöffnung*

Provisorischer Pfändungsanschluss
  s. *Pfändungsanschluss*

Provisorischer Sachwalter **17** 293b

Provisorischer Verlustschein **17** 115
  Abs. 2–3

Provokationsklage s. *Feststellungsklage*

Prozessbeistand **1** 299, s.a. *Kinderbelange in familienrechtlichen Angelegenheiten*

Prozessbestimmungen, kantonale -
  s. *Prozessverfahren*

Prozesse und Verwaltungsverfahren
- Einstellung wegen Konkurseröffnung **17** 207
- Fortführung **17** 237 Abs. 3 Ziff. 3, 238 Abs. 1, **19** 63

Prozessentscheid s. *Prozessvoraussetzungen*

Prozesserklärungen s. *Eingaben der Parteien, s.a. Protokoll(e)*

Prozessfähigkeit s.a. *Unvermögen der Partei*
- Begriff **1** 67
- bei Handlungsunfähigkeit **1** 67 Abs. 2 und 3
- Prozessvoraussetzung **1** 59 Abs. 2 lit. c
- als Voraussetzung für die Vertretung **1** 68 Abs. 1

Prozessgewinn **17** 131 Abs. 2, 148 Abs. 3, 250 Abs. 2, 260 Abs. 2, 269

Abs. 3, **19** 64 Abs. 2, 83, 95, **21** 14
Abs. 2, *s.a. Abtretung von Rechtsansprüchen der Konkursmasse*
Prozessgrundsätze *s. Verfahrensgrundsätze*
Prozesshandlungen **1** 129 ff., *s.a. Amtssprache; Beendigung des Verfahrens ohne Entscheid; Eingaben der Parteien; Gerichtliche Zustellung; Klageanerkennung; Klageanhebung; Klagerückzug; Kompromiss; Prorogation; Prozessleitende Verfügungen; Rechtsmittel; Schiedsvereinbarung; Verfahrenssprache; Vergleich; Vorladung*
Prozesshindernisse *s. Prozessvoraussetzungen*
Prozesskaution *s. Sicherheitsleistung*
Prozesskosten **1** 95 ff., **17** 73 Abs. 2, *s.a. Gerichtskosten und -gebühren; Parteientschädigung*
– Aufklärung über die - **1** 97
– Aufklärung über die unentgeltliche Rechtspflege **1** 97
– besondere Kostenregelungen **1** 113 ff.
– vor dem Bundespatentgericht **6** 30 ff.
– Entscheid **1** 104
– Festsetzung und Verlegung der - *s. Verteilung und Liquidation der Prozesskosten*
– Gerichtskosten und -gebühren *s. dort*
– in internationalen Verhältnissen **11** 17 ff., **14** 14
– Kostenbefreiung nach kantonalem Recht **1** 116
– Liquidation der - bei der unentgeltlichen Rechtspflege *s. Unentgeltliche Rechtspflege*
– Parteientschädigung *s. dort*
– Schiedsverfahren *s. Schiedsspruch*
– Tarif *s. dort*
– unnötige - **1** 108
– Verteilung und Liquidation der - *s. dort*
– Widerklage **1** 94 Abs. 2
Prozessleitende Verfügungen **1** 124
– Beschwerde gegen - **1** 319 ff.
Prozessleitung **1** 124 ff.
– Beschleunigungsgebot **1** 124 Abs. 1
– Beschränkung auf einzelne Fragen oder Rechtsbegehren **1** 125 lit. a
– böswillige Prozessführung *s. dort*
– Bundesgericht **3** 32 f.
– Delegation an ein Gerichtsmitglied **1** 124 Abs. 2
– Einigungsversuch zwischen den Parteien **1** 124 Abs. 3
– Leitung durch das Gericht **1** 124 Abs. 1
– mutwillige Prozessführung *s. dort*
– Sistierung *s. dort*
– Trennung einer Widerklage vom Hauptverfahren **1** 125 lit. d
– Trennung von Klagen **1** 125 lit. b
– Überweisung *s. dort*
– Vereinigung von Klagen **1** 125 lit. c
– Verfahrensdisziplin *s. dort*
Prozessmaximen *s. Verfahrensgrundsätze*
Prozessökonomie *s. Beschleunigungsgebot, s.a. Prozessleitung; Streitverkündungsklage; Vereinfachtes Verfahren; Widerklage*
Prozessstandschaft **1** 79 Abs. 1 lit. b
Prozessuales Handeln *s. Prozesshandlungen*
Prozessurteil **1** 59 ff.
Prozessvergleich *s. Beendigung des Verfahrens ohne Entscheid, s.a. Vergleich*
Prozessverschleppung *s. Neue Tatsachen und Beweismittel*
Prozessvoraussetzungen **1** 59 ff., *s.a. Nichteintretensentscheid*
– Eintreten bei erfüllten - **1** 59 Abs. 1
– einzelne - **1** 59 Abs. 2
– Prüfung von Amtes wegen **1** 60

- Schiedsvereinbarung **1** 61
- Zuständigkeit des Gerichts **1** 59 Abs. 2 lit. b

Prüfung der eingegebenen Konkursforderungen 17 244 f., **19** 55, **20** 46 Abs. 1 lit. a

Publikation s. *Öffentliche Bekanntmachung(en); Veröffentlichung des Entscheids*

Purgation 1 132, s.a. *Wiederherstellung*

Q

Querulatorische Eingaben 1 132 Abs. 3

Quittungen der Konkursämter 19 21

Quod non est in actis, non est in mundo s. *Verhandlungsgrundsatz*

Quorum
- Gläubigerversammlung s. *Beschlussfähigkeit der Gläubigerversammlung*
- Nachlassvertrag **17** 305

R

Rangordnung der Konkursforderungen 17 219 f.
- nicht pfandgesicherte (1.–3. Klasse) **17** 219 Abs. 4
- pfandgesicherte **17** 219 Abs. 1–3
- Verhältnis der Rangklassen **17** 220

Ratenweise Tilgung s. *Abschlagszahlungen*

Räumung eines Grundstücks s. *Zwangsmassnahmen*

Realexekution 1 335 ff.

Rechenschaftsbericht (Nachlassvertrag mit Vermögensabtretung) 17 330

Rechnungsfehler s. *Erläuterung und Berichtigung*

Rechnungsführung der Ämter 18a 16 ff., **19** 16 ff., 24, **20** 3, **22** 20 f.

Recht auf Beweis
- Abnahme der Beweismittel **1** 152 Abs. 1
- Abnahme rechtswidrig beschaffter Beweismittel **1** 152 Abs. 2

Recht auf ein faires Verfahren 9 6

Rechtliches Gehör 1 53, 373 Abs. 4, **7** 27 Abs. 2 lit. b, 29 Abs. 1 lit. c, **6** 6

Rechtsagent s. *Berufsmässige Vertretung; Parteivertretung*

Rechtsanwendung von Amtes wegen 1 57, **3** 106 Abs. 1

Rechtsbegehren 1 221 Abs. 1 lit. b, s.a. *Klage*

Rechtsbeistand s.a. *Vertretung*
- Ausstandsgrund **1** 47 Abs. 1 lit. b
- Bestellung bei der unentgeltlichen Rechtspflege s. *Unentgeltliche Rechtspflege*
- Entschädigung im Schlichtungsverfahren **1** 113 Abs. 1
- Entschädigung, wenn Parteienschädigung bei der Gegenpartei nicht einbringlich s. *Unentgeltliche Rechtspflege*

Rechtsberatungsstelle 1 200 f., s.a. *Paritätische Schlichtungsbehörde*

Rechtsfähigkeit s. *Parteifähigkeit*

Rechtsgeschäfte, verbotene – 17 11

Rechtshängigkeit 1 62 ff.
- Beginn **1** 62
- besondere Klagefristen nach dem SchKG **1** 63 Abs. 3
- falsche Verfahrensart **1** 63
- fehlende Zuständigkeit **1** 63
- Fortführungslast **1** 65, 241 Abs. 2
- gesetzliche Frist, Wahrung **1** 64 Abs. 2
- Internationale Schiedsgerichtsbarkeit s. *dort*
- in internationalen Verhältnissen **7** 9
- Klagerückzug **1** 65
- Prozessvoraussetzung **1** 59 Abs. 2 lit. d
- Schiedsverfahren s. *dort*

- Streitgegenstand *s. dort*
- Wirkungen **1** 64
Rechtshilfe
- unter Betreibungs- und Konkursämtern **17** 4
  - im Konkursverfahren **19** 1 Ziff. 1, 8, 10 Abs. 4, 22 Abs. 2, 24 Abs. 1
  - Requisitorialpfändung **17** 89, **22** 24
  - Requisitorialverwertung von Grundstücken **22** 74 ff.
  - Zustellungen **17** 66 Abs. 2–3, **20** 7
- in internationalen Verhältnissen **7** 11 ff.
Rechtshilfe zwischen schweizerischen Gerichten 1 194 ff.
- direkte Prozesshandlungen in anderen Kantonen **1** 195
- Rechtshilfegesuch **1** 196 Abs. 1
- Verfahren **1** 196
- Verpflichtung zur Rechtshilfe **1** 194
Rechtshilfeersuchen 13 1 ff., *s.a. Beweisaufnahme im Ausland*
- Angaben, Sprache, Behörden **13** 3 ff.
- Beweisaufnahme, gerichtliche Handlungen **13** 1
- Kosten **13** 14
- Verfahren **13** 5 ff.
- Zentrale Behörde **13** 2 ff., 24
Rechtshilfegesuch 1 196 Abs. 1
Rechtskraft *s.a. Aufschiebende Wirkung*
- der Entscheide des Bundesgerichts **3** 61
- keine - als Prozessvoraussetzung **1** 59 Abs. 2 lit. e
- Teilrechtskraft **1** 282 Abs. 2, 311 f., 315 Abs. 1
- Vollstreckbarkeit **1** 336 Abs. 1
Rechtskraftbescheinigung *s. Vollstreckbarkeitsbescheinigung*
Rechtsmissbrauch *s. Handeln nach Treu und Glauben*
Rechtsmissbräuchliche Eingaben 1 132 Abs. 3

Rechtsmittel
- Entscheide staatlicher Gerichte **1** 308 ff., *s.a. Beschwerde; Berufung; Revision*
- Entscheide von Schiedsgerichten **1** 389 ff., *s.a. Beschwerde gegen den Schiedsspruch; Revision des Schiedsspruchs*
- Übergangsbestimmungen **1** 405
Rechtsmittelbelehrung 1 238 lit. f
Rechtsmittelfristen 1 142 ff.
- Berechnung **1** 142
- Berufung **1** 311 Abs. 1, 314 Abs. 1
- Beschwerde **1** 321 Abs. 1–2
- Revision **1** 329, 397
Rechtsöffnung 17 80 ff.
- definitive - **17** 80 f.
  - Einwendungen **17** 81
  - Rechtsöffnungstitel **17** 80
- Gerichtsstand **17** 84 Abs. 1
- Mitwirkung bei der - *s. Ausstandsgrund*
- im Pfandverwertungsverfahren **17** 153a Abs. 1
- provisorische - **17** 82 f.
  - Aberkennungsklage **17** 83 Abs. 2
  - Definitivklärung **17** 83 Abs. 3
  - Einwendungen **17** 82 Abs. 2
  - Rechtsöffnungstitel **17** 82 Abs. 1, 149 Abs. 2, 265 Abs. 1 i.f.
  - Voraussetzungen **17** 82
  - Wirkungen **17** 83
- Verfahren **1** 251 lit. a, **17** 84
Rechtsöffnungsgericht *s. Rechtsöffnungsrichter*
Rechtsöffnungsrichter 1 337 Abs. 1, *s.a. Rechtsöffnung*
- Bezeichnung durch die Kantone **17** 23
- Gerichtsstand und Verfahren **17** 84
Rechtsöffnungstitel
- definitive - **1** 349, **17** 80, *s.a. Vollstreckbarkeit öffentlicher Urkunden*

- provisorische - **17** 82 Abs. 1, 149 Abs. 2, 265 Abs. 1 i.f.
Rechtspflege, Zugang in internationalen Verhältnissen 14 1 ff.
Rechtsschrift 1 130 ff.
- an das Bundesgericht **3** 42, s.a. *Eingaben der Parteien*

Rechtsschutz in klaren Fällen
- kein - bei Geltung des Offizialprinzips **1** 257 Abs. 2
- Nichteintreten **1** 257 Abs. 3
- Sicherheitsleistung **1** 99 Abs. 3 lit. c
- Voraussetzungen **1** 257

Rechtsschutzinteresse 1 59 Abs. 2 lit. a

Rechtsstillstand 1 145 Abs. 4, **17** 56 Ziff. 3, 57 ff.
- Allgemeines **17** 62
- wegen Epidemien oder Landesunglück **17** 62
- bei Erbschaftsschulden **17** 59
- wegen Militär-, Zivil- oder Schutzdienst **17** 57 ff.
- wegen schwerer Erkrankung **17** 61, s.a. *Stillstand von Fristen*
- wegen Todesfalles **17** 58
- wegen Verhaftung **17** 60
- Wirkungen auf den Fristenlauf **17** 63

Rechtsverweigerung s. *Rechtsverzögerung und -verweigerung*

Rechtsverzögerung und -verweigerung
- Beschleunigungsgebot **1** 124 Abs. 1
- Beschwerde **1** 124 Abs. 1, 126 Abs. 2, 319 lit. c, 321 Abs. 4, 327, **17** 17 Abs. 3, 18 Abs. 2
- Beschwerde an das Bundesgericht **3** 93
- EMRK **9** 6
- Sistierung s. *dort*

Rechtsvorschlag 17 74 ff., 153a
- Begründung **17** 75
- Bescheinigung **17** 74 Abs. 3
- Beseitigung **17** 79 ff., s.a. *Beseitigung des Rechtsvorschlages*
- Bestreitung neuen Vermögens **17** 75 Abs. 2, 265a Abs. 1–3
- der Ehegatten
  - bei Gütergemeinschaft **17** 68a Abs. 2
  - im Pfandverwertungsverfahren **17** 153 Abs. 2 i.f.
- Frist und Form **17** 74
- Gebühr **20** 18
- bei Gläubigerwechsel **17** 77
- im Grundpfandverwertungsverfahren **22** 85, 93
- Mitteilung an den Gläubiger **17** 76
- nachträglicher - **17** 75 Abs. 3, 77
- im Pfandverwertungsverfahren **17** 153a
  - Ehegatten und Dritte **17** 153 Abs. 2 i.f.
- teilweise Bestreitung der Forderung **17** 74 Abs. 2, 78 Abs. 2
- in der Wechselbetreibung **17** 179 ff.
  - Bewilligung **17** 182 ff.
  - Entscheid über die Bewilligung **17** 184
  - Frist und Form **17** 179
  - Hinterlegung des Wechselbetrages **17** 182 Ziff. 4, 184 Abs. 2
  - Mitteilung an den Gläubiger **17** 180
  - Vorlage an das Gericht **17** 181
  - vorsorgliche Massnahmen **17** 183
  - Weiterziehung des Entscheides **17** 185
  - Wirkungen **17** 186
- Wirkungen **17** 78

Rechtswahl 1 381 Abs. 1 lit. a

Rechtsweggarantie 8 29a

Redaktionsgeheimnis s. *Beschränktes Verweigerungsrecht Dritter*

Referentenaudienz s. *Instruktionsverhandlung*

Reformatio in peius s. *Dispositionsgrundsatz*
Reformatorische Wirkung s.a. *Berufung; Beschwerde*
– der Beschwerde an das Bundesgericht **3** 107 Abs. 2
Regelungsmassnahmen s. *Vorsorgliche Massnahmen*
Register s. *Protokolle, amtliche*
Registerführung 18a 8 ff.
Reglemente des Bundesrates 17 15 Abs. 2
Regress s. *Rückgriff*
Reihenfolge der Pfändung 17 95 f.
– bei Gemeinschaftsrechten **21** 3
Reiseentschädigung s. *Wegentschädigung der Ämter*
Renten s.a. *Leibrenten*
– beschränkte Pfändbarkeit **17** 93 Abs. 1
– (Un)pfändbarkeit **17** 92 Abs. 1 Ziff. 9–9a
Replik 1 228 Abs. 2, s.a. *Duplik*
– Antrag auf Zulassung der Streitverkündungsklage **1** 82 Abs. 1
Requisition 17 4 Abs. 1
Requisitorialpfändung und -verwertung s. *Rechtshilfe*
Res iudicata s. *Abgeurteilte Sache*
Restitutio in integrum s. *Wiederherstellung*
Retentionsgegenstände, Rückschaffung 17 284
Retentionsprosequierung 17 283 Abs. 3
– Klage, Gerichtsstand **1** 30, 33
Retentionsrecht 17 37 Abs. 2, 283 f.
Retentionsverzeichnis 17 283
– Gebühr **20** 21
Revisio propter falsa/propter nova 1 328 Abs. 1
Revision 1 328 ff.
– Aufschub der Vollstreckung **1** 331
– Beschwerde **1** 332

– der Einkommenspfändung **17** 93 Abs. 3
– Gebühr **20** 22 Abs. 3
– Entscheid über das Revisionsgesuch **1** 332
– eines Entscheids des Bundesgerichts **3** 121 ff.
 – Verfahren **3** 126 ff.
 – Verwirkung **3** 125
– einer Frist **1** 329, **3** 124
– Gesuch, Form **1** 329 Abs. 1
– Gründe **1** 328, **3** 121 ff.
– keine aufschiebende Wirkung **1** 331 Abs. 1
– der Klageanerkennung, des Klagerückzugs, des gerichtlichen Vergleichs **1** 328 Abs. 1 lit. c
– Kosten des früheren Verfahrens **1** 333 Abs. 2
– neuer Entscheid in der Sache **1** 333
– eines Schiedsspruchs
 – Entscheid, Aufhebung, Rückweisung an das Schiedsgericht **1** 399
 – Frist von 10 Jahren **1** 397 Abs. 2
 – Frist von 90 Tagen **1** 397 Abs. 1
 – Gesuch **1** 397
 – keine aufschiebende Wirkung **1** 331, 398
 – Revisionsgründe **1** 396
 – staatliches Gericht **1** 396 Abs. 1
 – Stellungnahme der Gegenpartei **1** 330, 398
– schriftliche Begründung des Entscheids **1** 333 Abs. 3
– Sicherheitsleistung nach Aufschub der Vollstreckung **1** 331 Abs. 2
– sichernde Massnahmen nach Aufschub der Vollstreckung **1** 331 Abs. 2
– Stellungnahme der Gegenpartei **1** 330
– wegen Straftaten **1** 328 Abs. 1 lit. b, 396 Abs. 1 lit. b
– wegen Verletzung der EMRK **1** 328 Abs. 2

- Verletzung von Ausstandsvorschriften **1** 51 Abs. 3

Révision au fond, Verbot 7 27 Abs. 3

Revisionsgesuch 1 329 ff., 397

Revisionsgründe 1 328, 396

Richterliche Behörden *s. Gerichtsbehörden*

Richterliche Genehmigung *s. Genehmigung*

Richtlinien für die Berechnung des Notbedarfs 33 Ziff. I ff.

Rückforderungsklage 17 86
- Gerichtsstand **17** 86 Abs. 2
- Verweigerung des Einsichtsrechts **17** 8a Abs. 3 lit. b
- Voraussetzungen **17** 86 Abs. 1 und 3
- in der Wechselbetreibung **17** 187

Rückgabepflicht nach Anfechtung 17 291

Rückgriff
- des Kantons bei widerrechtlichen Amtshandlungen **17** 5 Abs. 3
- der Konkursmassen gegeneinander **17** 216 Abs. 3
- unter Mitverpflichteten im Konkurs **17** 216 f.

Rücknahmerecht/Rücktritt des Verkäufers nach Konkurseröffnung 17 203, 212

Rückschaffung von Retentionsgegenständen 17 284

Rückweisung *s.a. Überweisung*
- an die Vorinstanz
  - Berufung **1** 318 Abs. 1 lit. c
  - Beschwerde **1** 327 Abs. 3 lit. a
  - Verteilung der Prozesskosten, Delegation **1** 104 Abs. 4
- querulatorischer und rechtsmissbräuchlicher Eingaben **1** 132 Abs. 3
- an das Schiedsgericht **1** 394, 395 Abs. 1, 399

Rückzug
- der Betreibung **17** 8a Abs. 3 lit. c
- im Arrestverfahren **17** 280 Ziff. 2
- vor Ausfertigung des Zahlungsbefehls **20** 16 Abs. 4
- des Fortsetzungsbegehrens **20** 20 Abs. 4
- der Klage *s. Klagerückzug*
- des Konkursbegehrens **17** 167
- der Konkurseingaben **17** 195 Abs. 1 Ziff. 2
- des Notstundungsgesuches **17** 349 Abs. 3
- des Verwertungsbegehrens **17** 121, 154 Abs. 2, **20** 30 Abs. 7

Rüge (Disziplinarmassnahme) 17 14 Abs. 2 Ziff. 1

S

Sachenrecht
- Besitz *s. dort*
- bewegliche Sachen *s. dort*
- Fahrnispfand *s. dort*
- Gerichtsstand **1** 29 f., **7** 97 ff.
- Grundstücke *s. dort*
- in internationalen Verhältnissen **7** 97 ff.
  - Gerichtsstand **7** 97 ff.
- Retentionsprosequierungsklage *s. dort*
- summarisches Verfahren **1** 249 lit. d

Sachentscheid *s.a. Entscheid; Nichteintretensentscheid*
- Voraussetzungen *s. Prozessvoraussetzungen*

Sachlegitimation *s. Legitimation*

Sachliche Nachprüfung *s. Révision au fond, Verbot*

Sachliche und funktionelle Zuständigkeit
- Direktprozess **1** 8
- einzige kantonale Instanz *s. dort*
- Grundsätze **1** 4 ff.
- Handelsgericht **1** 6 Abs. 2 ff.
- Hauptintervention **1** 73
- Streitverkündungsklage **1** 81 Abs. 1

- Streitwert **1** 4 Abs. 2
- Streitwertberechnung **1** 91 ff.
- Unterstützung von Schiedsgerichten **1** 356, 362
- Vollstreckung vorsorglicher Massnahmen **1** 267
- Widerklage **1** 14, 224
- Zusatzversicherungen zur sozialen Krankenversicherung **1** 7

Sachverhalt *s. Tatsachen*

Sachverständige(r) **17** 97 Abs. 1, 339 Abs. 1, **22** 9 Abs. 2, 99 Abs. 2, *s.a. Gutachten; Zeugnis*
- Abklärungen **1** 186
- Auftrag **1** 185
- Ausstandsgrund *s. dort*
- Beizug zum Augenschein **1** 181 Abs. 2
- Entschädigung **1** 184 Abs. 3
- Ergänzung und Erläuterung bei mangelhaftem Gutachten **1** 188 Abs. 2
- Erstattung des Gutachtens **1** 187
- falsches Gutachten, Verletzung des Amtsgeheimnisses **1** 184 Abs. 2
- Honorare **20** 13 Abs. 1
- Rechte und Pflichten **1** 184
- Säumnisfolgen **1** 188 Abs. 1
- Strafbarkeit von Pflichtverletzungen, sonstige Folgen **1** 184 Abs. 2
- Verfügung der Prozessakten **1** 185 Abs. 3

Sachwalter *s.a. Berufsmässige Vertretung; Parteivertretung*
- in der einvernehmlichen privaten Schuldenbereinigung **17** 334 f.
- Haftung der Kantone für widerrechtliche Amtshandlungen **17** 5 ff.
- im Nachlassverfahren
  - Aufgaben **17** 295 Abs. 2–3, 299 ff.
  - Bericht **17** 304 Abs. 1
  - Ernennung **17** 293b, 295 Abs. 1
  - Honorar **20** 55 Abs. 1 und 3
  - im Konkurs **17** 332 Abs. 2
- bei Notstundung
  - Ernennung **17** 341 Abs. 2
  - Honorar **20** 57
- provisorischer - **17** 293b
- Rechtshilfe **17** 4 Abs. 2
- Weiterziehungsbefugnis in Gebührensachen **20** 2

Sanierung *s.a. Einvernehmliche private Schuldenbereinigung*
- von Banken *s. Bankensanierung*
- von Gemeinden *s. Zwangsvollstreckung gegen Gemeinden*

Säumnis
- Abschreibung des Verfahrens bei - beider Parteien **1** 234 Abs. 2
- Contumax **1** 234 Abs. 1
- Fristen *s. dort*
- in der Hauptverhandlung **1** 234 Abs. 1
- Hinweis des Gerichts **1** 147 Abs. 3
- Voraussetzungen **1** 147 Abs. 1
- Wiederherstellung *s. dort*

Säumnisfolgen **1** 101 Abs. 3, 130 ff., 147 Abs. 2, 161, 167 Abs. 2, 206, 223
- Wiederherstellung *s. dort*

Schadenersatz
- Betreibung und Konkurs **17** 5 ff., 129 Abs. 4, 143 Abs. 2, 207 Abs. 4, 273
- bei Nichtbefolgen der gerichtlichen Anordnungen **1** 345 Abs. 1 lit. a und Abs. 2
- für ungerechtfertigte vorsorgliche Massnahmen **1** 37, 264 Abs. 2, 374 Abs. 4

Schadensort *s. Klage aus unerlaubter Handlung*

Schadensversicherung *s. Versicherungsansprüche*

Schätzung
- des Anteilsrechts an einem Gemeinschaftsvermögen **21** 5 Abs. 3
- der Arrestgegenstände **17** 276 Abs. 1
- der gepfändeten Sachen **17** 97 Abs. 1, **22** 8 f.

- von Grundstücken **17** 140 Abs. 3, 257 Abs. 3, **22** 8 f., 44, 99 Abs. 2, 118
- im Konkursinventar **17** 227, **19** 27 Abs. 2
- des Liquidationsergebnisses von Gemeinschaftsvermögen **21** 14 Abs. 3
- im Nachlassinventar **17** 299, 305 Abs. 2

Scheidung auf gemeinsames Begehren 1 285 ff.
- Anhörung der Parteien **1** 287
- Berufung **1** 289
- Eingabe bei Teileinigung **1** 286
- Eingabe bei umfassender Einigung **1** 285
- Entscheid **1** 288 Abs. 1
- Verfahren bei fehlenden Voraussetzungen für die Scheidung **1** 288 Abs. 3
- Verfahren bei streitigen Scheidungsfolgen **1** 288 Abs. 2
- vorsorgliche Massnahmen **1** 288 Abs. 3

Scheidung im Ausland, Anerkennung in der Schweiz 7 65

Scheidungsfolgen *s. Vereinbarung über die Scheidungsfolgen*

Scheidungsklage 1 290 ff.
- Änderung in eine Trennungsklage **1** 293
- Bestandteile **1** 290
- Einigungsverhandlung **1** 291 Abs. 1
- Gerichtsstand **1** 23
- keine Einigung, kein Scheidungsgrund **1** 291 Abs. 3
- Scheidung auf gemeinsames Begehren **1** 292 Abs. 1
- Vereinbarung über die Scheidungsfolgen **1** 291 Abs. 2
- Wechsel zur Scheidung auf gemeinsames Begehren **1** 292

Scheidungskonvention *s. Vereinbarung über die berufliche Vorsorge, s.a. Vereinbarung über die Scheidungsfolgen*

Scheidungsverfahren 1 274 ff.
- Änderung des Scheidungsurteils **1** 284, **7** 64
- Aufhebung des gemeinsamen Haushalts **1** 275
- berufliche Vorsorge *s. Vereinbarung über die berufliche Vorsorge*
- Einheit des Entscheids **1** 283
- Einleitung **1** 274
- Feststellung des Sachverhalts **1** 277
- Genehmigung der Vereinbarung über die Scheidungsfolgen **1** 279
- in internationalen Verhältnissen **7** 59 ff.
  - Gerichtsstand **7** 59 f.
  - vorsorgliche Massnahmen **7** 62
- kein Schlichtungsverfahren **1** 198 lit. c
- keine Sicherheitsleistung **1** 99 Abs. 3 lit. b
- persönliches Erscheinen **1** 278
- Scheidungsfolgen *s. Vereinbarung über die Scheidungsfolgen*
- Unterhaltsbeitrag *s. dort*
- Untersuchungsgrundsatz **1** 277 Abs. 3
- Verhandlungsgrundsatz **1** 277 Abs. 1
- vorsorgliche Massnahmen **1** 23, 276

Schenkung 17 286, 298 Abs. 2, 345 Abs. 1

Schenkungsanfechtung (Schenkungspauliana) 17 286

Schiedsabrede *s. Schiedsvereinbarung*

Schiedsfähigkeit 1 354

Schiedsgericht *s.a. Internationale Schiedsgerichtsbarkeit*
- Ablehnung des - **1** 368
- Bestellung des - *s. Mitglieder des Schiedsgerichts*
- Bestimmung des Sitzes durch die Parteien, die beauftragte Stelle, das Schiedsgericht **1** 355 Abs. 1

- Bestreitung der Zuständigkeit des – 1 359
- Mitglieder des – *s. dort*
- Präsident 1 360 Abs. 2, 361 Abs. 2, 362 Abs. 1 lit. a
- Rechtswahl 1 381 Abs. 1 lit. a
- Schiedsfähigkeit 1 354
- Sekretariat 1 365
- Sitz 1 355
- Übergangsbestimmungen 1 407
- Verfahren vor – in der Schweiz 1 1 lit. d, 353 Abs. 1
- Verhandlungen, Prozesshandlungen und Beratungen an jedem Ort 1 355 Abs. 4
- zuständige staatliche Gerichte 1 356

Schiedsgerichtsbarkeit 1 353 ff., 7 176 ff., *s.a. Internationale Schiedsgerichtsbarkeit; Schiedsgericht*

Schiedsgutachten *s.a. Gutachten*
- Beweismittel *s. dort*
- Bindung des Gericht an das – 1 189 Abs. 3
- Form der Vereinbarung 1 189 Abs. 2
- Vereinbarung der Parteien 1 189 Abs. 1

Schiedsrichter *s. Mitglieder des Schiedsgerichts*

Schiedsspruch 1 381 ff.
- ausländischer –, Anerkennung und Vollstreckung 15 I ff.
- Beratung und Abstimmung 1 382
- Berichtigung, Erläuterung, Ergänzung 1 388
- Bezeichnung der Parteien und der Vertretung 1 384 Abs. 1 lit. c
- Billigkeitserwägungen 1 381 Abs. 1 lit. b, 384 Abs. 1 lit. e
- Datum 1 384 Abs. 1 lit. g
- Dispositiv 1 384 Abs. 1 lit. f
- Einigung der Parteien 1 385
- Entscheid des Präsidenten 1 382 Abs. 4
- Entscheidgründe 1 384 Abs. 1 lit. e
- Hinterlegung 1 386 Abs. 2
- Internationale Schiedsgerichtsbarkeit *s. dort*
- Parteientschädigung 1 384 Abs. 1 lit. f
- Rechtsbegehren 1 384 Abs. 1 lit. d
- Rechtsmittel *s. Beschwerde gegen den Schiedsspruch, s.a. Revision des Schiedsspruchs*
- Rechtswahl 1 381 Abs. 1 lit. a
- Sachverhalt 1 384 Abs. 1 lit. e
- Sitz des Schiedsgerichts 1 384 Abs. 1 lit. b
- Streitfrage 1 384 Abs. 1 lit. d
- Teilschiedsspruch 1 383
- Unterzeichnung 1 384 Abs. 2
- Verfahrenskosten 1 384 Abs. 1 lit. f
- Vollstreckbarkeitsbescheinigung 1 386 Abs. 3
- Wirkungen 1 387
- Zusammensetzung des Schiedsgerichts 1 384 Abs. 1 lit. a
- Zustellung 1 386 Abs. 1
- Zwischenschiedsspruch 1 383

Schiedsvereinbarung 1 357 ff., **17** 237 Abs. 3 Ziff. 3
- Bestreitung der – 1 359
- Form 1 358
- Geltung 1 357
- in internationalen Verhältnissen **7** 7
- Prozessvoraussetzung 1 61

Schiedsverfahren 1 372 ff.
- Ausschluss der Geltung der ZPO für das – durch Vereinbarung der Parteien 1 353 Abs. 2
- Beitritt einer streitberufenen Person 1 376 Abs. 3
- Beweisabnahme durch das Schiedsgericht 1 375 Abs. 1
- Beweisabnahme mit Hilfe des staatlichen Gerichts 1 375 Abs. 2–3
- Einigung der Parteien 1 385
- Freigabe der Sicherheit 1 374 Abs. 5

- Gleichbehandlung der Parteien 1 373 Abs. 4
- Intervention einer dritten Person 1 376 Abs. 3
- keine unentgeltliche Rechtspflege 1 380
- Klagenhäufung 1 376 Abs. 2
- kontradiktorisches Verfahren 1 373 Abs. 4
- Kostenvorschuss 1 378
- Kostenvorschuss, Verfahren bei Nichtleistung 1 378 Abs. 2
- Parteivertretung 1 373 Abs. 5
- rechtliches Gehör 1 373 Abs. 4
- Rechtshängigkeit 1 372
- Rechtswahl 1 381 Abs. 1 lit. a
- Regelung des - durch das Schiedsgericht 1 373 Abs. 2
- Regelung des - durch den Präsidenten bezüglich Einzelfragen 1 373 Abs. 3
- Regelung des - durch die Parteien 1 373 Abs. 1
- Rüge von Verstössen gegen das - 1 373 Abs. 6
- Schadenersatz für ungerechtfertigte vorsorgliche Massnahmen 1 374 Abs. 4
- Sicherheitsleistung 1 374 Abs. 3
- Sicherstellung der Parteientschädigung 1 379
- Sicherung von Beweismitteln 1 374 Abs. 1
- Streitgenossenschaft 1 376 Abs. 1
- Verrechnungseinrede 1 377 Abs. 1
- vorsorgliche Massnahmen 1 374
- Widerklage 1 377 Abs. 2

Schiedsvertrag s. *Schiedsvereinbarung*
Schlichtungsbehörde 1 197 ff.
- Aufgaben 1 201
- Organisation 1 3
- paritätische - s. *dort*
- Rechtsberatungsstelle 1 200 f.
- Vertretung 1 68 Abs. 2 lit. b

Schlichtungsgesuch
- Bestandteile 1 202 Abs. 2
- Einreichung 1 202 Abs. 1
- Schriftenwechsel 1 202 Abs. 4
- Zustellung an die Gegenpartei 1 202 Abs. 3

Schlichtungsverfahren 1 202 ff.
- Auflösung der eingetragenen Partnerschaft, kein - 1 198 lit. d
- Einigung der Parteien 1 208
- einzige kantonale Instanz, kein - 1 198 lit. f
- Entschädigung des Rechtsbeistands 1 113 Abs. 1
- Entscheid in der Sache 1 212
- Frist für Klage durch Gericht angesetzt, kein - 1 198 lit. h
- Hauptintervention, Widerklage, Streitverkündungsklage, kein - 1 198 lit. g
- kein Fristenstillstand 1 145 Abs. 2 lit. a
- keine Gerichtskosten in verschiedenen Streitigkeiten 1 113 Abs. 2
- keine Parteientschädigung 1 113 Abs. 1
- Klagebewilligung s. *dort*
- Klagen aus dem SchKG, kein - 1 198 lit. e
- Klagen zum Personenstand, kein - 1 198 lit. b
- Kostenverlegung 1 207
- Mediation s. *dort*
- Mitwirkung beim - s. *Ausstandsgrund*
- mündliches Verfahren 1 212 Abs. 2
- Pauschalen für das - 1 95 Abs. 2 lit. a
- Scheidungsverfahren, kein - 1 198 lit. c
- summarisches Verfahren, kein - 1 198 lit. a
- Urteilsvorschlag 1 210 f.
- Verzicht auf das - 1 199

Schlichtungsverhandlung 1 203 ff.
- Abschluss innert zwölf Monaten 1 203 Abs. 4

- Einigung der Parteien **1** 208
- Entscheid in der Sache **1** 212
- Frist für die - **1** 203 Abs. 1
- Klagebewilligung *s. dort*
- Mediation *s. dort*
- nicht öffentlich **1** 203 Abs. 3
- persönliches Erscheinen **1** 204 Abs. 1 und 3
- Säumnisfolgen **1** 206
- Urkunden, Augenschein, Beweismittel **1** 203 Abs. 2
- Urteilsvorschlag **1** 210 f.
- Vertraulichkeit **1** 205
- Vertretung **1** 204 Abs. 2 und 4

Schlichtungsversuch 1 197 ff.
- Ausnahmen **1** 198
- gelungener - (Einigung der Parteien) **1** 208
- gescheiterter - **1** 209 ff.
- Grundsatz **1** 197
- Schlichtungsbehörde *s. dort*
- Verzicht **1** 199

Schluss des Konkursverfahrens 17 268 ff., **19** 92 ff.
- Einstellung mangels Aktiven **17** 230 Abs. 2, **19** 93 i.f.
- im internationalen Verhältnis, Mitteilung **7** 169 Abs. 2
- Mitteilung **17** 176 Abs. 1 Ziff. 3
- Schlussverfügung des Konkursgerichts **17** 268 Abs. 2–3
  - Gebühr **20** 53 lit. e
- im summarischen Verfahren **19** 93

Schlussbericht *s.a. Rechenschaftsbericht*
- bei ausseramtlicher Konkursverwaltung **19** 97
- bei Nachlassvertrag mit Vermögensabtretung **17** 330 Abs. 1
- im ordentlichen Konkursverfahren **17** 268 Abs. 1, **19** 92
  - Gebühren **20** 46 Abs. 1 lit. c
- im summarischen Konkursverfahren **19** 93

Schlussbestimmungen zum SchKG 17 351 ff.

Schlussrechnung
- im Bankenkonkurs **30** 36 Abs. 2
- im Kollektivanlagen-Konkurs **28a** 40 Abs. 2
- im Konkursverfahren **17** 261
  - Auflegung **17** 263
  - Gebühren **20** 46 Abs. 1 lit. c
  - Spezialanzeigen **17** 263 Abs. 2, **19** 87
- bei Nachlassvertrag mit Vermögensabtretung **17** 328
- im Versicherungskonkurs **32a** 36 Abs. 2

Schlussverfügung des Konkursgerichts *s. Schluss des Konkursverfahrens*

Schlussvortrag
- Hauptverhandlung *s. dort*
- mündlicher - **1** 232 Abs. 1
- schriftlicher Parteivortrag **1** 232 Abs. 2

Schreibfehler *s. Erläuterung und Berichtigung*

Schriftenwechsel 1 220 ff., *s.a. Klage; Ordentliches Verfahren*
- bei Beschwerde an das Bundesgericht **3** 102
- neue Tatsachen und Beweismittel *s. dort*
- im Schlichtungsverfahren **1** 202 Abs. 4
- bei der Streitverkündungsklage **1** 82 Abs. 3
- im vereinfachten Verfahren **1** 246 Abs. 2
- zweiter - **1** 225
- zweiter - im Verfahren vor der Rechtsmittelinstanz **1** 316 Abs. 2

Schriftliche Auskunft 1 190
- Beweismittel *s. dort*

Schriftsatz *s. Eingaben der Parteien*

Schriftstücke
- Gebühr **20** 5, 9
- Zustellung gerichtlicher und aussergerichtlicher - in internationalen Verhältnissen **11** 1 ff., **12** 1 ff.

Schuldanerkennung
- gerichtliche - (als Rechtsöffnungstitel) **17** 80 Abs. 1 und 2 Ziff. 1
- Konkursverlustschein als - **17** 265 Abs. 1 i.f.
- Pfändungsverlustschein als - **17** 149 Abs. 2
- private - (als Rechtsöffnungstitel) **17** 82 Abs. 1

Schuldbetreibung
- Betreibungsarten **17** 38 Abs. 2–3, 39 ff.
- Gegenstand **17** 38

Schuldbrief 17 37 Abs.1, 135 Abs. 1, **22** 110 Abs. 2

Schulden
- Fälligkeit bei Konkurseröffnung **17** 208
- der Masse s. *Massaschulden*

Schuldenbereinigung s. *Einvernehmliche private Schuldenbereinigung*

Schuldenruf
- im Konkurs **17** 232 ff., **19** 40 f.
  - besondere Fälle **17** 234
- Spezialanzeigen an die Gläubiger **17** 233, **19** 40
- im Nachlassverfahren **17** 300

Schuldner s.a. *Konkursit*
- im Ausland **17** 50, 66 Abs. 3 und 4 Ziff. 3
- unter Erwachsenenschutzmassnahmen **17** 68d
- ohne festen Wohnsitz **17** 48, 271 Abs. 1 Ziff. 1
- flüchtiger - **17** 54, 190 Abs. 1 Ziff. 1, 271 Abs. 1 Ziff. 2
- minderjähriger **17** 68c
- schwerkranker - **17** 61
- überschuldeter - **17** 287
- mit unbekanntem Wohnsitz **17** 66 Abs. 4 Ziff. 1, 190 Abs. 1 Ziff. 1
- verhafteter - **17** 60
- verstorbener - **17** 59

Schuldnerflucht s. *Flucht des Schuldners*

Schutz der ehelichen Gemeinschaft 1 271 ff.
- Einigung der Parteien **1** 273 Abs. 3
- klarer, unbestrittener Sachverhalt **1** 273 Abs. 1
- Massnahmen **1** 271
- mündliche Verhandlung **1** 273 Abs. 1
- persönliches Erscheinen **1** 273 Abs. 2
- summarisches Verfahren **1** 271
- Untersuchungsgrundsatz **1** 272

Schutzdienst s. *Militär-, Zivil- oder Schutzdienst*

Schutzmassnahmen bei Insolvenzgefahr von Banken 29 25 f.

Schutzschrift 1 270

Schutzwürdiges Interesse
- Prozessvoraussetzung **1** 59 Abs. 2 lit. a
- Wahrung bei der Beweisabnahme **1** 156

Schwägerschaft
- als Ausstandsgrund **1** 47 Abs. 1 lit. d–e, **17** 10 Abs. 1 Ziff. 2bis
- Verweigerungsrecht **1** 165 Abs. 1 lit. c

Schweizerisches Handelsamtsblatt s. *Handelsamtsblatt*

Sekundärkonkurs s. *IPRG-Konkursverfahren*

Selbstkontrahieren, verbotene - 17 11

Selbstregulierung der Banken 29 37h

SICAV
- Betreibungsart **17** 39 Abs. 1 Ziff. 13
- Konkurs s. *Kollektivanlagen-Konkurs*

Sicherheit für die Parteientschädigung 1 99 Abs. 1, **7** 11b, s.a. *Sicherheitsleistung*

Sicherheitsleistung s.a. *Betreibung auf Sicherheitsleistung*
- Anfechtbarkeit der Entscheide **1** 103
- Art und Höhe **1** 100 Abs. 1
- Befreiung bei unentgeltlicher Rechtspflege **1** 118 Abs. 1 lit. a
- bei der Berufung **1** 315 Abs. 2
- bei der Beschwerde **1** 325 Abs. 2
- keine – in internationalen Verhältnissen **11** 17 ff., **14** 14 f.
- keine – im Scheidungsverfahren **1** 99 Abs. 3 lit. b
- keine – im summarischen Verfahren **1** 99 Abs. 3 lit. c
- keine – im vereinfachten Verfahren **1** 99 Abs. 3 lit. a
- Leistung **1** 101
- nachträgliche Änderung **1** 100 Abs. 2
- Nichtleistung innert der Nachfrist **1** 101 Abs. 3
- bei notwendiger Streitgenossenschaft **1** 99 Abs. 2
- Prozessvoraussetzung **1** 59 Abs. 2 lit. f
- bei der Revision nach Aufschub der Vollstreckbarkeit **1** 331 Abs. 2
- im Schiedsverfahren **1** 374 Abs. 3 und 5, 378 f.
- im SchKG **17** 27 Abs. 1 Ziff. 2, 43 Ziff. 3, 57c Abs. 2, 67 Abs. 1 Ziff. 3, 137, 183 Abs. 2, 196, 211 Abs. 2, 219 Abs. 4 1. Klasse lit. a[bis], 230 Abs. 2, 231 Abs. 2, 273 Abs. 1, 274 Abs. 2 Ziff. 5, 277, 306 Abs. 2 Ziff. 2, 314
- Sicherheit für die Parteientschädigung, Voraussetzungen **1** 99 Abs. 1
- Sicherheit für die Parteientschädigung in internationalen Verhältnissen **7** 11b
- Zwangsverwertung von Grundstücken **22** 60 Abs. 2

Sichernde Massnahmen s.a. *Sicherungsmassnahmen*
- Berufung s. dort
- Beschwerde s. dort
- Revision s. dort
- Vollstreckung von Entscheiden s. dort
- bei der Vollstreckung von Geldforderungen **1** 269 lit. a

Sicherungsmassnahmen s.a. *Sichernde Massnahmen; Vorsorgliche Massnahmen*
- bei der Anerkennung ausländischer Konkursentscheide **7** 168
- Aufnahme des Güterverzeichnisses **17** 162 ff.
- während geschlossener Zeiten, Betreibungsferien oder Rechtsstillstand **17** 56
- im Konkursverfahren **17** 221 ff., 240, 243
  - Güterverzeichnis **17** 162 ff.
- im Nachlassverfahren **17** 293a Abs. 1, 314 Abs. 2
- bei Notstundung **17** 341
- im Pfändungsverfahren **17** 98 ff.
  - bei anderen Rechten **17** 100
  - bei beweglichen Sachen **17** 98
  - bei Forderungen **17** 99
  - bei Gemeinschaftsrechten **17** 104
  - Grundstücke **17** 101 ff.
  - vorzeitige Verwertung **17** 124 Abs. 2
- im Pfandverwertungsverfahren
  - bei Zinssperre **22** 94
- für privilegierte Einlagen (Bankenkonkurs) **29** 37h ff.
- während Rechtsstillstand **17** 56 i.i.
- Retentionsrecht bei Miete oder Pacht **17** 283 f.
- vorzeitige Verwertung **17** 124
- bei Wechselbetreibung **17** 183 Abs. 1
- in der Wechselbetreibung nach Verweigerung des Rechtsvorschlages **17** 183 Abs. 1

Siegel s. *Versiegelung*

Sistierung s.a. *Aussetzung; Einstellung*
- Beschwerde **1** 126 Abs. 2

- Gründe **1** 126 Abs. 1
Sitz
- Betreibungsort **17** 46 Abs. 2
- des Bundesgerichts **3** 4
- Gerichtsstand **1** 10
- in internationalen Verhältnissen **7** 21
- Schiedsgericht, zuständige staatliche Gerichte **1** 355 f.

Sitzungspolizei *s. Verfahrensdisziplin*
Sonntagszuschlag 20 8
Sortenschutzrechte, Verwertung **17** 132 Abs. 2
Sozialpläne, privilegierte Forderung der Arbeitnehmer 17 219 Abs. 4 1. Klasse lit. a^{ter}
Spaltungen
- Gerichtsstand **1** 42
- perpetuierter Betreibungs- und Gerichtsstand **7** 164a Abs. 2

Spareinlagen *s. Einlagen, privilegierte (Bankenkonkurs)*
Sparkassen *s. Banken*
Sperrwirkung 1 64 Abs. 1 lit. a
- Rechtshängigkeit *s. dort*

Spesen und Auslagen der Ämter 20 13 ff.
Spesenvergütung der Ämter 20 14 Abs. 2, 15 Abs. 2
Spezialanzeigen
- in der Betreibung auf Pfändung
  - Eigentumsübergang nach Steigerung **22** 70
  - Kollokationsplan **17** 147
  - Lastenverzeichnis **17** 140 Abs. 2, **22** 37
  - Pfändung **17** 99, 101, 102 Abs. 2, 104, **22** 15, 23a
  - Steigerung von Anteilsrechten an Gemeinschaftsvermögen **21** 11
  - Steigerung von Fahrnis **17** 125 Abs. 3
  - Steigerung von Grundstücken **17** 139, **22** 30, 73b
- im Konkursverfahren
  - gerichtliche Verhandlung **17** 168
  - Kollokationsplan **17** 249 Abs. 3, **19** 49, 68
  - Konkurseröffnung **17** 233, **19** 40, **22** 124, 130b
  - Steigerung **17** 257 Abs. 3, **19** 71, **22** 130b, 130d Abs. 2
  - Verteilungsliste und Schlussrechnung **17** 263, **19** 87
- an Mieter und Pächter
  - Anhebung der Betreibung **17** 152 Abs. 2, 153a Abs. 3
  - Eigentumsübergang nach Steigerung **22** 70
  - nach ergebnisloser Verwertung **22** 71 Abs. 3, 111
  - Konkurseröffnung **22** 124
  - Pfändung **17** 102 Abs. 2, **22** 15
  - Pfändung eines Miteigentumsanteils **22** 23a lit. b
  - Zinsensperre **22** 91, 93 Abs. 3
- im Nachlassverfahren
  - Bestätigungsentscheid **17** 308 Abs. 1
  - Einberufung der Gläubigerversammlung **17** 301
  - Nachlassstundung **17** 296
  - Schuldenruf **17** 300 Abs. 1
  - Verhandlung vor dem Nachlassgericht **17** 304 Abs. 3
  - Verhandlungen über einen Nachlassvertrag **17** 252 Abs. 2
- im Pfandverwertungsverfahren
  - Ergebnis der Schätzung **22** 99 Abs. 2
  - Lastenverzeichnis **17** 156 Abs. 1
  - Verteilungsliste **22** 112
  - Verwertungsbegehren **17** 155 Abs. 2
  - Zinsensperre **22** 91 f., 111

Spezialdomizil *s. Wahldomizil*

Spezialgericht 1 3, 6
- Handelsgericht *s. dort*

Spezialvergütung der Konkursverwaltung 19 84, 20 47

Sporteln, Ausnahme von der Konkursbetreibung 17 43 Ziff. 1

Staat *s. Kantone*

Staatenlose 7 24

Staatliche Gerichte in Schiedsgerichtssachen *s. Schiedsgericht*

Staatsangehörigkeit in internationalen Verhältnissen 7 22 f.

Staatshaftung *s.a. Haftung für widerrechtliche Amtshandlungen*
- Gerichtsstand 1 10 Abs. 1 lit. d

Staatsverträge 1 2

Statusklage 1 25

Steigerung *s. Versteigerung*

Steigerungsbedingungen *s.a. Versteigerung*
- in der Betreibung auf Pfändung 17 134 ff.
  - Auflegung 17 134
  - Inhalt 17 135
  - Zahlungsfrist 17 137
  - Zahlungsmodus 17 136
  - Gebühr 20 29
- im Konkursverfahren 17 257 Abs. 2, 259, 22 130 ff.
- im Pfandverwertungsverfahren 17 156, 22 102 ff.

Steigerungsprotokoll 19 72 f., 22 61 Abs. 2, 63 Abs. 1

Stellvertretung *s.a. Vertretung*
- von Betreibungs- und Konkursbeamten 17 2 Abs. 3, 10 Abs. 2
  - Besoldung 17 3
  - Protokoll- und Aktenführung bei Ausstand 19 6
- in internationalen Verhältnissen 7 126, 143 ff., 149 ff.
  - Gerichtsstand 7 126

Stempelfreiheit 17 16 Abs. 2

Steuern, Ausnahme von der Konkursbetreibung 17 43 Ziff. 1

Stiftungen, Betreibungsart 17 39 Abs. 1 Ziff. 12

Stillstand von Fristen *s.a. Fristen*
- während der Beiratschaft gemäss GSchG 24 41 Abs. 2
- Betreibungsferien und Rechtsstillstand im SchKG 1 145 Abs. 4
- Gerichtsferien 1 145 Abs. 1
- nicht für das Schlichtungsverfahren 1 145 Abs. 2 lit. a
- nicht für das summarische Verfahren 1 145 Abs. 2 lit. b
- SchKG 17 83 Abs. 4, 88 Abs. 2, 109 Abs. 5, 154 Abs. 1, 166 Abs. 2, 188 Abs. 2, 207 Abs. 3, 279 Abs. 5, 297 Abs. 1 und 3, 334 Abs. 3, 343 Abs. 2
- Wirkungen 1 146

Stockwerkeigentum 1 29 Abs. 1 lit. b, 249 lit. d Ziff. 3–4, 17 46 Abs. 4, 22 23a lit. b, 23c, 73a Abs. 1, 106a Abs. 3, 130a Abs. 2, *s.a. Klage gegen die Stockwerkeigentümergemeinschaft*
- Betreibungsort der Gemeinschaft 17 46 Abs. 4

Strafbestimmungen
- Einwirkung von Straftaten auf den Entscheid als Revisionsgrund 1 328 Abs. 1 lit. b, 396 Abs. 1 lit. b
- Konkurs- und Betreibungsverbrechen oder -vergehen 26 163 ff.
  - Bestechung 26 168
  - betrügerischer Konkurs 26 163
  - Bevorzugung eines Gläubigers 26 167
  - Erschleichung eines gerichtlichen Nachlassvertrages 26 170
  - gerichtlicher Nachlassvertrag 26 170 ff.
  - Gläubigerschädigung durch Vermögensminderung 26 164
  - Misswirtschaft 26 165

- Pfändungsbetrug **26** 163
- Unterlassung der Buchführung **26** 166
- Verfügung über mit Beschlag belegte Vermögenswerte **17** 96 Abs. 1, 164, **26** 169
- bei Widerruf des Konkurses **26** 171bis
- Ungehorsam
  - gegen amtliche Verfügungen **1** 343 Abs. 1 lit. a, **22** 92 Abs. 1, **26** 292
  - Dritter im Betreibungs- und Konkursverfahren **17** 57a Abs. 1–1bis, 91 Abs. 4, 222 Abs. 2, 4 und 6, 232 Abs. 1 Ziff. 3–4, 324 Abs. 2, **26** 324
  - des Schuldners im Betreibungs- und Konkursverfahren **26** 91 Abs. 1 Ziff. 1–2, 222 Abs. 1 und 6, 229 Abs. 1, 323

Strafdrohung, Straffolgen *s. Strafbestimmungen*

Strafverfahren
- Adhäsionsklage, Gerichtsstand **1** 39
- Revision **1** 328 Abs. 1 lit. b, 396 Abs. 1 lit. b

Streitberufene Person 1 79, 81 f., *s.a. Streitverkündung; Streitverkündungsklage*

Streitgegenstand 1 64 Abs. 1 lit. a, 65, 73 Abs. 1, 202 Abs. 2, 209 Abs. 2 lit. b, 226 Abs. 2, 244 Abs. 1 lit. c, 372 Abs. 2, *s.a. Klage; Rechtshängigkeit*
- Veräusserung, Parteiwechsel **1** 83

Streitgenossenschaft 1 70 ff., *s.a. Einfache Streitgenossenschaft; Notwendige Streitgenossenschaft*
- gemeinsame Vertretung **1** 72
- Gerichtsstand **1** 15 Abs. 1
- in internationalen Verhältnissen **7** 8a
- Schiedsverfahren **1** 376 Abs. 1
- Streitwert **1** 93

Streitige Tatsachen *s. Tatsachen*

Streitigkeiten *s. Vermögensrechtliche Streitigkeiten*

Streitverkündung 1 78 ff.
- Grundsatz **1** 78
- Kosten **1** 106
- Stellung der streitberufenen Person **1** 79
- Wirkungen **1** 80

Streitverkündungsklage 1 81 f.
- Antrag mit Klageantwort oder Replik **1** 82 Abs. 1
- Gerichtsstand **1** 16
- Grundsatz **1** 81
- in internationalen Verhältnissen **7** 8b
- kein Schlichtungsverfahren **1** 198 lit. g
- keine Kettenstreitverkündungsklage **1** 81 Abs. 2
- unzulässig im vereinfachten und summarischen Verfahren **1** 81 Abs. 3
- Verfahren **1** 82, 125

Streitwert 1 4 Abs. 2, 8, 85, 91 ff., *s.a. Streitwertgrenze(n)*
- Barwert **1** 92 Abs. 2
- Bestimmung **1** 91 ff., **3** 51 ff.
- Bundesgericht **3** 51 ff.
- Festsetzung durch das Gericht **1** 91 Abs. 2
- Kapitalwert **1** 92
- Klagenhäufung **1** 93 Abs. 1, **3** 52
- Leibrenten **1** 92 Abs. 2
- Spruchgebühr, Bestimmung nach dem - **20** 48
- Streitgenossenschaft **1** 93, **3** 52
- unbezifferte Forderungsklage **1** 85
- vorläufiger - **1** 85
- Widerklage **1** 94 Abs. 1, **3** 53
- wiederkehrende Nutzungen und Leistungen **1** 92
- Zusammenrechnung **1** 93, **3** 51 ff.

Streitwertgrenze(n)
- Angabe in der Klage **1** 221 Abs. 1 lit. c, 224 Abs. 1 lit. d
- für die Berufung **1** 308 Abs. 2

- für Beschwerde in öffentlich-rechtlichen Angelegenheiten an das Bundesgericht **3** 85
- für Beschwerde in Zivilsachen an das Bundesgericht
  - Grundsatz **3** 74 Abs. 1
  - streitwertunabhängige Zulassung **3** 74 Abs. 2
- für direkte Klage beim oberen Gericht **1** 8 Abs. 1
- für Entscheid der Schlichtungsbehörde in der Sache **1** 212 Abs. 1
- für die Feststellung des Sachverhaltes von Amtes wegen **1** 247 Abs. 2 lit. b
- für Urteilsvorschlag der Schlichtungsbehörde **1** 210 Abs. 1 lit. c
- für das vereinfachte Verfahren **1** 243 Abs. 1
- für den Verzicht auf das Schlichtungsverfahren **1** 199 Abs. 1

Stroh *s. Futtervorräte*
Stufenklage 1 85
Stundung *s.a. Nachlassstundung; Notstundung; Aussetzung*
- bei der einvernehmlichen privaten Schuldenbereinigung **17** 334
  - Gebühren **20** 56
- der Schuld **17** 81 Abs. 1, 85 f., 172 Abs. 3, 182 Abs. 1, **29** 26 Abs. 1 lit. h, **32** 55 Abs. 2 lit. b
- des Steigerungspreises **17** 129 Abs. 2, 136 f.

Stundungsbewilligung, Stundungsentscheid *s. Nachlassstundung*
Stundungsvergleich *s. Nachlassvertrag, ordentlicher*
Subrogation der Kasse bei Insolvenzentschädigung 27 54
- Abtretung des Verlustscheins **27** 54 Abs. 3
- Verzicht auf die Geltendmachung der Ansprüche **27** 54 Abs. 1–2

Subsidiarität der Beschwerde 17 17 Abs. 1
Substantiierungslast *s. Verhandlungsgrundsatz*
Sühneverfahren *s. Schlichtungsverfahren*
Summarisches Konkursverfahren
- Anordnung **17** 231 Abs. 2
- Antrag **17** 231 Abs. 1
- Gebühr für die Anordnung **20** 53 lit. c
- Voraussetzungen **17** 231 Abs. 1–2, **19** 39 Abs. 2
- Vorschriften **17** 231 Abs. 3, **19** 32 Abs. 2, 49, 70, 93, 96

Summarisches Verfahren
- Allgemeiner Teil des OR **1** 250 lit. a
- Anschlussberufung unzulässig **1** 314 Abs. 2
- Aufhebung oder Abänderung des Entscheids in der freiwilligen Gerichtsbarkeit **1** 256 Abs. 2
- Beweismittel **1** 254 Abs. 1–2
- eingetragene Partnerschaft **1** 305 f.
- einzelne Vertragsverhältnisse **1** 250 lit. b
- Entscheid **1** 256
- Entscheid über die unentgeltliche Rechtspflege **1** 119 Abs. 3
- Erbrecht **1** 249 lit. c
- Familienrecht **1** 271 ff.
- Geltungsbereich **1** 248
- gerichtliches Verbot **1** 248 lit. c
- Gesellschaftsrecht **1** 250 lit. c
- Gesuch, Form **1** 252
- kein Fristenstillstand **1** 145 Abs. 2 lit. b
- kein Schlichtungsverfahren **1** 198 lit. a
- keine Sicherheitsleistung **1** 99 Abs. 3 lit. c
- keine Streitverkündungsklage **1** 81 Abs. 3
- Kinder **1** 302, *s.a. Kinderbelange in familienrechtlichen Angelegenheiten*

- Personenrecht **1** 249 lit. a
- Rechtsschutz in klaren Fällen *s. dort*
- Sachenrecht **1** 249 lit. d
- SchKG **1** 251
  - Anordnung der konkursamtlichen Liquidation **17** 193
  - Anordnung des summarischen Konkursverfahrens **17** 231
  - Arrestbewilligung **17** 271 ff.
  - Aufhebung des ordentlichen Nachlassvertrages **17** 316
  - Aufhebung des Rechtsstillstandes wegen Militär oder Schutzdienstes **17** 57d
  - Bestätigung oder Ablehnung des Nachlassvertrages **17** 304
  - Einstellung der konkursamtlichen Liquidation **17** 196
  - Einstellung der Verlassenschaftsliquidation **17** 196
  - Einstellung des Konkursverfahrens mangels Aktiven **17** 230
  - Einstellung oder Aufhebung der Betreibung **17** 85
  - Entscheid über das Vorliegen neuen Vermögens **17** 265a
  - Entscheid zur Nachlassstundung **17** 293 ff.
  - Entscheid zur Notstundung **17** 339
  - Konkurseröffnung **17** 162, 168 ff., 189, 309
  - Konkurseröffnung ohne vorgängige Betreibung **17** 190 ff.
  - nachträglicher Rechtsvorschlag **17** 77
  - Rechtsöffnung **17** 80 ff.
  - Rechtsvorschlag in der Wechselbetreibung **17** 181 ff.
  - Schlussverfügung im Konkursverfahren **17** 268
  - Verlängerung der Nachlassstundung **17** 293a Abs. 1, 295b
  - Verlängerung und Widerruf der Notstundung **17** 347 f.
  - vorsorgliche Massnahmen **17** 83, 162, 170, 183
  - Widerruf des Konkurses **17** 195, 332
  - Widerruf des Nachlassvertrages **17** 313
- Schutz der ehelichen Gemeinschaft **1** 271 ff., *s.a. dort*
- Stellungnahme der Gegenpartei **1** 253
- Untersuchungsgrundsatz in der freiwilligen Gerichtsbarkeit **1** 255 lit. b
- Untersuchungsgrundsatz in Konkurs- und Nachlassfällen **1** 255 lit. a
- Urkundenbeweis **1** 254 Abs. 1
- Vertretung **1** 68 Abs. 2 lit. b–c
- Vollstreckung von Entscheiden **1** 339 Abs. 2
- im Wertpapierrecht **1** 248 ff., 250 lit. d

Superprovisorische Massnahmen
- besondere Dringlichkeit, Vereitelungsgefahr **1** 265 Abs. 1
- Sicherheitsleistung durch den Gesuchsteller **1** 265 Abs. 3
- sofortige Anordnung ohne Anhörung der Gegenpartei **1** 265 Abs. 1
- Stellungnahme der Gegenpartei **1** 265 Abs. 2
- Verhandlung **1** 265 Abs. 2
- vorsorgliche Massnahmen *s. dort*

Suspensiveffekt, Suspensivwirkung
s. Aufschiebende Wirkung

T

Tagebuch **18a** 13
Tagfahrt *s. Fristen*
Tarif
- für die Gerichtsgebühren vor Bundesgericht **4** Ziff. 1 ff.
- Kostennote **1** 105 Abs. 2
- Prozesskosten **1** 96, **6** 33

- Zusprache der Parteientschädigung nach - **1** 105 Abs. 2

Tatfrage 1 320 lit. b

Tatsachen *s.a. Beweis; Beweisgegenstand; Beweismittel; Neue Tatsachen und Beweismittel*
- bekannte, offenkundige, gerichtsnotorische -, anerkannte Erfahrungssätze **1** 151
- kein Schluss auf die zu beweisende Tatsache bei berechtigter Verweigerung der Mitwirkung *s. Mitwirkungspflicht*
- massgebende - vor Bundesgericht **3** 97
- neue -, Noven *s. Neue Tatsachen und Beweismittel*
- streitige - **1** 150 Abs. 1
- unrichtige Feststellung als Beschwerdegrund vor Bundesgericht **3** 97

Taxationsverfahren *s. Schadenersatz bei Nichtbefolgen der gerichtlichen Anordnungen*

Teilabstand *s. Abstandserklärung*

Teilentscheid 1 125 lit. a, 236 Abs. 1, 383, *s.a. Entscheid*
- als Beschwerdeobjekt vor Bundesgericht **3** 91

Teilklage 1 86, *s.a. Klage*

Teilnahme *s. Pfändungsanschluss*

Teilnahmefrist *s. Anschlussfrist*

Teilrechtskraft 1 282 Abs. 2, 311 f., 315 Abs. 1, *s.a. Rechtskraft*

Teilrechtsvorschlag *s. Rechtsvorschlag, teilweise Bestreitung der Forderung*

Teilschiedsspruch *s. Schiedsspruch*

Teilzahlungen von Mitverpflichteten (im Konkurs) 17 217

Teilzwingender Gerichtsstand *s. Gerichtsstandsvereinbarung*

Telefongespräche, Gebühr 20 10

Termin *s. Fristen*

Tiere, (Un)pfändbarkeit
- Haustiere **17** 92 Abs. 1 Ziff. 1a
- Tierbestand des Landwirts **17** 92 Abs. 1 Ziff. 4

Tilgung der Schuld
- als Einwendung
  - gegen Konkurseröffnung **17** 172 Ziff. 3
  - gegen Rechtsöffnung **17** 81 Abs. 1
- als Grund für Aufhebung der Betreibung **17** 85 f.
- als Grund für Rechtsvorschlag in der Wechselbetreibung **17** 182 Ziff. 1
- durch Zahlung an das Betreibungsamt **17** 12

Todeserklärung 1 21

Todesfall, Rechtsstillstand
- Tod des Schuldners **17** 59
- Tod nahe stehender Personen **17** 58

Transportkosten *s. Wegentschädigung der Ämter*

Trennung im Ausland, Anerkennung in der Schweiz 7 65

Trennung von Klagen *s. Prozessleitung*

Trennungsklage *s. Ehetrennungsklage*

Treu und Glauben *s. Handeln nach Treu und Glauben*

Trusts in internationalen Verhältnissen 7 149a ff.
- Gerichtsstand **7** 149b

Tun *s. Verpflichtung zu einem Tun, Unterlassen oder Dulden*

U

Überbindung von Belastungen und Forderungen an Ersteiger 17 135, 259, **22** 48 ff.

Übergabe der Konkursakten an die ausseramtliche Konkursverwaltung 19 43

Übergangsbestimmungen der ZPO 1 404 ff.

Übermittlung an Stellvertreter bei Ausstand 17 10 Abs. 2

Überschuldungsanfechtung (Überschuldungspauliana) 17 287
Überschuldungsanzeige *s. Pfändungsanschluss*
Übersetzungskosten 1 95 Abs. 2 lit. d
Überspitzter Formalismus 1 52, 130 ff.
Überweisung *s.a. Abtretung; Rückweisung*
- von Forderungen an Gläubiger
  - Anweisung an Zahlungs statt 17 131 Abs. 1
  - Anweisung zur Eintreibung 17 131 Abs. 2
  - Gebühren 20 35
- eines Lebensversicherungsanspruches 25 86
- des Liquidationsanspruchs bei Gemeinschaftsvermögen 21 13
- von Zahlungen an Gläubiger, Gebühr 20 19, 33
- bei zusammenhängenden Verfahren
  - Beschwerde 1 127 Abs. 2
  - Gründe 1 127 Abs. 1

Übung 1 150 Abs. 2, *s.a. Tatsachen*
Umfang der Pfändung 17 97 Abs. 2
Umfassendes Verweigerungsrecht Dritter
- beschränktes Verweigerungsrecht Dritter *s. dort*
- Ehe 1 165 Abs. 1 lit. a
- eingetragene Partnerschaft 1 165 Abs. 2
- faktische Lebensgemeinschaft 1 165 Abs. 1 lit. a
- gemeinsame Kinder mit einer Partei 1 165 Abs. 1 lit. b
- Mitwirkungspflicht *s. dort*
- Pflegeeltern, Pflegekinder, Pflegegeschwister 1 165 Abs. 1 lit. d
- Schwägerschaft 1 165 Abs. 1 lit. c
- Stiefgeschwister 1 165 Abs. 3
- unberechtigte Verweigerung der Mitwirkung durch Dritte *s. dort*
- Verwandtschaft 1 165 Abs. 1 lit. c
- Vormundschaft, Beistandschaft 1 165 Abs. 1 lit. e

Umrechnung in Landeswährung *s. Fremdwährung, Umrechnung in Landeswährung*
Umtriebsentschädigung 1 95 Abs. 3 lit. c
Umwandlung der geschuldeten Leistung in Geld 1 345
Umwandlung(en)
- von Forderungen 17 211
- Gerichtsstand 1 42

Unabhängigkeit des Gerichts 1 47 ff., 3 2, 9 6, *s.a. Ausstand*
Unangemessenheit, Beschwerdegrund 17 17 Abs. 1
Unberechtigte Verweigerung der Mitwirkung
- durch Dritte
  - Beschwerde 1 167 Abs. 3
  - Beweiswürdigung 1 164
  - Säumnisfolgen 1 167 Abs. 2
  - Strafen und Massnahmen 1 167 Abs. 1
- durch eine Partei *s.a. Mitwirkungspflicht; Verweigerungsrecht*

Unbezifferte Forderungsklage 1 85
Unentgeltliche Rechtspflege 1 117 ff., 14 1 ff.
- Anspruch in internationalen Verhältnissen 7 11c, 11 20 ff., 14 1 ff.
- Anspruch, Voraussetzungen 1 117
- Aufklärung über die - 1 97
- Beschwerde 1 121
- vor Bundesgericht 3 64
- vor dem Bundespatentgericht 6 34
- Entschädigung des Rechtsbeistands, wenn Parteientschädigung bei der Gegenpartei nicht einbringlich 1 122 Abs. 2

- Entscheid **1** 119 Abs. 3
- Entzug **1** 120
- Gerichtskosten, Übernahme durch den Kanton **1** 122 Abs. 1 lit. b
- Gesuch im Rechtsmittelverfahren **1** 119 Abs. 5
- Gesuch und Verfahren **1** 119
- Gesuch und Verfahren in internationalen Verhältnissen **14** 3 ff.
- keine – im Schiedsverfahren **1** 380
- Kostenlosigkeit des Verfahrens **1** 119 Abs. 6
- Liquidation der Prozesskosten
  - bei Obsiegen **1** 122 Abs. 2
  - bei Unterliegen **1** 122 Abs. 1
- Mediation in kindesrechtlichen Angelegenheiten **1** 218 Abs. 2
- Mitwirkung beim Entscheid über die – s. *Ausstandsgrund*
- Nachzahlung **1** 123
- rückwirkende Bewilligung **1** 119 Abs. 4
- Umfang **1** 118
  - Befreiung von Gerichtskosten **1** 118 Abs. 1 lit. b
  - Befreiung von Vorschuss- und Sicherheitsleistungen **1** 118 Abs. 1 lit. a
  - Bestellung eines Rechtsbeistands **1** 118 Abs. 1 lit. c
  - keine Befreiung von der Parteientschädigung an die Gegenpartei **1** 118 Abs. 3
- Umfang in internationalen Verhältnissen **14** 1 f.
- Zentrale Behörde **14** 3 ff., 16

Unentgeltliche Verfügungen des Schuldners **17** 286, 298 Abs. 2, 345 Abs. 1, **26** 164

Unerlaubte Handlungen in internationalen Verhältnissen **7** 129 ff., 143 ff., 149 ff.
- Gerichtsstand **7** 129 ff.

Unfähigkeit zur Prozessführung vor Bundesgericht **3** 41

Unfallversicherungsprämien, Ausnahme von der Konkursbetreibung **17** 43 Ziff. 1bis

Ungehorsam, Ungehorsamsstrafe s. *Ersatzvornahme, s.a. Ordnungsbusse; Strafbestimmungen; Unterlassen oder Dulden; Verpflichtung zu einem Tun; Zwangsmassnahmen*

Ungerechtfertigte Bereicherung in internationalen Verhältnissen **7** 127 ff., 143 ff., 149 ff.
- Gerichtsstand **7** 127

Ungültigkeit von Verfügungen **17** 94 Abs. 2, 96 Abs. 2, 204, 298, s.a. *Nichtigkeit*

Unmittelbarkeitsprinzip **1** 155 Abs. 2, s.a. *Beweis; Beweisabnahme*

Unmöglichkeit der Zustellung von Betreibungsurkunden **17** 66 Abs. 4

Unmündige Personen s. *Minderjährige Person*

Unnötige Prozesskosten s. *Prozesskosten, s.a. Verteilung und Liquidation der Prozesskosten*

Unparteilichkeit der Richter **1** 47 ff., **9** 6, s.a. *Ausstand*

Unpfändbarkeit s.a. *Kompetenzstücke*
- von Vermögenswerten einer Gemeinde **24** 9

Unredliche Handlungen s.a. *Konkursbetrug; Pfändungsbetrug; Verheimlichen oder Fortschaffen*
- als Arrestgrund **17** 271 Abs. 1 Ziff. 2
- als Grund für Konkurseröffnung ohne vorgängige Betreibung **17** 190 Abs. 1 Ziff. 1

Unterhalt
- gepfändeter Vermögensstücke, Kosten **17** 105

- des Schuldners
  - aus Früchten gepfändeter Grundstücke **17** 103 Abs. 2
  - aus im Güterverzeichnis aufgezeichneten Vermögensstücken **17** 164 Abs. 1
  - aus der Konkursmasse **17** 229 Abs. 2–3

Unterhalts- und Unterstützungsbeiträge *s.a. Unterhalt des Schuldners*
- Ausdehnung des Rechtsmittelverfahrens auf die Beiträge der Kinder **1** 282 Abs. 2
- Ausnahme von der Konkursbetreibung **17** 43 Ziff. 2
- beschränkte Pfändbarkeit **17** 93 Abs. 1
- Festlegung durch Vereinbarung oder Entscheid **1** 282 Abs. 1
- Hinterlegung oder vorläufige Zahlung **1** 303
- Konkursprivileg **17** 219 Abs. 4 1. Klasse lit. c
- während der Notstundung **17** 346
- Rechtsstillstand **17** 57 Abs. 3
- während der Stundung in der einvernehmlichen privaten Schuldenbereinigung **17** 334 Abs. 3

Unterhalts- und Unterstützungsklage **1** 303 f.
- Entbindungskosten **1** 303 Abs. 2 lit. a
- Gerichtsstand **1** 26
- Unterhaltsbeiträge **1** 303
- vorsorgliche Massnahmen **1** 303
- Zuständigkeit **1** 304

Unterlassung der Buchführung **26** 166

Unterlassungsklage *s. Verpflichtung zu einem Tun, Unterlassen oder Dulden*

Unterschrift **1** 130, 133 lit. g, 221 Abs. 1 lit. f, 244 Abs. 1 lit. e

Unterstützungsbeiträge *s. Unterhalts- und Unterstützungsbeiträge*

Unterstützungsklage *s. Unterhalts- und Unterstützungsklage*

Untersuchung *s. Körperliche Untersuchung*

Untersuchungsgrundsatz **1** 55, 247 Abs. 2, 255, 272, 277 Abs. 3, 296, 306, **17** 20a Abs. 2 Ziff. 2

Unverheiratete Mutter, Gerichtsstand für Ansprüche der - **1** 27

Unvermögen der Partei
- Prozessfähigkeit *s. dort*
- Vertretung **1** 69

Unverzinslichkeit der Verlustscheinforderung **17** 149 Abs. 4, 265 Abs. 2

Urheberrechte, Verwertung **17** 132 Abs. 2

Urkunde(n) **1** 177 ff., *s.a. Arresturkunde, Forderungsurkunde, Pfändungsurkunde, Schriftstücke*
- Begriff **1** 177
  - Aufhebung oder Einstellung der Betreibung **17** 85
  - Beschwerde gegen den Konkursentscheid **17** 174 Abs. 2
  - Einwendung gegen Konkurseröffnung **17** 172 Ziff. 3
  - Einwendung gegen Rechtsöffnung **17** 81
  - Rechtsvorschlag in der Wechselbetreibung **17** 182 Ziff. 1
- Beweis *s.a. Beweismittel*
- Beweiskraft öffentlicher Register und - **1** 179
- Echtheit **1** 178
- Einreichung **1** 180
- öffentliche - (als Rechtsöffnungstitel) **1** 349, **17** 82 Abs. 1
- Vollstreckbarkeit öffentlicher - *s. dort*
- Vollstreckung öffentlicher - *s. dort*

Urteil *s.a. Entscheid*
- Begründung *s. Entscheid*
- Beratung **1** 54 Abs. 2, 236 Abs. 2
- als Rechtsöffnungstitel **17** 80

Urteilsfähigkeit 1 67 Abs. 3
Urteilsverfahren vor Bundesgericht 3 57 ff.
Urteilsvorschlag 1 210 f.
- Klagebewilligung *s. dort*
- Streitigkeiten aus landwirtschaftlicher Pacht 1 210 Abs. 1 lit. b
- Streitigkeiten aus Miete und Pacht von Wohn- und Geschäftsräumen 1 210 Abs. 1 lit. b
- Streitigkeiten nach dem Gleichstellungsgesetz 1 210 Abs. 1 lit. a
- vermögensrechtliche Streitigkeiten 1 210 Abs. 1 lit. c
- Wirkungen 1 211

V

Vaterschaftsklage *s.a. Kinderbelange in familienrechtlichen Angelegenheiten*
- Gerichtsstand 1 25
- vorsorgliche Massnahmen 1 303
- Zuständigkeit 1 304

Verantwortlichkeit *s. Haftung*
Verantwortlichkeitsklage, gesellschaftsrechtliche - 1 40
Veräusserung des Streitgegenstands *s. Streitgegenstand*
Verbandsklage 1 89
Verbesserung prozessualer Mängel 1 132, **17** 32 Abs. 4
Verbot
- der reformatio in peius *s. Dispositionsgrundsatz*
- der sachlichen Nachprüfung *s. Révision au fond, Verbot*
- des überspitzten Formalismus 1 52, 130 ff.

Verbotene Rechtsgeschäfte von Beamten und Angestellten **17** 11
Verbrechen, Vergehen *s. Strafbestimmungen*
Verdachtsfristen der paulianischen Anfechtung **17** 286 ff.

- Berechnung **17** 288a

Verdienstpfändung *s. Einkommenspfändung*
Verein *s.a. Verbandsklage*
- Betreibungsart **17** 39 Abs. 1 Ziff. 11

Vereinbarung
- über die berufliche Vorsorge
  - Entscheid des Gerichts bei fehlender - 1 281
  - Mitteilung an die Vorsorgeeinrichtungen 1 280 Abs. 2
  - Prüfung des Gerichts bei Verzicht auf den Anspruch 1 280 Abs. 3
  - Überweisung an das Sozialversicherungsgericht 1 281 Abs. 3
  - Voraussetzungen für die Genehmigung 1 280 Abs. 1
- über die Scheidungsfolgen
  - Genehmigung durch das Gericht 1 279 Abs. 2
  - inhaltliche Prüfung 1 279 Abs. 1
  - Vereinbarung über die berufliche Vorsorge *s. dort*
  - Wille der Ehegatten 1 279 Abs. 1

Vereinfachte Klage
- Beilagen 1 244 Abs. 3
- Bestandteile 1 244 Abs. 1
- Form 1 244 Abs. 1
- Formular 1 400 Abs. 2
- Verfahren *s. Vereinfachtes Verfahren*

Vereinfachtes Verfahren 1 243 ff.
- beim Auskunftsrecht gem. DSG 1 243 Abs. 2 lit. d
- Beweismittel 1 247 Abs. 1
- vor Bundesgericht 3 108 f.
- bei der Erstreckung des Miet- oder Pachtverhältnisses 1 243 Abs. 2 lit. c
- Feststellung des Sachverhalts 1 247 Abs. 1
- Feststellung des Sachverhalts von Amtes wegen 1 247 Abs. 2
- bei Gewalt, Drohung oder Nachstellung gem. Art. 28b ZGB 1 243 Abs. 2 lit. b

- bei der Hinterlegung von Miet- und Pachtzinsen **1** 243 Abs. 2 lit. c
- Instruktionsverhandlung **1** 246 Abs. 3
- keine Sicherheitsleistung **1** 99 Abs. 3 lit. a
- keine Streitverkündungsklage **1** 81 Abs. 3
- Klage *s. Vereinfachte Klage*
- Klage mit Begründung, Stellungnahme, Vorladung **1** 245 Abs. 2
- Klage ohne Begründung, Vorladung **1** 244 Abs. 2, 245 Abs. 1
- Kündigungsschutz bei Miete und Pacht **1** 243 Abs. 2 lit. c
- bei landwirtschaftlicher Pacht **1** 243 Abs. 2 lit. c
- bei Miete und Pacht von Wohn- und Geschäftsräumen **1** 243 Abs. 2 lit. c
- nicht bei der direkten Klage beim oberen Gericht **1** 243 Abs. 3
- nicht in Fällen vor der einzigen kantonalen Instanz **1** 243 Abs. 3
- nicht vor Handelsgericht **1** 243 Abs. 3
- prozessleitende Verfügungen **1** 246 Abs. 1
- Schriftenwechsel **1** 246 Abs. 2
- bei Schutz vor missbräuchlichen Miet- und Pachtzinsen **1** 243 Abs. 2 lit. c
- bei Streitigkeiten nach dem Gleichstellungsgesetz **1** 243 Abs. 2 lit. a
- bei Streitigkeiten nach dem Mitwirkungsgesetz **1** 243 Abs. 2 lit. e
- Untersuchungsgrundsatz **1** 247 Abs. 2
- bei vermögensrechtlichen Streitigkeiten bis 30 000 Franken **1** 243 Abs. 1
- Vertretung **1** 68 Abs. 2 lit. b
- bei Zusatzversicherungen zur sozialen Krankenversicherung **1** 243 Abs. 2 lit. f

Vereinfachung des Prozesses *s. Prozessleitung*

Vereinigung von Klagen **1** 125 lit. c, *s.a. Klagenhäufung; Prozessleitung*

Verfahren *s.a. Ordentliches Verfahren; Vereinfachtes Verfahren; Summarisches Verfahren*
- vor Bundesgericht **3** 29 ff., 90 ff.
- faires **9** 6
- von gerichtlichen Angelegenheiten des SchKG **1** 1 lit. c, 251
- vor kantonalen Aufsichtsbehörden (SchKG) **17** 20a
  - Begründungspflicht **17** 20a Abs. 2 Ziff. 4
  - Bezeichnung als Aufsichtsbehörde **17** 20a Abs. 2 Ziff. 1
  - Dispositionsmaxime **17** 20a Abs. 2 Ziff. 3
  - freie Beweiswürdigung **17** 20a Abs. 2 Ziff. 3
  - grundsätzliche Zuständigkeit der Kantone **17** 20a Abs. 3
  - Mitwirkungspflicht der Parteien **17** 20a Abs. 2 Ziff. 2
  - Rechtsmittelbelehrung **17** 20a Abs. 2 Ziff. 4
  - schriftliche Eröffnungspflicht **17** 20a Abs. 2 Ziff. 4
  - Untersuchungsgrundsatz **17** 20a Abs. 2 Ziff. 2
  - Verfahrens- und Parteikosten **17** 20a Abs. 2 Ziff. 5

Verfahrensdisziplin *s.a. Böswillige Prozessführung; Mutwillige Prozessführung*
- Ausschluss von der Verhandlung **1** 128 Abs. 1
- Beizug der Polizei **1** 128 Abs. 2
- vor Bundesgericht **3** 33
- Busse **1** 128 Abs. 1, 3 und 4
- Tatbestand **1** 128 Abs. 1
- Verweis **1** 128 Abs. 1

Verfahrensgarantien **8** 29 ff., **9** 6, *s.a. Verfahrensgrundsätze*
- gerichtliches Verfahren **8** 30
- Rechtsweggarantie **8** 29a

Verfahrensgrundsätze 1 53, 373 Abs. 4
- Dispositionsgrundsatz *s. dort*
- Eventualgrundsatz *s. dort*
- faires Verfahren, rechtliches Gehör 8 29 Abs. 2, 9 6
- gerichtliche Fragepflicht 1 56, 69, 132
- Handeln nach Treu und Glauben 1 52
- Konzentrationsgrundsatz *s. Neue Tatsachen und Beweismittel*
- Öffentlichkeitsprinzip 1 54, 9 6
- Offizialgrundsatz 1 58, 257 Abs. 2, 272, 296
- Rechtsanwendung von Amtes wegen 1 57
- Rechtsschutzinteresse 1 59 Abs. 2 lit. a
- Untersuchungsgrundsatz 1 55, 247 Abs. 2, 255, 272, 277 Abs. 3, 296, 306
- Verhandlungsgrundsatz 1 55
- wesentliche – (als Teil des formellen Ordre public) 7 27 Abs. 2 lit. b

Verfahrenskosten *s. Kosten des Konkurses*

Verfahrenssprache
- vor Bundesgericht 3 54
- im Zivilprozess 1 129

Verfahrensvorschriften vor kantonalen Aufsichtsbehörden (SchKG) 17 20a, *s.a. Aufsichtsbehörden (SchKG), Verfahren*

Verfolgungsrecht *s. Rücknahmerecht/ Rücktritt des Verkäufers nach Konkurseröffnung*

Verfügung über mit Beschlag belegte Vermögenswerte 26 169

Verfügungen
- nichtige – 17 22, 173 Abs. 2
- von Verwaltungsbehörden *s. Verwaltungsverfügungen und -entscheide*

Verfügungsbeschränkung des Schuldners
- bei der Anerkennung ausländischer Konkursentscheide 7 168
- in der Betreibung auf Pfändung 17 96
  - Grundstücke 17 101 Abs. 1
  - Wirkungen für Dritte 17 96 Abs. 2
- im Grundbuch
  - Anmeldung 22 3 ff., 15 Abs. 1 lit. a, 23a lit. a, 90, 97
  - bei Gemeinschaftsvermögen 21 5 Abs. 2
  - Löschung 22 6 f.
- im Konkursverfahren 17 204
- bei Nachlassstundung 17 298
- bei Nachlassvertrag mit Vermögensabtretung 17 319 Abs. 1
- bei Notstundung
  - im Allgemeinen 17 344
  - kraft Verfügung des Nachlassgerichts 17 345
- im Pfandverwertungsverfahren 22 90, 97

Verfügungsgrundsatz *s. Dispositionsgrundsatz*

Verfügungsunfähigkeit des Konkursiten 17 204

Vergleich
- Beendigung des Verfahrens ohne Entscheid *s. dort*
- Einigung der Parteien im Schiedsverfahren 1 385
- Einigung der Parteien vor Gericht 1 124 Abs. 3, 241
- Kompetenz des Gläubigerausschusses im Konkurs 17 237 Abs. 3 Ziff. 3
- als Rechtsöffnungstitel 17 80 Abs. 1 und 2 Ziff. 1
- Unwirksamkeit des – als Revisionsgrund 1 328 Abs. 1 lit. c, 396 Abs. 1 lit. c
- Verteilung der Prozesskosten *s. Verteilung und Liquidation der Prozesskosten*

Verhaftung, Rechtsstillstand 17 60

Verhandlung s.a. *Hauptverhandlung; Instruktionsverhandlung; Schlichtungsverhandlung*
- Hauptverhandlung **1** 228 ff.
- Instruktionsverhandlung **1** 226, 246 Abs. 2
- vor der Rechtsmittelinstanz **1** 316 Abs. 1

Verhandlungsgrundsatz 1 55 Abs. 1, 277 Abs. 1

Verheimlichen oder Fortschaffen
- von Retentionsgegenständen **17** 284
- von Vermögenswerten **17** 190 Abs. 1 Ziff. 1, 271 Abs. 1 Ziff. 2

Verjährung
- des Anfechtungsrechts **17** 292
- der durch Verlustschein verurkundeten Forderung **17** 149a Abs. 1, 265 Abs. 2
- des Schadenersatzanspruches für widerrechtliche Amtshandlungen **17** 6
- der Schuld
  - als Einwendung gegen Rechtsöffnung **17** 81 Abs. 1 i.f.
  - Aufhebung der öffentlich-rechtlichen Folgen der fruchtlosen Pfändung und des Konkurses **17** 26 Abs. 2
- Stillstand der Fristen **17** 207 Abs. 3, 297 Abs. 1, **24** 41 Abs. 2

Verkäufer s. *Rücknahmerecht/Rücktritt des Verkäufers nach Konkurseröffnung*

Verkündung des Urteils s. *Entscheid*

Verlängerung
- der Beiratschaft von Gemeinden **24** 30 Abs. 2
- von Fristen **17** 33 Abs. 2, 63, 247 Abs. 4, 270 Abs. 2, 343 Abs. 2, s.a. *Stillstand von Fristen*
- der Haftung des Grundpfandes **17** 57b Abs. 1
- der Nachlassstundung **17** 293a Abs. 1, 295b
- der Notstundung **17** 347
- der Stundung in der einvernehmlichen privaten Schuldenbereinigung **17** 334 Abs. 2
  - Gebühr **20** 56 Abs. 1
- des Verwertungsaufschubes **17** 123 Abs. 4

Verlegung einer Gesellschaft ins Ausland, perpetuierter Betreibungs- und Gerichtsstand 7 164a Abs. 2

Verletzung der Ausstandsvorschriften 1 51, s.a. *Ausstand; Ausstandsgrund*
- Aufhebung und Wiederholung von Amtshandlungen **1** 51 Abs. 1
- Berücksichtigung nicht wiederholbarer Beweismassnahmen **1** 51 Abs. 2
- Bundesgericht **3** 38
- Entdeckung nach Abschluss des Verfahrens **1** 51 Abs. 3, s.a. *Revision*

Verletzung des Amts-, Berufs- oder Redaktionsgeheimnisses, von gesetzlich geschützten Geheimnissen s. *Beschränktes Verweigerungsrecht Dritter*

Verlorene Sachen 17 106 Abs. 3

Verlustschein
- Anfechtungsrecht
  - Legitimation **17** 285 Abs. 2 Ziff. 1
  - Verjährung **17** 292 Ziff. 1
- als Arrestgrund **17** 271 Abs. 1 Ziff. 5
- Ausstellung **17** 149 Abs. 1–1bis
- in der Betreibung auf Pfändung
  - definitiver - **17** 115 Abs. 1, 127, 149
  - nach Verwertung **17** 149 f.
  - Pfändungsurkunde **17** 115
  - provisorischer - **17** 115 Abs. 2–3
- bei Betreibung gegen Gemeinden **24** 2 Abs. 3
- im Konkurs **17** 265 ff., **19** 89
  - Inhalt und Wirkung **17** 265
  - neues Vermögen **17** 265 Abs. 2, 265a

- Löschung **17** 149a Abs. 2–3
- Gebühr **20** 41
- Publikation ausgeschlossen **17** 26 Abs. 1
- Wirkungen **17** 149 Abs. 2–4, 149a

Verlustscheinforderung
- Tilgung **17** 149a Abs. 2
- Unverzinslichkeit **17** 149 Abs. 4, 265 Abs. 2
- Verjährung **17** 149a Abs. 1

Vermittlungsverfahren s. *Schlichtungsverfahren*

Vermögen
- freies - s. *dort*
- neues - s. *dort*

Vermögensabtretung s. *Nachlassvertrag mit Vermögensabtretung*

Vermögensrechtliche Streitigkeiten **1** 8, 99 Abs. 3 lit. a, 150 Abs. 2, 199 Abs. 1, 210 Abs. 1 lit. c, 243 Abs. 1, 308 Abs. 2

Vermögensübertragungen, Gerichtsstand **1** 42

Vermögenswerte
- ohne genügenden Gantwert **17** 92 Abs. 2
- gepfändete und arrestierte -, als Bestandteil der Konkursmasse **17** 199
- von hohem Wert **17** 92 Abs. 3
- nachträgliche Entdeckung
  - in der Betreibung auf Pfändung **17** 115 Abs. 3
  - im Konkursverfahren **17** 269
- nachträglicher Anfall **17** 197 Abs. 2
- an denen Pfandrechte haften s. *Pfandgegenstände*
- unpfändbare - (Kompetenzgegenstände) **17** 92

Veröffentlichung des Entscheids **1** 240

Verordnungskompetenz des Bundesrates **17** 15 Abs. 2

Verpfändbarkeit von Vermögenswerten einer Gemeinde **24** 10 f.

Verpflichtung zu einem Tun, Unterlassen oder Dulden
- Ersatzvornahme **1** 343 Abs. 1 lit. e
- Hilfe der zuständigen Behörde **1** 343 Abs. 3
- Ordnungsbussen **1** 343 Abs. 1 lit. b und c
- Räumung eines Grundstücks, Wegnahme einer beweglichen Sache s. *Zwangsmassnahmen*
- Strafdrohung gem. Art. 292 StGB **1** 343 Abs. 1 lit. a
- unterlegene Partei, Dritte: Mitwirkungspflicht **1** 343 Abs. 2
- Vollstreckung von Entscheiden s. *dort*
- Zwangsmassnahmen **1** 343 Abs. 1 lit. d

Verrechnung
- im Konkurs
  - Anfechtbarkeit **17** 214
  - Zulässigkeit **17** 213
- im Nachlassverfahren **17** 297 Abs. 8

Versäumte Klageantwort s. *Klageantwort*

Verschollenerklärung, Gerichtsstand **1** 21

Versicherer s. *Versicherungsunternehmen*, s.a. *Versicherte Sachen*

Versicherte Sachen
- Anzeige an Versicherer **17** 1–3, **19** 40 Abs. 2 lit. c, **22** 15 Abs. 1 lit. c, **23a** lit. c
- Auskunft des Schuldners **19** 37 lit. c, **23** 1
- Dahinfallen der Pfändung oder des Arrestes **23** 2
- Ersatzleistung bei Pfändung oder Arrest **25** 56
- Konkurs
  - des Versicherers **25** 37
  - des Versicherungsnehmers **25** 55

- Pfandrecht an der Sache **25** 57
- Pfändung und Arrest **23** 1 f., **25** 56
- Verwertung **19** 77 Abs. 1, **22** 62, **23** 3

Versicherungen *s. Versicherungsunternehmen*

Versicherungsansprüche
- Personenversicherung
  - Anfechtungsklage (Vorbehalt) **25** 82
  - Ausschluss der Zwangsvollstreckung **25** 80
  - Eintrittsrecht von Ehegatten, eingetragenen Partnern und Nachkommen **25** 81
  - Erlöschungsgründe **25** 79
  - Konkurs **19** 37 lit. c, 40 Abs. 2 lit. c, **23** 10 ff.
  - Lebensversicherung **19** 77 Abs. 2, **23** 15 ff.
  - Pfändung **23** 4 ff.
  - Übertragung bei Verwertung **25** 86
- Pfändung, Arrestierung und Verwertung **23** 1 ff.
  - Personenversicherung **23** 4 ff.
  - Schadensversicherung **23** 1–3
- Schadensversicherung **23** 1 ff., *s.a. Versicherte Sachen*

Versicherungspolicen, Kraftloserklärung 1 43 Abs. 3

Versicherungsunternehmen
- Konkurs *s. Versicherungsunternehmen (Konkurs)*
- Sichernde Massnahmen **32** 51 ff.
  - ausländische Unternehmen **32** 57 ff.
  - Lebensversicherung **32** 55 f.

Versicherungsunternehmen, Konkurs
- Verteilung und Abschluss
  - Hinterlegung **32a** 37
  - Massaverpflichtungen **32a** 34
  - Schlussbericht **32a** 37
  - Verlustschein **32a** 38
- Verwertung **32a** 30 ff.
  - Abtretung von Rechtsansprüchen **32a** 32
  - Art **32a** 30
  - öffentliche Versteigerung **32a** 31
- Wiederaufnahme **32a** 40

Versiegelung 17 223, **20** 44 lit. a

Versteigerung *s.a. Steigerungsbedingungen*
- in der Betreibung auf Pfändung
  - Anteile an Gemeinschaftsvermögen **21** 10 f., **22** 56 ff.
  - bewegliche Sachen und Forderungen **17** 125 ff.
  - Deckungsprinzip **17** 126
  - Grundstücke **17** 138 ff.
  - Miteigentumsanteile **22** 73f ff., 78a
  - Zuschlag **17** 126
- Gebühr **20** 30
- im Konkursverfahren **17** 257 ff., **19** 71 ff.
  - Anteile an Gemeinschaftsvermögen **21** 16
  - Grundstücke **22** 130 ff.
  - Miteigentumsanteile **22** 130a ff.
  - öffentliche Bekanntmachung **17** 257
  - Spezialanzeigen **17** 257 Abs. 3, **19** 71
  - Steigerungsbedingungen **17** 259
  - Steigerungsprotokoll **19** 72 f.
  - summarisches Verfahren **19** 96
  - Zuschlag **17** 258
- im Nachlassverfahren mit Vermögensabtretung **17** 322 ff.
- im Pfandverwertungsverfahren **17** 155 f., **22** 102 ff.

Verstrickungsbruch *s. Verfügung über mit Beschlag belegte Vermögenswerte*

Verteilung *s.a. Abschlagsverteilungen*
- in der Betreibung auf Pfändung **17** 144 ff., **22** 79 ff.
  - Art der Vornahme **17** 144
  - Kollokation **17** 146 ff.
  - Nachpfändung **17** 145
  - Zeitpunkt **17** 144

- im IPRG-Konkursverfahren **7** 173 f.
- im Konkursverfahren **17** 261 ff., 264, **19** 82 ff., **22** 132
  - Gebühren **20** 46 Abs. 2 lit. d
- beim Nachlassvertrag mit Vermögensabtretung **17** 326 ff.
  - Hinterlegung **17** 329
  - Pfandausfallforderungen **17** 327
  - Schlussrechnung **17** 328
  - Verteilungsliste **17** 326
- im Pfandverwertungsverfahren **17** 157, **22** 112 ff.
- der Prozesskosten *s. Verteilung und Liquidation der Prozesskosten*

Verteilung und Liquidation der Prozesskosten **1** 104 ff.
- von Amtes wegen **1** 105 Abs. 1
- Beschwerde **1** 110
- bös- und mutwillige Prozessführung *s. Kostentragungspflicht*
- im Endentscheid **1** 104 Abs. 1
- Entscheid über - **1** 104
- Erlass **1** 112 Abs. 1
- nach Ermessen **1** 107
- Festsetzung
  - Gerichtskosten **1** 105 Abs. 1, *s.a. Gerichtskosten und -gebühren*
  - Parteientschädigung **1** 105 Abs. 2
- Forderungen gegen die kostenpflichtige Partei **1** 111 Abs. 1–2
- in internationalen Verhältnissen **14** 15 ff.
- Liquidation **1** 111
- bei einem Rückweisungsentscheid **1** 104 Abs. 4
- Stundung **1** 112 Abs. 1
- bei der unentgeltlichen Rechtspflege **1** 111 Abs. 3, 122
- unnötige Prozesskosten **1** 108
- beim Vergleich **1** 109
- Verjährung **1** 112 Abs. 2
- Verteilungsgrundsätze **1** 106
  - allgemeine - **1** 106
  - besondere - **1** 107 ff.
- Verzinsung **1** 112 Abs. 3
- Vorschüsse **1** 111
- bei vorsorglichen Massnahmen **1** 104 Abs. 3
- Zusprache von Parteientschädigungen **1** 105 Abs. 2
- bei einem Zwischenentscheid **1** 104 Abs. 2

Verteilungsliste
- im Bankenkonkurs **29** 37e Abs. 1, **30** 36
- in der Betreibung auf Pfändung **17** 146 f.
  - Auflegung **17** 147
- Gebühr **20** 34
- im Kollektivanlagen-Konkurs **28a** 40
- im Konkursverfahren **17** 261, **19** 82 ff.
  - Auflegung **17** 263
  - Gebühren **20** 46 Abs. 1 lit. c
  - provisorische **19** 82
- beim Nachlassvertrag mit Vermögensabtretung **17** 326
- Pfandverwertungsverfahren **17** 157 Abs. 4, **22** 112
- im Versicherungskonkurs **32a** 36

Vertrag *s.a. Arbeitsrecht; Gerichtsstandsvereinbarung; Klage aus Vertrag, Konsumentenvertrag; Miete und Pacht unbeweglicher Sachen; Vertragsverhältnisse*
- Gerichtsstand **1** 31 ff., **7** 112 ff.
- in internationalen Verhältnissen **7** 112 ff., 143 ff., 149 ff.
  - Gerichtsstand **7** 112 ff.

Vertragliche Vertretung *s. Parteivertretung*

Vertragsverhältnisse
- des Konkursiten
  - Auflösung **17** 211 Abs. 3
  - Dauerschuldverhältnisse **17** 211a
  - Derivativgeschäfte **17** 211 Abs. 2bis

- Erfüllung durch Konkursverwaltung **17** 211 Abs. 2–2bis
- Rücktrittsrecht des Verkäufers **17** 212
- summarisches Verfahren **1** 250 lit. b

Vertretung 1 68, *s.a. Anwalt; Anwalt aus der EU oder der EFTA; Anwaltszwang; Beruflich qualifizierte Vertretung vor Miet- und Arbeitsgerichten; Berufsmässige Vertretung; Gemeinsame Vertretung; Gewerbsmässige Vertretung; Parteivertretung; Patentanwalt; Rechtsbeistand; Streitgenossenschaft; Vollmacht*
- als Ausstandsgrund **17** 10 Abs. 1 Ziff. 3
- Betreibung bei gesetzlicher - **17** 68c
- vor Bundesgericht **3** 40
- Entschädigung für die amtliche - und Parteientschädigung vor Bundesgericht **5** 1 ff.
- gewerbsmässige - nach SchKG **1** 68 Abs. 2 lit. c, **17** 27
  - Kosten **17** 27 Abs. 3
  - Regelung durch die Kantone **17** 27 Abs. 1, *s.a. Berufsmässige Vertretung; Parteivertretung*
  - Verpflichtung **17** 27 Abs. 3
  - Zulassung **17** 27 Abs. 2
- des Kindes *s. Kinderbelange in familienrechtlichen Angelegenheiten, s.a. Prozessbeistand*
- vor Miet- und Arbeitsgerichten **1** 68 Abs. 2 lit. d
- Vollmacht **1** 68 Abs. 3, **3** 40 Abs. 2

Verursacherprinzip 1 106

Verwahrung *s.a. Aufbewahrung*
- in der Betreibung auf Pfändung **17** 98
  - von Gemeinschaftsvermögen **21** 5 Abs. 2
- von Eigentümerpfandtiteln bei Grundstücksverwertung **22** 13
- Gebühr **20** 26
- im Konkursverfahren **17** 223
- von Massegegenständen, Gebühr **20** 46 Abs. 2 lit. a
- Rechte aus der - von Bucheffekten **31** 13 ff.

Verwahrungsstelle, Absonderung von Bucheffekten in der Liquidation 31 17

Verwalter 17 132 Abs. 3

Verwaltung *s.a. Konkursverwaltung*
- von gepfändeten Grundstücken **17** 102 Abs. 3, **22** 16 ff.
  - Gebühr **20** 27
- der Konkursmasse **17** 235 ff., **19** 42 ff.
- von Massegegenständen, Gebühren **20** 46 Abs. 2 lit. a

Verwaltungsbeiratschaft *s. Beiratschaft des Schuldners*

Verwaltungsverfahren
- Einstellung wegen Konkurseröffnung **17** 207
- Wiederaufnahme **17** 207 Abs. 1, 237 Abs. 3 Ziff. 3, 238 Abs. 1

Verwaltungsverfügungen und -entscheide als Rechtsöffnungstitel 17 80 Abs. 1 und 2 Ziff. 2

Verwandtschaft als Ausstandsgrund 1 47 Abs. 1 lit. d, e, **17** 10 Abs. 1 Ziff. 2bis

Verweigerungsgründe für die Anerkennung ausländischer Entscheidungen 7 27
- keine gehörige Vorladung **7** 27 Abs. 2 lit. a
- Nichtbeachtung von Rechtshängigkeit und Entscheidungen **7** 27 Abs. 2 lit. c
- Verbot der Révision au fond **7** 27 Abs. 3
- Verletzung des formellen Ordre public **7** 27 Abs. 2
- Verletzung des materiellen Ordre public **7** 27 Abs. 1

- Verletzung wesentlicher Verfahrensgrundsätze **7** 27 Abs. 2 lit. b
- Verweigerung des rechtlichen Gehörs **7** 27 Abs. 2 lit. b

Verweigerungsrecht 1 163 ff.
- Dritter *s. Beschränktes Verweigerungsrecht Dritter, s.a. Mitwirkungspflicht; Unberechtigte Verweigerung der Mitwirkung durch Dritte; Umfassendes Verweigerungsrecht Dritter*
- der Parteien *s.a. Mitwirkungspflicht; Unberechtigte Verweigerung der Mitwirkung durch eine Partei*
  - Belastung einer nahestehenden Person **1** 163 Abs. 1 lit. a
  - Beweiswürdigung bei unberechtigter Verweigerung **1** 164
  - Verletzung des Berufsgeheimnisses **1** 163 Abs. 1 lit. b
  - Verletzung eines gesetzlich geschützten Geheimnisses **1** 163 Abs. 2

Verweis 1 128 Abs. 1

Verweisung auf das anwendbare Recht 7 13 ff.

Verwertung
- von Anteilen an Gemeinschaftsvermögen **21** 8 ff.
  - im Konkursverfahren **21** 16
- beschlagnahmter Gegenstände **17** 44
- in der Betreibung auf Pfändung **17** 116 ff.
  - Fahrnis und Forderungen **17** 122 ff.
  - Grundstücke **17** 133 ff.
  - Notverkauf, Notverwertung **17** 124 Abs. 2
- von beweglichen Vermögensstücken nach der Pfändung **17** 122 ff.
  - Anfechtung **17** 132a
  - Aufschub **17** 123
  - besondere Verfahren **17** 132
  - Forderungsüberweisung **17** 131
  - Freihandverkauf **17** 130
  - Fristen **17** 122
  - Früchte **17** 122 Abs. 2
  - Versteigerung **17** 125 ff.
  - vorzeitige Verwertung **17** 124
- von Bucheffekten als Sicherheit **31** 31 f.
- Einstellung **17** 119 Abs. 2, 238 Abs. 2, 306a, 332 Abs. 2
- Gebühr für Einzug und Überweisung des Erlöses **20** 33
- von Gemeinschaftsrechten **17** 132 Abs. 1, **21** 8 ff.
- von Grundstücken *s. Grundstücksverwertung*
- von Immaterialgüterrechten **17** 132 Abs. 2
- im Konkursverfahren **17** 243 Abs. 3, 252 ff., **19** 71 ff.
  - Gebühren **20** 46 Abs. 2 lit. c
  - Notverkauf, Notverwertung **17** 243 Abs. 2
- eines Lebensversicherungsanspruches **23** 15 ff.
- aus mehreren Betreibungen, Gebühr **20** 31
- von Miteigentumsanteilen an Grundstücken
  - Betreibung auf Pfändung **22** 23 ff., 73 ff., 78a, 84a
  - Konkursverfahren **22** 130a ff.
  - Pfandverwertungsverfahren **22** 102, 104 Abs. 2
- bei Nachlassvertrag mit Vermögensabtretung **17** 322 ff.
  - Abtretung von Ansprüchen an Gläubiger **17** 325
  - im Allgemeinen **17** 322
  - Faustpfänder **17** 324
  - verpfändete Grundstücke **17** 323
- im Pfandverwertungsverfahren **17** 154 ff.
  - Notverkauf, Notverwertung **17** 156 Abs. 1

- von Versicherungsansprüchen **23** 1 ff., s.a. *Versicherungsanspruch*
- vorzeitige -
  - bewegliche Sachen und Forderungen **17** 124
  - Grundstücke **17** 133 Abs. 2

Verwertungsaufschub
- Fahrnis **17** 123
- Grundstücke **17** 143a, **22** 16 Abs. 2, 32, 77 Abs. 1

Verwertungsbegehren 17 116 ff.
- in der Betreibung auf Pfändung
  - Anzeige an Schuldner **17** 120
  - Berechtigung **17** 117
  - Erlöschen der Betreibung **17** 121
  - Frist **17** 116, **21** 8 Abs. 1, **22** 25
  - Grundstücke **17** 133, **22** 25 ff.
  - Grundstücke in Gemeinschaftsvermögen **21** 8 Abs. 1
  - bei provisorischer Pfändung **17** 118, **22** 25
  - Rückzug **17** 121
  - Wirkungen **17** 119, 122 ff.
- bei Gemeinschaftsrechten **21** 8 Abs. 1
- bei Notstundung **17** 343 Abs. 1 i.f.
- im Pfandverwertungsverfahren **17** 154

Verwertungsfrist
- in der Betreibung auf Pfändung **17** 116
- im Pfandverwertungsverfahren **17** 154

Verwertungsmodus
- im Konkursverfahren **17** 256
- bei Nachlassvertrag mit Vermögensabtretung **17** 322

Verwertungsverfahren s.a. *Verwertung; Verwertungsbegehren; Verwertungsmodus*
- in der Betreibung auf Pfändung **17** 116 ff.
  - besondere Verfahren **17** 132
- in der Betreibung auf Pfandverwertung **17** 155 f., **22** 85 ff.

- im Konkurs **17** 252 ff., **19** 71 ff., **22** 122 ff.
- bei Nachlassvertrag mit Vermögensabtretung **17** 323 ff.

Verwirkung s.a. *Präklusion; Präklusivwirkung*
- des Anspruches des Drittansprechers **17** 242 Abs. 2, **19** 46
- der Einrede fehlenden neuen Vermögens **17** 75 Abs. 2
- Stillstand der Fristen **17** 207 Abs. 3, **24** 41 Abs. 2

Verzicht
- auf gesetzliche Gerichtsstände s. *Gerichtsstandsvereinbarung*
- auf die Hauptverhandlung **1** 233
- auf das Schlichtungsverfahren **1** 199
- auf die schriftliche Begründung des Entscheids s. *Entscheid*
- auf die Verwertung **17** 127

Verzinsung s. *Zinsen*

Verzug s. *Zahlungsverzug des Ersteigerers*

Vieh
- Reihenfolge der Pfändung **17** 95 Abs. 4
- Unpfändbarkeit **17** 92 Abs. 1 Ziff. 4
- Verpfändung **17** 37 Abs. 2
- Verwertung im Konkurs **19** 78

Völkerrechtliche Verträge
- Einwendungen gegen die Rechtsöffnung **17** 81 Abs. 3
- Vorbehalt **17** 30a
- Zustellung der Betreibungsurkunden im Ausland **17** 66 Abs. 3

Vollmacht, Ausweis bei Vertretung 1 68 Abs. 3

Vollstreckbarkeit
- von Entscheiden
  - Bescheinigung der - **1** 336 Abs. 2
  - Einwendungen **1** 341 Abs. 3

- kein rechtskräftiger Entscheid, vorzeitige Vollstreckung **1** 336 Abs. 1 lit. b
- Prüfung der – durch das Gericht von Amtes wegen **1** 341 Abs. 1
- rechtskräftiger Entscheid, Vollstreckung nicht aufgeschoben **1** 336 Abs. 1 lit. a
- Stellungnahme der unterlegenen Partei **1** 341 Abs. 2
- Voraussetzung für das Vollstreckungsgesuch **1** 338 Abs. 2
- öffentlicher Urkunden
  - bei Anerkennung der direkten Vollstreckung in der Urkunde **1** 347 lit. a
  - bei Erwähnung des Rechtsgrunds der Leistung in der Urkunde **1** 347 lit. b
  - bei genügender Bestimmtheit der Leistung in der Urkunde, von der verpflichteten Partei anerkannt und fällig **1** 347 lit. c
  - Einwendungen **1** 351 Abs. 1
  - Urkunde über eine andere Leistung **1** 350
  - Urkunde über Geldleistungen als definitiver Rechtsöffnungstitel **1** 349
  - Urkunden über Leistungen aus dem Arbeitsverhältnis, nicht direkt vollstreckbar **1** 348 lit. d
  - Urkunden über Leistungen aus Konsumentenverträgen, nicht direkt vollstreckbar **1** 348 lit. e
  - Urkunden über Leistungen aus landwirtschaftlicher Pacht, nicht direkt vollstreckbar **1** 348 lit. b
  - Urkunden über Leistungen aus Miete und Pacht von Wohn- und Geschäftsräumen, nicht direkt vollstreckbar **1** 348 lit. b
  - Urkunden über Leistungen nach dem Arbeitsvermittlungsgesetz, nicht direkt vollstreckbar **1** 348 lit. d
  - Urkunden über Leistungen nach dem GlG, nicht direkt vollstreckbar **1** 348 lit. a
  - Urkunden über Leistungen nach dem Mitwirkungsgesetz, nicht direkt vollstreckbar **1** 348 lit. c
- als Voraussetzung zur Konkursanerkennung **7** 166 Abs. 1 lit. a

Vollstreckbarkeitsbescheinigung **1** 336 Abs. 2, 338 Abs. 2, 386 Abs. 3

Vollstreckung **1** 236 Abs. 3, 335 ff., s.a. *Direkte Vollstreckung; Verpflichtung zu einem Tun; Unterlassen oder Dulden; Vollstreckbarkeit öffentlicher Urkunden; Vollstreckbarkeit von Entscheiden*
- ausländischer Entscheidungen *s. dort*
- ausländischer gerichtlicher Vergleiche **7** 25 ff., **10** 58
- ausländischer öffentlicher Urkunden **7** 31, **10** 57
- ausländischer Schiedssprüche **15** I ff.
- der Bundesgerichtsentscheide **3** 69 f.
- von Entscheiden **1** 335 ff.
  - Abgabe einer Willenserklärung *s. dort*
  - Beschwerde Dritter **1** 346
  - direkte Vollstreckung **1** 337
  - Geldleistung nach Umwandlung der geschuldeten Leistung **1** 345 Abs. 1 lit. b und Abs. 2
  - Geldzahlungen oder Sicherheitsleistungen **1** 335 Abs. 2
  - Geltungsbereich **1** 335 Abs. 1
  - Schadenersatz bei Nichtbefolgen der gerichtlichen Anordnungen **1** 345 Abs. 1 lit. a und Abs. 2
  - sichernde Massnahmen **1** 340
  - summarisches Verfahren **1** 339 Abs. 2
  - Verpflichtung zu einem Tun, Unterlassen oder Dulden *s. dort*

- Vollstreckung ausländischer Entscheide nach Staatsverträgen oder nach IPRG **1** 335 Abs. 3
- Vollstreckung einer bedingten Leistung **1** 342
- Vollstreckung einer von einer Gegenleistung abhängigen Leistung **1** 342
- vorzeitige Vollstreckung **1** 315 Abs. 2
- Gerichtsstand **1** 339
- öffentlicher Urkunden **1** 347 ff.
  - Abgabe einer Willenserklärung *s. dort*
  - direkte Vollstreckung **1** 347 ff.
  - gerichtliche Beurteilung der geschuldeten Leistung **1** 352
  - Vollstreckung wie Entscheide **1** 347
  - Vollstreckungsgesuch bei Urkunden über eine andere Leistung *s. Vollstreckungsgesuch*

Vollstreckungsgesuch
- keine direkte Vollstreckung möglich **1** 338 Abs. 1
- bei Urkunden über eine andere Leistung **1** 350 Abs. 2
- Vollstreckbarkeit von Entscheiden, Urkunden **1** 338 Abs. 2

Vollstreckungsmassnahmen *s. Vollstreckung*

Vollstreckungsverfahren, besondere - **17** 30

Vollzug der Pfändung **17** 89 ff.

Vorbehalt
- besonderer Bestimmungen **17** 44 f.
- besonderer Vollstreckungsverfahren **17** 30
- des Ordre public **7** 17
- des Völkerrechts und des IPRG **17** 30a

Vorentscheid **1** 236 Abs. 2, 392, 393 lit. a und b
- als Beschwerdeobjekt vor Bundesgericht **3** 92 f.

Vorkaufsrecht **22** 30 Abs. 4, 51, 60a, 67, 73g Abs. 3, 104 Abs. 1, 125 Abs. 1, 129

Vorladung **1** 133 ff.
- Frist **1** 134
- Inhalt **1** 133
- Verschiebung des Erscheinungstermins **1** 135

Vorläufiger Streitwert **1** 85
- Streitwert *s. dort*

Vorlegung der Beweismittel *s. Beweismittel, Vorlegung (und Einsichtnahme)*

Vormerkungen im Grundbuch **22** 3 ff., *s.a. Grundbuch, Eintragungen und Vormerkungen*

Vormundschaft **7** 85, **19** 40 Abs. 2 lit. d, *s.a. Erwachsenenschutz*
- in internationalen Verhältnissen
  - Gerichtsstand **7** 85

Vorrang, Feststellung **17** 142 Abs. 2

Vorrecht am Erlös aus fremden Sachen **17** 202

Vorschuss *s.a. Kostenvorschuss*
- für Aufbewahrung und Unterhalt gepfändeter Vermögensstücke **17** 105, **22** 16 Abs. 4
- bei der Auflösung von Gemeinschaften **21** 10 Abs. 4
- der Betreibungskosten **17** 68 Abs. 1
- in internationalen Verhältnissen, Gerichtsstand **7** 85
- bei Konkurseröffnung ohne vorgängige Betreibung **17** 194 Abs. 1
- der Konkurskosten **17** 169 Abs. 2, 208 Abs. 1, **19** 35
- bei der Löschung von vorgemerkten Verfügungsbeschränkungen **22** 6 lit. b
- für Neuschätzung
  - bei der Grundstückspfändung **22** 9 Abs. 2
  - im Nachlassverfahren **17** 299 Abs. 3
- bei Requisitorialverwertungen von Grundstücken **22** 74 Abs. 1

- bei verspäteten Konkurseingaben **17** 251 Abs. 2
- bei Versteigerung eines Miteigentumsanteils **22** 78a Abs. 2

Vorsorge- und Freizügigkeitsleistungen gemäss BVG, (Un)pfändbarkeit 17 92 Abs. 1 Ziff. 10

Vorsorgliche Beweisaufnahme 1 85

Vorsorgliche Beweisführung
- Anspruch, Voraussetzungen **1** 158 Abs. 1
- Gerichtsstand **1** 13
- Kostenvorschuss **1** 102, 104 Abs. 3
- Teilnahme der Parteien **1** 155 Abs. 3
- Verfahren der vorsorglichen Massnahme **1** 158 Abs. 2, 248 ff., 261 ff.

Vorsorgliche Massnahmen 1 261 ff., *s.a. Sicherungsmassnahmen*
- Änderung, Aufhebung **1** 268 Abs. 1
- Anordnung vor Sicherheitsleistung **1** 101 Abs. 2
- Berufung **1** 308 Abs. 1 lit. b
- Beschwerde **1** 319 lit. a
- des Bundesgerichts **3** 103 f., 126
- Dahinfallen, Weitergeltung **1** 268 Abs. 2
- einzige kantonale Instanz **1** 5 Abs. 2
- Entscheid über die Prozesskosten **1** 104 Abs. 3
- Freigabe der Sicherheit **1** 264 Abs. 3
- Gegenstand **1** 262
- Gerichtsstand **1** 13
  - für das Eherecht **1** 23
  - für eingetragene Partnerschaften **1** 24
- Handelsgericht **1** 6 Abs. 5
- in internationalen Verhältnissen **7** 10
- keine aufschiebende Wirkung der Berufung gegen - **1** 315 Abs. 4–5
- nach Konkursbegehren **17** 170
  - bei Beschwerde **17** 174 Abs. 3
  - Gebühr **20** 53 lit. a
  - öffentliche Bekanntmachung **17** 176 Abs. 1 Ziff. 5
- Leistungsmassnahmen *s. dort*
- Massnahmen gegen die Medien **1** 266
- Mitwirkung bei der Anordnung - *s. Ausstandsgrund*
- im Nachlassverfahren **17** 293a Abs. 1, 294
- bei Notstundung **17** 338 Abs. 4
- vor der Rechtshängigkeit *s. Prosekution*
- Schadenersatz für ungerechtfertigte - **1** 37, 264 Abs. 2, 374 Abs. 4
- bei der Scheidung auf gemeinsames Begehren **1** 288 Abs. 3
- im Scheidungsverfahren **1** 276
- im Schiedsverfahren *s. dort*
- Schutzschrift **1** 270
- Sicherheit als Ersatz für - **1** 261 Abs. 2
- Sicherheitsleistung
  - durch die Gegenpartei **1** 261 Abs. 2
  - durch den Gesuchsteller **1** 264 Abs. 1
- superprovisorische Massnahmen *s. dort*
- Unterhaltsklage **1** 303 f.
- Verfahren der - bei vorsorglicher Beweisführung **1** 158 Abs. 2
- Voraussetzungen **1** 261 Abs. 1
- vorbehaltene Bestimmungen **1** 269
- bei Wechselbetreibung **17** 183 Abs. 1
- Zuständigkeit für die Vollstreckung **1** 267

Vorteil *s. Gläubigerbenachteiligung oder -begünstigung*

Vorverfahren *s. Instruktionsverhandlung*

Vorzeitige Verwertung *s. Verwertung, vorzeitige*

Vorzugsrechte 17 37 Abs.1, 39, 60a Abs. 2, 96, 110 f., 198, 256 Abs. 2, 262 Abs. 2, 281 Abs. 3, 324 Abs. 2 i.f., **24** 25 Abs. 1, **30** 17 Abs. 3, **32a** 17 Abs. 3

W

Wahldomizil (Spezialdomizil) 17 50 Abs. 2

Wahrheitspflicht
- Ermahnung, Sanktion 1 171 Abs. 1, 184 Abs. 1, 191 Abs. 2, 192 Abs. 2
- bei Partei- oder Zeugenaussagen 1 160 Abs. 1 lit. a

Wahrscheinlichkeitsbeweis 1 157

Wahrung schutzwürdiger Interessen 1 156

Warenlager s. *Geschäftsräume des Schuldners*

Wechsel s. *Kraftloserklärung von Wechsel und Check, s.a. Wertpapiere; Wechselbetreibung; Zahlungsverbot aus Wechsel und Check*

Wechselbetreibung 17 177 ff.
- Beschwerdefristen 17 20
- keine Betreibungsferien 17 56 Ziff. 2 i.f.
- im Pfandverwertungsverfahren 17 41 Abs. 3
- Rechtsvorschlag 17 179 ff.
- Voraussetzungen 17 177
- Zahlungsbefehl 17 87, 178

Wechselrechtsvorschlag s. *Rechtsvorschlag in der Wechselbetreibung*

Wegentschädigung der Ämter 20 14 Abs. 1, 15 Abs. 1

Wegnahme einer beweglichen Sache s. *Zwangsmassnahmen*

Weisungskompetenz
- des Bundesrates 17 15 Abs. 3
- des Sachwalters 17 348 Abs. 1 Ziff. 2

Weiterziehung s.a. *Beschwerde*
- Entscheide in Gebührensachen 20 2
- Gebühren 20 61
- der Nachlassvertragsaufhebung gegenüber einem Gläubiger 17 316
- der Notstundungsverlängerung 17 347 Abs. 4–5
- an das obere Gericht (Beschwerde) 17 174, 185, 294 Abs. 3–4, 307
- der Rechtsvorschlagsbewilligung 17 185
- der Stundungsbewilligung in der einvernehmlichen privaten Schuldenbereinigung 17 334 Abs. 3
- Suspensiveffekt 17 36
- zuständige richterliche Behörden 17 23

Werkstätten s. *Geschäftsräume des Schuldners*

Wertpapiere s.a. *Intermediärverwahrte Wertpapiere*
- im fiduziarischen Eigentum des Konkursiten 17 201
- Freihandverkauf 17 130 Ziff. 2
- in internationalen Verhältnissen 7 105 f.
- Kraftloserklärung 1 43
- Notverwertung im Konkurs 17 243 Abs. 2
- summarisches Verfahren 1 250 lit. d
- Verwahrung im Konkurs 17 223 Abs. 2
- Verwahrung im Pfändungsverfahren 17 98 Abs. 1

Wertsachen
- Aufbewahrung 17 9, 19 22
- Verwahrung
  - Gebühren 20 26
  - im Konkursverfahren 17 223 Abs. 2
  - im Pfändungsverfahren 17 98 Abs. 1

Wertvolle Kompetenzstücke 17 92 Abs. 3

Widerklage 1 224
- Antwort der klagenden Partei 1 224 Abs. 3
- Erhebung in der Klageantwort 1 224 Abs. 1
- Erwähnung in der Klagebewilligung 1 209 Abs. 2 lit. b

- Gerichtsstand **1** 14
- in internationalen Verhältnissen **7** 8
- kein Schlichtungsverfahren **1** 198 lit. g
- im ordentlichen Verfahren **1** 224
- Prozesskosten **1** 94 Abs. 2
- im Schiedsverfahren **1** 377 Abs. 2
- Streitwert **1** 94, 224 Abs. 2
- Trennung vom Hauptverfahren **1** 125 lit. d
- Überweisung an das sachlich zuständige Gericht **1** 224 Abs. 2
- auf Widerklage ausgeschlossen **1** 224 Abs. 3

Widerruf 1 256 Abs. 2, *s.a. Aufhebung*
- der Anzeige an Mieter und Pächter **17** 153a
- des Konkurses
  - allgemein **17** 195
  - bei ausgeschlagener Erbschaft **17** 196
  - nach Bestätigung des Nachlassvertrages **17** 332 Abs. 3
  - Gebühr **20** 53 lit. d
  - im internationalen Verhältnis, Mitteilung **7** 169 Abs. 2
  - öffentliche Bekanntmachung **17** 176 Abs. 1 Ziff. 2, 195 Abs. 3
  - Wirkung auf das Strafverfahren **26** 171bis
  - Wirkung auf öffentlich-rechtliche Folgen des fruchtlosen Konkurses **17** 26 Abs. 2
- des Nachlassvertrages
  - gegenüber allen Gläubigern **17** 313
  - gegenüber einem Gläubiger (Aufhebung) **17** 316
- der Notstundung **17** 348
- der Stundung in der einvernehmlichen privaten Schuldenbereinigung **17** 334 Abs. 2
  - Gebühr **20** 56 Abs. 1

Widerspruchsklage *s.a. Admassierungsklage; Aussonderungsklage*
- Aberkennung **17** 108
- Feststellung **17** 107 Abs. 5
- Gerichtsstand **17** 109

Widerspruchsverfahren
- im Bankenkonkurs **30** 20
- in der Betreibung auf Pfandverwertung **17** 155 Abs. 1
- Gerichtsstand **17** 109
- im Kollektivanlagen-Konkurs **28a** 23
- im Konkurs *s. Admassierungsklage, s.a. Aussonderung; Aussonderung von Drittansprüchen im Konkurs*
- im Konkursverfahren (Aussonderung und Admassierung) **17** 242
- bei Mit- oder Gesamteigentum an Grundstücken **21** 4, **22** 23b
- bei Nachlassvertrag mit Vermögensabtretung **17** 319 Abs. 4
- in der Pfändung **17** 106 ff.
  - Anmeldung des Drittanspruchs **17** 106
  - Bestreitungsfrist **17** 107 Abs. 2
  - Beweismittelvorlegung **17** 107 Abs. 3, 108 Abs. 4, **20** 25
  - Ehegatten in Gütergemeinschaft **17** 68b
  - zur Feststellung des freien Vermögens **17** 68e
  - Gewahrsam des Schuldners **17** 107
  - Haftungsbeschränkung auf das freie Vermögen **17** 68e
  - Klage *s. Widerspruchsklage*
  - Lastenbereinigung bei Grundstücksverwertung **17** 140 Abs. 2
  - (Mit)gewahrsam des Dritten **17** 108
  - im Versicherungskonkurs **32a** 20
  - Vormerkung und Mitteilung des Drittanspruchs **17** 106

Widerwiderklage 1 224 Abs. 3
Wiedereinbringung 1 63
Wiedereinsetzung *s. Wiederherstellung*

Wiedererwägung
- einer angefochtenen Verfügung **17** 17 Abs. 4
- einer nichtigen Verfügung **17** 22 Abs. 2

Wiederherstellung *s.a. Fristen; Säumnis; Säumnisfolgen*
- nach Eröffnung des Entscheids **1** 148 Abs. 3
- von Fristen **17** 33 Abs. 4
  - in der Wechselbetreibung **17** 179 Abs. 3
- Gesuch **1** 148 Abs. 1 f.
- Verfahren **1** 149

Wiederkehrende Nutzungen und Leistungen 1 92
- Leibrenten **1** 92 Abs. 2
- Streitwert *s. dort*

Willenserklärung *s. Abgabe einer Willenserklärung*

Willensmangel 1 284, 328 Abs. 1 lit. c

Willkür 1 320 lit. b, 393 lit. e

Wirkung, aufschiebende - *s. Aufschiebende Wirkung*

Wirkungen
- der Anfechtungsklage **17** 291
- des Bankenkonkurses **29** 34 Abs. 1 und 3
- der Betreibungsferien auf den Fristenlauf **17** 63
- des Güterverzeichnisses **17** 164 f.
- des Konkurses
  - auf die Rechte der Gläubiger **17** 208 ff.
  - auf das Vermögen des Schuldners **17** 197 ff.
- der Nachlassstundung **17** 293c, 297 ff., 308 Abs. 2
- des Nachlassvertrages **17** 309 ff.
- des Nachlassvertrages mit Vermögensabtretung **17** 319
- der Notstundung **17** 343 ff.
- der paulianischen Anfechtung **17** 291
- der Pfändung **17** 96
- der provisorischen Rechtsöffnung **17** 83
- des Rechtsvorschlages **17** 78
- der Stundung in der einvernehmlichen privaten Schuldenbereinigung **17** 334 Abs. 3
- des Verwertungsbegehrens in der Betreibung auf Pfändung **17** 119, 122 ff.

Wirkungsdauer des Handelsregistereintrages 17 40

Wirtschaftliche Krise, Notstundung 17 337

Wohnsitz
- der Bundesrichter(-innen) **3** 12
- als Gerichtsstand **1** 10
- in internationalen Verhältnissen **7** 20
- des Schuldners
  - Arrestgrund **17** 271 Abs. 1 Ziff. 1
  - im Ausland **17** 50
  - Flucht **17** 54
  - ordentlicher Betreibungsort **17** 46 Abs. 1
  - Wahldomizil (Spezialdomizil) **17** 50 Abs. 2
  - Wechsel **17** 53

Wohnsitzwechsel 1 64 Abs. 1 lit. b, **17** 53

Wohnung des Schuldners, Benutzung
- während Konkursverfahren **17** 229 Abs. 3, **22** 19
- während Pfandverwertungsverfahren **17** 151 Abs. 1 lit. b, 153 Abs. 2 lit. b

Z

Zahlung *s.a. Vorschuss*
- Abzug der Betreibungskosten **17** 68 Abs. 2
- auf andere Weise als durch Barschaft oder übliche Zahlungsmittel **17** 287 Abs. 1 Ziff. 2

- an das Betreibungsamt **17** 12
- Gebühr **20** 19
- an den Konkursiten **17** 205
- einer nicht verfallenen Schuld **17** 287 Abs. 1 Ziff. 3
- des Steigerungspreises **17** 129, 136 f., 143, 259

Zahlungsbefehl
- in der Ausfertigung **17** 70
- in der Betreibung auf Pfändung **17** 69 ff.
- Gebühr **20** 16
- in der Inhalt **17** 69
- im Pfandverwertungsverfahren **17** 87, 152 f.
- in der Wechselbetreibung **17** 87, 178
- in der Zustellung **17** 71 f.

Zahlungseinstellung im kaufmännischen Verkehr 17 190 Abs. 1 Ziff. 2

Zahlungsfrist bei Grundstücksversteigerung 17 129 Abs. 2, 137

Zahlungsmodus bei Versteigerung
- von Fahrnis **17** 129
- von Grundstücken **17** 136

Zahlungsunfähigkeit *s. Insolvenzerklärung*

Zahlungsverbot aus Wechsel und Check, Gerichtsstand 1 43 Abs. 4

Zahlungsverzug des Ersteigerers 17 129 Abs. 3–4, 143, 259, **22** 63

Zeuge
- juristische Personen **1** 159
- Mitwirkungspflicht *s. dort*

Zeugnis 1 169 ff.
- Beweismittel *s. dort*
- Einvernahme durch ein Gerichtsmitglied **1** 155 Abs. 1
- Ergänzungsfragen **1** 173, 176 Abs. 1
- Form der Einvernahme **1** 171
- freie Ablage **1** 171 Abs. 3
- Gegenstand **1** 169
- Inhalt der Einvernahme **1** 172
- juristische Personen **1** 159
- kein - vom Hörensagen **1** 169
- Konfrontation **1** 174
- Protokoll **1** 176
- Sachverständige(r) **1** 175, 183 Abs. 2
- schriftliche Unterlagen **1** 171 Abs. 3
- unmittelbare Wahrnehmungen **1** 169
- Vorladung **1** 170
- Wahrheitspflicht *s. dort*

Zeugnis(un)fähigkeit 1 169, *s.a. Ausstand; Befangenheit*

Zeugnispflicht *s. Mitwirkungspflicht*

Zeugnisverweigerung *s. Beschränktes Verweigerungsrecht Dritter, s.a. Mitwirkungspflicht; Umfassendes Verweigerungsrecht Dritter; Unberechtigte Verweigerung der Mitwirkung durch Dritte; Unberechtigte Verweigerung der Mitwirkung durch eine Partei*

Zinsen
- der betriebenen Forderungen **17** 144 Abs. 4, 157 Abs. 2, 208 f., 219 Abs. 3
- von Gemeinschaftsvermögen **21** 1 Abs. 3
- grundpfandgesicherte - **17** 41 Abs. 2
- der Verlustscheinforderungen **17** 149 Abs. 4, 265 Abs. 2

Zinsenlauf
- nach Konkurseröffnung **17** 209
- nach Nachlassstundung **17** 297 Abs. 7

Zinsensperre *s. Miet- und Pachtzinsen*

Zinsverlust 17 129 Abs. 4, 143 Abs. 2

Zirkularbeschluss
- im Bankenkonkurs **30** 14 Abs. 4
- im Kollektivanlagen-Konkurs **28a** 15 Abs. 4
- im Konkursverfahren **17** 231 Abs. 3 Ziff. 1, 255a
- im Versicherungskonkurs **32a** 14 Abs. 4

Zivildienst *s. Militär-, Zivil- oder Schutzdienst*

Zivilprozesse
- zur Beseitigung des Rechtsvorschlages **17** 79
- Einstellung wegen Konkurseröffnung **17** 207
- Fortführung **17** 237 Abs. 3 Ziff. 3, 238

Zivilrechtliche Beschwerde
s. *Beschwerde*

Zivilsachen, streitige - 1 1 lit. a

Zivilstandsregister s. *Bereinigung des -*

Zugang zur Rechtspflege in internationalen Verhältnissen 14 1 ff.

Zugehör
- bei Grundstücksverwertung **17** 141 Abs. 2, **22** 11 f.
  - Doppelaufruf **22** 57
  - gesonderte Verwertung **22** 27
  - Lastenbereinigung **22** 38
  - Lastenverzeichnis **22** 34
  - versicherte - **22** 62
  - Verteilung **22** 115
- Pfandrecht an - **17** 37 Abs. 1

Zusammenlegung von Betreibungs- und Konkursamt 17 2 Abs. 4

Zusatzversicherungen zur sozialen Krankenversicherung
- einzige kantonale Instanz **1** 7
- keine Gerichtskosten **1** 113 Abs. 2 lit. f, 114 lit. e
- vereinfachtes Verfahren **1** 243 Abs. 2 lit. f

Zuschlag (Steigerung)
- in der Betreibung auf Pfändung **17** 126 ff., 132a, 142a ff., **22** 53 ff.
- im Konkurs **17** 258

Zuschläge (Notbedarf) 33 Ziff. II

Zuständigkeit
- alternative - s. *dort*
- ausschliessliche - s. *dort*
- der Betreibungs- und Konkursämter
  s.a. *Betreibungsort, Konkursort*
  - bei Gemeinschaftsvermögen **21** 2
  - bei Miteigentumsanteilen **22** 23d, 78a Abs. 1
- des Bundesgerichts **3** 29 ff.
- fehlende - s. *dort*
- graduelle - s. *Sachliche und funktionelle Zuständigkeit*
- indirekte -
  - im Allgemeinen **7** 26
  - bei der Konkursanerkennung **7** 166 Abs. 1 i.i.
- Internationale Schiedsgerichtsbarkeit **7** 186
- örtliche - s. *Gerichtsstand*
- sachliche und funktionelle - s. *dort*
- für Schuldbetreibung gegen Gemeinden **24** 4
- des Strafgerichts für Zivilansprüche
  s. *Adhäsionsklage*
- zeitliche - s. *Perpetuatio fori*
- zwingende - s. *Zwingender Gerichtsstand*

Zuständigkeit in internationalen Verhältnissen s.a. *Gerichtsstand in internationalen Verhältnissen*
- Adhäsionsklage **7** 8c
- allgemeine - **7** 2
- Arrestprosequierung **7** 4
- Gerichtsstand **7** 6
- Gerichtsstandsvereinbarung **7** 5
- Klagenhäufung **7** 8a
- Notzuständigkeit **7** 3
- Rechtshängigkeit **7** 9
- Rechtshilfe **7** 11 ff.
- Schiedsvereinbarung **7** 7
- Streitgenossenschaft **7** 8a
- Streitverkündungsklage **7** 8b
- vorsorgliche Massnahmen **7** 10
- Widerklage **7** 8

Zustellung s.a. *Elektronische Zustellung; Gerichtliche Zustellung; Öffentliche Bekanntmachung; Postalische Zustellung*
- der Arrestbewilligung **17** 272 Abs. 2

- von Betreibungsurkunden **17** 64 ff.
  - bei ausländischem Wohnsitz des Schuldners **17** 66 Abs. 3 und 4 Ziff. 3, 232 Abs. 2 Ziff. 6
  - bei auswärtigem Wohnsitz des Schuldners **17** 66 Abs. 1–2
  - an Bevollmächtigten **17** 66 Abs. 1–2
  - bei beharrlicher Entziehung seitens des Schuldners **17** 66 Abs. 4 Ziff. 2
  - Ehegatten in Gütergemeinschaft **17** 68a
  - an juristische Personen und Gesellschaften **17** 65 Abs. 1–2
  - an minderjährige Schuldner **17** 68c
  - an natürliche Personen **17** 64
  - durch öffentliche Bekanntmachung **17** 66 Abs. 4
  - Schuldner unter Beistandschaft **17** 68d
  - Schuldner unter Erwachsenenschutzmassnahme **17** 68d
  - bei unbekanntem Wohnort des Schuldners **17** 66 Abs. 4 Ziff. 1
  - an unverteilte Erbschaften **17** 65 Abs. 3
- gerichtlicher und aussergerichtlicher Schriftstücke in internationalen Verhältnissen **12** 1 ff.
- der Pfändungsurkunde **17** 114
- des Zahlungsbefehls **17** 71 f.

Zustellungsdomizil s. *Gerichtliche Zustellung*

Zustimmung zum Nachlassvertrag s. *Annahme des Nachlassvertrages durch Gläubiger*

Zwangsmassnahmen 1 343 Abs. 1 lit. d, s.a. *Verpflichtung zu einem Tun, Unterlassen oder Dulden; Vollstreckung von Entscheiden*
- Ersatzvornahme **1** 343 Abs. 1 lit. e
- Hilfe der zuständigen Behörde **1** 343 Abs. 3
- Mitwirkungspflicht der unterlegenen Partei und von Dritten **1** 343 Abs. 2
- Räumung eines Grundstücks **1** 343 Abs. 1 lit. d
- Wegnahme einer beweglichen Sache **1** 343 Abs. 1 lit. d

Zwangsverwertung von Grundstücken 22 1 ff.

Zwangsvollstreckung s. *Vollstreckung*

Zwangsvollstreckung gegen ausländische Staaten und Zentralbanken 17 92 Abs. 1 Ziff. 11

Zwangsvollstreckung gegen Gemeinden 17 30, **24** 1 ff.
- Beiratschaft **24** 28 ff.
  - Anordnung **24** 28–33
  - Anordnungsbegehren **24** 31
  - Anordnungsbeschluss **24** 32
  - Aufgaben und Kompetenzen **24** 34 ff.
  - Beendigung **24** 42 f.
  - Beschränkung **24** 30 Abs. 3
  - Beschwerde **24** 44 f.
  - Bestellung der Beiräte **24** 33
  - Dauer **24** 30 Abs. 1
  - fakultative **24** 29
  - obligatorische **24** 28
  - Verlängerung **24** 30 Abs. 2
  - Weisungen an den ordentlichen Gemeindeorganen **24** 40
  - Wirkung auf Betreibungen und Fristen **24** 41
- Betreibungsverfahren **24** 2 ff.
  - Anfechtungsklage **24** 2 Abs. 4
  - Ausfallschein **24** 2 Abs. 3
  - Beschwerde gegen Verfügungen der kantonalen Stelle **24** 4 Abs. 2, 5 Abs. 1
  - Betreibungsarten **24** 2 Abs. 1–2, 3 Abs. 1
  - Einstellung der Betreibung **24** 6
  - kantonales Nachlassvertragsrecht **24** 3

- Mitteilung an Kantonsregierung **24** 5
- Zuständigkeiten **24** 4
- Obligationenanleihen (Gläubigergemeinschaft) **24** 13 ff.
  - Einbeziehung anderer Gläubiger **24** 24
  - Eingriffe in die Rechte der Obligationäre **24** 13 f.
  - Einleitung des Verfahrens **24** 15 f.
  - Gläubigerversammlung **24** 17 ff.
  - Verbindlichkeit der Beschlüsse **24** 23
- Pfändbarkeit des Vermögens **24** 7 ff., 12
- subsidiäre Geltung des SchKG **24** 1 Abs. 1
- Verpfändbarkeit der Vermögenswerte **24** 10 ff.
- zweckverbundenes Vermögen **24** 12

Zwangsvollstreckung gegen Kantone und Bezirke **17** 30

Zwangsvollstreckung gegen Körperschaften des kantonalen öffentlichen Rechts *s. Zwangsvollstreckung gegen Gemeinden*

Zwangszuständigkeit *s. Ausschliessliche Zuständigkeit*

Zweigniederlassung *s.a. Niederlassung*
- Gerichtsstand **1** 12

Zweiter Schriftenwechsel *s. Schriftenwechsel*

Zwingender Gerichtsstand **1** 9

Zwischenentscheid **1** 237
- Anfechtung **1** 237 Abs. 2, 392, 393 lit. a–b
- als Beschwerdeobjekt vor Bundesgericht **3** 92 f.
- Entscheid über die Prozesskosten **1** 104 Abs. 2
- Voraussetzungen **1** 237 Abs. 1

Zwischenschiedsspruch *s. Schiedsspruch*

Zwischenzins **17** 208 Abs. 2